D1692196

Schneider · Investition und Finanzierung

GABLERLEHRBUCH

Dietrich Adam
Produktionspolitik, 3. Auflage

Dietrich Adam
Arbeitsbuch zur Produktionspolitik, 2. Auflage

Karl Alewell
Standort und Distribution – Entscheidungsfälle

Karl Alewell
Standort und Distribution – Lösungen

Günter Altrogge
Netzplantechnik

Hermann Böhrs
Leistungslohngestaltung, 3. Auflage

Erich Frese
Grundlagen der Organisation

Erwin Grochla
Materialwirtschaft, 3. Auflage

Erich Kosiol
Kostenrechnung der Unternehmung, 2. Auflage

Heribert Meffert
Marketing, 5. Auflage

Heribert Meffert
Arbeitsbuch zum Marketing

Peter Mertens
Industrielle Datenverarbeitung Band 1, 3. Auflage

Peter Mertens/Joachim Griese
Industrielle Datenverarbeitung Band 2, 2. Auflage

Erich Schäfer
Der Industriebetrieb, 2. Auflage

Erich Schäfer
Die Unternehmung, 10. Auflage

Dieter Schneider
Grundzüge der Unternehmensbesteuerung, 2. Auflage

Dieter Schneider
Investition und Finanzierung, 5. Auflage

Dieter Schneider
Steuerbilanzen

Dieter Schneider

o. Professor der Betriebswirtschaftslehre an der Ruhr-Universität Bochum

Investition und Finanzierung

Lehrbuch der Investitions-, Finanzierungs- und Ungewißheitstheorie

5., neu bearbeitete Auflage

GABLER

CIP-Kurztitelaufnahme der Deutschen Bibliothek

Schneider, Dieter:
Investition und Finanzierung: Lehrbuch d. Investitions-, Finanzierungs- u. Ungewißheitstheorie / Dieter Schneider. – 5., neubearb. Aufl. – Wiesbaden: Gabler, 1980.
Bis 4. Aufl. im Westdt. Verl., Opladen.
ISBN 3-409-69021-2

1. Auflage 1970
2. Auflage 1971
3. Auflage 1974
4. Auflage 1975
5. Auflage 1980

© 1980 Betriebswirtschaftlicher Verlag Dr. Th. Gabler GmbH, Wiesbaden
Umschlaggestaltung: Horst Koblitz, Wiesbaden
Gesamtherstellung: IVD – Industrie- und Verlagsdruck GmbH, Walluf b. Wiesbaden
Alle Rechte vorbehalten. Auch die fotomechanische Vervielfältigung des Werkes (Fotokopie, Mikrokopie) oder von Teilen daraus bedarf der vorherigen Zustimmung des Verlages.
Printed in Germany
ISBN 3 409 69021 2

Vorwort zur ersten Auflage

Die Betriebswirtschaftslehre ist eine reizvolle Wissenschaft. Sie kennt Probleme, deren Lösung schärfste Logik voraussetzt, sie zwingt dazu, praktisch bedeutsame Fragen durch Abwägen vielfältiger Zusammenhänge zu beantworten, und schließlich kann man mit ihr auch Geld verdienen. Das Reizvolle an einigen betriebswirtschaftlichen Fragen in einer verständlichen Sprache darzustellen, ist meine Absicht.

Dieses Lehrbuch behandelt theoretische Überlegungen, die zu zielentsprechenden (»optimalen«) Investitions- und Finanzierungsentscheidungen führen sollen. Das Lehrbuch enthält somit einen Bereich der theoretischen Betriebswirtschaftslehre.

Die theoretische Betriebswirtschaftslehre umfaßt nur einen Teil des notwendigen betriebswirtschaftlichen Wissens. Das Einzelwissen um die praktischen Probleme, die Unternehmenskunde, ist nicht Gegenstand dieses Lehrbuches. Das Erfahrungswissen über die juristischen und banktechnischen Voraussetzungen bei Finanzierungsgeschäften, die Details einzelner Aktien- und Kreditarten zu vermitteln, ist Gegenstand einführender Lehrbücher. Hier geht es jedoch um die Bedingungen für wirtschaftlich richtige Entscheidungen. Die theoretische Betriebswirtschaftslehre wird als Lehre von den zielentsprechenden einzelwirtschaftlichen Entscheidungen verstanden, als Theorie der Unternehmungspolitik.

Betriebswirtschaftliche Entscheidungen fallen immer angesichts einer ungewissen Zukunft. Weil eine Investitions- und Finanzierungstheorie ohne ausdrückliches Einbeziehen der Ungewißheit Kinderei bliebe, habe ich die Grundlagen für rationale Entscheidungen unter Ungewißheit ausführlich dargestellt. Dadurch erklärt sich der Umfang des einleitenden Kapitels.

Um die Lesbarkeit zu erhöhen, wurde das Wichtige durch größeren Druck abgehoben von Sonderproblemen und Literaturanalysen. Das Kleingedruckte kann der Praktiker und Studienanfänger getrost überschlagen; es ist für den Spezialisten gedacht.

Dem Leser, der rasch mit den Grundlagen der Investitions- und Finanzierungstheorie vertraut werden will, empfehle ich, die allgemeinen Ausführungen über die Entscheidungen unter Ungewißheit (A III) zunächst zu überschlagen; er braucht diese Kenntnisse erst, wenn er auf das Problem der Programmentscheidungen unter Ungewißheit (D III) stößt.

Ein solches Buch ist nicht ohne Hilfe zu schreiben. Für zahlreiche kritische Anmerkungen und technische Hilfeleistungen danke ich meinen Mitarbeitern, vor allem den Herren Dr. Helmut Brede, Dipl.-Kfm. Horst Dietz, Dipl.-Vw. Herwarth Pumplün und Dipl.-Kfm. Jürgen Rehberg.

DIETER SCHNEIDER

Vorwort zur 5. Auflage

Die 5. Auflage ist zu über einem Drittel ein neues Buch. Teil A enthält ein neues Kapitel über Entscheidungen unter Ungewißheit, in dem die überaus engen Anwendungsbedingungen der Wahrscheinlichkeitsrechnung und damit der Theorie des Risikonutzens für unternehmerische Entscheidungen herausgearbeitet sind.

In Teil B sind die Ausführungen zum Investitions- und Finanzierungsbegriff neu gefaßt und die zum Gewinn als finanzieller Zielgröße gestrafft worden.

In Teil C hat die Berücksichtigung von Gewinnsteuern eine Umgestaltung und Erweiterung erfahren. Die Umgestaltung wurde durch Steuerrechtsänderungen seit 1975 veranlaßt; einfache Finanzierungskostenberechnungen und zusätzliche Anwendungsfälle sind eingefügt worden. Wissenschaftliches Neuland für ein Lehrbuch erschließen das Kapitel über »Gewinnbesteuerung und Risikobereitschaft« und der Abschnitt über »Inflation, Besteuerung und Vorteilhaftigkeit von Investitions- und Finanzierungsmaßnahmen«, insbesondere hinsichtlich der Unternehmenswertänderungen (also von »Substanzgewinnen« und »Substanzverlusten«) aufgrund der Maßgeblichkeit des Bilanzgewinns für die steuerliche Gewinnermittlung.

Teil D bleibt weitgehend unverändert; präzisiert wurden die Voraussetzungen für die Theorie der Wertpapiermischung.

Das Schwergewicht der Überarbeitung lag in Teil E: im kritischen Aufarbeiten der angelsächsischen Kapitalmarkt- und Finanzierungstheorie der letzten 10 Jahre. Die Antwort auf die Frage nach dem Einfluß der Kapitalmarkteffizienz auf die »Kapitalkosten unter Ungewißheit« und darauf, ob Kapitalkosten unter Ungewißheit eine Entscheidungshilfe darstellen können, fällt im wesentlichen entgegen dem Selbstverständnis der derzeit »herrschenden« Finanzierungs- und Entscheidungstheorie aus: erzwungen durch die kaum jemals deutlich hervorgehobene Fülle an einschränkenden Voraussetzungen, von denen die Existenz der »Kapitalkosten unter Ungewißheit« abhängt.

Um die Erhöhung des Umfangs zu begrenzen, wurde in Teil F allenfalls akademisch Belangvolles gestrichen.

Dieses Buch stellt die Erörterung der Anwendungsvoraussetzungen von Entscheidungsmodellen vor das bequeme Rechnen mit Kapitalwerten, Risikoprofilen, Streuungen usw., das oftmals nur einem Herunterspielen ungelöster Probleme gleichkommt. Schon wegen des dadurch erzwungenen Umfangs wird es nicht von allen geschätzt werden. Wer dennoch zu dieser Darstellung greift, den glaube ich über den Stand der Investitions-, Finanzierungs- und Ungewißheitstheorie Anfang 1980 dem internationalen Standard entsprechend zu unterrichten und bei verschiedenen Einzelfragen (z. B. Anwendbarkeit der auf der Wahrscheinlichkeitsrechnung aufbauenden Entscheidungstheorie, Berücksichtigung des Einflusses der Gewinnbesteuerung auf Investitionsentscheidungen in der Inflation und unter Ungewißheit, Vorbedingungen für die Delegation von Investitionsentscheidungen unter Ungewißheit) mehr zu bieten, als es die zur Zeit führenden angelsächsischen Lehrbücher (z. B. Copeland/Weston) tun.

Meinen Mitarbeitern, den Herren Diplom-Ökonomen Rainer Elschen, Michael Hüchtebrock, Dieter Truxius und Hartmut Wollenhaupt, danke ich für ihre Hilfe und ihren kritischen Rat.

DIETER SCHNEIDER

Inhaltsverzeichnis

A. Voraussetzungen einer Theorie der Unternehmenspolitik 21

    I. Unternehmenspolitik und Unternehmensmodelle 21

        a) Betrieb, Unternehmer und Unternehmung 21
            1. Was ist ein Betrieb? 21
            2. Wer ist Unternehmer? 22
            3. Was ist eine Unternehmung? 23

        b) Unternehmensplanung und Entscheidungsmodelle 25
            1. Unternehmenspolitik und Unternehmensplanung 25
            2. Was nützen Modellüberlegungen der Unternehmenspolitik? 28
            3. Das Informations- und Organisationsproblem 34
                aa) Informationsbeschaffung 34
                bb) Informationsauswertung 35
                cc) Organisation des Entscheidungsprozesses 38

        c) Das Zeitproblem in der Theorie der Unternehmung 40
            1. Handlungszeitraum und Planungszeitraum 40
            2. Die Länge des Planungszeitraums 42
            3. Planperioden und Abrechnungsperioden 43
                aa) Statische (einperiodige) und dynamische (mehrperiodige)
                     Planungsmodelle 43
                bb) Wie lange dauert eine Abrechnungsperiode? 44
            4. Zeitliche Voraussetzungen betrieblicher Planungsmodelle 46

    II. Unternehmensziele 48

        a) Rationales Verhalten und Ziel-bewußte Entscheidungen 48

        b) Handlungsmotive und Zielsetzungen 49

        c) Die Zielgrößen 52

        d) Die Zielvorschrift 54
            1. Die Extremwertforderung 54
            2. Die Zielvorschrift bei konkurrierenden Zielgrößen (Zielkonflikten) .. 57

    III. Entscheidungen unter Ungewißheit 61

        a) Die Aufgabe der Entscheidungstheorie 61
            1. Unvollkommene Information, inexakte Entscheidungsprobleme
                und Entscheidungen unter Ungewißheit 61

2. Wahrscheinlichkeitsrechnung und Entscheidungen unter Ungewißheit ... 67
3. Erscheinungsformen der Ungewißheit bei gegebenem Informationsstand und exakter Problembeschreibung 70

b) Beschreibung der Ungewißheit einer Entscheidung: Meßbarkeitserfordernisse für nominale Wahrscheinlichkeiten 74
1. Existenzbedingungen und Anwendungsbedingungen von Entscheidungsmodellen 74
2. Wann besteht »vollständige Gewißheit über die Ungewißheit«? 75

c) Rangstufen für die Glaubwürdigkeit: Meßbarkeitserfordernisse für ordinale Wahrscheinlichkeiten 81
1. Das Prinzip vom mangelnden Grunde und das Problem der Gleichschätzung (Indifferenz) 81
2. Die Bedingung »vollständiger Ereignisalgebra« 84
3. Das Rangordnungsprinzip 86
4. Das Unabhängigkeitsprinzip 87

d) Zahlen für die Glaubwürdigkeit: Meßbarkeitserfordernisse für quantitative Wahrscheinlichkeiten 93
1. Die Unmöglichkeit, Rangordnungen stets zu beziffern 93
2. Intervallwahrscheinlichkeiten 95
3. Quantitative Wahrscheinlichkeiten als rationale Wettquotienten: das Stetigkeitsprinzip 98
4. Lassen sich immer rationale Wettquotienten bilden? 102
5. Dürfen Wettquotienten stets als Wahrscheinlichkeiten gedeutet werden? 104

e) Entscheidungsregeln bei quantitativen Wahrscheinlichkeiten 108
1. Vorbedingungen für die Anwendung von Entscheidungsregeln 108
   aa) Wirtschaftliche Bestimmungsgründe rationalen Verhaltens unter Ungewißheit 108
   bb) Programmentscheidungen und Einzelentscheidungen 109
   cc) Ein Beispiel zur Programmplanung 111
   dd) Programmplanung und Anpassungsfähigkeit 114
2. Dominanzprinzip 116
3. Theorie des Risikonutzens (Bernoulli-Prinzip) 119
   aa) Endvermögen oder Einkommen als Bezugsgröße des Risikonutzens? 119
   bb) Quantitative subjektive Wahrscheinlichkeiten und Erscheinungsformen der Risikoneigung 120
   cc) Das Prinzip der Beschränkung der Risikonutzenfunktion 122
   dd) Beispiel 124
4. Einzelfragen 126
   aa) Bernoullis Lösung 127
   bb) Risikonutzen, Präferenzwahrscheinlichkeiten und kardinale Meßbarkeit 129

cc) Risikonutzenfunktion, Risikopräferenzfunktion und
Risikoindifferenzkurven 130

f) Entscheidungsregeln für niedrigere Meßbarkeitsstufen der Ungewißheit . 137
1. Intervallwahrscheinlichkeiten 137
2. Regeln für vernünftiges Verhalten bei ordinalen und nominalen
Wahrscheinlichkeiten? 139

g) Das Problem des Optimums für die Informationsbeschaffung 140
1. Der Informationswert bei ungewißheitsmindernden Informationen .. 140
2. Ruin der durchgehenden Rangordnung durch neue Informationen .. 142

B. Grundlagen der Investitions- und Finanzierungstheorie 145

I. Die Unternehmung als Investitions- und Finanzierungsobjekt 145

a) Die Aufgaben der finanzwirtschaftlichen Unternehmungspolitik und
der Investitions- und Finanzierungstheorie 145

b) Der Zahlungsbereich und die Begriffe Investition und Finanzierung 147

c) Quellen der Zahlungsbereitschaft und Finanzierungsarten 152

II. Finanzielle Zielgrößen und finanzwirtschaftliche Vorteilsmaßstäbe 158

a) Alternative finanzielle Ziele 158
1. Bedürfnisbefriedigung und finanzielle Zielgrößen 158
2. Finanzielle Ziele in personenbezogenen Unternehmen 161
   aa) Vermögens-, Einkommens- und Wohlstandsstreben 161
   bb) Das Problem des »Endvermögens« am Planungshorizont 163
3. Finanzielle Ziele in firmenbezogenen Unternehmen 166
   aa) Das Problem »firmeneigener Ziele« 166
   bb) Handeln im Interesse der Anteilseigner 167
4. Das Verhältnis zwischen Vermögens-, Einkommens- und
Wohlstandsstreben 169

b) Modellstruktur und finanzielles Zielsystem 171
1. Vollständiger Vorteilsvergleich durch finanzwirtschaftliche
Totalmodelle 171
2. Begrenzter Vorteilsvergleich durch finanzwirtschaftliche
Partialmodelle 173
3. Modellstruktur bei Einzel- und Programmentscheidungen 175

c) Die Problematik der herkömmlichen finanzwirtschaftlichen
Vorteilsmaßstäbe 177
1. Cournotscher Satz, Kapitalwert und Rendite im einperiodigen
Vorteilsvergleich 177
2. Kapitalwert und Annuität als mehrperiodige Vorteilsmaßstäbe 179
3. Der interne Zinsfuß als mehrperiodiges Rentabilitätsmaß 182

Inhaltsverzeichnis

        aa) Ein Wahlproblem mit Tücken 182
        bb) Die »Rendite« im Mehrperiodenfall 186
        cc) Zusammenfassende Kritik am internen Zinsfuß einer
            unkorrigierten Zahlungsreihe 190
        dd) Beseitigung der Mängel durch ausdrückliche Wiederanlage-
            und Refinanzierungsannahmen 193
    4. Rentabilitätsstreben als finanzielles Ziel? 194
        aa) Grenzrendite und Durchschnittsrendite 194
        bb) Kapitalwertmaximierung und Maximierung der Rentabilität
            des Eigenkapitals 196

III. »Gewinn« als finanzielle Zielgröße 200

  a) Gewinnbegriff und Zwecke der Gewinnermittlung 200
    1. Drei Zwecke der Gewinnermittlung 200
    2. Der Totalgewinn und die Zwecke der Gewinnermittlung 202
    3. Der Periodengewinn und die Zwecke der Gewinnermittlung 204

  b) Der Periodengewinn als entnahmefähiger Einnahmenüberschuß 206
    1. Der Gewinnbegriff in der Unternehmung auf Zeit 206
    2. Der Gewinnbegriff in der Unternehmung auf Dauer 208

C. Die Planung von einzelnen Investitions- und Finanzierungsmaßnahmen 217

  I. Die Datenerfassung 217

    a) Das Investitionsobjekt 217
    b) Grundsätzliches zur Prognose von Zahlungsströmen 218
        1. Das Ungewißheitsproblem 219
        2. Das Interdependenzproblem 219
    c) Einzelfragen bei der Prognose der Zahlungsströme 223
        1. Das Problem der »technischen« Nutzungsdauer 223
        2. Anlagenunterhaltungsausgaben 225
        3. Der technische Fortschritt 226
    d) Der Kalkulationszinsfuß 228

  II. Die Berechnung der Vorteilhaftigkeit einer Investition 231

    a) Die einmalige Investition 231
    b) Die wiederholte Investition 236
        1. Die endliche Investitionskette 236
        2. Die unendliche Investitionskette 238
    c) Das Problem des optimalen Ersatzzeitpunktes 240
    d) Praktische Risikovorsorge bei Einzelentscheidungen 243

Inhaltsverzeichnis

    1. Die Berechnung kritischer Werte 243
    2. Das Problem der Amortisationsdauer im besonderen 244
    3. Risikoabschläge 246

III. Der Einfluß der Gewinnbesteuerung auf die Vorteilhaftigkeit von Investitions- und Finanzierungsmaßnahmen 248

    a) Gewinnbesteuerung und Vorteilhaftigkeit einperiodiger Investitions- und Finanzierungsmaßnahmen 248
        1. Der Gewinnverzehr durch die Besteuerung 248
        2. Abweichungen zwischen Zielgrößen und Steuerbemessungsgrundlagen 251
            aa) Zahlungsweise und Bemessungsgrundlagen der Gewinnbesteuerung 251
            bb) Steuerliche Gewinnvergünstigungen 253
            cc) Steuerliche Gewinnverböserungen 254
            dd) Folgen von Gewinnvergünstigungen und Gewinnverböserungen 254
            ee) Verlustberücksichtigung 256
        3. Belastungsverschiebungen bei einperiodigen steuerlichen Wahlproblemen 256
            aa) Drei elementare Klarstellungen 256
            bb) Vorteilskriterien für einperiodige Bilanzierungswahlrechte 258
        4. Gewinnbesteuerung und »Kosten« der Eigen-, Fremd- und Selbstfinanzierung 259
            aa) Steuerliche Verteuerung der Eigenfinanzierung gegenüber der Fremdfinanzierung 260
            bb) Steuerliche Einflüsse auf die Wahl zwischen Eigenfinanzierung und Selbstfinanzierung 263
                α) Kapitalgesellschaften, die mit ihren Anteilseignern eine wirtschaftliche Einheit bilden 263
                β) Kapitalgesellschaften, die mit ihren Anteilseignern keine wirtschaftliche Einheit bilden 265

    b) Gewinnbesteuerung und Vorteilhaftigkeit mehrperiodiger Investitions- und Finanzierungsmaßnahmen 266
        1. Voraussetzungen der Modellüberlegungen 266
        2. Das Standardmodell 273
            aa) Der Kapitalwert im Steuerfall 273
            bb) Die Wirkung der Besteuerung auf Nutzungsdauer und Ersatzzeitpunkt 274
            cc) Die Bedingungen für die Einflußlosigkeit der Gewinnbesteuerung auf die Vorteilhaftigkeit von Investitionen 275
                α) Beispiel 276
                β) Herleitung der Bedingungen 279
                γ) Die Wirklichkeitsnähe der Bedingungen 282
        3. Der Einfluß der Besteuerung auf die Rendite 283

    c) Anwendungsfälle 285
        1. Abschreibungsgesellschaften und negatives Kapitalkonto in Berlin .. 285

2. Vorteile und Nachteile einer Abschreibungsvorverlegung 286
3. Ein Vergleich der steuerlichen Maßnahmen zur Investitionsförderung . 288
   aa) Abzüge von der Steuerschuld, Investitionszulagen und
       steuerfreie Rücklagen 288
   bb) Das Zusammenwirken mehrerer steuerlicher Investitions-
       förderungsmaßnahmen 290
4. Kauf oder Miete von Anlagen (Leasing) 291
5. Lang- und kurzlebige Investitionen 295
6. Die preissenkende Wirkung höherer Gewinnbesteuerung bei
   Lohnerhöhungen und arbeitssparenden Investitionen 296
7. Veräußerungszeitpunkt von Grundstücken und Wertpapieren 300
   aa) Die Fragwürdigkeit des »lock-in-Effekts« 300
   bb) Der Einfluß der Gewinnbesteuerung auf die Verkaufsbereitschaft
       bei sich nicht ausschließenden Vorhaben 303
   cc) Der Einfluß der Gewinnbesteuerung auf die Verkaufsbereitschaft
       bei sich ausschließenden Vorhaben 304
   dd) Ergebnis 308

d) Inflation, Besteuerung und Vorteilhaftigkeit von Investitions- und
   Finanzierungsmaßnahmen 308
   1. Anwendungsbedingungen von Investitionsmodellen bei Inflation 308
   2. Neutralität der Gewinnbesteuerung gegenüber der Investitionspolitik
      in der Inflation 313
      aa) Systematische und kompensierende Neutralität 313
      bb) Die Bedingungen für systematische Neutralität einer
          diskriminierenden Gewinnsteuer 314
      cc) Die Bedingungen für systematische Neutralität einer
          allgemeinen Gewinnsteuer 316
   3. Unternehmenswertänderungen aufgrund der Maßgeblichkeit des
      Bilanzgewinns für die steuerliche Gewinnermittlung 322
   4. Folgerungen für die Steuer- und Wirtschaftspolitik 329

IV. Gewinnbesteuerung und Risikobereitschaft zu Investitionen 331

a) Risikobereitschaft und progressive Gewinnbesteuerung 331

b) Förderung der Risikobereitschaft durch Steuervergünstigungen
   bei proportionalen Steuersätzen? 334
   1. Werkzeuge für die Untersuchung 334
   2. Förderung der Risikobereitschaft bei allen Formen von
      Risikoabneigung 336
   3. Förderung der Risikobereitschaft bei einzelnen Formen von
      Risikoabneigung 339
      aa) Systematische Neutralität in den Bemessungsgrundlagen 339
      bb) Gewinnverböserungen 340
      cc) Gewinnvergünstigungen 341

4. Förderung der Risikobereitschaft nur für einzelne Risikonutzenfunktionen 342
   aa) Abschreibungsvergünstigungen und die Wahl zwischen abschreibungsfähigen Investitionen 342
   bb) Das Zusammenwirken steuerlicher Gewinnverböserungen und Gewinnvergünstigungen in der Wirklichkeit 346
c) Steuerliche Einflüsse auf finanzielle Ziele, Risikoneigung, Investitions- und Finanzierungsmöglichkeiten 347
d) Die Fragwürdigkeit steuerlicher Investitionsförderung und des wirtschaftspolitischen Zwecks der Besteuerung 348

D. Die Planung von Investitions- und Finanzierungsprogrammen 351

I. Finanzierungsquellen und Kapitalmarktformen 351

II. Grundmodelle zur Abstimmung von Investitions- und Finanzplanung 355
   a) Investitions- und Finanzplanung bei vollkommenem Kapitalmarkt: die klassische Lösung 355
      1. Beliebig teilbare Investitionsvorhaben 355
      2. Unteilbare Investitionsvorhaben: das Lutz-Modell 358
   b) Investitions- und Finanzplanung bei unvollkommenem Kapitalmarkt: die präferenzabhängige Lösung 361
      1. Das Grundmodell 361
      2. Folgerungen für Investitionsprogramm und Kapitalstruktur 368
         aa) Umfang des Investitionsprogramms 369
         bb) Zusammensetzung des Investitionsprogramms 372
         cc) Zusammensetzung des Finanzierungsprogramms: die Kapitalstruktur 373
         dd) Eine Erweiterung: veränderliche Soll- und Habenzinsen ... 374
         ee) Ergebnis 374
      3. Finanzielles Zielsystem und die Investitions- und Finanzplanung bei unvollkommenem Kapitalmarkt 375
   c) Investitions- und Finanzplanung bei beschränktem Kapitalmarkt: die kombinatorische Lösung 376
      1. Der optimale Finanzplan als kombinatorisches Problem 376
      2. Investitions- und Finanzplanung mit Hilfe linearer Programmierung . 378
         aa) Ein Beispiel ohne Kassenhaltung 378
            α) Grafische Lösung 378
            β) Die Lösung mit Hilfe der Simplexmethode 381
            γ) Dualtheorem und Schattenpreise 386
         bb) Berücksichtigung der Kassenhaltung 389
         cc) Allgemeine Formulierung linearer Planungsmodelle 392

3. Investitions- und Finanzplanung bei sich ausschließenden
      Handlungsprogrammen 394
      aa) Das Zusammenstellen sich ausschließender Investitions-
          programme 394
      bb) Ein Beispiel zur ganzzahligen kombinatorischen Investitions-
          und Finanzplanung 395
          α) Ohne Steuern 395
          β) Mit Steuern 399
      cc) Das Problem der Rechentechnik 404
   4. Kombinatorische Investitions- und Finanzplanung in der Literatur .. 405

III. Programmentscheidungen unter Ungewißheit 409
  a) Die Theorie der Wertpapiermischung 409
     1. Ein Beispiel 409
     2. Allgemeine Bestimmung der guten Handlungsmöglichkeiten und
        des Optimums 422
  b) Voraussetzungen einer allgemeinen Theorie der Investitionsmischung ... 425
     1. Die Bedeutung der Risikopräferenzfunktion und der Risikonutzen-
        funktion für die Bestimmung guter Handlungsprogramme 425
     2. Der Risikoverbund in Investitionsmischungen 428
        aa) Risikoverbund als eine Form gegenseitiger Abhängigkeit
            zwischen Investitionsvorhaben 428
        bb) Die Formen des Risikoverbundes bei einfacher Ordnung
            der Zielbeiträge 429
        cc) Risikounabhängigkeit und Risikoverbund bei mehrfacher
            Ordnung der Zielbeiträge 431
  c) Optimumbestimmung bei kombinatorischer Investitions- und
     Finanzplanung unter Ungewißheit 433
     1. Empfindlichkeitsanalyse 434
     2. Mathematisches Programmieren unter Ungewißheit 435
        aa) Stochastisches lineares Programmieren 435
        bb) Das »strenge« Vorgehen des linearen Programmierens unter
            Ungewißheit 436
        cc) Das »milde« Vorgehen des linearen Programmierens unter
            Ungewißheit 437
        dd) Optimumbestimmung für hinreichend zulässige Programme 438
     3. Ein praktikabler Weg zur Optimumbestimmung für hinreichend
        zulässige Programme 440
        aa) Jederzeit zulässig gegen hinreichend zulässige Programme 440
        bb) Ungewißheit über die knappen Mittel 442
        cc) Ungewißheit über Mittelvorrat und Mittelbeanspruchung 443
        dd) Ungewißheit in den Zielbeiträgen 446
        ee) Das Problem des Sicherheitsniveaus 449
  d) Zusammenfassung der Schwierigkeiten der Programmplanung unter
     Ungewißheit 450

E. Kapitalkosten und Kapitalstruktur 453

I. Finanzierungsgrundsätze und Wahlprobleme zwischen den Finanzierungsarten 453

a) Die Problematik von Finanzierungsregeln 453

b) Zielsetzung und Wahlprobleme zwischen den Finanzierungsarten 455

II. Finanzierungsoptima bei Vernachlässigung der Ungewißheit 457

a) Eigenfinanzierung oder Fremdfinanzierung? 457
   1. Kapitalerhöhungen in personenbezogenen Unternehmen 457
      aa) Beteiligung ohne Aufgeld 459
      bb) Beteiligung mit Aufgeld 460
   2. Kapitalerhöhungen in Publikumsgesellschaften 463
      aa) Zielsetzungen und Wahlprobleme bei Eigenfinanzierung 463
      bb) Das Ausmaß an Eigenfinanzierung 464
         α) Handeln im Interesse der Anteilseigner 464
         β) Firmeneigenes Vermögensstreben 465
   3. Einzelfragen 466
      aa) Der Emissionskurs 466
      bb) Die Problematik der herkömmlichen Bezugsrechtsformel 472
      cc) Verwertungsaktien 473

b) Selbstfinanzierung oder Fremdfinanzierung? 475
   1. Zielsetzung und Selbstfinanzierung 475
   2. Bestimmungsgründe optimaler Selbstfinanzierung bei Handeln im Vermögensinteresse der Anteilseigner 478
      aa) Die allgemeinen Voraussetzungen einer Vermögensmaximierung für den Durchschnittsaktionär 478
      bb) Gewinnthese oder Dividendenthese? 479
   3. Kapitalmarktformen und das Optimum an Selbstfinanzierung 483
      aa) Vollkommener Kapitalmarkt 483
         α) Keine Ausschüttungsprämie 483
         β) Mit Ausschüttungsprämie 484
      bb) Unvollkommener Kapitalmarkt 484
         α) Keine Ausschüttungsprämie 484
         β) Mit Ausschüttungsprämie 485
      cc) Beschränkter Kapitalmarkt 486
      dd) Zusammenfassung 487

III. Der Einfluß der Ungewißheit auf die Kapitalstruktur 488

a) Bedingungen für das Optimum an Fremdfinanzierung 488
   1. Der Verschuldungshebel 488
   2. Risiko und Verschuldungsgrad 489

b) Das Optimum an Fremdfinanzierung aus der Sicht der Anteilseigner ... 492
   1. Personenbezogene Unternehmen 492
   2. Publikumsgesellschaften 496
      aa) Die These von der Abhängigkeit des Unternehmenswertes
          vom Verschuldungsgrad 497
      bb) Die These von der Unabhängigkeit des Unternehmenswertes
          vom Verschuldungsgrad 499
      cc) Die Problematik der Erfassung des Kapitalstrukturrisikos 503
c) Das Optimum an Fremdfinanzierung aus der Sicht der Gläubiger 504
   1. Gläubigerrisiko und Kreditbeschränkung 504
      aa) Bestimmungsgründe des Gläubigerrisikos 504
      bb) Das Problem der Kreditgrenze 506
      cc) Der Einfluß des Zinssatzes auf die Kreditgrenze 508
   2. Die Abhängigkeit des Kreditspielraums von den Kreditsicherheiten .. 510
   3. Die Abhängigkeit des Kreditspielraums von der Verbesserung
      der Kapitalstruktur 512
d) Zusammenfassung 516

IV. Kapitalmarkteffizienz und Kapitalkosten unter Ungewißheit 517
    a) Erklärende Theorie des Kapitalmarktgleichgewichts und gestaltende
       Theorie der Kapitalkosten 517
    b) Das Kapitalmarktmodell der erklärenden Theorie des Kapitalmarkt-
       gleichgewichts 521
       1. Bestimmung der Kapitalmarktkosten unter Ungewißheit:
          das Modell der Kapitalmarktlinie 521
       2. Bestimmung der Kapitalkosten unter Ungewißheit: das Modell
          der Wertpapierlinie (Capital Asset Pricing Model) 526
    c) Die logischen Existenzbedingungen für ein risikoeffizientes Markt-
       portefeuille 531
       1. Modellkern und Randbedingungen des Kapitalmarktmodells 531
       2. Fehlender risikoloser Marktzins: Wertpapierlinie
          ohne Kapitalmarktlinie 532
          aa) Das Problem der Leerverkäufe 533
          bb) Die Wertpapierlinie bei ausschließlich risikobehafteten Anlagen . 537
       3. Einheitlicher Markt für risikotragende Handlungsmöglichkeiten
          und Marktaufspaltung 541
       4. Gleiche Erwartungen aller Marktteilnehmer, Informationseffizienz
          und strenger Zufallspfad der Kursänderungen 543
    d) Risikoeffizientes Marktportefeuille und Informationseffizienz
       realer Kapitalmärkte 546
       1. Was ist am Kapitalmarktmodell überhaupt empirisch prüfbar? 546
       2. Kapitalmarktmodelle als Glaubens-Vorentscheidungen für
          empirische Tests 550

3. Der empirische Gehalt der drei Formen von Informationseffizienz ... 553
   aa) Strenge Informationseffizienz 553
   bb) Schwache Informationseffizienz 554
   cc) Halbstrenge Informationseffizienz 555
   dd) Ein Test halbstrenger Informationseffizienz: Aktiensplit und Kursgewinne 558
   ee) Lohnen sich Informationen bei Informationseffizienz des Kapitalmarkts? 559
4. Kapitalmarkteffizienz und Informationsfunktion des Jahresabschlusses 561

V. Kapitalkosten unter Ungewißheit als Entscheidungshilfe? 566

   a) Einperiodige Kapitalkosten unter Ungewißheit und Kapitalstruktur 566
      1. Investitionsplanung mit Hilfe einperiodiger Kapitalkosten unter Ungewißheit 566
      2. Besteuerung und Kapitalkosten unter Ungewißheit: die Verbindung von Modigliani-Miller-Theorem und CAPM 567
      3. Gewogene durchschnittliche Kapitalkosten bei Substanzbesteuerung und körperschaftsteuerlichem Anrechnungsverfahren 572

   b) Mehrfache Risikoprämien bei mehrperiodigen Kapitalkosten unter Ungewißheit 576
      1. Voraussetzungen mehrperiodiger Kapitalkosten unter Ungewißheit .. 576
      2. Umformulierung des Modells der Wertpapierlinie in Endvermögensgrößen 579
      3. Mehrfache Risikoprämien als Ergebnis dynamischer Programmierung 581

   c) Existieren Kapitalkosten unter Ungewißheit bei beliebigen Wahrscheinlichkeitsverteilungen für das Endvermögen? 583
      1. Voraussetzungen für die Bedeutungslosigkeit der Ausschüttungs- und Finanzierungspolitik 583
      2. Erscheinungsformen der Risikoabneigung in Abhängigkeit vom Vermögen (Finanzierungsspielraum) 585
      3. Unabhängigkeit der Zusammensetzung des Investitionsprogramms vom Finanzierungsspielraum bei einperiodiger Planung 588
      4. Unabhängigkeit der Zusammensetzung des Investitionsprogramms vom Finanzierungsspielraum bei mehrperiodiger Planung 593
      5. Delegierbarkeit von Investitionsentscheidungen innerhalb eines Unternehmens: die Unvereinbarkeit von Budgetbeschränkung und Mindestrenditenvorgabe 595

   d) Kapitalkosten der Eigenfinanzierung als Optionspreise? 599
      1. Wertpapieroptionen und risikoloses Portefeuille 599
      2. Das Optionspreismodell 602

3. Was bedeutet die Theorie der Optionspreise für die betriebliche Finanzpolitik? 606

VI. Die Fragwürdigkeit der Kapitalkostenvorstellung 608

F. **Finanzwirtschaftliche Grundlagen einer Theorie der Gesamtplanung** 611

I. Die gegenseitige Abhängigkeit von Zahlungs- und Leistungsbereich der Unternehmung 611

II. Die Abstimmung zwischen Zahlungs- und Leistungsbereich bei einperiodiger Planung 613
   a) Produktions- und Absatzplanung ohne Engpässe 613
      1. Voraussetzungen und leistungswirtschaftliche Wahlprobleme 613
      2. Der Einfluß des Zahlungsbereichs auf den Leistungsbereich 615
         aa) Vollkommener und unvollkommener Kapitalmarkt 615
         bb) Beschränkter Kapitalmarkt 616
   b) Produktions- und Absatzplanung bei Engpässen 619
      1. Das leistungswirtschaftliche Optimum 619
      2. Der Einfluß des Zahlungsbereichs auf den Leistungsbereich 623

III. Ansätze zur Abstimmung zwischen Zahlungs- und Leistungsbereich bei mehrperiodiger Planung 624
   a) Die Abstimmungsprobleme bei mehrperiodiger Planung 624
   b) Die Analyse der Kapitalbindung leistungswirtschaftlicher Prozesse 625
      1. Kapitalbedarfsfunktionen und ihre Problematik 625
         aa) Kapitalbedarfsfunktionen und Zahlungsströme 625
         bb) Ein Anwendungsfall: Der Kapazitätserweiterungseffekt 629
      2. Kapital und Kapitalbindungsdauer als eigenständige Produktionsfaktoren 637
   c) Die Ansätze zur Verbindung von Produktions- und Investitionstheorie .. 640

IV. Folgerungen: Investition und Finanzierung in ihrem Verhältnis zur leistungswirtschaftlichen Theorie und zur Unternehmensrechnung 641
   a) Zahlungsströme und die Grundlagen der Produktions- und Kostentheorie 641
      1. Messung des Faktoreinsatzes in Produktionsfunktionen und Produktionsprozessen 641
      2. Das Preisproblem des Faktoreinsatzes und der Ausgabenverbund der Faktoren 645
         aa) Die Bedeutung der Ausgaben- und Faktoreinsatzzeitpunkte für die Kostenentstehung 645

bb) Ausgabenverbund der Faktoren und das System der
Produktionsfunktionen und Produktionsprozesse 648
3. Ergebnis 649
b) Zahlungsströme und die Grundlagen der Unternehmungsrechnung 650

Literaturverzeichnis 653

Sachverzeichnis 673

A. Voraussetzungen einer Theorie der Unternehmenspolitik

I. Unternehmenspolitik und Unternehmensmodelle

Ist es zweckmäßig, neue Anlagen zu erwerben, alte zu ersetzen, Gewinne auszuschütten, Kredite aufzunehmen, Preise zu erhöhen oder zu senken, Arbeiter einzustellen oder zu entlassen? Das sind Fragen, mit denen sich die Betriebswirtschaftslehre zu beschäftigen hat. Ehe Einzelfragen der Investition und Finanzierung erörtert werden, empfiehlt es sich, eine gemeinsame Sprache zu finden. Deshalb sind einige Begriffe zu klären. Bei der Begriffswahl handelt es sich um Zweckmäßigkeitsentscheidungen, die weder richtig noch falsch sein können. Eine Übereinkunft in den Begriffen ist jedoch notwendig, damit Leser und Autor nicht aneinander vorbeireden.

a) Betrieb, Unternehmer und Unternehmung

1. Was ist ein Betrieb?

Wirtschaften heißt üblicherweise das Verfügen über knappe Mittel, um Bedürfnisse zu befriedigen. Leider ist diese (auch in früheren Auflagen verwandte) Definition viel zu weit: Musizieren und Wettlaufen, Beten und Morden befriedigen Bedürfnisse und verlangen durchweg den Einsatz knapper Mittel. Deshalb soll hier unter »Wirtschaften« nur ein Aspekt menschlichen Handelns verstanden werden: die Einkommenserzielung durch menschliches Handeln und die Einkommensverwendung bei menschlichem Handeln, wobei Einkommen im alltäglichen (vortheoretischen) Sinn als Geld- oder Güterzufluß gemeint ist (Später, S. 161, werden wir »Einkommen« einen speziellen Sinn geben, Einkommen steht dann nur mehr für eines von mehreren alternativen finanziellen Zielen). In der Wirtschaftstheorie geht es damit letztlich um die Bestimmung der Austauschverhältnisse von Sachen bzw. Dienstleistungen gegen andere Sachen bzw. Dienstleistungen.
Betriebe sind Zusammenfassungen von Menschen und Sachen, betrachtet unter dem Gesichtspunkt der Einkommenserzielung, also im Hinblick auf die von der Leistungserstellung (dem Angebot) ausgehenden Einflüsse auf die Austauschverhältnisse von Sachen und Dienstleistungen. *Haushalte* sind Zusammenfassungen von Menschen und Sachen, betrachtet unter dem Gesichtspunkt der Einkommensverwendung, also im Hinblick auf die von der Nachfrage nach Sachen und Diensten ausgehenden Einflüsse auf die Austauschverhältnisse.

Die Trennung von Betrieben und Haushalten ist etwas gewaltsam. Da nur wenige Menschen rohes Fleisch und ungeschälte Kartoffeln lieben, zählt die Küche zu den Betrieben und nur der gedeckte Eßtisch zum Haushalt. An der Folgerung, daß strenggenommen die Küche zu den Betrieben zählt, sollte man sich nicht stören. Für die Küche werden tatsächlich betriebliche Entscheidungen getroffen. Die Frage, ob eine Tiefkühltruhe oder ein neuer Elektroherd angeschafft werden soll, ist ein Investitionsproblem, das im Prinzip mit den gleichen Entscheidungshilfen gelöst werden muß, wie sie ein Stahlkonzern für die Frage: neue Walzstraße oder neues Kraftwerk? anwendet.

2. Wer ist Unternehmer?

Das Erstellen von Gütern und Dienstleistungen verlangt *Organisation*, also das Zusammenfassen von Menschen und Sachen zu einem Zweck. Die Leistungserstellung erfolgt, anders ausgedrückt, durch eine Kombination von Produktionsfaktoren. Die Kombination von menschlicher Arbeit und Sachen zur Leistungserstellung setzt Entscheidungen und ausführende Tätigkeiten voraus. Jeder, der eine Tätigkeit ausführt, steht vor Entscheidungsproblemen, auch der Hilfsarbeiter, der sich überlegt, ob er die linke oder die rechte Seite des Hofes zuerst ausfegt. Es kommt auf die Tragweite der Entscheidung an, ob das Entscheidungsproblem theoretische Überlegungen erfordert. Jede Entscheidung setzt ein Ziel voraus, die Möglichkeit, Mittel einzusetzen, und die Kenntnis von Handlungsmöglichkeiten, um durch den Mitteleinsatz das Ziel zu erreichen. Wem Ziele, Mittel und Handlungsmöglichkeiten im einzelnen vorgegeben sind, der verwaltet eine Aufgabe (Sauberhalten des Hofes, wie der Hilfsarbeiter); er ist kein Unternehmer. Wer die Ziele erst im einzelnen festlegen, die Mittel suchen, die Handlungsmöglichkeiten in ihren Beiträgen zum Ziel und ihrer Mittelbeanspruchung erforschen muß und sich für eine Handlungsmöglichkeit entscheidet, den nennen wir »Unternehmer«. Ob ein Wahlproblem eine »unternehmerische« Entscheidung erfordert, hängt also allein von den Schwierigkeiten des Problems ab, ob Nachdenken über wirtschaftliche Tatbestände und damit eine Theorie für die Lösung des Entscheidungsproblems notwendig ist.

Unternehmer ist, wer Geld- bzw. Güterzufluß erreichen will und dabei Ziele und Handlungsmöglichkeiten untersuchen muß. Dieser Begriff vom Unternehmer entspricht nicht dem allgemeinen Sprachgebrauch. Unter einem Unternehmer stellt man sich meistens den Eigentümer eines Betriebes vor, auch den Vorstand einer Aktiengesellschaft. Soziologisch angehauchte Autoren legen demgegenüber Wert auf die Trennung von Unternehmer und Manager.

Für eine Theorie wirtschaftlicher Entscheidungen ist eine solche Begriffsbildung unzweckmäßig. Jeder, der über Geld verfügen will, steht z. B. vor Investitions- und Finanzierungsentscheidungen: der Einzelkaufmann, der einen Bankkredit beantragt, um Skonti seiner Lieferanten auszunutzen, Vorstand und Aufsichtsrat der Aktiengesellschaft, die über eine Kapitalerhöhung beraten, um danach die Kapazitäten auszubauen, der Malergeselle, der mit 1 000 Mark spekuliert und nächtelang über die einzelnen Anlagemöglichkeiten und ihre Mittelbeanspruchung grübelt. Sind die Entscheidungen des Malergesellen »betriebswirtschaftliche« Entscheidungen? Die Spekulationen des Malergesellen sind Investitionsentscheidungen: Rendite, Finanzierung, Risiko hat er genauso zu untersuchen wie ein Konzernstratege beim Aufkauf einzelner Firmen. Will man die Investitionsentscheidungen des Malergesellen nicht zu den betriebswirtschaftlichen Problemen rechnen, dann darf man die Betriebswirtschaftslehre nicht als Lehre einzelwirtschaftlicher Entscheidungen verstehen, sondern muß sich auf die altüberkommene »institutionelle« Betrachtungsweise beschränken, auf die Erklärung des wirtschaftlichen Geschehens in »Firmen« oder »Betrieben«. Da aber auch in der Institution »Firma« bzw. »Betrieb« Menschen handeln, die ihre persönlichen Interessen verfolgen, löst man mit der institutionellen Betrachtungsweise die Entscheidungsprobleme nicht.

Die bisherigen Beispiele für unternehmerische Investitions- und Finanzierungsentscheidungen gehörten zum Bereich der »Konsumvorsorge« bzw. der »Leistungserstellung«, nicht zum Bereich der gegenwärtigen Konsumentscheidungen. »Leistungserstellung« dient dem künftigen Konsum, allgemeiner: der künftigen Zielerfüllung. Die Investitions- und Finanzierungsentscheidungen lassen sich aber nicht von den gegenwärtigen Konsumwünschen trennen: Die Höhe der Wertpapierkäufe des Malergesellen hängt von seinem Sparwillen ab, ob er z. B. bereit ist, den Ärger über seinen Fußballverein herunterzuschlucken, statt ihn zu ertränken. Ob der Einzelkaufmann den beantragten Kredit bekommt, hängt u. a. von seinem Eigenkapital und damit auch von seinen bisherigen Privatentnahmen ab. Wir können also nicht einmal Konsumentscheidungen gänzlich aus dem Bereich betriebswirtschaftlicher Entscheidungen verbannen. Auch deshalb wählen wir für den Begriff »Unternehmer« einen so umfassenden Inhalt.

Für die hier zu erörternden Sachfragen gilt: Unternehmer ist derjenige, der Investitions- und Finanzierungsentscheidungen trifft. Im Einzelfall kann das ein Einzelkaufmann, ein Geschäftsführer einer GmbH, ein Abteilungsleiter in einem Konzern sein oder ein Familienvater, der überlegt, ob er einen Bausparvertrag abschließen oder einen Zweitwagen erwerben soll.

Die Investitions- und Finanzierungsentscheidungen in den Firmen (Betrieben) sind umfangreicher und schwieriger als die privaten Entscheidungen. Deshalb werden wir uns vorwiegend auf die Entscheidungsprobleme in Firmen (Betrieben) beschränken.

3. Was ist eine Unternehmung?

Nachdem wir wissen, wer Unternehmer ist, bleibt zu fragen: Was ist eine Unternehmung? Hier beginnen die Schwierigkeiten, weil verschiedene Wege gangbar sind:
(1) Der Begriff Unternehmung umfaßt alle Handlungen einer Person mit dem Ziel der Leistungserstellung: das, was einer »unternimmt«. Der Begriff Unternehmung schließt hier die Gesamtheit der leistungserstellenden Tätigkeiten eines Unternehmers ein. Konsumentscheidungen gehören nicht in die Unternehmung; sie bestimmen allerdings die Mittel, die für die Unternehmung verbleiben. Wir sprechen vom *personenbezogenen* Unternehmungsbegriff.
(2) Unternehmung wird verstanden als rechtliche Institution, als Firma. Das ist der *firmenbezogene* Unternehmungsbegriff.

Beide Unternehmungsbegriffe sind mit dem Begriff »Betrieb als wirtschaftliche Einheit, die der Leistungserstellung dient«, vereinbar. Im folgenden werden wir Betrieb und Unternehmung gleichsetzen, meistens aber von »Unternehmen« sprechen. Autoren, die Wert auf die Trennung von Betrieb und Unternehmung legen, wählen andere Definitionen, z. B.: Unternehmung ist die rechtlich-finanzielle Einheit, Betrieb die technisch-organisatorische, oder Unternehmung ist eine historische, kapitalistische Erscheinungsform des Betriebes[1]. Aber für

---

[1] Aus der Fülle der Literatur zum Begriff Unternehmung sei nur hingewiesen auf die Ausführungen von *Erich Gutenberg*, Grundlagen der Betriebswirtschaftslehre, Bd. 1, Die Produktion. 23. Aufl., Berlin–Heidelberg–New York 1979, Dritter Teil; und *Walther Busse von Colbe*, Die Planung der Betriebsgröße. Wiesbaden 1964, 1. Kapitel. – Auf die Unternehmung als Gesamtheit wirtschaftlicher Handlungen stellen Rieger und Koch ab, vgl. *Wilhelm Rieger*, Einführung in die Privatwirtschaftslehre. 3., unveränd. Aufl., Erlangen 1964, z. B. S. 13, 44; *Helmut Koch*, Grundlagen der Wirtschaftlichkeitsrechnung. Wiesbaden 1970, S. 70 f.

die Erörterung einzelner Entscheidungen braucht man diese begriffliche Trennung nicht, und unnötige Unterscheidungen gehören in den Papierkorb.

Der *praktische Sprachgebrauch* meint mit Unternehmung meist den firmenbezogenen Begriff. Wenn von den Unternehmungen gesprochen wird, so stellt man sich Firmen wie AEG oder Siemens, Bayer oder Hoechst bzw. Kaufhäuser und Einzelhandelsläden vor. Unternehmung entspricht, dem praktischen Sprachgebrauch nach, ungefähr dem Begriff des Kaufmanns im Sinne des Handelsrechts. Die Abgrenzungsschwierigkeiten liegen hier bei den Fragen: Zählen Handwerker und Bauern zu den Unternehmern? Wie ist es mit Betrieben im öffentlichen Eigentum, der Bundesbahn, der Bundespost, dem städtischen Wasserwerk? Wir wollen nicht in die Abgrenzungsschwierigkeiten eindringen, denn diese »institutionelle« Begriffsbildung ist unzweckmäßig, wenn man eine Theorie wirtschaftlicher Entscheidungen entwickeln will: Wann, wo, wieviel ist zu investieren, wann, wo, wieviel Kredit ist aufzunehmen? Das sind Probleme, die in allen Betrieben auftreten, die den Erzkapitalisten genauso beschäftigen wie den sozialistischen »Verwalter« volkseigenen Vermögens, und beide werden ihre Entscheidungen treffen nach den ihnen auferlegten Vorschriften anderer, nach ihren persönlichen Zielen und hoffentlich unter Anwendung ihrer Vernunft. *Die betriebswirtschaftliche Theorie sucht vernunftgemäße, zielentsprechende Entscheidungen abzuleiten und Maßstäbe zu finden, um die Zielentsprechung früherer Entscheidungen zu beurteilen.* Die Ziele selbst können dem Entscheidenden durch andere vorgegeben sein, oder er hat sie sich selbst gesetzt.

Wichtig für die Investitions- und Finanzierungsentscheidungen ist die Trennung von personenbezogener und firmenbezogener Unternehmung.

Nehmen wir an, ein Sägewerksbesitzer erwirbt eine Möbelfabrik. Wenn wir vom *firmenbezogenen Begriff* ausgehen, liegen zwei Unternehmen vor, Sägewerk und Möbelfabrik. Wirtschaftlich sind sie eine Einheit, weil der Sägewerkbesitzer bei seinen Entscheidungen stets die Lage des Sägewerks, der Möbelfabrik und seiner sonstigen Interessen, z. B. seines Wertpapierbesitzes, bedenken wird. Die wirtschaftliche Tätigkeit des Unternehmers besteht darin, daß er seine Arbeitskraft und sein Geld einsetzt.

Unterschiede zwischen der firmenbezogenen und der personenbezogenen Betrachtung können sich allenfalls bei zwei Entscheidungen ergeben: bei der Frage des unternehmerischen Arbeitseinsatzes und des Kapitaleinsatzes.

Gehen wir vom *personenbezogenen Unternehmungsbegriff* aus, dann umfaßt die Unternehmung des Sägewerkbesitzers alle seine Geldinteressen: die beiden Firmen Sägewerk und Möbelfabrik, sein Wertpapierdepot und sein Sparbuch. Der Unternehmer kann hier ex definitione nicht außerhalb seiner »Unternehmung« investieren. Er kann nur wählen zwischen verschiedenen Anlagemöglichkeiten, z. B. Sachanlagen im Sägewerk, in der Möbelfabrik, Finanzanlagen (Wertpapiere) in der Firma Sägewerk, in der Möbelfabrik oder in seinem Privatvermögen.

Wenn die Person, die ihr Kapital einsetzt, auch die Investitions- und Finanzierungsentscheidungen trifft, dann ist der personenbezogene Unternehmensbegriff zu wählen: Der Sägewerkbesitzer als Einzelkaufmann und Alleingesellschafter der Möbelfabrik GmbH wird seine sämtlichen Kapitalanlagen als Einheit betrachten.

Aber nicht immer trifft die Person, die ihr Kapital einsetzt, auch die Entscheidungen. Bereits beim Kommanditisten ist das nicht mehr der Fall. Am deutlichsten ist die Trennung bei Publikums-Aktiengesellschaften, in denen eine Vielzahl von Kleinaktionären einem selbstherrlichen Vorstand gegenübersteht. Art und Umfang der Investitionen lassen sich nicht mit den Wünschen von vielleicht 100 000 Aktionären abstimmen; deshalb bildet die Firma eine selbständige Entscheidungseinheit. Hier muß vom firmenbezogenen Unternehmensbegriff ausgegangen werden.

Nur wenn eine Person ihre gesamte Arbeitskraft und ihr gesamtes Geld in einer Firma investiert, dann sind firmenbezogene und personenbezogene Unternehmung identisch. Im praktischen Regelfall umfassen firmenbezogene und personenbezogene Unternehmungen nicht das gleiche.

Die Frage des unternehmerischen Arbeitseinsatzes betrifft das Ausmaß, in dem sich ein Entscheidender mit dem Firmenziel identifiziert, in wie starkem Maße er sich bemüht, neue Handlungsmöglichkeiten zu sehen und zu suchen. Zu diesem Problem kann die Betriebswirtschaftslehre bislang nur wenig sagen[2], und ich befürchte, daß mit Mitteln der ökonomischen Theorie hierzu auch kaum etwas Handfestes erarbeitet werden kann. Die mit dem Ausmaß des unternehmerischen Arbeitseinsatzes zusammenhängenden Schwierigkeiten werden bei der Frage der Informationsauswertung und bei der Frage des unternehmerischen Handlungszeitraums deutlich werden.

Das Problem des unternehmerischen Kapitaleinsatzes betrifft die Frage: In welchen Firmen soll das eigene Kapital investiert werden? Sollen Gewinne ausgeschüttet und konsumiert oder zurückbehalten und investiert werden? In diesem Buch brauchen wir deshalb die Unterscheidung zwischen firmenbezogenem und personenbezogenem Unternehmensbegriff bei zwei Fragen, erstens bei der Frage nach den finanziellen Zielen, nach denen sich die Investitions- und Finanzierungsentscheidungen zu richten haben; zweitens bei der Frage nach der »optimalen Kapitalstruktur«, insbesondere bei der Suche nach dem richtigen Ausmaß an Eigenfinanzierung und Selbstfinanzierung.

b) Unternehmensplanung und Entscheidungsmodelle

1. Unternehmenspolitik und Unternehmensplanung

Unternehmenspolitik umfaßt alle Entscheidungen, durch die das Unternehmensgeschehen gelenkt wird: Entscheidungen über die anzustrebenden Ziele und über die Wege, um die Ziele zu erreichen.

Von *Planung* des Unternehmensgeschehens sprechen wir dann, wenn der Entscheidung ein gedanklicher Ordnungsprozeß vorausgegangen ist. Unternehmensplanung bedeutet vernunftgemäße, rationale Unternehmenspolitik. Irrational ist eine Unternehmungspolitik, die ohne Vorausdenken impulsiv oder improvisierend erfolgt. Eine irrationale Unternehmenspolitik kann durchaus erfolgreiche Unternehmenspolitik sein. Gerade bei den wichtigen Entscheidungen (über die Aufnahme neuer Geschäftszweige oder bei Personalentscheidungen) werden selten alle Einflußgrößen vernunftgemäß abgewogen. Doch spricht das nicht gegen die Notwendigkeit der Unternehmensplanung. Denn sich auch dann auf die Intuition zu verlassen, wenn vernünftig begründete Anhaltspunkte und Entscheidungshilfen gegeben werden können, das heißt eben, ohne die Vernunft handeln. Der Planungsprozeß als gedankliches Ordnen und Durchdringen eines Entscheidungsproblems verlangt das Durchschreiten mehrerer Stufen. Es ist zu klären:

---

[2] Vgl. z. B. *Adolf Moxter*, Präferenzstruktur und Aktivitätsfunktion des Unternehmers. In: ZfbF, Jg. 16 (1964), S. 6–35.

(1) Was soll erreicht werden? Das ist die Frage nach der *Zielbildung*. Zielbildung umfaßt das Bemühen, von den Motiven unternehmerischen Handelns auf das Einzelziel für ein Wahlproblem zu schließen. Dabei ist einmal das Einzelziel in der Sache zu kennzeichnen (z. B.: Maximiere das Vermögen in fünf Jahren bei jährlichen Entnahmen von 30 000 Mark). Zum anderen ist der Ungewißheit der künftigen Entwicklung Rechnung zu tragen. Das Problem, rationale Entscheidungen im Hinblick auf die Ungewißheit der Zukunft zu treffen, berührt in erster Linie die Zielbildung, wie wir sehen werden.

(2) Wie kann man das Ziel erreichen? Das ist die *Untersuchung der Handlungsmöglichkeiten und der Umweltbedingungen*. Dabei ist im einzelnen zu prüfen:
a) Welche Handlungsmöglichkeiten sind zu erwägen? Das ist die Suche nach Wahlmöglichkeiten. Soll z. B. ein Lastwagen ersetzt werden, so bezieht sich die Suche nach Wahlmöglichkeiten auf die Analyse, welche Fabrikate bzw. Typen in die »engere Wahl« kommen.
Die Suche nach Handlungsmöglichkeiten ist qualitativer Natur. Ein einfallsreicher (»dynamischer«) Unternehmer wird mehr Möglichkeiten sehen als ein »statischer« (Betriebs-)- »Wirt«[3]. Die betriebswirtschaftliche Theorie kann allerdings heute über die Suche nach Wahlmöglichkeiten nur wenig sagen. Sie beschränkt sich bisher auf die Frage: Wie entscheidet sich ein Unternehmer bei *gegebenen* Wahlmöglichkeiten?
b) Welche gegenwärtigen und künftigen Umweltbedingungen sind zu beachten? Zu den Umweltbedingungen zählen erstens die Gegebenheiten in der Unternehmung, z. B.: Welche finanziellen Mittel stehen zur Erweiterungsinvestition bereit? Sind die Arbeitskräfte vorhanden, um die neuen Maschinen zu bedienen? Zu den Umweltbedingungen zählen zweitens die Gegebenheiten auf den Absatz- und Beschaffungsmärkten der Unternehmung, z. B.: Wie wird in Zukunft die Absatzentwicklung verlaufen? Um wieviel werden die Löhne steigen? Zu welchen Bedingungen sind Kredite zu bekommen?

(3) Wie dienen die einzelnen Handlungsmöglichkeiten dem angestrebten Ziel? Hierbei sind die einzelnen Handlungsmöglichkeiten miteinander zu vergleichen. Das ist die Aufgabe *betriebswirtschaftlicher Planungsrechnungen*. Im einzelnen ist hier zu klären:
a) Was tragen die einzelnen Handlungsmöglichkeiten zum gewünschten Ziel bei?
b) Wie beanspruchen sie die vorhandenen Mittel?
c) Wie sind die einzelnen Handlungsmöglichkeiten zu sich gegenseitig ausschließenden Handlungsprogrammen zusammenzufassen?
Will man die zielentsprechende (optimale) Handlungsmöglichkeit finden, so ist über den Einsatz aller vorhanden Mittel zu entscheiden. Es ist ein Gesamtoptimum der Unternehmung zu bestimmen. Die einzelnen erwogenen Handlungsmöglichkeiten beanspruchen die vorhandenen Mittel in unterschiedlicher Höhe. Deshalb sind die einzelnen Handlungsmöglichkeiten »vollständiger« zu formulieren, bis sich ausschließende Handlungsprogramme entstehen. Aus den alternativen Entscheidungsprogrammen ist durch einen Vorteilsvergleich das zielentsprechende (»optimale«) Handlungsprogramm abzuleiten.
Ein Beispiel mag das verdeutlichen: Eine Unternehmung prüft zwei Erweiterungsinvestitionen. Objekt A erfordert 100 000 Mark, Objekt B erfordert 70 000 Mark. Die Unternehmung muß mindestens 100 000 Mark für Investitionszwecke bereitstellen, sonst besteht die Wahlmöglichkeit nicht. Nehmen wir an, die 100 000 Mark sind die gesamten vorhandenen Mittel für Investitionszwecke. Um hier zwischen A und B abzuwägen, ist zu berücksichtigen, daß B

---

[3] Im Sinne Schumpeters, vgl. *Joseph [A.] Schumpeter*, Theorie der wirtschaftlichen Entwicklung. 5. Aufl., Berlin 1952, S. 110 f., 117, 137 f.

30 000 Mark weniger Kapital erfordert als A. Es ist also zu fragen: Wenn wir uns für B entscheiden, was können wir mit den verbleibenden 30 000 Mark anfangen? Die A gegenüberzustellende Handlungsalternative besteht aus B plus der »Differenzinvestition«, welche die 30 000 Mark aufzehrt. Der Ertrag von B und der Differenzinvestition zusammen wird mit dem Ertrag von A verglichen. Die vollständige Formulierung der Handlungsalternative führt zum Aufstellen eines »Entscheidungsprogramms« (B plus Differenzinvestition). Die praktische Zusammenstellung solcher Entscheidungsprogramme bereitet Schwierigkeiten. Wir werden die damit verbundenen Probleme ab S. 376 erörtern.

Das Beispiel zeigt, daß es *im Regelfall der Planungsrechnung nötig wird, zusätzliche Handlungsmöglichkeiten zu suchen* und für diese Handlungsmöglichkeiten wiederum die künftige Entwicklung zu prognostizieren. Gleichzeitig kann die Analyse der Handlungsmöglichkeiten eine Neuformulierung des Wahlproblems zweckmäßig erscheinen lassen. So kann sich z. B. bei der Analyse der Möglichkeiten »Einzelreparatur oder Generalüberholung einer Anlage« herausstellen, daß statt dessen auch ein vollständiger Ersatz der Anlage zu prüfen ist. Aus einem kurzfristigen Wahlproblem wird so ein weit gewichtigeres Investitionsproblem, das wegen seiner langfristigen Wirkung weitreichendere Überlegungen verlangt.

(4) Wie ist zu entscheiden? Die *Entscheidung* hängt ab
a) vom Ergebnis der Planungsrechnung, b) von unwägbaren Einflüssen (»qualitativen Momenten«), z. B. ästhetischen Empfindungen gegenüber einem neuen PKW, c) von der *subjektiven* Einschätzung der Ungewißheit, wie sie in der Zielsetzung unter Ungewißheit (der »Entscheidungsregel«) zum Ausdruck kommt.

Die vier Stufen des Planungsprozesses sind also:
(1) Zielbildung,
(2) Untersuchung der Handlungsmöglichkeiten und der Umweltbedingungen,
(3) Vergleich der Handlungsmöglichkeiten (Planungsrechnung),
(4) Entscheidung.
In der kaum übersehbaren Literatur zur betrieblichen Planung ist der Begriff der Planung unterschiedlich weit gefaßt und folglich der Planungsprozeß verschieden gegliedert worden. Der für die Planung unter Ungewißheit so wichtige Bereich der Zielbildung wurde dabei allerdings oftmals ausgeklammert, oder er galt als »vorherbestimmt«. Im einzelnen:
a) Die engste Auffassung vom Wesen der Planung sieht in ihr nur die Stufe der Prognose, das Zusammenstellen eines Finanz- oder Absatzplanes, eine »Vorschaurechnung«[4].
b) Eine weitere Auffassung sieht in der Planung Prognose und Analyse der Handlungsmöglichkeiten (Eventualplanung bzw. Alternativplanung genannt). Die betriebliche Planung äußert sich hier »in einem geordneten System von Vorschlägen für Entscheidungen«[5]. Die Entscheidung selbst steht außerhalb des Planungsprozesses.
c) Eine dritte Auffassung bezieht die Entscheidung in den Planungsprozeß ein. Das entspricht der überwiegend vertretenen Auffassung[6].

---

[4] Vgl. dazu z. B. *H[einrich] Nicklisch*, Budgetierung und Rechnungswesen. In: Zeitschrift für Handelswissenschaft und Handelspraxis, Jg. 22 (1929), S. 50–55, hier S. 53 f.; oder *Martin Lohmann*, Der Wirtschaftsplan der Unternehmung. Die kaufmännische Budgetrechnung. 2. Aufl., Berlin–Leipzig–Wien 1930, S. 10.

[5] So z. B. *Waldemar Wittmann*, Unternehmung und unvollkommene Information. Köln–Opladen 1959, S. 81.

[6] Vgl. z. B. *Helmut Koch*, Absatzplanung. In: Handwörterbuch der Sozialwissenschaften, Bd. 1, Stuttgart–Tübingen–Göttingen 1956, S. 15–20, hier S. 15; *Ludwig Orth*, Die kurzfristige Finanzplanung industrieller Unternehmungen. Köln–Opladen 1961, S. 15 f.; mit zahlreichen weiteren Quellenangaben.

d) Gelegentlich wird auch die Vorgabe von Sollziffern (Aufstellung eines Plansolls) in den Planungsbegriff aufgenommen, um daran später die Durchführung der Entscheidung zu kontrollieren[7].

Ich halte es für zweckmäßig, den Planungsprozeß mit der Entscheidung abzuschließen, dafür aber dem Problem der Zielbildung eine gesonderte Stufe einzuräumen. Die Vorgabe der Sollziffern, z. B. zur Kontrolle der Wirtschaftlichkeit der Leistungserstellung, enthält nur mehr ausführende Detailarbeit, wenn eine sorgfältige Produktionsplanung mit der Entscheidung über ein bestimmtes Produktionsprogramm und Produktionsniveau vorausgegangen ist.

Die einzelnen Stufen des Planungsprozesses vor der Entscheidung lassen sich in ihrer zeitlichen Folge nicht streng ordnen. Die Prognose der künftigen Entwicklung kann in einem Fall vor der Überlegung über Auswahl und Analyse von Handlungsmöglichkeiten liegen; einzelne Handlungsmöglichkeiten können im anderen Fall erwogen werden, ehe man an die Prognose der künftigen Entwicklung geht. Wenn sämtliche Handlungsmöglichkeiten analysiert sind, kann es sich als zweckmäßig erweisen, das Ziel und die darin ausgedrückte Risikoneigung zu überprüfen, z. B. dann, wenn keine Handlungsmöglichkeit das gewünschte Mindesteinkommen mit ausreichender Glaubwürdigkeit verspricht. In jedem Fall ist es notwendig, sich klare Vorstellungen zu bilden über das angestrebte Ziel, die zur Wahl stehenden Handlungsmöglichkeiten und über die wirtschaftlichen Folgen einer jeden Handlungsmöglichkeit.

2. Was nützen Modellüberlegungen der Unternehmenspolitik?

Jedes Modell ist eine vereinfachende Abbildung der Wirklichkeit. *Unternehmensmodelle* geben Gedanken über das Geschehen in einer Unternehmung wieder. Als *Erklärungsmodelle* dienen sie dazu, Abhängigkeiten zwischen betrieblichen Gegebenheiten zu ergründen, z. B. etwas auszusagen über das Verhältnis von investierten Abschreibungserlösen und Kapazitätsentwicklung (vgl. ab S. 627). Als *Entscheidungsmodelle* helfen sie beim Erarbeiten einer Entscheidung: Mit Entscheidungsmodellen soll die zahlenmäßige Abhängigkeit der angestrebten Ziele von den Handlungsmöglichkeiten und Umweltbedingungen erfaßt werden. Entscheidungsmodelle (Planungsmodelle) sind Grundlage der Planungsrechnung. Die betriebliche Planungsrechnung ist nichts anderes als die praktische Anwendung von Unternehmensmodellen. Deshalb ist auch die betriebliche Planung insgesamt nie besser als die ihr zugrunde liegenden Modelle des Unternehmensgeschehens.

Was nützt ein Modell der Unternehmenspolitik? Diese Frage muß vorab geklärt werden, ehe die Modelle der betriebswirtschaftlichen Investitions- und Finanzierungstheorie im einzelnen untersucht werden.

Eine Modellaussage kann nie die Entscheidung des Unternehmers ersetzen, denn nicht alle Einflußgrößen des Wahlproblems lassen sich quantifizieren. Ein Modell dient deshalb nur der Entscheidungsvorbereitung.

Entscheiden heißt: zwischen Handlungsmöglichkeiten wählen.

Jedes Entscheidungsmodell enthält Angaben über die angestrebten Ziele, über die Umweltbedingungen und die Handlungsmöglichkeiten.

---

[7] Vgl. z. B. *Karl Hax*, Unternehmensplanung und gesamtwirtschaftliche Planung als Instrumente elastischer Wirtschaftsführung. In: ZfbF, Jg. 18 (1966), S. 447–465, bes. S. 450; hier bezieht er zusätzlich die Zielbestimmung in die Planung ein. Vgl. ferner *Gérard Gäfgen*, Theorie der wirtschaftlichen Entscheidung. 3. Aufl., Tübingen 1974, S. 100–102.

Formelmäßig wird das Entscheidungsmodell durch eine Zielfunktion und durch Nebenbedingungen wiedergegeben.
Die *Zielfunktion* besteht aus Zielvorschrift und Zieldefinition.
Die *Zielvorschrift* enthält eine Anweisung über eine Zielgröße, z. B.: Maximiere den Gewinn im Monat Januar.
Die *Zieldefinition* nennt die Bestandteile, aus denen sich die Zielgröße zusammensetzt. Die Nebenbedingungen enthalten erstens Annahmen über die Umweltbedingungen. Umweltbedingungen sind sowohl die in der Unternehmung vorhandenen Mittel (Arbeitskräfte, Geldmittel, Vorräte, Fertigungskapazitäten, technisches Wissen) als auch die Gegebenheiten auf den Beschaffungs- und Absatzmärkten. Die Nebenbedingungen enthalten zweitens Annahmen über die Mittelbeanspruchung, d. h. die Wirkung der einzelnen Handlungsmöglichkeiten auf die Umweltbedingungen.
Ein einfaches Beispiel klärt die Begriffe.
Was soll im Monat Januar produziert werden? Diese Frage ist durch Modellüberlegungen zu beantworten.
Dazu müssen wir zunächst wissen: Was will der Unternehmer überhaupt? Der Unternehmer will, so sei unterstellt, möglichst viel Gewinn erzielen. Die *Zielvorschrift* lautet also: Maximiere den Gewinn!
Mit der Festlegung der Zielvorschrift ist die erste Planungsstufe »Zielbildung« abgeschlossen.
In der zweiten Planungsstufe »Untersuchung der Handlungsmöglichkeiten und Umweltbedingungen« wird geklärt:
(1) Welche Wahlmöglichkeiten hat der Unternehmer für die Produktion im Monat Januar? Nehmen wir an, der Unternehmer kann entweder Produkt x_1 (Eierbecher aus Kunststoff) und/oder Produkt x_2 (Salatschüsseln aus Kunststoff) fertigen.
(2) Welche Umweltbedingungen sind zu beachten? Im Hinblick auf die vorhandenen Mittel nehmen wir an, daß die Finanzierungsmöglichkeiten begrenzt sind. Es stehe nur ein Betrag F, z. B. 100 000 Mark, zur Verfügung. Mit ihm sind alle Ausgaben zu bestreiten, ehe die Umsatzeinnahmen hereinfließen.
Im Hinblick auf die Marktgegebenheiten gelte, daß der Preis für Eierbecher vorgegeben, vom Unternehmer nicht beeinflußbar, sei. Für die Salatschüsseln unterstellen wir, der Unternehmer sei Monopolist. Das bedeutet: Er kann den Preis allein festsetzen. Er muß dabei allerdings berücksichtigen, daß größere Mengen an Salatschüsseln nur zu niedrigeren Preisen verkauft werden können. Die Verhältnisse auf den Beschaffungsmärkten werden vernachlässigt.
Für die dritte Planungsstufe, die »Planungsrechnung«, sind hier zwei Fragen zu beantworten (die Programmplanung vernachlässigen wir zur Vereinfachung):
(1) Wie dienen die Handlungsmöglichkeiten dem angestrebten Ziel? (Zieldefinition). Hier ist zu überlegen: Wie hängt der Gewinn von der Fertigung der beiden Produktarten ab? Wir machen es uns leicht und sagen: Der Gewinn ist die Differenz zwischen Umsatz und Kosten des Monats Januar. Wir sehen also von Lagerhaltung, Schwund, Forderungsausfällen, Garantieleistungen und allen sonstigen praktischen Erschwernissen ab. Der Umsatz besteht aus der Summe der Einzelumsätze bei den beiden Produkten. Am Ende der Planperiode sollen die Umsatzeinnahmen anfallen.
(2) Wie beanspruchen die Handlungsmöglichkeiten die vorhandenen Mittel? (Mittelbeanspruchung). Bei der Mittelbeanspruchung müssen wir festlegen: Von welchen Einflußgrößen

hängen die Kosten des Monats Januar ab, und welche Rückwirkungen ergeben sich aus der Produktion für die Finanzierung?
Die Kosten hängen von der erzeugten Menge an Eierbechern und Salatschüsseln ab. Das ist das einzige, was wir über die Kosten aussagen. Unter den Tisch fällt damit, daß die Höhe der Kosten von der Zahl und Qualität der Arbeiter, der Höhe der Tariflöhne und Sozialabgaben, von der Art der Werkstoffe und der verwandten Maschinen beeinflußt wird usw.
Die Kosten sollen mit den Ausgaben für Arbeitskräfte, Kunststoffe, Maschinen usw. identisch sein. Für eine einperiodige Betrachtung ist diese Vereinfachung zulässig. In der heute üblichen Symbolschrift sieht dann unser Modell, »mathematisch formuliert«, so aus:

Zielvorschrift: $G \to \max!$
Zieldefinition: $G = E - K$
$E = q_1 \cdot x_1 + q_2 \cdot x_2$
Zielfunktion: $G = E - K \to \max!$

Annahmen über die Umwelt:
a) Annahmen über die vorhandenen Mittel $F \geq K$
b) Annahmen über die Marktgegebenheiten $q_1 = \text{konstant}$
$q_2 = f(x_2)$
c) Annahmen über die Mittelbeanspruchung $K = K(x_1, x_2)$,

und natürlich $x_1 \geq 0$; $x_2 \geq 0$, weil man keine negativen Produkte erzeugen kann, sowie x_1, x_2 = ganzzahlig, weil z. B. halbe Eierbecher kaum Umsatz bringen werden.

Im einzelnen bedeuten die Buchstaben: G steht für Gewinn, max! für die Extremwertvorschrift »maximiere!«, x_1 bezeichnet die Menge an Eierbechern, x_2 die Menge an Salatschüsseln; q_1 ist der Preis der Eierbecher; er ist als Konstante vorgegeben, d. h. gleichgültig, wieviel Eierbecher hergestellt werden, alle werden zum gleichen Preis q_1 verkauft. q_2 ist der Preis der Salatschüsseln. Der Preis der Salatschüsseln hängt von der verkauften Menge an Salatschüsseln ab, q_2 ist also eine Funktion von x_2. E steht für Erlös. K bezeichnet die Kosten, und die Kosten hängen in irgendeiner Weise von der Anzahl beider Produkte ab. F ist schließlich der begrenzte Kapitalbetrag. Da die Kosten mit den Ausgaben identisch sein sollen, dürfen insgesamt nur Kosten in Höhe des Kapitalbetrages F anfallen.
Die Nichtnegativitätsbedingung ist für ökonomische Überlegungen so selbstverständlich, daß man sie meistens wegläßt. Nur positive Lösungen sind zulässig. Rechnet man ein Modell mit Hilfe einer Rechenmaschine durch, so ist allerdings die Nichtnegativitätsbedingung in den Rechenvorgang aufzunehmen. Sonst spuckt der Computer plötzlich die Anweisung aus, im Monat Januar 5 000 negative Salatschüsseln herzustellen.
Meistens schreibt man das Modell nicht so ausführlich, sondern setzt, soweit möglich, die Bedingungen für die Umwelt bzw. die Mittelbeanspruchung gleich in die Zieldefinition ein. Zielvorschrift und Zieldefinition zusammen nennt man dann Zielfunktion.
Wir haben damit ein Modell zur Abstimmung von produktions-, absatz- und finanzwirtschaftlichen Fragen formuliert, und es bereitet keine Schwierigkeiten, die allgemeinen mathematischen Eigenschaften der zielentsprechenden Lösung anzugeben.
Aber uns interessiert vorerst nicht die Lösung. Sie sagt wegen der einengenden Voraussetzungen praktisch sowieso nichts aus. Wir wollen vielmehr klären: Haben solche Modellansätze überhaupt Sinn? Und um diese Frage zu beantworten, treiben wir den Teufel mit dem Beelzebub aus, indem wir das Modell noch mehr vereinfachen. Letzten Endes stellen näm-

lich alle Optimierungskriterien nur eine Erweiterung eines sehr einfachen Prinzips dar, und dieses Prinzip wollen wir ableiten (es wird den meisten Lesern schon bekannt sein): Die formale Grundlage für alle ein- oder mehrperiodigen Optimierungskriterien bildet das Marginalprinzip, das in den Anfängervorlesungen meistens in der Erscheinungsform des Cournotschen Theorems abgeleitet wird.

Das Cournotsche Modell macht eine Aussage darüber, wieviel ein Monopolist bei einperiodiger Planung herstellen und verkaufen wird. Um das Theorem zu erläutern, streichen wir aus unserem Modell die Eierbecher und den knappen Kapitalbetrag und betrachten nur die Salatschüsselproduktion unter der Annahme, Geld sei in beliebiger Menge zu bekommen.

Der Unternehmer überlegt sich also: Wieviel Salatschüsseln soll ich im Monat Januar herstellen? Er wird folgern: Es lohnt sich, jedes Stück herzustellen, das mehr an Umsatz erbringt, als es an Kosten zusätzlich verursacht. Können z. B. 2 000 Stück zu einem Preis von 1,10 DM verkauft werden, und kosten sie 1 600 Mark, dann entstehen 600 Mark Gewinn. Soll mehr verkauft werden, muß er den Preis für die gesamte Absatzmenge senken. Wenn der Unternehmer jetzt schätzt, bei einem Preis von 1 Mark könne er 2 300 Stück verkaufen, dann erzielt er bei 2 300 Stück einen Mehrumsatz von 100 Mark, nämlich 2 300 mal 1 Mark minus 2 000 mal 1,10 Mark. Kosten ihn die 2 300 Stück 1 690 Mark, dann betragen die Mehrkosten 90 Mark, und folglich verbleiben ihm nach Mehrproduktion und Preissenkung 100 Mark Mehrumsatz minus 90 Mark Mehrkosten, also 10 Mark mehr Gewinn.

Den zusätzlichen Umsatz je Stück nennt man Grenzerlös, die zusätzlichen Kosten Grenzkosten, und so läßt sich sagen: Strebt ein Unternehmer nach Gewinnmaximierung, so wird er jede Handlungsmöglichkeit durchführen (hier: jede Salatschüssel zusätzlich herstellen), deren Grenzerlös größer als ihre Grenzkosten ist, sofern der Grenzerlös zuvor stets über den Grenzkosten, danach stets unter den Grenzkosten liegt. Natürlich ist dieser Cournotsche Satz nicht auf den Monopolisten beschränkt. Er enthält eine rein formallogische Aussage, die für jede Art von Handlungsmöglichkeiten gilt.

Die Richtigkeit der Aussage ist offensichtlich: Wenn eine Handlungsmöglichkeit (ein zusätzliches Stück) mehr einbringt als sie kostet, steigt der Gewinn. »Da es aber eine Klasse von Menschen gibt, die in wortwörtlicher Anwendung eines Kantschen Satzes die Meinung vertreten, die Wissenschaftlichkeit beginne erst da, wo man ein Tröpfchen mathematischen Öles feststellen könne, so mag noch eine formelmäßige Begründung beigefügt werden.«[8]

Für den Erlös der Salatschüsseln schreiben wir E = E(x), weil der Erlös von der Menge x der Salatschüsseln abhängt. Für die Kosten schreiben wir entsprechend K = K(x). Es gilt also

$$G = E(x) - K(x).$$

Das Maximum der Gewinnfunktion ist dadurch definiert, daß die erste Ableitung der Gewinnfunktion nach x Null und die zweite negativ wird:

$$\frac{dG}{dx} = E'(x) - K'(x) = 0; \text{ d. h. } E'(x) = K'(x)$$

$$\frac{d^2G}{dx^2} < 0; \qquad \text{d. h. } E''(x) < K''(x).$$

---

[8] *Ernst Walb*, Die Erfolgsrechnung privater und öffentlicher Betriebe. Berlin–Wien 1926, S. 59 f. (in anderem Zusammenhang).

Die erste Ableitung der Erlösfunktion, ihre Steigung, hier mit E'(x) bezeichnet, ist die Grenzerlösfunktion; die erste Ableitung der Kostenfunktion, hier K'(x), ist die Grenzkostenfunktion. Im Gewinnmaximum, dem gesuchten Optimum, müssen Grenzerlös und Grenzkosten gleich sein, wobei die Steigung des Grenzerlöses (die zweite Ableitung der Erlösfunktion) kleiner ist als die Steigung der Grenzkostenfunktion. Das bedeutet: Vor dem Optimum ist der Grenzerlös stets höher als die Grenzkosten, danach niedriger.

Es gibt Puristen, die darauf beharren, die Begriffe Grenzerlös und Grenzkosten nur auf unendlich kleine Änderungen zu beziehen, weil für die mathematische Ableitung die Differentialrechnung angewandt wurde. Das Argument überzeugt nicht. Um die Gültigkeit des Satzes zu beweisen, braucht man keine Differentialrechnung. Sie bietet sich nur deshalb an, weil sie die bequemste mathematische Methode ist. Außerdem gibt es in der Wirtschaft keine unendlich kleinen Änderungen. Wer die Begriffe Grenzerlös und Grenzkosten (und das methodische Prinzip, das hinter ihnen steht: das Marginalprinzip) auf unendlich kleine Änderungen beschränkt, macht die Begriffe für wirtschaftliche Überlegungen wertlos. Er muß dann für den gleichen Tatbestand andere Namen verwenden, und was ist damit gewonnen?

Über die Vorteilhaftigkeit einer Einzelentscheidung (einer Handlungsmöglichkeit) bestimmen die durch die Handlungsmöglichkeit ausgelösten zusätzlichen Einnahmen (Erlöse) und Ausgaben (Kosten), also die Änderung der Zahlungsströme für die Unternehmung. Das Abstellen auf die Änderungen einzelner Größen bezeichnet man als Marginalprinzip[9]. Das Marginalprinzip liegt allen Handlungsempfehlungen zugrunde, soweit die vorausgesetzte unternehmerische Zielvorstellung eine Extremwertvorschrift enthält (z. B.: Maximiere den Gewinn! Minimiere die Arbeitszeit!). Das ist darin begründet, daß das Marginalprinzip, wie eben abgeleitet, nicht mehr enthält als die verbale Beschreibung der hinreichenden und notwendigen Bedingungen für einen Extremwert (Maximum, Minimum).

Wenn man das einmal verstanden hat, bereitet die Einsicht in den Wert von Modellüberlegungen keine Schwierigkeiten: *Um das Optimum für irgendein Wahlproblem zu finden, müssen in mathematischer Formulierung oder in verbaler Umschreibung die hinreichenden und notwendigen Bedingungen für das Maximum (Minimum) festgelegt werden.* Das ist der formallogische Akt der Optimumsuche. *Der ökonomische Gehalt des Modells liegt allein in der Zielbildung, der Erfassung der Umweltbedingungen und in den Annahmen über die Zieldefinition und die Mittelbeanspruchung.* Von welchen Einflußgrößen Grenzerlöse und Grenzkosten abhängen und wie man praktisch Grenzerlöse und Grenzkosten errechnen kann, das entscheidet darüber, ob unser Modellbeispiel unternehmungspolitischen Wert hat oder nicht.

Allerdings scheint diese Auffassung vom Wert ökonomischer Modellüberlegungen noch nicht allgemein anerkannt zu sein.

Studiert man die Literatur, dann entsteht gelegentlich der Eindruck, die Zielvorschrift »Maximiere!« und das Rechenverfahren bestimmten den ökonomischen Gehalt eines Modells. Beides, das Problem, ob Extremwerte angestrebt werden, und die Vorzüge und Nachteile einzelner Rechenverfahren zur Optimumbestimmung (herkömmliche »Marginalanalyse« gegen die Techniken der »mathematischen Programmierung«), wird in beängstigender Ausführlichkeit erörtert. Wie man zur Zieldefinition und den Nebenbedingungen kommt, darüber findet man wenig.

---

[9] Vgl. *Fritz Machlup*, Marginal Analysis and Empirical Research. In: The American Economic Review, Vol. 36 (1946), S. 519–554, bes. S. 521; *Erich Schneider*, Der Realismus der Marginalanalyse in der Preistheorie. In: Weltwirtschaftliches Archiv, Bd. 73 (1954 II), S. 38–58, hier S. 38.

Wie ist das zu erklären? Nun, Klappern gehört zum Handwerk: Zur Zielvorschrift und zum Rechenverfahren läßt sich regelmäßig sehr viel sagen. Die erste führt zur Psychologie und Soziologie, das zweite zur Mathematik – und so erweckt man auch bei oberflächlicher Garnierung leicht den Eindruck erhabener Wissenschaftlichkeit. Die *wirtschaftlichen* Probleme der Zieldefinition und der Mittelbeanspruchung zu klären, das erfordert ein Eindringen in Einzelfragen, es ist mühsam und erscheint weit weniger bildungsbeflissen. Das könnte eine Erklärung sein. Aber betrachten wir die Zusammenhänge näher.
Wer Entscheidungshilfen für die Praxis erarbeiten will, der steht vor zwei Aufgaben:
(1) Er muß ein gedankliches Abbild (ein Modell) der Zielvorstellungen, Umweltbedingungen und Mittelbeanspruchung des praktischen Falls entwerfen und Zahlen und Beziehungen zu finden suchen, welche die Bedingungen der Wirklichkeit »hinreichend genau« in der Abbildung wiedergeben.
(2) Er wird die zielentsprechende Lösung für die Modellannahmen ausrechnen wollen, um eine Entscheidungsempfehlung für diese oder jene Handlungsmöglichkeit aussprechen zu können. Dabei entsteht ein Problem der Rechentechnik, ob man also dividiert, logarithmiert oder linear programmiert.
Die erste Aufgabe nenne ich das »Sachproblem«, die zweite Aufgabe ist eine Rechenangelegenheit, keine wirtschaftswissenschaftliche Frage.
Nur in drei Fällen ist zu prüfen, ob die Rechenangelegenheiten für den Ökonomen bedeutsam werden.
Der erste Fall betrifft die technischen Rechenhilfen zur Datenerfassung und -aufbereitung (wie elektronische Datenverarbeitung). Wieweit solche Organisationshilfen für die Planung verwendet werden können, hängt davon ab, ob brauchbare Planungsmodelle vorliegen. Nur die Planungsmodelle stehen hier zur Diskussion.
Ein zweiter Fall könnte eintreten, wenn es für ein und denselben Modellansatz verschiedene Verfahren zum Ausrechnen der Lösung (verschiedene »Optimierungsverfahren«) gibt. Die Suche nach zweckmäßigen Rechenverfahren ist jedoch Aufgabe der Mathematik, nicht der Wirtschaftswissenschaften. Für die Lösung der meisten Rechenprobleme gibt es verschiedene »Optimierungsverfahren«. Wer z. B. die Zahl π näherungsweise bestimmen will, kann die Leibnizreihe wählen oder andere Verfahren, welche die richtige Zahlenfolge rascher angeben. Die Anwendung der einzelnen Näherungs-, Probier- und sonstigen Rechenverfahren ist zwar mit unterschiedlichen Kosten verbunden, und insoweit könnte die Wahl des Rechenverfahrens »ökonomischer« Natur sein. Aber derartige Wirtschaftlichkeitsprobleme kennt jede Wissenschaft, ohne daß man diese Probleme zu wirtschaftswissenschaftlichen Problemen erklären wird.
Der dritte Fall ist jener, für den Ökonom und Mathematiker gemeinsam ein Problem lösen müssen. Nehmen wir an, jemand hätte ein hinreichend wirklichkeitsgetreues Abbild eines Entscheidungsproblems erarbeitet und stellt fest: Es gibt noch kein Rechenverfahren, um das Optimum für dieses Modell auszurechnen. Damit entsteht für unseren Modellschreiner ein neues Wahlproblem: Entweder verzichtet er auf ein Lösungsverfahren, versucht per Hand (durch Probieren) eine Lösung zu finden, oder er vereinfacht das Modell, indem er nach und nach so viel von dem hinreichend wirklichkeitsgetreuen Abbild abhackt, bis das zurechtgestutzte Modell mit einem Rechenverfahren lösbar wird.
Für diese aus rechentechnischen Gründen erzwungene Vereinfachung wird sich der Ökonom mit einem Mathematiker zusammensetzen, und beide werden überlegen, wie weit man vereinfachen muß, um ein Lösungsverfahren zu finden. Aufgabe des Ökonomen ist, dabei zu

beurteilen, auf welche Abhängigkeiten er notfalls in dem Modell verzichten kann. Erst wenn man die Vereinfachungen (und d. h.: die vorsätzlichen Fehler) kennt, die man zu machen gezwungen war, kann man ein Urteil über den praktischen Wert eines Modells abgeben. Das Bemühen des Wirtschaftswissenschaftlers muß vor allem darin bestehen, die Schwierigkeiten zu lösen, die dem »hinreichend genauen« Abbild der wirtschaftlichen Wirklichkeit in Modellen entgegenstehen. Wie das Optimum ausgerechnet werden kann, das ist eine Frage zweiter Ordnung.

Demgegenüber verläuft der Weg der Unternehmensforschung regelmäßig entgegengesetzt: Man übernimmt oder entwickelt eine Rechentechnik, für die dann wirtschaftliche Anwendungsfälle gesucht werden. Die sog. »ökonomischen« Modelle, die als Ergebnis der Suche nach Anwendungsfällen vorgetragen werden, bezeugen durchweg, daß die Verfasser etwas von mathematischer Schreibweise, schon seltener etwas von Mathematik, und häufig nicht allzuviel von Wirtschaftswissenschaften verstehen.

3. Das Informations- und Organisationsproblem

aa) Informationsbeschaffung

Wie erlangt man Kenntnis über die Ziele, Umweltbedingungen und Handlungsmöglichkeiten? Diese Frage kennzeichnet die Informationsbeschaffung, die Beschaffung des Wissens, um Entscheidungsprobleme zu lösen. Die Informationsbeschaffung hat eine menschliche, eine technische und eine ökonomische Seite.

Die menschliche Seite betrifft die Begabung des Entscheidenden und seinen Willen, seine Begabung für die Lösung des Entscheidungsproblems einzusetzen. Wie genau legt der Entscheidende seine Ziele fest? Wie sorgfältig denkt er über Umweltbedingungen und Handlungsmöglichkeiten nach? Auf die menschliche Seite und damit die Psyche des Entscheidenden wird hier nicht eingegangen. Für das folgende wird vorausgesetzt, daß Ziele, Handlungsmöglichkeiten und Umweltbedingungen vorgegeben sind. Wie die Einsicht in Ziele, Handlungsmöglichkeiten und Umweltbedingungen zustande kommt, diese psychologischen Fragen werden nicht untersucht.

Die technische Seite der Informationsbeschaffung erfaßt die Wege, Wissen zu erlangen. Welche Wege einzuschlagen sind, kann nur im Einzelfall entschieden werden: Die Wege führen von der Grundlagenforschung über die Produktionstechnik bis zu stichprobenhaften Verbraucherbefragungen; sie führen von der Zeitungslektüre bis zur eigenständigen wissenschaftlichen Untersuchung, vom Besuch von Tagungen bis zum In-Versuchung-Führen gut informierter Leute. Die Wege zur Beschaffung von Wissen werden hier nicht dargestellt.

Die ökonomische Seite der Informationsbeschaffung betrifft die finanziellen Auswirkungen der Beschaffung von Wissen: »Kosten« und »Erträge« von Informationen. Zusätzliches Wissen verspricht zusätzliche Zielbeiträge, weil besser (mit höherem Gewinn, mit geringerem Risiko) geplant werden kann. Aber die Beschaffung des Wissens kostet regelmäßig etwas. Die ökonomische Seite der Informationsbeschaffung führt zu der Frage nach dem Informationsoptimum: dem zielentsprechenden Ausmaß der Beschaffung von Wissen für die Lösung eines bestimmten Entscheidungsproblems.

Um das zielentsprechende Ausmaß der Beschaffung von Wissen formal zu bestimmen, bietet sich der Cournotsche Satz an: Das Optimum ist erreicht, wenn der »Grenzerlös« aus einer

zusätzlichen Information gleich den »Grenzkosten« dieser Information ist. Da es sich bei dem Cournotschen Satz um eine formallogische Aussage handelt, kann er auf jedes beliebige Problem angewandt werden. Doch ist zu fragen: Ist mit der Übertragung des formalen Cournotschen Satzes auf die Informationsbeschaffung etwas gewonnen? Inhaltlich sagt die Optimumbedingung nichts aus, solange Grenzerlös und Grenzkosten der Information nicht ermittelt werden können. Dabei wirft die Ermittlung der Grenzkosten im Regelfall keine zusätzlichen Probleme auf, keine Probleme über die Fragen hinaus, die auch im Produktionsbereich einer Unternehmung (insbesondere eines Dienstleistungsbetriebes) bei der Grenzkostenermittlung zu beantworten sind – und die zum Teil noch keine Antwort gefunden haben. Weitaus schwieriger ist es, die Grenzerlöse einer Information zu bestimmen. Das beginnt schon bei der heiklen Frage: Die Ermittlung der Grenzerlöse einer Information ist doch, für sich genommen, auch ein Informationsproblem. Lohnt sich folglich die Information über die Höhe der Grenzerlöse einer zusätzlichen Information? Gibt es ein Optimum der Informationsbeschaffung über die Informationen?
Bei dem Versuch, ein Informationsoptimum zu bestimmen, stoßen wir auf ein neues Informationsproblem und damit wieder auf die Informationsoptimierung. Anscheinend bewegen wir uns auf einer Spirale ins Unendliche.
Doch in Wirklichkeit belegt die unendliche Spirale nur einen Denkfehler. Wir haben bisher das Pferd vom Schwanz her aufgezäumt. Jedem Entscheidenden steht eine eigene Arbeitskraft kostenlos zur Verfügung. Jeder besitzt einen kostenlosen Grundbestand an Wissen. Kindergarten, Schule und Hochschulausbildung dienen schließlich dazu, diesen Grundbestand an Wissen über erstrebenswerte Ziele, über Umweltbedingungen und Handlungsmöglichkeiten zu erweitern. Das Problem der Informationsbeschaffung besteht deshalb für den Entscheidenden lediglich darin zu klären, ob er bei irgendeinem Entscheidungsproblem (z. B. Äpfel oder Birnen, Automobilfabriken oder Luftfahrtgesellschaften zu kaufen) über den Grundbestand an Wissen hinaus zusätzliches Wissen erwirbt oder nicht.
Nun ist aber die Entscheidung, zusätzliches Wissen einzuholen, eine Entscheidung unter Ungewißheit. Man hofft etwas Bestimmtes zu erfahren; doch ob man es erfährt, weiß man vor dem Eintreffen der Information nicht. Das Informationsoptimum kann allenfalls mit den Mitteln der Ungewißheitstheorie bestimmt werden. Deshalb stellen wir dieses Problem zurück und gehen zunächst davon aus, daß der Entscheidende ein bestimmtes Wissen habe und dieses Wissen nicht zu vermehren sei. Auf dieser Grundlage wird die zielentsprechende Entscheidung unter Ungewißheit abgeleitet. Nachdem wir wissen, wie bei gegebenem Informationsstand die zielentsprechende Entscheidung unter Ungewißheit aussieht, werden wir (S. 140) das Problem des Informationsoptimums erneut aufgreifen und fragen: Wie bestimmt sich das zielentsprechende Ausmaß der Informationsbeschaffung?

bb) Informationsauswertung

Die Informationsauswertung ist streng von der Informationsbeschaffung zu trennen. Informationsbeschaffung gleicht dem Einkauf von Rohstoffen, Informationsauswertung ihrer Verarbeitung. Die Informationsbeschaffung ist mit dem Erwerb eines Lehrbuchs, Gutachtens, Prüfungsberichts abgeschlossen. Die Informationsauswertung beginnt mit dem Studium des Lehrbuchs, Gutachtens, Prüfungsberichts, und sie endet mit der Antwort auf die Frage: Wie findet man aus *vorgegebenen* Informationen die Entscheidung? Gestattet z. B. das

Studium des Gutachtens, des Prüfungsberichts über eine Firma den Schluß: Für den Erwerb dieser Firma können wir bis zu 5 Mill. Mark ausgeben?

Die scharfe Trennung der Informationsauswertung von der Informationsbeschaffung ist im Schrifttum nicht üblich. Zunächst erscheint in der Tat die Informationsauswertung der Informationsbeschaffung gleichgerichtet. Sie hat eine menschliche Seite: Ist der Entscheidende bereit und fähig, eine zielentsprechende, widerspruchsfreie Lösung zu erarbeiten? Bereitschaft und Fähigkeit hierzu werden im weiteren unterstellt. Die Informationsauswertung kennt eine technische Seite: Wie können die vorhandenen Informationen ausgewertet werden? Die Antwort liefern die Verfahren der Planungsrechnung und Entscheidungstheorie, die zum Teil Gegenstand dieses Buches sind. Die Informationsauswertung kennt einen ökonomischen Aspekt: Ist es vorteilhaft, umfassende, weit verästelte »Totalmodelle« für jedes Entscheidungsproblem aufzustellen oder genügen einfachere Modelle, z. B. die klassischen Ansätze oder gar die Faustformeln der Praxis?

Der ökonomische Unterschied zwischen Informationsbeschaffung und Informationsauswertung offenbart sich bei dem Versuch, die Informationsauswertung zielentsprechend zu gestalten. Bei der Informationsauswertung geht es um den Umfang und damit auch den Schwierigkeitsgrad der anzuwendenden Entscheidungsmodelle. Nehmen wir an, das Wissen für ein Entscheidungsproblem sei beschafft worden. Es gelte nun, aus den vorliegenden reichhaltigen oder dürftigen Daten und Annahmen die zielentsprechende Lösung abzuleiten. Dabei sind verschiedene Wege möglich: Man kann alle denkbaren Zukunftsentwicklungen berücksichtigen oder sich nur auf eine (oder wenige sehr wahrscheinliche) beschränken. Man kann bei den Handlungsmöglichkeiten nur zwei Alternativen betrachten (aus den börsengängigen Wertpapieren z. B. nur den Kauf von Bayer- oder BASF-Aktien) oder sehr viele Handlungsprogramme gegeneinander abwägen (Anlage des ganzen Geldes in Aktien einer Chemiefabrik, in verschiedenen Chemieaktien, in Chemie- und Stahlaktien, in Chemie-, Stahl- und Bankaktien usw.) Bei der Informationsauswertung geht es also u. a. darum, ob man ein Gesamtoptimum sucht und sich deshalb bemüht, die einzelnen Handlungsmöglichkeiten »vollständig zu formulieren« oder ob man sich mit einem Teiloptimum begnügt und deshalb mit vereinfachenden Pauschalannahmen arbeitet. Regelmäßig ist dabei der Versuch zu einer »vollständigeren Formulierung« verbunden mit der Notwendigkeit, weitere Informationen zu beschaffen: Wer neben den Chemieaktien auch Stahlaktien erwägt, muß sich über ihre Kursentwicklung zusätzlich erkundigen. Es sind dann während der Informationsauswertung neue Vorentscheidungen zu treffen, ob sich das Einholen weiteren Wissens lohnt oder nicht; darauf wurde schon S. 27 hingewiesen.

Sollen alle vorliegenden Informationen vollständig ausgewertet und ein Totaloptimum angestrebt werden, oder ist es zielentsprechend, nur ein Teiloptimum zu suchen und dafür nur einen Teil der Informationen auszuwerten und sonst mit vereinfachenden Pauschalannahmen zu arbeiten?

Die Wahl zwischen umfassenden oder einfachen Modellen hofft die Literatur[10] mit Hilfe eines »optimalen Komplexionsgrades« der Modelle zu entscheiden. Doch mehr als das Wort »optimaler Komplexionsgrad« hat die Literatur zur Lösung des Wahlproblems bisher nicht erarbeitet. Und der Begriff »optimaler Komplexionsgrad« ist aus sprachlichen und sachli-

---

[10] Vgl. z. B. *Herbert Hax, Helmut Laux*, Flexible Planung – Verfahrensregeln und Entscheidungsmodelle für die Planung bei Ungewißheit. In: ZfbF, Jg. 24 (1972), S. 318–340, hier S. 328 f.; *Heinz Teichmann*, Die optimale Komplexion des Entscheidungskalküls. In: ZfbF, Jg. 24 (1972), S. 519–539.

chen Gründen bedenklich. Sprachlich ziehe ich den Ausdruck »Grad zulässiger Vereinfachungen« vor, weil mir aufgeblasene Fremdwörter die Klarheit im Denken nicht zu fördern scheinen. Wie unklar der Begriff des »optimalen Komplexionsgrades« ist, zeigt sich daran, daß aus der Sache heraus überhaupt kein »Optimum« eines Komplexionsgrades bestimmt werden kann[11].

Die Literatur (soweit sie die Informationsauswertung überhaupt als Problem erkennt) glaubt zwar, daß für das zielentsprechende Ausmaß der Informationsauswertung dieselben Überlegungen gelten wie für das zielentsprechende Ausmaß der Informationsbeschaffung. Man habe zu planen: Wie ändere eine Verfeinerung der Planungsmodelle (eine höhere Komplexion) den Zielbeitrag der Entscheidung? Die Verfeinerung des Planungsmodells sei dann zu beenden, wenn eine weitere Verfeinerung den Zielbeitrag der Entscheidung nicht mehr erhöhe.

Aber diese Überlegung beruht auf einem Trugschluß. Das verdeutlicht ein einfaches Beispiel: Geprüft werde, ob über den Aktienkauf mit Hand und Bleistift entschieden werden soll oder mit Hilfe eines Modells der mathematischen Programmierung unter Einschaltung eines Rechenzentrums. Dazu ist (nach der Literatur) zu planen, wie hoch der Zielbeitrag der Wertpapiermischung bei dem Modell der mathematischen Programmierung und bei der herkömmlichen Schreibtischarbeit sei. Aber um die Zielbeiträge des Computermodells und des Hand- und Bleistiftmodells abzuschätzen, müßten doch beide Modelle erst ausgerechnet werden! Wenn man beide Modelle ausrechnet, entfällt das Entscheidungsproblem, welches man nun ausrechnen soll. Das heißt aber: Für die fragliche Sachentscheidung »Aktienkauf« kann nicht entschieden werden, ob das zeitraubende Programmierungsmodell oder das einfachere Hand- und Bleistiftmodell zielentsprechend ist. Sinn hat das Ausrechnen beider Planungsmodelle nur, wenn man für spätere Wertpapierkäufe eine Vorentscheidung treffen will, welcher Modellansatz »grundsätzlich« in Zukunft anzuwenden sei. Aber eine solche Entscheidung über die in Zukunft anzuwendenden Modelle ist anfechtbar, weil strenggenommen die zielentsprechende Modellstruktur nur für das gerade zu entscheidende Sachproblem festzulegen ist.

Es gibt deshalb kein Optimum der Informationsauswertung: Die zielentsprechende Modellstruktur ist vor der Problemlösung nicht zu bestimmen, weil die Zielbeiträge einer verbesserten Modellstruktur vor der Problemlösung nicht zu ermitteln sind.

Eine eindeutige Aussage über die Informationsauswertung läßt sich nur dann treffen, wenn keine Grenzkosten für die zusätzliche Informationsauswertung entstehen. Solange die Verfeinerung der Modelle, die Verbesserung der Informationsauswertung, nicht zu zusätzlichen Kosten führt, ist stets das umfangreichere, wirklichkeitsnähere Modell dem einfacheren Modell überlegen.

Doch selbst wenn die Planungskosten für beide Modelle gleich sind, heißt das nicht unbedingt, daß das Modell der mathematischen Programmierung vorzuziehen ist. Dazu muß erst geprüft werden, ob es tatsächlich wirklichkeitsnäher ist als das Hand- und Bleistiftmodell. Nicht das formal aufwendigere Modell ist vorzuziehen, sondern jenes, das mehr von der Wirklichkeit einfängt.

Entstehen durch den umfassenderen, wirklichkeitsnäheren Modellansatz zusätzliche Pla-

---

[11] Vgl. zu diesem Problem näher *Joachim Zentes*, Die Optimalkomplexion von Entscheidungsmodellen. Ein Beitrag zur betriebswirtschaftlichen Meta-Entscheidungstheorie. Diss. Saarbrücken 1975, S. 70–73, 248–252; *Michael Bitz*, Die Strukturierung ökonomischer Entscheidungsmodelle. Wiesbaden 1977, S. 428–430.

nungskosten, dann hat die Wissenschaft dem Entscheidenden Alternativen zu bieten. Einfachere Planungsansätze, welche die Einzelheiten der Wirklichkeit nur grob erfassen und zu geringen Planungskosten führen, sind umfassenderen Ansätzen gegenüberzustellen, welche versuchen, die Abhängigkeiten in der Wirklichkeit weitgehend wiederzugeben und damit durchweg höhere Planungskosten hervorrufen.

Es muß dem Ermessen des Entscheidenden vorbehalten bleiben, ob er umfangreiche Planungsmodelle, eine weitgehende Informationsauswertung und damit hohe Planungskosten wählt, oder einfachere Planungsmodelle, eine geringere Informationsauswertung und damit niedrigere Planungskosten. Der Grad zulässiger Vereinfachungen in der Planung und damit das Ausmaß der Informationsauswertung sind letztlich vom Arbeitseinsatz abhängig, den der Entscheidende für die Lösung seiner Probleme aufzuwenden bereit ist. »Wie wichtig« jemand die ökonomischen Wahlprobleme nimmt, diese Frage scheint mir mit Mitteln der ökonomischen Theorie nicht lösbar zu sein. Deshalb gibt es zwar ein Problem der Informationsauswertung, aber keine ökonomische Lösung dieses Problems und damit auch keinen »optimalen Komplexionsgrad«.

cc) Organisation des Entscheidungsprozesses

Wir setzen den im Einzelfall Entscheidenden gleich dem »Unternehmer«. Das ist eine Vorstellung vom Unternehmer, die für den Anfang betriebswirtschaftlicher Theorie zweckmäßig ist. Aber in der Wirklichkeit trifft nicht eine einzelne Person allein alle Entscheidungen. Deshalb ist zu fragen: Wie kommen Entscheidungen in einer Gruppe Entscheidungsberechtigter zustande (z. B. in der Gruppe »Vorstand«)? Wie beeinflußt die Verlagerung von Entscheidungsbefugnissen auf Mitarbeiter die Entscheidung? Wie kann erreicht werden, daß die Untergebenen ihre Entscheidungen an den Zielen der Unternehmensspitze ausrichten? Wie wirkt sich die Mitbestimmung der Arbeitnehmer auf Güte und Schnelligkeit der Entscheidungen aus? Diese Fragen gehören zum Problem der Organisation des Entscheidungsprozesses.

Das Organisationsproblem wird in diesem Buch nicht im einzelnen behandelt. Das Organisationsproblem auszuklammern, vereinfacht die Erörterung der Investitions- und Finanzierungstheorie. Die Nachteile dieses Verfahrens sind: Wir müssen im weiteren unterstellen, daß die Organisation des Entscheidungsprozesses keinen Einfluß auf die Entscheidung nimmt. Unsere Aussagen gelten streng genommen nur für eine Unternehmung, in der ein einzelner alle Entscheidungen trifft. Sobald die Entscheidungen nicht mehr von einem einzelnen allein getroffen werden, entsteht das Problem der Verlagerung von Entscheidungsbefugnissen, das Problem der Abgrenzung der Verantwortungsbereiche, der gegenseitigen Information der Entscheidenden, kurz: erst dann entstehen jene Probleme, die das Leben zwischen Kollegen untereinander und im Verhältnis von Vorgesetzten zu Untergebenen so schwierig machen.

Die Hemmnisse, die einer reibungslosen Organisation des Entscheidungsprozesses entgegenstehen, haben ihre gemeinsame Wurzel in dem Verhältnis zwischen handelnden Menschen, ihren widersprüchlichen Zielen und ihrer mehr oder weniger ausgeprägten Entscheidungsfreude gegenüber einer nicht beherrschbaren Zukunft.

Wenn wir von diesen Bedingungen menschlichen Handelns absehen, unterstellen wir als Entscheidenden mehr oder weniger einen Roboter. Indes: Eine solche grobe Vereinfachung ist als erstes notwendig. Ohne Zweifel ist die Psyche des Handelnden (und die seiner Mitarbeiter) ein wichtiges Problem beim Finden betriebswirtschaftlich richtiger Lösungen.

Es ist nur nicht das einzige Problem. Daneben bestehen Probleme rein wirtschaftlicher Art, die auch nicht ohne Schwierigkeiten sind. Sie können nicht gelöst werden, wenn sie zugleich mit den seelischen Eigenarten handelnder Menschen verknüpft werden. Wer glaubt, auf Anhieb Einzelfragen ökonomischer Logik mit psychologischen, soziologischen, anthropologischen und sonstigen Spekulationen in einer »qualitativen Gesamtschau« verknüpfen zu können, der liefert keine ökonomische Theorie, sondern (nach den bisherigen Erfahrungen) nur breiartiges Gerede. Man kann ökonomische Probleme nur lösen, wenn man zunächst vereinfacht, unter den Vereinfachungen eindeutige Aussagen ableitet und dann von einfachen Zusammenhängen zu schwierigeren übergeht. Heroische Vereinfachungen sind die Muttermilch der Theorie.

Jede Theorie muß mit grob gestutzten Zusammenhängen anfangen und sich Stück für Stück an die Wirklichkeit herantasten. Der Leser, der diesen mühsamen Weg mitgeht, darf sicher sein, daß er allen Schönrednern, die glauben, ohne sorgfältige Detailanalyse wirtschaftliche Wahrheiten zu kennen, durch Sachfragen den Schleier von dem dürren Gerippe ihrer Phrasen reißen kann.

Um zu vereinfachen, sehen wir in diesem Band von allen zwischenmenschlichen Problemen ab. Erst nachdem die ökonomischen Sachfragen unter dieser Vereinfachung beantwortet worden sind, kann die Frage beantwortet werden: Wie ändern sich die Sachentscheidungen, wenn die Organisation selbst zum Problem wird?[12]

Bei der Vielzahl von Vereinfachungen hinsichtlich der Informationsbeschaffung, der Informationsauswertung und der Organisation wird es dem Leser sicher langsam unheimlich werden. Aber eine Theorie der Unternehmenspolitik verlangt in erster Linie, alle Einflußgrößen zu nennen und alle Voraussetzungen aufzuzählen, auf denen einzelne Empfehlungen für optimales Handeln beruhen. Um Optima zu definieren, müssen die vielfältigen Zusammenhänge der Wirklichkeit rücksichtslos gestutzt werden. Vereinfachen der Wirklichkeit heißt sehr oft: vorsätzlich Fehler machen. Erst wenn man die Fehler kennt, kann man sie beseitigen und im Einzelfall jenen Grad der Annäherung an das »Totalmodell« suchen, der erwünscht und erreichbar ist[13].

Dem Leser, dem dies mißfällt, bleiben drei Möglichkeiten:
(1) das Studium der Betriebswirtschaftslehre aufzugeben;
(2) dieses Lehrbuch wegzuwerfen und ein Lehrbuch zu suchen, das die Voraussetzungen und Schwierigkeiten nicht aufzählt, oder
(3) im Bewußtsein der Schwierigkeiten Schritt für Schritt von der Muttermilch heroischer Vereinfachungen zu den Reistafeln praktisch brauchbarer Modelle fortzuschreiten. Der Autor empfiehlt den dritten Weg.

---

[12] Zu den daraus folgenden Abweichungen zwischen Theorie und Praxis der Investitions- und Finanzierungspolitik vgl. z. B. *G. Donaldson*, Strategy for Financial Mobility. Boston 1969, S. 247–249.

[13] Dabei verursacht die Informationsbeschränkung die stärksten Einflüsse auf die Optima der Investitions- und Finanzierungspolitik, vgl. z. B. *M. C. Jensen, W. H. Meckling*, Theory of the Firm: Managerial Behavior, Agency Costs and Ownership Structure. In: The Journal of Financial Economics, Vol. 3 (1976), S. 305–360; *Günter Franke*, Information, Property Rights and the Theory of Corporate Finance. Erscheint in: Financial Management of Corporate Resource Allocations, edited by Roy L. Crum, Frans G. J. Derkinderen, Nijenrode Studies in Business, Boston 1980.

c) Das Zeitproblem in der Theorie der Unternehmung

Von oberflächlichen Betrachtern wird die ökonomische Theorie als wirklichkeitsfern bezeichnet, weil sie im wesentlichen mit statischen, »zeitlosen« Modellen arbeite. Eine dynamische Theorie, eine Theorie, die das Zeitmoment ausdrücklich berücksichtigt, sei zu fordern. Wer so argumentiert, hat die ökonomische Theorie nicht verstanden, denn auch statische Modelle enthalten eine Zeitvorstellung. Um das zu begründen, soll das Zeitproblem in seiner Bedeutung für die Theorie der Unternehmung untersucht werden. Drei Aspekte kann man hierbei herausschälen[14]:
(a) Die Zeit, welche die wirtschaftlichen Handlungen umrankt: das Problem des Handlungszeitraums und des Planungszeitraums.
(b) Die Zeit als ökonomisches Gut neben anderen: das Problem der Produktions- und Konsumtionszeit.
(c) Die Zeit als Hemmnis wirtschaftlichen Handelns: das Problem der Anpassungsgeschwindigkeit.
Die Aspekte (b) und (c) sind in der Produktions- und Absatztheorie zu erörtern. Dort stellt sich z. B. die Frage, wann der Käufer eines Fernsehgerätes wieder als Nachfrager auftreten wird, oder wann die Konkurrenten auf eine Preissenkung reagieren werden. Für unsere Probleme können wir die Aspekte (b) und (c) vernachlässigen.

1. Handlungszeitraum und Planungszeitraum

Der Handlungszeitraum umfaßt die Zeitspanne, in der ein Mensch wirtschaftliche Entscheidungen trifft, also die Zeit bis zum Lebensende. Der Handlungszeitraum ist regelmäßig nicht mit dem Planungszeitraum identisch. Der Planungszeitraum schließt die Zeit ein, für die ins einzelne gehende Unternehmenspläne aufgestellt, Einzelmaßnahmen erwogen werden. Wegen der Unsicherheit der Zukunft mag es sich z. B. nicht lohnen, mehr als fünfjährige Pläne aufzustellen (Planungszeitraum 5 Jahre). Ein vierzigjähriger Unternehmer wird gleichwohl erwarten, daß er mindestens noch fünfundzwanzig Jahre tätig sein kann (Handlungszeitraum 25 Jahre). Zur Vereinfachung wollen wir den Handlungszeitraum bereits mit Erreichen des Rentenalters enden lassen.
Wie lang der Handlungszeitraum im einzelnen sein wird, ist für die Unternehmenspolitik nicht von Bedeutung. Wir müssen nur wissen: Ist der erwartete Handlungszeitraum länger als der gegenwärtige Planungszeitraum, oder beendet der Unternehmer seine Tätigkeit nach Ablauf der gegenwärtigen Unternehmensplanung? Demgemäß sind zwei Fälle zu unterscheiden:
(1) Im Regelfall ist der erwartete Handlungszeitraum länger als der gegenwärtige Planungszeitraum. Der Unternehmer plant so, daß er sein Unternehmen auch nach dem Ende des gegenwärtigen Planungszeitraums (nach dem gegenwärtigen Planungshorizont) weiterführen will. Diesen Fall bezeichne ich als »Unternehmung auf Dauer«. *Unternehmung auf Dauer* heißt also nicht »auf unbegrenzte Zeit«, sondern *»länger als der gegenwärtige Planungszeitraum«*. Das bedeutet praktisch: Zum Ende des gegenwärtigen Planungszeitraums (zum Planungshorizont) müssen hinreichende Ausgangsbedingungen für das Weiterleben der Unternehmung geschaffen worden sein. Der Unternehmer darf z. B. nicht alle Einnah-

---

[14] Vgl. *P. N. Rosenstein-Rodan*, The Rôle of Time in Economic Theory. In: Economica, New Series, Vol. 1 (1934), S. 77–97, hier S. 77 f.; in ähnlicher Art auch *Bertil Ohlin*, A Note on Price Theory with Special Reference to Interdependence and Time. In: Economic Essays in Honour of Gustav Cassel. London 1933, S. 471–477, bes. S. 475.

menüberschüsse während der Planperiode als Einkommen entnehmen, vielmehr muß er in der Unternehmung Kapazitäten erstellen, Vermögen halten, damit ihm die Unternehmung auch nach dem gegenwärtigen Planungshorizont als Einkommensquelle und Betätigungsfeld dienen kann.

(2) Im Sonderfall ist der Handlungszeitraum gleich dem Planungszeitraum: »Unternehmung auf Zeit«. Nehmen wir an, ein 46jähriger Unternehmer wäre durchaus in der Lage, ins einzelne gehende Unternehmenspläne für die nächsten fünf Jahre zu entwickeln, aber er hat sich so über Konkurrenten, Betriebsrat und Finanzamt geärgert, daß er beschließt, bereits am 50. Geburtstag Rentner zu werden. Sein Handlungs- und Planungszeitraum schrumpft damit auf vier Jahre zusammen.

Eine *Unternehmung auf Zeit* ist in zwei Erscheinungsformen denkbar. F. und V. Lutz haben sie als »unabhängiger« und »abhängiger« Planungshorizont bezeichnet[15]:

a) Der Unternehmer plant und arbeitet innerhalb eines vorgegebenen, vom Ergebnis seines Handelns unabhängigen Zeitraums. Er setzt z. B. ohne Rücksicht auf das Ergebnis seiner Tätigkeit seinen Handlungszeitraum auf noch vier Jahre fest. Bis zu diesem unabhängigen Planungshorizont strebt er nach möglichst hohem Einkommen oder nach möglichst bequemem Leben oder was seine Handlungsmotive sonst noch sein mögen.

b) Der Handlungszeitraum des Unternehmers hängt vom Ergebnis seines Handelns ab (abhängiger Planungshorizont). Der abhängige Planungshorizont kann mit einem finanziellen Ziel verbunden oder durch ein nichtfinanzielles Ziel erzwungen sein.

Ein abhängiger Planungshorizont mit finanziellem Ziel liegt z. B. in folgendem Fall vor: Ein Unternehmer erwirbt ein Lager an Iphöfer Julius-Echter-Berg Silvaner Trockenbeerenauslese des Jahres 1964. Mit wachsendem Alter gewinnt der Wein an Wert. Der Unternehmer lagert die Trockenbeerenauslese so lange, bis sie den höchsten Wert erreicht hat. Dann verkauft er die Hälfte und setzt sich mit der anderen Hälfte zur Ruhe. Wir werden später (S. 199 f.) sehen, daß die optimale Lagerzeit des Weines (seine Investitionsdauer) bei abhängigem Planungshorizont länger ist als im Normalfall, in dem der Unternehmer nach Verkauf der 64er Trockenbeerenauslese andere Weine einlagert oder auch nur sein Geld auf dem Sparbuch weiter anlegt.

Ein abhängiger Planungshorizont mit nichtfinanziellem Ziel ist in folgendem Fall gegeben: Der Unternehmer kauft eine Weingroßhandlung für 1 Mill. Mark und nimmt sich vor, nur solange zu arbeiten, bis aus der einen Million zwei Millionen geworden sind. Das bedeutet, das Ziel des Unternehmers ist Minimierung der Arbeitszeit unter der finanziellen Nebenbedingung, das eingesetzte Kapital zu verdoppeln. Der Handlungszeitraum hängt auch hier von den Handlungsmöglichkeiten ab. Diesen Fall werden wir nicht weiter beachten.

In welchem Verhältnis stehen Handlungszeitraum des Unternehmers und Lebensdauer der »Unternehmung« zueinander?

In personenbezogenen Unternehmen sind Handlungszeitraum des Unternehmers und Lebensdauer der »Unternehmung« begrifflich identisch, denn die personenbezogene Unternehmung umfaßt alle Arbeitshandlungen und Geldanlagen einer Person. Es ist zu beachten, daß die Firmen (Sägewerk, Möbelfabrik) innerhalb einer personenbezogenen Unternehmung über den Handlungszeitraum des Unternehmers hinaus bestehenbleiben können. Übernimmt der Erbe Sägewerk und Möbelfabrik des in den Ruhestand getretenen Unternehmers, dann entsteht eine neue personenbezogene Unternehmung.

---

[15] Vgl. *Friedrich [A.]* and *Vera Lutz*, The Theory of Investment of the Firm. Princeton (N. J.) 1951, S. 25 f.

Die »firmenbezogene Unternehmung« besteht unabhängig von der Arbeit und dem Kapitaleinsatz einer Person. Bei »firmenbezogenen Unternehmen« tritt an die Stelle des Handlungszeitraums des Unternehmers der Begriff »Lebensdauer der Firma«. Eine firmenbezogene Unternehmung« besteht unabhängig von der Arbeit und dem Kapitaleinsatz einer Person. Bei »firmenbezogenen Unternehmen« tritt an die Stelle des Handlungszeitraums des Unternehmers der Begriff »Lebensdauer der Firma«. Eine firmenbezogene Unternehmung kann auf begrenzte Zeit oder auf unbegrenzte Zeit (auf Dauer) errichtet sein. Firmenbezogene Unternehmen auf Zeit sind z. B. Konsortien, die zusammentreten, um eine bestimmte Wertpapieremission durchzuführen, oder Arbeitsgemeinschaften aus mehreren Firmen, die gemeinsam ein Kraftwerk in einem Entwicklungsland errichten. Im allgemeinen ist jedoch ein Ende der firmenbezogenen Unternehmung am Planungshorizont nicht vorgesehen, und dann liegt eine Unternehmung auf Dauer vor. In diesem Fall hat der Unternehmer, z. B. der Alleinvorstand einer Aktiengesellschaft, so zu planen, daß am Ende des Planungszeitraums die Bedingungen für das Weiterleben der Firma gesichert sind. Er wird das selbst dann als seine Aufgabe ansehen, wenn er plant, während der nächsten drei oder fünf Jahre auszuscheiden.

2. Die Länge des Planungszeitraums

Für wie lange plant der Unternehmer? Der Planungszeitraum kann nicht bis zum Jüngsten Gericht reichen. Die Planperiode ist vielmehr durch ein bestimmtes »Gesichtsfeld« bestimmt, durch einen »ökonomischen Horizont« begrenzt[16]. Wie weit reicht das Gesichtsfeld in die Zukunft? Der Planungshorizont als Grenze des Planungszeitraums hängt von drei Größen ab:
(1) Von den Zielen (Handlungsmotiven) des Unternehmers; aus den Zielen folgen der Handlungszeitraum des Unternehmers und damit die Obergrenze des Planungszeitraums. Der Handlungszeitraum wurde bereits erörtert.
(2) Von der Bedeutung des Entscheidungsproblems für die Unternehmung.
(3) Von den Möglichkeiten der Informations-(Daten-)gewinnung für die Entscheidungen.

Wie hängt der Planungszeitraum von der Bedeutung des Entscheidungsproblems ab? Die Literatur weist darauf hin, der Planungshorizont (die »zeitliche Übersichtstiefe«) sei für die einzelnen Wahlprobleme unterschiedlich anzusetzen[17]. Gegen diese Auffassung ist eingewandt worden, alle betrieblichen Entscheidungen bedingten einander. Wegen der Interdependenzen der betrieblichen Teilpläne müßte eine einheitliche Planperiode zugrunde gelegt werden. Denn nur für einen einheitlichen Zeitraum könne die gegenseitige Abhängigkeit der einzelnen Teilpläne berücksichtigt werden[18]. Dieses Argument bedarf einer Ergänzung: Wenn die gewünschte Lebensdauer der Unternehmung über den (z. B. durch die Ungewißheit bestimmten) ökonomischen Horizont hinausreicht, dann kann wegen der Interdepen-

---

[16] Begriffe nach *J[an] Tinbergen*, Ein Problem der Dynamik. In: Zeitschrift für Nationalökonomie, Bd. 3 (1932), S. 169–184, hier S. 171; *ders.*, The Notions of Horizon and Expectancy in Dynamic Economics. In: Econometrica, Vol. 1 (1933), S. 247–264, bes. S. 247. Zu den allgemeinen Problemen der Bestimmung des Planungshorizonts vgl. auch *Odd Langholm*, Tidshorisonten. Bergen 1964.

[17] Vgl. *Tinbergen*, Ein Problem der Dynamik, S. 171; *Wittmann*, Unternehmung und unvollkommene Information, S. 141 f.

[18] Vgl. *Orth*, S. 55.

denz aller betrieblichen Entscheidungen der ökonomische Horizont nicht als Begrenzungslinie der Zukunftsüberlegungen schlechthin verstanden werden. Für die Zeit innerhalb des Planungszeitraums wird im einzelnen geplant. Nach Ablauf einer Periode werden dabei die früheren Pläne korrigiert, der Planungshorizont erweitert und für diesen neuen Planungshorizont neue Ausgangsbedingungen für die weitere Zukunft gesetzt. Nur auf diesem Wege r o l l e n d e r (überlappender) Planungen kann eine tragfähige Unternehmungsplanung entwickelt werden.

Das Erfordernis eines einheitlichen Planungszeitraums für alle Entscheidungen gilt nur dann, wenn alle Entscheidungen gemeinsam getroffen werden: wenn ein Totalmodell des künftigen Unternehmensgeschehens aufgestellt wird. Ein solches Totalmodell, in dem Investitions-, Finanzierungs-, Beschaffungs-, Produktions- und Absatzentscheidungen gemeinsam aufeinander abgestimmt und gleichzeitg festgelegt werden, ist das Ideal des Theoretikers. Aber wie jedes Ideal hat es wenig mit der Wirklichkeit zu tun. Die Schwierigkeiten einer solchen Gesamtplanung der Unternehmung liegen auf der Hand: Zunächst müssen alle Einflußfaktoren und ihre gegenseitigen Abhängigkeiten für einen Bereich (z. B. den Finanzbereich) erfaßt werden. Darüber hinaus sind die Abhängigkeiten zwischen den einzelnen Teilbereichen unternehmerischer Planung: Beschaffung, Produktion, Absatz, Investition und Finanzierung zu erkennen und zu berücksichtigen. Für die Mehrzahl aller Entscheidungen wird man notgedrungen auf eine Gesamtschau aller Teilbereiche verzichten müssen und Einzelentscheidungen aufgrund eines isolierten Planes, aufgrund eines Partialmodells, treffen. In solchen Partialüberlegungen wird die zeitliche Übersichtstiefe unterschiedlich sein, und sie wird bestimmt werden durch die drei allgemeinen Bestimmungsgründe des Planungshorizonts (Zielsetzung, Informationsgewinnung, Bedeutung des Problems) und durch den Grad an Vereinfachung, den der Entscheidende für noch vertretbar hält.

Wie begrenzen die Informationsmöglichkeiten den Planungszeitraum? Zunächst werden Erwartungen mit hoher Glaubwürdigkeit für die nahe Zukunft und solche mit geringerer Glaubwürdigkeit für die ferne Zukunft vorliegen: Preise und Löhne im nächsten Jahr sind besser abzuschätzen als Preise und Löhne in fünf Jahren. Der Planungshorizont liegt dann in der Periode, für die der Unternehmer eine ins einzelne gehende Planung angesichts der Ungewißheit als nicht mehr sinnvoll ansieht. Das sei z. B. das Ende des fünften Jahres. Dieser Planungshorizont kann durch zusätzliche Ausgaben zur Informationsgewinnung und -verarbeitung hinausgeschoben werden.

Nachdem bislang das Problem des Informationsoptimums als ungelöst gilt, wird es verständlich, daß die Theorie den Planungshorizont als gegeben angesehen hat. Auch hier wird diese rohe Annahme gewählt. Innerhalb des Planungszeitraums von z. B. fünf Jahren könne, so wird vorausgesetzt, der Unternehmer einen ins einzelne gehenden Gesamtplan für die Unternehmung aufstellen.

3. Planperioden und Abrechnungsperioden

aa) Statische (einperiodige) und dynamische (mehrperiodige) Planungsmodelle

Der Planungszeitraum kann nach einer Periode enden, dann sprechen wir von einperiodiger Planung. Der Planungszeitraum wird aber regelmäßig mehrere Perioden einschließen. Die Gesamtplanung der Unternehmung ist dann eine mehrperiodige Planung. Einperiodige Planungsmodelle nennt man »statische« Modelle. Mehrperiodige Planungsmodelle sind »dynamische« Modelle.

Genauer: Die statische Theorie gilt für einen Zeitraum, in dem die Datierung der Ereignisse innerhalb des Zeitraums keine Rolle spielt. Für eine dynamische Analyse besitzt demgegenüber die Datierung der Ereignisse entscheidende Bedeutung: Mindestens eine der Variablen eines Modells muß sich auf einen anderen Zeitraum beziehen als die übrigen; die verschiedenen Perioden zugeordneten Variablen müssen funktional miteinander verbunden sein[19].

Was heißt »funktional« miteinander verbunden? Die Nachfrage nach Porzellan im Monat Januar hängt ganz entscheidend davon ab, wie das Weihnachtsgeschäft, also der Absatz im November und Dezember, verlief. Wer zu Weihnachten neues Porzellan bekam, wird allenfalls nach einer schlimmen Silvesternacht als Nachfrager im Januar auftreten. Zwei Perioden sind also in bezug auf eine Einflußgröße (Nachfrage, Kosten, Preise u. ä.) miteinander verbunden, wenn die Höhe der Einflußgröße in einer Periode nur beurteilt werden kann, nachdem sie für die andere Periode bekannt ist. In diesem Fall sind die beiden Perioden gemeinsam zu analysieren, soll eine richtige Entscheidung getroffen werden.

Wem die klassische Trennung von statisch und dynamisch zu kompliziert erscheint, der kann sich mit folgender vereinfachter Regel helfen: Statische Modelle berücksichtigen nur zwei Zahlungszeitpunkte (Anfang und Ende der Planperiode); müssen mehr als zwei Zahlungszeitpunkte berücksichtigt werden, liegt ein dynamisches Modell vor.

bb) Wie lange dauert eine Abrechnungsperiode?

Wenn der Planungshorizont der Unternehmung am Ende des fünften Jahres liegt, führt dann der Unternehmer eine einperiodige Planung durch (eine Periode gleicht einem Fünfjahreszyklus) oder eine Fünfperiodenplanung oder eine 1826 Perioden umfassende Tagesplanung? Die Frage nach der Länge einer Periode scheint zunächst eine praktische Ermessens- und Zweckmäßigkeitsfrage zu sein. Sie ist es nicht. Um das zu beweisen, müssen wir die Mindestdauer einer Planperiode näher kennzeichnen. Die Mindestplanperiode ist dadurch gekennzeichnet, daß sie zeitlich nicht mehr unterteilt wird. Wir wollen die Mindestplanperiode »Abrechnungsperiode« nennen. Die Abrechnungsperiode beginnt und endet mit einem Zahlungszeitpunkt. Besteht also die Planperiode eines Modells aus einer einzigen Abrechnungsperiode, dann liegt ein statisches Modell vor. In dynamischen Modellen umfaßt der Planungszeitraum mehrere Abrechnungsperioden.

Die Länge einer Abrechnungsperiode festzulegen, schafft Probleme: Der Salatschüsselhersteller möge sich für einen Preis von 1 Mark entschieden haben. Wie lange bleibt die Entscheidung gültig? Die Zeitspanne, in welcher der Unternehmer seine Entscheidungen nicht ändert, kann als einheitlicher Zeitraum, als eine Abrechnungsperiode, verstanden werden. Solange sämtliche Daten der preispolitischen Entscheidung: die Beschaffungspreise, Produktionskosten, Nachfrageschätzungen unverändert bleiben, solange also die Erwartungen des Unternehmers sich erfüllen, währt eine Abrechnungsperiode. Daraus könnte geschlossen werden: Die Zeitspanne, für die Modellüberlegungen gelten, wird durch die Datenänderungen bestimmt. Sobald sich ein wesentliches Datum ändert, muß sich der Unternehmer anpassen, neue Entscheidungen treffen, neue Preise setzen, und diese bleiben bis zur nächsten wesentlichen Datenänderung gültig. Marshall hat aus dieser Einsicht gefolgert: Für

---

[19] Vgl. *Ragnar Frisch*, On the Notion of Equilibrium and Disequilibrium. In: The Review of Economic Studies, Vol. 3 (1935/36), S. 100–105, und ihm folgend heute der überwiegende Teil der Literatur, z. B. *J[ohn] R[ichard] Hicks*, Value and Capital. 2nd edition, Oxford 1946, reprinted 1965, S. 115; *Paul Anthony Samuelson*, Foundations of Economic Analysis. Cambridge 1947, 5th printing 1958, S. 314 (Samuelson kritisiert allerdings die Formulierung von Hicks, daß die »unterschiedliche Datierung« das Wesen dynamischer Analyse ausmache).

die ökonomische Theorie läßt sich das Zeitmoment durch die Datenänderung, d. h. durch Ereignisse innerhalb des ökonomischen Systems, erfassen[20]. Die Zeit wird »endogen« gemessen, nicht in Stunden, Tagen oder anderen Kalenderzeitvorstellungen[21]. Es ist hier nicht der Ort, um die Schwächen von Marshalls Konzept der »operational time« offenzulegen[22].
Ein Einwand ist offensichtlich: Der Unternehmer kann nicht auf jede Datenänderung durch Neuplanung reagieren. Vor lauter Umplanen und Neuorganisieren käme er nicht mehr dazu, seinen Betrieb aufzubauen, die Produktion in Gang zu setzen und die Erzeugnisse zu verkaufen. Für eine bestimmte Mindestzeitspanne müssen »fixierte relevante Pläne«[23] verabschiedet und durchgeführt werden. Datenänderungen werden also nur zu bestimmten Zeitpunkten registriert und berücksichtigt. Die Zeitspanne zwischen zwei Registrierungsdaten ist dann die Abrechnungsperiode (die von der Literatur auch Registrierungsperiode[24] genannt worden ist). Die Entscheidungen über die Höhe der Produktion, der Preise usw. werden stets an den Nahtstellen von einer Registrierungsperiode zur nächsten gefällt, also z. B. stets am Montagmorgen um 9 Uhr.
Diese Vorstellung von der Registrierungsperiode als Einheitsperiode sämtlicher Planungen muß allerdings noch in einem Punkt ergänzt werden: Wenn am Montag um 9.20 Uhr ein Wechsel vorgelegt wird und nicht bezahlt werden kann, weil erst am Freitagabend genügend Geld in der Kasse ist, dann platzt der Wechsel – und das Malheur ist passiert. Für die Abrechnungsperiode als Ganzes ist zwar die Liquidität der Unternehmung gewahrt. Aber das nützt nicht viel, wenn zu irgendeinem Zeitpunkt diese Unternehmung zahlungsunfähig wird. Um solche Fälle auszuschließen, muß die Abrechnungsperiode so definiert werden, daß keine Zahlungsvorgänge innerhalb der Abrechnungsperiode stattfinden, oder daß die Zahlungsvorgänge nicht das Unternehmensgeschehen beeinträchtigen.
Unternehmen oder Unternehmensbereiche, die sich ausschließlich mit finanzwirtschaftlichen Fragen beschäftigen, werden in der Regel jeden Werktag als eigene Abrechnungsperiode ansehen.
Als Zeiteinheit der Produktions- und Absatzplanung ist dieser finanzwirtschaftliche Abrechnungszeitraum durchweg zu kurz. Man kann ihn unbedenklich erweitern, wenn die Zahlungsvorgänge innerhalb einer Abrechnungsperiode für die zur Wahl stehenden Handlungsmöglichkeiten unbeachtet bleiben dürfen. So wird man oft die kurzfristige Finanzplanung innerhalb eines Monats als allein finanzwirtschaftlich interessierendes Problem ansehen. Erst von Monat zu Monat wird erwogen, ob drohende Fehlbeträge durch Einschränkung der

---

[20] Vgl. *Alfred Marshall*, Principles of Economics. Vol. I, 2nd edition, London 1891, S. 389, 418–428.
[21] Das ist in Marshalls aus der Physik übernommener Zeitkonzeption eindeutig, während sonst seine Ausführungen über das Zeitproblem reichlichen Anlaß zu Mißverständnissen geben, vgl. im einzelnen hierzu *Redvers Opie*, Marshall's Time Analysis. In: The Economic Journal, Vol. 41 (1931), S. 199–215; *Lionel Robbins*, Remarks upon Certain Aspects of the Theory of Costs. In: The Economic Journal, Vol. 44 (1934), S. 1–18, hier bes. S. 17; ferner *Wm. C. Hood*, Some Aspects of the Treatment of Time in Economic Theory. In: The Canadian Jornal of Economics and Political Science, Vol. 14 (1948), S. 453–468, bes. S. 458.
[22] Vgl. dazu z. B. *Dieter Schneider*, Lohnänderungen und unternehmenspolitische Anpassungsprozesse. In: Lohnpolitik und Einkommensverteilung, herausgegeben von Helmut Arndt. Berlin 1969, S. 232–254, hier S. 236 f.
[23] Vgl. dazu bes. *Dag Hammarskjöld*, Utkast till en algebraisk metod för dynamisk prisanalys. In: Ekonomisk Tidskrift, Årgang 34 (1932), S. 157–176; *Erik Lindahl*, Dynamic Approach to Economic Theory. In: Studies in the Theory of Money and Capital. London 1939, 2nd impression 1950, S. 21–136, hier S. 40–49; *Erik Lundberg*, Studies in Theory of Economic Expansion. New York 1937, reprinted 1954, S. 47.
[24] Vgl. *Lindahl*, Dynamic Approach, S. 53 f., er definiert im Anschluß an Svennilson: »... the shortest [period] taken into account in any given case (since only the total result and not its distribution within the period is of relevance) may be called the ›period of registration‹.«

Produktionstätigkeit und Lagerhaltung vermieden, Überschüsse durch zusätzliche Faktorbeschaffung oder höhere Fertiglager gebunden werden sollen. Das bedeutet: Nur von Monat zu Monat werden hier aufgrund organisatorischer Regelungen die Unternehmensbereiche »Produktion« und »Finanzwirtschaft« aufeinander abgestimmt.

Sind solche organisatorischen Regelungen sinnvoll? Die Trennung von Finanz- und Produktionsbereich während eines Monats bedeutet: finanzwirtschaftliche und leistungswirtschaftliche Abrechnungsperiode weichen voneinander ab. Man unterstellt, daß der Produktionsbereich während des Monats einen »konstanten Kapitalbedarf« verursacht. Kraft organisatorischer Regelungen wird nur zu bestimmten Zeitpunkten eine gegenseitige Einflußnahme der einzelnen Unternehmensbereiche zugelassen.

4. Zeitliche Voraussetzungen betrieblicher Planungsmodelle

Planungsmodelle liefern Entscheidungen für einperiodige oder mehrperiodige Planungen. Was unterstellen die Planungsmodelle über das Geschehen während einer Periode? Wir greifen zur Erläuterung auf den Cournotschen Satz zurück. Für welche Zeitspanne gilt die Handlungsempfehlung »Grenzerlöse gleich Grenzkosten«? Die Entscheidung gilt entweder für einen Zeitpunkt oder für einen Zeitraum. Bezöge sich die Entscheidung auf einen Zeitpunkt, wäre sie praktisch wertlos. Wann sollen die Vorräte beschafft, die Produkte erzeugt und verkauft werden? Es kommt also nur die Zeitraumbetrachtung in Frage. Da die Handlungsempfehlung keine Aussagen über die Zeit enthält, können nicht mehrere aufeinanderfolgende Perioden gemeint sein. Die Handlungsempfehlung »Grenzerlöse gleich Grenzkosten« und die daraus folgende Entscheidung beziehen sich also auf eine einzige Abrechnungsperiode. Der Cournotsche Satz ist, wie jede andere Aussage eines statischen Modells, eine einperiodige Entscheidungsempfehlung.

Eine Abrechnungsperiode besteht aus dem Periodenanfang (z. B. 2. Januar, 8.00 Uhr), dem Zeitinhalt der Periode (2. bis 31. Januar) und dem Periodenende (31. Januar, 17.00 Uhr). Wir haben zu klären, was an den einzelnen Tagen aufgrund der Handlungsempfehlung zu geschehen hat.

Plant der Unternehmer nur für eine Periode, dann liegt sein Planungshorizont an diesem Periodenende (31. Januar, 17.00 Uhr). Bei einperiodiger Planung deckt sich der Planungszeitraum mit einer Abrechnungsperiode. Natürlich besteht kaum eine Unternehmung nur für einen Monat. Wenn aus der Handlungsempfehlung folgende Entscheidung richtig sein soll, dann muß unterstellt werden, daß das, was im Dezember und früher geschah, keinen Einfluß auf die Entscheidung (auf die Höhe der Produktionsmenge) hat und daß das, was im Februar und später geschehen wird, bei der Entscheidung im Januar nicht berücksichtigt zu werden braucht. Die einperiodige Planung ist also nur dann zielentsprechend, wenn die einzelnen Abrechnungsperioden völlig unverbunden nebeneinander stehen, so daß jede einzelne Abrechnungsperiode isoliert geplant werden kann.

Was bedeutet im einzelnen, die Abrechnungsperioden seien unverbunden? Ein statisches einperiodiges Planungsmodell unterstellt im Grunde folgendes[25]:

(1) Die Tätigkeit, die durch das Modell beschrieben wird, beginnt am Periodenanfang (in t_0 : 2. Januar, 8.00 Uhr) und endet an einem anderen Datum (in t_1 : 31. Januar, 17.00 Uhr). Der

---

[25] In der Literatur werden die Voraussetzungen selten genannt, eine Ausnahme bildet *Sune Carlson*, A Study on the Pure Theory of Production. Stockholm 1939, reprinted New York 1956, S. 4 f.

Salatschüsselhersteller beschließt also am 2. Januar vor Geschäftseröffnung, einen Preis von 1 Mark zu verlangen und 2 300 Stück herzustellen. Am 2. Januar beginnt die Produktion, am 31. Januar beendet er den Absatz.
(2) In der Zeitspanne zwischen Periodenanfang und Periodenende fallen keine Entscheidungen. Die Planperiode gleicht einer Abrechnungsperiode. Würden während des Monats neue Entscheidungen getroffen werden, z. B. am 10., 17., 24. Januar, dann läge keine einperiodige Planung vor, sondern eine mehrere Abrechnungsperioden umfassende Planung.
(3) Da nur eine Periode betrachtet wird, muß die Unternehmung am Periodenanfang errichtet und am Periodenende liquidiert werden können. Denn wäre es nicht möglich, die Unternehmung am Periodenanfang zu errichten und am Periodenende zu liquidieren, dann wäre die Lebensdauer der Unternehmung länger als eine Abrechnungsperiode, und folglich müßte eine mehrperiodige Planung erfolgen. Die einzelnen Abrechnungsperioden wären nicht mehr unverbunden.
(4) Alle Zahlungsvorgänge in der Unternehmung erfolgen am Periodenanfang oder am Periodenende. Unter dieser Voraussetzung ist die Zahlungsfähigkeit der Unternehmung innerhalb des Planungszeitraums gewährleistet. Es muß ausgeschlossen sein, daß am 3. Januar ein Wechsel vorgelegt wird, der platzt, weil erst am 23. Januar genügend Geld in der Kasse ist.
Die Voraussetzung (4) ist für unsere Zwecke die wichtigste. t_0, der Periodenanfang (bzw. das Ende der Vorperiode), und t_1, das Ende der ersten Periode bzw. der Anfang der nächsten Periode, sind die Zahlungszeitpunkte des einperiodigen Modells.
In der Literatur ist es üblich, von den Einnahmen bzw. Ausgaben »einer Periode« zu sprechen. Diese Ausdrucksweise ist ungenau: Die Zahlungen erfolgen entweder am Periodenanfang oder am Periodenende.
Dabei sind zwei Wege gangbar:
a) Man ordnet gedanklich sämtliche Ausgaben einer Periode dem Periodenanfang zu, sämtliche Einnahmen dem Ende dieser Periode. Der Sinn dieses Vorgehens ist folgender:
In der Investitionsplanung werden nicht alle Zahlungszeitpunkte berücksichtigt; denn sonst müßte stets ein über mehrere Jahre reichender täglicher Finanzplan aufgestellt werden, um sicherzugehen, daß jederzeit die Zahlungsfähigkeit der Unternehmung gewahrt ist. Wenn wir jedoch einen zweijährigen Investitionsplan mit drei Zahlungszeitpunkten: t_0 = 31. Dezember 1980 t_1 = 31. Dezember 1981; t_2 = 31. Dezember 1982 aufstellen und sämtliche Ausgaben des Jahres 1981 auf t_0 beziehen, sämtliche Einnahmen des Jahres 1981 und sämtliche Ausgaben des Jahres 1982 auf t_1, dann ist die Unternehmung während 1981 und 1982 liquide, wenn sie in t_0 und t_1 zahlungsfähig ist. In t_0 mag die Unternehmung z. B. die Ausgaben durch den Anfangskassenbestand oder durch Kreditaufnahmen decken; in t_1 deckt sie die Ausgaben für die zweite Abrechnungsperiode durch die Einnahmen aus der ersten. Um die kurzfristige Finanz-(Liquiditäts-)planung brauchen wir uns dann bei Investitionsüberlegungen nicht mehr zu kümmern.
Durch den Verzicht auf das Berücksichtigen sämtlicher Zahlungszeitpunkte entstehen Fehler im Hinblick auf die Zinszahlungen. Diese Fehler werden sich bei mehrperiodiger Planung verstärken, sofern nicht diese »kurzfristigen« Zinsaufwendungen und Erträge geschätzt und in der Planung berücksichtigt werden.
Wem dieses Vorgehen zu grob erscheint, der muß Zahlungszeitpunkte während eines Jahres beachten, z. B. jedes Quartalsende oder, noch genauer, jeden einzelnen Tag.
b) Nur wenn die Zahlungsfähigkeit auf andere Weise während einer Periode von vornherein

als gesichert gelten kann, ist es zulässig, Ausgaben und Einnahmen auf das Ende einer Periode zu beziehen. Wir werden von dieser Annahme im Kapitel über die Planung von Einzelinvestitionen ausgehen, denn dort ist unterstellt, die Finanzierung der Investition sei gesichert und die Zahlungsfähigkeit sei kein Problem.

Das Leisten von Zahlungen innerhalb der Abrechnungsperiode ist unzulässig, weil dann die einzelnen Zahlungstage die Entscheidung beeinflussen könnten und folglich der Planungszeitraum in Abschnitte gegliedert werden müßte, was der Definition der Abrechnungsperiode widerspricht. Gehen die Einnahmen nicht am Tag der Fertigstellung oder am Verkaufstag ein, dann entscheidet über die Länge der Abrechnungsperiode der Tag des Einnahmeneingangs. *Im statischen Modell ist damit die »Kapitalbindung« während des gesamten Planungszeitraumes gleich hoch.* Aus der »Unverbundenheit« einzelner Abrechnungsperioden im statischen Modell folgt weiter: Es gibt keine Lagerhaltung, keine zeitliche Wirkung absatzpolitischer Maßnahmen; dauerhafte Produktionsfaktoren (»Potentialfaktoren«, wie Maschinen) sind nur unter zusätzlichen Voraussetzungen einzubeziehen (vgl. S. 611 f.). Sind die einzelnen Perioden miteinander verbunden, dann (so muß man schließen) kann nur eine mehrperiodige (dynamische) Theorie die Zusammenhänge klären.

II. Unternehmensziele

a) Rationales Verhalten und Ziel-bewußte Entscheidungen

Entscheiden heißt zwischen mehreren Handlungsmöglichkeiten wählen. Die Entscheidung kann zufällig oder gewohnheitsmäßig erfolgen. Die Entscheidung kann auch durch eingehende Überlegungen begründet sein. Im letzten Fall sprechen wir von *zielbewußten* Entscheidungen. Zufällige oder gewohnheitsmäßige Entscheidungen sind die Regel bei den Kleinigkeiten des täglichen Lebens. Zufällige Entscheidungen können durchaus richtig sein, wie jede gefühlsmäßige Entscheidung richtig sein und nachträglich vernunftgemäß begründet werden kann. Für den Begriff der zielbewußten Entscheidung kommt es jedoch darauf an, ob beim Treffen der Entscheidung Klarheit über das angestrebte Ziel und die Zielentsprechung der Entscheidung herrschte. »Ziel-bewußte« Entscheidungen sind rationale Entscheidungen, denn sie sind durch den Versuch gekennzeichnet, ein Ziel zu verfolgen und im Hinblick auf dieses Ziel die Entscheidung unter den Wahlmöglichkeiten zu treffen. Theoretische Überlegungen stehen unter dem Bemühen zu klären, was rationale Lösungen, zielbewußte Entscheidungen sind.

Handelt ein Selbstmörder rational? Die Antwort wird durch die Sprachregelung festgelegt: Was ist »rational«? Rational heißt einmal zielbewußt, ohne daß geprüft wird, ob das Ziel sinnvoll oder sinnlos erscheint. In diesem »formalen« Sinn kann auch der Selbstmörder rational handeln.

Rational wird aber auch so verstanden, daß zugleich das Ziel selbst in Frage gestellt wird: Ist es im Hinblick auf »übergeordnete Werte« zielentsprechend, sich das Leben zu nehmen? Ob in diesem »substantiellen« Sinn der Selbstmord vernünftig oder unvernünftig ist, kann nur entschieden werden, wenn man die »übergeordneten Werte« kennt.

Kennt man aber die übergeordneten Werte (herrscht z. B. Einigkeit darüber, daß die Erhaltung des menschlichen Lebens Vorrang vor allen anderen Zielen hat), dann liegt wieder formale Rationalität vor: Bei diesem Ziel ist der Selbstmord unvernünftig. Kennt man die »übergeordneten Werte« nicht (einigt man sich nicht über das Wertsystem), ist die Frage: Handelt ein Selbstmörder rational? nicht eindeutig zu beantworten. Aus diesem Grund empfiehlt sich die Sprachregelung: Rationales Verhalten ist nur im formalen Sinne zu verstehen. *Nur im Hinblick auf eine vor der Entscheidung offenbarte Zielvorschrift kann das Handeln vernünftig, also Ziel-bewußt, sein.*

Mit der Festlegung, »vernünftiges Verhalten heißt einer vorgegebenen Zielvorschrift entsprechendes Verhalten«, ist jedoch noch nichts darüber gesagt, ob das Ziel von der Umwelt als gut oder schlecht, sinnvoll oder sinnlos angesehen wird. Der Sinn dieser Sprachregelung über »rational« ist es, das nachprüfbare Schließen von Zielen (Voraussetzungen) auf Entscheidungen (Folgerungen) scharf zu trennen von dem zweiten Problem, zwischen Zielen zu wählen. Die Sprachregelung trennt »wertfreie«, nachprüfbare Aussagen von »wertenden« Aussagen: der Wahl zwischen Zielen. Eine wertfreie Wissenschaft kann es deshalb gar nicht geben, denn »vernünftig« folgern setzt stets ein vorgegebenes Ziel voraus, und das Ziel selbst kann nur durch ein Werturteil gesetzt werden. Worauf es in den Wirtschaftswissenschaften ankommt, ist die saubere Trennung von wertenden Zielannahmen und Zielabwägungen gegenüber den wertfreien logischen Schlüssen aus vorgegebenen Zielen.

b) Handlungsmotive und Zielsetzungen

Was sind die Ziele des Unternehmers? Die Frage kann nicht auf Anhieb beantwortet werden. Die Ziele festzulegen, ist vielmehr die erste Aufgabe der Unternehmenspolitik. Hier geht es zunächst um die Ziele der Unternehmung als Ganzes. Um Klarheit zu schaffen, ist nach eindeutigen Begriffsabgrenzungen zu suchen. Zunächst ist zwischen *Handlungsmotiven, Zielsetzungen* (Zielvorschriften) und *Zielgrößen* zu unterscheiden. Ich verwende dabei den Begriff Zielvorschrift lieber als Zielsetzung. In ihm kommt zum Ausdruck, daß eine Anweisung zum Handeln gemeint ist. Der Begriff »Zielsetzung« ist zudem mit Nebenbedeutungen beladen. Die Literatur setzt ihn mitunter gleich Handlungsmotiv, Zielvorschrift oder Zielgröße. Handlungsmotive sind das, was ein Entscheidender insgeheim will. Zielvorschrift ist dagegen der Ausdruck der Handlungsmotive im wirtschaftlichen Bereich. Die Zielvorschrift enthält eine Anweisung über eine Zielgröße. Zielgröße ist der Maßausdruck für das Erstrebte. Handlungsmotiv und Inhalt der Zielvorschrift können sich decken. Handlungsmotiv sei z. B., möglichst viel Einkommen zu erzielen. Einkommen ist die Zielgröße, und die Zielvorschrift lautet dann: Maximiere das Einkommen! Handlungsmotiv und Zielvorschrift decken sich aber nicht immer: Ein Unternehmer strebt z. B. nach mehr Einfluß, mehr Ansehen, mehr Macht. Machtstreben sei das Handlungsmotiv. Mit der Kennzeichnung des Handlungsmotivs läßt sich hier noch keine ökonomische Entscheidung begründen. Welche Preispolitik z. B. der machtgierige Unternehmer verfolgen wird, läßt sich erst dann entscheiden, wenn bekannt ist, in welchen ökonomischen Größen er seine Machtbefriedigung mißt und wann er sein Machtstreben als erfüllt ansieht. Wir müssen das Handlungsmotiv (Machtstreben) in eine Zielvorschrift übersetzen. Wir müssen dazu die Größen kennen, in denen die Erfüllung des Machtstrebens gemessen wird, in denen der Entscheidende »rechnet«. Solche Zielgrößen können z. B. der Marktanteil oder die absolute Umsatzhöhe sein. Wir müssen weiter wissen, wann das Machtstreben erfüllt ist, was der Unternehmer im Rahmen seines Planungszeitraumes mit den Zielgrößen anstrebt: einen maximalen Umsatz oder einen als befriedigend empfundenen Marktanteil von, sagen wir, 50%. Die Zielvorschrift lautet also: Maximiere den

Umsatz! oder: Erreiche mindestens 50% Marktanteil! Die Umdeutung von Handlungsmotiven in Zielgrößen und Zielvorschriften bezeichnen wir als Zielbildung.
Ist die Zielvorschrift bekannt, dann gilt es, die Abhängigkeit der Zielgröße von den Handlungsmöglichkeiten zu beschreiben. Das nennen wir Zieldefinition. Die Zieldefinition gehört in eine der Zielbildung nachgeordnete Planungsstufe, die Planungsrechnung.

Es sind also folgende Begriffe zu trennen:
Handlungsmotive sind Ausdruck dessen, was der Entscheidende insgeheim will (z. B. Streben nach Einkommen, nach Prestige, nach Pflichterfüllung).
Zielgröße heißt die Maßgröße (der »quantitative Indikator«) für das Erstrebte (z. B. Gewinn, Marktanteil, Arbeitszeit).
Zielvorschrift ist die Anweisung über eine Zielgröße (z. B.: Maximiere den Gewinn des Monats Januar! Erhalte den Marktanteil des Vorjahrs! Minimiere die Arbeitszeit!).
Zieldefinitionen zeigen die Abhängigkeit der Zielgröße von den Handlungsmöglichkeiten an (z. B. der Gewinn des Monats Januar entsteht aus Erlösen minus Kosten; Erlöse und Kosten folgen aus Produktion und Verkauf von Salatschüsseln und Eierbechern aus Kunststoff).
Zielbildung ist das Bemühen, von Handlungsmotiven zu Zielvorschriften für einzelne Entscheidungsprobleme zu kommen.

Zur Zielbildung ist im einzelnen zu sagen: Jeder praktischen Entscheidung liegt ein Bündel von Handlungsmotiven zugrunde. Der Entscheidende wird die ihm aufgetragenen Ziele seiner Vorgesetzten (des Chefs, des Aufsichtsrats, der Eigentümer) zu erreichen versuchen und daneben seine privaten Interessen verfolgen. In der Literatur wird eine Fülle solcher Handlungsmotive genannt (und meist als »Zielsetzung« bezeichnet) [1]. Sie lassen sich im Regelfall auf drei Motive zurückführen: das Einkommensmotiv, das Pflichtmotiv und das Prestigemotiv.
Der Sinn wirtschaftlicher Betätigung ist einmal darin zu sehen, Einkommen zu erzielen. Das *Einkommensmotiv* bedeutet für den selbständigen Unternehmer: Gewinnerzielung; für den angestellten Geschäftsführer: Gewinnerzielung für die Unternehmung oder auch Umsatzmaximierung (wenn sein Gehalt an den Umsatz gekoppelt ist, wie z. T. in Handelsbetrieben üblich). Das Einkommensmotiv ist also nicht in jedem Fall als Gewinnstreben oder gar mit Gewinnmaximierung zu übersetzen. Gleichwohl ist die Übersetzung des Einkommensmotivs in eine Zielvorschrift einfacher als die Übersetzung des Pflicht- oder Prestigemotivs.
Wer wirtschaftlich entscheidet, kann auch bemüht sein, übernommene Aufgaben zu erfüllen. Das *Pflichtmotiv* kann beim selbständigen Unternehmer im einzelnen bedeuten: sich einer technischen Idee verpflichtet zu fühlen, die Familientradition und die Selbständigkeit der Unternehmung aufrechtzuerhalten, sozialen oder ethischen Bindungen gerecht zu werden. Das Pflichtmotiv kann für den angestellten Geschäftsführer (z. B. den Vorstand einer Aktiengesellschaft) bedeuten, ausschließlich im Interesse der Aktionäre zu handeln und für sie nach ausreichendem oder gar möglichst hohem Gewinn zu streben. Das Pflichtmotiv mag für den Abteilungsleiter oder Sachbearbeiter bedeuten, den Anweisungen genau nachzukom-

---

[1] Vgl. hierzu z. B. *Helmut Koch*, Betriebliche Planung. Wiesbaden 1961, S. 15; *Adolf Moxter*, Präferenzstruktur und Aktivitätsfunktionen des Unternehmers. In: ZfbF, Jg. 16 (1964), S. 6–35; *Johannes Bidlingmaier*, Unternehmerziele und Unternehmerstrategien. Wiesbaden 1964, insbes. 3. Kapitel; *Edmund Heinen*, Das Zielsystem der Unternehmung. Wiesbaden 1966, insbes. Teil C; *Helge Strasser*, Zielbildung und Steuerung der Unternehmung. Wiesbaden 1966, S. 13 f.; *Ulrich Schmidt-Sudhoff*, Unternehmerziele und unternehmerisches Zielsystem. Wiesbaden 1967, S. 64 f.

men und im Rahmen der eigenen Entscheidungsfreiheit nach Lösungen zu suchen, die dem Wohl der Gesamtunternehmung dienen.

Das *Prestigemotiv* ist Ausdruck des Selbstbehauptungswillens und des persönlichen Ehrgeizes. In seiner kultivierten Form kann es dazu führen, durch überzeugende technische und organisatorische Leistungen die Achtung der Mitarbeiter, Konkurrenten und der Öffentlichkeit zu erlangen. In seiner barbarischen Form entartet es in kaltes Machtstreben. Das Prestigemotiv kann zu sozial fortschrittlichen Leistungen und zur Ausbeutung führen, zu Edelmut und zu Intrigen, zu verbraucherfreundlicher Preispolitik oder zu rücksichtsloser Ausnutzung aller Marktchancen. Ein prestigesüchtiger Unternehmer kann über Perserteppiche oder über Leichen schreiten – das hängt von seinen menschlichen Qualitäten ab.

Für die ökonomische Theorie sind jedoch nicht die Abgründe der Unternehmerseele maßgeblich. Die Theorie hat vielmehr zu fragen: Wie äußert sich das Motivbündel des Entscheidenden in ökonomischen Zielgrößen?

Nur selten werden die Handlungsmotive offengelegt werden. Wer wird sich schon hinstellen und sagen: Ich strebe nach Macht, deshalb werde ich jetzt die Konkurrenten vom Markt verdrängen!? Die tatsächlichen Handlungsmotive werden regelmäßig durch vorgeschobene, in der ethischen Wertung der Umwelt höher stehende Motive abgeschirmt. Das ist eine Schwierigkeit, der sich die Motivforschung gegenübersieht. Die zweite Schwierigkeit liegt in folgendem: Empirisch lassen sich durchweg nur die angestrebten Zielgrößen: Gewinn, Marktanteil usw. feststellen. Die Zielgrößen können jedoch durch unterschiedliche Handlungsmotive bedingt sein. Die Zielvorschrift »Gewinnmaximierung«, die ein angestellter Geschäftsführer befolgt, kann sowohl durch das Einkommensmotiv verursacht sein als auch durch das Prestigemotiv oder durch das Pflichtmotiv gegenüber den Anteilseignern.

Zu diesen Schwierigkeiten tritt hinzu, daß jede einzelne Entscheidung durch augenblickliche Handlungsmotive der Entscheidenden zusätzlich beeinflußt wird. Dieser zusätzliche Einfluß äußert sich darin, daß die Entscheidenden die grundsätzlich festgelegte Rangordnung ihrer Handlungsmotive kurzfristig ändern, daß ihre Entscheidungen von Stimmungen und anderen schwer vorhersehbaren Einflüssen abhängen [2].

Für die Theorie unternehmerischer Entscheidungen ist die Frage wichtig, ob sie die Psyche des Unternehmers kennen muß, um ihr Gebäude auf Zielvorschriften zu gründen. Bei der Antwort auf diese Frage sind zwei Probleme wirtschaftswissenschaftlicher Forschung zu trennen:

a) Welche Handlungsmöglichkeiten werden überhaupt erwogen?
b) Wie sieht die Entscheidung bei vorgegebenen Handlungsmöglichkeiten aus?

Um eine Entscheidung bei gegebenen Handlungsmöglichkeiten fällen zu können, ist das Motivbündel des Handelnden in eine Zielvorschrift zu übersetzen.

Bei der Übersetzung der Handlungsmotive in ökonomisch definierte Zielvorschriften wird sich eines zeigen: Die Mehrzahl der Handlungsmotive beeinflußt gar nicht die Entscheidung zwischen verschiedenen *gegebenen* Handlungsmöglichkeiten. Ob im Monat Januar mehr Eierbecher oder mehr Salatschüsseln aus Kunststoff hergestellt werden, die Entscheidung darüber hat weder mit sozialen und ethischen Verpflichtungen noch mit dem gesellschaftli-

---

[2] Auf die daraus folgenden Schwierigkeiten für die Formulierung unternehmerischer Präferenzfunktionen hat vor allem Boulding hingewiesen, vgl. *K[enneth] E. Boulding,* Implications for General Economics of More Realistic Theories of the Firm. In: The American Economic Review, Vol. 42 (1952), Papers and Proceedings, S. 35–44, hier S. 42 f.

chen Ansehen des Unternehmers etwas zu tun. Die Mehrzahl der Handlungsmotive tritt nicht bei der einzelnen Sachentscheidung zutage, sondern sie wirkt auf die *Auswahl* der Handlungsmöglichkeiten ein: Ob sich ein Entscheidender mit dem Unternehmungsziel identifiziert, ob er seine privaten Interessen den allgemeinen Unternehmensinteressen unterordnet, wie intensiv er sich mit seinen Aufgaben auseinandersetzt, davon hängt es ab, welche Handlungsmöglichkeiten in der Unternehmung gesehen und diskutiert, ob neue Wege erkundet werden, oder ob das Betriebsgeschehen in träger Routine dahinschleicht. Von der Stärke der sozialen und ethischen Bindung schließlich hängt es ab, ob fragwürdige Alternativen erwogen werden oder von vornherein außer Betracht bleiben.

Für die Suche nach Handlungsmöglichkeiten kann die Motivforschung von Nutzen sein. Um zu klären, wie nachhaltig ein Unternehmer seine Fähigkeiten den wirtschaftlichen Aufgaben widmet, mögen gesellschaftswissenschaftliche Spekulationen durchaus am Platze sein (wie Max Webers These, daß die protestantische Ethik den Geist des Kapitalismus zeugte); sie sind es aber nicht für die Antwort auf Einzelfragen, die praktisch das Leben einer Unternehmung füllen.

Sind die Handlungsmöglichkeiten gegeben, dann stellt sich das Problem: Für welche Alternative fällt die Entscheidung? Diese Frage suchte die betriebswirtschaftliche Theorie zu beantworten. Die vorgelagerte Frage: Welche Handlungsmöglichkeiten werden gesehen oder erwogen?, diese Frage steht am Rande der bisherigen ökonomischen Theorie; denn die Theorie geht regelmäßig von vorgegebenen Absatzchancen, Investitionsvorhaben, Finanzierungsquellen u. ä. aus, und diese Einschränkung ist als erste Annäherung an die Wirklichkeit durchaus berechtigt. Die vorgelagerte Frage nach der Bestimmung der Handlungsmöglichkeiten bleibt hier außer acht.

c) Die Zielgrößen

Die Zielsetzungen sind im praktischen Fall nicht immer klar formuliert. Das liegt an gedanklichen und sprachlichen Ungenauigkeiten (»möglichst hoher Gewinn bei minimalen Kosten«) und an wenig begründeten Forderungen, wie: Wir streben 6% Umsatzrendite an, mehr nicht. Solche mehrfachen und nicht im einzelnen durchdachten empirischen Zielsetzungen sind Ausdruck unklaren Denkens oder unklarer Anweisungen. Sie können auch Ausdruck ungenannter Handlungsmotive sein. Man sagt: »Wir streben nach Sicherung unseres Marktanteils, nach befriedigendem Gewinn«, und versucht in Wirklichkeit nur, Machtpositionen auszubeuten. Bei der Bestimmung der Unternehmensziele kommt es also zunächst darauf an, eindeutige ökonomische Zielgrößen festzulegen. Anschließend ist die Zielvorschrift zu formulieren, d. h. es ist festzulegen, was mit den Zielgrößen geschehen soll.

Welche Vorstellungen über die unternehmerischen Zielgrößen sind plausibel? Einkommens-, Pflicht- und Prestigemotiv legen zunächst eine Minimumanforderung nahe: Die Unternehmung soll dauerhaft als Einkommensquelle, als Betätigungsfeld erhalten werden. Das setzt »Sicherheitsstreben«, »ständige Aufrechterhaltung der Liquidität«, »Unternehmenserhaltung« voraus. Man sollte jedoch mit diesen Begriffen im Bereich unternehmerischer Zielsetzungen vorsichtig sein: Was bedeutet Sicherheitsstreben bei der Auswahl aus gegebenen Wahlmöglichkeiten? Meistens ist es nur eine nichtssagende Floskel. Wer möglichst viel Sicherheit will, dem bleibt nichts anderes übrig, als Goldbarren auf einer vulkanlosen Südseeinsel tief zu vergraben. Sinn hat das Sicherheitsstreben als Zielsetzung nur bei folgendem Wahlproblem: Mehr Gewinn (oder mehr Umsatz) bei höherem Risiko oder geringerer Gewinn (geringerer Umsatz) und ruhig schlafen können? – Das ist die Frage nach der Risikoneigung, eine Kernfrage der Ungewißheitstheorie. »Liquiditätsstreben« ist eine selbstverständliche Nebenbedingung langfristiger Unternehmenspolitik. Als selbständiges Ziel ist Liquiditätsstreben fehl am Platz. Es führt auf das Sicherheitsstreben zurück. Unternehmenserhaltung schließlich ist eine selbstverständliche Folge langfristiger Unternehmenspolitik. Auf das Problem der Unternehmenserhaltung kommen wir bei der Erörterung des Gewinnbegriffs zurück.

Als Zielgröße für das Gesamtziel erscheint die Einkommens-(Gewinn)erzielung plausibel. Sie muß bei wirtschaftlicher Betätigung regelmäßig beachtet werden, um die Gelder zur Lebenshaltung zu erzielen und um die Unternehmung dauerhaft zu erhalten. Doch hier stellt sich die entscheidende Frage: Was ist Gewinn? Sind es die möglichen Entnahmen der Anteilseigner, oder ist es der Wertzuwachs der Anteile (ein möglichst hohes Vermögen)? Mit Sicherheit ist es nicht die Größe, die im Handels- und Steuerrecht als Bilanzgewinn bezeichnet wird. Aber alles andere ist offen.

Man kann die Zielgrößen »Einkommen« bzw. »Vermögen«, also die Wünsche nach »mehr Geld«, als die »finanziellen Zielgrößen« der Unternehmung bezeichnen [3].

Diese allgemeine Formulierung hat den Vorzug, daß über den Gewinnbegriff (Einkommensbegriff) vorerst nicht nachgedacht zu werden braucht. Wir verschieben das Problem, wie die finanziellen Zielgrößen näher bestimmt werden können bis S. 158. Was finanzielle Zielgrößen für das Unternehmen sind, ist strittig. Erst recht ist dann die finanzielle Zielgröße für mehrperiodige oder sachlich eingeengte Entscheidungsprobleme nicht eindeutig definiert. Gewinn als Zielgröße ist ein leerer Ausdruck, solange nicht geklärt wird, was unter Gewinn zu verstehen ist. In dieser Zieldefinition liegen die ökonomischen Probleme.

Wir halten fest, daß finanzielle Zielgrößen (die man in der Theorie gemeinhin als »Gewinn« bezeichnet, ohne ihren Inhalt näher zu bestimmen) in jedem Fall in das Gesamtziel der Unternehmung eingehen und damit im Regelfall auch bei einzelnen Sachentscheidungen zum Tragen kommen. Eine finanzielle Zielgröße wird regelmäßig dem Einkommensmotiv gerecht; sie kann dem Pflichtmotiv (Handeln im Auftrag der Anteilseigner) und dem Prestigemotiv entsprechen (Einkommen und Vermögen als Maß sozialer Geltung).

Nicht alle unternehmerischen Entscheidungen lassen sich jedoch durch »Gewinnstreben« erklären, und deshalb fordert die Literatur häufig folgende Differenzierung: Man müsse zwischen kurzfristiger und langfristiger Gewinnmaximierung unterscheiden. Unternehmerisches Gesamtziel sei langfristige Gewinnmaximierung; kurzfristig würden mitunter Gewinnchancen ausgelassen, um das Gesamtziel Gewinnmaximierung auf lange Sicht zu erreichen. Man verzichte z. B. in einer plötzlichen Knappheitssituation darauf, die Preise rücksichtslos zu erhöhen, um die Kunden auf lange Sicht nicht zu verärgern.

Gegen den Versuch, Abweichungen vom kurzfristigen Gewinnmaximum seien durch das Streben nach langfristiger Gwinnmaximierung zu erklären, ist zu Recht der Vorwurf erhoben worden, daß diese langfristige Gewinnmaximierung nicht viel konkreter sei als die Aussage, »daß jedermann für das, was er tue, wohl seine Gründe haben müsse«[4].

Langfristige Gewinnmaximierung ist, kurz gesagt, nicht viel besser als die Zielsetzung

---

[3] Vgl. dazu *Moxter*, Präferenzstruktur und Aktivitätsfunktion des Unternehmers, S. 11 f.
[4] *Martin Lohmann*, Einführung in die Betriebswirtschaftslehre. 4. Aufl., Tübingen 1964, S. 211.

Nutzenmaximierung, solange jede nähere Bestimmung fehlt, wie die finanzielle Zielgröße als Gesamtziel zu verstehen ist und wie daraus Einzelziele abgeleitet werden können.
Neben diesem inhaltlichen Einwand scheint mir noch ein formallogischer Einwand gegen die Trennung von kurzfristiger und langfristiger Gewinnmaximierung zu sprechen:
Jedes Modell erstreckt sich über eine bestimmte Zeitspanne. Für diese Planperiode wird die Zielvorschrift vorgegeben. Kurzfristig auf Gewinnchancen zu verzichten und langfristig den Gewinn zu maximieren, heißt doch genauer: Die Planperiode erstreckt sich über mehrere Abrechnungsperioden, und in einer umittelbar bevorstehenden Abrechnungsperiode verzichtet man auf Handlungsmöglichkeiten, die in dieser Abrechnungsperiode Erträge bringen, aber die Erträge der späteren Perioden erheblich schmälern. Eine Zielgröße ist aber für die gesamte Planperiode zu maximieren. Bei mehrperiodiger Planung ist es selbstverständlich, daß die Wirkungen einer Entscheidung für eine Periode auf die späteren Perioden beachtet werden. Darin liegt ja der Sinn mehrperiodiger Planung. So gesehen, erweist sich die Trennung von kurzfristiger und langfristiger Gewinnmaximierung – wie manch andere Unterscheidung auch – lediglich als ein Relikt ungenauen Denkens.
Die Vielfalt der Zielgrößen legt eine Unterteilung nahe. Wir trennen zwischen finanziellen und nichtfinanziellen Zielgrößen. In finanziellen Zielvorschriften wird ein Geldausdruck maximiert (das periodische Einkommen oder das Vermögen der Unternehmung); nichtfinanzielle Zielgrößen (wie Umsatz, Marktanteil, Arbeitszeit) werden daneben, wenn überhaupt, dann nur als Nebenbedingungen berücksichtigt.
In nichtfinanziellen Zielvorschriften werden Geld- oder Mengengrößen maximiert (minimiert), wie Umsatz oder Arbeitszeit; finanzielle Zielgrößen erscheinen nur als Nebenbedingungen, z. B. gelten nur die Investitionsvorhaben als zulässig, die wenigstens 6% Rendite erwirtschaften.
Um Optimumbedingungen abzuleiten, genügt es, von irgendeiner Zielgröße auszugehen: Die Technik der Ableitung von Optimumbedingungen bleibt dieselbe, auch wenn die Zielgröße geändert wird. Trotz aller Kritik an dem Erwerbsstreben erscheinen mir finanzielle Zielgrößen (Einkommen, Vermögen) immer noch für unser Wirtschaftssystem typisch zu sein. Finanzielle Zielgrößen stehen deshalb für das Weitere im Vordergrund. Wie sie im einzelnen aussehen, wird in Teil B erörtert.

d) Die Zielvorschrift

1. Die Extremwertforderung

Wirtschaftliches Handeln wird gern unter das formale »Wirtschaftlichkeitsprinzip« gestellt: Handle so, daß ein bestimmtes Ziel mit den wenigsten Mitteln erreicht wird, bzw. handle so, daß ein Ziel bei gegebenem Mitteleinsatz bestmöglich erreicht wird. Indes: Dieses Wirtschaftlichkeitsprinzip hat einen Pferdefuß. Die Minimum- und die Maximumformulierung sind nicht gleichwertig. Ehe überhaupt ein Problem gelöst werden kann, müssen die Mittel dazu vorhanden sein. Der Mittelbestand ist immer beschränkt; wirtschaften heißt schließlich, über begrenzte Mittel verfügen. Ist es bei gegebenem Mittelbestand wirklich richtig, diejenige Handlungsmöglichkeit zu wählen, die ein gegebenes Ziel mit einem Minimum an Mitteln erreicht? Das Minimum an Mitteleinsatz anzustreben, lohnt sich nur, wenn der ersparte Mittelbestand sinnvoll anderweitig verwendet werden kann. Das muß nicht notwendigerweise der Fall sein, und deshalb ist die Minimumformulierung nicht immer sinnvoll. Nur die Maximumformulierung definiert das formale Wirtschaftlichkeits-(Rational-)prinzip hinlänglich [5]. Das verdeutlicht am besten ein Beispiel: Eine Großbäckerei will 1 000 Stück Pflaumenkuchen backen. Nach dem Rationalprinzip in der Minimumformulierung würden wir also sagen: Diejenige Produktionsmöglichkeit ist zu wählen, welche die 1 000 Stück Pflaumenkuchen mit einem Minimum an Kosten, z. B. mit einem Minimum an Pflaumen (im Rahmen der gesetzten Qualitätsgrenze), produziert. Das zulässige Minimum des Pflaumeneinsatzes läge, so nehmen wir an, bei 50 kg. Die Bäckerei hat aber insgesamt 100 kg Pflaumen auf Lager. Wirtschaften heißt über einen begrenzten Mittelbestand verfügen, und deshalb ist unser Produktionsproblem nicht vollständig formuliert. Wir müssen fragen: Falls die Unternehmung die pflaumenminimale Produktionsmöglichkeit verwirklicht, was geschieht dann mit den restlichen 50 kg? Im Normalfall ist die anderweitige Verwendung von 50 kg Rohstoff kein Problem. Aber im Ausnahmefall kann es falsch sein, die werkstoffminimale Lösung zu wählen. Nehmen wir an, mehr Pflaumenkuchen werde nicht nachgefragt, so daß die ersparten 50 kg Pflaumen verderben würden. Die Kosten des Wegtransports der verdorbenen Pflaumen betrügen je kg 0,20 Mark. Hat es hier Sinn, die pflaumenminimale Produktionsmöglichkeit zu verwirklichen? Je mehr Pflaumen gespart werden, desto höher ist das Risiko des Verderbs, desto höher sind die Beseitigungskosten. Natürlich, das Beispiel ist ein Ausnahmefall, aber eine allgemeine Aussage darüber, wann eine Handlung rational (»wirtschaftlich«) ist, muß für den Regelfall und für den Ausnahmefall zutreffen. Deshalb ist die Minimumformulierung unvollständig. Nur die Maximumaussage des Wirtschaftlichkeitsprinzips ergibt eine eindeutige Handlungsvorschrift. Weil nur die Maximumvorschrift allgemein gültig ist, deshalb muß regelmäßig das Entscheidungsproblem erst »vollständig formuliert« werden, ehe eine Entscheidung getroffen werden kann. Auf die Wichtigkeit der vollständigen Formulierung der Handlungsmöglichkeit wurde auf S. 26 f. schon hingewiesen. *Rational entscheiden heißt also, das Maximum der Zielgröße aus einer Reihe vollständig formulierter Handlungsprogramme suchen.* Zielvorschrift ist stets eine Extremwertforderung bei gegebenen Wahlmöglichkeiten. Nur sie sichert die Eindeutigkeit der Entscheidung. Angemessenheitsvorstellungen, wie »befriedigender Gewinn«, lösen ohne zusätzliche Extremwertforderung das gestellte Entscheidungsproblem nicht.

Beispiel: Eine öffentliche Unternehmung ist Monopolist, will aber einen kostendeckenden Preis erzielen. Zwei Preise bieten sich an; ein hoher Preis bei geringer Ausbringungsmenge bei Eintritt in die Gewinnzone und ein niedriger Preis bei hoher Ausbringungsmenge am Ende der Gewinnzone. Eindeutig wird die Entscheidung erst durch eine zusätzliche Extremwertforderung, wie: kostendeckender Preis bei maximaler Güterversorgung.

Augenscheinlich handeln die meisten Menschen nicht nach der Extremwertvorschrift. Das hat zwei Gründe: Zum ersten läßt sich schwer erkennen, ob ein Extremwert angestrebt wird, und insofern kann der Augenschein täuschen. Obst und Gemüse im Laden an der Ecke zu kaufen, anstatt auf dem zwei Kilometer entfernten Wochenmarkt, kann durchaus »kostenminimal« (»nutzenmaximal«) sein; das hängt vom Preis ab, den man für den zusätzlichen Weg und die zusätzliche Zeit einsetzt. Zum zweiten erfordert rationales Entscheiden stets Arbeit: das Suchen und Auswerten von Informationen und schließlich das Nachdenken über

---

[5] Vgl. *Helmut Brede*, Die wirtschaftliche Beurteilung von Verwaltungsentscheidungen in der Unternehmung. Köln-Opladen 1968, S. 17 f., mit etwas anderer Begründung entscheidet sich auch *Gäfgen*, S. 103, für die Maximumformulierung.

die richtige Entscheidung. Bei den meisten Entscheidungen, die man täglich trifft, »lohnt« sich die Arbeit nicht. Man handelt nach dem Grundsatz der Bequemlichkeit. Erst Knappheiten oder Leidenschaften (Engpässe an Zufriedenheit) überwinden die Trägheitsschwelle der Bequemlichkeit und zwingen zur Rationalität, zur Suche nach einer maximalen Zielerfüllung bei gegebenen Mitteln. Der glücklichere Fall liegt freilich vor, wenn das zu lösende Problem Spaß (Spielfreude) weckt. Hier schafft bereits die Suche nach der optimalen, rationalen Entscheidung Bedürfnisbefriedigung. Sehen wir von diesem Glücksfall ab, dann bereitet das Streben nach Rationalität Arbeit, ist deshalb lästig und folglich nicht häufig anzutreffen. Doch das tatsächliche Verhalten ist kein Argument gegen die Extremwertforderung; denn die Theorie der Unternehmenspolitik sucht nicht nach den mehrheitlich ausgeführten, sondern nach den streng rationalen Entscheidungen. Deshalb werden wir von der Extremwertforderung »Maximiere die Zielgröße bei gegebenen Mitteln« ausgehen.

Die Literatur der letzten Jahre kritisiert indes gerade die Extremwertforderung. Gewinn wird als Zielgröße anerkannt, strittig ist die »Maximierung« des Gewinns. Gegen sie und für das Streben nach einem befriedigenden, angemessenen Gewinn werden vor allem zwei Argumente geltend gemacht. Es wird behauptet:

1. Der Unternehmer könne gar nicht seinen Gewinn maximieren,
2. der Unternehmer wolle gar nicht seinen Gewinn (oder eine andere Zielgröße) maximieren.

Zum ersten Argument: Die Ungewißheit, der sich der Unternehmer bei seinen Entscheidungen gegenübersähe, und die nicht abschätzbaren Reaktionen der Konkurrenten machten eine Maximierung von Zielgrößen unmöglich. Der Unternehmer müsse sich auch gegen seinen Willen mit einem befriedigenden Gewinn (oder einem befriedigenden Marktanteil) bescheiden. Dieses Argument wurde vor allem bei der spieltheoretischen Erörterung der Ungewißheitsprobleme vorgetragen [6]. Das Argument steht in Widerspruch zu Neumann-Morgensterns Theorie des rationalen Verhaltens unter Ungewißheit (der Maximierung des Erwartungswerts des Risikonutzens) und beruht darüber hinaus auf einer Verwechslung von Zielvorschrift und Zieldefinition. Die Frage, was ein Unternehmer anstrebt (die Zielvorschrift), ist zu trennen von der Frage, welche Handlungsmöglichkeiten er sieht und wie er die Zieldefinition wählt. Die Handlungsmöglichkeiten und deren Einflußgrößen, wie die Ungewißheit und die nicht abschätzbaren Reaktionen der Konkurrenten, sind Daten, unter denen die Unternehmer ihre Entscheidungen zu treffen suchen. Zielvorschriften, wie Gewinnmaximierung, können nur angestrebt werden, wenn die Datenkonstellationen einschließlich der Erwartungen über die künftige Datenentwicklung gegeben sind. Bei bekannten Handlungsmöglichkeiten sind nur Extremwertentscheidungen rational. Das gilt auch bei Ungewißheit über künftige Daten. Im nächsten Kapitel wird das im einzelnen erläutert werden.

Zum zweiten Argument: Der Unternehmer wolle gar nicht seinen Gewinn oder eine andere Zielgröße maximieren. Ihm genüge z. B. ein befriedigendes Einkommensniveau [7]. Das Erwerbsstreben sei durch eine Fülle anderer Handlungsmotive eingeschränkt. Hierzu ist zu sagen: Die Bindung des Erwerbsstrebens an andere Motive wird sich mit Sicherheit in dem Finden und in der Auswahl der einzelnen Handlungsmöglichkeiten zeigen. In der Bequem-

---

[6] Vgl. z. B. *Oskar Morgenstern*, Die Theorie der Spiele und des wirtschaftlichen Verhaltens. In: Jahrbuch für Sozialwissenschaft, Bd. 1 (1950), S. 113–139, hier S. 115 f.

[7] Vgl. *Herbert A. Simon*, Theories of Decision-Making in Economics and Behavioral Science. In: The American Economic Review, Vol. 49 (1959), S. 253–283, hier S. 262–264, und die dort angegebenen Quellen; ferner *Heinz Sauermann*, *Reinhard Selten*, Anspruchsanpassungstheorie der Unternehmung. In: Zeitschrift für die gesamte Staatswissenschaft, Bd. 118 (1962), S. 577–597.

lichkeit, neue Handlungsmöglichkeiten zu erforschen, zeigt sich mancher Unternehmer gelegentlich als »satisficing animal« [8], grob gesagt: als Faultier.

Die Suche nach Handlungsmöglichkeiten ist aber ein ganz anderes Problem als die Entscheidung darüber: Welche von mehreren gegebenen Handlungsmöglichkeiten ist vorzuziehen?[9] Und ich kann mir nicht vorstellen, daß selbst ein fauler Unternehmer, vor die Wahl gestellt, zwischen drei mit gleichem Risiko und gleichem Arbeitseinsatz behafteten Investitionen zu wählen, sich nicht für die lukrativste entscheidet.

Die These eines zufriedenstellenden Anspruchsniveaus, mit der die jüngere Organisationstheorie hofft, die herkömmliche Theorie der Unternehmung aus den Angeln zu heben, trifft nur auf die Bestimmung der einzelnen Wahlmöglichkeiten vor einer konkreten Entscheidung zu. Aber zu dem Problem »Bestimmung der Handlungsmöglichkeiten« (und das heißt auch: zu dem Ausmaß der Informationsauswertung) kann die ökonomische Theorie bis heute nur wenig sagen. Die Frage, die das Interesse der ökonomischen Theorie bisher beherrscht hat, lautet: Wie entscheidet sich ein Unternehmer rational bei gegebenen Wahlmöglichkeiten? Hier bedeutet »rational entscheiden«, daß die Zielgröße maximiert wird.

Daraus folgt: Die Literatur prügelt auf der Zielsetzung Gewinnmaximierung herum. Sie meint aber etwas ganz anderes, nämlich die Tatsache, daß die ökonomische Theorie wirklichkeitsfremd ist, und zwar,

1. weil sie Handlungsmöglichkeiten und Mittelbeanspruchung nicht befriedigend erfasse [10], und

2. weil die Ungewißheit der Zukunft in den Modellen nicht oder nicht hinreichend berücksichtigt werde (so Morgenstern), und

3. weil die Auswahl der Handlungsmöglichkeiten nicht nur mit sturem Blick auf das Erwerbsstreben erfolge, sondern von einer Fülle von Handlungsmotiven abhänge und daß bei jeder Entscheidung die Unbequemlichkeit (bzw. Kosten) der Informationsbeschaffung und Entscheidungsvorbereitung beachtet werden müssen (darin scheint mir der Kern des Simon-Arguments zu liegen).

Alle drei Einwände sind berechtigt. Nur: Ist die Zielvorschrift »Maximiere!« der richtige Prügelknabe? Der Mangel liegt doch in viel stärkerem Maße in der Problematik der Zielgrößen, der Zieldefiniton und in den Annahmen über die Mittelbeanspruchung, also in den Voraussetzungen ökonomischer Modelle. Dort ist die ökonomische Wirklichkeit zu erfassen, an der sich jede Entscheidung auszurichten hat.

2. Die Zielvorschrift bei konkurrierenden Zielgrößen (Zielkonflikten)

In vielen Fällen ist damit zu rechnen, daß mehrere Zielgrößen zugleich angestrebt werden, wie z. B. mehr Gewinn und höherer Marktanteil, hohe Dividenden und der Anspruch, als sozial fortschrittliches Unternehmen zu gelten. Bei solchen Zielbündeln ist eine eindeutige

---

[8] Vgl. *Simon*, Theories of Decision-Making, S. 277.

[9] An andere Stelle scheint Simon auch dieser Auffassung zu ein, vgl. *Herbert A. Simon*, Models of Man. New York–London 1957, S. 198 f.

[10] Darauf baut vor allem die ältere Kritik der Gewinnmaximierung auf, sei es im älteren betriebswirtschaftlichen Schrifttum, sei es in der angelsächsischen Kritik der Marginalanalyse, vgl. z. B. *R[obert] A[aron] Gordon*, Short-Period Price Determination in Theory and Practice. In: The American Economic Review, Vol. 38 (1948), S. 265-288, hier S. 268; *Andreas G. Papandreou*, Some Basic Problems in the Theory of the Firm. In: A Survey of Contemporary Economics, Vol. II, edited by Bernard F. Haley. Homewood (Ill.) 1952, S. 183–219, hier S. 205–210.

Entscheidung erst möglich, wenn der Zielkonflikt (mehr Gewinn auf Kosten des Marktanteils oder höherer Marktanteil auf Kosten des Gewinns?) gelöst ist. Bei konkurrierenden Zielgrößen stehen wir vor dem Problem, daß zunächst eine *mehrfache Zielvorschrift* vorliegt, z. B. »Erhöhe den Gewinn und den Marktanteil!« oder »Erhöhe den Gewinn und vermindere das Risiko!«

Eine *einfache Zielvorschrift* wäre gegeben, wenn nur eine Zielgröße genannt und erstrebt wird (»Unser Ziel ist Gewinnerzielung, alles andere tritt zurück«, oder »Risikominimierung, alles andere tritt zurück«).

Bei einfacher Zielvorschrift kann die optimale Handlungsmöglichkeit unmittelbar bestimmt werden. Bei mehrfacher Zielvorschrift sind zwei Schritte für die Entscheidung notwendig. Im ersten Schritt ist der Bereich abzumessen, für den die Zielgrößen konkurrieren. Im zweiten Schritt ist festzulegen, wie die Entscheidung im Bereich der konkurrierenden Zielgrößen fällt. Zum ersten Schritt: Aus allen Handlungsmöglichkeiten sind die guten (»effizienten«) Lösungsmöglichkeiten herauszusuchen. Gute Lösungsmöglichkeiten sind diejenigen, bei denen nur mehr die Wahl zwischen Mehrerfüllung einer Zielgröße und geringerer Erfüllung einer anderen Zielgröße besteht.

Ein Beispiel: Die erklärten Ziele lauten Gewinnerhöhung und Umsatzsteigerung. Eine Analyse der Handlungsmöglichkeiten ergibt folgende drei Fälle: (a) 8% Gewinn- und 7% Umsatzsteigerung, (b) 8% Gewinn- und 10% Umsatzsteigerung, (c) 10% Gewinn- und 7% Umsatzsteigerung. Unter den drei Fällen ist (a) von vornherein unterlegen (»inferior«); denn die anderen Handlungsmöglichkeiten bringen bei gleichem Gewinn mehr Umsatz oder bei gleichem Umsatz mehr Gewinn. Eine wirtschaftlich vernünftige Entscheidung kann nur zwischen den Lösungsmöglichkeiten (b) und (c) fallen. (b) bringt mehr Umsatzsteigerung, aber weniger Gewinn, (c) bringt mehr Gewinn, aber weniger Umsatzsteigerung; hier konkurrieren die Zielgrößen. (b) und (c) sind »gute« Wahlmöglichkeiten, denn sie dominieren gegenüber (a) bei beiden Zielgrößen. Gute Handlungsmöglichkeiten werden von schlechten nach diesem »Dominanzprinzip« getrennt, das eine Grundannahme vernünftigen Verhaltens ist, vgl. S. 116.

Beim zweiten Schritt ist zu fragen: Für welche Möglichkeit fällt die Entscheidung? Das ist nur zu beantworten, wenn die mehrfache Zielvorschrift auf eine einfache Zielvorschrift zurückgeführt wird. Vier Wege gibt es hierfür:
1. Unterdrückung anderer Zielgrößen.
2. Vorrang für ein Ziel unter Nebenbedingungen für andere Zielgrößen.
3. Formulierung eines übergeordneten Ziels (einer »substitutionalen« Nutzenfunktion).
4. Einzelanordnung nach dem Vorrang der Zielgrößen (»lexikographischer« Nutzen).

Der einfachste Weg, Zielkonflikte zu lösen, besteht in der Festlegung eines absolut herrschenden Ziels. So führt die Aussage, Gewinnerhöhung ist stets Umsatzerhöhung vorzuziehen, die mehrfache Zielvorschrift auf eine einfache Zielvorschrift zurück. Dieser Weg, eine Zielgröße herrschen zu lassen, die anderen zu unterdrücken, löst den Zielkonflikt sofort, aber auf Kosten eines der Ziele. Das ist keine tragbare Lösung.

Der zweite Weg besteht in einer Entscheidung für eine Zielgröße unter Festlegung von Mindestanforderungen für andere Zielgrößen, z. B.: Umsatzsteigerung unter der Voraussetzung, daß eine Mindestrendite von 6% erzielt wird, oder Gewinnsteigerung unter der Nebenbedingung, daß die Wahrscheinlichkeit eines Verlustes 5% nicht überschreitet. Handlungsmöglichkeiten, welche die Nebenbedingungen verletzen, gelten als unzulässig und werden von vornherein verworfen. Die Klippen dieser Fahrrinne sind offensichtlich: Handlungsmöglichkeit A bringt z. B. mit 95% Wahrscheinlichkeit einen Gewinn von 1 und mit 5% einen Verlust von 1; sie gilt als zulässig. Handlungsmöglichkeit B bringt mit 94% Wahrscheinlichkeit einen Gewinn von 1 000 und mit 6% einen Verlust von 1; sie gilt als unzulässig. Darüber hinaus führt dieses Vorgehen nicht immer zu einer Entscheidung. Was geschieht, wenn keine der Handlungsmöglichkeiten die gesetzte Nebenbedingung erfüllt? Wenn z. B. der Unternehmer vor Investitionsvorhaben steht, von denen jedes mit mehr als 5% Wahrscheinlichkeit einen Verlust erwarten läßt? Der zweite Weg, durch das Setzen von Mindestforderungen den Zielkonflikt zu lösen, bleibt unbefriedigend.

Über den dritten Weg, der Formulierung eines übergeordneten Ziels, versucht sich die Literatur regelmäßig bei Zielkonflikten zu retten. Statt Gewinnerzielung und Umsatzsteigerung wird z. B. das übergeordnete Ziel »Nutzenmaximierung« gewählt, und schon ist die mehrfache Zielvorschrift in eine einfache Zielvorschrift umgewandelt und der Konflikt zwischen den Zielgrößen umgangen. Dieses Vorgehen, Zielkonflikte durch Formulierung übergeordneter Zielvorschriften zu umgehen, ist mehrfach als inhaltsleer kritisiert worden [11], nicht ganz zu Recht; denn die Formulierung eines übergeordneten Zieles muß nicht zu einer Leerformel werden. Was zur Lösung des Zielkonflikts benötigt wird, ist eine zusätzliche Information, eine Aussage darüber: Was schätzt der Entscheidende höher, (z. B.) 1% mehr Gewinn oder 1% mehr Umsatz? Kann diese Austausch-(Substitutions-)Beziehung zwischen zwei Zielgrößen genannt werden, dann ist der Zielkonflikt legitim gelöst. Die Austauschregel zwischen den Zielen ist nichts anderes als die sinnvoll formulierte übergeordnete Zielgröße (eine Art »Nutzenfunktion«). Ob also als unternehmerisches Ziel Nutzenmaximierung gesetzt werden kann oder nicht, hängt davon ab, wie der Nutzen konkret definiert und gemessen wird. Wird über die für den Einzelfall gültige Nutzenmessung und Nutzendefinition nichts ausgesagt, dann allerdings ist die Einführung eines übergeordneten Zieles Nutzenmaximierung nur ein fauler Trick.

Der dritte Weg setzt eine Substitution der Zielgrößen voraus. Aber davon kann nicht immer ausgegangen werden. Ein Beispiel: Der Vorstand einer Familien-Aktiengesellschaft muß um seinen Posten bangen, wenn er nicht mindestens 100 000 Mark Gewinn erwirtschaftet; er muß mit Vorwürfen rechnen, wenn der Marktanteil unter 10% sinkt. Das Hauptziel lautet: Mindestens 100 000 Mark Gewinn, sonst wackelt der Vorstandssessel; das Nebenziel heißt: Wenn möglich, 10% Marktanteil, um keinen Vorwürfen ausgesetzt zu sein. Unter solchen Bedingungen wird eine Substitution zwischen den Zielgrößen Gewinn und Marktanteil erst erwogen werden, wenn beide Mindestanforderungen erfüllt sind: Nur für gute Umweltbedingungen läßt sich hier ein übergeordnetes Ziel, eine substitutionale Nutzenfunktion, formulieren. Jedoch: Wie ist zu entscheiden, wenn die Umweltbedingungen so ungünstig sind, daß die Mindestanforderungen nicht erfüllbar sind? Eine Lösung dieses Zielkonflikes kann auf dem vierten Weg gefunden werden.

Der vierte Weg besteht in einer Einzelanordnung nach dem Vorrang der Zielgrößen, in dem Bemühen, einen lexikographischen Nutzen festzulegen. Alle Handlungsmöglichkeiten, die mit hinreichender Wahrscheinlichkeit mindestens 100 000 Mark Gewinn erzielen, gelten als gut; erfüllen mehrere Handlungsmöglichkeiten das Hauptziel, dann fällt die Entscheidung

---

[11] Vgl. z. B. *Kenneth E. Boulding*, The Present Position of the Theory of the Firm. In: Linear Programming and the Theory of the Firm, edited by Kenneth E. Boulding, W. Allen Spivey. New York 1960, S. 1–17, hier S.4; *Waldemar Wittmann*, Überlegungen zu einer Theorie des Unternehmungswachstums. In: ZfhF, NF, Jg. 13 (1961), S. 493–513, hier S. 501.

zwischen ihnen nach dem Nebenziel. Die Preispolitik, die 100 000 Mark Gewinn bei 10% Marktanteil sichert, wird z. B. jener vorgezogen, die 200 000 Mark Gewinn bei 9% Marktanteil verspricht. Die Rangordnung der Handlungsmöglichkeiten gleicht also der Anordnung der Wörter in einem Lexikon. Entscheidend ist der Anfangsbuchstabe (das Hauptziel); bei gleichem Anfangsbuchstaben (Hauptziel) entscheidet der zweite Buchstabe (das Nebenziel). Der Unterschied zwischen der Nutzenmaximierung im herkömmlichen Sinne und der lexikographischen Präferenzordnung ist folgender: Die herkömmliche Nutzenmaximierung beruht auf dem Austausch der einzelnen Zielgrößen. Sie setzt Vergleichbarkeit und damit Substituierbarkeit der Zielgrößen voraus. Der vierte, lexikographische Weg geht davon aus, die Zielgrößen seien unvergleichbar, der Entscheidende könne oder wolle nicht zwischen z. B. mehr Gewinn bei höherem Risiko und weniger Gewinn bei geringerem Risiko wählen. Er ziehe etwa in jedem Fall das geringere Risiko vor, und erst bei gleichem Risiko entscheide der höhere Gewinn [12].

Praktische Entscheidungen sind immer Entscheidungen unter Ungewißheit, und hier ist stets ein Zielkonflikt gegeben: Mehr Gewinn (oder Marktanteil) bei höherem Risiko und geringerer Gewinn (Marktanteil) bei geringerem Risiko? Für diese Entscheidungslage scheint mir eine Kombination aus drittem und viertem Weg zweckmäßig zu sein:

Solange keine Existenzgefährdung besteht, kann man von einer Substitution der Zielgrößen ausgehen und eine übergeordnete Nutzenfunktion formulieren. Die Annahmen, die dazu erforderlich sind, werden im nächsten Kapitel erörtert. Steht der Entscheidende vor existenzgefährdenden Wahlproblemen, dann ist als erstes eine Überprüfung seines eigenen Zielsystems notwendig. Die Überprüfung kann dazu führen, den Austausch der Zielgrößen zu erwägen oder nur eine Rangordnung der Zielgrößen festzulegen. Zu klären, was man vor allem will (Zielforschung), ist genauso ein Schritt zu besseren Entscheidungen wie die gründliche Erforschung der Umweltbedingungen.

---

[12] Die Lösungsvorschläge der Literatur bei Zielkonflikten laufen auf den Versuch hinaus, eine, wenn auch vereinfachte Austauschregel zwischen den Zielen zu definieren; vgl. z. B. *Carl N. Klahr*, Multiple Objectives in Mathematical Programming. In: Operations Research, Vol. 6 (1958), S. 849–855, hier S. 851 f, ähnlich *Werner Dinkelbach*, Unternehmerische Entscheidungen bei mehrfacher Zielsetzung. In: ZfB, Jg. 32 (1962), S. 739–747, hier S. 743; nichts anderes steckt auch hinter den zusätzlichen Nebenbedingungen, die Charnes und Cooper einführen, um die minimale Abweichung einer Lösung von zwei zusammen unerreichbaren Zielen zu bestimmen, ein Verfahren, dem sie den zugkräftigen Namen »goal programming« gaben, vgl. *A. Charnes, W. W. Cooper*, Management Models and Industrial Applications of Linear Programming. Vol. I, New York–London 1961, S. 215–221; vgl. auch *Yuji Ijiri*, Management Goals and Accounting for Control. Amsterdam 1965, insbes. Kapitel 2 und 4. Zum vierten Weg, mit Hilfe lexikographischer Anordnungen die Entscheidung zu finden, vgl. *John S. Chipman*, The Foundations of Utility. In: Econometrica, Vol. 28 (1960), S. 193–224, bes. S. 194, 208; *Hans Heinrich Nachtkamp*, Der kurzfristige optimale Angebotspreis der Unternehmen bei Vollkostenkalkulation und unsicheren Nachfrageerwartungen. Tübingen 1969, S. 118–121, 131–152, und die dort angegebene Literatur.
Zur jüngeren Diskussion vgl. *W. Dinkelbach*, Ziele, Zielvariablen und Zielfunktionen. In: Die Betriebswirtschaft, Jg. 38 (1978), S. 51-58, sowie die Beiträge in den Sammelbänden Multiple Criteria Decision Making, edited by M. Zelesny, Berlin usw. 1976 und Multiple Criteria Problem Solving, edited by S. Zionts. Berlin usw. 1978.
Der Schwierigkeit, daß der Entscheidende sich selbst über seine Ziele und Zielgewichtung im unklaren ist, versucht das »interactive goal programming« Herr zu werden, bei dem dem Entscheidenden vom Theoretiker verschiedene Lösungsansätze nach und nach vorgeschlagen werden, und so am Lösungsvorschlag für ein Problem die Präferenzen des Entscheidenden erkundet werden, vgl. *Jaap Spronk*, Interactive multiple goal programming as an aid for capital budgeting and financial planning with multiple goals. Erscheint in: Financial Management of Corporate Resource Allocations, edited by Roy L. Crum and Frans G. J. Derkinderen. Nijenrode Studies in Business, Boston 1980, und die dort genannten Quellen.

Solange ein einzelner die Entscheidungen trifft, wird die Lösung des Zielkonflikts vielleicht einige schlaflose Nächte bereiten; aber erst nachdem die mehrfache Zielvorschrift in eine einfache Zielvorschrift (in ein übergeordnetes Ziel oder eine Rangordnung der Zielgrößen) umgewandelt worden ist, läßt sich eine vernünftige Entscheidung treffen. Entscheidet eine Gruppe, dann wirft die Lösung des Zielkonflikts zusätzliche Probleme auf. Jeder, der sich mit Politik (Wirtschaftspolitik, Unternehmungspolitik) beschäftigt, weiß, daß in Gruppen schwer Einigung über Austauschbeziehungen zwischen Zielgrößen zu erreichen ist. Man muß sich meistens auf eine Festlegung der Rangordnung alternativer Zielgrößen beschränken, und in dieser Rangordnung liegt der meiste Zündstoff. Weil in Entscheidungsgremien Zielfragen als Grundsatzprobleme zudem Leidenschaften und endloses Grundsatzgeschwätz wecken, pflegt man dort selten über Ziele zu reden und sich bei möglichst allgemeiner Kompromißzielsetzung (wie: Unternehmenswachstum bei angemessener Dividende) über einzelne Entscheidungen zu einigen. Der Zwang, eine Mehrheit zu finden, verlangt meistens unklare, kompromißhafte Zielangaben. Zielentsprechende Entscheidungen können aber nur aus klar formulierten Zielen abgeleitet werden. Weil Gruppen sich selten auf klare, widerspruchsfreie Zielangaben einigen werden, deshalb ist bei Gruppenentscheidungen Rationalität viel schwieriger zu verwirklichen als bei einsamen Entschlüssen einzelner.

III. Entscheidungen unter Ungewißheit

a) Die Aufgabe der Entscheidungstheorie

1. Unvollkommene Information, inexakte Entscheidungsprobleme und Entscheidungen unter Ungewißheit

Ungewißheit könnte mit mangelnder Kenntnis der künftigen Entwicklung gleichgesetzt werden. Das erscheint jedoch unzweckmäßig: Ungewißheit über die Höhe des Umsatzsteuersatzes läge sicher dann vor, wenn die Bundesregierung verkünden würde: Am 1. Januar des folgenden Jahres wird durch einen einmaligen öffentlichen Münzwurf entschieden, ob der Umsatzsteuersatz für das folgende Jahr 13% oder 15% beträgt. Viele Leute würden zwar ein solches Vorgehen als wunderlich empfinden; aber ich meine, eine langfristige unternehmerische Planung wäre bei dieser Steuerpolitik besser durchzuführen als bei der heute üblichen Ankündigungsweise, z.B. »Über die Höhe des Umsatzsteuersatzes wird unter Berücksichtigung der Harmonisierungsbestrebungen in der EG nach Gesichtspunkten sozialer Gerechtigkeit entschieden.« Denn danach ist sowohl möglich, daß der Steuersatz bei 13% bleibt, als auch, daß er auf 18% oder noch mehr ansteigt.
Politische und sonstige Entscheidungen nach strengen Regeln für Glücksspiele zu treffen, stellt geradezu eine ideale Kenntnis der künftigen Entwicklung her im Vergleich zur Realität, wie politische und sonstige Entscheidungen heute zustande kommen: Bei einer Politik gemäß Glücksspielergebnissen kennt man genau die Alternativen und kann sogar den Grad der Glaubwürdigkeit ihres Eintretens beziffern! Hier ist zwar das Ergebnis ungewiß, aber das Entscheidungsproblem selbst exakt beschrieben. Bei der Art und Weise wie Politik heute tatsächlich betrieben wird, sind aber weder die Alternativen vollständig bekannt, noch werden die Bestimmungsgründe, die den Ausschlag für eine Alternative geben, so klar

ausgesprochen, daß verschiedene Personen dieselben begründeten Schlüsse daraus ziehen werden. Das Entscheidungsproblem wird, und zwar oft bewußt, »inexakt«, also unklar, ausgedrückt.

Es empfiehlt sich, »Ungewißheit« bei einem Entscheidungsproblem von »Inexaktheit« der Problembeschreibung zu trennen.

Im Schrifttum ist es üblich, Ungewißheit und unvollkommene Information gleichzusetzen. Auch das ist unzweckmäßig, weil Nichtwissen über die Vergangenheit sicher zur unvollkommenen Information gehört, aber nicht unbedingt zur mangelnden Kenntnis der künftigen Entwicklung. Darüber hinaus erscheint es sinnvoll, zwischen unvollkommener Information und Inexaktheit des Entscheidungsproblems zu trennen. Zur unvollkommenen Information läßt sich das »Nicht-sichere-Wissen« zählen, ob in den politischen Entscheidungsgremien ganzzahlige Umsatzsteuersätze von 13-15% oder von 13-20% zur Wahl stehen.

Beide Alternativen des Nichtwissens sind aber exakt beschrieben. Eine inexakte Problemstellung, wie die oben zitierte Ankündigung eines Regierungssprechers, kann auch im Dunkeln lassen, ob der Umsatzsteuersatz über 20% steigt bzw. ob auch halbe Prozentsätze infrage kommen. Die üblichen »statements« vor den Fernsehkameras enthalten nicht selten nur wohlklingende Sätze mit beabsichtigter Inhaltslosigkeit. Damit sich der Begriff der inexakten Problemstellung nicht völlig einer logischen (wissenschaftlichen) Erörterung verschließt, wird ihm im weiteren ein engerer, nicht so inhaltsarmer Gehalt wie bei Politikerreden üblich, gegeben (S. 64).

Um die einzelnen Problemfelder bei Entscheidungen angesichts »mangelnder Kenntnis der künftigen Entwicklung« zu trennen, empfiehlt sich zunächst eine Sprachregelung darüber, wann ein »Entscheidungsproblem« vorliegt, das vernünftig gelöst werden kann.

Vernünftig entscheiden soll heißen: eine zielentsprechende Handlungsweise wählen. Wer überhaupt nicht weiß, was er will (keine Kenntnis über die eigenen Ziele hat), kann damit schon aus logischen Gründen (aufgrund der vorausgesetzten Sprachregelung) nicht vernünftig entscheiden. Zielentsprechend handeln setzt die Kenntnis von Zielen voraus.

Ohne eine klar abgegrenzte Vorstellung über das anzustrebende Sachziel sind die Handlungsmöglichkeiten nicht zu vergleichen. Beispiel: Jemand hat die Wahl, Schlafmittel zu nehmen oder Bohnenkaffee zu trinken. Hier vom Entscheidenden eine allgemeingültige Aussage zu fordern, was er vorzieht, ist Unsinn. Erst muß der Entscheidende wissen, was er im Augenblick will: schlafen oder wach werden.

Jedoch wird in der Realität die Kenntnis auch der eigenen Ziele oft lückenhaft sein, bzw. Entscheidende werden sprunghaft ihre Zielsetzungen wechseln. Dieser Zustand mangelnden Bewußtseins über die eigenen Präferenzen und deren mangelnde Nachhaltigkeit wird hier als erste Erscheinungsform unvollkommener Information bezeichnet.

Wer zwar seine Ziele kennt, aber überhaupt nicht weiß, was er zu deren Verwirklichung tun soll, der hat keine Wahl. Wer nicht wählen kann, braucht nicht zu entscheiden. Entscheiden setzt voraus, daß mindestens zwei Handlungsmöglichkeiten gegeben sind (z. B. etwas zu tun oder dies zu unterlassen). Aber aus mangelndem Wissen oder Dummheit kann der Entscheidende in der Realität Handlungsmöglichkeiten übersehen. Die mangelnde Kenntnis von Handlungsmöglichkeiten wird hier als zweite Erscheinungsform unvollkommener Information bezeichnet.

Wer seine Ziele kennt und vor einer gegebenen Menge an Handlungsmöglichkeiten steht, wird eine zielentsprechende Handlungsmöglichkeit suchen. Das ist in der Wirklichkeit deshalb schwierig, weil bei jeder einzelnen Handlungsmöglichkeit unterschiedliche »künftige

Zustände der Welt« zu beachten sind: Ist bei der Festsetzung des Preises für einen Markenartikel von einem künftigen Umsatzsteuersatz von 13%, 15% oder 18% auszugehen? In der Realität wird man regelmäßig nicht alle denkbaren künftigen Zustände der Welt erkennen und die Zielbeiträge (Umsätze, Gewinne) in diesen einzelnen Zukunftslagen berechnen können (Beispiele hierzu werden S. 76 f. folgen). Die mangelnde Kenntnis sämtlicher Zukunftslagen, welche bei heute gegebenen Umweltbedingungen für die Zukunft zu erwarten sind, wird hier als dritte Erscheinungsform unvollkommener Information bezeichnet.

Unvollkommene Information besteht also in einem Nicht-aufzählen-können sämtlicher Elemente, die
(a) bei Aufstellen einer Handlungsempfehlung die zielentsprechende Handlungsweise mitbestimmen,
(b) bei einer Erklärung einer Entscheidung tatsächlich diese Entscheidung empirisch mitbestimmt haben.
Der Gegenbegriff »vollkommene Information« wird hier nicht verwendet, weil man in der Wirklichkeit nie alles weiß, was in Zukunft passieren kann. Vollkommene Information wird zu leicht mit vollkommener Voraussicht gleichgesetzt, die in logische Widersprüche führt: Wenn ich mit Sicherheit voraussehe, daß ich morgen einen Autounfall erleiden werde, werde ich mich morgen in kein Auto setzen, und schon ist der Widerspruch zur vollkommenen Information eingetreten.
Für die Entscheidungstheorie wichtig ist hingegen der Begriff der »gegebenen Information«, der ausdrücken soll, daß die Informationsbeschaffung und -auswertung (das Materialsammeln für ein konkretes Entscheidungsproblem) abgeschlossen ist. Nun kann der Prozeß des Ableitens einer zielentsprechenden Entscheidung beginnen, also das Ziehen logischer Schlüsse aus dem empirischen Material, das durch die Informationsbeschaffung zusammengetragen wurde.
Der Begriff gegebene Information (gegebener Informationsstand) bildet den Gegenpol zu unvollkommener Information und besagt:
Sämtliche Elemente, welche die Entscheidung in einem gedanklichen Abbild der Wirklichkeit (Entscheidungsmodell) beeinflussen, sind zu benennen. Mit dieser Benennung wird kein Urteil über die Güte (wirklichkeitsgetreue Abbildung im Modell) der gegebenen Informationen abgegeben. Wenn bei ein und demselben Problem Herr Meier mit zwei Zukunftslagen, Herr Müller mit 20 rechnet, dann ist die Güte der Abbildung ihres realen Entscheidungsproblems in ihren Planungsüberlegungen gewiß unterschiedlich. Gleichwohl gehen sie von gegebenen Informationen aus.
Gegebene Informationen in diesem Sinne sind bei allen Modellen der Entscheidungslogik, insbesondere bei denen, welche die Wahrscheinlichkeitsrechnung anwenden, vorausgesetzt. In den Modellen gelten die Ziele des Entscheidenden als bekannt, ebenso seine Handlungsmöglichkeiten und die Gesamtzahl sämtlicher Zukunftslagen.
Deshalb behandelt auch das, was gemeinhin »Informationstheorie« genannt wird, nicht jene Probleme mangelnder Kenntnis der künftigen Entwicklung, die in der Realität bestehen und die hier den Namen »unvollkommene Information« bekommen haben.
Bei dem üblicherweise »Informationstheorie« Genannten geht es vielmehr bisher allein um logische Strukturen als Vorwissen für eine Technik der Nachrichtenübermittlung bzw. um bestimmte Anwendungen der Entscheidungslogik und Statistik [13]. Das sind Fragestellungen,

---

[13] Vgl. dazu näher *Wolfgang Mag*, Entscheidung und Information. München 1977, bes. Kap. C und D.

die nach dem hier verwandten Sprachgebrauch gegebene Information und exakte Problembeschreibung voraussetzen. Erste Ansätze zu wissenschaftlicher Behandlung der unvollkommenen Information im hier verwanden Sprachgebrauch bieten hingegen die Verhaltenswissenschaften (die allerdings in der Motivforschung und den Untersuchungen zum Käuferrisiko nur ganz bescheidene Problemstellungen des weiten Bereichs unvollkommener Information anreißen).

Unter *inexakter Beschreibung eines Entscheidungsproblems* soll hier nicht der Zustand nebelhaften Nichtwissens bezeichnet werden, wie er durch Gefasel von der Art »unter Berücksichtigung der Harmonisierungsbestrebungen in der EG nach Gesichtspunkten sozialer Gerechtigkeit« oder »angemessene Preise bei ausreichendem Gewinn« erzeugt wird bzw. werden soll. Hier ist vielmehr eine engere Fassung gemeint, die bestimmte entscheidungslogische Folgerungen zuläßt.

Ein Entscheidungsproblem ist inexakt, wenn (1) gegebene Informationen vorliegen (die Elemente, die in einem Gedankenmodell die Entscheidung beeinflussen, abschließend benannt, aufgezählt worden sind), aber (2) die Zugehörigkeit einzelner Elemente zu Mengen (Begriffen) nicht eindeutig ist [14].

Beispiel:

Eine Prognose gehe davon aus, daß die im letzten Jahr eingetretenen Tatbestände (Zahlungen, Güterbewegungen) sich in Zukunft unverändert wiederholen. Es wird also bei gegebenem Informationsstand und als sicher geltendem Wissen geplant: Nur eine Zukunftslage wird bei der Prognose beachtet. Zielgröße der Planung sei die Höhe der Gewinnausschüttung, wobei zuvor Gewinnsteuerzahlungen abzusetzen sind und eine Aktienbilanz aufzustellen sei; hierbei soll die Höhe der Rücklagen nicht durch Ausschüttungen verringert werden. Trotz gegebenen, voraussetzungsgemäß »sicheren« Wissens über die künftige Wirklichkeit kann hier die Planung der Gewinnausschüttungen zu einem mehrdeutigen, besser: inexakten Problem werden, weil Streit über den Begriffsinhalt von Gewinn, und zwar des steuerpflichtigen Gewinns wie des Handelsbilanzgewinns entstehen kann: Sind Ausgaben für verlorene Zuschüsse zu aktivieren (in der gegenwärtigen deutschen Steuerbilanz ja, in der Aktienbilanz »eigentlich« nicht)? Sind in die Herstellungskosten von Fertigerzeugnissen Gemeinkosten (und welche?) einzurechnen, dürfen (sollen) Rückstellungen für unterlassene Reparaturen gebildet werden?

Die Inexaktheit der Prognose des Gewinns bei sicheren Tatbeständen (Zahlungen, Güterbewegungen) kann dabei zwei verschiedene Ursachen haben:

(1) Der zu messende Begriff kann ausdrücklich Freiheiten in der Zugehörigkeit einzelner Elemente enthalten. Steuerrechtliche und handelsrechtliche Wahlrechte sind solche nicht eindeutigen Zugehörigkeiten von Elementen (z. B. einzelnen Zahlungen) zu Mengen (der Menge »Aufwand« in dieser Periode, der Menge »Ertrag« in dieser Periode). Die Aussage: »Der nächstjährige Gewinn liegt zwischen − 30 000 und + 100 000 DM« besagt jedoch etwas ganz anderes, wenn einmal der Grund für diese Spannweite in der Ungewißheit bei den Zahlungsströmen bzw. Güterbewegungen liegt oder wenn die Zahlungen als sicher vorausgesetzt werden, aber Wahlmöglichkeiten bei der logischen Umformung von Zahlungen in Ertrags- und Aufwandsgrößen bestehen oder wenn beides zusammenkommt.

---

[14] Vgl. *Olaf Helmer, Nicholas Rescher*, On the Epistemology of the Inexact Sciences. In: Management Science, Vol. 6 (1960), S. 25–52; *Stephan Körner*, Erfahrung und Theorie. Frankfurt 1970, S. 225–235; die Darstellung bei *Hans Georg Knapp*, Logik der Prognose. München 1978, S. 25 f. und später, leidet m. E. darunter, daß er gegebenen Informationsstand und inexakte Problembeschreibung nicht deutlich genug auseinanderhält.

(2) Es kann Ungewißheit herrschen, wie bestimmte Elemente (Zahlungen) bestimmten Mengen (wie »Aufwand«) zuzuordnen sind. Hierbei ist zwischen persönlichem Nichtwissen des Entscheidenden und ungeklärter Normensetzung zu trennen.
Persönliches Nichtwissen tritt insbesondere dann auf, wenn Nichtspezialisten Details anderer Spezialgebiete übersehen. Ein solcher Fall gehört unter (nicht-) gegebenen Informationsstand. Was aber, wenn der Planende sorgfältig arbeitet, z. B. Steuergesetze liest und den Inhalt nicht versteht? Das passiert häufig genug, solange keine klärenden Kommentare und keine umfangreiche Rechtsprechung ergangen sind. Entsprechend verschieden ist die Ungewißheit eines Studenten über das Bestehen einer Prüfung zu beurteilen, wenn er a) nichts über ein Gebiet gelernt hat, b) über das Gebiet zwar gelesen hat, aber nur Namen, keine anwendbaren Begriffsinhalte verstanden hat, weil noch kein verständliches und nicht die ungelösten Probleme vertuschendes Lehrbuch veröffentlicht wurde.
Ungeklärte Normensetzung ist gegeben, wenn nicht eindeutig ist, wie z. B. sichere Zahlungen steuerrechtlich (arbeitsrechtlich, vertragsrechtlich usw.) zu würdigen sind. Hier können Jahre vergehen, bis Gerichte verbindlich entschieden haben, ob z. B. Abbruchkosten eines alten Gebäudes den (steuerlich nicht abschreibungsfähigen) Anschaffungsbetrag des Grund und Bodens erhöhen, ob Verlustzuweisungen einer in Konkurs gegangenen Abschreibungsgesellschaft wieder rückgängig gemacht werden (so daß Gewinnsteuern in Höhe des Steuersatzes mal sämtlicher zugewiesener Verluste nachgezahlt werden müssen).
Auf ungeklärte Normensetzungen lassen sich sowohl Freiheiten in der Zugehörigkeit einzelner Elemente (z. B. Bilanzierungswahlrechte) zurückführen als auch das persönliche Nichtverstehen von gesetzten Normen, Begriffen. Solche ungeklärten Begriffsfestlegungen schaffen keine Ungewißheit über empirische Tatbestände (kein Problem der »Objektsprache«), sondern führen zu Ungewißheiten darüber, wie über empirische Tatbestände geredet, wie sie gemessen, begrifflich eingeordnet werden sollen (es ist ein Problem der »Meta-Sprache«). Solche metasprachlichen Ungewißheiten sind als inexakte Problembeschreibungen von den objektsprachlichen Ungewißheiten über künftige empirische Sachverhalte zu trennen.
Es ist zu beachten, daß die offene Zugehörigkeit von Elementen zu Mengen nicht nur bei gesetzgeberischen Normen auftritt, sondern insbesondere auch bei theoretischen Begriffen. Ist das Element »Abschreibung der Drehbank 17 im Jahre X« der Menge »variable Kosten« zuzuordnen oder das Element »PKW-Leasing« der Menge »Finanzierung«?
Mißverständnisse über Begriffsinhalte, die z. B. bei Verträgen zu oft nicht vorhersehbaren Konflikten führen, erwachsen aus inexakten Problembeschreibungen.
Nur für einen Sonderfall offener Zugehörigkeit kann die Entscheidungslogik bisher Lösungsansätze bieten: Die Theorie der unscharfen Mengen (fuzzy sets) geht davon aus, daß eine Beziehung zwischen Element und Menge in Form einer Zugehörigkeitsfunktion aus nichtnegativen reellen Zahlen mit einer endlichen Obergrenze besteht [15]. Das ist eine sehr idealisierte Annahme über die offene Zugehörigkeit von empirischen Sachverhalten (Elementen) zu Begriffen bzw. Normen (Mengen).
Abgesehen hiervon bezieht sich die Entscheidungstheorie bis heute nur auf exakte Problembeschreibungen. Die Elemente, die in einem Gedankenmodell die Entscheidung beeinflussen, sind abschließend benannt und lassen sich eindeutig den einzelnen Mengen »Zielgrößen«, »Handlungsmöglichkeiten«, »Zukunftslagen« (künftige Zustände der Welt) zuordnen.

---

[15] Vgl. *R. E. Bellmann, L. A. Zadeh*, Decision-Making in a Fuzzy Environment. In: Management Science, Vol. 17 (1970) S. B-141–B-165; *Hans-Jürgen Zimmermann*, Optimale Entscheidungen bei unscharfen Problembeschreibungen. In: ZfbF, Jg. 27 (1975), S. 785–795.

Ein Entscheidungsproblem unter Ungewißheit geht bei gegebenem Informationsstand von abschließend aufgezählten Elementen aus, die eindeutig verschiedenen Mengen zugeordnet werden können (exakte Problembeschreibung). »Entscheidungen unter Ungewißheit« (die bisher üblichen Entscheidungsmodelle) sind also *kein Abbild für in der Wirklichkeit beobachtbare Wahlhandlungen,* sondern ein theoretischer Begriff für eine stark idealisierte (abstrakte) Wahlsituation. Die heutige Entscheidungstheorie liefert lediglich Gedankenmodelle für Gedankenmodelle. Und wer meint, das sei ein ungenügender Zustand, der möge etwas besseres hierzu entwickeln; denn etwas wissen ist besser als gar nichts wissen, und nur eine bessere Theorie kann eine bestehende Theorie verdrängen.

Im einzelnen setzen Entscheidungen unter Ungewißheit voraus:

1. *Der Entscheidende weiß, was er will.* Er steht vor einer mehrfachen Zielvorschrift: vor Sachzielen und einer Verhaltensweise gegenüber der Ungewißheit. Diese zweite Zielgröße nennen wir Sicherheitsstreben bzw. Risikoneigung.

Die persönliche Einschätzung der Erwünschtheit einzelner Sachziele muß dabei mindestens auf einer Intervallskala meßbar sein, d. h. die Abbildung der persönlichen Einschätzung in Zahlen bzw. Beziehungen zwischen Zahlen ist eindeutig bis auf einen frei wählbaren Nullpunkt und die Skaleneinheit. Messung auf einer Intervallskala wird z. B. bei der üblichen Celsius-Temperaturmessung verwirklicht, wo der Nullpunkt willkürlich dem Gefrierpunkt des Wassers (bei bestimmtem Luftdruck) gleichgesetzt ist und die Skaleneinheit durch ein Hundertstel des Abstandes des Gefrierpunktes vom Siedepunkt des Wassers festgelegt wurde. In solchen Fällen ist die Maß- bzw. Nutzenfunktion bestimmt bis auf einen multiplikativen Faktor und ein additives Glied. Man sagt »eindeutig bis auf eine lineare Transformation« und spricht hier ungenauerweise von »kardinaler« Nutzenmessung (S. 97).

Aus Gründen der einfacheren Darstellung beschränkt sich das folgende auf ein einziges Sachziel. In einem Buch über Investition und Finanzierung liegt es nahe, das Sachziel auf finanzielle Zielsetzungen zu beschränken. Es existiert also eine »kardinale Nutzenfunktion« in bezug auf das gewählte finanzielle Ziel (Konsumentnahmen in jedem Zahlungszeitpunkt, Endvermögen am Planungshorizont bzw. eine Mischung aus beiden).

2. *Der Entscheidende kennt mindestens zwei realisierbare Handlungsmöglichkeiten.*
3. *Der Entscheidende kennt künftige Zustände der Welt (Zukunftslagen), und er kann die Beiträge der einzelnen Handlungsmöglichkeiten zur Verwirklichung seiner Ziele bei jeder Zukunftslage in reellen Zahlen bestimmen.*

Der einfachste Fall einer Entscheidung unter Ungewißheit ist gegeben, wenn ein Sachziel (z.B. Vermögenszuwachs), zwei Handlungsmöglichkeiten (Kauf einer Aktie oder Geldanlage auf dem Sparbuch) und zwei Zukunftslagen (gute, schlechte Kapitalmarktlage) eintreten. Die folgende Entscheidungsmatrix zeigt die prozentualen Vermögensänderungen (also Renditen); auf Wahrscheinlichkeiten für die Zukunftslagen sei verzichtet.

Planung in t_0	Zukunftslagen in t_1		Tatsache in t_1
	gut	schlecht	
Aktienkauf	+ 30	− 10	± 0
Sparbucheinzahlung	+ 5	+ 3	+ 4

Hinter dem Doppelstrich steht das, was tatsächlich in t_1 eintrat: Weder waren die Kurse der gekauften Aktien gestiegen, noch gefallen, und auch die Prognose über die Höhe der Sparbuchzinsen (der nicht gewählten Alternative) war falsch.

Das Beispiel soll zweierlei verdeutlichen:
(a) Bei Investitions- und Finanzierungsentscheidungen kann man nur in seltenen Glücksfällen erwarten, daß tatsächlich eine der Zukunftslagen eintreten wird, die man vorausgeplant hat. *Aber genau von diesem Glücksfall gehen Entscheidungsmodelle aus, welche die Wahrscheinlichkeitsrechnung oder die Spieltheorie anwenden.* Diese Entscheidungsmodelle unterstellen:
Der Planende sieht die Gesamtheit aller Zukunftslagen in seinem Entscheidungsmodell als sicheres Ereignis an. Hinsichtlich der künftigen Zustände der Welt herrsche also »vollständige Gewißheit über die Ungewißheit«: Eine der geplanten Zukunftslagen wird eintreten, der Entscheidende weiß nur nicht, welche.
(b) Bei dem Urteil darüber, ob eine Entscheidung vernünftig ist oder nicht, ist streng zu trennen zwischen der Lage vor der Entscheidung und der Lage danach. Im nachhinein läßt sich stets sagen, die Entscheidung für den Aktienkauf war richtig oder falsch. Nur ist die Aussage im nachhinein praktisch wertlos. Die Entscheidung muß im Entscheidungszeitpunkt fallen, und zwar mit dem hierbei gegebenen Wissen über die künftige Entwicklung. Ob der Entscheidende sich vernünftig oder unvernünftig verhalten hat, darf deshalb nicht danach beurteilt werden, ob seine Entscheidung im nachhinein erfolgreich war oder nicht, obwohl jedermann zunächst entgegengesetzt reagiert und die Güte einer Entscheidung am späteren Ergebnis mißt. Ob die Entscheidung richtig oder falsch war, darf nur beurteilt werden auf Grund des Wissens, das im Entscheidungszeitpunkt vorhanden war oder hätte beschafft werden müssen.
Es geht also in der betriebswirtschaftlichen Entscheidungstheorie gar nicht darum, die (im nachhinein) richtige Entscheidung zu treffen. Gesucht wird vielmehr diejenige Entscheidung, die bei dem im Entscheidungspunkt gegebenen Wissen zielentsprechend erscheint.

2. Wahrscheinlichkeitsrechnung und Entscheidungen unter Ungewißheit

Die Empfehlungen für vernünftige Entscheidungen unter Ungewißheit, welche Entscheidungsmodelle erarbeiten, setzen häufig die Kenntnis quantitativer Wahrscheinlichkeiten voraus. Dies gilt z.B. für die heute im Schrifttum vorherrschende Empfehlung »Maximiere den Erwartungswert des Risikonutzens« (Entscheidung nach dem Bernoulli-Prinzip, S. 119) und deren Vereinfachungen: Das Entscheiden nach dem Erwartungswert allein, nach Erwartungswert und Streuung (S. 130 f.).
Wer in Entscheidungstheorie mehr sieht als das Einüben statistischer oder anderer mathematischer Rechentechniken, muß die Frage beantworten: Kann man jene Wahrscheinlichkeiten praktisch ermitteln, welche die Lehre von den vernünftigen Entscheidungen unter Ungewißheit voraussetzt?
Bei dieser Prüfung der *Anwendungsbedingungen* für die Lehre von den vernünftigen Entscheidungen unter Ungewißheit ist es zu eng, unter Wahrscheinlichkeiten nur jene Zahlen zu verstehen, mit denen in der Wahrscheinlichkeitsrechnung gerechnet wird. Es empfiehlt sich ein weiterer Begriffsinhalt: Wahrscheinlichkeiten in der Planung sind vernünftige Einschätzungen des Für-Wahr-Haltens von Prognosen.
Erstrebenswert wäre es, solche persönlichen Einschätzungen der Glaubwürdigkeit künftiger Zustände der Welt so zu messen, wie die Temperatur gemessen wird. Über die Wärme in einem Zimmer kann kein Streit entstehen, sobald ein funktionsfähiges Thermometer zur Hand ist (was nicht ausschließt, daß einzelne die gemessene Wärme subjektiv als zu kalt,

übertragen: das so gemessene Risiko als zu hoch, empfinden). Durch eine solche Messung von Einschätzungen des Für-Wahr-Haltens von Prognosen in quantitativen subjektiven Wahrscheinlichkeiten würden Planungen erheblich verbessert, eine Kontrolle früherer Planungen und damit eine Verantwortung für Entscheidungen ermöglicht werden.

Zwei Blickrichtungen sind hinsichtlich der Meßbarkeit von persönlichen Einschätzungen der Glaubwürdigkeit künftiger Zustände der Welt zu trennen: Zum einen kann man versuchen, die tatsächliche Einschätzung einer Ungewißheitssituation durch einzelne Entscheidende zu erfassen. Die Messung solcher »rein subjektiver« Wahrscheinlichkeiten ist ein Forschungsgebiet der Psychologie. Zum anderen kann man versuchen, die vernünftige Einschätzung einer Ungewißheitssituation durch einzelne Entscheidende zu erfassen. Die Messung solcher »vernünftiger subjektiver« bzw. »personaler« Wahrscheinlichkeiten gehört zur Anwendung der Entscheidungslogik und ist Teilbereich der Betriebswirtschaftslehre. Unter diesem Blickwinkel steht das Folgende.

Wer von Wahrscheinlichkeiten spricht, muß den Bereich der formalen Logik (die Wahrscheinlichkeitsrechnung) streng von dem der Anwendung (der Wahrscheinlichkeitsinterpretation) trennen:

In der Theorie der mathematischen Wahrscheinlichkeit ist »Wahrscheinlichkeit« durch formal-logische Eigenschaften und Rechenregeln gekennzeichnet, ohne jede inhaltliche, anwendungsbezogene Bedeutung. Darüber hinaus gibt es mehrere Wahrscheinlichkeitsrechnungen, je nach den im Einzelfall gewählten Rechenregeln. Zu den Regeln der herkömmlichen Wahrscheinlichkeitsrechnung (Axiomatik nach *Kolmogoroff*) sind inzwischen andere Wahrscheinlichkeitsrechnungen mit anderen Axiomen getreten [16].

Die Theorie der mathematischen Wahrscheinlichkeit sagt nur, wie man aus vorgegebenen Wahrscheinlichkeiten andere ableitet. Sie klärt nicht, wie man Wahrscheinlichkeiten gewinnt, also in der Wirklichkeit etwas über sie erfährt.

Ob eine dieser Wahrscheinlichkeitsrechnungen auf irgendein Problem der Wirklichkeit sinnvoll angewendet werden kann, bedarf in jedem Fall einer zusätzlichen Prüfung durch die zuständige Realwissenschaft. So kennt die Physik vor allem zwei Anwendungen der Wahrscheinlichkeitsrechnung:

a) Die statistische Mechanik, z. B. um das »durchschnittliche« Verhalten von Molekülen in Gasen zu beschreiben. Hier hat sich die herkömmliche Wahrscheinlichkeitsrechnung bewährt, weil es sich um relativ problemlose Massenerscheinungen handelt, deren Einzeleigenschaften bekannt sind [17].

b) Die Quantenphysik kann hingegen die herkömmliche Wahrscheinlichkeitsrechnung nicht anwenden, weil eines ihrer Axiome (daß die Ereignisse einen Mengenkörper bilden) empirisch nicht gilt [18].

---

[16] Vgl. *A. Kolmogoroff*, Grundbegriffe der Wahrscheinlichkeitsrechnung. Berlin 1933, S. 2; *A[lfréd] Rényi*, Wahrscheinlichkeitsrechnung mit einem Anhang über Informationstheorie. 2. Aufl., Berlin 1966, ab S. 24; *R. J. Solomonoff*, A Formal Theory of Inductive Inference. In: Information and Control, 1964, S. 1–22, 224–254.

[17] Vgl. *Terrence L. Fine*, Theories of Probability. New York-London 1973, S. 242 f. und seine Schlußfolgerung: »The hypothesis or assumption as to the choice of equally probable cases ... has no other basis for belief than the agreement between calculation and observation ... Such an analytical view ... is of no value for the analyses of inductive reasoning and rational decision-making.«

[18] Vgl. näher *Carl Friedrich von Weizsäcker*, Probability and Quantum Mechanics. In: The British Journal for the Philosophy of Science, Vol. 24 (1973), S. 321–337, hier S. 322; und besonders *Patrick Suppes*, The Probabilistic Argument for a Non-Classical Logic of Quantum Mechanics. In: Philosophy of Science, Vol. 33 (1966), S. 14–21; *David H. Krantz, R. Duncan Luce, Patrick Suppes, Amos Tversky*, Foundations of Measurement. Vol. 1, New York 1971, S. 214 f., 217 f.

Wenn schon in der Physik mit ihren gegenüber den Wirtschaftswissenschaften sehr viel besser gelösten Meßbarkeitsproblemen die herkömmliche Wahrscheinlichkeitsrechnung keineswegs immer anzuwenden ist, wieviel mehr Sorgfalt erfordert die Anwendung der Wahrscheinlichkeitsrechnung bei wirtschaftlichen Problemen.

In der betriebswirtschaftlichen und statistischen Literatur zur Entscheidungstheorie wird die Frage, wie man Kenntnis über Wahrscheinlichkeit erlangt, kaum behandelt, ja durch Fehlurteile sogar entstellt beantwortet [19]. Die Anwendungsbedingungen wurden demgegenüber sorgfältig in der Wissenschaftstheorie untersucht. Dort ist heute

1. nicht mehr bestritten, daß eine Interpretation objektiver Wahrscheinlichkeiten als »Grenzwert relativer Häufigkeiten« zu logischen Widersprüchen führt[20];

2. unbestritten, daß die subjektive Wahrscheinlichkeitslehre, also die Deutung: Wahrscheinlichkeit als Grad des vernünftigen persönlichen Für-Wahr-Haltens[21], eine logisch einwandfreie Wahrscheinlichkeitsinterpretation darstellt. Fraglich ist, inwieweit deren Grundannahmen verschärft werden können, um interpersonal vergleichbare Grade des Für-Wahr-Haltens (»logische« Wahrscheinlichkeiten) zu erarbeiten[22];

3. vorherrschende Meinung, daß man mit dem Begriff der subjektiven Wahrscheinlichkeiten allein nicht auskommt. Im Hinblick auf die Naturwissenschaften halten Wissenschaftstheoretiker einen »objektiven« Wahrscheinlichkeitsbegriff für unentbehrlich, sehen aber keine Möglichkeit, ihn an Beobachtungsgrößen zu definieren (z. B. als Grenzwert relativer Häufigkeiten), sondern führen den Begriff der Wahrscheinlichkeit als »theoretischen« Begriff ein[23]. Es ist hier nicht der Ort, über den Nutzen »theoretischer« (nicht auf Beobachtungsgrößen zurückführbarer) Begriffe in den Wirtschaftswissenschaften zu grübeln. Für statistische Hypothesen in den Wirtschaftswissenschaften mag man eine solche Interpretation zugestehen oder auch nicht.

Für Einzelentscheidungen unter Ungewißheit und damit die unternehmerische Planung erscheint dieser Weg ungangbar. Für die unternehmerische Planung sehe ich keine bewährte

---

[19] z. B. subjektive Wahrscheinlichkeiten seien eine »Notlösung« (*Norbert Szyperski, Udo Winand*, Entscheidungstheorie. Stuttgart 1974, S. 43, 72) oder gar eine »Irrlehre« (*Eduard Kofler, Günter Menges*, Entscheidungen bei unvollständiger Information. Berlin-Heidelberg-New York 1976, S. 60).

[20] Vgl. *Wolfgang Stegmüller*, Personelle und Statistische Wahrscheinlichkeit. Zweiter Halbband, Berlin-Heidelberg-New York 1973, S. 32–41; *Fine*, S. 85–116. Keineswegs überholt ist auch die Darstellung von *Peter C. Fishburn*, Decision and Value Theory. New York usw. 1964, bes. Kapitel 4 und 5.

[21] Diese Lehre wurde entwickelt von *Frank Plumpton Ramsey*, Truth and Probability. In: The Foundations of Mathematics and other Logical Essays, edited by R. B. Braithwaite, New York 1931, reprinted London 1965, S. 156–198, bes. S. 166–184; *Bruno de Finetti*, La prévision: ses lois logiques, ses sources subjectives. In: Annales de l'Institut Henri Poincaré, 1937, S. 1–68. Ferner vor allem *Leonard J. Savage*, The Foundations of Statistics. New York-London 1954. Die englische Übersetzung der Arbeit von de Finetti, ein weiterer Wiederabdruck des Beitrages von Ramsey sowie anderer grundlegender Arbeiten zur Frage der Wahrscheinlichkeitsinterpretation finden sich in: Studies in Subjective Probability, edited by Henry E. Kyburg, jr., Howard Smokler, New York 1964.

[22] Vgl. dazu vor allem *Rudolf Carnap*, The Aim of Inductive Logic. In: Logic, Methodology, and Philosophy of Science, edited by Ernest Nagel, Patrick Suppes, Alfred Tarski, Stanford 1962, S. 303–318; *ders.*, Inductive Logic and Rational Decisions. In: Studies in Inductive Logic and Probability, edited by Rudolf Carnap and R. C. Jeffrey, Vol. I, Berkeley-Los Angeles-London 1971, S. 5–31 und *Richard C. Jeffrey*, Logik der Entscheidungen. München 1967, ab S. 65, sowie zu beiden *Stegmüller*, Personelle und Statistische Wahrscheinlichkeit. 1. Halbband, Berlin-Heidelberg-New York 1973, ab S. 323.

[23] Vgl. *Karl Raimund Popper*, The Propensity Interpretation of Probability. In: The British Journal for the Philosophy of Science, Vol. 10 (1959), S. 25–42; *ders.*, Quantum Mechanics without the »Observer«. In: Quantum Theory and Reality, edited by M. Bunge, Berlin-Heidelberg-New York 1967, S. 7–44; *Stegmüller*, 1. Halbband, S. 66–69; 2. Halbband, S. 245–258.

Theorie, die das Einführen von »Wahrscheinlichkeit« als »theoretischen« Begriff rechtfertigen könnte.

Für die unternehmerischen Entscheidungen unter Ungewißheit ist damit kein »objektiver« Wahrscheinlichkeitsbegriff geeignet. Selbst wenn die Lehre von den »relativen Häufigkeiten« nicht logisch widersprüchlich wäre: Von ihren Befürwortern ist eine Anwendung auf »einmalige« Entscheidungen entweder gar nicht beabsichtigt worden oder, soweit beabsichtigt, meist nicht möglich, weil zumindest für bedeutende wirtschaftliche Entscheidungen (Investitionen, Einführung neuer Produkte) keine Häufigkeitsziffern vorliegen.

Die Feststellung, daß die Lehre von den subjektiven Wahrscheinlichkeitsziffern logisch geschlossen und empirisch interpretierbar (also alles andere als eine Notlösung oder Irrlehre) ist, besagt freilich noch nicht, daß sie in jedem Falle praktischer Entscheidungen unter Ungewißheit eine Hilfe bedeutet.

Das folgende weist nach, daß ein Entscheidender, der sich um vernünftige Entscheidungen bemüht, dennoch kaum in der Lage sein wird, Glaubwürdigkeitsschätzungen in quantitativen Wahrscheinlichkeiten zu messen. Insoweit korrigiere ich meine Auffassung aus früheren Auflagen.

Weil bei gegebenem Informationsstand und exakter Problembeschreibung nicht immer subjektive Wahrscheinlichkeiten (die das Anwenden der Wahrscheinlichkeitsrechnung erlauben) existieren, deshalb sind mehrere Erscheinungsformen der Ungewißheit zu unterscheiden.

3. Erscheinungsformen der Ungewißheit bei gegebenem Informationsstand und exakter Problembeschreibung

In der Literatur trennt man regelmäßig drei Ungewißheitsgrade:

(1) Sicherheit: Nur eine einzige Zukunftslage wird für möglich gehalten.

(2) Risikosituationen im Sinne von Knight [24]: Die Zukunftsvorstellung beruht hier auf der Kenntnis einer empirisch ermittelten Häufigkeitsverteilung (auf objektiven Wahrscheinlichkeiten). Da der Unternehmer die statistische Wahrscheinlichkeitsverteilung der möglichen Ergebnisse kennt, kann er das Risiko einer einzelnen zusätzlichen Entscheidung berechnen. Für eine hinreichend große Zahl von wiederholten Entscheidungen wandelt sich dieser Risikofall in Sicherheit um, denn bei hinreichend vielen Wiederholungen verwirklicht sich die Häufigkeitsverteilung.

(3) Ungewißheit im Sinne von Knight: Ungewißheit ist stets bei einer einmaligen, nicht wiederholbaren Entscheidung gegeben.

Die Ungewißheit wird gelegentlich untergliedert in

a) den Fall, in dem subjektive Wahrscheinlichkeiten (Glaubwürdigkeitsziffern) gebildet werden können;

b) den Fall, in dem keine subjektiven Wahrscheinlichkeiten genannt werden können. Manche Autoren sprechen von objektiver Ungewißheit und sehen darin den Fall, daß das eigene Handeln von dem Handeln anderer (z. B. der Konkurrenten im Oligopol) abhängt – Spielsituation [25].

---

[24] Vgl. *Frank H. Knight*, Risk, Uncertainty, and Profit. Boston-New York 1921, reprinted Chicago 1957, S. 20, S. 197–233.

[25] Vgl. z. B. *Horst Albach*, Wirtschaftlichkeitsrechnung bei unsicheren Erwartungen. Köln-Opladen 1959, ab S. 166; *Hans Schneeweiß*, Entscheidungskriterien bei Risiko. Berlin-Heidelberg-New York 1967, S. 12.

Das übliche Schema der Ungewißheitsgrade überzeugt nicht.
Das Herausheben der Risikosituation erweist sich als überflüssig [26]. Entweder wird die Entscheidung beliebig oft wiederholt, dann führt die Risikosituation zu dem Fall der Sicherheit zurück, oder die Entscheidung wird nicht beliebig wiederholt, dann liegt in jedem Falle Ungewißheit vor, auch dann, wenn eine empirisch ermittelte Häufigkeitsverteilung gegeben ist. So ist z. B. für jeden Geburtsjahrgang eine Häufigkeitsverteilung über die Sterblichkeit und damit eine Aussage über die durchschnittliche Lebenserwartung bekannt. Für die Lebensversicherungsgesellschaft ist Wiederholbarkeit gegeben: Für sie ist das Todesrisiko kalkulierbar. Bei einer hinreichend großen Zahl an Versicherten besteht praktisch keine Ungewißheit mehr. Jeder einzelne von uns wird jedoch sein Todesjahr als mindestens ebenso ungewiß ansehen wie die Aussagen über die Kupferpreise oder die Börsenkurse im nächsten Jahr. Vielleicht sieht jemand bei Kenntnis der statistischen Häufigkeitsverteilung ein bestimmtes Todesjahr als entschieden glaubwürdiger an als andere (während er bei den Kupferpreisen mehrere Werte nur als gleichmöglich erachtet). Die Kenntnis der Häufigkeitsverteilung erhöht dann den Grad des Vertrauens (die Glaubwürdigkeit) einzelner Annahmen. Es liegt der Fall der Ungewißheit vor, welche die Bildung von Glaubwürdigkeitszahlen erlaubt.
Die Untergliederung der Ungewißheit in subjektive Ungewißheit und Spielsituation ist schon aus formallogischen Gründen nicht gut. Sie gehorcht keinem einheitlichen Unterteilungsmerkmal. In der Sache ist einzuwenden: Erkennt man einmal subjektive Wahrscheinlichkeiten an, dann ist es gut denkbar, auch Spielsituationen subjektive Wahrscheinlichkeiten zuzuordnen. Erscheint keine der Strategien des Gegenspielers glaubwürdiger als die andere, dann sind sie alle als gleichwahrscheinlich zu betrachten.
Die Frage ist lediglich, ob man für alle Fälle Glaubwürdigkeitsziffern ansetzen kann.
Weil die zahlreichen Voraussetzungen hierfür nicht immer erfüllt sind, deshalb sind insgesamt sechs Erscheinungsformen der Ungewißheit (unter Berücksichtigung des Randfalles der »Sicherheit« sieben Erscheinungsformen) zu trennen.

Glaubwürdigkeitsschätzungen werden hier als Präferenzäußerungen eines Entscheidenden angesehen, vergleichbar seinen Nutzenschätzungen. Damit sind jene Überlegungen, die auf das Problem der Nutzenmessung verwandt werden, auch auf die Messung subjektiver Wahrscheinlichkeiten zu übertragen.
Messung liegt dann vor, wenn eine Erscheinung aus der (hier: künftigen) Wirklichkeit mit nur einer Zahl gekennzeichnet wird. Es wird nicht verlangt, daß einer Zahl stets nur ein einziger Zustand der Wirklichkeit entspricht. Eine solche Forderung nach »Isomorphie« würde z. B. ausschließen, daß zwei Säcke voll Kartoffeln gleich schwer, zwei Zukunftslagen gleich wahrscheinlich sein können. Die Abbildung der Wirklichkeit in Zahlen ist nur in einer Richtung eindeutig: Das Gewicht eines jeden Kartoffelsacks wird durch eine Zahl gekennzeichnet. Die empirische Relation »Gewicht« kann durchaus für mehrere Kartoffelsäcke durch ein und dieselbe Zahl repräsentiert werden, und das gleiche gilt für die Einschätzung von Glaubwürdigkeiten einzelner Zukunftslagen (die Abbildung erfolgt also »homomorph«, nicht »isomorph«).

---

[26] Obwohl bereits *Kenneth J. Arrow*, Alternative Approaches to the Theory of Choice in Risk-Taking Situations. In: Econometrica, Vol. 19 (1951), S. 404–437, hier S. 417, auf die Fragwürdigkeit der Unterscheidung von Knight hingewiesen hat, wird sie noch heute ziemlich durchgängig von der Literatur verwandt. Kritisch äußert sich jedoch *Karl H. Borch*, Wirtschaftliches Verhalten bei Unsicherheit. Wien-München 1969, S. 125.

Messung im Sinne des Zuordnens einer Zahl zu einer Erscheinung der gedachten künftigen Wirklichkeit heißt nicht, daß die beigelegten Zahlen auch addiert werden dürfen. Messung ist schon dann gegeben, wenn einzelne Zukunftslagen einfach durch Zahlen voneinander geschieden, also »benannt« werden. Bei einem einmaligen Würfelspiel werden die sechs Seiten, mit denen als Zukunftslagen nach dem Werfen gerechnet wird, regelmäßig mit den Ziffern 1 bis 6 benannt, aber genausogut können sie durch die Primzahlen zwischen 10 und 30 (11, 13, 17, 19, 23, 29) oder sonstwie bezeichnet werden. An diesem Beispiel wird klar, daß es bei dieser »nominalen« Messung völlig gleichgültig ist, welche Würfelseite welche Zahl erhält und daß es Unsinn wäre, diese Zahlen zu addieren. Gleichwohl liegt hier Messung vor: Eine Erscheinung aus der Wirklichkeit wird durch Zahlen wiedergegeben. Für die lediglich nominale Messung, also die Benennung (Aufzählung) von künftigen Zuständen der Welt, soll die Bezeichnung »nominale Wahrscheinlichkeiten« verwandt werden. Damit wird der Begriff »Wahrscheinlichkeit« in weitem Sinne gebraucht: Wahrscheinlichkeit heißt nicht nur die Zahl, mit der in der Wahrscheinlichkeitsrechnung gerechnet wird, sondern *Wahrscheinlichkeit heißt jede Ziffer, die als Abbild einer »künftigen Wirklichkeit« gedacht wird.* Je nachdem, welche Meßskala für die Abbildung der künftigen Wirklichkeit angewandt werden kann, werden hier die einzelnen Erscheinungsformen der Ungewißheit unterschieden:

(0) *Entscheidungen unter Sicherheit*:

Es existiert nur eine einzige Zukunftslage. Die Glaubwürdigkeitsschätzung stellt eine »identische« (umkehrbar eindeutige) Abbildung der künftigen Wirklichkeit dar.

(1) *Entscheidungen bei quantitativen Wahrscheinlichkeiten*:

Hier sind die Anwendungsbedingungen der herkömmlichen Wahrscheinlichkeitsrechnung auf Einzelentscheidungen erfüllt. Die Meßbarkeitserfordernisse verlangen als notwendige (noch nicht hinreichende) Voraussetzung, daß das Ausmaß des persönlichen Fürwahrhaltens von Prognosen auf einer Intervallskala (S. 66) meßbar ist. Damit ist die Maß- bzw. Nutzenfunktion bestimmt bis auf einen multiplikativen Faktor und ein additives Glied. Insoweit gleichen die Meßbarkeitsanforderungen für quantitative Wahrscheinlichkeiten denen für die persönliche Einschätzung des Sachziels (hier: dem Einkommens- bzw. Vermögensnutzen).
Hinzu kommt bei Anwendung der Wahrscheinlichkeitsrechnung, daß alle nicht berücksichtigten Zukunftslagen (also ein im Gedankenmodell »logisch unmögliches Ereignis«) die Wahrscheinlichkeit Null erhalten. Damit ist das additive Glied der Maß- bzw. Nutzenfunktion festgelegt. Nach dieser Festlegung ist dann das Ausmaß des persönlichen Fürwahrhaltens von Prognosen eindeutig bis auf die Skaleneinheit; es ist Meßbarkeit auf einer Verhältnisskala gegeben. Durch zusätzliche willkürliche Normierung des »sicheren Ereignisses« (= der Gesamtzahl aller in der Planung berücksichtigten Zukunftslagen) mit der Ziffer »1« sind die Voraussetzungen für die Anwendung der Wahrscheinlichkeitsrechnung erfüllt.
Dabei ist zu beachten, daß nur die Normierung »sicheres Ereignis = 1« eine Konvention darstellt, die auch anders gewählt werden könnte. Alle anderen Voraussetzungen sind nur unter Preisgabe der inhaltlichen Aussagefähigkeit (der Fruchtbarkeit für Problemlösungen) abzuwandeln.
In den folgenden Erscheinungsformen der Ungewißheit werden nach und nach die Meßbarkeitsanforderungen abgeschwächt. Aber diese Erweiterung der Anwendungsbedingungen kostet einen (theoretisch) hohen Preis: Es muß in Kauf genommen werden, daß (bislang)

keine eindeutige Empfehlung über vernünftiges Verhalten mehr ausgesprochen werden kann (S. 137).
Der Preis ist jedoch nur theoretisch hoch; dem Praktiker nützen Entscheidungsmodelle, deren Datenanforderungen er nicht erfüllen kann, von vornherein nichts. Dem praktisch Entscheidenden ist mehr damit gedient, wenn er auf die Anwendungsvoraussetzungen aufmerksam gemacht wird. Er bleibt so vor Täuschungen und Enttäuschungen durch die Wissenschaft bewahrt.

(2) *Entscheidungen bei Intervallwahrscheinlichkeiten:*

Hier ist das Ausmaß des persönlichen Fürwahrhaltens von Prognosen durch Abstandsvergleiche meßbar, also auf einer »hyperordinalen Skala« (S. 97), und die Gesamtheit der nicht berücksichtigten Zukunftslagen erhält die Wahrscheinlichkeit Null; ab (3) unterbleibt diese Festlegung einer Nullstelle. Bei Intervallwahrscheinlichkeiten lassen sich nur Ober- und Untergrenzen für Glaubwürdigkeitsziffern (Wahrscheinlichkeitsspannen) nennen.

(3) *Entscheidungen bei qualitativen (ordinalen) Wahrscheinlichkeiten:*

Das Ausmaß des persönlichen Fürwahrhaltens von Prognosen ist in einer durchgehenden Rangordnung meßbar, also auf einer Ordinalskala. Die Abbildung der künftigen Wirklichkeit in Zahlen ist eindeutig bis auf eine monotone Transformation, d.h. bei der Maß- bzw. Nutzenfunktion ist nur das Vorzeichen der ersten Ableitung festgelegt, alle anderen Exponenten, multiplikativen Faktoren oder additiven Glieder sind frei wählbar.

(4) *Entscheidungen bei prä-ordinalen Wahrscheinlichkeiten:*

Nur über die Glaubwürdigkeit einzelner, nicht aller Zukunftslagen sind Rangordnungsaussagen möglich. Zwar können immer noch sämtliche Zukunftslagen aufgezählt werden, und zwischen einigen sind paarweise Vergleiche (Rangordnungsaussagen) möglich, aber dies gilt nicht für alle Zukunftslagen. Manche sind im Hinblick auf die Glaubwürdigkeit untereinander unvergleichbar. Der Entscheidende ist nicht in der Lage zu sagen »Dies halte ich für mehr, weniger oder gleich glaubwürdig als jenes.«

(5) *Entscheidungen bei nominalen Wahrscheinlichkeiten:*

Sämtliche Zukunftslagen können aufgezählt werden. Es besteht »vollständige Gewißheit über die Ungewißheit«, aber keine zwei Zukunftslagen können im Rang ihrer Glaubwürdigkeit geordnet werden. Hier und nur hier können spieltheoretische Entscheidungsregeln, wie das Minimax-Prinzip, Anspruch erheben, vernünftig zu sein (S. 139).

(6) *Entscheidungen bei teilweise nominalen Wahrscheinlichkeiten*:

Der Entscheidende ist nicht in der Lage, sämtliche Zukunftslagen aufzuzählen. Es besteht also keine Gewißheit darüber, daß die in der Planung berücksichtigten Zukunftslagen den tatsächlichen künftigen Zustand der Welt enthalten (vorwegnehmen). Hier wird der gegebene Informationsstand, welcher der Planung zugrunde liegt, als unvollkommen im obigen Sinne (S. 63) empfunden. Zusätzlich kann eine inexakte Problembeschreibung gegeben sein. Dieser Fall ist die Regel in der Wirklichkeit. Nur wenn man bereit ist, den Erkenntnisanspruch von Planungsmodellen herabzuschrauben, können dann Entscheidungsmodelle überhaupt praktisch nutzbar werden.
Das Herabschrauben des Erkenntnisanspruchs von Planungsmodellen besteht in dem Ver-

zicht auf eine Prognose über einen tatsächlichen künftigen Zustand der Welt von morgen und einer Beschränkung der »Planungswahrheit« auf den Fall »logischer Wahrheit eines Planungsmodells«. Welche Voraussetzungen hierfür erforderlich sind, wird im nächsten Abschnitt dargelegt werden.

b) Beschreibung der Ungewißheit einer Entscheidung: Meßbarkeitserfordernisse für nominale Wahrscheinlichkeiten

1. Existenzbedingungen und Anwendungsbedingungen von Entscheidungsmodellen

Entscheidungsmodelle sollen Abbildungen der Wirklichkeit sein. Voraussetzung einer jeden solchen Abbildung sind Existenzbedingungen (formal-logische Erfordernisse) und Anwendungsbedingungen (realwissenschaftliche Erfordernisse):

1. Die *Existenzbedingungen* tragen in der Maßtheorie den Namen »Repräsentationstheorem«[27]. Die Existenzbedingungen bewirken, daß eine bestimmte Struktur von Mengen strukturgleich in Zahlenbeziehungen abgebildet werden kann.

Von der menschlichen Anschauung gänzlich abstrahierende Mengen und ihre Beziehungen untereinander durch Zahlenbeziehungen wiederzugeben: Diese »Repräsentation« bleibt völlig im Bereich der formalen Logik bzw. Mathematik. Für die Messung einer Erscheinung aus der Wirklichkeit sind formal-logische Erfordernisse notwendig, denn ohne Logik ist Wissenschaft unmöglich. Aber die Existenzbedingungen sind nicht hinreichend: Logik allein sagt nichts über die Wirklichkeit, die in Realwissenschaften (wie der Betriebswirtschaftslehre) und ihren Anwendungen (wie der Planung) gestaltet oder erklärt werden soll.

2. Die *Anwendungsbedingungen* bestehen in den realwissenschaftlichen Erkenntnissen, wann die Existenzbedingungen empirisch erfüllbar sind. Die Anwendungsbedingungen folgen aus den Einzelergebnissen der jeweiligen Fachwissenschaft über die empirischen Eigenschaften des zu lösenden Problems. Die Anwendungsbedingungen für die unternehmerische Planung sind anders als die, welche ein Mediziner-Team bei der Planung eine by-pass-Operation am Herzen oder ein Physiker-Team bei Experimenten innerhalb der Quantenmechanik zu beachten hat.

Ein Unterschied zwischen Existenzbedingungen und Anwendungsbedingungen läßt sich am ersten Axiom für die Wahrscheinlichkeitsrechnung verdeutlichen. Als formal-logisches Erfordernis (Existenzbedingung) heißt dieses Axiom sehr abstrakt: Es gibt »elementare Ereignisse« A, und M »heißt eine Menge von Elementen, welche man elementare Ereignisse nennt«[28]. Inhaltlich noch nichtssagender ist die Definition in einer logischen Sprache, wie

(1) $$(\exists A : A \in M),$$

wobei $\exists$ das logische Kürzel für »es gibt ein« ist, und $\in$ die Eigenschaft »Element einer Menge« bezeichnet.

---

[27] Vgl. *Patrick Suppes, Josef L. Zinnes*, Basic Measurement Theory. In: Handbook of Mathematical Psychology, Vol. I, edited by R. Duncan Luce, Robert R. Bush, Eugene Galanter, New York-London 1963, S. 1–76, hier S. 4–8; *Krantz-Luce-Suppes-Tversky*, S. 8 f.

[28] *Kolmogoroff*, S. 2. Auch die Erläuterungen bei *Krantz-Luce-Suppes-Tversky*, S. 199, der nominale Wahrscheinlichkeitsraum (sample space) sei »intended to represent all possible observations that one make in particular situations«, ist alles andere als befriedigend.

Der Vorteil der logischen Sprache (formale Eindeutigkeit ohne inhaltliche Interpretationsschwierigkeiten) wird zur Arbeitserschwernis, ja zum Fluch, für denjenigen, der eine so definierte »Rechnung« anwenden will: All das, was der Mathematiker um der Allgemeingültigkeit seiner Aussagen willen wegabstrahiert hat, muß vom Anwender wieder hinzugefügt werden, mit der Gefahr, daß sich dabei Fehler einschleichen.

In der Tat ist die Bedingung (1) und ihre verbale Umschreibung als nominale Wahrscheinlichkeiten (»elementare Ereignisse«) durch *Kolmogoroff* unzureichend für die Klärung der Anwendungsvoraussetzungen der Wahrscheinlichkeitsrechnung in der betriebswirtschaftlichen Planung.

Die Anwendungsvoraussetzung für das erste formal-logische Erfordernis besteht in der Antwort auf die Frage: Unter welchen praktischen Gegebenheiten ist es einem Entscheidenden möglich davon auszugehen, daß eines der Elemente (der Zukunftslagen) aus einer Menge geplanter Zukunftslagen tatsächlich der künftige Zustand der Welt sein wird? Anwendungsbedingungen heißen also die Voraussetzungen für die empirische Wahrheit einer Aussage, wie »Unter fünf geplanten Zukunftslagen befindet sich der tatsächliche Zustand der Welt von morgen«. Erst wenn der Entscheidende empirisch sicher ist, daß in der Menge der von ihm geplanten Zukunftslagen der künftige Zustand der Welt von morgen enthalten ist, darf er doch die Summe der Wahrscheinlichkeit für die alternativen Zukunftslagen als »1« ansetzen. Erst dann verkörpert M ein »sicheres Ereignis«.

Ein zweiter Unterschied zwischen Existenzbedingungen und Anwendungsbedingungen folgt aus der Problemstellung, für welche hier Existenzbedingungen (Repräsentationstheoreme) aufgestellt worden sind: die Messung von Präferenzen einzelner Entscheidender.

Die logischen Existenzbedingungen gelten »immer und ewig«, *für jede Form der Präferenzmessung. Es ist also gleichgültig, ob wir z. B. das Rangordnungs-, Unabhängigkeits-, Stetigkeitsprinzip anhand der Nutzenmessung für Rollmöpse, sexbeladener Autowerbung, Einkommen oder Glaubwürdigkeiten verdeutlichen.

Die Anwendungsbedingungen sind bei den einzelnen Formen von Präferenzmessungen hingegen nur ähnlich (strukturgleich), nicht identisch. Verlangt z. B. das erste Existenzaxiom der Wahrscheinlichkeitsrechnung, verbunden mit der Festlegung »M beschreibt das sichere Ereignis«, daß der Planende alle überhaupt denkmöglichen künftigen Zustände der Welt bei seinem Entscheidungsproblem durchdacht hat, so wird bei der Messung des Güternutzens von Rollmöpsen oder bei der Ableitung von Kaufwahrscheinlichkeiten nach sexbeladener Werbung von einer vorgegebenen, nicht veränderbaren Menge sich gegenseitig ausschließender Güterbündel, die »in den Begehrskreis des Haushalts« fallen, ausgegangen.

Gerade um den Lernenden einzuhämmern, daß *logische Existenzbedingungen von Kalkülen für alle Anwendungsfälle erfüllt sein müssen, soll das Kalkül eine Entscheidungshilfe sein*, werden im folgenden die einzelnen Meßbarkeitserfordernisse sowohl am Problem der Messung des Risikonutzens für das Einkommen bzw. Vermögen bei vom Himmel gefallenen Wahrscheinlichkeiten als auch am Problem der Messung von Glaubwürdigkeiten (der Konstruktion von Wahrscheinlichkeiten) erläutert.

2. Wann besteht »vollständige Gewißheit über die Ungewißheit«?

Die logische Existenzbedingung für nominale Wahrscheinlichkeiten »Es gibt eine Menge von Elementen, die elementare Ereignisse heißen« schafft für die Anwendung der Wahrscheinlichkeitsrechnung in der betriebswirtschaftlichen Planung größte Schwierigkeiten, die jedoch regelmäßig in den Büchern über betriebliche Planung übergangen werden. Der Betriebswirt kann aber nicht wie der Mathematiker davon ausgehen, daß »Elementarereignisse« vom Himmel fallen. Für den betriebswirtschaftlichen Planer bedarf der Begriff »Elementarereignisse« einer sehr sorgfältigen Klärung, welche Tatbestände der Wirklichkeit hierunter zu fassen sind. Was bildet das logische Zeichen »Elementarereignis« von der Wirklichkeit ab? Um eine Antwort zu finden, müssen leider einige ungewohnte Begriffe sorgsam voneinander unterschieden werden.

Es geht zunächst darum, irgendeinen denkbaren Zustand der Welt in einem künftigen Zeitpunkt (Zeitraum) zu beschreiben. Jeder denkbare künftige Zustand der Welt von morgen enthält zahlreiche Zukunftsmerkmale (Aspekte der Wirklichkeit), z. B.: »Morgen regnet es«, »Der Benzinpreis je Liter steigt gegenüber heute um einen Pfennig.« usw.

»Zukunft« (der tatsächliche Zustand der Welt in einer künftigen Zeitspanne) ist eine »Unmenge« von Möglichkeiten (Zukunftsmerkmalen). Der tatsächliche Zustand der Welt in einer künftigen Zeitspanne ist heute ohne Einschränkungen überhaupt nicht zu beschreiben. Damit aus der »Unmenge« denkbarer Zukunftsmerkmale eine logischen Überlegungen zugängliche Menge an Zukunftsmerkmalen wird, sind Einschränkungen vorzunehmen: An die Stelle des nicht beschreibbaren tatsächlichen Zustands der Welt von morgen tritt ein »planbar sicheres Ereignis«. Planbar sicheres Ereignis heißt die Menge der Elemente mit dem Namen »planbare Zukunftsmerkmale«. Planbare Zukunftsmerkmale heißen jene Erscheinungen der Wirklichkeit, deren Eintreten in der Zukunft aufgrund des im Planungszeitpunkt erreichbaren Wissens denkmöglich ist. Alle planbaren Zukunftsmerkmale zusammen betrachtet, bekommen den Namen »planbar sicheres Ereignis«. Worauf es dabei ankommt, soll ein Beispiel verdeutlichen:

Der tatsächliche Zustand der Welt in 5 Jahren auf dem Markt für Mikroprozessoren wird durch den augenblicklichen Zustand der Welt, durch künftige menschliche Handlungen und Naturereignisse aufgrund der bekannten Naturgesetze zum Teil festgelegt. Zusätzlich möge er auch durch eine nicht vorhersehbare, zufällige Entdeckung bestimmt werden. Der klügste Planer, der über ein Gedächtnis (oder Hilfsmittel hierfür) verfügt, das alles bis heute überlieferte Wissen dieser Welt verarbeitet hat, könnte diese Entdeckung nicht vorhersehen. Auch in die Planung des klügsten Planers werden deshalb nicht alle Merkmale des tatsächlichen Zustands der Welt in 5 Jahren eingehen. Diese Abweichung zwischen der planbaren Welt von morgen und dem tatsächlichen Zustand der Welt von morgen ist für Menschen unvermeidbar. Natürlich ist es sinnlos, nicht realisierbare Forderungen an eine Theorie vernünftiger Entscheidungen zu stellen. Das, was menschliche Planung bestenfalls erreichen kann, ist, heute ein »planbares sicheres Ereignis« vorauszusehen. Im »planbaren sicheren Ereignis« für eine künftige Zeitspanne sind alle Informationen verarbeitet, die bis zu einem Planungs-(-schluß-)zeitpunkt überhaupt zu erlangen sind, ohne Rücksicht auf die Kosten, die ihre Beschaffung und Auswertung im Einzelfall verhindern können.

Die Menge aller planbaren Zukunftsmerkmale ist endlich, weil das menschliche Wissen stets begrenzt bleibt, und sie enthält zahlreiche sich gegenseitig ausschließende Merkmale (z. B. Konkurrent X wird aus dem Markt gedrängt und derselbe Konkurrent behält, verdoppelt usw. seinen Marktanteil). Eine planbare »sichere« Vorhersage des künftigen Zustands der Welt muß gerade solche sich gegenseitig ausschließende Merkmale aufnehmen, denn eines davon wird eintreten. Da aber die zu planenden Handlungen verschieden sind, je nachdem, welches der sich gegenseitig ausschließenden Merkmale auftritt, sind Teilmengen aus der Menge aller planbaren Zukunftsmerkmale zu bilden. Dazu wird das planbare sichere Ereig-

nis in Mengen aufgeteilt, die jeweils jene Zukunftsmerkmale enthalten, die sich nicht gegenseitig ausschließen. Diese Teilmengen heißen »künftige Zustände der Welt«. Ein einzelner künftiger Zustand der Welt unterscheidet sich von jedem anderen künftigen Zustand der Welt in mindestens einem Element (Zukunftsmerkmal).
Beispiel: Ein einzelner künftiger Zustand der Welt könnte für die Welt von morgen, 15.00 Uhr, vor meiner Haustür folgende Zukunftsmerkmale enthalten: (1) Die Straße ist trocken, (2) zwei Knaben würfeln und es fällt eine ›6‹, (3) . . . (die weiteren Merkmale seien nicht mehr aufgeführt). Ein zweiter künftiger Zustand würde die Zukunftsmerkmale aufweisen: (1) Die Straße ist naß, (2) . . . (wie gehabt). Das planbar sichere Ereignis wäre dann durch die Zukunftsmerkmale zu kennzeichnen: (1) Trockene oder nasse oder schneebedeckte Straße (usw.), (2) beim Würfeln der beiden Knaben fällt eine der 6 Würfelseiten nach oben . . .
Wer genau planen wollte, müßte mit »künftigen Zuständen der Welt« rechnen, also von Beschreibungen der Welt von morgen ausgehen, die neben offensichtlichen Einflußgrößen für die Höhe der Zielbeiträge alles enthalten, was auch die Vorteilhaftigkeit z. B. eines Kernkraftwerks gegenüber einem Kohlekraftwerk beeinflussen kann: die Brüchigkeit von Schrauben, Querelen mit dem Betriebsrat, das Wetter usw.
Wären Informationsgewinnung und Informationsauswertung kostenlos, dann würde ein vernünftig Planender mit derartigen künftigen Zuständen der Welt rechnen. Informationsgewinnung ist aber nicht kostenlos, und für die Informationsverarbeitung bestehen Kapazitätsgrenzen. Deshalb muß sich der Planende das Bild von der künftigen Welt vereinfachen. Der Planende wird vor allem jene Zukunftsmerkmale betrachten, von denen er glaubt, daß sie entscheidenden Einfluß auf das Erreichen seiner Ziele nehmen. Diese zielbestimmenden Zukunftsmerkmale werden »Ausprägungen von Zukunftseigenschaften« genannt. Warum diese schwerfällige Bezeichnung gewählt wird, verdeutlicht ein Beispiel: Wer das Würfelspiel plant, wird als Zukunftseigenschaft die obenliegende Würfelseite ›6‹ ansehen, wenn vereinbart ist, daß ›6‹ Sieg, die anderen Seiten Niederlage bedeuten. Als Ausprägung einer Zukunftseigenschaft ist dann das Vorhandensein oder Nicht-Vorhandensein der Zukunftseingenschaft anzusehen (›6‹, Es fällt keine ›6‹); hier wird mit zwei Zukunftslagen geplant. An die Stelle des Nicht-Vorhandenseins kann auch jede weitere sich gegenseitig ausschließende Unterteilung treten, z. B. »Es fällt eine ungerade Zahl«, »eine ›4‹«, »eine ›2‹«; hier wird mit insgesamt 4 Zukunftslagen geplant. Nach dieser Erläuterung wird der Begriff »Zukunftslage« verständlich. Zukunftslage heißt eine Menge von künftigen Zuständen der Welt, die (sich nicht ausschließende) Ausprägungen von Zukunftseigenschaften als gemeinsame Zukunftsmerkmale haben.
Es ist wichtig zu erkennen, daß der Begriff »Zukunftslage« eine durch die Begrenztheit menschlicher Fähigkeiten erzwungene *inexakte Problembeschreibung* herbeiführt: Kein Planender weiß, welche Mengen an denkbaren künftigen Zuständen der Welt genau einer Zukunftslage selbst in so einem harmlosen Fall, wie »es wird keine ›6‹ fallen«, zuzuordnen sind.
Die Vereinfachung, die den Zukunftslagen gegenüber den künftigen Zuständen der Welt innewohnt, beeinträchtigt die Anwendbarkeit der Wahrscheinlichkeitsrechnung! Um das zu erläutern, seien zwei Fälle getrennt. Im ersten Fall existiert nur eine zielbestimmende Zukunftseigenschaft; im zweiten Fall würde der klügste Planer mit unbegrenzter Informationskapazität mehr Zukunftseigenschaften berücksichtigen, als sie ein praktisch Planender sieht.

(1) Wenn in der Planung nur eine einzige Zukunftseigenschaft zu beachten ist, entstehen (weil

jede zielbestimmende Zukunftseigenschaft in mindestens zwei Ausprägungen auftritt) bereits zwei Zukunftslagen, z. B. A: »Es fällt eine ›6‹« und Nicht-A (geschrieben Ā): »Es fällt keine ›6‹«. Quantitative Wahrscheinlichkeiten gehen davon aus, daß die Summe der Wahrscheinlichkeiten für die alternativen Zukunftslagen 1 ist: alle nicht ausdrücklich genannten denkbaren Zukunftslagen sind »unmögliche« Ereignisse mit der Wahrscheinlichkeit Null. Logische Geschlossenheit (ein strenges Sich-gegenseitig-Ausschließen, so daß alles Nicht-ausdrücklich-Genannte »unmöglich« wird) läßt sich nur mit Zukunftslagen erreichen, die durch das »Nicht«-Vorhandensein von Zukunftseigenschaften definiert sind. Gerade daraus entstehen Schwierigkeiten für die Anwendung der Wahrscheinlichkeitsrechnung, denn es ist regelmäßig nicht zu erkennen, welche Mengen an künftigen Zuständen der Welt sich hinter einer durch das »Nicht«-Auftreten einer Zukunftseigenschaft beschriebenen Zukunftslage verbergen.

So besteht z. B. die Zukunftslage »Es fällt keine ›6‹« zunächst aus einer Menge von fünf künftigen Zuständen der Welt, die je eine der restlichen Würfelseiten als Zukunftsmerkmal »oben liegende Würfelseite« enthalten. Und deshalb würde bei einem gleichmäßigen Würfel wohl die Wahrscheinlichkeit dieser Zukunftslage mit 5/6 angesetzt werden. Die Zukunftslage »Es fällt keine ›6‹« schließt aber auch den Fall ein, daß überhaupt keine Würfelseite nach oben fällt. Dahinter verbirgt sich eine Fülle von zusätzlichen künftigen Zuständen der Welt, die Zukunftsmerkmale enthalten, wie »Der Würfel wird beim Flug durch die Luft gestohlen«, »von einer Revolverkugel zertrümmert«, »verschwindet in der Kanalisation« usw. Zwar lassen sich bei einem Würfelspiel durch sorgfältige vorherige Vereinbarung von Spielregeln solche Fälle ausklammern (die Wahrscheinlichkeit 5/6 ist dann darauf beschränkt, daß tatsächlich eine Würfelseite nach oben fällt). Aber wirtschaftliche Entscheidungen sind regelmäßig nicht in ähnlicher Weise vollständig durch »Spielregeln« (Geschäftsbedingungen) zu organisieren.

Wenn der Planende nicht mehr vollständig die Zahl der künftigen Zustände der Welt erkennt, die sich hinter einer durch das »Nicht«-Auftreten einer Zukunftseigenschaft beschriebenen Zukunftslage verbergen, bildet sein Wahrscheinlichkeitsurteil eine Mischung aus Planungsfehlern und persönlicher Einschätzung der Informationen über die künftige Wirklichkeit ab. Planungsfehler (wie z. B. das Übersehen des Falls, daß auch keine Würfelseite oben liegen kann) dürfen nicht mit Präferenzäußerungen über informationsgestützte Glaubwürdigkeiten vermengt werden, wenn eine vernünftige (zielentsprechende) Entscheidung abgeleitet werden soll. Mein Argument (das später in anderem Zusammenhang erneuert werden wird) lautet: Praktisch lassen sich wohl nur Zukunftslagen bilden, denen eine nicht eindeutig bestimmte oder zu geringe Anzahl künftiger Zustände der Welt zugeordnet worden ist. Muß man sich nicht wegen des Abweichens der »Zukunftslage« von der ihr bei bestmöglicher Planung entsprechenden Menge künftiger Zustände der Welt mit einer schwächeren Messung von Glaubwürdigkeiten (nicht-quantitativen Wahrscheinlichkeiten) begnügen und demgemäß den Kreis vernünftiger Entscheidungsregeln unter Ungewißheit erweitern?

(2) Das Ziel des Würfelspiels lautet: »Gewinne den Einsatz«! Dieses Ziel ist mit der Ausprägung einer Zukunftseigenschaft »Es fällt eine ›6‹« keineswegs vollständig beschrieben. Es existieren weitere Zukunftsmerkmale, die als Ausprägung zusätzlicher Zukunftseigenschaften berücksichtigt werden müßten. So kann es die Wahrscheinlichkeit beeinflussen, ob die Straße, auf der gewürfelt wird, naß oder trocken ist. Sicher hängt die Zielerfüllung von stillschweigend unterstellten Bedingungen ab, die im Einzelfall durchaus nicht gegeben zu

sein brauchen, z. B. daß der Verlierer nicht aus Wut den Sieger verprügelt und mit dem Einsatz verschwindet. Der »klügste Planer« wird gerade deshalb seine Überlegungen an den »künftigen Zuständen der Welt« ausrichten, weil die künftigen Zustände der Welt alle Zukunftsmerkmale enthalten, die (soweit das gegenwärtige Wissen reicht) die Zielerfüllung mitbestimmen können. Der praktische Planer muß hier vereinfachen mit der Gefahr, daß er wiederum, gemessen am erreichbaren Wissensstand, eine fehlerhafte Abbildung der künftigen Wirklichkeit seinen Planungen zugrunde legt.

Hinzu tritt noch folgende Schwierigkeit:

Nur bei einfachen Glücksspielen werden die Zukunftslagen durch eine Zukunftseigenschaft umschrieben sein. Im Regelfall wirtschaftlicher Entscheidungen gilt, daß in einer Zukunftslage zahlreiche Zukunftseigenschaften enthalten sind. So mag für die Frage, ob ein Zweigwerk errichtet werden soll oder nicht, eine Rolle spielen, ob die Konkurrenz bei den gleichen Produkten nicht investiert (Zukunftseigenschaft a) und ob die Regierung eine Subvention gewährt (Zukunftseigenschaft b). Damit sind vier Zukunftslagen zu unterscheiden:

I: Die Konkurrenz investiert nicht, und die Regierung subventioniert. Diese Zukunftslage kann als Schnittmenge zweier Mengen von künftigen Zuständen der Welt geschrieben werden, nämlich der Menge A (sämtliche künftigen Zustände der Welt mit der Zukunftseigenschaft »die Konkurrenz investiert nicht«) und der Menge B (sämtliche künftigen Zustände der Welt mit der Zukunftseigenschaft »die Regierung subventioniert«):

I $= A \cap B$. Die anderen Zukunftslagen sind:

II $= A \cap \overline{B}$: Die Konkurrenz investiert nicht und die Regierung subventioniert nicht.

III $= \overline{A} \cap B$: Die Konkurrenz investiert und die Regierung subventioniert.

IV $= \overline{A} \cap \overline{B}$: Die Konkurrenz investiert und die Regierung subventioniert nicht.

Die Gesamtheit aller Zukunftslagen wird der Planende als »sicheres Ereignis« M betrachten. M bedeutet keineswegs (wie bei *Kolmogoroff*) »eine« Menge, sondern genau jene Menge, die aus allen in der Planung unterschiedenen Zukunftslagen gemeinsam gebildet wird. Im letzten Beispiel gilt: M = { I, II, III, IV }, d. h. die Planung geht davon aus, daß eine der vier in M enthaltenen Zukunftslagen sicher eintreten wird, man weiß nur nicht welche. Wohlgemerkt: Nur für die Planung ist M »sicher«, das in der Planung sichere Ereignis muß nicht dem »planbaren sicheren Ereignis« entsprechen, und in der späteren Wirklichkeit kann ein Zustand eintreten, der überhaupt nicht in M und im planbaren sicheren Ereignis enthalten war.

Will man quantitative Wahrscheinlichkeiten (deren Summe 1 = »sicher« ist) bestimmen, um mit ihrer Hilfe vernünftige Entscheidungen unter Unsicherheit abzuleiten, dann muß die Forderung erhoben werden, daß keine Abweichungen bestehen zwischen

(a) der vom Planenden in einer Zukunftslage zusammengefaßten Menge künftiger Zustände der Welt und jener Menge künftiger Zustände der Welt, die der »klügste Planer« hierunter fassen würde;

(b) der Gesamtheit der Zukunftslagen, die der Planende als »sicheres Ereignis« ansieht und dem »planbaren sicheren Ereignis«.

Genau dies verlangt die »vollständige Gewißheit über die Ungewißheit«, von der die Wahrscheinlichkeitsrechnung, aber auch die Spieltheorie, ausgeht [29].

---

[29] Das Wortspiel »vollständige Gewißheit über die Ungewißheit« erscheint einprägsamer als die früher benutzte Bezeichnung »Prinzip der zielbestimmten Zukunftslagen«, vgl. *Dieter Schneider*, Meßbarkeitsstufen subjektiver Wahrscheinlichkeiten als Erscheinungsformen der Ungewißheit. In: ZfbF, Jg. 31 (1979), S. 89–122, hier S. 96, 99.

Für nur ordinale (qualitative) Wahrscheinlichkeiten werden wir gleich eine mildere, eher realisierbare Fassung kennen.

Die erste Anwendungsvoraussetzung der Wahrscheinlichkeitsrechnung »vollständige Gewißheit über die Ungewißheit« ist so streng, daß sie kaum jemals zu erfüllen ist. Wer sie im Anwendungsfall nicht erfüllen kann, hat zwei Wahlmöglichkeiten:

1. Er nimmt die Anwendungsbedingungen nicht zur Kenntnis und gibt sich damit einer Selbsttäuschung hin. Er bildet sich ein, seine die Wahrscheinlichkeitsrechnung benutzende Planung sei vernünftig, seiner Planung komme ein empirischer »Wahrheitsanspruch« zu. Eine solche Selbsttäuschung versuchen jene Betriebswirtschaftler und Unternehmensforscher den praktisch Planenden einzureden, welche die Anwendungsvoraussetzungen in ihren aus Entscheidungsmodellen abgeleiteten Handlungsempfehlungen nicht diskutieren, sondern (kurz gesagt) in der Entscheidungstheorie das »Rechnen« (z. B. mit Risikoprofilen, Streuungen) vor das »Nachdenken« über die Anwendungsvoraussetzungen stellen.

2. Er nimmt die Anwendungsschwierigkeiten zur Kenntnis, behält dennoch die Wahrscheinlichkeitsrechnung als Planungstechnik bei und schraubt den »Wahrheitsanspruch« seiner Planungen herunter. *Planungswahrheit reduziert sich von der Suche nach empirischer Wahrheit auf das Bewahren logischer Wahrheiten in einem Planungsmodell.*

Damit ist der Schwarze Peter (die Aussage, was dem praktisch Planenden ein solches Entscheidungsmodell nützen kann) von der Wissenschaft auf die Praxis abgewälzt worden. Die Wissenschaft sagt dann nur noch: Wir zeigen Euch, wie Ihr logische Wahrheit bei Planungen sichern könnt; ob Euch logische Wahrheiten etwas helfen, müßt Ihr selbst entscheiden.

Dennoch hat dieser zweite Weg gegenüber dem ersten einen durchschlagenden Vorzug: Er sagt ehrlich, was eine Wissenschaft von der Planung leisten kann, und was nicht. Im Verkehr zwischen gesellschaftlichen Gruppen (hier Wissenschaft und Praxis) erscheint mir das Verhindern gutgläubiger (fahrlässiger, vorsätzlicher) Täuschungen das wichtigste Erfordernis für eine Zusammenarbeit überhaupt.

Das Ergebnis eines solchen Planungsmodells ist dann eine *relativierte mehrwertige Prognose*. Damit ist gemeint, daß eine Reihe von Zukunftsmerkmalen als hypothetisch für die Planung gültig vorausgesetzt wird, ohne sich darüber Gedanken zu machen, wie die künftigen Zustände der Welt aussehen, falls diese hypothetisch gesetzten Zukunftsmerkmale nicht eintreten (was keineswegs ausgeschlossen werden kann). Im praktischen Sprachgebrauch beschränkt man sich auf »nach vernünftigem kaufmännischem Ermessen« zu erwartende Zukunftslagen. So wird z. B. die Planung von Kohleverflüssigungsanlagen im Ruhrgebiet stillschweigend davon ausgehen, daß im nächsten Jahrzehnt keine Atombomben auf das Ruhrgebiet fallen und keine überraschenden Erfindungen einer Elektrizitätsspeicherung erfolgen, die schlagartig den Benzinmotor durch Elektromotoren zu verdrängen erlauben.

Solche für die Planung nicht bezweifelten (aber natürlich anfechtbaren) Voraussetzungen müssen gesetzt werden, wenn die Planung überhaupt Anspruch auf Vernünftigkeit erheben soll. Man muß sich nur darüber im klaren sein, unter welchen hypothetischen Annahmen über die Zukunft einzelne Planungstechniken, wie die Wahrscheinlichkeitsrechnung, angewandt wurden. Auf diese Weise entsteht eine Planung, die zweierlei Eigenschaften aufweist:

(1) Die Prognose von Zielbeiträgen in den einzelnen Zukunftslagen ist relativiert, d.h., sie gilt nur dann, wenn ein Kranz von hypothetisch als gültig angenommenen Merkmalen in der künftigen Wirklichkeit tatsächlich auftritt. Und diese hypothetisch als gültig angenommenen Zukunftsmerkmale sind ausdrücklich festzuhalten, ihrer muß man sich stets bewußt bleiben.

(2) Die Prognose (Planung) insgesamt ist mehrwertig: Sie schließt eine Menge an geplanten Zukunftslagen (alternativen Graden der Zielerreichung) ein.
Der Wahrheitsanspruch einer solchen relativierten mehrwertigen Prognose ist immer an die Vorbedingung geknüpft, daß die hypothetisch gesetzten Zukunftsmerkmale sich bewahrheiten. Auch eine von zahlreichen Zukunftslagen ausgehende Planung stellt deshalb nur ein Rechenmuster dar, das auf Vergangenheitstatsachen gestützte logische Folgerungen über denkmögliche künftige Zustände der Welt bei hypothetisch vorausgesetzten Zukunftsmerkmalen liefert. Mehr kann Planung nicht erreichen. Nur ein Gott kann mehr und nur ein Mensch, der leichtfertig ist oder täuschen will, verspricht mehr.

c) Rangstufen für die Glaubwürdigkeit: Meßbarkeitserfordernisse für ordinale Wahrscheinlichkeiten

1. Das Prinzip vom mangelnden Grunde und das Problem der Gleichschätzung (Indifferenz)

Zu Beginn einer jeden Planungsüberlegung besteht unvollkommene Information, inexakte Problembeschreibung und Ungewißheit. Erst wenn der Entscheidende seine Gehirnzellen in Bewegung setzt und aus bisherigen Erfahrungen logische Folgerungen zieht, Alternativen durchdenkt, kann er in das Nebelhafte künftigen Geschehens zumindest gedankliche Ordnung bringen.
Wenn Sherlock Holmes (oder einer seiner Nachfahren) in einen dunklen Stollen eindringt, kann ihm »alles mögliche« passieren, und insofern herrscht völlige Ungewißheit im Sinne unvollkommener Information, inexakter Problembeschreibung und Ungewißheit zugleich. Doch handelt kein klassischer Detektiv unter völliger Ungewißheit. Er handelt vielmehr vernünftig und denkt vorher nach: Wenn er in den Stollen eindringt, verfolgt er schließlich einen Zweck, z. B. den Gangster und die entführte Schöne zu finden. Allein durch die Zwecksetzung (Fragestellung) läßt sich die Zahl möglicher Zukunftsentwicklungen vermindern: Entweder findet er den Gangster und zugleich die Schöne oder den Gangster allein oder die Schöne allein oder keinen von beiden. Nachdem die vier Zukunftsentwicklungen bekannt sind, wird er entscheiden, ob er überhaupt in den Stollen klettert oder seinen Gehilfen Dr. Watson schickt und selbst lieber wartet. Der Fall völliger Ungewißheit (unbekannter Zahl der Zukunftsentwicklungen) beschreibt Wahlsituationen, bevor man zu planen begonnen hat.
Die größte Gefahr bei jeder Planung liegt darin, daß eine mögliche Zukunftsentwicklung gänzlich übersehen wird. Man erkennt eigene Handlungsmöglichkeiten nicht oder vernachlässigt Handlungsmöglichkeiten der »Gegenseite« (der Konkurrenten, der staatlichen Wirtschaftspolitik, allgemein: der Umwelt).
Im Gegensatz zu Sherlock Holmes würde Dr. Watson vielleicht eine fünfte Zukunftslage übersehen, nämlich daß im Stolleneingang auch eine Tretmine liegen kann und somit allenfalls sein Geist bis ans Stollenende zu dringen vermag. Es sind diese Tretminen, derentwegen man bei Verhandlungen und Verträgen hereinfällt. Katastrophale Fehlentscheidungen sind durchweg die Folge davon, daß man »diese Entwicklung nicht vorhergesehen habe«. Größte Sorgfalt erfordert deshalb die Aufgabe, die alternativen Zukunftsentwicklungen

überhaupt zu erkennen. In manchen Fällen erscheint das sehr einfach: Z. B. erwartet man, die Nachfrage stagniere, wachse wenig oder sprunghaft an. Hoffentlich hat man bei dieser Aussage genau geprüft, warum der Fall, daß die Nachfrage sinkt, nicht beachtet werden muß. In anderen Fällen besteht das Problem gerade darin, erst die möglichen Zukunftsentwicklungen zu erarbeiten. Bei der Vorbereitung von Verhandlungen (Tarifverhandlungen, Lieferabkommen, Frühstücksgesprächen mit Konkurrenten zur Programm- und Marktbereinigung) kommt es in erster Linie darauf an, sämtliche Argumente der Gegenseite rechtzeitig zu erkennen und sich die Antworten vorher zu überlegen. Verhandlungen sind organisierte Kampf-(Spiel-)Situationen. Jeder funktionierende Wettbewerb zwischen wenigen Marktpartnern enthält gleichfalls Elemente einer Kampfsituation. Wenn ein Oligopolist den bisher festen Marktpreis unterbietet und den Konkurrenten damit kräftig auf die Füße tritt, dann muß er sich vorher alle ihre Reaktionsmöglichkeiten überlegt haben, vom Zusammenschluß der Konkurrenz über den Aufkauf von Lieferanten bis zu möglichen rechtlichen Maßnahmen.

Unter Ungewißheit rational entscheiden setzt vor allen Dingen voraus, daß die möglichen Strategien der Gegenseite (die alternativen Zukunftslagen) erkannt werden.

Durch Fragen nach sich ausschließenden Zukunftslagen (Ist der Gangster im Tunnel, oder ist er es nicht?) lassen sich stets Zukunftslagen erschöpfend kennzeichnen. Allerdings entstehen dabei häufig Schwierigkeiten, weil es beliebig viele Arten von »entweder/oder«-Fragestellungen gibt.

Wer nach Aufheben des Skats einen Grand mit dem dritten und vierten Jungen spielen will, wird überlegen, wie hoch die Wahrscheinlichkeit ist, daß Kreuz-Bube und Pik-Bube nicht in einer Hand sitzen. Die übliche erste Antwort lautet: Entweder sitzen die Jungen zusammen oder nicht. Die Wahrscheinlichkeit, daß die Jungen auseinandersitzen, betrage 50%.

Aus der Tatsache zweier sich gegenseitig ausschließender Zukunftslagen (»entweder die Jungen sitzen zusammen oder nicht«) wird hier gefolgert: Beide Zukunftslagen seien »gleich möglich« bzw. gleich glaubwürdig (wahrscheinlich). Der Schluß: Wenn man nichts Näheres wisse, seien alle denkbaren Zukunftslagen als gleich wahrscheinlich anzusehen, geht auf die Anfänge der Wahrscheinlichkeitstheorie zurück. Man nennt ihn das »Prinzip vom mangelnden Grunde«[30].

Wann ist die Anwendung des Prinzips vom mangelnden (oder: unzureichenden) Grunde zulässig und wann nicht?

---

[30] Die Wahrscheinlichkeitstheorie begann mit der Untersuchung von Glaubwürdigkeitsurteilen (Leibniz 1678 und 1705, Jakob Bernoulli 1713); zahlreiche deutsche Logiker beschäftigten sich mit der »Gleichmöglichkeit« bzw. dem »Prinzip vom mangelnden Grunde«. Auf ihren Erkenntnissen baute Keynes auf (*John Maynard Keynes*, A Treatise on Probability. London 1921, reprinted 1957) – »logische« Wahrscheinlichkeitslehre, die Carnap (S. 69 Fußnote 22) auf eine neue Grundlage zu stellen suchte.

Die »subjektive« (personale) Wahrscheinlichkeitslehre suchte das Prinzip vom mangelnden Grunde zu vermeiden und aus den persönlichen Wertschätzungen des einzelnen heraus logische Folgerungen zu ziehen: »we do not regard it as belonging to formal logic to say what should be a man's expectation of drawing a white or black ball from an urn; ... all we have to point out is that if he has certain expectations he is bound in consistency to have certain others« *Ramsey*, S. 189).

Gegen logische und subjektive Wahrscheinlichkeitslehre wenden sich die Vertreter der objektiven Wahrscheinlichkeitslehre, die Wahrscheinlichkeitsaussagen nur auf der Grundlage empirischer Häufigkeitsziffern zulassen wollen (vgl. z. B. *Richard von Mises*, Wahrscheinlichkeit, Statistik und Wahrheit. 3. Aufl., Wien 1951, bes. S. 87 f., 91 f.; *G. L. S. Shackle*, Expectation in Economics. 2nd edition, Cambridge 1952, S. 111–114). Ihre Lehre trägt zur Lösung wirtschaftlicher Entscheidungsprobleme kaum etwas bei, vgl. S. 69.

Ist es in unserem Skatbeispiel erlaubt zu folgern, die Wahrscheinlichkeit, daß die beiden Jungen auseinandersitzen, sei 50%?

Dagegen könnte man einwenden: Entweder sitzen die beiden Jungen beim ersten Gegenspieler oder beim zweiten Gegenspieler oder jeder hat einen Jungen. Es bestehen drei alternative Zukunftslagen und die Wahrscheinlichkeit, daß die beiden Jungen auseinander sind, beträgt nur ein Drittel!

Gegen diese zweite Antwort läßt sich wiederum sagen: Kreuz- und Pik-Bube können beim ersten Gegenspieler oder beim zweiten Gegenspieler sein, weiter kann der Kreuz-Bube beim ersten, der Pik-Bube beim zweiten und umgekehrt der Pik-Bube beim ersten, der Kreuz-Bube beim zweiten Gegenspieler liegen. Es bestehen vier Zukunftslagen, von denen in zweien jeweils die Jungen auseinander sitzen. Die Wahrscheinlichkeit beträgt also doch 50%. Welche Ansicht ist richtig?

Nur die letzte Aussage zählt alle denkbaren Fälle auf. Nur sie enthält eine erschöpfende Aufzählung der Zukunftslagen, aus der sich Schlüsse über die Gleichmöglichkeit und damit die Glaubwürdigkeit des Eintretens ziehen lassen. Die zweite Antwort enthält einen Denkfehler. Die Kennzeichnung der dritten Zukunftslage »Jeder hat einen Jungen« ist verfehlt, weil sie zwei gleichmögliche Fälle zusammenfaßt: Der erste Gegenspieler hat den Kreuz-Buben (der zweite den Pik-Buben), und der erste Gegenspieler hat den Pik-Buben (der zweite den Kreuz-Buben). Wenn aber vier statt drei Zukunftslagen bestehen, ist es falsch, daraus drei gleichwahrscheinliche Fälle zu machen.

Fehler im Erkennen der Anzahl alternativer Zukunftslagen machen aber nicht nur alltägliche Menschen in ihren Spielen und Geschäften. Solche Fehler unterlaufen auch erlauchten Geistern. So behauptete der berühmte Mathematiker d'Alembert im 18. Jahrhundert, die Wahrscheinlichkeit, daß bei zweimaligem Münzwurf mindestens einmal Wappen falle, sei $2/3$. Denn, so folgerte er, entweder fällt im ersten Münzwurf Wappen oder im zweiten Wurf oder gar nicht. Von drei möglichen Zukunftslagen enthalten zwei Wappen, und damit betrage die Wahrscheinlichkeit $2/3$[31].

Hier liegt derselbe Denkfehler vor wie bei unserem Skatbeispiel. Bei zweimaligem Münzwurf können fallen: 1. Wappen, 2. Wappen, oder 1. Zahl, 2. Zahl, oder 1. Zahl, 2. Wappen, oder 1. Wappen, 2. Zahl. Es bestehen vier Zukunftslagen, von denen drei mindestens einmal Wappen enthalten. Die Wahrscheinlichkeit beträgt also $3/4$.

Diese Beispiele zeigen, daß selbst bei Glücksspielen die Abschätzung der Wahrscheinlichkeiten schwierig sein kann, obwohl dort die Anwendungsbedingungen der Wahrscheinlichkeitsrechnung in einer bei anderen wirtschaftlichen Entscheidungen kaum je erreichbaren Weise erfüllt sind. »Die Glücksspiele wurden aber von den ursprünglichen Erfindern, damit die Spieltheilnehmer gleiche Gewinnaussichten haben sollten, so eingerichtet, daß die Zahlen der Fälle, in welchen sich Gewinn oder Verlust ergeben muss im voraus bestimmt und bekannt sind, und dass alle Fälle mit gleicher Leichtigkeit eintreten können. Bei den weitaus meisten andern Erscheinungen aber, welche von dem Walten der Natur oder von der Willkür der Menschen abhängen, ist dies keineswegs der Fall«, schreibt schon *Jakob Bernoulli* 1713[32].

---

[31] Vgl. *Savage*, The Foundations of Statistics, S. 65. Die langwierige Diskussion um dieses Problem beschreibt *I[saac] Todhunter*, A History of the Mathematical Theory of Probability. Cambridge 1865 (Nachdruck New York 1965).

[32] *Jakob Bernoulli*, Ars Conjectandi. Basel 1713, deutsche Übersetzung durch *R[obert] Haussner*. Wahrscheinlichkeitsrechnung. Dritter und Vierter Theil. Leipzig 1899, S. 88.

Wir lernen daraus, daß die Anwendung des Prinzips vom mangelnden Grunde nur zulässig ist, wenn »die Zahl der Fälle im voraus bekannt« ist, also vollständige Gewißheit über die Ungewißheit herrscht und alle Fälle (Zukunftslagen) untereinander vergleichbar sind: Nur dann darf Gleichwahrscheinlichkeit für alle Zukunftslagen angenommen werden, sofern keine Glaubwürdigkeitsdifferenz für oder gegen eine Zukunftslage besteht. Unzulässig wäre, aus Nichtwissen auf Gleichwahrscheinlichkeit zu schließen. Wenn eine Zukunftslage oder Handlungsmöglichkeit A einer anderen Zukunftslage (Handlungsmöglichkeit) B in der Glaubwürdigkeit oder irgendeiner anderen Eigenschaft vorgezogen wird, schreibt man dies $A \succ B$, wenn sie gleich geschätzt wird $A \sim B$.

Im Hinblick auf die Anwendbarkeit des Prinzips vom mangelnden Grunde sind nun zwei Fälle zu trennen:

(1) Ein Entscheidender verfügt über das Wissen, daß sowohl $A \prec B$ als auch $B \succ A$ oder $A \sim B$ denkbar sind. Hier weiß er also, daß A und B miteinander vergleichbar sind; er weiß nur nicht, wie die Rangordnungsaussage letztlich lautet. Ein solches Wissen über vergleichbare Alternativen kann mangels besseren sonstigen Wissens zu der Aussage vereinfacht werden: $A \sim B$. Diese Anwendung des Prinzips vom mangelnden Grunde ist zulässig.

(2) Ein Entscheidender sieht sich nicht in der Lage, A und B zu vergleichen. Der empirische Sachverhalt »nicht $A \lesseqgtr B$« darf nicht zu $A \sim B$ vereinfacht werden, denn aus Wissen über die Nichtvergleichbarkeit darf man nicht auf eine bestimmte Form der Vergleichbarkeit (Gleichschätzung, Gleichwahrscheinlichkeit) schließen.

2. Die Bedingung »vollständiger Ereignisalgebra«

Der Entscheidende muß in der Lage sein, sämtliche logisch denkbaren Kombinationen aufzuführen, die aus den in die Planung eingehenden Zukunftslagen gebildet werden können. Die Menge der logisch denkbaren Kombinationen aus den Zukunftslagen ist nicht identisch mit der Menge aller Zukunftslagen: Beim Würfeln rechnet man mit 6 Zukunftslagen. Aber die einzelnen Zukunftslagen können auch in unterschiedlicher Weise logisch vereinigt werden, z. B. jemand wettet, daß beim nächsten Wurf eine gerade Zahl fällt oder daß eine Zahl kleiner als 3 fällt. Die Menge der logisch denkbaren Kombinationen ist größer als die Menge der Zukunftslagen: Aus n Zukunftslagen werden 2^n Kombinationsfälle (die Anzahl der Teilmengen aus einer endlichen Menge M gleicht ihrer Potenzmenge).

Für das Verständnis der Anwendungsbedingungen der Wahrscheinlichkeitsrechnung ist die sorgfältige Trennung von *Zukunftseigenschaften, Zukunftslagen und Kombinationsfällen von Zukunftslagen* unerläßlich. Deshalb sei die Unterscheidung am Beispiel wiederholt:

Aus zwei Zukunftseigenschaften (a = die Konkurrenz investiert nicht, b = die Regierung subventioniert) werden vier Zukunftslagen, wie S. 79 beschrieben. Diese vier Zukunftslagen können, obwohl sie sich gegenseitig ausschließen, gleichwohl gemeinsam betrachtet werden. Daraus entstehen folgende Kombinationsfälle:

Fall 1: die Betrachtung aller vier alternativen Zukunftslagen zugleich. Die Menge aller sich gegenseitig ausschließenden Zukunftslagen ist das »sichere Ereignis« M, und bei der Bezifferung erhält diese Menge die Wahrscheinlichkeitsziffer 1.

Fall 2–5: die Betrachtung von jeweils drei alternativen Zukunftslagen gemeinsam. So kann man die Glaubwürdigkeit von jeweils drei Zukunftslagen mit der Einzelglaubwürdigkeit der gerade ausgeschlossenen vierten Zukunftslage vergleichen.

Fall 6–11: die Betrachtung von jeweils zwei Zukunftslagen gemeinsam, die in ihrer Glaubwürdigkeit gegen die beiden gerade ausgeschlossenen Zukunftslagen abgewogen werden.
Fall 12–15: die einzelnen sich ausschließenden Zukunftslagen und schließlich
Fall 16: die Betrachtung gar keiner Zukunftslage. Die Glaubwürdigkeit für dieses »unmögliche Ereignis« wird bei der Quantifizierung mit 0 angesetzt; ob zu Recht, wird später zu prüfen sein.

Aus vier Zukunftslagen entstehen also $2^4 = 16$ Kombinationsfälle. Die »vollständige Ereignisalgebra« besagt, daß der Entscheidende in der Lage sein muß, alle 2^n Kombinationsfälle zu unterscheiden, und (gemäß Bedingung 3) im Hinblick auf ihre Glaubwürdigkeit zu beurteilen. Man unterschätze nicht die Beanspruchung, welche diese Existenzbedingung an die Kapazität des Planenden zur Informationsverarbeitung stellt. Aus 3 Ausprägungen der Zukunftseigenschaft für die Konjunkturentwicklung, 2 für die Währungspolitik und 4 für die Preispolitik der Konkurrenten, die aufgrund der Planung die Höhe des Gewinns eines Unternehmens im nächsten Jahr beeinflussen (und das sind im Regelfall sicher noch zu wenige Eigenschaften), werden 24 Zukunftslagen und 2^{24}, also über 16 Mio. Kombinationsfälle.

Hier liegt folgender Einwand nahe: Nur die Glaubwürdigkeit der 24 Zukunftslagen sei zu schätzen, die Wahrscheinlichkeit der Kombinationsfälle ergebe sich ganz einfach aus dem Rechnen mit Wahrscheinlichkeiten. Leider zieht dieser Einwand nicht: Die Wahrscheinlichkeitsrechnung darf erst dann angewandt werden, wenn quantitative Wahrscheinlichkeiten vorliegen, also die vollständige Ereignisalgebra und die anderen Axiome erfüllt sind.

Beispiel:
Es werden steigende, unveränderte und sinkende Konjunktur unterschieden, und ihr Auftreten mag als gleichwahrscheinlich gelten. Dann ist der Kombinationsfall »nicht schlechtere Konjunktur als bisher« nicht aus rechentechnischen Gründen mit ⅔ zu gewichten, sondern der Entscheidende hat (am besten nach Vergessen seiner Erstschätzung) nach seiner erneuten Beurteilung aller Informationen eine selbständige Aussage zu machen, wie er schlechtere Konjunktur und nicht schlechtere Konjunktur gegeneinander abschätzt. Wenn dieses Urteil mit 40 : 60 ausfällt, ist der Hinweis, dann habe der Entscheidende sich einen Widerspruch geleistet, zwar richtig. Aber er löst nicht das Problem. Denn es ist zu prüfen: Welche Einschätzung trifft zu: die erste (⅔) oder die zweite (60%). Gerade um alle »im Innern verarbeiteten Informationen« auszuwerten und dabei Widersprüche zu vermeiden, muß der Entscheidende die vollständige Ereignisalgebra beachten. Diese Belastung der Kapazität zur Informationsauswertung darf nicht übersehen werden, wenn die Bedingungen für »vernünftige« Entscheidungen unter Ungewißheit dargestellt werden.

Die vollständige Ereignisalgebra äußert sich mathematisch in der Forderung, daß ein »Mengenkörper« K existiere, d. h., zu jeder Teilmenge in einer gegebenen Menge ist auch ihr Komplement (Gegenteil) in der gegebenen Menge enthalten und für mehrere Teilmengen auch deren logische Vereinigung[33].

---

[33] *Kolmogoroff*, S. 2. Anstelle von »Mengenkörper« sind auch die Ausdrücke »Boolesche Algebra« oder »Boolescher Verband« gebräuchlich, vgl. z. B. *Peter C. Fishburn*, Utility Theory for Decision Making. New York-London-Sydney-Toronto 1970, S. 130 f. Der Name »vollständige Ereignisalgebra« wurde von *Rényi*, S. 1, 8 f., übernommen. Ansätze, um die Menge an zu verarbeitenden Informationen zu beschränken, sind in der Theorie der conditional expected utility entworfen worden, vgl. *Krantz-Luce-Suppes-Tversky*, Chapter 8, und *Peter C. Fishburn*, A Mixture-Set Axiomatization of Conditional Subjective Expected Utility. In: Econometrica, Vol. 41 (1973), S. 1–25.

3. Das Rangordnungsprinzip

Die hier vorgestellten Prinzipien sind Grundsätze für die Präferenzmessung allgemein (S. 71). Sie gelten also für die Meßbarkeit von Glaubwürdigkeiten einzelner Zukunftslagen wie für die Nutzenschätzung des Einkommens oder des Risikonutzens von Einkommenschancen bei gegebenen quantitativen Wahrscheinlichkeiten. Für letztere sei das Rangordnungsprinzip zunächst erläutert.

Der Entscheidende muß in der Lage sein, im Hinblick auf jedes Ziel (Sachziel, Sicherheitsstreben) die Zukunftslagen jeder Handlungsmöglichkeit miteinander zu vergleichen. Es gibt keine unvergleichbaren Zukunftslagen. Im Hinblick auf jedes Ziel gilt zwischen zwei Zukunftslagen: A wird B gleichgeschätzt oder A wird B bzw. B wird A vorgezogen. Dabei müssen die einzelnen Ziele »unter sonst gleichen Bedingungen« betrachtet werden. A wird B im Hinblick auf das Einkommen vorgezogen unter der Annahme, daß beide gleichwahrscheinlich sind. B wird A im Hinblick auf die Sicherheit des Eintretens vorgezogen, unter der Annahme, daß beide gleiches Einkommen versprechen. Die Isolierung »unter sonst gleichen Bedingungen« ist notwendig, damit nicht die Wertschätzung für eine Zielgröße (z. B. Sicherheitsstreben) auf die Rangordnung bei dem anderen Ziel (z. B. Einkommen) Einfluß nimmt.

Das Rangordnungsprinzip erscheint auf den ersten Blick trivial: Entscheidungen sind nur möglich, wenn Rangordnungen aufgestellt werden können. Das Rangordnungsprinzip ist jedoch keine Leerformel.

Das Rangordnungsprinzip setzt Entscheidungsfähigkeit und damit ein gewisses Maß an Klarheit über die eigenen Ziele und Einsichten in die Umweltbedingungen voraus: Die Wahl zwischen Bohnenkaffee und Schlafmittel ist erst möglich, wenn das Ziel »Schlafen« oder »Wachbleiben« feststeht. Das Rangordnungsprinzip fordert zugleich rechtzeitige Entscheidungsfähigkeit auch bei unangenehmen Wahlproblemen. Vor ärgerlichen Entscheidungen den Kopf nicht in den Sand zu stecken, ist schon nicht mehr selbstverständlich. Es sind also Verstöße gegen das Rangordnungsprinzip denkbar, und deshalb ist es wissenschaftlich nicht bedeutungslos.

Psychologen haben in Experimenten häufig Verstöße gegen die durchgehende Rangordnung festgestellt. Aber daraus läßt sich kein Einwand herleiten gegen das Rangordnungsprinzip. Niemand verhält sich in Wirklichkeit fehlerfrei, und oft erreicht man widerspruchsfreies Verhalten erst durch gründliches Nachdenken. Verstöße gegen den Grundsatz der durchgehenden Rangordnung können drei Ursachen haben: Es werden (1) sich nicht ausschließende Handlungsmöglichkeiten oder (2) ungleiche Umweltbedingungen verglichen, oder es besteht (3) Entscheidungszwang bei Gleichschätzung der Alternativen. Nehmen wir an, Sie haben keine fühlbare Präferenz zwischen Whisky, Cognac und Portwein. Der Gastgeber bietet Whisky oder Cognac an. Da Sie sich entscheiden müssen, wählen Sie Cognac. Hätte er Ihnen Cognac oder Portwein angeboten, hätten Sie sich für Portwein entschieden und bei Frage Portwein oder Whisky für Whisky, und so kommt es zum Verstoß gegen die durchgehende Rangordnung.

Im Hinblick auf die Wahrscheinlichkeitsmessung fordert das Rangordnungsprinzip[34]:

---

[34] Vgl. *Fine*, S. 16–21; *Krantz-Luce-Suppes-Tversky*, S. 202–205. Das von beiden erwähnte Archimedische Prinzip ist für die Rangordnung allein entbehrlich, weil hier keine Verhältnisziffern gebildet werden.

(a) Jede Zukunftslage und jede mögliche Zusammenfassung sich ausschließender Zukunftslagen ist entweder glaubwürdiger, weniger glaubwürdig oder gleich glaubwürdig als andere Zukunftslagen bzw. mögliche Zusammenfassungen von Zukunftslagen.
(b) Wenn eine erste Zukunftslage (oder eine Zusammenfassung von Zukunftslagen) im Hinblick auf ihre Glaubwürdigkeit einer zweiten vorgezogen wird und diese einer dritten, dann wird auch die erste der dritten vorgezogen, d. h. die Rangordnung ist transitiv.
(c) Die Menge aller Eigenschaften, die in die Planung eingehen, und damit die Menge aller Zukunftslagen (das »sichere« Ereignis) wird im Hinblick auf die Glaubwürdigkeit ihres Eintretens eindeutig dem Nichtwissen über die Zukunft, also den in die Planung nicht einbezogenen denkbaren Zukunftseigenschaften, vorgezogen.
(d) Die Glaubwürdigkeit einer jeden Zukunftslage ist mindestens so groß wie das Auftreten von nicht in die Planung einbezogenen Eigenschaften.

Die Bedingungen (c) und (d) sind deshalb bemerkenswert, weil für qualitative Wahrscheinlichkeiten formal-logisch nicht vorausgesetzt wird, daß die Gesamtheit aller in die Planung eingehenden Eigenschaften »sicher« im Sinne von empirisch wahr oder auch nur »planbar sicher« ist: Es reicht aus, daß der Planende glaubt, das Nachdenken über die Ungewißheit, das Bemühen, einen subjektiv nominalen und/oder ordinalen Wahrscheinlichkeitsraum innerhalb eines Planungsmodells zu erstellen, sei besser als die Nichtplanung. Von daher schon scheinen qualitative Wahrscheinlichkeiten eine für die praktische Anwendung besser geeignete Grundlage abzugeben.

4. Das Unabhängigkeitsprinzip

Von allen Axiomen ist bisher das Unabhängigkeitsprinzip der stärksten Kritik ausgesetzt worden. Das ist auf eine sprachliche Mehrdeutigkeit zurückzuführen[35]. Um die Mehrdeutigkeit zu verdeutlichen, sei mit einer Umschreibung begonnen, in der das Unabhängigkeitsprinzip beim Nachweis der Meßbarkeit des Risikonutzens auf einer Intervallskala (vom Himmel gefallene quantitative Wahrscheinlichkeiten vorausgesetzt) erläutert wird:
Das Hinzutreten oder Wegfallen einer Zukunftslage mit gleichem Zielbeitrag und gleicher Glaubwürdigkeit für alle Handlungsmöglichkeiten darf die Rangordnung der Handlungsmöglichkeiten nicht ändern. Wenn z. B. unter Sicherheit Handlungsmöglichkeit A ≻ B, dann gilt auch[36]

(2) $\{ p A; (1-p) C \} \succ \{ p B; (1-p) C \}.$

Aus der sicheren Entscheidung zwischen A und B ist hier eine Entscheidung unter Unsicherheit geworden, in der A und B jeweils nur mit der Wahrscheinlichkeit p und als zweite Zukunftslage C mit der Restwahrscheinlichkeit (1–p) auftreten.
Das Unabhängigkeitsprinzip setzt voraus, daß der Entscheidende weder Spielfreude noch Spielabneigung empfindet. Der Leser stelle sich zwei Glücksspiele vor, welche die gleichen Gewinnchancen bieten. Das erste Spiel gebe das Ergebnis bereits nach einem Zug bekannt.

---

[35] An der *Savage*, The Foundations of Statistics, S. 21 f., mit seiner inhaltlich unklaren Formulierung des sure-thing-principles nicht schuldlos ist.
[36] Vgl. *Paul A[nthony] Samuelson*, Probability, Utility, and the Independence Axiom. In: Econometrica, Vol. 20 (1952), S. 670–678, hier S. 672; *Milton Friedman and Leonard J. Savage*, The Expected – Utility Hypothesis and the Measurability of Utility. In: The Journal of Political Economy, Vol. 60 (1952), S. 463–474, hier S. 468.

Im zweiten Spiel bleibe der Kitzel, ob man etwas gewinnt, über zwanzig Züge erhalten. Das Unabhängigkeitsprinzip fordert: Beide Spiele müssen vom Entscheidenden gleichgeschätzt werden, weil die Gewinnchancen gleich sind. Spielfreude darf die Wertschätzung der Spiele nicht beeinflussen. Wegen des Erfordernisses der Austauschbarkeit von einfachen und komplizierten Spielen mit gleichen Gewinnchancen heißt das Unabhängigkeitsprinzip auch Substitutionsprinzip.

Nun besteht aber häufig Spielfreude. Ist damit das Unabhängigkeitsprinzip (2) durch die Wirklichkeit widerlegt? Keineswegs! Wenn neben das Sachziel »Gewinnstreben« ein zweites, »Spielfreude«, tritt, dann ist die Rangordnung der Spiele für jede der Zielgrößen aufzustellen. Für jede einzelne Zielgröße darf das Hinzutreten oder Wegfallen einer Zukunftslage mit gleichem Zielbeitrag und gleicher Glaubwürdigkeit die Rangordnung der Handlungsmöglichkeiten bei diesem einen Ziel nicht ändern.

Umstritten ist, ob man für die Wirklichkeit behaupten darf, ein vernünftiger Mensch wird eine unter Sicherheit gewählte Rangordnung auch unter Ungewißheit beibehalten. Das ist zum ersten eine Frage der Sprachregelung: Für welche Merkmale von Entscheidungen steht das Kürzel »vernünftig«? Zum zweiten ist es aber auch eine Frage der umgangssprachlichen und d. h. zugleich inhaltlichen Auslegung einer mathematischen (mengentheoretischen) Beziehung.

Hierbei werden ganz verschieden weite Annahmen unter »Unabhängigkeitsprinzip« zusammengefaßt:

(1) Wenn beim Würfeln ›6‹ glaubwürdiger (gleich, weniger glaubwürdig) als ›1‹ erscheint, dann wird auch das Würfeln von ›6‹ oder ›5‹ für glaubwürdiger (gleich, weniger glaubwürdig) als das von ›1‹ oder ›5‹ gehalten. Allgemein: *Wenn eine erste Zukunftslage einer zweiten im Hinblick auf die Glaubwürdigkeit (oder ein anderes Ziel) vorgezogen wird, dann wird auch die gedankliche Zusammenfassung der ersten mit einer dritten Zukunftslage der gedanklichen Zusammenfassung der zweiten mit einer dritten Zukunftslage vorgezogen.*

Diese Fassung des Unabhängigkeitsprinzips geht von einer gegebenen Anzahl von Zukunftslagen aus und besteht im Grunde nur in einer Anwendung des Rangordnungsprinzips auf die einzelnen Kombinationen unter den Zukunftslagen. *Damit ist das Unabhängigkeitsprinzip nur eine andere Umschreibung für den Tatbestand, daß sich die einzelnen Zukunftslagen gegenseitig ausschließen.* In dieser Auslegung ist das Unabhängigkeitsprinzip ein »reines Rationalitätsaxiom«[37]. Fassung (1) reicht für die logische Existenz qualitativer und quantitativer Wahrscheinlichkeiten aus, ebenso für die Existenz der Entscheidungsregel »Maximiere den Erwartungswert des Risikonutzens«.

Aber diese Interpretation liegt den bekannten Gegenbeispielen zum Unabhängigkeitsprinzip nicht zugrunde. Dort wird eine weite Auslegung von (2) unterstellt:

(2) *Wenn jemand eine Zukunftslage A einer Zukunftslage B vorzieht, falls C eintritt, und A dem B auch dann vorzieht, falls C nicht eintritt, dann ist immer A dem B vorzuziehen.* Die Betonung liegt auf »immer«: Es ist also gleichgültig, was sonst in der Welt noch passiert. Gelegentlich ist diese Fassung des Unabhängigkeitsprinzips auch als »Prinzip der Unabhängigkeit von irrelevanten Alternativen«[38] bezeichnet worden.

---

[37] Vgl. *Patrick Suppes*, The Measurement of Belief. In: Journal of the Royal Statistical Society, Series B, Vol. 36 (1974), S. 160–191 (einschließlich Diskussion), hier S. 163.

[38] Vgl. *R. Duncan Luce, Howard Raiffa*, Games and Decisions. New York-London 1957, S. 288–290; über den unterschiedlichen Inhalt dieses Axioms bei verschiedenen Autoren vgl. *Paramesh Ray*, Independence of Irrelevant Alternatives. In: Econometrica, Vol. 41 (1973) S. 987–991.

Der Unterschied zwischen den Fassungen (1) und (2) ist folgender: Fassung (1) geht von einer gegebenen Anzahl von Zukunftslagen aus und sagt:
»Unter der Annahme, für die Menge M = {A, B, C} gelte A ≻ B, so möge auch gelten: A ∪ C ≻ B ∪ C.«
Und falls, wie bei Zukunftslagen üblich, vorausgesetzt worden ist, daß die Schnittmenge zwischen A, B und C leer ist: A ∩ C = ∅; B ∩ C = ∅, A ∩ B = ∅, dann ist das Unabhängigkeitsprinzip überhaupt keine selbständige Annahme mehr, sondern logisch erzwungen.
Fassung (2) geht von derselben Voraussetzung aus, wobei C̄ für »Nicht C« steht: »Für die Menge M = {A, B, C} gelte A ≻ B«, fügt hinzu: »Für die Menge M' = {A, B, C̄} gelte auch A ≻ B; und folgert daraus: »Für jede beliebige Menge M" = {A, B, D, ... Z} gelte A ≻ B.«

Fassung (2) enthält einen Erweiterungsschluß von den Strukturbeziehungen (Rangordnungen) innerhalb einer gegebenen Menge auf Strukturbeziehungen (Rangordnungen) innerhalb jeder x-beliebigen Menge. Der Erweiterungsschluß kann logisch nur gelten, wenn C̄ = {D, ..., Z} und für alle Elemente D bis Z in der Menge M" gilt, daß ihre Schnittmenge leer ist. Ob aber die Schnittmenge leer oder nicht leer ist, das ist eine empirische Frage. In vielen Fällen gilt in der Realität nicht, daß das Hinzufügen einer dritten Umweltbedingung zu einer ersten die Rangordnung zwischen erster und zweiter unverändert läßt: Jeder Nicht-Todkranke wird für eine Monarchie (C) und eine Nicht-Monarchie (Republik) die Rangordnung aufstellen »Leben (A) ist besser als Sterben (B)«. Entartet die Nicht-Monarchie (z. B. die Weimarer Republik) in eine Tyrannei, also bei einer anderen inhaltlichen Gestalt der Umweltbedingungen, gilt das nicht mehr, wie die Weltgeschichte lehrt. Da Menschen bei geplanten »Nicht C«-Zukunftslagen nur »inexakte Problembeschreibungen« geben können, wissen sie bei ihren Präferenzäußerungen regelmäßig nicht, ob irgendwelche nicht beachteten Alternativen tatsächlich »irrelevant« sind.
Ein Entscheidender ist sich seiner Präferenz A ≻ B nur sicher im Rahmen der Umweltbedingungen, die er bei seiner Planung ausdrücklich oder stillschweigend unterstellt hat, also soweit »vollständige Gewißheit über die Ungewißheit« gilt.
Die Gegenbeispiele zum Unabhängigkeitsprinzip erweitern aber ausdrücklich die Anzahl der Zukunftseigenschaften. Damit wird aber keine Bedingung rein »vernünftigen« Verhaltens aufgestellt, wie in der Fassung (1), sondern eine Behauptung, wie man sich zu verhalten habe, falls neue Informationen auftreten!
Zwei der bekanntesten Gegenbeispiele sollen hier erläutert werden:
Beim Ellsberg-Paradoxon, mit dem z. B. Krelle die Trennung von Risiko und Ungewißheit zu stützen sucht, soll aus einer Urne mit 90 Bällen ein Ball gezogen werden[39].
Man weiß, 30 Bälle sind rot, die restlichen schwarz oder gelb. Unbekannt ist, wie viele schwarze oder gelbe Bälle in der Urne liegen. Welche Handlungsmöglichkeit wäre Ihnen lieber:
(a) Sie erhalten 100 Mark, wenn Sie einen roten Ball ziehen?
(b) Sie erhalten 100 Mark, wenn Sie einen schwarzen Ball ziehen?
Die Chance, einen roten Ball zu ziehen, beträgt ein Drittel. Die Wahrscheinlichkeit, einen

---

[39] Vgl. *Daniel Ellsberg*, Risk, Ambiguity, and the Savage Axioms. In: The Quarterly Journal of Economics. Vol. 75 (1961), S. 643–669, hier S. 653 f.; vgl. auch *Howard Raiffa*, Risk, Ambiguity, and the Savage Axioms: Comment. Ebenda, S. 690–694, bes. S. 693 f.; *Wilhelm Krelle*, unter Mitarbeit von *Dieter Coenen*. Präferenz- und Entscheidungstheorie. Tübingen 1968, S. 182 f.

schwarzen Ball zu ziehen, kann zwei Drittel betragen (wenn neben den roten nur schwarze, keine gelben Bälle in der Urne sind); die Chance, einen schwarzen Ball zu ziehen, kann auch Null sein (wenn neben den roten nur gelbe Bälle in der Urne sind). Die Wahrscheinlichkeit, einen schwarzen Ball zu ziehen, liegt also zwischen Null und zwei Drittel.

Mancher Spieler wird (a) wählen, weil hier die Chance genau bekannt ist. Derselbe Spieler wird nun vor die Handlungsmöglichkeit (c) und (d) gestellt:

(c) Er erhält 100 Mark, wenn er einen roten oder gelben Ball zieht.

(d) Er erhält 100 Mark, wenn er einen schwarzen oder gelben Ball zieht.

Die Handlungsmöglichkeiten (c) und (d) sind »risikoärmer« als (a) und (b). Bei (d) hat der Spieler eine Chance von zwei Drittel 100 Mark zu gewinnen; bei (c) liegt die Chance zwischen ein Drittel (wenn kein gelber Ball in der Urne ist) und eins (wenn neben den roten nur gelbe Bälle in der Urne sind).

Es ist zu vermuten, daß der Spieler, der beim Spiel »(a) oder (b)« auf (a) gesetzt hat (die Chance ein Drittel ist genau bekannt), beim Spiel »(c) oder (d)« auf (d) setzt (die Chance zwei Drittel ist genau bekannt.)

Indes: Mit einer solchen Wahl bewertet der Entscheidende die einzelnen Chancen nicht mehr unabhängig voneinander. Die beiden Spiele unterscheiden sich nur darin, daß im ersten Spiel die gelben Bälle stets verlieren, rote oder schwarze gewinnen, im zweiten Spiel die gelben Bälle stets gewinnen und zusätzlich die roten oder schwarzen. Das bedeutet lediglich, die Wahrscheinlichkeit der Auszahlung wurde im zweiten Spiel erhöht. Wenn der Spieler im ersten Spiel (a) wählt, müßte er »logischerweise« im zweiten Spiel (c) wählen. Wählt er hingegen (d), dann nimmt offenbar die Änderung der Wahrscheinlichkeit für die Auszahlung Einfluß auf die Entscheidung. Die Beurteilung der Handlungsmöglichkeiten ist nicht mehr unabhängig davon, ob alle Wahlmöglichkeiten gleich sicher oder gleich unsicher sind. Der Entscheidende verstößt gegen das Unabhängigkeitsprinzip.

Mir scheint, ein solches Spiel ist kein Argument gegen das Unabhängigkeitsprinzip. Erst recht ist es keine Stütze für die Trennung von Risiko (bekannter Wahrscheinlichkeit) und Ungewißheit (unbekannter Wahrscheinlichkeit) bzw. für das »Informationsaxiom« Krelles, mit dem er die Gültigkeit des Unabhängigkeitsprinzips auch im Ellsberg-Beispiel zu retten hofft. In allen diesen konstruierten Spielen kommt die Fehlentscheidung (hier der Verstoß gegen das Unabhängigkeitsprinzip) durch die Kompliziertheit des Spiels zustande. Bereits ein kurzes Nachdenken darüber, worauf die Ungewißheit des Spiels beruht, sichert dem Spieler die folgerichtige Entscheidung.

Wenn der Spieler nachdenkt, ehe er sich entscheidet, kommt er zu folgendem Ergebnis: Welche Handlungsmöglichkeit vorzuziehen ist, hängt ausschließlich davon ab, ob mehr schwarze oder mehr gelbe Bälle in der Urne sind. Vermutet man, es sind z. B. 31 schwarze und 29 gelbe in der Urne, dann ist im ersten Spiel (b) vorteilhaft, denn die Chance ist mit 31/90 für schwarz größer als mit 1/3 für rot. Im zweiten Spiel wird entsprechend (d) vorgezogen. Die vernünftige Folgerung aus den verschiedenen Zukunftslagen lautet deshalb:

1. Mehr schwarze Bälle   2. mehr gelbe Bälle
    (b) ≻ (a)   (a) ≻ (b)
  oder (d) ≻ (c)   oder (c) ≻ (d)

Der Spieler hat zu prüfen, ob er die erste oder die zweite Zukunftslage für glaubwürdiger erachtet. Hat er sich für einen Fall (mehr schwarze oder mehr gelbe Bälle) entschieden, dann widerspricht seine Entscheidung auch nicht dem Unabhängigkeitsprinzip.

Hat der Spieler keinen Grund, mehr schwarze oder mehr gelbe Bälle anzunehmen, wird er nach dem Prinzip vom mangelnden Grunde die Glaubwürdigkeit für die Anzahl der schwarzen Bälle der für die gelben gleichsetzen. Dann sind aber (a) und (b) bzw. (c) und (d) gleichwertige Alternativen. Es ist bedeutungslos, wie entschieden wird. In diesem Fall kann sich der Spieler sogar den »Widerspruch« erlauben, erst (a), dann (d) zu wählen, denn bei gleichwertigen Alternativen kann Entscheidungszwang für eine Alternative zu scheinbaren Widersprüchen führen, wie sich schon bei der Whisky/Cognac/Portwein-Wahl S. 86 zeigte. Vernünftig unter Ungewißheit zu entscheiden, bedeutet in erster Linie Nachdenken über das Problem (dies führt hier zur richtigen Anordnung der Wahlmöglichkeiten) und erst an zweiter Stelle Treffen einer »gefühlsmäßigen« richtigen Entscheidung. Das ist beim Ellsberg-Paradoxon übersehen worden.

Ein zweites Beispiel gegen das Unabhängigkeitsprinzip hat Allais konstruiert[40].

Entscheiden Sie bitte zwischen A_1 und B_1!
A_1: Sie erhalten eine Million mit Sicherheit.
B_1: Sie erhalten fünf Millionen mit einer Wahrscheinlichkeit von 0,1 oder
eine Million mit einer Wahrscheinlichkeit von 0,89 oder
nichts mit einer Wahrscheinlichkeit von 0,01.
Vermutlich wird ein erheblicher Teil der Leser A_1 wählen.

Nunmehr entscheiden Sie sich bitte zwischen A_2 und B_2!
A_2: Sie erhalten eine Million mit einer Wahrscheinlichkeit von 0,11 oder nichts mit einer Wahrscheinlichkeit von 0,89.
B_2: Sie erhalten fünf Millionen mit einer Wahrscheinlichkeit von 0,10 oder nichts mit einer Wahrscheinlichkeit von 0,90.
Hier werden viele Leser B_2 wählen; denn bei fast gleicher Wahrscheinlichkeit besteht hier die Chance, fünf Millionen zu gewinnen.

Es ist also damit zu rechnen, daß eine große Zahl von Versuchspersonen A_1 gegenüber B_1 vorzieht; B_2 jedoch gegenüber A_2. Diese Doppelentscheidung wollen wir etwas näher betrachten. Die Präferenzordnung $A_1 \succ B_1, B_2 \succ A_2$ widerspricht nämlich den Grundannahmen des Bernoulli-Prinzips. Wer nach der Theorie des Risikonutzens handelt und beim ersten Spiel A_1 gewählt hat, muß beim zweiten Spiel A_2 wählen, sonst wirft er seine ursprüngliche Präferenzordnung um (verstößt gegen das Rangordnungsprinzip). Der Nachweis ist leicht zu führen:
Die Nutzeneinschätzung, eine Million zu gewinnen, bezeichnen wir mit N(1), den Nutzen der Möglichkeit, fünf Millionen zu gewinnen, mit N(5). Entscheidungskriterium ist der maximale Erwartungswert des Risikonutzens. Also sind die einzelnen Risikonutzenvorstellungen mit ihren Wahrscheinlichkeiten zu gewichten und dann zu addieren. Wir erhalten dann für die 2×2 konkurrierenden Handlungsmöglichkeiten jeweils einen Erwartungswert des Risikonutzens: $1 \cdot N(1)$ ist der »Erwartungswert« des Risikonutzens von Spiel A_1. Der Erwartungswert des Spiels B_1 lautet:

---

[40] Vgl. *M. Allais*, Le Comportement de l'Homme Rationnel devant le Risque: Critique des Postulats et Axiomes de l'Ecole Américaine. In: Econometrica, Vol. 21 (1953), S. 503–546, hier S. 527; kritisch setzt sich damit auseinander vor allem *Savage*, The Foundations of Statistics, S. 102 f.; vgl. auch *Harry M. Markowitz*, Portfolio Selection. New York-London 1959, S. 218–224.

$$0{,}1 \text{ N (5)} + 0{,}89 \text{ N (1)} + 0{,}01 \text{ N (0)}.$$

Die Versuchsperson hat entschieden, $A_1 \succ B_1$, folglich muß der Erwartungswert des Risikonutzens von A_1 über dem von B_1 liegen, also:

$$\text{N (1)} > 0{,}1 \text{ N (5)} + 0{,}89 \text{ N (1)} + 0{,}01 \text{ N (0)}.$$

Die Person hat ferner entschieden, $B_2 \succ A_2$, folglich muß der Erwartungswert des Risikonutzens von B_2 über dem von A_2 liegen, also:

$$0{,}1 \text{ N (5)} + 0{,}9 \text{ N (0)} > 0{,}11 \text{ N (1)} + 0{,}89 \text{ N (0)}.$$

Wenn wir die rechte und linke Seite beider Spiele addieren, was nach dem Unabhängigkeitsprinzip zulässig ist, so entsteht

$$0{,}1 \text{ N (5)} + \text{N (1)} + 0{,}9 \text{ N (0)} > 0{,}1 \text{ N (5)} + \text{N (1)} + 0{,}9 \text{ N (0)}.$$

Das ist jedoch ein Widerspruch, denn beide Seiten sind identisch. Dieser Widerspruch kann zwei Ursachen haben: Entweder entschied die Versuchsperson unvernünftig, dann mag die Theorie des Risikonutzens als Theorie rationalen Verhaltens gültig sein, oder die Versuchsperson handelte rational, dann beschreibt die Theorie des Risikonutzens nicht das rationale Verhalten.

Allais meinte, daß die Versuchsperson unvernünftig handle, könne nicht behauptet werden, und er glaubte damit nachgewiesen zu haben, daß das Bernoulli-Prinzip nicht als Bedingung rationalen Verhaltens anerkannt werden dürfe. Nur das Rangordnungs- und das Dominanzprinzip seien als Voraussetzungen rationalen Verhaltens unter Ungewißheit anzusehen, nicht jedoch das Stetigkeits- und das Unabhängigkeitsprinzip. Seine Kritiker schlossen hingegen: Rationales Verhalten sei keineswegs selbstverständlich, und bei komplizierten Wahlproblemen müsse man eben mit unvernünftigem, den vier Axiomen widersprechendem Verhalten rechnen.

Wenn die Versuchspersonen auf den Widerspruch in ihren Entscheidungen aufmerksam gemacht worden sind, werden sie ihre erste Entscheidung umstoßen, sobald sie darüber nachgedacht haben, worin der Unterschied zwischen beiden Spielen liegt. Das Beispiel von Allais können wir uns als das Ziehen von durchnumerierten Losen aus einer Trommel vorstellen[41].

Losnummern:	1–11		12–100
Gewinne bei A_1:	1 Million		1 Million
Gewinne bei A_2:	1 Million		0

Losnummern:	1	2–11	12–100
Gewinne bei B_1:	0	5 Millionen	1 Million
Gewinne bei B_2:	0	5 Millionen	0

Wer seine Vernunft gebrauchet, wird folgern: Ziehe ich ein Los der Nummern 12–100, dann ist es gleichgültig, ob ich A_1 oder B_1 bzw. A_2 oder B_2 wähle. Die Zahlung ist hier für beide Alternativen gleich: im ersten Spiel 1 Million, im zweiten Spiel nichts. Die Spiele unterscheiden sich nur für den Fall, daß ich ein Los mit den Nummern 1–11 ziehe. Für diesen Fall besteht zwischen beiden Spielen das gleiche Risiko: Bei A_1 und A_2 gewinne ich 1 Milllion, bei

---

[41] Vgl. *Savage*, The Foundations of Statistics, S. 103.

B_1 und B_2 bestehen zehn Zukunftslagen, um 5 Millionen zu gewinnen, und eine, nichts zu erhalten. Das Wahlproblem: 1 Million gegen eine 10 : 1 Chance 5 Millionen oder nichts zu erzielen, ist bei beiden Spielen dasselbe, und deshalb muß die Entscheidung in beiden Spielen gleich lauten.

Wer (wie Allais und seine Nacheiferer) nach dieser Erläuterung nicht bereit ist, seine erste Entscheidung umzustoßen, dessen Verhalten bezeichne ich solange als unvernünftig, bis der Betreffende einen überzeugenden Grund genannt hat, weshalb er dieser Erläuterung nicht zu folgen vermag. Denn die Mindestanforderung an vernünftiges Verhalten ist doch, Gründe zu nennen und Gegengründe zu prüfen.

Ein Gesichtspunkt ist denkbar, mit dem Allais und seine Schule das Aufrechterhalten ihrer Doppelentscheidung begründen könnten[42]: Eine sichere Alternative (A_1) sei anders einzuschätzen als eine unsichere (A_2) und deshalb könne das Unabhängigkeitsprinzip nicht allgemeingültig sein. Viele Leute werden dieser Aussage zu folgen geneigt sein. Doch sie begehen damit einen Denkfehler:

Voraussetzung für vernünftige Entscheidungen unter Ungewißheit ist stets eine erschöpfend aufgezählte Anzahl sich gegenseitig ausschließender Zukunftslagen. Eines der hundert Lose wird mit Sicherheit gezogen werden, und deshalb gibt es keinen Grund, die Einschätzung: Losnummer 1–11 mit 1 Million Gewinn gegen Losnummer 1 mit 0 und Losnummer 2–11 mit 5 Millionen Gewinn, davon abhängig zu machen, ob die Losnummern 12–100 auch gewinnen oder nicht. Weil sich die Zukunftslagen gegenseitig ausschließen, kann der Vergleich zwischen zwei Zukunftslagen nicht davon beeinflußt werden, wie die dritte, vierte und jede weitere Zukunftslage aussieht. Mit welchem Argument sollte auch eine gegenseitige Abhängigkeit (eine »Komplementarität«) zwischen zwei Ereignissen begründet werden, wenn die Ereignisse »A« und »nicht A« lauten, also sich gegenseitig ausschließen?

d) Zahlen für die Glaubwürdigkeit: Meßbarkeitserfordernisse für quantitative Wahrscheinlichkeiten

1. Die Unmöglichkeit, Rangordnungen stets zu beziffern

Wer Glaubwürdigkeiten beziffern will, muß eine durchgehende Rangordnung der Zukunftslagen voraussetzen. Durch Kontrollfragen, z. B.: Wird gute Konjunktur allein als glaubwürdiger empfunden als nicht gute Konjunktur (mittlere und schlechte Konjunktur zusammen)? wird versucht, den Planenden dahin zu bringen, eine Rangordnung über sämtliche Kombinationsmöglichkeiten von Zukunftslagen aufzustellen, also die »vollständige Ereignisalgebra« empirisch auszufüllen. Solche Fragen zielen zugleich darauf ab, daß der Entscheidende Aussagen über den Glaubwürdigkeitsunterschied der einzelnen Zukunftslagen macht. Durch weitere Befragung, die auf die Bildung einer Rangordnung der Glaubwürdigkeitsun-

---

[42] Das Argument klingt bei *Allais*, S. 525–529, an; ähnlich auch *Krelle*, Präferenz- und Entscheidungstheorie, S. 139–148.

terschiede hinzielt, und durch Annahmen über das Verhältnis, das den Rangordnungsunterschieden beizulegen ist, läßt sich eine Bezifferung erreichen[43].

Beispiel: In der Planung eines Unternehmens wird mit 5 alternativen Absatzentwicklungen gerechnet. A sei gute Konjunktur (Umsatzwachstum etwa 10%), B sei Stagnation (keine Umsatzänderung), C sei schlechte Konjunktur (Umsatzminderung etwa 10%), D sei sehr gute Konjunktur (Umsatzwachstum etwa 20%) und E sei sehr schlechte Konjunktur (Umsatzminderung etwa 20%).

Die Auswertung der vorhandenen Informationen habe zu folgender Rangordnung über die Glaubwürdigkeit der einzelnen Absatzentwicklungen geführt:

(1) $\qquad A \succ B \succ C \succ D \succ E.$

In Worten: gute Konjunktur ist glaubwürdiger als Stagnation, beides glaubwürdiger als schlechte Konjunktur, dies glaubwürdiger als sehr gute Konjunktur und am wenigsten wahrscheinlich sei sehr schlechte Konjunktur.

Die Bezifferung besteht darin, möglichst einfache Zahlen p zu finden, die der Rangordnung genügen und der Bedingung, daß die Summe der Wahrscheinlichkeiten aller Zukunftslagen 1 sein muß:

(2) $\qquad p(A) + p(B) + p(C) + p(D) + p(E) = 1.$

Doch selbst wenn die Rangordnung (1) ergänzt wird durch Glaubwürdigkeitsaussagen über alle Kombinationsmöglichkeiten zwischen diesen Zukunftslagen, ist eine Bezifferung nicht immer möglich.

Der Entscheidende möge folgende Aussagen über die Rangordnung von gedanklichen Zusammenfassungen der einzelnen Zukunftslagen gemacht haben:

1. Stagnation sei glaubwürdiger als Umsatzminderung (schlechte und sehr schlechte Konjunktur zusammengefaßt): $B \succ C \cup E$.
2. Sehr gute Konjunktur und schlechte Konjunktur gemeinsam betrachtet erscheinen glaubwürdiger als sehr schlechte Konjunktur und Stagnation zusammengenommen: $D \cup C \succ E \cup B$.
3. Sehr schlechte Konjunktur und gute Konjunktur erscheinen glaubwürdiger als schlechte Konjunktur und Stagnation vereint gesehen: $E \cup A \succ C \cup B$.
4. Kein Umsatzwachstum (Stagnation, schlechte und sehr schlechte Konjunktur gemeinsam betrachtet) erscheint glaubwürdiger als Umsatzwachstum (gute und sehr gute Konjunktur vereinigt): $B \cup C \cup E \succ A \cup D$.

Damit sind noch nicht alle Kombinationsmöglichkeiten (und A allein) in eine Rangordnung gebracht. Doch reichen die bisherigen Informationen für den Nachweis aus, daß es unmöglich ist, eine solche Rangordnung zu beziffern[44].

Die Rangordnung besteht nunmehr aus:

---

[43] Vgl. dazu *M. G. Kendall*, Ranks and Measures. In: Biometrika, Vol. 49 (1962), S. 133–137; *Lee H. Smith*, Ranking Procedures and Subjective Probability Distributions. In: Management Science, Vol. 14 (1968), B-236–B-249. Vgl. auch *George P. Huber*, Methods for Quantifying Subjective Probabilities and Multi-attributive Utilities. In: Decision Sciences, Vol. 5 (1974), S. 430–458; *Carl S. Spetzler, Carl-Axel S. Staël von Holstein*, Probability Encoding in Decision Analysis. In: Management Science, Vol. 22 (1975/76), S. 340–358.

[44] Vgl. *Charles H. Kraft, John W. Pratt, A. Seidenberg*, Intuitive Probabilities on Finite Sets. In: The Annals of Mathematical Statistics, Vol. 30 (1959), S. 408–419, hier S. 414 f.

$$E \prec D \prec C \prec \overline{C \cup E} \prec B \prec \overline{E \cup B} \prec D \cup C \prec \overline{C \cup B} \prec E \cup A \prec$$

$$\prec \overline{A \cup D} \prec B \cup C \cup E.$$

Würden für die einzelnen Zukunftslagen Wahrscheinlichkeitsziffern bestehen, dann müßten die einzelnen Wahrscheinlichkeitsziffern addiert und substrahiert werden können, ohne einen Widerspruch in der vorgegebenen Rangordnung zu erzeugen. Es müßte gelten:

1. $\quad p(B) > p(C) + p(E)$
2. $\quad p(D) + p(C) > p(E) + p(B)$
3. $\quad p(E) + p(A) > p(C) + p(B)$

Durch Addition der drei Ungleichungen folgt:

$$p(A) + p(B) + p(C) + p(D) + p(E) > 2\,[p(B) + p(C) + p(E)].$$

Zieht man davon die Wahrscheinlichkeiten der auf der rechten Seite doppelt vorkommenden Zukunftslagen B, C, E ab, verbleibt

$$p(A) + p(D) > p(B) + p(C) + p(E).$$

Dies widerspricht jedoch der tatsächlichen Rangordnung 4.
Rangordnungen wie die obige können also nicht durch addierbare Wahrscheinlichkeiten wiedergegeben werden. Damit ist bewiesen, daß in einer erklärenden (deskriptiven) Theorie qualitative Wahrscheinlichkeiten nicht immer beziffert werden können. Denn wer das tatsächliche Verhalten beschreiben will, kann nicht ausschließen, daß solche Rangordnungen auftreten werden.
Eine Theorie vernünftigen Handelns (eine normative bzw. präskriptive Theorie) kann sich hingegen durch die Aussage retten: Wer solche nicht-bezifferbaren Rangordnungen aufstellt, handle unvernünftig. Für eine normative Theorie besagt das Beispiel lediglich: Eine Bezifferung qualitativer Wahrscheinlichkeiten ist nur dann möglich, wenn zusätzlich zur durchgehenden Rangordnung noch weitere Anforderungen erfüllt sind! Ob diese zusätzlichen Anforderungen für einen Entscheidenden, der vernünftig entscheiden will, stets erfüllbar sind, ist in 3. zu prüfen.

2. Intervallwahrscheinlichkeiten

Selbst wenn eine addierbare zahlenmäßige Wiedergabe von Wahrscheinlichkeiten existiert, ist noch lange nicht gewährleistet, daß diese Wahrscheinlichkeitsziffern eindeutig sind.
Das Befragen, probeweise Setzen, Kontrollbefragen, Korrigieren der Erstschätzung kann zu einer Selbsttäuschung beim Befragten und auch beim befragenden Beurteiler führen. Die Selbsttäuschung besteht darin, daß den Präferenzen *auch* genügende Wahrscheinlichkeitsziffern mit den Präferenzen *allein* genügenden verwechselt werden. Dies geschieht, wenn die Präferenzen (Glaubwürdigkeiten) nur so untereinander abgestuft sind, daß nicht mehr als Glaubwürdigkeitsunterschiede gemessen werden können. Das letzte Beispiel wird im folgenden vereinfacht: Sehr gute und sehr schlechte Konjunktur (D und E) mögen entfallen. Es bleibt die Rangordnung $A \succ B \succ C$. A_B (bzw. B_C) soll den Glaubwürdigkeitsunterschied

zwischen den benachbarten Zukunftslagen A und B (bzw. B und C) kennzeichnen. Existieren Wahrscheinlichkeitsziffern, so folgt aus $A_B \succ B_C$:

$$p(A) - p(B) > p(B) - p(C) \text{ oder, was dasselbe bedeutet: } \frac{p(A) - p(B)}{p(B) - p(C)} > 1.$$

Wahrscheinlichkeiten zu beziffern, setzt aber voraus, daß Meßbarkeit auf einer Intervallskala gegeben ist. (Dies ist eine notwendige, noch nicht hinreichende Bedingung, S. 72). Meßbarkeit auf einer Intervallskala ist jedoch erst dann erreicht, wenn der Planende eine Zahl k nennen kann, für die gilt:

$$\frac{p(A) - p(B)}{p(B) - p(C)} = k.$$

Rangordnungen über Glaubwürdigkeitsunterschiede reichen hierfür allein nicht aus. Der Planende könnte sich freilich bemühen, eine Rangordnung zwischen den Abständen aus den Glaubwürdigkeitsunterschieden (dem ersten Abstandsvergleich) herzustellen, also z. B. bei der erweiterten Rangordnung $B \succ A_B \succ B_C \succ C$ danach fragen, ob der Glaubwürdigkeitsunterschied zwischen B und A_B größer oder kleiner ist als zwischen B_C und C. Doch selbst wenn es praktisch möglich wäre, Rangordnungen für Abstände von Abständen beliebig oft anzugeben, wäre noch nicht gesichert, daß stets eine genaue Bezifferung von Wahrscheinlichkeiten gelingt[45].

Hat der Entscheidende die ursprüngliche Rangordnung durch eine Einschachtelung seiner Aussagen über die Rangordnung der Glaubwürdigkeitsunterschiede erweitert, dann läßt sich errechnen, daß die Wahrscheinlichkeitsziffern der einzelnen Zukunftslagen (falls sie existieren) innerhalb bestimmter Intervalle liegen müssen. Beispielsweise soll die Einschätzung der Glaubwürdigkeit für die Konjunkturentwicklung durch Aussagen über die Glaubwürdigkeitsunterschiede wie folgt erweitert worden sein:

$$p(A) > p(A) - p(C) > p(B) > p(A) - p(B) > p(B) - p(C) > p(C).$$

Um zu errechnen, wie breit die Wahrscheinlichkeiten schwanken können, wären folgende lineare Programme zu lösen (zur Lösungstechnik vgl. S. 378 ff.):
p(A), p(B), p(C) sind jeweils zu maximieren und zu minimieren unter den Nebenbedingungen
1. $p(A) + p(B) + p(C) = 1$
2. $p(A) > p(A) - p(C) > p(B) > p(A) - p(B) > p(B) - p(C) > p(C) > 0$.
Der größtmögliche Abstand ist erreicht, wenn $p(A) = $ (fast) $\frac{2}{3}$, $p(B) = \frac{1}{3}$ und $p(C) = $ (fast) 0 gesetzt wird und er kleinstmögliche bei (jeweils fast) $p(A) = \frac{1}{2}$, $p(B) = \frac{1}{3}$ und $p(C) = 1/6$; die Wahrscheinlichkeit für B wird am kleinsten, wenn $p(A) = 4/7$, $p(B) = 2/7$ und $p(C) = 1/7$ sind. Die Wahrscheinlichkeitsintervalle betragen also auf ganze Prozentsätze gerundet (und bei Ausschluß der Wahrscheinlichkeit von Null für C):

---

[45] Vgl. *Peter C. Fishburn*, Decision and Value Theory. New York-London-Sidney 1964, S. 114 f. Nach obiger Bedingung für die Meßbarkeit auf einer Intervallskala ist sofort zu erkennen, daß eine Bezifferung dann möglich ist, wenn Glaubwürdigkeitsunterschiede zwischen jeweils zwei benachbarten Zukunftslagen stets gleich sind. Einen Beweis führen *Donald Davidson, Patrick Suppes*, A Finitistic Axiomatization of Subjective Probability and Utility. In: Econometrica, Vol. 24 (1956), S. 264–275, s. Axiom A 9, S. 268.

p(A): zwischen 66% und 50%
p(B): zwischen 33% und 29%
p(C): zwischen 16% und 1%.

Üblicherweise gilt als elementares Erfordernis vernünftigen Verhaltens der Satz: Ein Entscheidender darf seine Präferenzaussagen nur ändern aufgrund neuer Informationen. Von daher könnte man folgern: Wer sich heute für die Wahrscheinlichkeitsbeurteilung 1%, 33%, 66% entschieden hat, ist so lange daran gebunden, bis neue Informationen nahelegen, diese Einstufung zu verändern. Dies gilt aber nur, wenn die Präferenzen meßbar sind auf einer Intervallskala. Es gilt nicht mehr, wenn die Präferenzen lediglich über Abstandsvergleiche (einer Ordinalskala für Unterschiede bzw. »hyperordinalen« Skala[46]) meßbar sind. Dann kann ein Entscheidender, der bei gegebenem Informationsstand heute die Wahrscheinlichkeit mit 1%, 33% und 66% beziffert, sie morgen mit 14%, 29% und 57% quantifizieren, ohne daß man ihm unvernünftiges Verhalten nachweisen kann. Und in gleicher Weise kann die Wahrscheinlichkeitsbeurteilung zweier Entscheidender im selben Zeitpunkt voneinander abweichen, selbst wenn ihr Informationsstand und ihre Risikoneigung gleich sind!

Ein praktisch Planender wird vermutlich solche Wahrscheinlichkeitsintervalle nicht übermäßig tragisch nehmen. Schließlich kann über das Durchrechnen alternativer Wahrscheinlichkeitsverläufe innerhalb der Intervalle überprüft werden, ob sich überhaupt die optimale Entscheidung ändert, und falls sie sich ändert, vermag das Schrifttum wenigstens einige ergänzende Bedingungen für vernünftiges Verhalten über die Grundsätze bei Vorliegen eindeutiger Wahrscheinlichkeitsziffern hinaus zu nennen (vgl. S. 137).

Der kritische Punkt ist ein anderer: Die Existenz von Wahrscheinlichkeitsintervallen setzt voraus, daß sich der Planende zu Aussagen über eine Rangordnung bei den Glaubwürdigkeitsunterschieden zwischen zwei Zukunftslagen durchringen kann. Wäre ein solcher Abstandsvergleich immer möglich, dann gäbe es das Problem der »Nutzenmessung« nicht. Denn um z. B. das »Gesetz vom abnehmenden Grenznutzen« im Einzelfall zu bestätigen oder zu widerlegen, reicht eine Rangordnung über Nutzenunterschiede völlig aus. Der Abstandsvergleich besagt ja in Worten nichts anderes, als daß die »Präferenzänderung« beim Übergang von A zu B größer ist als beim Übergang von B zu C[47], wobei A, B, C alternative Güterbündel, Arbeitsplätze oder Zukunftslagen sein können. Man könnte sagen, daß die *Bezifferung subjektiver Wahrscheinlichkeiten eine schärfere Form der Präferenzmessung verlangt als die herkömmliche Nutzenmessung.*

Wen diese »Folgerung« erstaunt, ist vermutlich der in Lehrbüchern üblichen mehrdeutigen Verwendung des Begriffs »kardinale« Nutzenmessung aufgesessen. Einerseits wird nämlich behauptet, die Grenznutzenschule habe »kardinale« Nutzenmessung vorausgesetzt, weil sie mit dem Grenznutzen, statt der Grenzrate der Substitution, argumentierte bzw. es wird kardinale Messung mit einer Rangordnung über Präferenzabstände gleichgesetzt. Andererseits wird kardinale Messung als Messung auf einer Intervallskala definiert[48]. Beides ist nicht

---

[46] Vgl. *Suppes-Zinnes*, S. 14. Eine maßtheoretische Axiomatik für Intervallwahrscheinlichkeiten bringt *Patrick Suppes*, The Measurement of Belief, S. 168 f.
[47] Vgl. *Oskar Lange*, The Determinateness of the Utility Function. In: The Review of Economic Studies, Vol. 1 (1933/34), S. 218–225, hier S. 219–221; vgl. auch *Krantz-Luce-Suppes-Tversky*, S. 141 f.
[48] Vgl. z. B. *Gérard Gäfgen*, Theorie der wirtschaftlichen Entscheidung. 3. Aufl., Tübingen 1974, S. 156; *Michael Bitz*, Die Strukturierung ökonomischer Entscheidungsmodelle. Wiesbaden 1977, S. 84 f.

dasselbe. Um ein empirisches »Gesetz vom abnehmenden Grenznutzen« im Einzelfalle zu prüfen, reicht Messung der Nutzenunterschiede (hyperordinale Messung) aus. Die exakte Bezifferung der relativen Nutzenunterschiede (Messung auf einer Intervallskala) ist nur dann erforderlich, wenn man »abnehmenden Grenznutzen« gleichsetzt der Bedingung: Es existiert eine Nutzenfunktion N, die mindestens zweimal differenzierbar ist, und für die $N' > 0$ und $N'' < 0$ sind. Differenzierbarkeit setzt »Stetigkeit« voraus, und Stetigkeit ist eine Vorbedingung für die Meßbarkeit auf einer Intervallskala (vgl. S. 100). Die Existenz einer zweiten Ableitung für Aussagen über die Nutzenfunktion ist in einer Realwissenschaft jedoch mathematische Spielerei, kein zwingendes Merkmal für eine Aussage über wirtschaftliches Verhalten. Wegen der ökonomischen Mehrdeutigkeit sollte der Ausdruck »kardinale« Messung vermieden werden (in der Mathematik verzichtet man schon deshalb darauf, weil er nicht begründete Gedankenverbindungen mit den Kardinalzahlen als Maßgrößen für die Mächtigkeit einer Menge auslösen kann).

3. Quantitative Wahrscheinlichkeiten als rationale Wettquotienten: das Stetigkeitsprinzip

Das Stetigkeitsprinzip ist neben den üblicherweise undefinierten »Elementarereignissen« die fragwürdigste Annahme bei der Nutzenmessung (Glaubwürdigkeitsquantifizierung, Ableitung der Theorie des Risikonutzens bei gegebenen Wahrscheinlichkeiten). Deshalb sei vor einer formal einwandfreien Axiomatisierung ein einfaches Beispiel dargestellt, bei dem der Nutzen von Einkommenschancen bei bereits gegebenen Wahrscheinlichkeiten erläutert wird. Die logischen Existenzbedingungen für eine Quantifizierung (Meßbarkeit von Präferenzen mindestens auf einer Intervallskala) sind dieselben, gleichgültig, ob wir, wie im folgenden Beispiel, den Nutzen von Einkommenschancen bei vom Himmel gefallenen Wahrscheinlichkeitszahlen bestimmen wollen oder ob wir persönliche Einschätzungen der Glaubwürdigkeit in Form von personalen Wahrscheinlichkeitszahlen quantifizieren (S. 120).

Ein erfolgreicher Verkäufer will seine Stellung wechseln. Er steht vor folgender Entscheidung: als Angestellter das Einkommen B (z. B. 60 000 Mark jährlich) zu verdienen oder auf Provisionsbasis zu arbeiten, mit der Chance, das Einkommen A (200 000 Mark jährlich) oder auch nur C (20 000 jährlich) zu erzielen. Unter Sicherheit gilt natürlich

$$A \succ B \succ C.$$

Unter Unsicherheit lautet das Wahlproblem: Der Verkäufer erwartet das hohe Einkommen A mit einer bestimmten Wahrscheinlichkeit p, das geringe Einkommen C mit der Restwahrscheinlichkeit (1–p). Dieser Handlungsmöglichkeit steht die Alternative B (60 000 Mark mit Sicherheit) gegenüber. Der Verkäufer hat zu prüfen:

$$\{ pA; (1-p) C \} \gtreqless B?$$

Das Stetigkeitsprinzip behauptet nun: Es gibt eine Wahrscheinlichkeitsziffer für das Eintreten von A, bei der der Verkäufer die Möglichkeit B gerade gleichschätzt der Chance, A (200 000 Mark) oder C (20 000 Mark) zu bekommen. Setzen wir zunächst $p = 0,3$, dann heißt das, mit 30%iger Wahrscheinlichkeit erhält der Verkäufer 200 000 Mark, mit 70%iger Wahrscheinlichkeit 20 000 Mark. Nehmen wir an, er zieht die 60 000 Mark sicheres Einkommen vor. Er wird dann vor eine weitere Entscheidung gestellt, z. B. mit 50% Wahrscheinlichkeit 200 000 Mark und mit 50% Wahrscheinlichkeit 20 000 Mark zu verdienen. Hier möge er sich für die risikobehaftete Handlungsmöglichkeit entscheiden. Zwischen p = 0,5 und p = 0,3 wird es nun eine Wahrscheinlichkeitsziffer für A geben (z. B. 40%), bei der der Verkäufer die sicheren 60 000 Mark genau gleichschätzt der Chance, 200 000 Mark bzw. 20 000 Mark zu erzielen. Das Stetigkeitsprinzip klammert also Sprünge in der Wertschätzung des Entscheidenden aus. Es fordert bei sinkenden Wahrscheinlichkeiten für das höhere Einkommen A einen stetigen Übergang von der Höherschätzung über die Gleichschätzung zur Minderschätzung der Einkommenschancen A und C gegenüber dem sicheren Einkommen B. *Das Stetigkeitsprinzip besagt damit: Für jede Wahrscheinlichkeitsverteilung aus zwei Zukunftslagen (A und C) existiert ein »Sicherheitsäquivalent« (B).* Ein Sicherheitsäquivalent ist ein sicheres Einkommen, das einer Wahrscheinlichkeitsverteilung aus niedrigerem und höherem Einkommen gleichgeschätzt wird.

Das Stetigkeitsprinzip verlangt vom Entscheidenden, daß er ein Sicherheitsäquivalent nennen kann für eine Wahrscheinlichkeitsverteilung aus *zwei* Einzelwerten. Würde gefordert werden, daß für beliebig große Wahrscheinlichkeitsverteilungen ein Sicherheitsäquivalent anzugeben sei, dann wäre das Entscheidungsproblem sofort gelöst: Die Entscheidung fiele für die Handlungsmöglichkeit mit dem höchsten Sicherheitsäquivalent. Aber eine so weitgehende Forderung an die Entscheidungsfähigkeit ist praktisch nicht zu erfüllen. Die Theorie des Risikonutzens ist hier bescheiden. Sie verlangt lediglich, daß für jeweils zwei Einkommenschancen ein gleichwertiges sicheres Einkommen genannt werde (und das wird manchem Entscheidenden schwer genug fallen). Diese bescheidene Anforderung der Theorie des Risikonutzens macht jedoch eine weitere Annahme notwendig: Sicherheitsäquivalent und Wahrscheinlichkeitsverteilung müssen sich jederzeit ineinander überführen lassen, damit Wahrscheinlichkeitsverteilungen aus beliebig vielen Einzelwerten erfaßt und beurteilt werden können. Diese Überführung wird durch das Unabhängigkeitsprinzip gesichert.

Das Stetigkeitsprinzip ist keine Selbstverständlichkeit, folgendes Beispiel zeigt dies. Jedermann wird die Rangordnung aufstellen:

2 Pfennig ≻ 1 Pfennig ≻ Tod.

Aber kaum jemand wird bereit sein, einen Pfennig gleichzuschätzen einem Spiel, in dem er zwei Pfennig gewinnen oder das Leben verlieren kann, selbst wenn die Todeswahrscheinlichkeit nur 1% oder noch weniger beträgt.

Mit dem Stetigkeitsprinzip wird also die Annahme beliebig feiner Austauschbarkeit bzw. Mischbarkeit von persönlichen Einschätzungen über (a) ungewisse Einkommen (Endvermögen), (b) Glaubwürdigkeiten von Zukunftslagen, (c) Nutzenstiftungen von Güterbündeln usw. gesetzt. Das Stetigkeitsprinzip erlaubt damit, lexikographischen Nutzen (Rangordnungen) in substitutionale Nutzenfunktionen zu überführen. Das ist die formal-logische Aufgabe des Stetigkeitsprinzips. Wie kann diese formal-logische Existenzbedingung empirisch erfüllt werden?

Diese Frage nach den Anwendungsbedingungen für das Stetigkeitsprinzip wird hier nur für eine Erscheinungsform von Präferenzmessung erörtert: die Umwandlung von Rangordnungen über die Glaubwürdigkeit von Zukunftslagen in quantitative Wahrscheinlichkeiten. Gelingt diese Konstruktion, dann ist auch die Existenz eines Risikonutzens von Einkommens- bzw. Endvermögenschancen gewährleistet (nicht jedoch die eines »kardinalen« Güternutzens, vgl. S. 130).

Wir beginnen mit einer formal genauen Kennzeichnung des Stetigkeitsprinzips und nennen eine formal erforderliche Zusatzannahme.

Die formal genaue Kennzeichnung des Stetigkeitsprinzips reicht bei den einzelnen Autoren unterschiedlich weit. Am leichtesten einsichtig erscheint mir die folgende, die freilich zusätzlich Gleichwahrscheinlichkeit der verschiedenen Wetterereignisse voraussetzt[49]:

$$(\exists A', A'': A' \cup A'' = A \wedge A' \cap A'' = \emptyset \wedge A' \sim A'').$$

Das besagt: Es gibt neue Zukunftslagen A', A", deren logische Vereinigung gleich der Zukunftslage bzw. Kombination von Zukunftslagen A ist, die sich aber gegenseitig ausschließen und vom Entscheidenden gleichgeschätzt werden.

Die konstruktive Anwendung dieses Axioms besteht darin, daß zu jedem Mengenkörper aus Zukunftslagen Zusatzwetten eingeführt werden, für die rationale Wettquotienten gebildet werden (was rationale Wettquotienten sind, wird gleich erläutert).

Bei der kontrollierten Befragung wurde die Bezifferung einer Rangordnung von Glaubwürdigkeiten über den Daumen gelöst. Der Weg, um zwingend und mit beliebiger Genauigkeit aus der Rangordnung eine Bezifferung von Glaubwürdigkeiten abzuleiten, verläuft über die Deutung der quantitativen Wahrscheinlichkeiten als rationale Wettquotienten. Die von *de Finetti* zusätzlich genannte Möglichkeit, über »Strafzahlungen« Wahrscheinlichkeiten zu ermitteln, ist nur eine Variante der Wettquotienten und dient vor allem dazu, Angaben einer Person über ihre Wahrscheinlichkeitsschätzung zu überprüfen[50].

Aus den formal-logisch verschieden weiten Fassungen des Stetigkeitsprinzips vermag ich keine wesentlichen Unterschiede im »empirischen Gehalt« und damit den Anwendungsbedingungen herzuleiten, denn keine der bisher bekannten Fassungen des Axioms sichert, daß die Anzahl der Zusatzwetten, die für die Bezifferung eines endlichen qualitativen Wahrscheinlichkeitsraums benötigt werden, selbst eine endliche Menge ist[51].

Sobald Wahrscheinlichkeitsziffern verwandt werden (also auch bei Intervallwahrscheinlichkeiten) ist eine weitere logische Voraussetzung erforderlich: Das Verhältnis zweier Wahrscheinlichkeiten muß sinnvoll sein, d. h. unendlich große Wahrscheinlichkeitsverhältnisse sind ausgeschlossen (»*archimedisches Prinzip*«). Der empirische Gehalt dieser Bedingung ist bescheiden. Jedoch konnte bisher nur für bestimmte Formen der Messung, und leider nicht für die Messung auf einer Intervallskala, gezeigt werden, daß man ohne dieses Prinzip auskommt[52].

Alle bisher genannten Meßbarkeitserfordernisse (vollständige Gewißheit über die Ungewißheit, vollständige Ereignisalgebra, Rangordnungs-, Unabhängigkeits-, Stetigkeits- und archimedisches Prinzip) müssen für die um die Zusatzwetten erweiterte Menge an Zukunftslagen erfüllt sein.

Neben anderen beweisen die in Fußnote 49 genannten Autoren, daß genau die genannten 6 Meßbarkeitsanforderungen hinreichen, um die Voraussetzungen der herkömmlichen Wahr-

---

[49] Vgl. *Kraft-Pratt-Seidenberg*, S. 418; vgl. zu den anderen Axiomatisierungen *Krantz-Luce-Suppes-Tversky*, S. 206–208; *Fine*, S. 23–27.

[50] Vgl. *Bruno de Finetti*, Theory of Probability. Vol. 1, London-New York-Sidney-Toronto 1974, S. 185–191; *Robert L. Winkler*, The Quantification of Judgement: Some Methodological Suggestions. In: Investment Portfolio Decision-Making, edited by James S. Bicksler, Paul A[nthony] Samuelson, Lexington-Toronto-London 1974, S. 121–139, hier S. 126–129; *Krantz-Luce-Suppes-Tversky*, S. 400 f.; *D. A. Gillies*, The Subjectice Theory of Probability. In: The British Journal for the Philosophy of Science, Vol. 23 (1972), S. 138–157, hier S. 140–142.

[51] Vgl. *Krantz-Luce-Suppes-Tversky*, S. 208.

[52] Vgl. *Ernest W. Adams, Robert F. Fagot, Richard E. Robinson*, On the Empirical Status of Axioms in Theories of Fundamental Measurement. In: Journal of Mathematical Psychology, Vol. 7 (1970), S. 379–409, hier S. 406.

scheinlichkeitsrechnung abzudecken, nämlich daß für jede Zukunftslage im Mengenkörper eine Wahrscheinlichkeitsziffer existiert, die Wahrscheinlichkeit der »sicheren« Zukunftslage M = 1 ist, und die Wahrscheinlichkeit für eine Vereinigung sich gegenseitig ausschließender Zukunftslagen durch die Summe der einzelnen Wahrscheinlichkeiten entsteht.
Auf die Erweiterung für unendliche Mengen (»σ-Additivität«) wird hier verzichtet. Ich kann in unendlichen Mengen keinen ökonomischen Sinn sehen und vermag deshalb Normalverteilungen und andere kontinuierliche Verteilungen nur als die Wirklichkeit vergröbernde, mathematische Bequemlichkeiten zu akzeptieren.
Nach dieser Klärung der formalen Erfordernisse kommen wir zur Konstruktion quantitativer Wahrscheinlichkeiten selbst.
Ausgangspunkt für die Bildung von quantitativen Wahrscheinlichkeiten über rationale Wettquotienten ist die durchgehende Rangordnung für die Glaubwürdigkeit der Zukunftslagen. Um quantitative Wahrscheinlichkeiten zu konstruieren, wird zunächst die Menge aller Zukunftslagen um eine Menge zusätzlicher Wettergebnisse erweitert. Der Entscheidende wird gefragt: Mit welchem Wettquotienten würden Sie auf ein Ereignis A und mit welchem auf Nicht-A wetten?
Als Wettquotient ist dabei das Verhältnis von Auszahlungen zu Einsatz zu verstehen. Wer mit einer Wahrscheinlichkeit von 50% an ein Ereignis glaubt, wird, so sagt man, auch bereit sein, eine Wette abzuschließen, bei der er mit einer Mark Einsatz zwei Mark Auszahlung bekommt. Der Wettquotient beträgt hier 2 : 1 und sein reziproker Wert entspricht der subjektiven Wahrscheinlichkeit.
Das Einschalten zusätzlicher Wetten dient dazu, die Präferenzaussagen des Entscheidenden, die sich bisher nur in einer Rangordnung niedergeschlagen haben, zu präzisieren. Die Präzisierung erreicht man über eine einfache Kontrollmöglichkeit, ob die vom Entscheidenden genannten Wettquotienten mit seiner vorher geäußerten Rangordnung verträglich und insgesamt vernünftig sind: *Vernünftig ist ein Wettverhalten dann, wenn der Wettende bei einer Systemwette sichere Verluste vermeidet, sich also »kohärent« verhält.* Am Beispiel wird das klar: Wer bei dem nächsten Weltmeisterschaftskampf im Schwergewichtsboxen mit einer Quote von 2 : 1 auf den Sieg des Weltmeisters wettet und zugleich mit 3 : 2 auf den Sieg des Herausforderers, handelt unvernünftig. Denn bei einem Einsatz von drei Mark für den Sieg des Weltmeisters kann er sechs Mark verdienen. Bei einem Einsatz von vier Mark auf den Sieg des Herausforderers kann er ebenfalls sechs Mark verdienen. Da entweder der bisherige Weltmeister seinen Titel behält, oder der Herausforderer Weltmeister wird, stehen sichere 6 Mark Einnahmen gegen 3 + 4 = 7 Mark Wetteinsatz. Ein solches Wettsystem ist unvernünftig.
Umgekehrt: Würden die Wettquotienten 2 : 1 und 3 : 1 lauten, wäre der Wettende immer Gewinner und der Buchmacher Verlierer, weil bei drei Mark Einsatz auf Sieg des Weltmeisters und zwei Mark Einsatz auf Sieg des Herausforderers sechs Mark sichere Einnahmen bei fünf Mark Wetteinsatz entstehen.
Vernünftiges Wetten setzt voraus: Suche ein Wettsystem, in dem du nicht mit Sicherheit Verluste erleidest! Ein sicherer Verlust eines Wettenden, ein sogenanntes Dutch-book, wird dann und nur dann ausgeschlossen, wenn auf alle sich gegenseitig ausschließenden Ereignisse gewettet wird und die Summe der reziproken Wettquotienten, also die Summe der subjektiven Wahrscheinlichkeiten, genau 100% beträgt.
Die Konstruktion subjektiver Wahrscheinlichkeiten für alternative, in ihrem Glaubwürdigkeitsrang geordnete Zukunftslagen erfolgt also so, daß der Entscheidende zunächst nach

Wettquotienten für sämtliche alternativen Zukunftslagen gefragt wird. Dann wird geprüft, ob sich die reziproken Werte der Wettquotienten zu eins addieren. Ist das der Fall, sind die subjektiven Wahrscheinlichkeiten bestimmt. Ist dies nicht der Fall, wird der Entscheidende auf den Widerspruch, den seine Quantifizierung enthält, aufmerksam gemacht. Will er einen sicheren Wettverlust vermeiden, wird er seine Wettquotienten und damit die subjektiven Wahrscheinlichkeiten korrigieren.

4. Lassen sich immer rationale Wettquotienten bilden?

Folgende Einwände gegen die Messung von Wahrscheinlichkeiten durch rationale Wettquotienten sind genannt worden:
1. Der Wettende kann Fehler gemacht oder, durch die Spielfreude beeinflußt, nicht die Risikopräferenz wiedergegeben haben, nach der er in unbeobachtetem Zustand handelt.
2. Hypothetische Wetten sind nicht verläßlich, weil sie unverbindlich bleiben. Bei tatsächlich durchgeführten Wetten kann der Wettbetrag zu klein sein, um den Wettenden ernstlich zu interessieren, oder so groß, daß bereits ein abnehmender Grenzrisikonutzen des Einkommens die Entscheidung mit beeinflußt.
3. Der Wettende versteht den Sinn einzelner Fragen nicht oder er sieht Fallen, wo keine sind, und gibt deshalb Antworten, die bei einer Wiederholung oder nach einer Einübung in die Bezifferungstechnik von Wahrscheinlichkeiten als falsch angesehen oder vermieden würden[53].
4. Wahrscheinlichkeiten werden nicht über den Weg rationaler Wettquotienten gebildet, weil derjenige, der wettet, gewinnen will. Er wird deshalb nicht sowohl für als auch gegen ein Ereignis wetten. Genau dies erfordere aber die Konstruktionsidee.
5. Vernünftiges Wettverhalten verlange zudem nach dieser Theorie, daß der Wettende von vornherein seine Preisuntergrenze für den jeweiligen Wettquotienten nennt. Dieses widerspreche gleichfalls dem Sinn, weshalb man wettet.
6. Ob eine Wette akzeptiert werde, hänge nicht nur vom Wetteinsatz ab, sondern auch von Augenblicksstimmungen, den bisherigen Erfahrungen mit Wetten und zahlreichen anderen Einflüssen. Das Akzeptieren einer Wette bringe deshalb noch keine hinreichende Begründung für einen rationalen Glaubensgrad[54].
Zusätzlich wäre zu nennen:
7. Wer das tatsächliche Risikoverhalten erklären will, muß bei Befragungen die Gefahr bewußt falscher Antworten berücksichtigen bzw. von Antworten, die durch Sympathie oder Antipathie gegenüber dem Fragenden, durch Geheimniskrämerei und ähnliches entstellt sind. Das kann auch den Verlust kleiner Wetteinsätze wert sein.
8. Zusatzwetten erweitern die in die Planung einbezogenen Zukunftseigenschaften und damit die Menge M aller Zukunftslagen. Das Hinzufügen neuer Zukunftslagen kann die ursprüngliche Rangordnung verändern, also das Unabhängigkeitsprinzip verletzen. Tatsächlich ist das Unabhängigkeitsprinzip empirisch nur gültig für eine vorgegebene Menge sich gegenseitig ausschließender Zukunftslagen. Ohne neue empirische Überprüfung kann es nicht auf

---

[53] Vgl. zu 1. bis 3. *Winkler*, S. 131 f.
[54] Vgl. zu 4. bis 6. *Patricia Baillie*, Confirmation and the Dutch Book Argument. In: The British Journal for the Philosophy of Science, Vol. 24 (1973), S. 393–397, bes. S. 395 f.

eine durch neue Zukunftseigenschaften erweiterte Menge übertragen werden. Denn die Frage, ob neu hinzutretende Zukunftseigenschaften (wie Wetten) tatsächlich für die Rangordnung »irrelevant« sind, ist eine empirische, keine logische Frage.
So gewichtig diese Einwände gegen die Lehre von den subjektiven Wahrscheinlichkeiten als erklärende (deskriptive) Theorie des tatsächlichen Risikoverhaltens sein mögen, die folgenden Einwände gegen die bestehende Entscheidungstheorie berufen sich aus zwei Gründen nicht darauf:
1. Die betriebswirtschaftliche Entscheidungstheorie, wie sie hier verstanden wird, ist keine erklärende, sondern eine gestaltende (präskriptive) Theorie, Lehre von der Unternehmungspolitik. Wer eine gestaltende Theorie in der Wirklichkeit überprüfen bzw. anwenden will, kann davon ausgehen, daß es im Interesse des Planenden liegt, alles zu tun, um Wahrscheinlichkeitsurteile verläßlich abzugeben. Der Planende wird sich bemühen, bei Befragungen weder sich noch den Fragenden zu täuschen. Er wird nicht aus Desinteresse ungenaue oder falsche Antworten geben. »Gewettet« wird hier nicht, um Geld zu verdienen, sondern um Meinungen bzw. Präferenzäußerungen zu verschärfen und die innere Widerspruchsfreiheit von unterschiedlichen Präferenzäußerungen herzustellen. Wer vernünftig entscheiden will, wird zumindest anstreben, seine Preisuntergrenze für Wetten zu nennen, ohne durch Stimmungen und Augenblickseinflüsse seine Einschätzung zu verfälschen. Und selbstverständlich muß man widerspruchsfreies Schätzen von Wahrscheinlichkeiten genauso lernen wie Maschineschreiben oder Autofahren.
2. Zwar ist auch für eine präskriptive Theorie der Unternehmungspolitik die praktische Messung nicht ohne Bedeutung, namentlich bei Gruppenentscheidungen. Aber diesen Problemen praktischer Messung nachzugehen, lohnt sich erst, wenn die Meßbarkeit selbst gewährleistet ist: wenn die Konstruktionsmethode für quantitative Wahrscheinlichkeiten funktioniert für den Fall, daß ein Entscheidender mit bestem Willen mitarbeitet.
Gerade diese grundsätzliche Meßbarkeit erscheint mir zweifelhaft. Zum einen ist die Bildung rationaler Wettquotienten nur unter zwei Einschränkungen möglich, die gleich dargestellt werden. Zum anderen dürfen rationale Wettquotienten, selbst wenn sie gebildet worden sind, nicht immer als quantitative Wahrscheinlichkeiten interpretiert werden. Dieser Mangel der Meßmethode wird unter 5. erörtert.

Zwei Tatbestände engen die Möglichkeiten ein, rationale Wettquotienten zu bilden:
(a) Ein Entscheidender, der sich bemüht, vernünftig zu handeln, muß keineswegs bei allen Entscheidungen unter Ungewißheit bereit sein, Wetten über einzelne Zukunftslagen abzuschließen. Dieses Problem ist bei der Diskussion von Beschränkungen für die Risikonutzenfunktion noch zu erörtern (S. 122). Die erste Einschränkung für die Meßbarkeit von Wahrscheinlichkeiten durch rationale Wettquotienten lautet deshalb: Wer bereit ist zu wetten, der ist bei vernünftigem Handeln gebunden, nur kohärente Wetten abzuschließen. Aber wer nicht bereit ist zu wetten, kann nicht als unvernünftig Handelnder eingestuft werden.
(b) Wetten läßt sich nur auf Behauptungen, deren Richtigkeit oder Falschheit entschieden werden kann. Eine von vornherein vorhersehbare Nichtentscheidbarkeit der Wettmerkmale ist bei Wetten auf die Gültigkeit von Naturgesetzen gegeben[55]. Eine Wette darauf, ob die Lichtgeschwindigkeit die höchstmögliche Geschwindigkeit ist, erscheint sinnlos. Genausowenig Sinn hat es, auf historische Gegebenheiten zu wetten, die sich nicht mehr aufklären

---

[55] Vgl. *Stegmüller*, 2. Halbband, S. 232, 249 f.; ferner *Brian Ellis*, The Logic of Subjective Probability. In: The British Journal for the Philosophy of Science, Vol. 24 (1973), S. 125–152, hier S. 137 f.

lassen. Die Wahrscheinlichkeit, ob Goethe mit Bettina von Arnim tatsächlich ein Verhältnis hatte, mag nicht nur für Germanisten von Interesse sein. Aber darauf zu wetten, um die Wahrscheinlichkeit hierfür zu beziffern, ist verfehlt, weil über den Ausgang der Wette nicht entschieden werden kann. Bei solchen wissenschaftlichen Streitfragen muß man sich mit einer Aufzählung von Argumenten und einer persönlichen Rangordnung ihres Gewichts begnügen.

5. Dürfen Wettquotienten stets als Wahrscheinlichkeiten gedeutet werden?

Keine der bisherigen Formulierungen des Stetigkeitsprinzips kann vermeiden, daß unendlich viele Zusatzwetten benötigt werden. Solange nicht ausgeschlossen werden kann, daß unendlich viele Wettquotienten zur Bezifferung von Wahrscheinlichkeiten benötigt werden, ist diese Konstruktionsmethode aber nicht »konstruktiv«. Der naheliegende Einwand, praktisch genügten immer »hinreichend genaue« Wahrscheinlichkeiten, »Fühlbarkeitsschwellen« seien hinzunehmen, überzeugt nicht: »Hinreichend genaue« Wahrscheinlichkeiten erhält man bereits dann, wenn Glaubwürdigkeitsunterschiede genannt werden können (also bei hyperordinaler Messung). Im Beispiel S. 96 werden die Wahrscheinlichkeitsintervalle praktisch hinreichend klein, wenn die Glaubwürdigkeitsunterschiede für die erweiterte Rangordnung genannt werden können, also gesagt werden kann, ob der Abstand zwischen B und A_B größer (kleiner) ist als der zwischen B_C und C. Wer glaubt, mit einer »unexakten« Methode auszukommen, braucht keine rationalen Wettquotienten. Doch das ist kein Vorteil, denn wenn nur Wahrscheinlichkeitsintervalle gegeben sind, dann ist nicht mehr die Entscheidungsregel der Risikonutzentheorie (das Bernoulli-Prinzip) vernünftig, sondern dann müssen auch andere Verhaltensweisen als »vernünftig« anerkannt werden, die dem Bernoulli-Prinzip widersprechen können (S. 119). *Großzügigkeit bei der Wahrscheinlichkeitsquantifizierung erzwingt eine Ausweitung der Regeln für vernünftige Entscheidungen unter Ungewißheit.* Wer Wahrscheinlichkeiten nach groben Methoden schätzt und dennoch auf das Bernoulli-Prinzip schwört, handelt willkürlich und gerade nicht rational! Dieser Einwand gegen die herrschende Entscheidungstheorie wird durch folgende Überlegung verschärft:

Wenn auf die Wahrheit von Prognosen mit mehreren Eigenschaften zugleich gewettet, über ihren Wahrheitsgehalt aber nicht entschieden werden kann, dann lassen sich diese Wettquotienten nicht zu kohärenten Wettsystemen verbinden. Damit fehlt die Voraussetzung, um Wahrscheinlichkeiten über rationales Wettverhalten zu konstruieren[56]. Diese Behauptung sei durch folgendes Beispiel einer Sportwette verdeutlicht. Wettmerkmale (Eigenschaften der künftigen Welt) sind:

A besagt, der bisherige Weltmeister im Schwergewichtsboxen behält den Titel über den 1. 9. hinaus nur, wenn er ihn bis dahin erfolgreich verteidigt hat.

B besagt, der für den 31. 8. angesetzte Wettkampf wird durch k. o. entschieden.

Es werde nur auf beide Merkmale zugleich gewettet, so daß folgende alternative Zukunftslagen (Wettarten) zu unterscheiden sind:

(1) $A \cap B$: Der bisherige Weltmeister gewinnt durch k. o. Der Wettquotient beim Buchmacher lautet 3 : 1.

(2) $A \cap \bar{B}$: Der bisherige Weltmeister gewinnt, aber er schlägt den Gegner nicht k. o. Wettquotient 4 : 1.

---

[56] Vgl. *Ellis*, S. 127 f.

(3) $\bar{A} \cap B$: Der Herausforderer gewinnt durch k. o. Wettquotient 4 : 1.
(4) $\bar{A} \cap \bar{B}$: Der Herausforderer gewinnt nicht durch k. o. Wettquotient 6 : 1.
Dieses System von vier Wetten erscheint logisch geschlossen. Die Kohärenzbedingung ist erfüllt, denn die reziproken Werte der Wettquotienten addieren sich zu 1. Ein Systemwetter müßte, um in jedem Fall ohne Verluste abzuschließen, folgende Einsätze wählen: 4 Mark auf die erste Wette, 3 Mark auf die zweite und dritte und 2 Mark auf die vierte Wette, insgesamt also 12 Mark (oder ein Vielfaches davon).

Doch was passiert, wenn am 1. 9., an dem die Wettgewinne ausgezahlt werden müssen, nicht entschieden werden kann, ob A bzw. B wahr sind? Im einzelnen können folgende Umstände eintreten (w = wahr, n = nicht entscheidbar):

(5) A, B = n: Der Wettkampf fand nicht statt, weil der Veranstalter vorher mit den Einnahmen verschwand oder Sport- und Vergnügungsveranstaltungen infolge eines tragischen Unglücksfalls am 31. 8. verboten wurden.
Damit konnte der Weltmeister infolge höherer Gewalt den Titel nicht fristgerecht verteidigen. Ehe die juristische Streitfrage entschieden ist, ob trotz höherer Gewalt der Weltmeister seinen Titel verloren hat oder nicht, müssen die Wetten ausgezahlt werden. Da beide Wettmerkmale am 1. 9. nicht entschieden werden können, werden hier die Wetteinsätze zurückgezahlt werden. Die Nichtentscheidbarkeit sämtlicher Wettmerkmale ist harmlos. Sie ruiniert das kohärente Wettsystem nicht.

(6) A = w, B = n: Der bisherige Weltmeister bleibt Weltmeister, obwohl er den Kampf weder durch k. o. noch durch Nicht-k. o. gewonnen hat. Wenn der Herausforderer überhaupt nicht antritt, findet kein Kampf statt, und deshalb ist der Kampf weder durch k. o. noch durch Nicht-k. o. entschieden worden. Wiederum ist es eine Frage der juristischen Auslegung, ob »Nicht-k. o.« auch den Fall einschließt, daß der Kampf gewonnen wurde, ohne daß ein Kampf stattfand. Hier soll die Rechtslage so sein, daß der Weltmeister seinen Titel behält, aber, weil kein Kampf stattfand, der Kampf weder durch k. o. noch durch Nicht-k. o. entschieden wurde. Dies ist ein Fall der Teilentscheidbarkeit: Für ein Wettmerkmal ist entschieden, ob es wahr ist. Die Wahrheit des zweiten ist nicht entscheidbar. Bei diesem Zustand der Welt am 1. 9. verlieren alle, die auf den Sieg des Herausforderers ($\bar{A}$) gewettet haben, denn der bisherige Weltmeister bleibt Weltmeister. Es gewinnt aber kein Wetter: Diejenigen, die auf einen k. o.-Sieg des Weltmeisters wetteten, haben nicht gewonnen, weil der Weltmeister ohne k. o.-Sieg den Titel behält. Jene, die auf Nicht-k. o.-Sieg im Wettkampf wetteten, haben nicht gewonnen, denn der Kampf fand nicht statt.
In diesem Fall besteht eine faire Regelung der Wettauszahlung nur darin, jenen, die wenigstens ein Merkmal richtig haben, den Einsatz zurückzuerstatten. Die anderen, die auf den Sieg des Herausforderers wetteten, verlieren jedoch den Einsatz. Daraus folgt aber: Der Systemwetter, der für und gegen A und B zugleich wettet, und für die vier Wetten insgesamt 12 Mark eingezahlt hat, erhält nur den Einsatz der Wetten (1) und (2) zurück, also 7 Mark. Sein Verlust beträgt 5 Mark.

(7) $\bar{A}$ = w, B = n: Hier gewinnt der Herausforderer, ohne daß über k. o.-Sieg oder Nicht-k. o.-Sieg entschieden werden kann. Dieser Fall tritt ein, wenn der Weltmeister nicht zum Kampf erscheint. Verloren haben hier alle, die die Wetten 1 und 2 abgeschlossen haben. Die Einsätze erhalten die Wetter von 3 und 4 zurück. Auszahlung insgesamt 5 Mark bei 12 Mark Einsatz: 7 Mark Verlust.

(8) A = n, B = w: Hier findet der Kampf statt, und er wird durch k. o. beendet; dennoch ist nicht entscheidbar, wer Weltmeister ist. Dieser Fall tritt ein, wenn der k. o.-Schläger nicht nur den Gegner, sondern auch unmittelbar anschließend den Ringrichter niederschlägt und vom Kampfgericht disqualifiziert wird. Hier verlieren alle, die auf Nicht-k. o. gewettet haben. Die Einsätze erhalten die Wetter von 2 und 3 zurück: Auszahlung 6 Mark, und 6 Mark Verlust für den Systemwetter.

(9) A = n, $\bar{B}$ = w: Hier findet der Kampf statt, er wird nicht durch k. o. entschieden, und dennoch steht nicht fest, wer Weltmeister ist. Dieser Fall tritt ein, wenn der allein entscheidungsbefugte Ringrichter vor Verkündigung des Urteils stirbt oder beide Kämpfer nach dem Kampf wegen Dopings disqualifiziert werden.

Die Zustände der Welt 6 bis 9 zeigen: Kohärente Wetten, die zugleich fair sind (den Verlierern ihre Einsätze nicht zurückgeben) werden unmöglich, sobald eine von mehreren Bedingungen der Wette unentscheidbar wird. Die Teilentscheidbarkeit einer Prognose (Zukunftslage) ruiniert die Kohärenz eines Wettsystems. Immer dann, wenn teilentscheidbare Zukunftslagen denkbar sind, lassen sich zwar Wettquotienten bilden, aber diese Wettquotienten dürfen nicht mehr als Wahrscheinlichkeiten gedeutet werden, denn die Kohärenzbedingung ist nicht erfüllt.

Die Bedeutung dieses Beispiels für die Bezifferung von Wahrscheinlichkeiten liegt nicht darin, daß bei wirtschaftlichen Entscheidungen »teilentscheidbare« Zukunftslagen auftreten werden: Es wird ja nicht gewettet und dann abgewartet, welches Ereignis eintritt, um die Wetten auszuzahlen. Rationale Wettquotienten sind nur ein Hilfsmittel, um Präferenzäußerungen genauer (statt auf einer Ordinalskala auf einer Verhältnisskala) messen zu können. Die Bedeutung des Beispiels besteht darin, daß selbst ein Wetten auf alle Zukunftslagen in einem logisch geschlossenen System noch nicht dazu führt, sichere Verluste zu vermeiden: Logische Geschlossenheit der Zukunftslagen sichert also keine »Wahrscheinlichkeit von 1«! Das Boxwettsystem verstößt gegen die Kohärenzbedingung, weil es trotz logischer Vollständigkeit zwei empirisch denkbare Zustände der Welt nicht enthält: den Fall »Es wird kein Weltmeister gekrönt« und den Fall »Es findet überhaupt kein Kampf statt«. Anders ausgedrückt: Das »logisch unmögliche Ereignis« (jene Teilmenge des Mengenkörpers, die durch die leere Menge, also das Nichtvorhandensein der vier Zukunftslagen gekennzeichnet wird) trat in der Wirklichkeit ein. Ein Wettsystem ist dann, aber eben nur dann kohärent, sobald auf alle *empirisch überhaupt denkbaren* Fälle gewettet wird, d. h., sobald die durch das »Nicht«-Auftreten einer Zukunftseigenschaft definierten Zukunftslagen so aufgegliedert worden sind, daß sie alle in der Wirklichkeit überhaupt denkbaren Zukunftsmerkmale (strenggenommen also mehr als die »planbaren«) ausdrücklich bezeichnen.

In konstruierten Entscheidungssituationen, z. B. Glücksspielen, können durch Organisationsregeln (Spielregeln, Geschäftsbedingungen) solche »unerwarteten« Fälle, wie die Zukunftslagen 6 bis 9, ausgeschaltet werden (z. B. durch die Vereinbarung: Nichtentscheidbarkeit eines Wettmerkmals führt zur Annullierung des ganzen Systems). *Bei wirtschaftlichen Entscheidungen unter Ungewißheit gibt es keine Rückversicherung gegen unvorhergesehene Fälle*. Das bedeutet: Wer bei der Planung unter Ungewißheit vereinfacht, z. B. einzelne denkbare Zukunftslagen vernachlässigt, und gleichwohl versucht, die verbleibende Rangordnung von Zukunftslagen zu beziffern, kann die Kohärenz des Wettsystems genausowenig erfüllen wie der Systemwetter bei der Boxwette. Gerade weil der Entscheidende bei der Planung vereinfachen muß, ist es unmöglich, ein Wettsystem aufzubauen, in dem mit Sicherheit ein Verlust ausgeschlossen ist!

Das heißt aber: *Die Notwendigkeit, vor der Sterbliche stehen, bei wirtschaftlichen Entscheidungen unter Ungewißheit zu vereinfachen, vernichtet zugleich die Möglichkeit, Glaubwürdigkeitsurteile zu beziffern.*
Gegen diesen Schluß könnte vorgebracht werden: Vereinfachen müsse man auf jeden Fall. Auch für die Bezifferung von Wahrscheinlichkeiten genüge es, die Kohärenz wenigstens »ungefähr« zu wahren.
Aber das heißt doch nicht mehr und nicht weniger, als sich bei den Meßvorschriften für Präferenzaussagen über die logisch notwendigen Voraussetzungen einfach hinwegzusetzen. Was soll denn das Bemühen um Widerspruchsfreiheit, die gesamte Formalisierung, wenn bei der Anwendung dann doch nicht auf die logisch notwendigen Voraussetzungen geachtet wird? Die Antwort ist einfach: Wer Rangordnungen beziffert, ohne die dafür logisch erforderlichen Existenzbedingungen für Wahrscheinlichkeiten einzuhalten, erhält zwar Zahlen, die er als »Wahrscheinlichkeiten« bezeichnen kann. Diese Zahlen besagen über die Wirklichkeit jedoch nichts mehr, wenn bei ihrer Konstruktion die Gesetze der Logik nicht erfüllt werden! Was trennt solche Wahrscheinlichkeiten noch vom Aberglauben?

Wer Wahrscheinlichkeiten schätzt unter Verletzung der logischen Existenzbedingungen für die Meßbarkeit auf einer Verhältnisskala, kann (wie zu Beginn dieses Abschnitts bereits gesagt) nicht mehr die Entscheidungsregel des Bernoulli-Prinzips als rationales Verhalten unter Ungewißheit ansehen, denn diese setzt Meßbarkeit von Wahrscheinlichkeiten auf einer Verhältnisskala voraus. Schwächere Anforderungen an die Genauigkeit der Messung schließen jedoch vom Bernoulli-Prinzip abweichende Verhaltensweisen nicht mehr als »unvernünftig« aus.
Als Ausweg bleibt noch, die erkenntnismäßigen Anforderungen an die »Vernünftigkeit« herunterzuschrauben: Nicht mehr alle planbaren Zukunftsmerkmale mit ihren sämtlichen logischen Kombinationsmöglichkeiten werden als Grundlage für die Konstruktion vernünftiger Grade des Für-Wahr-Haltens gewählt. Die Bezifferung von Wahrscheinlichkeiten muß sich beschränken auf die vom Planenden tatsächlich in seine Planung einbezogenen Zukunftseigenschaften.
Mit einer solchen Vereinfachung wird der Grad an Vernünftigkeit (der »Wahrheitsanspruch«) der Planung grundlegend geändert. Solange die Forderung stand: »Die Menge aller in die Planung eingehenden Zukunftslagen muß empirisch wahr, mindestens aber gleich dem planbaren sicheren Ereignis, sein« (unter den geplanten Zukunftslagen muß sich der tatsächlich eintretende Zustand der Welt befinden) wurde versucht, die künftige Welt verläßlich (»wirklichkeitstreu«) in einem Planungsmodell abzubilden.
Nach der Vereinfachung beschränkt sich der Vernünftigkeitsgrad bzw. »Wahrheitsanspruch« der Planung auf die Absicherung der Widerspruchsfreiheit von Annahmen (Präferenzaussagen) des Planenden und seiner Entscheidung. *Planungswahrheit reduziert sich von der Suche nach künftiger empirischer Wahrheit auf das Bewahren logischer Wahrheit in einem Planungsmodell.*
Für konstruierte Planungsmodelle (also nicht mehr die Wirklichkeit »homomorph« abbildende Entscheidungsprobleme) lassen sich die Existenzbedingungen für quantitative subjektive Wahrscheinlichkeiten erfüllen. Im Unterschied zum mathematischen Logiker, der sich

mit den Existenzbedingungen (der nackten Entscheidungslogik) zufriedengeben kann, ist es aber Aufgabe des Betriebswirts, sich um die Anwendungsbedingungen zu kümmern. Dem Betriebswirt und dem ihn um Rat fragenden Praktiker hilft es gar nichts, wenn Kohärenz eines Wettsystems (und damit quantitative Wahrscheinlichkeiten) nur für konstruierte Planungsmodelle, nicht aber für Abbildungen der künftigen Realität, erreichbar sind. In der Tat: Was bleibt von der quantitative Wahrscheinlichkeiten voraussetzenden Entscheidungstheorie, wenn (wie gezeigt) die Existenzbedingungen für solche Wahrscheinlichkeiten bei einem Anwendungsversuch nicht erfüllbar sind? Oder deutlicher ausgesprochen:

Wenn ich weiß, daß ich zu dumm bin, alle Zusammenhänge eines Entscheidungsproblems unter Ungewißheit zu durchschauen, und/oder keine Zeit habe, mich gründlich auf dieses Entscheidungsproblem vorzubereiten, und/oder kein Geld besitze, jene Informationen zu beschaffen, die erlangbar wären: warum soll es dann noch vernünftig sein, nach dem Erwartungswert des Risikonutzens zu entscheiden? Und warum unvernünftig, Entscheidungsregeln zu wählen, die schwächere Meßbarkeitsanforderungen an Glaubwürdigkeitsschätzungen stellen?

e) Entscheidungsregeln bei quantitativen Wahrscheinlichkeiten

Nachdem die Schwierigkeiten genannt worden sind, die einer Anwendung der Wahrscheinlichkeitsrechnung in der betriebswirtschaftlichen Planung entgegenstehen, ist hoffentlich ein Störgefühl gegen leichtfertige Konstruktionen bzw. Simulationen von Wahrscheinlichkeitsverteilungen entstanden. Nachdem dieses Störgefühl geweckt worden ist, wollen wir jene Schwierigkeiten erörtern, die sich einer vernünftigen Entscheidung unter Ungewißheit entgegenstellen, falls der glückliche Umstand einmal eintritt, daß Wahrscheinlichkeitsverteilungen gegeben sind, also die Wahrscheinlichkeitsrechnung anwendbar ist.

Die Entscheidungsregeln bei quantitativen Wahrscheinlichkeiten werden wir durch das ganze Buch benutzen, weil bisher nur für diesen Idealfall der Glaubwürdigkeitsmessung Lösungsansätze bestehen. Das weitere bringt deshalb keine unmittelbar anwendbaren Handlungsempfehlungen für die Praxis, sondern lediglich Musterlösungen für ideale Fälle. *Die Entscheidungstheorie kann heute noch keine handlichen »Entscheidungstechniken« lehren, sondern nur Denkschulung über Entscheidungsprobleme betreiben.* Wer anderes behauptet, täuscht Lernende und Praxis.

1. Vorbedingungen für die Anwendung von Entscheidungsregeln

aa) Wirtschaftliche Bestimmungsgründe rationalen Verhaltens unter Ungewißheit

Wie läßt sich bei der Datenfülle aus Wahrscheinlichkeitsverteilungen konkurrierender oder sich ergänzender Handlungsmöglichkeiten eine vernünftig begründete Entscheidung treffen? Das einzige, was auf Anhieb gesagt werden kann, lautet: Die Entscheidung hängt von der Risikoneigung des Entscheidenden ab. Damit liegt der Schluß nahe: Der Unternehmer muß sich eine »Risikopräferenzvorstellung« bilden: Ist er risikoscheu oder risikofreudig? Ist die Risikopräferenzvorstellung bekannt, dann liegt auch die Entscheidung eindeutig fest.

Doch diese Lösung ist zu schön, um auf Anhieb gut zu sein. Der Rückgriff auf persönliche Präferenzen bedeutet stets das Eingeständnis, zur Sache selbst nichts mehr sagen zu können.

Dieser Rückgriff darf deshalb erst erfolgen, nachdem erkundet worden ist, ob und wieweit allgemeingültige Aussagen über die Risikoneigung abgeleitet werden können. Die Aussage, die Entscheidung hänge von der individuellen Risikoneigung ab, ist eine Leerformel. Sie ist empirisch gehaltlos, weil sie nicht widerlegt werden kann. Dieser Bannspruch gilt allerdings nicht mehr, wenn wir Einzelannahmen über die Risikoneigung machen, denn Einzelannahmen können widerlegt oder bestätigt werden. Sie schaffen zusätzliche Erkenntnisse. Um Einzelaussagen über die Risikoneigung und die Bedingungen rationalen Verhaltens unter Ungewißheit treffen zu können, sind zunächst die wirtschaftlichen Bestimmungsgründe für »vernünftiges« Verhalten gegenüber der Ungewißheit zu sammeln.

Zahlreiche ökonomische Umstände, die aus der jeweiligen wirtschaftlichen Lage des Unternehmers folgen, wirken auf die Risikoneigung bei jeder Einzelentscheidung zurück. Sie können in vier Gruppen zusammengefaßt werden:
die leistungswirtschaftlichen Gegebenheiten (wie z. B. Betriebsgröße, Produktionsprogramm), die finanzwirtschaftlichen Gegebenheiten (wie die Art der Finanzierung), die Entscheidungsorganisation und das Ausmaß an Unternehmensplanung, das den Grad der Anpassungsfähigkeit der Unternehmung kennzeichnet. *Das im Einzelfall tragbare Risiko kann deshalb nur durch eine Untersuchung der Gesamtsituation der Unternehmung bestimmt werden.*

bb) Programmentscheidungen und Einzelentscheidungen

Bei der Planung des Unternehmensgeschehens sieht sich der Unternehmer risikoarmen und risikoreichen Handlungsmöglichkeiten gegenüber. Er kennt Handlungsmöglichkeiten, die bei Katastrophen Vorteile versprechen (z. B. Versicherungen), und solche, die bei günstiger Entwicklung hohe Gewinne erbringen (z. B. Rohstoff- oder Wertpapierspekulationen). Über den Wohlstand des Unternehmers entscheidet das Risiko, dem die Unternehmung als Ganzes ausgesetzt ist. Durch eine geeignete Mischung aus risikoreichen und risikoarmen Handlungsmöglichkeiten läßt sich das Risiko der Unternehmung begrenzen. *Die entscheidende Aufgabe unternehmerischer »Risikopolitik« liegt in der zweckmäßigen Mischung der Handlungsmöglichkeiten für einen Entscheidungszeitpunkt während des Planungszeitraums.*

Ein Handlungsprogramm enthält (im Idealfall) alle Handlungsmöglichkeiten, über deren Verwirklichung zu einem Entscheidungszeitpunkt beschlossen wird. Das Handlungsprogramm legt die Unternehmenstätigkeit für sämtliche Abrechnungsperioden des Planungszeitraums fest. Nach Ablauf einer Abrechnungsperiode liegen Ergebnisse vor, die Erwartungen können sich geändert haben. Es wird ein neues Handlungsprogramm aufgestellt (»überlappende Planung«).

Eine umfassende betriebliche Gesamtplanung mit vollständigen Handlungsprogrammen ist der Ausnahmefall in der Praxis. *Wir gehen jedoch für das Folgende davon aus, daß sich die Unternehmensleitung um eine Gesamtplanung bemüht.*

Einzelentscheidungen treten dann in zwei Erscheinungsformen auf:
a) Es handelt sich um das Ergänzen eines bestehenden, laufenden Programms, um marginale Programmänderungen; z. B. mag im Vorjahr beschlossen worden sein, ein Investitionsvolumen von insgesamt 10 Mill. zu verwirklichen. Im Januar stellt man fest, daß eine Ersatzinvestition, die ursprünglich zurückgestellt worden war, besser doch durchgeführt wird. Es erfolgt ein neuer Beschluß, einen Kredit von 100 000 Mark aufzunehmen und die Ersatzinvestition nachträglich in das Investitionsprogramm einzubeziehen.

b) Es handelt sich um das Ausfüllen eines grob vorgegebenen Programms. Für die Kapazitätserweiterung ist in einem Zweigwerk z. B. 1 Mill. bereitgestellt worden. Ob ein Teil des Geldes in einen oder zwei neue Lastwagen investiert werden soll und in welchen Lastwagentyp, das bleibt der Einzelentscheidung vorbehalten.

Wir beziehen den Begriff Einzelentscheidungen nur auf die Vielzahl kleinerer Handlungsmöglichkeiten, die bestehende Unternehmensgesamtpläne ergänzen oder im Detail ausfüllen. »Einzelentscheidung« und »Entscheidung über ein einzelnes Investitionsvorhaben« decken sich nicht. Ein Stahlkonzern möge z. B. beschließen, eine neue Walzstraße zu bauen, Investitionsausgaben 950 Mill. Mark, verteilt auf drei Jahre. Das gesamte Investitionsvolumen des Konzerns betrage in diesem Zeitraum 2 Mrd. Mark. Die Walzstraße könnte als »einzelnes« Investitionsvorhaben angesehen werden, aber die Entscheidung, ob sie gebaut wird oder nicht, kann sinnvollerweise nur unter Abwägen der wirtschaftlichen Lage des Konzerns insgesamt, im Rahmen einer Programmentscheidung, getroffen werden.

Nur Programmentscheidungen erlauben es, die wirtschaftlichen Bestimmungsgründe der Risikoneigung zu erfassen.

Im einzelnen legen folgende Gründe fest, daß streng rationales Verhalten unter Ungewißheit nur für Programmentscheidungen bestimmt werden kann:
1. Optimale Entscheidungen sind – auch unter Sicherheit – nur dann zu finden, wenn die Unternehmung als eine Einheit betrachtet wird. Über die Vorteilhaftigkeit einer einzelnen Handlungsmöglichkeit kann nur entschieden werden nach dem Zielbeitrag (z. B. dem Einkommens- bzw. Vermögenszuwachs), der daraus für die Unternehmung insgesamt entsteht. Daran kann sich nichts ändern, wenn die Ungewißheit ausdrücklich berücksichtigt wird.
2. Die Risikoneigung des Entscheidenden wird durch wirtschaftliche Gründe wesentlich mitbestimmt. Die wirtschaftlichen Einflüsse auf die Risikoneigung lassen sich nur durch eine Mischung der verschiedenen risikobehafteten Handlungsmöglichkeiten erfassen.
3. Nur die Gesamtbetrachtung alternativer Wohlstandsstufen erlaubt es, eine sinnvolle Bezugsgröße für den Risikonutzen und damit die persönliche Risikoneigung zu konstruieren (S. 119 f.).
4. Der vierte Grund, der eine »Programmformulierung« des Entscheidungsproblems erzwingt, ist methodischer Natur. Eine Aufgabe der ökonomischen Theorie ist es, die Preisbildung bei risikotragenden Anlagen zu erklären. Wie entwickelt sich z. B. der Kurs einer Aktie mit hohem Gewinn bei einer Zukunftslage, mit Verlust bei einer anderen, im Vergleich zu dem einer Staatsanleihe mit gleichbleibendem Ertrag bei beiden Zukunftslagen? Eine Theorie der Preisbestimmung für risikotragende Anlagen setzt voraus, daß Käufer und Verkäufer der Wertpapiere vor alternative Wohlstandslagen, vor alternative Gesamtvermögens- oder Gesamteinkommenshöhen gestellt werden[57] (vgl. auch ab S. 517).

---

[57] Der Versuch, das Risikoverhalten durch die Gesamtbetrachtung (zunächst in einer Tauschwirtschaft) zu erklären, geht zurück auf Arrow, vgl. *K[enneth] J. Arrow,* The Role of Securities in the Optimal Allocation of Risk-bearing. In: Review of Economic Studies, Vol. 31 (1964), S. 91–96, eine frühere Fassung erschien bereits 1953; vgl. auch *Gerard Debreu,* Theory of Value. New York-London 1959, S. 98–102; Jack Hirshleifer nennt diesen Ansatz (time-) »state-preference-approach«, er gibt eine ausführliche Begründung für die Notwendigkeit dieser Betrachtungsweise und erkennt deutlich, daß nur auf diesem Weg die Anforderungen an rationales Verhalten präzisiert werden können. Auf die m. E. noch wichtigeren Probleme der Erfassung der wirtschaftlichen Bestimmungsgründe der Risikoneigung geht er jedoch nicht ein; vgl. *J[ack] Hirshleifer,* Investment Decision under Uncertainty: Choice-Theoretic Approaches. In: The Quarterly Journal of Economics, Vol. 79 (1965), S. 509–536; *ders.,* Investment Decision under Uncertainty: Applications of the State-Preference Approach. In: The Quarterly Journal of Economics, Vol. 80 (1966), S. 252–277.

Praktisch wird kaum ein Handlungsprogramm alle Investitions- und Finanzierungsmöglichkeiten umfassen und damit Gesamtvermögenshöhen (Gesamteinkommenshöhen) für alternative Zukunftslagen angeben. Vollständige Handlungsprogramme aufzustellen, ist umständlich und nicht bei jeder Entscheidung notwendig. Bei zahlreichen Wahlproblemen kann übersehen werden, daß die wirtschaftliche Lage der Unternehmung nicht wesentlich verändert wird, selbst wenn die ungünstigste Zukunftslage eintritt. Zeitdruck, Informations- und Entscheidungskosten bei einer Programmplanung erzwingen in vielen Fällen (nur bedingt rationale) Einzelentscheidungen.

cc) Ein Beispiel zur Programmplanung

Programmplanung bedeutet Entscheidung über sämtliche Handlungsmöglichkeiten, die zu Beginn des Planungszeitraums ergriffen werden, und Bestimmung der Folgeentscheidungen, die in späterer Zeit durchzuführen sind, je nachdem, welche Zukunftslagen eintreten. Programmplanung bedeutet deshalb endgültige Entscheidung für den Beginn des Planungszeitraumes und Eventualplanung für alle folgenden Zahlungszeitpunkte. Ein einfaches Beispiel mag den Inhalt der Programmplanung kennzeichnen.

Im ersten Teil des Beispiels wird die Ungewißheit vernachlässigt, um daran später den zusätzlichen Aufwand zu verdeutlichen, den eine Programmplanung unter Ungewißheit beansprucht. Unter Vernachlässigung der Ungewißheit soll die Entscheidung nach dem höchsten Kapitalwert (dem höchsten Barwert aller Zahlungen) fallen. Der Kalkulationszinsfuß betrage 10%.

Ein Unternehmer muß wegen langfristiger Lieferverpflichtungen heute, in t_0, investieren. Er hat die Wahl zwischen folgenden Möglichkeiten:

A: Eine Großanlage kostet 700 000 Mark, und ihre Kapazität reicht aus, um in t_1 einen Überschuß von 100 000 Mark zu erzielen. Für t_2 ff. erwirtschaftet die Großanlage einen Barwert (berechnet für den Zeitpunkt t_1) von 1 000 000 Mark.

B_1: Eine Kleinanlage kostet 400 000 Mark, und ihre Kapazität reicht aus, um in t_1 einen Einnahmenüberschuß von 50 000 Mark zu erwirtschaften. Sie verspricht für t_2 ff. einen Barwert (berechnet für den Zeitpunkt t_1) von 500 000 Mark.

B_2: Es kann sein, daß die Kapazität der Kleinanlage auf die Dauer zu gering ist. Deshalb besteht die Möglichkeit, in t_1 eine weitere Kleinanlage anzuschaffen. Sie erwirtschaftet einen Barwert (für t_1 berechnet) von 500 000 Mark.

Die Entscheidung muß deshalb zwischen folgenden Zahlungsreihen fallen (in tausend Mark):

Zahlung in	t_0	t_1	Barwert in t_1 für die Zeit t_2 ff.	Kapitalwert in t_0
A:	−700	100	1000	300
B_1:	−400	50	500	100
B_2:		−400	500	91
$B_1 + B_2$:	−400	−350	1000	191

Der Kapitalwert für A errechnet sich dabei so: Die Einnahme von 100 000 in t_1 und der Barwert der späteren Zahlungen von 1 Mill. ergeben einen Betrag von 1,1 Mill. in t_1. Wird dieser Betrag um ein Jahr mit 10% abgezinst, errechnet sich ein Ertragswert von 1 Million.

Die Differenz zwischen diesem Ertragswert und den Anschaffungsausgaben von 700 000 Mark bezeichnet den Kapitalwert von 300 000 Mark.

Die Großanlage A ist besser als der stufenweise Ausbau durch die Investition von jeweils einer Kleinanlage in t_1 und t_2.

Nunmehr wird die Ungewißheit in das Beispiel eingeführt. Für t_1 seien nur zwei Zukunftslagen zu unterscheiden: gute Konjunktur, Einnahmenüberschuß 100 000, und schlechte Konjunktur, Einnahmenüberschuß 50 000. Die gute Konjunktur sei dabei zu 60% glaubwürdig, die schlechte zu 40%.

Für die weitere Zukunft möge gelten: Wenn die Konjunktur in t_1 gut war, so ist mit einer Glaubwürdigkeit von 60% damit zu rechnen, daß die Konjunktur auch in t_2 ff. gut bleibt, Barwert in t_1 für die Einnahmenüberschüsse der folgenden Jahre: 1 Million. Mit 40% Glaubwürdigkeit wird die weitere Entwicklung befriedigend sein, Barwert in t_1 für die Einnahmenüberschüsse der folgenden Jahre: 800 000.

War die Konjunktur in t_1 schlecht, dann betrage für t_2 ff. die Wahrscheinlichkeit für eine gute Konjunktur nur 30%, der Barwert der Einnahmenüberschüsse sei hier mit 950 000 angenommen. Diese 950 000 können jedoch nur realisiert werden, wenn die Großanlage oder beide Kleinanlagen investiert worden sind. Wurde nur in t_0 eine Kleinanlage investiert, so sind wegen der begrenzten Kapazität von den 950 000 nur 500 000 tatsächlich zu erzielen.

War die Konjunktur in t_1 schlecht, sprechen 40% für eine weitere mittelmäßige Entwicklung, Barwert der Einnahmenüberschüsse 500 000, und 30% für eine schlechte Konjunktur, Barwert der Einnahmenüberschüsse 200 000.

Im einzelnen ergeben sich die folgenden Zahlen (p = Glaubwürdigkeit, Z = Zielbeitrag [in tausend Mark]):

t_1		Barwert in t_1 für t_2 ff.	
p	Z	p	Z
60% : 100		60% : 1000 (für B_1 : 500)	
		40% : 800 (für B_1 : 500)	
40% : 50		30% : 950 (für B_1 : 500)	
		40% : 500	
		30% : 200	

Die drei Handlungsmöglichkeiten A, B_1, B_2 erlauben die Zusammenstellung verschiedener, sich gegenseitig ausschließender Handlungsprogramme. Eine Möglichkeit, die Handlungsalternativen zu formulieren wäre:

1. Anschaffung der Großanlage A in t_0,
2. Anschaffung der Kleinanlage B_1 in t_0 und keiner weiteren Anlage,
3. Anschaffung der Kleinanlage in t_0 und einer weiteren Kleinanlage in t_1, also $B_1 + B_2$.

In der Literatur hat man ein solches Vorgehen als »starre Planung« bezeichnet. Hier wird nämlich in t_0 schon festgelegt, ob man in t_1 investiert oder nicht. Ein solches Vorgehen ist unvernünftig. Ob es sich lohnt, in t_1 noch eine Kleinanlage zu investieren, das braucht in t_0 noch nicht entschieden zu werden. Dazu wird man zweckmäßigerweise warten, ob in t_1 die Konjunktur gut oder schlecht wird. Allerdings muß bei der Entscheidung, ob heute die Großanlage oder die Kleinanlage gewählt wird, bereits berücksichtigt werden, daß bei der Wahl der Kleinanlage zwei Anpassungsmöglichkeiten verbleiben: Eine weitere Kleinanlage zu investieren, falls die Konjunktur gut wird, oder keine weitere Anlage zu investieren, falls die Konjunktur schlecht ist.

Die Alternativen, richtig gegenübergestellt, lauten deshalb:

I. Anschaffung einer Großanlage in t_0, wobei für t_1 kein Spielraum zur Finanzierung weiterer Investitionen verbleibt.

II. Anschaffung einer Kleinanlage in t_0, wobei für t_1 ein Entscheidungsspielraum bleibt. Man kann eine weitere Kleinanlage in t_1 investieren oder darauf verzichten: stufenweiser Ausbau.

Die Alternative II, Anschaffung einer Kleinanlage, gilt dabei als die »anpassungsfähigere« Wahlmöglichkeit, weil sie für den Eintritt der schlechten Zukunftslage zu geringeren Einbußen führt als die Großanlage und weil sie bei begrenzten Finanzierungsmöglichkeiten für t_1 noch Entscheidungsspielraum läßt.

Wie kann man die größere Anpassungsfähigkeit der Kleinanlage in der Planung berücksichtigen? Das geschieht durch das Zusammenstellen der entsprechenden Zahlen für die einzelnen Zukunftslagen. Dabei ist zu beachten, daß die Kleinanlage wegen ihrer begrenzten Kapazität in t_1 auch bei guter Konjunktur nur 500 000 Mark Einnahmenüberschuß erzielen kann. Es entsteht (in tausend Mark) für I und II:

	t_0	t_1		Barwert in t_1 für t_2 ff.	
		p	Z	p	Z
I:	−700	60% : 100		60% : 1000 40% : 800	
		40% : 50		30% : 950 40% : 500 30% : 200	
II:	−400	60% : 50 −400 − 350		60% : 1000 40% : 800	
		40% : 50		30% : 500 40% : 500 30% : 200	

Um eine Entscheidung zwischen der anpassungsfähigen Kleinanlage und der unelastischen Großanlage zu treffen, ist eine Entscheidungsregel notwendig, die erlaubt, sichere Ausgaben und die künftigen Einkommenschancen miteinander zu vergleichen. Für unser Beispiel genügt die einfache Entscheidungsregel des Erwartungswertes: Man multipliziert die Einnahmenüberschüsse für jede Zukunftslage mit der Glaubwürdigkeit der Zukunftslage und addiert die Produkte für jeden Zahlungszeitpunkt. Man erhält damit einen Zahlungsstrom der Erwartungswerte. Es ist dabei zu beachten, daß der Barwert 1 Million in der ersten Zukunftslage zwar zu 60% glaubwürdig ist, aber zugleich davon abhängt, wie in t_1 die Konjunktur war. Es besteht also nur eine Wahrscheinlichkeit von 60% (gute Konjunktur in t_1) dafür, daß mit einer weiteren Wahrscheinlichkeit von 60% die Konjunktur gut bleibt. Solche bedingten Wahrscheinlichkeiten berechnet man durch Ausmultiplizieren: 60% mal 60% = 36%. Es entsteht für II bzw. I:

	t_0	t_1	Barwert in t_1 für t_2 ff.
II:	−400	60% · (−350) = −210	60% · 60% · 1000 = 360
		40% · 50 = 20	60% · 40% · 800 = 192
			40% · 30% · 500 = 60
			40% · 40% · 500 = 80
			40% · 30% · 200 = 24
II:	−400	−190	+716
I:	−700	+ 80	+770

Beim Kalkulationszinsfuß von 10% beträgt der Erwartungswert des Kapitalwerts für I rund 73, derjenige für II 78, und damit fällt die Entscheidung für den stufenweisen Ausbau. Ohne Berücksichtigung des stufenweisen Ausbaus wäre der Kauf der Großanlage besser gewesen, der Kapitalwert für die Investition nur einer Kleinanlage beläuft sich auf 67.

Ob die Entscheidung für die anpassungsfähigere Handlungsweise II fällt, hängt von den Gegebenheiten des Einzelfalls ab. Bereits kleine Änderungen der Umweltbedingungen können zu einer Entscheidung für die unelastische Großanlage I führen. Im Beispiel beginnt die unelastische Großanlage schon vorteilhaft zu werden, wenn anstelle der 950 000 mit 1 Million Mark in der dritten Zukunftslage für t_2 ff. gerechnet wird.

Daraus folgt: Die künftigen Folgeentscheidungen (wie stufenweiser Ausbau), welche anpassungsfähige Handlungsmöglichkeiten zulassen, sind zwar in die Planung einzubeziehen, aber nicht immer ist ein anpassungsfähiges Handlungsprogramm (wie II) auch das beste.

Die Anordnung der Zukunftslagen in einem Schema, wie oben, wird von der Literatur gern als »graphentheoretischer Zustandsbaum« bezeichnet. Wenn für die einzelnen Zukunftslagen Entscheidungen vorgesehen sind, spricht man von einem »Entscheidungsbaum«. Anstelle eines solchen Schemas lassen sich genausogut die alternativen Zukunftslagen in Tabellenform anordnen.

Das einfache Beispiel für eine Programmplanung war bewußt auf die Wahl zwischen einer »anpassungsfähigen« Kleinanlage und einer »unelastischen« Großanlage abgestellt. Nachdem wir durch das Beispiel über den Ablauf einer Programmplanung im Grundsatz unterrichtet sind, können wir uns nun mit der »Anpassungsfähigkeit« unternehmerischen Handelns angesichts einer ungewissen Zukunft näher beschäftigen.

dd) Programmplanung und Anpassungsfähigkeit

Anpassungsfähigkeit, im Wissenschaftsdeutsch auch »Flexibilität« oder »Elastizität« genannt, ist eines der Modeworte bei dem Bemühen, Regeln für vernünftige Entscheidungen unter Ungewißheit abzuleiten. Die Beliebtheit dieser Worte hängt eng mit der wenig präzisen Festlegung ihres Inhalts zusammen. Was mit Anpassungsfähigkeit ursprünglich gemeint war, zeigt ein Blick auf eines der Standardbeispiele:

Wenn die Wahl besteht zwischen Maschine M, die erst ab 70% Kapazitätsauslastung Gewinn erwirtschaftet, aber bei Vollbeschäftigung einen Gewinn von 100 erbringt, und Maschine N, die schon bei 50% Beschäftigung einen Gewinn erwirtschaftet, doch bei Vollbeschäftigung nur 80 erzielt, dann gilt Maschine N als die anpassungsfähigere, weil sie bei schlechten Zukunftslagen (geringerer Kapazitätsauslastung) zu höheren Zielbeiträgen führt als Maschine M.

Anpassungsfähigkeit bezeichnet also die Eigenschaft einer Handlungsmöglichkeit, bei schlechten Zukunftslagen höhere Zielbeiträge zu erwirtschaften als eine andere Handlungsmöglichkeit, deren Vorzug wiederum der höhere Zielbeitrag bei guter Zukunftslage ist.
Der Begriff »Anpassungsfähigkeit« kann auch auf Handlungsprogramme übertragen werden. Durch das Zusammenstellen eines Handlungsprogramms bestimmt der Entscheidende die Anpassungsfähigkeit dieses Programms: Er kann risikoreiche Handlungsmöglichkeiten (Handlungsmöglichkeiten mit hohen Zielbeiträgen bei guten Zukunftslagen und geringen Zielbeiträgen bei schlechten Zukunftslagen) kombinieren mit risikoärmeren Handlungsmöglichkeiten (Handlungsmöglichkeiten mit weniger geringen Zielbeiträgen bei den schlechten, weniger hohen bei den guten Zukunftslagen). Durch eine Mischung aus z. B. Aktien, die bei guter Konjunktur hohe Gewinne abwerfen und Rentenwerten, die auch bei schlechter Konjunktur sicheren Zinsertrag gewähren, läßt sich erreichen, daß gegenüber einer Wertpapieranlage nur in Aktien bei schlechten Zukunftslagen mehr Einkommen erzielt wird, also insgesamt mehr »Anpassungsfähigkeit« verwirklicht wird.
So gesehen ist Planung von Anpassungsfähigkeit nur ein anderes Wort für das Streben nach Risikoausgleich durch Mischung von Handlungsmöglichkeiten in einem Handlungsprogramm. Ob allerdings für das altbekannte Streben nach Risikoausgleich die allseits beliebten Ausdrücke »Anpassungsfähigkeit«, »Elastizität«, »Flexibilität« notwendig sind, bezweifle ich.
Gelegentlich wird zusätzlich noch zwischen Planung der Flexibilität und »flexibler« Planung getrennt. Recht unterschiedliche Merkmale sind zur Kennzeichnung der »flexiblen« Planung herangezogen worden:
(1) Flexibel plant, wer Entscheidungen aufschiebt, bis sie zeitlich unumgänglich werden.[58]
Das ist eine sehr fragwürdige Empfehlung. Richtig muß das Wahlproblem lauten: Sofort Entscheiden oder Aufschieben der Entscheidung, bis weitere Informationen eingetroffen sind. Es sind nämlich auch die Gefahren zu beachten, die durch das Aufschieben der Entscheidung entstehen können: Wegfall von Handlungsmöglichkeiten, weil Konkurrenten zuvorkommen, Preissteigerungen.
(2) Zusätzlich zu (1) sei zu beachten, daß Abweichungen zwischen erwarteten und tatsächlichen künftigen Daten möglich sind, daß also alternative Zukunftslagen in die Planung eingehen[59]. Aber dann ist flexible Planung mit Planung unter Ungewißheit identisch. Jede nicht flexible Planung würde die Ungewißheit vernachlässigen. Eine solche Begriffsbildung ist unzweckmäßig.
(3) Es seien für die künftigen alternativen Zukunftslagen heute bedingte Entscheidungen zu treffen: Falls diese Zukunftslage eintrete, werde diese Folgeentscheidung durchgeführt, falls jene Zukunftslage sich verwirkliche, werde jene Folgeentscheidung gewählt[60].
Gegen diese Begriffswahl spricht, daß das Einplanen von Folgeentscheidungen ein Wesensmerkmal jeder Programmplanung ist. Die Menge der künftigen Folgeentscheidungen ist doch in der Menge aller Handlungsmöglichkeiten enthalten, die bei der Planung erkannt und beurteilt werden. Alle in der Planungsstufe »Untersuchung der Handlungsmöglichkeiten«

---

[58] Vgl. *Albert Gailord Hart*, Anticipations, Uncertainty, and Dynamic Planning. Chicago 1940, reprinted New York 1951, S. 54–59.
[59] Vgl. *Wittmann*, Unternehmung und unvollkommene Information, S. 181–189, bes. S. 187 f.
[60] Vgl. *Herbert Hax*, Investitionstheorie, S. 133; *Hax, Laux*, Flexible Planung, S. 320; vgl. dazu im einzelnen auch *Dieter Schneider*, »Flexible Planung als Lösung der Entscheidungsprobleme unter Ungewißheit?« in der Diskussion. In: ZfbF, Jg. 24 (1972), S. 456–476.

erkannten Wahlmöglichkeiten auch in den folgenden Planungsstufen »Planungsrechnung« und »Entscheidung« abzuwägen, ist eine selbstverständliche Bedingung vernünftigen Verhaltens; allerdings nur, solange die Kosten der Planung vernachlässigt werden.

»Flexible« Planung ist deshalb entweder falsch (Merkmal 1) oder mit der Planung unter Ungewißheit identisch (Merkmale 2 und 3), jedenfalls solange die Planungskosten außer acht bleiben. Eine andere als die sog. »flexible« Planung (eine »starre« Planung) wäre von vornherein unvernünftig.

Werden die Planungskosten berücksichtigt, dann können Empfehlungen zu »flexibler« Planung, d. h. zur Programmplanung mit Beachtung aller Folgeentscheidungen, fragwürdig werden. Programmplanung ist aufwendig. Anpassungsmaßnahmen einzubauen (für alle Zukunftslagen Folgeentscheidungen durchzuplanen) erfordert eine erheblich größere Informationsbeschaffung und -auswertung als eine Planung, die auf Anpassungsmaßnahmen verzichtet oder nur wenige Folgeentscheidungen erfaßt. Solange die Planungskosten vernachlässigt werden können, wird der Entscheidende stets das Modell wählen, das möglichst viele Anpassungsmöglichkeiten erfaßt, weil es mehr von der denkbaren Wirklichkeit einfängt.

In der Praxis müssen die Planungskosten beachtet werden. Es ist dann abzuwägen zwischen Planungsmodellen, die keine oder wenige Anpassungsmöglichkeiten enthalten, deshalb geringe Informationsmengen auswerten und zu geringen Planungskosten führen, und solchen Planungsmodellen, welche zahlreiche Anpassungsmöglichkeiten erfassen und deshalb die Auswertung höherer Informationsmengen mit sich bringen. Die Theorie kann hier dem Entscheidenden nur die Alternativen nennen. Ein Optimum der Informationsauswertung kennen wir nicht.

Die bisher erörterte »Anpassungsfähigkeit« bezog sich auf das Einplanen von Folgeentscheidungen für alle in der Planung beachteten alternativen Zukunftslagen. Nicht selten treten jedoch in der Praxis Umweltbedingungen auf, die in der Planung nicht vorhergesehen wurden. Weil dieser Fall häufig gegeben sein wird, deshalb vor allem muß die Planung laufend überholt werden (»überlappende Planung«, vgl. auch S. 43).

2. Dominanzprinzip

Entscheidungen unter Ungewißheit entstehen unter einer mehrfachen Zielvorschrift: mindestens einem Sachziel (im folgenden Einkommensstreben oder Vermögensstreben) und der persönlichen Risikoneigung (Sicherheitsstreben). Für mehrfache Zielvorschriften gibt es zwei vernünftige Lösungswege (S. 59): Die Einzelanordnung nach dem Vorrang der Zielgrößen (lexikographischer Nutzen) und die Formulierung eines übergeordneten Ziels (einer substitutionalen Nutzenfunktion).

Das Dominanzprinzip erlaubt vernünftige Entscheidungen bei bestimmten (gleichgelagerten) Wahlproblemen und nicht vergleichbaren (nicht gegenseitig austauschbaren) Zielgrößen, also bei lexikographischem Nutzen (absolute oder Nutzendominanz).

Das Bernoulli-Prinzip (die Theorie des Risikonutzens) sichert vernünftige Entscheidungen bei gegenseitig austauschbaren Zielgrößen, also bei substitutionalen Nutzenfunktionen.

Das Nutzendominanzprinzip besagt:

Jene Handlungsmöglichkeit ist überlegen, die bei einer Zukunftslage eine Zielgröße besser, bei allen anderen Zukunftslagen diese und alle anderen Zielgrößen mindestens gleich gut erfüllt als die konkurrierenden Handlungsmöglichkeiten.

Ein Beispiel hierfür zeigt der erste Fall:

1. Fall	Zukunftslagen:	A	B	C
Handlungsmöglichkeit I	Einkommen	10	50	100
Handlungsmöglichkeit II	Einkommen	10	50	90
offensichtlich ist I ≻ II				

Neben der Nutzendominanz verwendet das Schrifttum auch eine stochastische Dominanz. Der Unterschied ist folgender: Nutzendominanz erfordert nicht notwendigerweise quantitative Wahrscheinlichkeiten, hier genügt »vollständige Gewißheit über die Ungewißheit«. Stochastische Dominanz setzt quantitative Wahrscheinlichkeiten voraus.
Stochastische Dominanz kann vom ersten, zweiten und von noch mehr Graden auftreten. Mit stochastischer Dominanz vom ersten Grade ist z. B. folgender zweiter Fall gemeint:

2. Fall	Einkommen	10	50	100
Handlungsmöglichkeit I	Wahrscheinlichkeit	0,2	0,5	0,3
Handlungsmöglichkeit II	Wahrscheinlichkeit	0,4	0,3	0,3

Um hier zu erkennen, daß I ≻ II, empfiehlt sich eine Umformung. Wir fragen: Mit welcher Wahrscheinlichkeit m wird ein bestimmtes Mindesteinkommen erreicht?

	m	
Einkommen	I	II
mindestens 10	1	1
mindestens 50	0,8	0,6
mindestens 100	0,3	0,3

Das Einkommen von mindestens 10 ist bei beiden sicher; das Einkommen von mindestens 50 ist für I wahrscheinlicher.
Stochastische Dominanz vom zweiten Grade zeigt der dritte Fall:

3. Fall	Einkommen	10	50	100
Handlungsmöglichkeit I	Wahrscheinlichkeit	0,2	0,5	0,3
Handlungsmöglichkeit II	Wahrscheinlichkeit	0,5		0,5

Daß auch im dritten Fall I ≻ II, verdeutlicht am raschesten ein graphisches Risikoprofil:

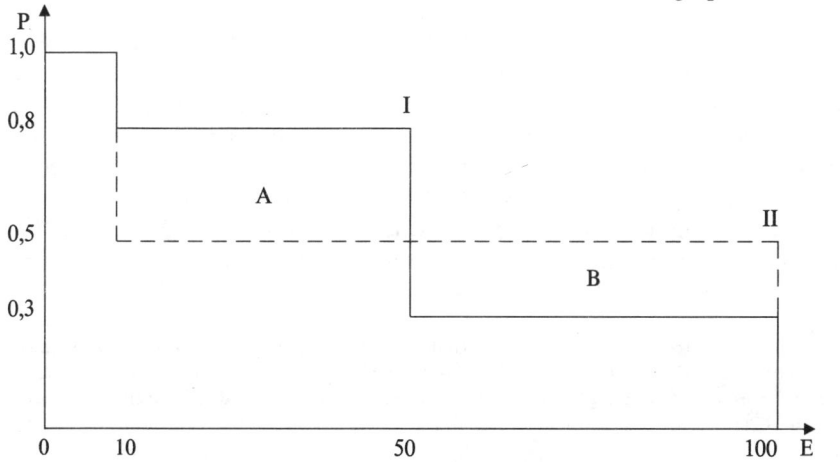

Abb. 1

In der Differenzfläche A ist I ≻ II (Flächengewinn ein Erwartungswert von 0,3 · 40 = 12). In der Differenzfläche B ist I ≺ II (Flächenverlust ein Erwartungswert von 0,2 · 50 = 10). Damit ist aber für jeden risikoneutralen Planer (der nach dem Erwartungswert entscheidet) und für jeden dem Risiko abgeneigten insgesamt I ≻ II.

Die allgemeinen Bedingungen, unter denen Wahlprobleme unter Ungewißheit solche »dominanten« Entscheidungen erlauben, sind in den letzten Jahren verstärkt untersucht worden[61]. Immer noch ist jedoch der Anwendungsbereich solcher Risikoprofil-Berechnungen überaus bescheiden:

(1) Es müssen quantitative Wahrscheinlichkeiten gegeben sein;
(2) die quantitativen Wahrscheinlichkeiten müssen bei allen Handlungsmöglichkeiten so gelagert sein, daß im Hinblick auf das Mindesteinkommen bei gegebener Wahrscheinlichkeit (die Mindestwahrscheinlichkeit bei gegebenem Einkommen) stets eine Wahlmöglichkeit allen anderen vorzuziehen ist.

Selbst wenn die erste Bedingung erfüllt sein sollte, so wird dann nur ganz selten die zweite Bedingung zugleich erfüllt sein (sofern man sich nicht einer Selbsttäuschung hingibt).

Ist das Dominanzprinzip empirisch gehaltvoll? Man hat versucht, Ausnahmefälle zu konstruieren, in denen dagegen verstoßen wird, z. B.:
Ein Bergsteiger erwägt die Besteigung der Eiger-Nordwand. A steht für Leben, B für Tod. Offensichtlich ist A ≻ B. Die Besteigung der Eiger-Nordwand bringt nun ein nicht unbeträchtliches Todesrisiko. Die Handlungsmöglichkeit »Besteigung der Eiger-Nordwand« können wir so schreiben: Es besteht eine Wahrscheinlichkeit von, sagen wir, 80% zum Überleben und 20% zum Sterben. Entschließt sich der Bergsteiger für die Besteigung, dann gilt für ihn

$$\{\,0{,}8\,A;\,0{,}2\,B\,\} \succ A \succ B,$$

was dem Dominanzprinzip widerspricht. Die Mehrzahl der Flachlandbewohner wird schließen: Wer die Eiger-Nordwand besteigt, handelt unvernünftig; das müsse dem Dominanzprinzip widersprechen. Aber so einfach ist das Problem nicht. Wenn wir von der riskanten Eiger-Nordwand zu dem noch nicht ganz so riskanten deutschen Autobahnverkehr zur Urlaubszeit übergehen, stehen wir vor einer ähnlichen Tatsache. Offenbar wird das risikoreiche Unternehmen »Urlaubsreise über deutsche Autobahnen« dem sicheren Leben auf dem heimischen Sofa vorgezogen. Die Urlaubsreise werden die meisten Menschen nicht als unvernünftig ansehen. Kann man darin einen Widerspruch zum Dominanzprinzip sehen? Nein, denn in diesem Beispiel ist das Wahlproblem nicht richtig formuliert. Es liegen folgende Handlungsmöglichkeiten vor: Sicheres, aber langweiliges Leben oder interessantes Leben (Bergbesteigung, Urlaubsreise). Die Kombination: Wahrscheinlichkeit des Lebens und Wahrscheinlichkeit des Todes ist in der Präferenzordnung des Entscheidenden nicht gleichzusetzen der Handlungsmöglichkeit »interessantes Leben«. Erst eine genaue Untersuchung der Wünsche und Handlungsmöglichkeiten des Entscheidenden erlaubt die Aussage, ob bei einer Entscheidung das Dominanzprinzip beachtet worden ist. Schon deshalb ist das Dominanzprinzip keineswegs eine Trivialität oder Leerformel.

---

[61] Vgl. *Haim Levy*, *Yoram Kroll*, Stochastic Dominance with Riskless Assets. In: Journal of Financial and Quantitative Analysis. Vol. 11 (1976), S. 743–777; *R. G. Vickson*, *M. Altmann*, On the Relative Effectiveness of Stochastic Dominance Rules: Extension to Decreasingly Risk-Averse Utility Functions. In: Journal of Financial and Quantitative Analysis, Vol. 12 (1977), S. 73–84. Grundlegend ist aber noch immer *Fishburn*, Decision and Value Theory, Kap. 6 und 7.

3. Theorie des Risikonutzens (Bernoulli-Prinzip)

aa) Endvermögen oder Einkommen als Bezugsgröße des Risikonutzens?

Für den Fall, daß
(1) das Ausmaß persönlichen Für-Wahr-Haltens von Zukunftslagen in quantitativen Wahrscheinlichkeiten festgelegt werden kann, und
(2) die Bedingung der jederzeitigen Austauschbarkeit von Sachzielen und Risikoneigung erfüllt ist (das Stetigkeitsprinzip in Form eines Sicherheitsäquivalents für die Einkommenschancen gilt),
gibt es eine Regel für vernünftige Entscheidungen unter Ungewißheit: Maximiere den Erwartungswert des Risikonutzens! (Entscheidung nach dem Bernoulli-Prinzip). Ein Beispiel für diese Entscheidungsregel wird in dd) gegeben, nachdem sämtliche Voraussetzungen für diese Entscheidungsregeln genannt worden sind.
Die erste Voraussetzung betrifft die Bezugsgröße des Risikonutzens: Bei der Anwendung der Theorie des Risikonutzens ist genau darauf zu achten, für welche finanzielle Zielgröße (oder für welches sonstige Sachziel) der Risikonutzen definiert ist. Im Schrifttum ist es üblich geworden, den Risikonutzen auf das Gesamtvermögen einer Person zu einem Zeitpunkt zu beziehen[62]. Dem stehen jedoch drei Gesichtspunkte entgegen:
1. Die Vorstellung vom Risikonutzen in Abhängigkeit vom Gesamtvermögen entzieht sich der empirischen Überprüfung. Um die Probleme der Vermögensbewertung zu irgendeinem Zeitpunkt innerhalb des Planungszeitraums in den Griff zu bekommen, unterstellt z. B. *Arrow*[63], daß das Gesamtvermögen aus einem einzigen Gegenstand besteht, bzw. daß die Summe aller Marktpreise für die einzelnen Güter das Gesamtvermögen ausmache. »There is no loss in generality under perfect competition so long as prices remain constant.« Dummerweise besteht in der Realität weder vollkommene Konkurrenz noch bleiben die Preise konstant. Vielmehr existiert hier der einzige theoretisch akzeptable Weg, um das Gesamtvermögen zu einem Zeitpunkt zu bestimmen, darin, das Gesamtvermögen als Barwert künftiger Einnahmen(Konsumentnahmen)-Ströme zu definieren. Indes führt unter Ungewißheit diese Bewertungsvorstellung zu unlösbaren Schwierigkeiten:
(a) Wir kennen nicht den geeigneten Diskontierungsfaktor, weil es in der Realität keine vollkommenen Märkte unter Ungewißheit gibt (vgl. E IV, V).
(b) Jeder Nutzenindex in der Risikonutzenfunktion muß einem einzigen Betrag des Endvermögens zugeordnet werden. Doch wie sollen wir das Endvermögen eindeutig messen, so daß ein Nutzenindex einem einzigen Endvermögen beigelegt werden kann, wenn das Endvermögen als Gegenwartswert künftiger Wahrscheinlichkeitsverteilungen von Zahlungen verstanden wird, die mit einem Zinssatz diskontiert werden müssen, der nicht auf einem vollkommenen Kapitalmarkt gegeben ist und der selbst auf einem vollkommenen Kapitalmarkt noch schwanken würde?
2. Nur für einperiodige Entscheidungsprobleme, nicht für mehrperiodige, bei denen die Konsumentnahmen ungewiß sind, existiert immer eine Risikonutzenfunktion, bezogen auf das Endvermögen[64]. Mehrperiodige Entscheidungsprobleme sind aber Investitions- und Finanzierungsentscheidungen in der Realität durchgängig.

---

[62] Man folgt hier *Kenneth J. Arrow*, Aspects of the Theory of Risk Bearing. Helsinki 1965, S. 33; wiederabgedruckt in ders., Essays in the Theory of Risk-Bearing. Amsterdam-London 1970, S. 94.
[63] *Arrow*, Essays, S. 92.
[64] Vgl. *Jan Mossin*, Theory of Financial Markets. Englewood Cliffs 1973, S. 29–32.

3. Um Einzelfolgerungen zu ziehen (z. B. hinsichtlich des Einflusses der Gewinnbesteuerung auf die Risikobereitschaft zu Investitionen, S. 331 ff.), empfiehlt es sich schon aus didaktischen Gründen, den Risikonutzen nicht auf das Gesamtvermögen, sondern auf das Einkommen (die periodischen Konsumentnahmen bzw. die Einnahmenüberschüsse in der Unternehmung) zu beziehen.

bb) Quantitative subjektive Wahrscheinlichkeiten und Erscheinungsformen der Risikoneigung

Dieselben formallogischen Erfordernisse, welche die Existenz von personalen Wahrscheinlichkeitsziffern gewährleisten, sind auch erforderlich, um die Existenz von Risikonutzenziffern zu sichern, mit deren Hilfe der Erwartungswert des Risikonutzens einer jeden Handlungsmöglichkeit berechnet werden kann. Die Existenz quantitativer subjektiver (personaler) Wahrscheinlichkeiten und die Existenz des Risikonutzens sind also »simultan« bestimmt[65].

Dies muß gegen Kritiker des Bernoulli-Prinzips betont werden, die ihre Kritik auf der Existenz von quantitativen subjektiven Wahrscheinlichkeiten aufbauen[66]. Wer das Unabhängigkeitsprinzip und das Stetigkeitsprinzip ablehnt und zugleich die Existenz quantitativer subjektiver Wahrscheinlichkeiten voraussetzt, verwickelt sich in einen Widerspruch.

Der Tatbestand, daß die Theorie des Risikonutzens die Existenz eines Sicherheitsäquivalents voraussetzt, erlaubt Risikoneutralität, Risikoabneigung (Risikoscheu) und Risikofreude als drei Erscheinungsformen der Risikoneigung zu unterscheiden. Auf einzelne Erscheinungsformen von Risikoabneigung wird erst eingegangen, wenn wir diese Formen von Risikoabneigung für Aussagen über die Investitions- und Finanzplanung benötigen (S. 585 ff.).

Für die Trennung von Risikoneutralität, Riskoneigung und Risikofreude bietet sich das Verhältnis von Sicherheitsäquivalent und Erwartungswert an[67]. Dabei ist zu beachten, daß sich die Formen der Risikoneigung als Ausdrücke menschlichen Verhaltens auf die *gesamte* vorliegende Wahrscheinlichkeitsverteilung beziehen (und nicht nur auf einzelne Intervalle der Wahrscheinlichkeitsverteilung).

Risikoneutralität ist gegeben, wenn Sicherheitsäquivalent und Erwartungswert übereinstimmen. Wer 20 000 Mark sicheres Einkommen gleichschätzt dem Spiel, mit Wahrscheinlichkeiten von 8/9 10 000 oder 1/9 100 000 Mark zu verdienen (Erwartungswert 20 000), der handelt risikoneutral.

Risikoabneigung (Risikoscheu) liegt vor, wenn das Sicherheitsäquivalent kleiner ist als der Erwartungswert: z. B. wenn der Unternehmer 20 000 Mark riskiert, um mit je 50 % Wahrscheinlichkeit 10 000 Mark oder 100 000 Mark zu erhalten (Erwartungswert 55 000 Mark).

Risikozuneigung (Risikofreude) tritt auf, wenn das Sicherheitsäquivalent über dem Erwartungswert liegt: z. B. wenn der Unternehmer die Chance, mit 10% Wahrscheinlichkeit 100 000 Mark zu verdienen oder mit 90% Wahrscheinlichkeit 10 000 Mark (Erwartungswert

---

[65] So axiomatisiert *Savage*, S. 6–104, personelle Wahrscheinlichkeiten und Risikonutzen in einem Zuge, vgl. ferner die Rekonstruktion bei *Fishburn*, Utility Theory for Decision Making, Chapter 14; vgl. auch *Stegmüller*, 1. Halbband, S. 306–323, oder *Krantz-Luce-Suppes-Tversky*, Chapter 8.

[66] Vgl. z. B. *Helmut Koch*, Die Problematik der Bernoulli-Nutzentheorie. In: ZfbF, Jg. 28 (1977), S. 415–426; *Herbert Jacob, Wilhelm Leber*, Bernoulli-Prinzip und rationale Entscheidung bei Unsicherheit. In: ZfB, Jg. 46 (1976), S. 177–204; zu letzterem auch *Wilhelm Krelle*, Replik zur Erwiderung von Jacob und Leber auf meine Bemerkungen zu ihrem Artikel »Rationale Entscheidung bei Unsicherheit«. In: ZfB, Jg. 48 (1978), S. 490–498.

[67] Vgl. z. B. *Schneeweiß*, S. 45.

19 000), gleichschätzt dem sicheren Einkommen von 20 000 Mark. Jeder, der sich an Lotto, Toto und anderen Glücksspielen beteiligt, handelt dabei dem Risiko zugeneigt, denn bei allen diesen Glücksspielen wird nur ein Teil des Einsatzes ausgeschüttet. Der Erwartungswert liegt deshalb unter dem Sicherheitsäquivalent. (Solange nur ein bescheidener Bruchteil des Vermögens verspielt wird, können wir Sicherheitsäquivalent und Einsatz gleichsetzen).
Es ist zu beachten, daß die Begriffe Risikofreude und Risikoscheu, so wie sie hier definiert wurden, jeweils einen sehr breiten Verhaltensbereich einschließen.
Risikoscheu ist z. B. jeder, der 20 000 Mark sicheres Einkommen höher schätzt als das Spiel, zu 8/9 Wahrscheinlichkeit 10 000 Mark und zu 1/9 100 000 Mark Einkommen zu erzielen. Der risikofeindliche Unternehmer kann immer noch ein Spekulant mit riskanten Neigungen sein, z. B. wenn er bereits bei 1/8 Wahrscheinlichkeit für 100 000 Mark auf die 20 000 Mark zu verzichten bereit wäre. Es kann sich jedoch auch um einen ängstlichen Zauderer handeln, der selbst bei 98% Wahrscheinlichkeit für die 100 000 Mark die 20 000 Mark sicheres Einkommen nicht aufzugeben bereit ist.
Sind Risikofreude, Risikoneutralität und Risikoscheu rationale Verhaltensweisen bei Programmentscheidungen?
Im allgemeinen wird Risikoabneigung als vernünftige Verhaltensweise empfunden werden. Für sehr hohe Einkommenschancen folgt Risikoabneigung schon aus dem Stetigkeitsprinzip und dem Prinzip über die Beschränkung der Risikonutzenfunktion; denn soll die Risikonutzenfunktion ein Maximum im Endlichen haben, dann muß die Kurve nach und nach abflachen, wenn sie stetig verläuft (S. 123).
Wie sieht es bei geringen Einkommenshöhen aus?
In der Literatur finden sich hierzu zahlreiche Vermutungen, z. B.: Es bestehe zunächst ein Bereich der Risikoabneigung, dann folge eine Zone der Risikofreude, und schließlich sei der Entscheidende bei hohen Einkommen dem Risiko wiederum abgeneigt[68].
Die Gründe, die dabei für eine Risikozuneigung sprechen könnten, sind allerdings durch die bisherigen Axiome ausgeschaltet: Zunächst gehen wir von der Annahme aus, nur Programmentscheidungen ließen rationales Verhalten zu; damit entfällt die Risikofreude bei Einzelentscheidungen, wie sie sich beim Ausfüllen des wöchentlichen Lottozettels äußert. Das Unabhängigkeitsprinzip klammert die Spielfreude aus. Für Hasardeure, die ihr ganzes Vermögen auf eine Karte setzen, gilt nicht die hier definierte Risikonutzenfunktion, denn durch die Beschränkung der Risikonutzenfunktion sind Grenzentscheidungen ausgeklammert, und damit ist es auch der Fall, daß jemand die Ladenkasse plündert und zur Spielbank fährt, um durch die erhofften Gewinne dem Gerichtsvollzieher zu entgehen.
Die Axiome scheinen damit Risikoabneigung als vernünftige Verhaltensweise nahezulegen[69],

---

[68] Vgl. dazu *Milton Friedman, L[eonard] J. Savage,* The Utility Analysis of Choices Involving Risk. In: The Journal of Political Economy, Vol. 56 (1948), S. 279–304, hier S. 295; zur Kritik vgl. *Hirshleifer,* Investment Decision under Uncertainty: Applications of the State-Preference Approach, S. 258–264.

[69] Auf dieses Ergebnis zielt auch *Hirshleifer,* Investment Decision under Uncertainty: Applications of the State-Preference Approach, S. 254–264, ab. Hirshleifer trennt dabei zwischen wohlstandsorientierten Handlungsmöglichkeiten und dem den Wohlstand nur am Rande berührenden Spieltrieb. Bei Spieltrieb sei Risikofreude vernünftig, weil Spiele ohne Risiko kaum angenehme Abwechslung verschaffen; eine Unterscheidung, die sich in ähnlicher Weise bereits bei Marshall (*Alfred Marshall,* Principles of Economics. Vol. I, 3rd edition, reprinted New York 1949, S. 135) findet. Die empirische Vorherrschaft von Risikoabneigung stellen teilweise in Frage *Roy L. Crum, Dan J. Laughhunn, John Payne,* Risk Preference: Empirical Evidence and Implications for Capital Budgeting. Erscheint in: Financial Management of Corporate Resource Allocations, edited by Roy. L. Crum and Frans G. J. Derkinderen. Nijenrode Studies in Business, Boston 1980.

jedoch erzwungen wird Risikoabneigung durch die Axiome der Theorie des Risikonutzens keineswegs.

cc) Das Prinzip der Beschränkung der Risikonutzenfunktion

Die Austauschbarkeit von Sachzielen und Risikoneigung, wie sie das Stetigkeitsprinzip fordert, wird nicht immer gegeben sein. Deshalb ist das Vorgehen der Theorie des Risikonutzens ergänzungsbedürftig. Mir erscheint eine weitere Annahme notwendig, die den Gültigkeitsbereich des Stetigkeitsprinzips eingrenzt. *Nach dem Prinzip der Beschränkung ist die Risikonutzenfunktion erst ab einem persönlichen Existenzminimum und nur bis zu einem endlichen Nutzenmaximum definiert*[70].

Die untere Grenze ist notwendig, um die empirische Gültigkeit der Theorie des Risikonutzens zu sichern. Die obere Grenze muß aus formallogischen Gründen gesetzt werden. Die untere Grenze ist wichtiger und beschäftigt uns zunächst.

Bei der Befragung über die Risikoneigung hat der Entscheidende eine Aussage über das von ihm geforderte Existenzminimum zu treffen. Alle Handlungsprogramme, die mit einer »beachtlichen« Wahrscheinlichkeit ein Einkommen erwarten lassen, das unter diesem Existenzminimum liegt, gelten als unzulässig und werden verworfen. Diese Annahme folgt aus der Tatsache, daß nur Programmentscheidungen die wirtschaftlichen Bestimmungsgründe der Risikoneigung erfassen und damit vernünftige Entscheidungen unter Ungewißheit ermöglichen können.

Nun erfolgt jedoch die Aussage über die Risikoneigung vor der genauen Untersuchung der einzelnen Handlungsprogramme, weil sich rationales Verhalten nur im Hinblick auf eine vorab geäußerte Risikoneigung definieren läßt. Deshalb können zwei Fälle auftreten, welche die Entscheidung nach der Theorie des Risikonutzens in Frage stellen. Im ersten Fall erkennt der Unternehmer nach Analyse der Handlungsprogramme, daß keines das gewünschte Existenzminimum sichert. Alle Handlungsprogramme sind nach der gewählten Risikoneigung unzulässig. Sie wird deshalb überprüft werden.

Im zweiten Fall sieht der Unternehmer bei der Suche nach Wahlmöglichkeiten ein Vorhaben, das zwar die Bedingung nach Sicherung des Existenzminimum verletzt, aber eine hohe Wohlstandsverbesserung verspricht, so daß er nicht bereit ist, dieses Vorhaben als von vornherein unzulässig zu erklären. Nach der vorab geäußerten Risikoneigung handelt er unvernünftig, wenn er dieses Vorhaben näher untersucht oder sich sogar hierfür entscheidet. Doch wird der Entscheidende kaum zögern, seine ursprüngliche Risikoneigung umzustoßen. Neben den Routinehandlungsmöglichkeiten »Angestellter«, »Vertreter«, sieht der Verkäufer z. B. eine Chance, sich selbständig zu machen und als internationaler Waffenschieber entweder in kurzer Zeit Millionär zu werden oder das gerechte Schicksal solcher Leute zu erleiden. Daß jemand aus dem bürgerlichen Trott ausbricht und existenzgefährdende Handlungsmöglichkeiten erwägt, kann nicht von vornherein als unrationales Verhalten erklärt werden.

---

[70] Für die Beschränkung nach oben und unten spricht sich auch Arrow aus, allerdings aus anderen, mehr formalen Gründen (vgl. *Arrow*, Essays, S. 63–69). Die Beschränkung nach oben erörtert erstmals *Karl Menger*, Das Unsicherheitsmoment in der Wertlehre: Betrachtungen im Anschluß an das sogenannte Petersburger Spiel. In: Zeitschrift für Nationalökonomie, Bd. 5 (1934), S. 459–485, hier S. 464 f.

Beide Fälle seien als Grenzentscheidungen bezeichnet, weil hier die vorab gesetzte Bedingung für das Existenzminimum nicht mehr eingehalten wird. Grenzentscheidungen setzen zweierlei voraus:
(1) Die Änderung der Zielvorstellung (Risikoneigung) darf nur auf Grund neuer Informationen (bei der Suche und Auswertung der Handlungsmöglichkeiten) erfolgen. Ohne Grund die Risikoneigung zu ändern, ist mit rationalem Verhalten unvereinbar.
(2) Die geänderte Zielvorstellung muß der Entscheidende offenbaren, bevor er die Entscheidung trifft, weil sonst nicht nachgeprüft werden kann, ob die Entscheidung zielentsprechend war oder nicht.
Die Zielüberprüfung kann die Theorie des Risikonutzens bestätigen, z. B. ein anderes Mindesteinkommen und neue Sicherheitsäquivalente setzen; sie kann auch dazu führen, daß der Entscheidende sich lexikografische Nutzenvorstellungen bildet. Das Stetigkeitsprinzip gilt deshalb nur unter der Einschränkung, daß keine Grenzentscheidungen auftreten.
Die Risikonutzenfunktion ist des weiteren im oberen Wahlbereich zu begrenzen. In der Wirklichkeit gibt es keine unendlich großen Einkommenschancen. Aber um in erdachten Spielen unsinnige Folgerungen zu vermeiden, ist die Annahme notwendig, daß bereits ein Nutzenmaximum im Endlichen entsteht, also der zusätzliche Nutzen von Einkommenschancen (der Risikogrenznutzen) Null wird. Karl Menger zeigte: Für jede »unbeschränkte« Risikonutzenfunktion (also eine Funktion, die erst im Unendlichen ihr Maximum erreicht), läßt sich ein Glücksspiel konstruieren, für das sich ein unendlicher Risikonutzen errechnet. Jedermann müßte für dieses Glücksspiel allen Besitz riskieren. Da aber niemand, der weiterleben will, vernünftigerweise sein ganzes Vermögen auf ein Glücksspiel setzen wird, ist die Annahme der unbeschränkten Risikonutzenfunktion nicht haltbar. Mengers Überlegung wird hierzu S. 127 an einem Beispiel verdeutlicht.
Gegen die Trennung von gewöhnlichen Programmentscheidungen und Grenzentscheidungen könnte eingewandt werden, damit werde die Theorie des Risikonutzens gegen eine Widerlegung durch die Wirklichkeit immunisiert. Immer dann, wenn in der Wirklichkeit ein Verstoß gegen die Axiome der Theorie des Risikonutzens zu beobachten sei, könne der Widerspruch zwischen praktischem Verhalten und Theorie dadurch beseitigt werden, daß die der Theorie des Risikonutzens widersprechende Entscheidung zu einer »Grenzentscheidung« erklärt werde.
Der Einwand geht fehl. Um das zu erkennen, ist zunächst zu klären: Wann kann überhaupt ein Widerspruch zwischen praktischem Verhalten und Verhalten nach der Theorie des Risikonutzens beobachtet werden? Bedingung ist: Der Entscheidende muß vor der Entscheidung Ziele, Handlungsmöglichkeiten und Umweltbedingungen nachprüfbar festgehalten haben. Eine Grenzentscheidung liegt nur dann vor, wenn der Entscheidende während des Planungsprozesses (bzw. während des Experiments) erklärt, er sehe sich genötigt, das vorher festgelegte Ziel umzustoßen, und dafür einen Grund nennt: z. B. keines der Handlungsprogramme sei unter dem vorher festgelegten Ziel zulässig, oder nach den neu ausgewerteten Informationen erscheine ihm eine Handlungsmöglichkeit so verlockend, daß er die vorher festgelegte Risikoneigung als nicht mehr seiner jetzigen Einsicht entsprechend anerkennen könne. Es kann dann geprüft werden, ob die endgültige Entscheidung dem während des Planungsprozesses neu festgelegten Ziel entspricht oder nicht.
Wird eine Entscheidung im nachhinein angegriffen und beruft sich der Entscheidende nachträglich auf geänderte Ziele bzw. auf eine Grenzentscheidung, so sind das Schutzbehauptungen, aber kein Beweis für vernünftiges Verhalten. Im Regelfall der Wirklichkeit legt

der Entscheidende Ziele, Handlungsmöglichkeiten und Umweltbedingungen nicht in einer später nachprüfbaren Weise vor der Entscheidung fest. Die Prüfvoraussetzungen sind deshalb regelmäßig nicht erfüllt, und es kann folglich nicht beurteilt werden, ob das praktische Verhalten der Theorie gemäß war oder ihr widersprach. Die Tatsache, daß die Prüfvoraussetzungen nicht von vornherein erfüllt sind, sondern erst geschaffen werden müssen, stellt jedoch auch keine »Immunisierung« der Theorie dar. In der Naturwissenschaft müssen auch die Bedingungen für das Prüfen von Hypothesen (Theorien) erst mühsam erarbeitet werden. Warum sollte dies in der Wirtschaftswissenschaft anders sein? Verhaltensannahmen können nur in kontrollierten, die Prüfvoraussetzungen wahrenden Experimenten bestätigt oder widerlegt werden.

dd) Beispiel

Ein Unternehmer hat die Wahl, seine Kapazitäten durch Aufnahme von Lohnfertigung auszulasten oder durch Eröffnung des Preiskampfes bei einem Produkt. Handlungsprogramm A zeigt die alternativen Einkommenshöhen beim Ausweichen auf Lohnfertigung. Die Ungewißheit folgt hier aus unterschiedlichen Preis- und Mengenerwartungen hinsichtlich der Lohnaufträge. Handlungsprogramm B zeigt die Lage der Unternehmung nach dem Preiskampf: Schlagen alle Konkurrenten zurück, bleiben nur 11 000 durch die nicht im Preis umkämpften Erzeugnisse. Reagieren nur wenige Konkurrenten, bleiben 30 000 Mark. 70 000 fallen an, wenn kein Konkurrent reagiert.
Welches Handlungsprogramm ist vorzuziehen?

	Z	p		Z	p
A:	20 000	0,1	B:	11 000	0,4
	30 000	0,3		30 000	0,2
	40 000	0,5		70 000	0,4
	50 000	0,1			

Zunächst ist die Risikoneigung des Unternehmers zu erfragen. Um die Risikoneigung des Unternehmers zu erkunden, wird der Unternehmer vor ein drittes Handlungsprogramm gestellt. Bei dem dritten Handlungsprogramm kann er entweder ein sehr niedriges Einkommen (z. B. das Existenzminimum) erzielen oder ein sehr hohes Einkommen. Das Existenzminimum betrage 10 000 Mark, das hohe Einkommen 100 000 Mark. Der Unternehmer wird nun gefragt: Mit welcher Wahrscheinlichkeit muß ihm das hohe Einkommen 100 000, mit welcher Restwahrscheinlichkeit das Existenzminimum 10 000 Mark geboten werden, damit er diese Einkommenschancen gleichschätzt einem festen Einkommen von z. B. 11 000, 20 000, 30 000 Mark usw. Im einzelnen: Angenommen, bei Handlungsprogramm A würden sich 20 000 Mark realisieren, welche Wahrscheinlichkeit für 100 000, welche Restwahrscheinlichkeit für 10 000 müßte geboten werden, damit die 20 000 Mark gleichbewertet werden den Einkommenschancen von 100 000 oder 10 000 Mark? Gefragt wird also nach den Wahrscheinlichkeiten, mit denen das hohe Einkommen mindestens eintreten muß, damit auf ein festes Einkommen verzichtet wird. Wir wollen die zu erfragenden Wahrscheinlichkeiten »Präferenzwahrscheinlichkeiten« nennen.
Es ist zweckmäßig, die Präferenzwahrscheinlichkeiten von den normalen Glaubwürdigkeiten für die einzelnen Zukunftslagen zu trennen: Die Wahrscheinlichkeit von 10%, daß bei A ein

Einkommen von 20 000 erzielt wird, ist Ausdruck der Glaubwürdigkeit für ganz bestimmte Umweltbedingungen. Die Präferenzwahrscheinlichkeit, daß 20% für 100 000 Mark sprechen müssen (80% für 10 000 Mark), um auf 20 000 Mark festes Einkommen zu verzichten, ist hingegen Ausdruck der unternehmerischen Risikoneigung. Präferenzwahrscheinlichkeiten beschreiben das persönliche Verhalten gegenüber der Ungewißheit, nicht die Glaubwürdigkeit für bestimmte künftige Zustände der Umwelt.

Die Befragung möge folgendes Ergebnis erbracht haben:

festes Einkommen	Präferenzwahrscheinlichkeit für 100000 Mark	Restwahrscheinlichkeit für 10000 Mark
11 000	2%	98%
20 000	21%	79%
30 000	40%	60%
40 000	56%	44%
50 000	70%	30%
70 000	90%	10%

Aus dem Befragungsergebnis läßt sich rasch erkennen, ob der Unternehmer risikofreudig oder risikoscheu ist. Wir errechnen den Erwartungswert der Einkommenschancen und vergleichen ihn mit dem sicheren Einkommen (dem »Sicherheitsäquivalent«):

Sicherheitsäquivalent in tausend Mark	Erwartungswert in tausend Mark	Abweichung in tausend Mark
11	12	1
20	29	9
30	46	16
40	60	20
50	73	23
70	91	21

Die Abweichung kann als »Risikoabschlag« gedeutet werden. Aus dem Wachstum des Risikoabschlages läßt sich erkennen, daß der hier befragte Unternehmer mit wachsendem Einkommen immer weniger bereit ist, das Risiko einzugehen, auf das Existenzminimum zurückzufallen; er verhält sich also (bis auf den letzten Wert) zunehmend risikoscheu.

Das Existenzminimum des Unternehmers beträgt 10 000 Mark. Beide Handlungsprogramme zeigen als schlechtestes Ergebnis ein Einkommen, das über dem Existenzminimum liegt. Der Unternehmer steht damit vor nicht existenzgefährdenden Entscheidungen. Wir können die Gültigkeit des Bernoulli-Prinzips uneingeschränkt annehmen.

Für das Weitere beschränken wir uns auf die Untersuchung des Handlungsprogramms A. Der Leser sollte die Rechnungen für B selbst nachvollziehen.

Handlungsprogramm A kennt vier alternative Zukunftslagen. Für jede alternative Zukunftslage wird mit einem einzigen, einem »festen« Einkommen gerechnet. Nach dem Stetigkeitsprinzip können wir jederzeit eine Wahrscheinlichkeitsverteilung durch ihr Sicherheitsäquivalent (das feste Einkommen) austauschen. Hier ersetzen wir umgekehrt festes Einkommen durch eine Wahrscheinlichkeitsverteilung. Wir wechseln das feste Einkommen von 20 000 in der ersten Zukunftslage aus gegen die Wahrscheinlichkeitsverteilung der Einkommenschancen: 20% für 100 000 und 80% für 10 000 Mark. In gleicher Weise wird das feste Einkommen von 30 000, das die zweite Zukunftslage verspricht, gegen eine Wahrscheinlichkeitsverteilung der Einkommenschancen ausgetauscht: 40% für 100 000 und 60% für 10 000 Mark, usw. Dadurch wandelt sich Handlungsprogramm A in folgende Verteilung um (u = Präferenzwahrscheinlichkeit, p = Glaubwürdigkeit der Zukunftslage, die Einkommensziffern stehen für je 1000 Mark):

u	1-u	p
20 ~ 0,21 · 100;	0,79 · 10	mit 10%
30 ~ 0,40 · 100;	0,60 · 10	mit 30%
40 ~ 0,56 · 100;	0,44 · 10	mit 50%
50 ~ 0,73 · 100;	0,27 · 10	mit 10%

Da die Voraussetzungen für die Anwendbarkeit der Wahrscheinlichkeitsrechnung erfüllt sind, können wir ohne Bedenken die Wahrscheinlichkeiten der einzelnen Zukunftslagen ausmultiplizieren und zusammenzählen und erhalten folgende Präferenzwahrscheinlichkeiten für das hohe Einkommen: 0,02 + 0,12 + 0,28 + 0,07 = 0,49.
Handlungsprogramm A wird damit gleichgeschätzt einer Präferenzwahrscheinlichkeit von 49% für 100 000 Mark und einer Restwahrscheinlichkeit von 51% für 10 000 Mark.
Handlungsprogramm B wird demgegenüber gleichbewertet einer Präferenzwahrscheinlichkeit von 46% für 100 000 Mark und einer Restwahrscheinlichkeit von 54% für 10 000 Mark. Die »Entscheidungsregel«, mit der hier die Entscheidung unter Ungewißheit gefunden wurde, lautet also »Maximiere die Präferenzwahrscheinlichkeit für das hohe Einkommen«. Die Präferenzwahrscheinlichkeiten sind der erfragte Ausdruck der Nutzenschätzung von Einkommenschancen, der erfragte Ausdruck für den Risikonutzen.

4. Einzelfragen

Wer behauptet, man könne rational unter Ungewißheit entscheiden, und dazu brauche man eine »kardinal meßbare Nutzenfunktion«, der wird in der Praxis überlegenes Lächeln bei herabgezogenen Mundwinkeln ernten. Nutzen, so wird man ihm höflich erwidern, sei nicht »zahlenmäßig« meßbar. Auf die Gegenbehauptung, der Risikonutzen dürfe nicht mit dem in der Tat kaum kardinal meßbaren Güternutzen verwechselt werden, wird man mit Achselzucken zur Tagesordnung übergehen. In den Wirtschaftswissenschaften sind Theorie und Praxis meistens um Meilen auseinander. Im Hinblick auf das Verhalten gegenüber der Ungewißheit scheinen sich Theorie und Praxis sogar auf verschiedenen Kontinenten zu bewegen. Die Theorie ist daran nicht schuldlos. Wer Orgien an Unverständlichkeit liebt, der möge im einzelnen studieren, was über die Axiome rationalen Verhaltens und die Theorie des Risikonutzens geschrieben wurde.
Dabei ist der Gedanke so einfach: Um zwischen den Handlungsprogrammen A und B zu entscheiden, sind die einzelnen Zukunftslagen mit ihren Glaubwürdigkeitsziffern auf eine vergleichbare Grundlage zu stellen. Die einfachste Umrechnung bestünde darin, den Erwartungswert von A und B auszurechnen, also das Einkommen je Zukunftslage mit seiner Glaubwürdigkeitsziffer zu multiplizieren und die Produkte zu addieren. Nur, dieses Vorgehen hat einen Pferdefuß: 1 Million Mark mit 1% Wahrscheinlichkeit wird genauso gewertet wie 10 000 Mark mit Sicherheit. Die Taube auf dem Dach ist aber etwas anderes als der Spatz

in der Hand. Um dem Rechnung zu tragen, muß für die Umrechnung nicht das Einkommen selbst gewählt werden, sondern eine Ersatzgröße, welche die persönliche Wertschätzung der Einkommenschance von z. B. 1 Mill. Mark ausdrückt. Diese Ersatzgröße nennt man unglücklicherweise »Nutzen« bzw. »Risikonutzen« und die Zuordnung der Ersatzgröße zu alternativen Einkommenschancen »Risikonutzenfunktion«. Wie wir gesehen haben, braucht man die Risikonutzenfunktion gar nicht unmittelbar; es genügt ihr mittelbarer Ausdruck in Form der Präferenzwahrscheinlichkeiten, um das optimale Programm zu bestimmen. Trotzdem ist es nützlich, davon auszugehen, die Risikonutzenfunktion wäre als algebraische Funktion bekannt: Damit lassen sich das Verhältnis des Risikonutzen zu den Präferenzwahrscheinlichkeiten, zu einzelnen Risikomaßen und die Vorstellung von Risikoindifferenzkurven besser verdeutlichen.

aa) Bernoullis Lösung

Der erste Autor, der das rationale Verhalten gegenüber der Ungewißheit mit Hilfe einer Risikonutzenfunktion zu erklären versuchte, war der Mathematiker Daniel Bernoulli. Man nennt deshalb die Theorie des Risikonutzens auch das Bernoulli-Prinzip.

Ausgangspunkt für die Überlegungen Bernoullis bildete die Theorie der Glücksspiele. Vor ihm war man der Auffassung, daß der Erwartungswert eines Spiels die Höhe des Einsatzes bestimme. Aber der Erwartungswert als Entscheidungskriterium bedeutet Risikoneutralität. Denn wird der Erwartungswert gewählt, dann sind 20 000 Mark mit einer Wahrscheinlichkeit von 1 gleich z. B. 0 mit 98%, 1 Million Mark mit 2% Wahrscheinlichkeit. Darüber hinaus kann der Erwartungswert als Entscheidungsregel zu unsinnigen Folgen führen, wie sich beim sogenannten »Petersburger Spiel« zeigte.

Der Leser prüfe selbst: Wieviel Einsatz würde er äußerstenfalls wagen, um an folgendem Spiel beteiligt zu werden? Es wird eine Münze geworfen. Fällt Zahl, erhält der Leser 2 Mark, und das Spiel ist beendet. Fällt Wappen, erfolgt ein zweiter Wurf. Fällt beim zweiten Wurf Zahl, erhält der Leser 4 Mark, und das Spiel ist beendet. Fällt beim zweiten Wurf Wappen, erfolgt ein dritter Wurf. Fällt beim dritten Wurf Zahl, erhält der Leser 8 Mark usw. Das Spiel ist also beendet, wenn beim n-ten Wurf erstmals Zahl fällt. Dem Leser werden 2^n Mark ausgezahlt. Die Wahrscheinlichkeit, daß beim ersten Wurf Zahl fällt, beträgt (bei einer idealen Münze) ½; die Wahrscheinlichkeit, daß beim zweiten Wurf Zahl fällt, beträgt ½ · ½ = ¼. Die mathematische Erwartung errechnet sich für das Spiel als

$$½ \cdot 2 + ¼ \cdot 4 + ⅛ \cdot 8 + \ldots = 1 + 1 + 1 + \ldots = \infty$$

Jedoch wird kaum jemand auch nur 10 Mark für das Spiel einsetzen.

Daniel Bernoulli zeigte 1738, daß nicht die mathematische Erwartung den Wert (bzw. äußersten Einsatz) eines Spieles bestimme, sondern die »moralische Erwartung« als Ausdruck einer Risikonutzenfunktion (dieser Gedanke, ein früher Ansatz der Grenznutzenlehre, findet sich bereits bei G. Cramer, auf den Bernoulli auch hinweist[71]). Bernoulli ging von einer

---

[71] Vgl. *Daniel Bernoulli*, Specimen theoriae novae de mensura sortis. In: Commentarii academicae scientiarum imperialis Petropolitanae, Jg. 5 (1738), S. 175–192; deutsche Übersetzung (durch Alfred Pringsheim): Versuch einer neuen Theorie der Wertbestimmung von Glücksfällen. Leipzig 1896. Eine leichter zugängliche englische Übersetzung findet sich in der Econometrica, Vol. 22 (1954), S. 23–36. – Zu den historischen Einzelheiten vgl. auch den lesenswerten Aufsatz von *Menger* (S. 122 Fußnote 70).

eindeutigen Nutzenfunktion aus. Die moralische Erwartung verlaufe nach einer logarithmischen Funktion, also im einfachsten Fall: N(E) = ln E, wobei E die Einkommenshöhe (Spielauszahlung) bezeichnet und N(E) ihren Risikonutzen, die moralische Erwartung. Der Erwartungswert µ des Risikonutzens gleicht der Summe der mit ihren Wahrscheinlichkeiten gewichteten Risikonutzen einer jeden möglichen Spielauszahlung, also:

$$\mu \, [N(E)] = \tfrac{1}{2} \cdot \ln 2 + \tfrac{1}{4} \ln 4 + \tfrac{1}{8} \ln 8 + \ldots$$

$$= \sum_{n=1}^{\infty} \ln (2^n) (\tfrac{1}{2})^n = \sum_{n=1}^{\infty} n \ln 2 \, (\tfrac{1}{2})^n = \ln 2 \sum_{n=1}^{\infty} n \, (\tfrac{1}{2})^n.$$

Dieser Ausdruck unter dem letzten Summenzeichen lautet ausgeschrieben

$$1 \cdot \tfrac{1}{2} + 2 \cdot \tfrac{1}{4} + 3 \cdot \tfrac{1}{8} + 4 \cdot \tfrac{1}{16} + \ldots = 2,$$

folglich
$$\mu \, [N(E)] = 2 \ln 2.$$

Der Erwartungswert des Risikonutzens beträgt bei der gewählten Risikonutzenfunktion demnach für das Petersburger Spiel 2 ln 2, also etwa 1,39. Dieser Nutzenindex ist natürlich nicht mit dem Spieleinsatz identisch; das wäre Unsinn, denn der Spieler erhält mindestens 2 Mark (oder 4 oder noch mehr). Der Einsatz ist vielmehr aus der Funktion für die moralische Erwartung abzulesen.

Aus $\quad\quad\quad\quad \ln E = 2 \ln 2 \quad$ folgt $\quad E = 2^2 = 4.$

Der maximale Spieleinsatz beträgt bei der unterstellten Risikonutzenfunktion 4 Mark.
Wir sehen damit folgendes: Wird der Erwartungswert als Entscheidungskriterium gewählt, dann wird der Chance, das doppelte Einkommen zu erzielen, auch ein doppelter »Nutzen« beigelegt, und damit errechnet sich das unsinnige Ergebnis »unendlich« für die Wertschätzung (den äußersten Spieleinsatz) beim Petersburger Spiel. Wird an die Stelle der Einkommenshöhe ein anderer »Nutzenindex« für das Einkommen gesetzt, schätzt man die Chance doppelten Einkommens zwar höher, aber nicht doppelt so hoch ein, sondern z. B. nur gleich dem Logarithmus des doppelten Einkommens, dann errechnet sich für das Petersburger Spiel der einleuchtende Einsatz von 4 Mark. Bernoullis Nutzenfunktion erscheint somit mindestens näherungsweise empirisch brauchbar zu sein, und wir finden sie ähnlich im Weber-Fechnerschen »Grundgesetz der Psychophysik« wieder. Gleichwohl kann sie zu unsinnigen Ergebnissen führen.
Um das zu zeigen, wandeln wir das Petersburger Spiel ab, indem wir die Spielauszahlung erhöhen: Beim ersten Wurf werden $2^2 = 4$ Mark ausbezahlt, falls Zahl fällt. Kommt es zu einem zweiten Wurf, erhält der Spieler $2^4 = 16$ Mark, falls Zahl fällt. Kommt es zu einem dritten Wurf, werden bei Zahl $2^8 = 256$ Mark bezahlt; fällt Zahl erst im vierten Wurf, sind $2^{16} = 65\,536$ Mark zu zahlen, usw.
Die Gewinnchancen des Spielers sind erheblich gestiegen, trotzdem wird kaum jemand 10 000 Mark oder gar sein ganzes Vermögen und künftiges Einkommen bei diesem Spiel verpfänden. Nach der Bernoulli-Nutzenfunktion errechnet sich jedoch:

$$\mu[N(E)] = \tfrac{1}{2} \ln (2^2) + \tfrac{1}{4} \ln (2^4) + \tfrac{1}{8} \ln (2^8) + \tfrac{1}{16} \ln (2^{16}) + \ldots\ldots$$
$$= \tfrac{1}{2} \cdot 2 \ln 2 + \tfrac{1}{4} \cdot 4 \ln 2 + \tfrac{1}{8} \cdot 8 \ln 2 + \tfrac{1}{16} \cdot 16 \ln 2 + \ldots\ldots = \infty$$

Würde tatsächlich jemand nach der Bernoulli-Nutzenfunktion handeln, müßte er für die Teilnahme an diesem Spiel sein ganzes Vermögen und sein künftiges Einkommen einzusetzen bereit sein, und das wird kein vernünftiger Mensch tun, denn »aller Wahrscheinlichkeit nach« wird er 4, 16 oder 256 Mark, aber »kaum« mehr erzielen. Dieses Beispiel, das wir gegen die Bernoulli-Nutzenfunktion konstruiert haben, kann verallgemeinert werden:
Für jede unbeschränkte Nutzenfunktion (jede Nutzenfunktion, die keinen endlichen Wert als Maximum hat) läßt sich ein Glücksspiel konstruieren, dessen Risikonutzen unendlich ist und folglich die Risikonutzenfunktion empirisch widerlegt. Aus dieser Tatsache schloß Karl Menger (S. 122), daß die Risikonutzenfunktion beschränkt sein müsse.

bb) Risikonutzen, Präferenzwahrscheinlichkeiten und kardinale Meßbarkeit

Einzelne algebraische Funktionen für den Risikonutzen können natürlich nie Allgemeingültigkeit beanspruchen. Aber sie sind nützlich, um die Zusammenhänge zu verdeutlichen. Eine einfache und besonders beliebte Nutzenfunktion ist eine quadratische Funktion. Mit ihr wollen wir arbeiten.
Wir nehmen an, ein Unternehmer messe seinen Risikonutzen durch folgende Funktion (N steht für Risikonutzen, E für Tausendmarkscheine an Einkommen):

$$N = - E^2 + 200 E - 1900.$$

Die Funktion sei nur betrachtet im Bereich $10 \leq E \leq 100$. Das Existenzminimum sei E = 10 (d. h. 10 000 Mark); es hat den Nutzenindex 0. Das Maximum des Risikonutzens liegt hier bei E = 100 (d. h. 100 000 Mark) und beträgt 8 100 »Nutzeneinheiten«, wie sich leicht errechnen läßt. Das Nutzenmaximum bereits bei 100 Tausendmarkscheinen anzusetzen, ist sicher nicht wirklichkeitsnah (aber zweckmäßig, um handliche Zahlen zu erhalten). Wer sich daran stört, möge sich eine andere Funktion aufbauen mit einem Maximum bei 10 oder 100 Mill. Mark. Daß der Grenzrisikonutzen des Einkommens sinkt, ist plausibel:

$\frac{dN}{dE}$ = - 2 E + 200. Daß er linear fällt, ist sicher nicht allgemein gültig, aber als Beispiel bzw.

erste Annäherung eine brauchbare Annahme.
Für diese Funktion rechnen wir aus, daß 20 Tausendmarkscheine einen Risikonutzen von 1700 Einheiten gewähren; 30 Scheine einen solchen von 3200 Einheiten ergeben.
Wir fragen nun: Welche Wahrscheinlichkeitsverteilung der Einkommenschancen, 10 000 oder 100 000 Mark zu erhalten, gewährt den gleichen Risikonutzen von 1 700 Einheiten? Die Rechnung ist leicht: Da der Risikonutzen des Einkommens von 10 000 Mark = 0 ist und der von 100 000 Mark sich mit 8 100 Einheiten berechnet, muß gelten:

$$1\ 700 = 8\ 100\ u_1;\ u_1 = 0{,}21,\ \text{d. h. } 21\%.$$

In ähnlicher Weise errechnet sich für 30 000 Mark Einkommen:

$$3\ 200 = 8\ 100\ u_2;\ u_2 = \text{rund } 40\%.$$

(Natürlich wurden die Präferenzwahrscheinlichkeiten des Unternehmers im Beispiel, S. 125, so gewählt, daß sie gerundet mit den Werten übereinstimmen, die sich aus dieser Nutzenfunktion errechnen). Wir sehen: Die Präferenzwahrscheinlichkeiten für die Einkommenschancen 10 000 oder 100 000 Mark sind nichts anderes als Ausdruck eines bestimmten Risikonutzens.

Bei Kenntnis der Risikonutzenfunktion ist es leicht, für jede Handlungsmöglichkeit den Risikonutzen auszurechnen. 20 000 Mark Einkommen verkörpern bei der hier gewählten Funktion einen Nutzen von 1700, 30 000 Mark einen von 3200 usw., und so können wir für die Handlungsmöglichkeit A sehr einfach den Erwartungswert des Risikonutzens berechnen als

$0,1 \cdot 1\,700 + 0,3 \cdot 3\,200 + 0,5 \cdot 4\,500 + 0,1 \cdot 5\,600 = 3\,940.$

Für B errechnet sich entsprechend knapp 3 600.

Der Unternehmer wird danach streben, den Erwartungswert des Risikonutzens zu maximieren, und folglich A wählen.

Bei der Berechnung des Risikonutzens ist immer auf eines zu achten: Die Nutzenziffern verkörpern keineswegs den »Nutzen« des Einkommens schlechthin, sondern lediglich den Nutzen von Einkommenschancen: 20 000 Mark Einkommen gewähren im Beispiel einen Risikonutzen von 1700; denn die 20 000 sind für diese Zukunftslage »sicher«. Die Zukunftslage selbst ist jedoch unsicher, nur zu 10% wahrscheinlich. Die 20 000 Mark stellen also nur eine Einkommenschance dar. Der Risikonutzen ist also keineswegs mit dem Einkommensnutzen bzw. mit dem Güternutzen identisch, er beruht auf einer ganz anderen Fragestellung. Beim Nutzen des Einkommens wird z. B. gefragt: Werden 30 000 Mark jährlich bei 50 Stunden wöchentlicher Arbeitszeit gleichgeschätzt 20 000 Mark bei 40 Stunden wöchentlicher Arbeitszeit? Entsprechend beim Güternutzen in der Haushaltstheorie: Sind Ihnen drei Äpfel oder zwei Birnen lieber? Es werden also die Mengen verschiedenartiger »Güter« gegeneinander abgewogen: Mehr Einkommen gegen mehr Arbeit, Äpfel gegen Birnen. Beim Risikonutzen geht es demgegenüber um die Bewertung alternativer, sich ausschließender Mengen ein und desselben Gutes: Die Chance, 100 000 Mark oder nur 10 000 Mark zu verdienen, wird verglichen mit dem festen Gehalt von 30 000 Mark. Weil sich der Risikonutzen lediglich auf das Abwägen alternativer Mengen ein und desselben Gutes bezieht, deshalb ist auch die Behauptung von Neumann-Morgenstern fraglich, ihr Risikonutzen liefere zugleich eine Methode, den Güternutzen kardinal zu messen[72]. Auf die Fragwürdigkeit der Bezeichnung »kardinal« wurde bereits hingewiesen.

cc) Risikonutzenfunktion, Risikopräferenzfunktion und Risikoindifferenzkurven

Entscheidungen unter Ungewißheit löst man graphisch mit Hilfe von Risikoindifferenzkurven. Eine Risikoindifferenzkurve zeigt alle Kombinationen von Einkommenserwartungen und Risiko, die einem Unternehmer gleichwertig erscheinen. Nun ist die Vorstellung einer Substitution von Einkommen gegen Risiko reichlich schief, einfach deshalb, weil Risiko kein Gut ist. Es werden vielmehr Wahrscheinlichkeitsverteilungen mit unterschiedlichen Einkommenschancen gegeneinander ausgetauscht. Aber für eine vereinfachende Betrachtung haben sich Risikoindifferenzkurven eingebürgert, und wir wollen deshalb den Zusammenhang zwischen Risikonutzenfunktion und Risikoindifferenzkurven verdeutlichen.

Wenn Indifferenzkurven zwischen Einkommen und Risiko aufgestellt werden sollen, dann muß das Risiko in einer einzigen Größe gemessen werden. Wir können dazu nicht mehr

---

[72] Vgl. *John von Neumann, Oskar Morgenstern*, Spieltheorie und wirtschaftliches Verhalten. 2., unveränd. Aufl., Würzburg 1967, S. 18; zur Kritik *William J. Baumol*, The Cardinal Utility which is Ordinal. In: The Economic Journal, Vol. 68 (1958), S. 665–672, hier S. 669; *Tapas Majumdar*, Behaviourist Cardinalism in Utility Theory. In: Economica, New Series, Vol. 25 (1958), S. 26–33, hier S. 32 f.

»Risiko« gleich »gesamte Wahrscheinlichkeitsverteilung« setzen, sondern müssen die Wahrscheinlichkeitsverteilung auf einen Wert zusammenpressen. Wir messen das Risiko durch ein Streuungsmaß, die Standardabweichung vom Erwartungswert.

Für denjenigen, der die statistischen Details vergessen hat: Die Abstände der Einzelwerte einer Wahrscheinlichkeitsverteilung vom Erwartungswert werden ins Quadrat erhoben und anschließend mit den Wahrscheinlichkeiten der Einzelwerte gewichtet. Die Summe aller dieser gewichteten, quadrierten Abstände heißt Varianz. Die Wurzel aus der Varianz ist die Standardabweichung.

Beispiel: 20% für 100; 80% für 10 ergibt einen Erwartungswert $\mu = 28$. Die Standardabweichung σ dieser Verteilung errechnet sich als

$$\sigma = \sqrt{0{,}2\,(100 - 28)^2 + 0{,}8\,(10 - 28)^2} = 36.$$

Wer Statistik sorgfältig studiert hat, wird sich an dieser Stelle mit Grausen abwenden: Eine Verteilung aus zwei Werten, 100 bzw. 10, wird hier ausgedrückt durch einen Mittelwert von 28 und eine Streuung von 36. Das erscheint mehr als dubios. Diese Gleichsetzung ist unter bestimmten Annahmen über die Risikoneigung jedoch tatsächlich zulässig. Und natürlich entscheiden diese Annahmen über die Risikoneigung, ob die Messung des Risikos durch die Standardabweichung Sinn hat oder unsinnig ist. Mit der Wahl des Risikomaßes Streuung (Standardabweichung) setzen wir also einengende Annahmen über die Risikoneigung. Das wird auf S. 136 f. im einzelnen erläutert werden. Vorerst gehen wir ganz naiv vor und folgen der Literatur, die zum großen Teil unkritisch die Standardabweichung als Risikomaß wählt und vereinfachend in der Streuung das Risiko schlechthin sieht.

Risikoindifferenzkurven bezeichnen die Abhängigkeit zwischen dem Erwartungswert des Einkommens und dem Risiko für einen gegebenen Index des Risikonutzens. Die Abhängigkeit des Risikonutzens vom Erwartungswert des Einkommens und vom Risiko nennen wir Risikopräferenzfunktion. Wenn N den Risikonutzen bezeichnet, μ den Erwartungswert des Einkommens und σ die Streuung, läßt sich die Risikopräferenzfunktion so schreiben:

$$N = N(\mu, \sigma).$$

In welchem Verhältnis stehen Risikopräferenzfunktion und Risikonutzenfunktion? In der Risikonutzenfunktion hängt der Risikonutzen von den Einkommenschancen ab. Die Risikonutzenfunktion wird auf die ursprüngliche, volle Wahrscheinlichkeitsverteilung angewendet, z. B. auf die Handlungsprogramme A und B, S. 124. In der Risikopräferenzfunktion hängt der Risikonutzen nicht mehr von den Einkommenschancen der alternativen Zukunftslagen ab, sondern von Ersatzgrößen: dem Erwartungswert des Einkommens und einem Risikomaß, z. B. der Streuung. Entscheiden nach der Risikonutzenfunktion statt nach der Risikopräferenzfunktion, das ist ein Unterschied ähnlich dem vom Trinken euterfrischer Kuhmilch im Vergleich zu Trockenmilch mit Leitungswasser. Arbeiten wir mit der Risikonutzenfunktion, dann wird der Zielbeitrag einer jeden Zukunftslage eines Handlungsprogramms ausgewertet. Arbeiten wir mit der Risikopräferenzfunktion, dann wird die Wahrscheinlichkeitsverteilung eines jeden Handlungsprogramms erst auf Ersatzgrößen zusammengeschlagen, wie Erwartungswert und Streuung, ehe der Risikonutzen des Handlungsprogramms bestimmt wird.

Mit Hilfe eines (zulässigen) Tricks, der Anwendung des Unabhängigkeitsprinzips, können wir das Verhältnis von Risikopräferenz- und Risikonutzenfunktion geometrisch verdeutlichen. Graphisch verlangt die Risikopräferenzfunktion eine dreidimensionale Darstellung (z. B. Abszisse: Einkommenserwartung, Ordinate: Streuung, Höhe: Risikonutzen). Wir er-

halten somit ein »Nutzengebirge« analog dem Ertragsgebirge in der Produktionstheorie. Es sind dabei drei Abhängigkeiten zu unterscheiden:
(1) Die Abhängigkeit von Nutzen und Einkommenserwartung bei konstanter Streuung (konstantem Risiko). Setzen wir die Streuung gleich Null, dann bleibt die Beziehung zwischen Risikonutzen und Einkommen: die Risikonutzenfunktion.
(2) Die Abhängigkeit von Nutzen und Risiko: Wie sinkt derRisikonutzen, wenn bei konstanter Einkommenserwartung das Risiko steigt?
(3) Die Abhängigkeit von Einkommenserwartung und Risiko bei konstantem Risikonutzen: Das sind die Risikoindifferenzkurven.
Als Beispiel wählen wir die Risikopräferenzfunktion

$$N = -\mu^2 + 200\,\mu - 1900 - \sigma^2,$$

wobei μ, der Erwartungswert des Einkommens, in Tausendmarkscheinen gemessen wird.
Wir setzen zunächst σ konstant und betrachten die Abhängigkeit zwischen Risikonutzen und Erwartungswert des Einkommens. Der wichtigste Fall ist natürlich $\sigma = 0$. Eine Streuung von Null bedeutet, es gibt nur einen einzigen Einkommenswert: Die Risikopräferenzfunktion wird identisch mit der Risikonutzenfunktion.
Hier kann eine gedankliche Schwierigkeit auftreten: Die Streuung von 0 bedeutet doch, es gibt nur einen einzigen Einkommenswert in der Wahrscheinlichkeitsverteilung. Der einzige Einkommensbetrag hat die Wahrscheinlichkeit 1 und ist natürlich dann mit dem Erwartungswert identisch. Kann er dann noch eine »Einkommenschance« bezeichnen, für die ein bestimmter Risikonutzen zu errechnen ist? Er kann. Wir brauchen uns nur vorzustellen, für eine der Zukunftslagen bestehe nicht eine einzige Einkommensziffer, vielmehr eine Wahrscheinlichkeitsverteilung: Falls es dem Verkäufer gelingt, seine Konkurrenten um die Stelle als Bezirksvertreter bzw. Leiter der Verkaufsniederlassung auszustechen, erzielt er entweder mit 40% 100 000 Mark oder mit 60% 10 000 Mark, und diese Wahrscheinlichkeitsverteilung für die vielleicht nur zu 10% glaubwürdige Zukunftslage »Ich bekomme die Stelle« schätzt er gleich dem festen Gehalt von 30 000 Mark bei dieser Zukunftslage. Das Unabhängigkeitsprinzip erlaubt uns also, auch eine Einkommenserwartung mit der Streuung 0 als Einkommenschance aufzufassen.
Graphisch ergibt sich umseitiges Bild für die Risikonutzenfunktion (Abb. 2).
Aufgrund des Prinzips der Beschränkung der Risikonutzenfunktion beginnt die Funktion erst beim Einkommen 10 und endet beim Einkommen 100. Alle höheren Werte gelten als nicht durch die Funktion definiert; denn es wäre Unsinn, anzunehmen, daß ein Einkommen über 100 (über 100 000 Mark) einen niedrigeren Nutzen erbrächte als ein geringeres Einkommen. Das obige Prinzip behauptet vielmehr auf diesen Fall bezogen: Einkommen über 100 000 Mark werden vom Entscheidenden nicht gesondert in die Risikoüberlegungen einbezogen: Da die Nutzenfunktion nur bis zu $E = 100$ definiert ist, dürfen, strenggenommen, höhere Einkommen nicht auftreten.
Neben der Risikonutzenfunktion ($\sigma = 0$) ist auch der Fall zu beachten, daß σ konstant und ungleich Null ist. Setzen wir z. B. $\sigma = 30$, dann lautet die »Risikonutzenfunktion bei gegebener positiver Streuung«:

$$N = -\mu^2 + 200\,\mu - 2800.$$

Das Einkommensniveau, das den Nutzenindex Null verkörpert, steigt von 10 (10 000 Mark) auf rund 15 (die zweite Nullstelle, 185, liegt außerhalb der Begrenzung der Risikonutzenfunk-

Entscheidungen unter Ungewißheit

Abb. 2

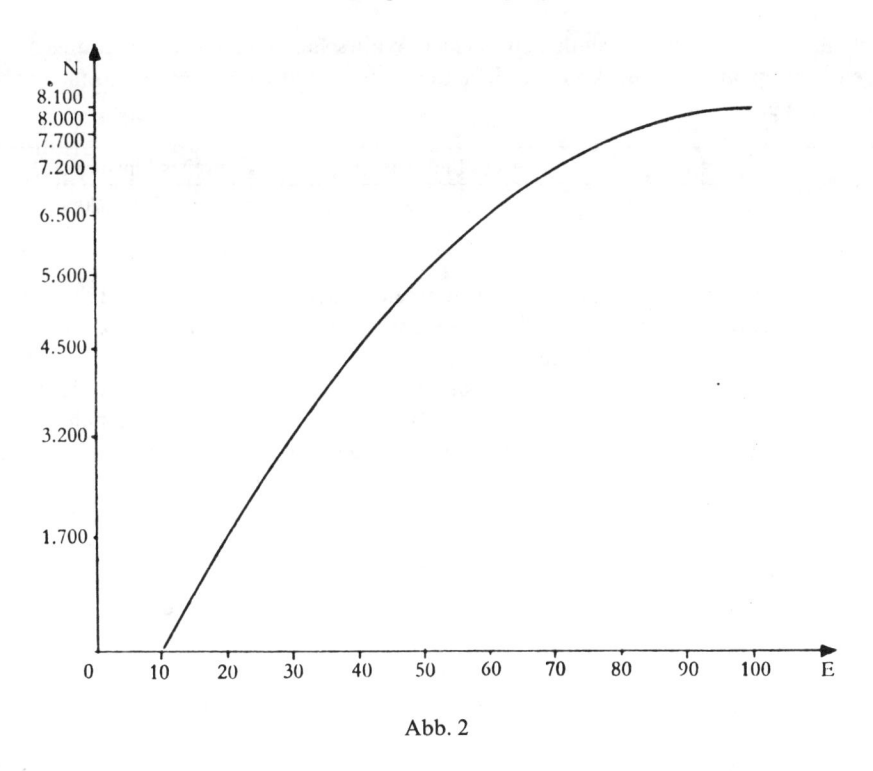

tion). Aufgrund dieser Funktion schätzt der Unternehmer das sichere Existenzminimum 10 gleich einer Wahrscheinlichkeitsverteilung von Einkommenschancen mit einem Mittelwert von 15 und einer Streuung von 30. Das ist eine reichlich fragwürdige Aussage; wir werden sie später mit Hilfe des Prinzips über die Beschränkung der Risikonutzenfunktion richtigstellen. Vorerst halten wir fest: Mit den Werten $\mu = 10$ für $\sigma = 0$ und $\mu = 15$ für $\sigma = 30$ kennen wir bereits zwei Punkte auf der Risikoindifferenzkurve mit dem Nutzenindex Null.

Setzen wir die Einkommenserwartung konstant, z. B. $\mu = 20$, dann erhalten wir die Abhängigkeit des Risikonutzens vom Risiko (von der Streuung)

$$N = 1\,700 - \sigma^2.$$

Für $\sigma = 0$ ist $N = 1\,700$, d. h., das Einkommen von 20 gewährt einen Nutzenindex von 1 700. Der Nutzen Null wird erreicht bei $\sigma = 41$. Wir haben damit bereits einen dritten Punkt auf der Risikoindifferenzkurve mit dem Nutzenindex Null: $\mu = 20$ für $\sigma = 41$.

Setzen wir N konstant, erhalten wir die Abhängigkeit des Risikos vom Erwartungswert, also die Substitutionsbeziehung zwischen Risiko und Einkommen. Für $N = 0$ gilt:

$$\sigma^2 = -\mu^2 + 200\,\mu - 1\,900.$$

Das ist die Gleichung für die Risikoindifferenzkurve des Nutzenindex 0. Auf der Kurve mit dem Nutzenindex 0 liegen z. B.

I: $\mu = 10$; $\sigma = 0$; II: $\mu = 15$; $\sigma = 30$; III: $\mu = 20$; $\sigma = 41$;
aber auch IV: $\mu = 100$; $\sigma = 90$.

Es ist nützlich, sich zu verdeutlichen, welche Wahrscheinlichlichkeitsverteilungen hinter einigen Wertepaaren stehen können. So kann z. B. bedeuten (p = Wahrscheinlichkeit, gerundete Werte):

	μ	σ	erstes Einkommen, p_1	zweites Einkommen, p_2
II:	15	30	0 mit 80%	75 mit 20%
IV:	100	90	0 mit 45%	182 mit 55%

Scheinbar führen unsere Ausrechnungen in einen Widerspruch, denn daß II und IV den gleichen Nutzenindex verkörpern sollen, widerspricht dem Dominanzprinzip, da bei IV ein höheres Einkommen mit einer höheren Wahrscheinlichkeit erwartet wird. Der Widerspruch löst sich, wenn wir die Formel für die Risikonutzenfunktion bedenken. Das Nutzenmaximum liegt bei E = 100, anschließend fällt der Risikonutzen. Für E = 182 entsteht (wenn die Beschränkung der Risikonutzenfunktion nicht beachtet wird) nur ein Nutzenindex von rund 1 376; 182 000 Mark werden also geringer eingeschätzt als 20 000 Mark, die ein Nutzen von 1 700 auszeichnet! Die Annahme eines fallenden Risikonutzens für hohe Einkommen ist, wie schon erwähnt, ökonomischer Unsinn: Der Unternehmer braucht ja nur 82 Tausendmarkscheine wegzuwerfen, um auf den Nutzenindex von 8 100 zu gelangen. Sinnvoll ist die Risikonutzenfunktion allein dann, wenn sie nur bis zu einem Maximum definiert ist. Das bedeutet: Nur diejenigen Wahrscheinlichkeitsverteilungen sind zulässig, deren höchste Einkommenschance kleiner oder gleich dem Nutzenmaximum (im Beispiel: 100 Tausendmarkscheine) ist. Verspricht eine Handlungsmöglichkeit ein höheres Einkommen von, sagen wir,

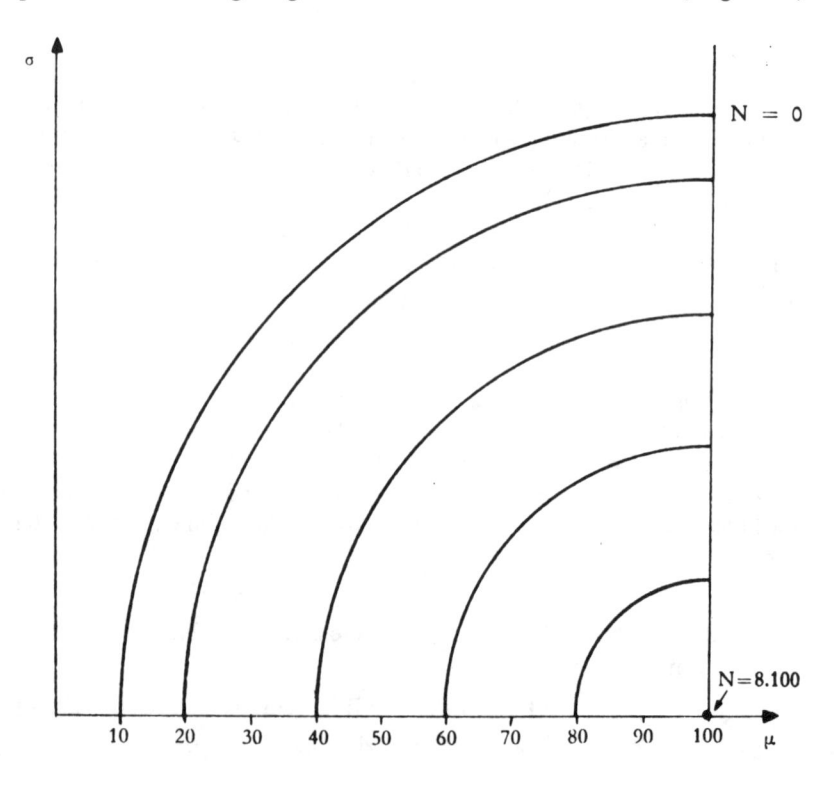

Abb. 3

182 000 Mark, darf diese Einkommenschance in den Nutzenschätzungen des Unternehmens strenggenommen gar nicht beachtet werden. (Setzen wir bei IV anstelle von 182 den Wert E = 100, dann lautet die Verteilung 0 Mark mit 45% und 100 Mark mit 55%. Ihr Nutzenindex ist natürlich größer als Null.) Daraus folgt weiter: Die größte zulässige Streuung für jeden Nutzenindex hat diejenige Einkommensverteilung, deren höchste Einkommenschance bei E = 100 liegt. Das wäre für den Nutzenindex 0 z. B.:
V : E = 0 mit 81% und E = 100 mit 19%.
Diese Verteilung bedeutet zugleich $\mu = 19$, $\sigma =$ rund 39.
Wenn wir die Tatsache beachten, daß man bei einer ökonomisch sinnvollen Deutung der Risikopräferenzfunktion und der Risikonutzenfunktion diese Funktionen nur bis zu dem Einkommensmaximum betrachten darf, dann stellen sich die Abhängigkeiten zwischen Erwartungswert des Einkommens und Streuung graphisch nach Abb. 3 dar.
Eine zweite scharfe Beschränkung der möglichen Wahrscheinlichkeitsverteilungen wird uns aufgezwungen, wenn wir die Aussage ernst nehmen, 10 000 Mark seien das Existenzminimum, welches nicht (jedenfalls nicht mit einer »beachtlichen« Wahrscheinlichkeit) unterschritten werden dürfe. Der Unternehmer wird dann alle Handlungsmöglichkeiten (Wahrscheinlichkeitsverteilungen) vorab als unzulässig verwerfen müssen, die mit einer Wahrscheinlichkeit von, sagen wir, mehr als 5% ein Einkommen erbringen, das unter 10 000 Mark liegt. Für die zeichnerische Darstellung fordern wir, daß alle Handlungsmöglichkeiten unzulässig sind, die überhaupt weniger als 10 000 Mark enthalten. Die Handlungsmöglichkeiten II, IV und V sind dann unzulässig. Von allen Wahrscheinlichkeitsverteilungen, die gleichen Erwartungswert und gleiche Streuung aufweisen – und das sind unendlich viele –, werden dann nur noch diejenigen als zulässig angesehen, die mit Sicherheit ein Einkommen von mindestens 10 000 und höchstens 100 000 Mark erwirtschaften.
In Abb. 4 ist der Fall abgetragen, daß nur solche Wahrscheinlichkeitsverteilungen zulässig sind, die mindestens E = 10, höchstens jedoch E = 100 erbringen. Die Anforderung, nur solche Handlungsprogramme zu betrachten, die mindestens das Existenzminimum sichern, bedeutet zunächst, daß die Indifferenzkurve mit dem Nutzenindex 0 auf den Abszissenpunkt 10 zusammenschrumpft, denn jede Wahrscheinlichkeitsverteilung, die mindestens 10 000 Mark oder mehr erbringt, muß dann einen höheren Nutzenindex als 0 haben. Wie in Abb. 3 ist in Abb. 4 für jeden Nutzenindex eine maximale Streuung definiert, nur daß hier mit wachsendem Nutzenindex die maximale Streuung (und damit die »zulässige« Länge der Indifferenzkurve) zunächst steigt und dann fällt. Die einzelnen Indifferenzkurven berechnen sich wie folgt: Das Einkommen 50 sichert in der Risikonutzenfunktion ($\sigma = 0$) einen Nutzenindex von 5 600. Für diesen Wert lautet die Risikopräferenzfunktion

$$5\,600 = -\mu^2 + 200\,\mu - 1\,900 - \sigma^2$$
$$\sigma^2 = -\mu^2 + 200\,\mu - 7\,500.$$

Die äußerste zulässige Verteilung ist die Verteilung aus den Grenzwerten 10 und 100; für N = 5 600 folgt (nach S. 124) 100 mit p = 0,7; 10 mit p = 0,3. Hierfür gilt $\mu = 73$; so errechnet sich $\sigma =$ rund 42. Die längste Risikoindifferenzkurve geht vom Abszissenwert (dem Sicherheitsäquivalent) 36,4 aus. Die maximale Streuung wird auf dieser Indifferenzkurve erreicht bei einem Erwartungswert von 55, der aus der Wahrscheinlichkeitsverteilung der beiden gerade noch zulässigen Grenzeinkommen E = 10 und E = 100 mit einer Wahrscheinlichkeit von je 50% entsteht, die Streuung beträgt hier 45.

Abb. 4

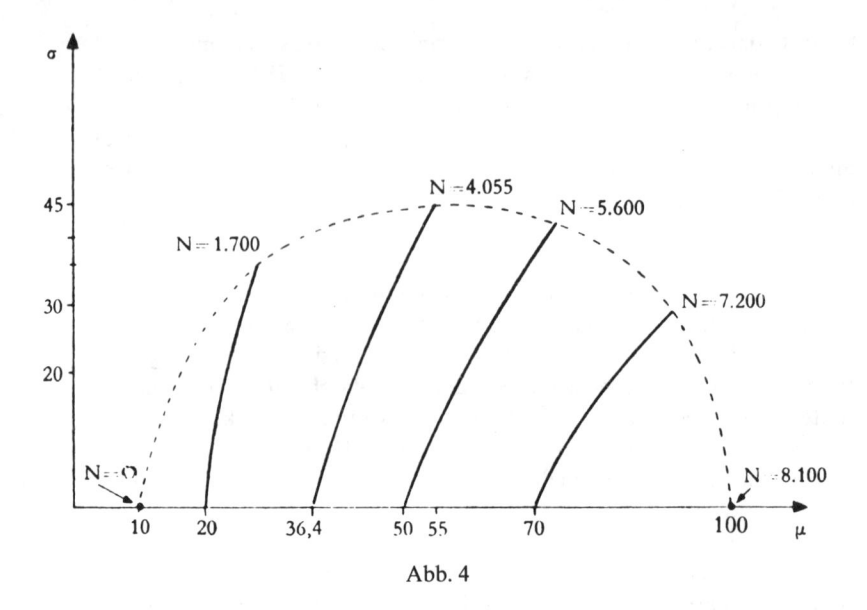

Für einen Unternehmer, der alle Handlungsprogramme verwirft, die nicht mindestens 10 000 Mark an Einkommen bringen, und dessen Risikonutzen bei 100 000 Mark sein Maximum erreicht, ist also nur ein zusammengeschrumpftes Indifferenzkurvenfeld (wie Abb. 4) vorhanden. Das geschrumpfte Indifferenzkurvenfeld folgt aus dem Prinzip über die Beschränkung der Risikonutzenfunktion.

Risikopräferenzfunktionen vermeiden die umständliche Berücksichtigung aller alternativen Zukunftslagen. Sie beachten nicht die gesamte Wahrscheinlichkeitsverteilung einer Handlungsmöglichkeit, sondern versuchen, die Eigenschaften der Wahrscheinlichkeitsverteilung (das Risiko einer Handlungsmöglichkeit) durch repräsentative Größen zu messen. Solche Risikomaße sind z. B. der Erwartungswert der Verluste oder ein Streuungsmaß. Solche Risikopräferenzfunktionen beschränken sich meistens auf zwei Parameter, auf den Erwartungswert (μ) und die Verlusterwartung (η) oder auf den Erwartungswert und die Standardabweichung (σ) als Streuungsmaß. Der Risikonutzen wird als abhängig vom Erwartungswert und der Verlusterwartung angesehen: $N = N(\mu, \eta)$ oder als abhängig von Erwartungswert und Standardabweichung: $N = N(\mu, \sigma)$. Gelegentlich wird das Risiko auch durch zwei Maßgrößen beschrieben, z. B. durch die Standardabweichung und die Schiefe der Wahrscheinlichkeitsverteilung. Dann enthält die Risikopräferenzfunktion drei Parameter: Erwartungswert, Standardabweichung, Schiefe. Zahlreiche Abwandlungen sind hier denkbar, insbesondere können unterschiedliche Streuungsmaße verwandt werden. Allen diesen Risikopräferenzfunktionen ist eigen, daß sie nur unter einschränkenden Voraussetzungen rational sind[73]. Sie widersprechen den Axiomen des Bernoulli-Prinzips und damit der Theorie des Risikonutzens nur dann nicht, wenn

a) die Wahrscheinlichkeitsverteilung einer Handlungsmöglichkeit eine bestimmte Form aufweist (z. B. bei der [μ, σ]-Regel [Präferenzfunktion] eine Normalverteilung ist) oder

---

[73] Vgl. im einzelnen *Schneeweiß*, S. 46–61, und die dort genannte Literatur.

b) wenn die Risikonutzenfunktion eine bestimmte algebraische Gestalt hat (bei der [μ, σ]-Regel z. B. eine quadratische Funktion des Einkommens ist).

f) Entscheidungsregeln für niedrigere Meßbarkeitsstufen der Ungewißheit

Abgesehen von dem Anwendungsfall der Spieltheorie (nominale Wahrscheinlichkeiten), beschäftigt sich die entscheidungstheoretische Forschung erst in den letzten Jahren gründlicher mit diesen Ungewißheitsfällen. Durchschlagende Ergebnisse sind noch nicht erzielt und bei der Schwierigkeit der Problemstellung auch nicht auf Anhieb zu erwarten. Deshalb beschränkt sich dieser Abschnitt auf einen Überblick.

1. Intervallwahrscheinlichkeiten

Die ältere Kritik an der Risikonutzentheorie ging von Häufigkeitsziffern aus, und empirische Untersuchungen haben gezeigt, daß selbst nach Unterrichtung der Entscheidenden über die Fehlerhaftigkeit ihres Verhaltens im Sinne des Bernoulli-Prinzips, ein erheblicher Anteil der Entscheidenden nicht bereit war, seine Entscheidung zu korrigieren[74]. Die ältere Kritik (Fußnote 39, 40) an der Risikonutzentheorie geht fehl, wenn die Häufigkeitsziffern gleich subjektiven Wahrscheinlichkeiten gesetzt werden, wie im Schrifttum oft genug gezeigt wurde[75].

Jedoch gewinnt diese Kritik neues Gewicht, wenn sie wie folgt umgedeutet wird: Die Entscheidenden, vor Entscheidungsprobleme mit Häufigkeitsziffern gestellt, waren nicht bereit, den Grad des persönlichen Für-Wahr-Haltens gleich den Häufigkeitsziffern zu setzen, also das Ausmaß des persönlichen Für-Wahr-Haltens auf einer Verhältnisskala zu messen, sondern sie wollten die Häufigkeits-Information nur in eine Messung von subjektiven Wahrscheinlichkeitsintervallen umsetzen. Ein solches Verhalten ist nicht unvernünftig: Bei wirtschaftlichen Problemen kennt man wohl nie eine für die Zukunft geltende »objektive« Wahrscheinlichkeit, wie sie etwa für den radioaktiven Zerfall einzelner Atome bestehen mag, sondern bestenfalls Häufigkeitsziffern aus der Vergangenheit. Der Induktionsschluß von Häufigkeitsziffern der Vergangenheit auf die Zukunft ist nicht logisch begründbar, und empirisch kann das künftige Auftreten anderer Eigenschaften als jener, welche die Häufigkeitsverteilung in der Vergangenheit erzeugten, keinesfalls ausgeschlossen werden. Deshalb zieht der Schluß von *Braithwaite* nicht, ein Abweichen subjektiver von objektiven Wahrscheinlichkeiten sei unvernünftig[76].

Bandbreiten von quantitativen subjektiven Wahrscheinlichkeiten lassen sich zwar rechne-

---

[74] Vgl. *Kenneth R. MacCrimmon*, Descriptive and Normative Implications of the Decision Theory Postulates. In: Risk and Uncertainty, edited by Karl Borch and Jan Mossin, London-Melbourne-Toronto-New York 1968, S. 3–32 (mit Diskussion), hier S. 20 f.
[75] Vgl. *Savage*, The Foundations of Statistics, S. 103; *Vernon L. Smith*, Measuring Nonmonetary Utilities in Uncertain Choices: The Ellsberg Urn. In: The Quarterly Journal of Economics, Vol. 83 (1969), S. 324–329.
[76] Vgl. *R. B. Braithwaite*, Why is it reasonable to base a betting rate upon an estimate of chance? In: Logic, Methodology, and Philosophy of Science, edited by Yehoshua Bar-Hillel, Amsterdam 1965, S. 263–273, bes. S. 273.

risch auf einzelne mittlere Wahrscheinlichkeiten zurückführen[77]. Aber diese verkürzte Wiedergabe der tatsächlichen Präferenzlage des Entscheidenden hinterläßt bei diesem, so will mir scheinen, ein Störgefühl, das ihn dazu veranlaßt, nicht die Axiome der Risikonutzentheorie allein als vernünftig anzuerkennen und danach zu handeln. Vielmehr kann dann der Entscheidende z. B. auch folgende Überlegung als für sich vernünftig ansehen[78]:

1. Wenn mehrere Wahrscheinlichkeitsverläufe für die Zukunftslagen bestehen (also ein Wahrscheinlichkeitsintervall), dann ist jede Handlungsmöglichkeit zulässig, die für mindestens einen der gegebenen Wahrscheinlichkeitsverläufe den höchsten Risikonutzen aufweist.

2. Nicht alle diese zulässigen Handlungsmöglichkeiten sind aber empfehlenswert! Deshalb darf nicht geschlossen werden: Bei Intervallwahrscheinlichkeiten könne gleichwohl das Bernoulli-Prinzip angewandt werden, weil es eine von mehreren zulässigen Entscheidungsregeln sei. Hier seien zwei Einschränkungen wiedergegeben, ohne ihre Begründung durch *Levi* zu diskutieren:
a) Ist der Risikonutzen für eine Handlungsmöglichkeit, die sofortiges Durchführen der Handlung (also Festlegung) verlangt, und der einer anderen Handlungsmöglichkeit, welche eine weitere Informationsbeschaffung erfordert (also die Entscheidungsfreiheit bewahrt), gleich hoch, dann ist das Aufschieben der Entscheidung rational: Das Bewahren von Entscheidungsfreiheit ist bei nutzenäquivalenten Handlungsmöglichkeiten vernünftig!
b) Ist der Risikonutzen einer Handlungsmöglichkeit, die als sicher gilt, gleich dem einer anderen, die mit Wahrscheinlichkeiten behaftet ist, dann ist die sichere zu wählen: (Zusätzliche) Risikoscheu ist bei nutzenäquivalenten Handlungsmöglichkeiten vernünftig!

Entscheidungen bei Wahrscheinlichkeitsintervallen lassen weit mehr Freiheit bei der Festlegung dessen, was als vernünftiges Verhalten gilt, als Entscheidungen, die von auf einer Verhältnisskala meßbaren Wahrscheinlichkeiten ausgehen. Und dieser Grundsatz läßt sich verallgemeinern: *Je weniger genau Präferenzen zu messen sind, um so mehr Verhaltensweisen müssen als Ausprägungen vernünftigen Verhaltens anerkannt werden!*

---

[77] Vgl. *Cedric A. B. Smith*, Consistency in Statistical Inference and Decision. In: Journal of the Royal Statistical Society, Series B, Vol. 23 (1961), S. 1–37 (mit Diskussion), hier S. 9 f.

[78] Vgl. *Isaac Levi*, On Indeterminate Probabilities. In: The Journal of Philosophy, Vol. 71 (1974), S. 391–418, hier S. 409–412; die erste Bedingung führt Levi auf *I. J. Good*, Rational Decisions. In: Journal of the Royal Statistical Society, Series B, Vol, 14 (1952), S. 107–114, hier S. 114, zurück.
Die erste Bedingung impliziert bereits den Lösungsansatz, den Jacob/Karrenberg vortragen. Vgl. *Herbert Jacob, Rainer Karrenberg*, Die Bedeutung von Wahrscheinlichkeitsintervallen für die Planung bei Unsicherheit. In: ZfB, Jg. 47 (1977), S. 673–696, hier S. 677. Jacob und Karrenberg versuchen bei Intervallwahrscheinlichkeiten eine Art Empfindlichkeitsanalyse, messen aber das Risiko durch den Erwartungswert der Verluste. Dieses Risikomaß erzwingt jedoch lineare Risikonutzenfunktionen (vgl. *Marcel K. Richter*, Cardinal Utility, Portfolio Selection, and Taxation. In: The Review of Economic Studies, Vol. 27 (1959/60), S. 152–166, hier S. 155–157).
Zu Intervallwahrscheinlichkeiten vgl. weiter *I. J. Good*, Subjective Probability as the Measure of a Non-Measurable Set. In: Logic, Methodology, and the Philosophy of Science, edited by Ernest Nagel, Patrick Suppes, Alfred Tarski, Stanford 1962, S. 319–329; *A. P. Dempster*, Upper and Lower Probabilities induced by a multivalued Mapping. In: The Annals of Mathematical Statistics, Vol. 38 (1967), S. 325–339, sowie die frühe Arbeit von *Bernard O. Koopman*, The Bases of Probability. In: Bulletin of the American Mathematical Society, Vol. 46 (1940), S. 763–774, wiederabgedruckt in: Henry E. Kyburg jr., Howard E. Smokler (eds.), Studies in Subjective Probability, New York 1964, S. 161–172.

2. Regeln für vernünftiges Verhalten bei ordinalen und nominalen Wahrscheinlichkeiten?

Hier interessiert der Regelfall, in dem die Entscheidung nicht durch Nutzendominanz (S. 116) fällt.

Eine Regel für vernünftiges Entscheiden bei einem *ordinalen Wahrscheinlichkeitsraum* hat bisher nur *Fine* ausgearbeitet: Eine vernünftige Entscheidung ist demnach dann möglich, wenn jederzeit eine Ausgleichszahlung für jeden Wechsel in der Ungewißheit vom Entscheidenden benannt werden kann[79]. Das heißt aber m. E. nichts anderes als den »empirischen Gehalt« des Stetigkeitsprinzips in anderer Weise ausdrücken. Für die Anwendung in der unternehmerischen Planung führt dieser Vorschlag nicht weiter: Ordinale Wahrscheinlichkeitsräume sind in der Wirklichkeit dadurch gekennzeichnet, daß gerade solche Ausgleichszahlungen (die ein Umrechnen in Sicherheitsäquivalente ermöglichen würden) vom Entscheidenden nicht genannt werden können.

Für nur *teilweise geordnete ordinale (»prä-ordinale«) Wahrscheinlichkeiten* ist die Suche nach »vernünftigen« Entscheidungsregeln bislang gescheitert[80].

Die einzelnen spieltheoretischen bzw. statistischen »Entscheidungsregeln unter Ungewißheit« (für nominale Wahrscheinlichkeitsräume) sind hier unvernünftig, weil sie nicht alle vorhandenen Informationen (über die teilweise bestehende Rangordnung in der Glaubwürdigkeit einzelner Zukunftslagen) ausnutzen.

Einen vielleicht erfolgversprechenden weiterführenden Ansatz trägt *Wolfgang Bühler* vor, der eine Entscheidung unter den unvollständigen (nicht durchgehenden) Rangordnungsaussagen über die Glaubwürdigkeiten auf folgende Weise sucht: Er wählt die »Minimax«-Lösung (s. unten) für alle mit der unvollständigen Rangordnungsaussage verträglichen Wahrscheinlichkeitsverteilungen[81].

Die Vernünftigkeit der »Entscheidungsregeln unter Ungewißheit« bleibt bei nur *nominalen Wahrscheinlichkeiten* Geschmacksfrage; es sei denn, der »Gegenspieler« sei tatsächlich bereit und in der Lage, stets jene Strategie zu wählen, welche den Verlust des Planenden maximiert. Dann ist das Minimaxprinzip vernünftig.

Bei nur *teilweise nominalen Wahrscheinlichkeiten* versagt gleichfalls die am stärksten pessimistische der Entscheidungsregeln unter Ungewißheit, das Minimaxprinzip, schon deshalb, weil nicht bekannt ist, bei welcher Strategie und Zukunftslage das Minimum der maximalen Verluste eintritt.

Das »Minimax«-Prinzip besagt: Entscheide für jene Handlungsweise, die den höchsten Zielbeitrag bei der schlechtesten Zukunftslage anzeigt. Gegen diese und ähnliche Regeln spricht, daß rationales Verhalten die Auswertung aller vorhandenen Zukunftslagen voraus-

---

[79] Vgl. *Fine*, S. 39, Axiom DCP 6.
[80] Vgl. *Robert J. Aumann*, Utility Theory without the Completeness Axiom. In: Econometrica, Vol. 30 (1962), S. 445–462, hier S. 447 f.; er muß seine Bemühungen mit dem Verzicht bezahlen, den Erwartungswert des Risikonutzens als Entscheidungsregel verwenden zu können, denn aus N(x) > N(y) folgt bei Aufgabe der durchgehenden Rangordnung nicht mehr $x \succ y$.

Vgl. zu diesem Ungewißheitsfall auch *Arno Jaeger*, Zur Entscheidungstheorie für Spiele gegen die Natur bei Unsicherheit mit präordinalem Nutzen. In: Quantitative Wirtschaftsforschung, Wilhelm Krelle zum 60.Geburtstag, hrsg. von Horst Albach, Ernst Helmstädter, Rudolf Henn, Tübingen 1977, S. 345–358.

[81] Vgl. *Wolfgang Bühler*, Investitions- und Finanzplanung bei qualitativer Information. Unveröff. Habilitationsschrift, Aachen 1976, insbes. S. 78–88, 129–142; ders., Capital Budgeting under Qualitative Data-Information. Erscheint in: Financial Management of Corporate Resource Allocations, edited by Roy L. Crum and Frans G. J. Derkinderen, Nijenrode Studies in Business, Boston 1980.

setzt. Das Minimax-Prinzip beachtet jedoch praktisch nur eine einzige (die schlechteste) Zukunftslage. Das kann nur in Sonderfällen (z B. bei Spielen gegen einen »allwissenden« Gegner) vernünftig sein. Zudem kann das »Minimax«-Prinzip gegen das Dominanzprinzip verstoßen. Man betrachte etwa folgendes Beispiel mit den Zukunftslagen A und B und den Handlungsmöglichkeiten I und II:

	A	B
Handlungsmöglichkeit I	10	100
Handlungsmöglichkeit II	10	11

Nach dem Minimax-Prinzip ist strenggenommen I ~ II, was dem Dominanzprinzip widerspricht[82].

g) Das Problem des Optimums für die Informationsbeschaffung

1. Der Informationswert bei ungewißheitsmindernden Informationen

Die Aufgabe der betriebswirtschaftlichen Entscheidungstheorie wurde bisher darin gesehen, jene Entscheidung zu suchen, die bei einem gegebenen Informationsstand zielentsprechend erscheint. Nunmehr erweitern wir die Aufgabenstellung und fragen: Wie bestimmt sich das zielentsprechende Ausmaß der Informationsbeschaffung?

Ohne Einholen zusätzlicher Informationen zu entscheiden, kann sehr unvernünftig sein. Nehmen wir an, zwei Studenten stehen Anfang Juli vor der Frage, ob sie in einer Woche an einer Übungsklausur teilnehmen oder statt dessen gleich ans Meer fahren sollen. Sie wollen an der Klausur teilnehmen, solange das Durchfallrisiko erträglich erscheint. Beide Studenten sehen ihr gegenwärtiges Wissen als zu gering und damit das Durchfallrisiko als überwältigend an. Der erste beschließt, lieber gleich ans Meer zu fahren. Der zweite meint, durch Einholen zusätzlicher Informationen, z. B. Lesen der Übungsunterlagen in der verbleibenden Woche, das Durchfallrisiko auf ein erträgliches Ausmaß mindern zu können. Er folgert: Vorbereitung auf die Klausur und Schreiben sei besser, als gleich ans Meer zu fahren. Wer von beiden handelt vernünftig?

Nach unserem bisherigen Vorgehen müssen wir auch das Gleich-ans-Meer-Fahren als vernünftig bezeichnen, denn Schwimmen ist sicher besser als Klausur schreiben und mit hoher Wahrscheinlichkeit Durchfallen. Der Fehler des ersten Studenten liegt jedoch darin, daß er sich das falsche Problem gestellt hat. Er durfte in diesem Fall die Möglichkeit, seinen Informationsstand zu verbessern, nicht außer acht lassen. Erst wenn er nach Berücksichtigung des Lernleides zu der Erkenntnis kommt, ans Meer fahren sei besser als Lernleid, Klausurleid und möglicher Durchfallärger, erst dann ist seine Entscheidung, ans Meer zu fahren, zielentsprechend. Aber diese Planung setzt voraus, daß der Student die zusätzliche Handlungsmöglichkeit erkennt, durch Lernen das Risiko der Zielerreichung zu mindern. Im Erkennen zusätzlicher Handlungsmöglichkeiten unterscheiden sich kluge Leute von Dummköpfen.

Der Entscheidende hat aus seinem Grundbestand an Wissen das Entscheidungsproblem zu

---

[82] Zu anderen Entscheidungsregeln vgl. z. B. *Luce-Raiffa*, S. 278–286; *Krelle*, Präferenz- und Entscheidungstheorie, S. 185–193.

formulieren, also Ziel, Umweltbedingungen und Handlungsmöglichkeiten zu nennen. Zu den Handlungsmöglichkeiten zählt, zusätzliches Wissen über eine Entscheidung zu erlangen. Die Entscheidung, ob zusätzliches Wissen eingeholt werden soll oder nicht, ist eine Vorentscheidung zur Sachentscheidung, ans Meer zu fahren oder an der Klausur teilzunehmen. Die Vorentscheidung kann nicht ohne Bezug auf die Sachentscheidung getroffen werden.
Der Entscheidende muß deshalb fragen:
(I) Wie hoch ist der Zielbeitrag der Sachentscheidung, wenn das Problem ohne Einholen zusätzlichen Wissens gelöst wird?
(II) Wie hoch ist der Zielbeitrag, wenn vor der Problemlösung noch zusätzliches Wissen eingeholt wird?
Diese beiden Fragen kennzeichnen das Wahlproblem der Vorentscheidung (Informationsentscheidung).
Im Schrifttum wurde ursprünglich die Entscheidung, ob eine zusätzliche Information eingeholt werden soll, davon abhängig gemacht, ob der Grenzerlös über den Grenzkosten der Information liegt bzw. ob der Informationswert die Informationskosten übersteige[83]. Diese Formulierung war schon deshalb fragwürdig, weil »Informationswert« und »Informationskosten« in Risikonutzenziffern gemessen werden müssen. Das jüngere Schrifttum sieht deshalb die Bestimmung des Informationsoptimums als Anwendungsfall der Risikonutzentheorie an, wenngleich immer noch aus Bequemlichkeit häufig nur mit dem Erwartungswert gerechnet wird[84].
Allen diesen Informationswertberechnungen wohnt eine überaus enge Problemsicht inne: Sie behandeln das Problem der Informationsbeschaffung als Ungewißheitsproblem, gehen also von »vollständiger Gewißheit über die Ungewißheit« aus. Informationen beschafft man aber aus zwei Gründen:
(a) Es besteht vollständige Gewißheit über die Ungewißheit, z. B. eine Menge von 20 Zukunftslagen. Hier dient neues Tatsachenwissen dazu, das Risiko zu mindern, z. B. 10 logisch denkbare Zukunftsentwicklungen als empirisch belanglos zu streichen. Für diesen Fall der »ungewißheitsmindernden« Informationen sind die Berechnungsweisen des Schrifttums zum Informationswert entworfen. Nur für diesen Fall gilt, daß der Informationswert einer Nachricht niemals einen negativen »Nutzen« hat (Marschak in Fußnote 83).
Am Beispiel des Informationswerts zeigt sich deutlich, daß Risikonutzenüberlegungen nur Rechenempfehlungen für Kalküle sind, keinesfalls als Ausdruck einer psychischen Bedürfnisbefriedigung gedeutet werden dürfen: Die Nachricht, daß ein geliebter Mensch, der krank war, jetzt gestorben ist, vermindert sicher die Ungewißheit, und deshalb ist der Informationswert (Risikonutzen) der Nachricht positiv. Aber es wäre eine Perversion des Begriffssystems zu schließen: Weil der Risikonutzen gestiegen ist, läge auch höhere »Bedürfnisbefriedigung« vor.
(b) Es besteht keine vollständige Gewißheit über die Ungewißheit,. d. h., der Entscheidende bezweifelt die »Abbildungstreue« seines realen Entscheidungsproblems in seinem Gedankenmodell. Nur ein genialer Planer wird intuitiv alle logisch denkbaren Zukunftslagen und ihre Potenzmenge (die vollständige Ereignisalgebra) erkennen.

---

[83] Vgl. *Jacob Marschak*, Towards an Economic Theory of Organization and Information. In: Decision Processes, edited by R. M. Thrall, C. H. Coombs, R. L. Davis, New York-London 1954, S. 187–220, hier S. 201 f.; *Savage*, The Foundations of Statistics, S. 107; *Robert Schlaifer*, Probability and Statistics for Business Decisions. New York-Toronto-London 1959, S. 515 f.
[84] Vgl. bes. die Darstellung bei *Mag*, ab S. 142, 188.

Wir Menschen wissen jedoch, daß wir keineswegs alle Zukunftslagen sofort erfassen können. Erst durch mühsames Nachdenken und unter Einholen zusätzlicher Informationen, *deren Wert wir nicht berechnen können, weil keine Wahrscheinlichkeitsverteilung hierfür existiert*, können wir uns eine halbwegs abbildungstreue Aufzählung von Zukunftslagen für ein Entscheidungsproblem erarbeiten.

Für uns geistige Normalverbraucher können zusätzliche Informationen durchaus zu einer erhöhten Ungewißheit führen: dann, wenn ein neuer Informationsstand die Abbildungstreue des Entscheidungsproblems im Planungsmodell verbessert, also z. B. offenlegt, daß bisher mit zuwenig Zukunftslagen gerechnet wurde.

Für den gegenüber (a) viel wichtigeren Fall der Umdeutung von neuem Tatsachenwissen in Gedankenmodelle nützen Informationswertberechnungen nichts, weil sie von einem gegebenen Informationsstand und exakter Problembeschreibung, (also einer »Entscheidung unter Ungewißheit«) ausgehen und hierbei voraussetzen, daß die Änderung des Informationsstandes die bestehende Ungewißheit mindert (die Wahrscheinlichkeitsverteilung verkürzt bzw. verdichtet).

Doch auch bei »Entscheidungen unter Ungewißheit« können neue Informationen dazu führen, eine bisher bestehende Wahrscheinlichkeitsverteilung bzw. sogar eine durchgehende Rangordnung (qualitative Wahrscheinlichkeiten) zu ruinieren. Für diesen Fall wird anschließend ein Beispiel gegeben.

Dieses Beispiel verdeutlicht erneut die überaus engen Voraussetzungen, auf denen die üblichen Entscheidungsmodelle unter Ungewißheit aufbauen, die von bekannter Wahrscheinlichkeitsverteilung ausgehen. Solche Fälle, wie der unter 2. dargestellte, gaben den Ausschlag, die Ausführungen zum Informationswert in diesem Buch wegen ihres bescheidenen Anwendungsbereiches gegenüber den Vorauflagen erheblich zu straffen.

2. Ruin der durchgehenden Rangordnung durch neue Informationen

Praktische Entscheidungsprobleme sind durch sich ändernden Informationsstand bis zum Zeitpunkt der Entscheidung gekennzeichnet. Neue Informationen, die allein die Rangordnung der Zukunftslagen betreffen (also Anzahl und Inhalt der in die Planung eingehenden Zukunftseigenschaften und damit den nominalen Wahrscheinlichkeitsraum unberührt lassen), können die durchgehende Rangordnung der Glaubwürdigkeiten, also die Existenz qualitativer Wahrscheinlichkeiten, vernichten. Beispiel:

Für die Errichtung eines Werks, in dem z. B. Mikroprozessoren gefertigt werden sollen, sind Vorverträge abgeschlossen worden: Vorkaufsrechte für Grundstücke, Vorbenutzungsrechte von Patenten wurden erworben. Diese Rechte laufen zum Jahresende aus. Wenn die Entscheidung lautet: Das Werk wird nicht gebaut, sind 10 Mill. Mark als Verlust auszubuchen. Aus diesem Grund wird im September beschlossen, auf der Vorstandssitzung im Dezember muß die endgültige Entscheidung fallen. Die Vorteilhaftigkeit der neuen Produktion hänge von zwei Bedingungen ab, zum einen, ob die Konkurrenz nicht zugleich auf diesem Gebiet investiere (A), zum anderen, ob die Bundesregierung diese technische Entwicklung subventioniere (B). A und B werden als voneinander unabhängig angesehen.

Bis September ging die Planung des Unternehmens davon aus, daß

1. $A \succ \bar{A}$, d. h., es sei glaubwürdiger, daß die Konkurrenz nicht auf diesem Gebiet investiere, als daß sie es tue.

2. $B \succ \bar{B}$, d. h., es sei glaubwürdiger, daß die Bundesregierung diese technische Entwicklung subventioniere, als daß die Förderung verweigert werde, und
3. $A \sim B, \bar{A} \sim \bar{B}$: Das Auftreten beider Zukunftseigenschaften sei von gleichem Glaubwürdigkeitsrang (und von gleichem, aber niedrigerem Rang ihr Nichtauftreten).
Damit bestehen vier alternative Zukunftslagen mit der Rangordnung

$$A \cap B \succ A \cap \bar{B} \sim \bar{A} \cap B \succ \bar{A} \cap \bar{B}.$$

In Worten: Nicht-Investition durch die Konkurrenz und Subvention durch die Regierung sind glaubwürdiger als Nicht-Investition der Konkurrenz und Nicht-Subvention. Dies ist gleich glaubwürdig dem Fall, daß die Konkurrenz investiert und die Regierung subventioniert, und beides ist glaubwürdiger als Investition durch die Konkurrenz und Nicht-Subvention.
Anfang Dezember erfährt das Unternehmen, daß sich die Aussichten für Subventionen verschlechtert haben: Die bisherigen Befürworter der Förderung mögen an Einfluß verloren haben, die Finanzlage des Bundes allgemein, die verbesserte Arbeitsmarktlage dieses Industriezweiges im besonderen, machen Subventionen weniger glaubwürdig. Im Entscheidungszeitpunkt kann einfach nicht gesagt werden, ob die Subventionsgewährung glaubwürdiger ist als die Nichtgewährung: Das entscheidende Vorstandsmitglied hält sowohl $B \succ \bar{B}$ als auch $B \prec \bar{B}$ und $B \sim \bar{B}$ für möglich bzw. unter den verschiedenen Vorstandsmitgliedern sind die Meinungen in dieser Weise geteilt.
Der übliche Ausweg in einem solchen Fall lautet: Wenn man gar nichts mehr weiß, also keine Präferenz für oder gegen B äußern kann, dann sind B und $\bar{B}$ als gleichwahrscheinlich anzusehen. Mit der Annahme der Gleichwahrscheinlichkeit ist eine Rangordnung (hier Gleichwertigkeit), ja sogar die Bezifferung, gelungen.
Würde sich die Vorteilhaftigkeit des neuen Zweigwerkes allein nach der Frage »Subvention oder nicht?« richten, wären also die Zukunftslagen durch eine Einer-Menge von Zukunftseigenschaften beschrieben, könnte auf Gleichwahrscheinlichkeit (S. 84) geschlossen werden: Aus den vorliegenden Informationen ergäbe sich dann $B \gtrless \bar{B}$, und da die Entscheidung für jede Präferenzäußerung unterschiedlich ausfallen kann, eine Entscheidung aber getroffen werden muß, erscheint die Annahme $B \sim \bar{B}$ (Gleichwahrscheinlichkeit) hier mindestens so vernünftig wie die Entscheidung nach dem Minimax-Prinzip oder einer anderen Entscheidungsregel, die ohne Wahrscheinlichkeiten auskommt.
Die Annahme der Gleichwahrscheinlichkeit wird bei Zukunftslagen, die durch *eine* Zukunftseigenschaft beschrieben sind, unzulässig, sobald der Entscheidende sich außerstande fühlt, die einzelnen Zukunftslagen im Hinblick auf ihre Glaubwürdigkeit zu vergleichen. Demgegenüber versagt bei Zukunftslagen, die durch mehrere Zukunftseigenschaften zugleich gekennzeichnet sind, die Vereinfachung »Gleichwahrscheinlichkeit« schon dann, wenn der Entscheidende zwar im Hinblick auf jede einzelne Zukunftseigenschaft die Zukunftslagen für vergleichbar hält, aber bei einer keine eindeutige Rangordnung vornehmen kann. Wenn kein Wissen darüber besteht, ob B glaubwürdiger ist als $\bar{B}$, läßt sich nichts mehr über den Glaubwürdigkeitsrang von A zu B (Ā zu $\bar{B}$) folgern, denn aus dem Nichtwissen über die Rangordnung von B zu $\bar{B}$ darf man nicht auf eine ausdrückliche Rangordnung zwischen A und B schließen.
Wenn der Entscheidende nur weiß $A \succ \bar{A}$, schon nicht mehr weiß, ob $B \gtrless \bar{B}$, dann kann er auch keine Aussage darüber machen, ob $A \gtrless B$ (und damit auch $A \gtrless \bar{B}, \bar{A} \gtrless B, \bar{A} \gtrless \bar{B}$). Er kann nur eine strenge Teilordnung über 2×2 Zukunftslagen bilden: $A \cap B \succ \bar{A} \cap B$ und

$A \cap \bar{B} \succ \bar{A} \cap \bar{B}$; alle anderen Zukunftslagen lassen sich nicht mehr in eine Rangordnung bringen.

Diese Untersuchung der Rangordnungsbeziehungen offenbart:

1. Die stillschweigende Annahme der Gleichwahrscheinlichkeit, wenn man nicht weiß, welche Zukunftslagen glaubwürdiger sind, wird bei Zukunftslagen aus mehreren Zukunftseigenschaften unzulässig.

2. Ist nicht zu entscheiden, welche Ausprägung einer Zukunftseigenschaft (B oder $\bar{B}$) glaubwürdiger ist, existieren keine qualitativen Wahrscheinlichkeiten mehr. Vielmehr besteht nur noch eine teilweise ordinale Meßbarkeit. Nur einzelne qualitative Wahrscheinlichkeiten können gebildet werden, aber keine durchgehende Rangordnung mehr.

3. Bei teilweise ordinaler Messung sind die Entscheidungsregeln, die von einer Nichtmeßbarkeit von Wahrscheinlichkeiten ausgehen, nicht sinnvoll anzuwenden. Dies soll für das Minimax-Prinzip gezeigt werden.

Um die Minimax-Regel anzuwenden, werden zunächst beispielhaft die vier Zukunftslagen bei der Strategie »Bau des neuen Werkes« beziffert (für den Nicht-Bau sind die Ausgaben für die Vorverträge verloren, es entstehen jeweils 10 Mill. Mark Verlust).

Zukunftslage	$A \cap B$	$A \cap \bar{B}$	$\bar{A} \cap B$	$\bar{A} \cap \bar{B}$
Bau des Werkes	+ 100	+ 50	0	− 50
Nicht-Bau des Werkes	− 10	− 10	− 10	− 10

Nach dem Minimax-Prinzip wäre der Nicht-Bau des Werkes vorzuziehen, denn der maximale Verlust wird für die letzte Zukunftslage minimiert. Wären die Zukunftslagen nur durch eine einzige Zukunftseigenschaft beschrieben (z. B. durch die Frage, ob Subventionen gewährt werden allein), könnte die Anwendung des Minimax-Prinzips durchaus vernünftig sein, z. B. bei folgenden Gewinnen: $B = 100$, $\bar{B} = -50$ bei Bau, jeweils − 10 bei Nicht-Bau des Werkes, und wenn hinsichtlich der Glaubwürdigkeit nur $B \gtreqless \bar{B}$ gefolgert werden kann.

In unserem Beispiel, in dem der Inhalt der Zukunftslagen durch mehrere Zukunftseigenschaften bestimmt ist, steht jedoch fest, daß beim Bau des Werkes ein Gewinn von 50 glaubwürdiger ist als ein Verlust von 50 und ein Gewinn von 100 glaubwürdiger als ein Gewinn von 0, so daß es offensichtlich unvernünftig wäre, nach dem Minimax-Prinzip zu entscheiden: Es ist keineswegs besonders glaubwürdig, daß der »Gegenspieler Natur« in der Lage ist, jene Zukunftslage herbeizuführen, bei welcher der Verlust des Unternehmens maximiert würde, wenn das Zweigwerk gebaut wird.

Der Regelfall wirtschaftlicher Entscheidungen ist durch das gemeinsame Auftreten mehrerer Zukunftseigenschaften gekennzeichnet. Hierfür können neue Informationen nicht nur eine vorher bestehende Bezifferung von Wahrscheinlichkeiten vernichten, sondern zugleich die durchgehende Rangordnung über die Glaubwürdigkeit ruinieren. Für das dann verbleibende Entscheidungsproblem mit nur unvollständig im Glaubwürdigkeitsrang geordneten Zukunftslagen versagen die bislang bekannten Entscheidungsregeln (vgl. S. 139).

B. Grundlagen der Investitions- und Finanzierungstheorie

I. Die Unternehmung als Investitions- und Finanzierungsobjekt

a) Die Aufgaben der finanzwirtschaftlichen Unternehmungspolitik und der Investitions- und Finanzierungstheorie

Gegenstand der finanzwirtschaftlichen Unternehmungspolitik sind jene Entscheidungen, mit denen der Zahlungsbereich einer Unternehmung gemäß den Unternehmenszielen gestaltet werden soll.

Die Bedeutung des Zahlungsbereichs für die Unternehmungspolitik ist offenkundig: Die Aufrechterhaltung der Zahlungsbereitschaft (Liquidität) ist Voraussetzung für das Weiterbestehen der Unternehmung. Ist die Unternehmung nicht mehr zahlungsfähig, dann muß sie Konkurs anmelden oder versuchen, über ein Vergleichsverfahren oder andere Sanierungsmaßnahmen ihre Existenz zu retten.

Die Bedeutung des Zahlungsbereichs liegt weiterhin darin, daß im Zielsystem eines Unternehmers stets finanzielle Zielgrößen (Einkommen, Vermögen) enthalten sind. Soweit ein Unternehmer finanzielle Ziele anstrebt, betreibt er die Unternehmung nach der Regel »Geld – Ware – mehr Geld«. Er sieht sie als Investitions- und Finanzierungsobjekt an. Betrachten wir die Unternehmung als Investitions- und Finanzierungsobjekt, dann ist die Unternehmung durch die Zahlungsströme definiert, die aus den Entscheidungen des Unternehmers folgen. Die Zahlungsreihe einer Unternehmung besteht aus den Zugängen an Zahlungsmitteln (Einnahmen) und den Abgängen (Ausgaben). Mitunter werden in der Literatur Einnahme und Einzahlung, Ausgabe und Auszahlung unterschieden. Dieser Begriffsbildung wird hier nicht gefolgt.

Über das Wohl und Wehe der Unternehmung entscheiden die tatsächlichen Zahlungen, gerade deshalb kann sich die *finanzwirtschaftliche Unternehmungspolitik* nicht auf die Vorausplanung der Zahlungsströme (die Finanzplanung) beschränken. Die finanzwirtschaftliche Unternehmungspolitik umfaßt vielmehr recht unterschiedliche Tätigkeiten. Das, was der Finanzchef eines Unternehmens und seine Mitarbeiter in der Finanzabteilung tun, sind: Verhandlungen mit Kreditgebern und bei Aktiengesellschaften auch mit den Mitgliedern von Emissionskonsortien, aber auch Verhandlungen mit den für die Produktion und den Absatz Verantwortlichen in der Unternehmung, damit bei deren Entscheidungen die finanzielle Lage des Unternehmens berücksichtigt wird. Zur finanzwirtschaftlichen Unternehmenspolitik gehört ferner die Abwicklung des Zahlungsverkehrs einschließlich der Käufe und Verkäufe von Wertpapieren und Devisen, die Beurteilung der Kreditwürdigkeit von Kunden, der finanziellen Lage anderer Unternehmungen und auch das Einstellen von Sachbearbeitern für die finanzwirtschaftliche Unternehmenspolitik, z. B. einiger Diplomkaufleute für Bilanzanalysen.

Die finanzwirtschaftliche Unternehmungspolitik sucht Engpässe im Zahlungsbereich zu beseitigen (Gelder zu beschaffen), überzählige liquide Mittel vorteilhaft zu verwenden (z. B. als Festgeld anzulegen), sie versucht, an sich fällige Ausgaben ohne größeren Schaden für das Unternehmen hinauszuzögern, und sie muß bremsend oder anregend die Gestaltung der anderen Unternehmensbereiche beeinflussen, wobei jeweils eine Reihe vorbereitender Tätigkeiten erforderlich ist. Im einzelnen fließen in die Aufgabe finanzwirtschaftlicher Unternehmenspolitik (den Finanzplan für die gesamte Planperiode zielentsprechend zu gestalten) folgende Arbeiten ein:

a) Das Durchführen finanztechnischer Geschäfte: Dazu gehören Kapitalerhöhungen, Kreditaufnahmen, Anlegen von Überschüssen auf dem Geldmarkt, die Bewältigung des Zahlungsverkehrs mit dem In- und Ausland, aber auch Maßnahmen der rechtlichen Organisation einer Firma bzw. eines Firmenverbundes: Gründung, Umwandlung, Sanierung, Liquidation. Hierfür sind praktisches Einzelwissen und sehr gründliche Rechtskenntnisse erforderlich.

b) Das Durchführen finanzwirtschaftlicher Analysen: Hierzu gehören das Aufstellen eines Finanzplans (Zahlungsplans) als Vorschaurechnung, Kapitalbedarfsrechnungen, aber auch die Beurteilung der Kreditwürdigkeit und der finanziellen Lage anderer Unternehmungen mit Hilfe von Bilanzen und anderen Veröffentlichungen.

c) Die Organisation der finanzwirtschaftlichen Unternehmungspolitik: die Gestaltung des Arbeitsablaufs, Verteilung der Entscheidungsbefugnisse bis hin zu den Personalentscheidungen in der Finanzabteilung.

d) Die Beurteilung einzelner Entscheidungen bzw. Handlungen in einem Unternehmen im Hinblick auf ihre Zahlungswirksamkeit und das Erreichen finanzieller Ziele. Hilfen bei der Beurteilung der Zielentsprechung der erwarteten Zahlungsströme zu geben: Das ist die Aufgabe der Investitions- und Finanzierungstheorie und der weitere Gegenstand dieses Buches.

Nicht dargestellt werden hier die finanzwirtschaftliche Unternehmenskunde (das Wissen über finanztechnische Geschäfte und die Durchführung finanzwirtschaftlicher Analysen)[1] und die Organisationsprobleme der Finanzabteilung. Werden die Einzelheiten der finanzwirtschaftlichen Unternehmenskunde und die Organisationslehre in ein Lehrbuch einbezogen, so geht dies erfahrungsgemäß zu Lasten der Gründlichkeit, d. h. zu Lasten der Sorgfalt der Begriffsbildung, der Behandlung der entscheidungslogischen Voraussetzungen, insbesondere für Entscheidungen unter Ungewißheit, der Berücksichtigung unterschiedlicher finanzieller Ziele auf nicht vollkommen Kapitalmärkten. Deshalb behandelt dieses Buch nur einen Aspekt der finanzwirtschaftlichen Unternehmungspolitik: *Die Investitions- und Finanzierungstheorie ist auf Zahlungsströme und deren Gestaltungsmöglichkeiten angewandte Entscheidungslogik.* Im einzelnen sollen dabei folgende Fragen beantwortet werden:
(1) Welche finanziellen Zielgrößen (Konsum-, Besitz- und Liquiditätswünsche) sind bei der Gestaltung des Zahlungsbereichs zu unterscheiden, und wie ist daraufhin die Vorteilhaftigkeit von Investitions- und Finanzierungsmaßnahmen zu berechnen?

---

[1] Zur Technik des Zahlungsverkehrs vgl. z. B. *Hans-Dieter Deppe*, Betriebswirtschaftliche Grundlagen der Geldwirtschaft, Band 1: Einführung und Zahlungsverkehr. Stuttgart 1973; zur Finanzierungstechnik vgl. z. B. *Heinrich Rittershausen*, Industrielle Finanzierungen. Wiesbaden 1964; *Herbert Vormbaum*, Finanzierung der Betriebe. 5. Aufl., Wiesbaden 1977.

(2) Welchen Einfluß nehmen Gewinnsteuerzahlungen und andere aus der Bilanzierung folgende Tatbestände auf die Vorteilhaftigkeit von Investitions- und Finanzierungsmaßnahmen?
(3) Wie lassen sich optimale Finanzpläne als Zusammenfassung von Investitions- und Finanzierungsprogrammen aufstellen?
(4) Gibt es allgemeingültige Finanzierungsregeln, und lassen sich optimale Kapitalstrukturen bestimmen?
(5) Wie beeinflussen Investitions- und Finanzierungsentscheidungen die Einzelentscheidungen über Produktion und Absatz im Rahmen einer Gesamtplanung?

b) Der Zahlungsbereich und die Begriffe Investition und Finanzierung

Von einer Zahlungsreihe, einem Zahlungsstrom, kann man nur im Zeitablauf sprechen. Wir müssen deshalb den Zeitbezug der Zahlungsströme näher bestimmen. Wir untergliedern das Unternehmensgeschehen in einzelne Abrechnungsperioden. Für manche finanzwirtschaftlichen Fragen ist die Abrechnungsperiode sehr kurz zu wählen: Bei der Liquiditätsplanung kann sie nicht länger als einen Tag dauern. Die Fragen der Kassenhaltung (Liquiditätsplanung) und der kurzfristigen Finanzplanung interessieren jedoch nicht bei Erörterung des Problemkreises Investition und Finanzierung, wenn »Grundsatzentscheidungen« über den Ausbau der Kapazitäten getroffen werden.

Die Abrechnungsperiode leistungswirtschaftlicher Planungen (der Beschaffungs-, Produktions- und Absatzplanung) beträgt regelmäßig ein Vielfaches der Abrechnungsperiode der Kassenplanung (der Liquiditätsplanung). Für den Problemkreis Investition und Finanzierung interessiert der Verlauf der Zahlungsreihe auf »längere Sicht«, d. h. über mehrere leistungswirtschaftliche Abrechnungsperioden hinweg.

Hierzu ein Beispiel: In einer Unternehmung betrage z. B. die Mindestplanperiode für die Abteilung Kassenhaltung einen Tag. Die kurzfristige Finanzplanung der Unternehmung umschließt jeweils drei Monate, weil die leistungswirtschaftliche Abrechnungsperiode (die Zeitspanne, innerhalb derer die leistungswirtschaftlichen Abteilungen regelmäßig ohne Abstimmung mit der Finanzabteilung handeln) drei Monate beträgt. Alle drei Monate wird ein gegenseitig abgestimmter Beschaffungs-, Produktions-, Absatz- und Finanzplan für die Unternehmung insgesamt vom Vorstand beschlossen. Dieser Gesamtplan trägt nach dem üblichen Sprachgebrauch »kurzfristigen« Charakter. Der Investitions- und Finanzausschuß des Vorstandes beschäftigt sich mit den Ergebnissen dieser kurzfristigen Gesamtplanung. Der Investitions- und Finanzausschuß interessiert sich für die geplanten und tatsächlichen (summierten) Einnahmen und Ausgaben zu jedem Quartalsschluß. Für Entscheidungen über Anlageinvestitionen genügt es in der Regel sogar, die voraussichtlichen Zahlungsströme nur für zwei Zahlungszeitpunkte in jedem Jahr (Anfang, Ende) zu planen.

Wir werden im folgenden von einer solchen ein Jahr umfassenden Abrechnungsperiode ausgehen (sofern im Einzelfall keine anderen Annahmen erfolgen). Die Zahlungsreihen der Unternehmen, die im folgenden betrachtet werden, entstehen somit aus den (im Jahresablauf angehäuften) Einnahmen und Ausgaben, bezogen auf den Anfang oder das Ende eines jeden Jahres. Wir gehen also von der Vereinfachung aus, daß Zahlungen nur an den Nahtstellen zweier Perioden anfallen. Um zwischenzeitliche (»kurzfristige«) Liquiditätsprobleme auszuschalten, beziehen wir sämtliche leistungswirtschaftlichen Ausgaben während einer Periode auf den Periodenanfang, sämtliche leistungswirtschaftlichen Einnahmen auf das Periodenende. Zur Deckung der Ausgaben stehen finanzwirtschaftliche Einnahmen bereit (Einlagen der Gesellschafter, Kreditaufnahmen) sowie die Einnahmenüberschüsse der Vorperiode. Erfolgen finanzwirtschaftliche Ausgaben während eines Jahres (Zins- und Tilgungszahlungen, Rückzahlungen von Einlagen), dann werden sie gedanklich auf den Periodenanfang vorverlegt. Wenn wir sagen, eine Investition sei z. B. durch eine Ausgabe von 100 in t_0 und eine Einnahme von 150 in t_1 gekennzeichnet, dann sind in t_0, dem 2. Januar 1980 sämtliche Ausgaben für die Investition im Jahre 1980 angehäuft und in t_1, dem 31. Dezember 1980 sämtliche Einnahmen aus der Investition im Jahre 1980 erfaßt. Unser Vorgehen ist eine Vereinfachung, um kurzfristige Liquiditätsprobleme auszuschalten. Wem das Vorgehen als zu grob erscheint, der muß mit mehreren Zahlungszeitpunkten während eines Jahres rechnen, also z. B. ein Quartal, einen Monat oder gar jeden Tag als Abrechnungsperiode wählen. Nur wenn die Erhaltung der Liquidität keine Probleme aufwirft, können Ausgaben und Einnahmen einer Periode gemeinsam auf einen Zahlungszeitpunkt bezogen werden.

Die Begriffe Investition und Finanzierung ordnen wir allein dem Zahlungsbereich der Unternehmung zu. Das steht nicht im Einklang mit dem üblichen Sprachgebrauch. Mit dem Wort Investition verbindet man praktisch einen leistungswirtschaftlichen *und* einen finanzwirtschaftlichen Aspekt. *Investition wird regelmäßig definiert als die Umwandlung von Geld in Betriebsgüter.* Der Begriff Betriebsgüter wird dabei von den einzelnen Autoren unterschiedlich weit gefaßt: nur Anlagegüter oder Anlagevermögen und Umlaufvermögen einschließlich Finanzanlagen (wie Beteiligungen) oder ohne Finanzanlagen[2].
Wenn man sich dieser Definition von »Investition« anschließen wollte, dann erschiene die weiteste Fassung (Sach- und Finanzanlagen) zweckmäßig.
Der leistungswirtschaftliche Aspekt der Investitionen äußert sich darin, daß durch die Umwandlung von Geld in Betriebsgüter eine Leistungsbereitschaft geschaffen wird, Faktorkapazitäten bereitgestellt werden. Bei der praktischen Anwendung des Investitionsbegriffs engt die Literatur jedoch den Begriff auf den finanzwirtschaftlichen Aspekt ein: Unter der Überschrift »Investitionsplanung«, »Investitionsrechnung« werden nur die finanzwirtschaftlichen Folgen der Investition, ihre Zahlungsströme, betrachtet. Der leistungswirtschaftliche Aspekt (der »Kapazitätseffekt« der Investitionen) wird unter anderen Überschriften (Kapazitäts-, Betriebsgrößenplanung, Produktion) behandelt. Die Literatur hält sich also nicht an ihren Investitionsbegriff. Um eine Theorie der Abstimmung von Investition und Finanzierung zu ermöglichen, ist es zweckmäßig, den Begriff Investition allein dem Zahlungsbereich der Unternehmung zuzuordnen.
Wir definieren: *Eine Investition ist durch einen Zahlungsstrom gekennzeichnet, der mit einer Ausgabe beginnt und in späteren Zahlungszeitpunkten Einnahmen bzw. Einnahmen und Ausgaben erwarten läßt*. Die Definition wird begründet und verfeinert, nachdem der Finanzierungsbegriff geklärt ist.
Die Literatur zum Investitionsbegriff ist nicht einheitlich, aber auch nicht umfangreich. Beim Begriff »Finanzierung« hingegen ist der Meinungssalat furchterregend. Drei der üblichen Definitionen sollen hier angeführt werden:

---

[2] Vgl. dazu z. B. *Erich Preiser*, Der Kapitalbegriff und die neuere Theorie. In: Die Unternehmung im Markt, Festschrift für Wilhelm Rieger. Stuttgart–Köln 1953, S. 14–38, hier S. 37; *Karl Hax*, Langfristige Finanz- und Investitionsentscheidungen. In: Handbuch der Wirtschaftswissenschaften, Bd. 1, herausgegeben von Karl Hax, Theodor Wessels, 2., Aufl. Köln–Opladen 1966, S. 399–489, hier S. 403 f.; *Ludwig Pack*, Betriebliche Investition. Wiesbaden 1959, S. 45.

(1) Finanzierung wird mit Kapitalbeschaffung gleichgesetzt[3].
Von der Definition: »Finanzierung gleich Kapitalbeschaffung« könnte man ausgehen, wenn nicht der Begriff Kapital zu den schillerndsten der Wirtschaftswissenschaften gehörte. Über das, was Kapital ist, wurde vor allem in der Volkswirtschaftslehre gestritten. Für betriebswirtschaftliche Fragen sind eigentlich nur zwei Definitionen von Bedeutung:
(a) Kapital als abstrakte Wertsumme des Vermögens; d. h. praktisch: Kapital ist alles, was auf der Passivseite der Bilanz steht (von Wertberichtigungen abgesehen), und
(b) Kapital als Geld, als Zahlungsmittelbestand[4].
Im Grunde kann man beim Begriff Finanzierung nur die zweite, »monetäre« Fassung von Kapital meinen; denn Geld kann man beschaffen, abstrakte Wertsummen nicht. Indes: Wenn Finanzierung Zahlungsmittelbeschaffung ist, wozu braucht man dann den Begriff Kapital? Beschaffung von Zahlungsmitteln heißt: für Einnahmen sorgen.

Die Tücke der Definition »Finanzierung ist gleich Geldbeschaffung« liegt darin, daß sie zu weit ist, wenn zur Finanzierung alle Tätigkeiten gezählt werden, mit denen für Einnahmen gesorgt werden soll. Jeder Verkauf wäre dann Finanzierung, und da ohne Produktion bzw. Beschaffung nichts verkauft werden kann, wäre so ziemlich alles betriebliche Geschehen Finanzierung. Versteht man aber als Finanzierung nur die Beschaffung von Geld unter Ausklammerung der leistungswirtschaftlichen Tätigkeiten (d. h. der Beschaffung von Produktionsfaktoren, der Produktion, des Absatzes und deren jeweiliger Organisation), wie es das Schrifttum vermutlich gemeint hat, dann wird die Definition zu eng, weil dann so gängige Finanzierungsarten wie die Finanzierung aus Abschreibungen bzw. Rückstellungen nicht im Finanzierungsbegriff eingeschlossen sind. Autoren, welche diese Formen der sogenannten Innenfinanzierung zur Finanzierung zählen, verwickeln sich somit in einen Widerspruch:

Innenfinanzierung ist gerade keine »Geldbeschaffung«, das ist nur der Zufluß von Umsatzeinnahmen. Abschreibungen werden aber verrechnet, auch wenn kein Gewinn vorliegt, und selbst wenn Gewinn vorliegt, muß kein Geld zugeflossen sein (z. B. bei Zielverkäufen). Zur »Finanzierung« wird die Verrechnung von Aufwand in Form von Abschreibungen oder durch Zuführung zu Rückstellungen nur in Höhe eines Teilbetrages: soweit sonst fällige Gewinnsteuerzahlungen und Gewinnausschüttungen vermieden werden (S. 253). Bei dieser Finanzierung aus verrechnetem Aufwand handelt es sich also nicht um Geldbeschaffung, sondern um das Vermeiden von Ausgaben, genauso wie beim Unterlassen oder Hinausschieben von Investitionen, dem Verzicht auf Spenden. Die Selbstfinanzierung durch Verzicht auf Gewinnausschüttung kann hingegen noch eher als technisch verkürzte Beschaffung des Geldes von den Gewinnberechtigten gedeutet werden. Aber wer legt bei der Aufwandsverrechnung in Form von Abschreibungen, Rückstellungen, Geld in eine Kapitalgesellschaft ein? Die Anteilseigner nicht, ihnen stünden diese Beträge als Gewinnausschüttung ja gar nicht zu.

Niemandem kann verwehrt werden, Finanzierung gleich Geldbeschaffung zu setzen. Diese Erstdefinition ist eine Zweckmäßigkeitsentscheidung. Aber wer sich einmal festgelegt hat, muß dann beachten, daß dieser Finanzierungsbegriff die Bezeichnungen Finanzierung aus Abschreibungen und Finanzierung aus Rückstellungen nicht zuläßt und daß dann Finanzie-

---

[3] Vgl. z. B. *Karl Hax*, Langfristige Finanz- und Investitionsentscheidungen, S. 415 f. Eine Systematik der unterschiedlichen Finanzierungsbegriffe versucht *Werner Engelhardt*, Die Finanzierung aus Gewinn im Warenhandelsbetrieb und ihre Einwirkungen auf Betriebsstruktur und Betriebspolitik. Berlin 1960, S. 27–54.

[4] Ähnlich *Preiser*, S. 16: Kapital ist Geld für Investitionszwecke.

rung nur einer unter mehreren Wegen ist, um die Zahlungsbereitschaft aufrechtzuerhalten. Wegen dieser Folgen erscheint die Sprachregelung »Finanzierung gleich Geldbeschaffung« unzweckmäßig.

(2) Finanzierung sei »die zweckbedingte Beschaffung und Verwendung von Geld oder Geldeswert«[5].

Mit dem Zusatz »Verwendung« soll vermutlich die Finanzierung aus verrechnetem Aufwand abgedeckt werden, mit dem Zusatz »Geldwert« Sacheinlagen erfaßt werden. Aber dadurch wird die Kennzeichnung von Finanzierung schon hoffnungslos zu weit, selbst wenn man alle leistungswirtschaftlichen Tätigkeiten ausklammert. Denn zur Finanzierung zählt dann auch, wenn der Juniorchef, um bei einer Betriebsfeier einigen weiblichen Lehrlingen zu imponieren, einen 1000-DM-Schein aus der Kasse nimmt und anzündet. Welche Entscheidung in einer Unternehmung führt nicht zur Beschaffung und Verwendung von Geld und Geldwert? Zudem bleibt die Eingrenzung »zweckbedingt« für eine Lehre von der Unternehmungspolitik (gestaltende Theorie) inhaltsleer, solange der Zweck nicht genannt wird. Und für eine erklärende Theorie wird »zweckbedingt« sogar falsch: Nicht zweckbedingte Geldbeschaffungen, wie der zufällige Eingang einer längst abgeschriebenen Forderung oder die von einer deutschen Unternehmung überhaupt nicht beabsichtigte Vorauszahlung auf Bestellungen durch ausländische Kunden, die auf eine DM-Aufwertung spekulieren, verbessern unstreitig die Liquidität. Warum bleibt gerade dies aus dem sonst viel zu weiten Finanzierungsbegriff ausgeschlossen?

(3) »Finanzierung sind alle zur Aufrechterhaltung des finanziellen Gleichgewichts der Unternehmung erforderlichen Maßnahmen«[6].

Hier soll Finanzierung mit den Aufgaben des Finanzleiters eines Unternehmens gleichgesetzt werden. Aber auch diese Definition ist in einer Hinsicht zu weit: Besonders erforderlich erscheint in jedem Fall, einen fähigen Finanzchef und fähige Sachbearbeiter einzustellen. Ist das mit Finanzierung gemeint? Wenn nicht, dann müßte »Maßnahme« eingegrenzt werden, z. B. auf nichtpersonelle, sondern nur »finanzielle« Maßnahmen. Aber damit droht die Gefahr einer nichtssagenden Definition von Finanzierung durch finanzielle Maßnahmen. In anderer Hinsicht ist diese Definition für die Kennzeichnung der Aufgaben des Finanzleiters zu eng: Aufgabe des Finanzchefs sind auch zeitweilige Geldanlagen. Sollen solche Investitionen auch »Finanzierung« heißen?

Die Unzulänglichkeiten der üblichen Definitionen haben eine gemeinsame Ursache: Ihre Verfasser erheben stillschweigend einen unerfüllbaren wissenschaftlichen Anspruch. Finanzierung soll eine Teilmenge innerhalb der Menge aller Handlungen bzw. Entscheidungen in einer Unternehmung bezeichnen. Finanzierung soll dabei so definiert werden, daß finanzielle Tätigkeiten (die Arbeiten in der Finanzabteilung) von nichtfinanziellen Tätigkeiten getrennt werden: Bei (1) ist Finanzierung ein Teil der Beschaffungstätigkeiten, bei (2) ein (der zweckbedingte) Teil der Geldbeschaffung und Verwendungstätigkeiten, bei (3) ein Teil aller unternehmerischen Maßnahmen (jener, welche die Zahlungsbereitschaft sichern). Jedoch lassen sich finanzielle von nichtfinanziellen Handlungen gerade nicht trennen, wenn als Ziel der Finanzierungstätigkeiten das Aufrechterhalten der Zahlungsbereitschaft vorgegeben

---

[5] *Curt Sandig*, Finanzen und Finanzierung der Unternehmung. 2., überarbeitete und ergänzte Auflage unter Mitarbeit von Richard Köhler, Stuttgart 1972, S. 1.
[6] *Joachim Süchting*, Finanzmanagement. Theorie und Politik der Unternehmensfinanzierung. 2. Aufl., Wiesbaden 1978, S. 29.

wird. Denn jede einzelne Handlung kann die Zahlungsbereitschaft beeinflussen: das Schreiben von Mahnbriefen ebenso wie der Krach mit dem Betriebsrat, der einen Warnstreik zur Folge hat. Weil jede Entscheidung in einer Unternehmung die Zahlungsbereitschaft mitbestimmt, sobald sie Zahlungen auslöst, deshalb kann der Zahlungsaspekt (der finanzielle Aspekt) nur *ein Element* kennzeichnen, das aus jeder Datenänderung (z. B. einer Entscheidung) folgt, und nicht *eine Menge* von Datenänderungen (z. B. Entscheidungen). Es gibt also keine »finanziellen« Entscheidungen oder Handlungen, denen »nichtfinanzielle« Handlungen gegenüberstehen. Vielmehr haben fast alle Handlungen in einer Unternehmung einen finanziellen Aspekt neben einem organisatorischen, absatzwirtschaftlichen usw..

Wir sprechen von Finanzierung dann, wenn irgendeine Entscheidung für das Unternehmen durch einen (zusätzlichen) Zahlungsstrom gekennzeichnet ist, der mit einer Einnahme beginnt und später Ausgaben bzw. Ausgaben und Einnahmen erwarten läßt. Entsprechend wäre genauer von Investition dann zu reden, wenn irgendeine Entscheidung für das Unternehmen durch einen (zusätzlichen) Zahlungsstrom gekennzeichnet ist, der mit einer Ausgabe beginnt und später Einnahmen bzw. Einnahmen und Ausgaben erwarten läßt.

»Investition« und »Finanzierung« sind also im hier verwandten Sprachgebrauch Elemente (Aspekte), die jeder Entscheidung im Unternehmen zukommen können. Mehr noch: Jede Datenänderung erscheint neben ihrem leistungswirtschaftlichen Aspekt zugleich als Investition bzw. Finanzierung, wenn sie Zahlungsströme auslöst, die zu Einnahmen und Ausgaben in verschiedenen Zeitpunkten führen. *Investition und Finanzierung unterscheiden wir also nur durch das Vorzeichen der ersten Zahlung, die eine Entscheidung bzw. Handlung auslöst*[7].

Investition und Finanzierung sind zwei Seiten ein und desselben Aspekts, der jeder Handlung, jedem Ereignis, innewohnen kann: ihrer Zahlungswirksamkeit. Wie das Auszahlen eines Betrages in der Kasse einen Zahlungsaspekt und einen Leistungsaspekt hat (die körperliche, nervliche und geistige Beanspruchung des Kassierers), so jede andere Tätigkeit: der Abschluß eines Kaufvertrages für ein neues Kraftwerk wie die Neugestaltung einer Werbeanzeige.

Die hier gewählte Begriffsbildung rechtfertigt sich durch den Zweck der Investitions- und Finanzierungstheorie: die Zielwirksamkeit von Zahlungsströmen zu beurteilen. Nur wenn irgendeine Entscheidung sowohl Einnahmen als auch Ausgaben in verschiedenen Zeitpunkten auslöst, entsteht das Problem, die finanzielle Vorteilhaftigkeit dieser Entscheidung zu beurteilen.

Geldzufluß (Einnahme) ist aber nicht dasselbe wie Finanzierung, und Geldabfluß (Ausgabe) nicht dasselbe wie Investition. Einnahmen entstehen vielmehr aufgrund von Handlungen im Unternehmen, die sich im Zahlungsbereich niederschlagen als

(1) Finanzierungen;
(2) Folgezahlungen früher begonnener Investitionen bzw. Finanzierungen;
(3) Zuschüsse. Als Zuschüsse werden alle Einnahmen bezeichnet, die nicht spätere Ausgaben erzwingen, z. B. das Finden eines 100-DM-Scheins, der Eingang eines verlorenen Zuschusses des Staates, um Arbeitsplätze zu erhalten.

Ausgaben entstehen aufgrund von Handlungen im Unternehmen, die sich im Zahlungsbereich niederschlagen als

---

[7] Die Definition geht zurück auf *Bertil Hållsten*, Investment and Financing Decisions. On Goal Formulation and Model Building. Stockholm 1966, S. 17 f., Hållsten widerlegt in diesem Zusammenhang die Trennung Erich Schneiders in Investitionen vom Typ I und Typ II (*Erich Schneider*, Wirtschaftlichkeitsrechnung. Theorie der Investition. 7. Aufl., Tübingen–Zürich 1968, S. 9 f.).

(1) Investitionen;
(2) Folgezahlungen früher begonnener Finanzierungen bzw. Investitionen;
(3) Finanzielle Opfer. Als finanzielles Opfer werden alle Ausgaben bezeichnet, die nicht spätere Einnahmen bewirken, z. B. das Zahlen von Steuern, von Bußgeldern und Strafen, ein Kassendiebstahl.
(4) Zielzahlungen.

Im Einzelfall mag die Abgrenzung von Investitionen, Zielzahlungen und finanziellen Opfern strittig erscheinen: Dividendenausschüttungen sind nur auf den ersten Blick Zielzahlungen. Verfolgt der Vorstand einer Aktiengesellschaft firmeneigene Ziele (S. 166) und will er die Aktionäre nur bei Laune halten, damit sie die nächste Kapitalerhöhung mitmachen, dann sind die Dividendenausschüttungen in den Augen des Vorstands eine Investition, vielleicht auch nur ein finanzielles Opfer, um sich Ärger auf der Hauptversammlung zu ersparen. Um solche Abgrenzungsprobleme auszuschalten, erfolgt hier die Zuordnung zu Investition, Zielzahlung und finanziellem Opfer danach, wie die Zahlung in die Finanzplanung eingeht: Wird als Folge einer Ausgabe eine künftige Einnahme angesetzt, dann liegt eine Investition vor; wird darauf verzichtet, dann entsteht ein finanzielles Opfer. Zielzahlungen wären nur das, was als Saldo des endgültig gestalteten (optimalen) Finanzplans in jedem Zahlungszeitpunkt übrigbleibt (S. 172), anders ausgedrückt: was als letztes unter den einschränkbaren (rechtlich nicht erzwungenen) Ausgaben verringert wird, um die Zahlungsbereitschaft in irgendeinem Zahlungszeitpunkt zu wahren. Im Hinblick auf die Zielwirksamkeit von Zahlungsströmen ist es von untergeordneter Bedeutung, ob eine Entscheidung als Investitions- oder Finanzierungsentscheidung bezeichnet wird: Ihre Vorteilhaftigkeit richtet sich nach den durch die Entscheidung ausgelösten Zahlungsströmen, gleichgültig, wie man sie benennt.

Werden Investition und Finanzierung als sich entsprechendes Begriffspaar bei der Beurteilung der Zielwirksamkeit von Zahlungsströmen definiert, dann ist offensichtlich, daß die Verfahren, die zur Berechnung der Vorteilhaftigkeit einer Investition dienen, in gleicher Weise (nur mit anderen Vorzeichen) zur Bestimmung der Zielentsprechung einer Finanzierungsmaßnahme benutzt werden können.

c) Quellen der Zahlungsbereitschaft und Finanzierungsarten

Jede Gestaltung des Zahlungsbereichs geht von einer Menge an vorgegebenen Ereignissen und geplanten Handlungen (Entscheidungen) aus, die für diese Finanzplanung als nicht abänderbar angesehen wird. Ein Finanzplan als Vorschaurechnung enthält zunächst jene Einnahmen und Ausgaben zu den Zahlungszeitpunkten, welche die vorgegebene Menge an Handlungen bis zum Planungshorizont auslösen wird. Wird für die einzelnen Zahlungszeitpunkte mehr als eine Zukunftslage angenommen, dann führt bereits diese erste Vorschaurechnung zu alternativen Zahlungssalden in jedem Zahlungszeitpunkt. Aber in diesem Kapitel soll von der ausdrücklichen Berücksichtigung der Ungewißheit abgesehen werden.

Wird für jeden Zahlungszeitpunkt nur mit einer Zukunftslage gerechnet, so enthält der Finanzplan als Vorschaurechnung in jedem Zahlungszeitpunkt Ausgabenüberhänge (Finanzierungslücken) oder Einnahmenüberschüsse (Investitionslücken bzw. nicht eingeplante Zielzahlungen). Die Gestaltung des Zahlungsbereichs beginnt mit den Überlegungen, wie die Ausgabenüberhänge in den einzelnen Zahlungszeitpunkten, die Einnahmenüberschüsse in anderen Zahlungszeitpunkten so beseitigt werden können, daß die Unternehmensziele besser als mit dem vorangehenden Plan verwirklicht werden. Die Gestaltungsüberlegungen können natürlich auch dazu führen, die ursprünglich vorgegebene Menge an Entscheidungen zu verändern, ja selbst rechtlich erzwungene Zahlungen nicht zu leisten und statt dessen z. B. ein Vergleichsverfahren zu beantragen. In aller Regel ist das dringende Problem vernünftiger Gestaltung des Zahlungsbereichs die Beseitigung der Finanzierungslücken, nicht das Auffüllen von Investitionslücken.

Als *Quellen der Zahlungsbereitschaft* bezeichnen wir alle Maßnahmen, die Ausgabenüberhänge in einem Zahlungszeitpunkt beseitigen, also die Zahlungsbereitschaft in diesem Zeitpunkt sichern können. Die Zahlungsbereitschaft bessert sich durch zusätzliche Einnahmen und verminderte Ausgaben zu diesem Zeitpunkt. Quellen der Zahlungsbereitschaft sind also
(1) Finanzierungen, Folgezahlungen früherer Investitionen und Finanzierungen, Zuschüsse;
(2) das Unterlassen bzw. zeitliche Hinausschieben von Investitionen, Folgezahlungen früherer Finanzierungen und Investitionen, finanziellen Opfern und Zielzahlungen.

Nun baut aber jeder Finanzplan auf einer vorgegebenen Menge von Handlungen auf, und wir wollen annehmen, daß die Folgezahlungen früherer Investitionen und früherer Finanzierungen sowie die finanziellen Opfer den Zahlungsaspekt dieser vorgegebenen Menge von Handlungen ausmachen. Der Zahlungssaldo des vorliegenden und zu gestaltenden Finanzplans enthält also alle Folgezahlungen früherer Investitionen und Finanzierungen sowie die nicht mehr beeinflußbaren künftigen finanziellen Opfer (Ausgaben).
Die Anpassungsentscheidungen zum Bewahren der Zahlungsfähigkeit können dann die geplanten leistungswirtschaftlichen Tätigkeiten (Beschaffung von Produktionsfaktoren, Produktion, Absatz) an diesem Zeitpunkt verändern, z. B. wenn darauf verzichtet wird, Lager aufzustocken, oder Beteiligungen an Lieferanten oder Kunden verkauft werden. Solche Anpassungsentscheidungen zählen wir zu den leistungswirtschaftlichen Quellen der Zahlungsbereitschaft (bzw. Zahlungsfähigkeit, Liquidität; die drei Namen werden gleichbedeutend verwandt).
Anpassungsentscheidungen zum Bewahren der Zahlungsfähigkeit können auch ohne Rückwirkung auf die geplanten leistungswirtschaftlichen Tätigkeiten durchgeführt werden, z. B. Inanspruchnahme von Lieferantenkrediten, Kürzung der Dividenden. Hier sprechen wir von finanzwirtschaftlichen Quellen der Zahlungsbereitschaft. Zu den finanzwirtschaftlichen Quellen zählen wir auch den Fall, daß heute mehr Einnahmen beschafft werden, um künftige leistungswirtschaftliche Tätigkeiten erst zu ermöglichen, also z. B. eine Kapitalerhöhung heute, damit morgen ein Zweigwerk ausgebaut werden kann. Hier wird die geplante leistungswirtschaftliche Tätigkeit durch die Finanzierungsentscheidung nicht verändert, sondern erst ermöglicht.

Finanzwirtschaftliche Quellen der Zahlungsbereitschaft zu einem Zeitpunkt sind:

I. Beschaffung zusätzlicher Einnahmen durch
a. Aufnahme von Geldern, die eine nicht gewinnabhängige Verzinsung erfordern: Fremdfinanzierung,
b. Aufnahme von Geldern, die eine gewinnabhängige Vergütung: Eigenfinanzierung,
c. Zuschüsse,
d. Vorverlegen künftiger Einnahmen durch Verkauf von Finanzanlagen (Wechseldiskont, Abrufen von Festgeldern, Verkauf börsengängiger Wertpapiere, soweit es sich nicht um Beteiligungen handelt).

II. Verringerung von ergebnisabhängigen Ausgaben (finanziellen Opfern und Zielzahlungen)
a. Über verrechneten Aufwand, dem nicht zugleich Ausgaben in dieser Abrechnungsperiode gegenüberstehen. Hierunter fällt die sogenannte Finanzierung aus Abschreibungen, aus der Bildung von Rückstellungen, aber in gleicher Weise gilt diese Finanzierung für andere Aufwandsposten, die nicht unmittelbar zu Ausgaben führen (z. T. Teilwertabschreibungen auf Vorräte).
b. Aus zurückbehaltenen Gewinnen: Selbstfinanzierung (die Art der Gewinnermittlung ist in der steuerlichen Rechnungslegung anders als in der handelsrechtlichen; deshalb muß hier später differenziert werden, vgl. S. 155).

III. Hinausschieben fälliger Ausgaben
a. Inanspruchnahme von Lieferantenkredit,
b. Anlagenmiete (Leasing) statt Kauf der Anlagen,
c. Bemühungen um Stundung von Folgezahlungen früherer Finanzierungen, Investitionen, finanzieller Opfer.

Leistungswirtschaftliche Quellen der Zahlungsbereitschaft sind:

I. Vorverlegen von Einnahmen durch z. B. Räumungsverkäufe, Gewährung hoher Barzahlungsskonti, Kürzung der Absatzfinanzierung, Verkauf von Grundstücken, Beteiligungen und anderen Anlagen.

II. Verzicht auf Ausgaben durch Unterlassung bzw. Hinausschieben von Investitionen, insbesondere von Ersatzinvestitionen, durch Entlassung von Arbeitskräften, Verzicht auf Lageraufstockung.

Die Notwendigkeit, leistungswirtschaftliche Quellen der Zahlungsbereitschaft in Anspruch zu nehmen, ist wegen der damit verbundenen Gefährdung der Marktstellung des Unternehmens und regelmäßig hoher Gewinneinbußen ein Zeichen für Fehler in der Unternehmungspolitik der Vergangenheit, zumindest aber für einen unglücklichen Verlauf des Unternehmensgeschehens. Die »solide« finanzwirtschaftliche Unternehmenspolitik braucht sich regelmäßig nur der finanzwirtschaftlichen Quellen für die Zahlungsbereitschaft zu bedienen.

Bei den finanzwirtschaftlichen Quellen der Zahlungsbereitschaft werden hier nur drei Finanzierungsarten aufgeführt: *Fremdfinanzierung, Eigenfinanzierung* und *Selbstfinanzierung*. Die anderen Wege zur Wahrung der Zahlungsbereitschaft werden hier nicht als »Finanzierungsarten« bezeichnet: Der vorzeitige Verkauf von Finanzanlagen stellt eine Folgezahlung früherer Investitionen dar, die Anlagenmiete erscheint im hier verwandten Sprachgebrauch von vornherein als Investition (bei der Anlagenmiete wie beim Kauf entstehen zunächst Ausgaben, später Umsatzeinnahmen). Ähnliches gilt im Regelfall für Warenlieferungen mit Inanspruchnahme von Lieferantenkrediten, in Ausnahmefällen kann eine Verbindlichkeit aus Warenlieferungen und -leistungen mit den Umsatzeinnahmen derselben Waren bzw. Leistungen bezahlt werden. Die Stundung von Steuerzahlungen, Sozialversicherungsbeiträgen, Kredittilgungen usw. wird der Fremdfinanzierung zugeordnet.

Die drei hier aufgeführten Finanzierungsarten werden nicht in dem Sinne verwandt, wie er mitunter im Schrifttum üblich ist:
Eigenfinanzierung heißt die Beschaffung von Einnahmen gegen gewinnabhängige Vergütung. Im Rechtssinne kann dies auch eine Schuldaufnahme einschließen: Mitunter werden Darlehen gegen gewinnabhängige Vergütung gewährt (sogenannte partiarische Darlehen).

Fremdfinanzierung heißt die Beschaffung von Einnahmen gegen nicht gewinnabhängige Vergütung. Im Rechtssinne kann dies auch eine Eigenkapitalzuführung einschließen: Vorzugsaktien werden gelegentlich mit fester, gewinnunabhängiger Dividende ausgestattet.

Selbstfinanzierung ist in einer Periode in jener Höhe gegeben, in der gewinnabhängige Ausgaben vermieden wurden. Je nachdem, welche Gewinnvorstellung zugrunde gelegt wird, erscheint die Selbstfinanzierung verschieden hoch. Im Schrifttum werden häufig drei Formen von Selbstfinanzierung unterschieden:

a) Offene Selbstfinanzierung zeigt sich in offenen Rücklagen, also den freien Rücklagen oder den gesetzlichen Rücklagen, soweit sie durch Gewinnzuweisung gespeist wurden, im Gewinnvortrag bzw. Bilanzgewinn. Rücklagen, die aufgrund einer Kapitalerhöhung über dem Nennwert gebildet werden, zählen zur Eigenfinanzierung. Die Höhe der offenen Selbstfinanzierung eines Jahres entspricht dem nicht ausgeschütteten Teil des ausgewiesenen Jahresüberschusses in der Handelsbilanz zuzüglich der Änderung des Gewinnvortrags gegenüber dem Vorjahr.

b) Stille Selbstfinanzierung äußert sich durch stille Rücklagen in der Bilanz. Stille Rücklagen bedeuten nur dann Nichtausschüttung von Gewinnen, wenn unterstellt werden darf, daß ein Mehr an Gewinnausweis in gleicher Höhe gewinnabhängige Zahlungen erzwingen würde. Wird eine steuerrechtlich zulässige stille Rücklage gebildet, dann werden aber nur in Höhe des Betrages anzuwendender (Grenz-) Steuersätze mal Rücklage gewinnabhängige Ausgaben vermieden. Es entsteht ein zinsloser Steuerkredit. Gewinnabhängige Ausgaben in Höhe des versteuerten Restgewinnes werden nur dann eingespart, wenn handelsrechtlich aus dem Mehrausweis des versteuerten Gewinns in gleicher Höhe Ausschüttungen folgen würden. Das ist aktienrechtlich nur unter engen Voraussetzungen denkbar (vgl. § 58 AktG). Es ist deshalb fragwürdig, den Begriff der Selbstfinanzierung auch auf stille Rücklagen auszudehnen und von stiller Selbstfinanzierung zu sprechen: Ihr Betrag ist keineswegs durch die Höhe der stillen Rücklage festgelegt. Der Betrag der stillen Rücklage zu einem Zeitpunkt gleicht der Differenz von höchstzulässigem handelsrechtlichem Wertansatz auf der Aktivseite zu tatsächlichem Handelsbilanzansatz zuzüglich auf der Passivseite der Differenz aus tatsächlichem Handelsbilanzansatz (insbesondere bei den Rückstellungen) zu niedrigstzulässigem Handelsbilanzansatz.

Gelegentlich ist die stille Selbstfinanzierung eingeengt worden auf die Fortführung eines niedrigeren zulässigen Wertes und auf die niedrigeren Werte, die nach Steuerrecht zulässig sind[8]. Das ist verfehlt, denn damit werden die bewußten Unterbewertungen, mit denen Gewinn vor den Anspruchsberechtigten versteckt wird, nicht erfaßt. Weshalb wurde denn der Gewinn versteckt (nicht die höchstzulässige Bewertung auf der Aktivseite gewählt)? Doch gerade um gewinnabhängige Ausgaben zu vermeiden, »Selbstfinanzierung« zu betreiben!

Der Begriff der stillen Rücklagen bzw. der stillen Selbstfinanzierung wird mehrdeutig verwandt. So besteht insbesondere ein Unterschied zwischen dem betriebswirtschaftlichen und dem im Steuerrecht üblichen Sprachgebrauch: Wenn ein Grundstück, das mit 10 000 DM Anschaffungskosten zu Buche steht, für 100 000 DM verkauft wird, spricht man steuerrechtlich vom Aufdecken stiller Reserven. Indes darf ein Grundstück, das mit 10 000 DM

---

[8] Vgl. *Otfrid Fischer*, Finanzwirtschaft der Unternehmung I. Tübingen–Düsseldorf 1977, S. 102 f.

Anschaffungskosten zu Buche stand, in der Bilanz höchstens mit 10 000 DM bewertet werden. Die 90 000 DM Differenz zum Veräußerungspreis sind – solange das Grundstück nicht verkauft ist – unrealisierter, noch nicht entstandener Gewinn. Selbstfinanzierung und eine stille Rücklage entstehen aber nur durch das Zurückbehalten von Gewinn, also aus realisiertem Gewinn, nicht aus unrealisiertem Gewinn. Nachdem das Grundstück verkauft wurde, ist nicht eine stille Reserve aufgedeckt, sondern es ist ein unrealisierter Gewinn realisiert worden. Zu den elementaren Regeln der Bilanzierung gehört die sorgfältige Trennung von realisierten und unrealisierten Gewinnen. Deshalb ist der im steuerrechtlichen Schrifttum (aber nicht nur dort) zu findende Sprachgebrauch abzulehnen. Unrealisierte Gewinne sind eine künftige Finanzquelle (Folgezahlung früherer Investitionen), kein in der Bilanz zum Ausdruck kommender gegenwärtiger Selbstfinanzierungsbetrag.

c) Versteckte Selbstfinanzierung entsteht durch verrechneten Aufwand, der überhaupt nicht in der Bilanz erscheint. Wenn eine Unternehmung Ausgaben tätigt, die einen künftigen Nutzen versprechen, aber nicht zu aktivierungsfähigen Wirtschaftsgütern führen, so liegt versteckte Selbstfinanzierung vor, z. B. bei Forschungsaufwand, bei der Selbsterstellung von Patenten, bei Ausgaben zur Schaffung eines originären Geschäftswertes, wie bei Werbefeldzügen oder Pflege eines Kundenstamms. Der Begriff der versteckten Selbstfinanzierung ist noch stärker angreifbar als der Begriff der stillen Selbstfinanzierung. Er trifft nur den Fall, daß bewußt nicht aktivierungsfähige Ausgaben vorgenommen werden, um in gleicher Höhe gewinnabhängige Zahlungen zu vermeiden.

Wenn man diesen Begriff dennoch verwendet, ist zu beachten:

Versteckte Selbstfinanzierung wirkt in anderer Weise auf die künftige Zahlungsfähigkeit als stille Selbstfinanzierung. Bei stiller Selbstfinanzierung werden Vermögensgegenstände unterbewertet bzw. künftige Zahlungsverpflichtungen überbewertet. Stille Reserven werden bei einem Verkauf der Vermögensgegenstände bzw. bei Beseitigung des Rückstellungsgrundes wieder realisiert. Die Beträge stiller Selbstfinanzierung werden auch und gerade bei Liquidation der Unternehmung wieder zu Geld.

Bei versteckter Selbstfinanzierung sind Gewinne in nicht bilanzfähige Wirtschaftsgüter geflossen: Diese Posten sind nur teilweise einzeln veräußerbar, z. B. wenn ein selbsterstelltes Patent verkauft wird, und sie führen bei einer Liquidation der Unternehmung keineswegs immer zu Geld. Im allgemeinen entsteht realisierter Gewinn aufgrund versteckter Selbstfinanzierung nur beim Verkauf der Unternehmung als Ganzes bzw. dadurch, daß die Unternehmung in Zukunft höhere Einnahmen erwirtschaftet.

Als versteckte Selbstfinanzierung sind auch die Eigenkapitalanteile in jenen steuerfreien Rücklagen anzusehen, die nicht in der Handelsbilanz zu erscheinen brauchen: Preissteigerungsrücklagen (Abschnitt 228 Abs. 5 EStR), die Rücklage nach dem Gesetz zur Verwendung von Steinkohle in Kraftwerken v. 12. 8. 1965 (BGBl I, S. 777) und die Rücklage nach dem Gesetz über steuerliche Maßnahmen bei Stillegung von Steinkohlenbergwerken v. 11. 4. 1967 (BGBl I, S. 403).

Im Schrifttum werden demgegenüber die Begriffe Eigenfinanzierung (Beteiligungsfinanzierung) und Selbstfinanzierung mit der Eigenkapitalzuführung in der Bilanz regelmäßig gleichgesetzt und Fremdfinanzierung mit der Fremdkapitalzuführung[9]. Diese Begriffsbildung ist für die Gestaltung des Zahlungsbereichs und damit den Aufbau eines zielentsprechenden

---

[9] Vgl. z. B. *Süchting*, S. 34; *Günter Wöhe, Jürgen Bilstein*, Grundzüge der Unternehmensfinanzierung. München 1978, S. 19.

Finanzplanes unzweckmäßig, denn die Bilanz ist keine Zahlungsrechnung. Eine solche Begriffsbildung führt zu Lücken und Widersprüchen:

1. Bilanzielles Eigenkapital und Fremdkapital sind rechtliche Begriffe, die nicht von selbst für die betriebswirtschaftliche Analyse passen. Für die Untersuchung der Zielentsprechung solcher Maßnahmen entscheidet die Frage: Was muß für das Zurverfügungstellen dieser Gelder bezahlt werden, ein jährlicher fester Betrag oder ein Teil des Gewinns? Die bilanzrechtlichen Begriffe Eigenkapital und Fremdkapital sind – wie die obigen Beispiele zeigen – ein unzweckmäßiges Begriffswerkzeug zur Beantwortung dieser Frage.

2. Wird Finanzierung als Geldbeschaffung verstanden, dann führt die Gleichsetzung von Fremdfinanzierung und Fremdkapitalzuführung zu einem Widerspruch, wenn – wie durchweg üblich – zur Fremdfinanzierung (Kreditfinanzierung) auch Lieferantenkredite und die Anlagenmiete (Leasing) gerechnet werden. Hier werden keine Gelder beschafft, sondern Sachen oder Dienstleistungen erworben und die fälligen Ausgaben hinausgeschoben.

3. Es entstehen kaum lösbare Abgrenzungsprobleme: Mitunter ist es Auslegungssache, ob ein Geschäftsvorfall in der Bilanz unter sonstigen Verbindlichkeiten oder unter den passiven Rechnungsabgrenzungsposten erscheint. Jede Erhöhung der Verbindlichkeiten wird als Fremdkapitalzuführung angesehen. Gilt dies aber auch für die Bildung eines passiven Rechnungsabgrenzungspostens nach dem Schema »Einnahme, noch nicht Ertrag«, z. B. bei vorausbezahlter Miete für von der Unternehmung vermietete Räume? Da im Zeitpunkt der Bilanzaufstellung der Ertrag regelmäßig längst gesichert ist, ließe sich hier auch eine Eigenkapitalzuführung begründen (soweit nicht Steuerzahlungen auf den Ertrag zu leisten sind). Rückstellungen gelten gemeinhin als Fremdkapital. Das ist aber fragwürdig für Rückstellungen, die aufgrund des Imparitätsprinzips gebildet werden (z. B. bei drohenden Verlusten aus schwebenden Geschäften): Solange der Verlust nicht eingetreten ist, verbirgt sich Eigenkapital hinter diesen Posten, Fremdkapital allenfalls in Höhe der bislang ersparten Steuerzahlungen. Tritt der Verlust ein, verschwindet diese Rückstellung ganz aus der Bilanz. Ist es dann sinnvoll, das Eintreten eines Verlustes gleich einer Fremdkapitaltilgung zu setzen, wie dies bei der Gleichsetzung von Rückstellungen mit Fremdkapital erfolgt? Teilweise erzwingt das geltende Bilanzrecht bei Rückstellungen sogar versteckte Selbstfinanzierung: Eine Rückstellung wegen drohender Verluste aus schwebenden Geschäften ist zu bilden, wenn der Tagesbeschaffungspreis unter den tatsächlichen Einkaufspreis sinkt, selbst wenn die gekaufte, aber noch nicht gelieferte Ware zu einem Preis verkauft werden kann, der über dem Einkaufspreis plus Vertriebskosten liegt. Bei einer solchen Rückstellung werden entgehende Gewinne und nicht drohende Verluste vorweggenommen.

Diese Unzulänglichkeiten entstehen, weil eine Begriffsbildung, die für einen Zweck sinnvoll ist: die Klärung der Haftungsverhältnisse bei der Liquidation des Unternehmens (das Problem der Kapitalstruktur), auf eine ganz andere Fragestellung übertragen wird: Welche Verfahren bestehen, um die Zahlungsbereitschaft zu wahren, einen drohenden Ausgabenüberhang in einem Zahlungszeitpunkt zu beseitigen? Unvollständige Erfassung der Wirklichkeit und logische Brüche lassen sich nur vermeiden, wenn für jede Fragestellung besondere gedankliche Werkzeuge (Begriffe) verwendet werden.

Die im jüngeren Schrifttum vorherrschende Systematik der Finanzierungsarten trennt zwischen Außenfinanzierung (externer Finanzierung) und Innenfinanzierung (interner Finanzierung). Zur Außenfinanzierung zählt die Finanzierung über den Geld- und Kapitalmarkt (die Finanzmärkte). Zur Innenfinanzierung die Finanzierung aus Umsatzeinnahmen, wobei mitunter zwischen dem ordentlichen Umsatzprozeß und Vermögensumschichtungen (außerordentlichen Umsätzen) getrennt wird[10].

Dieses System der Finanzierungsarten ist einwandfrei, solange Finanzierung auf die Geldbeschaffung begrenzt wird und wenn zur Innenfinanzierung jede Umsatzeinnahme zählt. Denn die Geldbeschaffung kann über die Finanzmärkte oder die leistungswirtschaftliche Tätigkeit (die Umsatzeinnahmen) der Unternehmung erfolgen.

Häufig wird unter Finanzierung jedoch nicht nur die Geldbeschaffung verstanden, sondern alle Maßnahmen zur Aufrechterhaltung des finanziellen Gleichgewichts. Dann schließt die Unterteilung Außen-/Innenfinanzierung nicht das Hinausschieben fälliger Ausgaben ein: Inanspruchnahme von Lieferantenkrediten, Anlagenmiete (die weiteren ausdrücklichen »Stundungen« werden regelmäßig nicht erwähnt). Zwar werden Lieferantenkredite zur Außenfinanzierung gerechnet: Weil Lieferantenkredite zu Schulden in der Bilanz führen, wird die Gewährung von Zahlungszielen durch die Lieferanten als Kreditfinanzierung über Finanzmärkte gedeutet. Aber besteht denn wirklich ein Finanzmarkt für Lieferantenkredite? Es fließt kein Pfennig an Bargeld zu, im Gegensatz zu Bankkrediten u. ä. Die Anlagenmiete wird als Ersatz für Kredite und damit als Sonderform der Kreditfinanzierung angesehen. Aber daß Anlagenmiete wirtschaftlich eine Kreditgewährung sei, ist eine bloße Behauptung. Mit besseren Gründen kann sie als eine Form der Anlageninvestition durch den Mieter bezeichnet werden: Wiederum werden im Vergleich zum Barkauf nur Ausgaben verschoben. Wer bezeichnet schon die Vermietung eines Bürogebäudes oder sonstigen Grundstücks als Kreditgewährung an den Mieter? Und warum soll bei der Miete von Pkws oder Maschinen eine andere Betrachtung Platz greifen?

Kurzum: Die Systeme der Finanzierungsarten, wie sie die Lehrbücher bevölkern, sind kein Musterbeispiel für begriffliche Sorgfalt. Denn Begriffe sind eine Zweckmäßigkeitsentscheidung des Autors nur bei der ersten Wahl (z. B. was als Finanzierung bezeichnet wird). Die Untergliederung des Begriffs (Aufgliederung der Finanzierungsarten) steht schon unter dem logischen Zwang, Widersprüche zu vermeiden, und unter dem sachlichen Diktat, den vorab bezeichneten empirischen Bereich vollständig zu erfassen. Und an beidem hapert es im Finanzierungsschrifttum.

II. Finanzielle Zielgrößen und finanzwirtschaftliche Vorteilsmaßstäbe

a) Alternative finanzielle Ziele

1. Bedürfnisbefriedigung und finanzielle Zielgrößen

Ziel des Handelns einer jeden Person ist ihre »Bedürfnisbefriedigung«. Bedürfnisse können befriedigt werden durch eine Tätigkeit selbst oder durch die Vergütung für eine Tätigkeit. Maßgrößen für die Bedürfnisbefriedigung, die durch das Tätigwerden selbst entsteht, sind bisher noch nicht gefunden worden. Es dürfte auch schwer sein, die Freude am Schaffen in einen hinreichend meßbaren Ausdruck umzuformen. Da hier nicht die Nutzentheorie in ihrer ganzen Problematik aufgerollt werden kann, beschränken wir uns auf die Bedürnisbefriedi-

---

[10] Vgl. z. B. *O. Fischer*, S. 40; *Süchting*, S. 32 f., *Wöhe, Bilstein*, S. 11–13.

gung durch die Vergütung für eine Tätigkeit. Als Ergebnis einer Tätigkeit fließen dem Wirtschaftenden finanzielle Mittel zu, von Naturalentlohnung sehen wir also ab.
Die Bedürfnisbefriedigung aus der Verwendung von Einnahmenüberschüssen ist doppelter Art. Zum einen entsteht Bedürfnisbefriedigung durch Konsum, zum anderen durch den Besitz von Gütern oder Geld.
Um eine Maßgröße für die Bedürfnisbefriedigung aus Konsum zu finden, ist zunächst die Frage nach dem Zeitpunkt der Bedürfnisbefriedigung zu beantworten. Liegt Bedürfnisbefriedigung bei der Idee, sich einen Sportwagen zu kaufen, bei der Bestellung, Ablieferung, Bezahlung, während der Fahrzeit oder gar erst dann, wenn der Sportwagen am Brückenpfeiler zerschellt? Für eine dynamische Theorie, eine Theorie, die den Zeitablauf ausdrücklich berücksichtigt, wird es unabweisbar, genau zu prüfen, mit welcher Handlung der »Nutzen« entsteht. Im 19. Jahrhundert hat sich zwar die Grenznutzenschule Gedanken über dieses Problem gemacht, aber seither sind diese Gedanken weder gründlich geprüft noch vertieft worden[11]. Es ist üblich geworden, Bedürfnisbefriedigung im Zeitpunkt der Konsumausgabe anzunehmen.
Zum anderen ist zu fragen: Darf der Sportwagen überhaupt als Konsumgut betrachtet werden? Wie sind die langlebigen Gebrauchsgüter zu behandeln und wo ist die Grenze zu ziehen zwischen Konsum und Investition in Gebrauchsgütern?
Die hier aufgeworfenen Fragen läßt die Theorie unter den Tisch fallen, wenn sie von finanziellen Zielgrößen spricht. Sobald finanzielle Zielgrößen gewählt werden, setzt man die Bedürfnisbefriedigung (den Nutzen) gleich mit der Erzielung von Einkommen bzw. Vermögen. Eine solche Identitätsannahme kann nur eine grobe Vereinfachung sein.
Neben dem Konsum schafft auch der Besitz von Gütern, der Vermögensbestand als solcher, Bedürfnisbefriedigung. Wenn von zwei gleichaltrigen Postsekretären der eine Villenbesitzer ist, Bauerwartungsland und ein umfangreiches Wertpapierdepot erbt, der andere sich nur die standesübliche Dachkammerwohnung leisten kann, so ist das offensichtlich. Der Vermögensbestand erlaubt, die Versorgung der Angehörigen nach dem Todesfall sicherzustellen, er schafft mehr Handlungsspielraum, Kreditfähigkeit und führt zu einem größeren »Freizeitnutzen«. Die Maßgröße für die Bedürfnisbefriedigung aus Besitz könnte im »Wert des Vermögens« gesehen werden. Aber der »Wert des Vermögens« ist eine sehr unklare Größe und der Begriffsinhalt des »Vermögens« selbst fragwürdig, wie sich im Laufe dieses Kapitels herausstellen wird.
Wenn wir die Bedürfnisbefriedigung aus Konsum und Besitz im Zeitablauf erfassen wollen, müssen wir eine gemeinsame Maßgröße finden. Die Theorie sieht diese Maßgröße in der vom Entscheidenden gewünschten zeitlichen Verteilung der Konsumausgaben. Mit der Festlegung der zeitlichen Verteilung der Konsumausgaben wird zugleich entschieden, welche Einnahmenüberschüsse nicht entnommen werden und zur internen Finanzierung von Investitionen dienen und damit den »Wert des Vermögens« erhöhen. Die Messung des Nutzens durch eine gewünschte zeitliche Verteilung der Konsumausgaben setzt das Wissen voraus, wie Konsum und Besitz gemeinsam die Bedürfnisbefriedigung bestimmen. Darüber hinaus wird ein vorgegebener Arbeitseinsatz je Periode unterstellt. Das Wahlproblem »Mehr Geld – weniger Freizeit oder weniger Geld – mehr Freizeit?« kennt unser Unternehmer nicht. Damit tritt ein vorgegebener (»unabhängiger«) Planungshorizont (S. 41) als weitere Unterstellung hinzu.

---

[11] Vgl. *Eugen von Böhm-Bawerk*, Positive Theorie des Kapitals, Bd. 2, S. 205–247, bes. S. 228 f., 236; siehe auch *Dieter Schneider*, Gewinnermittlung und steuerliche Gerechtigkeit. In: ZfbF, Jg. 23 (1971), S. 352–394, hier S. 360 f.

Selbst wenn man bis hierhin alle Vereinfachung akzeptiert, so bleibt noch ein weiteres Problem: Die Theorie verlangt im Grunde, der Entscheidende könne die gewünschte zeitliche Verteilung seiner Konsumausgaben bis zum Lebensende (mindestens aber bis zum Ende des gegenwärtigen Planungszeitraumes) angeben. Auf dieser Grundlage bemüht sich die Theorie dann, das zielentsprechende Investitions- und Finanzierungsprogramm zusammenzustellen. Im Regelfall der Wirklichkeit bestehen aber beim Planenden keine klaren Vorstellungen über die Verteilung des Konsums im Zeitablauf. Dies hat mehrere Gründe:

Nur ein Teil der Bedürfnisse kehrt regelmäßig wieder (wie der Wunsch zu essen, zu trinken). Ein großer Teil der Bedürfnisse wird erst durch die Umwelt geweckt. Das beginnt schon bei der Frage, was gegessen und getrunken wird. Und wenn der Nachbar ein neues Auto hat, verlangt häufig die soziale Selbstachtung ähnlichen Besitz. Wem im Supermarkt die Pralinen vor der Nase aufgebaut werden, kauft sie sich vielleicht, obwohl er sich ihres mißlichen Beitrags auf sein Körpergewicht bewußt ist. Weil ein mehr oder weniger großer Teil der Bedürfnisse erst durch die Umwelt und unmittelbar vor der Konsumausgabe geweckt wird, schon deshalb kann niemand eine eindeutige Vorstellung über die wünschenswerte zeitliche Verteilung seiner Konsumausgaben angeben.

Keiner weiß, wie lange er lebt und ob jederzeit ein wünschenswertes Minimum an Konsumausgaben finanziert werden kann. Wenn überhaupt, so kann nur bis zum Ende eines verhältnismäßig kurzen Planungszeitraums, nicht bis zum Ende des Handlungszeitraums, eine zeitliche Verteilung des Konsums angegeben werden. Der Wunsch, für die eigene Zukunft vorzusorgen, Angehörige gegenüber möglichen Unglücksfällen sicherzustellen, wird die Konsumverteilung zusätzlich beeinflussen. Die Ungewißheit der Zukunft und die Erfahrungen mit dem Eintreten oder Ausbleiben günstiger oder ungünstiger Zukunftslagen ändern zudem eine einmal gewählte zeitliche Verteilung des Konsums.

Deshalb werden in der Wirklichkeit auch langlebige Investitionsvorhaben nach mehr oder weniger kurzfristigen Zielangaben entschieden, z. B.: Kann ich mir in diesem Jahr noch leisten, ein neues Auto zu kaufen? Angesichts der Wankelmütigkeit, die fast jeder in seinen Vorstellungen über die mehrjährige Verteilung seines Konsums hegt, sind über die zeitliche Verteilung des Konsums nur für die nächste Zukunft genaue Wünsche zu erfahren, vielleicht noch ergänzt durch Angaben über spätere Zeitpunkte, zu denen stoßweise Ausgaben auftreten (Hausbau, Erneuerung des Autos in zwei Jahren).

Wenn für einen mehrjährigen Planungszeitraum eine zielentsprechende Entscheidung gefunden werden soll, muß jedoch das finanzielle Ziel für den gesamten Planungszeitraum eindeutig vorgegeben werden. Der Entscheidende wird aber seine mehrjährigen Konsumvorstellungen nur ungenau und selbst beim besten Willen nur in einer groben Linie kennzeichnen können. Deshalb beschränken wir uns bei den einzelnen finanziellen Zielen darauf, nur die Richtung zu nennen, wie z. B. gleichbleibender oder gleichmäßig steigender Konsum im Zeitablauf.

Die Fülle an heroischen Annahmen, die jede Empfehlung für vernünftige Investitions- und Finanzierungsentscheidungen voraussetzt, kann Zweifel wecken, ob die Theorie überhaupt der Praxis nützt. Fruchtbar sind solche Zweifel, wenn sie den Willen schüren, die bestehende Theorie durch eine bessere zu ersetzen. Unfruchtbar werden solche Zweifel, wenn sie sich im Nörgeln an den Voraussetzungen der bestehenden Theorie erschöpfen. Wer die bestehende Theorie verdammt, ohne etwas Besseres an ihre Stelle setzen zu können, der schüttet nur das Kind mit dem Bade aus. Und das nützt weder dem Kind noch der Reinlichkeit, weder der Wissenschaft noch der Praxis.

2. Finanzielle Ziele in personenbezogenen Unternehmen
aa) Vermögens-, Einkommens- und Wohlstandsstreben

Um die finanziellen Zielgrößen einer Unternehmung zu beschreiben, müssen wir zwischen personenbezogenen und firmenbezogenen Unternehmen trennen. Wir betrachten zunächst die personenbezogene Unternehmung und fragen: Welche finanziellen Ziele wird ein Unternehmer anstreben?

Investierender Unternehmer ist nach dem personenbezogenen Begriff jeder, der Geld anlegt, gleichgültig, ob er damit zukünftiges Zinseinkommen erzielen will oder ein neues Auto anspart. Für uns steht jedoch der Unternehmer im Vordergrund, der zugleich einen Betrieb führt. Wir erinnern uns des Unternehmers, der als Einzelkaufmann ein Sägewerk führt, sämtliche GmbH-Anteile einer Möbelfabrik besitzt und zugleich noch Wertpapiere sein eigen nennt. Er kann rationale finanzielle Entscheidungen nur treffen, wenn er sein Vermögen insgesamt betrachtet. Seine »Unternehmung« umfaßt alle seine Geldinteressen. Der Unternehmer kann also ex definitione nicht außerhalb seiner Unternehmung investieren. Er kann nur wählen zwischen verschiedenen Anlagemöglichkeiten, z. B. Sachanlagen im Sägewerk, Sachanlagen in der Möbelfabrik oder Finanzanlagen (Wertpapiere), die er in der Bilanz seines Sägewerks, seiner Möbelfabrik oder in seinem Privatvermögen führt. Auch die Anlage von Geld auf dem Sparbuch ist für ihn Investition in seiner »Unternehmung«. Wenn in der Literatur unterschieden wird zwischen Anlage in der Unternehmung und außerhalb der Unternehmung (z. B. auf dem Kapitalmarkt), dann wird mit Unternehmung nicht die Gesamtheit der wirtschaftlichen Handlungen einer Person (die personenbezogene Unternehmung) gemeint, sondern eine bestimmte Firma.

Welche finanziellen Ziele kann der Unternehmer verfolgen? Will er rational handeln, so muß er einen Extremwert anstreben, ein Maximum an »mehr Geld«. Die Problematik der finanziellen Zielvorschriften beginnt mit der Frage: Wann will er mehr Geld: heute, morgen oder wann in der Zukunft?

Welche finanziellen Ziele kann ein Unternehmer verfolgen, wenn er für einen begrenzten Planungszeitraum (z. B. 5 Jahre) plant? Drei Wahlmöglichkeiten bestehen:

a) Der Unternehmer entnimmt jährlich einen festen Betrag zum Konsum, und er will sein »Vermögen« am Ende des Planungszeitraums maximieren. Der feste Konsumbetrag kann im Zeitablauf gleich bleiben, fallen oder steigen. Wichtig ist, daß der Konsumbetrag in einer absoluten Größe angegeben wird. Das Ziel der Maximierung des Vermögens am Planungshorizont bei vorgegebenem Konsum nennen wir *Vermögensstreben*.

b) Der Unternehmer will seine Konsumentnahmen während des Planungszeitraums maximieren, wobei er von einem vorgegebenen Endvermögen am Planungszeitraum ausgeht. Dieses Ziel nennen wir *Einkommensstreben*. In der Investitionstheorie wird »Einkommen« durchweg mit Konsumausgaben (mit Entnahmen aus einer Firma) gleichgesetzt. Zurückbehaltene, gesparte Beträge stellen folglich kein »Einkommen« dar.

Dieser Einkommensbegriff darf nicht mit dem Einkommensbegriff des Steuerrechts oder dem Begriff des Handels- und Steuerbilanz-»Gewinns« verwechselt werden. Die dem praktischen Sprachgebrauch widersprechende Definition des Unternehmereinkommens als des Betrages, den der Unternehmer konsumieren kann, ohne das gewünschte Endvermögen zu beeinträchtigen, folgt aus dem hier angewandten Unternehmensbegriff: Die Unternehmung umfaßt alle Geldanlagen einer Person, und Einkommen umschließt alles Geld, das nicht angelegt wird (Horten ist eine Anlageform, der Zinssatz beträgt hier null Prozent).

Das Ziel Einkommensmaximierung kann in verschiedenen Spielarten verwirklicht werden: Der Unternehmer kann jährlich gleich hohe Konsumentnahmen wünschen oder steigende, fallende, vielleicht sogar einen Verlauf mit wechselndem Auf und Ab. Da von ausdrücklich festgelegten Konsumwünschen für mehrere Jahre im voraus praktisch kaum ausgegangen werden kann, genügt es, typische Verläufe zu betrachten. Als typisch kann der Wunsch nach regelmäßig steigenden Konsumentnahmen angesehen werden. Dies hat zwei Gründe: Zum ersten ist mit ständiger Geldentwertung zu rechnen. Der Wunsch nach konstantem Realeinkommen (gleichbleibendem Konsumniveau) erfordert hier schon im Zeitablauf steigende Entnahmen. Zum zweiten fällt es leichter, von einem Konsumniveau auf ein höheres fortzuschreiten, aber sehr schwer, sich mit einem niedrigeren zufriedenzugeben. Auch dieser psychologische Umstand spricht für eine ständig steigende Reihe geplanter Konsumausgaben. Die Höhe des jährlichen Entnahmezuwachses läßt sich natürlich allgemeingültig nicht nennen.

Von der Annahme eines im Zeitablauf gleichbleibenden Stromes von Konsumausgaben auszugehen, erscheint nur dann wirklichkeitsnah, wenn bei der Planung der Zahlungsströme auch für künftige Zahlungszeitpunkte die Preise von heute unterstellt wurden, also von vornherein mit Geldwert-korrigierten Zahlen gerechnet wurde. Für die Investitions- und Finanzplanung ist das eine zu grobe Annahme. Gleichwohl werden wir in den folgenden Beispielen von dem Wunsch nach jährlich gleich hohen Entnahmen ausgehen; das erleichtert rechnerisch die Beispielslösung.

c) Der Unternehmer wünscht sowohl steigende Entnahmen als auch wachsendes Vermögen. Er wägt für jeden Zahlungszeitpunkt die Höhe der gegenwärtigen Entnahmen mit den künftigen Entnahmen und dem Endvermögen ab. Wir nennen das *Wohlstandsstreben*.

Man kann nicht zwei voneinander abhängige Größen wie Entnahmen und Endvermögen zugleich maximieren. Hier liegt also eine mehrfache Zielsetzung vor. Eine eindeutige Lösung ist nur dann zu erreichen, wenn die Austauschregel zwischen den Zielgrößen bekannt ist: Auf wieviel Konsum heute ist der Entscheidende zu verzichten bereit, damit der Konsum bzw. das Vermögen morgen um ein Prozent steigt?

Den Wunsch nach steigendem Vermögen können wir auch als Wunsch nach Unternehmenswachstum deuten. Der Unternehmer sucht hier sowohl steigendes Einkommen als auch Unternehmenswachstum. Dieses Streben wurde mit dem allgemeinen Begriff Wohlstandsmaximierung umschrieben. Genausogut hätten wir von »finanzieller Nutzenmaximierung« sprechen können, denn jede mehrfache Zielsetzung läßt sich als das Streben nach einer Art Nutzen bezeichnen. Wohlstandsmaximierung ist die allgemeinste finanzielle Zielvorschrift[12]. Wir kommen auf dieses Ziel bei der Erörterung der optimalen Selbstfinanzierungsrate zurück.

Der Unterschied zwischen Vermögens- und Einkommensstreben einerseits, Wohlstandsstreben andererseits, liegt in der Annahme über die Austauschbarkeit von gegenwärtigem und

---

[12] Vgl. dazu *J[ack] Hirshleifer*, On the Theory of Optimal Investment Decision. In: The Journal of Political Economy, Vol. 66 (1958), S. 329–352; zitiert nach dem Wiederabdruck in: The Management of Corporate Capital, edited by Ezra Solomon. 3rd printing London 1964, S. 205–228, hier S. 205 f.; *Adolf Moxter*, Präferenzstruktur und Aktivitätsfunktion des Unternehmers. In: ZfbF, Jg. 16 (1964), S. 6–35, hier S. 11–18; Koch, der ebenfalls »ein Theorem über die Handlungsweise des privaten Subjekts« ableiten will, »welches so allgemein wie möglich gehalten ist«, engt den Konsumstrom jedoch auf eine vorgegebene zeitliche Verteilung der Entnahmen ein, vgl. *Helmut Koch*, Grundlagen der Wirtschaftlichkeitsrechnung. Wiesbaden 1970, S. 73–76.

künftigem Konsum bzw. Endvermögen. Bei Vermögens- und Einkommensstreben besteht keine Möglichkeit, das gegenwärtige Konsumniveau zugunsten künftigen Konsums zu verändern. Die zeitliche Verteilung der Konsumentnahme ist vorgegeben: Bei Vermögensstreben durch die absolute Höhe der gewünschten Entnahme, bei Einkommensstreben durch das Verhältnis der Konsumentnahmen im Zeitablauf zueinander (gleichbleibende, jährlich um 10% steigende Entnahmen usw.).

Bei Wohlstandsstreben ist jedoch der Entscheidende bereit, auf gegenwärtigen Konsum zugunsten künftigen Konsums bzw. Endvermögens zu verzichten: gegenwärtige und künftige Entnahmen bzw. Endvermögen sind in Grenzen austauschbar.

Wenn wir die gewünschten Konsumentnahmen eines jeden Zahlungszeitpunkts für einen Augenblick als selbständige Zielgröße auffassen, so können wir sagen: Bei Vermögens- und Einkommensstreben herrscht zwischen den Konsumentnahmen eines jeden Zahlungszeitpunkts eine lexikographische Ordnung, eine Art »Limitationalität«. Bei Wohlstandsstreben hingegen besteht eine übergeordnete Nutzenfunktion, in welche die Konsumentnahmen sämtlicher Zahlungszeitpunkte eingehen; zwischen den gewünschten Konsumentnahmen für jeden Zahlungszeitpunkt ist Austauschbarkeit, »Substitutionalität«, gegeben.

Ist der Entscheidende bereit, zwischenzeitlichen Austausch der Konsumentnahmen anzunehmen oder nicht? Und welche Gründe bestimmen im einzelnen den Verlauf der Konsumindifferenzlinien zwischen zwei und mehr Zahlungszeitpunkten? Diese Fragen führen in die Grundlagen der Nutzen- und Zinstheorie. Sie können hier nicht weiter verfolgt werden. Wir gehen im weiteren von den drei finanziellen Zielvorstellungen, Vermögensstreben, Einkommensstreben und Wohlstandsstreben aus, wohlwissend, daß ungelöste Fragen der Wirtschaftstheorie hinter dieser bequemen Dreiteilung lauern.

Ein Teilproblem der finanziellen Zielgrößen muß allerdings hier untersucht werden: das »Endvermögen« am Planungshorizont, das bei Vermögensstreben als Zielgröße maximiert, bei Einkommensstreben als Nebenbedingung gesetzt wird und bei Wohlstandsstreben hinter der Vorstellung vom zeitlichen Austausch der Entnahmen steht.

bb) Das Problem des »Endvermögens« am Planungshorizont

Soll als Endvermögen ein bestimmter Geldbetrag vorgegeben bzw. angestrebt werden? Oder soll das Endvermögen einen bestimmten Bestand an Gegenständen und Rechten verkörpern, einen Wertpapierbestand z. B. oder eine Firma?

Um eine klare Vorstellung von dem Endvermögen zu erhalten, das bei den finanziellen Zielvorschriften vorgegeben oder maximiert wird, empfiehlt es sich, zwischen der Unternehmung auf Zeit und der Unternehmung auf Dauer zu trennen.

In einer Unternehmung auf Zeit beendet der Unternehmer seine wirtschaftliche Tätigkeit am Planungshorizont. Handlungszeitraum und Planungszeitraum stimmen überein. In der Unternehmung auf Zeit macht sich der Unternehmer keine Gedanken darüber, was nach dem Planungshorizont geschieht (würde er darüber nachdenken, wäre sein Handlungszeitraum länger als der Planungszeitraum). In der Unternehmung auf Zeit wird der Unternehmer deshalb so planen, daß am Planungshorizont alle Vermögensanlagen liquidiert sind: Das Endvermögen entspricht hier dem Kassenbestand zum Planungshorizont.

In einer Unternehmung auf Dauer ist der Planungszeitraum kürzer als der Handlungszeitraum. Wegen der Ungewißheit der Zukunft, der Kosten der Informationsbeschaffung und der Planung hält es der Unternehmer für zweckmäßig, ins einzelne gehende Pläne z. B. nur für

fünf Jahre aufzustellen, obwohl er noch längere Zeit zu arbeiten gedenkt. In der Unternehmung auf Dauer kann man nicht davon ausgehen, daß alle Vermögensanlagen zum Planungshorizont liquidiert werden. Vielmehr dient die Firma, das Haus, der Wertpapierbestand als Grundlage für die weitere Tätigkeit. In der Unternehmung auf Dauer sind zwei Fälle zu unterscheiden: Die Planung erfolgt durch einen Unternehmensgesamtplan, oder die Planung beschränkt sich auf den Finanzbereich. In einem Unternehmensgesamtplan werden Beschaffung, Produktion, Absatz (der Leistungsbereich also) zusammen mit dem Finanzbereich geplant. In einem Unternehmensgesamtplan muß sich der Unternehmer Vorstellungen bilden über die Höhe der Vorräte, die Produktionskapazitäten, die Absatzeinrichtungen, die am Planungshorizont vorhanden sein müssen, damit die Unternehmung weiter als Betätigungsfeld und Einkommensquelle dienen kann. Auf die Schwierigkeiten einer solchen Unternehmensgesamtplanung kommen wir in Kapitel F zu sprechen. Hier beschränken wir uns auf eine Planung des Finanzbereichs allein. In das Endvermögen gehen dann nicht Grundstücke, Maschinen, Werkzeuge ein. Das Endvermögen ist vielmehr ein Betrag, der den Wert dieser Vermögensgegenstände verkörpert. Was für ein Wert ist anzusetzen?
Folgende Möglichkeiten bieten sich an:
1. Die Summe der Einzelveräußerungspreise sämtlicher Vermögensgegenstände (der »gemeine« Wert) zum Planungshorizont: Gegen die Schätzung des Einzelveräußerungspreises sämtlicher Vermögensgegenstände als »Endvermögen« spricht, daß in einer Unternehmung auf Dauer gar nicht beabsichtigt ist, am Planungshorizont sämtliche Vermögensgegenstände zu veräußern. Selbst wenn man liquidieren wollte, würde doch versucht werden, die Unternehmung als Ganzes zu veräußern, denn der Preis für die Unternehmung als Ganzes ist regelmäßig höher als die Summe sämtlicher Einzelveräußerungspreise.
2. Der Verkaufspreis für die Unternehmung als Ganzes am Planungshorizont: Er ist das Ergebnis der Verhandlungen von Anbieter und Nachfrager. Der Markt für Unternehmen weist als Marktform regelmäßig das bilaterale Monopol aus. Deshalb können für den Gesamtwert durchweg nur Preisgrenzen des Verkäufers, des Käufers, angegeben werden. Das erschwert erheblich die Abschätzung des künftigen Verkaufspreises einer Unternehmung als Ganzes. Zusätzlich ist wiederum einzuwenden, daß in einer Unternehmung auf Dauer gar nicht beabsichtigt ist, die Unternehmung zu verkaufen. Vielmehr soll das Vermögen weiter als Einkommensquelle dienen.
3. Ein Gegenwert für die aus dem Vermögen nach dem Planungshorizont fließenden Konsumausgaben: Genaugenommen läßt sich das Vermögen einer Person zu einem Zeitpunkt nur bestimmen, wenn sämtliche künftigen Konsumausgaben dieser Person bekannt sind und zusätzlich noch die Zinssätze gegeben sind, mit denen der Barwert der künftigen Konsumausgaben errechnet werden kann. Dieser Barwert erfaßt das Gesamtvermögen einer Person in einem Zeitpunkt. In die Konsumausgaben müßte allerdings auch der künftige Vermögensbetrag eingesetzt werden, der den Erben hinterlassen werden soll. Dieser Vermögensbetrag läßt sich aber erst dann genau berechnen, wenn die künftigen Konsumausgaben der Erben und deren Nachkommen bekannt sind usw. Auf Grund solcher Überlegungen hat man bezweifelt, ob Vermögensstreben bzw. der Ansatz eines Endvermögens überhaupt eine sinnvolle Aussage sei. Wer diese Zweifel beherzigt, dem bleibt allerdings nur die vierte Möglichkeit.
4. Man setzt keine ausdrückliche Annahme über das Endvermögen zum Planungshorizont: Dann ist aber das Endvermögen am Planungshorizont, z. B. nach fünf Jahren, mit Null anzugeben. Nach fünf Jahren ein Endvermögen von Null zu unterstellen, bedeutet, der

Unternehmer habe beschlossen, in fünf Jahren Selbstmord zu verüben und den Erben nichts zu hinterlassen. So wird kaum jemand planen. In einer Unternehmung auf Dauer wird jeder ein positives Endvermögen anstreben, selbst wenn es nur als grobe, fehlerbehaftete Größe geschätzt werden kann.

Wie ist nun das Problem des »Endvermögens am Planungshorizont« zu lösen?

Jede praktische Planung muß sich auf einen begrenzten Planungszeitraum beschränken. Ins einzelne gehende Annahmen über die wünschenswerte zeitliche Verteilung der Konsumausgaben werden kaum für die Zeit während der nächsten fünf Jahre erfolgen können, schon gar nicht darüber hinaus.

Sicher lassen sich Annahmen über die Konsumausgaben, das den Erben zu hinterlassende Vermögen und die Geldanlagemöglichkeiten nach dem Planungshorizont treffen. Nur sind solche Annahmen genauso willkürbehaftet wie die Annahme eines bestimmten Geldbetrages als Endvermögen zum Planungshorizont. Fehlerbehaftet sind beide Annahmen, einfach deshalb, weil man die Zukunft nicht bis zum Jüngsten Gericht vorhersehen kann. Und ohne eine solche fehlerbehaftete Annahme läßt sich überhaupt nicht planen.

Bei Vermögensstreben beantwortet sich die Frage nach dem »Endvermögen« so: Die Konsumentnahmen während des Planungszeitraums sind vorgegeben und alle Investitions- und Finanzierungsmaßnahmen, die am Planungshorizont mehr »Wert« versprechen, werden verwirklicht. Der Wert ist dabei ein roher Schätzpreis für den Gesamtwert der Unternehmung.

Bei Wohlstandsstreben ist das Problem Endvermögen hinter dem Austauschverhältnis von gegenwärtigem und künftigem Konsum versteckt. Einzelannahmen über das Endvermögen erübrigen sich hier, weil in den »vorgegebenen« Indifferenzkurven viel weiterreichende Annahmen verborgen liegen, die Einzelannahmen über das Endvermögen stillschweigend mit enthalten.

Bei Einkommensstreben ist jener Betrag als Endvermögen anzusetzen, den der Unternehmer braucht, um das gewünschte jährliche Einkommen auch nach dem gegenwärtigen Planungshorizont zu erzielen. Aber damit beginnen erst die Probleme: Ein heute 50jähriger Sägewerksbesitzer hat den Wunsch, sich mit 60 Jahren und einer Rente von jährlich 60 000 Mark zur Ruhe zu setzen. Wenn er nur für fünf Jahre planen kann, muß er dann zum Planungshorizont (heute in 5 Jahren) 1 Million, 1,2 Million oder 800 000 Mark Vermögen besitzen?

Das Problem des »Endvermögens« bei Einkommensstreben kann man so lösen:

(1) Entweder soll ein fester Betrag als Gelderlös vorhanden sein (wieder verstanden als am Planungshorizont voraussichtlich realisierbarer Gelderlös), z. B. soll das Anfangskapital erhalten bleiben oder die Kaufkraft des Anfangskapitals.

(2) Oder man verlängert die Annahme über die zeitliche Verteilung der Konsumausgaben während des Planungszeitraums über den Planungshorizont hinaus. Dann wäre als Wert des Vermögens der Barwert zum Planungshorizont der künftigen Konsumausgaben anzusetzen, abgezinst mit einer geschätzten Alternativrendite. Auf die Einzelheiten der Annahme über das Endvermögen kommen wir bei Erörterung des Gewinnbegriffs (ab S. 208) zurück.

Wir halten fest: Jedes mehrperiodige Planungsmodell enthält (ausdrücklich oder stillschweigend) eine Annahme über das Endvermögen zum Planungshorizont. Keine Annahme über das Endvermögen ist von Einwänden frei, weil praktisch niemand vorhat, sein Leben zum gegenwärtigen Planungshorizont zu beenden. Ohne eine fehlerbehaftete Pauschalannahme über das Endvermögen läßt sich aber nicht planen.

3. Finanzielle Ziele in firmenbezogenen Unternehmen

aa) Das Problem »firmeneigener Ziele«

Der Begriff Unternehmung, wie er sich meist in der Literatur findet, ist firmenbezogen. Personenbezogene und firmenbezogene Unternehmung können sich im Ausnahmefall decken, wie beim Einzelkaufmann, der alle seine Geschäfte und Geldanlagen in seiner Firma abwickelt. Im Regelfall betreffen personenbezogene und firmenbezogene Unternehmungen verschiedene Tätigkeiten. So wird sich ein Unternehmer, der eine GmbH beherrscht, schon aus steuerlichen Gründen hüten, alle seine Geldanlagen innerhalb der GmbH abzuwickeln. Er müßte dann für alle anfallenden Zinseinkünfte Gewerbeertragsteuer, für Geldanlagen in der GmbH und die GmbH-Anteile Vermögensteuer zahlen.

Nun lebt eine Firma nicht nur wegen der Interessen des Eigentümers. Wieweit man dem »Unternehmen an sich« (der Firma) eigene Interessen, unabhängig von denen des Eigentümers, zubilligt, hängt von gesellschaftspolitischen Vorstellungen ab. So kann man z. B. sagen: Die Interessen des »Unternehmens an sich« setzen sich aus den Wünschen aller im Unternehmen Beschäftigen zusammen, die ihre Arbeitsplätze behalten wollen. Die Interessen der Firma (des Unternehmens an sich) und die Interessen des Unternehmers (des Eigentümers) brauchen sich nicht zu decken. Der Eigentümer legt z. B. Wert auf möglichst hohe Entnahmen. Im Interesse der langfristigen Lebensfähigkeit der Firma und der Erhaltung der Arbeitsplätze läge es jedoch, Selbstfinanzierung zu betreiben, um die Firma durch neue Investitionen konkurrenzfähig zu erhalten.

Noch deutlicher werden Abweichungen zwischen Firmen- und Personeninteresse bei Firmen mit mehreren Eigentümern. Hier müssen die Komplementäre einer offenen Handelsgesellschaft oder die geschäftsführenden Gesellschafter einer GmbH zu einer Zielvorstellung für die Firma insgesamt kommen. Die Gruppe der Entscheidenden muß sich durch Nachgeben in ihren unterschiedlichen persönlichen Wünschen auf gemeinsame Ziele einigen. Lassen sich keine Kompromißziele und Wege zu ihrer Verwirklichung finden, dann bricht über kurz oder lang die Gesellschaft auseinander. Bei Gesellschafterfirmen kann folglich nicht mehr unbedenklich vom personenbezogenen Unternehmensbegriff ausgegangen werden.

Am deutlichsten wird die Abweichung zwischen Personeninteresse und Firmenziel in Publikumsgesellschaften, wie in einer Aktiengesellschaft mit einer Vielzahl von Kleinaktionären. Unternehmer sind hier die Vorstandsmitglieder (eventuell auch ein sehr starker Aufsichtsratsvorsitzender). Sie treffen die Entscheidungen. Es ist möglich, daß sie gar keine Aktien besitzen, und wenn sie nach Einkommensmaximierung für sich selbst streben, dann braucht das keineswegs mit den Interessen der Belegschaft und denen der Aktionäre identisch zu sein. Die Interessen von Vorstandsmitgliedern und Geschäftsführern gegen jene der Aktionäre abzuwägen, ihre Macht zu begrenzen, ist Aufgabe des Gesellschaftsrechts. Dieses Problem näher zu untersuchen, gehört in den Problemkreis Organisation von Entscheidungsprozessen, den wir ausgeklammert haben.

Immer dann, wenn die Anteilseigner ihre Interessen nicht durchsetzen können, sprechen wir von »firmeneigenen« Zielsetzungen. In einer firmenbezogenen Unternehmung können also die Interessen der Anteilseigner verfolgt werden oder firmeneigene Ziele. Firmeneigene Zielsetzungen werden vor allem in Aktiengesellschaften, Genossenschaften, vielleicht auch in GmbHs mit zahlreichen Gesellschaftern verwirklicht werden. Darüber hinaus können firmeneigene Ziele bei Unternehmen in öffentlichem Besitz vorliegen. Wir werden uns näher nur mit Publikumsgesellschaften beschäftigen.

Hier ist ein Wort zur Terminologie angebracht: Im strengen Wortsinne kann das Gebilde »Firma« keine Ziele anstreben. Ziele verfolgen nur die in einer Firma handelnden Menschen. Mit dem Begriff firmeneigene Zielsetzungen ist gemeint, daß die Ziele der in der Firma Entscheidenden nicht die der Anteilseigner sind.
Im praktischen Regelfall entscheidet über das Firmengeschehen in einer Aktiengesellschaft nicht ein einzelner, sondern ein Vorstandskollegium, das sich zudem an die Wünsche des Aufsichtsrates anpassen muß. Allerdings ist es für deutsche Aktiengesellschaften nicht selten, daß der Aufsichtsrat den Vorstand bestellt und der Vorstand praktisch den Aufsichtsrat. Die Herren Werks- und Bankdirektoren bleiben mit den Gewerkschaftsvorsitzenden unter sich. Das Einkommens- und Prestigestreben der Vorstände äußert sich meist in der Zielgröße Unternehmenswachstum. Damit die Aktionäre ruhig bleiben, wird ihnen höchstens die branchenübliche Dividende gezahlt. Daß ein solches Streben nach »firmeneigenen Zielen« praktisch durchführbar ist, liegt an der schwachen gesellschaftsrechtlichen Stellung der Kleinaktionäre.
Die Arbeitnehmervertreter im Aufsichtsrat interessiert gleichfalls stärker das Unternehmenswachstum als die Dividende für die Aktionäre.
Schließlich müssen sich die Vorstände mit ihren Mitarbeitern und dem Betriebsrat herumärgern und werden zu Kompromißentscheidungen gedrängt.
All diese vielschichtigen Abhängigkeiten, die Einfluß auf die einzelnen Entscheidungen nehmen, fassen wir vergröbernd unter dem Begriff »firmeneigenes Ziel« zusammen. Wegen der unterschiedlichen Handlungsmotive der am Entscheidungsprozeß in Publikumsgesellschaften und Genossenschaften Beteiligten werden firmeneigene Ziele sehr vielschichtig sein. Wir müssen deshalb vereinfachen und beschränken uns auf einen Gesichtspunkt: Das Ziel der in einer Firma Tätigen wird sehr oft auf Stärkung dieser Firma, auf Unternehmenswachstum ausgerichtet sein; in finanziellen Zielgrößen ausgedrückt: Die Firmenleitung strebt nach »firmeneigener Vermögensmaximierung«.

bb) Handeln im Interesse der Anteilseigner

Wenn der Vorstand einer Aktiengesellschaft ausschließlich im Interesse der Aktionäre handeln will, so muß er klären: Was ist das Interesse der Aktionäre? Einer wünscht hohe Dividenden, ein anderer hohes Unternehmenswachstum, also Selbstfinanzierung, evtl. mit Ausgabe von Gratisaktien. Die Interessen der Anteilseigner werden nicht von vornherein übereinstimmen.
Was kann als finanzielles Ziel einer Publikumsgesellschaft angesehen werden?
Einkommensmaximierung und Vermögensmaximierung sind auch in Publikumsgesellschaften denkbare finanzielle Ziele. Ausgeschlossen ist die Wohlstandsmaximierung für alle Aktionäre, denn eine Austauschregel zwischen mehr Dividende oder mehr Selbstfinanzierung, die alle Aktionäre befriedigt, ist praktisch nicht zu finden.
Der Vorstand einer Publikumsgesellschaft kann also so handeln, daß er versucht, den Aktionären einen möglichst hohen gleichbleibenden Dividendenstrom zukommen zu lassen. Er wird dann nur soviel an buchhalterischem Gewinn zurückbehalten, wie zur Sicherung der wirtschaftlichen Leistungsfähigkeit und damit zur Sicherung des gleichbleibenden Dividendenstromes nötig ist. Bei dieser Einkommensmaximierung für die Aktionäre unterstellt der Vorstand: Es läge im Interesse der Aktionäre, Dividendeneinkommen zu erzielen. Das Wahlproblem »Selbstfinanzierung in der Firma (und damit möglicherweise Kurssteigerung)

oder Gewinnausschüttung« käme für die Aktionäre nicht in Frage. So könnte man z. B. argumentieren: Es soll den Aktionären selbst überlassen werden, was sie mit ihren Dividendeneinkünften machen. Wollen sie die Dividendeneinkünfte wieder in die Unternehmung investieren, dann können sie weitere Aktien kaufen oder bei einer Kapitalerhöhung neue Aktien zeichnen.

Handeln im Interesse der Anteilseigner kann ferner heißen: Vermögensmaximierung für den Durchschnittsaktionär. Wenn in einer Publikumsgesellschaft der Vorstand im Interesse der Aktionäre handeln will, muß er deren Interesse kennen. Den Konsumwünschen der Aktionäre kann er nur in grober Form gerecht werden: Entweder wird alles ausgeschüttet, oder es wird eine extern definierte, vorgegebene Dividende gezahlt, z. B. die branchenübliche. Der Vorstand kann sich aber auch bemühen, das Vermögen der Aktionäre zu steigern. Dabei muß der Vorstand von der Annahme ausgehen, daß die Aktionäre ihre Dividendeneinkünfte wieder investieren wollen, bzw. daß sie eine vorgegebene Mindestdividende konsumieren, den darüber hinaus erzielten Betrag anlegen wollen. Die Frage lautet dann: Wächst das Vermögen der Aktionäre mehr, wenn das Geld von vornherein in der Unternehmung bleibt (Selbstfinanzierung) oder wenn es an die Aktionäre ausbezahlt wird und die Aktionäre es anderwärts oder in Aktien dieser Firma reinvestieren? Es werden Gewinne ausgeschüttet, wenn der Aktionär sie besser anlegen kann als die Firma; es werden Gewinne einbehalten, wenn das zu größeren Vermögenssteigerungen führt. Damit der Vorstand diese Entscheidungen treffen kann, müssen zahlreiche Voraussetzungen erfüllt sein. Wir werden bei Erörterung des Optimums an Selbstfinanzierung die Voraussetzungen im einzelnen untersuchen und die Ziele Einkommensstreben (Ausschüttungsmaximierung) und Vermögensmaximierung für den Durchschnittsaktionär gegeneinander abwägen.

Die bisherige Erörterung der finanziellen Ziele läßt sich so zusammenfassen:
In personenbezogenen Unternehmen sind als finanzielle Zielsetzungen Vermögens-, Einkommens- oder Wohlstandsstreben denkbar. Personenbezogene Unternehmungen können dabei Unternehmungen auf Zeit oder auf Dauer sein. Der personenbezogene Unternehmensbegriff kann versagen, wenn die Interessen mehr als einer Person bei einer Firma maßgebend sind.
Bei Personengesellschaften und Kapitalgesellschaften in Familienbesitz kann, solange die Interessen der Entscheidenden einigermaßen gleich lauten, weiter vom personenbezogenen Unternehmensbegriff ausgegangen werden.
Für Publikumsgesellschaften und Unternehmen in öffentlichem Besitz muß der firmenbezogene Unternehmensbegriff gewählt werden. Publikumsgesellschaften können theoretisch auch Unternehmungen auf Zeit sein (nur für eine begrenzte Lebensdauer errichtet sein). Aber diesen Fall kann man, ohne der Wirklichkeit Gewalt anzutun, vernachlässigen. Publikumsgesellschaften erscheinen damit als Unternehmungen auf Dauer. Finanzielle Zielsetzung kann hier Einkommensmaximierung für die Anteilseigner sein oder firmeneigene Vermögensmaximierung oder Vermögensmaximierung im Sinne der Aktionäre. Vermögensmaximierung im Sinne der Aktionäre kann praktisch nur Vermögensmaximierung für einen durchschnittlichen Aktionär bedeuten.
Wir werden die Optimumbedingungen für die Investitions- und Finanzierungspolitik nach diesen Zielsetzungen zu differenzieren haben. Als erstes prüfen wir: Unter welchen Voraussetzungen führen die alternativen Ziele zu denselben Entscheidungen?

Finanzielle Zielgrößen und finanzwirtschaftliche Vorteilsmaßstäbe

4. Das Verhältnis zwischen Vermögens-, Einkommens- und Wohlstandsstreben

Wir gehen vom personenbezogenen Unternehmensbegriff aus und unterstellen zunächst, der Unternehmer strebe nach Vermögensmaximierung. Der Einfachheit halber seien dabei seine Entnahmen Null; der Unternehmer lebt also z. B. von den Einkünften seiner Frau. Als zweites prüfen wir, ob sich die Entscheidung ändert, wenn er Maximierung seines Einkommens wünscht.

Der Unternehmer hat zwischen zwei Investitionen A und B zu wählen. A und B schließen sich gegenseitig aus. Sie versprechen ihm folgende Zahlungsströme:

	t_0	t_1	t_2	t_3
A	- 1000	0	0	1331
B	- 700	300	500	

A und B sind noch nicht vergleichbar. Dies aus drei Gründen:
(1) Der Unternehmer muß mindestens 1 000 Mark haben, damit sich überhaupt das Problem A oder B stellt. Wenn er über 1 000 Mark verfügt, dann ist aber bei B zu fragen: Was geschieht mit den restlichen 300 Mark? Ohne eine Information darüber ist das Problem nicht zu lösen. Hat der Unternehmer mehr als 1 000 Mark, dann ist zu prüfen: Was fängt er mit diesem Gesamtbetrag an? Um mehrere Handlungsmöglichkeiten zu vergleichen, muß also die Anfangskapitalbindung gleich hoch sein. Das bedeutet, die einzelnen Handlungsmöglichkeiten sind in sich ausschließende Handlungsprogramme einzuordnen. Wir nehmen an, der Unternehmer verfüge über genau 1 000 Mark. Handlungsprogramm I enthält Objekt A, Handlungsprogramm II enthält B plus die Differenzinvestition von 300 Mark.
(2) Der Handlungs- und Planungszeitraum muß mindestens bis t_3 reichen. Reicht er nur bis t_2, dann stellt sich die Wahl von A nicht. Reicht der Planungszeitraum aber bis t_3 oder darüber hinaus, dann ist zu fragen: Was geschieht mit den Einnahmenüberschüssen von B nach t_1 und t_2? Die zeitliche Erstreckung aller Handlungsprogramme muß also ebenfalls gleich sein. Wir unterstellen, der Planungszeitraum reiche bis t_3; in t_3 liquidiere der Unternehmer die »Unternehmung« und setze sich zur Ruhe.

Angenommen, der Unternehmer habe gerade 1 000 Mark als Kassenbestand in t_0, und die 300 Mark könnten als Differenzinvestition angelegt werden und erbrächten in t_3 484 Mark, dann wäre beiden Bedingungen: gleicher Ausgangsbetrag, gleiche zeitliche Erstreckung, Genüge getan. Wie sehen nun, nach Einbeziehung der Differenzinvestition die Zahlungsströme der zu vergleichenden Handlungsprogramme aus?

	t_0	t_1	t_2	t_3
Kassenbestand	1000			
A	- 1000	0	0	1331
Kassenbestand	1000			
B	- 700			
	- 300	0	300	500	484

Offenbar sind die Investitionsvorhaben immer noch nicht vergleichbar. Es ist zu fragen:
(3) Was geschieht mit den 300 Mark in t_1 und den 500 Mark in t_2? Um den Vergleich zweier Alternativen vollständig zu ermöglichen, sind auch zwischenzeitliche Zahlungssalden auszu-

schalten. Nehmen wir an, der Unternehmer würde beide Beträge aufs Sparbuch legen und 4% Zinsen dafür erhalten. Das heißt, die 300 Mark werden in t_1, die 500 Mark in t_2 wieder zu Ausgaben, indem sie investiert werden. Das Sparguthaben einschließlich der Zinsen wird in t_3 abgehoben, es beträgt rund 844 Mark. Vollständig formuliert, sieht damit das Investitionsproblem so aus:

	t_0	t_1	t_2	t_3
Kasse	1000			
A	−1000	0	0	0	1331
Kasse	1000			
B	−700	300	500	844
	−300 0	−300 0	−500 0	484 1328

Bei dem Ziel Vermögensmaximierung wird der Unternehmer Handlungsprogramm A wählen.
Folgerung: Bei vollständiger Formulierung des Investitionsvergleichs sind alle durch eine Handlungsmöglichkeit ausgelösten Zahlungen, einschließlich der Finanzierungszahlungen, zu berücksichtigen. Bei vollständiger Formulierung kann die vorteilhafteste Investition unmittelbar abgelesen werden. »Methoden der Investitionsrechnung« sind überflüssig, insbesondere braucht man keine Abzinsung (Barwertberechnung).
Strebt der Unternehmer nach möglichst hohem Einkommen, so hat er sich zunächst Vorstellungen über das Endvermögen und über die zeitliche Verteilung der Entnahmen zu bilden. Wir nehmen an, der Unternehmer möchte nach 3 Jahren den ursprünglich eingesetzten Betrag von 1 000 Mark erhalten wissen und wünscht für jede Periode gleich hohe Entnahmen.
Das Ziel Einkommensmaximierung läßt sich ohne zusätzliche Information bei Handlungsprogramm A nicht verwirklichen. Entnahmen würden in t_1, t_2 und t_3 anfallen. Nehmen wir an, ein Kredit könne zu 10% Zinsen jederzeit aufgenommen werden. Mit Hilfe dieser Finanzierungsmöglichkeit lassen sich die maximalen periodischen Entnahmen bestimmen. Alternative A würde dem Unternehmer einen jährlichen Einkommensstrom von 100 Mark gewähren, denn wenn er im ersten Jahr 100 Mark Kredit aufnimmt, um daraus seinen Lebensunterhalt zu bestreiten, und im zweiten Jahr 100 Mark, so hat er dafür in t_3 200 Mark plus 31 Mark Zinsen an die Bank zurückzuzahlen. Ihm verbleiben 100 Mark Einkommen in t_3 und das Anfangskapital von 1 000 Mark. Wie sieht der maximale Entnahmestrom bei Alternative B aus? Er ist höher und beträgt rund 105 Mark, denn: wenn in t_1 105 Mark entnommen werden, so können noch 195 Mark auf dem Sparbuch zu 4% angelegt werden. Sie bringen in t_3 ca. 210,90 Mark. Wenn in t_2 105 Mark entnommen werden, bleiben 395 Mark, die in t_3 auf 410,80 angewachsen sind; die Einnahmen in t_3 betragen dann 105,70 plus 1 000 Mark Anfangskapital. Die Zahlungsreihen der Handlungsprogramme sehen folglich so aus:

A	t_0	t_1		t_2	t_3	
Kasse	+ 1000	+ 100	(Kredit)	+ 100	+ 1331	
	− 1000	− 100	(Ausschüttung)	− 100	− 231	(Kreditrückzahlung)
					− 100	(Ausschüttung)
	0	0		0	+ 1000	

B	t_0	t_1		t_2	t_3	
Kasse	+ 1000	+ 300		+ 500	+ 484	
	− 1000	− 105	(Ausschüttung)	− 105	+ 210,9	(Sparbuch t_1)
		− 195	(Sparbuch)	− 395	+ 410,8	(Sparbuch t_2)
					− 105,7	(Ausschüttung)
	0	0		0	+ 1000	

Daraus können wir schließen: *Fallen Kreditzinsen und Rendite von Geldanlagen (Soll- und Habenzinsen) auseinander, so führen die beiden finanziellen Ziele Vermögens- und Einkommensstreben nicht unbedingt zu denselben Entscheidungen.* In diesem Fall müssen die Optimumbedingungen für jedes finanzielle Ziel gesondert untersucht werden.

Nur wenn die Zinssätze, zu denen Periodenüberschüsse angelegt und Kredite aufgenommen werden können, identisch sind, ist es gleichgültig, ob der Unternehmer nach maximalem periodischem Einkommen oder nach maximalem Vermögen strebt. Nehmen wir an, für aufgenommene Kredite sind 10% Zinsen zu zahlen, und Einnahmenüberschüsse ließen sich zu 10% anlegen. Für Alternative A errechnen wir, wie bisher, ein Endvermögen von 1 331 bzw. ein Einkommen von 100. Bei Alternative B müssen wir von einem Gesamtkassenbestand von 1 000 Mark ausgehen. Die Anlage der 1 000 Mark erbringt in t_1 300, in t_2 500, in t_3 484 Mark. Die 300 Mark in t_1 und die 500 Mark in t_2 können dann bis t_3 zu 10% angelegt werden. Alternative B erwirtschaftet ein Endvermögen von 1 397 Mark bzw. ein Einkommen von knapp 120. B ist bei beiden Zielen die bessere Lösung.

Gilt für Kreditaufnahme und Geldanlage ein einheitlicher Zinssatz, dann kann jede Gewinnausschüttung durch eine Kreditaufnahme mit Kosten in Höhe des einheitlichen Zinssatzes finanziert werden. Jede Geldanlage (jeder Verzicht auf Gewinnausschüttung) läßt das Vermögen jährlich um die Zinsen wachsen. Deshalb stimmen bei einheitlichem Zinssatz Vermögensstreben und Einkommensstreben überein.

Wenn aber Vermögens- und Einkommensstreben zu denselben Entscheidungen führen, dann führt es auch Wohlstandsstreben, denn Wohlstandsstreben ist nichts anderes als eine von den persönlichen Präferenzen abhängige Mischung aus Einkommens- und Vermögensstreben. Andererseits: Bei unterschiedlichen Soll- und Habenzinsen können Vermögens- und Einkommensstreben zu unterschiedlichen Entscheidungen führen. Wir werden später sehen (S. 363), daß Wohlstandsstreben eine Entscheidung nahelegen kann, die sich weder mit der bei Vermögensstreben noch mit der bei Einkommensstreben deckt.

b) Modellstruktur und finanzielles Zielsystem

1. Vollständiger Vorteilsvergleich durch finanzwirtschaftliche Totalmodelle

Wie findet man die zielentsprechenden Investitions- und Finanzierungsmöglichkeiten? Aus den bisherigen Beispielen ersieht man: Das optimale Investitions- und Finanzierungsvorhaben ist offenkundig, sobald der Vorteilsvergleich zwischen den Handlungsmöglichkeiten vollständig formuliert ist. »Vollständig formuliert« heißt dabei:
Jede Handlungsmöglichkeit weist als Zahlungssaldo nur noch die Zielgröße aus. Bei Vermögensstreben stellt die Zielgröße eine Einnahme am Ende des Handlungszeitraums dar. Bei dem Ziel »Einkommensstreben« wird die Zielgröße durch einen in jedem Zahlungszeitpunkt

gleich hohen Einnahmenüberschuß verkörpert; hinzu tritt eine Einnahme am Ende des Handlungszeitraums in Höhe des gewünschten Endvermögens.

Bei einem vollständigen Vorteilsvergleich muß somit für alle Alternativen gelten:
(1) gleicher Ausgangsbetrag, und dieser muß dem Anfangskapital (Eigenkapital plus Fremdkapital) entsprechen,
(2) gleiche zeitliche Erstreckung,
(3) gleiche Kapitalbindung während der Laufzeit.
Die drei Bedingungen besagen zugleich: Nach Entnahme der Zielgröße (des periodischen Einkommens bzw. des Endvermögens) muß der Zahlungssaldo aller Alternativen Null sein. Einnahmen und Ausgaben müssen sich in jedem Zahlungszeitpunkt entsprechen. Kassenhaltung gilt dabei als Investitionsvorhaben mit der Rendite 0% (bei Kreditbeschränkungen kann es sich gleichwohl lohnen, Kasse zu halten, vgl. S. 389 f.). Aufgabe des vollständigen Vorteilsvergleichs ist »Zielerfüllung unter der Bedingung, daß die Zahlungsfähigkeit in jedem Zeitpunkt gewahrt bleibt«. Damit ist zugleich die Aufgabe der Investitions- und Finanzplanung schlechthin beschrieben. *Ein vollständiger Vorteilsvergleich erfolgt also immer an Hand eines Finanzplanes.*
Wird ein Wahlproblem so formuliert, daß über sämtliche Verwendungsmöglichkeiten eines Mittelvorrats im einzelnen disponiert wird und die Zielgröße allein als Zahlungssaldo verbleibt, dann sprechen wir von einem Totalmodell. Ein Totalmodell verwendet man also, um einen vollständigen Vorteilsvergleich anzustellen. *Unter diesen Voraussetzungen braucht der Unternehmer keinen Kalkulationszinsfuß, denn hier ist es nicht nötig, die einzelnen Zahlungen auf- oder abzuzinsen*[13]. Eine Abzinsung oder Aufzinsung (Barwert- oder Endwertberechnung) ist überflüssig, weil in das Totalmodell Investitions- und Finanzierungsmöglichkeiten mit ihren vollständigen Zahlungsströmen eingehen und die finanzielle Zielgröße unmittelbar berechnet wird. Das vorteilhafteste Investitions- und Finanzierungsprogramm ist danach unmittelbar ablesbar. Eine Aufzinsung oder Abzinsung wird erst notwendig, wenn mit finanziellen Ersatzzielgrößen (wie Kapitalwert, Rendite) gerechnet wird, nicht mehr mit den ursprünglichen finanziellen Zielen »Vermögenszuwachs bei gegebenen Entnahmen«, »Einkommensstreben«, »Wohlstandsstreben«.
Im praktischen Fall wirft die Suche nach dem optimalen Finanzplan (das Aufstellen eines Totalmodells) kaum lösbare Schwierigkeiten auf, und zwar aus vier Gründen:
(1) Es sind sämtliche Investitions- und Finanzierungsmöglichkeiten vom Planungszeitpunkt heute bis zum Ende des Handlungszeitraumes des Unternehmers zu erfassen und zielentsprechend zu kombinieren. Das bedeutet: Bei personenbezogenen Unternehmen wäre z. B. über zwanzig und dreißig Jahre detailliert zu planen, bei firmenbezogenen Unternehmen sogar auf »unbegrenzte« Zeit.
(2) Gegenwärtige und künftige Entscheidungen bedingen sich teilweise gegenseitig. Welche Preispolitik in drei Jahren verfolgt werden kann, hängt auch von den Anlagen ab, auf denen in drei Jahren produziert wird und über deren Investition heute entschieden werden soll. Andererseits nehmen die in drei Jahren erzielbaren Einnahmen Einfluß auf die Auswahl der

---

[13] Nach *Hållsten*, S. 41, findet sich diese Erkenntnis erstmals in einer Arbeit von *T. Rødseth*, Allokering av kapital. Bergen 1961, S. 115 ff. Im deutschen Schrifttum sind Modelle dieser Art vorgetragen worden von *Herbert Hax*, Investitions- und Finanzplanung mit Hilfe der linearen Programmierung. In: ZfbF, Jg. 16 (1964), S. 430–446, hier S. 436 f.; *H[erbert] Jacob*, Neuere Entwicklungen in der Investitionsrechnung. In: ZfB, Jg. 34 (1964), S. 487–507, 551–594, hier S. 581–591.

Investitionsobjekte heute. Dieses Interdependenzproblem wirft zahlreiche ungelöste Fragen auf. Ein Totalmodell muß im Grunde alle Unternehmensentscheidungen: Investition, Finanzierung, Beschaffung, Produktion, Absatz, Organisation gemeinsam zu treffen erlauben, und zwar für den Zeitraum bis zum Lebensende der Unternehmung.
(3) Die Ungewißheit der Zukunft macht eine ins einzelne gehende »simultane« Planung unmöglich; sie schränkt zugleich den Planungszeitraum auf eine Zeitspanne ein, die im Regelfall erheblich kürzer ist als der gewünschte Handlungszeitraum des Unternehmers.
(4) Einer Planung aufgrund von Totalmodellen stehen arbeits- und rechentechnische Schwierigkeiten entgegen. Die Suche nach dem optimalen Finanzplan ist ein Kombinationsproblem, das die Anwendung von Verfahren der mathematischen Programmierung verlangt, und zwar sind dabei ganzzahlige Lösungen zu suchen, da es wenig Sinn hat, halbe Lastwagen und zu einem Viertel gedeckte Fabrikdächer als optimal anzusehen. Diese Ganzzahligkeit macht so viel Schwierigkeiten, daß vielfach nichts anderes übrigbleibt, als alle Kombinationen durchzurechnen oder sich von vornherein auf einige wenige zu beschränken, mit der Gefahr, die bestmögliche Kombination dabei zu übersehen, vgl. im einzelnen S. 404 ff.
Weiter ist zu bedenken: Jede Datenänderung erfordert eine finanzwirtschaftliche Umdisposition, der fünfjährige Finanzplan wäre damit tagtäglich neu aufzustellen, um die richtige Entscheidung zu finden. Wer je versucht hat, in der Praxis einen mehrjährigen Finanzplan aufzustellen, der weiß, daß dies die Arbeit von Monaten ist, selbst wenn an zahlreichen Stellen über den Daumen gepeilt wird.
Aus den vier Gründen folgt: Es ist unmöglich, eine »tatsächlich optimale« Entscheidung zu treffen. Das Optimum optimorum ist für den allgemeinen Fall ökonomisch nicht zu bestimmen. Formal ist die Lösung klar: Es sind die notwendigen und hinreichenden Bedingungen für das Maximum der Zielfunktion zu nennen – und im allgemeinen Fall führt das zu Problemen der Variationsrechnung, vgl. S. 638 –, aber damit ist ökonomisch das Problem nicht gelöst. *Die Aufgabe betriebswirtschaftlicher Theorie ist es deshalb, nach sinnvollen Vereinfachungen zu suchen. Das Dilemma besteht darin, daß mit jeder Vereinfachung die Gefahr einer Fehlentscheidung wächst.*
Da die Begrenzung des Planungszeitraumes durch die Ungewißheit nie vermieden werden kann und das Interdependenzproblem nur näherungsweise lösbar ist, gibt es im strengen Sinne keine Totalmodelle des Unternehmensgeschehens, sondern nur »Partialmodelle«, also Modelle, die nur unter Einschränkungen und Vereinfachungen zielentsprechende Entscheidungen liefern[14].

2. Begrenzter Vorteilsvergleich durch finanzwirtschaftliche Partialmodelle

Die langfristige Unternehmensplanung muß auf Vereinfachungen aufbauen. Sie beruht auf finanzwirtschaftlichen Partialmodellen. *Ein finanzwirtschaftliches Partialmodell liegt vor, wenn für die Zeit innerhalb des Planungszeitraums Pauschalannahmen über einzelne Investitions- und Finanzierungsmöglichkeiten erfolgen.*
Es empfiehlt sich, zwei Arten finanzwirtschaftlicher Partialmodelle zu unterscheiden:
(a) Kombinatorische Partialmodelle wählen Pauschalannahmen über einige Handlungsmöglichkeiten, bestimmen aber die Zielgrößen unmittelbar: Sie gehen von Vermögens-, Einkommens- oder Wohlstandsstreben aus.

---

[14] Vgl. dazu auch *Herbert Hax*, Bewertungsprobleme bei der Formulierung von Zielfunktionen für Entscheidungsmodelle. In: ZfbF, Jg. 19 (1967), S. 749–761, bes. S. 760.

(b) Klassische Partialmodelle wählen ebenfalls Pauschalannahmen über einige Handlungsmöglichkeiten, aber gehen nicht von den finanziellen Zielen unmittelbar aus. Ihre Zielvorschriften enthalten finanzwirtschaftliche Vorteilskriterien, die als Ersatzzielgrößen für die ursprünglichen Ziele dienen. Klassische Partialmodelle versuchen, den »Kapitalwert«, die »Annuität« oder den »internen Zinsfuß« zu maximieren.

Zu (a): Kombinatorische Partialmodelle dienen, wie finanzwirtschaftliche Totalmodelle, der Suche nach einem optimalen Finanzplan. Sie setzen eine Kombination der einzeln und pauschal erfaßten Investitions- und Finanzierungsmöglichkeiten voraus. Kombinatorische Partialmodelle erscheinen in zwei Abstufungen:

(1) »Partialmodell mit Kapitalmarktbeschränkungen«. Innerhalb des Planungszeitraums werden alle externen Finanzierungsmöglichkeiten berücksichtigt, denn sie stellen regelmäßig den Engpaß finanzieller Planungen dar. Dabei werden die Höchstbeträge, die bei den einzelnen Kreditarten und Kreditinstituten aufgenommen werden können, ausdrücklich in das Planungsmodell einbezogen. Wieweit sie ausgenutzt werden, das gibt die Modellösung an, in der die einzelnen Finanzierungsmöglichkeiten mit ihren Höchstbeträgen und Fristigkeiten den einzelnen Investitionsvorhaben und ihren Zahlungsströmen gegenübergestellt werden.

Solche Modelle bieten sich an, wenn man die lineare Planungsrechnung anwenden will[15].

(2) »Partialmodell mit unvollkommenem Kapitalmarkt«: Es wird auf Einzelannahmen über die externe Finanzierung verzichtet. Die Möglichkeiten interner Finanzierung sind durch die Einnahmenüberschüsse der Investitionsobjekte beschrieben. Ausgaben- und Einnahmenüberschüsse sind zu jedem Zahlungszeitpunkt möglich. Es wird unterstellt, Einnahmenüberschüsse könnten jederzeit und in beliebiger Menge zu einem Habenzins angelegt werden. Der Habenzins kann auch Null sein, dann ist nur das Horten von Geld möglich. Weiter wird vorausgesetzt, Ausgabenüberhänge könnten jederzeit und in beliebiger Menge durch zusätzliche Kreditaufnahmen beseitigt werden. Die Kredite kosten Sollzinsen. Der Sollzins liegt über dem Habenzins. Soll- und Habenzinsen können konstant sein oder von der Menge der nachgefragten (angebotenen) Gelder abhängen. Dann wird mit steigenden oder auch fallenden Soll- und Habenzinsen gerechnet.

Die Unvollkommenheit des Kapitalmarkts äußert sich darin, daß zwei Zinssätze herrschen, einer für Geldanlagen, einer für Kreditaufnahmen. Schuld an der »Unvollkommenheit« sind Bankprovisionen, die Börsenumsatzsteuer und sonstige Kreditspesen. Kreditbeschränkungen herrschen hier jedoch nicht. Das Partialmodell mit unvollkommenem Kapitalmarkt vereinfacht bereits in starkem Maße, aber noch nicht genug, um die klassischen finanzwirtschaftlichen Vorteilskriterien (wie Kapitalwertrechnung) unbesehen anwenden zu können, vgl. im einzelnen S. 375 f.

Zu (b): Klassische Partialmodelle verzichten auf die Ermittlung eines optimalen Finanzplans. Sie sehen in der Investitions- und Finanzplanung kein Liquiditätsproblem, sondern nur eine Frage der Rentabilität. Sie erfassen nicht die ursprünglichen finanziellen Ziele, sondern wählen finanzwirtschaftliche Vorteilskriterien als Ersatzzielgrößen. Sie gehen von einem vorgegebenen Zinssatz aus, zu dem Beträge entliehen und verliehen werden können. Klassische Partialmodelle sind alle diejenigen Modelle, die mit finanzmathematischen Methoden arbeiten: Kapitalwert-, Annuitäts- und interne Zinsfußmethode sind Ausdruck klassischer Partialmodelle. Wir werden sie gleich darstellen.

---

[15] Vgl. im einzelnen S. 376–408; zu den verschiedenen Verfahren der Investitionsrechnung vgl. auch die klare Darstellung bei *Lutz Kruschwitz*, Investitionsrechnung. Berlin–New York 1978, bes. Kap. 2 und 4.

Zwei Abstufungen der klassischen Partialmodelle sind zu unterscheiden:
(1) Es werden nur einige Investitionsmöglichkeiten und nur einige Finanzierungsmöglichkeiten ausdrücklich aufgenommen. Soll- und Habenzinsfuß sind identisch, d. h. zum Kalkulationszinsfuß können nach Belieben Beträge entliehen oder verliehen werden. Im Schrifttum bezeichnet man dieses vielfach als das Aufstellen eines »neoklassischen Kapitalbudgets«. Die Bezeichnung ist schief; vor der »neoklassischen« gab es überhaupt keine Lösung dieses Problems; man kann nicht gut die erste Lösung eines Problems als neoklassisch bezeichnen. Bei der klassischen Lösung handelt es sich um ein »Partialmodell mit vollkommenem Restkapitalmarkt«.
Die Literatur behauptet, in diesem Fall sei ein »vollkommener Kapitalmarkt« unterstellt[16]. Dabei ist zu beachten, daß man hier die Voraussetzungen, welche die Theorie sonst für einen »vollkommenen Markt« annimmt, nur zum Teil gelten läßt. Man geht lediglich davon aus, daß auf dem Kapitalmarkt zu einem einzigen Zinssatz nach Belieben Geld entliehen oder verliehen werden kann. Auf einem »vollkommenen Markt« dürfte für Finanzierungsvorhaben nur ein Preis (Zins) herrschen. Aber das braucht hier nicht der Fall zu sein. Das Modell kann so aufgebaut sein, daß es z. B. drei günstige Finanzierungsvorhaben ausdrücklich berücksichtigt und unterstellt, darüber hinaus könnten in beliebiger Menge Kredite aufgenommen werden. Da hier für Kredite kein einheitlicher Preis (Zinsfuß) besteht, kann strenggenommen nicht von einem vollkommenen Kapitalmarkt gesprochen werden. Es liegt genaugenommen nur ein vollkommener »Rest-Kapitalmarkt« vor.
Der hier beschriebene Fall kann vor allem in folgender Form auftreten. Der Unternehmer besitzt Mittel aus interner Finanzierung (zurückbehaltene Umsatzerlöse der Vorperiode), sie stehen ihm ohne Finanzierungsausgaben zur Verfügung. Er bekommt ferner vielleicht einen subventionierten Staatskredit in bestimmter Höhe, und darüber hinaus kann er in beliebiger Menge Kredite zum herrschenden Marktzinsfuß aufnehmen und Geld zu diesem Zinssatz anlegen.
(2) Es soll die Vorteilhaftigkeit einer einzelnen Investition beurteilt werden. An die Stelle von Finanzierungsmöglichkeiten und konkurrierenden Investitionsvorhaben tritt ein Kalkulationszinsfuß. Er erfaßt hier die Rendite sämtlicher anderer Investitionsvorhaben und die Kosten sämtlicher Finanzierungsmöglichkeiten. Wir sprechen vom »isolierten Vorteilsvergleich«. Er ist die einfachste Form eines finanzwirtschaftlichen Partialmodells. Lediglich für ein Vorhaben soll entschieden werden, ob es zu verwirklichen oder zu verwerfen ist. Der isolierte Vorteilsvergleich kann auch angewandt werden, um das beste aus einer Gruppe sich gegenseitig ausschließender Vorhaben zu errechnen.

3. Modellstruktur bei Einzel- und Programmentscheidungen

Zwei Arten von Investitionsentscheidungen sind zu trennen: Bei Einzelentscheidungen geht es um die Vorteilhaftigkeit einer einzelnen Investition. Bei Programmentscheidungen handelt es sich darum, Art und Anzahl der vorteilhaften Investitionen zu bestimmen, die innerhalb eines Gesamtplanes verwirklicht werden sollen. Einzelentscheidung heißt: Eines von mehreren konkurrierenden Vorhaben ist zu wählen. So sei z. B. ein neuer Lastwagen anzuschaffen,

---

[16] Vgl. u. a. *Irving Fisher*, The Theory of Interest. New York 1930, reprinted 1965, S. 257; *Hirshleifer*, On the Theory of Optimal Investment Decision, S. 206; *Horst Albach*, Investition und Liquidität. Die Planung des optimalen Investitionsbudgets. Wiesbaden 1962, S. 30 f.

weil sein Vorgänger auf vereister Autobahn zum Schrotthaufen wurde. Es konkurrieren dann fünf oder sechs verschiedene Typen miteinander. Die einzelnen Lastwagen sind sich gegenseitig ausschließende Investitionsobjekte.

Programmentscheidungen bestimmen den Umfang der Tätigkeit. Hier ist zu fragen: A allein oder A plus B oder A plus B plus C? Bei Programmentscheidungen schließen sich die einzelnen Handlungsmöglichkeiten nicht gegenseitig aus, z. B.: Sollen in diesem Jahr eine neue Lagerhalle und ein neues Verwaltungsgebäude gebaut werden, und soll der Lastwagenpark verdoppelt werden? Im Regelfall setzt jedes der Projekte, aus denen sich das Investitionsprogramm zusammensetzt, zahlreiche Einzelentscheidungen voraus: Falls der Lastwagenpark verdoppelt werden soll, welche Lastwagentypen sind anzuschaffen?

Da es in Wirklichkeit keinen vollkommenen Kapitalmarkt gibt, können die Entscheidungen über das Investitions- und Finanzierungsprogramm nicht an Hand der klassischen Partialmodelle erfolgen. Eine vernunftgemäße Unternehmungspolitik muß hier auf alternative langfristige Finanzpläne und d. h. (mindestens) auf kombinatorische Partialmodelle zurückgreifen.

Die Methoden zur Suche des optimalen Finanzplanes, nachdem die einzelnen Handlungsmöglichkeiten durch ihre Zahlungsströme gekennzeichnet sind (nachdem also das Interdependenzproblem gelöst ist), werden in Kapitel D dargestellt werden. Dem Interdependenzproblem selbst ist das Kapitel F gewidmet.

Die Einzelentscheidungen, die in den einzelnen Werken zu treffen sind, sind dadurch gekennzeichnet, daß ihre Finanzierung kein Problem mehr aufwirft: Die Geldmittel sind vorab bewilligt worden. Für die Einzelentscheidungen ist nur noch die Rentabilität, nicht mehr die Finanzierung zu prüfen. Wenn die Geldmittel zu einem bekannten Zinsfuß zur Verfügung stehen (und der Verzicht auf ihre Inanspruchnahme Zinsen spart, die Mittel also zum Kalkulationszinsfuß angelegt werden können), lassen sich in der Investitionsplanung die klassischen Verfahren anwenden. Hier ist es berechtigt, über die Vorteilhaftigkeit der einzelnen Vorhaben nach ihrem Kapitalwert zu entscheiden. Als Kalkulationszinssatz wählt man dann den Zinssatz, zu dem das Kapital überlassen wird. Der Kalkulationszinssatz kann den effektiven Fremdkapitalzinsen entsprechen oder ein von der Unternehmensspitze vorgegebener Verrechnungspreis für das Kapital sein. Solche Einzelentscheidungen sind meist für kleinere Erweiterungsinvestitionen von einzelnen Anlagen zu treffen. Hier ist dann zwischen sich ausschließenden Vorhaben zu wählen: Dieser Lastwagen oder jener? Wir werden bei der Planung von Einzelinvestitionen (Kapitel C) die Kapitalwertmethode anwenden, beim Ersatzproblem auch die Annuitätsrechnung.

Der Zusammenhang von Modellstruktur und finanziellem Zielsystem läßt sich damit so kennzeichnen: *Entscheidungsprogramme*, die Anspruch erheben, auch unter wirklichkeitsnahen Bedingungen betriebswirtschaftlich vernünftig zu sein, *müssen die finanziellen Zielgrößen unmittelbar enthalten. Programmentscheidungen können durchweg nur anhand von Totalmodellen oder kombinatorischen Partialmodellen erfolgen, allenfalls bei besonderen Umweltbedingungen sind klassische Modelle nützlich* (vgl. S. 171). *Für Einzelentscheidungen können Ersatzzielgrößen an die Stelle der ursprünglichen finanziellen Zielgrößen treten. Hier sind klassische Partialmodelle anwendbar.*

c) Die Problematik der herkömmlichen finanzwirtschaftlichen Vorteilsmaßstäbe

1. Cournotscher Satz, Kapitalwert und Rendite im einperiodigen Vorteilsvergleich

Aus der Tatsache, daß in einperiodigen Modellen alle Zahlungsvorgänge am Beginn und am Ende der Periode liegen, folgt im einzelnen: In statischen Modellen wird mit der Fiktion gearbeitet, Einnahme, Ertrag und Erlös seien identisch. Ausgabe, Aufwand und Kosten gleichermaßen.

Im Regelfall liegen die Ausgaben zu Beginn der Periode, die Einnahmen am Ende. In diesem Fall ist Kapital in Höhe der Gesamtausgaben während des Planungszeitraums in der Unternehmung gebunden. Eine Kapitalbindung entsteht durch Ausgaben, die spätere Einnahmen erwarten lassen. Dabei ist es gleichgültig, ob die Unternehmung als Gegenwert für die Ausgaben Güter erhält oder nicht. Kraftfahrzeugsteuer und Zulassungsgebühr führen für den Taxifahrer genauso zur Kapitalbindung wie die Anschaffungsausgaben des Autos. Ausgaben ohne Einnahmenerwartung sind Opfer oder Einkommenszahlungen. Einnahmen ohne Verpflichtung zu späteren Ausgaben (und sei es in Form von Liquidationszahlungen) sind Zuschüsse, vgl. S. 151 f.

Liegen die Ausgaben vor den Einnahmen, läßt sich die Rendite (Kapitalrentabilität) der einperiodigen Unternehmung berechnen, denn die Kapitalrentabilität bezeichnet das Verhältnis zwischen Einnahmenüberschuß (Gewinn) und eingesetztem (gebundenem) Kapital.

Es ist auch denkbar, daß die Einnahmen zu Beginn der Periode anfallen, die Ausgaben am Ende. Dann besteht während der Planperiode keine Kapitalbindung in der Unternehmung, sondern ein Kapitalüberschuß. Hier ist eine Art »negative Rendite« zu errechnen, sinngleich etwa der Effektivbelastung durch einen Kredit. Nehmen wir an, die Unternehmung bestehe lediglich aus einer Einnahme von 100 in t_0 (z. B. Vorauszahlung für einen Auftrag) und einer Ausgabe von 110 in t_1 (Bezahlung der Löhne für die geleistete Arbeit und der Rohstoffe), dann können wir sagen, die Rendite dieser Unternehmung ist minus 10%, und das heißt: Das Geschäft lohnt sich nur dann, wenn man die Einnahme in t_0 so investieren kann, daß sie mehr als 10% erbringt.

Im Ausnahmefall liegen Ausgaben und Einnahmen nur am Anfang oder nur am Ende einer Abrechnungsperiode. Das einperiodige Modell ist dann auf einen Zahlungszeitpunkt degeneriert. Übersteigen die Einnahmen im einzigen Zahlungszeitpunkt die Ausgaben, entsteht Gewinn; bleiben die Einnahmen unter den Ausgaben, entsteht Verlust. Eine Rendite (bzw. Effektivbelastung) ist dann nicht mehr zu berechnen, denn die Kapitalrentabilität bezeichnet das Verhältnis zwischen Einnahmenüberschuß und eingesetztem Kapital (Ausgaben) *während einer Abrechnungsperiode*. Liegt nur ein Zahlungszeitpunkt vor, steht im Nenner Null; der Bruch (die Rendite) wird zu einem nicht definierten Ausdruck.

Nachdem die zeitlichen und finanziellen Voraussetzungen statischer Modelle geklärt sind, sehen wir, daß der Cournotsche Satz etwas verschweigt: Wie steht es mit den Finanzierungskosten, z. B. den Fremdkapitalzinsen? Wenn im Regelfall die Grenzerlöse (Einnahmen) einer Periode nach den Grenzkosten (Ausgaben) anfallen, kann man dann Grenzerlös ohne weiteres gleich Grenzkosten setzen? Die Antwort auf diese Frage lautet: Die Handlungsempfehlung ist eine formale Aussage. Die Behauptung »Handle so, daß der Grenzerlös den Grenzkosten gleicht«, sagt überhaupt nichts darüber, was zu den Grenzerlösen und was zu den Grenzkosten zählt; die Empfehlung sagt erst recht nicht, wie sie zu berechnen sind. Erst nachdem man die formale Handlungsempfehlung kennt, beginnt also die Arbeit des Ökonomen: zu untersuchen, was im Einzelfall Grenzerlös und Grenzkosten bestimmt.

Um unser Gewissen zu beruhigen, können wir annehmen, in den Grenzkosten seien die Finanzierungskosten enthalten. Aber zweckmäßiger ist es, die Finanzierungskosten gesondert aufzuführen. Die Finanzierungskosten mögen in der Periode i % betragen. Normalerweise versteht man unter einem Kalkulationszinssatz i einen Jahreszins. Wenn die Abrechnungsperiode nur einen Monat umfaßt, dann ist i als monatliche Verzinsung anzusehen.

Wir gehen von dem Fall aus, daß die Einnahmen eine Periode später anfallen als die Ausgaben: Ausgaben entstehen in t_0, Einnahmen in t_1. Dann können wir die Finanzierungskosten in doppelter Weise berücksichtigen. Wir zinsen die Einnahmen E' um eine Periode ab und beziehen so alle Zahlungen auf den Periodenanfang, oder wir zinsen die Ausgaben K' um eine Periode auf und beziehen so alle Zahlungen auf das Periodenende. Beide Male kommt offensichtlich dasselbe heraus: Eine Handlungsmöglichkeit lohnt sich, wenn

(1) $$\frac{E'}{1+i} \geq K' \text{ oder } E' \geq K' (1 + i).$$

Wir nennen den Ausdruck (1) fortan »finanzwirtschaftliches Cournot-Theorem«. Es besagt: Eine Handlungsmöglichkeit ist dann vorteilhaft, wenn ihr diskontierter zusätzlicher Erlös (die diskontierte Einnahme der Handlungsmöglichkeit) größer, allenfalls gleich ist den zusätzlichen Ausgaben. Im einperiodigen Modell sind Einnahmen und Erlöse, Ausgaben und Kosten identisch, deshalb können wir auch sagen: Der Barwert der Grenzerlöse muß größer oder gleich den Grenzkosten sein. Der Leser achte auf die Begriffe: Die Einnahme (der Erlös) eines zusätzlichen Stückes (allgemein: einer zusätzlichen Handlungsmöglichkeit) ist identisch mit der Grenzeinnahme (dem Grenzerlös) der Gesamtproduktion (des gesamten Handlungsprogramms). Entsprechend gilt: Die Rendite einer zusätzlichen Handlungsmöglichkeit ist identisch mit der Grenzrendite des Handlungsprogramms.

Nun kann (1) so geschrieben werden:

(2) $$\frac{E'}{1+i} - K' \geq 0.$$

Das heißt: Der Barwert der zusätzlichen Einnahmen (Erlöse) minus »Barwert« der zusätzlichen Ausgaben (Kosten) muß größer oder gleich Null sein.

Die Differenz von Barwert der Einnahmen und Barwert der Ausgaben einer Handlungsmöglichkeit wird *Kapitalwert* der Handlungsmöglichkeit genannt. Mit dem Kapitalwert der Handlungsmöglichkeit wird der Vermögenszuwachs der Unternehmung durch die Handlungsmöglichkeit zum Planungszeitpunkt ausgedrückt. Wir können Gleichung (2) auch als »*Kapitalwertkriterium« für den Einperiodenfall* bezeichnen.

Lösen wir (2) nach i auf, dann entsteht (3):

(3) $$\frac{E' - K'}{K'} \geq i.$$

Die Umformulierung besagt, daß die Differenz zwischen zusätzlichen Einnahmen und zusätzlichen Ausgaben, also der Einnahmenüberschuß, bezogen auf das in der Periode »gebundene Kapital«, größer als der Zinssatz sein muß. Der Periodenüberschuß, bezogen auf das eingesetzte Kapital (hier gleich den zusätzlichen Ausgaben, die in t_0 geleistet werden), zeigt die Rendite des eingesetzten Kapitals an. In (3) wird also die Vorteilhaftigkeit einer Handlungsmöglichkeit durch ihre Rentabilität, den sog. »internen Zinsfuß«, gemessen. Eine Handlungsmöglichkeit ist also vorteilhaft, wenn ihre *Rendite* (ihr *»interner Zinsfuß«*) größer ist als der Kalkulationszinsfuß (ihm allenfalls gleicht): *Kriterium des internen Zinsfußes für den Einperiodenfall.*

Mit der Umformulierung des finanzwirtschaftlichen Cournot-Theorems haben wir die finanzwirtschaftliche Struktur statischer Modelle offengelegt. *Cournotscher Satz* (vorausgesetzt, die Zinsen sind in den Grenzkosten enthalten), *Kapitalwert und interner Zinsfuß erweisen sich im einperiodigen Modell als sinngleiche Vorteilhaftigkeitskriterien.*

Für mehrperiodige Planungen und damit für alle praktischen Investitions- und Finanzierungsprobleme *gilt das nicht mehr*, und daraus erwächst ein Teil der Probleme, mit denen wir uns später herumschlagen müssen.

2. Kapitalwert und Annuität als mehrperiodige Vorteilsmaßstäbe

Der Kapitalwert einer Investition ist der Vermögenszuwachs, berechnet für irgendeinen Zeitpunkt. Für Alternative A (S. 169) kann der Kapitalwert für t_0, t_1, t_2, t_3 berechnet werden, und wem es Spaß macht, der kann auch den Kapitalwert für den Zeitpunkt t_{10} ausrechnen. Wählen wir als Kalkulationszeitpunkt das Ende des Handlungszeitraums, dann entspricht der Kapitalwert der Endeinnahme, abzüglich der aufgezinsten früheren Ausgaben (einschließlich der Anschaffungsausgaben), zuzüglich der aufgezinsten früheren Einnahmen.

Wir wollen jedoch ein für alle Mal festlegen, daß wir den Kapitalwert stets auf den Anfang des Planungszeitraums beziehen. Wir berechnen den Kapitalwert also für den Zeitpunkt »unmittelbar vor« Beginn der ersten Periode, für den Zeitpunkt unmittelbar vor der ersten Zahlung. Es ist zweckmäßig, Kalkulations- und Entscheidungszeitpunkt gleichzusetzen und beide »unmittelbar vor« die erste Zahlung zu legen. Über die Vorteilhaftigkeit einer Handlungsmöglichkeit entscheiden stets die von einer Handlungsmöglichkeit nach der Entscheidung, also in Zukunft, ausgelösten Zahlungsströme. Prüfen wir z. B., ob eine Anlage hinausgeworfen werden soll oder nicht, dann entscheiden darüber (neben den Zahlungsströmen der möglichen Ersatzanlage) ausschließlich die noch in Zukunft eintretenden Zahlungen der Anlage. Alle Zahlungen, die in der Vergangenheit liegen, wie z. B. die Anschaffungsausgaben, sind für die Entscheidung bedeutungslos. Bei jeder Entscheidung darüber, was in Zukunft geschehen soll, gelten alle früheren Zahlungen als versunken und vergessen.

Wenn wir jetzt als Kalkulations- und Entscheidungszeitpunkt den Zeitpunkt unmittelbar vor der ersten Zahlung wählen, dann werden alle Zahlungen des Investitionsobjekts berücksichtigt. Wählten wir jedoch den Zeitpunkt unmittelbar nach der ersten Zahlung, dann gehörte die erste Zahlung der Vergangenheit an. Die erste Zahlung erfolgte dann bereits vor der Entscheidung. Ein Beispiel: Eine Anlage ist gekauft, man befürchtet, einen Mißgriff getan zu haben, und prüft: Soll die Anlage überhaupt eingebaut werden? Für die Entscheidung, ob der Einbau erfolgt oder nicht, sind die Anschaffungsausgaben bedeutungslos. Sie gehören der Vergangenheit an und sind folglich versunken und vergessen. Über die Wahl »Einbau oder nicht« entscheidet allein, ob die künftigen Einnahmen und Ausgaben bei Einbau zu einem höheren Kapitalwert führen als die Einnahmen und Ausgaben, die bei Nichteinbau (sofortiger Weiterveräußerung) entstehen. Bei Berücksichtigung der Besteuerung besteht allerdings ein indirekter Einfluß durch die früheren Ausgaben: Die Anschaffungsausgaben bestimmen die Höhe der steuerlichen Abschreibungen und damit die künftigen Steuerzahlungen.

Der Kapitalwert ist die Summe der Barwerte aller Zahlungen (berechnet zum Zeitpunkt unmittelbar vor der ersten Zahlung). Bezeichnen z_t die Zahlungen zu den einzelnen Zahlungszeitpunkten t (t = 0, 1, 2, ..., n) und nennt i den Kalkulationszinssatz, dann errechnet sich der Kapitalwert K als Summe der Barwerte aller Zahlungen:

(1) $$K = \sum_{t=0}^{n} z_t (1 + i)^{-t}$$

Für die Investition B, S. 169, folgt z. B. bei 6% Zinsen ein Kapitalwert von

$$K = -700 + \frac{300}{1 + 0{,}06} + \frac{500}{(1 + 0{,}06)^2} = 28.$$

Bei den meisten Investitionen ist es zweckmäßig, nicht alle Zahlungen zusammen zu betrachten, sondern die Summe der Barwerte sämtlicher Zahlungen nach t_0 zu berechnen und diese Summe den Anschaffungsausgaben I = z_0 gegenüberzustellen. Den Barwert sämtlicher den Anschaffungsausgaben folgenden Zahlungen z_t – hier gilt t = 1, 2, ..., n, – bezeichnet man als »Ertragswert« der Investition. Der Kapitalwert ist dann definiert als Ertragswert minus Anschaffungsausgaben I der Investition:

(1 a) $$K = \sum_{t=1}^{n} z_t (1 + i)^{-t} - I.$$

Im Einzelfall kann es sinnvoll sein, die künftigen Zahlungen in ihre Einzelbestandteile zu untergliedern. So werden wir bei der Berechnung der wirtschaftlichen Nutzungsdauer einer Anlage die laufenden Periodenüberschüsse Q_t von dem einmaligen Restverkaufserlös R_n trennen, der bei Veräußerung der Anlage im Jahre n anfällt. Dann schreiben wir

(1b) $$K = \sum_{t=1}^{n} Q_t (1 + i)^{-t} + R_n (1 + i)^{-n} - I.$$

Der Periodenüberschuß – und u. U. der Restverkaufserlös – ist weiter zu zerlegen, wenn Einzeleinflüsse untersucht werden sollen, z. B. der Einfluß von Gewinnsteuerzahlungen auf die Investitionen. All diese Verästelungen ändern an dem Grundsatz nichts: Stets ist der Kapitalwert der Barwert sämtlicher Zahlungen einer Investition bzw. Finanzierungsmaßnahme.
Bei der Kapitalwertberechnung werden die Zahlungsströme einer Handlungsmöglichkeit an einer alternativen Handlungsmöglichkeit gemessen (Investition, Finanzierungsmöglichkeit), die sich gerade zum Kalkulationszinssatz verzinst. Diese alternative Handlungsmöglichkeit besitzt den Kapitalwert Null. Der wirtschaftliche Sinn der Abzinsung liegt in dem Vergleich der Handlungsmöglichkeit mit einer Alternative, die sich zum Kalkulationszinssatz verzinst. Ein Vorhaben gilt somit als vorteilhaft, wenn sein Kapitalwert größer als Null ist. Für Investitionen ist das unmittelbar klar: Die Investition – 1 000 in t_0, + 1 100 in t_1, ist bei 8% Kreditkosten vorteilhaft. Die Finanzierungsmaßnahme + 1 000 in t_0, – 1 060 in t_1, führt bei einem Kalkulationszinssatz von 8% (hier zu verstehen als Wiederanlagemöglichkeit zu 8%) zu einem positiven Kapitalwert. Es lohnt sich also, den Kredit zu 6% aufzunehmen, wenn das Geld zu 8% angelegt werden kann.
Die Annuität ist eine Rente aus einem Anfangskapital. Bei der Berechnung der Annuität

wandelt man die im Zeitablauf ungleichmäßig anfallenden Zahlungen in eine »durchschnittliche«, für alle Perioden gleich hohe Zahlung um. Rechentechnisch geschieht das in folgender Weise: Man errechnet zunächst den Barwert einer Zahlungsreihe. Wird der Barwert der Zahlungsreihe mit dem Wiedergewinnungs-(Annuitäten-)faktor multipliziert, dann erhält man die Annuität. Die Annuität ist dann die periodische Rente, die aus dem Barwert der Zahlungsreihe fließt.

Aus finanzmathematischen Lehrbüchern ist der Wiedergewinnungsfaktor (Annuitätenfaktor) w bekannt:

$$w = \frac{i(1+i)^n}{(1+i)^n - 1}.$$

Wir wählen als Barwert einer Zahlungsreihe den Ertragswert der Investition A (S. 169). Bei einem Kalkulationszinssatz von 4% beträgt er rund 1 183. Der Annuitätenfaktor für die dreijährige Rente bei 4% Zinsen beträgt rund 0,36. Die Annuität des Ertragswerts beläuft sich somit auf rund 426; werden drei Jahre lang 426 Mark als Einkommen entnommen und können die Entnahmen durch Kreditaufnahmen zu 4% finanziert werden, dann ist in t_3 das gesamte Vermögen aufgezehrt.

Die Annuität der Anschaffungsausgaben berechnet sich auf rund 360 Mark. Das heißt: Würden die 1 000 Mark nur auf dem Sparbuch zu 4% angelegt werden können, dann beliefen sich die Entnahmen auf 360 Mark jährlich. Die Annuität des Kapitalwerts beträgt dann 426–360 = 66 Mark. Aber nun passiert etwas (scheinbar) Merkwürdiges: Wird drei Jahre lang die Annuität des Kapitalwerts entnommen, dann scheinen zwar 183 Mark (der Kapitalwert von A) aufgezehrt zu sein, trotzdem ist in t_3 mehr als das Anfangskapital von 1 000 Mark erhalten. Wenn die 66 Mark Entnahmen in t_1 und t_2 durch Kreditaufnahmen zu 4% finanziert werden, sind in t_3 rund 140 Mark an die Bank zurückzuzahlen. Nach Entnahme der 66 Mark in t_3 verbleiben 1 125 Mark. Die Annuität der Einnahmenüberschüsse (die Annuität des Kapitalwerts) zehrt also nicht alle Einnahmenüberschüsse einer Investition auf. Wir werden den Grund hierfür bei Erörterung des ökonomischen Gewinnbegriffs (S. 209 ff.) kennenlernen.

Die Annuität der Einnahmenüberschüsse a ist allgemein definiert als Kapitalwert K mal Wiedergewinnungsfaktor w:

$$(2) \qquad a = K \cdot w = [\sum_{t=0}^{n} z_t (1+i)^{-t}] \cdot \frac{i(1+i)^n}{(1+i)^n - 1}.$$

Um vom Kapitalwert auf die Annuität zu schließen, ist nur ein zusätzlicher Rechenschritt erforderlich. Kapitalwert und Annuität sind zwei Spielarten ein und desselben Vorgehens. Im Grunde sind sie identisch. Die Berechnung der Annuität bereitet (von wenigen Ausnahmen abgesehen) mehr Arbeit als die Berechnung des Kapitalwerts. Wir werden deshalb meist mit dem Kapitalwert arbeiten. Aber all das, was kritisch zum Kapitalwert gesagt wird, gilt für die Annuitätsrechnung in gleicher Weise.

Beim Vergleich von Kapitalwert und Annuität mit den finanziellen Zielen (Vermögens-, Einkommens-, Wohlstandsstreben) läge folgende Aussage nahe: Der Kapitalwert bezeichne einen Vermögenszuwachs, er entspreche der Zielsetzung »Vermögensstreben«; die Annuität bezeichne die periodische Einkommenserhöhung als Folge einer Investition, sie entspreche der Zielsetzung »Einkommensstreben«. Doch ein solcher Vergleich wäre gründlich verfehlt: Kapitalwert und Annuität lassen sich ineinander überführen. Vermögens- und Einkommensstreben sind jedoch nur dann identisch, wenn zum gleichen Zinssatz Geld entliehen und verliehen werden kann. Daraus folgt: Besteht ein solcher Zinssatz, dann führt der Vorteilsvergleich nach der Kapitalwert- und Annuitätsrechnung zu solchen Entscheidungen, die sowohl bei Vermögens- als auch bei Einkommensstreben erwünscht sind. Besteht ein solcher einheitlicher Zinssatz nicht, dann kann man mit der Kapitalwert- und Annuitätsrechnung nur dann etwas anfangen, wenn man den »richtigen« Kalkulationszinsfuß wählt. Aber welcher Zinsfuß ist »richtig«?

Es ist z. B. zu prüfen, ob eine Sachinvestition durchgeführt werden soll, deren Zahlungsstrom lautet: $t_0 = 1\,000$; $t_1 = +1\,060$. Der Habenzins (z. B. Verzinsung von Sparguthaben) beträgt 4%, der Sollzins (Kreditzins) 8%. Bei 4% lohnt die Sachinvestition, bei 8% nicht. Steht von vornherein fest, daß überschüssiges Kapital vorhanden ist, das entweder in die Sachinvestition oder aufs Sparbuch fließt, dann kennt man den »richtigen« Kalkulationszinsfuß (hier die »Alternativrendite« 4%). Steht von vornherein fest, daß Kredit aufgenommen werden muß, dann beträgt der richtige Kalkulationszinsfuß 8%. Aber wenn es gilt, ein Investitions- und Finanzierungsprogramm für die nächsten Jahre aufzustellen, weiß man von vornherein nicht, ob es sich lohnt, Geld auf dem Sparbuch anzulegen oder Kredit aufzunehmen. Solange man vor der Bestimmung des optimalen Investitions- und Finanzierungsprogramms den »richtigen« Kalkulationszinsfuß nicht kennt, kann man mit Kapitalwert und Annuität bei unvollkommenem Kapitalmarkt und bei Kreditbeschränkungen nichts mehr anfangen. Kapitalwert und Annuität sind also zweifelsfreie Vorteilskriterien nur in dem Fall, in dem zu einem einheitlichen Zinssatz Periodenüberschüsse angelegt und Ausgabenüberschüsse durch Kreditaufnahmen finanziert werden können.

Die Identität von Soll- und Habenzins, die Voraussetzung für die Anwendung der Kapitalwertmethode ist, braucht allerdings nur für jeweils eine Periode zu gelten. Es muß kein einheitlicher Zinssatz für alle Perioden vorausgesetzt werden. Wird z. B. damit gerechnet, daß in der ersten Periode der Zinssatz 8%, in der zweiten 6% und ab der dritten 7% beträgt, dann sind die Zahlungen in t_1 mit 8%, die in t_2 mit 6%, die in t_3 und später mit 7% zu diskontieren. Von Periode zu Periode variierende Zinssätze erschweren etwas die Rechnung, beeinträchtigen aber die Aussagefähigkeit der Kapitalwertmethode nicht. Nur für jeweils eine Periode müssen Geldanlagen und Kreditaufnahmen dem gleichen Zinssatz unterliegen.

Die Annuitätsrechnung ist allerdings bei im Zeitablauf schwankenden Zinssätzen nicht mehr anwendbar, es sei denn, man vergröbert und rechnet mit einem durchschnittlichen Zinssatz für den Planungszeitraum.

In der Praxis kann man nicht zu einem einheitlichen Zinssatz Beträge entleihen oder verleihen. Folglich scheinen Kapitalwert und Annuität zu nichts nütze zu sein, und wir hätten uns ihre Erörterung sparen können! Nun, so schlimm ist es nicht: Bei Einzelentscheidungen und bei einer groben, über den Daumen peilenden Programmplanung sind die klassischen Instrumente anwendbar.

3. Der interne Zinsfuß als mehrperiodiges Rentabilitätsmaß

aa) Ein Wahlproblem mit Tücken

Kapitalwert und Annuität sind finanzmathematische Instrumente, die manchem eingefleischten Praktiker überzüchtet erscheinen mögen. Was »rentabel« ist und was die Rendite einer Handlungsmöglichkeit ist, das meint er zu wissen. In diesen Begriffen pflegt er zu denken. Das folgende Kapitel dient eigentlich nur dazu, nachzuweisen, daß der Praktiker nicht weiß, was er tut, wenn er in »Renditen« denkt.

Nehmen wir an, ein junger Verkäufer will selbständiger Vertreter werden. Zwei Kosmetikfirmen C und D bieten ihm den Alleinvertrieb für Mittelfranken an. Der junge Mann will sich zunächst nur für zwei Jahre festlegen. »Unmittelbar vor« Beginn des ersten Jahres, unmittelbar vor t_0, hat er seine Entscheidung zu treffen. Er schätzt den jährlichen Umsatz bei beiden Firmen auf 80 000 Mark. Seine laufenden Ausgaben plant er in t_0 mit 8 000 Mark und in t_1 und t_2 mit je 16 000 Mark. 20 000 Mark wünscht er in t_0, t_1 und t_2 als Mindesteinkommen. Erwirtschaftet er das nicht, wird er sich überlegen, ob er überhaupt die selbständige Tätigkeit ausübt. Das Anfangskapital betrage 30 000 Mark.

Die Firma C wirbt um den Verkäufer mit folgendem Argument: »Wir stellen jedem neuen Bezirkshändler bis zu 18 000 Mark als Finanzierungshilfe zur Verfügung. Diese 18 000 Mark brauchen erst nach zwei Jahren in einer Summe zurückgezahlt zu werden; Rückzahlungsbetrag 19 830 Mark. Das entspricht etwa einer Verzinsung von 5%. Für die Lieferungen im ersten Jahr erhalten Sie Zahlungsziel bis zum Jahresende, die Lieferungen des zweiten Jahres müssen Sie im voraus bezahlen. Bei einem geschätzten Umsatz von 160 000 Mark beläuft sich ihre Verbindlichkeit an uns auf 88 000 Mark, zahlbar in t_1.«

Der junge Mann stellt sich danach folgenden Finanzplan zusammen:

C	t_0	t_1	t_2
Kasse	+ 30 000		
Umsatzeinnahmen		+ 80 000	+ 80 000
laufende Ausgaben	− 8 000	− 16 000	− 16 000
Privatentnahmen	− 20 000	− 20 000	− 20 000
Zahlungen von bzw. an C	+ 18 000	− 88 000	− 19 830
Saldo	+ 20 000	− 44 000	+ 24 170

Die Firma D stellt andere Bedingungen: D verlangt von jedem Großhändler, daß er zu Beginn seiner Tätigkeit eine Anzahlung leistet. Sie beträgt bei dem erwarteten Umsatz 22 000 Mark. Der junge Mann müßte also Kredit aufnehmen. Die Restzahlung der Waren braucht jedoch erst in t_2 zu erfolgen. Der Rechnungsbetrag der Waren soll sich bei dem erwarteten Umsatz auf 90 170 Mark belaufen, nach Abzug der Anzahlung verbleibt eine Restzahlung von 68 170 Mark. Die Alternative D ergibt folgenden Finanzplan:

D	t_0	t_1	t_2
Kasse	+ 30 000		
Umsatzeinnahmen		+ 80 000	+ 80 000
laufende Ausgaben	− 8 000	− 16 000	− 16 000
Privatentnahmen	− 20 000	− 20 000	− 20 000
Zahlungen an D	− 22 000		− 68 170
Saldo	− 20 000	+ 44 000	− 24 170

Der junge Mann fängt nun an zu überlegen:
(1) »Bei D zahle ich für die Waren insgesamt 90 170 Mark, bei C 88 000 Mark. Bei C erziele ich also einen wesentlich günstigeren Einstandspreis, das spricht für C.«
(2) »Für C spricht weiterhin die günstige Finanzierung. 18 000 Mark Kredit zu 5% ist sehr

entgegenkommend. D verlangt hingegen eine Anzahlung der Waren. Wie kann man nur die Waren von D vertreten?«

(3) »Gegen C spräche allenfalls, daß die Warenlieferung in einer Summe zu zahlen ist, während bei D der größere Teil später zu zahlen ist. Doch ist dies nicht von besonderem Gewicht. Entscheidender ist wohl der absolute Zahlungssaldo, bei C werden insgesamt 170 Mark mehr eingenommen, bei D hingegen sind die Ausgaben um 170 Mark höher als die Einnahmen.«

Der junge Mann neigt also zu Firma C. Aber ihm fällt kurz vor Vertragsabschluß noch ein: Er muß auch bei C Kredit aufnehmen, nämlich in t_1, bei D bereits in t_0. Möglicherweise haben die Kreditzinsen Einfluß auf die Entscheidung.

Kredit sei zu 8% zu bekommen; Einnahmeüberschüsse können zu 8% auf dem Kapitalmarkt angelegt werden. Dann sieht sein (weitergeführter) Finanzplan folgendermaßen aus:

	t_0	t_1	t_2
Saldo C	+ 20 000	− 44 000	+ 24 170
Geldanlage	− 20 000	+ 21 600	
Kredit		+ 22 400	− 24 192
Endgültiger Zahlungssaldo	0	0	− 22

	t_0	t_1	t_2
Saldo D	− 20 000	+ 44 000	− 24 170
Kredit	+ 20 000	− 21 600	
Geldanlage		− 22 400	+ 24 192
Endgültiger Zahlungssaldo	0	0	+ 22

Offensichtlich ist D besser, und alle früheren Argumente für C waren schlechthin falsch. Der Verkäufer entdeckt nunmehr langsam seine Sympathien für Firma D. Zugleich hört er, daß seine Rechnung auf unzutreffenden Zahlen aufbaut. Da er sein Geld nur für jeweils ein Jahr anlegen kann, erhält er lediglich 5% Zinsen, nicht 8%. Für den Kredit muß er nach wie vor 8% bezahlen. Eine neue Rechnung zeigt ihm nunmehr, daß beide Angebote nicht mehr besonders reizvoll sind. Bei C entsteht in t_2 ein Minus von 670; bei D von 650. Er muß also seine Privatentnahmen im zweiten Jahr zurückschrauben. Trotzdem ist D immer noch besser als C. Da er das gewünschte Mindesteinkommen bei keinem Angebot erwirtschaftet, ist der Verkäufer unentschlossen, ob er überhaupt selbständiger Handelsvertreter werden soll, bis er hört, daß zur Errichtung eines eigenen Geschäftes »zinsbegünstigte Aufbaukredite« von einer staatlichen Stelle gegeben werden. Der Zinssatz für diese Aufbaukredite beträgt 5%. Der junge Mann, nunmehr doch für D entschlossen, rechnet zur Sicherheit nach:

	t_0	t_1	t_2
Saldo C	+ 20 000	− 44 000	+ 24 170
Geldanlage	− 20 000	+ 21 000	
Aufbaukredit		+ 23 000	− 24 150
Endgültiger Saldo C	0	0	+ 20

	t_0	t_1	t_2
Saldo D	− 20 000	+ 44 000	− 24 170
Aufbaukredit	+ 20 000	− 21 000	
Geldanlage		− 23 000	+ 24 150
Endgültiger Saldo D	0	0	− 20

Damit erscheint C als vorteilhafter. Der Verkäufer ist langsam etwas verwirrt und beschließt, die Rendite der beiden Handlungsmöglichkeiten auszurechnen. Er wird sich für die rentablere von beiden Handlungsmöglichkeiten entscheiden. Er entsinnt sich, gehört zu haben, in der betriebswirtschaftlichen Theorie nenne man die Rendite den internen Zinsfuß einer Investition. Der Verkäufer schlägt in einem jener betriebswirtschaftlichen Lehrbüchern nach, die den internen Zinsfuß als Maßstab für die Vorteilhaftigkeit einer Investition empfehlen. Dabei stellt er folgendes fest:
Der interne Zinsfuß r ist jener Zinssatz, zu dem der Kapitalwert einer Investition Null wird. Bei dem internen Zinsfuß gleicht also der Barwert der Einnahmen dem Barwert der Ausgaben. Wenn wir eine Investition wählen, die zwei Perioden umschließt, so gilt:

$$z_0 + \frac{z_1}{1+r} + \frac{z_2}{(1+r)^2} = 0$$

z_0, z_1, z_2 sind die Zahlungen zu den Zeitpunkten t_0, t_1, t_2. Die allgemeine Lösung dieser quadratischen Gleichung lautet:

$$r = \frac{-2 z_0 - z_1 \pm \sqrt{z_1^2 - 4 z_0 z_2}}{2 z_0}$$

Es ist zu beachten, daß die Lösung nur für positive Zahlungen (Einnahmen) gilt; ist eine der Zahlungen negativ (Ausgabe), dann sind die Vorzeichen entsprechend zu ändern. Unser Verkäufer, der dies, mißtrauisch geworden, nach einigen Mühen nachgeprüft hat, erhält nun folgenden Ansatz für C (nachdem er zunächst sämtliche Zahlungen durch 20 000, die erste Zahlung, dividiert hat, dadurch wir die Rechnung leichter):

$$r_C = \frac{-2 + 2{,}2 \pm \sqrt{4{,}84 - 4 \cdot 1{,}2085}}{2}$$

$\sqrt{0{,}006}$ ist ungefähr gleich 0,08, und folglich gilt

$$r_C = \frac{0{,}2 \pm 0{,}08}{2};$$

d. h. r_C gleicht sowohl (rund) 14% wie (rund) 6%.
Nun wird der junge Mann langsam ärgerlich: Es leuchtet ihm zwar ein, daß C eine Rendite von 6% haben kann, denn bei 5% ist C schließlich vorteilhaft. Aber wieso kann eine Handlungsmöglichkeit zwei Renditen aufweisen? Und wieso kann C auch die Rendite von 14% haben, wenn C bei 8% Zinsen unvorteilhaft ist? Nach dem gesunden Menschenverstand muß schließlich eine Investition, deren Rendite 14% beträgt, bei 8% Kapitalkosten noch immer einen beträchtlichen Überschuß abwerfen.
Der Verkäufer ist also auf einiges gefaßt, als er die Rendite der Wahlmöglichkeit D ausrechnet. Er erhält (nach Division durch 20 000):

$$r_D = \frac{+2 - 2{,}2 \pm \sqrt{4{,}84 - 4 \cdot 1{,}2085}}{-2},$$

und das gibt offenbar dasselbe wie bei C, nämlich r_D gleich (rund) 6% und (rund) 14%. Demnach sind C und D gleich rentabel, obwohl doch festgestellt wurde, daß D bei 8% Zinsen besser als C ist und bei 5% Zinsen C besser als D. Jetzt hat der junge Mann endgültig genug; er bleibt Verkäufer. Hätte er in diesem Buch nachgeschlagen, so hätte er lesen können, warum er zu so absonderlichen Ergebnissen gekommen ist.

Die Merkwürdigkeiten sind zu erklären, wenn wir den Kapitalwert für alternative Zinssätze ausrechnen. Wann ist der Kapitalwert für C und D positiv? Bei welchen Zinssätzen lohnt sich C, bei welchen D? Betrachten wir die folgende Darstellung:

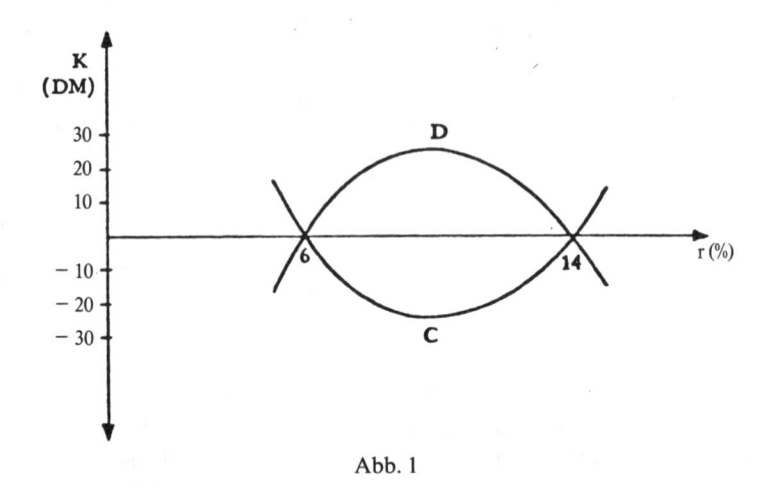

Abb. 1

Handlungsmöglichkeit C ist vorteilhaft (führt zu einem positiven Kapitalwert), solange der Zinssatz kleiner als 6% und größer als 14% ist. Handlungsmöglichkeit D ist nur dann vorteilhaft, wenn der Zinssatz zwischen 6% und 14% liegt. Warum tritt dieses Ergebnis ein? C und D sind Handlungsmöglichkeiten, die beide sowohl Kreditaufnahme als auch zwischenzeitliche Geldanlage erfordern. Die Beträge, die entliehen oder verliehen werden, sind nicht gleich hoch und hängen außerdem von den Zinssätzen ab. Das bewirkt, daß je nach der Höhe des Zinssatzes einmal die Einnahmen, das andere Mal die Ausgaben stärker gewichtet werden.

Diese Rechnung bestätigt erneut, was wir aus den Beispielen A und B wissen: Die Berechnung des Kapitalwerts einer Investition (und die Berechnung der Annuität) ist nur bei einem vorgegebenen Zinssatz sinnvoll.

bb) Die »Rendite« im Mehrperiodenfall

Was läßt sich aus den Beispielen C und D über die Rendite bzw. den internen Zinsfuß schließen?
Nach der Definition, der interne Zinsfuß sei der Zinssatz, zu dem der Kapitalwert Null wird, liegt der Schluß nahe, der interne Zinsfuß sei ein Abkömmling des Kapitalwerts, und die

Methode des internen Zinsfußes sei letzlich mit der Kapitalwertmethode identisch[17]. Doch eine solche Aussage verdeckt gerade die entscheidende Problematik. Bei der Beurteilung von internem Zinsfuß und Kapitalwert darf nicht von mathematischen Gemeinsamkeiten ausgegangen werden. Es sind vielmehr die wirtschaftlichen Unterstellungen zu sehen, die hinter diesen Begriffen stehen: Mit dem Kapitalwert mißt man die Vorteilhaftigkeit in einer absoluten Größe, in einem Ausdruck für den Vermögenszuwachs, der durch die Handlungsmöglichkeit erzielt wird. Der ökonomische Sinn des internen Zinsfußes liegt in der Vorstellung von einer »Rendite«. Die Ausführungen zum finanzwirtschaftlichen Cournot-Theorem (S. 178) zeigten dies bereits. Für mehrperiodige Wahlprobleme wird allerdings die Deutung des internen Zinsfußes als »Rendite« nur unter bestimmten Voraussetzungen richtig.

Die Rendite (Kapitalrentabilität) berechnet sich als Bruch aus Einnahmenüberschuß im Zähler und gebundenem Kapital (Kapitaleinsatz) im Nenner. Ein solcher Bruch hat nur dann Sinn, wenn die Kapitalbindung in dem betrachteten Zeitraum, in dem der Einnahmenüberschuß entsteht, konstant bleibt. Bei einem einperiodigen Modell (Ausgabe in t_0, Einnahme in t_1) ist das der Fall. Bei einer mehrjährigen Obligation ist das wenigstens im Prinzip der Fall: Gebunden bleibt (aus der Sicht des Wertpapierkäufers) stets der Anschaffungsbetrag, die Einnahmenüberschüsse sind jährlich gleich hoch, und wenn man das Disagio gleichmäßig auf die Laufzeit verteilt (wie es der praktischen Übung entspricht), dann rechnet man als Einnahmenüberschuß den durchschnittlichen Einnahmenzuwachs je Jahr bei einer Kapitalbindung in Höhe der Anschaffungsausgaben. Bei Sachinvestitionen oder Beteiligungen ist nicht mit gleichmäßigen Zahlungen zu rechnen, die Kapitalbindung während der Laufzeit der Investition ist nicht konstant, und deshalb wird die Berechnung einer Rendite fragwürdig.

Betrachten wir die Alternative D (S. 183). Die Kapitalbindung von t_0 bis t_1 beträgt 20 000. Zwischen t_1 und t_2 ist jedoch kein Kapital mehr gebunden, vielmehr ist ein finanzieller Überschuß von netto 24 000 Mark vorhanden. Für den Zeitraum t_0 bis t_2 läßt sich somit ohne zusätzliche Unterstellungen keine Rendite berechnen. Daraus lassen sich drei mögliche Folgerungen ziehen:

(1) Für Investitions- bzw. Finanzierungsvorhaben, die neben einer Anfangs- und Endzahlung auch zwischenzeitliche Zahlungen enthalten, muß auf die Berechnung einer Rendite verzichtet werden. Dieser Schluß ist rigoros, doch tatsächlich braucht man die Renditenvorstellung nicht, um richtige Investitions- und Finanzierungsentscheidungen zu treffen.

(2) Für solche Investitions- und Finanzierungsvorhaben läßt sich erst dann eine Rendite berechnen, wenn durch zusätzliche Einzelannahmen über Investitions- und Finanzierungsvorhaben die zwischenzeitlichen Zahlungen ausgeglichen werden: wenn die Alternativen vollständiger formuliert sind (vgl. dd).

(3) Man berechnet die Rendite aufgrund der vorliegenden Zahlungen mit der stillschweigenden Unterstellung, daß alle zwischenzeitlichen Zahlungen sich zum berechneten internen Zinsfuß verzinsen. Das heißt: Alle Einnahmen können zum berechneten internen Zinsfuß angelegt werden, alle Ausgabenüberschüsse werden durch Kredite mit Kapitalkosten in Höhe des internen Zinsfußes finanziert. Genau das letzte unterstellt die interne Zinsfußmethode.

---

[17] So *Erich Schneider*, Kritisches und Positives zur Theorie der Investition. In: Weltwirtschaftliches Archiv, Bd. 98 (1967 I), S. 314–348, hier S. 316; *ders.*, Wirtschaftlichkeitsrechnung, S. 26.

Der dritte Weg soll verdeutlicht werden. Ein schockierendes Beispiel für die Mehrdeutigkeit des internen Zinsfußes ist die Zahlungsreihe E[18]:

	t_0	t_1	t_2
E:	− 1 000	+ 5 000	− 6 000

Die internen Zinsfüße lauten 100% und 200%. Der Leser faßt sich mit Recht an den Kopf, wenn ihm jemand einreden will, eine Investition mit insgesamt 7 000 Mark Ausgaben und 5 000 Mark Einnahmen sei zu 100% oder gar zu 200% rentabel. Tatsächlich rentiert sich die Investition E zu 100% oder 200%, *wenn wir eine bestimmte Prämisse setzen*: daß die zwischenzeitlichen Zahlungen zu 100 bzw. 200% angelegt werden können[19]. Folgende Rechnung zeigt das:

	t_0	t_1	t_2 bei 100%	t_2 bei 200%
E	− 1 000	+ 5 000	− 6 000	− 6 000
Geldanlage		− 5 000	+ 10 000	+ 15 000
Zahlungssaldo E	− 1 000	0	+ 4 000	+ 9 000

Daß 100% (bzw. 200%) Rendite vorliegen, wenn man für 1 000 Mark heute in zwei Jahren 4 000 (9 000) Mark zurückbekommt, sieht jeder ein. An dem Beispiel wird deutlich: Nur für den »Zahlungssaldo E« ist eine Renditenberechnung sinnvoll, denn die Kapitalbindung ist während der Laufzeit der Investition konstant (gleich 1 000 Mark). Für E ohne Wiederanlage ist es sinnlos, eine Rendite berechnen zu wollen. Für E ist zwar der interne Zinsfuß berechnet worden, d. h. der Zinssatz, für den die Zahlungsreihe E Null wird. Diese (mehrfache) Lösung der algebraischen Gleichung sagt jedoch ökonomisch nichts aus – es sei denn, man unterstellt, daß zu diesem Zinssatz zwischenzeitliche Einnahmeüberschüsse angelegt (Ausgabenüberschüsse finanziert) werden können. Als Folge dieser Prämisse wandelt sich E in den »Zahlungssaldo E« um, und für diesen Zahlungssaldo kann die Rendite berechnet werden, weil der Kapitaleinsatz im Zeitablauf gleich hoch ist.

Den internen Zinsfuß als Rentabilitätsziffer zu deuten, könnte Schwierigkeiten bereiten, wenn das erste Glied aus einer Einnahme besteht. Denn dann ist ja kein Kapital gebunden. Die Schwierigkeit ist jedoch nur scheinbar: Besteht die erste Zahlung aus einer Einnahme, dann ist nach unserer Definition ein Finanzierungsvorhaben gegeben. Berechnet wird nicht

---

[18] Vgl. *Samuelson*, Some Aspects of the Pure Theory of Capital, S. 475; *Hirshleifer*, On the Theory of Optimal Investment Decision, hier S. 222–227. Auf die Mehrdeutigkeit hat erstmals hingewiesen C. A. *Wright*, A Note on »Time and Investment«. In: Economica, New Series, Vol. 3 (1936), S. 436–439; Wright setzt sich mit K[enneth] E. *Boulding*, Time and Investment, ebenda, S. 196–220, auseinander, der den internen Zinsfuß vor allem propagierte.

[19] W[olfgang] *Kilger*, Zur Kritik am internen Zinsfuß. In: ZfB, Jg. 35 (1965), S. 765–798, hier S. 792, bestreitet für den Normalfall einer Investition (Ausgabe in der ersten Periode, dann laufende Einnahmenüberschüsse) die Notwendigkeit dieser Prämisse: »Es kann auch keinen Zweifel daran geben, daß der Lösungswert des internen Zinsfußes die Effektivrendite der Investition angibt, und zwar ohne irgendwelche Prämissen über die Anlage frei werdender Beträge.« Diese Tatsache versucht er an einem Beispiel zu beweisen, in dem die Periodenüberschüsse aufgespalten werden in Zinszahlung und Kapitalrückzahlung. Das Beispiel beweist aber genau das Gegenteil dessen, was bewiesen werden soll; denn die Unterstellung, daß das Kapital teilweise zurückgezahlt wird, ist doch schließlich eine Prämisse über die Anlage freiwerdender Beträge. Abgesehen davon kann man bestreiten, ob es zweckmäßig ist, den Begriff Effektivrendite zu verwenden, wenn die Kapitalbindung der Investition im Zeitablauf sinkt.

die Rentabilität, sondern die Effektivverzinsung. Beispiel C, in der Weise betrachtet, bedeutet: Das »Finanzierungsgeschäft« C hat eine Effektivverzinsung von 6 bzw. 14%, wie leicht zu zeigen ist:

	t_0	t_1	t_2 bei 6%	bei 14%
C	+ 20 000	− 44 000	+ 24 170	+ 24 170
Kredit zu 6% bzw. 14%		+ 44 000	− 46 640	− 50 160
Zahlungssaldo C	+ 20 000	0	− 22 470	− 25 990

Der »Restkredit« mit der Zahlungsreihe + 20 000 in t_0 und −22 470 (bzw. −25 990) in t_2 hat eine Effektivverzinsung von rund 6% (14%) jährlich.

In der Literatur ist mehrfach bestritten worden, daß die Anwendung der internen Zinsfußmethode die Wiederanlage freiwerdender Beträge zum internen Zinsfuß impliziere. Schuld an diesem Streit ist die abgekürzte Ausdrucksweise (»der interne Zinsfuß impliziere...«). Um es zu wiederholen:

Der interne Zinsfuß ist mathematisch definiert als der Zinssatz, zu dem der Kapitalwert einer Zahlungsreihe Null wird, d. h. er ist die Lösung einer algebraischen Gleichung. Eine solche mathematische Lösung impliziert natürlich gar nichts. Die Lösung der algebraischen Gleichung soll jedoch als ökonomisches Maß für die Vorteilhaftigkeit einer Zahlungsreihe verwendet werden, als Rentabilitätsziffer. Die Deutung als Rentabilitätsziffer setzt voraus, daß die Kapitalbindung im Zeitablauf konstant ist. Wenn man den internen Zinsfuß als Rentabilitätsziffer deuten will, dann muß man (um die Kapitalbindung konstant zu halten) unterstellen, zwischenzeitliche Zahlungssalden verschwinden, d. h. Einnahmenüberschüsse werden zum internen Zinsfuß angelegt, Ausgabenüberschüsse werden finanziert durch Kreditaufnahmen mit Kosten in Höhe des internen Zinsfußes. Wird der interne Zinsfuß einer Zahlungsreihe, wie E, als Rentabilitätsziffer gedeutet, dann wird also keine Aussage über die Vorteilhaftigkeit von E gemacht, sondern eine Aussage über die Rendite des »Zahlungssaldos E«! Die Aussage »E habe eine Rendite von 100 bzw. 200%« unterstellt eben, die 5 000 Mark in t_1 können so angelegt werden, daß sie zu 10 000 bzw. 15 000 Mark in t_2 führen. Dabei ist zu beachten: Auch die Gleichung für den Zahlungssaldo E

$$- 1000 + \frac{4000}{(1 + r)^2} = 0$$

hat zwei Lösungen, nämlich + 1 und −3, also 100% und −300%. Ebenso die für den Zahlungssaldo C mit + 0,06 und −2,06 bzw. 0,14 und −2,14. Doch hier können wir mit einigem Recht jeweils die zweite Lösung als unsinnig verwerfen, denn es ist offensichtlich, daß der Unternehmer beim Zahlungssaldo E mindestens 3 000 Mark gewinnt und nicht Geld verliert. Bei mehreren positiven internen Zinsfüßen und bei negativen, die unter 100% liegen, bei denen also nicht das ganze Anfangskapital verlorengeht, zieht diese Notbremse des Verwerfens der zweiten Lösung nicht. Daß wir überhaupt eine Notbremse brauchen, auch wenn der Fall so klar liegt wie bei den Zahlungssalden C und E, ist unangenehm.

Für den Einperiodenfall konnten wir zweifelsfrei mit der Rendite arbeiten, denn dort ist das Kriterium des internen Zinsfußes nur eine Umformulierung des Kapitalwertkriteriums. Das folgt aus dem finanzwirtschaftlichen Cournot-Theorem, vgl. S. 178. Eine einzelne Handlungsmöglichkeit war vorteilhaft, wenn ihre Rendite größer war als der Kalkulationszinsfuß. Für den Zweiperiodenfall versagt diese einleuchtende Gegenüberstellung, selbst wenn die Kapitalbindung während der Perioden gleich hoch ist. Wir erhalten dann

$$\frac{z_2}{(1+i)^2} - z_0 > 0 \qquad \text{(Kapitalwertkriterium)}$$

$$\text{bzw.} \quad \frac{z_2 - z_0}{z_0} > (1+i)^2 - 1$$

$$\frac{z_2 - z_0}{z_0} > 2i + i^2 \qquad \text{(Kriterium des internen Zinsfußes)}$$

Der Einnahmenüberschuß, bezogen auf das eingesetzte Kapital, die Rendite also, muß größer sein als zweimal der Kalkulationszinsfuß plus dem Quadrat des Kalkulationszinsfußes. Das ist eine Aussage, der Anschaulichkeit abgeht. Es ist deshalb ganz vernünftig zu schließen: Die Deutung des internen Zinsfußes als Rendite ist nur dann einwandfrei, wenn nur zwei Zahlungszeitpunkte (t_0, t_n) vorliegen[20].

cc) Zusammenfassende Kritik am internen Zinsfuß einer unkorrigierten Zahlungsreihe

Aufgaben, Eigenschaften und Schwächen des internen Zinsfußes sind im einzelnen:
(1) Seiner Bestimmung nach soll der interne Zinsfuß Ausdruck der Rentabilität einer Handlungsmöglichkeit sein.
(2) Aufgrund des internen Zinsfußes einer Handlungsmöglichkeit allein kann nicht entschieden werden, ob die Handlungsmöglichkeit vorteilhaft ist oder nicht. Ob eine Handlungsmöglichkeit vorteilhaft ist, kann nur durch einen Vergleich entschieden werden: Die Rendite dieser Handlungsmöglichkeit wird gegenübergestellt der Rendite einer anderen Handlungsmöglichkeit bzw. den Kosten der Finanzierung der Handlungsmöglichkeit. Dieser Vergleichsmaßstab ist der Kalkulationszinsfuß; er wird sowohl bei dem Vorteilsvergleich nach dem Kapitalwert als auch bei dem Vorteilsvergleich beim internen Zinsfuß benötigt. Die Wahl des Kalkulationszinsfußes ist das heikle Kapitel bei der Kapitalwertrechnung. Wir sehen: Die interne Zinsfußmethode bietet gegenüber der Kapitalwertrechnung keinen Vorteil, weil auch sie die Kenntnis eines Kalkulationszinsfußes voraussetzt.
(3) Die Ermittlung des internen Zinsfußes verlangt das Lösen einer algebraischen Gleichung n-ten Grades. Das hat zwei Folgen:
(aa) Ist die Investitionsdauer n > 4, so läßt sich, von Ausnahmen abgesehen, der interne Zinsfuß nur noch näherungsweise bestimmen. Das Abschätzen der Lösung ist zwar umständlich, aber kein entscheidendes Hindernis. Für praktische Zwecke genügt es regelmäßig, den internen Zinsfuß bis auf eine Stelle hinter dem Komma zu kennen.
(bb) Wesentlich unangenehmer ist die Tatsache, daß jede Gleichung n-ten Grades n verschiedene Lösungen hat. Die meisten Lösungen werden komplexe Zahlen sein, und sie sind für die ökonomische Betrachtung belanglos. Peinlich wird es, wenn mehrere reelle Lösungen auftreten, wie in den Beispielen C, D, E. Peinlich ist es auch, wenn eine Zahlungsreihe gar keinen reellen internen Zinsfuß hat, wie z. B. die Reihe

---

[20] Vgl. *Hirshleifer*, On the Theory of Optimal Investment Decision, S. 222, 228.

	t_0	t_1	t_2
	−1 000	+3 000	−2 500

Diese Reihe führt zu einer quadratischen Gleichung, deren beide Lösungen komplexe Zahlen sind. Als mathematischer Grund für die mehrfachen reellen Lösungen wird der Vorzeichenwechsel in der Zahlungsreihe angegeben[21]. Eine Reihe, in der das Vorzeichen nur einmal wechselt, hat nur eine reelle Lösung. Eine Reihe, in der das Vorzeichen zweimal wechselt (wie C, D, E), hat höchstens zwei reelle Lösungen, u. U. auch gar keine.

Die Mehrdeutigkeit des internen Zinsfußes hat eine lebhafte Diskussion ausgelöst. Das schwächste Argument gegen die Mehrdeutigkeit lautet: Solche Fälle kämen praktisch nicht vor. Für die in der Praxis bedeutsamen Investitionen seien die Zahlungssalden während der Laufzeit stets positiv, und die Ausgabenüberschüsse lägen am Anfang, und folglich werde nur ein positiver interner Zinsfuß auftreten[22]. Wer diese Auffassung vertritt, für den gibt es keine Auftragsforschung, keine Entwicklungsprojekte oder keine Großbauten, in denen zunächst Anzahlungen geleistet werden, dann die Ausgaben anfallen, dann die endgültige Abrechnung erfolgt. Für den zählen zu den praktisch bedeutsamen Investitionen auch jene Objekte nicht, die in regelmäßigen Abständen generalüberholt werden müssen, so daß z. B. nach zwei oder drei Jahren mit Einnahmenüberschüssen wegen der Generalüberholung ein Jahr mit einem Ausgabenüberschuß auftritt.

(4) Die Rangordnung zweier sich ausschließender Investitionsvorhaben nach dem internen Zinsfuß ist nicht neutral gegenüber gleich hohen Datenänderungen[23]. Es konkurrieren z. B. zwei Anlagen.

	t_0	t_1	t_2	t_3	r
F:	−180	+140	+100	+40	32%
G:	−180	+100	+100	+100	30%

Offensichtlich ist F vorzuziehen. Der junge Diplom-Kaufmann, der dies errechnet, hat dabei die Abbruchkosten der alten Anlage, die bei F und G in gleicher Höhe von −40 anfallen, vernachlässigt. Sie können, sagt er sich, die Entscheidung, ob F oder G besser ist, nicht beeinflussen. Sein Chef mißtraut ihm und rechnet nach (mit −220 in t_0). Natürlich ändern sich die beiden internen Zinsfüße, das war zu erwarten. Aber leider ändert sich auch die Rangordnung: $r_F = 16\%$; $r_G = 17\%$. Der Leiter der Revisionsabteilung des Unternehmens wird als Sachverständiger hinzugezogen. Er meint, natürlich seien die Abbruchkosten zu vernachlässigen. Aber er stellt fest, daß der Lohn eines Arbeiters nicht berücksichtigt ist. Ihm wird entgegengehalten, der Arbeiter müsse bei beiden Vorhaben beschäftigt werden. Beide Male entstehen Ausgaben von 20, was die relative Vorteilhaftigkeit nicht beeinflussen könne. Werden sie jedoch berücksichtigt, errechnet sich bei Anschaffungsausgaben von 180 für F 14%, für G 16%. Wiederum wird die ursprüngliche Rangordnung umgestoßen. Die Angelegenheit kommt vor den Vorstand, und der entscheidet vernünftig: Er verlangt das Aufstellen eines Finanzplans.

---

[21] Vgl. *Hirshleifer*, On the Theory of Optimal Investment Decision, S. 225; vgl. dazu auch *Daniel Teichroew, Alexander A. Robichek, Michael Montalbano*, An Analysis of Criteria for Investment and Financing Decisions under Certainty. In: Management Science, Vol. 12 (1966), S. 151–179; *William H. Jean*, On Multiple Rates of Return. In: The Journal of Finance, Vol. 23 (1968), S. 187–191, und die dort angegebenen Quellen.

[22] So *Erich Schneider*, Kritisches und Positives zur Theorie der Investition, S. 317.

[23] Vgl. dazu auch *Hållsten*, S. 55.

(5) Der interne Zinsfuß einer bereits in Betrieb befindlichen Anlage ist nicht mehr zu berechnen. Welchen internen Zinsfuß hat z. B. folgende Investition in t_1?

t_0	t_1	t_2
−1 000	0	+1 210

In t_0 ist ihre Rendite 10%. In t_1 sind die Anschaffungsausgaben versunken und vergessen. Der Zahlungsstrom lautet nur mehr $t_1 : 0; t_2 : + 1210$. Der interne Zinsfuß ist »Unendlich«, die Vorstellung einer Rendite ist hier Unsinn.

(6) Richtige Investitions- und Finanzierungsentscheidungen können nur getroffen werden, wenn Investition und Finanzierung als Einheit gesehen werden. Und das heißt: Für jeden Zahlungszeitpunkt muß die Liquidität erhalten sein, die Einnahmen müssen gleich den Ausgaben sein. Die Rechnungen bei A, B, C und D zeigten das. Der endgültige Zahlungssaldo war in allen Zahlungszeitpunkten (bis auf den letzten) Null. Hier ist die Vorteilhaftigkeit einer Handlungsmöglichkeit sofort abzulesen, man braucht keine Renditenberechnungen und damit keinen internen Zinsfuß.

(7) Nach dem, was wir bisher über den internen Zinsfuß gehört haben, wundert es nicht mehr, daß zwei Vorhaben unterschiedliche Rangordnungen ergeben, je nachdem, ob man sie nach ihren internen Zinsfüßen oder nach ihren Kapitalwerten ordnet. Auch dazu ein Beispiel (der Kalkulationszinsfuß sei 8%):

	t_0	t_1	t_2	r	K
H	−1 000	0	+1 210	10%	37,4
L	−1 000	+1 000	+ 122,1	11%	30,6

Wie ist das zu erklären? Welche Handlungsmöglichkeit ist vorzuziehen?
Die Erklärung liegt nach dem bisher Ausgeführten auf der Hand: Wenden wir die Kapitalwertmethode und die interne Zinsfußmethode auf unser Beispiel an, dann vergleichen wir – ökonomisch gesehen – nicht die ursprünglichen Zahlungsströme, sondern folgende »vollständig formulierte« Modelle:

Kapitalwertmethode:

	t_0	t_1	t_2
H	−1 000	0	+1 210
L	−1 000	+1 000	+ 122,10
		[−1 000]	[+1 080,−]
		0	+1 202,10

Offensichtlich ist H vorzuziehen.

Interne Zinsfußmethode:

	t_0	t_1	t_2
H	−1 000	0	+1 210
L	−1 000	+1 000	+ 122,10
		[−1 000]	[+1 110,−]
		0	+1 232,10

Offensichtlich ist L vorzuziehen.

Die unterschiedlichen Einnahmen aus den Differenzinvestitionen ergeben die abweichende Vorteilhaftigkeit der Handlungsmöglichkeiten. Die Höhe der Verzinsung der Differenzinvestitionen wird bei nicht vollständiger Formulierung des Investitionsvergleichs durch die angewandten Rechenverfahren impliziert.

dd) Beseitigung der Mängel durch ausdrückliche Wiederanlage- und Refinanzierungsannahmen

Allerdings werden sämtliche Einwände gegen die interne Zinsfußmethode hinfällig, wenn die Rechentechnik nicht mehr gedankenlos auf den ursprünglich geschätzten Zahlungsstrom einer Investition angewandt wird, sondern wenn ausdrückliche Annahmen über die tatsächliche Verzinsung der während der Nutzungsdauer (Laufzeit) der Investition entstehenden Einnahmenüberschüsse und die tatsächlichen Finanzierungskosten bei zwischenzeitlichen Ausgabenüberschüssen erfolgen. Werden solche ausdrücklichen Reinvestitions- und Refinanzierungsannahmen getroffen, dann erhält man eine Zahlungsreihe mit einer Ausgabe zu Beginn und einer Einnahme (dem Endvermögen) nach n Jahren Laufzeit der Investition. Für diese Investition folgt aus der n-ten Wurzel die durchschnittliche Wachstumsrate des anfangs eingesetzten Kapitals. Diese Wachstumsrate entspricht der internen Verzinsung.

Damit die Renditenvorstellung bei mehrperiodigen Wahlproblemen sinnvoll angewandt werden kann, ist dreierlei erforderlich:

(a) Eine praktisch zutreffende (d. h. hinreichend realistische) Annahme über die tatsächlichen Wiederanlage- und Refinanzierungsmöglichkeiten. Dabei läßt sich durchaus berücksichtigen, daß die Reinvestitionsfinanzierung von den internen Verzinsungen (Einnahmenüberschüssen) aller einzelnen Projekte abhängig ist. Man kann dazu den mittleren Zinssatz eines Investitionsprogramms wählen.

(b) Beim Vergleich sich gegenseitig ausschließender Investitionsvorhaben mit unterschiedlicher Nutzungsdauer muß der Vergleich stets auf einen gleichen Zeitraum bezogen werden (z. B. die Nutzungsdauer der Investitionsalternative mit der längsten Nutzungsdauer).

(c) Beim Vergleich sich gegenseitig ausschließender Investitionsvorhaben mit unterschiedlichen Anschaffungsausgaben muß der Kapitaleinsatz zu Beginn der Investition gleich hoch gemacht werden durch den Einbau von Ergänzungsinvestitionen.

Ein solches Verfahren hat Hans Meyer entwickelt und erfolgreich praktisch angewandt[24].

Entscheidungsregeln und Instrumente, welche die Praxis verwenden soll, müssen anschaulich sein, und die Vorstellung der Rendite ist dies. Und solche Instrumente dürfen keine unbeabsichtigten Unterstellungen enthalten: Dies wird durch die ausdrücklichen Annahmen über die Reinvestitions- und Refinanzierungsmöglichkeiten geschaffen. Ein solches Rechenverfahren führt nicht nur beim einzelnen Vorteilsvergleich stets zu den gleichen Entscheidungen wie die Kapitalwertmethode (sofern »mittlere Verzinsung« (a) und Kalkulationszinsfuß übereinstimmen, was aber als Annahme über die Umweltbedingungen vorgegeben werden

---

[24] Vgl. *Hans Meyer*, Zur allgemeinen Theorie der Investitionsrechnung. Düsseldorf 1977. Sein Verfahren stellt eine mehrfache Verbesserung des Vorschlages von *R. H. Baldwin*, How to Assess Investment Proposals. In: Harvard Business Review, Vol. 37, No. 3 (1959), S. 98–104, dar; vgl. im einzelnen *Hans Meyer*, Die Fragwürdigkeit der Einwände gegen die interne Verzinsung. In: ZfbF, Jg. 30 (1978), S. 39–62.

muß), sondern erleichtert auch den praktischen Vergleich, weil mit der Rendite eine vom absoluten Kapitaleinsatz unabhängige Vergleichsgröße gewählt worden ist. Ein solches Vorgehen ist besonders in Großunternehmen angebracht, in denen die Aufstellung eines »optimalen Finanzplanes« kaum möglich ist, die Vorbereitung der Investitionsplanung an anderer Stelle erfolgen muß als die endgültige Entscheidung und zumindest ein Teil der Investitionsentscheidungen dezentralisiert ist.

Ergebnis: Die Rendite ist ein geeignetes Maß für die Vorteilhaftigkeit nur im Fall von zwei Zahlungen: im einperiodigen Modell oder dann, wenn im Mehrperiodenfall durch ausdrückliche Annahmen über die Reinvestitionsverzinsung und die Refinanzierungskosten zwischenzeitliche Zahlungssalden ausgeschaltet werden. Hier erleichtert die Rentabilitätsziffer die Planung.

4. Rentabilitätsstreben als finanzielles Ziel?

aa) Grenzrendite und Durchschnittsrendite

Die Vorstellung von der Rentabilität einer Handlungsmöglichkeit ist unproblematisch für einperiodige Wahlprobleme. Wir beschränken uns zunächst darauf (mehrdeutige oder komplexe Lösungen können also nicht auftreten). Eine Handlungsmöglichkeit ist danach vorteilhaft, wenn ihre Rendite größer als der Kalkulationszinsfuß ist. Aber hier können Mißverständnisse auftreten: In der Literatur spricht man davon, daß eine Investition vorteilhaft ist, wenn ihre *Grenzrendite* über dem Kalkulationszinsfuß liegt. Wir müssen also das Verhältnis von (Durchschnitts-)Rendite und Grenzrendite klären. Die Schwierigkeit folgt einfach aus einer ungenauen Ausdrucksweise. Eine einzelne Investition hat nur eine (»Durchschnitts«-) Rendite: das Verhältnis von Einnahmenüberschuß zu eingesetztem Kapital. Den Begriff »Grenzrendite« kann man nicht bei sich gegenseitig ausschließenden Investitionsobjekten verwenden, sondern nur bei der Betrachtung von »Investitionsprogrammen«, die sich aus mehreren sich gegenseitig nicht ausschließenden Investitionsobjekten zusammensetzen. Jedes Investitionsprogramm hat eine Durchschnittsrendite und eine Grenzrendite. Grenzrendite ist hier die Rendite der letzten eingesetzten Mark (bzw. der letzten 100 oder 1 000 Mark, wenn man den Begriff Grenzrendite nicht auf sehr kleine Änderungen beschränkt). Der Begriff Grenzrendite hat jedoch einige Tücken, die wir an einem Beispiel klären. Ein Unternehmer steht vor drei Handlungsmöglichkeiten:

	t_0	t_1
A:	− 1 000	+ 1 100
B:	− 800	+ 1 000
C:	− 100	+ 108

Die Rendite von A ist 10%, die Rendite von B ist 25%. Die Rendite von C (Geldanlage auf dem Kapitalmarkt) ist 8%. Offensichtlich sind A und B besser als C. Wenn sich die Projekte nicht gegenseitig ausschließen, wird der Unternehmer also A und B zusammen durchführen. Wie hoch ist die Durchschnittsrendite des Investitionsprogramms A plus B? Wir können natürlich nicht den gewöhnlichen Durchschnitt aus beiden Renditen, also 17,5%, nehmen.

Das wäre falsch, weil der Kapitaleinsatz unterschiedlich ist. Wir müssen die Einzelrenditen mit ihren Kapitaleinsätzen gewichten. r_p ist die Rendite des Investitionsprogramms.

$$r_p = \frac{0{,}1 \cdot 1000 + 0{,}25 \cdot 800}{1800} = 16\tfrac{2}{3}\%.$$

Es liegt nahe, die Rendite für eine Reihe alternativer Kapitaleinsätze festzulegen, z. B. für 800, 1 000, 1 600 und 1 800 Mark. Um eine solche Reihe der Rentabilitäten für alternative Kapitaleinsätze aufzustellen, brauchen wir den Begriff Grenzrendite. Grenzrendite ist der Bruch aus Änderung des Einnahmenüberschusses im Zähler und Änderung des Kapitaleinsatzes im Nenner. Das beste Projekt ist B. Hat der Unternehmer nur 800 Mark, wird er B wählen. Die »Grenzrendite« der ersten 800 Mark (bezogen auf die »Investition« von Null Mark) gleicht also der »Durchschnittsrendite« des Objektes B von 25%.

Welches Investitionsvorhaben wird der Unternehmer wählen, wenn er 1 000 Mark einsetzen will? Offenbar gibt es zwei Möglichkeiten.

a) Er wählt Vorhaben A, das genau 1 000 Mark beansprucht. Die Grenzrendite des Vorhabens A, bezogen auf die »Investition« von Null Mark, gleicht der Durchschnittsrendite von A = 10%.

Wie hoch ist nun die Renditenänderung, wenn von 800 Mark Kapitaleinsatz auf 1 000 Mark Kapitaleinsatz übergegangen wird? Anders ausgedrückt: Wie hoch ist die Grenzrendite der letzten 200 Mark? Wenn A anstelle von B gewählt wird, beträgt die Änderung des Einnahmenüberschusses minus 100 Mark, denn der Einnahmenüberschuß bei A ist plus 100 (= 1 100–1 000), der Einnahmenüberschuß von B gleicht jedoch 1 000–800 = 200. Statt 200 Einnahmenüberschuß bei B erzielt man bei A nur 100. Die Änderung des Kapitaleinsatzes berechnet sich als Kapitaleinsatz von A 1 000 minus Kapitaleinsatz bei B 800 gleich 200 Mark. Die Grenzrendite bezeichnet das Verhältnis von Einnahmenüberschußänderung, wenn A statt B gewählt wird, also minus 100 im Zähler, und Änderung des Kapitaleinsatzes, also 200 im Nenner, gleich −50%.

b) Für den Unternehmer, der 1 000 Mark einsetzen will, gibt es jedoch noch eine zweite Möglichkeit. Er kann Vorhaben B verwirklichen und die restlichen 200 Mark auf dem Kapitalmarkt anlegen. Ist das besser als die Wahl von Vorhaben A?

Die Rechnung ist einfach: Die ersten 800 Mark erbringen einen Überschuß von 200; die restlichen 200 Mark erbringen 8%, also zusätzlich 16 Mark. Die Rendite des Investitionsprogramms B plus 2 × C gleicht 216 : 1 000 = 21,6%.

Wenn wir eine Reihe der Rentabilitäten für alternative Kapitaleinsätze aufstellen wollen, eine »Kurve des (maximalen) internen Zinsfußes in Abhängigkeit von der Kapitalmenge«, dann fällt also Vorhaben A unter den Tisch. Es ist von vornherein unterlegen. Von zwei alternativen Investitionsprogrammen für 1 000 Mark Kapitaleinsatz, nämlich Programm I gleich Vorhaben A und Programm II gleich Vorhaben B plus 2 × C, ist nur Alternative II sinnvoll. II ist also die »effiziente« Wahlmöglichkeit.

Wie sieht das rentabelste Investitionsprogramm bei 1 600 Mark Kapitaleinsatz aus? Am günstigsten ist es offenbar, zwei Einheiten von B zu verwirklichen, vorausgesetzt, daß dies technisch möglich und ökonomisch sinnvoll ist. Bei 1 600 Mark Kapitaleinsatz steigt die Durchschnittsrendite wieder auf 25% an. Es ist also durchaus denkbar, daß die Durchschnittsrendite zunächst fällt, dann steigt und wieder fällt. Mit einem ähnlichen Auf und Ab ist bei der Grenzrendite zu rechnen. Für allgemeine theoretische Überlegungen sieht man von derartigen komplizierten Verläufen ab. Um handliche – aber nicht notwendigerweise wirklichkeitsentsprechende – Aussagen über das optimale Investitionsprogramm zu erhalten, geht man entweder von einer von Anfang an mit wachsendem Kapitaleinsatz fallenden Durchschnittsrendite aus, oder man unterstellt, zunächst steige die Durchschnittsrendite, und dann falle sie (vgl. im einzelnen ab S. 355). Für den folgenden Abschnitt wählen wir den zweiten Verlauf.

bb) Kapitalwertmaximierung und Maximierung der Rentabilität des Eigenkapitals

Wir gehen von folgenden Annahmen aus: Die Rendite von Investitionen in einer Firma (z. B. Sachanlagen, Beteiligungserwerb) werde durch die Kurven der Grenzrendite und der Durchschnittsrendite wiedergegeben. Daneben könne der Unternehmer zum Kalkulationszinsfuß i beliebige Beträge aufnehmen oder außerhalb der Firma »auf dem Kapitalmarkt« anlegen, z. B. indem er Anleihen kauft. Mit steigendem Kapitaleinsatz wachse zunächst die Rentabilität des gesamten in der Firma eingesetzten Kapitals, danach falle sie stetig. Folglich liegt die Grenzrendite zunächst über der Durchschnittsrendite, und sie fällt mit wachsendem Kapitaleinsatz.

Aus der Kostentheorie wird dem Leser bekannt sein, daß im Minimum der Durchschnittskosten Grenzkosten und Durchschnittskosten gleich sind. Hier liegt ein spiegelbildlicher Fall vor: Im Maximum der Durchschnittsrendite sind Durchschnittsrendite und Grenzrendite gleich groß. Der Beweis ist leicht zu führen: Solange die Rendite einer zusätzlich eingesetzten Mark (die Grenzrendite des Kapitaleinsatzes) noch über der Durchschnittsrendite aller bisher eingesetzten Gelder liegt, muß die Durchschnittsrendite steigen, wenn diese 1 Mark zusätzlich investiert wird. Liegt die Grenzrendite unter der Durchschnittsrendite, dann muß die Durchschnittsrendite fallen, wenn die 1 Mark zusätzlich eingesetzt wird. Folglich ist das Maximum der Durchschnittsrendite erreicht, wenn sich Grenzrendite und Durchschnittsrendite gleichen, zuvor die Grenzrendite über, danach unter der Durchschnittsrendite liegt.

Abb. 2

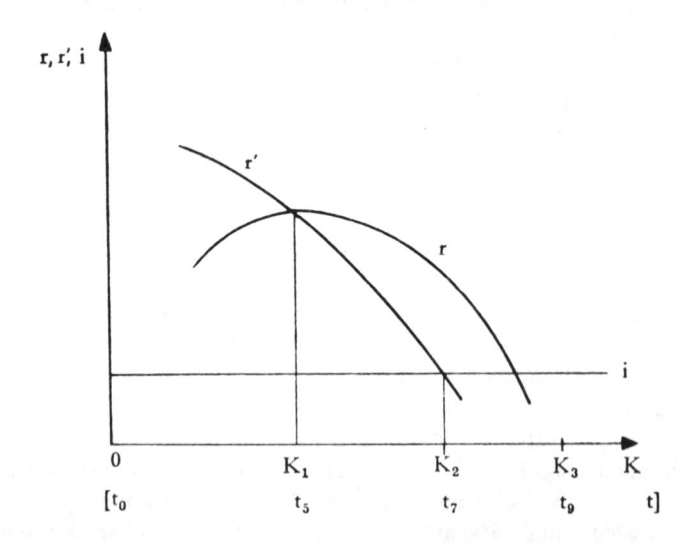

Abb. 2 erlaubt eine Aussage über das Verhältnis von Maximierung des Kapitalwertes (»Gewinnmaximierung«) und Maximierung der Rentabilität des Gesamtkapitals und des Eigenkapitals. Das Maximum der Rentabilität des Gesamtkapitals ist erreicht bei dem

Betrag K_1. Für diesen Kapitalbetrag ist die Durchschnittsrendite des gesamten eingesetzten Kapitals am größten. Das Gewinnmaximum (Maximum des Kapitalwerts) liegt bei jenem Kapitaleinsatz, bei dem die Grenzrendite gleich dem Kalkulationszinsfuß ist. Das folgt unmittelbar aus dem finanzwirtschaftlichen Cournot-Theorem. Das Kapitalwertmaximum wird von dem Kapitaleinsatz K_2 bezeichnet.

Bei welchem Eigenkapitaleinsatz ist das Maximum der Rentabilität des Eigenkapitals erreicht? Natürlich nicht bei K_1, dort liegt das Maximum der Rentabilität des Gesamtkapitals, und das Gesamtkapital kann aus Eigen- und Fremdkapital bestehen. Um das Maximum der Rentabilität des Eigenkapitals zu bestimmen, müssen wir zunächst das Eigenkapital in Abb. 2 einführen. Wir nehmen als erstes an, der Unternehmer habe überhaupt kein Eigenkapital. In diesem Fall ist keine Rentabilität des Eigenkapitals zu berechnen, denn das eingesetzte Eigenkapital ist Null, und der Bruch: Gewinn zu Eigenkapital ist hier sinnlos.

Als zweites nehmen wir an, das Eigenkapital gleiche dem Betrag K_1. Dieses Kapital will der Unternehmer auf alle Fälle investieren. Konsum kommt also nicht in Frage. (Steht der Unternehmer vor der Wahl zwischen Konsum oder Investition, dann gelten andere Überlegungen. Mit der Abb. 2 ist dann nichts mehr anzufangen, vgl. im einzelnen S. 361 ff.).

Lohnt sich eine Fremdkapitalaufnahme, nachdem bereits das Investitionsvolumen K_1 erreicht ist? Offenbar lohnt es sich, bis K_2 Fremdkapital aufzunehmen; denn jede aufgenommene Mark kostet i%, erbringt aber eine höhere Grenzrendite.

Bei konstantem Eigenkapital sind damit das Gewinnmaximum und das Maximum der Rentabilität des Eigenkapitals identisch, denn bei konstantem Eigenkapital ist der Nenner konstant, und der Bruch »Einnahmenüberschuß, dividiert durch Kapital« wird dann am größten, wenn der Einnahmenüberschuß am größten ist. Um das noch zu verdeutlichen, überlegen wir: Was passiert, wenn der Unternehmer Eigenkapital in Höhe von K_3 hat? In der Firma wird er investieren bis zur Menge K_2; danach lohnen sich die Investitionen in der Firma, deren Vorteilhaftigkeit durch den Verlauf der Grenzrendite gekennzeichnet wird, nicht mehr. Nach der Menge K_2 wird der Unternehmer sein Eigenkapital auf dem Kapitalmarkt zum Kalkulationszinsfuß i anlegen.

Was geschieht, wenn das Eigenkapital variabel ist? Zu diesem Problem ist eine umfangreiche Literatur entstanden[25], die leider nicht auf die grundlegenden Ausführungen von F. und V. Lutz[26] zurückgriff und folglich hinter deren Ergebnissen zurückblieb. Die Antwort lautet, daß das Eigenkapital überhaupt nicht variabel sein kann, wenn das Problem richtig gestellt wird[27]. Um das zu verdeutlichen, erinnern wir uns der Trennung zwischen personenbezogenen und firmenbezogenen Unternehmen.

In einer personenbezogenen Unternehmung wird der Unternehmer sein gesamtes Eigenkapital als Einheit betrachten. Die Frage »Konsum oder Investition« scheidet aus, sie erfordert

---

[25] Vgl. z. B. *B. M. Gerbel*, Rentabilität, Fehlinvestitionen, ihre Ursache und ihre Verhütung. 2. Aufl., Wien 1955, S. 102–107; *Otfrid Fischer*, Bankbilanz-Analyse. Meisenheim 1956, S. 50–53; *Herbert Vormbaum*, Die Zielsetzung der beschäftigungsbezogenen Absatzpolitik erwerbswirtschaftlich orientierter Betriebe. In: ZfhF, NF, Jg. 11 (1959), S. 624–636; ders., Das finanzwirtschaftliche Gleichgewicht des Betriebes. In: ZfB, Jg. 32 (1962), S. 65–81, bes. S. 67 f.; *Ludwig Pack*, Maximierung der Rentabilität als preispolitisches Ziel. In: Zur Theorie der Unternehmung, Festschrift zum 65. Geburtstag von Erich Gutenberg, herausgegeben von Helmut Koch. Wiesbaden 1962, S. 73–135, bes. S. 93–105.

[26] Vgl. *Lutz*, S. 16–48.

[27] Vgl. dazu auch *Herbert Hax*, Rentabilitätsmaximierung als unternehmerische Zielsetzung. In: ZfhF, NF, Jg. 15 (1963), S. 337–344, bes. S. 342.

andere Überlegungen. Wenn das Konsumproblem ausgeklammert ist, verfügt der Unternehmer über einen fest vorgegebenen, konstanten Eigenkapitalbetrag. Für den personenbezogenen Unternehmer ist also das Eigenkapital im Planungszeitraum nie variabel.

In firmenbezogenen Unternehmen ist demgegenüber offenbar das Eigenkapital variabel: Eine Aktiengesellschaft kann schließlich Kapitalerhöhungen durchführen. Aber hier ist zu fragen: Wann wird eine Aktiengesellschaft ihr Eigenkapital erhöhen? Zwei Gründe können der Anlaß sein:

Falls sich der Vorstand nicht an den Interessen der Aktionäre ausrichtet, wird er das Eigenkapital erhöhen, sobald er es für billiger hält als Kreditaufnahmen. In diesem Fall interessieren den Vorstand weder die Maximierung der Rentabilität des Eigenkapitals noch die Gewinnmaximierung der Eigenkapitalgeber. Folglich können wir den Fall, daß der Vorstand sich nicht um die Interessen der Aktionäre kümmert, hier ausschalten.

Wenn der Vorstand im Interesse der Aktionäre handeln will, muß er prüfen: Wann liegt eine Kapitalerhöhung im Interesse der Aktionäre? Sehen wir von allen unterschiedlichen Einzelinteressen der Aktionäre ab, werden sie eine Kapitalerhöhung nur wünschen, wenn ihre finanziellen Ziele gefördert werden, d. h. wenn sie danach mehr Vermögen bzw. mehr Einkommen erzielen. Die Gruppe der Aktionäre können wir in diesem Fall vergröbernd als einen »personenbezogenen Unternehmer« auffassen. Folglich gilt auch hier, was vorhin für den personenbezogenen Unternehmer schon festgestellt wurde: Wenn im Interesse der Kapitalgeber gehandelt wird, wird die Aktiengesellschaft solange Eigenkapital aufnehmen (ihr Kapital erhöhen), wie es in der Firma mehr verdient als bei anderweitiger Anlage. Das Kapital wird nicht mehr erhöht, wenn die Grenzrendite in der Firma auf den Kalkulationszinssatz der Aktionäre gesunken ist. Ein Unterschied zwischen Gewinnmaximierung und Maximierung der Rentabilität des Eigenkapitals besteht nicht.

Wie steht es jedoch mit der Aufnahme neuer Gesellschafter in eine Personengesellschaft? Neue Gesellschafter werden nur aufgenommen, wenn danach das Einkommen der alten Gesellschafter steigt (vgl. im einzelnen S. 459). Maximierung der Rentabilität des Eigenkapitals ist einfach kein sinnvolles Ziel, wenn es vom Einkommensstreben (Gewinnmaximierung) abweicht.

In einem Ausnahmefall führen allerdings Maximierung des Gewinns und der Rentabilität des Eigenkapitals zu unterschiedlichen Entscheidungen. F. und V. Lutz haben darauf aufmerksam gemacht. In diesem Sonderfall bleibt jedoch auch das anfangs eingesetzte Eigenkapital »konstant«. Dieser Fall betrifft den abhängigen Planungshorizont. Um die wirklichkeitsfremden Voraussetzungen dieses Falles zu erkennen, untersuchen wir vorab eine Investition bei unabhängigem Planungshorizont.

Wir betrachten dazu Abb. 2, nur sei jetzt auf der Abszisse nicht mehr der Kapitaleinsatz je Zeiteinheit abgetragen, sondern der Zeitablauf, t_0 bis t_9. Wir stellen uns einen Weinhändler vor, der sein ganzes Kapital 1974 ($= t_0$) in 100 Flaschen Trockenbeerenauslese angelegt hat. Wird der Wein älter, so steigt zunächst sein Wert; später fällt er. Der Weinhändler will den Wein solange behalten, bis er sein Einkommen bzw. die Rentabilität des eingesetzten Kapitals maximiert hat. Wie lange wird er den Wein lagern, wenn er sein Einkommen maximieren will? Sein Planungszeitraum sei dabei 10 Jahre.

Nehmen wir an, 10 000 Mark habe der Weinhändler aufgewandt. Nach 5 Jahren (z. B. t_5) sei der Verkaufserlös 15 000 Mark, nach 6 Jahren 16 000, nach 7 Jahren 17 000, nach 8 Jahren 17 500, nach 9 Jahren 18 000, und später müsse mit sinkenden Erlösen gerechnet werden, weil der Wein eine längere Lagerung wegen zu geringer Säure nicht mehr ohne Schaden übersteht.

Der Kalkulationszinsfuß (die Rendite anderweitiger Kapitalanlagen) sei 6%. Wir berechnen die Grenzrenditen für alternative Lagerzeiten (»Nutzungsdauern«). Der Einnahmenüberschuß am Ende des sechsten Jahres beträgt: Erlös nach 6 Jahren (16 000 Mark) minus Erlös im Vorjahr (15 000 Mark). Das im Wein »gebundene Kapital« gleicht hier dem Erlös, der im Vorjahr zu erzielen gewesen wäre, also 15 000 Mark. Die (zeitliche) Grenzrendite bei sechsjähriger Lagerung beträgt also $\frac{16\,000 - 15\,000}{15\,000} = 6\frac{2}{3}\%$. Die Grenzrendite bei siebenjähriger Lagerung gleicht $\frac{17\,000 - 16\,000}{16\,000} = 6\frac{1}{4}\%$; die Grenzrendite bei achtjähriger Lagerung beträgt ungefähr 3%.

Der Weinhändler wird also den Wein nach siebenjähriger Lagerzeit verkaufen, 17 000 Mark kann er dann zum Kalkulationszinsfuß von 6% anlegen, und er erzielt am Ende des achten Jahres 17 000 Mark plus 1 020 Mark an Zinsen, gleich 18 020 Mark, während bei der Lagerung des Weines im achten Jahr nur insgesamt 17 500 Mark erlöst hätte. Die nächsten zwei Jahre bis zum Ende des Planungszeitraums legt der Unternehmer dieses Kapital wiederum zum Kalkulationszinsfuß an.

Allgemein: Der Weinhändler wird die Investitionsdauer (Lagerzeit) verlängern, solange die Grenzrendite höher ist als der Kalkulationszinsfuß. Das gilt für den Fall, daß er sein Einkommen bzw. Vermögen maximieren will.

Nun nehmen wir an, der Weinhändler wollte die Rentabilität der 10 000 Mark eingesetzten Kapitals maximieren. Wie lange wird er dann den Wein lagern? Nach unserer Zeichnung würden wir zunächst sagen: bis t_5, also 5 Jahre. Dort liegt das Rentabilitätsmaximum. Doch bei dieser Aussage wird eines übersehen: Der Planungszeitraum des Unternehmers ist nicht 5 Jahre, sondern 10 Jahre. Wenn der Unternehmer die Durchschnittsrendite des Weines maximiert und nach fünf Jahren veräußert, erlöst er 15 000 Mark. Was macht er mit dem Geld während der verbleibenden fünf Jahre? Da der Planungszeitraum 10 Jahre beträgt, muß er das Geld dann zum Kalkulationszinsfuß anlegen: in t_6 wären dann die 15 000 Mark auf 15 900 Mark angewachsen. Hätte der Unternehmer den Wein ein Jahr länger behalten, hätte er jedoch 16 000 Mark erlöst. Auch bei konstantem Anfangskapital und vorgegebenem Planungszeitraum maximiert der Unternehmer also die Rentabilität des Eigenkapitals nur dann, wenn er den Einnahmenüberschuß maximiert, also den Wein 7 Jahre lagert. Wir erhalten bei variabler Investitionsdauer dasselbe Ergebnis wie bei variablem Kapitaleinsatz im statischen Modell.

Aber es gibt auch den Fall des »abhängigen Planungshorizonts«. Bisher war der Planungszeitraum vorgegeben. Nun gehen wir von zwei Weinhändlern aus, die folgende merkwürdige Zielvorstellungen haben: Beide Weinhändler A und B wollen sich alsbald zur Ruhe setzen. Sie wollen gerade noch diese Trockenbeerenauslese lagern. Eine Wiederanlage des Geldes auf dem Kapitalmarkt komme nicht in Betracht, vielleicht haben sie sich über Bankprovisionen und Kursschwankungen geärgert.

Weinhändler A sagt: Ich will das Endvermögen maximieren und mich dann zur Ruhe setzen. Wie lange lagert er den Wein? Da eine Wiederanlage des Geldes nicht in Frage kommt, ist der Kalkulationszinsfuß, der die Investitionsdauer begrenzt, hier Null. Weinhändler A lagert den Wein neun Jahre lang, dann erlöst er 18 000 Mark. Er versteckt das Geld im Sparstrumpf und setzt sich zur Ruhe.

Weinhändler B sagt: Ich will noch ein »rentables« Geschäft machen. Ich lagere den Wein solange, bis ich die höchste Rendite erreicht habe: Er lagert den Wein also fünf Jahre, erlöst

15 000 Mark, versteckt das Geld im Sparstrumpf und wird bereits nach 5 Jahren Rentner. Nur für den absonderlichen Fall des »abhängigen Planungshorizonts« führt die Maximierung der Rentabilität des (auch hier: konstanten!) Anfangseigenkapitals zu einem anderen Ergebnis als die Kapitalwertmaximierung (das Vermögens- bzw. Einkommensstreben). In allen anderen Fällen führen bei sinnvoller Formulierung (Betrachtung des unternehmereigenen Kapitals als Einheit) die Maximierung des Kapitalwerts und die Maximierung der Eigenkapitalrentabilität zu denselben Entscheidungen.

Eines ist noch zu beachten: Wir haben hier den Begriff »Rentabilität« auf einen mehrperiodigen Fall bezogen und sind sofort in eine begriffliche Schwierigkeit verwickelt worden: Die Rentabilität welchen Eigenkapitals soll maximiert werden? Des Anfangseigenkapitals, des Eigenkapitals in t_5, t_7? Für die Weinhändler wurde die Rentabilität des Anfangseigenkapitals maximiert. Man kann auch fragen: In welchem Jahr ist die Rentabilität des »fortgeschriebenen Eigenkapitals« am höchsten? Das wäre die Frage nach dem Maximum der zeitlichen Grenzrendite. Aber viel ökonomischer Sinn steckt hinter dieser Frage nicht.

III. »Gewinn« als finanzielle Zielgröße

a) Gewinnbegriff und Zwecke der Gewinnermittlung

1. Drei Zwecke der Gewinnermittlung

Wenn nach unternehmerischen Zielgrößen gefragt wird, lautet die Antwort regelmäßig »Gewinn«. Wir haben bisher vermieden, bei den finanziellen Zielgrößen von »Gewinn« zu sprechen, denn der Gewinnbegriff ist ein heikles Kapitel, dem wir uns erst jetzt zuwenden können.

Bei »Gewinn« denkt man an den Gewinnbegriff des Handels- bzw. Aktienrechts, den des Steuerrechts oder an den »betriebswirtschaftlich richtigen« Erfolg. Es sind vielschichtige und im Grunde reichlich unklare Vorstellungen, die im praktischen Sprachgebrauch den »Gewinn« kennzeichnen. Wir versuchen, das, was Gewinn ist, präzise zu definieren, und fragen: Was ist Gewinn im betriebswirtschaftlichen Sinn, ohne Rücksicht auf geltende handelsrechtliche und steuerrechtliche Vorschriften? In welchem Verhältnis steht dieser ökonomische Gewinnbegriff zu dem, was als Gewinn in der Buchhaltung errechnet wird?

Jede Untersuchung des betriebswirtschaftlichen Gewinnbegriffs muß von folgenden Fragen ausgehen: Wird der Begriff »Gewinn« für unternehmerische Entscheidungen benötigt? Nach welchen Überlegungen wäre dieser betriebswirtschaftlich erforderliche Gewinnbegriff zu definieren? Diese Fragen zielen auf das Verhältnis von Gewinn und finanziellen Zielgrößen ab. Um das Verhältnis von Gewinn und finanziellen Zielgrößen zu klären, sind zunächst »Gewinn« und »Einkommen« voneinander abzugrenzen.

Einkommen und Gewinn sind für uns Geldgrößen. Neben Geldeinkommen gibt es auch Nichtgeldeinkommen, z. B. die »Vorteile«, die mit einer »Stellung« verbunden sind, wie Dienstwagen mit Chauffeur, reichhaltiges Spesenkonto. Solche Nebenvergünstigungen denken wir uns in Geld bewertet und dem Geldeinkommen zugeschlagen.

Der Begriff »Gewinn« im betriebswirtschaftlichen Sinn ist im folgenden mit der Vorstellung einer Firma verbunden, nicht mit der einer Person. Der Unternehmer erzielt »Einkommen«,

die Firma »Gewinn«. Wir wollen von Gewinn nur sprechen, wenn wir an den firmenbezogenen Unternehmensbegriff denken. Beim Einzelkaufmann ist also Gewinn das, was er in seiner Firma verdient. Der Gewinn aus der Firma und die Einkünfte aus anderen Tätigkeiten, aus Vermietungen und Verpachtungen und aus Geldanlagen, z. B. dem Sparbuch, bilden zusammen das Einkommen des Unternehmers.
Buchhalterisch wird der Gewinn nach Ablauf einer Periode ermittelt. Der Gewinn ist also eine »ex-post-Größe«.
Welchen Sinn hat die Ermittlung der ex-post-Größe »Gewinn«?
Drei Zwecke sind zu unterscheiden:
(aa) Bestimmung von Einkommenszahlungen,
(bb) Verbesserung künftiger Entscheidungen,
(cc) Rechenschaft gegenüber Außenstehenden.

Zu (aa): Bestimmung von Einkommenszahlungen: Jede Firma dient als Einkommensquelle für Arbeitnehmer, Eigentümer und schließlich für den Staat, der in den Unternehmen eine ergiebige Steuerquelle sieht. Von den Einkommenszahlungen, die eine Unternehmung zu leisten hat, ist der größere Teil unabhängig vom Gewinn. Die »kontraktbestimmten« Einkommen der Arbeitnehmer (Löhne, Gehälter) sind zu zahlen, ob gut oder schlecht verdient wird. Das gleiche gilt für das Fixum der Geschäftsführer und für die sogenannten Kostensteuern (z. B. Umsatzsteuer, Grundsteuer, Vermögensteuer). Die gewinnunabhängigen Ausgaben für Einkommenszahlungen interessieren hier nicht. Ein beachtlicher Teil der Einkommenszahlungen einer Unternehmung hängt jedoch vom Gewinn ab. Gewinnabhängige Ausgaben sind die Gewinnbeteiligungen für Arbeitnehmer und Geschäftsführer, u. U. auch die Pensionszusagen, die allerdings erst in späteren Perioden zu Ausgaben werden. Gewinnabhängige Ausgaben sind ferner die Gewinnausschüttungen an die Anteilseigner und die Gewinnsteuerzahlungen (Einkommensteuer, Körperschaftsteuer, Gewerbeertragsteuer). Um die gewinnabhängigen Ausgaben festzulegen, ist die Höhe des Gewinns zu errechnen. Wer den Gewinn definiert, ohne die Tatsache zu beachten, daß der größte Teil des ausgewiesenen Gewinns mehr oder weniger zwangsläufig zu Ausgaben wird, geht einfach an der Wirklichkeit vorbei. Genau das tut aber die bisherige Bilanzliteratur in überwiegendem Maße. Immer noch findet man die Dogmen, daß die Gewinnermittlung nichts mit der Gewinnverwendung zu tun habe, und daß zwischen erzieltem und ausschüttbarem Gewinn zu trennen sei[28]. Aufgabe der Bilanztheorie sei es, den richtigen »erzielten« Gewinn zu definieren. Demgegenüber halten wir fest: *Die erste Aufgabe der Gewinnermittlung besteht darin, die Höhe gewinnabhängiger Zwangsausgaben (insbesondere Steuern) und die von gewinnabhängigen Einkommenszahlungen festzulegen.*

Zu (bb): Verbesserung künftiger Entscheidungen: Die Ermittlung des Gewinns kann zur Kontrolle dienen, inwieweit früher gesetzte Ziele erreicht worden sind. Der Unternehmer, der an keinerlei handels- und steuerrechtliche Vorschriften gebunden ist, mag es gleichwohl für nützlich halten, einen Gewinn als Kontrollgröße zu errechnen, um aus der Abweichung zwischen angestrebtem Ziel (Soll) und erreichtem Ist für die Zukunft zu lernen. Die Abweichung zwischen Plangewinn und Istgewinn einer Abrechnungsperiode weist nach, wie verläßlich seine Planungen waren. Für jede Abweichung zwischen Soll und Ist müssen Gründe

---

[28] Vgl. dazu erstmals *Ernst Walb*, Unternehmungsgewinn und Betriebsgewinn. In: ZfhF, Jg. 20 (1926), S. 545–559, hier S. 553.

gefunden werden. Die Analyse der Abweichungen bei den Einnahmen und Ausgaben (Erträgen und Aufwendungen), aus denen sich der Gewinn zusammensetzt, zeigt, welche Einflußgrößen überschätzt, welche unterschätzt oder ganz übersehen wurden. Aufgrund dieser Erfahrungen werden künftige Planungen verbessert und erleichtert.
Die Kontrollrechnungen zur Verbesserung künftiger Entscheidungen stellt der Unternehmer für sich selbst an. Es liegt in seinem Interesse, hierbei den Istgewinn und die Abweichungen zwischen Soll und Ist möglichst genau zu erfassen. Nur dadurch können Erfahrungen gesammelt und künftige Entscheidungen verbessert werden. Der Unternehmer wird sich bei der Gewinnermittlung zur eigenen Kontrolle nicht selbst betrügen. Neurotiker werden zwar auch das tun, weil sie ihre Irrtümer nicht einsehen wollen.

Zu (cc): Rechenschaft ist allen abzulegen, die Ansprüche an die Unternehmung haben. Bezieht sich die Rechenschaft auf Zahlen aus dem Betriebsgeschehen, so spricht man von Rechnungslegung. Wie im einzelnen die Rechnungslegung über den Gewinn und andere Unternehmensdaten auszusehen hat, das zu regeln ist Aufgabe des Handels- und Gesellschaftsrechts bzw. des Steuerrechts. Die Rechnungslegung, vor allem gegenüber den Anteilseignern, beschränkt sich nicht auf den Gewinn, aber hier interessiert nur die Gewinnermittlung.
Eine vollständige Rechnungslegung müßte die Informationen liefern, die der Unternehmer für sich selbst zur Verbesserung seiner Entscheidungen aufbereitet. Sie müßte die Planungen des Unternehmers enthalten und einen Vergleich des Plangewinns mit dem erreichten Ist zulassen. Nur so kann derjenige, dem Rechenschaft zu geben ist, beurteilen, ob gut oder schlecht gehandelt wurde. Aber hier beginnen die Schwierigkeiten. Ein so weitgehendes »Auf-die-Finger-Schauen« kann jede Initiative des Entscheidenden lähmen. Zudem treten technische Schwierigkeiten auf, denn Rechenschaft kann nur gegeben werden, soweit die berichteten Vorgänge und Ereignisse auch von Außenstehenden nachgeprüft werden können. Umfang und Inhalt der Rechnungslegung zu klären, ist Aufgabe der Bilanztheorie[29].

2. Der Totalgewinn und die Zwecke der Gewinnermittlung

Der Begriff des buchhalterischen Unternehmensgewinns (Firmengewinns) findet sich in zwei Erscheinungsformen:
Als Totalgewinn bezeichnet er das gesamte erwirtschaftete Mehr der Firma während ihrer Lebensdauer.
Als Periodengewinn bezeichnet er den finanziellen Erfolg einer Abrechnungsperiode, z. B. eines Jahres.
Der Totalgewinn gleicht dem Endvermögen am Ende des Handlungszeitraums plus der Summe sämtlicher Entnahmen abzüglich der Summe sämtlicher Kapitaleinlagen der Gesellschafter. Als Entnahmen gelten dabei die Einkommenszahlungen der Unternehmung an die Eigentümer bzw. den Staat.
(aa) Braucht man den Begriff Totalgewinn für die Bestimmung der Einkommenszahlungen der Unternehmung an Haushalte und Staat? Wir müssen hier zwischen Unternehmer (personenbezogener Unternehmung) und Firma unterscheiden. Strebt der Unternehmer in einer personenbezogenen Unternehmung nach Vermögensmaximierung, dann sind seine Einlagen und seine Entnahmen vorgegeben. Vermögensmaximierung für eine Firma heißt Maximie-

---

[29] Vgl. dazu näher *Dieter Schneider*, Steuerbilanzen. Wiesbaden 1978, bes. Kapitel B. III. und IV, sowie hier S. 560–564.

rung des Totalgewinns der Firma bei vorgegebenen Entnahmen und vorgegebenen Einlagen. Indes: Dürfen die Einlagen und die Entnahmen aus einer Firma tatsächlich vorgegeben sein, wenn der Unternehmer Vermögensmaximierung erstrebt? Will der Unternehmer sein gesamtes Vermögen (das Vermögen der personenbezogenen Unternehmung) maximieren, dann wird er Geld aus einer Firma entnehmen und in einer anderen Einkommensquelle investieren, wenn die andere Einkommensquelle höhere Erträge abwirft als die Firma. Vermögensmaximierung einer personenbezogenen Unternehmung bedeutet keineswegs Vermögensmaximierung für eine einzelne Firma. Schon aus diesem Grunde ist der Begriff des Totalgewinns einer Firma für die Investitions- und Finanzierungsentscheidungen ohne Bedeutung.

Wie sieht es bei einer firmenbezogenen Unternehmung aus? Vermögensmaximierung bedeutet hier Maximierung des Firmenvermögens. Die jährlichen Entnahmen bilden eine feste Größe, aber nicht notwendigerweise die Einlagen. Um das Vermögen der bisherigen Aktionäre zu maximieren, kann es sich durchaus lohnen, Kapitalerhöhungen durchzuführen und neue Aktionäre aufzunehmen. Gleichgültig, ob das Grundkapital durch Einlagen vermehrt oder ob es konstant gehalten wird, die Aufspaltung des zu maximierenden Endvermögens in Totalgewinnanteil und Kapitaleinlagen hat keinen Erkenntniswert. Nachdem ein Unternehmer eine Firma liquidiert hat, kann er zwar ausrechnen: Wieviel habe ich insgesamt an Einkommens- und Vermögenszuwachs durch diese Firma erzielt? Nur ist die Antwort allenfalls von historischem Interesse.

Strebt der Unternehmer nach Einkommensmaximierung oder nach Wohlstandsmaximierung, dann interessiert ihn vor allem die zeitliche Verteilung der Einkommenszahlungen. Die Gesamtsumme an Einkommens- und Vermögenszuwachs, der Totalgewinn, ist für seine augenblicklichen Entnahme-Entscheidungen ohne Belang.

Einkommenszahlungen lassen sich nach dem Begriff Totalgewinn nicht bestimmen.

(bb) Gewährt die Höhe des Totalgewinns einer Firma Informationen für Entscheidungen? Kontrollrechnungen dienen dazu, während des Handlungszeitraums den Grad der Zielerfüllung zu messen. Es empfiehlt sich auch hier, nach den finanziellen Zielgrößen zu unterscheiden.

(1) Bei Vermögensmaximierung genügt als Kontrollrechnung für den Unternehmer selbst ein Kassenbuch. Der Unternehmer muß wissen, wieviel er in dem betreffenden Jahr investieren kann. Weicht sein Istkassenbestand in einem Zahlungszeitpunkt von dem geplanten Einnahmen- und Ausgabensaldo ab, dann muß der Unternehmer die Gründe erforschen und versuchen, seine künftigen Pläne zu verbessern. Der Totalgewinn interessiert nicht. Neben dem Kassenbuch wird der Unternehmer Kontrollrechnungen als Soll-Ist-Vergleiche durchführen, z. B. in Form von Plankostenrechnungen oder Abteilungserfolgsrechnungen, um die Arbeitsweise seiner Abteilungsleiter zu kontrollieren.

(2) Bei Einkommens- und Wohlstandsstreben interessiert: Ist der geplante Einnahmenüberschuß, der in jedem Zahlungszeitpunkt für die Einkommenszahlung benötigt wird, erreicht worden? Worauf sind Abweichungen zwischen Soll- und Ist-Zahlungssaldo zurückzuführen? Der Begriff des Totalgewinns ist auch hier bedeutungslos.

(3) Die finanziellen Zielvorschriften Vermögens-, Einkommens- und Wohlstandsstreben setzen rationales Verhalten und konstanten Arbeitseinsatz voraus. Der Vollständigkeit halber wollen wir noch eine vierte, nichtfinanzielle Zielsetzung betrachten. Ein Unternehmer, der nicht bereit ist, in jeder Periode gleich viel zu arbeiten, sondern die Höhe seines Arbeitseinsatzes von dem erreichten Vermögenszuwachs abhängig macht, wird in jedem Zahlungszeitpunkt überlegen, ob er sein Soll an Vermögenszuwachs erreicht hat, ob er es überschritten

hat und folglich in Zukunft weniger arbeiten kann oder ob es nicht erreicht wurde und er seine Bemühungen verstärken muß. Ein solcher Unternehmer muß für jeden Zeitpunkt innerhalb seines Handlungszeitraumes das gewünschte Endvermögen vorausbestimmen. Der bis zu diesem Zeitpunkt angesammelte Totalgewinn interessiert auch ihn nicht.
(cc) Nützt der Begriff Totalgewinn der Rechnungslegung? Rechnungslegung bedeutet: Vorlage der Informationen, die der Unternehmer zur Festlegung seiner Entscheidungen verwendet hat. Der Totalgewinn ist auch für die Rechnungslegung ohne Bedeutung.
Hiervon gibt es eine Ausnahme: Bei Unternehmungen auf kurze Zeit, z. B. Konsortien oder Arbeitsgemeinschaften mehrerer Baufirmen für einen Staudamm, kann die einzige Einkommenszahlung bei Liquidation der Unternehmung auf Zeit erfolgen. Die Abrechnungsperiode umfaßt hier die Lebensdauer der Unternehmung. Hier sind Periodengewinn und Totalgewinn identisch mit dem Einnahmenüberschuß des Geschäfts.
Sehen wir von diesem Sonderfall ab, dann wird der Begriff des Totalgewinns für keinen wirtschaftlichen Zweck benötigt. Auf überflüssige Begriffe, wie Totalgewinn, verzichtet man besser ganz.

3. Der Periodengewinn und die Zwecke der Gewinnermittlung

Wir unterstellen, daß kein Zwang des Handels- und Steuerrechts besteht, einen Periodengewinn zu berechnen; denn hier geht es darum, den Begriff Periodengewinn erst zu definieren. Braucht man den Begriff Periodengewinn für die drei Zwecke der Gewinnermittlung?

Zu (aa): Bestimmung der Einkommenszahlungen

1. Bei dem Ziel Vermögensmaximierung ist die Ermittlung eines Periodengewinns überflüssig. Von den Einnahmenüberschüssen eines Zahlungszeitpunktes sind zunächst die vorgegebenen Einkommenszahlungen abzusetzen, der Rest ist in das lukrativste Investitionsprogramm zu investieren: Nur so kann das Endvermögen maximiert werden.
2. Bei Einkommens- und Wohlstandsstreben steht der Unternehmer in jeder Periode vor dem Problem, das sich auch bei Vermögensmaximierung stellt: Was sind die lukrativsten Investitions- und Finanzierungsvorhaben? Zusätzlich muß der Unternehmer hier aber auch noch eine Vorentscheidung treffen: Welche Gelder dürfen entnommen werden, und wieviel verbleibt zum Investieren? Diese Vorentscheidung entfällt bei Vermögensmaximierung und bei nichtfinanziellen Zielsetzungen. Dort sind die Entnahmen vorgegeben, und damit ist der verbleibende Betrag zur Investition (die Höhe der Selbstfinanzierung) festgelegt.
Würde sich der Unternehmer in der Beurteilung der Zukunft nie irren, dann wäre auch bei Einkommensmaximierung eine Periodengewinnermittlung als Kontrollrechnung überflüssig. Die Pläne würden sich realisieren. In jedem Zahlungszeitpunkt würde der geplante Einnahmenüberschuß der Unternehmung als Einkommenszahlung die Unternehmung verlassen.
Nun ist aber die Zukunft ungewiß, und daß der Unternehmer nach der Gründung der Unternehmung überhaupt noch arbeiten (entscheiden) muß, beruht schließlich darauf, daß sich laufend Daten ändern und neue Pläne notwendig werden. Praktisch wird in kaum einem Zahlungszeitpunkt der geplante Einnahmenüberschuß mit dem tatsächlich erreichten übereinstimmen. Selbst wenn das einträte, würde die weitere Zukunft am Ende dieser Abrechnungsperiode vermutlich anders beurteilt werden als an ihrem Anfang. Am Ende jeder

Abrechnungsperiode hat der Unternehmer zu prüfen: Dürfen die geplanten Einkommenszahlungen geleistet werden, ohne die Unternehmung in Zukunft zu schädigen und gegen die Bedingung »Handle so, daß das gewünschte Endvermögen erreicht wird« zu verstoßen? Diese Entscheidung verlangt für jeden Zahlungszeitpunkt die Berechnung des maximal entziehbaren Betrages. In der Berechnung des maximal entziehbaren Betrages, des Einkommens, liegt der betriebswirtschaftliche Sinn der Periodengewinnermittlung.

Der Unterschied zum Ziel Vermögensmaximierung muß klar erkannt werden: bei Vermögensmaximierung sind die Entnahmen vorgegeben. Sie sind zu leisten, gleichgültig, ob man sich bei der Planung geirrt hat oder nicht. Zielgröße ist das Endvermögen, und Irrtümer in der Planung schlagen sich dann in einem erheblich verringerten (oder erhöhten) Endvermögen nieder. Der Unternehmer hat bei Vermögensmaximierung keine Wahl, die periodischen Einkommenszahlungen zu verringern oder zu erhöhen, und deshalb ist bei Vermögensmaximierung die Ermittlung des Periodengewinns (zum Zwecke der Einkommenszahlungen) überflüssig.

Bei Einkommensstreben hingegen sind die periodischen Entnahmen Zielgröße. Irrtümer in der Planung wirken sich auf die Entnahmen aus. Sie sind z. B. so weit zu verringern, daß das gewünschte Endvermögen erhalten bleibt. Weil der Unternehmer entscheiden muß, ob er mehr oder weniger ausschütten kann, deshalb muß er das in der Vorperiode geplante Einkommensniveau mit dem heute für möglich gehaltenen vergleichen, also einen Periodengewinn zum Zwecke der Einkommenszahlung berechnen.

Bei Wohlstandsstreben ist wie bei Einkommensstreben in jedem Zahlungszeitpunkt über die Höhe des Einkommens zu entscheiden. Folglich ist bei Einkommens- und Wohlstandsstreben eine periodische Gewinnermittlung notwendig, um die Einkommenszahlungen festzulegen. Der Unternehmer hat zu prüfen: Haben sich die Pläne des Vorjahres realisiert, und wie sind die früher geplanten Ausschüttungen zu korrigieren, damit das Unternehmensziel »maximaler Einkommensstrom bei Erhaltung eines bestimmten Endvermögens« oder »maximaler Wohlstand« auch in Zukunft erreicht werden kann[30]?

3. Die Periodengewinnermittlung kann auch in einem Fall notwendig werden, in dem die Entnahmen vorgegeben sind. Angenommen, ein Unternehmer strebt nach Vermögensmaximierung, oder er versucht, nichtfinanzielle Ziele zu erreichen (Umsatzmaximierung, maximale Güterversorgung zu kostendeckenden Preisen). Die Zukunftsaussichten haben sich jedoch sehr verschlechtert. Wenn die geplante Entnahmehöhe beibehalten wird, dann sei abzusehen, daß noch innerhalb des Planungszeitraums die Unternehmung Konkurs anmelden muß. Formal gesehen, hat eine solche Fehlplanung keinen Einfluß auf das Unternehmensziel: Vermögensmaximierung bedeutet dann eben Maximierung der Konkursquote. Aber jeder »vernünftige« Unternehmer wird bei einer drastischen Fehlplanung nicht nur seine bisherigen Entscheidungen überprüfen, sondern auch seine bisherigen Ziele. Er wird, selbst wenn er nach Vermögensmaximierung strebt, durch Herabsetzen seiner Entnahmen versuchen, zu retten, was zu retten ist. Die Antwort auf die Frage: Um wieviel sind die Entnahmen zu kürzen, damit die Existenz der Unternehmung gesichert bleibt? verlangt eine

---

[30] Es trifft also nicht zu, wenn eine Gruppe von »Anti-Bilanz-Theoretikern« behauptet, der Unternehmer brauche für seine Planungs- und Kontrollzwecke den Begriff des Periodengewinns nicht. Diese Auffassung vertraten z. B. *Paul Riebel*, Die Problematik der Normung von Abschreibungen. In: Der Betrieb, Jg. 13 (1960), S. 729–734, hier S. 733 f.; *Walther Busse von Colbe*, Aufbau und Informationsgehalt von Kapitalflußrechnungen. In: ZfB, Jg. 36 (1966), 1. Ergänzungsheft, S. 82–114, bes. S. 113 f.; *Adolf Moxter*, Die Grundsätze ordnungsmäßiger Bilanzierung und der Stand der Bilanztheorie. In: ZfbF, Jg. 18 (1966), S. 28–59, bes. S. 41, 57.

Periodengewinnermittlung. Im Grunde ist bei dieser Zielkorrektur zu überlegen: Wieviel kann maximal entnommen werden, um ein bestimmtes Endvermögen, und sei es das Vermögen von Null, zu erhalten? Weicht die Wirklichkeit so drastisch von den Plänen ab, daß Zielkorrekturen unvermeidlich werden, dann wird das korrigierte Ziel letztlich Einkommensstreben lauten, denn es ist zu entscheiden: Wieweit muß der Konsum eingeschränkt werden, damit die Einkommensquelle langfristig erhalten bleibt? Der hier erörterte Fall, der Zielkorrekturen nahelegt, bezeichnet eine Lage, die wir in Teil A als »Grenzentscheidung« beschrieben haben.

Ergebnis: Eine Periodengewinnermittlung ist zur Bestimmung von Einkommenszahlungen dann notwendig, wenn das Einkommen (die Höhe der Konsumausgaben) die Zielgröße ist oder es nach einer Zielkorrektur wird.

Zu (bb): Verbesserung künftiger Entscheidungen

Den Periodengewinn zu ermitteln, um daraus Schlüsse für die Betriebslenkung zu ziehen, das ist der Grundgedanke der dynamischen Bilanzauffassung Schmalenbachs[31].
Heute steht fest: Der Periodengewinn wird als betriebsinterne Kontrollgröße nur benötigt, um nach Ablauf einer Periode die Höhe der Einkommenszahlungen festzulegen bzw. zu überprüfen. Alle Informationen über die gute oder schlechte Arbeitsweise einer Unternehmung gewinnt der Unternehmer aus dem Rechnungswesen der Unternehmung insgesamt, aus Kostenrechnung und Finanzplanung, nicht aus der Restgröße Gewinn.

Zu (cc): Rechenschaft gegenüber Außenstehenden

Hier ist der Periodengewinn dann erforderlich, wenn Rechenschaft über die Höhe von Einkommenszahlungen und gewinnabhängigen Zwangsausgaben zu geben ist.

b) Der Periodengewinn als entnahmefähiger Einnahmenüberschuß

1. Der Gewinnbegriff in der Unternehmung auf Zeit

Der Alleininhaber einer Konservenfabrik in der Rechtsform einer GmbH will die Firma noch zwei Jahre leiten, sie dann verkaufen und sich zur Ruhe setzen. Während seines Handlungszeitraums möchte er sein Einkommen maximieren. Er geht dabei von in jeder Periode gleich hohen Entnahmen aus. Wie hoch sein Einkommen wird, läßt sich erst bestimmen, wenn er das Endvermögen angibt, über das er nach zwei Jahren verfügen will. Das Endvermögen kann hier, in der Unternehmung auf Zeit, absolut gesetzt werden, es kann Null sein oder gleich dem Anfangskapital oder gleich einer oder zwei Millionen Mark.
Nehmen wir an, der Alleininhaber möchte als Ruhestandsvermögen 1 Mill. Mark haben, wie bestimmt sich dann sein Einkommen? Das Einkommen des Alleininhabers besteht hier aus den Gewinnausschüttungen der GmbH. Die Frage nach dem Einkommen des Alleininhabers deckt sich (solange wir von Steuerzahlungen, dem Gesellschafter-Geschäftsführergehalt und Nebeneinkünften absehen) mit der Frage nach dem Gewinn der GmbH.

---

[31] E[ugen] *Schmalenbach*, Grundlagen dynamischer Bilanzlehre. In: ZfhF, Jg. 13 (1919), S. 1–60, S. 65–101, hier S. 10; ders., Dynamische Bilanz, 13. Aufl., Köln–Opladen 1962, S. 33 f.

Der Gewinn der GmbH folgt aus den Investitions- und Finanzierungsentscheidungen, die der Unternehmer während seines Handlungszeitraums durchführt. In dieser Unternehmung auf Zeit ist es möglich, ein Totalmodell des Firmengeschehens aufzustellen. Wird ein solcher vollständiger Vorteilsvergleich zwischen alternativen Handlungsprogrammen durchgeführt, dann ist der Periodengewinn der GmbH definiert als der Saldo der Zahlungsströme (als Einnahmenüberschuß eines jeden Zahlungszeitpunktes), der verbleibt, nachdem alle Investitionen durchgeführt sind, um in der folgenden Periode das gleiche Einkommen und am Ende des Handlungszeitraumes das vorgegebene Endvermögen zu erzielen. *Der »Periodengewinn« gleicht also dem Einnahmenüberschuß (den geplanten Konsumbeträgen) im optimalen Finanzplan des Unternehmens.*

Die Ermittlung des maximalen Nettoeinnahmenstromes setzt das Durchspielen aller Kombinationsmöglichkeiten von Investitions- und Finanzierungsvorhaben voraus. Dieses Vorgehen ist aufwendig und mit Schwierigkeiten in der Informationssammlung und der Rechentechnik verbunden. Wir sollten deshalb untersuchen, ob es nicht einen einfacheren Weg gibt, den Periodengewinn einer Firma auf Zeit zu definieren.

Ein solcher Gewinnbegriff ist in der Literatur vorgeschlagen worden für einen Sonderfall: wenn das Endvermögen gleich dem Anfangskapital der Firma ist. Gewinn ist danach der Überschuß der entnommen werden muß, nachdem das Anfangskapital erhalten geblieben ist. Der Gewinnbegriff des Handelrechts beruht gleichfalls auf dieser Vorstellung einer »nominellen Kapitalerhaltung«; allerdings mit dem Unterschied, daß nach Handelsrecht der Gewinn nicht entnommen werden muß, sondern den Betrag bezeichnet, der aufgrund des Ergebnisses der abgerechneten Periode höchstens entnommen werden darf.

Der vereinfachte Gewinnbegriff sei an einem Beispiel erläutert. Der Konservenfabrikant übernimmt heute die Konservenfabrik für 1 Mill. Mark; er will sie noch zwei Jahre leiten und verkauft sie dann weiter für 1 210 000 Mark. In der Zwischenzeit bestehe kein Saldo von Einnahmen und Ausgaben der Fabrik. Der Nettozahlungsstrom der Konservenfabrik sieht, ohne Entnahmen, wie folgt aus:

t_0	t_1	t_2
− 1 000 000	0	1 210 000

Damit das Anfangskapital von 1 Mill. Mark in t_2 erhalten bleibt, könnten 210 000 Mark entnommen werden. Aber der Unternehmer sucht ja einen maximalen periodischen Einkommensstrom. Er möchte in t_1 und t_2 den gleichen Betrag entnehmen und trotzdem in t_2 1 Mill. Mark Vermögen behalten.

Die Lösung ist einfach: Die Durchschnittsrentabilität der Konservenfabrik beträgt offenbar zehn Prozent. Hätte der Unternehmer die 1 Mill. Mark in t_0 auf die Bank getragen und zu zehn Prozent anlegen können, dann hätte er in t_2 1,21 Mill. Mark ausgezahlt bekommen. Unter der Bedingung, daß das Anfangskapital erhalten bleibt, gleicht also der maximal ausschüttungsfähige Betrag dem Produkt aus Rendite (internem Zinsfuß) der Investition »Unternehmung« mal Anfangskapital. Wenn der Konservenfabrikant in t_1 und in t_2 je 100 000 Mark entnimmt, bleibt ihm in t_2 noch 1 Mill. Mark übrig. Daraus folgt: Soll in einer Unternehmung das Anfangskapital erhalten bleiben, dann kann der Periodengewinn definiert werden als Rendite mal Anfangskapital.

Aber hier erscheint eine Schwierigkeit: Wie finanziert der Konservenfabrikant die 100 000 Mark Gewinnausschüttung in t_1? Einnahmenüberschüsse sind nicht vorhanden. Kann der

Unternehmer keinen Kredit bekommen, dann ist sein Ziel, gleichmäßiger Einkommensstrom in allen Perioden, nicht zu erfüllen. Nimmt der Unternehmer aber Kredit in Anspruch, dann tritt eine zusätzliche Schwierigkeit auf. Nehmen wir an, der Kredit wird für ein Jahr gewährt und kostet zehn Prozent, dann sieht die Nettozahlungsreihe der unternehmerischen Geschäfte wie folgt aus:

t_0	t_1	t_2	
− 1 000 000	+ 100 000 (Kreditaufnahme)	+ 1 210 000	
	− 100 000 (Gewinnausschüttung)	− 110 000	(Kreditrückzahlung mit Zinsen)
		− 100 000	(Gewinnausschüttung)
	0	+ 1 000 000	

Offenbar stimmt die Rechnung nur, wenn die Kreditzinsen so hoch sind wie die Durchschnittsrentabilität der Unternehmung. Kostet der Kredit nur acht Prozent, dann bleiben bei 100 000 Mark Ausschüttung in t_2 1 002 000 Mark übrig, und der maximal ausschüttbare Betrag unter der Bedingung »Erhaltung des Anfangskapitals« müßte deshalb über 100 000 Mark liegen. Kostet der Kredit zwölf Prozent, dann sind bei 100 000 Mark Gewinnausschüttung in t_2 nur 998 000 Mark Kapital erhalten; der maximal ausschüttbare Betrag wäre hier kleiner als 100 000 Mark. Die Finanzierungsmöglichkeiten müssen bei der Bestimmung des maximal ausschüttbaren Periodengewinns berücksichtigt werden. Die einfache Rechnung, entnahmefähiger Betrag gleich Durchschnittsrentabilität mal Anfangskapital, stimmt nur, wenn zu diesem internen Zinsfuß nach Belieben Beträge entliehen oder verliehen werden können. Nur unter dieser Voraussetzung läßt sich also der ausschüttungsfähige Betrag *unabhängig* von den Finanzierungsmöglichkeiten errechnen.

Die Definition »Periodengewinn gleich interner Zinsfuß mal Anfangskapital« ist verschiedentlich vorgeschlagen worden[32]. Die Definition gilt aber nur in einer Unternehmung, in der das Endvermögen gleich dem Anfangskapital gesetzt wird (nominelle Kapitalerhaltung) und wenn dort zum internen Zinsfuß beliebige Beträge entliehen oder verliehen werden können. Eine solche Annahme ist noch haarsträubender als die des vollkommenen Kapitalmarkts, denn hier ist unterstellt, daß der interne Zinsfuß und der Kalkulationszinsfuß identisch sind, daß also keine sich höher als zum Fremdkapitalzinsfuß rentierenden Investitionen vorhanden sind.

Wir halten fest: Wenn wir nicht unterstellen wollen, daß Durchschnittsrendite und Kalkulationszinsfuß (Kreditzinsen) identisch sind, kann in der Unternehmung auf Zeit der Periodengewinn nur durch ein Investitionsmodell errechnet werden, das die Finanzierungsmöglichkeiten ausdrücklich berücksichtigt. Der Periodengewinn ist dann definiert als periodischer Einnahmenüberschuß im optimalen Finanzplan.

2. Der Gewinnbegriff in der Unternehmung auf Dauer

Wenn der Periodengewinn als Einkommen verstanden wird, setzt seine Berechnung zweierlei voraus: eine Annahme über die Höhe des Endvermögens am Ende des Handlungszeitraumes

---

[32] Vgl. *Kenneth E. Boulding*, Economic Analysis. Revised edition, New York 1948, S. 820–822; *Lutz*, S. 220 f.; *Horst Albach*, Grundgedanken einer synthetischen Bilanztheorie. In: ZfB, Jg. 35 (1965), S. 21–31.

und eine Annahme über die zeitliche Verteilung des Einkommens während des Handlungszeitraums. In der Unternehmung auf Dauer ist eine verläßliche Annahme über das Endvermögen am Ende des Handlungszeitraums nicht möglich. Der Planungszeitraum ist kürzer als der Handlungszeitraum, und es ist nur eins gewiß: daß am gegenwärtigen Planungshorizont ein bestimmtes Vermögen vorhanden sein muß, will der Unternehmer nach dem gegenwärtigen Planungshorizont weiter Gewinn (Einkommen) erzielen. Eine Annahme über die zeitliche Verteilung des Einkommens ist hingegen bis zum Ende des Handlungszeitraums möglich. Die zeitliche Verteilung der Entnahmen sagt ja noch nichts über die tatsächliche Höhe aus. Wir gehen von der *einfachsten* Annahme aus, von jährlich gleich hohen Entnahmen, von Konstanz des Einkommensstroms. Ein heute 30jähriger Unternehmer, der sich selbständig gemacht hat und bis zum 60. oder 65. Jahr arbeiten will, möchte für seinen gesamten Handlungszeitraum das jährliche Einkommen maximieren. Könnte der Unternehmer die Zukunft der nächsten 35 Jahre genau voraussehen, läge eine Unternehmung auf Zeit vor, und er könnte den maximalen Entnahmestrom berechnen, den ihm seine Firma liefert. Kann der Unternehmer jedoch halbwegs verläßliche Planungen nur für die nächsten fünf Jahre aufstellen, dann muß er am Planungshorizont (Ende des fünften Jahres) soviel Vermögen in der Unternehmung halten, daß ihm danach das gleiche Einkommen verbleibt wie innerhalb des gegenwärtigen Planungszeitraums. Die Höhe dieses Endwertes ließe sich errechnen, wenn wir wüßten, welche Verzinsung die Kapitalanlage nach dem Ende des Planungszeitraums abwirft. Die Durchschnittsrentabilität dieser Kapitalanlagen jenseits des Planungshorizonts, multipliziert mit dem noch unbekannten Endwert der Unternehmung (dem Kapitalbetrag), ergibt den während des nachfolgenden Planungszeitraums ausschüttbaren Betrag.

Wir betrachten wieder den Konservenfabrikanten mit zweijährigem Planungszeitraum. Werden die Zahlungsströme der Konservenfabrik mit der geschätzten künftigen Rendite abgezinst, so erhalten wir einen »Ertragswert« der Unternehmung. Dieser Ertragswert ist der Gegenwartswert der Unternehmung, wenn hier Einnahmenüberschüsse während des Planungszeitraums an einem Zinssatz, hier der vermuteten Rendite der Unternehmung nach dem gegenwärtigen Planungszeitraum, gemessen werden. Nehmen wir an, die Rendite künftiger Investitionen nach dem Planungshorizont sei sechs Prozent. Der Ertragswert der Unternehmung x beträgt dann im Zeitpunkt t_0:

$$x = \frac{1\,210\,000}{1,06^2} = \text{rund } 1\,076\,900 \text{ Mark.}$$

Wird vom Ertragswert das ursprünglich eingesetzte Kapital (die »Anschaffungsausgaben der Unternehmung«) abgezogen, so verbleiben 76 900 Mark als Überschuß. Diesen Überschuß (Kapitalwert) bezeichnet man auch als Firmenwert bzw. Goodwill der Unternehmung.

Im Jahre t_1 können sechs Prozent von 1 076 900 Mark (die Zinsen auf den Ertragswert) ausgeschüttet werden, d. h. rund 64 600 Mark. Denn der Ertragswert der Konservenfabrik würde in t_1, wenn man nichts ausschüttete, 1 210 000 : 1,06 = rund 1 141 500 Mark betragen. Zieht man davon 64 600 Mark ab, so verbleibt ein Wert von 1 076 900 Mark. Der Ertragswert ist in t_1 erhalten geblieben, nachdem die Zinsen auf den Ertragswert ausgeschüttet worden sind.

Doch tritt hier die gleiche Schwierigkeit auf wie in der Unternehmung auf Zeit. Einnahmenüberschüsse sind in t_1 nicht vorhanden. Wie sollen die 64 600 Mark gezahlt werden? Gehen wir zunächst davon aus, daß ein Kredit zu sechs Prozent aufgenommen werden kann, dann sieht die neue Zahlungsreihe so aus:

t_0	t_1		t_2	
− 1 000 000	+ 64 600	(Kredit)	+ 1 210 000	
	− 64 600	(Gewinnausschüttung)	− 68 500	(Kreditrückzahlung mit Zinsen)
			− 64 600	(Gewinnausschüttung)
	0		+ 1 076 900	

Diese 1 076 900 Mark können voraussetzungsgemäß bis in alle Ewigkeit zu sechs Prozent angelegt werden und erbringen einen konstanten Einkommensstrom von rund 64 600 Mark. Weicht der Kreditzinssatz von dem Abzinsungssatz ab, dann ist das Konzept der Einkommenserhaltung nicht gesichert. Kann überhaupt kein Kredit aufgenommen werden, dann kann das Ziel »gleichmäßiger maximaler Entnahmestrom« im Planungszeitraum nicht erfüllt werden, es sei denn, der Unternehmer wählt andere (sich geringer rentierende) Investitionsmöglichkeiten, die jährliche Einnahmenüberschüsse abwerfen.

Aus dem Beispiel folgt: In der Unternehmung auf Dauer kann der Periodengewinn in erster Annäherung definiert werden als »Kalkulationszinssatz mal Ertragswert«, wobei der richtige Kalkulationszinsfuß der Rendite der Firma nach dem Planungshorizont entspricht.

Der Grundgedanke dieses Gewinnbegriffs ist folgender: Reicht der Handlungszeitraum des Unternehmers (die Lebensdauer der Firma) über den gegenwärtigen Planungshorizont hinaus, dann darf die Unternehmung am Planungshorizont nicht schlechter stehen als zu Beginn, denn die Unternehmung soll auch nach dem gegenwärtigen Planungszeitraum als Einkommensquelle dienen. Die Unternehmung soll am Ende des Planungszeitraums auch nicht besser dastehen als zu Beginn, denn das Ziel lautet ja: möglichst hohe Entnahmen während des Planungszeitraums. Was für den gesamten Planungszeitraum von z. B. fünf Jahren gilt, soll zugleich für jede einzelne Periode gelten. Der Periodengewinn ist also der Betrag, der am Ende einer Periode aus einer Firma entnommen werden kann, ohne daß sich die Unternehmung nach der Entnahme besser oder schlechter steht als zu Anfang der Periode[33]. Es ist dabei gleichgültig, ob der Periodengewinn dem Unternehmer, einer Gruppe von Anteilseignern, den Belegschaftsmitgliedern, dem Finanzamt oder sonst wem zufließt. Hier geht es um die Bestimmung des maximal entziehbaren Betrages aus einer Unternehmung (Firma), um die Festlegung eines dauerhaften Entnahmestromes, gleichgültig, wer der Nutznießer der Einkommensquelle Unternehmung ist.

Den Periodengewinn zu verstehen als denjenigen *Einnahmenüberschuß, der den Zinsen auf den Ertragswert entspricht*, ist dem praktischen Denken fremd. Deshalb sollen die Voraussetzungen deutlich herausgehoben werden:

1. Eine Unternehmung, die auf Dauer betrieben werden soll, stellt ein Investitions- und Finanzierungsprogramm auf und leitet daraus einen Finanzplan ab, *ohne daß darin zunächst die Einkommenszahlungen (Gewinnausschüttung) einbezogen sind*, denn die Höhe der periodischen Einkommenszahlungen bildet gerade das Problem dieser investitionstheoretischen Gewinnberechnung.

---

[33] Vgl. J[ohn] R[ichard] *Hicks*, Maintaining Capital Intact: A Further Suggestion. In: Economica, New Series, Vol. 9 (1942), S. 174–179, hier S. 177.

2. Natürlich kann ein Investitions- und Finanzierungsprogramm, das ohne ausdrückliches Einbeziehen der Einkommenszahlungen aufgestellt wurde, unter den Bedingungen der Wirklichkeit (unvollkommener Kapitalmarkt, Kreditbeschränkungen) nicht optimal sein, denn ein Optimum setzt voraus, daß Investitions-, Finanzierungs- und Zielzahlungen (Gewinnausschüttungen) simultan geplant werden.
Optimal kann das Investitions- und Finanzierungsprogramm nur für jene Umweltbedingungen sein, in denen die Gewinnausschüttung getrennt von der Planung des Investitions- und Finanzierungsprogramms festgelegt werden kann: Wenn die Annahme eines vollkommenen Rest-Kapitalmarkts erfolgt (S. 175). Hier wird also kein vollkommener Kapitalmarkt im Sinne einer Modigliani-Miller-Welt (S. 499 ff.) vorausgesetzt, sondern die Annahmen sind wirklichkeitsnäher: Das geplante Investitions- und Finanzierungsprogramm enthält alle sich besser als zum Kalkulationszinsfuß des Rest-Kapitalmarkts verzinsenden Investitionsvorhaben und alle sich niedriger verzinsenden Finanzierungsvorhaben.
3. Wer das Einkommen in einem mehrperiodigen Planungsmodell maximieren will, muß eine Annahme über die zwischenzeitliche Verteilung der Einkommenszahlungen treffen und die Höhe des Endvermögens am Planungshorizont bestimmen: In der Unternehmung auf Zeit ist das Endvermögen am Planungshorizont Null, in der Unternehmung auf Dauer ist diese Annahme sinnlos: Die Unternehmung wird ja voraussetzungsgemäß nicht am Planungshorizont liquidiert.
4. Jedoch gerade die Bestimmung des Endvermögens am Planungshorizont schafft das Problem: Wenn eine Unternehmung auf Dauer als Einkommensquelle dienen soll, aber aufgrund der Ungewißheit und der Engpässe in der Informationsbeschaffung und -verarbeitung nur für einen schmalen Planungszeitraum von wenigen Jahren geplant werden kann, dann muß jede Annahme über das Endvermögen zum Planungshorizont anfechtbar bleiben:
a) Das geltende Handelsrecht und Steuerrecht geht davon aus, das Endvermögen müsse dem Anfangsvermögen (genauer: dem Grundkapital, korrigiert um Kapitalerhöhungen und -herabsetzungen während des Planungszeitraums) entsprechen. Aber diese nominelle Kapitalerhaltung als Voraussetzung für die Gewinnermittlung ist sogar unter Gläubigerschutzgesichtspunkten fragwürdig, denn sie ist ökonomisch nur unter den Umweltbedingungen einer stationären Wirtschaft zu begründen[34].
b) Wenig überlegt erscheint auch die Annahme, das heute investierte Kapital sei am Planungshorizont in seiner Kaufkraft zu erhalten (reale Kapitalerhaltung). In einer weiterarbeitenden Unternehmung (einem going concern) soll doch das investierte Kapital Einnahmenüberschüsse erwirtschaften, die in den Konsum fließen können. Das Kapital soll gerade nicht selbst als »Konsumfonds« dienen, und nur dann, wenn es als Konsumfonds verstanden würde, wäre die reale Kapitalerhöhung angebracht, denn in der Wirklichkeit steigen nicht alle Faktorpreise im gleichen Maße.
(c) Sinnvoller erscheint eher, daß am Planungshorizont dieselbe Menge an Produktionsfaktoren (Maschinen, Vorräten usw.) vorhanden sein muß wie im Planungszeitpunkt: Hier wird in Zeiten der Preis- und Geldwertänderung die mengenmäßige Substanz (die technische Produktionskapazität) erhalten und nicht durch gewinnabhängige Ausgaben aufgrund von Scheingewinnen, also durch »inflatorische Finanzierungslücken«[35], beeinträchtigt.

[34] Vgl. *Schneider*, Steuerbilanzen, S. 73, 78.
[35] *Dieter Schneider*, Bestimmungsgründe des Substanzverzehrs durch Scheingewinnbesteuerung. In: Der Betrieb, Jg. 27 (1974), S. 1073–1078, hier S. 1077; vgl. auch *ders.*, Steuerbilanzen, S. 82–85, zum folgenden S. 88–95, 75 f.

Aber dieser Gewinnbegriff muß technischen Fortschritt und Bedarfswandlungen vernachlässigen. Und die im Bilanzschrifttum empfohlenen Substanzerhaltungsverfahren (insbesondere die Verrechnung des Aufwandes aufgrund der Wiederbeschaffungspreise der verbrauchten Produktionsfaktoren) sind nicht in der Lage, eine inflatorische Finanzierungslücke zu beseitigen. Dies gelingt erst einer Gewinnermittlungsmethode, die von dem finanziellen Vermögensvergleich abgeht und auf eine Zahlungsrechnung (Einnahmenüberschußrechnung) hinüberwechselt, allerdings mit vorausgesetzter Erhaltung der Mengen des Anfangsinventars.

(d) Anstatt ausdrücklich einen Geldbetrag (nominal, real) oder einen Mengenbestand als Endvermögen zum Planungshorizont für die Gewinnermittlung vorzugeben, läßt sich das »am Planungshorizont bzw. Periodenende nicht ärmer dastehen« als Voraussetzung für das Vorliegen von Einkommen (Gewinn) auch so deuten: Es soll der Gegenwartswert des ohne die Ausschüttungsentscheidung vorgeplanten Zahlungsstroms der Unternehmung, wie er sich für den Planungszeitpunkt berechnet, auch zum Planungshorizont erhalten bleiben. Auf diese Weise läßt sich die »wirtschaftliche Leistungsfähigkeit« bzw. die »Erhaltung der Ertragskraft« der Unternehmung präzisieren (in den Vorauflagen, z. B. 4. Aufl. ab S. 242, ist dies ausführlich dargestellt worden).

Eine solche Gewinnvorstellung erscheint zumindest plausibler als die Erhaltung des nominellen oder realen Anfangskapitals, wenngleich diese Gewinnvorstellung für eine handels- und steuerrechtliche Rechnungslegung, die gegenüber Außenstehenden nachprüfbar sein muß, ungeeignet bleibt. Dieser Gewinnbegriff kann für die Rechnungslegung nur eine Entscheidungshilfe geben bei der Bestimmung des auszuschüttenden Betrages im Rahmen einer sonst nachprüfbaren Rechnung.

Rechentechnisch bereitet die Unterstellung »Erhaltung des Ertragswerts« keine Schwierigkeiten:

Der Ertragswert x einer Unternehmung berechnet sich als Barwert aller künftigen Einnahmen und Ausgaben, aller Zahlungsströme der Unternehmung. Sie werden mit z_t bezeichnet, wobei t den Index für die Zeit liefert (t = 1, 2, ..., n Jahre). Voraussetzung der Gewinnermittlung ist, daß am Ende des Planungszeitraums, im Zeitpunkt n, noch der ursprüngliche Ertragswert vorhanden ist. Wenn i den Zinssatz bezeichnet, errechnet sich der Ausdruck für die Gewinndefinition als

(1) $$x = \sum_{t=1}^{n} \frac{z_t}{(1+i)^t} + \frac{x}{(1+i)^n}.$$

Nach Umformung und Erweiterung ergibt sich für den Periodengewinn als »Zinsen auf den Ertragswert«

(2) $$ix = \left[\sum_{t=1}^{n} \frac{z_t}{(1+i)^t}\right] \cdot \frac{i(1+i)^n}{(1+i)^n - 1} \quad \text{bzw. } G = B \cdot w.$$

Der Bruch am Schluß gleicht dem Annuitätenfaktor (Wiedergewinnungsfaktor) w; B ist der Barwert der Zahlungsströme, G der ökonomische Gewinn. Es ist zu beachten, daß der Barwert der Zahlungsströme B nicht mit dem Ertragswert identisch ist. Im Barwert der Zahlungsströme fehlt der Ertragswert am Planungshorizont als Ausdruck der Einnahmenüberschüsse nach dem gegenwärtigen Planungszeitraum.

Die Gleichung (2) lautet in Worten: Der entziehbare Gewinn (Zinsen auf den Ertragswert) gleicht der Annuität aller Periodenüberschüsse während des Planungszeitraums. Mehr steckt mathematisch nicht hinter dem »ökonomischen« Gewinnbegriff, der gleich näher beschrieben wird. Der ökonomische Gewinn ist also nichts anderes als der geglättete, in eine Reihe gleich großer Zahlungen umgewandelte Gesamteinnahmenüberschuß der Unternehmung. Es ist darauf zu achten, daß der ökonomische Gewinn als Annuität der Einnahmenüberschüsse nicht der Annuität des Ertragswertes entspricht. Der ökonomische Gewinn G ist definiert als

$$G = i\,x;$$

die Rente (Annuität) a aus dem Ertragswert x errechnet sich als Ertragswert mal Wiedergewinnungsfaktor $a = w\,x$.

Der sachliche Unterschied zwischen beiden ist folgender: Der ökonomische Gewinn verzehrt nur den jährlichen Vermögenszuwachs, das »Anfangsvermögen« (der Ertragswert) bleibt erhalten. Wird die Annuität des Ertragswerts ausgeschüttet, so werden Vermögenszuwachs und Anfangsvermögen (Ertragswert) aufgezehrt. Ökonomischer Gewinn und Annuität des Ertragswerts decken sich nur im Falle einer Unternehmung mit unendlich langer Lebensdauer, denn für die ewige Rente gilt:

$$a = i\,x.$$

Wer in dieser Form den maximal entziehbaren Betrag in einer Unternehmung auf Dauer berechnen will, muß zwei umstrittene Annahmen setzen:
(1) Es muß eine Annahme getroffen werden über die Rendite der Unternehmung nach dem Planungshorizont. Eine verläßliche Aussage über die Entwicklung der Unternehmung nach dem Planungshorizont ist aber ex definitione nicht möglich.
(2) Die Gewinndefinition »Annuität der Einnahmenüberschüsse (Zinsen auf den Ertragswert)« ist nur zulässig, wenn zum Kalkulationszinsfuß nach Belieben Kredite aufgenommen und Überschüsse angelegt werden können und dieser Kalkulationszinsfuß zugleich die mutmaßliche Rendite der Unternehmung nach dem gegenwärtigen Planungszeitraum verkörpert.
Der Gewinnbegriff unterstellt im Grunde: Während des Planungszeitraums bestehen lukrative (sich über dem Kalkulationszinsfuß rentierende) Investitionsmöglichkeiten, zum Kalkulationszinsfuß können nach Belieben Beträge entliehen oder verliehen werden. Nach dem Planungshorizont rentiert sich die Unternehmung nur mehr zu diesem Kalkulationszinssatz. Denn nur wenn die Firma nach dem Planungshorizont eine Rendite in Höhe des Kalkulationszinssatzes abwirft, ist es nötig, am Planungshorizont ein Vermögen in Höhe des ursprünglichen Ertragswertes zu erhalten, um das bisherige Einkommensniveau zu sichern.
Diese Unterstellungen liegen dem ökonomischen Gewinnbegriff zugrunde, der seit Irving Fisher von Zeit zu Zeit diskutiert worden ist[36]. Die Bezeichnung »ökonomischer Gewinn« ist

---

[36] Vgl. *Fisher*, The Nature of Capital and Income, S. 51 f.; *John B. Canning*, The Economics of Accountancy. New York 1929, bes. S. 143–178; *Erik Lindahl*, The Concept of Income. In: Economic Essays in Honour of Gustav Cassel. London 1933, reprinted 1967, S. 399–407; ders., The Concept of Gains and Losses. In: Festskrift til Frederik Zeuthen. Utgivet af Nationaløkonomisk Forening. Nationaløkonomisk Tidsskrift – Beilage zum 96. Band. København 1958, S. 208–219; *Hicks*, Maintaining Capital Intact, S. 177; *Jaakko Honko*, Yrityksen Vuositulos. The Annual Income of an Enterprise and Its Determination. A Study from the Standpoint of Accounting and Economics, Summary. Helsinki 1959; einige Stellen bei Schmalenbach (*E[ugen] Schmalenbach*, Dynamische Bilanz. 13. Aufl., Köln–Opladen 1962, S. 46 f.) und Rieger (*Wilhelm Rieger*, Einführung in die Privatwirtschaftslehre. 3. unveränd. Aufl., Erlangen 1964, S. 213) lassen sich in ähnlichem Sinne deuten; vgl. dazu auch *Dieter Schneider*, Bilanzgewinn und ökonomische Theorie. In: ZfhF, NF, Jg. 15 (1963), S. 457–474.

zu allgemein, um gut zu sein; aber sie hat sich eingebürgert. Besser wäre es, vom »klassischen kapitaltheoretischen Gewinnbegriff« zu sprechen.

Wie schon erwähnt, bestimmt dieser Gewinnbegriff kein Optimum an Ausschüttungen in einer Welt mit Kreditbeschränkungen und bei Auseinanderklaffen von Soll- und Habenzins. Der Gewinnbegriff gibt lediglich eine Regel für die Berechnung der Höhe der Ausschüttungen in jeder Periode und legt damit zugleich eine Ausschüttungssperre an: Einnahmenüberschuß am Ende einer Abrechnungsperiode abzüglich Einkommenszahlung (Zinsen auf den Ertragswert, soweit sie unter dem Einnahmenüberschuß liegen) ergeben jene Beträge an interner Finanzierung, deren Wiederanlage erforderlich ist, um das gewünschte Endvermögen zum Planungshorizont zu sichern. Weil dieser Gewinnbegriff, wie der des Aktienrechts, eine »Ausschüttungssperre« (freilich eine andere als die nominelle Kapitalerhaltung) definiert, deshalb setzt er einen Einnahmenüberschuß mindestens in gleicher Höhe voraus[37].

Der ökonomische (klassische kapitaltheoretische) Gewinnbegriff gibt im Grunde nichts anders an als *eine Regel, wie ein vorgegebener Einnahmenüberschuß am Ende einer Abrechnungsperiode in Konsumentnahme (hier gleich Gewinn) und interne Finanzierung (hier gleich Abschreibung) aufgeteilt werden kann*, wobei von einer im Planungszeitraum gleich hohen jährlichen Konsumentnahme ausgegangen wird: Ökonomischer Gewinn und »ökonomisch richtige« Abschreibungen (Ertragswertabschreibung) beruhen auf ein und demselben Gedankengang (vgl. S. 280 f.).

Deshalb ist es völlig abwegig, wenn die Einnahmenüberschüsse, aus denen sich der Ertragswert und ökonomische Gewinn errechnet, als Zahlung der Firma an ihre Anteilseigner gedeutet werden: Genau um die Berechnung dieser Zahlungen geht es. Es ist genauso falsch, wenn gefolgert wird: Auf einem vollkommenen Kapitalmarkt sei die Berechnung dieses ökonomischen Gewinns überflüssig: Wird die Ausschüttungsregel des ökonomischen Gewinns unterlaufen, also mehr Kredit aufgenommen und in einem Jahr konsumiert, dann wird zwangsläufig das künftige Konsumniveau gemindert, denn auch auf einem vollkommenen Kapitalmarkt müssen Kredite vor dem Tage des Jüngsten Gerichts zurückgezahlt werden! Wer bei der Investition

$$t_0 - 1\,000 \qquad t_1: 0 \qquad t_2: 1\,210$$

in t_1 100 an Kredit zu 10% aufnimmt und konsumiert, dem bleiben in t_2 100 an Einkommen und das Kapital von 1 000. Wer hingegen in t_1 200 an Kredit zu 10% aufnimmt und konsumiert, dem bleiben in t_2 nur 990 an Kapital.

Die Behauptung des Schrifttums[38]: Bei vollkommenem Kapitalmarkt sei die Investitionsentscheidung unabhängig von der Ausschüttungsentscheidung der Unternehmensleitung und den Einkommenspräferenzen der bisherigen Eigentümer zu treffen, darf nicht so mißverstanden werden, daß auch Ausschüttung und Finanzierung unabhängig vom Investitionsprogramm sind. Die Ausschüttung und ihr Gegenstück, die Selbstfinanzierung (Nichtausschüttung von Gewinnen, wobei je nach geltendem handelsrechtlichem Gewinnverständnis und den Ausschüttungssperrvorschriften ein Teil der Selbstfinanzierung erzwungen sein kann), sind bei vollkommenem Kapitalmarkt und endlichem Planungszeitraum durch das Investitionsprogramm und die Einkommenspräferenzen gemeinsam festgelegt. Letztere bestimmen

---

[37] Vgl. *Schneider*, Steuerbilanzen, S. 73.
[38] Neuerdings z. B. *Jochen Drukarczyk*, Finanzierungstheorie. München 1980, S. 64.

hier die Höhe des zu erhaltenden Endvermögens und damit die Ausschüttung während des Planungszeitraums. Als Maß für die Ausschüttung ist bei Streben nach gleichbleibendem Einkommen auf einem vollkommenen Kapitalmarkt und endlichem Planungszeitraum der ökonomische Gewinn unverzichtbar.

Eher berechtigt erscheint der Einwand: Die Einnahmenüberschüsse, von denen die Berechnung des ökonomischen Gewinns ausgehe, schöpfen nur zum Teil die Möglichkeiten zur Einnahmenerzielung während des Planungszeitraums aus[39]. Aber genau dieses muß in einer Unternehmung auf Dauer beabsichtigt sein, denn um einen solchen Verzicht und d. h. um eine Annahme über das zu erhaltende Endvermögen zum gegenwärtigen Planungshorizont kommt man bei der Zielsetzung Einkommensmaximierung nicht herum. Es braucht nicht noch einmal betont zu werden, daß es bei beschränkter Information (begrenztem Planungszeitraum) für die Höhe des anzusetzenden Endvermögens am gegenwärtigen Planungshorizont keine logisch zwingende Lösung gibt.

Welche Unterstellungen des klassischen kapitaltheoretischen Gewinnbegriffs lassen sich durch eine vollständige Modellformulierung beseitigen?

Die Annahme, daß während des Planungszeitraums ein vollkommener Kapitalmarkt herrscht, ist durch Einzelannahmen über die Finanzierungs- und Geldanlagemöglichkeiten zu beseitigen. Bei vollständiger Formulierung des Planungsmodells wird der Kalkulationszinsfuß innerhalb des Planungszeitraums gänzlich überflüssig. Folglich kann der Gewinn nicht mehr als Annuität der Periodenüberschüsse (Zinsen auf den Ertragswert) definiert werden. Einkommen bezeichnet dann die zielentsprechende Konsumausgabe, die sich der Entscheidende durch eine Kombination seiner sämtlichen Investitions- und Finanzierungsmöglichkeiten errechnet. *Der »Periodengewinn« gleicht somit dem Einnahmenüberschuß im zielentsprechenden Finanzplan.*

Bei der vollständigen Formulierung des »Gewinnmodells« scheint die Ertragswerterhaltung auf eine Schwierigkeit zu stoßen, da nur der maximal entnahmefähige Betrag (der Einnahmenüberschuß) berechnet wird, nicht (wie bei der klassischen Definition) der Ertragswert. Doch diese Schwierigkeit ist zu beheben: Über die Rendite nach dem Planungszeitraum muß eine Pauschalannahme erfolgen. Den Wert eines am Planungshorizont noch nicht beendeten Investitionsvorhabens und die Höhe der noch nicht getilgten Schulden eines Finanzierungsvorhabens bezeichnen wir mit R_j für das j-te Investitions- bzw. Finanzierungsvorhaben. Die Summe aller Werte der Investitions- und Finanzierungsvorhaben am Planungshorizont hat zu gleichen der Gewinnausschüttung D, dividiert durch die vermutete Rendite i (den Kalkulationszinsfuß) der Unternehmung nach dem Planungshorizont.

---

[39] Vgl. *Franz W. Wagner*, Kapitalerhaltung, Geldentwertung und Gewinnbesteuerung. Berlin usw. 1978, S. 210 f.

Das »Gewinnmodell« läßt sich so schreiben:

Zielfunktion: Maximiere D!

Nebenbedingungen für die Zahlungsfähigkeit:

in t_1: $\sum_j z_{j1} \cdot x_j - D = 0$

in t_n: $\sum_j z_{jn} \cdot x_j - D = 0$

Bedingung der Ertragswerterhaltung: $\sum_j R_j x_j = \dfrac{D}{i}$.

Hierbei bedeutet z_{j_1} die Zahlung (Ausgabe, Einnahme) des Investitions- und Finanzierungsvorhabens x_j in der ersten Periode; $z_{jn}x_j$ bezeichnet z. B. das Produkt aus Zahlung des j-ten Vorhabens im Jahre n, multipliziert mit der Anzahl der Vorhaben x_j. In diesem Modell wurden jährlich gleich hohe Ausschüttungen gefordert. Steigende oder sinkende Entnahmen ließen sich durch Multiplikatoren für die Ausschüttung (z. B. a_nD statt D in t_n) leicht berücksichtigen.

Da der Periodengewinn als Ausschüttungsgröße, als zielabhängige Ausgabe betrachtet wird, muß die Gewinnermittlung die Finanzierungsmöglichkeiten der Gewinnausschüttung berücksichtigen. Gewinn kann definitionsgemäß nur dann vorliegen, wenn die Entnahme finanziell möglich ist.

In der Praxis ist die Finanzierung der Gewinnausschüttung ein Problem, und deshalb empfiehlt es sich immer dann, wenn die Finanzierungsmittel der Unternehmung beschränkt sind, das Planungsmodell so aufzubauen, daß zumindest ein kombinatorisches Partialmodell vorliegt. Dann ist sichergestellt, daß jeder ausgewiesene Gewinn auch ausgeschüttet werden kann, denn die Höhe des Periodengewinns ist ja unter Abstimmung mit der Investitions- und Finanzplanung zustande gekommen. Die Gewinnausschüttungen und damit auch ihr Gegenstück: die Selbstfinanzierung in die Investitions- und Finanzplanung einzubeziehen, ist schließlich der betriebswirtschaftliche Grund, überhaupt über den Einkommens-(Gewinn-)begriff nachzudenken.

Je nachdem, wie vollständig das Planungsmodell formuliert wird, können die beängstigenden Unterstellungen über die unbegrenzte Geldbeschaffung und Geldanlage innerhalb des Planungszeitraums, welche die Annahme eines einheitlichen Kalkulationszinsfußes enthält, vermieden werden. Der errechnete Gewinn muß jedoch entnommen werden, denn wäre die Gewinnausgabe nicht eingeplant worden, wären unter Umständen andere, besser rentierende Investitionsvorhaben gewählt worden. *Der entnahmefähige Gewinn ist also auch entnahmepflichtig, wenn das Planungsmodell optimal sein soll.* Wird der Gewinn nicht entnommen, wird gegen die Zielvorschrift verstoßen, nach der der optimale Plan aufgebaut wurde.

C. Die Planung von einzelnen Investitions- und Finanzierungsmaßnahmen

I. Die Datenerfassung

a) Das Investitionsobjekt

Investitionsentscheidungen betreffen die Vorteilhaftigkeit einzelner Investitionen (Einzelentscheidungen) sowie die Zusammensetzung und das Ausmaß der Investitionen insgesamt (Programmentscheidungen). In diesem Kapitel soll untersucht werden: Wie läßt sich die Vorteilhaftigkeit einer einzelnen Investition ermitteln? Das Investitionsobjekt wird dabei an einem Kalkulationszinsfuß gemessen, der ein pauschaler Wertmaßstab für die Finanzierungskosten wie für die Rendite alternativer Anlagen sein soll. In diesem Kapitel nehmen wir also isolierte Vorteilsvergleiche vor.

Die Vorteilhaftigkeit einer Investition wird durch ihre Zahlungsströme bestimmt. Das schwierigste Problem bei den Investitionsüberlegungen ist die Frage, wie die für ein Investitionsvorhaben repräsentativen Zahlungsströme ermittelt werden können. Nehmen wir an, in der Reparaturabteilung des Zweigwerks eines chemischen Konzerns sei eine Drehbank zu ersetzen. Die Drehbank stehe in keiner unmittelbaren Beziehung zum Fertigungsprozeß des Zweigwerks, und das Zweigwerk liefere nur Vorprodukte für das Hauptwerk, es habe keinen eigenen Absatzmarkt. Wie können dieser Drehbank Einnahmen und Ausgaben zugerechnet werden?

Um die Zahlungsströme erfassen zu können, ist zunächst zu definieren: Was ist als Investitionsobjekt anzusehen? Ist es die neue Drehbank, die Anlagenausstattung der Reparaturabteilung insgesamt oder gar ein wirtschaftlich selbständiger Komplex wie das Zweigwerk?

Um den Begriff »Investitionsobjekt« abzugrenzen, müssen wir etwas ausholen.

Fast alle Betriebe sind vertikal in Produktionsstufen gegliedert. In den Produktionsstufen werden durch die Kombination von Produktionsfaktoren Leistungen erstellt. Die kleinstmögliche Kombination von Produktionsfaktoren nennen wir Kapazitätseinheit. Um z. B. ein Werkstück an einer Drehbank zu bearbeiten, braucht man einen Dreher (Produktionsfaktor Arbeit), eine Drehbank (Produktionsfaktor Betriebsmittel), Energie, Schmiermittel und schließlich das Werkstück (Produktionsfaktor Werkstoffe). Stellt der Dreher selbständig bewertbare Teile her, dann liegt eine Kapazitätseinheit vor. Stellt der Dreher keine selbständig bewertbaren Teile her, dann umfaßt die Kapazitätseinheit die Dreharbeiten und alle weiteren Verrichtungen, die notwendig sind, um ein selbständig bewertbares Teil zu erzeugen. *In einer Kapazitätseinheit werden also Leistungen erstellt, die selbständig bewertbar, d. h. veräußerbar, also im Prinzip »marktgängig« sind.* Nur wenn man den Leistungsbegriff auf die selbständige Bewertbarkeit abstellt, können den Leistungen Einnahmen zugerechnet werden. Für produktionstheoretische Fragestellungen müssen die Begriffe Produktionsstufe und Kapazitätseinheit noch genauer definiert werden. Hier begnügen wir uns mit der Beschreibung, daß eine Kapazitätseinheit voraussetzt, daß die Ausgaben für die bereitzustellenden Produktionsfaktoren ermittelt werden können – das ist ein Problem besonders bei Teilen und Vorprodukten, die aus vorgelagerten Produktionsstufen bezogen werden – und daß die Leistungen der Produktionsstufe im Prinzip marktgängig sind, daß ihnen also Einnahmen zugerechnet werden können.

Nach dem üblichen Sprachgebrauch bezeichnet man im Produktionsbereich nur die Betriebsmittel als Investitionsobjekte. Das ist zu eng. Als Investitionsobjekt ist die gesamte Kapazitätseinheit als Kombination der Produktionsfaktoren Arbeit, Betriebsmittel, Werkstoffe und Energie zu betrachten. Wir müssen also fragen: Soll eine bestimmte Kapazitätseinheit angeschafft werden, oder ist es günstiger, auf die zusätzlichen Produktionsfaktoren zu verzichten? Investitionsüberlegungen beziehen sich nicht auf einzelne technische Anlageneinheiten (Maschinen, Apparaturen, Werkzeuge), sondern immer auf die Kapazitätseinheit insgesamt: auf die Zahlungsströme, die durch die Bereitstellung zusätzlicher Kapazitäten und deren Einsatz entstehen.

Die gewichtigste Einzelzahlung wird regelmäßig die Anschaffungsausgabe für die Betriebsmittelausstattung einer Kapazitätseinheit sein, z. B. die Anschaffungsausgabe für eine Spitzendrehbank mit allen notwendigen Anbauten und Energieanschlüssen. Diese »Kapital«-Ausstattung (Anlagenausstattung) der Kapazitätseinheit bildet bei wirtschaftlicher Betrachtung den Abschreibungsgegenstand für das Rechnungswesen. Allerdings zwingt der Grundsatz der Einzelbewertung praktisch dazu, Maschinen und Werkzeuge, die sachlich zusammengehören, getrennt zu bilanzieren.

Der Begriff Kapazitätseinheit ist nicht auf den Bereich der industriellen Fertigung beschränkt. Als Kapazitätseinheit ist z. B. auch die Ein-Mann-Bankzweigstelle auf einem Dorfe anzusehen.

Es bestehen aber auch Investitionsprobleme innerhalb einer Kapazitätseinheit, z. B.: Lohnt sich die Reparatur eines Werkzeugs, oder ist es besser gleich zu ersetzen? Strenggenommen müßten auch hier die Zahlungsströme der Kapazitätseinheit (einmal bei Reparatur, zum anderen bei Ersatz des Werkzeugs) bestimmt werden, ehe die Entscheidung fällt. Aber praktisch vereinfacht man und beschränkt sich auf die wichtigsten Ausgabearten.

b) Grundsätzliches zur Prognose von Zahlungsströmen

Die Zahlungsströme eines Investitionsobjekts hängen ab von dem Zeitraum, in dem das Objekt genutzt werden kann, von der Beschäftigung der Kapazitätseinheit, von den Erlösen der Produkte, von der Höhe der Anschaffungsausgaben und der Betriebskosten (Löhne, Werkstoffe usw.), von den Anlagenunterhaltungsaufwendungen und von der Entwicklung des Restverkaufserlöses alter Anlagen. Kurz, um die Vorteilhaftigkeit einer Investition zu bestimmen, müßte man wissen:

(1) Wie verläuft die allgemeine Entwicklung der Unternehmung in den nächsten zehn, zwanzig oder dreißig Jahren, und mit welchen Abweichungen von den angenommenen Daten ist zu rechnen?

(2) Wie sehen in diesem Zeitraum die Detailentscheidungen der Unternehmensführung aus, die einzelnen Entscheidungen zur Finanz-, Absatz- und Produktionspolitik?

Die erste Frage bezieht sich auf das Ungewißheitsproblem, die zweite Frage auf das Interdependenzproblem.

1. Das Ungewißheitsproblem

Wie soll man die Einnahmen eines Investitionsobjekts vorausschätzen, also über Jahre hinweg die künftigen Absatzmengen und ihre Preise? Die Fehlerquellen jeder Schätzung sind offensichtlich. Wie kann man die Prognoseschwierigkeiten beseitigen? Durch ausgefeilte Informationsbeschaffung und -auswertung (Marktforschung, Auswertung der Zahlen des Rechnungswesens) lassen sich die Prognoseschwierigkeiten etwas einengen; aber mehr ist nicht zu erreichen. Die Prognose der Einnahmen bleibt in hohem Maße risikobehaftet, die der Ausgaben zum Teil in geringerem Maße. Und das ruft immer wieder die Frage hervor: Lohnt sich der Versuch zu einer investitionsrechnerischen Beurteilung überhaupt? Soll man nicht besser auf Investitionsrechnungen verzichten?

Die Antwort auf diese Frage findet man sofort, wenn die Handlungsalternativen klar formuliert werden. Der Unternehmer hat zwei Möglichkeiten: Er verzichtet auf jede zahlenmäßige Voruntersuchung seiner Investitionsentscheidungen; oder er bemüht sich, zu einer quantitativen Beurteilung zu kommen, und bewertet das Ergebnis der Planungsrechnung bei seiner Entscheidung an Hand seiner Erfahrungen und des Fingerspitzengefühls. Eine überzeugendere, bessere Lösung ist in jedem Fall durch das zweite Vorgehen zu erreichen; denn Investitionsrechnung plus Fingerspitzengefühl ergeben besseres Wissen für die Entscheidung als das Fingerspitzengefühl allein.

Für das Folgende gehen wir davon aus, der Unternehmer habe sich eine Glaubwürdigkeitsverteilung über die Einnahmen und Ausgaben gebildet, und er lege seinen Berechnungen den Erwartungswert der Zahlungsströme zugrunde.

2. Das Interdependenzproblem

Das Interdependenzproblem hat in manchen Köpfen Verwirrung gestiftet. Die Zahlungsströme bestimmen sich aufgrund der künftigen Absatz- und Produktionspolitik. Wie die Absatz- und Produktionsentscheidungen aussehen, das können wir aber nicht sagen, solange nicht geklärt ist, auf welchen Anlagen produziert werden soll. Es ist in der Betriebswirtschaftslehre eben »alles interdependent, und die Grenzen sind fließend«. Formal ist dieses allgemeine Abhängigkeitsproblem lösbar. Es verlangt für die Ableitung der Optimumbedingungen zwar schwierigere mathematische Verfahren (wie Variationsrechnung, vgl. S. 638), aber die Erfassung allgemeiner Interdependenzen unternehmerischer Entscheidungen scheitert daran nicht. Wenn die Preis-Absatz-Funktion, die Abhängigkeit der Kostenfunktion von den Investitionsvorhaben und die Finanzierungsmöglichkeiten bekannt sind, läßt sich das Optimum einer simultanen Investitions-, Produktions- und Absatzplanung bestimmen. Leider ist die Betriebswirtschaftslehre keine angewandte Mathematik. Sie kann nicht von vorgegebenen Absatz-, Kosten- und Investitionsfunktionen (»Kapitalnachfragefunktionen«) ausgehen. Ihre Aufgabe ist vielmehr, zu klären: Welche Eigenschaften weisen die Absatz-, Kosten- und Investitionsfunktionen der Praxis auf? Ihre Aufgabe ist es, diese Funktionen zu ermitteln, und weil diese Aufgabe noch nicht allgemein gelöst ist, scheitert daran die praktische Bewältigung der gegenseitigen Abhängigkeit aller unternehmerischen Entscheidungen.

In diesem Kapitel gehen wir davon aus, daß die Zahlungsströme einer Investition geschätzt

werden können, ohne daß die Einzelentscheidungen der künftigen Absatz- und Produktionspolitik bekannt sind. Diese Annahme ist eine Vereinfachung. Die Vereinfachung ist notwendig, um die Probleme des finanziellen Bereichs der Unternehmung herauszuarbeiten. Ab S. 611 werden wir die Ansätze zu einer simultanen Abstimmung von Investitions-, Finanzierungs-, Produktions- und Absatzplanung darstellen und dabei zweierlei erkennen:
(1) Die formalen Optimumbedingungen ändern sich bei Simultanplanung gegenüber Einzelentscheidungen kaum, und
(2) die entscheidenden praktischen Fragen liegen in der Erfassung der Einzelabhängigkeiten (der Absatz- und Kostenfunktionen, der Zusammenstellung des Investitionsprogramms).
Wie ist bei der Schätzung der Zahlungsströme vorzugehen?
Es ist zweckmäßig, folgendes Schema zu beachten. Für jeden Zahlungszeitpunkt sind zu bestimmen:

Einnahmen der Unternehmung nach Vornahme der Investition
− Einnahmen der Unternehmung ohne Vornahme der Investition

Roheinnahmenänderung
− zusätzliche Ausgaben aufgrund dieser Investition in anderen Produktionsstufen

Leistungseinnahmen der Investition
− Ausgaben für die Investition in der betreffenden Produktionsstufe

Einnahmenüberschuß (Periodenüberschuß)
− gewinnabhängige Zwangsausgaben (Steuern, Gewinnbeteiligungen der Arbeitnehmer)

verbleibender Einnahmenüberschuß

Dazu eine Erläuterung:
Nehmen wir an, ein Unternehmer plane eine Investition, um einen Fertigungsengpaß zu beseitigen. Zwei Alternativen stellen sich ihm: Alternative I beseitigt den Engpaß und führt zu einer harmonischen Kapazitätsabstimmung in der Unternehmung. Die zweite Alternative lautet: Verzicht auf diese Investition. Diese »Null«-Alternative hat man immer. Betrachten wir die Überlegungen des Unternehmers bei Planung der Alternative I. Er schätzt die Gesamteinnahmen für die einzelnen Perioden, (a) für den Fall, wenn er I investiert, und (b), wenn er I nicht investiert. Als Saldo erhält er die Roheinnahmenänderung bei Investition von I. Die Ermittlung der Einnahmen und Ausgaben erfolgt also »relativ«[1], in bezug auf die Null-Alternative.
Bei der Schätzung der Ausgaben ist es zweckmäßig, zwei Stufen zu bilden. Erstens sind diejenigen Ausgaben zu erfassen, die aus der Interdependenz von Gesamtunternehmung und Einzelinvestitionsentscheidung folgen. Anlaß der Investitionsüberlegung bildet z. B. ein Fertigungsengpaß. Die Investition von I wird auch in den anderen vor- oder nachgelagerten Produktionsstufen höhere Beschäftigung hervorrufen. Das führt zu höheren Löhnen, höheren Hilfs- und Betriebsstoffausgaben in anderen Kapazitätseinheiten. Um diese zusätzlichen

---

[1] Vgl. dazu auch *George Terborgh*, Business Investment Policy. A Mapi Study and Manual, Machinery and Allied Products Institute. Washington 1958, S. 39.

Ausgaben wird die Roheinnahmenänderung vermindert. Das Ergebnis sind die Leistungseinnahmen des Investitionsobjekts I für jede Periode. Wir rechnen also der zu investierenden Anlage die Einnahmenänderung der Unternehmung insgesamt zu, nachdem die anderen beteiligten Produktionsfaktoren zu ihren zusätzlichen Kosten (Grenzkosten) entlohnt worden sind. Der Leistungseinnahmenstrom liegt dem weiteren Kalkül zugrunde. Im Leistungseinnahmenstrom drückt sich die Interdependenz zwischen dem einzelnen Vorhaben und der Gesamtunternehmung aus.

Zweitens sind die Ausgabenänderungen in der Produktionsstufe selbst zu betrachten. Die Ermittlung der Anschaffungsausgaben und der Anschaffungsnebenkosten für die Ausstattung einer Kapazitätseinheit bereitet im allgemeinen keine Schwierigkeiten. Auf Anlagenunterhaltungsaufwendungen wird gesondert eingegangen werden. Zu den Betriebsausgaben zählen die Ausgaben für die anderen Produktionsfaktoren in einer Kapazitätseinheit: die Löhne der beschäftigten Arbeiter, die Ausgaben für Werkstoffe, Energie, Hilfsstoffe und Fremdleistungen. Betriebsausgaben können teilweise durch den Verschleiß der Anlage bedingt sein (z. B. höherer Energieverbrauch, höherer Ausschuß); aber auch Änderungen in den Löhnen und Werkstoffpreisen, die völlig unabhängig vom Zustand der Betriebsmittel sind, gehen in die Investitionsrechnung ein. Die voraussichtlichen Lohnsteigerungen sind bei der Prognose der Betriebsausgaben zu berücksichtigen; denn sie können ein Vorverlegen des Ersatzzeitpunktes und vielfach auch eine stärkere Automatisierung der Fertigung erzwingen. Steigende Werkstoffpreise können den Übergang zu anderen Erzeugungsverfahren und zum Werkstoffersatz nahelegen.

Weiter ist zu berücksichtigen: Wird heute eine neue Anlage angeschafft, dann ist nächstes Jahr diese Anlage technisch schon teilweise überholt. Dem vermuteten künftigen technischen Fortschritt ist Rechnung zu tragen. Dazu wird in jedem Zahlungszeitpunkt eine fiktive Ausgabe angesetzt. Die fiktive Ausgabe bezeichnet den voraussichtlichen Gewinnentgang wegen Nichtbenutzens der technisch jeweils besten Ersatzanlage (vgl. S. 227). Die Differenz zwischen den Leistungseinnahmen und den Ausgaben in einer Periode, die vom Investitionsobjekt selbst ausgehen, werden wir im folgenden als »Periodenüberschuß« des Investitionsobjekts bezeichnen. Berücksichtigt man die Gewinnsteuern ausdrücklich in der Investitionsrechnung, so ist es zweckmäßig, den Periodenüberschuß als Einnahmenstrom vor Berücksichtigung der gewinnabhängigen Zwangsausgaben zu definieren. Wird der Periodenüberschuß um die gewinnabhängigen Zwangsausgaben (Gewinnsteuern, Gewinnbeteiligungen der Arbeitnehmer) vermindert, folgt als Saldo der verbleibende Einnahmenüberschuß des Zahlungszeitpunktes.

Neben dem verbleibenden Einnahmenüberschuß ist für jeden möglichen Zahlungszeitpunkt der Restverkaufserlös der Kapazitätseinheit (vor bzw. nach Steuern) zu berechnen.

Der Restverkaufserlös der Anlagen ist für alle Jahre zu schätzen, die als Nutzungsdauerende in Frage kommen. Die Abschätzung des Restverkaufserlöses wirft einige Probleme auf. Zwei Arten von Restverkaufserlösen sind zu unterscheiden. Ein externer, der sich am Marktpreis alter Anlagen (bzw. am Schrotterlös) orientiert, und ein interner »Verrechnungspreis«, wenn ein Anlagegegenstand aus der einen Produktionsstufe herausgenommen wird, in einer anderen aber noch zu verwenden ist. So wird vielfach eine ältere Drehbank aus der Spitzendreherei herausgenommen und dient dann noch als Schruppmaschine oder zur Lehrlingsausbildung. Solche Verrechnungspreise exakt zu bestimmen, bereitet erhebliche Schwierigkeiten. Man wird deshalb meist über den Daumen peilen. Auf die Höhe des Marktpreises alter Anlagen wirken praktisch alle Bestimmungsgründe der Vorteilhaftigkeit einer Investition ein: die allgemeine Absatzlage, der technische Fortschritt, der Verschleiß. Aus Vereinfachungsgründen werden in der Praxis vielfach Restverkaufserlös und Abbruchkosten gleichgesetzt. Wenn wir von Restverkaufserlös sprechen, ist immer ein Nettorestverkaufserlös gemeint, ein Erlös nach Abzug der Abbruchkosten. Der Nettoerlös kann wegen der Abbruchkosten auch negativ sein.

Das Interdependenzproblem wird in der Literatur häufig als Zurechnungsproblem bezeichnet. Wir sehen: Das Zurechnungsproblem der Zahlungsströme auf ein Investitionsvorhaben ist nicht so trostlos unlösbar, wie es auf den ersten Blick erscheint. Es ist gar keine Zurechnung im strengen (verteilungstheoretischen) Sinn erforderlich, sondern eine »Grenz«-Überlegung: Wie verändern sich die Zahlungsströme bei Durchführung der Investition und bei Verzicht auf sie? Stünde Alternative I in Konkurrenz zu einem anderen Investitionsobjekt, so würde auch für das konkurrierende Investitionsobjekt die gleiche Grenzüberlegung anzuwenden sein.

Das Interdependenzproblem als »Zurechnungsproblem« zu bezeichnen, ist reichlich schief. Zurechnung heißt: einen bestimmten Betrag auf verschiedene Produktionsfaktoren aufzuteilen, deren Preise nicht feststehen, denn in der Verteilungstheorie geht es um die Faktorpreisbildung. In der Investitionsrechnung liegt das Problem ganz anders. Es sind die Einnahmenüberschüsse der Unternehmung mit der zusätzlichen Investition und ohne diese zu schätzen; die Preise der einzusetzenden Produktionsfaktoren sind bekannt, und es geht darum, ob der »dispositive Faktor« (der Unternehmer) eine positive Rente erhält, wenn er die Investition durchführt.

Die Grenzüberlegung zielt darauf ab, die Änderung des Gesamtwertes der Unternehmung zu bestimmen, wenn eine Investition zusätzlich durchgeführt wird. Diese »Differenzmethode« wird manchem Leser aus der steuerlichen Teilwertlehre bekannt sein. Dort wird sie verworfen, weil sie zu unsinnigen Wertansätzen führt. So soll z. B. der Hauptschalter eines Elektrizitätswerkes ersetzt werden. Nach der Grenzüberlegung berechnet sich der Kapitalwert des Hauptschalters auf einige 100 Mill. Mark, denn ohne Hauptschalter kann das Elektrizitätswerk keinen Strom verkaufen und hat nur noch Schrottwert. Für die bilanzmäßige Bewertung einzelner Vermögensgegenstände ist die Differenzmethode tatsächlich verfehlt, nicht aber für Investitionsüberlegungen, denn der Kapitalwert stellt einen *Dringlichkeitsmaßstab* für Investitionen dar. Selbstverständlich wird das Elektrizitätswerk den defekten Hauptschalter zuerst ersetzen, damit überhaupt Strom verkauft werden kann, ehe es andere Investitionen durchführt.

Lassen sich mit Hilfe der Grenzüberlegung die zusätzlichen Einnahmen und Ausgaben eines Investitionsvorhabens hinreichend genau schätzen, dann sprechen wir von einem »vollständig bewertbaren Investitionsobjekt«.

In manchen Fällen kann aber auch mit Hilfe der Grenzüberlegung kein Überblick über die Auswirkungen eines Investitionsobjektes auf den Einnahmenverlauf gewonnen werden. In einem solchen Fall muß mit den Ausgaben allein gerechnet werden; das Investitionsvorhaben ist dann nur »begrenzt bewertbar«.

Die Rechnung mit Ausgaben allein bedeutet folgendes: Ziel der Investitionsüberlegung ist es, die Vorteilhaftigkeit der Investition, ihre Gewinnwirkungen, zu erkunden. Die Entscheidung aufgrund der Ausgabenströme allein enthält die stillschweigende Unterstellung, von diesem Investitionsobjekt gingen keine Wirkungen auf den Einnahmenverlauf der Unternehmung aus, und das heißt: der Einnahmenverlauf der Unternehmung ändere sich durch die Benutzung dieser Anlage auch im Zeitablauf nicht.

Die Einschränkung, nur mit den Ausgaben allein zu rechnen, läßt sich noch auf eine zweite Art verdeutlichen:
Die Praxis ist vielfach noch nicht gewohnt, bei der Beurteilung der Vorteilhaftigkeit von Anlagen in Zahlungsströmen zu denken. Sie orientiert sich an altbekannten Bilanz- bzw. Kostenrechnungsvorstellungen, z. B. an den Gründen, die eine Anlagenabschreibung notwendig machen, an den Abschreibungsursachen. Die Vielzahl von Abschreibungsursachen läßt sich auf drei Gruppen zurückführen.
1. *Verschleißursachen.* Dazu zählen:
(a) Der ruhende Verschleiß, also Verwittern, Verrosten und Korrosionserscheinungen. Der ruhende Verschleiß tritt auch ein, wenn die Anlage nicht beschäftigt wird. Bei stillstehenden Anlagen ist der ruhende Verschleiß vielfach stärker als bei laufenden Anlagen.
(b) Der abnutzungsbedingte Verschleiß (Gebrauchsverschleiß). Damit ist die mechanische Abnutzung der Anlage durch die Beschäftigung gemeint. Der Substanzabbau bei Kiesgruben und Bergwerken kann als Sonderform des abnutzungsbedingten Verschleißes angesehen werden. In der Literatur ist gelegentlich auch der Katastrophenverschleiß zu den Abschreibungsursachen gezählt worden, also die Gefahr von Überschwemmungen, des Ausbrennens usw. Das ist schief, denn dieser Gefahr begegnet man in der Kostenrechnung nicht durch Anlagenabschreibung, sondern durch Versicherungsprämien bzw. durch die Verrechnung von Anlagenwagniskosten.
2. *Technische Überholung.* Dazu zählt die Gefahr, daß die Anlagen durch technische Neuerungen veralten. Preissenkungen auf dem Beschaffungsmarkt der Anlagen werden hier als eine Erscheinungsform des technischen Fortschritts angesehen.
3. *Wirtschaftliche Überholung.* Hierunter sind alle sonstigen Gründe zusammenzufassen, die das Ende der Nutzungsdauer einer Anlage erzwingen können, z. B. Bedarfsverschiebungen, Lohnsteigerungen, Liquiditätsschwierigkeiten, die zur Stillegung eines Teilbetriebes führen.
Will man die Wirkung der Abschreibungsursachen auf die Vorteilhaftigkeit einer Investition und auf die Nutzungsdauer einer Anlage gewichten, dann sind die Abschreibungsursachen durch Änderungen der Zahlungsströme der Unternehmung zu messen.
Eine Rechnung mit Ausgaben allein bedeutet dabei: Es kann der Abschreibungsursache Verschleiß und mindestens teilweise der technischen Überholung Rechnung getragen werden; die entscheidenden Aspekte der wirtschaftlichen Überholung, insbesondere alle Einflüsse, die von der Absatzseite auf die Vorteilhaftigkeit von Investitionen ausgehen, müssen unberücksichtigt bleiben.

c) Einzelfragen bei der Prognose der Zahlungsströme

1. Das Problem der »technischen« Nutzungsdauer

Um den Kapitalwert eines Investitionsvorhabens zu ermitteln, sind der Barwert der Einnahmen und der Barwert der Ausgaben über die gesamte Lebensdauer hinweg zu berechnen. Nun ist aber in fast allen praktischen Fällen die Lebensdauer eines Investitionsobjektes keine gegebene technische Größe. Das aus zwei Gründen: Einmal ist nicht der einzelne Anlagegegenstand Investitionsobjekt, sondern die Kapazitätseinheit als Ganzes. Die Anlagenausstattung der Kapazitätseinheit kann sich aus verschiedenartigen Aggregaten zusammensetzen, die, technisch gesehen, unterschiedlich lang halten. Zum zweiten ist die Lebensdauer der

einzelnen Anlagegegenstände in der Kapazitätseinheit regelmäßig nicht technisch bestimmt, sondern durch wirtschaftliche Überlegungen.
In der Praxis unterscheidet man die Begriffe technische Lebensdauer und wirtschaftliche Lebensdauer einer Anlage. Was ist mit diesen Begriffen gemeint? Zur Abgrenzung beider Begriffe erinnern wir uns der Abschreibungsursachen.
Die technische Nutzungsdauer eines Anlagegutes bezeichnet die durch den Verschleiß begrenzte Lebensdauer dieses Anlagegutes.
Die wirtschaftliche Nutzungsdauer wird hingegen durch das Zusammenwirken aller Abschreibungsursachen bestimmt.
Die technische Nutzungsdauer ist regelmäßig länger als die wirtschaftliche Nutzungsdauer. Die wirtschaftliche Nutzungsdauer kann im Ausnahmefall der technischen Nutzungsdauer gleichen: dann, wenn die Anlagen keiner technischen und wirtschaftlichen Überholung unterliegen. Im Regelfall wirken auf die Nutzungszeit der Anlagen jedoch Verschleiß, technischer Fortschritt und wirtschaftliche Überholung gemeinsam ein. Hier ist die wirtschaftliche Nutzungsdauer kürzer als die technische.
Wie läßt sich die technische Nutzungsdauer praktisch bestimmen?
Man sollte zunächst meinen, die technische Nutzungsdauer sei durch die technologischen Daten vorgegeben, durch Materialermüdung, Verschleiß, Korrosion, Abrieb usw. Aber eine solche, allein technologisch bedingte Festlegung der Nutzungsdauer ist verfehlt. In Wirklichkeit ist nämlich die »technische« Nutzungsdauer gar keine technische Größe, sondern eine besondere Erscheinungsform der wirtschaftlichen Nutzungsdauer. Die sogenannte technische Nutzungsdauer ist diejenige wirtschaftliche Nutzungsdauer, die sich aufgrund der Verschleißursachen allein errechnet. Dazu ein Beispiel: Ein Taxifahrer kauft sich für 20 000 Mark einen neuen Wagen. Wie lang ist die technische Nutzungsdauer des Taxis? Der Verkäufer wird dem Fahrer gesagt haben: »100 000 Kilometer schaffen Sie glatt; bei schonender Behandlung sogar 150 000.« Und der Taxifahrer errechnet sich folglich eine technische Nutzungsdauer von, sagen wir, drei Jahren. Beglückt fährt er aus dem Hof des Autohändlers, dann über einige holprige Steine, und plötzlich steht der Wagen, weil die Unterbrecherkontakte in der Zündung nicht richtig festgeschraubt waren. Technisch gesehen ist damit bereits die Lebensdauer des Autos zu Ende, denn es fährt nicht mehr. Natürlich ist eine auf diese Weise allein technisch definierte Lebensdauer sinnlos. Stets ist »ein gewisses Maß« an Instandhaltung, Wartungs- und Reparaturarbeiten mit einzukalkulieren. Aber damit beginnen die Probleme: Durch ausreichende Wartung und Instandhaltung läßt sich bei den meisten Anlagegütern, technisch gesehen, die Nutzungsdauer praktisch bis ins Unendliche verlängern. Ein neuer Kotflügel heute, neue Reifen morgen, später ein neuer Motor, neue Sitze, und das Auto fährt und fährt und fährt. Anlagenersatz und Anlagenreparatur unterscheiden sich also nur in technischen Einzelheiten. Solange wir von technischer und wirtschaftlicher Überholung absehen, sind Anlagenersatz und Anlagenreparatur, ökonomisch betrachtet, gleichwertig[2]. Daraus folgt, die »technische« Nutzungsdauer müßte richtig »verschleißbedingte Nutzungsdauer« heißen. Sie kann nur wirtschaftlich errechnet werden als derjenige Zeitraum, innerhalb dessen sich Instandhaltungsmaßnahmen noch lohnen, wobei von der Wirkung der technischen und wirtschaftlichen Überholung abgesehen wird. Um die technische Nutzungsdauer zu berechnen, muß man also die Anschaffungsausgaben des

---

[2] »Replacement is distinct from routine maintenance only in technical detail.« *Frank H. Knight*, Capital, Time, and the Interest Rate. In: Economica, New Series, Vol. 1 (1934), S. 257–286, hier S. 280.

Anlagegutes betrachten und diejenigen Betriebsausgaben, die durch den Verschleiß bedingt sind: Anlagenunterhaltungsaufwendungen, durch Verschleiß verursachte höhere Werkstoff- und Lohnaufwendungen. Die Einnahmen des Wirtschaftsgutes bleiben außer acht: Änderungen im Einnahmenverlauf sind Ausdruck der wirtschaftlichen Überholung. Wenn wir die technische Lebensdauer eines Aggregats ermitteln wollen, berechnen wir eine ausgabenminimale Nutzungsdauer (vgl. S. 240). Lassen sich die Einnahmenwirkungen abschätzen, so ist ein solches Vorgehen verfehlt.

Aber hier ist zu beachten, daß die Einnahmen nur für die Kapazitätseinheit als Ganzes ermittelt werden können. Soll überprüft werden, wie lange einzelne Anlagegegenstände in einer Kapazitätseinheit dienen (oder ob sich eine Reparatur noch lohnt), dann ist die Ermittlung dieser verschleißbedingten Nutzungsdauer sinnvoll. Wir halten also fest:

Die technische Nutzungsdauer wird für einzelne Anlagegegenstände ermittelt; die wirtschaftliche Nutzungsdauer für Kapazitätseinheiten, d. h. für eine Kombination von einzelnen Anlagegegenständen, die einem Fertigungsprozeß dienen.

Für diejenigen Anlagen, denen keine Einnahmen zugerechnet werden können, kann immer noch eine technische (verschleißbedingte) Nutzungsdauer ermittelt werden.

Für Anlagegegenstände, bei denen sich eine Reparatur nicht lohnt (z. B. Glühbirnen) oder bei denen im Zeitablauf die technische Leistungsfähigkeit in etwa gleichbleibt (z. B. Wasserpumpen, Rohrleitungen, Telefonmasten), bietet sich die Möglichkeit an, auf statistischem Wege ihre technische Nutzungsdauer zu berechnen. Vor allem Ingenieure haben versucht, Anlagensterbetafeln aufzustellen, ähnlich den Sterbetafeln der Lebensversicherung[3]. Solche Anlagensterbetafeln können allerdings die wirtschaftliche und technische Überholung und auch die Auswirkungen der Instandhaltungspolitik kaum erfassen. Zur Bestimmung der wirtschaftlichen Nutzungsdauer sind sie ungeeignet. Aber sie können Anhaltspunkte über die technische Haltbarkeit von Anlagen geben und so die Prognose der Zahlungsströme erleichtern.

2. Anlagenunterhaltungsausgaben

Die Anlagenunterhaltungsausgaben umfassen sämtliche Ausgaben, die für die Erhaltung der technischen Leistungsfähigkeit der Anlage aufgewandt werden. Sie sind der zahlenmäßige Ausdruck für die Abschreibungsursache »Verschleiß«. Der Begriff Anlagenunterhaltungsausgaben deckt somit die Ausgaben für die laufende Wartung und Pflege der Betriebsmittel, die Ausgaben für verschleiß- und schadensbedingte Reparaturen und die Ausgaben für Generalüberholungen. Die zahlenmäßige Bedeutung der Anlagenunterhaltungsausgaben ist in der Industrie beträchtlich. Die Anlagenunterhaltungsausgaben übersteigen gelegentlich den Abschreibungsbetrag. So betragen in der eisenschaffenden Industrie die Abschreibungen etwa 5% vom Umsatz, die Aufwendungen zur Anlagenunterhaltung etwa 10%. Die Schätzbarkeit der Anlagenunterhaltungsausgaben ist von Anlagegut zu Anlagegut verschieden zu beurteilen. Bei Neuentwicklungen ist jede Prognose unsicherer als bei bewährten Anlagen, obwohl sich auch bei bewährten Anlagen eine zusätzliche Maschine mitunter als »schwarzes

---

[3] Vgl. bes. *Edwin B. Kurtz*, The Science of Valuation and Depreciation. New York 1937; *Anson Marston, Robley Winfrey, Jean C. Hempstead*, Engineering Valuation and Depreciation. 2nd edition, New York–Toronto–London 1953, S. 139–174; *Eugene L. Grant, Paul T. Norton jr.*, Depreciation. Revised printing, New York 1955, S. 42–86; *B. M. Gerbel*, Rentabilität. Fehlinvestitionen, ihre Ursache und ihre Verhütung. 2. Aufl., Wien 1955; vgl auch *Dieter Schneider*, Die wirtschaftliche Nutzungsdauer von Anlagegütern als Bestimmungsgrund der Abschreibungen. Köln–Opladen 1961, S. 85–95.

Schaf« erweisen kann. Die Höhe der Anlagenunterhaltungsausgaben hängt von dem Verschleißverhalten der Betriebsmittel ab, der Verschleiß wird durch die künftige Beschäftigung beeinflußt, und deshalb spiegeln sich die Schätzungsungenauigkeiten der Einnahmenströme auch in der Ermittlung der Anlagenunterhaltungsausgaben wider. Die Einzelprobleme der Prognose können nur für die einzelnen Anlagentypen und Fertigungsprozesse gesondert untersucht werden.

Für die Erfolgsrechnung und Investitionskontrolle empfiehlt es sich, zwischen planmäßigen und außerplanmäßigen Anlagenunterhaltungsausgaben zu trennen. Diejenigen Unterhaltungsausgaben, die bei der Ermittlung der Vorteilhaftigkeit einer Investition berücksichtigt wurden und später eintreten, tragen planmäßigen Charakter. Die Anlagenunterhaltungsausgaben, die anfallen und bei der Investitionsrechnung nicht berücksichtigt wurden, tragen außerplanmäßigen Charakter.

Bei außerplanmäßigen Anlagenunterhaltungsausgaben sind zwei Fälle zu unterscheiden: außerplanmäßige Reparaturen und außerplanmäßige Verbesserungen. Außerplanmäßige Reparaturen stellen die ursprüngliche technische Leistungsfähigkeit wieder her. Außerplanmäßige Verbesserungen erweitern die ursprüngliche Leistungsfähigkeit, indem sie das Anlagegut dem inzwischen eingetretenen technischen Fortschritt anpassen. Außerplanmäßige Reparaturen und außerplanmäßige Verbesserungen können bei der Investitionsentscheidung über die Anschaffung einer Anlage nicht berücksichtigt werden; wohl aber bilden sie den Anlaß für die Prüfung während der Laufzeit der Anlage, ob die Anlage schon ihren optimalen Ersatzzeitpunkt erreicht hat.

3. Der technische Fortschritt

Der technische Fortschritt tritt in zwei Grundformen auf: Nach Investition einer Kapazitätseinheit können Anlagen auf den Markt kommen, die bei gleichem Preis eine höhere Kapazität aufweisen oder geringere Betriebskosten verursachen. Das ist der eine Fall. Im zweiten Fall werden die Anlagen des gleichen Typs billiger. Wirtschaftlich gesehen, ist die Wirkung dieselbe: Bei jedem Beschäftigungsgrad würde eine neue Anlage billiger produzieren. Praktisch sind beide Wirkungen nicht immer zu trennen. Der Regelfall wird sein, daß neue Anlagen etwas teurer sind, aber erheblich mehr leisten. In jedem Fall zeigt sich, daß bei Investition der technisch besten Anlagenausstattung höhere Gewinne zu erzielen wären. In der Investitionsrechnung ist eine unmittelbare und eine mittelbare Wirkung des technischen Fortschritts zu unterscheiden.

Der technische Fortschritt berührt die Investitionsüberlegungen unmittelbar bei der Ersatzüberlegung: Eine Anlage arbeite seit zwei Jahren im Betrieb; es trete technischer Fortschritt ein, d. h. kostengünstigere Anlagen erscheinen auf dem Markt. Dieser technische Fortschritt sei bei der Investition der alten Anlage nicht vorhergesehen worden. Die Nutzungsdauer der alten Anlage sei auf sieben Jahre geschätzt worden. Das Auftreten der neuen Anlage verlangt nun eine Überprüfung der Nutzungsdauer der alten Anlage. Es erfordert die Neuberechnung des optimalen Ersatzzeitpunktes. Terborgh hat diesen Fall in einem frühen Werk plastisch bezeichnet als den Kampf zwischen dem »defender« (also der Anlage, die ihren Platz in der Unternehmung verteidigt) und dem »challenger« (dem Herausforder, der diesen Platz in der Unternehmung einnehmen will)[4]. Die unmittelbare Wirkung des technischen Fortschritts

---

[4] Vgl. *George Terborgh*, Dynamic Equipment Policy. A Mapi Study, Machinery and Allied Products Institute. New York–Toronto-London 1949, S. 54.

äußert sich in einer zusätzlichen, durch den technischen Fortschritt erzwungenen Ersatzüberlegung. Der Zahlungsstrom der alten Anlage wird dem Zahlungsstrom der besten Ersatzanlage gegenübergestellt.

Die mittelbare Wirkung des technischen Fortschritts bezieht sich hingegen auf die Vorausschätzung künftiger technischer Verbesserungen: Die heute technisch beste Ersatzanlage kann nächstes Jahr bereits veraltet sein. Rechnet der Unternehmer damit, daß bald weitere technische Verbesserungen erfolgen, so kann es vorteilhaft sein, die alte Anlage weiter zu benutzen und eine Stufe des technischen Fortschritts zu überspringen[5]. Der künftige (vorhersehbare) technische Fortschritt, dem die heute beste Ersatzanlage unterliegt, muß in dem Zahlungsstrom der heute besten Ersatzanlage berücksichtigt werden. Solange keine offene Gegenüberstellung »heute beste Ersatzanlage« gegen »morgen beste Ersatzanlage« erfolgt (wie es in einem Totalmodell möglich wäre), bleibt nur der Weg, den künftigen technischen Fortschritt im Zahlungsstrom der heute besten Ersatzanlage vorwegzunehmen. Dazu setzt man für jeden künftigen Zahlungszeitpunkt einen Posten »Gewinnentgang wegen Nichtverwendens der jeweils besten Ersatzanlage« ein.

Wie lassen sich Informationen über den vermutlichen Verlauf der technischen Entwicklung gewinnen? Die Verhältnisse liegen hier von Branche zu Branche unterschiedlich. Es gibt z. B. Bereiche in der chemischen Industrie, in denen man heute weiß, in fünf Jahren sind die jetzt laufenden Anlagen und Verfahren technisch überholt. Und es gibt andere Bereiche, von denen gesagt werden kann, daß in den nächsten zehn Jahren mit hoher Verläßlichkeit keine entscheidenden technischen Verbesserungen auftreten werden. Vielfach wird behauptet, der technische Fortschritt sei nicht vorhersehbar. Doch so hoffnungslos liegen die Verhältnisse nicht. Von der Erfindung bis zur technischen Produktionsreife vergehen regelmäßig Jahre, und wer die technische Entwicklung auf einem Gebiet verfolgt, ist vielfach in der Lage, brauchbare Prognosen zu stellen[6].

Wenn Vorstellungen über die vermutliche Entwicklung des technischen Fortschritts vorhanden sind, so sind diese in Zahlengrößen umzudeuten. Es ist der Gewinnentgang zu nennen, der dadurch entsteht, daß nicht jederzeit die beste Ersatzanlage verwendet wird. Beispiel: Betriebskosten der besten gegenwärtigen Ersatzanlage im nächsten Jahr = 10; Betriebskosten der bestmöglichen Ersatzanlage, die nächstes Jahr neu auf den Markt kommt, = 8; »Gesamtausgaben« für die heute greifbare Ersatzanlage im nächsten Jahr = 12, nämlich 10 plus 2 für den Gewinnentgang.

Der Zahlungsstrom der alten Anlage, die möglicherweise gegen die heute beste Ersatzanlage ausgetauscht wird, darf natürlich nur effektive Zahlungen, keinen Gewinnentgang wegen des Auftretens verbesserter Anlagen, enthalten. Die alte Anlage wird ja unmittelbar der technisch verbesserten Anlage gegenübergestellt.

Es ist klar, daß eine solche Schätzung nur einen groben Anhaltspunkt liefert. Aber auch hier gilt, daß der Versuch zu einer rechnerischen Berücksichtigung immer noch besser ist, als diese Einflußgröße völlig zu übergehen oder auf eine Rechnung ganz zu verzichten.

---

[5] Vgl. *Friedrich [A.] and Vera Lutz*, The Theory of Investment of the Firm. Princeton (N. J.) 1951, S. 111.
[6] Vgl. im einzelnen *Gerhard Schätzle*, Forschung und Entwicklung als unternehmerische Aufgabe. Köln–Opladen 1965, hier S. 20–41.

d) Der Kalkulationszinsfuß

Ein vollständiger Vorteilsvergleich (ein Totalmodell) kommt ohne Kalkulationszinsfuß aus. Alle Formen des begrenzten Vorteilsvergleichs (des Partialmodells) verwenden hingegen Pauschalannahmen über die Rendite der Unternehmung nach dem Planungshorizont, über Finanzierungs- und Wiederanlagemöglichkeiten während des Planungszeitraums. Der Kalkulationszinsfuß ist eine solche Pauschalannahme. Mit Hilfe des Kalkulationszinsfußes läßt sich jedes Partialmodell in einen vollständigen Vorteilsvergleich überführen, in ein Modell, das nur aus einer Auszahlung im Planungszeitpunkt und einer Einzahlung am Planungshorizont besteht. Das ist am raschesten bei dem isolierten Vorteilsvergleich einzusehen: Wenn wir prüfen wollen, ob die Handlungsmöglichkeit B (S. 169 mit den Zahlungen t_0: -700; t_1: $+300$; t_2: $+500$) vorteilhaft ist oder nicht, brauchen wir einen Vorteilhaftigkeitsmaßstab. Der Kalkulationszinsfuß sei z. B. 6%. Der Barwert der Einnahmen beträgt hier 728, der Kapitalwert als Differenz zwischen Einnahmenbarwert und Ausgabenbarwert beträgt $+28$. Die Investition ist also vorteilhaft.

Welche Annahmen über die Finanzierung sind mit dieser Aussage unterstellt? Die Aussage, daß die Investition B vorteilhaft ist, besagt, daß zu ihrer Finanzierung Kreditkosten in Höhe von 6% anfallen dürfen. Bei höheren Kreditkosten kann die Investition unvorteilhaft werden (hier z. B. schon bei 9%).

Welche Annahmen sind über die Verwendung der Einnahmenüberschüsse unterstellt? Wenn der Kapitalwert von B 28 beträgt, dann ist damit gesagt, jede Wiederanlage von Einnahmen des Investitionsobjekts verzinst sich zu 6%, denn, gleichgültig für wie lange die 300 Mark in t_1 und die 500 Mark in t_2 zu 6% angelegt werden, stets wird der Barwert dieser künftigen Einnahmen einen Kapitalwert im Planungszeitpunkt von 28 Mark ergeben. Hat der Unternehmer z. B. einen Planungszeitraum von 3 Jahren, so sieht das dem Kapitalwertmodell der Alternative B entsprechende Totalmodell so aus:

	t_0	t_1	t_2	t_3
B	-700	0	0	$+867{,}08$

867,08 Mark, auf t_0 mit 6% diskontiert, ergibt den Kapitalwert von 28 Mark.

Weil der Kalkulationszinsfuß im Grunde nicht notwendig ist, sondern nur durch die Vereinfachung der Modellüberlegungen erzwungen wird, deshalb ist die Frage nach dem allgemein richtigen Kalkulationszinssatz sinnlos. In welcher Höhe der Kalkulationszinsfuß anzusetzen ist, richtet sich nach den Vereinfachungen des Modells.

Bei Einzelentscheidungen wird es meistens genügen, als Kalkulationszinsfuß die Effektivverzinsung langfristiger Kredite zu wählen. Man mißt dann die Vorteilhaftigkeit einer Investition an ihren Finanzierungskosten. Für die periodischen Einnahmenüberschüsse wird dabei unterstellt, daß sie zur Fremdkapitaltilgung verwandt werden oder anderweitig angelegt werden können zu einem Ertragssatz, der der Effektivverzinsung des Fremdkapitals entspricht.

Die Berechnung der Effektivverzinsung einzelner Finanzierungsmaßnahmen gleicht im Grundsatz der Berechnung des internen Zinsfußes einer Investition. Im Regelfall ist jedoch eine finanzmathematisch genaue Rechnung nicht nötig. In Investitionsrechnungen pflegt man mit ganzen Zinssätzen zu rechnen. Wenn aber die Rendite bzw. Effektivverzinsung doch

genauer berechnet werden soll, dann genügen praktisch ein bis zwei Stellen hinter dem Komma.
Die Berechnung der Effektivverzinsung soll an einem Beispiel verdeutlich werden. Wie hoch ist die Effektivverzinsung eines Schuldscheindarlehens von 1 Mill. Mark, Auszahlungskurs 95, Zinssatz 6% bei halbjährlicher Zinszahlung, Laufzeit 10 Jahre, Rückzahlungskurs 100? Die praktische Rechnung erfolgt regelmäßig so: Um über 95 Mark zu verfügen, sind jährlich 6 Mark Zinsen zu zahlen. Der Zinssatz beträgt 6,00 : 95 = 6,32%. Ferner ist das Disagio auf die Laufzeit aufzuteilen, das ergibt jährlich 0,5%. Die Effektivverzinsung beträgt insgesamt 6,82%.
Eine genauere Rechnung berücksichtigt zunächst, daß die Zinszahlung halbjährlich erfolgt. 3 Mark, nach einem halben Jahr gezahlt, sind bei 6% Zinsen am Jahresende auf 3,09 Mark angewachsen. Es ist also zu rechnen: 6,09 :95 = 6,41%; die genauere Rechnung beachtet ferner, daß bei den 5 Mark Disagio die Zinseszinswirkung erfaßt werden muß: Es ist die Annuität des Barwertes der 5 Mark zu berechnen. Sie gleicht etwa 0,38 DM, d. h. 0,38%. Zusammen ergibt das eine Effektivverzinsung von 6,79%. Wir sehen, die Fehler bei der praktisch-überschlägigen Rechnung gleichen sich weitgehend aus. Die Vernachlässigung der Zinsgewinne bei der praktischen Rechnung durch die halbjährliche Zinszahlung mindert die Effektivverzinsung, die gleichmäßige Verteilung des Agios erhöht sie. Im Regelfall genügt deshalb die praktisch-überschlägige Rechnung.
Die theoretisch exakte Rechnung würde verlangen, den internen Zinsfuß der Zahlungsreihe

t_0	t_1	t_2	t_3	...	t_{20}
+ 95	− 3	− 3	− 3	...	− 103

zu bestimmen. Dabei wäre der interne Zinsfuß allerdings für einen Halbjahreszeitraum definiert.
Bei ausschließlicher Eigenfinanzierung wird man als Zinssatz die Rendite einer Alternativanlage wählen. Bei Finanzierung aus Eigen- und Fremdkapital sind beide Zinssätze nach den Kapitalanteilen zu gewichten. Schwierigkeiten treten bei der Ermittlung der Effektivverzinsung (der Kapitalkosten) vor allem dann ein, wenn die steuerlichen Wirkungen berücksichtigt werden. Dieses Problem wird ab S. 259 und ab S. 566 im einzelnen behandelt.
Wir sehen im Kalkulationszinsfuß eine vereinfachende Pauschalannahme über die Finanzierungskosten und Erträge aus möglichen Geldanlagen. Demgegenüber werden in der Literatur auch andere Meinungen über die Aufgaben des Kalkulationszinsfußes vertreten:

(1) Der Kalkulationszinssatz entspreche nicht nur der Rendite einer offensichtlich auch zulässigen pauschalen Investitionsmöglichkeit, sondern er sei genauer festzusetzen in Höhe der Rendite der besten nicht mehr verwirklichten Investitionsgelegenheit[7].
Der Kalkulationszinssatz sei als Opportunitätskostensatz zu verstehen. Auf den ersten Blick ist dieses Argument bestechend. Beim zweiten Blick ist es logisch nicht mehr haltbar. Den

---

[7] Vgl. *Adolf Moxter*, Die Bestimmung des Kalkulationszinsfußes bei Investitionsentscheidungen. Ein Versuch zur Koordination von Investitions- und Finanzierungslehre. In: ZfhF, NF, Jg. 13 (1961), S. 186–200, hier S. 186–198; ders., Lineares Programmieren und betriebswirtschaftliche Kapitaltheorie. In: ZfhF, NF, Jg. 15 (1963), S. 285–309, hier S. 300 f.; *Hans Münstermann*, Wert und Bewertung der Unternehmung. Wiesbaden 1966, S. 74; ders., Diskussionsbeitrag auf der Arbeitstagung der Schmalenbach-Gesellschaft in Köln am 1. Juli 1966. In: ZfbF, Jg. 18 (1966), S. 577 f.

Zinsfuß braucht man, weil nicht alle Investitionsvorhaben ausdrücklich berücksichtigt und analysiert worden sind. Um den Opportunitätskostensatz zu ermitteln, muß man jedoch wissen, welche Investitionsvorhaben werden durchgeführt, welche nicht. Die Rendite des besten nicht mehr verwirklichten Vorhabens zeigt den Opportunitätskostensatz, den »richtigen« Kalkulationszinsfuß an. Kennt man aber die zu verwirklichenden Investitionsvorhaben, dann braucht man keine Kapitalwertberechnung mehr und damit keinen Kalkulationszinsfuß als Maß der Alternativrendite.

(2) Der Kalkulationszinsfuß sei eine subjektive Mindestverzinsung. Diese Ansicht wird in zwei Varianten vorgetragen:

a) Lindahl und andere Autoren[8] behaupten, der Kalkulationszinsfuß setze sich aus dem Marktzinssatz plus einem subjektiven Risikozuschlag zusammen. Das Risiko im Kalkulationszinsfuß zu berücksichtigen, ist jedoch verfehlt. Der Kalkulationszinssatz ist ein Maß für die Finanzierungskosten oder die Alternativrendite sonstiger Anlagen. Durch den Risikozuschlag werden die alternativen Anlagen in ihrer Ertragsfähigkeit überschätzt. Dagegen werden die Verfechter des Risikozuschlags einwenden, sie wollten keine Alternativrendite, sondern eine subjektive Mindestverzinsung bestimmen. Darüber ist gleich zu sprechen.
Bedenklich wird diese subjektive Erhöhung des Kalkulationszinsfußes vor allem, wenn mit seiner Hilfe der ausschüttungsfähige Periodengewinn errechnet werden soll (was z. B. Lindahls Ziel war). Es läßt sich zeigen, daß der ausschüttungsfähige Gewinn meistens infolge des subjektiven Risikozuschlags steigt, was gewiß nicht die Absicht einer die Risiken berücksichtigenden Gewinnermittlung ist.

b) Der Kalkulationszinsfuß wird auch als eine subjektive, ökonomisch nicht begründbare Mindestrendite verstanden. Nehmen wir an, ein Unternehmer strebe nicht nach Einkommensmaximierung, sondern er versuche, ein nichtfinanzielles Ziel zu erreichen, und setze dabei einen Mindestgewinn als finanzielle Nebenbedingung. Unternehmensziel sei z. B. Umsatzmaximierung unter der Nebenbedingung 6% Rendite. Im Regelfall wird eine solche Nebenbedingung rational zu erklären sein, z. B. als die Rendite, welche die Unternehmung auch auf dem Kapitalmarkt erzielen könnte, oder als der Satz, der als branchenübliche Dividende an die Anteilseigner gezahlt werden muß.
Es ist aber nicht auszuschließen, daß der Unternehmer, ohne seine Vernunft zu Hilfe zu nehmen, sich für eine bestimmte Mindestrendite entscheidet, und nur dieser Fall ist hier gemeint. Was sonst als dieser nicht durch die Vernunft erklärbare Sonderfall kann gemeint sein, wenn der Kalkulationszinsfuß definiert wird als der »vom Investor (subjektiv) gesetzte Maßstab für die Entscheidung über die Vorteilhaftigkeit einer Investition«, und eine zahlenmäßige Abhängigkeit zwischen »einem Kalkulationszinssatz vor und nach der Besteuerung« andererseits entschieden abgelehnt wird[9]! Setzt man den Kalkulationszinsfuß in dieser Form als subjektive Mindestverzinsung, dann ist er ökonomisch nicht erklärbar. Das Problem, ihn zu bestimmen, ist vom Tisch. So einfach darf es sich die Theorie jedoch nicht machen.

---

[8] Vgl. *Erik Lindahl*, The Concept of Income. In: Economic Essays in Honour of Gustav Cassel. London 1933, reprinted 1967, S. 399–407, hier S. 400 bzw. 402, Fußnote; *Erich Schneider*, Wirtschaftlichkeitsrechnung. Theorie der Investition. 7. Aufl., Tübingen–Zürich 1968, S. 68 f.; *Lawrence Fisher*, Determinants of Risk Premiums on Corporate Bonds. In: The Journal of Political Economy, Vol. 67 (1959), S. 217–237, hier S. 217; vgl. auch E IV, V.

[9] So *Erich Schneider*, Kritisches und Positives zur Theorie der Investition. In: Weltwirtschaftliches Archiv, Bd. 98 (1967 I), S. 314–348, hier S. 339 f.; ders., Wirtschaftlichkeitsrechnung, S. 130.

II. Die Berechnung der Vorteilhaftigkeit einer Investition

a) Die einmalige Investition

Um den Kapitalwert eines Investitionsvorhabens zu berechnen, müssen wir die Zeitspanne kennen, für die es sich lohnt, das Investitionsvorhaben zu nutzen. Die Nutzungsdauer ist jedoch selbst ein ökonomisches Problem. Kapitalwert und »wirtschaftliche Nutzungsdauer« müssen also »simultan«, in ein und demselben Rechengang, bestimmt werden.
Von einer wirtschaftlichen Nutzungsdauer sprechen wir dann, wenn sämtliche Abschreibungsursachen berücksichtigt sind. Um die wirtschaftliche Nutzungsdauer zu berechnen, sind Einnahmen und Ausgaben einer Kapazitätseinheit zu erfassen. Die wirtschaftliche Nutzungsdauer verstehen wir dabei als die gewinnmaximale Investitionsdauer einer Kapazitätseinheit. Strenggenommen gilt diese Definition nur, wenn der Unternehmer ein finanzielles Ziel anstrebt. Bei nichtfinanziellen Zielsetzungen ist es denkbar, daß eine vom Gewinnmaximum abweichende Nutzungsdauer dem Unternehmensziel besser gerecht wird. Doch hier kommt es nur darauf an, das Prinzip der Nutzungsdauerermittlung darzustellen. Unter einer abweichenden Zielsetzung ist das Nutzungsdauerproblem entsprechend abzuwandeln.

Die gewinnmaximale Investitionsdauer ist dann erreicht, wenn der Kapitalwert im Zeitablauf sein Maximum erreicht. Wie das zeitliche Kapitalwertmaximum ermittelt werden kann, werden wir gleich darstellen. In Totalmodellen bestimmt sich die wirtschaftliche Nutzungsdauer simultan mit dem Investitions- und Finanzierungsprogramm; da dort kein Kalkulationszinsfuß verwandt wird, ist auch kein Kapitalwertmaximum zu bestimmen. Zur Nutzungsdauerbestimmung in Totalmodellen vgl. S. 396.
Um die Vorteilhaftigkeit einer Investition und damit ihre wirtschaftliche Nutzungsdauer zu berechnen, müssen die Einnahmen und Ausgaben des Investitionsobjektes für eine Reihe von Jahren bekannt sein. Ferner sei ein Kalkulationszinsfuß vorgegeben. Aus Gründen sprachlicher Bequemlichkeit verwenden wir im weiteren die Begriffe Investitionsobjekt, Kapazitätseinheit und Anlage gleichbedeutend.
Zur Vereinfachung führen wir zunächst noch weitere Voraussetzungen ein. Wir nehmen an, die Unternehmung bestehe nur aus einer einzigen Kapazitätseinheit, und der Unternehmer plane für einen Zeitraum von, sagen wir, zehn Jahren. Innerhalb dieses Zeitraums will er diese Unternehmung nur während der wirtschaftlichen Nutzungsdauer der Anlage betreiben. Der Unternehmer sei z. B. ein Taxifahrer. Er fährt so lange, wie es sich lohnt, das soeben gekaufte Taxi zu nutzen. Dann legt er sein Geld auf der Bank an und trifft bis zum Ende der zehn Jahre keine wirtschaftliche Entscheidung mehr. Die Voraussetzung, das Taxiunternehmen werde nur bis zum Ende der wirtschaftlichen Nutzungsdauer der Anlage betrieben, ist zweckmäßig, um vorerst das Problem der Investitionsketten auszuklammern. Die Anlage der freiwerdenden Beträge auf der Bank bis zum Planungshorizont ist notwendig, um einen »unabhängigen« Planungshorizont zu sichern. Für den Fall des abhängigen Planungshorizonts ergibt sich nämlich eine andere Nutzungsdauer (Investitionsdauer); das wurde auf S. 199 f. gezeigt.

Um die wirtschaftliche Nutzungsdauer zu bestimmen, berechnen wir deshalb den Kapitalwert für den Fall, daß die Anlage ein Jahr, zwei Jahre, drei, ..., n Jahre genutzt würde. Als Maß der Vorteilhaftigkeit einer Anlage wird dann derjenige Kapitalwert gewählt, der bei variierter Nutzungsdauer am höchsten ist. Das Jahr, für welches der Kapitalwert am höchsten ist, bezeichnet gleichzeitig die wirtschaftliche Nutzungsdauer des Investitionsobjekts.

Der Kapitalwert einer einmaligen Investition K_1 ist definiert als die Summe der Barwerte aller Periodenüberschüsse Q_t plus dem Barwert des Restverkaufserlöses R_n am Ende der Nutzungsdauer (das ergibt zusammen den Ertragswert der Anlage) abzüglich der Anschaffungsausgaben I. $v^t = \dfrac{1}{(1+i)^t} = (1+i)^{-t}$ bezeichnet den Abzinsungsfaktor, i ist der Kalkulationszinsfuß, t die Anzahl der Jahre; n bedeutet das Nutzungsdauerende.

(1) $$K_1 = \sum_{t=1}^{n} Q_t v^t + R_n \cdot v^n - I.$$

Setzt man nun Zahlen ein, so läßt sich der im Zeitablauf maximale Kapitalwert errechnen. Die Spalten der folgenden Tabelle enthalten:
1. Anzahl der Nutzungsjahre; im Zeitpunkt 0 wird die Anlage angeschafft.
2. I = Anschaffungsausgaben; R_n ist der Restverkaufserlös nach n-jähriger Nutzung.
3. $R_n v^n$ = Barwert des Restverkaufserlöses, v^n ist der Abzinsungsfaktor.
4. Q_t = Periodenüberschuß in jedem Jahre t.
5. $Q_t v^t$ = Barwert eines einzelnen Periodenüberschusses.
6. In $\sum_{t=1}^{n} Q_t v^t$ sind die einzelnen Barwerte aufsummiert.
7. K_1 ist der Kapitalwert bei einmaliger Investition. Er errechnet sich aus dem Ertragswert der Anlage (Spalte 6 plus Barwert des Restverkaufserlöses, Spalte 3) abzüglich der Anschaffungsausgaben von 1 000. Die Zahlen in den einzelnen Zeilen sind so zu verstehen: Wenn die Anlage nur ein Jahr genutzt wird, dann entsteht ein negativer Kapitalwert von 23, wird sie statt dessen zwei Jahre genutzt, entsteht ein positiver Kapitalwert von 17 usw.
8. v^t gleicht den Werten der Abzinsungsfaktoren bei 10% Zinsen.

Jahre	I/R_n	$R_n v^n$	Q_t	$Q_t v^t$	$\sum_{t=1}^{n} Q_t v^t$	K_1	v^t
1	2	3	4	5	6	7	8
0	1000	–	–	–	–	–	–
1	750	682	325	295	295	–23	0,909
2	550	454	325	268	563	17	0,826
3	400	300	300	225	788	88	0,751
4	300	205	275	188	976	181	0,683
5	200	124	250	155	1131	255	0,621
6	140	79	200	113	1244	323	0,565
7	80	41	150	77	1321	362	0,513
8	30	14	65	30	1351	365	0,467
9	0	0	25	11	1362	362	0,424
10	–	–	0	–	–	–	–

Die Berechnungen ergeben, daß bei einmaliger Investition der maximale Kapitalwert des Vorhabens 365 Mark beträgt. Er ist erreicht, wenn die Anlage 8 Jahre genutzt wird. 8 Jahre beträgt also die wirtschaftliche Nutzungsdauer der Anlage.
Wir wollen nun versuchen, die allgemeine Optimumbedingung für die gewinnmaximale

Investitionsdauer (die wirtschaftliche Nutzungsdauer) zu finden. In welcher Periode ist der Kapitalwert am höchsten? Durch eine einfache Grenzüberlegung läßt sich das bestimmen. Das zeitliche Kapitalwertmaximum ist offenbar dann erreicht, wenn der zeitliche Grenzgewinn der Anlage Null wird. Ist der zeitliche Grenzgewinn positiv, so steigt der Kapitalwert; ist der zeitliche Grenzgewinn negativ, so sinkt der Kapitalwert. Also gilt: Die wirtschaftliche Nutzungsdauer ist erreicht, wenn der zeitliche Grenzgewinn Null ist und zuvor (stets) positiv war, danach (stets) negativ bleibt. Wie berechnet sich nun der zeitliche Grenzgewinn?

Der zeitliche Grenzgewinn der Periode n, G_n, besteht:
1. aus dem Periodenüberschuß des n-ten Jahres einer Anlage: $+ Q_n$,
2. plus dem Restverkaufserlös in diesem n-ten Jahr: $+ R_n$,
3. abzüglich des Restverkaufserlöses, der im Vorjahr, im (n–1)ten Jahr, zu erzielen gewesen wäre. Nutzt man die Anlage noch im n-ten Jahr, gewinnt man zwar den Restverkaufserlös am Ende des n-ten Jahres, verliert aber den Restverkaufserlös des (n–1)ten Jahres: $-R_{n-1}$.
4. Der Restverkaufserlös des (n–1)ten Jahres hätte zinsbringend im n-ten Jahr angelegt werden können, folglich sind die Zinsen auf das in der Anlage »gebundene Kapital« abzuziehen: $-iR_{n-1}$.

Hierbei ist zu beachten, daß gemäß der früheren Übereinkunft die Zahlungen nur am Ende einer Periode anfallen. Q_n ist also der Periodenüberschuß zum 31. 12. des n-ten Nutzungsjahres; das während des n-ten Jahres in der Anlage »noch gebundene Kapital« gleicht dem Restverkaufserlös des Vorjahres R_{n-1}. Diese Aussage folgt aus unserer Prämisse über das Zeitmoment: Zahlungsdaten sind stets die Nahtstellen zwischen zwei Perioden. Verfehlt ist für Wirtschaftlichkeitsrechnungen die praktische Übung, mit einer durchschnittlichen Kapitalbindung zu rechnen.

Wir fassen die Einzelglieder des zeitlichen Grenzgewinns für das n-te Jahr – G_n – zusammen:

(2) $$G_n = Q_n + R_n - (1 + i) R_{n-1} \cdot$$

Da die wirtschaftliche Nutzungsdauer erreicht ist, wenn der Grenzgewinn Null ist, gilt:

(2a) $$Q_n = (1 + i) R_{n-1} - R_n \cdot$$

Der Periodenüberschuß der Anlage muß gerade gleichen dem aufgezinsten Restverkaufserlös am Ende der Vorperiode abzüglich des Restverkaufserlöses dieser Periode; dabei müssen zuvor die Periodenüberschüsse über, danach unter dieser Differenz liegen. Leichter verständlich ist vielleicht folgende Schreibweise:

(2b) $$Q_n + R_n > (1 + i) R_{n-1},$$

d. h. die Nutzung einer Anlage lohnt sich, solange die Nettoeinnahmen bei Weiterverwendung um eine Periode [$Q_n + R_n$] größer sind als die zusätzlichen Einnahmen bei Beendigung der Nutzung in der Vorperiode und Anlage des freigesetzten Kapitals zum Kalkulationszinsfuß.

Das verbal Abgeleitete soll für Ungläubige nunmehr mathematisch bewiesen werden. Für diesen Zweck schreiben wir die Gleichung (1) in stetiger Form. Wir gehen also von der »Periodenanalyse« zur »kontinuierlichen Analyse« über. Wir unterstellen unendlich viele sehr kleine Zeiträume. Die Abzinsung geschieht dann nicht mehr jährlich, sondern in jedem dieser sehr kleinen Zeiträume. Die Abzinsung erfolgt »stetig« im Zeitablauf. Damit treten an die Stelle des Kalkulationszinsfußes i die Verzinsungsenergie ϱ und an die Stelle des Abzinsungsfaktors $(1 + i)^{-t}$ der Faktor $e^{-\rho t}$. Der Umwandlung des Kalkulationszinsfußes i in die ihm entsprechende stetige Verzinsung (Verzinsungsenergie) ρ liegt folgender Gedanke zugrunde:

Wenn einmal im Jahr die Zinszahlung erfolgt, wächst das Kapital mit $(1 + i)^t$, wobei t die Zahl der Jahre bedeutet. Erfolgt die Zinszahlung mehrmals (z. B. m-mal, wobei m = 2, 3, ..., z), so wächst das Kapital mit $\left(1 + \frac{\rho}{m}\right)^{mt}$, wobei ρ derjenige Jahreszinssatz ist, der bei m-maliger Verzinsung zu demselben Ergebnis führt wie bei einmaliger jährlicher Zinszahlung der Zinssatz i, also

(a) $$(1 + i)^t = \left(1 + \frac{\rho}{m}\right)^{mt}$$

Statt $\frac{\rho}{m}$ setzen wir den Ausdruck $\frac{1}{k}$ ein $\left(\text{also } k = \frac{m}{\rho}\right)$

(b) $$(1 + i)^t = \left(1 + \frac{1}{k}\right)^{k\rho t}$$

Wir bilden nun den Grenzwert und unterstellen dabei, die Verzinsung erfolge unendlich oft, d. h. stetig in einer Periode. Wenn $m \to \infty$, wird auch $\frac{m}{\rho} = k \to \infty$. Dann ist

$$\lim_{k \to \infty} \left(1 + \frac{1}{k}\right)^k = e.$$

e ist die Basis der natürlichen Logarithmen ($\ln e = 1$).
Aus (b) folgt dann

(c) $$(1 + i)^t = e^{\rho t} \text{ oder}$$
$$\rho = \ln(1 + i).$$

Für $i = 0{,}1$ (10%) beträgt ρ z. B. 0,095. Gleichung (c) zeigt den Zusammenhang zwischen dem Kalkulationszinsfuß i und der i entsprechenden Verzinsungsenergie ρ.

Die einzelnen Zahlungen Q_t werden bei stetiger Betrachtung ersetzt durch eine stetige, differenzierbare Funktion Q(t), und deshalb kann an die Stelle der Summierung die Integration treten. Für den Kapitalwert gilt dann:

(1a) $$K_1 = \int_0^n Q(t) e^{-\rho t} \, dt + R(n) e^{-\rho n} - I$$

Diese kontinuierliche Formulierung der Kapitalwertdefinition hat den Vorteil, daß man den Kapitalwert in allgemeiner algebraischer Form ausrechnen und nach n, der Nutzungszeit, differenzieren kann, um so die optimale Nutzungsdauer zu ermitteln.

Für die hier vorzunehmende Differenzierung eines Integrals gilt die Formel

$$\frac{d}{dn} \int_0^n f(t) \, dt = f(n);$$

für den Restverkaufserlösausdruck ist die Produktregel anzuwenden. Daraus folgen

$$\frac{dK_1}{dn} = Q(n)e^{-\rho n} - \rho R(n)e^{-\rho n} + \frac{dR(n)}{dn} e^{-\rho n} = 0$$

und

(2c) $$Q(n) = \rho R(n) + [- R'(n)],$$

wobei $\frac{dR(n)}{dn} = R'(n)$ Um das Maximum zu sichern, wird angenommen, daß $\frac{d^2K_1}{dn^2} < 0$ ist.

— R'(n) wurde in Klammern gesetzt, weil das der Ausdruck für die Restverkaufserlösabnahme ist. Die Restverkaufserlösabnahme entspricht im diskontinuierlichen Fall der Differenz $R_{n-1} - R_n$. Da nun die einzelnen Perioden unendlich eng aneinandergerückt sind, erscheinen hier einfach die Zinsen auf den Restverkaufserlös des n-ten Zeitpunktes, nicht wie im diskontinuierlichen Fall die Zinsen auf den Restverkaufserlös der Vorperiode.
Die Formel (2c) enthält die verbal bereits abgeleitete Aussage, daß im Optimum der Periodenüberschuß gleichen muß den Zinsen auf den Restverkaufserlös und der Restverkaufserlösabnahme, daß also der Grenzgewinn der Anlage Null ist.
Bei näherer Betrachtung läßt sich dieses Ergebnis auf einen fundamentalen, erstmals von Jevons formulierten Satz der Kapitaltheorie zurückführen[10]. Die günstigste Investitionsperiode (in der Kapitaltheorie werden als Beispiele genannt: Ausreifungszeit von Wein oder Wachstumszeit eines Holzbestandes) ist danach erreicht, wenn die Verzinsungsenergie dem relativen zeitlichen Grenzertrag gleicht.
Unter relativem zeitlichem Grenzertrag wird hierbei das Verhältnis von Ertragsänderung bei Veränderung der Lagerzeit des Weines um eine sehr kleine Periode zum Gesamtertrag verstanden. Eine bessere und allgemeinere Formulierung erhalten wir, wenn wir den relativen zeitlichen Grenzertrag so definieren, daß der zusätzliche Ertrag auf das investierte Kapital bezogen wird. In dem Sonderfall der Weinlagerung ist in jeder Periode der gesamte Ertrag gleich dem investierten Kapital. Im praktischen Regelfall sind Gesamtertrag und investiertes Kapital in jeder Periode verschiedene Größen. Das Verhältnis von zeitlichem Grenzertrag zu investiertem Kapital kann auch als Grenzrendite in bezug auf die Zeit bezeichnet werden. Die Zinsgleichung von Jevons ist also gleichbedeutend mit der Aussage »zeitliche Grenzrendite gleich Kalkulationszinsfuß«. Die Identität der Nutzungsdauergleichungen (2a) und (2c) mit der Zinsgleichung von Jevons läßt sich durch Umformulierung sofort erkennen. Aus (2c) folgt (2d):

(2d) $$\frac{Q(n) - [- R'(n)]}{R(n)} = \rho$$

bzw. aus (2a)

(2c) $$\frac{Q_n - [R_{n-1} - R_n]}{R_{n-1}} = i.$$

Über dem Bruchstrich steht: Einnahme der n-ten Periode minus Einnahmenentgang durch Benutzung der Anlage in der n-ten Periode (das ist gleich dem Einnahmenzuwachs der n-ten Periode). Das Verhältnis Einnahmenzuwachs zu investiertem Kapital (erzielbarer Verkaufserlös in der Vorperiode) bezeichnet die Grenzrendite der n-ten Periode.

---

[10] Vgl. *W. Stanley Jevons*, Die Theorie der politischen Ökonomie. Ins Deutsche übertragen von Otto Weinberger, Jena 1924, S. 231 f.; vgl. dazu auch *Heinrich von Stackelberg*, Elemente einer dynamischen Theorie des Kapitals. (Ein Versuch.) In: Archiv für mathematische Wirtschafts- und Sozialforschung, Bd. 7 (1941), S. 8–29, 70–93, hier S. 19.

b) Die wiederholte Investition

1. Die endliche Investitionskette

Wir waren bisher davon ausgegangen, die Investition werde nur einmal vorgenommen, und hatten damit unterstellt, daß der Unternehmer nach Ablauf der wirtschaftlichen Nutzungsdauer der Investition den betrachteten »Betrieb« beendet. Nunmehr verlassen wir den isolierten Vorteilsvergleich und untersuchen den Fall, daß eine Anlage mehrmals durch eine andere Anlage ersetzt wird. Dabei soll in jedem Zeitpunkt nur eine einzige Anlage im Betrieb dienen. Der Unternehmer plant innerhalb seines Planungshorizonts eine Kette aufeinanderfolgender Investitionen.

Zunächst nehmen wir an, daß die Anlage nur einmal, und zwar »identisch«, ersetzt werden soll. »Identisch« bedeutet dabei nicht etwa physische Identität (immer Taxi Baujahr 1980), sondern »gleiche Ertragsfähigkeit« bei gleichen Anschaffungsausgaben (gleiche Rendite). Identisch bedeutet also strengenommen nicht einmal gleiche Zahlungsströme; die Zahlungsströme können verschieden sein, nur ihr Kapitalwert (für die Nutzungsdauer bei einmaliger Investition) und die Anschaffungsausgaben müssen gleich sein. Diese besondere Art von »Identität« muß beachtet werden.

Bei einmaliger Reinvestition umfaßt die Investitionskette zwei Glieder. Investitionsketten mit identischen Gliedern nennt man grob »identische Investitionsketten«. Der Gesamtgewinn der Unternehmung hängt jetzt von dem Gewinn ab, den beide Anlagen zusammen abwerfen. Der Gesamtgewinn hängt auch von dem Zeitpunkt ab, zu dem die erste Anlage durch die zweite Anlage ersetzt wird. Dieser Zeitpunkt liegt früher als das Ende der wirtschaftlichen Nutzungsdauer bei einmaliger Investition. Der Planungszeitraum des Unternehmers betrage z. B. 10 Jahre, die Nutzungsdauer einer Anlage ohne Nachfolger sei 5 Jahre. Werden jedoch zwei Anlagen hintereinander investiert, dann kann folgende Lage eintreten:

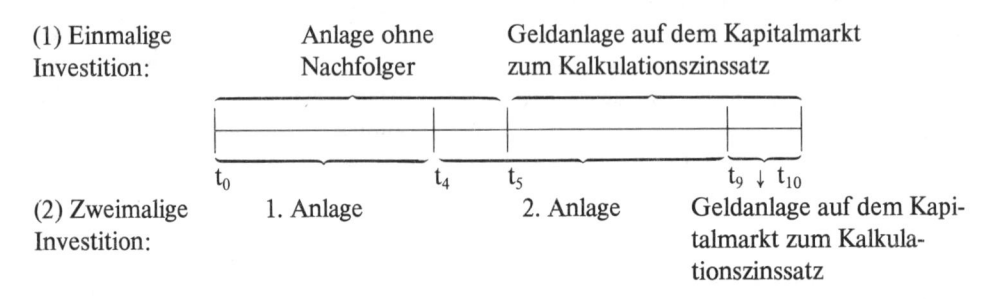

(1) Einmalige Investition: Anlage ohne Nachfolger | Geldanlage auf dem Kapitalmarkt zum Kalkulationszinssatz

t_0 — t_4 t_5 — $t_9 \downarrow t_{10}$

(2) Zweimalige Investition: 1. Anlage | 2. Anlage | Geldanlage auf dem Kapitalmarkt zum Kalkulationszinssatz

Dieses Ergebnis erklärt sich so: Bei einmaliger Investition wird die Anlage hinausgeworfen, wenn ihr zeitlicher Grenzgewinn Null ist (Grenzrendite = Kalkulationszinssatz). Hat der Unternehmer jedoch die Möglichkeit, anstelle der Geldanlage zum Kalkulationszinsfuß eine zweite Sachinvestition vorzunehmen, so wird ihm diese zweite Sachinvestition einen Einkommenszuwachs versprechen, und zwar in Höhe der Zinsen auf ihren Kapitalwert. Der »ökonomische Gewinn« einer Investition gleicht den Zinsen auf ihren Ertragswert. Die Zinsen auf die Anschaffungsausgaben würde der Unternehmer in jedem Fall verdienen, z. B. wenn er das Geld auf dem Kapitalmarkt anlegen würde. Der Einkommenszuwachs durch die zweite Sachanlage beläuft sich also auf die Differenz: Zinsen auf den Ertragswert minus Zinsen auf die Anschaffungsausgaben gleich Zinsen auf den Kapitalwert. Hat der Unternehmer die

Wahl, die zweite Sachinvestition zu verschiedenen Zeitpunkten zu beginnen, so wird er sich für den Zeitpunkt entscheiden, an dem der zeitliche Grenzgewinn der alten Anlage unter den Gewinnzuwachs zu sinken droht, den die neue Anlage erbringen könnte. Wenn der Unternehmer die Ersatzbeschaffung ein Jahr vorzieht, so erhält er als Gewinnzuwachs für dieses Jahr die Zinsen auf den Kapitalwert der neuen Anlage. Ist jedoch für ein Jahr der zeitliche Grenzgewinn der alten Anlage noch höher als der Gewinnzuwachs durch die neue Anlage, so ist es für den Unternehmer vorteilhaft, mit der Ersatzinvestition zu warten.

Der zeitliche Grenzgewinn einer Anlage wird mit wachsender Jahreszahl fallen und schließlich auf Null sinken. Wird die Investition wiederholt, so ist die wirtschaftliche Nutzungsdauer beendet, wenn der zeitliche Grenzgewinn der ersten Anlage dem Gewinnzuwachs aus der nachfolgenden Investition gleicht. Wird die Investition nicht wiederholt, so ist ihre wirtschaftliche Nutzungsdauer beendet, wenn der zeitliche Grenzgewinn Null wird. Daraus folgt: Die Nutzungsdauer einer Anlage, die Nachfolger findet, ist stets kürzer als die einer Anlage ohne Nachfolger.

Wie paradox dieses Ergebnis ist, erkennen wir, wenn wir überlegen, was »identische« Reinvestition heißt: Erstinvestition und Ersatzinvestition weisen den gleichen Kapitalwert, u. U. sogar die gleichen Zahlungsströme auf. Das Taxi, das der Unternehmer als Ersatzinvestition erwägt, sei z. B. in seinen Zahlungsströmen völlig identisch mit dem vor Jahren angeschafften. Aus dem soeben Abgeleiteten folgt dann: Wenn bei nichtwiederholter Investition das Taxi eine Nutzungsdauer von fünf Jahren hat, dann kann es vernünftig sein, das Taxi, falls es identisch ersetzt werden sollte, bereits nach vier Jahren zu verkaufen.

Der mathematische Beweis ist gegenüber der verbalen Erklärung recht einfach, dennoch haben wir erst versucht, verbal die Lösung zu erklären. Man hat eine ökonomische Aussage erst dann verstanden, wenn man sie sich auch ohne Mathematik plausibel machen kann.

Der Gesamtkapitalwert der Unternehmung K_2 folgt aus dem Kapitalwert der ersten Anlage und dem Kapitalwert der Ersatzanlage. Der Kapitalwert der Ersatzanlage entspricht dem Kapitalwert bei einmaliger (nicht wiederholter) Investition; er wird deshalb K_1 genannt. K_1 ist hier zu beziehen auf das noch unbekannte Nutzungsdauerende der ersten Anlage. Der Gesamtkapitalwert der Unternehmung errechnet sich dann als Kapitalwert der zweigliedrigen Kette

(3) $$K_2 = \int_0^n Q(t)e^{-\rho t}\,dt + R(n)e^{-\rho n} - I + K_1 e^{-\rho n}$$

und folglich gilt für

$$\frac{dK_2}{dn} = 0, \text{ daß}$$

(4) $$Q(n) = \rho\,R(n) + [-R'(n)] + \rho\,K_1.$$

Wir setzen dabei voraus, daß $\frac{d^2K_2}{dn^2} < 0$, so daß (4) tatsächlich ein Maximum bezeichnet.

Diese Überlegungen lassen sich auf Investitionsketten von mehr als zwei Anlagen ausdehnen. Besitzt die erste Anlage zwei Nachfolger, so hat sie zu den Zinsen auf den Kapitalwert des ersten Nachfolgers noch zusätzlich die (um die Nutzungsdauer des ersten Nachfolgers) diskontierten Zinsen auf den Kapitalwert des zweiten Nachfolgers zu tragen. Ihr erster Nachfolger hat seinerseits die Zinsen auf den Kapitalwert des zweiten Nachfolgers zu decken.

Daraus folgt allgemein: In einer endlichen Kette identischer Investitionen ist die Nutzungsdauer jeder Anlage länger als die ihrer Vorgängerin und kürzer als die ihrer Nachfolgerin (Gesetz der Ersatzinvestition)[11].

Das paradoxe Ergebnis (mit wachsender Ersatzbeschaffung ständig länger werdende Nutzungsdauer der sonst in ihren Zahlungsströmen identischen Anlagen) tritt allerdings nur auf bei begrenztem Planungshorizont und einer endlichen Zahl von Ersatzbeschaffungen, d. h. in einer Unternehmung auf Zeit (wie wir gleich sehen werden). Daraus folgt, daß das »Gesetz der Ersatzinvestition« kein »Gesetz«, sondern ein merkwürdiger Sonderfall ist. Ein Sonderfall, der eintritt, wenn in einer Unternehmung nur eine Anlage oder eine konstante Zahl von Anlagen in jedem Zeitpunkt verwendet werden kann und wenn vor dem Ende des Planungshorizonts der Unternehmer sein Kapital nur mehr zum Kalkulationszinsfuß anlegt. Nur dann nämlich lohnt sich von Kettenglied zu Kettenglied die Streckung der Nutzungsdauer der Ersatzanlagen, weil nach einigen Ersatzbeschaffungen keine rentable Kapitalanlage (über den Kalkulationszinsfuß hinaus) mehr möglich ist.

2. Die unendliche Investitionskette

Erweitern wir die Betrachtung zu einem unendlich viele Ersatzvorgänge umfassenden Modell, so zeigt sich, daß das Ende der wirtschaftlichen Nutzungsdauer einer Anlage erreicht ist, wenn Periodenüberschuß plus Restverkaufserlös gerade noch ausreichen, den aufgezinsten Restverkaufserlös der Vorperiode und die Zinsen auf den Kapitalwert aller Nachfolger der Anlage zu decken. Erstreckt sich nun die Lebensdauer der Unternehmung bis ins Unendliche, so belasten die Zinsen auf die Kapitalwerte der Nachfolger jede Anlage der Investitionskette gleich hoch. Immer, bei der ersten, zweiten, tausendsten Anlage der Kette, sind ja die Zinsen auf die Kapitalwerte unendlich vieler künftiger Ersatzanlagen durch die Periodenüberschüsse zu decken. Wenn aber die Anlagen identisch sind und mit gleich hohen Zinsen auf die Kapitalwerte ihrer Nachfolger belastet werden, so muß auch die wirtschaftliche Nutzungsdauer aller Anlagen der Investitionskette gleich lang sein. In diesem Punkt unterscheidet sich der Fall der unendlichen Investitionskette von dem Fall einer begrenzten Zahl von Ersatzbeschaffungen.

Dieses Ergebnis soll formelmäßig abgeleitet werden. Nach dem bisher Gesagten folgt: Das Ende der Nutzungsdauer ist erreicht, sobald der Grenzgewinn der Anlage unter die Zinsen auf die Kapitalwerte aller ihrer Nachfolger zu sinken droht.

K_1 ist der im Zeitablauf maximale Kapitalwert für die einzelne Investition. Der Kapitalwert aller Investitionen in der unendlichen Kette K_a ist dann definiert als

$$K_a = K_1 + K_1 v^n + K_1 v^{2n} + \ldots + K_1 v^{\infty n}.$$

Als Summe dieser geometrischen Reihe erhalten wir

(5)
$$K_a = \frac{K_1}{1 - v^n} = \frac{K_1}{1 - \dfrac{1}{(1 + i)^n}}$$

---

[11] Preinreich, der die Investitionsketten erstmals analysiert hat, spricht hier von einem »General law of replacement«; *Gabriel A. D. Preinreich*, Replacement in the Theory of the Firm. In: Metroeconomica, Vol. 5 (1953), S. 68–86, hier S. 76; Grundlage hierfür bildet seine Arbeit »The Economic Life of Industrial Equipment«. In: Econometrica, Vol. 8 (1940), S. 12–44.

Den Bruch erweitern wir mit $(1+i)^n$ und erhalten $K_1 \dfrac{(1+i)^n}{(1+i)^n - 1}$; das ist nichts anderes als K_1 mal dem durch den Zinssatz dividierten Wiedergewinnungsfaktor (Annuitätenfaktor)

$$w = \frac{i(1+i)^n}{(1+i)^n - 1}.$$

Gleichung (5) entspricht damit Gleichung

(5a) $\qquad K_a = K_1 \cdot \dfrac{w}{i}.$

Diese Formel kann man sich sehr leicht merken, wenn man ihre Herleitung etwas anders betrachtet: K_1 ist ein Kapitalbetrag, $K_1 w$ bezeichnet die jährliche Rente aus dem Kapitalbetrag, und der Barwert K_a einer unendlichen Rente gleicht bekanntlich dem Quotienten »Rente dividiert durch Zinssatz«.

Die Zinsen auf den Kapitalwert aller Nachfolger bestimmen sich als $iK_a = K_1 w$, und für das Nutzungsdauerende folgt $G_n = w K_1$, d. h. der Grenzgewinn muß auf die Höhe der Annuität der Einnahmenüberschüsse der Ersatzanlage gesunken sein. Die Annuität des Kapitalwerts (der Einnahmenüberschüsse) ist aber grob gesprochen nichts anderes als der jährliche »Durchschnittsgewinn« der Ersatzanlage.

Bei stetiger Betrachtungsweise ist die Ableitung der Nutzungsdauer mit einigem Rechenaufwand verbunden. Dazu setzen wir in Gleichung (5) für K_1 den Wert der Gleichung (1a) ein und erhalten, da $v^n = e^{\rho n}$ ist,

(5b) $\qquad K_a = \dfrac{\int\limits_0^n Q(t)e^{-\rho t}dt + R(n)e^{-\rho n} - I}{1 - e^{-\rho n}}.$

Durch Differenzieren nach n, Null-Setzen der Ableitung und nach einigen Umformungen folgt dann

(6) $\qquad Q(n) = \rho R(n) + [-R'(n)] + \rho K_a$ bzw.

(6a) $\qquad G(n) = \rho K_a.$

Die Nutzungsdauer einer Anlage in einer unendlichen Investitionskette ist also beendet, wenn ihr zeitlicher Grenzgewinn gleich dem Durchschnittsgewinn der Nachfolger ist. Das Nutzungsdauerende ist zugleich der optimale Ersatzzeitpunkt der Anlage durch ihren Nachfolger.

Für das Beispiel S. 232 beträgt $\dfrac{w}{i}$ im 8. Jahr 1,87, im 6. Jahr 2,30. Da $K_a = K_1 \cdot \dfrac{w}{i}$ ist, errechnet sich bei achtjähriger Nutzungsdauer $K_a = 683$; bei sechsjähriger Dauer $K_a = 743$. In der unendlichen identischen Investitionskette beträgt die Nutzungsdauer nur 6 Jahre. Gehen wir von einer unendlichen identischen Investitionskette aus, so unterstellen wir, daß die zukünftigen Ersatzanlagen dieselbe Vorteilhaftigkeit aufweisen werden. Der Verzicht auf die Gewinnrealisierung durch Anschaffung der Ersatzanlagen ist deshalb sehr beträchtlich. Nutzen wir jede Anlage nur 6 Jahre, dann ist zwar die Vorteilhaftigkeit jeder einzelnen Anlage, isoliert betrachtet, nicht mehr so groß (nur 323 anstelle von 365), für alle zusammengenommen ergibt sich jedoch bei dieser Nutzungsdauer bereits der höchste Kapitalwert.

Eine unendliche identische Investitionskette muß stets bei nur begrenzt bewertbaren Investitionsvorhaben unterstellt werden. Berechnung des »Kapitalwerts« bedeutet hier Berechnung des geringsten Ausgabenbarwerts (bzw. der geringsten Ausgabenannuität, der geringsten »Durchschnittskosten«). Denn eine Entscheidung über die Nutzungsdauer kann nur für eine Anlage in einer Investitionskette gefällt werden, weil bei einer nicht wiederholten Investition das »Ausgabenminimum« bereits im Anschaffungszeitpunkt erreicht wäre. Die Berechnung dient weiter dem Vergleich zwischen mehreren technisch etwa gleichwertigen Alternativen; welche von ihnen arbeitet am kostengünstigsten? Die Berechnung dient ferner der Bestimmung des optimalen Ersatzzeitpunktes solcher Anlagen und ihrer »wirtschaftlichen« (d. h. hier meist der »verschleißbedingten«) Nutzungsdauer.

Die bisherige Erörterung der wiederholten Investition beruhte auf der Annahme, daß in jedem Zeitpunkt nur eine einzige Anlage im Betrieb arbeitet. Diese Annahme ist entscheidend für den »Ketteneffekt«, die Verkürzung der Nutzungsdauer von Anlagen, die Nachfolger finden. In der endlichen und unendlichen Investitionskette stellt sich dabei stets das Ausschließlichkeitsproblem: entweder die alte Anlage oder die neue. Es ist diese Konkurrenz um den Platz in der Unternehmung, welche die Nutzungsdauerverkürzung verursacht. *Sobald wir zulassen, daß neben einer alten Anlage eine neue Anlage arbeitet, sobald Erweiterungsinvestitionen, nicht Ersatzinvestitionen betrachtet werden, gilt für das Nutzungsdauerende die Bedingung für die einmalige Investition.* Deshalb ist die praktische Bedeutung der Investitionsketten gering.

Das folgt einfach daraus, daß sich für jede Periode das optimale Investitionsprogramm nach der Regel »Grenzrendite gleich Kalkulationszinsfuß« bestimmt. Folglich bleibt bei variablem Investitionsumfang eine Anlage solange im Betrieb, bis ihre Grenzrendite in einer Periode auf den Kalkulationszinsfuß (ihr Grenzgewinn auf null) gesunken ist.

Wer sich dennoch weiter für den Ketteneffekt interessiert, sei auf die Verästelungen verwiesen, die Lutz[12] und Preinreich[13] erörtert haben.

c) Das Problem des optimalen Ersatzzeitpunktes

Würden sich die Pläne stets realisieren, stünde der optimale Ersatzzeitpunkt bereits bei Investition der Anlage fest. Das Investitionsobjekt würde am Ende der geplanten wirtschaftlichen Nutzungsdauer ersetzt. Nun weicht aber die Wirklichkeit regelmäßig von den Planzahlen ab. In diesem Fall ist zu prüfen, ob nicht zu einem früheren oder späteren Zeitpunkt als dem geplanten Nutzungsdauerende eine im Betrieb befindliche Anlage ersetzt werden soll. Strenggenommen entsteht nach jeder Datenänderung die Aufgabe, den optimalen Ersatzzeitpunkt aller im Betrieb arbeitenden Anlagen neu zu berechnen.

Wie bestimmt sich der optimale Ersatzzeitpunkt einer im Betrieb befindlichen Anlage? Das Ersatzproblem erfordert eine Entscheidung zwischen den beiden Möglichkeiten:
a) Ersatz heute,
b) Ersatz nach einem weiteren Nutzungsjahr.

Ob es sich lohnt, die alte Anlage länger als ein weiteres Jahr zu benutzen, wird erst nächstes Jahr entschieden, denn bis dahin sind sicher weitere Datenänderungen eingetreten.

In diesem »echten« Ersatzfall schließen sich alte und neue Anlage gegenseitig aus. Dieser Fall wird im weiteren untersucht. Stellt sich das Problem so, daß *neben* die alte Anlage *oder* an ihre Stelle eine neue Anlage treten kann (schließen sich also alte und neue Anlage nicht mehr

[12] Vgl. *Lutz*, S. 108 f.
[13] Vgl. *Preinreich*, The Economic Life of Industrial Equipment, S. 20 f.

gegenseitig aus), dann liegt das im vorigen Abschnitt erörterte Wachstumsproblem vor. Das Nutzungsdauerende der alten Anlage bestimmt sich nach der Regel Grenzgewinn gleich Null, vorausgesetzt, der Grenzgewinn liegt zuvor stets über Null, danach stets darunter.

Das Ersatzproblem enthält stets den Vergleich zweier Handlungsmöglichkeiten. Deshalb sind die Voraussetzungen des Vergleichs vollständig zu formulieren, d. h., der Kapitaleinsatz und die zeitliche Erstreckung beider Handlungsmöglichkeiten müssen gleich sein. Die alte Anlage bindet Kapital nur in Höhe ihres Restverkaufserlöses, die neue Anlage in Höhe ihrer Anschaffungsausgaben. Wir gehen davon aus, die Differenz erziele nur eine Rendite in Höhe des Kalkulationszinsfußes. Im praktischen Fall kann das Kapital knapp sein. Dann kann die tatsächliche Alternativrendite über dem vorab gewählten Kalkulationszinsfuß liegen. Ersatzentscheidung und Entscheidung über Erweiterungsinvestition müssen in einem solchen Fall gemeinsam getroffen werden. Wir werden darauf bei der Erörterung der Frage, wie ein optimales Investitionsprogramm zu bestimmen ist, näher eingehen. Um die zeitliche Erstreckung der Investitionsalternativen gleichzumachen, gehen wir von der Vorstellung einer unendlichen identischen Investitionskette aus. »Ersatz heute« besagt dann, die erste Anlage einer unendlichen Kette von Investitionen mit gleicher Rentabilität wird heute angeschafft. Die Gewinnbeiträge dieser Kette drücken wir durch den »Durchschnittsgewinn« aus (durch die »Annuität« des Kapitalwerts einer Investition bzw. die Zinsen auf den Kapitalwert aller Glieder, denn nach (5a) ist $wK_1 = iK_a$).

»Weiterbenutzen der Anlage um ein Jahr« bedeutet: Erst nach einem Jahr wird die erste Anlage einer unendlichen Kette von Investitionen mit gleicher Rentabilität erworben. Die Gewinnbeiträge dieser Kette bestehen aus dem Grenzgewinn der alten Anlage und anschließend aus dem Durchschnittsgewinn der Nachfolgeinvestitionen. Das Ersatzmodell besteht damit aus folgenden Gewinnströmen:

	t(n)	t(n+1)	t(n+2)	usw.
Sofortiger Ersatz (erste Investitionskette)	wK_1	wK_1	wK_1	usw.
Späterer Ersatz (zweite Investitionskette)	G_n	wK_1	wK_1	usw.

Offenbar lohnt sich der sofortige Ersatz, sobald

(10) $$wK_1 > G_n,$$

d. h., sobald der zeitliche Durchschnittsgewinn der Ersatzanlage größer ist als der zeitliche Grenzgewinn der alten Anlage. Die Ersatzregel kann natürlich auch mit Hilfe der Kapitalwertmethode formuliert werden: Der Ersatz heute lohnt sich, wenn der Kapitalwert der ersten Investitionskette größer ist als der Kapitalwert der zweiten Kette, bestehend aus dem abgezinsten zeitlichen Grenzgewinn der alten Anlage G_n für das laufende Jahr plus dem Kapitalwert der Ersatzinvestitionskette, wenn der Ersatz nächstes Jahr durchgeführt wird. Dabei ist zu beachten, daß voraussetzungsgemäß die Zahlungen nur an den Endpunkten einer Periode anfallen. Über den Grenzgewinn der alten Anlage können wir also erst nach einem Jahr verfügen, ebenso ist der Kapitalwert der Ersatzinvestitionskette des nächsten Jahres um ein Jahr abzuzinsen. Planungszeitpunkt ist aber der Beginn der n-ten Periode (das Ende der (n–1)-ten Periode).

Der Ersatz heute lohnt sich, sobald

(10a) $$K_a > \frac{G_n + K_a}{1 + i}.$$

Durch eine Umstellung und Kürzung gewinnen wir daraus die oben abgeleitete, der Annuitätsmethode entsprechende Ersatzregel

(10b) $\qquad iK_a > G_n.$

Gegen die Annahme identischer Reinvestition bei Ersatzüberlegungen kann man einwenden: Wenn die Ersatzüberlegung heute durch unvorhergesehenen technischen Fortschritt notwendig wurde, dann müsse auch in Zukunft mit Änderungen gerechnet werden. Von einer »identischen« Reinvestition auszugehen, sei unzulässig. Mit zwei Gesichtspunkten läßt sich jedoch die Annahme identischer Reinvestition verteidigen:
(1) In einer betriebswirtschaftlich richtigen Investitionsrechnung müssen bei sich ausschließenden Vorhaben die künftigen Ersatzanlagen berücksichtigt werden, denn nachweislich beeinflussen sie die Vorteilhaftigkeit der gegenwärtigen Investition.
(2) Welche Zahlungsströme die tatsächlich später anzuschaffenden Ersatzanlagen haben, weiß man nicht; man kann ja praktisch nicht einmal die Zahlungsströme der gegenwärtigen Ersatzanlage mit hinreichender Verläßlichkeit schätzen.
Aus diesem Dilemma zwischen theoretischer Notwendigkeit, Ersatzanlagen zu berücksichtigen, und praktischer Unmöglichkeit, ihre Zahlungsströme zu erfassen, kann man sich mit einer rigorosen Annahme helfen: Weil wir nichts Besseres wissen, unterstellen wir, die künftigen Anlagen werden sich genauso rentieren wie die gegenwärtig zu investierende. Formal rechnerisch gehen wir damit von einer Kette unendlich oft wiederholter identischer Investitionen aus. Damit ist, wie erwähnt, nicht gesagt, der Unternehmer plane eine Kette aufeinanderfolgender physisch identischer Investitionen (immer das Taxi Baujahr 1980). Das wäre Unsinn in einer Welt, in der technische und wirtschaftliche Überholung die wichtigsten Gründe für Ersatzinvestitionen sind. Es wird lediglich unterstellt, daß die zukünftigen, unbekannten Investitionen die gleiche Rentabilität wie die gegenwärtigen aufweisen. Wenn über die Rentabilität so weit in der Zukunft liegender Vorhaben keine glaubwürdigen Vorstellungen gebildet werden können, ist die Annahme, daß sich die gegenwärtigen Verhältnisse wiederholen werden, durchaus vernünftig.
Die unendliche Investitionskette wird trotz dieser Argumente von Praktikern mit Mißtrauen betrachtet. Indes beruhen gerade die Faustformeln der Praxis auf der Voraussetzung einer unendlichen identischen Investitionskette.
Die in der Praxis übliche Faustformel für das Nutzungsdauerende bzw. den optimalen Ersatzzeitpunkt lautet: Die Nutzung einer Anlage lohnt sich, solange ihre laufenden jährlichen Betriebskosten kleiner sind als die jährlichen Kosten einer neuen Anlage. In die Sprache der Investitionstheorie übersetzt, heißt das, die Nutzung lohnt sich, solange die zeitlichen Grenzkosten kleiner sind als die zeitlichen Durchschnittskosten bzw. solange die Grenzausgaben der alten Anlage kleiner sind als die Ausgabenannuität der Ersatzanlage. Die Faustformel setzt also zunächst als Vereinfachung zeitliche Grenzkosten gleich Grenzausgaben und zeitliche Durchschnittskosten gleich Ausgabenannuität. Die Regel »Grenzkosten der alten Anlage gleich Durchschnittskosten der Ersatzanlage« muß gewählt werden bei nur begrenzt bewertbaren Investitionsvorhaben, denen zwar Ausgaben, aber keine Einnahmen zugerechnet werden können. Sie muß auch gewählt werden, wenn man für irgendeinen Zweck nur die verschleißbedingte Nutzungsdauer berechnen will. Die Regel unterstellt jedoch eine selten zutreffende Annahme über den Einnahmenverlauf, wie nunmehr gezeigt werden soll.
Als richtige Bedingung für das Nutzungsdauerende wurde abgeleitet: Grenzgewinn der alten Anlage gleich Durchschnittsgewinn der Ersatzanlage. Der Grenzgewinn entsteht aus Grenz-

einnahmen minus Grenzkosten, der Durchschnittsgewinn aus Durchschnittseinnahmen minus Durchschnittskosten. Die Regel Grenzkosten der alten Anlage gleich Durchschnittskosten der neuen Anlage ist also nur dann richtig, wenn die Grenzeinnahmen der alten Anlage gleich den Durchschnittseinnahmen der neuen Anlage sind, und d. h., wenn im Zeitablauf ein konstanter Einnahmenstrom vorausgesetzt werden kann. Das bedeutet: Es dürfen keine Absatzschwankungen eintreten, und die Produktions- und Absatzmengen bei der alten und der neuen Anlage müssen gleich hoch sein. Das Alter einer Anlage darf ferner keine sonstigen Rückwirkungen auf die Höhe der Einnahmen ausüben. Da die Regel »zeitliche Grenzkosten gleich zeitliche Durchschnittskosten« nur richtig ist bei konstantem Einnahmenstrom, und d. h. konstanter Produktions- bzw. Absatzmenge, können wir die Regel auf das Stück beziehen und sagen: Der Ersatz lohnt sich, wenn die Stückkosten der neuen Anlage unter den Stück-Grenzkosten der alten Anlage liegen.

Da die Regel »Grenzgewinn gleich Durchschnittsgewinn« nur für die unendliche Kette gilt, stimmt die Faustregel nur dann, wenn zugleich eine unendlich wiederholte identische Investition unterstellt wird.

Der Leser beachte: Die Regel »Grenzgewinn der alten Anlage gleich Durchschnittsgewinn der neuen Anlage« legt den Ersatzzeitpunkt nur dann eindeutig fest, wenn der Grenzgewinn im Zeitablauf ständig fällt. Es ist denkbar, daß der Grenzgewinn der alten Anlage in einem Jahr sinkt, z. B. wegen einer Reparatur, im nächsten Jahr wieder steigt und erst später wieder sinkt. Hier kann es mehrere Schnittpunkte zwischen Grenzgewinn der alten Anlage und dem Durchschnittsgewinn der Ersatzanlage geben. Die Regel »Grenzgewinn gleich Durchschnittsgewinn« ist nur eine notwendige, keine hinreichende Bedingung für den optimalen Ersatzzeitpunkt. Hinreichend wird sie erst mit der Annahme ständig sinkender Grenzgewinne. Ist mit einem Auf und Ab des Grenzgewinns im Zeitablauf zu rechnen, so trifft man die Ersatzentscheidung am besten nach der Kapitalwertmethode. Es ist der Kapitalwert der Investitionskette aus alter und neuer Anlage bei 0, 1, 2, . . . n-jähriger Nutzung der alten Anlage zu berechnen. Der im Zeitablauf höchste Kapitalwert bestimmt den Ersatzzeitpunkt.

d) Praktische Risikovorsorge bei Einzelentscheidungen

1. Die Berechnung kritischer Werte

Verzichtet man auf die Erfassung der Ungewißheit in einem Gesamtplan des Unternehmensgeschehens (auf dem Wege der Programmentscheidungen) und will man das Risiko einer einzelnen Handlungsmöglichkeit nicht durch ein besonderes Risikomaß (wie die Varianz) messen, dann bietet sich die Berechnung kritischer Werte an, um ein erstes, grobes Maß für das mit einer Handlungsmöglichkeit verbundene Risiko zu erhalten. Bei der Berechnung kritischer Werte wird gefragt: Wieweit dürfen sich einzelne Daten der Investitionsrechnung ändern, ohne daß die Entscheidung für diese Alternative falsch wird? Angenommen, die Berechnung des Kapitalwerts einer Investition beruhe auf der Annahme eines Absatzpreises von 10 Mark und einer Jahresmenge von 100 000 Stück. Der Absatzpreis sei die im Grunde einzig unsichere Größe in der Planung. Für den isolierten Vorteilsvergleich stellt sich nun die Frage: Wieweit darf der Preis sinken, damit die Investition nicht unvorteilhaft wird, also einen Kapitalwert von kleiner als Null aufweist? Das sei z. B. der Fall bei einem Preis von 5 Mark. Der Preis von 5 Mark ist dann der kritische Wert dieser Investition.

Die Berechnung kritischer Werte, in der Praxis längst bekannt[14], ist in der Unternehmensforschung mit dem wohlklingenden Namen »Sensitivitätsanalyse« (Untersuchung der Empfindlichkeit des Optimums gegenüber Datenänderungen) belegt und weiter ausgebaut worden. Als kritische Werte können alle Einflußgrößen der Investitionsrechnung herangezogen werden: Preise, Beschäftigungsgrade, Lohnkosten, Energiekosten oder die Nutzungsdauer (hier: die Amortisationsdauer). Die Berechnung des toten Punktes (jenes Beschäftigungsgrades, bei dem die Gesamterlöse erstmals die Gesamtkosten decken) ist ein klassisches Beispiel für einen kritischen Wert. Wenn von zwei konkurrierenden Anlagen, die etwa gleichen Kapitalwert (genauer: Erwartungswert des Kapitalwerts) versprechen, die erste bereits bei 50% Beschäftigung ohne Verlust arbeitet, die zweite bei 70%, so ist die erste mit ihrem niedrigeren toten Punkt im Hinblick auf Beschäftigungsänderungen anpassungsfähiger und damit weniger risikobehaftet.

Kritische Werte werden in der Praxis mitunter auch als Maß für eine Risikogrenze angesehen. Die Entscheidung erfolgt dann unter dem Ziel Gewinnstreben unter Beachtung der Nebenbedingung, daß der kritische Wert nicht unterschritten (überschritten) wird, z. B.: »Nur Investitionsvorhaben sind zulässig, die bei einem Produktpreis von 5 Mark noch einen positiven Kapitalwert zeigen« oder »Nur Investitionsvorhaben sind zulässig, die auch bei einem Beschäftigungsgrad von 50% noch nicht mit Verlust arbeiten« oder »Nur Investitionsvorhaben sind zulässig, die ihre Anschaffungsausgaben innerhalb von 3 Jahren erwirtschaftet haben«. Diese letzte Risikogrenze hat als »Pay-off-Methode« in Theorie und Praxis besondere Beachtung erfahren.

2. Das Problem der Amortisationsdauer im besonderen

Untersuchungen über das Verhalten der Unternehmer bei Investitionsentscheidungen zeigen, daß die Investitionsrechnung oft hinter der Überlegung zurücktritt, ob sich die Anlagen in einem gewünschten Zeitraum amortisiert haben werden oder nicht[15]. Die Entscheidung richtet sich nach der Amortisationsdauer (der Pay-off-Periode) der Investition. Als Pay-off-Periode (bzw. »pay-back period«) wird derjenige Zeitraum vestanden, innerhalb dessen die Periodenüberschüsse die Anschaffungsausgaben verdient haben. Man hat die Amortisationsdauer auch als den Break-even-point (den toten Punkt) der Anlage bezeichnet[16]. Die Amortisationsdauer kann überschlägig oder genau berechnet werden. Die in der Praxis zu findende überschlägige Rechnung ermittelt die Pay-off-Periode als denjenigen Zeitraum, in dem die Summe der Periodenüberschüsse (meist sogar noch unter Vernachlässigung der Gewinnsteuerzahlungen) gleich den Anschaffungsausgaben ist. Natürlich wird die überschlägige Rechnung genauer, wenn die Gewinnsteuerzahlungen von den Periodenüberschüssen abgesetzt werden.

---

[14] Vgl. z. B. *Kurt Rummel*, Wirtschaftlichkeitsrechnung. In: Wirtschaftlichkeitsrechnung. Grundlagen und Beispiele für die eisenschaffende Industrie und verwandte Industriezweige. Düsseldorf 1941, S. 5–16; siehe auch *W[olfgang] Kilger*, Kritische Werte in der Investitions- und Wirtschaftlichkeitsrechnung. In: ZfB, Jg. 35 (1965), S. 338–353; *H[erbert] Jacob*, Flexibilitätsüberlegungen in der Investitionsrechnung. In: ZfB, Jg. 37 (1967), S. 1–34.

[15] Vgl. bes. *Terborgh*, Dynamic Equipment Policy, z. B. S. 190; *Walter W. Heller*, The Anatomy oft Investment Decisions. In: Harvard Business Review, Vol. 29 (1951), No. 2, S. 95 bis 103, hier S. 101; *John R. Meyer, Edwin Kuh*, The Investment Decision. Cambridge (Mass.) 1957, S. 204 f.; ferner *Erich Gutenberg*, Untersuchungen über die Investitionsentscheidungen industrieller Unternehmen. Köln–Opladen 1959, S. 216–225.

[16] Vgl. *H. O. Vorlander, F. E. Raymond*, Economic Life of Equipment. In: Transactions of the American Society of Mechanical Engineers, Vol. 54 (1932), Research Papers, S. 29–51, hier S. 30.

Die genauere Rechnung berücksichtigt zusätzlich den Restverkaufserlös und die Zinsen. Hier liegt die Amortisationsdauer bei der Nutzungsdauer, bei der erstmals der Ertragswert nach Steuern gleich den Anschaffungsausgaben ist (der Kapitalwert nicht mehr negativ ist).

Aufgrund der erwarteten Amortisationsdauer einer Investition läßt sich nicht entscheiden, ob die Investition vorgenommen werden soll oder nicht. Die sogenannte »Pay-off-Methode« besteht vielmehr in dem Vergleich einer Soll-Amortisationszeit mit der geplanten Ist-Amortisationszeit der Anlage.

Die Soll-Amortisationszeit ist dabei eine vom Unternehmer subjektiv geschätzte Zeitspanne, in der sich »wegen des Risikos« eine Anlage amortisiert haben muß, soll sie als vorteilhaft gelten. Solche für wünschenswert gehaltenen Amortisationsdauern werden selten länger als drei bis fünf Jahre sein. Nach empirischen Untersuchungen schwanken sie aber erheblich.

Die Investitionsentscheidung allein nach der Pay-off-Methode zu fällen, widerspricht jeder wirtschaftlichen Vernunft, und zwar aus zwei Gründen. Zum ersten sind keine vernünftigen Maßstäbe für die Höhe der Soll-Amortisationsdauer zu finden. Zum zweiten ist die Amortisationsdauer auch als Risikomaß nur als erster, oberflächlicher Anhaltspunkt zu gebrauchen. Nehmen wir an, die Soll-Amortisationsdauer beträgt fünf Jahre. Die geschätzten Zahlungsströme einer Investition führen dazu, daß sie sich nach vier Jahren amortisiert hat; also wird diese Investition durchgeführt, und sie gilt als vorteilhaft und »relativ sicher«. Tatsächlich hat man aber doch bei diesem Vorgehen unterstellt: Die Zahlungsströme für die ersten fünf Jahre könnten ermittelt werden, ohne daß beachtenswerte Schätzungsungenauigkeiten eintreten. Mit dem Ende des fünften Jahres ändere sich das schlagartig: dann beginne die totale Ungewißheit, und nichts Glaubwürdiges könne über das sechste Jahr und die folgenden Jahre gesagt werden. Eine solche Unterstellung wird dem Risiko der Investitionen nicht gerecht.

Die Fragwürdigkeit der Pay-off-Methode erkennen wir besonders gut, wenn wir sie auf eine Ersatzinvestitionsentscheidung anwenden. Je kürzer die Soll-Amortisationszeit ist, desto höhere Gewinne muß die Ersatzanlage (der »challenger« im Sinne Terborghs) jährlich erbringen, damit die alte Anlage (der »defender«) verdrängt wird. Werden von der, sagen wir, zehnjährigen Nutzungsdauer der Ersatzanlage stets nur die ersten drei Jahre betrachtet, bedeutet das, daß sich die Ersatzanlage in drei Jahren amortisieren muß, ehe sie die alte Anlage verdrängt. Je länger die alte Anlage in Betrieb bleibt, desto mehr steigen ihre Unterhaltungsausgaben. Damit steigen zwar die Leistungseinnahmen der neuen Anlage. Jedoch wird die alte Anlage weit über ihre wirtschaftliche Nutzungsdauer in Betrieb bleiben, ehe die Einnahmen der Ersatzanlage (einschl. Reparaturkostenersparnis) so weit angewachsen sind, daß sich die Ersatzanlage schon in drei Jahren amortisiert[17].

Die Pay-off-Methode als alleiniges Entscheidungskriterium für die Vorteilhaftigkeit einer Investition ist sinnlos. Als Hilfsmaßstab kann die Schätzung der Amortisationsdauer jedoch in Zweifelsfällen sinnvoll sein. Zum Beispiel: Es konkurrieren zwei Investitionsobjekte miteinander, die sich in ihrem Kapitalwert kaum unterscheiden. Beide sind risikobehaftet, aber Objekt A amortisiert sich viel rascher als Objekt B. In diesem Fall ist es vernünftig, die Ist-Amortisationszeit bei der Entscheidung zu Hilfe zu nehmen; denn man wird der Einnahmenschätzung für die ersten Jahre einen höheren Glaubwürdigkeitsgrad zubilligen.

---

[17] *Terborgh*, Dynamic Equipment Policy, S. 194 f. erklärt zu Recht: »[This practice] betokens a stodgy conservatism, willing to protect its aged mechanical assets by a Chinese wall.«

3. Risikoabschläge

Das Ungewißheitsproblem wird in der praktischen Investitionsplanung nur selten ausdrücklich berücksichtigt. Der erste Weg, den die Praxis wählt, um der Ungewißheit zu begegnen, besteht darin: Man verzichtet auf eine genaue Berechnung und begnügt sich mit gefühlsmäßigen Globalurteilen. Bei diesem Vorgehen wird vorsätzlich die Vernunft nicht für die Entscheidung herangezogen. Die Ergebnisse brauchen deshalb nicht schlecht zu sein. Zufällig kann eine glückliche Entscheidung getroffen werden, und, da man keine genauen Aufzeichnungen über Erwartungen trifft, erkennt man später nie die unterlassenen Chancen. Solange man unterlassene Chancen nicht kennt, lebt man meistens glücklich und zufrieden. Indes gilt hier wie überall: Wer Entscheidungen ohne Nachdenken trifft, handelt zwar nicht immer schlecht, aber immer unvernünftig. Theoretische Untersuchungen rechtfertigen sich durch den Versuch, bessere, vernunftgemäß begründbare Entscheidungen zu sichern.

Die zweite Möglichkeit besteht darin, daß man Investitionsrechnungen durchführt, allerdings mit vorsichtig geschätzten Werten. Das vorsichtige Schätzen läuft regelmäßig darauf hinaus, daß von Einnahmen Risikoabschläge gemacht werden, zu den Ausgaben und dem Kalkulationszinsfuß treten Risikozuschläge. Kann diesen Risikoabschlägen oder -zuschlägen ökonomischer Sinn beigelegt werden?

Bei Einzelentscheidungen führen Risikoabschläge dazu, daß die Vorteilhaftigkeit des Vorhabens künstlich gesenkt wird. Bei einer Erweiterungsinvestition hat dies vielfach überhaupt keine Folgen, nämlich dann nicht, wenn auch nach dem Abzug des Risikoabschlages noch ein positiver Kapitalwert verbleibt. Erscheint die Erweiterungsinvestition nach dem Risikoabschlag unvorteilhaft, dann wird sie unterlassen. Das bedeutet bei Finanzierung mit Eigenkapital, daß das Geld anderen Verwendungen zufließt oder ausgeschüttet wird, und hier bliebe erst noch zu prüfen, ob damit die für das Unternehmen bessere Verwendungsmöglichkeit gefunden wird. Bei Fremdfinanzierung unterbleibt eine zusätzliche Verschuldung, insofern ist zumindest auf den ersten Blick das Unternehmensrisiko nicht vergrößert worden.

Einzelentscheidungen werden oft Ersatzprobleme betreffen. Hier ist der Grenzgewinn (oder vereinfacht: die Grenzkosten) der alten Anlage mit dem Durchschnittsgewinn (den Durchschnittskosten) der Ersatzanlage zu vergleichen. Risikoabschläge werden sich meist nur auf den Durchschnittsgewinn der neuen Anlage beziehen (bzw. Risikozuschläge auf die Durchschnittskosten). Eine Erhöhung des Kalkulationszinsfußes trifft stets nur die Ersatzanlage. Grenzgewinn und Grenzkosten der alten Anlage sind im allgemeinen überschaubar. Sind die Risikoabschläge von solchem Gewicht, daß sie die Ersatzinvestitionsentscheidungen verzögern, dann bleibt autmatisch eine veraltete Anlage länger in Betrieb. Das bedeutet jedoch: Mit Sicherheit höhere Kosten (geringere Gewinne) werden möglicherweise niedrigeren Kosten (höheren Gewinnen) vorgezogen. Risikoabschläge bzw. -zuschläge können also gerade das Gegenteil dessen erzeugen, was sie bewirken sollen. Mit einem veralteten Maschinenpark wird eine Unternehmung krisenanfälliger als mit neuen Anlagen.

Risikoabschläge zielen darauf ab, unter Umständen Investitionen zu unterlassen. Aber hierbei ist stets zu bedenken, Investitionsausgaben heute einsparen, bewirkt fehlende Einnahmen morgen! Aus diesem Grunde sind nicht hinreichend begründbare Risikoabschläge zweischneidige Maßnahmen, denn das Unterlassen von Investitionen ist bestimmt nicht der beste Weg, um die wirtschaftliche Leistungsfähigkeit einer Unternehmung dauerhaft zu erhalten.

Für den Theoretiker ist es von Interesse zu untersuchen, welches Risikoverhalten hinter globalen oder individuellen Risikoabschlägen steht. Wer mit Risikoabschlägen arbeitet, setzt anstelle des Erwartungswertes (oder des häufigsten Wertes) z. B. den Betrag »80% des Erwartungswerts« an. Diese Größe wird nun zu maximieren gesucht. Maximierung des Erwartungswertes bedeutet Risikoneutralität. Maximierung des Betrages »80% vom Erwartungswert« unterstellt natürlich dasselbe; nur daß jetzt der Rechnung ein gegenüber dem Erwartungswert theoretisch nicht zu begründender Wert zugrunde gelegt wird. Globale Risikoabschläge sind als unvernünftig und verfehlt zu verwerfen. Praktiker werden erwidern:

Sie verwenden keine globalen Risikoabschläge, sondern bei jeder Handlungsmöglichkeit individuelle. Sie bewerten das Risiko für jede Handlungsmöglichkeit gesondert und berücksichtigen es durch einen Risikoabschlag vom Gewinn (bzw. Einnahmenüberschuß). Dieses Vorgehen ist nicht von vornherein abzulehnen, denn es kann eine dem praktischen Denken gemäße, »intuitive« Art der Ermittlung eines Sicherheitsäquivalentes sein. Ohne daß der Entscheidende sich gründlich um die Analyse der alternativen Zukunftslagen und ihrer Glaubwürdigkeitsziffern kümmert, schätzt er intuitiv die Wahrscheinlichkeitsverteilung ab und gelangt über den Risikoabschlag zu einem Wert, den er als gleichwertig der Wahrscheinlichkeitsverteilung ansieht und deshalb der Rechnung zugrunde legt. Das Bemühen, individuelle Risikoabschläge bei den einzelnen Handlungsmöglichkeiten zu berücksichtigen, läßt sich als eine Art vorwissenschaftlicher Risikonutzenermittlung erklären.

Die Problematik dieses Vorgehens liegt einzig und allein in der nötigen Sorgfalt, mit der der individuelle Risikoabschlag bestimmt wird. Erfolgt die Festlegung des Risikoabschlags (und damit des Sicherheitsäquivalentes) sorgfältig, dann muß sich der Entscheidende zunächst Gedanken über sämtliche alternativen Zukunftslagen und ihre Glaubwürdigkeitsziffern machen (und nicht nur einen Erwartungswert schätzen). Er muß ferner mit Hilfe seiner persönlichen Risikoeinstellung untersuchen, welchem sicheren Einkommen er diese ungewisse Handlungsmöglichkeit gleichschätzt. Sorgfältiges Vorgehen verlangt somit das Nachvollziehen aller Schritte, welche die Theorie des Risikonutzens für rationale Entscheidungen festlegt. Das Wichtigste bei der Vorbereitung vernünftiger Entscheidungen unter Ungewißheit ist das behutsame Schritt-für-Schritt-Vorgehen: die sorgfältige Analyse sämtlicher Zukunftslagen, die Abschätzung ihrer Glaubwürdigkeitsziffern, die Ermittlung und Überprüfung der Präferenzwahrscheinlichkeiten. Denn rational entscheiden unter Ungewißheit heißt vor allem, Fehler in der eigenen subjektiven Einschätzung zu erkennen und zu vermeiden. Das erreicht man nur durch behutsame, ins einzelne gehende Untersuchungen.

III. Der Einfluß der Gewinnbesteuerung auf die Vorteilhaftigkeit von Investitions- und Finanzierungsmaßnahmen

a) Gewinnbesteuerung und Vorteilhaftigkeit einperiodiger Investitions- und Finanzierungsmaßnahmen

1. Der Gewinnverzehr durch die Besteuerung

Investitions- und Finanzierungsmaßnahmen werden durch verschiedene Steuern beeinflußt. *Steuern auf Unternehmensleistungen,* wie die Umsatzsteuer und einzelne Verbrauchsteuern (z. B. die Mineralölsteuer), sind von demjenigen, der sie an den Fiskus abführt, in den Zahlungsströmen unmittelbar abzusetzen. Solange Umsatzsteuerbefreiungen oder besondere Vergünstigungen (z. B. Berlinpräferenzen) keine Rolle spielen, kann die Umsatzsteuer einschließlich der Vorsteuer ganz unberücksichtigt bleiben. Erheblichen Einfluß auf die Finanzplanung kann aber die Umsatzsteuer auf Anzahlungen nehmen[18].

Steuern auf Unternehmensmittel, wie die Grundsteuer, Gewerbekapitalsteuer, Vermögensteuer, sind je nach Fragestellung unterschiedlich zu behandeln. Bei Vorteilsvergleichen zwischen Investitionsvorhaben sind sie grundsätzlich im Zahlungsstrom abzusetzen. Wegen der verzerrenden Vielfalt des Substanzsteuerrechts kann es zweckmäßig erscheinen, den Vorteilsvergleich vor Substanzbesteuerung durchzuführen (S. 271). Beim Vergleich der Vorteilhaftigkeit von Finanzierungsvorhaben ist zu beachten, daß die Regelformen der Fremdfinanzierung bei der Vermögensteuer und abweichend bei der Gewerbekapitalsteuer anders behandelt werden als die Regelform der Eigenfinanzierung: Darauf wird unter 4. zurückzukommen sein.

Unberücksichtigt bleibt im folgenden die Erbschaftsteuer: Hier treten mitunter Fragen des zeitlichen Vorteilsvergleichs auf (z. B. bei Inanspruchnahme der Stundung). Aber schwierig werden diese Vergleiche nur, wenn steuerrechtliche Details berücksichtigt werden, die hier nicht dargestellt werden können.

Steuern auf das finanzielle Ergebnis sind die Einkommensteuer (und daran anknüpfend die Kirchensteuer), die Körperschaftsteuer und die Gewerbeertragsteuer. Am zweckmäßigsten ist es, wenn die tatsächlichen Zahlungen des Einzelfalls bzw. für das ganze Investitions- und Finanzierungsprogramm der Planperiode vorausgeschätzt werden und in den Ausgabenstrom eingehen. Aber eine solche Vorausschätzung ist wegen der Fülle an Details im Steuerrecht äußerst schwierig. Deshalb werden die Gewinnsteuerzahlungen teils in pauschaler Form in den Zahlungsströmen, teils in pauschaler Form im Kalkulationszinsfuß berücksichtigt, wodurch die Folgerungen für manche Einzelfälle falsch werden.

In der Praxis scheut man zudem den Planungsaufwand, den das Einbeziehen von Gewinnsteuern mit sich bringt, und verzichtet oft auf eine Berücksichtigung der Besteuerung bei der Auswahl einzelner Investitionsvorhaben. Die Ausklammerung der Besteuerung aus der Investitionsrechnung, ihre ausschließliche Berücksichtigung bei Finanzierungsentscheidun-

---

[18] Zur hier verwandten Einteilung der Steuerarten und zu Einzelheiten der Besteuerung vgl. *Dieter Schneider,* Grundzüge der Unternehmensbesteuerung, 2. Aufl., Wiesbaden 1978, bes. S. 47 f., S. 69–123, 132–136, 138 f., 156–167. Zum Einfluß der Umsatzsteuer auf die Finanzplanung vgl. *ders.,* Betriebswirtschaftliche Folgen der Umsatzsteuer auf Anzahlungen. In: Betriebsberater, Jg. 35 (1980), S. 273–277, sowie den neuen § 5 Abs. 3 Satz 2 EStG 1980.

gen, ist ein fragwürdiges Vorgehen, weil die Gewinnsteuerzahlungen regelmäßig mehr als die Hälfte des Gewinns aufzehren und die Steuerzahlungen praktisch keineswegs proportional zum Einnahmenüberschuß verlaufen.

Wenn wir den steuerpflichtigen Gewinn als erstes grobes Maß für die Vorteilhaftigkeit einer Investition wählen, dann ist offensichtlich, daß die Besteuerung einen starken Einfluß auf die Vorteilhaftigkeit von Investitionen nimmt. Doch ist der starke Gewinnverzehr durch die Besteuerung noch kein hinreichender Grund, um Steuern bei Investitionsüberlegungen zu berücksichtigen. Die Steuern könnten ja alle Investitionsvorhaben (Gebäude, Maschinen, Beteiligungen) in gleicher Weise beeinträchtigen.

Aber selbst wenn dies der Fall wäre, dürften die Steuern nicht aus den Investitionsüberlegungen ausgeklammert werden, denn die Investitionsentscheidung hängt nicht nur von den erwarteten Gewinnen ab, sondern auch von der Glaubwürdigkeit der einzelnen Zukunftslagen, vom Risiko der Investition. Selbst wenn die Gewinne sämtlicher Investitionsvorhaben durch die Besteuerung in gleicher Weise geschmälert würden, bliebe immer noch zu beachten, daß der Gewinnverzehr zugleich die Risikoeinschätzung der Investition verändert.

Nur unter wirklichkeitsfremden Annahmen nimmt die Gewinnbesteuerung keinen Einfluß auf die Vorteilhaftigkeit der Investition (vgl. S. 314 ff). In der Wirklichkeit können Investitionsvorhaben, die bei Vernachlässigung der Gewinnsteuern vorteilhaft erscheinen, bei Berücksichtigung der Gewinnsteuern unvorteilhaft werden und umgekehrt; die Rangfolge einzelner Investitionen untereinander mag wechseln, die wirtschaftliche Nutzungsdauer der einzelnen Anlagen sich ändern.

Alle wesentlichen Beurteilungsmaßstäbe einer Investition können sich bei Berücksichtigung der Besteuerung verschieben: Vorteilhaftigkeit, wirtschaftliche Nutzungsdauer, Rangordnung und Risikoeinschätzung. Deshalb muß die Besteuerung in die Investitionsrechnung einbezogen werden.

Aber hier wird der Einwand kommen: Das mag in der Theorie zutreffen. Die Theorie setzt voraus, man kenne die künftig anfallenden Steuerzahlungen. Die Höhe des zukünftigen steuerpflichtigen Gewinns stehe aber nicht fest. Er sei eine für die Zukunft geschätzte Größe, die von allen anderen Zukunftsschätzungen abhänge: Von der Entwicklung der Absatzlage, von den Preisen und Kosten, und die damit sämtliche Schätzungsungenauigkeiten widerspiegele. Die Höhe des zukünftigen steuerpflichtigen Gewinns werde ferner durch die künftigen außerordentlichen Aufwendungen, durch die Möglichkeit zur Rückstellungsbildung und ähnliches beeinflußt. Der künftige steuerpflichtige Gewinn sei deshalb schon bei Kapitalgesellschaften (die einem proportionalen Steuertarif unterliegen) schwierig zu ermitteln. Selbst bei Kapitalgesellschaften hänge die tatsächliche Steuerbelastung zusätzlich vom Verhältnis des ausgeschütteten zum nicht ausgeschütteten Gewinn ab. Bei Einzelpersonen und Personengesellschaften erschwere sich die Erfassung künftiger Steuerzahlungen noch weiter durch die Einkommensteuerprogression.

Nach diesen Einwendungen erscheint es fast als hoffnungsloses Unterfangen, die steuerlichen Wirkungen in die Investitionsplanung einzubeziehen. Aber solchen Schwierigkeiten sieht sich der Betriebswirt regelmäßig gegenüber. Er muß hierbei seine Alternativen vergleichen: Berücksichtigt er die Gewinnsteuern nicht, enthält seine Investitionsrechnung einen vorsätzlichen Fehler. Also ist es besser zu versuchen, Gewinnsteuern wenigstens der Größenordnung nach zu erfassen.

Ehe die Steuerbelastung berechnet werden kann, müssen wir uns darüber verständigen, worauf die Steuerbelastung bezogen werden soll. Das »zu versteuernde Einkommen«, auf das der deutsche Gesetzgeber den Einkommensteuertarif anwenden läßt, deckt sich in der Wirklichkeit kaum einmal mit dem Betrag, den man bei wirtschaftlich vernünftiger Überlegung als »Einkommen« bzw. periodischen Einnahmenüberschuß ansehen würde. Auf einige der für Unternehmungen, insbesondere Kapitalgesellschaften, besonders wichtigen »Gewinnvergünstigungen« und »Gewinnverböserungen« des deutschen Steuerrechts gegenüber dem (erfolgswirksamen) Einnahmenüberschuß wird im folgenden Abschnitt eingegangen.

In diesem Abschnitt wird vorausgesetzt: Zu versteuerndes Einkommen bzw. körperschaftsteuerpflichtiges Einkommen sind mit dem Einnahmenüberschuß in dieser Periode identisch. Unter dieser heroischen Annahme beträgt die Steuerbelastung
1. bei der Einkommensteuer (also für Einzelkaufleute und Personengesellschafter) zwischen 0 und fast 56% (Durchschnittssteuersatz). Ein Grenzsteuersatz von 56% wird bei einem Einkommen von rund 130 000 DM für Junggesellen (260 000 DM im Regelfall für Verheiratete erreicht). Unter Berücksichtigung von 9% Kirchensteuer (die ihrerseits bei der Einkommensteuer abzugsfähig ist) errechnet sich eine Spitzenbelastung (höchster Grenzsteuersatz) von 58,11%.
2. Die Gewerbeertragsteuer ist nur unter einer Reihe zusätzlicher Vereinfachungen mit der Einkommensteuer in einem Steuersatz zusammenzufassen[19]. Geht man von dem in Lehrbüchern üblichen Hebesatz der Gemeinden von 300% aus, steigt die Spitzenbelastung aus Einkommen- und Gewerbesteuer auf 61,74% und einschließlich Kirchensteuer auf 63,57%. In süddeutschen Großstädten mit Hebesätzen zwischen 400 und 500% steigt die Spitzenbelastung auf rund 65% ohne Kirchensteuer.
3. Bei der Körperschaftsteuer werden hier nur die Steuersätze für den Regelfall der Kapitalgesellschaften betrachtet (für Hypothekenbanken gelten z. B. andere Sätze). Dabei ist zwischen der Einbehaltung von Gewinnen (56%) und der Ausschüttung (36%) zu unterscheiden, wobei beachtet werden muß, daß die Ausschüttungsbelastung bei der Körperschaftsteuer bei inländischen Dividendenbeziehern auf die Einkommensteuerschuld angerechnet werden kann. Die Ausschüttungsbelastung stellt aus der Sicht der Anteilseigner also nur eine Form der Einkommensteuervorauszahlung dar.

Allerdings wird nur eine Firmenleitung, die im Interesse ihrer Anteilseigner handelt, die Ausschüttungsbelastung als Vorauszahlung für die Zielgröße »Einkommen der Anteilseigner« ansehen. Verfolgt die Kapitalgesellschaft firmeneigene Ziele (will sie z. B. ihr Wachstum maximieren), dann stellt auch die Ausschüttungsbelastung für sie »Kosten«, eine tatsächliche Belastung, dar.

Die folgende Rechnung trifft nur auf einen vereinfachten Fall zu: Keine Einkünfte aus Westberlin oder aus dem Ausland, keine Tarifvergünstigungen bei der Körperschaftsteuer, Hinzurechnungen und Kürzungen bei der Gewerbeertragsteuer gleichen sich aus, der Gewerbesteuerhebesatz beträgt 300%. Weil in der Wirklichkeit durchweg an irgendeiner Stelle Abweichungen von diesen Voraussetzungen vorliegen werden, deshalb hat es wenig Sinn, bis auf 3 oder noch mehr Stellen hinter dem Komma Steuerbelastungsziffern zu berechnen oder auswendig zu lernen. Nur im Einzelfall der Praxis kann es notwendig sein, exakt zu rechnen. Allgemeine Steuerbelastungsziffern können wegen der erforderlichen Vereinfachungen nur Richtgrößen sein.

Verglichen wird die Steuerbelastung bei Zurückbehaltung und bei Ausschüttung des Gewinns in der Kapitalgesellschaft

---

[19] Vgl. *Schneider*, Grundzüge der Unternehmensbesteuerung, S. 186.

	Selbstfinanzierung	Ausschüttung
Gewinn vor Steuern	100	100
Gewerbeertragsteuer (Hebesatz 300%)	− 13,04	− 13,04
Gewinn vor Körperschaftsteuer	86,96	86,96
Körperschaftsteuer	56% − 48,70	36% − 31,31
Gewinn nach Steuern	38,26	55,65

Bei diesen Annahmen sind $\frac{100}{38,26} = 2{,}61$ Mark Gewinn vor Steuer zu verdienen, damit 1 Mark zur Selbstfinanzierung bleibt und $\frac{100}{55,65} = 1{,}80$ Mark Gewinn vor Steuern, damit 1 Mark ausgeschüttet werden kann. Im Regelfall wird weder der Gewinn voll zurückbehalten, noch voll ausgeschüttet, so daß die tatsächliche Steuerbelastung bei 300% Gewerbesteuerhebesatz zwischen $(13{,}04 + 48{,}70) = 61{,}74\%$ und $(13{,}04 + 31{,}31) = 44{,}35\%$ liegen wird. Für die Spitzenbelastung mit Gewerbeertragsteuer (Hebesatz 650% zur Zeit) errechnet sich eine Gesamtbelastung bei Selbstfinanzierung von 66,79%, bei Ausschüttung von 51,70%.

2. Abweichungen zwischen Zielgrößen und Steuerbemessungsgrundlagen

aa) Zahlungsweise und Bemessungsgrundlagen der Gewinnbesteuerung

Die finanziellen Zielbeiträge einer Investition bestehen in ihren periodischen Einnahmenüberschüssen. Die Besteuerung der Gewinne vermindert die periodischen Einnahmenüberschüsse. Die theoretischen Überlegungen zur Besteuerung und Unternehmenspolitik gehen davon aus, daß der versteuerte Gewinn eines Jahres gleich dem Gewinn vor Steuern abzüglich der Steuerzahlungen in diesem Jahr ist, wobei der versteuerte Gewinn des Jahres dem Einnahmenüberschuß der Investition in dieser Periode gleicht.

Diese Gleichsetzung von Einnahmenüberschuß vor Steuern und steuerpflichtigem Gewinn ist eine grobe Vereinfachung der Wirklichkeit. Praktisch sind nämlich zwei Abweichungen zu beachten:

a) Selbst wenn der steuerpflichtige Gewinn eines Jahres gleich dem Einnahmenüberschuß dieses Jahres ist, so fällt die Steuerzahlung auf den Gewinn dieses Jahres nur teilweise in das Jahr. Nur für die Einkommensteuervorauszahlungen dürfte dies zutreffen, nicht für die Steuerabschlußzahlung. Anderseits ist zu berücksichtigen, daß die Abschlußzahlungen früherer Jahre in das laufende Jahr fallen.

Die erste Abweichung zwischen dem Einnahmenüberschuß nach Steuern und dem versteuerten Gewinn entsteht also durch Zeitdifferenzen bei der Steuerzahlung. Aus Gründen der Vereinfachung wird von diesen Zeitdifferenzen im folgenden abgesehen. Diese Vereinfachung kann mitunter das Ergebnis verändern. Aber nur im praktischen Einzelfall kann so genau monatlich oder vierteljährlich geplant werden, daß diese Zeitverschiebungen bei der Steuerzahlung berücksichtigt werden können.

b) Die zweite Abweichung ist hingegen so schwerwiegender Natur, daß sie nicht vernachlässigt werden darf. Im Regelfall decken sich Einnahmenüberschuß vor Steuern und steuerpflichtiger Gewinn nicht, so daß die einfache Rechnung: Zielgröße nach Steuern (E_s) gleich der versteuerten Zielgröße vor Steuern oder $E_s = (1-s) E$, mit s als Steuersatz, falsch wird.

Beispiele:
(1) Wenn eine Ware im Dezember mit 6 Wochen Ziel verkauft wird, entsteht der steuerpflichtige Gewinn im alten Jahr, die Einnahmen erst im neuen Jahr.
(2) Wenn am Jahresende die Forderung zweifelhaft geworden ist, so daß eine Teilwertabschreibung vorgenommen wird, dann entsteht steuerlicher Aufwand im alten Jahr, der den Gewinn des Jahres mindert, ohne daß diesem Aufwand Ausgaben im alten Jahr gegenüberstehen.
(3) Wenn die Unternehmung abnutzbare Anlagen verwendet, dann stehen den steuerlichen Abschreibungen auch keine Ausgaben in der Periode gegenüber mit der Folge, daß der Einnahmenüberschuß der Periode nicht dem steuerpflichtigen Gewinn gleicht.
Unter den genannten Beispielen wiegt die Anlagenabschreibung am schwersten. Sie wird als mehrperiodiges Problem erst in Kapitel b) bis d) untersucht werden. Vorerst halten wir fest: Um Wirkungen der Gewinnbesteuerung auf die Unternehmenspolitik zu untersuchen, ist der Einnahmenüberschuß vor Gewinnsteuern und nach Gewinnsteuern im Hinblick auf die Zielgrößen des Unternehmens zu vergleichen. Am leichtesten wird die Untersuchung der Steuerwirkungen, wenn als Zielgröße des Unternehmens der Einnahmenüberschuß selbst angesetzt wird und der Einnahmenüberschuß zugleich Steuerbemessungsgrundlage ist. Dann gilt: Der versteuerte Zielbeitrag einer Handlungsmöglichkeit gleicht dem unversteuerten Zielbeitrag abzüglich dem Produkt aus Grenzsteuersatz mal unversteuertem Zielbeitrag.

Diese einfache Rechnung führt zu einer wettbewerbsneutralen (d. h. die Rangordnung konkurrierender Investitions- und Finanzierungsvorhaben nicht verzerrenden) Besteuerung, wenn ein proportionaler Steuersatz gilt und keine abschreibungsbedürftigen Investitionen auftreten (was bei einperiodigen Wahlproblemen der Fall ist). Denn dann wird die Vorteilhaftigkeit aller Investitions- und Finanzierungsvorhaben gleichmäßig mit dem Versteuerungsfaktor (1-s) gekürzt, was den Vorteilsvergleich nicht beeinflussen kann.
Bei mehrperiodigen Problemen gilt, wie wir S. 315 sehen werden, nur für eine diskriminierende Gewinnsteuer, daß die Besteuerung wettbewerbsneutral ist, wenn der Gewinn dem Zahlungssaldo entspricht (als diskriminierend wirkt die Gewerbeertragsteuer bezüglich gewerblicher Investitionen). Bei einer allgemeinen Gewinnsteuer (wie der Einkommensteuer und anrechenbaren Körperschaftsteuer) muß der steuerpflichtige Gewinn dem Zahlungssaldo unter Ausschluß der Anschaffungsausgaben entsprechen, an deren Stelle ein bestimmter kapitaltheoretischer Abschreibungsverlauf treten muß (S. 281). Da Anlagenabschreibungen ein mehrperiodiges Problem darstellen, bleiben sie vorerst außer Betracht.
Mit dem Vorbehalt der Abschreibungen bei mehrperiodigen Wahlproblemen können wir jedoch schon hier festhalten:

Nur wenn der Zahlungssaldo einer Investition (Unternehmung) ihrem steuerpflichtigen Gewinn entspricht, verzerrt die Gewinnbesteuerung nicht den Vorteilsvergleich. Nur dann löst sie die vom Gesetzgeber durch die Tariffestlegung geplante Steuerbelastung aus. Jede Abweichung der bilanziellen Gewinnermittlung (und der zahlreichen Einzelvorschriften bei der Einnahmenüberschußrechnung gem. § 4 Abs. 3 EStG) gegenüber dem Zahlungssaldo erzeugt steuerliche Gewinnvergünstigungen und Gewinnverböserungen, welche
(a) die durch die Tariffestsetzung vom Gesetzgeber geplante Steuerbelastung erhöhen oder vermindern, und d. h. bei gleicher steuerlicher Leistungsfähigkeit (gemessen an einem wirtschaftlichen Einkommen bzw. im Gesamtwert einer Unternehmung) unterschiedliche Steuerzahlungen zur Folge haben, also gegen die Gleichmäßigkeit der Besteuerung verstoßen;

(b) den Vorteilsvergleich zwischen Handlungsmöglichkeiten verzerren und damit steuerlich bedingte Anpassungsentscheidungen auslösen, welche die Wettbewerbsneutralität der Gewinnbesteuerung verletzen und zusätzlich als »Steuereinholungen« oder Mehrbelastungen wirken, damit durch Anpassungsentscheidungen bedingte zusätzliche Verstöße gegen die Gleichmäßigkeit der Besteuerung herbeiführen.

In drastischer Weise deutlich werden die Verstöße gegen die Wettbewerbsneutralität und Gleichmäßigkeit der Besteuerung durch die steuerlich bedingten Unternehmenswertänderungen in der Inflation, denn die steuerlichen »Substanzgewinne« und »Substanzverluste« sind in erster Linie durch die Maßgeblichkeit der bilanziellen Gewinnermittlung für die Gewinnbesteuerung und nicht durch eine »nominelle Scheingewinnbesteuerung« erzwungen (S. 323 ff.).

Oft benutzen aber Steuerbelastungsvergleiche und Steuerwirkungsmodelle gerade den Handelsbilanzgewinn als Bezugsgröße bzw. bauen auf einer Reinertragsgröße auf, die den Handelsbilanzgewinn zugrunde legt und lediglich um die unechten Aufwände und Erträge aus den Beziehungen zwischen Unternehmung und Inhabern korrigiert ist, wie es in der Teilsteuerrechnung geschieht[20]. Wegen der Fülle an Abweichungen zwischen Zahlungssaldo und Handelsbilanzgewinn kann erst nach Einbeziehen sämtlicher Abweichungen die Teilsteuerrechnung auf die Vorteilhaftigkeit der einzelnen Handlungsmöglichkeiten nutzbringend angewandt werden.

bb) Steuerliche Gewinnvergünstigungen

Steuerliche Gewinnvergünstigungen treten in einer Abrechnungsperiode auf, wenn
1. die Einnahmen (Einzahlungen) bei einer Investition (Unternehmung) eines Jahres höher sind als der steuerpflichtige Ertrag,
2. der steuerlich abzugsfähige Aufwand eines Jahres höher ist als die tatsächlichen Ausgaben bei einer Investition (Unternehmung);
3. Abschreibungen steuerlich vorzeitig angesetzt werden dürfen (das »vorzeitig« ist bei der gewerbliche Investitionen diskriminierenden Gewerbeertragsteuer anders als bei der allgemeinen Einkommensteuer, vgl. S. 315 und S. 317).

Beispiele für den Fall, daß die Betriebseinnahmen den steuerpflichtigen Ertrag übersteigen, sind:
(1) Kundenanzahlungen für Lieferungen in den Folgejahren;
(2) passive Rechnungsabgrenzungsposten, also z. B. Mieteinnahmen im alten Jahr, die erst im nächsten Jahr zu steuerbaren Mieteinnahmen werden.

Beispiele für den Fall, daß der steuerlich abzugsfähige Aufwand höher ist als die tatsächlichen Betriebsausgaben, sind insbesondere:
(1) Verbrauch von Vorräten, die erst im folgenden Jahr bezahlt werden; überhaupt jede Erhöhung der Verbindlichkeiten gegenüber dem Vorjahr, die im abgelaufenen Jahr zu steuerlichem Aufwand geführt hat;
(2) Verlustvorwegnahmen, also Teilwertabschreibungen auf Forderungen, auf Vorräte, auf Anlagen;
(3) steuerlich zulässige Rückstellungsbildungen;
(4) steuerliche Bewertungsvergünstigungen, wie z. B. die Bildung steuerfreier Rücklagen.

[20] Vgl. *Gerd Rose*, Die Steuerbelastung der Unternehmung. Wiesbaden 1973; ders., Teilsteuersätze ab 1. Januar 1978. In: Der Betrieb 1977, S. 2 243–2 244.

cc) Steuerliche Gewinnverböserungen

Steuerliche Gewinnverböserungen (Gewinndiskriminierungen) treten in einer Abrechnungsperiode auf, wenn
1. der steuerpflichtige Ertrag eines Jahres höher ist als die Einnahmen bei einer Investition (Unternehmung);
2. die Ausgaben eines Jahres höher sind als der steuerlich abzugsfähige Aufwand bei einer Investition (Unternehmung);
3. Abschreibungen steuerlich erst verspätet verrechnet werden dürfen (S. 315 und 317).

Beispiele für den Fall, daß der steuerliche Ertrag eines Jahres höher ist als die Betriebseinnahmen, sind:
(1) Verkäufe auf Ziel, also die Forderungsentstehung. Denn durch den Zielverkauf wird Gewinn im alten Jahr realisiert, die Einnahmen fließen aber erst bei Zahlung, nämlich im neuen Jahr, zu. Auf die steuerpflichtige Unternehmung insgesamt bezogen, entsteht eine Gewinnverböserung nur, wenn in einem Jahr die Forderungen anwachsen. Wenn es gelingt, bei gleichem Umsatz die Forderungen aus Warenlieferungen und -leistungen abzubauen, tritt hingegen eine Gewinnvergünstigung ein.
(2) Die Aktivierung von selbsterstellten Anlagen und unfertigen und fertigen Erzeugnissen, soweit hier der ausgabengleiche Aufwand überstiegen wird. Die Aktivierung von Abschreibungen in den Herstellungskosten bewirkt, daß die Aufwandsverrechnung der Abschreibungen in Höhe des aktivierten Betrages wieder rückgängig gemacht wird. Falls die steuerliche Abschreibung der Ertragswertabschreibung entsprochen hat, liegt dann in der Aktivierung von Abschreibungen eine Gewinnverböserung.

Beispiele dafür, daß die Betriebsausgaben höher sind als der steuerlich abzugsfähige Aufwand, sind:
(1) Im Falle einer Fusion muß ein erworbener Firmenwert aktiviert werden.
(2) Die steuerrechtlich erzwungene Aktivierung verlorener Zuschüsse und Aktivierungen immaterieller Wirtschaftsgüter.
(3) In gleicher Weise wirken aktive Rechnungsabgrenzungsposten: Die Bezahlung von Miete heute, die erst teilweise im nächsten Jahr als Aufwand verrechnet werden darf.

dd) Folgen von Gewinnvergünstigungen und Gewinnverböserungen

Das geltende Bilanzsteuerrecht enthält eine Fülle von Einzelfällen der steuerlichen Gewinnvergünstigung und der steuerlichen Gewinnverböserung. Soweit die Bilanzansatz- und -bewertungsvorschriften zwingend sind, entstehen durch die Gewinnvergünstigungen im Regelfall Steuerentlastungen, durch die steuerliche Gewinnverböserung im Regelfall zusätzliche Steuerbelastungen, welche die Unternehmung nicht beeinflussen kann.
Die Einschränkung »im Regelfall« besagt, daß es Ausnahmen gibt. Steuerliche Gewinnvergünstigungen wirken dann nicht steuerentlastend, wenn überhaupt keine Gewinnsteuern gezahlt werden, also in Verlustjahren. Eine Erhöhung des Verlustes bringt in dem abzurechnenden Wirtschaftsjahr keinen Pfennig Steuerersparnis. Wegen des zeitlich beschränkten Verlustvortrags (der anschließend erläutert wird) entsteht sogar die Gefahr, den Aufwand überhaupt nicht steuermindernd verrechnen zu können.

Entsprechendes gilt für steuerliche Gewinnverböserungen. Gewinnverböserungen wirken dann nicht als zusätzliche Steuerbelastung, wenn in dem betreffenden Jahr die Gewinnverböserung dazu führt, daß ein steuerlicher Verlust nur verringert wird. Im einzelnen:

1. Der Regelfall einer Gewinnvergünstigung wird durch eine gleich hohe »Gewinnverböserung« in einer Folgeperiode wieder ausgeglichen: Kundenanzahlungen in t_0 werden bei Erfüllung des Auftrages, z. B. in t_2, erfolgswirksam verrechnet; auf Zahlungsziel gekaufte und sofort verbrauchte Vorräte in t_0 lösen dann, wenn die Verbindlichkeit beglichen wird, z. B. in t_1, eine gleich hohe Ausgabe aus. Beide Male ist in t_0 eine Gewinnvergünstigung gegeben: »Einnahme, noch nicht Ertrag« bzw. »Aufwand, noch nicht Ausgabe«. Der Gewinnvergünstigung tritt in irgendeinem späteren t eine gleich hohe »Gewinnverböserung« zur Seite: »Ertrag, nicht mehr Einnahme«, »Ausgabe, nicht mehr Aufwand«.
Gewinnvergünstigungen, die sich im Zeitablauf in ihrer Erfolgswirksamkeit ausgleichen, bewirken einen zinslosen Kredit des Fiskus an den Steuerpflichtigen. Wie stark dieser Finanzierungsvorteil zu Buche schlägt, hängt von der Höhe des Steuersatzes, des Zinssatzes und der Zeitdauer ab, bis die Gewinnvergünstigung wieder rückgängig gemacht wird.
Darüber hinaus können sich im Zeitablauf die Steuersätze ändern. Erfolgt die ausgleichende Gewinnverböserung zu einem niedrigeren Grenzsteuersatz, tritt zum Zinsgewinn eine endgültige Steuerersparnis. Bei einem höheren Grenzsteuersatz entsteht eine Steuermehrzahlung, die saldiert um den Zinsgewinn zu einer endgültigen Mehr- oder Minderbelastung werden kann.

2. Der Regelfall einer Gewinnverböserung zeigt die entgegengesetzte Wirkung einer Gewinnvergünstigung: Zielverkäufe in t_0 lösen in einer späteren Abrechnungsperiode, z. B. t_2, Einnahmen aus; die Aktivierung von Vorratsausgaben in t_0 führt in t_1, bei ihrem Verbrauch, zu Aufwand. Der Gewinnverböserung in t_0: »Ertrag, noch nicht Einnahme« bzw. »Ausgabe, noch nicht Aufwand« folgt in einem späteren t in gleicher Höhe eine »Gewinnvergünstigung« in der Form »Einnahme, nicht mehr Ertrag« bzw. »Aufwand, nicht mehr Ausgabe«.
Gewinnverböserungen, die sich im Zeitablauf ausgleichen, verursachen einen zinslosen Kredit der Steuerpflichtigen an den Fiskus (eine Zwangsanleihe). Wie stark diese unrentable Investition zu Buche schlägt, hängt von der Höhe des Steuersatzes, der Rendite der Unternehmensinvestitionen und der Zeitdauer ab, bis die Gewinnverböserung wieder rückgängig gemacht wird.
Aus Steuersatzänderungen im Zeitablauf entsteht hier eine Steuermehrzahlung, wenn im Jahre der ausgleichenden Gewinnvergünstigung ein niedrigerer Grenzsteuersatz herrscht als im Jahr der Gewinnverböserung. Diese Steuermehrzahlung zusammen mit dem Zinsverlust aufgrund der Zwangsanleihe ergibt die endgültige Steuermehrbelastung. Unterliegt die ausgleichende Gewinnvergünstigung einem höheren Grenzsteuersatz als die Gewinnverböserung, entsteht eine Steuerminderzahlung, die saldiert mit dem Zinsverlust aufgrund der Zwangsanleihe zu einer endgültigen Steuermehr- oder minderbelastung werden kann.

3. Mitunter kann die Gewinnvergüstigung bzw. Gewinnverböserung dauerhaft wirksam bleiben, z. B. wenn die Kundenanzahlung bzw. Absatzfinanzierung durch in jeder Abrechnungsperiode neue Kundenanzahlungen bzw. Forderungen aus Warenlieferungen und Leistungen in gleicher Höhe bestehen bleibt oder gar wächst. So entsteht ein dauerhafter zinsloser Kredit bzw. eine dauerhafte zinslose Zwangsanleihe, die praktisch einer endgültigen Steuerersparnis bzw. Steuermehrbelastung gleichkommt.

ee) Verlustberücksichtigung

Grundsätzlich gilt bei der steuerlichen Gewinnermittlung: Einnahmen bzw. Gewinne und Ausgaben bzw. Verluste sind zunächst innerhalb einer Einkunftsart zu saldieren. Eine solche Möglichkeit zu einem *innerbetrieblichen Verlustausgleich* wird vor allem bei größeren Unternehmen mit verschiedenen Geschäftsbereichen gegeben sein. Bleibt bei einer Einkunftsart, z. B. den Einkünften aus Gewerbebetrieb, ein Verlust, so wird dieser Verlust gegen die Einkünfte aus anderen Einkunftsarten aufgerechnet. Von diesem Grundsatz gibt es einige Ausnahmen, die hier nicht interessieren.

Fehlen Einnahmen, um Verluste innerhalb einer Einkunftsart oder zwischen den Einkunftsarten auszugleichen, dann entsteht die Möglichkeit eines steuerlichen »Verlustabzugs« (§ 10 d EStG). Dieser Verlustabzug erscheint als Verlustrücktrag und als Verlustvortrag.

Verlustrücktrag: Nicht ausgeglichene Verluste bis zu einem Betrag von insgesamt 5 Mio DM jährlich dürfen vom Gesamtbetrag der Einkünfte des vorangegangenen Jahres abgezogen werden.

Verlustvortrag: Verluste, die nicht über den Verlustrücktrag aufgerechnet werden können, weil sie 5 Mio. DM übersteigen oder weil im vorangegangenen Jahr ebenfalls kein positiver Gesamtbetrag der Einkünfte vorhanden war, sind auf die nächsten Jahre vorzutragen und mindern in den folgenden fünf Jahren den Gesamtbetrag der Einkünfte.

Den innerbetrieblichen Verlustausgleich, die Verrechnung von Verlusten bei einer Einkunftsart mit anderen Einkünften, den Verlustrücktrag und die bislang nur theoretische Möglichkeit einer sofortigen Verlustsubvention (Negativsteuer in Höhe von Grenzsteuersatz mal Verlust) fassen wir fortan unter dem Begriff *sofortiger Verlustausgleich* zusammen. Ob ein sofortiger Verlustausgleich gegeben ist oder nicht, hat einen erheblichen Einfluß auf die Vorteilhaftigkeit und das Risiko einer Investition. Soweit ein fehlender sofortiger Verlustausgleich (ein Verlustvortrag) durch gleichzeitige Ausgaben entstanden ist, und nicht durch Aufwandsvorwegnahmen, wirkt der Zwang, den Verlust vorzutragen (und die Gefahr, die steuerliche Anrechenbarkeit nach 5 Jahren zu verlieren), wie eine Gewinnverböserung (Steuermehrbelastung).

3. Belastungsverschiebungen bei einperiodigen steuerlichen Wahlproblemen

aa) Drei elementare Klarstellungen

α) Bei steuerlich abzugsfähigen Ausgaben wird häufig so gerechnet: 100 DM mehr an Aufwand belasten bei einem Steuersatz von 60% nur zu 40 DM. Und daraufhin werden mitunter leichtfertig geringwertige Wirtschaftsgüter des Anlagevermögens gekauft oder sonstige Aufwendungen in Kauf genommen.

Indes sind Liquiditäts- und Rentabilitätswirkungen einer solchen Maßnahme sorgfältig auseinanderzuhalten:

(1) Jede zusätzliche steuerlich abzugsfähige Ausgabe mindert zunächst in voller Höhe den Kassenbestand bzw. die Liquidität und belastet insoweit die Finanzplanung. Ob durch den zusätzlichen steuerlichen Aufwand in derselben Abrechnungsperiode Steuerzahlungen gemindert werden, muß gesondert geprüft werden. Das geschieht nur, wenn überhaupt noch steuerpflichtiges Einkommen gegeben ist (Vorauszahlungsverpflichtungen unverzüglich herabgesetzt werden).

(2) Eine zusätzliche abzugsfähige Ausgabe von z. B. 100 DM mindert jedoch nicht das bisher verdiente, verfügbare Einkommen um 100 DM, sondern sie verringert das verfügbare Einkommen nach Steuern nur um $(1-s) \cdot 100$ DM, also bei 60% Steuersatz um 40 DM.

Sofort abzugsfähige Ausgaben verbilligen also Handlungsmöglichkeiten, soweit steuerpflichtiges Einkommen gegeben ist. Es ist jedoch ein elementarer ökonomischer Fehler, »Verbilligung« einer Anschaffung mit »Ersparnis« ohne weiteres gleichzusetzen. Solange der Steuersatz noch unter 100% liegt, zahlt man bei zusätzlichem steuerlichem Aufwand immer drauf. Man muß jeweils prüfen, ob die durch die steuerliche Abzugsfähigkeit erreichte Verbilligung der Anschaffung die Anschaffung selbst lohnend macht, also das Entstehen zusätzlichen Aufwandes rechtfertigt.

β) Eine Prüfungsfrage, die viele verwirrt, lautet: 100 DM abzugsfähige Ausgaben (z. B. die eine Hälfte der Aufsichtsratstantiemen, § 10 Nr. 3 KStG) mindern bei einem Steuersatz von 60% den versteuerten Gewinn um 40 DM. Um 100 DM nichtabzugsfähige Ausgaben (z. B. die zweite Hälfte der Aufsichtsratsvergütungen) zahlen zu können, muß die Unternehmung aber $\frac{100}{1-0,6}$ = 250 DM verdienen. Ist es richtig, daß die Nichtabzugsfähigkeit dazu führt, daß die zweite Hälfte der Aufsichtsratsvergütung $\frac{250}{40}$ = 6¼ mal so teuer ist wie die erste Hälfte?
Es ist natürlich nicht richtig, sondern hier sind zwei Bezugsgrößen miteinander vermengt worden. Richtig muß die Rechnung lauten:
Wenn 250 DM vor Steuern verdient sind, dann können daraus gezahlt werden: entweder 250 DM abzugsfähige Ausgaben (also 250 DM für die erste Hälfte der Aufsichtsratsvergütungen) oder bei einem Steuersatz von 60% 100 DM nichtabzugsfähige Ausgaben, denn die 250 DM erfordern 150 DM Gewinnsteuerzahlungen, und damit bleiben 100 DM versteuertes Einkommen übrig, die dann zur Begleichung der steuerlich nicht abzugsfähigen Hälfte der Aufsichtsratsvergütungen herangezogen werden können. Wenn die Frage: Um wieviel teurer ist die zweite Hälfte der Aufsichtsratsvergütungen als die erste? überhaupt sinnvoll ist, dann lautet die richtige Antwort: 2,5 mal oder allgemein $\frac{1}{1-s}$ mal teurer als nicht abzugsfähige Ausgaben.
Entweder vergleicht man nämlich das erforderliche Einkommen, um eine nicht abzugsfähige Ausgabe zahlen zu können (250 DM), mit dem erforderlichen Einkommen, um eine abzugsfähige Ausgabe zu leisten (100 DM), oder man vergleicht die Minderung des versteuerten Einkommens aufgrund einer zusätzlichen nicht abzugsfähigen Ausgabe (100 DM) mit der Minderung des versteuerten Einkommens aufgrund einer zusätzlichen abzugsfähigen Ausgabe (40 DM). Beide Male ist die Mehrbelastung das $\frac{1}{1-s}$-fache.
Das deutsche Steuerrecht sieht eine Reihe von Ausgaben, die durch den Betrieb eines Unternehmens bedingt sind, als steuerlich nicht abzugsfähig an, insbesondere
(1) die Vermögensteuerzahlung,
(2) die nicht abzugsfähigen Betriebsausgaben im Sinne des § 4 Abs. 5 EStG (Stichwort: Bewirtungsspesen),
(3) eine Hälfte der Aufsichtsratsvergütungen,
(4) die Emissionskosten bei einer Kapitalerhöhung über dem Nennwert (§ 9 Nr. 1a KStG).

γ) Von den steuerlich sofort abzugsfähigen und den steuerlich nicht abzugsfähigen Betriebsausgaben streng zu trennen sind die steuerlich nicht sofort abzugsfähigen Betriebsausgaben: Anschaffungsausgaben für abnutzbare Anlagen, die zu bildenden Rechnungsabgrenzungsposten, das Emissionsdisagio bei Anleihen. Hier besteht die steuerliche Mehrbelastung

natürlich nur in einem Zinsverlust, solange der Steuersatz unverändert bleibt. Bei langjährigen Investitionen kann aber auch der Zinsverlust stark zu Buche schlagen.
Beispiel: Die Minderung des versteuerten Einkommens aufgrund einer zusätzlichen sofort abzugsfähigen Betriebsausgabe von 100 DM beträgt bei einem Steuersatz von 60% 40 DM. Die Minderung des versteuerten Einkommens, wenn diese zusätzliche Betriebsausgabe erst in einem Jahr steuerlich abzugsfähig ist, beträgt bei genauer Rechnung und einem Zinssatz nach Steuern von $i_s = 4\%$ 42,31 DM, denn die Belastung errechnet sich hier als

$$B = A - \frac{s \cdot A}{1 + i_s} \text{ oder } B = \frac{1 + i_s - s}{1 + i_s} A.$$

Wird die Abzugsfähigkeit um weitere Jahre hinausgezögert, erhöht sich der Betrag entsprechend.

bb) Vorteilskriterien für einperiodige Bilanzierungswahlrechte

Auf die Frage: Sind steuerliche Bilanzierungswahlrechte für die Unternehmung von Vorteil? lautet die Antwort: Ja, denn dann bleibt es dem Bilanzierenden überlassen, welchen Wertansatz er wählt. Genau aus diesem Grunde sind aber steuerliche Bilanzierungswahlrechte ein Verstoß gegen die Gleichmäßigkeit der Besteuerung, weil sie dem Bilanzierenden eine Selbstbestimmung seiner Steuerzahlungen (Selbsteinsteuerung) erlauben.

Schwieriger ist die Frage zu beantworten: Soll ein Bilanzierender stets den niedrigsten steuerlich zulässigen Wertansatz wählen? Hierzu sind Vorteilsberechnungen im Hinblick auf alle vom Entscheidenden angestrebten Ziele und zu beachtenden Umweltbedingungen anzustellen. Dabei ist zu unterscheiden, ob der Unternehmer nur finanzielle Ziele anstrebt oder ob andere Zielgrößen, z. B. das Risiko, ausdrücklich berücksichtigt werden. In diesem Abschnitt bleibt das Ungewißheitsproblem ausgeklammert. Zurückgestellt werden zunächst auch mehrperiodige Wahlprobleme hinsichtlich der Abschreibungen.

Einperiodige steuerliche Vorteilsüberlegungen entstehen z. B. bei der Wahl, ob eine Rückstellung für unterlassene Reparaturen vorgenommen werden soll oder nicht (falls die Reparatur in den nächsten drei Monaten des Folgejahres tatsächlich durchgeführt wird). Einperiodige Wahlprobleme entstehen auch bei der Berechnung der steuerlichen Herstellungskosten und in einigen Fällen von Teilwertabschreibungen, etwa im Vorratsvermögen.

Die Bilanzierung zum niedrigsten steuerlich zulässigen Wert lohnt sich im Regelfall. Der Regelfall setzt voraus, daß die Bilanzierung zum niedrigsten steuerlich zulässigen Wert Steuerzahlungen in dieser oder einer der nächsten Perioden vermeidet. Auch in einem Verlustjahr empfiehlt sich aus steuerlichen Gründen das Bilanzieren zum niedrigsten zulässigen Wert, obwohl keine Gewinnsteuerzahlungen gespart werden, weil die Vermögen- und Gewerbekapitalsteuerzahlungen auf den Wertansätzen der Steuerbilanz aufbauen und regelmäßig nicht alle gewinnsteuerlichen Vergünstigungen durch die besonderen Bewertungsvorschriften der vermögensteuerlichen Vermögensaufstellung wieder aufgehoben werden.

Da die Vermögen- und Gewerbekapitalsteuerzahlungen sich nach dem Vermögen am Jahresanfang errechnen, bewirkt ein niedriger Bilanzansatz im Jahre 1980 ein geringeres Reinvermögen in der Vermögensaufstellung zum 1. 1. 1981, so daß (im Regelfall) die Vermögen- und Gewerbekapitalsteuerzahlungen für 1981 sinken werden.

Die Ausnahmen, in denen eine Bilanzierung zum niedrigsten steuerlich zulässigen Wert unzweckmäßig wird, treten bei folgenden Umweltbedingungen ein:

(a) Wenn die Gefahr besteht, daß ein zusätzlicher Verlust dieser Periode wegen der zeitlichen Begrenzung der Verlustvortragsmöglichkeiten auf fünf Jahre später nicht mehr das Einkommen mindernd verrechnet werden kann;
(b) bei besonderen Unvollkommenheiten des Kapitalmarkts, insbesondere, wenn es die Unternehmung für zweckmäßig hält, eine bestimmte Kapitalstruktur einzuhalten (vgl. S. 453);
(c) bei im Zeitablauf steigenden Grenzsteuersätzen. Dies ist ein Unterfall progressiver Steuersätze.

Bei progressiven Steuertarifen muß darauf geachtet werden, daß Aufwand in jene Jahre verlagert wird, in denen höhere Gewinne anfallen und damit wegen der Steuerprogression überdurchschnittlich hohe Steuern zu zahlen wären. Je nach der erwarteten Gewinnentwicklung kann das Vorziehen oder das Hinausschieben von steuerlichem Aufwand ratsam sein. Wege zum Vorziehen oder Hinausschieben von steuerlichem Aufwand eröffnen die steuerlichen Bewertungswahlrechte (z. B. bei geringwertigen Wirtschaftsgütern des Anlagevermögens). Die Praxis schafft sich mitunter Bewertungswahlrechte selbst, z. B. durch Unterlassen an sich notwendiger Teilwertabschreibungen. Es ist kaum damit zu rechnen, daß der überlastete Betriebsprüfungsdienst des Finanzamts das Unterlassen von Teilwertabschreibungen bemerkt. Und ob der Wirtschaftsprüfer solche Abschreibungen beim Anlagevermögen gegen den Willen seines Mandanten durchsetzen wird, sei dahingestellt.

Hinausschieben oder Vorverlegen von Aufwand erreicht man auch indirekt durch Verzögern oder Vorziehen bestimmter Geschäftsvorfälle. Wer im Dezember keine versandfertigen Erzeugnisse mehr verschickt und keine Rechnungen schreibt, kann den Gewinn des alten Jahres niedrig belassen und wird erst im neuen Jahr die Gewinne verwirklichen.

Wann lohnt sich bei progressiven Steuersätzen ein Vorverlegen der Gewinnentstehung? Eine Gewinnerhöhung im alten Jahr lohnt sich dann, wenn der voraussichtliche Grenzsteuersatz des folgenden Jahres höher ist als der aufgezinste Grenzsteuersatz des alten Jahres. Als Kalkulationszinsfuß ist dabei der Zinsfuß nach Steuern, berechnet nach dem Grenzsteuersatz des Folgejahres, zu verwenden, denn die Zinserträge fallen erst im Folgejahr an und sind dann zu versteuern. Wenn s'_1 den Grenzsteuersatz des nächsten Jahres bezeichnet, s'_0 den Grenzsteuersatz im alten Jahr und i den Kalkulationszinsfuß vor Steuern, dann ist eine Gewinnerhöhung (ein Hinausschieben von Aufwand) im alten Jahr vorteilhaft, wenn

$$s'_1 > [1 + (1 - s'_1) i] s'_0.$$

4. Gewinnbesteuerung und »Kosten« der Eigen-, Fremd- und Selbstfinanzierung

Die Gewinnbesteuerung kann die relative Vorteilhaftigkeit sämtlicher Quellen der Zahlungsbereitschaft verändern. Ob Erweiterungsinvestitionen durch Verkauf eines Grundstücks (bei Übertragbarkeit der Veräußerungsgewinne gemäß § 6b EStG) oder durch Anlagemiete »finanziert« werden sollen oder durch eine zusätzliche Anleihe- oder Kapitalerhöhung: Stets wird die Gewinnbesteuerung die absolute Höhe der Zahlungsströme verlagern. Gewichtiger ist jedoch, daß wegen der Vielfalt steuerrechtlicher Details Gewinnvergünstigungen und Gewinnverböserungen entstehen, die das Verhältnis der Zahlungen konkurrierender Handlungsmöglichkeiten im Zeitablauf zueinander verschieben. Die Mehrzahl der steuerlichen Einflüsse auf die Quellen der Zahlungsbereitschaft wird in Abschnitt c) und in Kapitel IV erörtert. Hier werden nur die »durchschnittlichen« Veränderungen der Kapitalkosten aufgrund der Gewinnbesteuerung bei Eigen-, Fremd- und Selbstfinanzierung dargestellt.

Damit es überhaupt Sinn hat, von den »Kosten« der Eigen-, Fremd- und Selbstfinanzierung zu sprechen, werden in diesem Abschnitt firmeneigene Ziele unterstellt. Die Kapitalgesellschaft behandelt also ihre Anteilseigner lediglich als eine Gruppe unter den verschiedenen Gruppen von Kapitalgebern: Jene Gruppe, die durch Zahlung einer »kapitalmarktüblichen« Standarddividende zu befriedigen ist.

aa) Steuerliche Verteuerung der Eigenfinanzierung gegenüber der Fremdfinanzierung

Der Einstieg in die steuerlichen Einflüsse auf die Wahl zwischen den Finanzierungsarten wird erleichtert, wenn von der Voraussetzung ausgegangen wird, daß die Nachfrager nach Anleihen oder Aktien aus beiden Titeln dasselbe Einkommen (die gleiche Rendite) wünschen. Diese Voraussetzung entspricht nicht den derzeitigen Kapitalmarktgegebenheiten: Die Verzinsung von Aktien (Dividende plus Körperschaftsteuergutschrift, bezogen auf den Aktienkurs) liegt bei angesehenen Kapitalgesellschaften weit unter der Anleiheverzinsung, mitunter beträgt sie sogar weniger als die Hälfte davon. Das hängt damit zusammen, daß auf die Kursbildung bei Aktien nicht nur die tatsächliche Dividendenzahlung der Vergangenheit Einfluß nimmt (die in die Zukunft prognostiziert wird), sondern auch Erwartungen über Kurssteigerungen, Dividendenänderungen und Inflationsraten (denn die Sachwerte verkörpernden Anteilsrechte erscheinen gegen eine Geldentwertung wenigstens teilweise geschützt).

Zunächst sei jedoch davon ausgegangen, daß Anleihezeichner und die Zeichner einer Kapitalerhöhung die gleiche Rendite für ihr eingezahltes Geld wünschen, z. B. 8%.

(1) Die Rendite für die Anleihezeichner errechnet sich aus den halbjährlich oder jährlich zu zahlenden Zinsen und aus der Verrentung der Differenz zwischen Auszahlungskurs und Rückzahlungskurs über die Laufzeit hinweg, wobei die Rechnung meist dadurch etwas umständlich wird, daß die Mehrzahl der Anleihen nach einigen tilgungsfreien Jahren ratenweise zurückgezahlt wird: Beträgt die Laufzeit 15 Jahre, sind 5 tilgungsfreie Jahre vorgesehen, und findet dann eine jährlich gleichbleibende Auslosung unter den Anleihebesitzern für eine vorzeitige Rückzahlung statt, dann beträgt die durchschnittliche Laufzeit für den Anleihezeichner 10 Jahre. Da hier der steuerliche Einfluß in einer einperiodigen Vorteilsziffer ausgedrückt werden soll, also als Durchschnittssatz über die gesamte Laufzeit hinweg, wird auf die finanzmathematischen Feinheiten bei der Berechnung der Rendite nicht eingegangen.

Hat die Kapitalgesellschaft dem Anleihezeichner jährlich 8% Zinsen zu zahlen, so muß sie vor Steuern einiges mehr verdienen, damit sie diese Finanzquelle ohne Verlust nutzen kann. Körperschaftsteuer und Vermögensteuer bleiben hierbei außer Betracht, denn die Anleihezinsen (einschließlich des verrenteten Disagios, von Bewertungsfeinheiten wird abgesehen) mindern den körperschaftsteuerpflichtigen Gewinn. Und der Anleihebetrag selbst mindert das steuerpflichtige Vermögen (in der Vermögensaufstellung ist das Disagio nicht anzusetzen). Zu berücksichtigen hat die Kapitalgesellschaft jedoch die Emissionskosten für die Anleihe und die Gewerbekapitalsteuer, denn Anleihen sind Dauerschulden, die das Gewerbekapital nicht mindern, sowie die Gewerbeertragsteuer, denn Anleihezinsen sind Zinsen auf Dauerschulden und mindern den Gewerbeertrag nicht. Es wird von dem Lehrbuchfall 300% Hebesatz für die Gewerbesteuer ausgegangen, so daß 15% Gewerbeertragsteuer auf die

Anleihezinsen ($\frac{15}{115}$ = 13,04% auf den Gewinn vor Abzug der Gewerbeertragsteuer) und Gewerbekapitalsteuer zu zahlen sind.

Danach berechnen sich die Kosten für je 100 DM Anleihe[21]

Anleihezinsen	8,00 DM
Gewerbeertragsteuer auf die Anleihezinsen 15%	1,20 DM
Gewerbekapitalsteuer 0,6% auf den Anleihebetrag	0,60 DM
Anleiheemissionskosten, verrentet, ca. 0,5%	0,50 DM
Treuhändergebühr	0,10 DM
Kosten der Anleihe	10,40 DM

Da die Gewerbesteuer-Hebesätze stark schwanken, ist dies nur eine Beispielziffer; bei einem Hebesatz von 500% errechnen sich schon 11,60 DM an jährlichen Kosten je 100 DM Anleihe.

(2) Gewährt die Aktiengesellschaft den Anteilseignern für 100 DM Kapitaleinsatz ein jährliches Einkommen von 8 DM, so dürfen die 8 DM aus zwei Gründen nicht mit einem Dividendensatz von 8% gleichgesetzt werden: Das vom Aktionär eingesetzte Kapital entspricht dem jeweiligen Börsenkurs (abzüglich der Veräußerungskosten, die hier vernachlässigt werden), und das Einkommen eines inländischen Aktionärs besteht aus Dividenden zuzüglich der Körperschaftsteuergutschrift. Wenn der Kurs der Aktie 200 beträgt und die Dividende jährlich 10% (genau 10,24%), so entsteht daraus zusammen mit der Körperschaftsteuergutschrift ($\frac{36}{64}$ der Dividende) eine Aktionärsverzinsung von 8%.

Die Kapitalgesellschaft wird die Körperschaftsteuer auf ausgeschüttete Gewinne als Teil des Aktionärseinkommens ansehen und rechnet deshalb auf diesen Betrag zusätzlich die Gewerbeertragsteuer und die Gewerbekapitalsteuer sowie die verrenteten Emissionskosten, falls sie die Kapitalerhöhung zu pari durchführt, denn nur dann sind die Emissionskosten bei der Gewinnbesteuerung abzugsfähig (§ 9 Nr. 1a KStG). Da diese Beispielrechnung wirklichkeitsnah sein soll, wird im weiteren von einer Kapitalerhöhung über pari ausgegangen und zwar zu 200%.

Im Unterschied zur Anleiheausgabe sind bei einer Kapitalerhöhung dann zwei bei der Gewinnbesteuerung nicht abzugsfähige Posten zu berücksichtigen: die Emissionskosten und die Vermögensteuerzahlung, weil das zusätzliche Eigenkapital das Reinvermögen erhöht.

Die Emissionskosten (1% Gesellschaftsteuer, Provisionen für das Emissionskonsortium und die Börseneinführung, Druckkosten der Aktien, Notariatsgebühren) betragen bei pari-Emission etwa 7%, bei über-pari-Emissionen sinken sie relativ, weil nur ein Teil der Emissionskosten sich nach dem Ausgabebetrag berechnet, ein anderer Teil aber nach dem Nennwert. Hier seien die Emissionskosten bei einer Kapitalerhöhung zu 200 mit 12 angesetzt, so daß der Kapitalgesellschaft 188 an Eigenkapital zufließen.

Anstatt hier die Emissionskosten zu verrenten, ist es einfacher, die bei der Gewinnbesteuerung nicht abzugsfähigen Emissionskosten von dem aus der Kapitalerhöhung zufließenden Eigenkapital unmittelbar abzusetzen.

---

[21] Vgl. *Marcus Bierich,* Die Finanzierung nach der Körperschaftsteuerreform. In: Zeitschrift für das gesamte Kreditwesen, 30. Band (1977), S. 12–15, hier S. 12

Dieses Vorgehen erscheint allerdings nur bei einem Firmenziel »Maximierung des Selbstfinanzierungsbetrages« (firmeneigenes Vermögensstreben) einwandfrei. Denn wird nur mit einem Eigenkapitalzufluß in Höhe der Differenz Aktionärseinzahlung abzüglich Emissionskosten gerechnet, dann wird vernachlässigt, daß das Aktienrecht das Bilden einer gesetzlichen Rücklage in Höhe des vollen Agios (also vor Abzug der Emissionskosten) erzwingt. Bei einem Firmenziel »Maximierung der Selbstfinanzierungsrate« ist diese gesetzlich erzwungene Rücklagenbildung unbeachtlich. Bei aktionärsfreundlicheren Zielsetzungen müßte berücksichtigt werden, daß die Gesellschaft eine Eigenkapitalzuführung von zum Beispiel 200 zu verbuchen (die Emissionskosten durch Selbstfinanzierung auszugleichen) hat. Im weiteren wird jedoch das erste, in der Praxis regelmäßig angewandte Vorgehen dargestellt.
Danach berechnen sich die Kosten der Eigenfinanzierung durch Kapitalerhöhung für je 100 DM zufließenden Eigenkapitals wie folgt:

8% Aktionärsverzinsung (10,24% Dividende + 5,76%
Körperschaftsteuergutschrift bei 200 Ausgabekurs)
bedeuten eine Aktienverzinsung in der Gesellschaft von 16 DM,
bezogen auf 188 zufließendes Eigenkapital   8,51 DM
Gewerbeertragsteuer 15%   1,28 DM
Gewerbekapitalsteuer 0,6%   0,60 DM
Vermögensteuer 0,7%, zzgl. Körperschaftsteuer und
Gewerbeertragsteuer auf die Vermögensteuer,

insgesamt $\dfrac{0{,}7\%}{1 - 0{,}6174}$ 1,83 DM

Kosten der Eigenfinanzierung   12,22 DM

Dieser Satz verändert sich mit anderen Annahmen über die Gewerbesteuer und die Emissionskosten. Die Verteuerung gegenüber der Fremdfinanzierung entsteht vor allem daraus, daß die Kapitalgesellschaft Vermögensteuer auf eigenfinanzierte Investitionen zu zahlen hat und die Vermögensteuer aus versteuertem Gewinn zu leisten ist.

Welche Aktionärsverzinsung (Aktienrendite) wird eine Aktiengesellschaft wählen, damit die Eigenfinanzierung über eine Kapitalerhöhung nicht teurer kommt als die Anleiheaufnahme? Um die 8% Zinsen für 100 DM Anleihe zahlen zu können, muß die Kapitalgesellschaft 10,40 DM verdienen. Wieviel Aktionärseinkommen kann sie aus 10,40 DM Gewinn vor Steuern zahlen? Um das zu bestimmen, setzen wir anstelle der 12,22 DM in obiger Rechnung 10,40 DM ein und rechnen zurück: 10,40 DM abzüglich der Vermögensteuerzahlung von 1,83 und der Gewerbekapitalsteuer von 0,60 ergibt 7,97. Darin sind 13,04% $\left(\dfrac{15}{115}\right)$ an Gewerbeertragsteuer = 1,04 enthalten, so daß dem Anteilseigner nur 6,93 zufließen. Betragen die steuerlich nicht abzugsfähigen Emissionskosten wie oben 6% des Ausgabekurses bzw. $\dfrac{12}{188}$ = 6,38% des der Gesellschaft zufließenden Eigenkapitals, dann errechnet sich eine Aktionärsverzinsung von $\dfrac{6{,}93}{106{,}38}$ = 6,51%. Unter den hier gewählten Annahmen wäre für die Gesellschaft Eigen- und Fremdfinanzierung dann gleich teuer, wenn die Aktienrendite $\dfrac{6{,}51}{8}$ = 81% der Anleihenrendite betrüge.

bb) Steuerliche Einflüsse auf die Wahl zwischen Eigenfinanzierung und Selbstfinanzierung

Bei der Wahl zwischen Eigenfinanzierung und Selbstfinanzierung stellt sich die Frage: Ist das Zurückhalten von versteuerten Gewinnen in der Kapitalgesellschaft besser als eine Ausschüttung mit nachfolgender Kapitalerhöhung, bekannt unter dem Namen »Schütt-aus-Hol-zurück-Politik«[22]?

Ob Selbstfinanzierung oder Ausschüttung mit nachfolgender Kapitalerhöhung vorteilhaft ist, hängt davon ab, ob die Leitung der Kapitalgesellschaft ausschließlich im Interesse der Anteilseigner handelt oder ob sie firmeneigene Ziele verfolgt.

α) Kapitalgesellschaften, die mit ihren Anteilseignern eine wirtschaftliche Einheit bilden

Kapitalgesellschaften, die mit ihren Anteilseignern eine wirtschaftliche Einheit bilden, und die damit ihre Investitions- und Finanzierungsentscheidungen ausschließlich im Einkommens- bzw. Vermögensinteresse der Anteilseigner treffen werden, sind dann anzunehmen, wenn die Anteilseigner über die Kapitalgesellschaft ihre unternehmerische Tätigkeit selbst ausüben. Das ist der Fall bei der Ein-Mann-GmbH oder Ein-Mann-AG, ja der Mehrzahl der von Gesellschafter-Geschäftsführern geleiteten Kapitalgesellschaften, zumindest, soweit es das Verhältnis Gesellschafter-Geschäftsführer: Kapitalgesellschaft betrifft.

Für Kapitalgesellschaften, die mit ihren Anteilseignern keine wirtschaftliche Einheit bilden, z. B. für Publikumsgesellschaften, mag das Ziel »Handeln im Einkommensinteresse der Anteilseigner« mehr theoretische als praktische Bedeutung haben. Wenn Publikumsgesellschaften ein solches Ziel verfolgen wollen, müssen sie zusätzliche Gesichtspunkte beachten, die in β) genannt werden. Kapitalgesellschaften, die mit ihren Anteilseignern eine wirtschaftliche Einheit bilden, können diese Gesichtspunkte vernachlässigen.

Die Kapitalzuführung durch die Gesellschafter kann entweder in Form von Gesellschafterdarlehen oder durch eine Kapitalerhöhung erfolgen.

Bei Gesellschafterdarlehen entfallen die Kosten der Kapitalerhöhung (die Gesellschaftsteuer und andere Emissionskosten), im Falle eines Konkurses verbleibt eine bessere Absicherung, und die Doppelbelastung mit Vermögensteuer bei Kapitalgesellschaft und Anteilseigner wird nicht vergrößert. Diesen Vorteilen steht der Nachteil gegenüber, daß im Falle eines Konflikts zwischen den Gesellschaftern durch die Kündigung von Gesellschafterdarlehen zusätzliche finanzielle Schwierigkeiten erzeugt werden können.

Das weitere beschränkt sich auf den Fall der Eigenfinanzierung über Kapitalerhöhung. Damit wird zugleich der Grund gelegt für die Beurteilung der »Schütt-aus-Hol-zurück-Politik« bei jenen Kapitalgesellschaften, die mit ihren Anteilseignern keine wirtschaftliche Einheit bilden.

Um Eigenkapital über eine Kapitalerhöhung statt über Selbstfinanzierung zu erhalten, muß die Kapitalerhöhung einen höheren Betrag ausmachen, denn die Emissionskosten sind aus dem zufließenden Eigenkapital zu decken, um den Vorteilsvergleich Selbstfinanzierung –

---

[22] Vgl. hierzu *Wolfgang Stützel*, Aktienrechtsreform und Konzentration. In: Die Konzentration in der Wirtschaft. Bd. 2: Ursachen der Konzentration, herausgegeben von Helmut Arndt. Berlin 1960, S. 907–987, bes. S. 917–927; *Karl Hax*, Probleme der Aktienfinanzierung unter dem Einfluß des gespaltenen Körperschaftsteuer-Satzes. In: ZfhF, NF, Jg. 15 (1963), S. 49–64, bes. ab. S. 58. Eine ausführliche Berechnung der steuerlichen Folgen tragen *Franz W. Wagner, H. Dirrigl*, Die Steuerplanung der Unternehmung. Stuttgart–New York 1980, S. 130–142, vor.

»Schütt-aus-Hol-zurück-Politik« nicht zu beeinträchtigen. Die Emissionskosten werden bei einer GmbH, deren Gesellschafter zugleich Geschäftsführer sind, geringer sein als bei einer Publikumsgesellschaft. Hier wird mit 1% Gesellschaftsteuer plus 1% für Notariatsgebühren, Eintragung ins Handelsregister usw. gerechnet. Vermögen- und Gewerbekapitalsteuer können beim Vergleich außer acht bleiben, da sie sowohl bei Selbstfinanzierung als auch bei Ausschüttung mit nachfolgender Kapitalerhöhung anfallen werden.

Die Körperschaftsteuer beeinflußt den Vergleich nur über die Höhe des Selbstfinanzierungsbetrages; denn bei der Zielsetzung »Handeln im Interesse der Anteilseigner« wirkt die Körperschaftsteuer nach dem Anrechnungsverfahren lediglich wie eine Einkommensteuervorauszahlung. Bei diesem Vorgehen wird allerdings von Zinseffekten aufgrund der höheren Besteuerung der Rücklagenbildung abgesehen: 44 DM Selbstfinanzierung in t_0 erzwingen 56 DM Körperschaftsteuerzahlung; erst die Ausschüttung der Rücklage in irgendeinem späteren t_n erbringt die Ausschüttungsentlastung und die anrechenbare Körperschaftsteuer.

Ob sich die Ausschüttung mit nachfolgender Kapitalerhöhung lohnt, hängt von der Höhe der persönlichen Steuerbelastung des Anteilseigners und von der Höhe der Emissionskosten ab. Die kritische persönliche Steuerbelastung berechnet sich wie folgt:

Damit der Vorteilsvergleich zwischen »Schütt-aus-Hol-zurück-Politik« und Selbstfinanzierung nicht beeinträchtigt wird, müssen die Anteilseigner mehr als den Selbstfinanzierungsbetrag einzahlen, um so die Emissionskosten aus dem Einzahlungsbetrag decken zu können. Bei 2% Emissionskosten müßten 2 im Hundert des Selbstfinanzierungsbetrages mehr eingezahlt werden, falls die Emission über pari erfolgt.

Wenn E die Erhöhung des zu versteuernden Einkommens beim Aktionär darstellt (Dividenden zuzüglich Körperschaftsteuergutschrift), s den gesuchten kritischen Grenzsteuersatz, B den Selbstfinanzierungsbetrag (B = $(1-s_K)$E, wobei s_K die Tarifbelastung mit Körperschaftsteuer darstellt) und e den steuerlich nicht abzugsfähigen Emissionskostensatz, dann muß gelten:

$$(1-s) E = \frac{B}{1-e} \quad \text{bzw.} \quad s = 1 - \frac{B}{(1-e)E} = \frac{s_K - e}{1-e}.$$

Bei 300% Hebesatz der Gewerbeertragsteuer beträgt E = 86,96, B = 38,26 (S. 261). Für e = 2% errechnet sich ein kritischer Grenzsteuersatz von 55,1%. Dieser Satz darf aber nicht als kritischer Einkommensteuersatz gedeutet werden. In ihm sind alle persönlichen Steuerzahlungen enthalten: Einkommensteuer, Kirchensteuer und falls ein Einzelkaufmann in seinem Betriebsvermögen eine Beteiligung unter 25% an einer Kapitalgesellschaft hält, zusätzlich die Gewerbeertragsteuer des Einzelkaufmanns.

Bei einer pari-Emission (steuerliche Abzugsfähigkeit der Emissionskosten) tritt an die Stelle von e der Ausdruck $(1 - s_g)(1 - s_K)$ e, worin s_g die Gewerbeertragsteuerentlastung bezeichnet; dabei wird unterstellt, daß die Anteilseigner nur den »Selbstfinanzierungsbetrag« einzahlen, die Emissionskosten werden von der Unternehmung gezahlt und mindern das Aktionärseinkommen.

Für Kapitalgesellschaften, die mit ihren Anteilseignern eine wirtschaftliche Einheit bilden, ist eine »Schütt-aus-Hol-zurück-Politik« der Selbstfinanzierung dann vorzuziehen, wenn der persönliche Grenzsteuersatz des Anteilseigners bei der Einkommensteuer unter dem aus der kritischen Steuerbelastung errechneten Wert für den Grenzeinkommensteuersatz liegt. Für Kirchensteuerpflichtige ist das bei den obigen Annahmen schon bei Einkommen um 80 000 DM nicht mehr gegeben (160 000 DM nach dem Splitting-Verfahren, wegen der Rundungen im Tarif umfaßt das kritische Einkommen eine Spanne von mehreren tausend DM).

Praktisch heißt das: sobald beachtliche Beträge zur Eigenkapitalbildung erwirtschaftet werden können, bleibt die Selbstfinanzierung die günstigste Finanzierungsweise.

β) Kapitalgesellschaften, die mit ihren Anteilseignern keine wirtschaftliche Einheit bilden

Kapitalgesellschaften, die mit ihren Anteilseignern keine wirtschaftliche Einheit bilden, müssen bei der Überlegung, ob sie selbstfinanzieren oder Dividenden ausschütten, um Beträge durch Kapitalerhöhung wiederzubekommen, mindestens zwei Gesichtspunkte zusätzlich beachten:
(a) Die Emissionskosten reichen über die Gesellschaftsteuer hinaus: Kosten des Aktiendrucks und der Börseneinführung, Bankprovisionen. Weiter ist der üblichen Auffassung Rechnung zu tragen, nach der Emissionen über pari als zweckmäßigste Form der Kapitalerhöhung angesehen werden. Denn dadurch sinken die »Kosten« der Eigenfinanzierung. Als Folge davon entsteht der steuerliche Nachteil, daß die Emissionskosten nicht mehr den steuerpflichtigen Gewinn der Kapitalgesellschaft mindern. Insgesamt ist mit etwa 6% Emissionskosten zu rechnen, die ungeschmälert aus der Kapitalerhöhung zu decken sind.
Um bei 100 Mark Gewinn vor Steuern den Selbstfinanzierungsbetrag von 38,26 Mark über den Weg der Ausschüttung und Kapitalerhöhung als Eigenkapital zu erhalten, haben die Aktionäre damit 6 im Hundert mehr = 40,70 Mark einzuzahlen. Von dem maximalen Zuwachs des Aktionärseinkommens von 100 abzüglich Gewerbeertragsteuer (Hebesatz 300%) = 86,96 stehen somit nur 46,26 zur Steuerzahlung bereit. Das entspricht nach Herausrechnung von 9% Kirchensteuer einem kritischen Grenzeinkommensteuersatz von 51,05%. Allein aufgrund der Emissionskosten bei Publikumsgesellschaften sinkt das zu versteuernde Einkommen, unter dem sich für den Anteilseigner eine »Schütt-aus-Hol-zurück-Politik« lohnt, auf rund 64 000 Mark (128 000 nach dem Splitting-Verfahren), jeweils einschließlich der Ausschüttung.
(b) Die Berechnung des kritischen Grenzeinkommensteuersatzes, ab dem »Schütt-aus-Hol-zurück-Politik« überlegen bleibt, baut auf der Voraussetzung auf, daß Zurückbehaltung von Gewinnen und Ausschüttung mit nachfolgender Kapitalerhöhung dieselben Rückwirkungen auf die Börsenkurse auslösen. Die Wahl zwischen Selbstfinanzierung und »Schütt-aus-Hol-zurück-Politik« wurde bisher allein unter dem Blickwinkel untersucht, bei welchem Vorgehen mehr Eigenkapital in die Unternehmung zurückfließen wird. Für die Nachfrage nach Aktien, die Aktienkursbildung und damit auch für die Eigenfinanzierungsmöglichkeiten der Kapitalgesellschaften ist aber ein Eigenkapitalzuwachs in Höhe der entgangenen Selbstfinanzierung nur dann entscheidend, wenn weder die Ausschüttungspolitik noch der Verschuldungsgrad (das finanzielle Risiko) einer Aktiengesellschaft einen Einfluß auf die Höhe der Börsenkurse nimmt. In der Finanzierungs- und Kapitalmarkttheorie der letzten 20 Jahre wird häufig von einer solchen Unterstellung ausgegangen (Modigliani/Miller-Theorem, S. 499). Für die unvollkommenen Kapitalmärkte der Wirklichkeit gilt jedoch, daß sowohl die Ausschüttungspolitik als auch der Verschuldungsgrad die Börsenkurse und damit den Marktwert der Aktiengesellschaft mitbestimmen.
Man kann vermuten, daß der Masse des Börsenpublikums der Spatz in der Hand lieber ist als die Taube auf dem Dache und daß deshalb verstärkte Ausschüttungen sich eher in den Börsenkursen niederschlagen als höhere Selbstfinanzierungsraten. Aber das theoretisch gesicherte Wissen über die Börsenkursbildung ist so gering, daß dies eben eine Vermutung, eine bislang nicht bestätigte Hypothese, bleibt (vgl. auch S. 479 ff.).

b) Gewinnbesteuerung und Vorteilhaftigkeit mehrperiodiger Investitions- und Finanzierungsmaßnahmen

1. Voraussetzungen der Modellüberlegungen

Um Aussagen über den Einfluß der Besteuerung auf Investition und Finanzierung zu erarbeiten, sind Vereinfachungen unerläßlich. Wir entwickeln im folgenden ein »Standardmodell« für den Einfluß der Gewinnbesteuerung auf die Investitionen. Das Standardmodell geht von folgenden Annahmen aus:

1. *Vollständige Kenntnis der Zahlungsströme:* Es ist möglich, den Zahlungsstrom der Investition ohne Steuern und unter Berücksichtigung der Gewinnsteuerzahlungen anzugeben. Das Ungewißheitsproblem gilt im Standardfall als gelöst: Wir deuten die Zahlungsreihe als Reihe von Erwartungswerten und entscheiden nach dem Erwartungswert des Kapitalwerts. Im allgemeinen Ungewißheitsfall träte an die Stelle einer Zahlungsreihe eine Wahrscheinlichkeitsverteilung von alternativ möglichen Zahlungsreihen im Zeitablauf. Als Zielgröße wären dann Risikonutzenziffern zu wählen, vgl. S. 129. Das Interdependenzproblem gilt gleichfalls als gelöst: Es sind vollständig bewertbare Investitionsvorhaben gegeben.

Bei begrenzt bewertbaren Investitionsobjekten muß allein auf Grund der Ausgaben (unter Absetzen des Restverkaufserlöses) zwischen den verschiedenen Alternativen die beste bestimmt werden. Wenn die Einnahmen eines Investitionsobjekts nicht ermittelt werden können, entstehen auch keine steuerpflichtigen Gewinne und folglich keine Steuerzahlungen: So könnte man überlegen und deshalb jede Besteuerung aus der Investitionsrechnung herauslassen. Aber ein solcher Schluß wäre falsch. Einnahmen entstehen für die Unternehmung als Ganzes. Es ist nur nicht möglich, die Einnahmen verläßlich einzelnen Investitionsobjekten zuzurechnen. Daneben ist sicher, daß auch begrenzt bewertbare Investitionsobjekte Abschreibungsmöglichkeiten schaffen, die den steuerpflichtigen Gewinn der Unternehmung insgesamt mindern. Wenn die Möglichkeit eines sofortigen Verlustausgleichs (Voraussetzung 4) gegeben ist, dann ist bei begrenzt bewertbaren Investitionen der Betrag Steuersatz mal steuerliche Abschreibung vom jährlichen Ausgabenstrom abzuziehen, denn er stellt eine durch die Investition geschaffene Möglichkeit zur Steuerminderung dar. Als Zinssatz für die Barwertberechnung ist der Kalkulationszinsfuß nach Steuern (Voraussetzung 6) zu wählen. Die Entscheidung zwischen mehreren begrenzt bewertbaren Investitionsobjekten, die einen Zweck gleich gut erfüllen, kann nicht nach dem Kapitalwert fallen, weil dieser nicht zu berechnen ist. Es entscheidet hier der niedrigste Ausgabenbarwert.

Wie ist zu entscheiden, wenn begrenzt bewertbare Investitionen für unterschiedliche Zwecke vorgesehen sind oder wenn vollständig bewertbare mit begrenzt bewertbaren Objekten konkurrieren? Hier ist eine gemeinsame Vorteilsrechnung nicht möglich. Für die begrenzt bewertbaren Vorhaben ist vielmehr ein Budget vorzugeben, das auf die einzelnen begrenzt bewertbaren Vorhaben aufgeteilt wird. Die Rangordnung ihrer Dringlichkeit muß vorab festgelegt werden.

2. *Nichtüberwälzbarkeit:* Periodenüberschüsse und Restverkaufserlöse sind unabhängig von der Höhe der Gewinnsteuern. Es ist also nicht möglich, höhere Gewinnsteuern durch höhere Preise auf die Verbraucher zu überwälzen. Wollten wir eine teilweise Überwälzung unterstellen, dann müßten wir im Steuerfall (bzw. bei einer Änderung der Steuersätze) und im Nichtsteuerfall (bei unveränderten Steuersätzen) mit unterschiedlichen Bruttozahlungsströmen rechnen.

Die Annahme der Nichtüberwälzbarkeit von Gewinnsteuern ist eine Vereinfachung. Die Überwälzungslehre ist der theoretisch schwächste Teil der Steuerwirkungslehre, und solange man die Überwälzungsvorgänge nicht kennt, lassen sich auch keine begründeten Annahmen über die Veränderung der Zahlungsströme auf Grund von Gewinnsteueränderungen treffen.

3. *Gewinndefinition:* Bemessungsgrundlage der Steuerzahlung ist der einkommen- bzw. körperschaftsteuerliche Gewinn. In Investitionsmodellen ist es jedoch unnötig zu versuchen, alle Einzelvorschriften des Steuerrechts zu erfassen. Das Standardmodell arbeitet vielmehr auch hier mit einer Vereinfachung.

Bemessungsgrundlagen für Gewinnsteuerzahlungen sind Betriebsgewinn und Veräußerungsgewinn. Der Betriebsgewinn gleicht im Modell dem Periodenüberschuß abzüglich der steuerlichen Abschreibung. Das Modell sieht von allen Abweichungen zwischen dem Zeitpunkt der steuerlichen Gewinnrealisierung und dem Einnahmenzufluß ab, insbesondere von Zielverkäufen. Die steuerlichen Abschreibungen können Absetzungen für Abnutzung sein, Teilwertabschreibungen oder steuerliche Sonderabschreibungen. Die Abzugsfähigkeit der Fremdkapitalzinsen wird im Kalkulationszinsfuß berücksichtigt.

Der Veräußerungsgewinn gleicht dem Restverkaufserlös abzüglich dem Restbuchwert. Im Standardmodell sind Steuerbefreiungen oder Vergünstigungen für Veräußerungsgewinne ausgeklammert. Allerdings bereitet es wenig Schwierigkeiten, Steuerbefreiungen (wie z. B. § 6b EStG) in die Modellüberlegungen einzubeziehen. Der Veräußerungsgewinn bleibt dann steuerfrei, und der Veräußerungserlös geht ungekürzt in die Kapitalwertrechnung ein.

Das Standardmodell unterstellt, daß alle sonstigen steuermindernden Bewertungsmöglichkeiten (Vorratsbewertung, Rückstellungsbildungen) ausgenutzt werden, gleichgültig, ob die Investition durchgeführt wird oder nicht. Deshalb werden diese Bewertungsmöglichkeiten nicht ins Modell aufgenommen.

Als Vereinfachung ist vorausgesetzt, daß der Gewerbeertrag dem einkommensteuerpflichtigen Gewinn entspricht, also Hinzurechnungen und Kürzungen sich ausgleichen. Hält man diese Vereinfachung für unzulässig, so sind die später zu entwickelnden Formeln durch genauere Annahmen über den steuerpflichtigen Gewinn zu ersetzen (s. S. 269).

4. *Sofortiger Verlustausgleich:* In manchen Jahren wird es vorkommen, daß der Periodenüberschuß kleiner ist als die steuerliche Abschreibung. Gelegentlich wird auch der Restverkaufserlös unter dem Restbuchwert liegen: Es entstehen in diesen Jahren Betriebsverluste oder Veräußerungsverluste.

Wenn wir die gleich zu entwerfenden Formeln auch für den Verlustfall anwenden, so unterstellen wir: Betriebsverlust und Veräußerungsverlust erbringen für die Unternehmung eine Steuerersparnis. Die aus dem Buchverlust bei einer Anlage folgende Steuerersparnis wird der Investition zugerechnet, die den Verlust herbeiführt. Die Formeln unterstellen also einen »sofortigen Verlustausgleich« (vgl. S. 256).

5. *Sofortige Besteuerung:* Im Zeitpunkt des Zuflusses der Einnahmen gehen die Gewinnsteuerzahlungen ab. Alle Investitionsmodelle beruhen auf vereinfachenden Annahmen über die Zahlungszeitpunkte. Üblicherweise werden alle Zahlungen auf das Ende eines Jahres bezogen. Nicht immer ist im Hinblick auf die Gewinnsteuerzahlung diese Vereinfachung berechtigt. Es sind einerseits die Steuervorauszahlungen zu beachten. Andererseits liegt der Termin des endgültigen Steuerbescheids oft Jahre nach dem Ende des Kalenderjahres, in dem das Einkommen zu versteuern ist. Da die steuerlichen Wirkungen oft nur aus Zinsvorteilen oder -nachteilen bestehen, kann es empfehlenswert sein, bei der Prüfung mancher steuerlicher Wahlmöglichkeiten genauer zu rechnen und einen Finanzplan aufzustellen, der vierteljähr-

liche Zahlungszeitpunkte enthält. Das Standardmodell faßt Vorauszahlungen und Nachzahlungen in der Weise zusammen, daß am Jahresende mit dem Einnahmenzufluß zugleich die Steuerzahlungen abgehen.

6. *Proportionale Besteuerung:* Den Steuersatz sehen wir als unabhängig von der Höhe des Gewinns an. Für die grundsätzliche Erörterung der steuerlichen Wirkungen ist die Annahme proportionaler Besteuerung berechtigt. Wer im praktischen Fall bei Einzelkaufleuten und Personengesellschaften die künftigen Unternehmensgewinne hinreichend verläßlich schätzen kann, wird für die Berechnung die dazu gehörenden progressiven Steuersätze einsetzen. Es ist zu beachten, daß auch für Kapitalgesellschaften die Annahme eines proportionalen Steuersatzes nur gilt, solange das Aufteilungsverhältnis zwischen ausgeschütteten und zurückbehaltenen Gewinnen unverändert bleibt.

7. *Versteuerter Kalkulationszinsfuß:* Für einen Vorteilsvergleich braucht man einen Vergleichsmaßstab. Der Vergleichsmaßstab ist der Kalkulationszinsfuß. Die Wirkungen der Besteuerung auf die Vorteilhaftigkeit von Investitionen äußern sich im wesentlichen durch Zinsgewinne und -verluste. Deshalb gewinnt die Wahl des Kalkulationszinsfußes im Steuerfall besondere Bedeutung.

Wir wissen, daß es einen »richtigen« Kalkulationszinsfuß nicht gibt. »Richtige« Aussagen über die Vorteilhaftigkeit einzelner Investitionsvorhaben lassen sich nur treffen, wenn Finanzpläne aufgestellt werden. Sämtliche Zahlungen, die mit den Investitions- und Finanzierungsvorhaben verbunden sind, müssen darin einzeln erfaßt werden. Die einzelnen Investitions- und Finanzierungsmöglichkeiten sind entsprechend der vom Entscheidenden gewünschten zeitlichen Verteilung der Konsumentnahmen zusammenzustellen.

Sobald mit klassischen Investitionsmodellen gearbeitet wird, lautet die Aufgabe, nach plausiblen Vereinfachungen über die Finanzierungs- und Wiederanlagemöglicheiten zu suchen. Welchen Einfluß dabei die Besteuerung nimmt, hängt davon ab, welche Umweltbedingungen der Modellschreiner als hinreichend wirklichkeitsnah ansieht.

Das Standardmodell geht davon aus, daß die Zinserträge aus Finanzanlagen versteuert werden und die Zinsen für Kredite das steuerpflichtige Einkommen mindern. Bezeichnet i den Kalkulationszinsfuß vor Steuern, s den Steuersatz für zusätzliche Gewinne (Grenzsteuersatz) und i_s den Kalkulationszinsfuß im Steuerfall, dann gilt hier $i_s = (1-s) i$. Das Standardmodell geht von der Annahme eines »versteuerten Kalkulationszinsfußes« aus[23].

Die Standardannahme ist »modellgerecht«: Geldanlage und Geldverleih werden steuerlich gleich behandelt, wie es dem Modellfall des vollkommenen Kapitalmarkts entspricht. Zu dem Kalkulationszinsfuß nach Steuern können nach Belieben Gelder angelegt und Gelder entliehen werden.

Die Standardannahme ist jedoch nur berechtigt, wenn die Gewinnbesteuerung allgemein und nicht diskriminierend erfolgt.

Eine *allgemeine Gewinnsteuer* trifft sämtliche Investitions- und Finanzierungsvorhaben, insbesondere auch die außerhalb des Unternehmens auf dem Kapitalmarkt zu erzielenden Zinsgewinne. Sie mindert bei Finanzierungen über den Kapitalmarkt die vom Unternehmen zu zahlenden Nettozinsen.

Als allgemeine Gewinnsteuer kann im Grundsatz die Einkommensteuer gelten. »Im Grundsatz« heißt, daß von zahlreichen Einzelregelungen des geltenden Steuerrechts abgesehen werden muß: von sämtlichen Gewinnvergünstigungen und Gewinnverböserungen, aber auch

---

[23] Vgl. *Sven Erik Johansson*, Skatt-investering-värdering. Stockholm 1961, S. 84.

z. B. von der Steuerfreiheit für private Veräußerungsgewinne bei Grundstücken und Wertpapieren, der Steuerbefreiung von Zinsen einzelner festverzinslicher Wertpapiere bzw. der die Einkommensteuer ersetzenden 30%igen Kapitalertragsteuer.
Als allgemeine Gewinnsteuer zählt auch die Körperschaftsteuer nach dem Anrechnungsverfahren, soweit sie als Einkommensteuervorauszahlung betrachtet werden darf (was unter Vernachlässigung der Zinswirkungen auch für nach 1977 gebildete und tarifversteuerte Rücklagen gilt). Wiederum ist von zahlreichen Einzelregelungen abzusehen, z. B. der Nichtabzugsfähigkeit der Emissionskosten bei über-pari-Emissionen, die Nichtanrechnung der Körperschaftsteuer bei ausländischen Anteilseignern.
Ein versteuerter Kalkulationszinsfuß ist nicht anwendbar bei einer *diskriminierenden Gewinnbesteuerung*. Als diskriminierende Gewinnsteuer können wir die Gewerbeertragsteuer ansehen. Sie mindert die Vorteilhaftigkeit von Investitionsvorhaben in Gewerbebetrieben, nicht aber die von Investitionsvorhaben in freien Berufen, in der Land- und Forstwirtschaft oder die von privaten Investitionen in Grundstücken und Gebäuden. Weil die außerhalb des gewerblichen Unternehmens liegenden sonstigen Geldanlagen nicht der Gewerbeertragsteuer unterworfen sind und weder die Gewinnausschüttungen an die Anteilseigner noch die Zinszahlungen an Dauerschuldner bei der Gewerbeertragsteuer abzugsfähig sind, ist hier der Kalkulationszinssatz nicht um einen Versteuerungsfaktor (1–s) zu kürzen. Solange ausschließlich Investitionen innerhalb eines Gewerbebetriebes verglichen werden, wirkt jedoch auch die Gewerbeertragsteuer regelmäßig als allgemeine Gewinnsteuer!

Für eine diskriminierende Gewinnsteuer gilt hinsichtlich des Kalkulationszinsfußes: $i_s = i$.
Für eine allgemeine Gewinnsteuer gilt hingegen: $i_s = (1-s)i$.
Leider werden in der Wirklichkeit diskriminierende und allgemeine Gewinnsteuern zugleich erhoben und zusätzlich durch zahlreiche Gewinnvergünstigungen und Gewinnverböserungen verzerrt. Damit beginnen die Schwierigkeiten:
(1) Die sauberste Lösung besteht darin, auf die Anwendung der finanzmathematischen Vorteilskriterien, die einen Vergleichsmaßstab »Kalkulationszinsfuß« benötigen, zu verzichten und in Finanzplänen den Vorteilsvergleich durchzuführen. Darauf sollte der Leser immer dann zurückgreifen, wenn ihm irgendein Autor überraschende steuerliche Manipulationen am Kalkulationszinsfuß vorträgt; nur so lassen sich die Unterstellungen herausarbeiten.
Für die praktische Investitionsplanung sind vollständige Finanzpläne regelmäßig zu aufwendig, deshalb muß nach einer zweitbesten Lösung gesucht werden.
(2) Die zweitbeste Lösung finden wir, indem wir uns erinnern, daß Kalküle dann und nur dann als Entscheidungshilfe etwas nützen, wenn bei jeder Anwendung ihre logischen Existenzbedingungen erfüllt sind (S. 74). Ein Kalkulationszinssatz existiert aber nur dann, wenn Konsumentscheidungen und d. h. zugleich Finanzierungsentscheidungen von Investitionsentscheidungen trennbar sind. Das ist nur erfüllt, wenn zu dem Kalkulationszinssatz nach Belieben (oder jedenfalls in den Grenzen, welche die zur Wahl stehenden Investitionsvorhaben verlangen) Geld angelegt und aufgenommen werden kann.
Wenn also überhaupt mit einem Kalkulationszinsfuß gerechnet wird und gleichzeitig allgemeine und diskriminierende Gewinnsteuern erhoben werden, dann darf im Kalkulationszinsfuß nur die allgemeine Gewinnsteuer berücksichtigt werden. Dadurch gehen von der Wahl des Kalkulationszinsfußes im Sinne der Standardannahme keine verzerrenden Wirkungen auf den Vorteilsvergleich aus.
Das bedeutet zugleich, daß sämtliche diskriminierenden Gewinnsteuerzahlungen und die bei

den einzelnen zu prüfenden Vorhaben auftretenden Gewinnverböserungen und Gewinnvergünstigungen ausschließlich im Zahlungsstrom zu berücksichtigen sind.
Es ist also dann die Gewerbeertragsteuerzahlung in die Gewinndefinition aufzunehmen und zu rechnen: Periodenüberschuß minus Grenzeinkommensteuersatz mal (Periodenüberschuß minus Abschreibung minus zu zahlende Gewerbeertragsteuer), vorausgesetzt, keine weiteren Gewinnvergünstigungen oder Gewinnverböserungen sind bei der Gewinndefinition zu beachten. Die Gewerbeertragsteuer errechnet sich dabei als Prozentsatz des Gewerbeertrages (wenn es sich um zusätzliche Investitionen handelt, wird regelmäßig der Freibetrag bei Personenunternehmungen schon berücksichtigt sein).
(3) Nur wenn für die allgemeine Gewinnsteuer die Steuerbemessungsgrundlage nicht durch Gewinnvergünstigungen und Gewinnverböserungen verzerrt ist (der Einnahmenüberschuß besteuert wird und die steuerliche Abschreibung der Ertragswertabschreibung gleicht, S. 281), kann ein dritter Weg eingeschlagen werden, ohne durch das Rechenverfahren die Rangordnung der Vorhaben zu verzerren: In die Gewinndefinition sind die Bestimmungsgründe des Gewerbeertrags aufzunehmen, in den Versteuerungsfaktor (1−s) lediglich der Gewerbeertragsteuerfaktor. Abzuzinsen ist mit einem durch die diskriminierende Steuer nicht veränderten Kalkulationszinsfuß, der dann gleich dem einkommen-versteuerten Marktzinssatz gesetzt werden kann.
(4) Unter sehr speziellen Annahmen kann auch ein anderes Vorgehen zu nicht falschen Ergebnissen führen. Auf einige dieser Sonderannahmen des Schrifttums wird später zurückzukommen sein.

Neben Gewinnsteuern werden *Substanzsteuern (insbesondere Vermögensteuer, Gewerbekapitalsteuer)* erhoben. Hier gilt wie bei der Gemeinsamkeit von allgemeinen und diskriminierenden Gewinnsteuern: Nur im vollständigen Finanzplan geht man sicher, nichts falsch zu machen. Die zweitbeste Lösung finden wir durch strenges Beachten der logischen Existenzbedingungen für einen Kalkulationszinsfuß. Drei Fälle sollten unterschieden werden:
(a) Die Substanzbesteuerung wirkt diskriminierend. Dies gilt z. B. für die Gewerbekapitalsteuer und Vermögensteuer einer Kapitalgesellschaft. Hier sind im Zahlungsstrom eines jeden Investitionsvorhabens die Steuerzahlungen unmittelbar abzusetzen. Der Kalkulationszinsfuß ist dann nicht um die Substanzsteuern zu kürzen, wenn die Finanzierung auf dem Kapitalmarkt oder die sonstige Geldanlage nicht dieser (auf Kapitalgesellschaften beschränkten) Substanzbesteuerung unterliegt.
Davon kann ausgegangen werden bei Fremdfinanzierung in Form von Dauerschulden und bei Eigenfinanzierung, falls sämtliche Gewinne an nicht gewerbliche Aktionäre ausgeschüttet werden: Die Anteilseigner unterliegen nicht der Gewerbekapitalsteuer und zumindest die Kleinaktionäre auch nicht einer persönlichen Vermögensteuer. Grob gesagt kann eine Publikumsgesellschaft bei Handeln im Interesse der Anteilseigner auf eine substanzsteuerliche Korrektur des Kalkulationszinsfußes verzichten.
(b) Der Kalkulationszinsfuß wäre um die Substanzsteuerwirkungen zu kürzen, wenn die zwischenzeitliche Wiederanlage von Einnahmenüberschüssen Substanzsteuerzahlungen auslöst und die Finanzierungsvorhaben die Substanzsteuerzahlungen mindern. Dummerweise ist unser Steuerrecht so wenig neutral gegenüber der Investitionspolitik, daß zwar die Wiederanlage zwischenzeitlicher Einnahmenüberschüsse regelmäßig den Einheitswert des Betriebsvermögens erhöht (in welchem Ausmaß ist ein zusätzliches Problem), jedoch nur die Vermögensteuerzahlungen durch eine Verschuldung gemindert werden.

Wer die Substanzsteuerwirkungen im Kalkulationszinsfuß berücksichtigen will, muß den Vermögensteuersatz vom gewinnversteuerten Kalkulationszinsfuß abziehen (denn Vermögensteuer ist aus versteuertem Gewinn zu zahlen), jedoch die Gewerbekapitalsteuer (im Regelfall 6 – 10‰ des Einheitswertes), nur gekürzt um den Gewinnsteuerfaktor. Beides ist freilich nur zulässig, wenn bei sämtlichen alternativen Geldanlagen bzw. den Finanzierungsvorhaben der Einheitswert des Betriebsvermögens dem Ertragswert gleicht, was praktisch nie gegeben ist[24].

Selbst für den Fall anfänglicher Fremdfinanzierung einer Investition bleibt die Kürzung des gewinnversteuerten Kalkulationszinsfußes um den Vermögensteuersatz fragwürdig: Das Vorgehen ist nur richtig, wenn eine Fremdkapitaltilgung in Höhe der jeweiligen Ertragswertabschreibungen erfolgt (ähnlich S. 280); zumindest bei hochrentierenden Vorhaben wird der Fehler schwerwiegend, weil Fremdkapital nur in Höhe der Anschaffungsausgaben, nicht aber in Höhe des Ertragswertes aufgenommen wird. Hinzu kommt, daß regelmäßig einer Einzelinvestition nicht eindeutig ein bestimmter Fremdkapitalanteil zuzurechnen ist.

(c) Kalküle sind nur dann eine Entscheidungshilfe, wenn ihre logischen Existenzbedingungen in jedem Anwendungsfall eingehalten werden können: Die Mischung aus diskriminierender Substanzbesteuerung mit Einheitswert-Verböserungen und -Vergünstigungen macht das Einhalten der Bedingungen in Anwendungsfällen unmöglich. Deshalb erscheint es mir bei Einzelinvestitionen zweckmäßig, auf eine Korrektur des Kalkulationszinsfußes wegen der Substanzbesteuerung zu verzichten. Sind dabei die Voraussetzungen von (a) nicht erfüllt, empfiehlt es sich, einen Periodenüberschuß vor Substanzsteuern anzusetzen. Dieser wird dann an einem Vergleichsmaßstab gemessen, der ebenfalls vor Substanzsteuern verstanden wird.

Dieses Vorgehen macht zumindest weniger Arbeit als das Einbeziehen von letztlich willkürlichen Annahmen über die Höhe des vermögensteuerlich abziehbaren, gewerbekapitalsteuerlich nicht abziehbaren Fremdkapitals und der Einheitsbewertungsbesonderheiten von sonstigen Geldanlagen. Denn die pauschale »sonstige Geldanlage« ist in Großunternehmen, in denen die Zahlungssalden vieler Investitions- und Finanzierungsvorhaben in einen Topf fließen, nicht eine Anlage auf dem Kapitalmarkt, sondern eher ein »durchschnittliches Investitionsprogramm« aus Grundstücken, nichtnotierten Anteilen, Lager-, Anlage- und Finanzinvestitionen.

Aufgrund dieser Überlegungen wird im weiteren von Substanzsteuerzahlungen abgesehen. Das Standardmodell vereinfacht in dieser Weise.

Anstelle der Standardannahme »versteuerter Kalkulationszinsfuß« sind in der Literatur auch andere Annahmen gewählt worden mit der Folge, daß abweichende Aussagen über den Einfluß der Besteuerung auf die Vorteilhaftigkeit der Investitionen abgeleitet wurden. Folgende Sonderannahmen sind gesetzt worden:

(a) *Steuerbefreite Alternativanlage:* Nehmen wir an, ein Spitzenverdiener will Geld anlegen. Dabei wird er auch Investitionsmöglichkeiten erwägen, die von Gewinnsteuern befreit sind, z. B. bestimmte 4 oder 5%ige Pfandbriefe, die Anfang der fünfziger Jahre ausgegeben wurden.

Nach dem Kurszettel werden z. Z. (Juli 1980) 5%ige Pfandbriefe normalerweise mit etwa 70 gehandelt. Aber diejenigen Pfandbriefe der Frankfurter Hypothekenbank, Reihe 28–48, und die einiger anderer Institute stehen z. T. über 115. Es ist merkwürdig, daß normale 5%ige

---

[24] Auf Grund dieses Tatbestandes leiten *Wagner* und *Dirrigl*, S. 64–66, sehr schön ein substanzsteuerliches Paradoxon ab.

Pfandbriefe mit einer Restlaufzeit von über 10 Jahren eine Rendite von rund 8% oder mehr erbringen, einige Pfandbriefe jedoch nur etwas mehr als 4%. Zu erklären ist der Unterschied durch die verschiedenartige steuerliche Behandlung. Die Zinserträge der normalen Pfandbriefe unterliegen der Einkommen- und Körperschaftsteuer (und Gewerbeertragsteuer), die Zinserträge jener begünstigten Pfandbriefe nicht.

Wer einen solchen steuerbefreiten Pfandbrief als Vergleichsanlage für eine Investition erwägt, für den nimmt die Besteuerung keinen Einfluß auf den Kalkulationszinsfuß. Denn in der Rendite von 4% kommt die Steuerbefreiung schon zum Ausdruck. Nur in solchen Ausnahmefällen von »steuerbefreiten Alternativanlagen« ist der Zinssatz vor Steuern mit dem nach Steuern identisch. Die Mehrzahl der älteren Arbeiten sah die Einkommen- und Körperschaftsteuer als eine derart »diskriminierende« Gewinnsteuer an[25].

Als Folge dieser Sonderannahme sinkt die Vorteilhaftigkeit einer Investition stets mit einer Steuererhöhung, Abschreibungserleichterungen erhöhen stets den Kapitalwert, langlebige Anlagen werden gegenüber kurzlebigen benachteiligt. Diese weitverbreiteten Vorurteile über den Einfluß der Gewinnbesteuerung auf die Vorteilhaftigkeit beruhen auf der wirklichkeitsfremden Annahme einer steuerbefreiten Alternativanlage.

(b) *Steuerbefreite Alternativanlagen und Abzugsfähigkeit der Fremdkapitalzinsen:* Der steuerpflichtige Gewinn bestimmt sich hier als Periodenüberschuß abzüglich steuerlicher Abschreibungen abzüglich Fremdkapitalzinsen. Als Kalkulationszinsfuß wird die Effektivverzinsung des Fremdkapitals (vor Steuern) gewählt, oder eine subjektive Renditevorstellung, die von der Gewinnbesteuerung nicht beeinflußt wird. Werden alle aktivierungspflichtigen Ausgaben einer Investition vollständig mit Fremdkapital finanziert, so läßt sich zeigen, daß dann das Abschreibungsverfahren keinen Einfluß auf die Vorteilhaftigkeit nimmt, wenn die Fremdkapitalrückzahlung gemäß dem Abschreibungsverlauf erfolgt[26].

Fordert man das Einhalten starrer Finanzierungsregeln zwischen Eigen- und Fremdkapital, so kann unter Umständen das Vorziehen von Abschreibungen und die damit verbundene vorzeitige Tilgung von billigem Fremdkapital unvorteilhaft werden[27].

(c) Gelegentlich wird auch der Kalkulationszinsfuß als eine *subjektive Mindestverzinsung* verstanden, die durch die Besteuerung nicht berührt werde, zur Kritik vgl. S. 230 f.

(d) Anstatt in den voraussichtlichen Ausgabenstrom die Steuerzahlungen einzubeziehen, wird nach der sogenannten *Bruttomethode* der Kalkulationszinsfuß um die Steuerwirkung erhöht[28]. Beträgt der Steuersatz 50% und der Kalkulationszinsfuß 8% vor Steuern, dann werden die Zahlungsströme, bevor die Steuern abgesetzt sind, mit 16% abgezinst. Durch Beispiele läßt sich sehr leicht zeigen; daß richtige Ergebnisse nur dann zustande kommen, wenn die Steuern in den Zahlungsströmen selbst und nicht in einem Bruttokalkulationszinsfuß erfaßt werden.

---

[25] Vorbild war dabei die Arbeit von *E. Cary Brown*, Business-Income Taxation and Investment Incentives. In: Income, Employment and Public Policy. Essays in Honour of Alvin H. Hansen. New York 1948; wiederabgedruckt in: Readings in the Economics of Taxation. London 1959, S. 525–537.

[26] Vgl. *Dieter Schneider*, Korrekturen zum Einfluß der Besteuerung auf die Investitionen. In ZfbF, Jg. 21 (1969), S. 297–325, hier S. 308 f.

[27] Vgl. *Peter Swoboda*, Die Wirkungen von steuerlichen Abschreibungen auf den Kapitalwert von Investitionsobjekten bei unterschiedlichen Finanzierungsformen. In: ZfbF, Jg. 22 (1970), S. 77–86, bes. S. 85.

[28] Vgl. *Horst Schwarz*, Zur Berücksichtigung erfolgssteuerlicher Gesichtspunkte bei Investitionsentscheidungen. In: BFuP, Jg. 14 (1962), S. 135–153, 199–211, hier S. 209; kritisch hierzu *Peter Mertens*, Ertragsteuerwirkungen auf die Investitionsfinanzierung – ihre Berücksichtigung in der Investitionsrechnung. In: ZfhF, NF, Jg. 14 (1962), S. 570–588, hier besonders S. 580–583.

2. Das Standardmodell

aa) Der Kapitalwert im Steuerfall

Der Kapitalwert nach Steuern berechnet sich unter den Annahmen des Standardmodells wie folgt:
Der steuerpflichtige Gewinn im Jahre t beträgt $Q_t - A_t$, wobei Q_t dem Periodenüberschuß gleicht und A_t der steuerlichen Abschreibung.
Die Gewinnsteuerzahlung beträgt s $[Q_t - A_t]$, wobei s den (Grenz-)Steuersatz für diese Gewinne bezeichnet.
Der versteuerte Überschuß eines Jahres t errechnet sich dann als:

$$Q_t - s[Q_t - A_t].$$

Für das letzte Nutzungsjahr n sind zusätzlich noch die Gewinnsteuerzahlungen zu berücksichtigen, die aus den Veräußerungsgewinnen entstehen, bzw. die Steuerersparnisse, die aus Veräußerungsverlusten folgen. Der Veräußerungsgewinn gleicht dem Restverkaufserlös R_n abzüglich dem Restbuchwert W_n. Der versteuerte Restverkaufserlös beträgt somit:

$$R_n - s[R_n - W_n].$$

Der Abzinsungsfaktor lautet im Jahre t:

$$(1 + i_s)^{-t} = \left(\frac{1}{1 + i - is}\right)^t.$$

I sind die Anschaffungsausgaben.
Der Kapitalwert der einmaligen Investition nach Steuern (K_s) für den Standardfall lautet damit

(11) $$K_s = \sum_{t=1}^{n} [Q_t - s\{Q_t - A_t\}] (1 + i_s)^{-t} +$$
$$+ [R_n - s\{R_n - W_n\}] \cdot (1 + i_s)^{-n} - I.$$

bzw.

(11a) $$K_s = (1 - s) [\sum_{t=1}^{n} Q_t (1 + i_s)^{-t} + R_n (1 + i_s)^{-n}] - I +$$
$$+ s [\sum_{t=1}^{n} A_t (1 + i_s)^{-t} + W_n (1 + i_s)^{-n}].$$

In Worten: Der Kapitalwert nach Steuern gleich dem versteuerten Ertragswert abzüglich der Anschaffungsausgaben zuzüglich dem Barwert der Steuerminderungen auf Grund aller Abschreibungen; dabei ist der versteuerte Kalkulationszinsfuß anzuwenden. Vergleichen wir Gleichung (1) S. 232 mit Gleichung (11), dann können wir feststellen, ob und wie stark die Besteuerung die Vorteilhaftigkeit einer Investition mindert. Setzen wir in Gleichung (11) oder (11a) unterschiedliche Steuersätze ein, so lassen sich die Wirkungen von Steuererhöhungen oder Steuersenkungen erkennen. Arbeiten wir mit unterschiedlichen Abschreibungsverfahren, läßt sich ersehen, welchen Einfluß z. B. ein Verbot oder eine Erweiterung der degressiven Abschreibung hat.

bb) Die Wirkung der Besteuerung auf Nutzungsdauer und Ersatzzeitpunkt

Die *wirtschaftliche Nutzungsdauer* einer Anlage ist dann beendet, wenn der Kapitalwert im Zeitablauf sein Maximum erreicht. Das zeitliche Kapitalwertmaximum liegt in jenem Zahlungszeitpunkt, in welchem der zeitliche Grenzgewinn Null wird, vorausgesetzt, der zeitliche Grenzgewinn ist vorher stets positiv, danach stets negativ (vgl. S. 233). Diese Voraussetzung soll im folgenden erfüllt sein.

Um die Wirkung der Steuern zu erfassen, müssen wir den versteuerten zeitlichen Grenzgewinn errechnen. Der versteuerte zeitliche Grenzgewinn besteht aus:

(1) dem versteuerten Betriebsgewinn des Jahres n: Der versteuerte Betriebsgewinn errechnet sich aus Periodenüberschuß minus Gewinnsteuerzahlung. Für die steuerliche Abschreibung des Jahres n, A_n, schreiben wir jetzt $W_{n-1} - W_n$, also die Differenz der Restbuchwerte zweier Jahre.

(2) Hinzuzufügen ist der versteuerte Restverkaufserlös des Jahres n: $R_n - s[R_n - W_n]$.

(3) Abzuziehen ist der versteuerte Restverkaufserlös am Ende des Vorjahres, und

(4) abzuziehen sind ferner die Zinsen auf den versteuerten Restverkaufserlös des Vorjahres.

(3) und (4) ergeben: $\quad -(1 + i_s)[R_{n-1} - s\{R_{n-1} - W_{n-1}\}]$.

Fassen wir die einzelnen Glieder des versteuerten zeitlichen Grenzgewinns zusammen, so errechnet sich nach Kürzung der zeitliche Grenzgewinn nach Steuern, G_{sn}, als

(12) $\quad G_{sn} = (1 - s)[Q_n + R_n - (1 + i)R_{n-1}]$
$\quad\quad\quad\quad\quad + (1 - s) \, is \, [R_{n-1} - W_{n-1}]$

(12a) $\quad G_{sn} = (1 - s) G_n + (1 - s) \, is \, [R_{n-1} - W_{n-1}]$.

Der zeitliche Grenzgewinn nach Steuern gleicht dem versteuerten Grenzgewinn (vor Steuern) zuzüglich den versteuerten Zinsen auf die ersparte Steuerzahlung, die bei einer Veräußerung im Vorjahr wegen des Veräußerungsgewinns angefallen wären.

Wird der versteuerte zeitliche Grenzgewinn gleich Null gesetzt, so ergibt sich

(13) $\quad Q_n + R_n = (1 + i) R_{n-1} - is \, [R_{n-1} - W_{n-1}]$.

Der Einnahmenüberschuß durch Weiterverwendung der Anlage im Jahre n muß dem aufgezinsten Betrag von Veräußerung im Vorjahr und anderweitiger Anlage des freigesetzten Geldes gleichen, abzüglich der Zinsen auf die ersparte Steuerzahlung, die bei einer Veräußerung im Vorjahr wegen des Veräußerungsgewinns angefallen wäre.

Um den Einfluß der Besteuerung auf die Nutzungsdauer zu erkennen, vergleichen wir Gleichung (13) mit Gleichung (2b), S. 233. Wenn wir voraussetzen, daß mit steigender Nutzungsdauer Periodenüberschüsse, Restverkaufserlöse und Restbuchwerte stetig fallen, dann folgt:

1. Die Besteuerung hat keinen Einfluß auf die wirtschaftliche Nutzungsdauer, wenn sich Restverkaufserlös am Ende des Vorjahres und Restbuchwert am Ende des Vorjahres decken, denn dann entstehen durch den Verkauf der Anlage keine steuerpflichtigen Erträge bzw. keine steuermindernden Veräußerungsverluste.

2. Ist der Restverkaufserlös des Vorjahres höher als der Restbuchwert, wären aus dem Verkauf der Anlage im Vorjahr steuerpflichtige Veräußerungsgewinne und damit zusätzliche Steuerzahlungen entstanden. Um diese zu vermeiden, kann es sich lohnen, die Nutzungs-

dauer zu verlängern. Wäre ohne Berücksichtigung der Steuern die Nutzungsdauer im Jahre (n–1) beendet worden, so wird mit Berücksichtigung der Steuern die Anlage länger genutzt, da hier die Zinsen auf das noch in der Anlage gebundene Kapital geringer sind. Eine Erhöhung der Steuersätze verlängert also hier die Nutzungsdauer.

3. Ist der Restverkaufserlös im Vorjahr kleiner als der Restbuchwert, entstünden durch den Verkauf der Anlage im Vorjahr Veräußerungsverluste. Ist ein sofortiger Verlustausgleich möglich, so mindern diese Aufwendungen die Steuerzahlungen der Unternehmung. Eine Erhöhung der Steuersätze führt hier somit zu einer Kürzung der Nutzungsdauer.

Bei Steuererhöhungen lassen Veräußerungsgewinne eine längere Nutzungsdauer, Veräußerungsverluste eine kürzere Nutzungsdauer vorteilhaft erscheinen. Bei Steuersenkungen verlängern Veräußerungsverluste die Nutzungsdauer, Veräußerungsgewinne verkürzen sie. Dies gilt für die einmalige Investition, d. h. unter der Annahme, daß sich sonst nur Investitionsvorhaben bieten, die sich zum Kalkulationszinsfuß verzinsen.

Der *zielentsprechende Ersatzzeitpunkt* ist dann erreicht, wenn der Grenzgewinn der alten Anlage gleich dem Durchschnittsgewinn der neuen Anlage ist, vorausgesetzt der Grenzgewinn liegt zuvor stets über, danach stets unter dem Durchschnittsgewinn. Der Durchschnittsgewinn ist dabei als Annuität (Kapitalwert der einmaligen Investition mal Wiedergewinnungsfaktor) zu verstehen.

Ohne Berücksichtigung der Steuern lohnt sich der Ersatz, sobald (S. 241)

(10) $$G_n < wK.$$

Entsprechend gilt für den Steuerfall

(14) $$G_{sn} < w_s K_s,$$

wobei w_s der Wiedergewinnungsfaktor für den Zinssatz i_s bedeutet und K_s der Kapitalwert der einmaligen Investition im Steuerfall ist. Setzen wir (12a) in (14) ein und formen die Gleichung um, so lohnt sich der Ersatz dann, wenn

(14a) $$G_n < - i_s [R_{n-1} - W_{n-1}] + \frac{w_s}{1-s} K_s.$$

Vergleichen wir (10) mit (14), so ist zu beachten, daß im Regelfall, aber nicht immer, $wK > \frac{w_s}{1-s} K_s$ ist.

Eine Steuererhöhung kann den Ersatzzeitpunkt je nach den Einzelannahmen hinausschieben oder vorverlegen. Unter den Bedingungen des Standardfalls werden starke Einflüsse durch die Besteuerung auf den Ersatzzeitpunkt nicht ausgeübt.

Dies ändert sich, wenn wir von den Standardvoraussetzungen abgehen und insbesondere annehmen, daß Veräußerungsgewinne vollständig oder zeitweise steuerbefreit werden.

cc) Die Bedingungen für die Einflußlosigkeit der Gewinnbesteuerung auf die Vorteilhaftigkeit von Investitionen

Für abnutzbare Anlagen sind die Einnahmen im Zeitablauf praktisch nie gleich dem Periodengewinn, denn es werden Abschreibungen verrechnet, und diese Abschreibungen stellen gerade eine Periodisierung der Anschaffungsausgaben dar. Deshalb ist zu fragen: Wann gilt für abnutzbare Anlagen, daß der versteuerte Einnahmenüberschuß gleich dem versteuerten Gewinn ist? Diese Frage ist gleichbedeutend mit der Frage: Wann nimmt die steuerliche Abschreibung keinen Einfluß auf die Vorteilhaftigkeit einer Investition?

a) Beispiel

In der wirtschaftspolitischen Diskussion herrscht noch immer die Auffassung vor, daß
a) steigende Gewinnsteuersätze die Vorteilhaftigkeit einer Investition mindern,
b) die Vorteilhaftigkeit langlebiger Anlagen stärker unter der Besteuerung leidet als die kurzlebiger.
Diese beiden Thesen wollen wir in diesem Kapitel prüfen. Zunächst ist zu fragen: Mindern steigende Gewinnsteuersätze den Kapitalwert einer Investition? Die Antwort erscheint offensichtlich: Durch die Besteuerung wird ein erheblicher Teil der Einnahmenüberschüsse dem Unternehmen entzogen, das muß die Vorteilhaftigkeit mindern. Aber nichts ist in der Wissenschaft gefährlicher als auf den ersten, offensichtlichen Eindruck zu vertrauen.
Betrachten wir folgendes Beispiel: Ein Unternehmer erwägt eine Sachinvestition mit dem Zahlungsstrom

t_0	t_1	t_2	t_3
-3000	0	$+2000$	$+1760$.

Zur Finanzierung steht Eigenkapital bereit. Der Kalkulationszinsfuß i wird hier verstanden als die Rendite einer anderen Anlage, z. B. einer Finanzanlage, und betrage 10%. Ohne Berücksichtigung der Besteuerung errechnet sich als Kapitalwert der Sachanlage

$$K = -3000 + 2000 (1 + 0{,}1)^{-2} + 1760 (1 + 0{,}1)^{-3} = -25.$$

Die Sachanlage ist unvorteilhaft und wird deshalb verworfen.
Wird die Besteuerung in der Investitionsrechnung berücksichtigt, dann ist zunächst der steuerpflichtige Gewinn zu berechnen. Der steuerpflichtige Gewinn wird hier verstanden als die Differenz jährliche Einnahmen minus jährliche lineare Abschreibung. Die jährlichen Abschreibungen betragen also 1000. In t_1 sind die Einnahmenüberschüsse wegen Anlaufschwierigkeiten Null. Hier entsteht also ein steuerlicher Verlust von 1000. Der Verlust wird gemäß § 10 d EStG (und abweichend vom Standardmodell) auf das nächste Jahr vorgetragen. In t_2 stehen den Erträgen von 2000 Mark Abschreibungen in Höhe von 1000 und der Verlustvortrag von 1000 gegenüber. Der steuerpflichtige Gewinn in t_2 ist Null. Es bleiben 2000 Mark dem Unternehmen erhalten. In t_3 sind ebenfalls 1000 als Abschreibung zu verrechnen. Es bleiben 760 Mark an steuerpflichtigem Gewinn. Bei einem Steuersatz von s = 50% sind 380 Mark an Steuern zu zahlen. Der Zahlungsstrom der Sachanlage lautet dann

t_0	t_1	t_2	t_3
-3000	0	$+2000$	$+1380$.

Der Kalkulationszinsfuß ist bei einem Steuersatz von 50% nicht mehr in Höhe von 10% festzusetzen, denn die Erträge der Finanzanlage unterliegen ebenfalls der Besteuerung. Die Rendite der Finanzanlage beträgt 5% nach Steuern. Bei einem Kalkulationszinsfuß von i_s = 5% errechnet sich für den Zahlungsstrom nach Steuerzahlung ein Kapitalwert

$$K_s = -3000 + 2000 (1 + 0{,}05)^{-2} + 1380 (1 + 0{,}05)^{-3} = +6.$$

Die Erhöhung des Einkommensteuersatzes von 0 auf 50% bewirkt hier, daß eine unvorteilhafte Anlage vorteilhaft wird. Wenn wir zusätzlich annehmen, daß der Gewinnsteuersatz von 50% auf rund 67% erhöht wird, dann wächst der Kapitalwert von +6 sogar auf +9.
Um nicht den Irrtum zu erwecken, die Kapitalwertsteigerung beruhe auf dem sofortigen Verlustausgleich, wurde in dem Beispiel unterstellt, der Verlust in t_1 werde vorgetragen und nicht sofort ausgeglichen. Wäre, wie sonst in der Theorie üblich, unterstellt worden, ein sofortiger Verlustausgleich sei möglich, so wüchse der Kapitalwert bei 50% Steuern sogar auf +29.
Das künftige Mehreinkommen aus einer zusätzlichen Investition wird üblicherweise verstanden als Rente aus dem Vermögenszuwachs, als Annuität des Kapitalwerts. Bei einem Steuersatz von 0% ist der Einkommenszuwachs der Sachinvestition negativ, bei einem Steuersatz von 50% positiv. Sollte damit doch die Erhöhung der Steuersätze das Nettoeinkommen des Unternehmers steigen lassen?
Die aberwitzige Vermutung ist leicht zu widerlegen. Das paradoxe Ergebnis, wachsender Kapitalwert bei steigenden Steuersätzen, folgt aus der relativen Betrachtungsweise: Einkommen aus der Sachinvestition oder Einkommen aus alternativen Finanzanlagen? Absolut gesehen verringert die Gewinnsteuererhöhung das Nettoeinkommen des Unternehmers. Aber mit wachsenden Steuersätzen kann es sich lohnen, andere Investitionsvorhaben zu wählen, die praktisch eine Milderung der Steuererhöhung herbeiführen. Eine solche Milderung der Steuererhöhung nennt man auch »teilweise Steuereinholung«.
Am raschesten ist diese teilweise Steuereinholung durch folgende Rechnung zu belegen: Der Unternehmer steht vor der Wahl zwischen einer Finanzanlage und der Sachanlage A. Er führt den Vorteilsvergleich vollständig durch, indem er sämtliche Zahlungen einer jeden Anlage nach Art eines Finanzplans zusammenstellt. Da die Anschaffungsausgaben für Finanzanlage und Sachanlage gleich sind, interessieren nur die Zahlungen in t_1, t_2, t_3. Vor Steuern sieht der Vorteilsvergleich so aus:

	t_1	t_2	t_3
Finanzanlage	+ 300	+ 300	+ 3300
Sachanlage	0	+ 2000	+ 1760
Erster Saldo zugunsten der Finanzanlage	+ 300	− 1700	+ 1540
Wiederanlage des Überschusses in t_1 zu 10%	− 300	+ 330	
Zweiter Saldo zugunsten der Finanzanlage	0	− 1370	+ 1540
Wiederanlage des Überschusses der Sachanlage		+ 1370	− 1507
Endgültiger Saldo zugunsten der Finanzanlage	0	0	+ 33

Die Sachanlage erwirtschaftet in t_3 33 weniger als die Finanzanlage. Dieses Minderendvermögen der Sachanlage ergibt, diskontiert auf t_0, einen Kapitalwert von −25.
Bei einem Steuersatz von 50% entwickelt sich folgender Finanzplan:

	t_1	t_2	t_3
Finanzanlage (nach Steuern)	+ 150	+ 150	+ 3150
Sachanlage (nach Steuern)	0	+ 2000	+ 1380
Erster Saldo zugunsten der Finanzanlage	+ 150	− 1850	+ 1770
Wiederanlage des Überschusses in t_1 zu 5% nach Steuern	− 150	+ 157,5	
Zweiter Saldo zugunsten der Finanzanlage	0	− 1692,5	+ 1770
Wiederanlage des Überschusses der Sachanlage		+ 1692,5	− 1777,1
Endgültiger Saldo zugunsten der Finanzanlage	0	0	− 7,1

Hier erwirtschaftet die Sachanlage ein um 7,1 höheres Endvermögen als die Finanzanlage. Auf t_0 diskontiert ergibt das einen Kapitalwert von + 6.

Wegen der Abschreibungsverrechnung entsteht der Sachanlage ein Zinsgewinn, der sie mit steigenden Steuersätzen vorteilhafter erscheinen läßt als die Finanzanlage. Der Zinsgewinn ist der Grund für den wachsenden Kapitalwert. Das versteuerte Einkommen sinkt dagegen mit steigenden Steuersätzen.

Das erste, was das paradoxe Beispiel lehrt (bzw. in die Erinnerung zurückruft), lautet: Der Kapitalwert einer Investition ist kein absolutes, sondern ein relatives Maß für die Vorteilhaftigkeit. Der Kapitalwert mißt die Vorteilhaftigkeit der Sachanlage an einer konkurrierenden Investition (Finanzanlage) bzw. an den Kosten einer Finanzierungsmöglichkeit. Der Kapitalwert zeigt nicht ohne weiteres den Vermögenszuwachs, die Annuität nicht ohne weiteres den Einkommenszuwachs aus einer Investition an.

Das Steuerparadoxon (wachsender Kapitalwert bei steigenden Steuersätzen) tritt allerdings nur für Steuererhöhungen bis zu einem gewissen Ausmaß ein. Bei einem Steuersatz von 100% sind naturgemäß Finanzanlage und Sachanlage gleich unvorteilhaft. Es läßt sich zeigen, daß der Zinsgewinn der Sachanlage mit steigenden Steuersätzen zunächst wächst, ein Maximum erreicht und schließlich fällt. Der Zinsgewinn hängt ab vom Steuersatz, vom Zinssatz, dem Einnahmen- und Abschreibungsverlauf der Sachanlage und schließlich von der Zahl der betrachteten Perioden. Bei drei Perioden ist der Zinsgewinn eine Funktion dritten Grades, bei n Perioden eine Funktion n-ten Grades, so daß auch mehrere Maxima des Zinsgewinns (und des Kapitalwerts) bei steigenden Steuersätzen denkbar sind.

Für die Sachanlage berechnen sich Überschuß- und Zinsgewinn wie folgt: Im ersten Nutzungsjahr erzielt die Sachanlage gegenüber der Finanzanlage einen »Überschuß« von −300 (1−s). Dieser Betrag kann zwei Jahre lang zum Zinssatz nach Steuern angelegt werden. Wir erhalten

$$-300\,(1-s)\,[1+(1-s)\,0{,}1]^2.$$

Im zweiten Nutzungsjahr beträgt der Überschuß der Sachanlage gegenüber der Finanzanlage +2 000 −300 (1−s). Dieser Betrag kann ein Jahr lang zum Zinssatz nach Steuern angelegt werden. Wir erhalten

$$[2000-300\,(1-s)]\,[1+(1-s)\,0{,}1].$$

Im dritten Jahr erwirtschaftet die Sachanlage einen Überschuß von

$$-3000+1000+(1-s)\,(760-300).$$

Fassen wir die Glieder zusammen, so errechnet sich der Endüberschuß Z als

$$Z = 3 s^3 - 99 s^2 + 129 s - 33.$$

Bei Steuersätzen unter (rund) 35% ist die Finanzanlage vorteilhafter als die Sachanlage. Bei einem Steuersatz von (rund) 35% sind beide gleich vorteilhaft. Bei weiter steigenden Steuersätzen wächst der Kapitalwert der Sachanlage. Er erreicht in diesem Beispiel bei einem Steuersatz von (rund) 67% sein Maximum (Kapitalwert +9) und fällt dann, bis bei einem Steuersatz von 100% Sachanlage und Finanzanlage gleich vorteilhaft werden. (Die dritte Nullstelle des Endüberschusses liegt bei Steuersätzen über 100% und ist deshalb ohne ökonomischen Sinn.)

Als Ergebnis weiterer Vergleichsberechnungen können wir feststellen: Regelmäßig sinkt der Kapitalwert nach Steuern, aber in einigen Fällen entsteht das paradoxe Ergebnis, daß der Kapitalwert nach Steuererhöhungen steigt. Um zu erkennen, wann der Kapitalwert nach Steuern steigt oder sinkt, fragen wir: Wann nimmt die Gewinnbesteuerung keinen Einfluß auf die Vorteilhaftigkeit von Investitionen?

β) Herleitung der Bedingungen

Aus Gleichung (1) und (11a) können wir ableiten: Der Kapitalwert nach Steuern K_s entspricht nur dann dem Kapitalwert vor Steuern K, wenn

(15) $$s \left[\sum_{t=1}^{n} A_t (1 + i_s)^{-t} + W_n (1 + i_s)^{-n}\right] = \sum_{t=1}^{n} Q_t (1 + i)^{-t} +$$

$$+ R_n (1 + i)^{-n} - (1 - s) \left[\sum_{t=1}^{n} Q_t (1 + i_s)^{-t} + R_n (1 + i_s)^{-n}\right].$$

In Worten: Die Gewinnbesteuerung beeinflußt die Vorteilhaftigkeit von Investitionen dann nicht, wenn der Barwert der Steuerminderung aufgrund aller Abschreibungen der Differenz gleicht zwischen Ertragswert der Anlage vor Steuern, zum Kalkulationszinsfuß vor Steuern berechnet, abzüglich dem versteuerten Ertragswert der Anlage, zum Kalkulationszinsfuß nach Steuern berechnet.

Dieses Ergebnis leitet sich aus dem Standardmodell ab. Unter den Voraussetzungen des Standardmodells ist vor allem Annahme (7) wichtig: Der Kalkulationszinssatz muß durch die Besteuerung gemindert werden. Bleibt der Zinssatz vor und nach Steuern derselbe, dann schrumpft die rechte Seite auf den Ausdruck Steuersatz mal Ertragswert zusammen. Die linke Seite nimmt ihren höchsten Wert bei Sofortabschreibungen an. Sie gleicht dann dem Produkt aus Steuersatz mal Anschaffungsausgaben. Bei Sofortabschreibung und unverändertem Kalkulationszinsfuß lautet die Gleichung (15): Steuersatz mal Anschaffungsausgaben gleich Steuersatz mal Ertragswert, und das ist bei rentablen Investitionen unmöglich, denn dort liegt der Ertragswert über den Anschaffungsausgaben. Eine Ausnahme wäre nur denkbar, wenn mehr als die Anschaffungsausgaben abgeschrieben werden dürfte.

Die hinreichende Bedingung, die zu den Voraussetzungen des Standardmodells treten muß, damit die Gewinnbesteuerung keinen Einfluß auf die Vorteilhaftigkeit von Investitionen nimmt, ist ein bestimmtes Verhältnis zwischen Abschreibungsverlauf und Verlauf der Einnahmenüberschüsse. Dieses Verhältnis zu bestimmen erfordert einige Überlegungen.

Angenommen, in einem Zeitpunkt (t−1) gleicht der Ertragswert vor Steuern dem Ertragswert nach Steuern, wie hoch müssen dann in dem späteren Zeitpunkt t die Abschreibungen sein, damit in t ebenfalls der Ertragswert vor Steuern dem Ertragswert nach Steuern entspricht? Den Ertragswert vor Steuern in (t–1) bezeichnen wir mit E_{t-1} und den in t mit E_t. Wir setzen zunächst voraus, der Unternehmer entnimmt zwischen (t–1) und t nichts, und Prognosefehler treten nicht auf. Unter diesen Voraussetzungen muß der Ertragswert E_{t-1} in t um die Zinsen auf E_t angewachsen sein. Denn der Ertragswert in t ist der Barwert zukünftiger Zahlungen (in t + 1, t + 2, ..., t + n), und diese Zahlungen werden in t um ein Jahr weniger abgezinst als in t – 1. Es gilt deshalb die Gleichung

(16) $$E_t = (1 + i)\, E_{t-1}$$

Beispiel: Der Ertragswert der Sachanlage (S. 276) beträgt vor Steuern im Zeitpunkt t_0 2 975; im Zeitpunkt t_1 muß der Betrag lauten

$$2\,975 + 0{,}1 \cdot 2\,975 = 3\,272{,}5,$$

und das entspricht den auf t_1 abgezinsten Einnahmen 2 000 in t_2 und 1 760 in t_3.

Wirft die Investition in einem Zeitpunkt t Einnahmen von Q_t ab und entnimmt der Unternehmer diese Einnahmen, so sinkt der Ertragswert der Anlage um die entnommenen Beträge Q_t.

(17) $$E_t = (1 + i)\, E_{t-1} - Q_t.$$

Die Differenz zwischen dem Ertragswert in (t – 1) und dem Ertragswert in t nach Entnahme der Periodenüberschüsse heißt Ertragswertabschreibung und wird mit D_t bezeichnet. Es gilt also

(17a) $$D_t = E_{t-1} - E_t = Q_t - iE_{t-1}.$$

Man hat diese Ertragswertabschreibung als »theoretisch richtige Abschreibung« angesehen und versucht, mit ihr den »richtigen« Verlauf der bilanzmäßigen Abschreibung zu begründen[29].

Nachdem die Berechnungsweise der Ertragswertabschreibungen erklärt ist, können wir uns wieder dem Kapitalwert nach Steuern zuwenden.

Der Kapitalwert im Jahre t steigt um die Zinsen auf den Kapitalwert im Jahre (t – 1) abzüglich der Entnahmen. Diese Gleichung wenden wir nun auf den Steuerfall an. Im Steuerfall fließt dem Unternehmer nur der Einnahmenüberschuß nach Gewinnsteuerzahlung zu, also

$$Q_t - s\,[Q_t - A_t].$$

Im Steuerfall beträgt ferner der Zinssatz $i_s = (1 - s)i$.

Demnach bestimmt der Unternehmer den Ertragswert der Anlage nach Steuern im Zeitpunkt t als: Ertragswert nach Steuern im Zeitpunkt (t – 1) plus versteuerte Zinsen auf den Ertragswert nach Steuern abzüglich seiner Entnahmen. Die Entnahmen sollen dabei dem Einnahmenüberschuß nach Gewinnsteuerzahlung entsprechen. Formelmäßig ergibt sich, wenn

---

[29] Vgl. *Harold Hotelling*, A General Mathematical Theory of Depreciation. In: The Journal of the American Statistical Association, Vol. 20 (1925), S. 340–353; *Preinreich*, The Economic Life of Industrial Equipment; zu weiteren Quellen s. *Dieter Schneider*, Die wirtschaftliche Nutzungsdauer als Bestimmungsgrund der Abschreibungen, S. 49–60; zur Begründung bilanzmäßiger Abschreibungen vgl. ders., Steuerbilanzen, S. 65–68.

E_{st} = Ertragswert nach Steuern im Jahre t und
E_{st-1} = Ertragswert nach Steuern in t − 1 bedeuten:

(18) $E_{st} = E_{st-1} + (1 - s) i E_{st-1} - [Q_t - s \{Q_t - A_t\}]$.

In Worten: Der Ertragswert nach Steuern in t gleicht dem aufgezinsten Ertragswert nach Steuern in (t − 1), abzüglich des entnommenen versteuerten Überschusses.
Setzt man nun den Ertragswert vor Steuern gleich dem Ertragswert nach Steuern, also Gleichung (17) mit Gleichung (18) gleich, dann folgt:

(19) $(1 + i) E_{t-1} - Q_t = E_{st-1} + (1 - s) i E_{st-1} - [Q_t - s \{Q_t - A_t\}]$,

und daraus errechnet sich $s A_t = s [Q_t - i E_{t-1}]$
bzw. $A_t = D_t$, für alle t.

Folgerung: Die steuerliche Abschreibung im Zeitpunkt t muß der Ertragswertabschreibung entsprechen, soll der Ertragswert in den Zeitpunkten (t − 1) und t vor und nach Steuern gleich hoch sein[30].

Berücksichtigt man auf beiden Seiten der Gleichung (19) zusätzlich den Periodenüberschuß, dann lautet die Bedingung für die Einflußlosigkeit: *Der steuerpflichtige Gewinn muß dem ökonomischen Gewinn des Jahres gleichen.*

Diese Bedingung ist allerdings noch zu eng. Wäre in jedem Jahr die steuerliche Abschreibung gleich der Ertragswertabschreibung, dann wären Kapitalwert vor und nach Steuern gleich, ohne daß es einer Barwertberechnung bedürfte. Es ist aber auch möglich, daß in einigen Perioden die steuerliche Abschreibung über, in anderen unter der Ertragswertabschreibung liegt. Um diesen Zeitvorteil bzw. zeitlichen Nachteil zu gewichten, muß der Barwert der steuerlichen Abschreibung und der Barwert der Ertragswertabschreibung insgesamt durchgerechnet werden.

Beide Maßgrößen, die steuerlichen Abschreibungen und die Ertragswertabschreibungen, sind dabei in jeder Periode mit demselben Zinssatz abzuzinsen, nicht wie in Gleichung (15) mit zwei verschiedenen Zinssätzen.

Welcher Zinssatz angesetzt werden muß, ist rasch zu erkennen: Angenommen in (t − 1) sind die steuerlichen Abschreibungen um eine Mark höher gewesen als die Ertragswertabschreibungen. In t ist diese eine Mark auf $(1 + i_s)$ angewachsen. Sie gleicht damit $(1 + i_s)$ Mark an Ertragswertabschreibungen aus. Da die steuerlichen Abschreibungen einen Zinsgewinn in Höhe von i_s bringen, ist folglich i_s als Kalkulationszinsfuß zu wählen.

Der Kapitalwert vor Steuern gleicht also dem Kapitalwert nach Steuern, wenn

(20) $$\sum_{t=1}^{n} A_t (1 + i_s)^{-t} = \sum_{t=1}^{n} D_t (1 + i_s)^{-t}.$$

In Worten: Wenn die Gewinnbesteuerung keinen Einfluß auf die Vorteilhaftigkeit einer Investition nehmen soll, dann muß der Barwert der steuerlichen Abschreibung dem Barwert der Ertragswertabschreibung entsprechen, berechnet zum Zinssatz nach Steuern. Dem ent-

---

[30] Vgl. *Johansson*, S. 135, 148 f.; offenbar in Unkenntnis von Johanssons Arbeit hat Samuelson das Prinzip 1964 nochmals abgeleitet und es als »fundamental theorem of tax-rate invariance« bezeichnet, vgl. *Paul A[nthony] Samuelson*, Tax Deductibility of Economic Depreciation to Insure Invariant Valuations. In: The Journal of Political Economy, Vol. 72 (1964), S. 604–606.

spricht die Aussage: *Der Barwert aller steuerpflichtigen Gewinne aus der Anlage während ihrer Nutzungsdauer muß dem Barwert aller ökonomischen Gewinne der Anlage entsprechen, berechnet zum Zinssatz nach Steuern.*

γ) Die Wirklichkeitsnähe der Bedingungen

Die Bedingung (20) klärt, wann die Gewinnbesteuerung keinen Einfluß auf die Vorteilhaftigkeit einer Investition nimmt. Dabei ist zu beachten, daß die Bedingung (20) aus dem Standardmodell abgeleitet worden ist, das auf 7 Voraussetzungen aufbaut. Nur unter diesen Voraussetzungen ist die Gewinnbesteuerung »wettbewerbsneutral«. Jede Abweichung von den Voraussetzungen kann dazu führen, daß die Gewinnbesteuerung die Investitions- und Finanzierungsentscheidungen einzelner Unternehmer unterschiedlich beeinflußt und damit ihre Wettbewerbslage verzerrt. Die Voraussetzungen lauten:
1. Es herrscht vollständige Kenntnis der Zahlungsströme; Ungewißheits- und Interdependenzprobleme sind gelöst.
2. Gewinnsteuern können nicht überwälzt werden.
3. Verzerrungen der steuerlichen Gewinndefinition, wie sie durch die Abweichungen in den Bemessungsgrundlagen zwischen Einkommen-, Körperschaft- und Gewerbeertragsteuer entstehen, treten nicht auf.
4. Ein sofortiger Verlustausgleich ist möglich.
5. Alle Zahlungen werden »sofort versteuert«.
Diese Voraussetzungen sind vorn bereits erörtert worden. Ein näheres Eingehen erfordern hier nur die weiteren Annahmen.
6. Es besteht in allen Perioden ein und derselbe konstante Gewinnsteuersatz.
Diese Voraussetzung ist für Einzelkaufleute und Personengesellschaften noch eher gegeben (bei zu versteuernden Einkommen über 130 000 DM bzw. 260 000 DM für Ehegatten) als bei Kapitalgesellschaften, weil bei firmeneigenem Vermögensstreben (Maximierung der Selbstfinanzierung) deren tatsächliche Gewinnsteuerbelastung mit dem Verhältnis von ausgeschütteten und zurückbehaltenen Gewinnen schwankt.
7. Es konkurrieren nur Investitionsvorhaben, die der Besteuerung unterliegen, und zu ein und demselben Zinssatz kann nach Belieben Geld aufgenommen und angelegt werden: Es gilt die Standardannahme über den Kalkulationszinsfuß:

$$i_s = (1 - s) \, i.$$

Zu den sieben Voraussetzungen des Standardmodells tritt als hinreichende Bedingung für die Neutralität der Gewinnbesteuerung in bezug auf Investitions- und Finanzierungsentscheidungen:
8. Der Barwert der steuerlichen Abschreibungen gleicht dem Barwert der Ertragswertabschreibungen. Läßt sich diese Bedingung verwirklichen?
Der Pferdefuß dieser Bedingung liegt in der Tatsache, daß normalerweise steuerliche Abschreibungen nur vom Anschaffungsbetrag zulässig sind. Der linke Ausdruck der Gleichung (20) kann äußerstenfalls, nämlich bei Sofortabschreibung, gleich den Anschaffungsausgaben werden. Die »Abschreibungssumme« auf der rechten Seite ist höher, denn Abschreibung in Höhe des Ertragswertabfalls heißt: Am Ende der Nutzungsdauer ist der gesamte Ertragswert vor Steuern abgeschrieben worden, und bei rentablen Anlagen liegt der Ertragswert über den Anschaffungsausgaben. Der Sinn des ökonomischen Gewinnbegriffs und der Ertragswert-

abschreibung liegt ja in einer bestimmten Vorstellung von Unternehmenserhaltung: Nicht nur die Anschaffungsausgaben, auch der zu Beginn der Investition vorhandene Kapitalwert gehört zu dem Kapital, das durch Abschreibungsverrechnung erhalten bleiben soll.
Um die achte Voraussetzung im einzelnen zu würdigen, trennen wir zwei Fälle: (a) den hypothetischen Fall, daß Ertragswertabschreibungen zulässig seien, und (b) den Fall der Wirklichkeit, daß die Abschreibungssumme auf die Anschaffungs- oder Herstellungsausgaben beschränkt ist.
(a) Wäre eine Abschreibungssumme in Höhe des Ertragswerts zulässig, dann müßte der Abschreibungsverlauf an den Ertragswertabfall gekoppelt werden, um Neutralität der Gewinnbesteuerung zu erreichen. Würde man es bei den heute üblichen Abschreibungsverfahren belassen, dann würde das Steuerparadoxon, also steigender Kapitalwert bei wachsendem Steuersatz, mit ziemlicher Regelmäßigkeit auftreten. Bei im Zeitablauf konstanten Einnahmenüberschüssen verläuft die Ertragswertabschreibung progressiv. Damit das Paradoxon einträte, genügte hier bereits eine lineare steuerliche Abschreibung. Bei im Zeitabfall sinkenden Einnahmenüberschüssen verläuft die Ertragswertabschreibung weniger degressiv als der Einnahmenabfall, so daß regelmäßig eine steuerliche Abschreibung mit schwacher Degression das Paradoxon hervorrufen könnte.
(b) Wenn nur vom Anschaffungsbetrag abgeschrieben werden kann, ändert sich das Bild grundsätzlich. Hier tritt Einflußlosigkeit der Besteuerung bzw. das Steuerparadoxon nur ein, wenn das Schwergewicht der steuerlichen Abschreibungen zeitlich vor dem Schwergewicht der Ertragswertabschreibung liegt. Die steuerliche Abschreibung muß in den ersten Nutzungsjahren die Ertragswertabschreibung um so viel übersteigen, daß die eintretenden Zinsgewinne die höhere Abschreibungssumme bei der Ertragswertabschreibung (den Kapitalwert also) kompensieren. Aus diesem Grunde ist das Steuerparadoxon an Investitionen mit bescheidener Rendite gebunden, solange die steuerlichen Abschreibungen insgesamt die Anschaffungsausgaben nicht übersteigen dürfen.
Das Paradoxon gewinnt aber breitere Bedeutung, wenn Investitionszulagen gewährt oder Abschreibungen vom Wiederbeschaffungsbetrag zugelassen werden. Bei Investitionszulagen, wie sie z. B. das Berlinförderungsgesetz vorsieht, bleibt die Möglichkeit erhalten, vom ursprünglichen Anschaffungspreis abzuschreiben. Der tatsächliche Anschaffungspreis für Anlagen ist aber wegen der Investitionszulage niedriger. Die Prämie (von z. B. 30%) fließt etwa nach einem Jahr zu. Der effektive Anschaffungspreis sinkt auf etwas über 70, verbunden mit der Möglichkeit, Abschreibungen von 100 vorzunehmen. Solche Vergünstigungen führen in zahlreichen Fällen dazu, daß mit steigenden Steuersätzen abschreibungsfähige Investitionen vorteilhafter werden.

3. Der Einfluß der Besteuerung auf die Rendite

Nach der Methode des internen Zinsfußes ist eine Investition vorteilhaft, wenn ihre Rendite r über dem Kalkulationszinsfuß i liegt. Im Steuerfall gilt entsprechend, daß die Rendite nach Steuern über dem Kalkulationszinsfuß nach Steuern liegen muß:

$$r_s \geq i_s.$$

Dabei entspricht $i_s = (1-s)\,i$. Gilt auch $r_s = (1-s)\,r$?
Die Gültigkeit der Gleichung $r_s = (1-s)\,r$ kann nur erwartet werden, wenn die steuerlich zulässige Abschreibung gleich der Ertragswertabschreibung, berechnet zum Zinssatz r_s, ist;

vorausgesetzt, daß keine weiteren Abweichungen zwischen Einnahmenüberschuß und steuerpflichtigem Gewinn (Gewinnvergünstigungen, Gewinnverböserungen) bestehen und alle zwischenzeitlichen Zahlungen zu r_s angelegt bzw. finanziert werden können.

Läuft in den ersten Jahren die steuerliche Abschreibung der Ertragswertabschreibung voran, gilt, daß die Rendite nach Steuern über der versteuerten Rendite liegt: $r_s > (1-s) r$.

In dem Sonderfall der Sofortabschreibung werden bei der Renditeberechnung die versteuerten Anschaffungsausgaben gleich dem versteuerten Ertragswert. Der Faktor $(1-s)$ kann gekürzt werden, und deshalb gleicht die Rendite nach Steuern hier der Rendite vor Steuern, vorausgesetzt alle zwischenzeitlichen Zahlungssalden können zu $r_s = r$ angelegt bzw. finanziert werden.

Hinkt in den ersten Jahren die steuerliche Abschreibung hinter der Ertragswertabschreibung her, sinkt die Rendite nach Steuern unter die versteuerte Rendite: $r_s < (1-s) r$.

Beispiel: Die Investitionen	t_0	t_1	t_2	t_3
A	− 1200	+ 720	+ 460	+ 220
B	− 1200	+ 500	+ 480	+ 464,2

erbringen beide vor Steuern eine Rendite von 10%. Für die Investition A verläuft die Ertragswertabschreibung degressiv. Sie errechnet sich im ersten Jahr als Einnahmenüberschuß 720 − Rendite mal Anschaffungsausgaben 120 = 600; im zweiten Jahr als 460 abzgl. Rendite mal Restbuchwert 60 = 400 und im dritten Jahr = 200. Bei der Investition B verläuft die Ertragswertabschreibung progressiv. Im ersten Jahr sind es Einnahmenüberschuß 500 − Rendite mal Anschaffungsausgaben 120 = 380; im zweiten Jahr 480 − 0,1 · 820 = 398 und im dritten Jahr 422. Folglich führt eine lineare steuerliche Abschreibung bei B dazu, daß mit wachsendem Steuersatz die Rendite nach Steuern über der versteuerten Rendite (bei s = 50% also über 5%) liegt, während bei Investition A die Rendite nach Steuern unter die versteuerte Rendite sinkt.

Das Voranlaufen (Hinterherhinken) in den ersten Jahren kann durch den Begriff des zeitlichen Schwerpunkts (Zeitzentrums) einer Zahlungsreihe oder des Abschreibungsverlaufs präzisiert werden. Grob gesagt ist der zeitliche Schwerpunkt dann erreicht, wenn die Hälfte des Barwerts der Ausgabenminderungen aufgrund der steuerlichen Abschreibungen bzw. Ertragswertabschreibungen angefallen ist. Gleicht die steuerliche Abschreibung der Ertragswertabschreibung, dann fallen offensichtlich die zeitlichen Schwerpunkte zusammen.

Allerdings ist die Gleichsetzung von steuerlicher Abschreibung und Ertragswertabschreibung nicht in jedem Fall Voraussetzung dafür, daß die Rendite nach Steuern der versteuerten Rendite gleicht. Bei einem gegebenen Steuersatz läßt sich die Gleichheit des zeitlichen Schwerpunktes von steuerlicher Abschreibung und Ertragswertabschreibung auch dadurch erreichen, daß das »Voraus« der Ertragswertabschreibung in einer Periode durch ein »Voraus« der steuerlichen Abschreibung in einer anderen Periode wieder ausgeglichen wird.

Beispiel: Die Investition − 1 200 + 720 + 300 + 396
hat vor Steuern eine Rendite von 10%. Die Ertragswertabschreibung beträgt 600, 240, 360. Bei dieser steuerlichen Abschreibung wird bei einem Steuersatz von 50% die Rendite von 5% erreicht, aber auch bei anderen Abschreibungsverläufen, für die der Barwert der steuerlichen Abschreibungen gleich dem Barwert der Ertragswertabschreibung ist, z. B. bei 500, 445 und 255.

Bei Investitionen mit nicht gleichgerichteten Einnahmenüberschüssen (erst sinkende, dann steigende oder umgekehrt) kommt die Gleichheit von Rendite nach Steuern und versteuerter Rendite auch durch gleichgerichtete Abschreibungen zustande (degressive, im Einzelfall sogar lineare). Bei gleichgerichteten Einnahmenüberschüssen (gleichbleibende oder von Anfang an sinkende) müßten dabei die Abschreibungsbeträge sinken und dann stiegen (oder umgekehrt). Das ist aber ein unrealistischer Fall.

Als Faustregel läßt sich merken: Bei Investitionen mit gleichbleibenden (oder steigenden) Einnahmenüberschüssen bewirkt eine steuerlich lineare oder degressive Abschreibung immer, daß die Rendite nach Steuern die versteuerte Rendite übersteigt. Nur bei Investitionen mit stark fallenden Einnahmenüberschüssen kann die lineare Abschreibung und die steuerlich zulässige degressive Abschreibung die Rendite nach Steuern unter die versteuerte Rendite drücken.

c) Anwendungsfälle

1. Abschreibungsgesellschaften und negatives Kapitalkonto in Berlin

Das deutsche Steuerrecht kennt bei der Verlustberücksichtigung sehr bemerkenswerte Steuerentlastungen. Solche Besonderheiten entstehen bei Kommanditgesellschaften, und zu diesen zählen insbesondere die sogenannten Abschreibungsgesellschaften in der Form der GmbH & Co. KG:

Verluste bei einer Kommanditgesellschaft sind einem Kommanditisten auch dann zuzurechnen, wenn sie seine Kapitaleinlage übersteigen. Einen solchen Verlust kann der Kommanditist gegen andere steuerpflichtige Einkünfte aufrechnen und damit seine Steuerzahlungen mindern. Darauf beruhen die »Steuervorteile von 200%« und die angebliche Vorteilhaftigkeit einer Beteiligung an sogenannten Abschreibungsgesellschaften. Zwar ist nach § 15a EStG 1980 die steuerliche Verrechnungsmöglichkeit eines negativen Kapitalkontos des Kommanditisten abgeschafft worden, aber dies gilt nicht für Verluste aufgrund von Abschreibungsvergünstigungen nach dem Berlinförderungsgesetz (§ 15a BerlinFG 1980). Das folgende Beispiel kann sich also 1980 und später wiederholen.

Beispiel: Ein gut verdienender Arzt im Bundesgebiet ärgert sich, daß er für die letzten 100 000 DM zu versteuerndes Einkommen im Jahr 1979 56 000 DM Einkommensteuer zu zahlen hat. Deshalb folgt er folgender Annonce:

»Verlustzuweisung von 333% noch in diesem Jahr bei Kommanditanteilen ab 30 000 DM an einer Berlin-Förderungs GmbH & Co. KG, die durch gewerbliche Investitionen die besonderen Vorteile des Berlinförderungsgesetzes ausnutzt!«

Der Steuerberater des Arztes überprüft die Angaben und stellt fest, daß die Verlustzuweisung in diesem Jahr sicher ist, daß gewährleistet ist, daß in den drei folgenden Jahren die Wirtschaftsgüter noch in einer Berliner Betriebsstätte verbleiben (das ist eine der steuerlichen Voraussetzungen für die Berlinvergünstigung), daß aber nach den drei Jahren die Gesellschaft wegen hoffnungsloser Unrentabilität Pleite machen wird. Aufgrund dieser Wirtschaftlichkeitsanalyse wird der Steuerberater dem Arzt empfehlen, sofort den Kommanditanteil zu zeichnen, denn auch im Konkursfall macht er unter diesen Bedingungen ein glänzendes Geschäft, wie der Vergleich der Handlungsmöglichkeiten zeigt:

a) Einkommensteuervorauszahlung zum 10. 12. 1979
für 100 000 DM zusätzliches Einkommen — 56 000
b) Zeichnung des Kommanditanteils in Höhe von 30 000 DM
im November, Verlustzuweisung in Höhe von 100 000 DM
wenige Tage später, so daß die Einkommensteuervorauszahlung
im Dezember vermieden wird —30 000

Differenz der Handlungsmöglichkeiten im Jahre 1979 + 26 000

Der Arzt verfügt aufgrund der Verlustzuweisung über ein negatives Kapitalkonto bei der Berlin-Förderungs GmbH & Co. KG in Höhe von + 30 000 Einlage –100 000 Verlustzuweisung = –70 000 DM. Zur Vereinfachung sei angenommen, daß die Berlin-Förderungs GmbH & Co. KG in den Jahren 1980 bis 1982 keine weiteren Verluste aufweist und 1983 erwartungsgemäß in Konkurs geht.

Die Konkursabwicklung wird steuerlich als Aufgabe eines Gewerbebetriebs angesehen. Das negative Kapitalkonto in Höhe von 70 000 DM führt steuerrechtlich zu einem Veräußerungsgewinn für den Mitunternehmeranteil. Damit wird die früher steuerlich wirksame Verlustzurechnung wieder rückgängig gemacht. Zur Vereinfachung sei der Freibetrag für Veräußerungsgewinne aus Mitunternehmeranteilen vernachlässigt. Es wird mit 70 000 DM steuerpflichtigem Veräußerungsgewinn gerechnet. Veräußerungsgewinne aus Mitunternehmeranteilen unterliegen einem ermäßigten Steuersatz und der Durchschnittssteuersatz des Arztes möge 1983 bei 54% liegen. Der ermäßigte Steuersatz, für Veräußerungsgewinne beträgt die Hälfte des Durchschnittssteuersatzes, also 27%, hier auf 70 000 DM »Veräußerungsgewinn aus Mitunternehmeranteilen« = 18 900 DM. Davon abzuziehen sind noch 30% Steuerermäßigung bei Einkünften aus West-Berlin = 5 670 DM, so daß der Arzt im Konkursfall im Jahr 1983 noch eine Steuer von 13 230 DM zu zahlen hat.

Durch den Erwerb des Kommanditanteils der von vornherein konkursreifen Berlin-Förderungs GmbH & Co. KG verwirklicht der Arzt also folgende »Finanzierung«:

1979 (t_0)	1983 (t_4)
+ 26 000	− 13 230

Das ist unter Vernachlässigung der Zinsen eine Steuerersparnis von 12 770 DM. Bei Berücksichtigung eines Zinssatzes nach Steuern von 4% errechnet sich ein Kapitalwert heute für diese Zahlungsreihe von rund 14 691 DM. Das deutsche Steuerrecht kennt also Steuervergünstigungen, die selbst im Konkursfall noch einen beträchtlichen Gewinn verschaffen.

Aber dies ist nicht der Regelfall bei Abschreibungsgesellschaften. In den meisten Fällen führen solche Steuerersparnisinvestitionen zu erheblichen Verlusten im Konkursfall, insbesondere dann, wenn die steuerrechtlichen Voraussetzungen nicht streng beachtet worden sind, denn dann werden von der Finanzverwaltung die Verlustzuweisungen nicht anerkannt, mit der Folge, daß der Kommanditanteil verloren ist und das volle Einkommen des Jahres 1979 nachversteuert werden muß.

2. Vorteile und Nachteile einer Abschreibungsvorverlegung

Unter den Annahmen des Standardfalls erhöht jedes Vorziehen von steuerlichem Aufwand die Vorteilhaftigkeit der Investitionen. Damit erscheint degressive Abschreibung günstiger als lineare Abschreibung. In gleicher Weise erhöhen Sonderabschreibungen die Vorteilhaftigkeit.

Die Aussage »Abschreibungsvergünstigungen erhöhen die Vorteilhaftigkeit von Investitionen« kann jedoch nicht auf alle Fälle der Wirklichkeit übertragen werden. Vielmehr sind die Voraussetzungen des Standardfalls zu beachten. Im einzelnen:

(1) Das Vorziehen von Abschreibungen ist unter sonst gleichen Bedingungen nur empfehlenswert, solange Gewinn oder ein sofortiger Verlustausgleich gegeben ist. Wird für ein Jahr kein Gewinn erwartet, nützen degressive Abschreibungen gegenüber linearen Abschreibungen nichts, denn sie erhöhen nur den vorzutragenden Verlust.

(2) Das Vorziehen von Abschreibungen ist unter sonst gleichen Bedingungen nur bei im Zeitablauf gleichbleibenden (sinkenden, allenfalls schwach ansteigenden) Gewinnsteuersätzen empfehlenswert. Wird mit Steuererhöhungen gerechnet, dann ist die lineare Abschreibung regelmäßig besser, weil dann höhere Aufwendungen in die Jahre mit höherer steuerlicher Belastung fallen. Die Steuererhöhung muß dabei allerdings stärker sein als die Zinswirkung durch die vorgezogene Abschreibung.

(3) Das Vorziehen von Abschreibungen ist unter sonst gleichen Bedingungen nur empfehlenswert, solange keine Beschränkungen für den Gewinnausweis zu beachten sind. Zahlreiche Aktiengesellschaften legen, um ihres Prestiges willen und um die Aktionäre als künftige Geldgeber bei Laune zu halten, Wert auf eine möglichst gleichbleibende Dividende. Der Wunsch, eine gleichbleibende Dividende zu zahlen, kann gelegentlich dem Vorsatz widersprechen, steuerliche Abschreibungsvergünstigungen auszunutzen. Das deutsche Steuerrecht kennt einen Grundsatz der Maßgeblichkeit der Handelsbilanz für die Steuerbilanz und legt ihn so aus, daß in der Handelsbilanz keine höheren Wertansätze auftreten dürfen als in der Steuerbilanz. Das Ausnutzen von Abschreibungsvergünstigungen mindert den Gewinn in Steuer- und Handelsbilanz und damit die Möglichkeit, Gewinne auszuschütten.

(4) Das Vorziehen von Abschreibungen ist unter sonst gleichen Bedingungen nur empfehlenswert, wenn der Kalkulationszinsfuß im Steuerfall als »versteuerter Kalkulationszinsfuß« angesetzt werden kann. Bei anderen Annahmen über die finanzielle Umwelt läßt sich nachweisen, daß mitunter das Abschreibungsverfahren für die Vorteilhaftigkeit von Investitionen ohne Bedeutung ist oder daß ein Vorziehen der Abschreibungen sogar die Vorteilhaftigkeit mindert.

Ein Abschreibungsnachteil ist oft auf starre Finanzierungsregeln zurückzuführen, auf die Unternehmen oder Kreditgeber nicht verzichten wollen. Gerade angesehene Firmen halten sich an solche Finanzierungsregeln, z. B. damit ihre Anleihen deckungsstockfähig bleiben und sie deshalb billigere Kredite bekommen. § 68 des Versicherungsaufsichtsgesetzes ließ in bestimmten Fällen die Sicherung von Darlehen durch eine »Negativklausel« zu, d. h. die Verpflichtung des Kreditnehmers, künftige Gläubiger nicht besser zu stellen als den Darlehnsgeber. Zusätzlich wurde dabei verlangt, daß das Verhältnis der fremden Mittel zu den eigenen Mitteln einen Satz von 2:1 nicht überschreitet[31]. Um eine solche Kapitalstrukturregel einzuhalten, kann es für die Unternehmung notwendig werden, Abschreibungsvergünstigungen nicht auszunutzen.

Beispiel: Eine Unternehmung will eine Kapitalstruktur von 2:1 bewahren. Die früher verwirklichten Investitionen haben zu Bilanzzahlen geführt, die dieses Verhältnis genau einhal-

---

[31] Vgl. *G. E. Fromm, A. Goldberg*, Kommentar zum Versicherungsaufsichtsgesetz und Bundesaufsichtsgesetz. Berlin 1966, S. 680 f. § 68 VAG wurde inzwischen aufgehoben (BGBl 1974 I, S. 3693, Art. 1 Nr. 7).

ten, so daß auch die zusätzlich durchzuführenden Investitionen nur im Verhältnis von höchstens 2:1 mit Fremdkapital finanziert werden können. Fremdkapital sei zu 6% Zinsen verfügbar. Die geforderte Rendite des Eigenkapitals betrage hingegen 20%.
Die starre Finanzierungsregel von 2:1 (Fremdkapital zu Eigenkapital) muß im Jahre der Investition und in den folgenden Jahren verwirklicht werden. Das bedeutet, daß der billige Kredit im Verhältnis der Buchwertminderung (Abschreibung) getilgt werden muß. Der Steuersatz betrage 50%. Nachdem hier der Kalkulationszinsfuß als vorgegebene Mindestverzinsung verstanden wird, sind im steuerpflichtigen Gewinn die Fremdkapitalzinsen neben den Abschreibungen als Aufwand abzusetzen. Für diese Firma zeigte eine Investition bei linearer Abschreibung folgenden Finanzplan:

	t_0	t_1	t_2
Investition	− 1200	+ 840	+ 670
Kredit	+ 800	− 400	− 400
Kreditzinsen 6%		− 48	− 24
Gewinnsteuern		− 96	− 23
Zahlungssaldo	− 400	+ 296	+ 223

Der Kapitalwert dieser Zahlungsreihe beträgt bei i = 20%: + 1,5. Dieselbe Investition führt bei degressiver Abschreibung (t_1 : 900; t_2 : 300) und entsprechenden Kreditrückzahlungen (t_1 : 600; t_2 : 200) zu folgendem Finanzplan:

	t_0	t_1	t_2
Investition	− 1200	+ 840	+ 670
Kredit	+ 800	− 600	− 200
Kreditzinsen 6%		− 48	− 12
Gewinnsteuern		+ 54	− 179
Zahlungssaldo	− 400	+ 246	+ 279

Kapitalwert bei i = 20%: −1,3; obwohl bei degressiver Abschreibung sofortiger Verlustausgleich angenommen wurde.

3. Ein Vergleich der steuerlichen Maßnahmen zur Investitionsförderung

aa) Abzüge von der Steuerschuld, Investitionszulagen und steuerfreie Rücklagen

Neben Sonderabschreibungen sind als Maßnahmen zur Investitionsförderung drei weitere Instrumente zu nennen:

(1) *Abzüge von der Steuerschuld* bemessen sich nach einem Prozentsatz von den Anschaffungs- oder Herstellungsausgaben einer Investition und mindern die persönliche Steuerschuld des Investors. Zahlt der Investor im Jahre der Investition keine Steuern, z. B. weil er Verluste erlitten hat, dann nützt ihm die Gewährung des Abzugs von der Steuerschuld nichts. Man hat die Abzüge von der Steuerschuld auch als »unvollständige Investitionsprämien«

bezeichnet. Der Abzug von der Steuerschuld beeinträchtigt die Abschreibungsmöglichkeiten nicht: Abschreibungen werden von den ursprünglichen Anschaffungs- oder Herstellungskosten berechnet.

Abzüge von der Steuerschuld sieht z. B. das Stabilitätsgesetz vor[32]. Danach kann die Bundesregierung veranlassen, daß unter bestimmten Voraussetzungen bis zu 7,5% der Anschaffungs- oder Herstellungskosten von abnutzbaren Anlagegütern von der Einkommen- bzw. Körperschaftsteuer des Veranlagungszeitraums abgezogen werden.

(2) *Investitionszulagen* berechnen sich ebenfalls nach einem Prozentsatz von den Anschaffungs- oder Herstellungskosten. Sie werden jedoch aus dem Aufkommen an Einkommen- und Körperschaftsteuer des zuständigen Finanzamtes bezahlt. Das bedeutet, daß auch ein Unternehmer, der in einem Jahr Verluste ausweist, eine Investitionszulage erhält.

Investitionszulagen beeinträchtigen wie die Abzüge von der Steuerschuld die Abschreibungsmöglichkeiten nicht: Abschreibungen werden von den ursprünglichen Anschaffungs- oder Herstellungskosten berechnet. Solche »vollständigen Investitionsprämien« enthält das Investitionszulagengesetz und das Berlinförderungsgesetz[33].

Wer im Zonenrandgebiet, im Steinkohlenbergbaugebiet Saar und in anderen Gebieten, deren Wirtschaftskraft erheblich unter dem Bundesdurchschnitt liegt oder in denen vom Strukturwandel bedrohte Wirtschaftszweige vorherrschen, Errichtungs- oder Erweiterungsinvestitionen durchführt, dem wird im Zonenrandgebiet eine Investitionszulage von 10%, in den übrigen Gebieten eine Investitionszulage von 8,75% der Anschaffungs- oder Herstellungskosten gewährt; Rationalisierungsinvestitionen werden im Zonenrandgebiet unter bestimmten Bedingungen ebenfalls gefördert.

Wer in Berlin in abnutzbaren Wirtschaftsgütern des Anlagevermögens investiert, der erhält ebenfalls eine Zulage von 10%. Die Zulage erhöht sich auf 25%, wenn die Anlagen dem verarbeitenden Gewerbe dienen (aber nicht dem Baugewerbe), und auf 40% bei Forschungs- und Entwicklungsinvestitionen, soweit die Anschaffungs- oder Herstellungskosten 500 000 DM nicht übersteigen; für den übersteigenden Betrag sinkt die Zulage auf 30%. Im Bundesgebiet werden Forschungsinvestitionen nur mit einer Zulage von 20% für die ersten 500 000 DM der Anschaffungs- oder Herstellungskosten und 7,5% für den übersteigenden Betrag gefördert.

(3) *Steuerfreie Rücklagen* mindern im Jahre ihrer Bildung das steuerpflichtige Einkommen. Aber sie sind regelmäßig nach einigen Jahren wieder gewinnerhöhend aufzulösen.

Eine Steuerersparnis liegt hier nur in dem mehrjährigen Zinsvorteil (solange sich die Steuersätze nicht ändern). Steuerfreie Rücklagen werden einmal gewährt als Übergangslösung, um die Veräußerungsgewinne steuerfrei zu halten (Rücklage für Ersatzbeschaffung, Rücklage nach § 6 b EStG); diese Übergangslösung beschäftigt uns hier nicht. Zum anderen finden sich steuerfreie Rücklagen als gezielte Förderungsmaßnahmen im Entwicklungshilfesteuergesetz

---

[32] Vgl. Gesetz zur Förderung der Stabilität und des Wachstums der Wirtschaft vom 8. Juni 1967, § 26 Nr. 3 a bzw. § 27 Nr. 2 k; entsprechend § 51 Abs. 1 Ziff. 2 EStG; Abzüge von der Steuerschuld kennt auch § 32 des Gesetzes zur Anpassung und Gesundung des Steinkohlenbergbaus vom 15. Mai 1968 (BGBl I, S. 365).

[33] Vgl. zu den Einzelheiten das Gesetz über die Gewährung von Investitionszulagen im Zonenrandgebiet und anderen förderungsbedürftigen Gebieten sowie für Forschungs- und Entwicklungsinvestitionen (Investitionszulagengesetz) in der Fassung vom 2. Januar 1979 (BGBl. I, S. 24), §§ 1–4; Berlinförderungsgesetz in der Fassung vom 22. Dezember 1978 (BGBl. 1979 I, S. 1), § 19.

und in den verschiedenen Gesetzen zur Förderung des Steinkohlenbergbaus sowie in der Rücklage für Preissteigerungen[34].

Ein Vergleich von Abzügen von der Steuerschuld, Investitionszulagen, steuerfreien Rücklagen und Sonderabschreibungen in ihrer Wirkung auf die Vorteilhaftigkeit von Investitionen zeigt: Bei gleichem Ausmaß der Vergünstigungen (z. B. 10%) sind Investitionszulagen besser als Abzüge von der Steuerschuld, diese erheblich besser als steuerfreie Rücklagen, und steuerfreie Rücklagen sind regelmäßig den Sonderabschreibungen überlegen.

Investitionszulagen sind den Abzügen von der Steuerschuld vorzuziehen, weil sie die wettbewerbsneutralere Maßnahme darstellen. Sie begünstigen alle investierenden Unternehmen, gleichgültig, ob im Jahre der Investition Gewinne oder Verluste entstanden. Investitionszulagen und Abzüge von der Steuerschuld bewirken eine nachträgliche Anschaffungspreisminderung, verbunden mit der Möglichkeit, Abschreibungen vom ursprünglichen Anschaffungsbetrag zu berechnen. Sie sind deshalb steuerfreien Rücklagen überlegen. Deren Vorteilswirkung liegt nur in der Zinsersparnis, weil Steuerzahlungen hinausgeschoben werden. Steuerfreie Rücklagen beeinträchtigen die Abschreibungsmöglichkeiten gleichfalls nicht. Demgegenüber bedeutet eine 10%ige Sonderabschreibung zwar auch ein Hinausschieben der Steuerzahlung, aber die »Tilgung« dieses Steuerkredits beginnt schon im nächsten Jahr, weil wegen der Sonderabschreibung die normale Abschreibung (AfA) sinkt.

Wie stark der Vorteil von Investitionszulagen über dem von steuerlichen Rücklagen oder Sonderabschreibungen liegt, ist nur von Fall zu Fall zu entscheiden.

bb) Das Zusammenwirken mehrerer steuerlicher Investitionsförderungsmaßnahmen

Das Zusammenwirken von Sonderabschreibungen, Investitionszulagen und Steuerermäßigungen soll an einem Beispiel aus den Begünstigungsvorschriften des Berlinförderungsgesetzes verdeutlicht werden. Im Hinblick auf die Gewinnbesteuerung werden Investitionen in Berlin auf dreifache Weise gefördert:
(1) Es wird eine Investitionszulage gezahlt, die 10, 25, 30 oder 40% beträgt.
(2) Es wird eine 30%ige Einkommensteuerermäßigung gewährt.
(3) Es werden daneben Sonderabschreibungsmöglichkeiten zugelassen, die bis zu 75% der Anschaffungs- oder Herstellungskosten im ersten Jahr und den vier folgenden Jahren ausmachen können.

Zu prüfen ist, ob diese Häufung von Maßnahmen wirtschaftlich notwendig und geeignet ist, Arbeitsplätze in Berlin zu schaffen und zu erhalten.

Eine Investition sei vor Steuern mit i = 8% abzuzinsen; ihr Zahlungsstrom laute:

t_0	t_1	t_2	t_3	t_4	t_5
− 400	+ 100	+ 100	+ 100	+ 100	+ 100

Vor Steuern und bei s = 0,5 rentiert sich diese Investition praktisch nicht. Findet eine Investition mit diesen Zahlungsströmen in Berlin statt, so ist ein um 30% niedrigerer Steuer-

---

[34] Vgl. im einzelnen: Gesetz über steuerliche Maßnahmen zur Förderung von privaten Kapitalanlagen in Entwicklungsländern (Entwicklungsländer-Steuergesetz) in der Fassung vom 13. Februar 1975 (BGBl. I, S. 493); Gesetz zur Anpassung und Gesundung des deutschen Steinkohlenbergbaus und der deutschen Steinkohlenbergbaugebiete vom 15. Mai 1968 (BGBl. I, S. 365), § 10; Gesetz zur Förderung der Verwendung von Steinkohle (in Kraftwerken) vom 12. August 1965 (BGBl. I, S. 777); § 51 Abs. 1 Ziff. 2 b EStG; § 74 EStDV; um nur einige zu nennen.

satz zu wählen, anstatt mit s = 0,5 rechnen wir deshalb mit s = 0,35. Bei der Wahl des Kalkulationszinssatzes nach Steuern ist zu beachten, daß der Zinssatz eine alternative Investitions- oder Finanzierungsmöglichkeit wiedergibt. Wenn die Auswirkungen des Berlinförderungsgesetzes überprüft werden sollen, muß die Alternative in der Bundesrepublik gesehen werden. Deshalb ist bei einem Kalkulationszinssatz von i = 8% im Steuerfall nach wie vor mit i_s = 4% zu rechnen. Vom Periodenüberschuß 100 sind 80 an Abschreibungen abzusetzen, und der Gewinn von 20 ist mit dem Berliner Steuersatz von 35% zu versteuern. Die Steuerzahlung beträgt 7 Mark, der verbleibende Periodenüberschuß 93. Der Barwert des Zahlungsstromes

t_0	t_1	t_2	t_3	t_4	t_5
− 400	+ 93	+ 93	+ 93	+ 93	+ 93

errechnet sich bei i_s = 4% mit +14.

Um die Wirkung der Sonderabschreibungen zu erfassen, sei ein vollständiger Verlustausgleich unterstellt. Dann ist es am besten, den Abschreibungsvorteil bereits im ersten Jahr voll auszunutzen. Es werden also in t_1 300 an Abschreibungen berechnet und in t_2 bis t_5 je 25. In t_1 entsteht ein steuerlicher Verlust von 200, der wegen des sofortigen Verlustausgleichs zu einer Steuerersparnis von 35% = 70 führt; in t_2 bis t_5 beträgt der Buchgewinn 75; die Steuerzahlung von 35% = 26,25 Mark. Der Barwert des Zahlungsstroms

t_0	t_1	t_2	t_3	t_4	t_5
− 400	+ 170	+ 73,75	+ 73,75	+ 73,75	+ 73,75

beträgt bei i_s = 4% : +21.

Erst die Berücksichtigung der Investitionszulagen führt zu einer kräftigen Vorteilssteigerung. Bei Fertigungsanlagen (Zulage 25%) entsteht folgender Zahlungsstrom, wenn die Zulage in t_1 zu Einnahmen führt:

t_0	t_1	t_2	t_3	t_4	t_5
− 400	+ 270	+ 73,75	+ 73,75	+ 73,75	+ 73,75

und bei i_s = 4% errechnet sich ein Kapitalwert von 117.

Der Vergleich zeigt, daß die hohe Sonderabschreibung praktisch wirkungslos bleibt. Das ist kein Wunder: Abschreibungsvorteile schlagen nur dann steuerlich zu Buche, wenn die Steuersätze hoch sind. Sonderabschreibungen und Steuerermäßigungen gleichzeitig anzuordnen, wie im Berlinförderungsgesetz, schwächt die relative Wirksamkeit beider Maßnahmen. Es wäre wirtschaftspolitisch besser, die Sonderabschreibungen in der Berlinförderung ersatzlos zu streichen: Die Vorteilhaftigkeit von Arbeitsplätze schaffenden Investitionen in Berlin wird dadurch kaum berührt; die Scheinblüte durch wirtschaftlich bedenkliche Investitionen, über Abschreibungsfonds finanziert, würde vermieden (vgl. auch S. 342, 348).

4. Kauf oder Miete von Anlagen (Leasing)

Für die Miete von Anlagen (das Leasing) wird mit zwei Gründen geworben: Steuerlich seien die Mietkosten sofort abzugsfähige Betriebsausgaben, während beim Anlagenkauf nur Abschreibungen berechnet werden könnten, und finanzwirtschaftlich sei beim Leasing der Kapitalbedarf erheblich geringer.

Anlagenmiete wird in sehr unterschiedlicher Form gehandhabt. Die wichtigste Form ist jene, bei der das Mietverhältnis während einer (im Verhältnis zur Nutzungsdauer erheblichen) Grundmietzeit unkündbar ist (»Finanzierungsleasing«). Auf die Vorschriften, wann solche Mietverträge steuerlich als Anlagenmiete und nicht als verdeckter Kauf angesehen werden, wird hier nicht eingegangen[35].

Hier interessiert nur der Vorteilsvergleich zwischen Kauf oder Miete von Anlagen. Die von Leasing-Firmen vorgelegten Berechnungen sind in ihrem betriebswirtschaftlichen Gehalt oft fragwürdig. Das belegt ein Beispiel einer Frankfurter Autoleasingfirma (1973, die heute überholten Zahlen wurden nicht geändert, weil sich an der Art der Vorteilsberechnung nichts änderte):

Rechnung einer Leasing-Gesellschaft
Pkw-Leasing
Listenpreis DM 10 000,– Laufzeit 36 Monate – 90 000 km

	1. Jahr	2. Jahr	3. Jahr	
Anschaffungswert bzw. Buchwert	10 000.–	7 500,–	5 000,–	
AfA 25%	2 500,–	2 500,–	2 500,–	
Steuerminderung durch AfA ($s = 50\%$)	1 250,–	1 250,–	1 250,–	
kumulierte Gesamtausgaben	8 750,–	7 500,–	6 250,–	6 250,–
Verkaufserlös nach 3 Jahren Nutzung ca. 25%				2 500,–
Gesamtaufwendungen bei Kauf nach 3 Jahren				3 750,–
Mietzahlungen	3 531,60	3 531,60	3 531,60	
Steuerminderung durch Mietausgaben	1 765,80	1 765,80	1 765,80	
kumulierte Gesamtausgaben	1 765,80	3 531,60	5 297,40	5 297,40
abzüglich Zinsgewinn durch Liquiditätsplus				2 414,--
Gesamtaufwendungen bei Leasing nach 3 Jahren				2 883,40
Berechnung des Liquiditätsplus durch Leasing	8 750,--	5 734,20	2 718,40	
plus Zinsgewinn (12%) Vorjahr	--,--	1 050,--	1 864,10	
Liquiditätsplus gesamt	8 750,--	6 784,20	4 582,50	
Zinsgewinn durch Liquiditätsplus (12%)	1 050,--	814,10	549,90	
kumulativer Zinsgewinn	1 050,--	1 864,10	2 414,--	3 750,--
Endbetrag zugunsten Leasing				−2 883,40
				866,60

[35] Zu Einzelheiten vgl. *Schneider*, Steuerbilanzen, S. 129 f.

Was ist daran falsch gerechnet?
1. Die Berechnung der Gesamtaufwendungen ist sinnlos. Man kann nicht von den Anschaffungsausgaben die jährlichen Steuerersparnisse und den Veräußerungserlös nach und nach abziehen, ohne Berücksichtigung von Zinsen, wenn der Vorteilsvergleich »Kauf–Miete« im Ergebnis nur in Zinsvorteilen besteht.
2. Bei der Berechnung des Liquiditätsplus wurde so vorgegangen: Gesamtausgaben bei Kauf 8 750,–, abzüglich Mietausgaben nach Steuern 1 765,80, zuzüglich halbe Miete, wegen der monatlichen Zahlung, 1 765,80, ergibt als Saldo 8 750,– im ersten Jahr. Im zweiten und dritten Jahr wird in gleicher Weise verfahren. Dieses Vorgehen erfaßt den zeitlichen Anfall der Zahlungen nicht richtig. Bei einem Vergleich, der letztlich nur in Zinsvorteilen besteht, muß aber der Zeitpunkt der Zahlungen genau erfaßt werden.
3. Die Versteuerung der Zinsgewinne ist nicht berücksichtigt. Bei einem Vergleich, der letztlich nur in Zinsvorteilen besteht, ist das unhaltbar.

Für die im Beispiel genannten Zahlen lautet die Vergleichsrechnung richtig:

	Anfang des 1. Jahres	Ende des 1. Jahres	Ende des 2. Jahres	Ende des 3. Jahres
a) Kauf				
Anschaffungsausgaben/ Resterlös	– 10 000,--			+ 2 500,--
Steuerersparnis		+ 1 250,--	+ 1 250,--	+ 1 250,--
6% Zinsen nach Steuern (1. Jahr)		– 600,--		
Zahlungssaldo Ende 1. Jahr		– 9 350,--		
6% Zinsen nach Steuern (2. Jahr)			– 561,--	
Zahlungssaldo			– 8 661,--	
6% Zinsen nach Steuern (3. Jahr)				– 519,66
Zahlungssaldo 3. Jahr				– 5 430,66
b) Miete				
Jahresbetrag der monatlichen Miete*	– 1 765,80	– 3 531,60	– 3 531,60	– 1 765,80
Steuerersparnis		+ 1 765,80	+ 1 765,80	+ 1 765,80
6% Zinsen nach Steuern (1. Jahr)		– 105,95		
Zahlungssaldo Ende 1. Jahr		– 3 637,55		
6% Zinsen nach Steuern (2. Jahr)			– 218,25	

* Wegen der monatlichen Zahlungsweise wird die Jahresmiete zur Hälfte auf Jahresanfang und Jahresende bezogen. Die Steuerersparnis gilt, wie beim Kauf, am Jahresende bereits als entstanden.

	Anfang des 1. Jahres	Ende des 1. Jahres	Ende des 2. Jahres	Ende des 3. Jahres
Zahlungssaldo Ende 2. Jahr			− 5 621,60	
6% Zinsen nach Steuern (3. Jahr)				− 337,30
Zahlungssaldo Ende 3. Jahr				− 5 958,90
Endbetrag zugunsten Leasing				5 430,66
				− 5 958,90
				− 528,24

Erst bei einem Zinssatz von rund 9% nach Steuern (18% vor Steuern) sind hier Kauf und Miete gleich zu beurteilen. Dabei wäre noch zu beachten, daß bei den Anschaffungsausgaben Skonto noch nicht berücksichtigt ist und wegen der Gewerbeertragsteuer der Steuersatz mit 50% oft zu niedrig angesetzt sein wird. Im praktischen Fall wird zudem zu beachten sein, daß bei manchen Vertragsformen (mit anderen Zahlen) die Autowartung eingeschlossen ist.

Kann zu den üblichen Marktzinssätzen Kredit beschafft werden, lohnt sich Leasing regelmäßig nicht. Gleichwohl gibt es zahlreiche Firmen, die ihr Anlagevermögen bis zu einem Drittel (oder mehr) auf dem Wege des Leasing beschafft haben. Auch angesehene Aktiengesellschaften haben diesen Weg beschritten. Zwei Gründe sind dafür verantwortlich.

Erstens ist unter den deutschen Managern das genaue Rechnen bei Investitionsentscheidungen nur selten zu finden. Die verbreitete Sucht nach übersichtlichen Vereinfachungen erzeugt Fehler und läßt die Bosse auf fragwürdige Rechnungen hereinfallen.

Der zweite Grund sind die traditionellen Kreditgewährungsbedingungen der Banken. Kreditzusagen und Höhe der Kreditzinsen werden regelmäßig von dem Einhalten bestimmter Finanzierungsregeln abhängig gemacht. Solange Leasing nicht zur Aktivierung in der Handelsbilanz führt, können Kapazitäten beschafft (und über Mietausgaben »finanziert«) werden, ohne die Bilanzrelationen zu beeinträchtigen. Gerade wachsende Unternehmen, die (z. B. wegen ihrer Großaktionäre) keine zusätzliche Eigenfinanzierungsmöglichkeit besitzen und ihre Verschuldung schon an die von den Banken geduldete Grenze vorgetrieben haben, werden auf das Leasing abgedrängt. Gegen Leasing haben die kreditgebenden Banken häufig nichts einzuwenden. Ein solches Verfahren erscheint wenig vernünftig, denn das Risiko der Kredite erhöht sich erst recht, wenn Mietverträge über Zeiten bis zu 90% der betriebsgewöhnlichen Nutzungsdauer von Anlagen abgeschlossen werden, anstatt daß die Unternehmung den wirtschaftlich vorteilhafteren Weg des Anlagenkaufs geht.

Vielleicht erklärt sich das Bankenverhalten dadurch, daß Leasing-Gesellschaften häufig Tochterunternehmen sind, die zudem außerhalb der Anforderungen des Kreditwesengesetzes stehen.

Ein genaues Abschätzen, welche Zahlungen zu welchen Zeitpunkten anfallen, zeigt, daß für die Entscheidung Kauf oder Miete von Anlagen steuerliche Einflüsse regelmäßig überschätzt werden. Der internationale Vergleich bestätigt zudem, daß die steuerliche Behandlung nicht der entscheidende Grund für die wachsende Beliebtheit des Anlagenleasing sein kann. Wie wäre z. B. zu erklären, daß in Großbritannien ¼ aller extern finanzierten Investitionen dem Leasing zugerechnet werden, obwohl sehr viel günstigere Abschreibungsmöglichkeiten bestehen als in Deutschland (in vielen Fällen Sofortabschreibung) und zusätzlich keine Gewerbesteuer existiert, die bei uns die Kreditfinanzierung im Vergleich zur Anlagenmiete benachteiligt?

Um das Vordringen des Leasing zu erklären, sind in den letzten Jahren zahlreiche kapitalmarkttheoretische Modelle für den Vorteilsvergleich von Kauf und Anlagenmiete veröffentlicht worden[36]. Da ihr Leitbild der vollkommene Kapitalmarkt ist, können sie m.E. das Wesentliche gerade nicht herausfiltern: daß Leasing eine Methode zur Vermehrung der Unvollkommenheiten auf Sachanlage- und Finanzmärkten ist. Die Verkäufer industrieller Anlagen wünschen zusätzliche Marktunvollkommenheiten durch das Anbieten neuer Finanzierungsformen zu erzeugen. Finanzierungsinstitute haben erkannt, daß sie mit Leasing den Unternehmen eine besondere »Finanzierungsart« anbieten können, die weniger Sicherheiten und Informationen erfordern, als sie sonst auf Finanzmärkten üblich sind.

5. Lang- und kurzlebige Investitionen

In der finanzwissenschaftlichen Diskussion hat die Frage eine Rolle gespielt, wie die Besteuerung auf die Art der Investitionen wirkt; insbesondere, ob langlebige Investitionen (z. B. Bauten) stärker unter der Besteuerung leiden als kurzlebige Investitionen. Fast alle »Infrastrukturinvestitionen« zählen zu den langlebigen Investitionen, und deshalb ist die Frage von erheblichem wachstumspolitischen Interesse.

Die heute noch vorherrschende Meinung geht dahin, daß langlebige Investitionen durch die Gewinnbesteuerung stärker behindert werden als kurzlebige. Häufig ist diese Aussage durch Beispielsrechnungen begründet worden, in denen der Kalkulationszinsfuß vor und nach Steuern gleich blieb. Aber diese Annahme über den Kalkulationszinsfuß ist selten sinnvoll. Prüfen wir deshalb, wie sich die Gewinnbesteuerung auf die Vorteilhaftigkeit von lang- und kurzlebigen Anlagen auswirkt, wenn wir von der Annahme eines »versteuerten Kalkulationszinsfußes« ausgehen.

Eine langlebige Investition, Nutzungsdauer 20 Jahre, und eine Kette von vier kurzlebigen Investitionen, deren Nutzungsdauer jeweils fünf Jahre betragen soll, seien vor Steuern gleich vorteilhaft, z. B.

	t_0	t_1	t_2	t_3	t_4	t_5	t_6	t_{20}
langleb. Anlage	− 300	+ 56,1	+ 56,1	+ 56,1	+ 56,1	+ 56,1	+ 56,1	... + 56,1
Kette kurzleb. Anlagen	− 300	+ 100	+ 100	+ 100	+ 100	+ 100 − 300	+ 100	... + 100

Bei $i = 10\%$ errechnet sich für beide Vorhaben $K = 177,6$.

Im Steuerfall sei lineare Abschreibung unterstellt und ein Steuersatz von 50%, so daß $i_s = 5\%$ wird. Es errechnet sich dann für die langlebige Investition ein Kapitalwert von 143; für die Kette aus kurzlebigen Investitionen ein Kapitalwert von 133. Mit steigenden Steuersätzen wächst damit die Vorteilhaftigkeit der langlebigen Anlage. Wegen des verringerten Zinssatzes ist nach der Steuererhöhung der Barwert der versteuerten Periodenüberschüsse bei der langlebigen Anlage höher als der Barwert der Kette aus kurzlebigen Investitionen.

---

[36] Vgl. z. B. *Merton H. Miller, Charles W. Upton,* Leasing, Buying, and the Cost of Capital Services. In: The Journal of Finance, Vol. 31 (1976), S. 761–786; *Wilbur G. Lewellen, Michael S. Long, John J. McConnell,* Asset Leasing in Competitive Capital Markets, ebenda, S. 787–798; *Stewart C. Myers, David A. Dill, Alberto J. Bantista,* Valuation of Financial Lease Contracts, ebenda, S. 799–820; und die dort genannten Quellen.

6. Die preissenkende Wirkung höherer Gewinnbesteuerung bei Lohnerhöhungen und arbeitsparenden Investitionen[37]

Wie Erhöhungen der Gewinnsteuern auf die Preise wirken, ist eines der Probleme, die Finanzwissenschaft und betriebswirtschaftliche Steuerlehre gemeinsam beschäftigen. Die herrschende Auffassung zum Überwälzungsproblem lautet: Unter den strengen Prämissen der mikroökonomischen Partialanalyse beeinflussen Gewinnsteuern den Preis nicht. Die Voraussetzungen sind dabei:

(1) Keine Rückwirkung der Steueränderung auf Gestalt und Lage der Preisabsatzfunktion und der Kostenfunktion;
(2) die unternehmerische Zielsetzung ist Gewinnmaximierung;
(3) die Analyse ist kurzfristig, d. h. Investitionen werden nicht berücksichtigt;
(4) besteuert wird der Modellgewinn: Erlös minus Kosten;
(5) die Ungewißheit der Zukunft wird vernachlässigt.

Es liegt auf der Hand, daß sich die Aussagen über die Nichtüberwälzung von Gewinnsteuern ändern können, wenn die eine oder andere Prämisse aufgehoben oder modifiziert wird. Hier wird die Annahme (3) aufgehoben, Investitionen werden also einbezogen. Außerdem wird vorausgesetzt, daß die Unternehmensleitung mit Lohnsatzsteigerungen rechnet. In der Literatur zur mikroökonomischen Steuerüberwälzung ist die Wirkung der Besteuerung auf die Investitionen ausgiebig diskutiert worden. Dabei findet sich eine Aussage, die in der wirtschaftspolitischen Diskussion häufig als allgemeingültige Hypothese anzutreffen ist: die Behauptung, daß Gewinnsteuern kapitalintensive Verfahren diskriminieren und damit den Übergang auf ein arbeitsintensiveres Verfahren und folglich in der Regel auch eine Preiserhöhung erzwingen. Diese Aussage wird hier in Frage gestellt.

Das Beispiel weist nach, daß eine Gewinnsteuererhöhung, namentlich dann, wenn mit Lohnsteigerungen gerechnet werden muß, die Auswahl stärker automatisierter (kapitalintensiver) Produktionsverfahren begünstigt; kapitalintensive Produktionsverfahren zeigen im Vergleich zu lohnintensiven (weniger stark automatisierten) Produktionsverfahren niedrigere Grenzkosten, und folglich werden, fallende Preisabsatzfunktion vorausgesetzt, die Angebotspreise nach der Gewinnsteuererhöhung niedriger liegen als zuvor.

Im einzelnen:
Ein Unternehmer plane das Produktionsverfahren für die nächsten drei Perioden. Der Unternehmer stehe in jeder Periode vor einer fallenden Preisabsatzfunktion. Zur Vereinfachung sei angenommen, es gelte in allen drei Perioden die gleiche Preisabsatzfunktion, und die einzelnen Perioden seien voneinander unabhängig, die Preispolitik in einer Periode habe also keinen Einfluß auf die Nachfrage in den anderen Perioden. Die Preisabsatzfunktion möge lauten

$$p_t = -0,01 x_t + 12,$$

wobei p_t den Preis in der Periode t und x_t die entsprechende Absatzmenge bezeichnet. Der Unternehmer muß mit steigenden Grenzkosten rechnen. Der Einfachheit halber soll angenommen werden, nur die Löhne führten zu Grenzkosten. Es ändert sich nichts, wenn neben den Löhnen noch Werkstoffe und Energiekosten zu den Grenzkosten zählen. Die Lohnsteigerung betrage von der ersten zur zweiten Periode 50%, von der zweiten zur dritten 33⅓%.

---

[37] Vgl. *Dieter Schneider, Hans Heinrich Nachtkamp*, Zwei Beispiele für die preissenkende Wirkung höherer Gewinnsteuern. In: ZfbF, Jg. 22 (1970), S. 499–509.

Die Lohnerhöhung wurde so drastisch gewählt, um handliche Zahlen zu erhalten. Von Lagerhaltung sei zur Vereinfachung abgesehen, auch auf der Produktionsseite seien also die Perioden unverbunden.

Dem Unternehmer bieten sich zwei Produktionsverfahren an. Die lohnintensive Anlage A koste 2 445 Mark in t_0, sie erfordere Grenzkosten (zusätzliche Ausgaben je Stück) in t_1 von 4 Mark und folglich wegen der Lohnsteigerungen in t_2 6 Mark und in t_3 8 Mark.

Die kapitalintensive Anlage B koste 5 100 Mark; sie erfordere an Grenzkosten (zusätzliche Ausgaben je Stück) in t_1 2 Mark und folglich in t_2 3 Mark, in t_3 4 Mark.

Die Nutzungsdauer beider Anlagen betrage drei Perioden, der Restverkaufserlös sei Null.

Da wir vorausgesetzt haben, die einzelnen Perioden seien voneinander unabhängig, ist zunächst die Preis- und Produktionspolitik in jeder Periode zu bestimmen. Daraus errechnet sich für jeden Zahlungszeitpunkt der Einnahmenüberschuß, den wir der Kapitalwertberechnung zugrunde legen.

Der Einnahmenüberschuß (Bruttogewinn) G_t errechnet sich aus Preis mal Menge minus Grenzkosten mal Stückzahl für jede Periode. Für Anlage A gilt in t_1 folglich

$$G_1 = p_1 \cdot x_1 - 4 x_1$$
$$G_1 = (-0{,}01 x_1 + 12) x_1 - 4 x_1$$
$$\frac{dG_1}{dx_1} = -0{,}02 x_1 + 8 = 0$$
$$x_1 = 400; \quad p_1 = 8; \quad G_1 = 1600.$$

Für t_2 und t_3 errechnen sich

$t_2:$ $\quad x_2 = 300;\quad p_2 = 9;\quad G_2 = 900,$
$t_3:$ $\quad x_3 = 200;\quad p_3 = 10;\quad G_3 = 400.$

Der Zahlungsstrom der Anlage A lautet somit

t_0	t_1	t_2	t_3
−2445	+1600	+900	+400,

und bei $i = 10\%$ errechnet sich ein Kapitalwert $K_A = 53{,}87$.

Für die kapitalintensive Anlage B gelten folgende Absatzmengen, Preise und Einnahmenüberschüsse

in $t_1:$ $\quad x_1 = 500;\quad p_1 = 7;\quad G_1 = 2500.$
In $t_2:$ $\quad x_2 = 450;\quad p_2 = 7{,}50;\quad G_2 = 2025.$
In $t_3:$ $\quad x_3 = 400;\quad p_3 = 8;\quad G_3 = 1600.$

Damit lauten die Zahlungsströme für B

t_0	t_1	t_2	t_3
−5100	+2500	+2025	+1600,

und bei $i = 10\%$ errechnet sich ein Kapitalwert $K_B = 48{,}38$.

Vor Steuern ist damit die lohnintensive Anlage, trotz der zu erwartenden Lohnsteigerungen, der kapitalintensiven überlegen. Die lohnintensive Anlage A wird investiert, und damit werden als Preise herrschen in t_1 8 Mark, in t_2 9 Mark und in t_3 10 Mark: Nach Steuern zeigen beide Anlagen einen anderen Zahlungsstrom:

Von den Einnahmenüberschüssen jeder Periode sind die Gewinnsteuerzahlungen abzusetzen. Der steuerpflichtige Gewinn errechnet sich als Einnahmenüberschuß abzüglich steuerlicher Abschreibungen. Wir gehen von linearer Abschreibung aus. Der steuerpflichtige Gewinn beträgt dann bei Anlage A

in t_1 1600 − 815 =   785,
in t_2 900 − 815 =   85,
in t_3 400 − 815 = − 415.

Steuerzahlung bzw. Steuerersparnis (wegen des vorausgesetzten Verlustausgleichs) betragen in t_1 = −392,5; in t_2 = −42,5; in t_3 = + 207,5. Der Zahlungsstrom nach Steuern lautet folglich für Anlage A in

t_0	t_1	t_2	t_3
− 2445	+ 1207,5	+ 857,5	+ 607,5

und bei i_s = 5% errechnet sich ein Kapitalwert nach Steuern K_{sA} = 7,56.

Bei der kapitalintensiven Anlage B betragen die periodischen Abschreibungen 1 700; der steuerpflichtige Gewinn folglich in t_1 = 800, in t_2 = 325, in t_3 = −100; die Steuerzahlung bzw. -ersparnis in t_1 = −400, in t_2 = −162,5, in t_3 = + 50. Der Zahlungsstrom nach Steuern lautet für Anlage B folglich in

t_0	t_1	t_2	t_3
− 5100	+ 2100	+ 1862,5	+ 1650

und der Kapitalwert nach Steuern K_{sB} = 14,67.

Nach der Steuererhöhung ist die kapitalintensive Anlage B vorteilhafter als die lohnintensive Anlage A. Die kapitalintensive Anlage wird investiert, und damit gelten folgende Preise: in t_1 = 7 (statt 8 vor der Steuererhöhung), in t_2 = 7,50 (statt 9 Mark), in t_3 = 8 (statt 10 Mark).

Das Beispiel zeigt:

1. Höhere Gewinnsteuern können die kapitalintensive Produktion begünstigen.
2. Höhere Gewinnsteuern sichern in solchen Fällen langfristig niedrigere Preise als geringere Gewinnsteuern.
3. Höhere Gewinnsteuern bewirken über die Preiswirkung zugleich höhere Ausbringungsmengen (in t_1 500 statt 400, in t_2 450 statt 300, in t_3 400 statt 200) und mindern damit die wohlfahrtsfeindliche Wirkung monopolistischer Märkte.
4. Das Investitionsvolumen steigt nach der Steuererhöhung (in t_0 von 2 445 auf 5 100); Gewinnsteuererhöhungen erhöhen hier also von sich aus die Investitionsneigung, namentlich sind hier nach einer Steuererhöhung keine Abschreibungsvergünstigungen notwendig, um kapitalintensive Produktionsverfahren zu fördern.

Das Beispiel stellt, kurz gesagt, die vorherrschende Meinung über den Einfluß von Gewinnsteuererhöhungen auf Investition, Produktion und Preise auf den Kopf. Deshalb ist zu prüfen: Wodurch entsteht die preissenkende Wirkung, und inwieweit sind die gesetzten Annahmen wirklichkeitsnah?

1. Die preissenkende Wirkung beruht darauf, daß der Verlauf der Einnahmenüberschüsse bei beiden Anlagen unterschiedlich ist (bei B sinken die Einnahmen weniger als bei A) und daß die Besteuerung den effektiven Kalkulationszinssatz vermindert. Dadurch werden die

Einnahmenverläufe verschieden gewichtet. Blieben etwa die Grenzkosten im Zeitablauf gleich, und damit auch die Einnahmenüberschüsse, dann träte unter sonst gleichen Umständen die preissenkende Wirkung nicht ein; vielmehr bliebe dann vor und nach Steuern Anlage A vorteilhaft. Die Gewinnbesteuerung nähme keinen Einfluß auf die Auswahl des Produktionsverfahrens und die Preispolitik.

Eine Preiserhöhung träte dann ein, wenn vor Steuern B, nach Steuern A günstiger wäre. Das ist nur möglich, wenn die Einnahmenüberschüsse bei der (lohnintensiven) Anlage mit hohen Grenzkosten im Zeitablauf weniger sinken als die Einnahmenüberschüsse der kapitalintensiven Anlage mit niedrigeren Grenzkosten. Bei gleicher Preisabsatzfunktion für beide Anlagen ist das nur denkbar, wenn die Grenzkosten im Zeitablauf fallen, was der Erfahrung widerspricht.

Da beim Vergleich kapitalintensive gegen lohnintensive Anlage von gegebenen Absatzverhältnissen und den allgemein üblichen Abschreibungsverfahren ausgegangen werden muß, können wir den Fall, daß eine Steuererhöhung preiserhöhend wirkt, hier als wirklichkeitsfremd und nur in Sonderfällen zutreffend ansehen.

2. Das Beispiel ging davon aus, daß durch die Steuererhöhung die Nachfrage nicht berührt werde. Im praktischen Fall wird sich die Nachfrage durch die Gewinnbesteuerung ändern. Bei veränderter Nachfrage kann der Fall eintreten, daß die kapitalintensive Anlage von vornherein vorteilhafter ist oder die lohnintensive auch nach Steuern vorteilhafter bleibt oder beide unvorteilhaft sind. Hier interessiert nur die tendenzielle Wirkung der Besteuerung. Solange für beide Anlagen die gleichen Absatzbedingungen gelten, ändert sich daran nichts, daß die kapitalintensive Anlage durch die Besteuerung gegenüber der lohnintensiven Anlage begünstigt wird.

3. Die Zielsetzung Gewinnmaximierung ist nicht allgemeingültig, aber man kann davon ausgehen: Wenn ein Unternehmer seine Handlungsmöglichkeiten kennt und bewerten kann, dann wird er unter sonst gleichen Bedingungen die vorteilhaftere wählen. Damit bleibt die Begünstigung der kapitalintensiven Anlage erhalten.

4. In der Wirklichkeit bilden sich die Preise nicht nach Grenzerlös und Grenzkosten, und man kann bezweifeln, ob die Arbeit mit Preisabsatzfunktionen für eine die Wirklichkeit erklärende Preistheorie überhaupt sinnvoll ist. In der Investitionsplanung geht es jedoch darum, die langfristige Preispolitik festzulegen, nicht die Preisbildung im Einzelfall zu bestimmen, und für langfristige Überlegungen spielen Preisverhandlungen und (kurzfristige) Preisuntergrenzen keine Rolle. In der langfristigen Preispolitik wird man auf den Zusammenhang zwischen Nachfragemenge und durchschnittlicher Preisgestaltung zu achten haben. Hier, für langfristige Erwägungen, scheint trotz aller Kritik das Arbeiten mit Preisabsatzfunktionen nach wie vor berechtigt.

5. Die praktische Investitions- und Finanzplanung muß mit zahlreichen, sich teilweise ausschließenden, teilweise begünstigenden Investitionsvorhaben und mit Kreditbeschränkungen rechnen. Die Vorteilhaftigkeit kann dann nicht mehr an Hand einer einfachen Kapitalwertrechnung erfolgen; ob eine Anlage vorteilhaft ist, läßt sich dann nur daran erkennen, ob sie im »optimalen Finanzplan« des Unternehmens enthalten ist. Liegen Kreditbeschränkungen vor, und ist A wegen der geringeren Anschaffungskosten vor Steuern günstiger als B, dann ist nach Steuern damit zu rechnen, daß A weiterhin vorteilhaft bleibt, weil die knappen Finanzierungsmittel nunmehr auch noch durch Gewinnsteuerzahlungen beansprucht werden. Die preissenkende Wirkung höherer Gewinnsteuern kann somit durch die Bedingungen auf der Finanzierungsseite der Unternehmung verhindert werden.

7. Veräußerungszeitpunkt von Grundstücken und Wertpapieren

aa) Die Fragwürdigkeit des »lock-in-Effekts«

Eine Besteuerung von Veräußerungsgewinnen bei Grundstücken, Wertpapieren und anderen Anlagegegenständen hindere die Eigentümer an einem Verkauf, so sagt man, weil sie ihnen einen Teil des Verkaufserlöses wegnehme. Die Besteuerung der Veräußerungsgewinne schließe gewissermaßen die Eigentümer in ihre Investitionen ein. Dieser Einschließungseffekt (»lock-in-Effekt«) vermindere das Angebot an Grundstücken, Wertpapieren, sonstigen Anlagegegenständen mit unerwünschten Folgen: Das niedrigere Angebot treibe die Preise in die Höhe, verstärke Preisschwankungen, erschwere die wirtschaftlich beste Verteilung von Produktionsfaktoren.[38]

Auf Argumenten, die dem »lock-in-Effekt« entsprechen, baut die politische Begründung des § 6 b EStG auf: »Der Zugriff der Gewinnsteuern auf die Veräußerungsgewinne hat zu einer weitgehenden Stagnation des Veräußerungsverkehrs nicht nur von Grundstücken, sondern auch von Beteiligungen und sonstigen Anlagen mit langfristiger Anlagedauer geführt.« Der »lock-in-Effekt« lieferte auch die Rechtfertigung dafür, daß im Reformentwurf 1973 für das Einkommensteuergesetz die Besteuerung von Veräußerungsgewinnen nicht ausgedehnt wurde: »Die Beschränkung der Besteuerung auf Gewinne aus der Veräußerung bestimmter privater Wirtschaftsgüter ... hat sich bewährt und wird deshalb beibehalten«, insbesondere würde ein »stärkerer steuerlicher Zugriff auf Einkünfte aus ... Grundstücksgeschäften ... – angesichts der Tatsache, daß sich diese Geschäfte auf nicht vermehrbare Wirtschaftsgüter beziehen – zu einer Erstarrung des Grundstücksverkehrs und nicht zu einem Sinken der Bodenpreise führen«.[39]

Gewiß werden zahlreiche Investoren eine Besteuerung von Veräußerungsgewinnen als eine Strafe empfinden und deshalb so lange als möglich den Verkauf ihrer Anlagen hinausschieben, also entsprechend dem »lock-in-Effekt« handeln; denn der menschlichen Dummheit sind kaum Grenzen gesetzt. Wer jedoch wirtschaftliche Ziele mit etwas Nachdenken verfolgt, wird genau entgegen dem »lock-in-Effekt« handeln, von wenigen Ausnahmen abgesehen.

Ob die Eigentümer von Anlagen wegen der Besteuerung der Veräußerungsgewinne eine Verkaufsentscheidung hinausschieben oder ganz auf den Verkauf verzichten, hängt davon ab, ob und für welchen Zweck sie Bargeld brauchen. Die vielfältigen Wünsche, die Anlaß zu der Überlegung geben, ein Anlagegut zu verkaufen, lassen sich zwei Gruppen zuordnen:

a) Der Eigentümer will konsumieren: Er will z. B. eine Weltreise machen, die Tochter

---

[38] Vgl. *Harold M. Somers*, An Economic Analysis of the Capital Gains Tax. In: National Tax Journal, Vol. 1 (1948), S. 226–232; ders., Reconsideration of the Capital Gains Tax. In: National Tax Journal, Vol. 13 (1960), S. 289–309; *Charles C. Holt, John P. Shelton*, The Implications of the Capital Gains Tax for Investment Decisions. In: The Journal of Finance, Vol. 16 (1961), S. 559–580; dies., The Lock-in Effect of the Capital Gains Tax. In: National Tax Journal, Vol. 15 (1962), S. 337–352; *Beryl W. Sprinkel, B. Kenneth West*, Effects of the Capital Gains Taxes on Investment Decisions. In: The Journal of Business, Vol. 35 (1962), S. 122–134; *Richard Goode*, The Individual Income Tax. Washington 1964, S. 207–210; *Henry C. Wallich*, Taxation of Capital Gains in the Light of Recent Economic Developments. In: National Tax Journal, Vol. 18 (1965), S. 133–150; *William F. Beazer*, Expected Income Changes and the Lock-in Effect of the Capital Gains Tax. In: National Tax Journal, Vol. 19 (1966), S. 308–318; *Richard E. Slitor*, The Carter Proposals on Capital Gains: Economic Effects and Policy Implications for the United States. In: National Tax Journal, Vol. 22 (1969), S. 66–78.

[39] Deutscher Bundestag, 4. Wahlperiode, Drucksache IV/2400, Bonn 1965, S. 46; Begründung zum EStG 1975, Bundesratsdrucksache 700/73 vom 8. 11. 1973, S. 278.

aussteuern, eine private Schwimmhalle bauen, und deshalb erwägt er, Grundstücke oder Wertpapiere zu verkaufen.
b) Der Eigentümer will sein Vermögen mehren und prüft deshalb den Verkauf bisher gehaltener Anlagen, um ertragreichere und/oder risikoärmere zu wählen. Der Aktienbesitzer überlegt, ob er von einer Aktie auf eine andere oder auf Grundstücke umsteigen soll; der Grundstücksbesitzer erwägt einen Verkauf, weil er sich von Aktien mehr Reichtum verspricht. Ein Unternehmer prüft, ob er einen Zweigbetrieb im Stadtkern veräußern soll, um am Stadtrand einen größeren zu errichten.
Auf den Fall der Reinvestition hat das Schrifttum den »lock-in-Effekt« abgestellt. Aber deshalb darf der Fall eines Konsumziels nicht übersehen werden. Bei Konsumzielen ist nur unter sehr engen Voraussetzungen ein »lock-in-Effekt« zu erwarten: wenn die Eigentümer keinen anderweitigen Finanzierungsspielraum besitzen, für ihren Konsum einen vorgegebenen Betrag benötigen, gleichwohl anpassungsfähig sind hinsichtlich des Zeitpunkts ihres Konsums und keinen Wechsel der Anlageform während ihres Zwecksparens empfehlenswert finden. Löst man eine dieser engen Voraussetzungen auf, so empfiehlt es sich für den Eigentümer durchweg, bei einer Besteuerung von Veräußerungsgewinnen früher und nicht später zu verkaufen als im Fall der Steuerfreiheit. Es entsteht ein »Anti-lock-in-Effekt«.[40]

Für den »lock-in-Effekt« stand im Schrifttum folgendes Beispiel Pate: Ein Anleger stehe vor der Entscheidung, ob er seine Wertpapiere behalten oder in eine besser rentierende Anlage umsteigen soll. Bei Steuerfreiheit der Veräußerungsgewinne genüge eine geringfügig höhere Verzinsung bei einer Alternativanlage gleichen Risikos, um den Anleger zu einem Wechsel in seinem Wertpapierbestand zu veranlassen. Die Verzinsung der Alternativanlage müsse um so viel höher sein, daß sie während des Planungszeitraums die Kosten des Wechsels (Provisionen und Gebühren) mehr als ausgleicht.
Würden Veräußerungsgewinne hingegen besteuert, dann schmälere sich durch den Verkauf der bisher gehaltenen Wertpapiere der wiederanzulegende Betrag um die Steuerzahlung. Ein Wechsel im Wertpapierbestand lohne sich deshalb nur, wenn die Alternativanlage so ertragreich sei, daß während des Planungszeitraums der Verlust durch die Steuerzahlung wieder aufgeholt werden könne.
Die formelmäßige Ableitung und ein Beispiel verdeutlichen den Gedanken: A seien die früheren Anschaffungsausgaben (= Buchwert) von Wertpapieren und R_0 ihr Verkaufserlös im Planungszeitpunkt, i bezeichnet die jährliche Verzinsung (die jährliche Kurssteigerung dieser Papiere) und r die Rendite der Alternativanlage. Behält der Investor seine Wertpapiere, so wächst sein Vermögen im nächsten Jahr um iR_0.
Der Betrag, der in die höher verzinsliche Alternativanlage investiert werden kann, gleicht dem Veräußerungserlös abzüglich der Steuerzahlungen: $R_0-s(R_0-A)$. Wird dieser Betrag in die Alternativanlage investiert, so wächst das Vermögen um $r[R_0-s(R_0-A)]$ im nächsten Jahr. Der Wechsel im Wertpapierbestand lohnt sich deshalb nur, wenn innerhalb des hier unterstellten Planungszeitraums von einem Jahr das mit der Alternativanlage gewonnene Vermögen das Vermögen übersteigt, das mit den bisher gehaltenen Anlagen zu erreichen ist. Der Wechsel im Wertpapierbestand wird also nur durchgeführt, wenn:[41]

---

[40] Vgl. *Dieter Schneider*, Besteuerung von Veräußerungsgewinnen und Verkaufsbereitschaft: der fragwürdige »lock-in-Effekt«. In: StuW, Jg. 53 (1976), S. 197–210, hier S. 199.
[41] Vgl. z. B. *Holt/Shelton*, Implications, S. 567; *Sprinkel/West*, S. 127 f.; *Goode*, S. 208 f.; *Beazer*, S. 309–311, weist auf die Bedeutung der Länge des Planungszeitraums hin.

(1) $$r[R_0 - s(R_0 - A)] > iR_0.$$

Beispiel: Der bisherige Wertpapierbestand war zu A = 100 gekauft worden, der Kurswert betrage R_0 = 200, und es werde eine jährliche Kurssteigerung von i = 6% vom Investor erwartet; der Steuersatz für Veräußerungsgewinne sei s = 50%. Wenn ein Austausch der Anlagen lohnen soll, muß der Investor als Verzinsung r für die Alternativanlage erwarten:

(2) $$r[200 - 0{,}5(200 - 100)] > 0{,}06 \cdot 200$$
$$r > 8\%.$$

Verkauft er nämlich die bisher gehaltene Anlage nach einem Jahr, erlöst er nach Steuern 212 − 0,5 (212 − 100) = 156, also dasselbe wie beim Verkauf heute, wobei nach Steuern 150 verbleiben, und Anlage der 150 in einem Papier mit 8% Kurssteigerung. Damit werden zwar in einem Jahr 162 erlöst, doch müssen aus dem erneuten Kursgewinn von 12 wiederum 6 an Steuern auf Veräußerungsgewinne gezahlt werden.

Wird der Planungszeitraum länger als ein Jahr, muß über das Endvermögen der interne Zinsfuß berechnet werden. Hierbei sinkt r etwas (bei 10 Jahren muß hier r = 7,46% betragen).

Für den Fall, daß die Eigentümer von Anlagegegenständen nach mehr Vermögen streben, scheint der »lock-in-Effekt« bestätigt. Doch bleibt zu fragen, inwieweit die hier gemachten Voraussetzungen der Wirklichkeit entsprechen. Offensichtlich gilt die vom Schrifttum angestellte Überlegung nur, wenn unterstellt wird, daß der Investor weder über Ersparnisse verfügt, deren Verflüssigung keine Steuerzahlung auf Veräußerungsgewinne auslöst (z. B. Abheben vom Sparbuch, Verkauf von Anleihen), noch daß er bereit und fähig ist, sich weiter zu verschulden.

Darüber hinaus erbringen im Beispiel die bisher gehaltenen Wertpapiere jährlich eine Kurssteigerung um den gleichen Prozentsatz. Die »zeitliche Grenzrendite« ist konstant und d. h.: Der Veräußerungsgewinn wächst absolut von Jahr zu Jahr. Nehmen wir an, die marktübliche Verzinsung sei (nach Steuern) 4%, dann betrüge (Steuerfreiheit der Veräußerungsgewinne vorausgesetzt) der Grenzgewinn des Wertpapiers, dessen Kurs zur Zeit 200 beträgt und von dem erwartet wird, daß er jährlich um 6% steigt, heute $0{,}06 \cdot 200 - 0{,}04 \cdot 200 = 4$ und nach einem Jahr $0{,}06 \cdot 212 - 0{,}04 \cdot 212 = 4{,}24$.

Die Umweltbedingungen des Investors, für den das Schrifttum den »lock-in-Effekt« belegt, sind also folgende: Der Investor will sein Vermögen mehren; er besitzt nur Anlagen, die Veräußerungsgewinne tragen und deren Grenzgewinne im Zeitablauf nicht sinken (steigen, gleichbleiben). Der Investor will oder kann sich nicht weiter verschulden. Gerade dieser Mann sieht eine Anlagemöglichkeit, die sich noch besser rentiert als alle seine bisherigen Anlagen und folglich auch höher als die Kreditzinsen, wobei beachtet werden muß, daß Risikoüberlegungen hier nicht berücksichtigt werden (eine Verschuldungsgrenze also nicht aus dem Kapitalstrukturrisiko, S. 489 f., herzuleiten ist).

Wie häufig ein solcher Fall ist, hängt davon ab, ob Erwartungen über nicht sinkende Grenzgewinne mit wachsender Investitionsdauer Regelfall oder Ausnahmefall sind.

Ein Sinken der zeitlichen Grenzgewinne kann selbst dann schon vorliegen, wenn die erwarteten Kurssteigerungen jährlich wachsen.

Ein Beispiel soll dies verdeutlichen: Der Kurs heute betrage 200, ein Jahr später werde ein Kurs von 240 erwartet; ein weiteres Jahr später sei mit 281 zu rechnen. Dann beträgt die Preissteigerung im ersten Jahr 40, im zweiten Jahr 41. Die Preissteigerung gleicht jedoch nicht dem zeitlichen Grenzgewinn, weil die Zinsen auf das eingesetzte Kapital abzuziehen sind. Der Zinssatz nach Steuern sei 5%. Damit berechnet sich der Grenzgewinn im ersten Jahr auf 40 − 0,05 · 200 = 30 und im zweiten Jahr auf 41 − 0,05 · 240 = 29. Der zeitliche Grenzgewinn der Aktie sinkt, obwohl die Kurssteigerung jährlich wächst!

Da Kurse (oder Grundstückspreise) nicht bis ins Unendliche steigen können, wird bei allen Anlageformen irgendwann mit abnehmenden zeitlichen Grenzgewinnen zu rechnen sein. Verkaufsüberlegungen werden durchweg erst dann angestellt, wenn ein Sinken der zeitlichen Grenzgewinne erwartet wird.

Bei sinkenden Grenzgewinnen im Zeitablauf wird zusätzlich der Veräußerungszeitpunkt zum Problem: Wird der Wechsel der Investitionsgelegenheiten in t_{n-1} vollzogen, dann läßt sich ein Betrag in Höhe von R_{n-1} (bei Steuerfreiheit) reinvestieren. Wird jedoch der Wechsel erst im Zeitpunkt t_n vollzogen, dann kann $R_{n-1} + \Delta R_n$ neu angelegt werden. Der zusätzliche Investitionsbetrag ΔR_n wird am Ende des Planungszeitraums ein zusätzliches Vermögen erwirtschaftet haben.

Wann ist der Wechsel zu einer besser rentierenden Anlage vorteilhaft, wenn der Investitionsbetrag für die besser rentierende Anlage vom Zeitpunkt des Verkaufs der bisher gehaltenen Anlage abhängt?

Um für diesen Fall eine Lösung zu erarbeiten, müssen genaue Annahmen über den Planungszeitraum (Unternehmung auf Dauer, Unternehmung auf Zeit mit abhängigem oder unabhängigem Planungshorizont, S. 41), die Wiederanlage- und Finanzierungsmöglichkeiten (vollkommener oder unvollkommener Kapitalmarkt, Kreditbeschränkungen) und das Unternehmensziel (Einkommens- oder Endvermögensstreben mit oder ohne ausdrückliche Berücksichtigung der Ungewißheit) neben den für den Einzelfall geltenden steuerlichen Umweltbedingungen getroffen werden. Keineswegs sind in allen Fällen die Wirkungen einer Besteuerung von Veräußerungsgewinnen oder ihrer Befreiung gleich.

bb) Der Einfluß der Gewinnbesteuerung auf die Verkaufsbereitschaft bei sich nicht ausschließenden Vorhaben

Für den Regelfall der Wirklichkeit bei sonst vollkommenem Kapitalmarkt bestimmt sich der optimale Ersatzzeitpunkt nach dem Satz »zeitliche Grenzrendite = Kalkulationszinsfuß« (zeitlicher Grenzgewinn = 0). Diese Regel gilt immer dann, wenn sich die Veräußerungsgewinn tragende Anlage (Grundstück, Wertpapier) und die Neuinvestition nicht gegenseitig ausschließen bzw. finanzieller Spielraum für den Investor besteht (S. 235).

Bezugszeitpunkt der Rechnung sei t_n, so daß die in t_{n-1} anfallenden Zahlungen um ein Jahr aufzuzinsen sind; i_s sei der Zinssatz nach Steuern. Der Verkaufszeitpunkt ist dann erreicht, sobald gilt:

$$(3) \qquad (1 + i_s) R_{n-1} \geq R_n$$

Die bisher gehaltene Anlage wird verkauft, sobald für das folgende Jahr die Zinsen bei einer anderweitigen Geldanlage (oder die ersparten Zinsen bei Zurückzahlung eines Kredits) größer, mindestens aber gleich werden der Preissteigerung, welche die Veräußerungsgewinn tragende Anlage für das folgende Jahr verspricht. In den späteren Jahren darf die Preissteigerung bei dieser Anlage nicht mehr über die Zinsen bei anderweitiger Anlage des Geldes wachsen. Diese erst hinreichende Bedingung für den optimalen Verkaufszeitpunkt soll hier und auch im folgenden stets erfüllt sein.

Verändert die Besteuerung von Veräußerungsgewinnen den Verkaufszeitpunkt?
Bei einer (proportionalen) Besteuerung der Veräußerungsgewinne erlöst der Investor einen um die Steuerzahlungen auf Veräußerungsgewinne verminderten Betrag. Im Zeitpunkt t_{n-1} wird dann nur der Betrag $R_{n-1} - s(R_{n-1} - A)$ erlöst, in t_n ein um $(1-s) \Delta R_n$ erhöhter Betrag. Der Verkaufszeitpunkt ist dann erreicht, wenn

(4) $$(1 + i_s) [R_{n-1} - s (R_{n-1} - A)] \geq R_n - s (R_n - A).$$

Um zu erkennen, wie die Besteuerung den zweckmäßigsten Veräußerungszeitpunkt verschiebt, nehmen wir an, bei Steuerfreiheit in (3) gelte das Gleichheitszeichen. Vor Steuern sei also der Entscheidende indifferent zwischen Verkauf und Aufschieben des Verkaufs der Anlage. Durch Einsetzen von (3) in (4) ergibt sich, daß im Steuerfall $(1 + i_s)A > A$ steht. Aus der Gleichung vor Steuern wird im Steuerfall ein »größer als«. Bei Besteuerung ist die Veräußerungsgewinn tragende Anlage zu einem früheren Zeitpunkt zu verkaufen. Aus der Besteuerung von Veräußerungsgewinnen folgt bei finanziellem Spielraum des Investors also genau das Gegenteil eines »lock-in-Effektes«.

cc) Der Einfluß der Gewinnbesteuerung auf die Verkaufsbereitschaft bei sich ausschließenden Vorhaben

Schließen sich die Veräußerungsgewinn tragende Anlage und die Neuinvestition gegenseitig aus, bestimmt sich der optimale Ersatzzeitpunkt nach der Regel »zeitliche Grenzrendite = Durchschnittsrendite der neuen Anlage« (zeitlicher Grenzgewinn = Durchschnittsgewinn, S. 236 f). Dieser Fall sei nun betrachtet. Dabei werden zwei Umweltbedingungen unterschieden: Die Neuinvestition erwirtschaftet nur laufende Erträge, keine Veräußerungsgewinne und -verluste (so daß eine Änderung der Besteuerung von Veräußerungsgewinnen nur den Grenzgewinn der bisherigen Investition betrifft), und bei der Neuinvestition rechnet man auch mit künftigen Veräußerungsgewinnen (so daß eine Änderung der Besteuerung von Veräußerungsgewinnen den Grenzgewinn der alten Anlage und den Durchschnittsgewinn der neuen Anlage beeinflußt).

Ein Anleger erwägt, ob er eine Veräußerungsgewinn tragende Anlage verkaufen soll, um damit eine laufende Erträge bringende Anlage zu erwerben. Bei der in seinem Besitz befindlichen Anlage mag es sich um ein Grundstück handeln, dessen jährliche Einnahmen gerade die jährlichen Ausgaben ausgleichen, und das Grundstück steigt von Jahr zu Jahr im Preis. Der Anleger erhält durch den Verkauf der Veräußerungsgewinne tragenden Anlage im Zeitpunkt t_{n-1} einen Veräußerungserlös von R_{n-1}. Bei Verkauf ein Jahr später, in t_n, beträgt die Einnahme R_n.

Die Alternativanlage sei ein Darlehen, das nur einen jährlichen Zinsgewinn erbringt, der zu versteuern ist, oder das Bestellen eines Erbbaurechts für dieses Grundstück und dessen Verkauf, wobei Erbbauzins und Zinsen auf die Anlage des Erlöses für den Verkauf des Erbbaurechts als Einheit betrachtet werden.

Die Annuität versteuerter Einnahmenüberschüsse der Alternativanlage sei mit a bezeichnet. Es wird damit gerechnet, daß a bis in alle Ewigkeit fließt: Es mag sich um ein Darlehen mit begrenzter Laufzeit handeln, an die sich künftige Darlehen oder Anleihen mit gleicher Ertragskraft anschließen. Die Annahme »unendlicher identischer Reinvestition« ist keineswegs so verwegen, wie es auf den ersten Blick erscheint: Für das hier anstehende Entscheidungsproblem: Austausch der Veräußerungsgewinn tragenden bisherigen Anlage gegen eine keine Veräußerungsgewinne erwirtschaftende Alternativanlage im Zeitpunkt t_{n-1} oder im Zeitpunkt t_n kann das, was die fernere Zukunft bringt, bei beiden Handlungsmöglichkeiten als gleich angenommen werden.

Mit der folgenden Vergleichsrechnung wird nicht unterstellt, daß tatsächlich in t_n die Anlage gewechselt wird. In t_n können neue Erwartungen entstehen, die eine erneute Rechnung erforderlich machen. Der Anleger befindet sich im Zeitpunkt t_{n-1} und muß in diesem Zeitpunkt entscheiden, ob er jetzt die bisherige Anlage (das Grundstück) verkauft, oder ob er den Verkauf aufschiebt. Ob nach der Entscheidung, den Verkauf jetzt noch nicht vorzunehmen, in t_n oder erst in t_{n+1} gewechselt wird, kann und braucht erst in t_n endgültig festgelegt zu werden. Und ob erst nach t_{n+1} oder gar nicht verkauft wird, bleibt der weiteren Zukunft überlassen.

Der Anleger steht damit vor folgenden Zahlungsströmen:

	t_{n-1}	t_n	t_{n+1} und später
(1) Wechsel im Zeitpunkt t_{n-1}:	R_{n-1}	a	a ...
(2) Wechsel im Zeitpunkt t_n:		R_n	a ...
Saldo (1) − (2)	R_{n-1}	a − R_n	

Bezugszeitpunkt der Rechnung sei t_n, so daß die in t_{n-1} anfallende Zahlung mit dem Zinssatz i_s um ein Jahr aufzuzinsen ist. i_s ist als Zinssatz nach Steuern zu verstehen.

Der Verkauf der Veräußerungsgewinn tragenden Anlage und der Wechsel zur Alternativanlage lohnt sich in t_{n-1}, wenn der Saldo (1) − (2) unter Berücksichtigung der Zinsen positiv ist:

(5) $$(1 + i_s) R_{n-1} \geqq R_n - a. \text{ bzw.}$$

(5a) $$a \geqq R_n - (1 + i_s) R_{n-1}.$$

Der Durchschnittsgewinn der neuen Anlage (ihr jährlicher versteuerter Reinertrag, als Annuität berechnet) muß größer, allenfalls gleich sein dem zeitlichen Grenzgewinn der bisher gewählten Anlage, soll der Wechsel zur Alternativanlage in t_{n-1} lohnen.

Bei der Besteuerung des Veräußerungsgewinns wandelt sich (5) um in

(6) $$(1 + i_s) [R_{n-1} - s(R_{n-1} - A)] \geqq R_n - s (R_n - A) - a$$

Im Fall der Steuerfreiheit gelte in (5) das Gleichheitszeichen. Für diesen Fall kürzt sich (6) auf

(6a) $$i_s A > -a.$$

Konkurriert eine bisher gehaltene, Veräußerungsgewinn tragende Anlage mit einer Anlage, die nur laufende Erträge und keine Veräußerungsgewinne erwirtschaftet, so tritt durch die Besteuerung von Veräußerungsgewinnen genau das Gegenteil eines »lock-in-Effekts« ein: Der wirtschaftlich beste Verkaufszeitpunkt wird vorverlegt, nicht hinausgeschoben!

Die Voraussetzung, daß die Alternativanlage nur laufende Erträge erbringt, wird nunmehr aufgehoben. Es wird der entgegengesetzte Fall betrachtet, daß die Alternativanlage nur Veräußerungsgewinne erwirtschaftet[42]. Im Zeitpunkt t_{n-1} oder im Zeitpunkt t_n wird ein

---

[42] Die folgende Darstellung vereinfacht und verändert die Ableitung in *Dieter Schneider*, Wie wirkt die Übertragung stiller Reserven nach § 6 b EStG auf den Veräußerungszeitpunkt von Anlagen? In: Der Betrieb, Jg. 22 (1969), S. 581–585. Dieser Beitrag hat mehrere Stellungnahmen hervorgerufen, darauf ist in *Schneider*, Besteuerung von

Betrag von I in einem Grundstück, einem Wertpapier oder einer sonstigen Anlage investiert. Diese Alternativanlage kann nach m Jahren zum Preis von R_m verkauft werden. Nach m Jahren soll eine Investition gleicher Ertragskraft unendlich oft wiederholt werden (um die fernere Zukunft aus den Überlegungen ausschalten zu können).
Bei Steuerfreiheit der Veräußerungsgewinne errechnet sich für die Alternativanlage ein Kapitalwert von:

(7) $$K = \frac{R_m}{(1 + i_s)^m} - I,$$

und ein Durchschnittsgewinn (eine Annuität) a von:

$$a = \left[\frac{R_m}{(1 + i_s)^m} - I\right] w_s,$$

wobei w_s den Wiedergewinnungsfaktor bezeichnet (S. 181). Bei Steuerfreiheit lohnt sich der Wechsel der Geldanlagen in t_{n-1}, wenn entsprechend (5):

(8) $$(1 + i_s) R_{n-1} \geq R_n - \left[\frac{R_m}{(1 + i_s)^m} - I\right] w_s.$$

Bei Besteuerung der Veräußerungsgewinne ändert sich der Durchschnittsgewinn der Alternativanlage, weil nach m Jahren nicht mehr der Verkaufspreis der Alternativanlage R_m erzielt wird, sondern lediglich der Verkaufspreis abzüglich der Steuerzahlungen auf den Veräußerungsgewinn, also $R_m - s(R_m - I)$. Den Durchschnittsgewinn der Alternativanlage bei Besteuerung der Veräußerungsgewinne gibt die Formel (9) wieder:

(9) $$a_s = \left[\frac{R_m - s(R_m - I)}{(1 + i_s)^m} - I\right] w_s.$$

Dieser Ausdruck läßt sich umformen zu:

(9a) $$(1-s)\left[\frac{R_m}{(1 + i_s)^m} - I\right] \frac{i_s(1 + i_s)^m}{(1 + i_s)^m - 1} - sI \frac{i_s(1 + i_s)^m}{(1 + i_s)^m - 1} \left[1 - \frac{1}{(1 + i_s)^m}\right]$$

und darin schrumpft der zweite Summand auf $-i_s sI$ zusammen. Wir erhalten als Bedingung für den Wechsel der Geldanlagen in t_{n-1} bei Besteuerung der Veräußerungsgewinne, entsprechend (5a) und (6):

(10) $$(1-s)\left[\frac{R_m}{(1 + i_s)^m} - I\right] w_s - i_s sI \geq (1-s)\left[R_n - (1 + i_s) R_{n-1}\right] - i_s sA.$$

Veräußerungsgewinnen, S. 208 f., eingegangen; vgl. auch *Lothar Streitferdt*, Zur Wirkung steuerfreier Veräußerungsgewinne auf den Ersatzzeitpunkt von Anlagen. In: ZfB, Jg. 47 (1977), S. 239–256. Haegert, der mit seinem Programmierungsmodell angeblich »wirklichkeitsnahe Bedingungen« berücksichtigen will, geht gerade auf den wichtigsten Anwendungsfall von § 6 b EStG (Grundstücke, Beteiligungen) nur mit einem Satz ein, der zur Frage der Stichhaltigkeit des Arguments »Förderung der Verkaufsbereitschaft von Grundstücken und Beteiligungen durch steuerfreie Veräußerungsgewinne« nicht sehr viel sagt, vgl. *Lutz Haegert*, Die Rolle der Steuern in den Modellen der Unternehmensforschung. In: Quantitative Ansätze in der Betriebswirtschaftslehre, herausgeg. von Heiner Müller-Merbach, München 1978, S. 317–331, hier S. 323, 328.

Nehmen wir an, daß bei Steuerfreiheit das Gleichheitszeichen gelte, so bleibt nach weiterer Kürzung:

(10a) $$I \leqq A.$$

Das bedeutet: Durch die Besteuerung wird der Veräußerungszeitpunkt von t_n auf t_{n-1} dann vorverlegt, wenn Anschaffungsausgaben und Buchwert der Alternativanlage I kleiner, allenfalls gleich sind der Anschaffungsausgabe (dem Buchwert) A der bisher gehaltenen Anlage. Damit ist durchweg nicht zu rechnen.

Daraus zu schließen: der »lock-in-Effekt« trete im allgemeinen dann auf, wenn alte und neue Anlage Veräußerungsgewinne versprechen und sich gegenseitig ausschließen, wäre jedoch voreilig, denn (1) entsprechen die der Annuitäts- bzw. Kapitalwertverrechnung innewohnenden Voraussetzungen keineswegs immer den finanziellen Umweltbedingungen der Realität, und (2) ist bisher die Ungewißheit bei künftigen Veräußerungsgewinnen nicht berücksichtigt. Wird die Ungewißheit der Zukunft ausdrücklich berücksichtigt, so kann selbst dann, wenn der Vorteilsvergleich einen »lock-in-Effekt« belegt, dieser durch das Einbeziehen von Risikoüberlegungen hinfällig werden. So stehe z. B. zur Wahl, ob ein Grundstück in diesem Jahr oder im nächsten Jahr verkauft werden soll. Die Preissteigerungsrate des Grundstücks hänge davon ab, ob es in einer guten Wohnlage bleibe (falls eine geplante Autobahn es nicht berühre) oder in eine mäßige Wohnlage absinke (falls die Autobahn gebaut werde).

Alternative A: Bei sofortigem Verkauf werden 100 000 DM erlöst, die in anderen Grundstücken desselben Geländes angelegt werden (I = 100 000), so daß nach 10 Jahren entweder bei einer jährlichen Preissteigerung von 12% ein Endwert von 310 585 DM erreicht ist, oder bei einer Rendite von nur 4% ein Endwert 148 024 DM. Beide Zukunftslagen seien gleich wahrscheinlich.

Alternative B: Wird der Verkauf aufgeschoben, so sei nächstes Jahr entschieden, wie die Autobahn geführt werde. Mit gleicher Wahrscheinlichkeit ist damit zu rechnen, daß die gute Wohnlage erhalten bleibe: das Grundstück kann zu 120 000 DM verkauft und der Erlös (I = 120 000) 9 Jahre lang mit 12% angelegt werden, so daß der Endwert nach 10 Jahren 332 769 DM beträgt. Wird die Gegend zur mäßigen Wohnlage, kann das Grundstück nur zu 98 000 DM verkauft werden, wobei in dieser schlechten Zukunftslage der Betrag I = 98 000 nur zu 4% anzulegen ist, was nach 10 Jahren ein Endvermögen von 139 485 DM ergibt.

Ein Entscheidender, dessen Risikonutzen dem Erwartungswert des Logarithmus des Endvermögens gleicht, schätzt bei einer Steuerfreiheit der Veräußerungsgewinne das Aufschieben des Verkaufs höher ein.

Müssen hingegen die Veräußerungsgewinne mit 50% versteuert werden, so sei bei A ein Veräußerungsgewinn von 100 000 abzüglich 60 000 DM Buchwert zu versteuern, so daß nur 80 000 DM anzulegen sind, die bei 12% jährlicher Preissteigerung nach 10 Jahren ein Endvermögen von 248 468 DM ergeben und einen steuerpflichtigen Gewinn von 168 468 DM. Nach der Steuerzahlung bleibt ein Endvermögen von 164 234 DM.

In der schlechten Zukunftslage steigen die Preise jährlich nur mit 4%, so daß nach Steuerzahlung in 10 Jahren ein Endvermögen von 99 210 DM verbleibt.

Wird Alternative B gewählt und tritt die gute Zukunftslage ein, so sind von 120 000 DM Verkaufserlös 30 000 DM an Steuern abzuführen, so daß 90 000 DM für 9 Jahre zu jährlich 12% angelegt werden können, was ein Endvermögen nach Abzug der Steuerzahlungen von 169 789 DM ergibt. Tritt für Alternative B die schlechte Zukunftslage ein, verbleiben nach

Verkauf des ersten Grundstücks und Steuerzahlung 79 000 DM, die bei einer Preissteigerung von jährlich 4% nach 9 Jahren auf versteuerte 95 721 DM wachsen.

Für die Bernoulli-Nutzenfunktion errechnet sich, daß der Sofortverkauf im Steuerfall vorzuziehen ist, obwohl hier die Investitionsausgaben I mit 100 000 bzw. 120 000 und 98 000 vor Steuern (80 000 bzw. 90 000 und 79 000 nach Steuern) über dem Buchwert A = 60 000 liegen.

dd) Ergebnis

Weder bei Konsumzielen noch bei Reinvestitionszielen (Vermögensstreben) gibt eine Besteuerung von Veräußerungsgewinnen den Investoren im Regelfall Anlaß, ihre Verkaufsbereitschaft zu mindern.

Natürlich ist es den Eigentümern sehr viel angenehmer, wenn Veräußerungsgewinne nicht besteuert werden. Die Eigentümer von Grundstücken und Wertpapieren werden es auch begrüßen, wenn ihre Interessenvertreter für die Steuerfreiheit mit dem Argument sprechen können: Durch eine Besteuerung von Veräußerungsgewinnen würde der Grundstücksmarkt, der Kapitalmarkt, vielleicht die Wirtschaft insgesamt, schweren Schaden erleiden. Richtig daran ist aber lediglich, daß die Steuerfreiheit von Veräußerungsgewinnen den Besitzern solcher Anlagen mehr verfügbare Mittel verschafft, wenn sie verkaufen, und mehr verfügbare Mittel erleichtern höhere Neuinvestitionen. Aber dieser »Investitionsanreiz« geht schließlich von jeder Steuersenkung, ja sogar von jeder Preissenkung aus. Die triviale Folgerung, daß weniger Ausgaben an anderer Stelle finanziellen Spielraum für Investitionen schaffen, ist kein zugkräftiges Argument für die Steuerfreiheit von Veräußerungsgewinnen.

Die Behauptungen der Interessenten dürfen den Blick gegenüber einem den finanziellen Zielen der Grundstücks- und Wertpapierbesitzer entsprechenden Investitionsverhalten nicht trüben: Steuerbefreiungen auf Veräußerungsgewinne deshalb zu gewähren, weil sie angeblich die Verkaufsbereitschaft fördern (die Funktionsfähigkeit von Grundstücks-, Wertpapier- oder anderen Anlagemärkten gewährleisten), das heißt im Regelfall: Steuervergünstigungen geben, die bei zielentsprechendem Verhalten der Begünstigten das Gegenteil des wirtschaftspolitisch Erstrebten erreichen.

d) Inflation, Besteuerung und Vorteilhaftigkeit von Investitions- und Finanzierungsmaßnahmen

1. Anwendungsbedingungen von Investitionsmodellen bei Inflation

Die Investitions- und Finanzplanung in der Wirklichkeit verläuft in den letzten Jahrzehnten unter inflationären Bedingungen. Gleichwohl wurde in diesem Buch bisher auf das Inflationsproblem nicht eingegangen, weil für die Investitionsplanung inflatorische Prozesse bei sinnvoller Problemformulierung keine zusätzlichen Probleme schaffen.

Lediglich um die Wirkungen einzelner steuerlicher Maßnahmen in Zeiten von Preissteigerungen und Geldentwertung beurteilen zu können, empfiehlt es sich, den Zusammenhang zwischen Inflation und Vorteilhaftigkeit von Investitions- und Finanzierungsmaßnahmen zu erörtern. Dazu dient dieser Abschnitt.

Dabei kann die Wissenschaft vor allem eines leisten: Bei gängigen wirtschafts- und finanzpolitischen Forderungen (Behauptungen) den oft nur überaus engen Geltungsbereich herausarbeiten, Interessenstandpunkte und Schutzbehauptungen offenlegen.

Das gängige Vorurteil »die Scheingewinnbesteuerung in der Inflation (Gewinnermittlung bei nomineller Kapitalerhaltung) wirke preistreibend« wurde an anderer Stelle in Frage gestellt, indem die Grenzen für seine Gültigkeit beschrieben wurden[43]. Hier werden Behauptungen zurückgewiesen, wie
a) »Die Besteuerung nomineller Gewinne in der Inflation führe wegen einer Scheingewinnbesteuerung zu einer Substanzauszehrung in den Unternehmen« oder
b) Aussagen über die Investitionspolitik, wie[44]
1. »Beim Anlagevermögen entstehen Inflationsverluste ausschließlich durch Besteuerung inflationsbedingter Scheingewinne. Der Substanzverlust ist zurückzuführen auf die Minderung des realen Wertes nominell gleichbleibender steuerlich absetzbarer Abschreibungen.«
2. »Diese Verluste ... sind aber verhältnismäßig geringfügig gegenüber den Verlusten, die die Inflation beim Umlaufvermögen verursacht.«
3. Eine Inflationsrate von z. B. 8% genüge, um »Investitionen, die ohne Inflation ... das Doppelte der Mindestrendite bringen ... unprofitabel werden zu lassen«.
4. »Ersatz- und Rationalisierungsinvestitionen sind weit weniger anfällig gegen Inflationsverlust als Investitionen zur Erweiterung.«
Im Einzelfall können auch solche Wirkungen einmal auftreten, aber sie sind nicht typisch und erst recht nicht zwingend. Das Gegenteil kann unter plausiblen Umweltannahmen eher erwartet werden. Die Zusammenhänge zwischen Inflation, Besteuerung und Vorteilhaftigkeit von Investitions- und Finanzierungsmaßnahmen sind vielschichtig. Allgemeingültige Aussagen lassen sich (wie fast überall in der Steuerwirkungslehre) nur in wenigen Fällen, bei genau aufgelisteten Umweltbedingungen und Verhaltensannahmen herleiten.

Fehlurteile über die Wirkungen von Datenänderungen (wie Inflation) auf die Vorteilhaftigkeit von Investitions- und Finanzierungsmaßnahmen kommen regelmäßig dadurch zustande, daß mit starrem Blick auf Rechenergebnisse bzw. abgeleitete Optimumbedingungen Folgerungen gezogen werden, ohne die *Anwendungsbedingungen* für die im einzelnen gewählten Modellvoraussetzungen abzuwägen. Deshalb sei noch einmal die methodologische Vorentscheidung herausgestellt, auf der jede Investitions- und Finanzplanung beruht:
Investitions- und Finanzplanung geht stillschweigend immer davon aus, daß es sinnvoll ist, die Zahlungen, die zu unterschiedlichen Zeitpunkten anfallen, überhaupt miteinander zu vergleichen.
Vergleichbar sind zu unterschiedlichen Zeitpunkten anfallende Zahlungen nur, wenn einer der drei folgenden Fälle gegeben ist.
(a) Die dem Vorteilsvergleich zugrunde gelegten Zahlungen werden von vornherein als Abbild von Nutzengrößen (persönlichen Konsumpräferenzen) verstanden. Dann wird in Inflationszeiten in »realen Größen« geplant. Für Vorteilsberechnungen (nicht aber für die Liquiditätsplanung) ist die Deutung der zu diskontierenden Zahlungen als eindeutiges (homomorphes) Abbild von Nutzenschätzungen zulässig. Bei dieser realen Deutung der Zahlungen ist eine Inflationsberücksichtigung jedoch ausgeschlossen. Das Inflationsproblem wurde hier bereits auf der Vorstufe der Schätzung dieser »Zahlungen« bewältigt.
Ob es praktisch sinnvoll ist, von dieser Deutung der geschätzten Zahlungen auszugehen, ist

---

[43] Vgl. *Dieter Schneider*, Steuerbelastung und Steuerüberwälzung der Unternehmung in der Inflation. In: Die Unternehmung in ihrer gesellschaftlichen Umwelt, hrsg. von Peter Mertens. Wiesbaden 1975, S. 321–340.
[44] *O. H. Poensgen, H. Straub*, Inflation und Investitionsentscheidung. In: ZfB, Jg. 44 (1974), S. 785–810, hier S. 808.

eine andere Frage. Schon weil diese »Zahlungen« nichts über die künftige Liquidität aussagen, empfiehlt sich regelmäßig der zweite Weg.

(b) Die Zahlungen werden hier als Abbild der künftigen Wirklichkeit gedacht, und dann geben sie nominelle Geldbeträge wieder. Eine Investition, die bei einer Inflationsrate von 0% wie S. 276 mit

t_0	t_1	t_2	t_3
− 3000	0	+ 2000	+ 1760

einem Vorteilsvergleich zugrunde gelegt wird, erscheint z. B. dann, wenn die Inflationsrate in der ersten Periode bei 0% bleibt, in der zweiten Periode auf 5% steigt und in der dritten auf 8%, mit den Zahlungen

t_0	t_1	t_2	t_3
− 3000,	0,	+ 2100,	1996.

Falls für diese Investitionen in jeder Periode mit einer Inflationsrate von 5% gerechnet werden muß, ist der Zahlungsstrom wiedergegeben durch

t_0	t_1	t_2	t_3
− 3000	0	+ 2205	+ 2037.

Bei einer Finanz- bzw. Liquiditätsplanung ist diese nominelle Deutung der Zahlungsströme erzwungen, denn für die Finanzplanung interessiert die konkursrechtliche (bürgerlichrechtliche) Bestimmung der Zahlungsfähigkeit, nicht irgendwelche Nutzenvorstellungen der Planenden.

(c) Modelle, welche Inflationsraten beim Vorteilsvergleich ausdrücklich berücksichtigen, gehen davon aus, daß zunächst die Zahlungen einer Investition vorausgeschätzt werden unter der Vereinfachung, es erfolge in Zukunft keinerlei Preisänderung. Anschließend wird eine pauschale Annahme über die künftige Preisentwicklung eingeführt. Anstatt die dann tatsächlich erwarteten künftigen Zahlungen hinzuschreiben wie in der letzten Zahlungsreihe unter (b), erfolgt hier die Schreibweise mit einer Inflationsrate p (z. B. 5%):

$$-3000 \quad 0 \quad 2000(1+p)^2 \quad +1760(1+p)^3.$$

Allgemein lautet der Zahlungsstrom bei dieser Form unvollständiger Ausrechnung der Planungsunterlagen: Es wird der Einnahmenüberschuß im Zeitablauf vor Berücksichtigung der Preisänderung (Q_t) geschätzt und dann mit der erwarteten Preissteigerungsrate (p) inflationiert. Für jeden Zahlungszeitpunkt t errechnet sich damit $Q_t(1+p)^t$.

Die Fälle (a) bis (c) kennzeichnen den Inhalt der »Zahlungsströme«, mit denen ein Investitions- bzw. Finanzierungsvorhaben beschrieben wird. Ehe jemand anfängt, Investitions- und Finanzierungsvorhaben miteinander zu vergleichen, muß vorab klargelegt werden, was die Zahlen inhaltlich aussagen. Wenn nichts darüber ausgeführt wird, muß wohl unterstellt werden, daß die Zahlen ein Abbild der tatsächlichen künftigen Realität, also nominelle Geldbeträge, wiedergeben sollen. Nur bei der nominellen Deutung (b) in ihrer nicht ausgerechneten Variante (c) kann überhaupt eine Berücksichtigung der Inflation für den Vorteilsvergleich in Frage kommen.

Dann aber wird die Wahl des Vergleichsmaßstabs, mit dem die Zahlungen zu unterschiedlichen Zeitpunkten ineinander umgerechnet werden, zu einer ausschlaggebenden Größe, die über Sinn oder Unsinn des Vorteilsvergleichs entscheidet: *der Kalkulationszinsfuß im Inflationsfall.*

Bei nominaler Deutung der Zahlungsströme ist der Kalkulationszinsfuß auch eine Geldgröße: der Marktpreis, zu dem nach Belieben Geld angelegt oder aufgenommen werden kann. Denn die Kapitalwertrechnung ist logisch nur dann einwandfrei, wenn ein vollkommener Kapitalmarkt besteht (oder der Kalkulationszinsfuß ein Schattenpreis ist, S. 369, davon wird hier abgesehen). Dabei ist es gleichgültig, wie sich die Güterpreise im einzelnen entwickeln, ob also Inflation herrscht und welche Preissteigerungsraten eintreten. Es ist auch gleichgültig, ob und in welcher Höhe im Marktzinssatz Inflationsraten sich widerspiegeln (überwälzt werden): der für jeden künftigen Zahlungszeitpunkt zu erwartende Marktzins für Geldaufnahmen und Geldanlagen ist der Kapitalwertberechnung zugrunde zu legen.
Man darf nie aus dem Auge verlieren, daß die Anwendung finanzmathematischer Vorteilsmaßstäbe (Kapitalwert, Annuität) davon ausgeht, daß Investitionsentscheidungen und Konsumentscheidungen für jeden Planenden voneinander trennbar sind. Das wird ab S. 517 auch für Entscheidungen unter Ungewißheit verdeutlicht werden.
Weil der Kalkulationszinsfuß die Stellvertreterrolle für einen Marktzins auf den Finanzmärkten übernimmt, ist eine Inflationsberücksichtigung in der Investitionsrechnung abwegig!
Zu dem angenommenen Kalkulationszinsfuß (mag er sich von Jahr zu Jahr aufgrund unterschiedlicher Inflationsraten ändern oder nicht) muß für die betreffende Abrechnungsperiode Geld in beliebiger Höhe angelegt oder aufgenommen werden können. Eine Investition, die bei dieser finanzmarktbezogenen Vorteilsberechnung mehr erwirtschaftet als eine andere, ist überlegen, gleichgültig, ob Inflation herrscht und wie stark sie galoppiert.
Der Kaufkraftschwund aufgrund der Inflation betrifft nur die Konsumentscheidungen (insbesondere die Frage: Konsum heute oder zu höheren Preisen morgen). Diese Entscheidung muß getroffen sein, ehe man mit Kalkulationszinsfüßen rechnen darf! Wer meint, daß die Investitionsentscheidung nicht losgelöst von der Konsumentscheidung (und damit dem Kaufkraftschwund durch die Inflation) betrachtet werden kann, der darf nicht mit Kapitalwerten und Annuitäten rechnen. Er muß die Investitions- und Finanzierungsentscheidung mit nutzentheoretischen Überlegungen begründen: Wenn er die Zahlungsströme nominal plant, hat er dann Indifferenzkurven so zu zeichnen, daß sie eine reale Konsumpräferenz ausdrücken.
Es führt also zu einem Mißbrauch der herkömmlichen Investitionsmodelle, wenn für die praktische Investitionsplanung Inflationsraten ausdrücklich für Zahlungsströme und den Kalkulationszinsfuß vorgegeben werden. Dieser Mißbrauch findet seine Ursache in einer leichtsinnigen Übertragung von Erklärungsmodellen auf Entscheidungsmodelle (einen anderen Theorienmißbrauch werden wir bei der Übertragung von Erklärungsansätzen für das Kapitalmarktgleichgewicht auf Kapitalkosten unter Ungewißheit als Entscheidungshilfe in E. IV, V kennenlernen).
Seinen Anfang nahm dieser Theorienmißbrauch als ein (unter seinen Voraussetzungen logisch einwandfreier) Erklärungsansatz von *Irving Fisher* unter der Bezeichnung »Fisher-Effekt« ohne weiteres Nachdenken auf Planungsüberlegungen (Probleme einer gestaltenden Theorie bzw. Theorie der Unternehmungspolitik) übertragen wurde. *Irving Fisher* ging ausdrücklich von der Existenz eines vollkommenen Kapitalmarktes aus und nahm als Verhaltensweise an, daß kein Kapitalmarktteilnehmer »Geldillusion« besäße[45]. Auf einem vollkommenen Kapitalmarkt gleicht die persönliche Zeitpräferenz aller dem Marktzinssatz.

---

[45] Vgl. *Fisher*, The Theory of Interest, S. 36–44; *ders.*, The Rate of Interest. New York 1907, Kap. V.

Wenn die Marktteilnehmer keine Geldillusion haben (sofort hinter den Geldschleier auf die realen Güterpreisverhältnisse blicken), werden sie ihre zeitliche Konsumpräferenz (das »Agio«, zu dem sie bereit sind, heute auf Konsum zu verzichten) um die Inflationsrate erhöhen. Weil alle dies tun, herrscht dann auf einem vollkommenen Kapitalmarkt *als Marktzins ein Betrag in Höhe von Realzins zuzüglich Inflationsrate auf das Kapital und den Realzins.*
Investitionsentscheidungen ist dieser Marktzins zugrunde zu legen. Wenn die Preissteigerungsrate für die zu prüfende Investition genau der Inflationsrate entspricht, ist es nämlich völlig gleichgültig, ob real oder nominal gerechnet wird. Beweis:
Bei der nominellen Rechnung in der ausgerechneten Form (b) beziehen wir die Anschaffungsausgaben für den Zeitpunkt t_0 in den Zahlungsstrom ein und erhalten als Kapitalwert K, wenn x_t die nominellen Geldbeträge, i den Marktzinssatz bezeichnet:

(b) $$K = \sum \frac{x_t}{(1+i)^t}.$$

Bei nomineller Rechnung in der nicht ausgeschriebenen Form (c) wird x_t ersetzt durch Q_t (die ohne Berücksichtigung der Inflation vorausgeschätzten Zahlungsströme) multipliziert mit dem Inflationsfaktor $(1+p)^t$. Der Abzinsungsfaktor $(1+i)^t$ spaltet sich auf in den realen Zinsfaktor = Marktzinsfaktor im Zeitpunkt $t_0 = (1+i_0)$ und in den Inflationsfaktor $(1+p)$. Da erfahrungsgemäß hier Verständnisschwierigkeiten entstehen, ein einfaches Beispiel: Wie hoch ist der Gegenwartswert einer Zahlung von 1 166 M nach einem Jahr, wenn der Marktzins in t_0 i_0 = 6% beträgt und die Inflationsrate p = 10%? Die Antwort $\frac{1166}{1+i_0+p} = \frac{1166}{1,16} = 1\,005,17$ M wäre falsch. Um den Marktzinssatz in einem Jahr zu berechnen, darf man Realzins i_0 und Inflationsrate nicht addieren, denn dann bleibt unberücksichtigt, daß der dem Realzins heute entsprechende Zinsertrag in einem Jahr auch der Geldentwertung unterliegt. Richtig ist zu rechnen: $\frac{1166}{(1+i_0)(1+p)} = \frac{1166}{1,166} = 1\,000$ M. Je höher die Anzahl der Jahre, um die abzuzinsen ist, um so gewichtiger wird der Unterschied zwischen falschem und richtigem Ansatz für die Höhe des Marktzinssatzes.
Die Kapitalwertgleichung lautet:

(c) $$K = \sum \frac{Q_t(1+p)^t}{(1+i_0)^t(1+p)^t} \text{ bzw.}$$

(a) $$K = \sum \frac{Q_t}{(1+i_0)^t}.$$

Unter den Voraussetzungen von *Irving Fisher* ist es also völlig gleichgültig, ob man real rechnet gemäß (a) oder nominal in der nicht ausgerechneten Form (c) oder in der ausgerechneten Form (b). Die Entscheidungen sind jeweils identisch. Demgegenüber wäre es Theorienmißbrauch, wenn der Kalkulationszinsfuß in der Inflation als reale »subjektive Mindestverzinsung« verstanden wird. Der Kalkulationszinsfuß ist eine Mindestverzinsung nur in dem Sinne, daß er das Investitionsprogramm in einer Unternehmung begrenzt, weil außerhalb dieser Unternehmung jederzeit und unbeschränkt zu diesem *Kalkulationszinsfuß Geld angelegt und aufgenommen werden kann.* Dies darf nicht vergessen werden, wenn unterschiedliche Preissteigerungsraten bei einzelnen Gütern und die Steuerbedingungen der Wirklichkeit in die Modellüberlegungen aufgenommen werden.

2. Neutralität der Gewinnbesteuerung gegenüber der Investitionspolitik in der Inflation

aa) Systematische und kompensierende Neutralität

Auf die Substanzbesteuerung wird hier nicht mehr eingegangen; bereits an anderer Stelle wurde gezeigt, daß wegen der Bewertungsbesonderheiten des deutschen Steuerrechts diese Substanzsteuerbelastung in der Inflation real sinkt[46].

Mit Neutralität einer Gewinnsteuer gegenüber der Investitionspolitik ist gemeint, daß die Gewinnsteuer nicht einzelne Investitions- und Finanzierungsvorhaben gegenüber konkurrierenden Vorhaben benachteiligt oder begünstigt. Eine Gewinnsteuer ist dann neutral gegenüber der Investitionspolitik, wenn ohne und mit Berücksichtigung dieser Steuer die Rangordnung konkurrierender Vorhaben gleichbleibt. Neutralität einer Gewinnsteuer heißt zugleich, daß ohne und mit Berücksichtigung der Steuer der Investitionsumfang derselbe ist. Es heißt jedoch nicht, daß der Lebensstandard der Steuerpflichtigen vor und nach Steuern gleich hoch ist. Eine solche »einkommenserhaltende« Neutralität der Besteuerung wäre nur dann zu erreichen, wenn die Steuerzahlung voll in den Preisen überwälzt würde. Hier wird aber davon ausgegangen, daß vor und nach Steuern die Bruttoeinnahmen aus jeder Investition dieselben sind.

Neutralität gegenüber der Investitionspolitik heißt lediglich, daß die Gewinnsteuer die Vorteilhaftigkeit sämtlicher Vorhaben im gleichen Verhältnis kürzt, so daß die Gewinnsteuer nicht die Auswahl alternativer Investitions- und Finanzierungsvorhaben verzerrt.

Neutralität gegenüber der Investitionspolitik kann auf doppelte Weise zustande kommen:

(a) Auf systematische Weise dann, wenn die Steuerbemessungsgrundlagen mit den wirtschaftlichen Bestimmungsgründen für die Vorteilhaftigkeit übereinstimmen, so daß keinerlei steuerrechtliche Gewinnverböserungen und Gewinnvergünstigungen eintreten.

(b) Auf kompensierende Weise dann, wenn die Steuerbemessungsgrundlagen mit den wirtschaftlichen Bestimmungsgründen für die Vorteilhaftigkeit nicht übereinstimmen, aber einzelne steuerrechtliche Gewinnverböserungen und Gewinnvergünstigungen sich in ihrer Wirkung auf die Vorteilhaftigkeit gerade ausgleichen.

Bei der Vielfalt von ökonomisch fragwürdigen, z. T. sinnlosen Begünstigungen und Verböserungen hinsichtlich der Steuerbemessungsgrundlagen im geltenden Steuerrecht wird der Fall kompensierender Neutralität eher auftreten als der einer systematischen Neutralität. Gleichwohl beschränkt sich das Weitere auf die Bedingungen systematischer Neutralität. Für kompensierende Neutralität werden nur Beispiele gegeben, denn die allgemeine Bedingung für kompensierende Neutralität ist trivial: Die Abweichungen von den systematischen Steuerneutralitäts-Bedingungen (also Gewinnverböserungen und Gewinnvergünstigungen in den Steuerbemessungsgrundlagen) müssen sich in ihrer Vorteilswirkung ausgleichen.

Konkurrieren nur wenige Investitionsprogramme (unteilbare Investitionsvorhaben) miteinander, so bleibt die Rangordnung der einzelnen Vorhaben auch bei der Existenz von nicht kompensierenden Gewinnvergünstigungen und Gewinnverböserungen in weitem Maße erhalten. Innerhalb der Rangordnung rücken dann durch die Besteuerung die Vorhaben mit ihrer Vorteilhaftigkeit näher aneinander oder weiter auseinander. Im folgenden sei jedoch von beliebig vielen Investitionsprogrammen (beliebig teilbaren einzelnen Investitionsvorhaben) ausgegangen, und der Begriff der systematischen Neutralität sei darauf beschränkt.

---

[46] Vgl. *Schneider*, Steuerbelastung und Steuerüberwälzung, S. 330 f.

Systematische Neutralität der Gewinnbesteuerung in bezug auf die Investitionspolitik ist danach dann gewahrt, wenn für alle konkurrierenden Vorhaben gilt, daß sich das zusätzliche ökonomische Einkommen aus der Verwirklichung eines jeden Vorhabens proportional zum Versteuerungsfaktor (1–s) ändert.

Solange die finanzmathematischen Vorteilsmaßstäbe verwandt werden, muß ein einheitlicher Marktzinssatz bestehen, und danach berechnet sich das Einkommen vor Steuern am Ende einer Abrechnungsperiode (e) als Zinsen auf den Ertragswert zu Beginn der Abrechnungsperiode (E_0), wobei der Ertragswert auch als Summe der Anschaffungsausgaben I und des Kapitalwerts K geschrieben werden kann.

(1) $$e = i\, E_0 = i\,(I + K).$$

Steuerneutralität besagt dann, daß das versteuerte Einkommen e_s proportional zum Versteuerungsfaktor (1–s) sinkt, also für jeden Abrechnungszeitpunkt gilt

(2) $$e_s = (1-s)\,e = (1-s)\,i\,(I + K).$$

In diesem Sinne wird systematische Neutralität der Gewinnbesteuerung hier verstanden.

Die Besteuerung des Einkommens wirkt auch dann als »Transformation auf einer Verhältnisskala« und ändert damit die Rangordnung nicht, wenn

(2a) $$e_s = \alpha\,(1-s)\,e, \text{ wobei } \alpha > 0 \text{ und } \neq 1 \text{ ist.}$$

Ein solcher Fall träte z. B. ein, wenn Gewinnverböserungen bzw. -vergünstigungen für alle Investitionsvorhaben gewährt werden, die jeweils proportional zum Einkommen (bzw. den Zahlungssalden) sind. $0 < \alpha \neq 1$ sei jedoch der kompensierenden Neutralität zugerechnet, weil hier Gewinnverböserungen und Gewinnvergünstigungen existieren.

bb) Die Bedingungen für systematische Neutralität einer diskriminierenden Gewinnsteuer

Bei einer diskriminierenden Gewinnsteuer ändert sich der Kalkulationszinsfuß im Steuerfall nicht. Damit ist eine diskriminierende Gewinnsteuer dann und nur dann systematisch neutral gegenüber der Investitionspolitik, wenn für das verfügbare Einkommen nach Abzug der diskriminierenden Steuer (e_{sd}) gilt:

(3) $$e_{sd} = (1-s)\,e = (1-s)\,iE_0 = i\,[(1-s)\,I + (1-s)\,K].$$

Für diesen Fall gilt offensichtlich hinsichtlich des Investitionsumfangs zugleich $r_s = r \geq i$, d. h. die Rendite nach Steuern gleicht der Rendite vor Steuern, und das Investitionsvolumen wird durch die Besteuerung nicht verändert. Das wird dann und nur dann erreicht, wenn die Steuerbemessungsgrundlagen gleich den periodischen Zahlungen sind.

Hinsichtlich der Anschaffungsausgaben bedeutet das: Im Zeitpunkt der Zahlung entsteht eine Steuerersparnis in Höhe des Produkts aus Steuersatz mal Anschaffungsausgaben. Systematische Neutralität erfordert bei einer diskriminierenden Steuer also insgesamt folgende Voraussetzungen:
(1) Der Steuersatz muß proportional (und diskriminierend) sein.
(2) Die periodischen Zahlungssalden gleichen den periodischen steuerpflichtigen Gewinnen, damit ist hinsichtlich der Anschaffungsausgaben Sofortabschreibung geboten.

(3) Ein sofortiger Verlustausgleich wird gewährt.
(4) Die Steuerzahlungen bzw. -subventionen erfolgen in dem Zeitpunkt der Gewinn- bzw. Verlustentstehung, d. h. in den Zahlungszeitpunkten.
Die Zusammenstellung dieser Voraussetzung ist nicht neu; im Grunde steht sie schon bei Cary Brown (Fußnote 25, S. 272).

Ändern sich diese Bedingungen für die systematische Neutralität einer diskriminierenden Gewinnsteuer in der Inflation? Um diese Frage zu beantworten, gehen wir von dem nicht ausgeschriebenen Modellansatz (c), S. 310, aus, verallgemeinern ihn jedoch in folgender Weise: Während die Zahlungsströme gemäß dem Ausdruck $Q_t(1+p)^t$ in der Inflation nominell wachsen, ändere sich der Abzinsungsfaktor gemäß dem Ausdruck $(1+i_0)^t(1+ap)^t$. Für a = 1 liegt der Modellansatz (c), der Fisher-Effekt, vor: Die Inflationsrate wird voll auf den Marktzinssatz abgewälzt. Aber davon kann in der Realität nicht ohne weiteres ausgegangen werden. Der zweite Grenzfall wäre a = 0. Der Marktzinssatz ändert sich aufgrund der Inflation gar nicht. Vermutlich gilt in der Wirklichkeit $0 < a < 1$.

Es ist zu beachten, daß im Zeitablauf der Zinssatz konstant bleibt, solange sich die Inflationsrate p und der Überwälzungsfaktor a nicht ändern; denn ausmultipliziert erhalten wir für den Abzinsungsfaktor

$$(1+i_0)^t(1+ap)^t = (1+i_0+ap+i_0ap)^t.$$

Bei Inflation mit einer konstanten Rate und konstanter Überwälzung steigt also der Marktzinssatz nur einmal: zwischen t_0 und t_1 von i_0 auf i_0+ap+i_0ap. Die weiteren Inflationswirkungen sind Zinseszinsfolgen aufgrund des einmalig erhöhten Marktzinssatzes.
Demnach lautet der Kapitalwert im Steuerfall bei Inflation und Sofortabschreibung (systematische Steuerneutralität vor der Inflation, bei p = 0, vorausgesetzt):

(4) $$K_{si} = (1-s)\sum \frac{Q_t(1+p)^t}{(1+i_0)^t(1+ap)^t} - I + s \cdot I.$$

Daraus erkennen wir, daß in der Inflation eine weitere Voraussetzung für systematische Neutralität einer diskriminierenden Gewinnsteuer erforderlich wird:

(5) Die Zahlungsströme sämtlicher Investitionsvorhaben müssen in dem Maße inflationieren, indem sich der Marktzinssatz durch die Inflation erhöht. Steigen also die Zahlungsströme mit der Inflationsrate, so ist zusätzlich der Fisher-Effekt Voraussetzung für systematische Neutralität einer diskriminierenden Gewinnsteuer.

Wenn wir von der Annahme ausgehen, daß die Zahlungssalden der Investition mit dem Inflationsfaktor wachsen, im Marktzinssatz aber nur ein Teil a < 1 der Inflation überwälzt wird, dann zeigt Gleichung (4) unmittelbar, daß der Kapitalwert der Investition und damit der Gesamtwert (Marktwert) der Unternehmung durch die Inflation wächst. Eine systematisch neutrale Gewinnbesteuerung ändert daran nichts. Unternehmungen bleiben auch nach der *nominellen Gewinnbesteuerung* Inflationsgewinner.

Im Hinblick auf die Nutzungsdauer einer einzelnen Investition wirkt eine diskriminierende Gewinnsteuer dann systematisch neutral, wenn bei der Nutzungsdauerbestimmung für eine einzelne Investition innerhalb eines Investitionsprogramms die Besteuerung den zeitlichen Grenzgewinn lediglich proportional zum Versteuerungsfaktor kürzt. Vor Steuern ist das Nutzungsdauerende erreicht, sobald der zeitliche Grenzgewinn Null wird (und danach unter

Null bleibt, S. 233). Eine Besteuerung der Zahlungen ändert daran nichts. Verzerrungen ergeben sich nur, wenn der Restbuchwert in den Jahren, die für ein Ausscheiden aus dem Betrieb in Frage kommen, nicht Null ist (also die Besteuerung nicht systematisch neutral im Hinblick auf die Rangordnung wirkt). Das gleiche gilt für die Wahl des Ersatzzeitpunktes innerhalb einer Investitionskette[47].

Durch eine Inflation ändert sich die Nutzungsdauer einer einzelnen Investition (ihr Ersatzzeitpunkt in einer wachsenden Unternehmung) dann nicht, wenn die zeitliche Grenzrendite (S. 235) mit derselben Inflationsrate steigt, wie der Marktzinsfuß wächst. Beim echten Ersatzproblem tritt an die Stelle des Marktzinssatzes die zeitliche Durchschnittsrendite der Ersatzinvestition.

Es trifft deshalb auch nicht allgemein zu, daß Ersatz- und Rationalisierungsinvestitionen weit weniger anfällig gegenüber Inflationsverlusten sind als Erweiterungsinvestitionen. Das hängt im einzelnen von den Zahlungsströmen und den steuerlichen Gewinnverböserungen und Gewinnvergünstigungen sowie von den steuerlichen und inflatorischen Einflüssen auf den Kalkulationszinsfuß ab.

Aus der Fülle an Beispielen für kompensierende Neutralität einer diskriminierenden Gewinnsteuer seien nur vier hervorgehoben:
(1) Die Fälle der Wirkungslosigkeit steuerlicher Abschreibungen, wenn steuerliche Abzugsfähigkeit von Fremdkapitalzinsen besteht (S. 288). Bei einer diskriminierenden Steuer kann die fehlende Sofortabschreibung als Gewinnverböserung angesehen werden, die Abzugsfähigkeit von Fremdkapitalzinsen als Gewinnvergünstigung. Beides zusammen löst die kompensierende Wirkung aus.
(2) Ein weiteres Beispiel wäre gegeben, wenn eine gewinnverbösernde Nicht-Sofortabschreibung zusammenfällt mit Kundenanzahlungen, die erst in den Folgejahren gewinnsteuerliche Wirkungen auslösen (S. 327) oder mit steuerlich zulässigen Rückstellungsbildungen (Aufwand, noch nicht Ausgabe!).
(3) Kompensieren können sich Gewinnverböserungen bei Abschreibungen und aus der Aktivierung von Forderungen (Realisierung des steuerpflichtigen Gewinns im Umsatzzeitpunkt, statt im späteren Zahlungszeitpunkt) mit Mindersteigerungen des Kalkulationszinsfußes in der Inflation, wenn die Inflationsrate nur teilweise überwälzt wird ($a < 1$).
(4) Kompensierende Wirkungen sind auch durch im Zeitablauf sich ändernde Steuersätze und unabhängig von der Inflation variierende Marktzinssätze denkbar. Einfache Beispiele für kompensierende Steueränderungen bei progressiver Besteuerung werden S. 332 f. gegeben.

Bei einer Ableitung der Bedingungen für die systematische Neutralität einer allgemeinen Gewinnsteuer wird deutlich werden, daß sich dort die Kompensierungsmöglichkeiten noch vervielfachen.

cc) Die Bedingungen für systematische Neutralität einer allgemeinen Gewinnsteuer

Systematische Neutralität einer allgemeinen Gewinnsteuer ist (wie bei einer diskriminierenden Gewinnsteuer) definiert durch die Bedingung, daß das Einkommen aus allen zur Wahl stehenden Investitionsvorhaben proportional zum Versteuerungsfaktor $(1-s)$ gekürzt wird. Das verfügbare Einkommen nach Abzug einer allgemeinen Steuer (e_{sa}) muß also betragen:

---

[47] Vgl. *Schneider*, Korrekturen zum Einfluß der Besteuerung auf die Investition, S. 318, 321.

(5) $\quad\quad\quad\quad\quad\quad\quad e_{sa} = (1-s) \, i \, E_0.$

Während jedoch für eine diskriminierende Gewinnsteuer der Kalkulationszinsfuß im Steuerfall $i_s = i$ ist, gilt für eine allgemeine Gewinnsteuer $i_s = (1-s)i$. Deshalb lautet hier für eine allgemeine Gewinnsteuer die Definition systematischer Steuerneutralität

(5a) $\quad\quad\quad\quad\quad\quad\quad e_{sa} = i_s \, E_0.$

Systematische Neutralität einer allgemeinen Gewinnsteuer ist dann erreicht, wenn der Ertragswert einer Investition vor Steuern dem Ertragswert nach Steuern entspricht. Es sind also die versteuerten Periodenüberschüsse mit dem Kalkulationszinsfuß nach Steuern abzuzinsen. Sofortabschreibung wäre hier verfehlt: An ihre Stelle tritt die Bedingung, daß in jeder einzelnen Abrechnungsperiode die steuerliche Abschreibung gleich der Ertragswertabschreibung wird (S. 281). Dann gilt für eine allgemeine Gewinnsteuer, daß sich das Investitionsvolumen nicht ändert, weil: $r_s = (1-s) \, r \geq i_s$ (S. 284).
Um mit dem Begriff systematische Neutralität zugleich Einflüsse der Besteuerung auf Nutzungsdauer und Ersatzzeitpunkt auszuschalten, wird hier vorausgesetzt, daß in jeder Abrechnungsperiode die steuerliche Abschreibung gleich der Ertragswertabschreibung ist. Die S. 281 herausgearbeitete allgemeinere Bedingung (Barwert der steuerlichen Abschreibung = Barwert der Ertragswertabschreibung) läßt kompensierende Einflüsse und damit auch Nutzungsdaueränderungen zu. Dieser Fall soll begrifflich als Erscheinungsform kompensierender Neutralität gelten.
Systematische Neutralität erfordert damit bei einer allgemeinen Gewinnsteuer ohne Inflation folgende Voraussetzungen:

(1) Der Steuersatz muß proportional (und allgemein) sein.
(2) Die periodischen Zahlungssalden gleichen dem steuerpflichtigen Gewinn vor Anlagenabschreibungen, und die steuerliche Abschreibung entspricht der Ertragswertabschreibung.
(3) Ein sofortiger Verlustausgleich ist möglich.
(4) Die Steuerzahlungen bzw. -subventionen erfolgen in den Zeitpunkten der Gewinn- bzw. Verlustentstehung, d. h. in den Zahlungszeitpunkten.

Unter Berücksichtigung der Inflation muß sich die Höhe der steuerlichen Abschreibung ändern, damit eine allgemeine Gewinnsteuer systematisch neutral bleibt.
Für die Entwicklung der Zahlungen im Zeitablauf wird wieder von der vereinfachten Annahme ausgegangen, daß $x_t = Q_t (1+p)^t$ werde.
Für die Entwicklung des Kalkulationszinsfußes im Zeitablauf ist aber zu beachten, daß der Ausdruck $(1+i_0)^t (1+ap)^t$ eine nicht ausgerechnete Schreibweise für den im Zeitpunkt t herrschenden nominellen Abzinsungsfaktor darstellt: $(1 + i_0 + ap + i_0 ap)^t$. Der nominelle Marktzins bei der Inflationsrate p und dem Überwälzungsfaktor a lautet also: $i_0 + ap + i_0 ap$. Wenn die Gewinnsteuer allgemein ist, dann werden auch sämtliche nominellen Zinseinkünfte besteuert. Es ist also mit dem versteuerten jeweiligen Marktzinssatz zu rechnen, den wir mit q abkürzen:

$q = (1-s) (i_0 + ap + i_0 ap)$.

Daraus folgt, daß $q = i_s$, auch wenn $a = 0$ und nicht nur, wenn $p = 0$.
Die vielfältigen voneinander abweichenden Aussagen im Schrifttum über die Wirkungen der

Besteuerung in der Inflation beruhen im wesentlichen auf unterschiedlichen Annahmen über den Kalkulationszinsfuß[48].

Wie die Bedingungen für eine steuerneutrale Abschreibung in der Inflation genau aussehen, sei nun abgeleitet. Entsprechend den Überlegungen zur Einflußlosigkeit der Gewinnbesteuerung auf die Vorteilhaftigkeit von Investitionen im Standardfall wird nun für eine inflatorische Entwicklung die Bedingung für die Einflußlosigkeit dargestellt.

Vor Steuern und ohne Inflation besteht zwischen dem Ertragswert einer Investition im Zahlungszeitpunkt t und ihrem Ertragswert im davor liegenden Zahlungszeitpunkt t–1 die Beziehung (17) von S. 280:

$$E_t = (1 + i_0) E_{t-1} - Q_t.$$

Vor Steuern, aber bei inflatorischer Entwicklung wird bei einer allgemeinen Preissteigerungsrate p, die sich mit dem Anteil a im Marktzinssatz niederschlägt, daraus:

(6) $$E_{pt} = (1 + i_0)(1 + ap) E_{pt-1} - Q_t (1 + p)^t.$$

Nach Abzug einer allgemeinen Gewinnsteuer, aber ohne Inflation, stehen der versteuerte Ertragswert in t und der versteuerte Ertragswert in t–1 in der Beziehung (18), S. 281, zueinander, die hier etwas bequemer geschrieben wird:

$$E_{st} = (1 + i_s) E_{st-1} - (1-s) Q_t - s A_t.$$

Unter Berücksichtigung der Inflation wird daraus

(7) $$E_{spt} = (1 + q) E_{spt-1} - (1-s) Q_t (1 + p)^t - s A_{pt}.$$

A_{pt} ist die steuerliche Abschreibung in der Inflation.

Hierbei ist vorausgesetzt, daß gemäß geltendem Steuerrecht die Abschreibung nach dem nominellen Betrag, also nicht inflationiert, erfolgt. Der zu versteuernde Periodenüberschuß steigt um die Inflationsrate p, während an die Stelle der versteuerten Kapitalmarktzinsen i_s hier die versteuerten Kapitalmarktzinsen treten, wie sie sich in der Inflation ergeben.

Die periodische Abschreibungshöhe, die steuerneutral wirkt, berechnen wir dadurch, daß wir den inflationierten Ertragswert vor Steuern mit dem versteuerten inflationierten Ertragswert

---

[48] *Johansson*, Skatt, S. 217–224, diskutiert mögliche Änderungen des Kalkulationszinsfußes in der Inflation, berücksichtigt aber die Besteuerung nicht im Inflationsfaktor für den Kalkulationszinsfuß. Dies tut er jedoch in einer späteren Arbeit, in der er für den Fisher-Effekt den ökonomischen Gewinn in der Inflation entwickelt. (*Sven-Erik Johansson*, Income Taxes and Investment Decision. In: The Swedish Journal of Economics, Vol. 71 (1969), S. 103–110, hier S. 108 f.).

Poensgen/Straub, S. 787, behandeln nur den Fall, daß die Besteuerung keinen Einfluß auf den Kalkulationszinsfuß nimmt.

In seinen an einem Kapitalmarktmodell ausgerichteten Überlegungen weist Peter Swoboda auf »einen *positiven Effekt der Inflation* auf den Unternehmungswert« hin, der »aus der *Abzugsfähigkeit* der im Zinssatz enthaltenen *Inflationsprämie* von der Steuerbemessungsgrundlage« bestehe (*Peter Swoboda*, Auswirkungen einer Inflation auf den Unternehmungswert. In: ZfbF, Jg. 29 (1977), S. 667–688, hier S. 673) »Eine ausschüttungserhöhende Inflationswirkung« aufgrund eines Preisvorteils der »zeitlich vorverlagerten Materialbeschaffung, der bei zinslosen Krediten voll zum Tragen kommt«, und einen inflatorischen »Preisvorteil der Anlagenanschaffungen« belegt *Wilhelm Strobel*, Der Einfluß einer allgemeinen Inflation auf Ausschüttungsniveau, Investitions- und Kapitalstruktur einer Unternehmung (I). In: Der Betrieb, Jg. 29 (1976), S. 2217–2221; (II), S. 2265–2269, hier S. 2219 f. Inflationsvorteile einer wachsenden Unternehmung zeigt *Winfried Mellwig*, Zum Einfluß von Inflation und Unternehmenswachstum auf die ertragsteuerliche Bemessungsgrundlage. In: ZfbF, Jg. 29 (1977), S. 211–233.

im Zeitpunkt t gleichsetzen ($E_{pt} = E_{spt}$) und entsprechend für den Zeitpunkt t–1 verfahren ($E_{pt-1} = E_{spt-1}$):

(8) $\quad (1 + i_0)(1 + ap) E_{pt-1} - Q_t (1 + p)^t = (1 + q) E_{spt-1} - (1-s) Q_t (1 + p)^t - s A_{pt}$.

Nach einigem algebraischen Hin und Her folgt:

(9) $\quad A_{pt} = Q_t (1 + p)^t - (i_0 + ap + i_0 ap) E_{pt-1} = D_{pt}$.

Die zur systematischen Neutralität einer allgemeinen Gewinnsteuer erforderliche Abschreibung einer Periode gleicht dem inflationierten (also nominellen) Periodenüberschuß abzüglich des Produktes aus Marktzins in der Inflation mal Ertragswert in der Inflation zu Beginn der Abrechnungsperiode. Das Produkt entspricht dem ökonomischen Gewinn in der Inflation und die Differenz können wir entsprechend der früheren Übung (S. 280) als Ertragswertabschreibung, hier in der Inflation (D_{pt}), bezeichnen.

In welchem Verhältnis stehen steuerneutrale Abschreibung (Ertragswertabschreibung) ohne Inflation und steuerneutrale Abschreibung (Ertragswertabschreibung) in der Inflation zueinander?

Aus den beiden Definitionsgleichungen

(17a) mit (19), S. 280: $\quad A_t = Q_t \qquad\quad - i_0 E_{t-1}$
(9) $\qquad\qquad\qquad\quad A_{pt} = Q_t (1 + p)^t - (i_0 + ap + i_0 ap) E_{pt-1}$

folgt, daß Vergleichsaussagen nur möglich sind, wenn das Größenverhältnis von Ertragswert ohne Inflation zu Beginn der Abrechnungsperiode (E_{t-1}) zum Ertragswert in der Inflation zu Beginn der Abrechnungsperiode (E_{pt-1}) bekannt ist.

(a) Für den Fisher-Effekt (a = 1) gilt, daß im Zeitpunkt t_0 der Ertragswert ohne Inflation dem Ertragswert in der Inflation entspricht (Gleichung (a) = Gleichung (c), S. 312). Damit erhalten wir für die erste Abrechnungsperiode

(10) $\quad\begin{aligned} A_1 &= Q_1 \qquad\quad - i_0 E_0 \\ A_{p1} &= Q_1 (1 + p) - (i_0 + p + i_0 p) E_0 \end{aligned}$

und als Differenz beider

(11) $\quad A_{p1} - A_1 = p Q_1 - p (1 + i_0) E_0$.

Zu Beginn eines Inflationsschubs ist damit bei voller Überwälzung der Inflationsrate im Marktzinssatz die zur Steuerneutralität erforderliche Abschreibung immer kleiner als ohne Inflation, soweit in den Folgeperioden Einnahmen entstehen (ein Steigen der Abschreibung in t_1 wäre nur dann denkbar, wenn in t_2 eine Ausgabe folgte).

Inflation verlangt keine steuerlichen Abschreibungsvergünstigungen, sondern steuerliche „Abschreibungsverböserungen"! Der Ruf nach Abschreibungsvergünstigungen in der Inflation ist eine bloße Interessenbehauptung im Verteilungskampf.

Dieser Schluß ist sorgsam zu trennen von dem, daß auch ohne Inflation die steuerliche Abschreibung investitionshemmend wirken kann, weil das steuerlich zulässige Abschreibungsverfahren bei einer allgemeinen Gewinnsteuer auf die Anschaffungsausgaben beschränkt ist und vielleicht zusätzlich in den ersten Perioden zu Abschreibungen führt, die unter der Ertragswertabschreibung liegen. *Nicht die Inflation, sondern die Maßgeblichkeit der Bilanzierung für die steuerliche Gewinnermittlung ist an diesem Investitionshemmnis schuld. Gerade ohne Inflation verzerrt eine »nominelle« (auf die Anschaffungsausgaben beschränkte) steuerliche Abschreibung den Wettbewerb und verstößt zugleich gegen die Gleichmäßigkeit der Besteuerung.*

In der Inflation wird nicht in jeder Abrechnungsperiode die steuerlich neutrale Abschreibung kleiner sein als die steuerneutrale Abschreibung ohne Inflation. Schließlich muß die Summe der Abschreibungen beide Male dem Ertragswert entsprechen, der im Fisher-Fall ohne und mit Inflation gleich hoch ist. Gegen Ende der Nutzungsdauer ist durch die niedrigere steuerlich neutrale Abschreibung (= die Ertragswertabschreibung D_{pt}) der Ertragswert in der Inflation so gestiegen, daß aus dem Abweichen von E_{t-1} und E_{pt-1} eine höhere steuerlich erforderliche Abschreibung resultiert. Die Investition

t_0	t_1	t_2	t_3
-3000	$+1150$	$+1100$	$+1050$

führt ohne Inflation und vor Steuern zu einer Rendite von 5%. Bei linearer steuerlicher Abschreibung und allgemeiner proportionaler Gewinnbesteuerung sinkt die Rendite r_s auf $r_s = (1-s) r$ (bei $s = 50\%$ also auf 2,5%); denn die Ertragswertabschreibung verläuft hier linear:

Periodenüberschuß 1 150 minus 5% Zinsen auf den Ertragswert (hier gleich Anschaffungsausgaben 3 000) ergibt 1 000 an erforderlicher steuerlicher Abschreibung in t_1, usw.

In einer Inflation mit $p = 10\%$ verkörpert dieselbe Investition den Zahlungsstrom:

t_0	t_1	t_2	t_3
-3000	$+1265$	$+1331$	$+1397{,}55$

Der Marktzinssatz steigt von $i_0 = 5\%$ ab t_0 auf $(i_0 + ap + i_0 ap) = 15{,}5\%$, falls keine Geldillusion (also der Fisher-Effekt) herrscht. Die nominelle Rendite dieser Investition beträgt 15,5%. Sie sinkt bei 50% Gewinnsteuern und linearer Abschreibung jedoch nicht auf die Hälfte (7,75%), sondern nur auf rund 8%, weil die ohne Inflation steuerneutrale lineare Abschreibung in der Inflation zu einer steuerlichen Gewinnvergünstigung geworden ist.

Die steuerneutrale Abschreibung in der Inflation berechnet sich gemäß der Definition der Ertragswertabschreibung in der Inflation als nomineller Einnahmenüberschuß in jeder Periode abzüglich des Produkts aus Marktzinssatz in der Inflation und vor Steuern mal dem Ertragswert in der Inflation und vor Steuern zu Beginn der jeweiligen Periode (Gleichung 9, S. 319).

Damit errechnet sich

Abschreibung

$A_{p1}: 1265 \;\; -0{,}155 \cdot 3000 = 800;$
$A_{p2}: 1331 \;\; -0{,}155 \cdot 2200 = 990;$
$A_{p3}: 1397{,}55 -0{,}155 \cdot 1210 = 1210;$

Restbuchwert:

$3000 - \;\;800 = 2200$
$2200 - \;\;990 = 1210$
$1210 - 1210 = 0$

Die steuerneutrale lineare Abschreibung wird in der Inflation zu einer nach hinten verlagerten (progressiven) Abschreibung. Steuerneutralität verlangt in der Inflation ungünstigere Abschreibungsverfahren und nicht etwa Abschreibungen vom Wiederbeschaffungspreis!

(b) Umständlicher ist die steuerneutrale Abschreibung in der Inflation zu bestimmen, wenn $a \neq 1$ ist, denn dann ist der Ertragswert ohne Inflation und vor Steuern kleiner als der Ertragswert in der Inflation und vor Steuern. Sobald weniger als die Preissteigerungsrate bei einer Investition im Marktzinssatz überwälzt wird, zählt das Unternehmen zu den Inflationsgewinnern: Sein Marktwert steigt.

Gilt auch bei einer allgemeinen Gewinnsteuer und a < 1, daß Unternehmen Inflationsgewinner sind (ihr Marktwert wegen der Inflation wächst)?
Um die Bedingungen zu erkunden, in denen eine allgemeine Gewinnsteuer neutral wirkt (also den inflatorischen Mehrwert des Unternehmens nur proportional zum Versteuerungsfaktor kürzt), empfiehlt es sich, den Ertragswert vor Steuern und ohne Inflation in ein Verhältnis zum Ertragswert vor Steuern in der Inflation zu setzen, das sich im Zeitablauf ändert:

(12) $$E_{pt} = (1 + v_t) E_t.$$

Hierbei bezeichnet v_t den Steigerungssatz des Ertragswerts aufgrund der Inflation. Damit lautet die Definitionsgleichung für die steuerneutrale Abschreibung in der Inflation

(13) $$A_{pt} = Q_t (1 + p)^t - (i_0 + ap + i_0 ap) (1 + v_t) E_{t-1}.$$

Da sich v_t mit dem Überwälzungsfaktor a ändert, sei hier nur für den Extremfall a = 0 (keine Überwälzung der Inflation im Marktzinssatz) die Änderung der steuerneutralen Abschreibung in der Inflation näher betrachtet. Für die erste Abrechnungsperiode erhalten wir bei a = 0

(14) $$A_{p01} = Q_1 (1 + p) - i_0 (1 + v_0) E_0$$

und als Differenz zur steuerneutralen Abschreibung ohne Inflation

$$A_{p01} - A_1 = pQ_1 - i_0 v_0 E_0.$$

Schon bei einer einperiodigen Investition gilt $pQ_1 = (1 + i_0) v_0 E_0$, also steigt die steuerneutrale Abschreibung, und zwar weil der Ertragswert in der Inflation wächst. Erst bei gleichem Abschreibungsausgangsbetrag ohne und mit Inflation gilt die Behauptung »Inflation verlangt keine Abschreibungsvergünstigungen, sondern ein Nach-hinten-Verlagern der steuerlichen Abschreibung« unabhängig für alle Überwälzungsfaktoren $0 \leq a \leq 1$.

Damit die Erwägungen nicht so unanschaulich bleiben, sei das Beispiel für den Fisher-Effekt nun, abgewandelt für a = 0, durchgerechnet. Die Investition

t_0	t_1	t_2	t_3
− 3000	+ 1265	+ 1331	+ 1397,55

führt bei a = 0, also einem Kalkulationszinsfuß von 5%, zu einem positiven Kapitalwert: 3 619,28 − 3 000 = 619,28. Damit beträgt die steuerneutrale

Abschreibung „Restbuchwert"
A_{p01}: 1265 −0,05 · 3619,28 = 1084,04 (464,74)   3619,28−1084,04 = 2535,24
A_{p02}: 1331 −0,05 · 2535,24 = 1204,24;   2535,24−1204,24 = 1331
A_{p03}: 1397,55−0,05 · 1331 = 1331;   1331 −1331 = 0

Mit der steuerneutralen Abschreibung ohne Inflation sind diese Beträge schlecht zu vergleichen, weil ohne Inflation die Abschreibungssumme nur 3 000 beträgt. Berücksichtigt man, daß das gegenwärtige Steuerrecht von nomineller Kapitalerhaltung und nicht von Ertragswerterhaltung ausgeht, dann dürften in der ersten Periode nur 464,74 (also um den Kapitalwert von 619,28 weniger) abgeschrieben werden. Natürlich verletzt diese »Gewinnverböserung« die Steuerneutralität; allerdings nur in der Weise, daß sie einen Teil des aus der Inflation entstehenden Mehrwerts der Unternehmung für den Fiskus beansprucht. Von einem »Substanzverzehr« durch die »nominelle Scheingewinnbesteuerung« kann auch bei dem nominellen Abschreibungsverlauf: 465 + 1 204 + 1 331 = 3 000 noch nicht gesprochen werden.

Hier ist ein Wort zur Terminologie angebracht. Der Ausdruck »Substanzverzehr« folgt aus einer inexakten Problembeschreibung: Die Scheingewinnbesteuerung erzeugt eine inflatorische Finanzierungslücke bei der Ersatzbeschaffung verbrauchter Gütermengen (der Substanz). Bei dem aufgrund der Kapitalwertrechnung stillschweigend unterstellten vollkommenen Rest-Kapitalmarkt ist aber die Finanzierung kein Problem. Deshalb tritt hier bei der Messung der Steuerwirkungen in der Inflation an die Stelle der inflatorischen Finanzierungslücke (des »Substanzverzehrs«) eine Kapitalwertänderung.

Eine allgemeine Gewinnsteuer nimmt keinen Einfluß auf die Nutzungsdauer, solange der Restverkaufserlös und Restbuchwert sich decken. Sie verlängert sich, sobald der Restverkaufserlös den Restbuchwert übersteigt (13, S. 274). In der Inflation ist häufiger als bei Nichtinflation damit zu rechnen, daß der Restverkaufserlös über den Restbuchwert hinausgeht. Das ist die Begründung für die seit langem bekannte Tendenz zu einer Nutzungsdauerverlängerung in der Inflation[49].

Dies ist jedoch nur eine Tendenz, die durch die Änderung des Marktzinssatzes in der Inflation und insbesondere in Investitionsketten durch andere Wirkungen überlagert werden kann.

Die Bedingungen für systematische Neutralität sind bisher bei Vernachlässigung der Ungewißheit (also unter der Annahme eines risikoneutralen Verhaltens) abgeleitet worden. Bei Risikoabneigung der Investoren und idealen Kapitalmarktverhältnissen (wie sie dem Modell der Wertpapierlinie zugrunde liegen, vgl. E. IV, V) wird der Marktzinssatz um einen Risikozuschlag erhöht sein. Die Inflationsrate erhöht diesen um einen Risikozuschlag vermehrten risikolosen Marktzinssatz. Da eine allgemeine Gewinnsteuer auch diesen um eine Risikoprämie erhöhten inflationierten Marktzinssatz treffen würde, ergeben sich daraus allein noch keine besonderen Wirkungen. Es ist jedoch zu beachten, daß auch die Inflationsrate selbst ungewiß erscheinen wird. Dann ist zusätzlich mit einer Risikoprämie bei der Inflationsrate selbst zu rechnen, so daß die Zahlungsströme mit dem Erwartungswert der ungewissen Inflationsrate abzüglich einer Risikoprämie zu inflationieren sind und mit einem versteuerten Marktzinssatz zu diskontieren sind, in den ein Risikoabschlag für die ungewisse Inflationsprämie eingegangen ist. Solche mehrfachen Risikoprämien sind analog dem Vorgehen bei einem ungewissen Marktzinssatz (S. 576–583) zu untersuchen.

3. Unternehmenswertänderungen aufgrund der Maßgeblichkeit des Bilanzgewinns für die steuerliche Gewinnermittlung

Mit den folgenden Beispielen soll belegt werden, daß das Abweichen der Gewinnermittlung nach dem Vermögensvergleich von der Einnahmenüberschußrechnung den Grund dafür bildet, daß die Gewinnbesteuerung den Kapitalwert einzelner Investitionen und damit den Unternehmenswert insgesamt verzerrt. Es ist die Maßgeblichkeit des Bilanzgewinns für die steuerliche Gewinnermittlung, die bereits vor einer Inflation und erst recht in einer Inflation Unternehmenswertminderungen herbeiführt und damit eine sinnvolle Verteilung knapper Produktionsfaktoren beeinträchtigt sowie zusätzliche (über die durch den Steuersatz beabsichtigten) Steuerbelastungen bewirkt und damit eine Gleichmäßigkeit der Besteuerung

---

[49] Vgl. *Johansson*, Skatt, S. 222.

verhindert. Dieselbe Maßgeblichkeit des Bilanzgewinns für die Gewinnsteuerbemessungsgrundlage verursacht in anderen Fällen bereits vor der Inflation und erst recht in einer Inflation Unternehmenswertsteigerungen und entlastet so die steuerpflichtigen Unternehmen gegenüber anderen Steuerpflichtigen, wodurch wiederum eine sinnvolle Verteilung knapper Ressourcen und die Gleichmäßigkeit der Besteuerung verletzt wird.

Es ist wichtig zu erkennen, daß grundsätzlich *jede Aktivierung und jede Passivierung (die Bilanzierung insgesamt) gegen die Neutralität der Gewinnbesteuerung und gegen die Gleichmäßigkeit der Besteuerung verstößt, und zwar gleichgültig, ob Inflation herrscht oder die Preise konstant bleiben.* Sobald diskriminierende Gewinnsteuern erhoben werden, sind die in der Bilanzierung liegenden Verstöße gegen die Neutralität der Gewinnbesteuerung und gegen die Gleichmäßigkeit der Besteuerung erzwungen, wenn an irgendeiner Stelle die Steuerbemessungsgrundlage vom Zahlungssaldo aus den Unternehmenstätigkeiten abweicht. Bei einer allgemeinen Gewinnsteuer entstehen zwangsläufig Verletzungen der Neutralität der Gewinnbesteuerung und der Gleichmäßigkeit der Besteuerung, wenn die Steuerbemessungsgrundlage sich vom Zahlungssaldo, korrigiert um die ökonomisch richtige Abschreibung (Ertragswertabschreibung vor Inflation bzw. mit ihren Modifikationen bei Inflation), unterscheidet.

Nun ist das Denken in bilanziellen Erfolgsgrößen statt in Zahlungen bei den meisten Praktikern und auch bei zahlreichen betriebswirtschaftlichen Hochschullehrern zu verfestigt, als daß sie die volle Tragweite des Satzes »Nur eine Zahlungsrechnung als Steuerbemessungsgrundlage, nicht aber die bilanzielle Gewinnermittlung, ändert den Unternehmenswert nicht« voll durchschauen und einsehen, daß die herrschenden Bilanzierungsregeln nicht mehr als wirtschaftliche Fehlvorstellungen sind. Entstanden sind diese Fehlvorstellungen teils aus Gründen rechnerischer Kontrolle, teils aus handelsrechtspolitischen Absichten (Gläubigerschutz bei Kapitalgesellschaften, der freilich auch auf andere Weise zu verwirklichen wäre) und teils aus Bequemlichkeit (im Hinblick auf die Maßgeblichkeit der Handelsbilanz für die Steuerbilanz)[50].

Die folgenden Beispiele, wie durch die Bilanzierungsregeln erzwungene steuerliche Gewinnverböserungen und Gewinnvergünstigungen den Unternehmenswert verzerren, werden zunächst für eine diskriminierende Gewinnsteuer (z. B. die Gewerbeertragsteuer) abgeleitet. Für eine allgemeine Gewinnsteuer ergeben sich Verzerrungen in gleicher Richtung, aber wegen des veränderten Zinssatzes nach Steuern von anderer Höhe, solange wir von Anlagenabschreibungen absehen. Deshalb wird nur in einem Fall die größenmäßige Wirkung für eine allgemeine Gewinnsteuer ausgerechnet, für die weiteren Fälle läßt sie sich leicht in entsprechender Weise ableiten.

Die diskriminierende Gewerbeertragsteuer in den Beispielen hervorzuheben, erscheint vor allem deshalb notwendig, weil ihr Gewicht im Verhältnis zur allgemeinen Gewinnsteuer (trotz Einführung des Anrechnungsverfahrens bei der Körperschaftsteuer) in den letzten Jahren ständig gestiegen ist (die Abschaffung der Lohnsummensteuer ist nur ein Grund hierfür): Betrug vor 5 Jahren der Gewerbesteuerhebesatz im Regelfall noch um 300%, so liegen die Hebesätze inzwischen nur noch in wenigen Fällen unter 350% und erreichen teilweise über 500%. Im Beispiel bedeutet das:

Bei einem Gewinn vor Steuern von 100 DM entfallen bei 300% Hebesatz rund 13 DM auf die

---

[50] Vgl. *Dieter Schneider*, Die Wissenschaftsgeschichte der Trennung von Kapital und Einkommen: Ökonomische Zwänge gegen gesellschaftliche Konventionen. Erscheint in: 1. Sitzungsbericht des Dogmengeschichtlichen Ausschusses der Gesellschaft für Wirtschafts- und Sozialwissenschaften (1980).

Gewerbeertragsteuer (S. 261). Bei Anwendung des derzeitigen Spitzensatzes der Einkommen- und Körperschaftsteuer von 56% auf 100–13 DM beträgt die allgemeine Gewinnsteuer 49 DM. Das Verhältnis der diskriminierenden Gewinnsteuer zur allgemeinen Gewinnsteuer erreicht rund ¼. Liegt der Hebesatz der Gemeinde bei 500% = 20 DM von 100 DM Gewinn vor Steuern, errechnet sich eine allgemeine Gewinnsteuer von 56% auf 100–20 DM = 45 DM und das Verhältnis der diskriminierenden Gewerbeertragsteuer zur allgemeinen beträgt schon knapp ½.

Um nachzuweisen, daß nicht die Besteuerung nomineller Gewinne in der Inflation (die sogenannte Scheingewinnbesteuerung) zu einem Substanzverlust der Unternehmen (einer Unternehmenswertminderung) führt, sondern daß die eigentliche Ursache für den »Substanzverzehr durch Scheingewinnbesteuerung« (soweit einer auftritt) die Wahl der Steuerbemessungsgrundlage »Vermögensvergleich« (Bilanzierung) statt des Einnahmenüberschusses ist, wird im folgenden für die betrachteten Fälle der Aktivierung einer Ausgabe zunächst die Unternehmenswertminderung bei Konstanz der Preise berechnet. Anschließend wird ihre Höhe für eine inflatorische Welt abgeleitet. Desgleichen ist zu zeigen, daß eine Passivierung (als Beispiel für den Bilanzansatz nach der Regel »Einnahme, noch nicht Ertrag«) zu einer Unternehmenswertsteigerung führt ohne Inflation und erst recht bei Inflation.

(a) Bilanzierung unterscheidet sich von einer Einnahmenüberschußrechnung insbesondere dadurch, daß die Ausgaben für das Vorratsvermögen nicht sofort als Aufwand verrechnet werden. Die Ausgaben werden vielmehr aktiviert, also erfolgsneutral behandelt bis zum Zeitpunkt des Verkaufs der fertigen Erzeugnisse bzw. Waren.
Die erste Beispielrechnung geht davon aus, daß Vorräte (allgemeiner: irgendwelche Produktionsfaktoren) im Zeitpunkt t beschafft und bezahlt werden, jedoch erst in t+1 als Aufwand verrechnet werden dürfen, weil in t+1 das mit diesen Produktionsfaktoren erstellte Erzeugnis verkauft und vom Kunden bar bezahlt wird.
Die Investition (bzw. Unternehmung) wird auch langlebige Produktionsfaktoren (Anlagegüter) benutzen. Damit jedoch die Unternehmenswertänderung aufgrund der Aktivierung des Vorratsvermögens unverfälscht zum Ausdruck kommt, wird für alle Anlagegüter bei der diskriminierenden Gewinnsteuer Sofortabschreibung unterstellt (bei der allgemeinen Gewinnsteuer möge die steuerlicher Abschreibung der Ertragswertabschreibung gleichen). Aus Gründen der bequemeren Schreibweise bleiben die Zahlungen der langlebigen Anlagegüter aus den folgenden Kapitalwertdefinitionen ausgeklammert.
Da die Ausgaben für Vorräte in t wegen der Aktivierung der Vorräte (bzw. ihrer Aktivierung als Teil der Herstellungskosten) bis zum Verkaufszeitpunkt erst in t+1 zu steuerlichem Aufwand werden, ist die Steuerrückerstattung aufgrund der Aufwandsverrechnung der Vorräte sV_t jeweils um t+1 Jahre abzuzinsen. Demgegenüber ist der Zahlungssaldo Z_t (Umsatzeinnahmen abzüglich aufwandsgleiche Ausgaben der Abrechnungsperiode, wie z. B. Lohnzahlungen) im Zahlungszeitpunkt voll zu versteuern und natürlich um t Jahre abzuzinsen. Der Kapitalwert für dieses Vorratsbeispiel K_v lautet dann vor Inflation:

$$(15) \qquad K_v = \sum \frac{Z_t - V_t}{(1 + i_0)^t} - s \sum \frac{Z_t}{(1 + i_0)^t} + s \sum \frac{V_t}{(1 + i_0)^{t+1}}.$$

Wenn wir zur Abkürzung den Kapitalwert im Steuerfall, aber ohne eine solche Gewinnverböserung, wie es die Aktivierung der Vorratsausgaben darstellt, mit K_s bezeichnen:

erhalten wir
$$K_s = (1-s) \sum \frac{Z_t - V_t}{(1 + i_0)^t},$$

(16) $$K_v = K_s - \frac{s \cdot i_0}{1 + i_0} \sum \frac{V_t}{(1 + i_0)^t}.$$

Die Gewinnverböserung aufgrund der Aktivierung der Vorratsausgaben schlägt sich in einer Unternehmenswertminderung bereits bei konstanten Preisen in Höhe des abzuziehenden Gliedes nieder.

Im Fall einer Inflation möge eine gleichmäßige Preissteigerungsrate von p % während der Investitionsdauer bestehen. Der Abzinsungsfaktor betrage $(1+i_0)^t (1+ap)^t$. Der Kapitalwert im Inflationsfall K_{vi} errechnet sich dann als

(17) $$K_{vi} = \sum \frac{(Z_t - V_t)(1 + p)^t}{(1 + i_0)^t (1 + ap)^t} - s \sum \frac{Z_t (1 + p)^t}{(1 + i_0)^t (1 + ap)^t} + s \sum \frac{V_t (1 + p)^t}{(1 + i_0)^{t+1} (1 + ap)^{t+1}}$$

unter Verwendung des steuerneutralen $K_{si} = (1 - s) \dfrac{(Z_t - V_t)(1 + p)^t}{(1 + i_0)^t (1 + ap)^t}$
ergibt sich

(18) $$K_{vi} = K_{si} - s \frac{i_0 + a \cdot p + i_0 \cdot a \cdot p}{(1 + i_0)(1 + a \cdot p)} \sum \frac{V_t (1 + p)^t}{(1 + i_0)^t (1 + ap)^t}.$$

Daraus folgt:
(1) Erhöht die Inflationsrate voll den Marktzinssatz (a = 1), dann entsteht eine zusätzliche inflationsbedingte Unternehmenswertminderung in Höhe von

(19) $$K_{vi} - K_v = - \frac{s \cdot p}{(1 + i_0)(1 + p)} \sum \frac{V_t}{(1 + i_0)^t}.$$

Der steuerliche Substanzverzehr aufgrund der Aktivierung von Vorratsausgaben wächst damit mit der Inflationsrate.
(2) Erhöht die Inflationsrate den Marktzinssatz nicht, dann entsteht eine zusätzliche inflationsbedingte Unternehmenswertänderung in Höhe von

(20) $$K_{vi} - K_v = (1 - s) \sum \frac{(Z_t - V_t)[(1 + p)^t - 1]}{(1 + i_0)^t} - \frac{s \, i_0}{1 + i_0} \sum \frac{V_t [(1 + p)^t - 1]}{(1 + i_0)^t}.$$

Es wirken hier zwei entgegengesetzte, nur im Einzelfall saldierbare Effekte:
a) aufgrund der Nichtüberwälzung steigt der Unternehmenswert gemäß dem ersten Glied,
b) aufgrund der Vorratsbilanzierung sinkt der Unternehmenswert gemäß dem zweiten Glied.

Bei einer allgemeinen Gewinnsteuer bezeichnet K_t den Kapitalwert nach Steuern bei systematischer Neutralität. An die Stelle des Zinssatzes i_0 tritt hier $i_s = (1-s)i_0$ und in der Inflation ist entsprechend mit q abzuzinsen.
Bei einer allgemeinen Gewinnsteuer beträgt der Kapitalwert bei Aktivierung von Vorratsausgaben für eine Periode (K_{vt}) ohne Inflation:

(21) $$K_{vt} = \sum \frac{Z_t - V_t}{(1 + i_s)^t} - s \sum \frac{Z_t}{(1 + i_s)^t} + s \sum \frac{V_t}{(1 + i_s)^{t+1}}.$$

Dem steht der Kapitalwert bei Einnahmenüberschußrechnung und allgemeiner Gewinnsteuer gegenüber

$$K_t = (1-s) \sum \frac{Z_t - V_t}{(1+i_s)^t}.$$

Damit beträgt die Unternehmenswertminderung aufgrund der Aktivierung von Vorratsausgaben ohne Inflation:

(21a) $$K_{vt} - K_t = -\frac{s \cdot i_s}{1+i_s} \sum \frac{V_t}{(1+i_s)^t}.$$

Ein Vergleich mit der Unternehmenswertminderung bei diskriminierender Besteuerung ist selbst bei gleichem Steuersatz nicht eindeutig wegen des veränderten Zinsfußes.
Im Fall der Inflation beläuft sich der Unternehmenswert aufgrund der Aktivierung von Vorratsvermögen bei einer allgemeinen Gewinnsteuer, K_{vti}, auf

(22) $$K_{vti} = (1-s) \sum \frac{(Z_t - V_t)(1+p)^t}{(1+q)^t} - \frac{s \cdot q}{1+q} \sum \frac{V_t (1+p)^t}{(1+q)^t}.$$

Die inflationsbedingte Unternehmenswertänderung $K_{vti}-K_{vt}$ kann positiv oder negativ sein. Ob der Unternehmenswert steigt oder fällt, ist nur im Einzelfall zu berechnen, denn einem regelmäßig den Unternehmenswert erhöhenden Glied

$$+ (1-s) \left[\sum \frac{(Z_t - V_t)(1+p)^t}{(1+q)^t} - \sum \frac{Z_t - V_t}{(1+i_s)^t} \right]$$

steht ein regelmäßig den Unternehmenswert mindernder Ausdruck gegenüber:

$$- \left[\frac{sq}{1+q} \sum \frac{V_t (1+p)^t}{(1+q)^t} - \frac{s\, i_s}{1+i_s} \sum \frac{V_t}{(1+i_s)^t} \right].$$

Die Einschränkung »regelmäßig« ist notwendig, weil das Wachstum mit der Rate p nicht in allen Fällen das Wachstum mit der Differenz $q-i_s$ übersteigt; es gilt aber z. B. für

$s > 1 - \dfrac{1}{a(1+i_0)}$, weil $q-i_s = (1-s)(1+i_0)ap$ ist.

(b) Im vorangehenden Beispiel erfolgte die Vorratsbewertung im Grunde nach dem first-in-first-out-Verfahren (Fifo): Vorräte, die in t bezahlt werden, gelten in der Erfolgsrechnung als in t+1 verbraucht. Demgegenüber wird von der Praxis in Inflationszeiten immer wieder die steuerrechtliche Anerkennung des last-in-first-out-Verfahrens (Lifo) gefordert. Damit wird eine Annäherung an eine Aufwandsbewertung zu den Wiederbeschaffungspreisen am Umsatztag erreicht. Unter den Modellvereinfachungen hinsichtlich der Zahlungszeitpunkte bewirkt das Lifo-Verfahren (hier gleich Aufwandsbewertung zu Wiederbeschaffungspreisen):
(1) Ohne Inflation entsteht nach wie vor durch die Aktivierung der Vorratsausgaben eine Unternehmenswertminderung bei diskriminierender Gewinnbesteuerung von

(23) $$K_v - K_s = -\frac{s \cdot i_0}{1+i_0} \sum \frac{V_t}{(1+i_0)^t}.$$

Dieser Nachteil würde nur dann vermieden werden, wenn zusätzlich zu Lifo eine »Sofortabschreibung« für die Erstausstattung an Vorräten zulässig wäre. Der »Substanzverzehr« (23) entsteht einfach deshalb, weil nur die Einnahmenüberschußrechnung (in einer reinen Form bei einer diskriminierenden Gewinnsteuer, in einer hinsichtlich der Anlagenabschreibung modifizierten Form bei einer allgemeinen Gewinnsteuer) eine steuerneutrale Gewinnermittlungsmethode darstellt.

(2) In der Inflation bewirkt Lifo, daß bei einperiodiger Lagerung Vorratsausgaben in t im Zeitpunkt t+1 und zu den Preisen in t+1 als Aufwand verrechnet werden; aus (18) wird

$$(23a) \qquad K_{viL} - K_{si} = -s \frac{i_0 + ap + i_0 ap - p}{(1+i_0)(1+ap)} \sum \frac{V_t(1+p)^t}{(1+i_0)^t(1+ap)^t}.$$

Dies kann in eine Unternehmenswerterhöhung umschlagen. Lifo wahrt nur unter sehr engen Voraussetzungen die Steuerneutralität: bei einer diskriminierenden Gewinnsteuer und a < 1 dann, wenn p = i_0: (1-a-i_0a); bei einer allgemeinen Gewinnsteuer nur, wenn p-q = 0, also p = i_s: [1-(1-s)(a+i_0a)]. Bei einer diskriminierenden Gewinnsteuer und Gültigkeit des Fisher-Effekts (a = 1) verringert Lifo den Substanzverzehr (die Unternehmenswertminderung) in der Inflation auf jenen Substanzverzehr, der bereits ohne Inflation allein aus der Maßgeblichkeit der Bilanzierung für die steuerliche Gewinnermittlung einträfe.

(c) Demgegenüber wird Steuerneutralität auch bei Bilanzierung (Aktivierung der Vorräte) dann erreicht, wenn eine zinslose Fremdfinanzierung (z. B. durch Lieferantenkredite) bis zum Zeitpunkt der erfolgsneutralen Verrechnung der Vorräte gewährt wird. Denn dann fallen Zeitpunkt der Zahlung und Zeitpunkt der Aufwandsverrechnung zusammen, und die Vorbedingungen für systematische Steuerneutralität ist erfüllt: Zeit- und Größengleichheit von Zahlungs- und Erfolgsgrößen, wenn die Gewinnbesteuerung diskriminierend ist.

(d) Bei erhaltenen Anzahlungen finanzieren die Kunden zinslos die produzierende Unternehmung. Erfolgswirksam werden die Anzahlungen erst im Zeitpunkt der Ablieferung der Erzeugnisse. Welche Unternehmenswertänderungen durch die Passivierung von Kundenanzahlungen entstehen, ist nunmehr zu untersuchen.

Um den Symbolaufwand in Grenzen zu halten, mögen alle Umsätze durch eine einjährige Vorauszahlung von den Kunden finanziert werden. Auf der Ausgabenseite (für Vorräte, Löhne, Anlagen) gelten die Bedingungen der Steuerneutralität: Ausgabe = Aufwand für jede Abrechnungsperiode, wenn die Gewinnbesteuerung diskriminierend ist.

Die Kundenanzahlungen bewirken hier, daß die Gewinnsteuerzahlungen auf die Einnahmen erst ein Jahr später anfallen; hingegen wird die Gewinnsteuerminderung aufgrund der Aufwandsverrechnung im Zeitpunkt der Ausgabe fällig. Damit lautet der Kapitalwert bei Anzahlungen K_A vor Inflation, wenn Z_t die Einnahmen im Zeitablauf und B_t die Betriebsausgaben bezeichnet

$$(24) \qquad K_A = \sum \frac{Z_t - B_t}{(1+i_0)^t} - s \sum \frac{Z_t}{(1+i_0)^{t+1}} + s \sum \frac{B_t}{(1+i_0)^t},$$

$$(24a) \qquad K_A = K_s + \frac{s \cdot i_0}{1+i_0} \sum \frac{Z_t}{(1+i_0)^t}.$$

Die Passivierung von Kundenanzahlungen anstelle ihrer sofortigen erfolgswirksamen Verrechnung wie in einer steuerneutralen Einnahmenüberschußrechnung führt also zu einer Unternehmenswertsteigerung in Höhe des zweiten Summanden bereits bei konstanten Preisen im Zeitablauf.

Bei Inflation entwickelt sich diese Gewinnvergünstigung, die in der Passivierung von Kundenanzahlungen liegt, so:

$$(25) \quad K_{Ai} = \sum \frac{(Z_t - B_t)(1+p)^t}{(1+i_0)^t (1+ap)^t} - s \sum \frac{Z_t (1+p)^t}{(1+i_0)^{t+1}(1+ap)^{t+1}} + s \cdot \sum \frac{B_t (1+p)^t}{(1+i_0)^t (1+ap)^t}.$$

Die Unternehmenswertsteigerung bei diskriminierender Gewinnbesteuerung in der Inflation aufgrund der Passivierung von Kundenanzahlungen berechnet sich damit für den Fall einer vollständigen Überwälzung der Inflationsrate im Marktzinssatz als

$$(26) \quad K_{Ai} - K_A = \frac{s \cdot p}{(1+i_0)(1+p)} \sum \frac{Z_t}{(1+i_0)^t}.$$

Während in den Fällen »Ausgabe, noch nicht Aufwand« (entwickelt am Beispiel der Aktivierung von Vorratsausgaben) ein steuerlicher Substanzverlust entstand, der mit der Inflationsrate wächst, entsteht in den Fällen »Einnahme, noch nicht Ertrag« (wie der Passivierung von Kundenanzahlungen) ein steuerlicher Substanzgewinn, d. h. eine Unternehmenswertsteigerung, die mit der Inflationsrate wächst.

Schon wegen Kundenanzahlungen treffen pauschale Behauptungen, wie Inflationsverluste im Anlagevermögen seien verhältnismäßig gering gegenüber solchen in Umlaufvermögen, nicht zu.

(e) Muß eine Unternehmung Zahlungsziel gewähren, so führt die Aktivierung von Forderungen zu einer steuerlichen Gewinnverböserung und damit zu einer Unternehmenswertminderung. Die Höhe des steuerlichen Substanzverlustes aufgrund der Aktivierung von Forderungen berechnen wir für den Fall, daß sämtliche Umsatzeinnahmen in t eingehen, jedoch die bilanzielle Gewinnverwirklichung bereits in t–1 stattfand. Für alle Ausgaben möge die Zeit- und Größengleichheit von Ausgaben und Aufwand gelten.

Der Kapitalwert einer Unternehmung, die Zahlungsziel gewähren muß, K_z, lautet dann vor Inflation

$$(27) \quad K_z = \sum \frac{Z_t - B_t}{(1+i_0)^t} - s \sum \frac{Z_t}{(1+i_0)^{t-1}} + s \sum \frac{B_t}{(1+i_0)^t},$$

$$(27a) \quad K_z = K_s - i_0 \cdot s \sum \frac{Z_t}{(1+i_0)^t}.$$

Die Unternehmenswertminderung aufgrund der Forderungsaktivierung wird durch das negative Glied festgelegt.

In der Inflation bestimmt sich der Kapitalwert der Absatzfinanzierung gewährenden Unternehmung als

$$(28) \quad K_{zi} = \sum \frac{(Z_t - B_t)(1+p)^t}{(1+i_0)^t (1+ap)^t} - s \sum \frac{Z_t (1+p)^t}{(1+i_0)^{t-1}(1+ap)^{t-1}} + s \sum \frac{B_t (1+p)^t}{(1+i_0)^t (1+ap)^t}.$$

Der steuerliche Substanzverzehr in der Inflation aufgrund der Forderungsaktivierung berechnet sich für den Fall a = 1 gegenüber dem vor der Inflation mit

(29) $$K_{zi} - K_z = - sp\,(1 + i_0) \sum \frac{Z_t}{(1 + i_0)^t}.$$

Die ertragsbedingte inflatorische Finanzierungslücke (wie diese Wirkung früher genannt wurde[51]) wächst also proportional zum Steuersatz und der aufgezinsten Inflationsrate, und ihre Höhe hängt entscheidend von der Höhe der nicht inflationierten Forderungen ab.
Auf der anderen Seite folgen steuerliche Substanzgewinne in der Inflation, wenn Aufwand verrechnet wird, bevor Ausgaben anfallen, so insbesondere durch Teilwertabschreibungen.

(f) Steuerliche Substanzverluste (Unternehmenswertminderungen) entstehen immer, wenn »Ausgabe, noch nicht Aufwand« und »Ertrag, noch nicht Einnahme« gegeben ist, also insbesondere bei jeder Aktivierung erfolgswirksamer Posten in der Bilanz. Steuerliche Substanzgewinne kommen dann zustande, wenn »Aufwand, noch nicht Ausgabe« und »Einnahme, noch nicht Ertrag« vorliegt, also insbesondere bei jeder Passivierung erfolgswirksamer Posten in der Bilanz. Bei einer allgemeinen Gewinnsteuer ist die Substanzverlust-Aussage wegen der Anlagenabschreibungen, die Substanzgewinn-Aussage entsprechend bei Anleihedisagio und u. U. Rentenverpflichtungen abzuwandeln.
Bei der Fülle an Einzelabweichungen des Gewerbeertrags und des Steuerbilanzgewinns vom Einnahmenüberschuß und wegen der unterschiedlichen Höhe der Unternehmenswertänderungen bei der diskriminierenden Gewerbeertragsteuer und der allgemeinen Einkommen- und Körperschaftsteuer ist nur im Einzelfall zu entscheiden, ob steuerliche Substanzverluste die steuerlichen Substanzgewinne übersteigen, also die Unternehmenswertänderungen aufgrund der Maßgeblichkeit des Bilanzgewinns für die steuerliche Gewinnermittlung ohne und mit Inflation positiv oder negativ sind. Erschwert wird dieser Vergleich natürlich noch zusätzlich dadurch, daß in der Realität die sehr pauschalen Annahmen (ein Jahr vergeht, bis Vorratsausgaben oder Kundenanzahlungen erfolgswirksam verrechnet werden dürfen) nicht aufrechterhalten werden können.

4. Folgerungen für die Steuer- und Wirtschaftspolitik

Bei einer allgemeinen Gewinnsteuer errechnet sich hinsichtlich der Anlagenabschreibungen für jeden Ausgangsmarktzinssatz i_0, jede Inflationsrate, jeden Überwälzungsfaktor der Inflationsrate im Marktzinssatz bei jedem Investitionsvorhaben eine andere steuerneutrale Abschreibung. Bei einer allgemeinen Gewinnsteuer ist damit Steuerneutralität hinsichtlich der Abschreibungen in nachprüfbarer (rechtssicherer) Weise nicht zu verwirklichen. Es muß ein Kompromiß zwischen Rechtssicherheit (einer Vorbedingung für Gleichmäßigkeit der Besteuerung) und Neutralität der Besteuerung geschlossen werden.
Mein Vorschlag geht dahin, Steuerneutralität zu verwirklichen, soweit sie in rechtssicherer Weise durchgeführt werden kann. Erst danach wird eine Konjunktur-, Struktur- und Wachstumspolitik mit fiskalischen Mitteln (Steuersatzänderungen, Investitionsprämien) möglich, die nicht wegen der in den Steuerbemessungsgrundlagen systemwidrig eingebauten Gewinnvergünstigungen und -verböserungen tatsächlich in vielen Fällen das Gegenteil des Beabsichtigten erreicht. Das bedeutet hinsichtlich der Bemessungsgrundlagen der Gewinnbesteue-

---

[51] Vgl. *Dieter Schneider*, Bestimmungsgründe des Substanzverzehrs durch Scheingewinnbesteuerung. In: Der Betrieb, Jg. 27 (1974), S. 1073–1078; *ders.*, Steuerbilanzen, S. 86 f.

rung: Weg vom Vermögensvergleich (der bilanziellen Gewinnermittlung) und Rückkehr zur reinen Zahlungsrechnung, zunächst unter Ausklammerung der Anlagenabschreibungen. Für das Problem der Anlagenabschreibungen bleiben drei Alternativen zu erwägen:
1. Beibehalten der derzeitigen steuerlichen Abschreibungsregelung (bzw. einer marginal verbesserten, d. h. von nur durch die Steuerrechtsentwicklung erklärbaren Einzelregelungen, etwa zu Gebäudeabschreibungen, gereinigten Regelung). Das bedeutet bei einer diskriminierenden Gewinnsteuer (wie der Gewerbeertragsteuer) eine Benachteiligung von abschreibungsbedürftigen Investitionen gegenüber anderen, und dies bereits ohne Inflation. In der Inflation und bei einer allgemeinen Gewinnsteuer (wie im Grundsatz der Einkommen- und Körperschaftsteuer) führt dies, besonders bei teilweiser Geldillusion ($a < 1$) zu nicht mehr durchschaubaren Gewinnverböserungen (Unternehmenswertminderungen bzw. »Substanzverlusten«) oder Gewinnvergünstigungen (Unternehmenswerterhöhungen bzw. »Substanzgewinnen«). Aus diesem grauen Nebel wird feuchter Nebel in der Nacht, wenn, wie in der Realität, von Jahr zu Jahr die Inflationsraten schwanken.
Wettbewerbsneutralität und Gleichmäßigkeit der Besteuerung werden mit der heutigen Abschreibungsregelung in gänzlich undurchsichtiger Weise unterlaufen.
2. Sofortabschreibung, das heißt genauer: Zahlungsrechnung auch bei mehrperiodig nutzbaren Anlagen. Das führt zur Neutralität bei einer diskriminierenden Gewinnsteuer ohne Inflation und in der Inflation, solange keine Geldillusion herrscht ($a = 1$). Es verletzt die Neutralität zugunsten der Unternehmungen in der Inflation bei $a < 1$.
Bei einer allgemeinen Gewinnsteuer wirkt Sofortabschreibung wegen der Bindung an die Anschaffungsausgaben (statt an den Ertragswert) im Regelfall unternehmenswertmindernd (investitionshemmend), im Ausnahmefall ($E_s > E$, Steuerparadoxon) unternehmenswerterhöhend, solange keine Inflation besteht.
Durch die Inflation steigt die unternehmenswerterhöhende Wirkung. Der durch die Bindung der Abschreibungssumme an die Anschaffungsausgaben verursachte Nachteil sinkt bei gleichbleibender Inflationsrate (bei von Periode zu Periode sich ändernder Preissteigerungsrate wechselt der Zinssatz nach Steuern mit, die Folgen werden kaum durchschaubar).
Da zudem genaue Wirtschaftlichkeitsrechnungen nicht allseits beliebt sind, besteht die Gefahr, daß investiert wird, nur um Steuerzahlungen vorerst zu vermeiden.
Eine reine Zahlungsrechnung (Sofortabschreibung) bleibt wie der Istzustand fragwürdig.
3. Zahlungsrechnung unter Ausklammerung der Erst- und Erweiterungsinvestitionen. Dieser Weg einer Gewinnermittlung als »Zahlungsrechnung mit Erhaltung des mengenmäßigen Anfangsinventars« läuft, grob gesagt, auf eine »Festwertrechnung« hinaus[52]. Damit werden inflatorische Finanzierungslücken vermieden. Hinsichtlich der Erst- und Erweiterungsinvestitionen wird die Neutralität zum Nachteil der Unternehmungen jedoch verletzt, hinsichtlich Ersatzinvestitionen in einer Dauerinflation in der Tendenz eher begünstigt gegenüber dem Beibehalten des geltenden Rechts. Seinen Hauptvorzug leitet dieses Vorgehen von daher ab, daß es eine ökonomisch etwas besser begründete Vorstellung von Kapital- bzw. Substanzerhaltung im Hinblick auf die Gleichmäßigkeit der Besteuerung verkörpert als die nominelle Kapitalerhaltung.
Anstatt für die Erst- und Erweiterungsinvestitionen Anlagenabschreibungen zuzulassen[53], bietet sich hingegen an, Aufwand erst bei Ausscheiden dieser Anlagen zu verrechnen (und

---

[52] Vgl. zu Einzelheiten *Schneider*, Steuerbilanzen, ab S. 88.
[53] Vgl. zu diesem Kompromiß *Schneider*, Steuerbilanzen, S. 92.

zusätzlich den Mehrpreis bei Ersatzbeschaffung) und bei einer Erst- bzw. Erweiterungsinvestition (und nur bei einer solchen) hohe fiskalische Investitionsprämien zu gewähren, die z. B. nach der Länge der voraussichtlichen Investitionsdauer zu staffeln wären und je nach den Konjunkturerfordernissen durch Rechtsverordnung kurzfristig geändert werden könnten.
Um den Verwaltungsaufwand zu mindern, sollten die Investitionsprämien auch als Abzüge von der Steuerschuld geltend gemacht werden können.
Natürlich entstehen auch hierbei Probleme, z. B. die rechtssichere Trennung von Ersatz- und Erweiterungsinvestitionen. Aber all den Schwierigkeiten, denen eine solche Abkehr vom gewohnten Denktrott begegnet, steht durchschlagend gegenüber, daß erst ein Verzicht auf die Maßgeblichkeit des Bilanzgewinns für die steuerliche Gewinnermittlung Gleichmäßigkeit und Wettbewerbsneutralität der Besteuerung *näherungsweise* zu verwirklichen erlaubt.
Mit der Maßgeblichkeit des Bilanzgewinns für die steuerliche Gewinnermittlung wird bereits ohne Inflation, aber erst recht bei dauernden Preissteigerungen, jeder Ansatz zu einer vergleichbaren Besteuerung zwischen Unternehmern, Arbeitnehmern, Rentnern in gänzlich undurchsichtiger Weise verzerrt. Zugleich wird jeder Versuch zu einer wirksamen (in ihren Folgen überschaubaren) Konjunktur-, Struktur- und Wachstumspolitik mit steuerlichen Mitteln unterlaufen. Letzteres wird besonders bei der Untersuchung des Zusammenhangs von Gewinnbesteuerung und Risikobereitschaft deutlich werden.

IV. Gewinnbesteuerung und Risikobereitschaft zu Investitionen

a) Risikobereitschaft und progressive Gewinnbesteuerung

Nach landläufiger Meinung mindert die Besteuerung von Gewinnen die Bereitschaft zur Übernahme von Risiken. Sie schwächt damit die Investitionsneigung der Unternehmer. Wirtschaftspolitisch folgt aus der landläufigen Meinung, daß in einem Konjunkturtief, in dem die Investitionen besonders risikoreich erscheinen, Steuererleichterungen gefordert und verwirklicht werden: insbesondere Senkung der Steuersätze, zusätzliche Abschreibungsmöglichkeiten.
Hypothesen über wirtschaftliches Verhalten können Behauptungen über tatsächliches Handeln sein oder Empfehlungen für vernünftiges, zielentsprechendes Handeln. Die landläufige Meinung ist zunächst als Tatsachenbehauptung zu verstehen: In der Bundesrepublik heute verstärken Steuererleichterungen die Bereitschaft, Risiken zu übernehmen und Investitionen durchzuführen.
Eine solche Behauptung über das tatsächliche Verhalten der Unternehmer ist jedoch nicht aufrechtzuerhalten. Empirische Untersuchungen zeigen, daß die Besteuerung von einem erheblichen Teil, die Ungewißheit von der Mehrzahl der Unternehmen aller Länder in ihrer Investitionsplanung nicht ausdrücklich berücksichtigt wird[54]. Wenn aber die Auswahl der

---

[54] Vgl. *Lawrence Edwin Rockley*, Investment for Profitability. An Analysis of the Policies and Practices of UK and International Companies. London 1973, S. 142, 257; *Jaakko Honko, Kalervo Virtanen*, The Investment Process in Finnish Industrial Enterprises. Helsinki 1976; *Hans Wilhelm Grabbe*, Investitionsrechnungen in der Praxis – Ergebnisse einer Unternehmensbefragung. Köln 1976.

Investitionsvorhaben geplant wird, ohne alternative Zukunftslagen durchzurechnen, und die Gewinnbesteuerung erst dann beachtet wird, wenn der Finanzierungsspielraum erfaßt wird, so kann die Besteuerung keinen Einfluß auf die Wahl zwischen risikoreichen und risikoarmen Investitionen nehmen.

Die vorherrschende Art und Weise, wie Investitionsentscheidungen zustande kommen, widerlegt also bereits die landläufige Meinung, daß eine verringerte Gewinnbesteuerung die Risikobereitschaft erhöhe.

Die landläufige Meinung läßt sich allenfalls dann aufrechterhalten, wenn sie als Empfehlung zu zielentsprechendem Verhalten unter Ungewißheit verstanden wird. Steuervergünstigungen (z. B. Steuersatzsenkungen) würden vernünftig handelnde Unternehmer dazu veranlassen, mehr zu investieren und ihre Risikobereitschaft zu erhöhen. Der Einfluß von Steuersatzsenkungen auf das zielentsprechende, vernünftige Verhalten ist nun zu untersuchen.

Entscheidungen unter Ungewißheit sind dadurch gekennzeichnet, daß für jede Handlungsmöglichkeit mehrere zukünftige Zustände der Welt denkbar sind. Um zu klären, ob Steuersatzsenkungen die Bereitschaft zur Risikoübernahme erhöhen oder mindern, beginnen wir mit dem einfachsten Fall, daß zwischen einem risikolosen und einem risikobehafteten Handlungsprogramm zu wählen ist. Es seien nur zwei künftige Zustände der Welt zu erwarten, gute und schlechte Konjunktur. Beide Zukunftslagen seien gleich wahrscheinlich.

Für den Fall progressiver Besteuerung ist die Antwort, wie die Besteuerung auf die Risikobereitschaft wirkt, bereits an sehr elementaren Beispielen zu belegen:

(1) Im ersten Beispiel verhalte sich der Entscheidende risikoneutral: Er entscheidet nach dem Erwartungswert des Endvermögens (für die Zielgröße Einkommen errechnet sich bei anderen Zahlen dasselbe Ergebnis). Das Anfangsvermögen zu Beginn einer Planperiode (= Abrechnungsperiode) möge 100 000 DM betragen. Das Einkommen (= der Einnahmenüberschuß) während der Periode sei 50 000 vor Steuern für die risikolose Investition. Die risikobehaftete Investition gewähre in der schlechten Zukunftslage a ein Einkommen von 20 000, in der guten Zukunftslage b hingegen 80 000. Vor Steuern ist damit der Entscheidende indifferent zwischen der risikolosen und der risikobehafteten Investition, denn als Endvermögen errechnet er für die risikolose Investition 150 000 und für die risikobehaftete den Erwartungswert des Endvermögens als $0{,}5 \cdot 120\,000 + 0{,}5 \cdot 180\,000$.

Nun möge eine direkte progressive Einkommensteuer (steigende Grenzsteuersätze) erhoben werden mit folgenden Durchschnittssteuersätzen: 20% für 20 000 DM Einkommen, 40% für 50 000 DM, 45% für 80 000 DM. Das versteuerte Einkommen beträgt damit bei der risikolosen Investition 30 000, bei der risikobehafteten in Zukunftslage a 16 000 und in Zukunftslage b 44 000. Damit schätzt aber der Investor trotz progressiver Besteuerung risikolose und risikobehaftete Investition gleich, denn $130\,000 = 0{,}5 \cdot 116\,000 + 0{,}5 \cdot 144\,000$.

Der Entscheidende würde nach der progressiven Besteuerung die risikobehaftete Anlage vorziehen, wenn z. B. 20 000 DM Einkommen mit weniger als 20% besteuert würden, und er würde die risikolose Anlage wählen, wenn z. B. 80 000 DM mit mehr als 45% belastet wären. Eine proportionale Steuersenkung erhält die Indifferenz (z. B. aus den 20% werden 18%, den 40% 36%, den 45% 40,5%). Gleiches gilt für eine Steuersatzsenkung, wenn sie linear erfolgt (z. B. Senkung der 20% auf 15%, der 40% auf 35% und der 45% auf 40%).

(2) Im zweiten Beispiel sei der Entscheidende dem Risiko abgeneigt. Seine Nutzenfunktion entspreche der Bernoulli-Funktion für das Endvermögen: $N(V) = \ln V$. Wiederum sei das Anfangsvermögen 100 000, aber diesmal sei das Einkommen vor Steuern für die risikolose Investition 50 000, für die risikobehaftete in Zukunftslage a 25 000, in Zukunftslage b 80 000.

Vor Steuern ist der Investor wiederum indifferent zwischen der risikolosen und der risikobehafteten Investition, denn ln 150 000 = 0,5 · ln 125 000 + 0,5 · ln 180 000.
Nun möge eine progressive Steuer erhoben werden mit folgenden Steuersätzen: 20% für 25 000 DM Einkommen, 30% für 50 000 DM Einkommen und 35 $^5/_{32}$% für 80 000 DM Einkommen. Damit schätzt aber der Investor trotz progressiver Besteuerung wiederum risikolose und risikobehaftete Investition gleich, denn

$$\ln [100\,000 + (1 - 0{,}3)\, 50\,000] = 0{,}5 \ln [100\,000 + (1 - 0{,}2)\, 25\,000] + 0{,}5 \ln [100\,000 + (1 - \frac{45}{128})\, 80\,000].$$

In diesem Beispiel würde eine progressive Steuer die risikobehaftete Anlage bevorzugen, wenn der Steuersatz für das risikolose Einkommen höher wäre als der oben angegebene »Indifferenz-Steuersatz« (höher als 30% für 50 000 DM Einkommen, solange die anderen beiden Steuersätze unverändert bleiben), oder wenn der Steuersatz für wenigstens eines der alternativen Einkommen der risikobehafteten Anlage geringer wäre als der »Indifferenzsteuersatz«. Und entsprechend würde durch die progressive Besteuerung die Risikobereitschaft des Entscheidenden geschmälert (die risikolose Anlage gewählt), wenn der Steuersatz für das Einkommen der risikolosen Anlage kleiner bzw. der Steuersatz für mindestens eine der risikobehafteten Einkommenschancen größer wäre als der entsprechende Indifferenzsteuersatz.
Natürlich gibt es nicht nur einen einzigen Indifferenzsteuersatz-Verlauf für die beiden Beispielinvestitionen, sondern beliebig viele: Z. B. Steuersätze von 20% für 25 000 DM Einkommen, 40% für 50 000 DM Einkommen und 48 $^{23}/_{24}$% für 80 000 DM Einkommen usw. Und offensichtlich können beliebig viele Indifferenzsteuersatz-Verläufe für jede Risikonutzenfunktion bei Risikoabneigung konstruiert werden[55].
(3) Direkte progressive Besteuerung kann auch eine stochastische Dominanz vom zweiten Grade (S. 117) beseitigen[56]. Beispiel: Kein risikoscheuer Investor ist an einer Investition interessiert, die ihm ein Einkommen von 30 000 mit 80% Wahrscheinlichkeit und – 130 000 DM mit 20% Wahrscheinlichkeit verspricht, denn der Erwartungswert ist negativ.
Aber nachdem der Entscheidende die Steuerzahlung darauf (EStG 1980 Grundtabelle) berücksichtigt hat, wobei zusätzlich angenommen werden soll, daß ein sofortiger Verlustausgleich besteht (ein Verlustrücktrag gegenüber dem Vorjahr in gleicher Höhe), so werden aus den + 30 000 noch + 22 782 DM (mit 80% Wahrscheinlichkeit). Hatte der Entscheidende im Vorjahr ein Einkommen von 130 000 DM zu versteuern, werden ihm 59 133 DM erstattet, so daß der Verlust auf –70 867 DM (mit 20% Wahrscheinlichkeit) sinkt. Der Erwartungswert des Einkommens ist positiv, und damit existiert keine stochastische Dominanz zweiten Grades mehr für das Unterlassen dieser Investition. Bei einem Einkommen über 130 000 DM

---

[55] Damit sind Behauptungen widerlegt, die progressive Besteuerung mindere die Risikobereitschaft bzw. ändere sie bei der Bernoulli-Funktion nicht, vgl. *Evsey D. Domar, Richard A. Musgrave,* Proportional Income Taxation and Risk-Taking. In: The Quarterly Journal of Economics, Vol. LVI (1944), S. 388–422, hier S. 422; *Martin S. Feldstein,* The Effects of Taxation on Risk-Taking. In: The Journal of Political Economy, Vol. 77 (1969), S. 755–764, hier S. 764; *John C. Fellingham, Mark A. Wolfson,* The Effects of Alternative Income Tax Structures on Risk-Taking in Capital Markets. In: National Tax Journal, Vol. 31 (1978), S. 339–347, hier: S. 342, 345 f.
[56] Das Gegenteil behaupten *William R. Russell, Paul E. Smith,* Taxation, Risk-Taking und Stochastic Dominance. In: The Southern Economic Journal, Vol. XXXVI (1969/70), S. 425–433; *M. G. Allingham,* Risk-Taking and Taxation. In: Zeitschrift für Nationalökonomie, Jg. 32 (1972), S. 203–224, hier S. 215.

im Vorjahr wäre die Steuerentlastung noch größer, so daß der Erwartungswert weiter steigen würde.

Mit den drei Beispielen für »kompensierende Neutralität« (S. 313) könnte das Kapitel über Gewinnbesteuerung und Risikobereitschaft abgeschlossen werden: Die landläufige Meinung ist widerlegt, Steuervergünstigungen können auch die Risikobereitschaft hemmen. Aber um ein besseres Verständnis über die Zweischneidigkeit von Steuervergünstigungen im Hinblick auf vernünftige Entscheidungen unter Ungewißheit zu erhalten, empfiehlt es sich, stärker in die Einzelheiten zu gehen.

b) Förderung der Risikobereitschaft durch Steuervergünstigungen bei proportionalen Steuersätzen?

1. Werkzeuge für die Untersuchung

Nur für proportionale Steuersätze lassen sich unter bestimmten Umweltbedingungen eindeutige Aussagen ableiten, ob die Gewinnbesteuerung allgemein, Steuervergünstigungen im besonderen, die Risikobereitschaft fördern oder nicht. Um die entscheidenden Umweltbedingungen herauszuarbeiten, wird wiederum vom Vergleich einer risikolosen und einer risikobehafteten Investition ausgegangen, die vor Steuern gleichgeschätzt werden. Bei der risikobehafteten Investition sind nur zwei Zukunftslagen mit gleicher Wahrscheinlichkeit zu beachten.

Risikoabneigung, also ein sinkender Grenznutzen von Einkommenschancen, wird vorausgesetzt. Im weiteren wird als Zielgröße Einkommensstreben, nicht Endvermögensstreben gewählt, weil dies mehrere Beweisführungen erleichtert (zur Wahl des finanziellen Ziels unter Ungewißheit vgl. S. 161–163).

Sinkender Grenznutzen von Einkommenschancen besagt, daß die Differenz zwischen dem Einkommen der risikobehafteten Anlage in der guten Zukunftslage und dem risikolosen Einkommen größer sein muß als die Differenz zwischen dem risikolosen Einkommen und dem Einkommen der risikobehafteten Anlage in der schlechten Zukunftslage, damit der Entscheidende risikobehaftete und risikolose Investition gleichschätzt.

Das Verhältnis zwischen der erforderlichen Einkommenserhöhung der risikobehafteten Anlage gegenüber der risikolosen in der guten Zukunftslage und der gegebenen Einkommensminderung in der schlechten Zukunftslage wird *relative Risikoprämie* genannt. Bei sinkendem Grenznutzen der Einkommenschancen muß die relative Risikoprämie stets größer als 1 sein (bei Risikoneutralität gleicht sie 1).

Wir haben zwischen der vom Entscheidenden gewünschten *persönlichen relativen Risikoprämie* und der von einem Investitionsprogramm gewährten *programmbezogenen relativen Risikoprämie* zu unterscheiden:

Die *programmbezogene* relative Risikoprämie beschreibt das Verhältnis zwischen der relativen Einkommenserhöhung in der guten Zukunftslage und der relativen Einkommensminderung in der schlechten Zukunftslage, die das risikobehaftete Handlungsprogramm bzw. die risikobehaftete Einzelinvestition im Vergleich zur sicheren Handlungsalternative bietet. Z. B. steht einer relativen Einkommenserhöhung von $\frac{70\,000 - 50\,000}{50\,000} = 40\%$ in der guten Zukunftslage eine relative Einkommensminderung von $\frac{50\,000 - 40\,000}{50\,000} = 20\%$ in der

schlechten Zukunftslage gegenüber. Bezogen auf eine Einkommensminderung von 20% beträgt die relative Risikoprämie 2. Der Bezug auf die prozentuale Einkommensminderung ist für die Anwendung der relativen Risikoprämie wichtig, weil hier eine (Bogen-) Elastizität des Grenznutzens von Einkommenschancen in bezug auf das Einkommen gemessen wird.
Die *persönliche* relative Risikoprämie bezeichnet die vom Entscheidenden gewünschte relative Einkommenserhöhung in der guten Zukunftslage gegenüber dem sicheren Einkommen, die in seiner Nutzenschätzung eine vorgegebene prozentuale Einkommensminderung in der schlechten Zukunftslage gegenüber dem sicheren Einkommen gerade ausgleicht. Wünscht der Entscheidende 40% Einkommenserhöhung in der guten Zukunftslage, um 20% Einkommensminderung in der schlechten Zukunftslage gegenüber dem sicheren Einkommen hinnehmen zu können, beträgt die persönliche relative Risikoprämie 2.
Entsprechen sich persönliche und programmbezogene relative Risikoprämie, dann schätzt der Entscheidende risikobehaftete und sichere Handlungsalternative gleich. Übersteigt die gewünschte persönliche relative Risikoprämie die programmbezogene, erscheint dem Entscheidenden das risikobehaftete Handlungsprogramm als zu risikoreich: Er wählt dann die sichere Handlungsweise. Liegt die programmbezogene relative Risikoprämie über der persönlichen, wird die risikobehaftete Alternative vorgezogen.
Die relative Risikoprämie bezeichnet ein Maß für die Vergütung bei Übernahme einer Verlustgefahr. Wodurch wird das Risiko selbst gemessen?
Solange nur zwei gleichwahrscheinliche Zukunftslagen betrachtet werden, kann die Verlustgefahr einfach durch die *prozentuale Einkommensminderung* gemessen werden, d. h. durch die Differenz zwischen dem sicheren Einkommen und dem niedrigeren Einkommen in der schlechten Zukunftslage der risikobehafteten Investition. Die prozentuale Einkommensminderung beträgt im Beispiel: $\frac{50\,000 - 40\,000}{50\,000} = 20\%$.
Bei Risikoabneigung wächst für den Entscheidenden das Risiko mit steigender prozentualer Einkommensminderung. Wenn ein Investor indifferent ist zwischen den gleichwahrscheinlichen Einkommenschancen 40 000 DM und 70 000 DM und dem sicheren Einkommen von 50 000 DM, dann zieht er das sichere Einkommen von 50 000 DM eindeutig den gleichwahrscheinlichen Einkommenschancen von 30 000 DM und 90 000 DM vor, obwohl die relative Risikoprämie bei 2 bleibt. Die Gefahr eines Nutzenentgangs, wenn das Einkommen von 50 000 auf 40 000 sinkt, hat der Entscheidende der Chance gleichgeschätzt, daß das Einkommen von 50 000 auf 70 000 steigt. Die Gefahr eines Nutzenentgangs, wenn das Einkommen von 40 000 auf 30 000 sinkt, muß dann bei sinkendem Grenznutzen des Einkommens höher sein als die Chance, daß das Einkommen von 50 000 auf 70 000 steigt, und folglich erst recht höher als der Nutzenzuwachs bei einer weiteren Steigerung des Einkommens von 70 000 auf 90 000 DM.
Um den Einfluß der Gewinnbesteuerung und insbesondere von Steuersatzsenkungen auf das Risikoverhalten zu untersuchen, benötigen wir also drei Werkzeuge:
(1) Ein Maß für die persönlich gewünschte bzw. von einer Investitionsgelegenheit gebotene Vergütung für die Übernahme einer Verlustgefahr (die relative Risikoprämie),
(2) ein Maß für die Verlustgefahr bei einem Investitionsprogramm (die prozentuale Einkommensminderung) und
(3) eine Bezugsgröße für die Überlegungen, ob eine zusätzliche risikobehaftete Investition gewählt wird: das sichere Einkommen, das die risikolose Investition bietet (bzw. das Einkommen bei Unterlassen einer zusätzlichen risikobehafteten Investition).

Diese drei Instrumente dienen insbesondere dazu, dem Studenten, Praktiker und Juristen die Überlegungen einsichtig zu machen: Der Preis, der für dieses Vorgehen zu zahlen ist, besteht darin, daß das Vorgehen auf den Vergleich sichere gegen unsichere Investition mit zwei gleichwahrscheinlichen Zukunftslagen beschränkt ist.

Für den gewieften Theoretiker wäre die Anwendung impliziten Differenzierens in einem Modell der Wertpapier- bzw. Investitionsmischung kürzer. Doch lassen sich damit Einzelurteile über Abschreibungsvergünstigungen, die Abzugsfähigkeit von Dauerschuldzinsen usw. nur sehr viel weniger anschaulich herleiten.

2. Förderung der Risikobereitschaft bei allen Formen von Risikoabneigung

Steuervergünstigungen steigern stets die Risikobereitschaft für Investitionen dann, wenn
(1) das risikolose Einkommen nicht steigt, zugleich
(2) die prozentuale Einkommensminderung (also das Maß für die Verlustgefahr) sinkt und
(3) die programmbezogene relative Risikoprämie (als Maß der Vergütung für die Übernahme einer Verlustgefahr) gleichbleibt oder steigt.

Sobald Steuervergünstigungen auch das sichere Einkommen steigern, was z. B. bei Steuersatzsenkungen eintritt, kann die Risikobereitschaft gehemmt werden, selbst wenn die prozentuale Einkommensminderung sinkt und die programmbezogene relative Risikoprämie steigt, wie später gezeigt werden wird.

Steuervergünstigungen, welche die Risikobereitschaft steigern sollen, müssen also risikolose (bzw. risikoarme) Investitionen diskriminieren. Nur wenige Steuervergünstigungen erfüllen die drei genannten Voraussetzungen:

(a) *Eine verbesserte Abzugsfähigkeit von Verlusten:*

Fehlt z. B. der Verlustausgleich ganz oder teilweise, so verschieben sich bei Steueränderungen allein die Einkommenschancen des risikobehafteten Programms. Darf z. B. in der schlechten Zukunftslage der risikobehafteten Investition (40 000 oder 70 000 Einkommen) ein Verlust von 10 000 DM nicht abgezogen werden (etwa weil die Investition sich teilweise auf gewerbliche Tierhaltung erstreckt und Verluste daraus nicht gegen andere Einkünfte aufgerechnet werden dürfen, § 15 Abs. 2 EStG), dann sind statt 40 000 DM 50 000 DM zu versteuern, was bei einem Steuersatz von 50% zu einer Einkommenschance von 40 000 DM $-0{,}5 \cdot 50\,000$ DM = 15 000 DM in der schlechten Zukunftslage führt, während in der guten Zukunftslage keine derartigen Verluste entstehen und somit 35 000 DM verbleiben. 15 000 DM und 35 000 DM stehen dann dem sicheren versteuerten Einkommen von 25 000 DM gegenüber. Die prozentuale Einkommensminderung ist von 20% auf 40% gestiegen, die relative Risikoprämie auf 1 gesunken. Damit wird ein dem Risiko abgeneigter Investor bei fehlendem Verlustausgleich die sichere Handlungsalternative wählen.

Eine Verbesserung der Verlustausgleichsmöglichkeiten fördert die Bereitschaft, Risiken zu übernehmen[57] oder läßt sie unverändert. Im Beispiel stehen statt 15 000 DM 20 000 DM in der schlechten und 35 000 DM in der guten Zukunftslage den sicheren 25 000 DM versteuertem Einkommen gegenüber: Die prozentuale Einkommensminderung sinkt, die programmbezogene relative Risikoprämie steigt, und das risikolose Einkommen wird davon nicht

---

[57] Dies ist eine der wenigen zutreffenden Aussagen des älteren Schrifttums über Gewinnbesteuerung und Risikoneigung, vgl. *Domar-Musgrave*, S. 411, 420.

berührt. Als die Risikoübernahme fördernde Steuervergünstigung ist insbesondere das Einführen eines Verlustrücktrags anzusehen, wenngleich das derzeitige deutsche Steuerrecht in § 10 d EStG sowohl eine zeitliche wie größenmäßige Beschränkung setzt.
Allerdings sind auch Fälle denkbar, in denen ein verbesserter steuerlicher Verlustabzug ohne Einfluß auf die Bereitschaft zur Risikoübernahme bleibt.
Beispiel: Nach proportionaler Gewinnbesteuerung ohne Verlustausgleich mit einem Steuersatz von 50% möge Investition I die gleichwahrscheinlichen Einkommenschancen von −10 und +71 erbringen, Investition II die Einkommenschancen von −10 mit einer Wahrscheinlichkeit von 50%, +15 und +159 mit jeweils einer Wahrscheinlichkeit von 25%. Die Risikonutzenfunktion eines Investors sei gegeben durch $N(E) = \sqrt{E + 10}$ (E = Einkommenschance), so daß der Investor die Investitionen I und II gleichschätzt. Ein vollständiger Verlustausgleich, der zu einer Einkommenschance von −5 mit 50% Wahrscheinlichkeit für Investition I und II führt, beeinflußt seine Entscheidung nicht.

(b) *Eine verbesserte steuerliche Abzugsfähigkeit von Aufwandsposten bei risikobehafteten Investitionen allein:*
Es bestehe die Wahl, zusätzlich fremdfinanzierte Investitionen durchzuführen oder diese zu unterlassen: Entschieden wird also zwischen alternativen Kapitalstrukturen für die Unternehmung. Werden die zusätzlichen Investitionen (z. B. in Aktien) durchgeführt, sei mit gleichwahrscheinlichen alternativen Einkommen von 80 000 und 200 000 DM vor Steuern zu rechnen, bei Unterlassen der Investition mit sicheren 100 000 DM. Erfolgt die Investition, seien jeweils 40 000 DM an Dauerschuldzinsen bei der Gewerbeertragsteuer nicht abzugsfähig. Es unterliegen also 120 000 DM bzw. 240 000 DM einer Gewerbeertragsteuerbelastung von (bei einem Hebesatz von 500%) 20%, so daß 24 000 DM bzw. 48 000 DM an Gewerbeertragsteuer anfallen. Der Einkommensteuer unterworfen sind 80 000 − 24 000 = 56 000 bzw. 200 000 − 48 000 = 152 000 DM. Die relative Risikoprämie hat bei einem Einkommensteuersatz von 50% eine Höhe von 1,18, die prozentuale Einkommensminderung beträgt 44%. Eine Aufhebung der Nichtabzugsfähigkeit von Dauerschuldzinsen bei der Gewerbeertragsteuer würde die relative Risikoprämie auf 1,67 wachsen lassen und die prozentuale Einkommensminderung auf 36% senken.
Die Beseitigung der Nichtabzugsfähigkeit von Dauerschuldzinsen bei der Gewerbeertragsteuer erscheint als eine der wenigen steuerlichen Maßnahmen, die tatsächlich die Risikobereitschaft für Investitionen gegenüber dem Unterlassen der Investition fördern (zumindest nicht mindern)! Allerdings gilt auch die risikofördernde Wirkung aus der Beseitigung der Nichtabzugsfähigkeit von Dauerschuldzinsen bei der Gewerbeertragsteuer nicht mehr generell, wenn die Wahl zwischen mehr oder weniger risikoreichen Investitions- und Finanzierungsprogrammen einer Unternehmung insgesamt gegeben ist und nicht mehr nur das Vornehmen oder Unterlassen einzelner fremdfinanzierter Investitionen erwogen wird.

(c) *Subventionen und Bewertungsvergünstigungen allein für die risikoreiche Investition:*
Subventionen für risikoreiche Investitionen allein mindern natürlich das Risiko. Für Investitionsprämien, die risikoarme und risikoreiche Investitionen begünstigen, gilt das schon nicht mehr.
Als Steuervergünstigung allein für eine risikoreiche Investition wirken Abschreibungsvergünstigungen dann, wenn die Wahl besteht zwischen einer risikobehafteten Sachanlage und einer risikolosen (risikoarmen) Finanzanlage oder wenn es darum geht, ob eine fremdfinan-

zierte Sachinvestition durchgeführt werden soll oder nicht (und die Nichtabzugsfähigkeit der Dauerschuldzinsen bei der Gewerbeertragsteuer keinen Ausschlag gibt).
Beispiel: Der Investor stehe vor der Wahl zwischen einer risikoreichen, abschreibungsfähigen Investition A_1 und der risikolosen Geldanlage auf dem Kapitalmarkt zum Jahreszinssatz von 10% vor Steuern. Die Zahlungsströme der abschreibungsfähigen Investition seien wie folgt gegeben (p_a, p_b = Wahrscheinlichkeiten der Zukunftslagen a und b; $t_0, \ldots, t_5$ = Zahlungszeitpunkte in jährlichen Abständen):

t_0		t_1	t_2	t_3	t_4	t_5
	$p_a = 0{,}5$:	+400	+360	+320	+280	+240
−1000						
	$p_b = 0{,}5$:	+250	+240	+230	+220	+210

In der Zukunftslage a erbringt diese Investition eine Rendite von 20% vor Steuern, in der Zukunftslage b eine Rendite von 5% vor Steuern. Bei linearer Abschreibung von 200 pro Jahr und einem proportionalen Gewinnsteuersatz von 50% betragen die Steuerzahlungen z. B. in Zukunftslage a: 100 in t_1, 80 in t_2 usw.
Die Zahlungsströme von A_1 nach Steuern errechnen sich damit als:

t_0		t_1	t_2	t_3	t_4	t_5
	$p_a = 0{,}5$:	+300	+280	+260	+240	+220
−1000						
	$p_b = 0{,}5$:	+225	+220	+215	+210	+205

Die Rendite nach Steuern r_s beträgt 10% in Zukunftslage a und 2,5% in Zukunftslage b. In diesem Beispiel gleicht die lineare Abschreibung der Ertragswertabschreibung, so daß die Rendite nach Steuern der versteuerten Rendite entspricht: $r_s = (1-s)\,r$. Im folgenden wird angenommen, daß der Entscheidung zwischen der risikoreichen und der risikolosen Investition nur die durchschnittlichen Jahreseinkommen (Rendite in jeder Zukunftslage multipliziert mit den Anschaffungsausgaben) zugrunde gelegt werden. Überlegungen anhand einer mehrperiodigen Risikonutzenfunktion werden beiseite gelassen. Der Investor sei indifferent zwischen dem risikolosen Einkommen nach Steuern in Höhe von 50 aus der Kapitalmarktinvestition und den beiden Einkommenschancen nach Steuern in Höhe von 25 und 100, die die abschreibungsfähige Investition bietet.
Bei Sofortabschreibung in t_0 gleicht die Rendite nach Steuern der Rendite vor Steuern: $r_s = r$, wenn ein sofortiger Verlustausgleich möglich ist und zu diesem Zinssatz beliebige Geldbeträge aufgenommen oder angelegt werden können. Die Einkommenschancen der risikoreichen Investition nach Steuern steigen nun auf 200 in Zukunftslage a und 50 in Zukunftslage b; das risikolose Einkommen nach Steuern aus der Kapitalmarktinvestition bleibt jedoch in Höhe von 50 gleich. In diesem Beispiel wird die risikoreiche Investition von jedermann durchgeführt, falls Sofortabschreibung möglich ist.
Allgemein gilt: Wenn ein Investor eine risikoreiche abschreibungsfähige Investition und eine risikolose nichtabschreibungsfähige Investition gleichschätzt, dann (und nur dann, wie sich in den nächsten Abschnitten zeigen wird) führen Abschreibungsvergünstigungen zu einer erhöhten Risikobereitschaft, sofortigen Verlustausgleich vorausgesetzt. Dieses Ergebnis tritt ein, weil die Abschreibungsvergünstigung nur die durchschnittlichen Jahreseinkommen der risikoreichen Investition erhöht, aber das risikolose Einkommen unverändert läßt. Zugleich sinkt die prozentuale Einkommensminderung.

3. Förderung der Risikobereitschaft bei einzelnen Formen von Risikoabneigung

aa) Systematische Neutralität in den Bemessungsgrundlagen

Nun werden solche Steuervergünstigungen betrachtet, die nicht allein die risikobehaftete Investition bevorzugen, z. B. Steuersatzsenkungen oder allgemein wirkende Bewertungsvergünstigungen (etwa Sonderabschreibungen in dem Fall, daß zwischen risikoreicheren und risikoärmeren Sachinvestitionen zu wählen ist). Um diese Fälle zu untersuchen, ist zunächst der Werkzeugkasten für die Analyse um drei Formen von Risikoabneigung aufzufüllen.

Die drei Formen der Risikoabneigung werden danach unterschieden, wie sich die persönliche relative Risikoprämie bei wachsendem sicherem Einkommen und unveränderter prozentualer Einkommensminderung entwickelt. Sie entsprechen den drei Formen relativer Risikoabneigung im Sinne von Pratt und Arrow (S. 586), allerdings wird hier als Bezugsgröße des Risikonutzens nicht das Endvermögen, sondern das Einkommen gewählt.

Gleichbleibende relative Risikoabneigung liegt vor, wenn mit wachsendem sicheren Einkommen und unveränderter prozentualer Einkommensminderung der Entscheidende die persönliche relative Risikoprämie nicht ändert.

Steigende relative Risikoabneigung heißt, daß der Entscheidende mit wachsendem sicheren Einkommen und unveränderter prozentualer Einkommensminderung eine erhöhte persönliche relative Risikoprämie verlangt. Wünscht ein Entscheidender bei 25 000 DM sicherem Einkommen und 40% Einkommensminderung in der schlechten Zukunftslage eine relative Risikoprämie von 1,5, bei verdoppeltem sicheren Einkommen von 50 000 DM hingegen eine relative Risikoprämie von 2, dann liegt steigende relative Risikoabneigung vor. Eine steigende relative Risikoabneigung ist z. B. dann unterstellt, wenn mit der Entscheidungsregel nach Erwartungswert und Streuung gearbeitet wird.

Sinkende relative Risikoabneigung tritt ein, wenn bei wachsendem sicheren Einkommen und unveränderter prozentualer Einkommensminderung der Entscheidende die persönliche relative Risikoprämie verringert, also z. B. bei 25 000 DM sicherem Einkommen eine relative Risikoprämie von 3, bei 50 000 DM sicherem Einkommen eine relative Risikoprämie von 2 verlangen würde.

Die steuerlichen Umweltbedingungen werden fürs erste so gesetzt, daß eine Gewinnbesteuerung mit 50% alle Einkommenschancen halbiert: Nach Steuern mag der Entscheidende 25 000 DM sicheres Einkommen aus der risikolosen Investition A den gleichwahrscheinlichen Einkommenschancen 20 000 DM und 35 000 DM aus der risikobehafteten Investition B gleichschätzen.

Eine Steueränderung verschiebt die Zahlen, aus denen sich die programmbezogene relative Risikoprämie berechnet. Zu untersuchen ist, wie persönliche und programmbezogene relative Risikoprämie nach der Steueränderung zueinander stehen.

Durch eine Steuersatzsenkung (bzw. Steuerbefreiung) bleiben die prozentuale Einkommensminderung und die programmbezogene relative Risikoprämie unverändert. Bei dem durch eine Steuerminderung erhöhten sicheren Einkommen kann sich aber die gewünschte persönliche relative Risikoprämie verändert haben. Im einzelnen gilt:

1. Ein Entscheidender, der relativ gleichbleibend dem Risiko abgeneigt ist, wünscht vor und nach der Besteuerung dieselbe persönliche relative Risikoprämie: War der Entscheidende bei einem Steuersatz von 50%, also 25 000 DM sicherem Einkommen, zwischen A und B indifferent, so ist er dies auch bei einer Steuersatzsenkung, bzw. bei völliger Steuerfreiheit, beim sicheren Einkommen von 50 000 DM.

2. Ein Entscheidender, der seine relative Risikoabneigung mit wachsendem Einkommen steigert und bei Besteuerung das sichere Einkommen von 25 000 DM dem risikobehafteten Programm B gleichschätzt, wird nach der Steuerbefreiung, bei verdoppeltem sicheren Einkommen, für die Gleichschätzung eine persönliche relative Risikoprämie von mehr als 2 wünschen. Die Prämie des risikobehafteten Programms bleibt aber bei 2. Deshalb wird er nach der Steuerbefreiung die sichere Investition vorziehen.

3. Ein Entscheidender, dessen relative Risikoabneigung mit wachsendem Einkommen sinkt und der 25 000 DM sicheres Einkommen dem versteuerten Programm B gleichschätzt, verringert bei 50 000 DM sicherem Einkommen die gewünschte relative persönliche Risikoprämie. Dieser Unternehmer wird nach der Steuersenkung das risikobehaftete Programm wählen, weil die programmbezogene Risikoprämie bei 2 bleibt und damit über der mindestens gewünschten persönlichen Prämie liegt.

Entspricht das zu versteuernde Einkommen dem Einnahmenüberschuß, dann verändert ein ermäßigter proportionaler Steuersatz weder das Risikomaß (die prozentuale Einkommensminderung) noch die Risikovergütung (die programmbezogene relative Risikoprämie), wohl aber die Bezugsbasis der Risikoüberlegungen: das sichere Einkommen. Weil eine Steuersatzsenkung das sichere Einkommen nach Steuern erhöht, bleibt eine Steuersatzsenkung nur für Entscheidende mit gleichbleibender relativer Risikoabneigung ohne Einfluß. Sie fördert die Risikobereitschaft nur für Entscheidende mit sinkender relativer Risikoabneigung. Und sie vermindert sie für Entscheidende mit steigender relativer Risikoabneigung[58].

bb) Gewinnverböserungen

1. Zuerst sei angenommen, daß der Betrag der steuerlichen Benachteiligung von Gewinnen und Verlusten proportional zum Einnahmenüberschuß der risikoreichen und der risikolosen Investition in jeder Zukunftslage ist. In diesem Fall ergibt sich kein zusätzlicher Einfluß auf die Risikobereitschaft: Das risikolose Einkommen nach Steuern steigt, aber sowohl die prozentuale Einkommensminderung als auch die programmbezogene relative Risikoprämie bleiben unverändert. Eine Senkung des proportionalen Steuersatzes führt zu denselben Ergebnissen wie im vorigen Abschnitt.

2. Nun sei davon ausgegangen, daß der Betrag der steuerlichen Benachteiligung von Gewinnen und Verlusten in jeder Zukunftslage für die risikoreiche und die risikolose Investition absolut gleich ist. Dies kann der Fall sein, wenn beide Investitionen mit dem gleichen Betrag an Fremdkapital zu finanzieren sind und nur eine eingeschränkte steuerliche Abzugsfähigkeit der Fremdkapitalzinsen möglich ist (Abzugsfähigkeit bei der Einkommen- bzw. Körperschaftsteuer, nicht bei der Gewerbeertragsteuer) oder wenn bestimmte Ausgaben, die die Unternehmung als Ganzes betreffen, nicht steuerlich abzugsfähig sind (z. B. die Vermögensteuer). In diesem Fall führt eine Senkung des proportionalen Steuersatzes zu einem höheren risikolosen Einkommen und einer geringeren prozentualen Einkommensminderung, verändert jedoch nicht die programmbezogene relative Risikoprämie.

---

[58] Entsprechende Ergebnisse finden sich bei Stiglitz für den Fall einer proportionalen Vermögensteuer, denn er mißt den Risikonutzen des Endvermögens, nicht den des Einkommens, vgl. J[oseph] E. Stiglitz, The Effects of Income, Wealth, and Capital Gains Taxation on Risk-Taking. In: The Quarterly Journal of Economics, Vol. LXXXIII (1969), S. 263–283, hier S. 269 f.; eine Zusammenfassung der Ergebnisse des Schrifttums über die steuerlichen Einflüsse auf die Risikobereitschaft findet sich in: *Dieter Schneider*, Gewinnbesteuerung und Risikobereitschaft: Zur Bewährung quantitativer Ansätze in der Entscheidungstheorie. In: ZfbF, Jg. 29 (1977), S. 633–666, hier S. 655–659.

Beispiel: Vor Steuern möge die risikolose Investition zu einem durchschnittlichen jährlichen Einnahmenüberschuß in Höhe von 50 führen, die risikoreiche Investition möge durchschnittliche jährliche Einkommenschancen von 30 und 90 bieten. Ist ein Betrag in Höhe von 10 steuerlich nicht abzugsfähig, so belaufen sich die Steuerzahlungen bei einem proportionalen Steuersatz von 50% auf 30 für die risikolose Investition und auf 20 oder 50 für die risikoreiche Investition. Der Investor sei indifferent zwischen dem risikolosen Einkommen nach Steuern von 20 und den Einkommenschancen nach Steuern von 10 und 40 (prozentuale Einkommensminderung = 50%, programmbezogene relative Risikoprämie = persönliche relative Risikoprämie = 2). Bei einem proportionalen Steuersatz von 40% steigt das risikolose Einkommen nach Steuern auf 26, die Einkommenschancen nach Steuern auf 14 und 50 (prozentuale Einkommensminderung = 46%, programmbezogene relative Risikoprämie = 2).

Die Verringerung der prozentualen Einkommensminderung senkt das Risiko. Gleichzeitig ist jedoch das risikolose Einkommen gestiegen. Deshalb müssen wir zwischen den drei Formen der relativen Risikoabneigung unterscheiden:

(a) Ein Investor mit gleichbleibender relativer Risikoabneigung wird seine persönliche relative Risikoprämie vermindern, weil das Risiko gesunken ist. Die programmbezogene relative Risikoprämie hat sich jedoch nach der Steuersatzsenkung nicht verändert. Der Investor mit gleichbleibender relativer Risikoabneigung, der bei einem Steuersatz von 50% indifferent zwischen den beiden Investitionen war, wird die risikoreiche Investition bei einem geringeren Steuersatz bevorzugen.

(b) Ein Investor mit sinkender relativer Risikoabneigung wird eine geringere persönliche Risikoprämie nicht nur wegen des gesunkenen Risikos verlangen, sondern auch, weil sein risikoloses Einkommen nach Steuern gestiegen ist. Er wird die risikoreiche Investition nach einer Steuersatzsenkung ebenfalls vorziehen.

(c) Ein Investor mit steigender relativer Risikoabneigung wird einerseits eine geringere persönliche Risikoprämie verlangen, weil das Risiko gesunken ist, andererseits wird er sich aber infolge des gestiegenen risikolosen Einkommens veranlaßt sehen, eine höhere persönliche relative Risikoprämie zu fordern. Nach einer Steuersatzsenkung könnte dieser Investor entweder die risikoreiche oder die risikolose Investition vorziehen, er kann aber auch weiterhin indifferent bleiben. Nur wenn seine Risikonutzenfunktion (bis auf eine positive lineare Transformation) bekannt wäre, könnte seine Entscheidung ermittelt werden.

Es leuchtet ein, daß dieses Ergebnis auch dann eintritt, wenn eine betragsmäßig gleich hohe Steuervergünstigung in allen Zukunftslagen gewährt wird, z. B. wenn die proportionale Steuer durch eine indirekt progressive Steuer ersetzt wird (d. h., daß ein Mindesteinkommen steuerfrei bleibt, ehe ein konstanter Grenzsteuersatz erhoben wird).

3. Welche Ergebnisse eintreten, wenn das Verhältnis zwischen dem steuerlich nicht abzugsfähigen Betrag und dem Einnahmenüberschuß vor Steuern in einer Zukunftslage für die risikoreiche Investition größer ist als für die risikolose, in der zweiten aber das Gegenteil gilt, wird ab S. 342 erörtert werden.

cc) Gewinnvergünstigungen

1. Wenn der Betrag der Steuervergünstigung in jeder Zukunftslage proportional zum Einnahmenüberschuß ist, erhält man wiederum die Ergebnisse von aa).

2. Wenn in jeder Zukunftslage eine gleich hohe Gewinnvergünstigung gewährt wird, führt eine Senkung des proportionalen Steuersatzes zu einem höheren risikolosen Einkommen und

einer größeren prozentualen Einkommensminderung, die programmbezogene relative Risikoprämie bleibt jedoch konstant. Insgesamt sieht sich der Investor jetzt einem größeren Risiko ausgesetzt.

Dieses zunächst verblüffende Ergebnis muß unseren Wirtschafts- und Finanzpolitikern deutlich ins Stammbuch geschrieben werden: *Werden Gewinnvergünstigungen in den Steuerbemessungsgrundlagen mit Steuersatzsenkungen gekoppelt, dann sinkt die Risikobereitschaft des Investors, weil durch diese Koppelung risikoärmere Investitionen relativ stärker begünstigt werden als risikoreiche!*

Daraus folgt:

(a) Ein Investor mit gleichbleibender relativer Risikoabneigung wird eine höhere persönliche relative Risikoprämie verlangen, um das gestiegene Risiko zu kompensieren. Da jedoch die programmbezogene relative Risikoprämie gleich geblieben ist, wird dieser Investor nach einer Steuersatzsenkung nicht mehr zur Risikoübernahme bereit sein.

(b) Ein Investor mit steigender relativer Risikoabneigung wird eine höhere persönliche relative Risikoprämie nicht nur deshalb verlangen, um dem gestiegenen Risiko zu begegnen, sondern auch, weil sein risikoloses Einkommen nach Steuern gestiegen ist. Dieser Investor wird nach einer Steuersatzsenkung ebenfalls keine Risikobereitschaft mehr zeigen.

(c) Ein Investor mit sinkender relativer Risikoabneigung wird einerseits eine höhere persönliche relative Risikoprämie verlangen, um das gestiegene Risiko auszugleichen, andererseits wird er sich aber infolge des gestiegenen risikolosen Einkommens dazu veranlaßt sehen, eine geringere Prämie zu verlangen. Seine Entscheidung könnte nur dann vorhergesagt werden, wenn mehr als die Form der relativen Risikoabneigung bekannt wäre.

Steuersatzsenkungen bei indirekt progressiver Besteuerung führen zu denselben Resultaten wie eine verringerte proportionale Besteuerung und Steuervergünstigungen. In gleicher Weise kann man den Fall eines gespaltenen Steuersatzes untersuchen; die Steuervergünstigung besteht z. B. in einem geringeren Steuersatz für Kapitalgewinne als für andere Einkommensteile oder in einem geringeren Körperschaftsteuersatz für ausgeschüttete als für einbehaltene Gewinne, vorausgesetzt, daß die Kapitalgewinne bzw. die ausgeschütteten Gewinne in jeder Zukunftslage gleich hoch sind. Die weiteren Einzelfälle lassen sich entsprechend zur »Gewinnverböserung« ableiten.

4. Förderung der Risikobereitschaft nur für einzelne Risikonutzenfunktionen

aa) Abschreibungsvergünstigungen und die Wahl zwischen abschreibungsfähigen Investitionen

Wenn ein Investor sich zwischen einer risikoreichen abschreibungsfähigen Investition und einer risikolosen abschreibungsfähigen Investition zu entscheiden hat und er indifferent zwischen beiden Alternativen nach Besteuerung und linearer Abschreibung ist, fördern Abschreibungsvergünstigungen nicht in jedem Fall die Risikobereitschaft. Um dies zu zeigen, werden wiederum nur die durchschnittlichen Jahreseinkommen (Rendite in jeder Zukunftslage multipliziert mit den Anschaffungsausgaben) betrachtet. Zunächst sei angenommen, daß die Einnahmenüberschüsse der Investitionen, die teilweise reinvestiert werden müssen, um ein gleichmäßiges Einkommen in jedem Jahr zu erhalten, zum errechneten internen Zinsfuß angelegt werden können. Diese Annahme ist keinesfalls harmlos, wie sich später zeigen wird. Unter dieser Annahme müssen vier Fälle unterschieden werden:

1. Der Barwert der steuerlichen Abschreibung gleicht dem Barwert der Ertragswertabschreibung für beide Investitionen. Die durchschnittlichen Jahreseinkommen der Investitionsalternativen errechnen sich als $r_s I = (1-s) rI$ mit I = Anschaffungskosten.
Bei Sofortabschreibung in t_0 wird $r_s = r$ (S. 284), und das durchschnittliche Jahreseinkommen gleicht rI, so daß das risikolose Einkommen steigt, jedoch die prozentuale Einkommensminderung und die programmbezogene relative Risikoprämie gleichbleiben.
Deshalb wird ein Investor mit sinkender relativer Risikoabneigung eine höhere Risikobereitschaft zeigen; ein Investor mit steigender relativer Risikoabneigung wird die risikolose Investition bevorzugen. Ein Investor mit gleichbleibender relativer Risikoabneigung wird immer noch beide Alternativen gleichschätzen.
Dieses eindeutige Ergebnis erhält man jedoch nur im Fall der Sofortabschreibung. Bei jeder anderen Form von Abschreibungsvergünstigungen wird r_s größer sein als $(1-s)r$, jedoch kleiner als r (sofortigen Verlustausgleich vorausgesetzt). Zusätzlich ergibt sich für jedes Einkommensniveau vor Steuern eine andere Abweichung zwischen r_s und r. Daraus folgt, daß bei allen Abschreibungsvergünstigungen außer der Sofortabschreibung das risikolose Einkommen steigt, während sowohl die prozentuale Einkommensminderung als auch die programmbezogene relative Risikoprämie sinken können.
Beispiel: Der risikoreichen Investition A_1 (S. 338) stehe die folgende risikolose Investition A_2 gegenüber:

t_0	t_1	t_2	t_3	t_4	t_5
− 1000	+ 300	+ 280	+ 260	+ 240	+ 220

Diese Investition erbringt vor Steuern eine Rendite von r = 10%, so daß nach Besteuerung mit einem konstanten Satz von 50% und linearer Abschreibung (die bei dieser Investition der Ertragswertabschreibung gleicht) sich eine Rendite von $r_s = 5\%$ ergibt. Der Investor sei indifferent zwischen A_1 und A_2 nach Steuern und bei linearer Abschreibung.
Nun sei die folgende Abschreibungsvergünstigung für beide Investitionsalternativen möglich: t_1 : 400; t_2 bis t_5 : 150. Für die risikoreiche Investition A_1 ergeben sich nach Steuern Einkommenschancen (durchschnittliche Jahreseinkommen = $r_s I$) in Höhe von 27,23 und 108,41, während das risikolose durchschnittliche Jahreseinkommen von A_2 auf 54,37 steigt. Die Abschreibungsvergünstigung führt zu einem höheren risikolosen Einkommen, aber zu einer geringeren prozentualen Einkommensminderung und einer geringeren programmbezogenen relativen Risikoprämie.
Wenn die prozentuale Einkommensminderung und die programmbezogene relative Risikoprämie sich in gleicher Richtung verändern, wie in dem oben genannten Beispiel, dann können die Wirkungen von Steuervergünstigungen auf die Risikobereitschaft für keine Form der relativen Risikoabneigung mehr vorausgesagt werden, weder für gleichbleibende noch für sinkende, noch für steigende relative Risikoabneigung: Infolge der verringerten prozentualen Einkommensminderung sinkt zwar zunächst das Risiko. Aber um wieviel darf die programmbezogene relative Risikoprämie bei Investoren mit gleichbleibender oder steigender relativer Risikoabneigung sinken, um das verringerte Risiko zu kompensieren? Nur wenn das Verhalten unter Ungewißheit genauer beschrieben wäre, d. h. durch eine (bis auf eine positive lineare Transformation bestimmte) Risikonutzenfunktion, könnten die Wirkungen von Steuervergünstigungen errechnet werden. Daraus folgt natürlich, daß jede Form von Abschreibungsvergünstigungen (außer Sofortabschreibung bei sofortigem Verlustausgleich)

auch einen negativen Einfluß auf die Risikobereitschaft eines dem Risiko abgeneigten Entscheidenden haben kann!

2. Der Barwert der steuerlichen Abschreibung übersteigt den Barwert der Ertragswertabschreibung (abgezinst mit r) bei der risikolosen Investition; der Barwert der steuerlichen Abschreibung gleicht dem Barwert der Ertragswertabschreibung bei der risikoreichen Investition. Dies ist z. B. möglich, wenn die risikolose Investition in jedem Jahr einen gleich hohen Einnahmenüberschuß erwirtschaftet und steuerlich nur die lineare Abschreibung zulässig ist.

Beispiel: Alternativ zur risikoreichen Investition A_1 kann jetzt die risikolose Investition A_3 durchgeführt werden:

t_0	t_1	t_2	t_3	t_4	t_5
− 1000	+ 261,95	+ 261,95	+ 261,95	+ 261,95	+ 261,95

Hier ist $r_s = 5\%$ (für $s = 50\%$ und lineare Abschreibung); $r = 9,726\%$ ($= r_s$ bei Sofortabschreibung und sofortigem Verlustausgleich).

Bei linearer Abschreibung sei der Investor indifferent zwischen einem risikolosen Einkommen nach Steuern von 50 und den Einkommen nach Steuern von 25 und 100. Bei Sofortabschreibung stehen dem risikolosen Einkommen nach Steuern in Höhe von 97,26 die Einkommenschancen nach Steuern in Höhe von 50 und 200 gegenüber. Das risikolose Einkommen steigt, die prozentuale Einkommensminderung sinkt, die programmbezogene relative Risikoprämie steigt.

Jetzt werden die Investoren mit gleichbleibender oder sinkender relativer Risikoabneigung die risikoreiche Investition vorziehen. Bei steigender relativer Risikoabneigung bleibt das Ergebnis offen.

Der Vergleich zwischen den Ergebnissen von 1. und 2. zeigt, daß mehr Investoren die risikoreiche Investition vorziehen, wenn Sofortabschreibung erlaubt wird. Im Fall 2. ist die steuerliche Abschreibung für die risikolose Investition »günstiger« als die Ertragswertabschreibung. Deshalb bevorteilt die Sofortabschreibung die risikoreiche Investition stärker.

3. Der Barwert der steuerlichen Abschreibung übersteigt den Barwert der Ertragswertabschreibung bei der risikoreichen Investition; der Barwert der steuerlichen Abschreibung gleicht dem Barwert der Ertragswertabschreibung bei der risikolosen Investition.

Beispiel: Die risikolose Investition A_2 konkurriert mit der risikoreichen Investition A_4:

t_0		t_1	t_2	t_3	t_4	t_5
− 1000	a) p: 0,5	+ 327,59	+ 327,59	+ 327,59	+ 327,59	+ 327,59
	b) p: 0,5	+ 230,49	+ 230,49	+ 230,49	+ 230,49	+ 230,49

Für die risikoreiche Investition A_4 erhalten wir die folgenden Ergebnisse: Die Rendite nach Steuern bei einem Steuersatz von 50% und linearer Abschreibung ist 10% in der Zukunftslage a und 2,5% in der Zukunftslage b. Die Rendite vor Steuern r ($= r_s$ bei Sofortabschreibung und sofortigem Verlustausgleich) beträgt 19,074% in der Zukunftslage a und 4,924% in der Zukunftslage b.

Bei linearer Abschreibung sei der Investor indifferent zwischen dem risikolosen Einkommen nach Steuern von 50 und den Einkommenschancen nach Steuern von 100 und 25.

Bei Sofortabschreibung vergleicht der Investor das risikolose Einkommen nach Steuern von 100 mit den Einkommenschancen nach Steuern von 190,74 und 49,24. Das risikolose

Einkommen und die prozentuale Einkommensminderung sind gestiegen, die programmbezogene relative Risikoprämie ist dagegen gesunken.

Deshalb bevorzugt ein Investor mit gleichbleibender oder steigender relativer Risikoabneigung die risikolose Investition. Wenn er jedoch sinkende relative Risikoabneigung aufweist, ist seine Entscheidung nicht vorhersehbar.

Aus dem Vergleich der Ergebnisse von 3. und 1. folgt, daß die Sofortabschreibung jetzt häufiger die Risikobereitschaft negativ beeinflußt. Im Fall 3. ist bei der risikoreichen Investition die steuerliche Abschreibung »günstiger« als die Ertragswertabschreibung. Die Sofortabschreibung stellt deshalb einen größeren Vorteil für die risikolose Investition dar.

4. Der Barwert der steuerlichen Abschreibung ist größer (geringer) als der Barwert der Ertragswertabschreibung sowohl für die risikoreiche als auch für die risikolose Investition (vgl. z. B. A_3 und A_4). Wird Sofortabschreibung zugelassen, steigt das risikolose Einkommen, und es sinken die prozentuale Einkommensminderung und die programmbezogene relative Risikoprämie. Die Entscheidung ist unbestimmbar, solange nur die Form der relativen Risikoabneigung bekannt ist. Sogar für Investoren mit der gleichen Form der relativen Risikoabneigung kann die Sofortabschreibung entweder einen positiven oder einen negativen Einfluß auf die Risikobereitschaft haben!

Beispiel: Ein Investor mit gleichbleibender relativer Risikoabneigung kennt seine Risikonutzenfunktion als $N(E) = \log E$. Er schätzt deshalb die risikolose Investition A_3 und die risikoreiche Investition A_4 bei linearer Abschreibung gleich. Im Fall der Sofortabschreibung und des sofortigen Verlustausgleiches wird dieser Investor die risikolose Investition A_3 vorziehen.

Ein anderer Investor mit gleichbleibender relativer Risikoabneigung kennt seine Risikonutzenfunktion als $N(E) = a - b\,E^{-1}$ (a und b seien beliebige positive Konstanten, $a \geq b$). Er ist indifferent zwischen der risikoreichen Investition A_4 und der risikolosen Investition A_5 mit dem Zahlungsstrom t_0: $-1\,000$; t_1 bis t_5: $+249{,}26$ ($r = 7{,}818\%$; $r_s = 4\%$ für $s = 50\%$ und lineare Abschreibung). Besteht jedoch die Möglichkeit zur Sofortabschreibung bei sofortigem Verlustausgleich, wird er die risikoreiche Investition vorziehen.

Gegen die bisherige Argumentation in den Fällen 1. bis 4. könnte eingewandt werden: Die interne Zinsfußmethode setze voraus, daß die Einnahmenüberschüsse (die teilweise reinvestiert werden müssen, um ein jährlich gleiches Einkommen zu erhalten) sich zum internen Zinsfuß verzinsen. Um die Wirkungen von Abschreibungsvergünstigungen zu isolieren, scheine es sinnvoller, von der Annahme auszugehen, daß die Einnahmenüberschüsse aller Investitionen in allen Zukunftslagen zu einem vorgegebenen Zinssatz angelegt werden können (z. B. zum Marktzinssatz nach Steuern oder zur Durchschnittsrendite der Unternehmung nach Steuern). Wenn der Zinssatz in allen Zukunftslagen gleich ist, z. B. in Höhe der Rendite der risikolosen Investition, dann führen Abschreibungsvergünstigungen immer zu einem höheren risikolosen Einkommen, einer höheren programmbezogenen relativen Risikoprämie und zu einer geringeren prozentualen Einkommensminderung. Daraus folgt: Ein Investor mit gleichbleibender oder sinkender relativer Risikoabneigung wird die risikoreiche Investition vorziehen, die Entscheidung eines Investors mit steigender relativer Risikoabneigung bleibt unbestimmt.

Unter der Annahme, daß der Wiederanlagezinssatz bei der risikoreichen Investition in der guten Zukunftslage höher, in der schlechten Zukunftslage jedoch geringer ist als bei der risikolosen Investition (diese Annahme erscheint mir plausibler als die vorherige), tritt wieder das Ergebnis des Falles 4. ein. Es ist möglich, daß in den Fällen 1. bis 3. ebenfalls keine

Vorhersage getroffen werden kann, weil die Abschreibungsvergünstigung dazu führen kann, daß die programmbezogene relative Risikoprämie und die prozentuale Einkommensminderung gemeinsam sinken, so z. B. wenn die Einnahmenüberschüsse der risikolosen Investitionen A_2 oder A_3 zum Zinssatz von 5% nach Steuern reinvestiert werden können (durchschnittliches Jahreseinkommen bei linearer Abschreibung: 50, bei Sofortabschreibung: 63,72) und die Einnahmenüberschüsse von A_1 oder A_4 zu 10% nach Steuern reinvestiert werden können (durchschnittliches Jahreseinkommen bei linearer Abschreibung: 100, bei Sofortabschreibung: 125,40), in der schlechten dagegen nur zu 2,5% nach Steuern (durchschnittliches Jahreseinkommen bei linearer Abschreibung: 25, bei Sofortabschreibung: 32,16).

Ob Abschreibungsvergünstigungen die Risikobereitschaft fördern oder nicht, hängt immer ab von:
(a) der zeitlichen Verteilung der Einnahmenüberschüsse der risikoreichen und der risikolosen (bzw. risikoärmeren) Investition,
(b) der zeitlichen Verteilung der steuerlichen Abschreibung,
(c) den Zinssätzen, zu denen in der jeweiligen Zukunftslage eine Geldanlage oder Geldaufnahme möglich ist und aus denen sich der Barwert der Ertragswertabschreibungen wie auch der Barwert der steuerlichen Abschreibungen ergeben,
(d) der individuellen Risikonutzenfunktion und nicht nur der Form der gleichbleibenden, sinkenden oder steigenden relativen Risikoabneigung.

Da es weder eine einheitliche Beziehung zwischen der zeitlichen Verteilung der Einnahmenüberschüsse und der zeitlichen Verteilung der steuerlichen Abschreibung gibt, noch ein einheitlicher Zinssatz in allen Zukunftslagen vorhanden ist und erst recht keine einheitliche Risikonutzenfunktion für alle Investoren existiert, können Abschreibungsvergünstigungen die Risikobereitschaft sowohl fördern als auch behindern. Abschreibungsvergünstigungen können deshalb nicht als nützliches Instrument zur Förderung der Risikobereitschaft empfohlen werden.

bb) Das Zusammenwirken steuerlicher Gewinnverböserungen und Gewinnvergünstigungen in der Wirklichkeit

Alle Einkommen- oder Körperschaftsteuergesetze der Welt enthalten sowohl steuerliche Benachteiligungen von Gewinnen und Verlusten als auch Steuervergünstigungen. Nirgends ist ein vollständiger Verlustausgleich möglich; im allgemeinen entsteht das zu versteuernde Einkommen im Zeitpunkt der Forderungsentstehung, das Einkommen im wirtschaftstheoretischen Sinn entsteht dagegen erst beim Zufluß liquider Mittel. Neben diesen einfachen steuerlichen Benachteiligungen von Gewinnen und Verlusten gibt es einfache »Steuervergünstigungen«, wie z. B. die Abwertung ungewisser Forderungen, die Bewertung zum niedrigeren Börsen- oder Marktpreis und eine Reihe weiterer Bewertungsvorschriften, von den Abschreibungsverfahren ganz zu schweigen. Durch das Zusammenwirken steuerlicher Benachteiligungen von Gewinnen und Verlusten und Steuervergünstigungen weicht das zu versteuernde Einkommen vom Einnahmenüberschuß ab, und deshalb sind die Steuerzahlungen im allgemeinen in keiner Zukunftslage proportional zum Einnahmenüberschuß.

Wenn das Verhältnis zwischen dem Betrag der steuerlichen Gewinnverböserung oder dem Betrag der Steuervergünstigung und dem Einnahmenüberschuß vor Steuern für die risikoreiche Investition nur in einer Zukunftslage (einigen Zukunftslagen) größer ist als als für die risikolose Investition, in den anderen Zukunftslagen jedoch kleiner ist, kann jede Steuersatzsenkung oder eine andere, die risikolose Investition nicht benachteiligende Steuervergünstigung dazu führen, daß die prozentuale Einkommensminderung und die programmbezogene relative Risikoprämie sich in gleicher Richtung ändern. Damit ist die Wirkung der Steuervergünstigung auf die Risikobereitschaft weder für Risikoabneigung allgemein noch für einzelne Formen der Risikoabneigung vorhersehbar; es ist sowohl eine Förderung als auch eine Behinderung der Risikobereitschaft möglich.

Diese Unbestimmtheit nimmt noch zu, wenn alternative Investitionsprogramme für die Unternehmung als Ganzes verglichen werden. Eine solche Gesamtbetrachtung ist jedoch eine Voraussetzung für »rationale« Entscheidungen unter Ungewißheit. Daraus schließe ich, daß bei Berücksichtigung der steuerlichen Vorschriften und der Bewertungskonventionen in der Realität die Wirkung aller risikolose Investitionen nicht benachteiligenden Steuervergünstigungen, besonders Steuersatzsenkungen, nicht vorhersagbar ist, wenn nur die Form der gleichbleibenden, steigenden oder sinkenden relativen Risikoabneigung bekannt ist. In der Wirklichkeit kann man zudem höchstens davon ausgehen, daß die meisten Investoren dem Risiko abgeneigt sind; nur selten ist die Form der relativen Risikoabneigung bekannt, und für kaum einen Investor kann die Risikonutzenfunktion angegeben werden.

c) Steuerliche Einflüsse auf finanzielle Ziele, Risikoneigung, Investitions- und Finanzierungsmöglichkeiten

Werden die Wirkungen von Steuervergünstigungen auf die Risikobereitschaft mit einem Modell auf der Grundlage der Risikonutzentheorie untersucht, so ist dabei vorausgesetzt, daß die Steuervergünstigungen allein die Zielbeiträge, hier: die Einkommenschancen, verändern und nicht die Ziele selbst, die Risikoneigung, die alternativen Investitionsmöglichkeiten und die zu Investitionszwecken verfügbaren finanziellen Mittel. Aber Steuervergünstigungen können auch einen Einfluß haben auf:

(1) Die in Betracht gezogenen Investitionsmöglichkeiten: Allein die Hoffnung auf Steuerersparnisse durch Abschreibungsvergünstigungen für Flugzeuge verführte vor einigen Jahren zahlreiche Zahnärzte in der Bundesrepublik dazu, sich an einer Flugzeug-Chartergesellschaft zu beteiligen; die Gesellschaft ist mittlerweile bankrott.

(2) Die zu Investitionszwecken verfügbaren finanziellen Mittel und die Größe des Investitionsprogramms: Wenn z. B. die Größe des Investitionsprogramms steigt, wachsen oft die Möglichkeiten zur Risikomischung.

(3) Die Ziele des einzelnen oder der Unternehmung: Wer hart arbeitet und sein Einkommen zu maximieren versucht, solange der Einkommensteuersatz 70% beträgt, mag davon abgehen und sich nur noch dem Schachspiel oder der Kaninchenzucht widmen, wenn der Einkommensteuersatz auf 30% sinkt oder umgekehrt. Ein Zielwandel aufgrund einer Steueränderung wird vor allen Dingen dann eintreten, wenn der Steuersatz einen besonders hohen oder einen besonders niedrigen Wert annimmt. Aber über die Höhe dieser kritischen Werte kann man vorerst nur Spekulationen anstellen.

(4) Die Risikoneigung und damit die Risikonutzenfunktion selbst: Es erscheint mir unbefriedigend anzunehmen, daß die Risikoneigung unveränderlich ist gegenüber wechselnden Umweltbedingungen, verschiedenartigen Wahlproblemen und vorausgegangenen Erfahrungen,

selbst wenn die Überlegungen auf einen rationalen Entscheidungen (auf eine Person, die danach strebt, ihre Ziele bestmöglich zu erreichen) beschränkt werden.

(5) Letztlich ist der Informationsstand des Entscheidenden meistens so unvollkommen, daß subjektive Wahrscheinlichkeiten als Voraussetzung für die Anwendung der Risikonutzentheorie in einwandfreier Weise nicht genannt werden können, so daß von daher zusätzliche Zweifel gegen die wenigen eindeutigen Aussagen bestehen, die bei Gültigkeit der Risikonutzentheorie über den Einfluß der Gewinnbesteuerung auf die Risikobereitschaft abgeleitet werden können. Die Einwände gegen die Risikonutzentheorie verstärken die früheren Schlüsse, daß die Wirkung von Steuervergünstigungen auf Investitions- und Finanzierungsentscheidungen unter Ungewißheit mehrdeutig ist: Anstatt einer Erhöhung der Risikobereitschaft kann genausogut ein Verringerung der Risikobereitschaft vernünftig sein, wenn die Umweltbedingungen der Wirklichkeit (progressive Steuersätze, Gewinnvergünstigungen und Gewinnverböserungen) berücksichtigt werden.

d) Die Fragwürdigkeit steuerlicher Investitionsförderung und des wirtschaftspolitischen Zwecks der Besteuerung

Bereits der einfache Vorteilsvergleich ohne Berücksichtigung von Risikoüberlegungen hat die Fragwürdigkeit der derzeitigen steuerlichen Maßnahmen zur Investitionsförderung bzw. zur Förderung des Grundstücksverkehrs und anderer wirtschaftspolitischer Ziele erkennen lassen:

(a) Das Beibehalten des »negativen Kapitalkontos« für Steuerersparnisinvestitionen in Berlin (S. 285) bewirkt, daß der steuerpflichtige Bundesbürger bei geschickter rechtlicher Gestaltung und Ablaufplanung auch und gerade im Konkursfall eine endgültige Steuerersparnis einheimst, wodurch die Berliner Wirtschaft sicher nicht gefördert wird.

(b) Die Argumente für die Steuervergünstigung von »Kapitalgewinnen« (bei Veräußerung von Grundstücken und Beteiligungen realisierter »stiller Reserven«, § 6 b EStG) erweist sich schon bei Vernachlässigung der Risikoüberlegungen als fragwürdig; bei Berücksichtigung der Ungewißheit verstärkt sich die Fragwürdigkeit.

(c) Das Zusammenwirken verschiedener steuerlicher Maßnahmen zur Investitionsförderung kann sich, wie wiederum an einem Beispiel der Berlin-Förderung gezeigt wurde, (S. 290), gegenseitig teilweise aufheben, und unter Berücksichtigung der Ungewißheit offenbart sich verstärkt, daß mehrere gleichzeitig geltende Steuervergünstigungen genau das Gegenteil des Erwünschten bewirken können: So führt die Senkung einer proportionalen Steuer bei Gewinnvergünstigungen in der Bemessungsgrundlage zu einer Erhöhung des Risikos (S. 342).

(d) Unter Berücksichtigung von Risikoüberlegungen können wegen der progressiven Einkommensbesteuerung und der zahlreichen Gewinnvergünstigungen und Gewinnverböserungen bei der steuerlichen Gewinnermittlung bis auf die Verbesserung der Verlustausgleichsmöglichkeiten alle Steuervergünstigungen auch die Risikobereitschaft hemmen.

Es ist deshalb überaus fraglich, ob steuerliche Instrumente Investitionsrisiken wirksam mindern. Natürlich erhöhen Steuersatzsenkungen und zusätzliche Vergünstigungen, wenn sie zu geringeren Steuerzahlungen führen, den finanziellen Spielraum eines Unternehmens. Diese Liquiditätsverbesserung kann höhere Konsumentnahmen bewirken und dazu führen, daß Schulden getilgt oder die Liquidität erhöht wird oder daß die Gelder in zusätzliche Investitionen fließen. Selbst wenn die steuerlich bewirkte Liquiditätsverbesserung zu zusätzlichen Investitionen führt (höhere »Gewinnerwartungen« in der Zukunft zur Folge hat), so heißt das noch lange nicht, daß damit auch die Risikobereitschaft steigt, also die Bereitschaft, risikoreichere anstelle risikoärmerer Investitionen zu wählen oder sich über das bisherige Ausmaß hinaus zu verschulden. Das belegt die Untersuchung des Einflusses der Gewinnbesteuerung auf die Risikobereitschaft.

Bundesregierung und Bundestagsfraktionen begründen Steueränderungen regelmäßig mit wirtschaftspolitischen Erwägungen. Aufgrund der hier vorgelegten Untersuchung über Investition, Finanzierung und Gewinnbesteuerung muß die Mehrzahl dieser Erwägungen als nicht stichhaltig verworfen werden. Darüber hinaus muß entschieden bezweifelt werden, ob der wirtschaftspolitische Zweck der Besteuerung noch gleichrangig oder gar vorrangig dem fiskalischen Zweck der Besteuerung (und damit dem Satz, in erster Linie Gleichmäßigkeit der Besteuerung zu verwirklichen) gegenübertreten darf.

D. Die Planung von Investitions- und Finanzierungsprogrammen

I. Finanzierungsquellen und Kapitalmarktformen

Drei Fragen hat die Investitions- und Finanzplanung zu beantworten: Welche Investitionsvorhaben sind vorteilhaft? Wie viele Investitionsvorhaben sind zu verwirklichen? Wie werden die Investitionen finanziert?
Die Frage nach der Vorteilhaftigkeit einzelner Investitionen wurde im Teil C behandelt. Nunmehr ist zu untersuchen: Wie viele Investitionsvorhaben werden verwirklicht, und wie werden sie finanziert? Die Frage nach Umfang und Zusammensetzung des Investitionsprogramms ist gemeinsam mit der Frage nach Umfang und Zusammensetzung des Finanzierungsprogramms zu beantworten: in einer »finanziellen Programmplanung«. Investition und Finanzierung sind schließlich zwei Seiten eines Problems: der optimalen Gestaltung des Zahlungsbereichs der Unternehmung.

Die Probleme der finanziellen Programmplanung werden wir in drei Schritten zu bewältigen versuchen. Im ersten Schritt soll eine begriffliche Ordnung der Finanzierungsquellen und der Kapitalmarktformen entworfen werden, die sich für die Lösung der Probleme als zweckmäßig erweist. Im zweiten Schritt werden die Grundmodelle zur Abstimmung von Investitions- und Finanzplanung, geordnet nach einzelnen Kapitalmarktformen, erörtert. Im dritten Schritt sind die Probleme finanzieller Programmplanung unter Ungewißheit darzustellen. Im Kapitel E werden wir versuchen, aus dieser Modellanalyse und kapitalmarkttheoretischen Überlegungen Folgerungen für das Problem der optimalen Kapitalstruktur zu ziehen.
Die Frage nach Umfang und Zusammensetzung des Finanzierungsprogramms lautet: In welchem Ausmaß sollen eigene und fremde Mittel eingesetzt werden? Entspricht es dem Unternehmensziel besser, neues Eigenkapital oder Fremdkapital aufzunehmen oder Gewinne zurückzubehalten (Selbstfinanzierung zu betreiben)?
Indes: Für eine Theorie finanzwirtschaftlicher Unternehmenspolitik, eine Theorie, die Investition und Finanzierung als Einheit sehen will, ist das Problem in dieser Form schief gestellt.

Die Begriffe Eigenkapital und Fremdkapital sind rechtliche Begriffe, die nicht von selbst für die betriebswirtschaftliche Analyse passen. Das betriebswirtschaftliche Wahlproblem heißt: Wie bestimmt sich das Investitionsprogramm einer Periode (z. B. eines Jahres), und welche finanziellen Mittel sollen zur Deckung des Investitionsprogramms herangezogen werden? Wir werden uns vorerst auf einperiodige Wahlprobleme beschränken: Wieviel investiert der Unternehmer zu Beginn der Planperiode in t_0, und wie finanziert er diese Investitionen?
Für Investitions- und Finanzierungsentscheidungen in t_0 interessiert zunächst nicht das Problem: Eigenkapital oder Fremdkapital?, sondern die Frage: Kostet das zu investierende Kapital etwas zusätzlich oder nicht? Genauer: Führen die in t_0 investierten Mittel in Zukunft zu Ausgaben, die über die Rückzahlung des aufgenommenen Betrages hinausgehen? Um die Frage zu beantworten, unterscheiden wir zwei Begriffe: »Bestandskapital« und »Zusatzkapital«.

Bestandskapital ist der Betrag, über den ein Unternehmer in einem Zeitpunkt verfügen kann, ohne daß sein Einsatz zusätzliche Ausgaben in einem späteren Zeitpunkt verursacht. Der Einsatz des Zusatzkapitals erfordert demgegenüber Ausgaben, und zwar über die Rückzahlung des aufgenommenen Betrages hinaus.

Betrachten wir zunächst das *Zusatzkapital.* Wenn wir begrifflich genau sein wollen, müssen wir das Zusatzkapital in »Aufwandkapital« und »Gewinnkapital« unterteilen. Aufwandkapital liegt vor, wenn die zusätzlichen Ausgaben für das zusätzlich aufgenommene Kapital vom Ertrag der Investitionen (von der Rendite der Unternehmung) unabhängig sind. Zum Aufwandkapital gehören z. B. Bankkredite, für die ein fester Zinssatz bezahlt wird. Zum Aufwandkapital gehört auch das zusätzliche Eigenkapital, für das eine feste, unabhängig vom Gewinn zu erbringende Verzinsung vereinbart wurde. Im Regelfall ist das zusätzliche Eigenkapital allerdings Gewinnkapital. Wer Teilhaber einer Unternehmung wird, will auch am Gewinn beteiligt sein. Im Ausnahmefall kann auch die Fremdkapitalverzinsung an den Gewinn gekoppelt sein, z. B. bei partiarischen Darlehen. Sieht man von allen Sonderformen, wie partiarisches Darlehen u. ä., ab, dann kann man Aufwandkapital gleich zusätzliches Fremdkapital und Gewinnkapital gleich zusätzliches Eigenkapital (zusätzliches Beteiligungskapital) setzen. Auch zusätzliches Eigenkapital erfordert in Zukunft Ausgaben über die Rückzahlung bei Liquidation hinaus: Die Gewinnausschüttungen an die neuen Miteigentümer gehen den bisherigen Eigentümern verloren.
Die Beschaffung von »Gewinnkapital« wurde S. 154 f. mit *Eigenfinanzierung* bezeichnet. Die Beschaffung von »Aufwandkapital« trägt den Namen *Fremdfinanzierung.*

Um das *Bestandskapital* in t_0 zu bestimmen, sind von den gesamten finanziellen Mitteln in t_0 diejenigen Beträge abzuziehen, die zur Kreditrückzahlung verwendet werden könnten. Diese Mittel gehören wie zusätzlich aufgenommene Kredite zum Zusatzkapital, denn man muß prüfen: Sind diese Beträge zu investieren, oder ist es besser, Kredite zurückzuzahlen? Das Bestandskapital gleicht also den Zahlungsmitteln zu einem Zahlungszeitpunkt abzüglich jener Beträge, durch deren Rückzahlung Kosten vermieden werden können. Bestandskapital nennen wir also die liquiden Mittel, die »grenzkostenlos« zur Investition bereitstehen. Im einzelnen zählen hierzu:
(1) das in liquiden Mitteln vorhandene Eigenkapital des Unternehmers; von den ausschüttungsfähigen Gewinnen sehen wir vorerst ab;
(2) jener Teil der Einnahmen, der in der Vorperiode als Aufwand verrechnet wurde und nicht zugleich zu Ausgaben führte (Abschreibungsgegenwerte, Gegenwerte für Rückstellungen), einschließlich jenes Teils des buchhalterischen Gewinns, der nicht ausschüttungsfähig ist, sondern als Rücklage zur Unternehmenserhaltung (Substanzerhaltung) in der Unternehmung verbleiben muß.
(3) Zum Bestandskapital kann auch Fremdkapital zählen, z. B. in der Planperiode 1981 die Mittel aus einer Anleihe, die, in der Vorperiode (Anfang 1980) aufgenommen, frühestens in der nächsten Periode (Ende 1982) zurückgezahlt werden können.
Der ökonomische Charakter des Bestandskapitals wird durch das Anleihebeispiel am besten geklärt. Die Zinsen auf die Anleihe müssen drei Jahre lang gezahlt werden, gleichgültig, ob die Anleihebeträge investiert werden oder ob sie in der Kasse liegenbleiben. Die Anleihe führt innerhalb der Planperiode t_0 bis t_1 (Anfang bis Ende 1981) zu »fixen«, von den Entscheidungen unabhängigen Kosten. Daraus folgt: Es ist während der Planperiode der gesamte

Anleihebetrag zu investieren, um möglichst hohe Zinserträge der festen Zinslast gegenüberzustellen. Die Investition des Anleihebetrages kostet während der Planperiode nichts zusätzlich. Für das Bestandskapital gilt also: Die »Grenzkapitalkosten« sind Null.
Bestandskapital sind alle Beträge, deren Grenzkapitalkosten Null sind. Zusatzkapital führt zu zusätzlichen (vermeidbaren) Finanzierungsausgaben, zu Grenzkapitalkosten. Kapitalkosten einer Finanzierungsart nennen wir die über die Rückzahlung des aufgenommenen Betrags hinausgehenden Ausgaben für die Finanzierungsart: Zinsen, Disagio. *Grenzkapitalkosten sind die zusätzlichen Ausgaben, die eine zusätzlich aufgenommene Mark über ihre Rückzahlung hinaus verursacht. Entgangene Gewinne* (Opportunitätskosten) *zählen nicht zu den Kapitalkosten.* Es erweist sich als zweckmäßig, die zusätzlichen Ausgaben für aufgenommenes Kapital (die Grenzkapitalkosten) streng von den entgehenden Einnahmen bei einer alternativen Verwendung des Kapitals (den Opportunitätskosten) zu trennen. Der Begriff »Opportunitätskosten« verwirrt nur, wenn es gilt, ein Problem zu durchdenken. Das belegt ein Beispiel: Es soll das Ausmaß der Investitionen für das Jahr 1982 bestimmt werden. Dazu müssen wir wissen: Wie rentieren sich die Maschinen A, B, C? Welche Finanzierungsquellen stehen zur Verfügung? Um das richtige Ausmaß der Investitionen zu ermitteln, sind alle Investitionsvorhaben allen Finanzierungsvorhaben gegenüberzustellen. Ob dazu über das Bestandskapital hinaus noch Zusatzkapital benötigt wird, weiß man erst, nachdem über das Investitionsvolumen entschieden ist. Erst dann ist auch der Gewinnentgang bestimmt, wenn zurückbehaltene Gewinne zur Finanzierung von Maschine A statt von B verwendet werden. Vor der Problemlösung kennt man also gar nicht die Opportunitätskosten (die entgangenen Gewinne), und nachher braucht man sie nicht mehr zu kennen.

Es zahlt sich sofort aus, den Begriff Kapitalkosten auf die zusätzlichen Ausgaben bei einer Finanzierungsart zu beschränken; denn dann ist das Scheinproblem der Kapitalkosten (des »Kalkulationszinsfußes«) bei interner Finanzierung vom Tisch: Ein rational handelnder Unternehmer wird stets die Mittel aus interner Finanzierung (die den größten Teil des Bestandskapitals ausmachen) zuerst investieren, weil sie keine zusätzlichen Ausgaben über die Rückzahlung hinaus hervorrufen, weil sie »grenzkostenlos« sind. Ob der Unternehmer das Bestandskapital in seiner Firma oder auf dem Kapitalmarkt investiert, hängt von der Rendite der Anlagemöglichkeiten ab.

Der Unternehmer muß dabei allerdings wissen: Wie groß sind die Mittel aus interner Finanzierung? Wieviel Gewinn ist auszuschütten, und wieviel soll zur Selbstfinanzierung zurückbehalten werden? Das ist die Frage nach dem Optimum an Selbstfinanzierung. Selbstfinanzierung bedeutet Verzicht auf Gewinnausschüttung. Entspricht es dem Unternehmensziel, nichts auszuschütten, dann sind alle Gewinne zurückzubehalten. Sie zählen voll zum Bestandskapital, denn sie verursachen keine künftigen zusätzlichen Ausgaben. Ob aber der ausschüttungsfähige Betrag ausgeschüttet wird oder nicht, das kann nur im Hinblick auf die unternehmerischen Zielgrößen beantwortet werden. Mit den Unternehmenszielen müssen wir uns also beschäftigen, sobald wir ein Optimum an Selbstfinanzierung bestimmen wollen.

Es ist zweckmäßig, die übliche Systematik der Finanzierungsquellen der hier verwandten gegenüberzustellen: Nach der Art der Mittelherkunft (ob bei der Beschaffung der Leistungsbereich der Unternehmung berührt wird oder nicht) ordnet man die Finanzierungsarten nach externer Finanzierung (Eigen-, Fremdfinanzierung) und interner Finanzierung (unter der die Selbstfinanzierung eine besonders wichtige Form ist), vgl. dazu S. 154 f. Um zielentsprechende Investitions- und Finanzierungsentscheidungen zu treffen, empfiehlt sich jedoch eine Gliederung nach der Frage: Kosten die zu investierenden Gelder etwas zusätzlich oder nicht? Danach gliedern wir in Bestandskapital und Zusatzkapital. Das Bestandskapital schließt die interne Finanzierung ein und jene Beträge aus externer Finanzierung, die für den betrachteten Planungszeitraum »grenzkostenlos« zur Verfügung stehen (die aufgenommen, erst später zurückgezahlt werden können). Das Zusatzkapital umfaßt jene Mittel aus Eigen- und Fremdfinanzierung, über deren Aufnahme bzw. Rückzahlung in der Planperiode entschieden wird. Anders ausgedrückt: Das Bestandskapital gleicht den Mitteln aus interner Finanzierung dann, wenn die Höhe der Gewinnausschüttungen feststeht, vorausgesetzt, Kündigungsbeschränkungen sind nicht zu beachten (so daß Kredite jederzeit zurückgezahlt werden können). Das Zusatzkapital gleicht den Mitteln aus externer Finanzierung, solange keine Kündigungsbeschränkungen bestehen.

Die Grenzkapitalkosten des Zusatzkapitals hängen von der Marktform auf dem Kapitalmarkt ab.

Für den Kapitalmarkt unterscheiden wir drei Marktformen:

Auf einem *vollkommenen Kapitalmarkt* können zu einem einzigen Zinssatz nach Belieben Beträge angelegt und entliehen werden. Auf dem vollkommenen Kapitalmarkt fallen Kreditzins (Sollzins) und Rendite von Finanzanlagen (Habenzins) zusammen. Auf einem *unvollkommenen Kapitalmarkt* fallen Soll- und Habenzinsen auseinander. Für die Unternehmung besteht für den Markt, auf dem sie als Geldnachfrager auftritt, ein anderer Preis als auf dem Markt, auf dem sie als Geldanbieter erscheint.

Auf einem *beschränkten Kapitalmarkt* bestehen Kreditbeschränkungen: Die Gesamtsumme der Kredite ist absolut begrenzt, oder sie hängt von einem bestimmten Verhältnis zum vorhandenen Eigenkapital ab. Dabei interessiert besonders der Fall, daß »Finanzierungsregeln« in Form von Regeln über die Kapitalstruktur einer Unternehmung zu beachten sind. Eine vieldiskutierte Finanzierungsregel ist z. B. die Aussage, Eigenkapital und Fremdkapital sollen im Verhältnis 1 : 1 stehen. Ob solche Finanzierungsregeln sinnvoll oder sinnlos sind, wird hier noch nicht untersucht. Wir gehen von der Tatsache aus, daß in der Praxis solche Finanzierungsregeln beachtet werden.

Die Marktform der Praxis ist der beschränkte Kapitalmarkt. Allerdings werden nicht alle Unternehmungen ihren Finanzierungsspielraum bis an die Grenze ausnutzen, und deshalb haben wir die Aussagen über den unvollkommenen und den beschränkten Kapitalmarkt zusammenzufassen. Vollkommene Märkte sind lediglich eine gedankliche Vereinfachung, um theoretische Aussagen leichter ableiten zu können.

Die Modellanalyse erfolgt in drei Stufen. Wir beginnen mit dem einfachsten Fall: (a) dem vollkommenen Kapitalmarkt, behandeln dann (b) den unvollkommenen Kapitalmarkt; wir unterstellen, es gebe einen einzigen Sollzins und einen einzigen, vom Sollzins abweichenden Habenzins neben den Renditen der vom Unternehmer einzeln analysierten Investitionsvorhaben. Erst auf der Stufe (c), dem beschränkten Kapitalmarkt, berücksichtigen wir mehrere Kreditarten, deren Höhe allerdings begrenzt ist, und behandeln die Probleme der Zusammenstellung von Investitionsprogrammen.

II. Grundmodelle zur Abstimmung von Investitions- und Finanzplanung

a) Investitions- und Finanzplanung bei vollkommenem Kapitalmarkt: die klassische Lösung

1. Beliebig teilbare Investitionsvorhaben

Um die schwierigen Zusammenhänge verständlich zu machen, empfiehlt es sich, mit sehr einfachen Annahmen zu beginnen:
Das Unternehmensgeschehen spiele sich in einer Periode ab. In t_0 werde investiert, in t_1 fließen sämtliche Einnahmen der Investitionsobjekte in die Unternehmung. Von der Ungewißheit der Zukunft wird abgesehen. Wie bestimmen sich Umfang des Investitionsprogramms und Art der Finanzierung in einem solchen einperiodigen Planungsmodell? Die klassische Lösung dieses Problems ist einfach; sie wird als erste dargestellt. Die Vorteilhaftigkeit der einzelnen Investitionsobjekte wird durch ihren internen Zinsfuß gemessen. Solange wir ein statisches Modell betrachten, ist die Verwendung des internen Zinsfußes unproblematisch. Wir erinnern uns ferner der Tatsache, daß bei vollkommenem Kapitalmarkt alle finanziellen Zielsetzungen (Vermögens-, Einkommens- und Wohlstandsstreben) zu den gleichen Entscheidungen führen (vgl. S. 171). Wir brauchen also hier nicht nach den einzelnen finanziellen Zielen zu differenzieren.
Über die Investitionsdauer (die Länge der Planperiode) wird nichts ausgesagt. Sie kann einen Monat, ein Jahr oder zehn Jahre umfassen.
Die klassische Lösung läßt sich in einer Zeichnung verdeutlichen. Die Zeichnung enthält die Investitionsvorhaben und die Finanzierungsmöglichkeiten.
Die Abszisse mißt das Finanzierungsvolumen (den Kapitaleinsatz) F (die Höhe der Ausgaben in t_0), die Ordinate zeigt den internen Zinsfuß r und den marginalen internen Zinsfuß (die Grenzrendite) r' des Investitionsprogramms sowie die »Kapitalkosten«, den Kalkulationszinsfuß i.
Die Investitionsvorhaben werden zunächst nach ihrer Kapitalbeanspruchung geordnet. Das Investitionsvorhaben mit der geringsten Kapitalbeanspruchung steht an erster Stelle. Ist der Kapitaleinsatz bei mehreren Investitionsvorhaben gleich hoch und schließen sie sich gegenseitig aus, dann wird nur das mit der höchsten Rendite eingezeichnet. Schließen sich die Vorhaben nicht gegenseitig aus, dann werden sie nach ihrer Rendite geordnet. Unter allen Vorhaben mit gleichem Kapitaleinsatz steht das lukrativste an erster Stelle. Diese Art der Anordnung (erstens nach dem Kapitaleinsatz, zweitens bei gleichem Kapitaleinsatz nach der Rendite) gilt für alle Fälle. Im klassischen Modell wird allerdings die Anordnung nach dem Kapitaleinsatz hinfällig, denn das klassische Modell geht von beliebig teilbaren Investitionsvorhaben aus, d. h. jedes Investitionsvorhaben erfordert, grob gesprochen, 1 Mark. Für jeden alternativen Kapitaleinsatz (1 Mark, 2 Mark usw.) wird nun das beste Investitionsvorhaben ausgesucht, dasjenige mit dem höchsten internen Zinsfuß. Die Kurve r' in Abb. 1 zeigt die höchste Rentabilität, die jede zusätzliche Mark erwirtschaftet. Daneben ist noch eine r-Kurve eingezeichnet. Sie zeigt den durchschnittlichen internen Zinsfuß, wenn 2, 3, 4 usw. Mark investiert werden.
Die Literatur bezeichnet die r'-Kurve als »Kurve des marginalen internen Zinsfußes der

Abb. 1

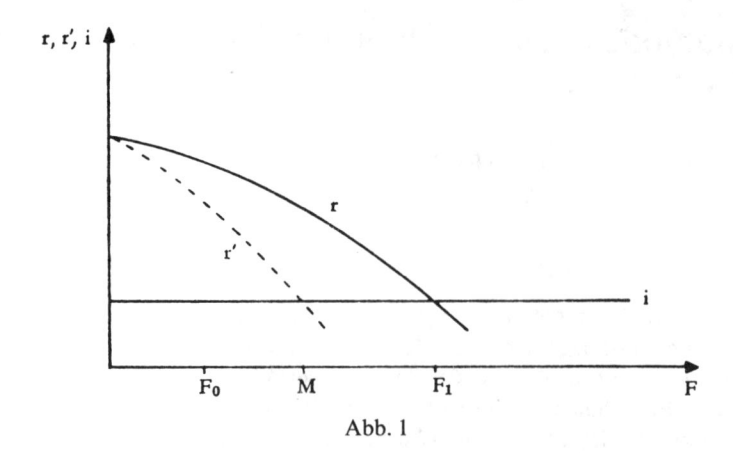

Investition«, die r-Kurve als »Kurve des internen Zinsfußes der Investition«. Bei dieser Benennung ist zu beachten: Wenn wir beliebige Teilbarkeit der einzelnen Investitionsobjekte unterstellen, dann schafft die erste investierte Mark einen bestimmten Ertrag, die zweite ebenso usw. Die r'-Kurve enthält also die internen Zinsfüße eines jeden einzelnen Investitionsobjektes. Die r-Kurve zeigt die Durchschnittsrendite an, wenn mehrere Investitionsobjekte zusammen verwirklicht werden.

Mehrere Investitionsobjekte, zusammen betrachtet, ergeben ein *Investitionsprogramm*. Gleichbedeutend mit dem Begriff Investitionsprogrammm verwenden wir die Ausdrücke Investitionsbudget und Investitionsvolumen. Wir sprechen also von dem Investitionsprogramm bzw. -volumen, das 20 000 Mark erfordert, von dem Investitionsprogramm, das 30 000 Mark erfordert usw. Die Rendite dieses Investitionsprogramms bei 30 000 Mark Kapitaleinsatz beschreibt die r-Kurve für den Punkt M = 30 000. Die r'-Kurve zeigt demgegenüber die Änderung der Rendite des Investitionsprogramms an, wenn z. B. statt des Programms für 30 000 Mark dasjenige gewählt wird, das 30 001 Mark erfordert. Die r'-Kurve enthält also den marginalen internen Zinsfuß des Investitionsprogramms (und den internen Zinsfuß eines jeden beliebigen teilbaren Investitionsobjektes). Die r-Kurve zeigt den durchschnittlichen internen Zinsfuß des Investitionsprogramms und damit die durchschnittliche Rendite einer Gruppe von Investitionsobjekten.

Für jeden alternativen Kapitalbetrag (10 000 Mark, 20 000 Mark, 30 000 Mark) gibt es im Regelfall mehrere Investitionsprogramme, z. B. mögen 5 Gruppierungen von Investitionsobjekten bestehen, von denen jede 10 000 Mark erfordert. Diese fünf Investitionsprogramme schließen sich gegenseitig aus, denn würden zwei von ihnen verwirklicht werden, betrüge der Kapitalbedarf 20 000, nicht 10 000 Mark. Von den Investitionsprogrammen, die den gleichen Kapitalbedarf hervorrufen, interessiert nur dasjenige, das den höchsten internen Zinsfuß erzielt. Das ist das optimale Investitionsprogramm für ein gegebenes Finanzierungsvolumen. Bei der Kombination einzelner Investitionsobjekte zu einem Investitionsprogramm ist darauf zu achten, ob sie voneinander unabhängig sind, ob sie sich gegenseitig ausschließen oder sich gegenseitig begünstigen bzw. behindern.

Sich gegenseitig ausschließende Investitionsobjekte wären in folgendem Fall gegeben: Ein einzelner Lastwagen soll ersetzt werden. Die fünf zur Wahl stehenden Fahrzeugtypen bilden hier sich ausschließende Investitionsvorhaben.

Sich begünstigende oder behindernde (d. h. miteinander verbundene) Investitionsvorhaben liegen z. B. vor, wenn eine Unternehmung vor der Wahl steht, ein Zweigwerk neu zu errichten oder ein eigenes Kraftwerk zu bauen oder Zweigwerk und Kraftwerk zugleich zu erstellen. Wenn die Gewinne in dem Zweigwerk höher liegen, wenn das Kraftwerk zugleich miterstellt wird, sind Kraftwerk und Zweigwerk verbundene Investitionsobjekte. Den Verbund zweier Investitionsobjekte berücksichtigt die Theorie in der Weise, daß sie das gemeinsame Erstellen von Zweigwerk und Kraftwerk als ein drittes, unteilbares Investitionsobjekt betrachtet. Das Zweigwerk allein kostet z. B. 100 Mill. Mark und rentiert sich zu 8%, das Kraftwerk kostet 200 Mill. und rentiert sich zu 7%. Das gemeinsame Projekt Zweigwerk plus Kraftwerk erbringt eine Baukostenersparnis, kostet z. B. 280 Mill. Mark und rentiert sich zu 9%. Das gemeinsame Projekt bildet ein »unteilbares« Vorhaben.

Solche verbundenen Investitionsobjekte klammert die klassische Lösung aus, weil sie beliebige Teilbarkeit unterstellt.

Die Finanzierungsmöglichkeiten werden ebenfalls nach ihrer Kapitalsumme geordnet und bei gleicher Kapitalsumme nach ihrer Effektivverzinsung. Das billigste Vorhaben steht vorn. Im klassischen Modell gelten auch die Finanzierungsvorhaben als beliebig teilbar (es können 1 Mark oder 2 Mark usw. Kredit aufgenommen werden). Daraus folgt die i-Kurve, die wir strenggenommen als Kurve des marginalen Kalkulationszinsfußes bezeichnen müssen. Im Regelfall des klassischen Modells ist die Kurve des marginalen Kalkulationszinsfußes eine Gerade, d. h. marginale und durchschnittliche Kapitalkosten gleichen sich. Gelegentlich findet sich in der Literatur auch eine Kurve steigender Kalkulationszinsfüße. An der Modellstruktur ändert sich im Grundsatz auch dann nichts, wenn statt zweier steigender Kurven eine treppenförmig fallende Kurve der Rendite von Investitionsvorhaben einer treppenförmig steigenden Kurve der Kosten der Finanzierungsvorhaben gegenübergestellt wird[1].

Zusätzlich wird unterstellt, daß der Kalkulationszinsfuß nicht nur die Effektivverzinsung aufgenommenen Kapitals repräsentiert, sondern zugleich die Rendite aller außerhalb der Unternehmung (Firma) liegenden Geldanlagemöglichkeiten verkörpert. Zum Zinssatz i können also beliebige Beträge entliehen oder verliehen werden. Das ist mit der Bezeichnung »vollkommener Kapitalmarkt« gemeint.

Die Bestimmung des optimalen Investitionsbudgets ist aufgrund der Voraussetzungen des klassischen Modells kein Problem. In analoger Anwendung des Cournotschen Satzes läßt sich sagen: Das optimale Investitionsbudget ist bei dem Finanzierungsvolumen erreicht, bei dem die Grenzrendite (der marginale interne Zinsfuß) gleich dem Kalkulationszinsfuß ist, vorausgesetzt, die Grenzrendite liegt bei einem kleineren Kapitalbetrag darüber, bei einem größeren darunter[2].

Die Frage, ob der Unternehmer Eigenkapital hat und wieviel er hat, spielt für die Lösung unter den Voraussetzungen des klassischen Modells keine Rolle. Angenommen, der Unter-

---

[1] Vgl. zu den Verästelungen bes. *Joel Dean,* Capital Budgeting. 7th printing, New York-London 1964, S. 18, 50 f.; *B. S. Keirstead,* Capital, Interest, and Profits. Oxford 1959, Chapter V; *Adolf Moxter,* Die Bestimmung des Kalkulationszinsfußes bei Investitionsentscheidungen. Ein Versuch zur Koordination von Investitions- und Finanzierungslehre. In: ZfhF, NF, Jg. 13 (1961), S. 186–200, hier S. 189.

[2] Das ist die hinreichende Bedingung für ein Maximum. Läge die Grenzrendite zuvor unter den Grenzkapitalkosten und stiege sie dann darüber, so läge ein Minimum vor. Die hinreichende Bedingung wird gelegentlich etwas als Fetisch behandelt. Von Stackelberg bezeichnet sie z. B. als »Wicksellsche Ungleichung« (*Heinrich von Stackelberg,* Elemente einer dynamischen Theorie des Kapitals. (Ein Versuch.) In: Archiv für mathematische Wirtschafts- und Sozialforschung, Bd. 7 (1941), S. 8–29, 70–93, hier S. 18).

nehmer verfüge über einen Eigenkapitalbetrag von F_0, dann wird er zunächst sein Eigenkapital investieren und anschließend bis zur Menge M Fremdkapital aufnehmen. Bei M schneiden sich Grenzrendite und Kalkulationszinsfuß. Verfügt der Unternehmer über einen Eigenkapitalbetrag in Höhe von F_1, wird er in der Unternehmung das Investitionsbudget M durchführen und anschließend auf dem Kapitalmarkt den Restbetrag $F_1 - M$ anlegen. Für diesen Unternehmer lohnt es sich nicht, Fremdkapital aufzunehmen. Vgl. dazu Abb. 1, S. 356.

2. Unteilbare Investitionsvorhaben: das Lutz-Modell

Das klassische Modell findet sich in der Literatur auch mit einer leichten Abwandlung[3]. Aber diese Abwandlung ändert den Charakter des Modells grundlegend, ohne daß man das immer beachtet hat. Wir nennen die Abwandlung das Lutz-Modell. Die Kurven des durchschnittlichen und des marginalen internen Zinsfußes steigen zunächst, dann fallen sie. Das Maximum des marginalen internen Zinsfußes liegt vor dem und über dem des durchschnittlichen internen Zinsfußes. Der sinkende Ast des marginalen internen Zinsfußes schneidet die Kurve des durchschnittlichen internen Zinsfußes in ihrem Maximum (Abb. 2).

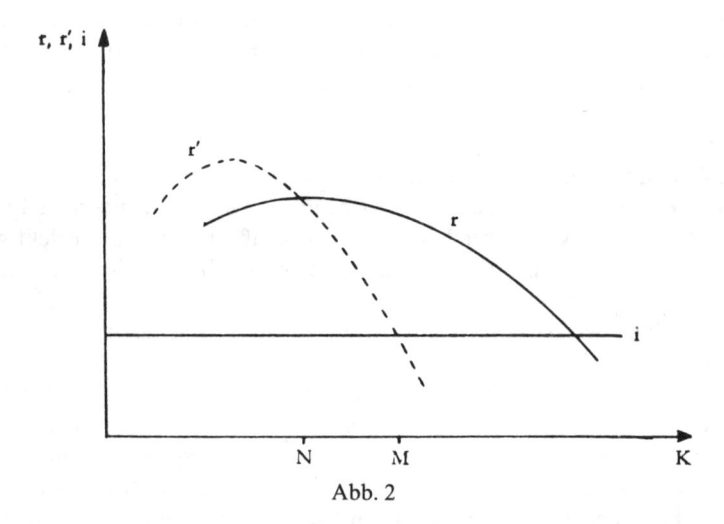

Abb. 2

Das Maximum des durchschnittlichen internen Zinsfußes ist erreicht, wenn Grenzrendite und Durchschnittsrendite sich entsprechen (Punkt N), denn: Liegt die Grenzrendite einer zusätzlichen investierten Mark über der durchschnittlichen Rendite einer bisher investierten Mark, dann muß die Durchschnittsrendite steigen. Liegt die Grenzrendite einer zusätzlichen Mark unter der Durchschnittsrendite alle bisher investierten Beträge, dann muß die Durchschnittsrendite sinken, wenn die zusätzliche Mark investiert wird. Folglich ist das Maximum der Durchschnittsrendite erreicht, wenn die Grenzrendite gleich der Durchschnittsrendite ist und zuvor über der Durchschnittsrendite lag, danach darunter liegen wird. Das Maximum der Durchschnittsrendite entspricht dem Maximum der Gesamtkapitalrentabilität der Unternehmung. Es entspricht auch dem Maximum an »Wirtschaftlichkeit«, wenn man

---

[3] Vgl. z. B. *Friedrich [A.] and Vera Lutz*, The Theory of Investment of the Firm. Princeton (N.J.) 1951, S. 21.

darunter das Verhältnis von Einnahmen (bzw. Barwert der Einnahmen) zu Ausgaben (bzw. Barwert der Ausgaben) versteht[4]. In dem Modell mit erst steigenden, dann sinkenden Durchschnittsrenditen ändert sich die Bedingung für das optimale Investitionsbudget nicht. Die Grenzrendite muß dem Grenzkalkulationszinsfuß entsprechen (Punkt M). Nur: das Modell enthält eine ganz andere Art von Investitionsvorhaben, folglich ist hier der Begriff Grenzrendite anders zu deuten.

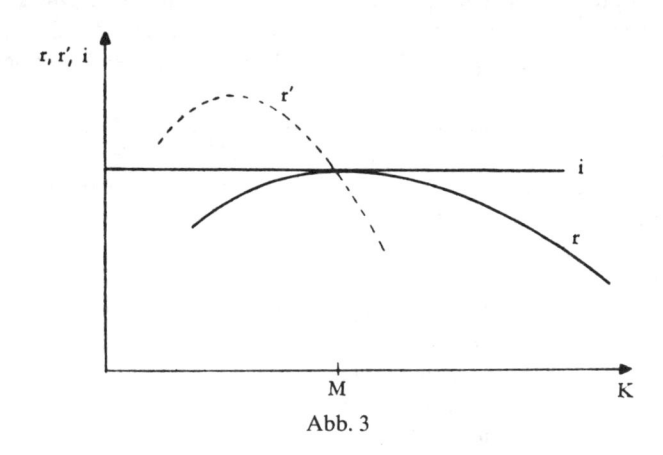

Abb. 3

Den abweichenden Inhalt des Modells erkennen wir am leichtesten, wenn wir den ungünstigen Fall der Abb. 3 betrachten: die Durchschnittsrendite gleicht nur in ihrem Maximum dem Kalkulationszinsfuß. Das heißt, allein das Investitionsbudget in Höhe von M erbringt einen Ertrag, der die Kapitalkosten deckt. Alle anderen Investitionsbudgets erbringen Verluste.
Im Modell der Abbildungen 2 und 3 entsteht offenbar das Ansteigen der Durchschnittsrendite dadurch, daß zunächst steigende Grenzrenditen erscheinen. Dazu ist jedoch zu fragen: Warum investiert der Unternehmer seine erste Mark nicht in dem vorteilhaftesten Objekt, in demjenigen, das Grenzrenditen über dem Kalkulationszins verkörpert? Die Antwort kann nur lauten: Weil es ihm unmöglich ist. Er kann hier nicht jede Mark einzeln investieren, vielmehr erfordert hier jedes einzelne Investitionsvorhaben bestimmte Mindestkapitalsummen. Das lukrativste Investitionsvorhaben ist jenes, das den Betrag M erfordert. Vorhaben, die weniger Kapital voraussetzen, rentieren sich schlechter, Vorhaben, die mehr Kapital voraussetzen, ebenfalls. Das Modell der Abb. 2 und 3 geht also nicht mehr von beliebig teilbaren Investitionsobjekten aus, sondern von Investitionsobjekten, die bestimmte Mindestkapitalsummen erfordern. Modell 2 und 3 unterstellen »unteilbare« Investitionsobjekte. Der materielle Unterschied zwischen dem Modell der Abb. 1 und dem der Abb. 2 und 3 ist folgender:
In Abb. 1 verkörpert jeder Punkt der r'-Kurve ein eigenes Investitionsobjekt. Jede Mark kann einzeln investiert werden. Jeder Punkt der r-Kurve verkörpert in Abb. 1 eine Gruppe von Investitionsobjekten, die gemeinsam verwirklicht werden. Jeder Punkt der r-Kurve

---

[4] Vgl. dazu näher 196 f. und insbesondere *Lutz*, S. 20.

bezeichnet also ein Investitionsprogramm, bestehend aus teilbaren, unverbundenen Einzelobjekten.

In Abb. 2 oder 3 kann dagegen jeder Punkt der r-Kurve zweierlei verkörpern:
a) Es kann sich um unteilbare Investitionsobjekte handeln, von denen eines z. B. 100 000 Mark erfordert, das nächste 101 000 Mark. Diese unteilbaren Investitionsobjekte schließen sich allerdings gegenseitig aus. Es können nicht Objekt I für 100 000 Mark und II für 101 000 Mark zusammen durchgeführt werden. Es ist auch nicht möglich, Objekt I zweimal zu verwirklichen. Die Deutung der Kurve als Abfolge sich ausschließender einzelner unteilbarer Investitionsobjekte ist wenig zweckmäßig, weil die Voraussetzungen kaum der Wirklichkeit entsprechen.
b) Jeder Punkt kann ein Investitionsprogrammm verkörpern, das aus mehreren Investitionsobjekten zusammengestellt ist. Die Investitionsobjekte können dabei verbunden oder unverbunden sein, finanziell unteilbar oder teilbar. Die Fälle von a) werden hier mit erfaßt, z. B. kann I ein unteilbares Objekt verkörpern, das 100 000 Mark erfordert, und II ein Vorhaben, welches 101 000 Mark erfordert. II kann auch ein Investitionsprogramm sein, welches Objekt I plus 1 000 Mark Geldanlage auf dem Sparbuch enthält.
Deuten wir die r-Kurve der Abb. 2 als Abfolge der Renditen sich gegenseitig ausschließender Investitionsprogramme, so werden alle praktisch wichtigen Fälle erfaßt: Kombinationen von unteilbaren und teilbaren Objekten, mehrfache Anschaffung eines einzelnen Objektes.
Wie ist in Abb 2 (und 3) die r'-Kurve zu deuten? Was heißt bei einer Abfolge unteilbarer Investitionsobjekte »Grenzrendite«? Grenzrendite ist die Rendite des zusätzlichen eingesetzten Kapitals, wenn statt eines Investitionsvorhabens, das z. B. 100 000 Mark erfordert, eines gewählt wird, das 101 000 Mark erfordert. Die r'-Kurve zeigt also die Renditenänderung an, wenn auf ein höheres Investitionsvolumen übergegangen wird.

Die klassische Bestimmung des Investitionsbudgets erfolgt bei teilbaren und unteilbaren Investitionsvorhaben nach der Regel *Grenzrendite gleich Grenzkalkulationszinssatz*. Da in diesem Modell zu ein und demselben Zinssatz nach Belieben Geld entliehen oder verliehen werden kann, spielt die Art der Finanzierung der Unternehmung und damit die Kapitalstruktur für die Höhe des Unternehmungsgewinns keine Rolle.
Die Voraussetzungen des Modells seien wiederholt:
a) Einperiodige Planung.
b) Das Ungewißheitsproblem bleibt außer acht.
c) Es bestehen beliebig viele sich gegenseitig ausschließende Investitionsprogramme bzw. unteilbare Investitionsobjekte.
d) Es ist bekannt, welche Objekte für jeden Kapitalbetrag das rentabelste Investitionsprogramm bilden.
e) Es besteht ein vollkommener Kapitalmarkt, d. h. zu einem Zinssatz kann nach Belieben Geld entliehen oder verliehen werden.

Wir werden vorläufig die Annahme einperiodiger Planung unter »Sicherheit« beibehalten. Um das statische Modell wirklichkeitsnäher zu formulieren, sind dann die Voraussetzungen c) bis e) zu überprüfen bzw. aufzuheben.

b) Investitions- und Finanzplanung bei unvollkommenem Kapitalmarkt: die präferenzabhängige Lösung

1. Das Grundmodell

Ein unvollkommener Kapitalmarkt liegt vor, wenn der Zinssatz, zu dem Kapital aufgenommen werden kann, abweicht von dem Zinssatz, zu dem Geld auf dem Kapitalmarkt angelegt werden kann. Bei unvollkommenem Kapitalmarkt führen die drei finanziellen Einzelziele Vermögens-, Einkommens- und Wohlstandsstreben zu unterschiedlichen Lösungen. Maximierung des Kapitalwertes kann nicht mehr an die Stelle der drei finanziellen Einzelziele treten (vgl. S. 171). Um hier das Optimum der Investitions- und Finanzplanung zu bestimmen, gehen wir von einem sehr einfachen Beispiel aus[5]. Wir betrachten in diesem Kapitel nur die personenbezogene Unternehmung. Die Besonderheiten firmenbezogener Unternehmen werden in Kapital E bei der Untersuchung der optimalen Kapitalstruktur dargestellt.

Ein Unternehmer hat als Einnahmenüberschuß der Vorperiode einen Betrag K_0, sagen wir 1 Mill. Mark, erwirtschaftet. Er verfügt also heute, im Planungszeitpunkt t_0, über den Geldbetrag K_0. Mit diesem Betrag will er sein Vermögen steigern und seinen Lebensunterhalt in t_0 und in t_1 bestreiten. Wir nehmen an, t_0 und t_1 liegen ein Jahr auseinander.

Wie sehen die Investitions- und Finanzierungsentscheidungen aus, wenn der Unternehmer a) Vermögensmaximierung, b) Einkommensmaximierung, c) Wohlstandsmaximierung verfolgt?

Wir wollen die Modellösungen zeichnerisch verdeutlichen. In Abb. 4 nennt die Abszisse das in t_0 verbleibende Einkommen (E_0). Die Ordinate bezeichnet das durch die Investition erzielbare Einkommen (E_1) in t_1. In der Zeichnung wird für t_1 nicht zwischen Einkommen und Endvermögen unterschieden.

Das erste Investitionsvorhaben, das der Unternehmer erwägt, ist die Geldanlage auf dem Sparbuch. Von Kreditaufnahmen sehen wir bei der ersten Lösung ab; sie lohnen sich hier nicht, denn der Sollzins soll über der möglichen Rendite = Habenzins liegen. Legt der Unternehmer die 1 Mill. Mark in t_0 aufs Sparbuch, so verbleibt ihm in t_0 nichts; dafür erhält er in t_1 die Spareinlage plus Zinsen zurück. Der Zinssatz i beträgt 4%. K_1 bezeichnet das Vermögen in t_1, wenn das ganze Geld angelegt wird. $K_1 = (1 + i) K_0$, d. h. 1 040 000 Mark. Konsumiert der Unternehmer 500 000 Mark (a_0) und legt den Rest ($K_0 - a_0$) aufs Sparbuch, so erhält er 520 000 Mark (a_1 in t_1). Die Investition auf dem Sparbuch gestattet eine Vielzahl von möglichen Einkommensverteilungen zwischen t_0 und t_1, die durch die Gerade $K_0 K_1$ angegeben werden.

---

[5] Das Modell stellt eine Übertragung der Grundgedanken der Haushaltstheorie auf zwischenzeitliche Konsumentscheidungen und damit auf Investitionsprobleme dar. Es baut auf Gedanken Irving Fishers auf und wurde erstmals von Hirshleifer im einzelnen dargestellt. Ich habe versucht, Hirshleifers Modell von schwerverständlichen Schlacken zu reinigen, und ändere es in mehreren Punkten ab. Die Idee, die drei Lösungsbereiche in einer Investitionskurve darzustellen, entlehne ich Hållsten; Hållsten bemerkt ferner, die Zielfunktion müsse so formuliert werden, daß z. B. in Abb. 5 die Punkte auf der Investitionskurve links von I_4 »are related to non-optimal plans«. Hållstens Verwendung des Begriffes Zielfunktion erscheint mir nicht ganz glücklich. Seine Bemerkung habe ich aber bei der Definition des »effizienten Wahlbereichs« verwertet. Vgl. *J[ack] Hirshleifer*, On the Theory of Optimal Investment Decision. In: The Journal of Political Economy, Vol. 66 (1958), S. 329–352; wiederabgedruckt in: The Management of Corporate Capital, edited by Ezra Solomon. 3rd printing, London 1964, S. 205–228; *ders.*, Investment, Interest, and Capital, Chapter 3; *Bertil Hållsten*, Investment and Financing Decisions. On Goal Formulation and Model Building. Stockholm 1966, S. 4–9, Zitat S. 9.

Abb. 4 (in tausend Mark)

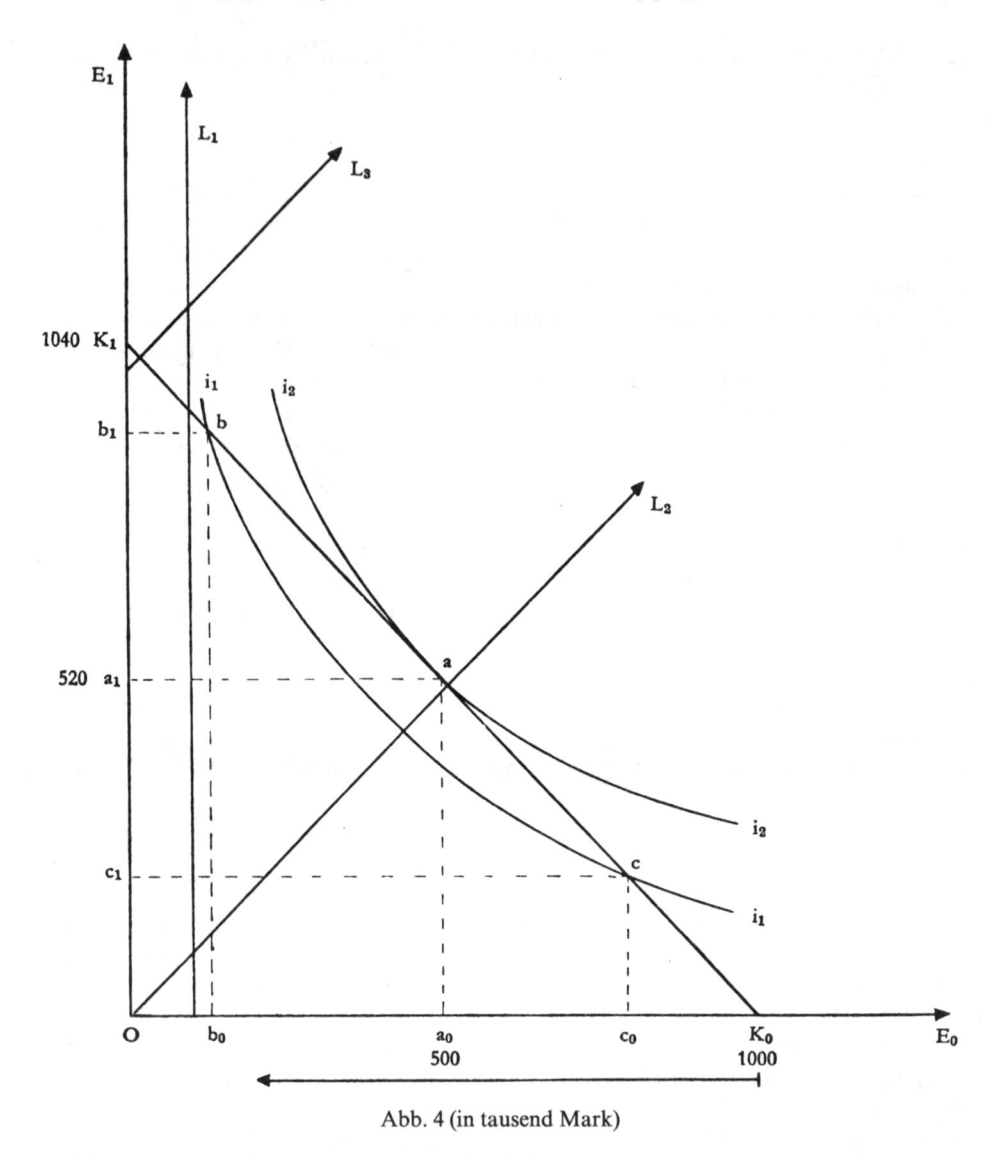

Erstrebt der Unternehmer Vermögensmaximierung, so hat er von seinem Kapital von 1 Mill. Mark zunächst den Betrag abzusetzen, den er in t_0 als Konsumeinkommen entnehmen will. Das mögen 100 000 Mark sein. Der Unternehmer wird folglich diejenigen Investitionsvorhaben verwirklichen, die ihm das höchste Einkommen in t_1 (den höchsten Ordinatenwert) versprechen. Bei Vermögensmaximierung ist der »Zielpfad« mit einer Parallelen zur Ordinate identisch (Zielpfad L_1). Strebt der Unternehmer nach Vermögensmaximierung, so wird er in t_0 100 000 Mark, in t_1 936 000 Mark Einnahmen erzielen.

Erstrebt der Unternehmer Einkommensmaximierung, so hat er vorab über die zeitliche Verteilung des Einkommens und über das Vermögen in t_1 zu entscheiden. Wir nehmen als erstes an, das Endvermögen möge Null sein und der Unternehmer wolle in jedem Zahlungszeitpunkt ein gleich hohes Einkommen erzielen. Dieses Ziel erreicht der Unternehmer, wenn er einen Punkt auf der 45°-Linie durch den Koordinatenursprung verwirklicht (Zielpfad L_2). Jeder dieser Punkte zeigt ihm in t_0 und t_1 das gleiche Einkommen an. Bei Einkommensmaximierung unter der Bedingung gleicher zeitlicher Verteilung des Einkommens und einem Endvermögen in Höhe von Null, wird der Unternehmer in t_0 ca. 509 800 Mark entnehmen und die verbleibenden 490 200 Mark auf dem Sparbuch anlegen. Sie bringen ihm in t_1 ebenfalls rund 509 800 Mark.

Am Ende des Planungszeitraums (hier in t_1) fließen dem Unternehmer in zwei Formen Einnahmen zu, einmal eine Einkommenszahlung (bei Vermögensstreben hier 100 000, bei Einkommensstreben hier 509 800), zum anderen eine Vermögenszahlung (bei Vermögensstreben 836 000, bei Einkommensstreben hier 0). Was der Unternehmer mit beiden Beträgen nach dem Planungshorizont macht, ob er sie konsumiert oder reinvestiert, ist für die Modellüberlegung gleichgültig.

Wollte der Unternehmer bei Einkommensmaximierung eine ungleiche zeitliche Verteilung (bei Endvermögen Null), so müßte die Steigung des Zielpfades geändert werden. Wünschte der Unternehmer in t_1 das doppelte Einkommen gegenüber dem in t_0, so müßte die Steigung des Zielpfades tg x = 2, d. h. x rund 63°, betragen.

Will der Unternehmer ein Endvermögen von z. B. 1 Mill. Mark behalten, so darf der Zielpfad auf der Ordinate erst bei dem Punkt 1 Mill. beginnen. Bei der Zielsetzung Erhaltung des Anfangskapitals von 1 Mill. Mark und gleiche zeitliche Verteilung des Einkommens beginnt also der Zielpfad (die 45°-Linie) bei dem Ordinatenwert 1 Mill. Mark (Zielpfad L_3). Jährlich könnten dann rund 19 600 Mark entnommen werden.

Erstrebt der Unternehmer Wohlstandsmaximierung, so muß eine Austauschregel über Vermögenswachstum (hier Einkommen in t_1) und Einkommen in t_0 bekannt sein. Der Unternehmer habe, so nehmen wir an, eine persönliche Präferenzvorstellung über das wünschenswerte Einkommen in t_0 und t_1. Diese Präferenzvorstellung kann durch Indifferenzkurven wiedergegeben werden. Eine solche Indifferenzkurve (wie i_1 oder i_2) bezeichnet alle Kombinationen von gegenwärtigen und künftigen Einkommen, die dem Unternehmer gleich wert sind. Es ist dem Unternehmer also gleichgültig, ob er das geringe Einkommen b_0 in t_0 erhält und dafür das hohe Einkommen b_1 in t_1 oder ob er das hohe Einkommen c_0 in t_0 erhält und dafür das geringe Einkommen c_1 in t_1. Nicht egal ist es dem Unternehmer, welche Indifferenzkurve er erreichen kann. Der Unternehmer wird versuchen, eine Indifferenzkurve zu erreichen, die möglichst weit vom Ursprung entfernt ist. Er zieht z. B. alle Kombinationen, die i_2 ausdrückt, den Kombinationen von i_1 vor; denn i_2 zeigt für jedes beliebige Verhältnis von gegenwärtigem und künftigem Einkommen höhere Werte als i_1. Das höchstmögliche Wohlstandsniveau, das der Unternehmer hier erreichen kann, bezeichnet die Indifferenzkurve i_2, die in Punkt a gerade die Linie der Investitionsmöglichkeiten auf dem Sparbuch berührt. Der Unternehmer sieht in diesem Modell keine Handlungsmöglichkeit, die ihm ein höheres Wohlstandsniveau (eine weiter rechts liegende Indifferenzkurve) erlaubt. In Abb. 4 wird der Unternehmer also dadurch sein Wohlstandsniveau maximieren, daß er den Betrag a_0 (500 000 Mark) in t_0 konsumiert und $K_0 - a_0$ (500 000 Mark) zur Selbstfinanzierung der Investition auf dem Sparbuch zurückbehält. Dafür gewinnt er a_1 (520 000 Mark) als Konsumeinkommen in t_1.

Ein Vergleich der drei Zielsetzungen zeigt: Vermögens- und Einkommensmaximierung sind Sonderfälle der Wohlstandsmaximierung. Bei diesen Zielen fällt eine Indifferenzkurve auf einen Punkt zusammen, eine Schar aufeinanderfolgender Indifferenzkurven verdichtet sich zu einem Zielpfad. Für die Erweiterungen des Modells legen wir deshalb von vornherein Wohlstandsmaximierung, den allgemeinen Fall also, zugrunde.

Wir nehmen nunmehr an, der Unternehmer könne für das eine Jahr auch Sachinvestitionen durchführen. Ihm werden fünf verschiedene Firmen zum Kauf angeboten, oder er kann in einer Firma fünf verschiedene Investitionsvorhaben durchführen. Die Sachinvestitionsmöglichkeiten werden mit I_1 bis I_5 bezeichnet. Die Investitionen erfordern unterschiedlichen Kapitaleinsatz, und sie erbringen sehr unterschiedliche Renditen (die Zahlen werden übertrieben, damit die Zeichnung deutlicher wird).
Ihre Zahlungsströme lauten:

	Ausgabe in t_0	Einnahme in t_1	Rendite
	in 1000 Mark		
I_1	100	200	100%
I_2	300	550	83%
I_3	500	770	54%
I_4	700	1000	43%
I_5	900	1080	20%

Die Investitionsvorhaben schließen sich gegenseitig aus, das wird vorausgesetzt. Der Unternehmer kann I_1 oder I_2 verwirklichen, nicht I_1 und I_2 zusammen. Im Grunde betrifft dieses »Sich-Ausschließen« nur die Frage, was man als *ein* Investitionsvorhaben ansieht. Wir können z. B. annehmen, I_1 und I_2 lassen sich zusammen durchführen, bilden aber dann Vorhaben I_3; d. h. I_1 und I_2, gemeinsam verwirklicht, erfordern Zusatzbauten (verstärkte Grundmauern), so daß der Kapitaleinsatz auf 500 000 Mark steigt, und beide zusammen erbringen nur 20 000 Mark mehr als ihre Einzeleinnahmen (200 000 + 550 000) ausmachen.
Wenn wir die fünf Investitionsmöglichkeiten in die Zeichnung übernehmen wollen, müssen wir mit den Investitionsbeträgen auf der Abszisse von K_0 aus nach links gehen, denn vom Ursprung aus gesehen, wird das in t_0 verbleibende Bargeld (Einkommen) abgetragen.
Der Bequemlichkeit halber erweitern wir das Modell durch die Annahme: Der Unternehmer sehe nicht nur fünf, sondern beliebig viele Investitionsmöglichkeiten in der Unternehmung, die alle in Abb. 5 durch die »Investitionskurve« K_0I_n wiedergegeben werden. I_1 bis I_5 sind fünf dieser Investitionsmöglichkeiten. An den entscheidenden Aussagen des Modells ändert sich nichts, wenn wir beliebig viele (eine stetige Kurve) oder einige wenige Investitionsmöglichkeiten unterstellen.
Auf den veränderten Inhalt der verwendeten Begriffe ist zu achten: Bei beliebig vielen Investitionsvorhaben können wir von der »Grenzrendite« einer beliebigen Investition I_2 sprechen, d. h. vom zusätzlichen Einnahmenüberschuß (Einnahmen in t_1 minus Ausgabe in t_0) in t_1, den eine in t_0 zusätzlich investierte Mark erbringt. In der Zeichnung 5 läßt sich die Grenzrendite ermitteln als die Steigung der Tangente an die Sachinvestitionskurve. Auch bei nur fünf Investitionsobjekten können wir den Begriff »Grenzrendite« von I_2 verwenden. Gemeint ist damit aber dann die Veränderung der Rendite, wenn I_2 statt I_1 gewählt wird.
Die Berechnung dieser Renditenänderung kann zu Fehlschlüssen führen, deshalb sei sie am Beispiel verdeutlicht: Die (»Durchschnitts«-) Rendite von I_2 berechnet sich als Quotient aus

Einnahmenüberschuß (Einnahme in t_1 minus Ausgabe in t_0, also 550 000 − 300 000 = 250 000) im Zähler und eingesetztem Kapital (Ausgabe in t_0 = 300 000) im Nenner, also ca. 83%. Der Einnahmenüberschuß bei I_1 beträgt 100 000, das eingesetzte Kapital ebenfalls 100 000, die Rendite von I_1 also 100%. Die Grenzrendite (Renditenänderung) von I_2 in bezug auf I_1 bezeichnet dann den Quotienten aus der Änderung des Einnahmenüberschusses, wenn I_2 gewählt wird, also 250 000 − 100 000 = 150 000 im Zähler, und der Änderung des eingesetzten Kapitals, wenn I_2 statt I_1 gewählt wird, also 300 000−100 000 = 200 000, im Nenner. Die Grenzrendite von I_2 in bezug auf I_1 beträgt folglich 150 000 : 200 000 = 75%. Gehen wir demgegenüber von einer stetigen Investitionskurve (beliebig vielen Investitionsvorhaben) aus, dann beträgt die Grenzrendite von I_2 (jetzt in bezug auf das nächst kleinere Investitionsvorhaben) nur 50%, wie S. 367 erläutert wird.

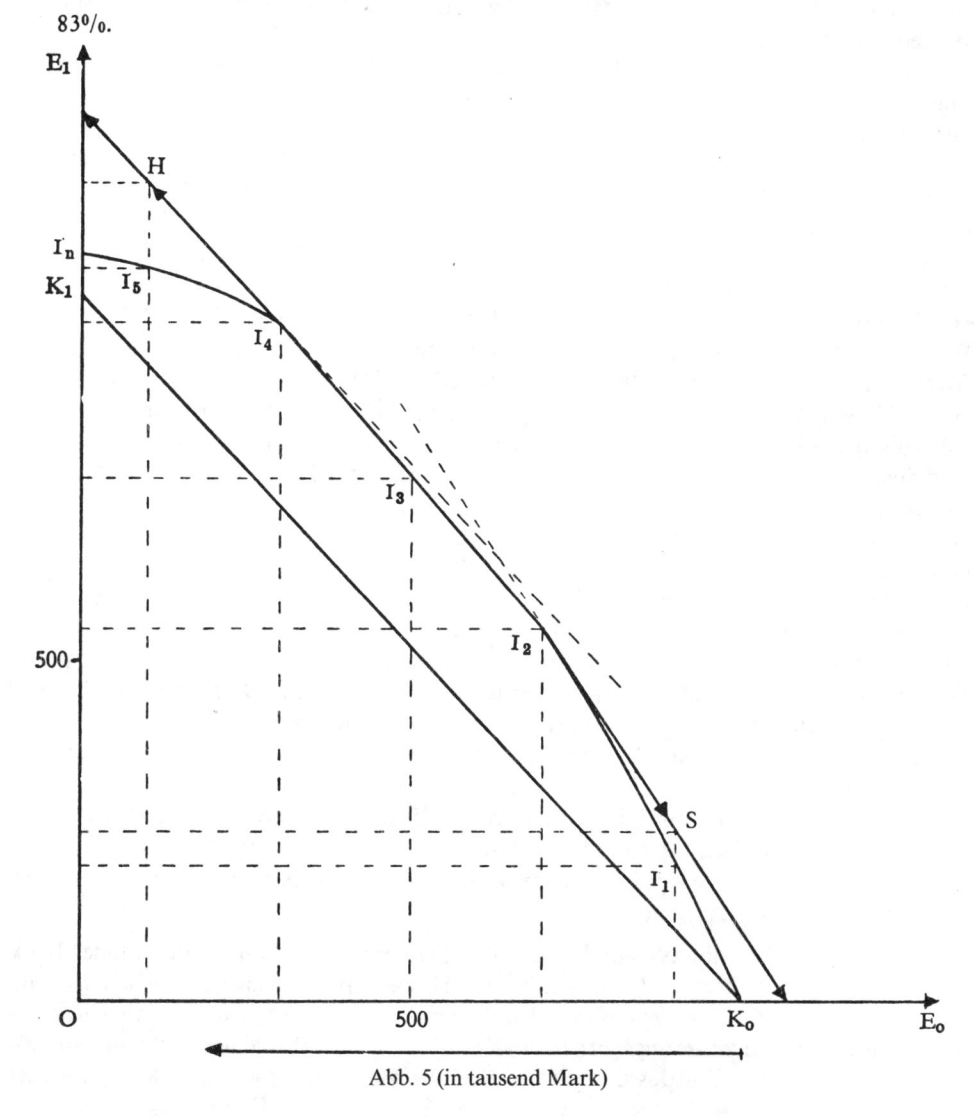

Abb. 5 (in tausend Mark)

Aus der Grenzrendite von I_1 (bezogen auf die Investition von null Mark) = 100% für 100 000 Mark Kapital und der von I_2 (in bezug auf I_1) = 75% für 200 000 Mark errechnet sich als gewogenes Mittel die Gesamt (»Durchschnitts«–)Rendite von I_2 mit 83%.

Die Abb. 5 enthält die Sachinvestitionsmöglichkeiten des Unternehmers und zwei Erweiterungen:

(1) Der Unternehmer hat nicht nur die Wahl, entweder auf dem Sparbuch oder in Sachanlagen zu investieren, sondern er kann auch auf dem Sparbuch und in Sachanlagen zugleich investieren. Hat sich der Unternehmer z. B. für Investitionsvorhaben I_4 entschieden, dann verfügt er in t_0 noch über 300 000 Mark. Erscheint ihm dieser Konsumbetrag für t_0 zu hoch, dann muß er überlegen: Lohnt es sich, statt I_4 ein anderes Investitionsvorhaben in der Firma zu wählen, das mehr als 700 000 Mark erfordert, oder ist es besser, einen zusätzlichen Betrag auf dem Sparbuch anzulegen?

Die Linie der Investitionen zum Sparzins soll fortan »Habenzinskurve« genannt werden. Zum Habenzins kann Geld in beliebiger Menge angelegt werden.

Die Investition auf dem Sparbuch wird durch eine Parallele zur ursprünglichen Habenzinskurve K_0K_1 wiedergegeben. Die Parallele tangiert die Investitionskurve in I_4. Der Pfeil zeigt die Wirkung der Investition zum Habenzins an: Verringerung des Konsumbetrages in t_0 und Erhöhung des Einkommens in t_1.

Ein kurzes Nachdenken zeigt, daß eine Anlage auf dem Sparbuch nur von einem Unternehmer erwogen wird, der sich ohne Berücksichtigung des Sparbuches für eine Investition links von I_4 entschieden hätte, z. B. für I_5. Der Unternehmer, der zunächst I_5 für die seinen Wünschen entsprechende Investitionsgelegenheit ansieht, wählt folgenden Einkommensstrom: 100 000 Mark in t_0 und 1 080 000 in t_1. Offensichtlich stünde er sich aber besser, wenn er statt dessen nur I_4 verwirklicht, was ihm zunächst 300 000 Mark Einkommen in t_0 und 1 000 000 in t_1 erbringt. Legt der Unternehmer dann von den 300 000 Mark noch 200 000 auf dem Sparbuch an, dann verwirklicht er insgesamt den Punkt H, der folgende Einkommen anzeigt: 100 000 Mark in t_0 (wie I_5) und 1 208 000 in t_1.

Andererseits wird der Unternehmer, der I_3 erwägt, kein Geld auf dem Sparbuch anlegen, denn die Parallele zur Habenzinskurve durch I_3 verläuft (zeichnet man sie ein) teilweise unterhalb der Investitionskurve, und das bedeutet: Wählt der Unternehmer statt I_3 plus Geldanlage auf dem Sparbuch ein anderes Sachinvestitionsvorhaben (z. B. I_4), so kann er in beiden Zeitpunkten, t_0 und t_1, über mehr Geld verfügen.

Die zusätzliche Anlage auf dem Sparbuch ist also nur dann eine vernünftige (effiziente) Wahlmöglichkeit, wenn die Habenzinskurve für mindestens einen Zeitpunkt zu höherem Einkommen führt als die Sachinvestitionskurve. Dabei ist zu beachten, daß die Habenzinskurve, von I_4 ausgehend, nur in Pfeilrichtung betrachtet werden darf. Der punktierte Teil der Habenzinstangente rechts von I_4 kann nicht verwirklicht werden, denn das würde bedeuten: Investition in I_4 und dann Austausch von künftigen Einkommen zugunsten gegenwärtiger Einnahmen, d. h., es würde Kreditaufnahme zum Habenzinssatz bedeuten, und das schließen wir durch die Voraussetzung aus: Kredite kosten den höheren Sollzinssatz.

(2) Die zweite Erweiterung besteht darin, daß der Unternehmer auch Kredit von der Bank bekommen kann. Außer der Habenzinskurve, die das Investitionsvorhaben »Sparbuch« (bzw. anderweitige Geldanlage auf dem Kapitalmarkt) verkörpert, zeichnen wir eine Sollzinskurve, die das Finanzierungsvorhaben »Kreditaufnahme« (Entleihen auf dem Kapitalmarkt) beschreibt. Der Sollzins liegt über dem Habenzins, d. h., die Sollzinskurve verläuft

steiler. Um die Zeichnung deutlich zu machen, sind bei der Sollzinskurve Wucherzinsen unterstellt: Die Steigung beträgt $-1,5$, d. h., es wird mit 50% Sollzinsen je Jahr gerechnet. Die Kreditaufnahme lohnt sich nur für den Unternehmer, der ein rechts von I_2 liegendes Sachinvestitionsvorhaben erwägt, z. B. I_1. I_1 beläßt ihm in t_0 900 000 Mark und erbringt in t_1 200 000 Mark. Investiert der Unternehmer statt dessen I_2, so erhält er in t_0 700 000 Mark und in t_1 550 000 Mark. Nimmt er jetzt Kredit auf bis zum Punkt S, dann verfügt er in t_0 über 900 000 Mark wie bei I_1, in t_1 jedoch über 250 000 Mark. Er steht sich also besser. Der aufgenommene Kredit läßt sich auf der Abszisse ablesen als Abstand der Punkte I_2 und S. Er beträgt 200 000 Mark. Die Einnahmenminderung in t_1 durch die Kreditrückzahlung mit Zinsen läßt sich auf der Ordinate ablesen durch den Abstand der Ordinatenwerte für I_2 und S. Sie beträgt 300 000 Mark (200 000 Mark Kreditrückzahlung plus 50% Sollzinsen).

Um Mißverständnisse zu vermeiden: Die Sachinvestitionen innerhalb der Firma bezeichnet nur die Investitionskurve $K_0 - I_n$. Durch Bewegung auf der Sollzinskurve (Kreditaufnahme) kann der Unternehmer aber das künftige Einkommen, das er durch die Sachinvestition erzielt, in gegenwärtige Einnahmen umwandeln. Der Unternehmer kann rund 367 000 Mark Kredit aufnehmen und so in t_0 über $700\,000 + 367\,000 = 1\,067\,000$ Mark in barem Geld verfügen (Berührungspunkt der Sollzinskurve mit der Abszisse). Mit dieser Kreditaufnahme verzichtet er jedoch auf jedes Einkommen in t_1. Zwar erwirtschaftet er durch das Investitionsvorhaben I_2 550 000 Mark in t_1. Aber er muß diese 550 000 Mark als Kreditrückzahlung plus Zinsen an die Bank überweisen. Der Pfeil an der Sollzinskurve zeigt die zulässige Bewegungsrichtung bei Kreditaufnahmen an. Eine Bewegung nach links von I_2 würde bedeuten: Weniger Einkommen in t_0 und dafür höhere Einnahmen in t_1, also Geldanlage zum Sollzinsfuß, und das ist unmöglich. Geld kann außerhalb der Firma nur zum geringeren Habenzinssatz angelegt werden.

Wir stellen fest: Rechts von I_2 ist es vernünftig, in der Firma zu investieren und Kredit aufzunehmen. Zwischen I_2 und I_4 ist es vernünftig, in der Firma zu investieren und kein Finanzgeschäft (Kreditaufnahme, Geldanlage) durchzuführen; links von I_4 ist es vernünftig, in der Firma zu investieren und auf dem Sparbuch Geld anzulegen. Daraus folgt: In jedem Fall wird der Unternehmer eine Einkommenskombination wählen, die auf dem Streckenzug durch HI_4I_2S liegt. Denn jeder Punkt auf dieser Linie ist jedem Punkt im Innern der von dieser Linie eingeschlossenen Fläche überlegen: Er bringt mindestens in einem Zeitpunkt ein höheres Einkommen. Die Linie durch HI_4I_2S können wir deshalb als den »effizienten Wahlbereich«, als die »Kurve der guten Handlungsmöglichkeiten« bezeichnen, denn alle Punkte im Innern der von ihr eingeschlossenen Fläche sind schlechtere Handlungsmöglichkeiten. Nur auf der »Kurve der guten Handlungsmöglichkeiten« werden rationale unternehmerische Entscheidungen zu suchen sein.

Nachdem sämtliche Investitions- und Finanzierungsmöglichkeiten beschrieben sind, folgt nun die entscheidende Erweiterung des Modells: Wir gehen nicht mehr von einem einzigen Unternehmer und seinen Indifferenzkurven aus, sondern von drei verschiedenen Unternehmern, die alle vor denselben Handlungsmöglichkeiten stehen.

Unternehmer A zieht es vor, mit seiner Frau in diesem Jahr nach Tahiti zu fahren; er wünscht also viel Bargeld in t_0 und kommt mit weniger Geld im Zeitpunkt t_1 aus.

Unternehmer C will mit seiner Frau im nächsten Jahr nach Tahiti fahren und sucht deshalb ein höheres Einkommen in t_1 und weniger in t_0.

Unternehmer B schließlich ist Junggeselle und will beide Jahre nach Tahiti fahren. Er sucht in beiden Jahren ein in etwa gleich hohes Einkommen.

Für jeden Unternehmer zeichnen wir in Abb. 6 eine Indifferenzkurve ein. (Wem die Arbeit mit Indifferenzkurven mißfällt, der möge sich statt dessen drei Zielpfade mit unterschiedlicher zeitlicher Verteilung des Einkommens vorstellen; am Ergebnis ändert sich dadurch nichts.) A bezeichnet die Wertschätzung von gegenwärtigem und künftigem Einkommen des Unternehmers A. B gilt für Unternehmer B und C für Unternehmer C. In Abb. 6 sind nur diejenigen Indifferenzkurven eingezeichnet, welche die Kurve der guten Handlungsmöglichkeiten berühren, denn wir wissen bereits: Nur dort kann das Optimum für die Unternehmer A, B und C liegen.

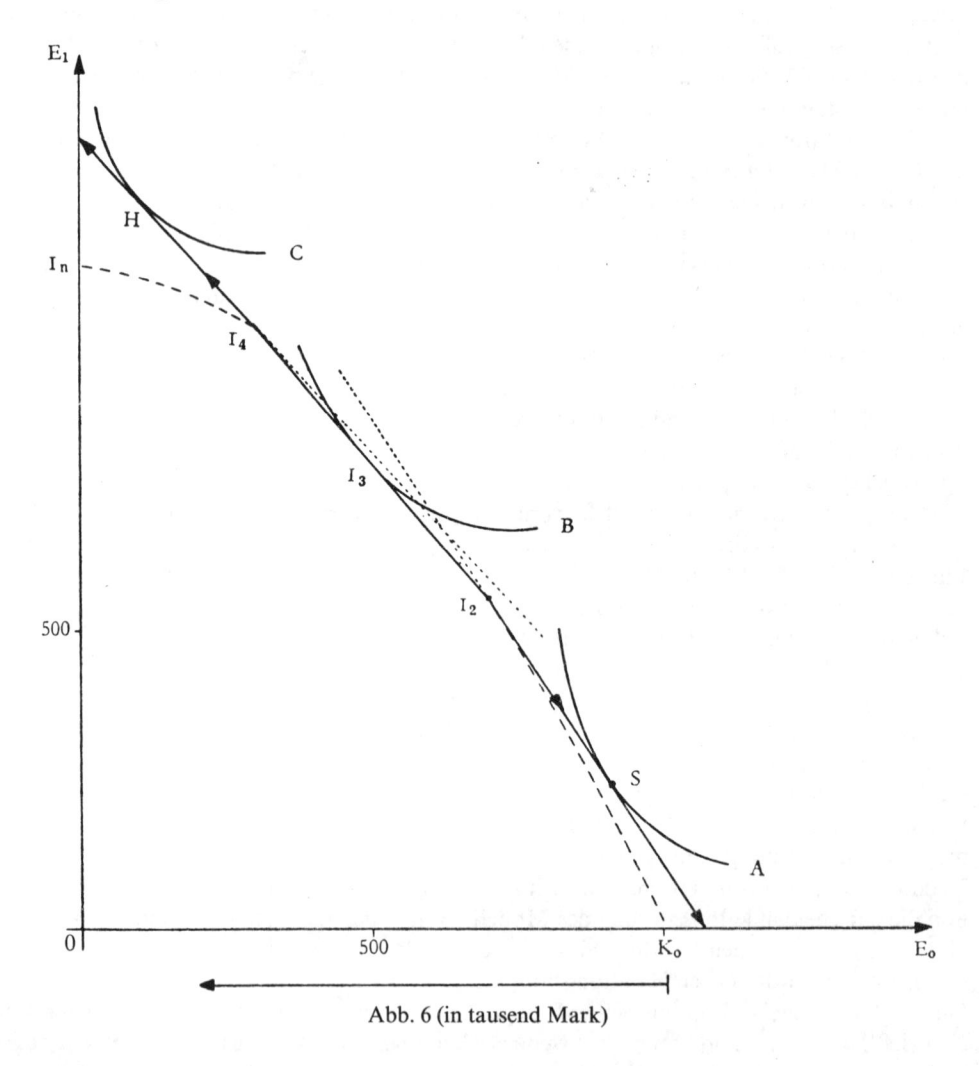

Abb. 6 (in tausend Mark)

2. Folgerungen für Investitionsprogramm und Kapitalstruktur

Was sagt die Modellösung aus? Zunächst etwas recht Triviales: Je nach den persönlichen Einkommenswünschen der Unternehmer (nach ihrer Konsumpräferenz bzw. Liquiditätspräferenz) kann es sich lohnen, Kredit aufzunehmen, Geld außerhalb der Firma anzulegen oder nur in der Firma zu investieren. Aber diese triviale Einsicht gewinnt sofort Gewicht, wenn sie mit den Aussagen der klassischen Investitionstheorie verglichen wird.

aa) Umfang des Investitionsprogramms

Die klassische Bedingung für das Investitionsvolumen lautet: Das Optimum des Kapitaleinsatzes in einer Unternehmung ist erreicht, wenn die Grenzrendite den Grenzkapitalkosten gleicht (der marginale interne Zinsfuß dem marginalen Kalkulationszinsfuß). Diese Aussage ist nur eine andere Formulierung für das Ziel »Kapitalwertmaximierung«; denn der Kapitalwert steigt so lange, wie eine Investition Einnahmen erzielt, die, abgezinst (um die Zinskosten bereinigt), noch einen Überschuß erbringen. Wir wenden jetzt die Optimumbedingung auf unser Modell an.

Die klassische Aussage: Grenzrendite gleich Grenzkapitalkosten (marginaler interner Zinsfuß gleich marginaler Kalkulationszinsfuß) gilt für das Sachinvestitionsvolumen, das Unternehmer A verwirklicht – also I_2. Die Grenzkapitalkosten entsprechen hier den Fremdkapitalzinsen.

Die Aussage Grenzrendite gleich Grenzkapitalkosten würde für Unternehmer C gelten, wenn der Kalkulationszinsfuß gleich dem Habenzinssatz wäre. Aber um hier die allgemeine Optimumbedingung zu erhalten, müßten wir »Grenzkapitalkosten« anders definieren, als wir es bisher getan haben: als Gewinnentgang (als Opportunitätskosten). Denn wenn C eine Mark zusätzlich in der Unternehmung investieren würde, verzichtet er auf die Zinsen, die ihm die Anlage auf dem Sparbuch erbrächte. Eine solche Definition ist jedoch unzweckmäßig, denn bei Unternehmer C werden zwei »Grenzrenditen« miteinander verglichen, die Grenzrendite der Sachinvestitionen und die Grenzrendite der Finanzinvestitionen, die hier Habenzins genannt wurde.

Für B läßt sich die Optimumbedingung gar nicht mehr halten. B's Investitionsvolumen wird weder durch die effektiven Kosten des zusätzlichen Kapitals (Fremdkapitalzinsen) begrenzt noch durch die Rendite alternativer Anlagen. Ein externer Kalkulationszinsfuß ist hier überflüssig. Man kann allerdings die klassische Aussage folgendermaßen zu retten versuchen: Der Kalkulationszinsfuß sei hier kein Marktzinssatz, sondern ein »Schattenpreis«[6], d.h. ein Ausdruck für den Gewinnentgang (die Opportunitätskosten). Aber das ist eine Aussage ohne entscheidungsbestimmenden Gehalt, wie wir später (S. 388) sehen werden.

Wenn, wie in Wirklichkeit, Sollzinsen und Habenzinsen auseinanderfallen, wird der Fall B mitunter auftreten: immer dann, wenn der Unternehmer bei Investition des Bestandskapitals nur Investitionsvorhaben sieht, die weniger als den Sollzins, aber immer noch mehr als den Habenzins erbringen.

Investiert hier Unternehmer B solange, bis die Grenzrendite dem marginalen Habenzinsfuß gleicht, dann müßte er I_4 verwirklichen. I_4 liegt aber für ihn auf einer niedrigeren Indifferenzkurve als I_3. Mit I_4 würde er folglich nicht das höchste Wohlstandsniveau erreichen.

Nur wenn Soll- und Habenzins identisch sind, ist die klassische Aussage über das Investitionsvolumen unanfechtbar. Die Besonderheiten des Falles B verschwinden, für alle drei Unternehmer liegt das Optimum auf der Linie des Kalkulationszinsfußes, denn die Kurve der

---

[6] So *Hirshleifer*, On the Theory of Optimal Investment Decision, S. 228.

guten Handlungsmöglichkeiten deckt sich mit jener Zinslinie, die gerade die Sachinvestitionskurve berührt (Abb. 7).

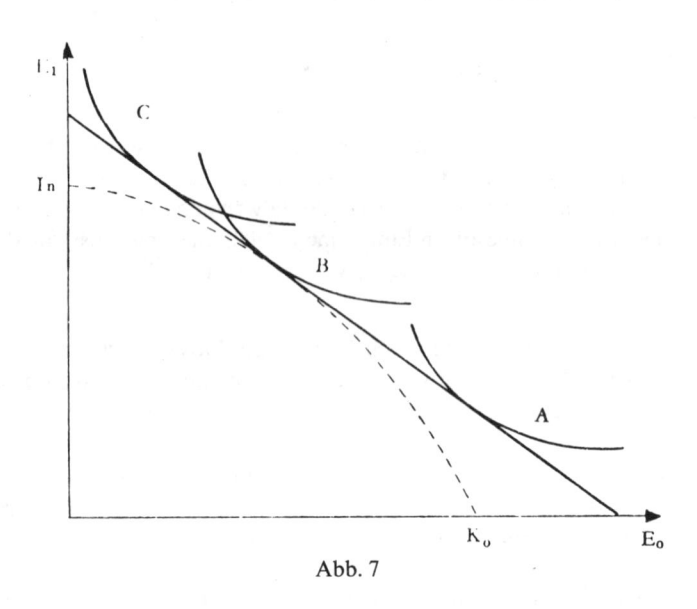

Abb. 7

Die Gerade (Zinslinie) bezeichnet hier die Kurve der guten Handlungsmöglichkeiten; von der Sachinvestitionskurve ist nur der Berührungspunkt mit der Zinslinie effizient. A, B und C bestimmen ihr optimales Investitionsprogramm nach derselben Regel »Grenzrendite gleich Kalkulationszinsfuß«. Lediglich ihre Einkommenspräferenzen entscheiden darüber, ob sie als Anbieter (C), Nachfrager (A) oder gar nicht (B) auf dem Kapitalmarkt auftreten.

Um den Unterschied zwischen der Bestimmung des Investitionsvolumens bei vollkommenem und bei unvollkommenem Kapitalmarkt weiter zu verdeutlichen, wandeln wir das Modell ab. Wir schalten das Konsumproblem aus, indem wir annehmen, der Unternehmer strebe nicht nach Wohlstandsmaximierung, sondern nach Vermögensmaximierung, und die in ihrer Höhe vorgegebenen Einkommenszahlungen seien vom Einnahmenüberschuß der Vorperiode bereits abgesetzt. Die Höhe des Bestandskapitals liege also eindeutig fest. An die Stelle der drei Unternehmer mit unterschiedlichen Konsumpräferenzen sollen nunmehr drei verschiedene Firmen, A, B, C, mit unterschiedlichen Investitionsvorhaben treten. Die drei Lösungen für das Investitionsvolumen (A: Grenzrendite = Sollzins, B: kein Marktzins entscheidet; C: Grenzrendite = Habenzins) lassen sich dann so verdeutlichen (Abb. 8):

Der Unternehmer wird in der Firma A das gesamte Bestandskapital K_B investieren und darüber hinaus bis zum Schnittpunkt von r'_A und s Kredit aufnehmen.

Der Unternehmer wird in der Firma B das gesamte Bestandskapital investieren. Kreditaufnahmen und Geldanlagen auf dem Kapitalmarkt kommen für ihn nicht in Betracht.

Der Unternehmer wird in der Firma C nur einen Teil des Bestandskapitals anlegen (bis zum Schnittpunkt von r'_C und h). Den Rest wird er auf dem Kapitalmarkt investieren. Wenn wir also das Konsumproblem ausschalten (von Vermögensstreben ausgehen), läßt sich der

Abb. 8

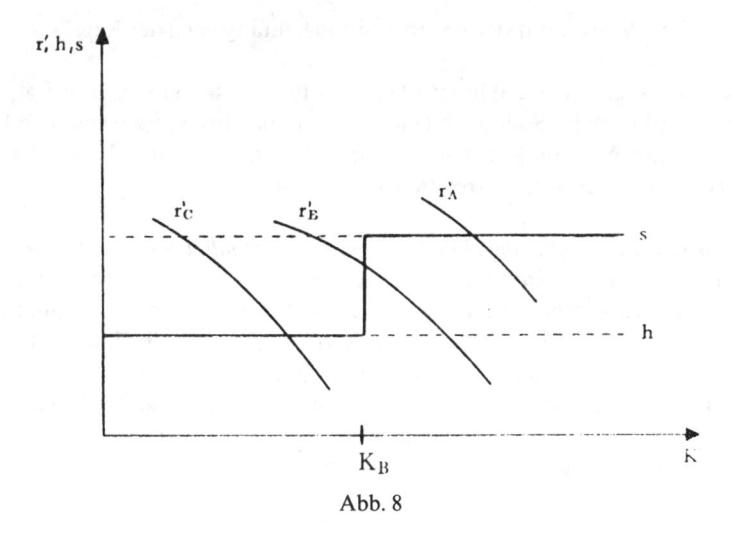

Umfang des Investitionsprogramms, nach folgender Regel festlegen: Das Bestandskapital wird in jedem Fall zuerst investiert (in der Firma oder auf dem Kapitalmarkt); darüber hinaus wird in der Firma investiert, solange die Grenzrendite noch höher ist als der marginale Sollzins.

Bei Einkommens- und Wohlstandsstreben liegt jedoch die Höhe des Bestandskapitals nicht von vornherein fest. Hier sind vom Einnahmenüberschuß am Ende einer Periode noch die Einkommenszahlungen zu leisten, deren Höhe erst errechnet werden muß. Nur wenn das Bestandskapital in seiner Höhe feststeht, ist die klassische Lösung brauchbar, wenn nicht, versagt sie. Das erkennen wir aus Abb. 9.

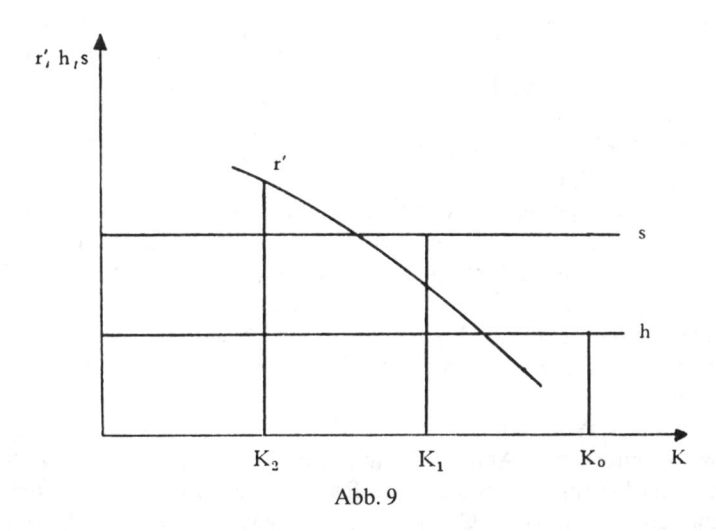

Abb. 9

K_0 ist der Einnahmenüberschuß am Ende der Vorperiode vor Abzug der Einkommenszahlungen. Wenn die Einkommenszahlungen 0 sind, entspricht K_0 dem Bestandskapital, und für

das Modell der Abb. 9 bestimmt sich der Investitionsumfang nach der Regel C: Grenzrendite = Habenzins.
Bei bescheidenen Einkommenszahlungen liegt das Bestandskapital z. B. bei K_1. In diesem Fall nehmen gemäß B weder Soll- noch Habenzins auf das Investitionsvolumen Einfluß.
Bei hohen Einkommenszahlungen schrumpft das Bestandskapital z. B. auf den Betrag K_2 zusammen. Hier gilt dann A: Grenzrendite = Sollzins.

Abb. 9 zeigt also: *Nur wenn über die Höhe der Einkommenszahlungen (und damit über die Höhe der Selbstfinanzierung) entschieden ist, sind die klassischen Aussagen haltbar.* Bei Einkommens- und Wohlstandsstreben muß jedoch die Höhe der Einkommenszahlungen mit der Investitions- und Finanzplanung abgestimmt werden, und deshalb sind bei Einkommens- und Wohlstandsstreben und unvollkommenen Kapitalmärkten die klassischen Aussagen und die klassischen Instrumente (Kapitalwert-, Annuitäts-, interne Zinsfußmethode) nicht ohne weiteres zu verwenden; denn ohne Zuhilfenahme von Einkommenspräferenzen kann nicht entschieden werden, was als Kalkulationszinsfuß zu wählen ist.

bb) Zusammensetzung des Investitionsprogramms

Das Grundmodell enthält zwei Arten von Investitionsvorhaben. Erstens solche Vorhaben, die einzeln aufgeführt und analysiert worden sind. Das sind jene Vorhaben, die durch die Kurve der Grenzrendite beschrieben werden. Wir nennen sie der Einfachheit halber »Sachanlagen«, obwohl es sich im praktischen Fall um Maschinen, Grundstücke wie auch um Beteiligungen handeln mag. Zweitens kann Geld angelegt werden in Investitionsvorhaben, die jedem anderen außerhalb der Firma auch offenstehen: Anlage zum Habenzins. Die Habenzinskurve verkörpert alle »sonstigen«, nicht im einzelnen aufgeführten Anlagemöglichkeiten. Wir nennen die Anlage auf dem Kapitalmarkt (zum Habenzins) der Einfachheit halber »Finanzanlagen«.
Bei vollkommenem Kapitalmarkt ist die Frage nach der Zusammensetzung des Investitionsprogramms, insbesondere die Frage nach der Höhe der Finanzanlagen, bedeutungslos: Nachdem über die Höhe der Sachanlagen gemäß der Regel »Grenzrendite gleich Kalkulationszinsfuß« entschieden ist, kann man an dieser Stelle das Investitionsvolumen begrenzen oder auch zum Kalkulationszinsfuß Geld entleihen und wieder anlegen, das hat auf die Höhe des Gewinns keinen Einfluß.
Bei unvollkommenem Kapitalmarkt wird die Zusammensetzung des Investitionsprogramms zum Problem. Strebt der Unternehmer nach Vermögensmaximierung, dann liegt das Bestandskapital fest, dann gilt für A und B: Finanzanlagen werden nicht gewählt. Die Zusammensetzung des Investitionsprogramms ist damit »gelöst«, weil das Investitionsprogramm nur Sachanlagen enthält. Firma C bestimmt ihr Sachinvestitionsvolumen nach der Regel »Grenzrendite gleich Habenzins«; und der Restbetrag des Bestandskapitals wird in Finanzanlagen investiert.
Bei Einkommens- und Wohlstandsstreben ist das Bestandskapital jedoch nicht von vornherein bekannt. Es gilt (gemäß Abb. 9): Solange die Höhe der Einkommenszahlungen (und damit die Höhe der Selbstfinanzierung) nicht festliegt, wissen wir nicht, ob die betreffende Unternehmung zum Typ A, B oder C gehört, und folglich kann nicht entschieden werden, ob sie nur in Sachanlagen oder in Sachanlagen und Finanzanlagen investiert.

cc) Zusammensetzung des Finanzierungsprogramms: die Kapitalstruktur

Kapitalstruktur heißt in der Praxis das Verhältnis von Eigenkapital zu Fremdkapital. Für unsere Modellüberlegungen gehen wir davon aus, daß eine Erhöhung des Eigenkapitals nur durch Selbstfinanzierung, nicht durch Gesellschafteraufnahme möglich ist. Als einzige Quelle des Zusatzkapitals bleiben damit Kredite. Wir fragen: Welche Kapitalstruktur zeigt das Investitionsprogramm für t_0? Dazu ein Beispiel: Die Bilanz einer Unternehmung zum 31. 12. des Vorjahres sehe vor der Entscheidung über die Gewinnverteilung so aus:

Anlagen	50		Grundkapital	40
Vorräte	40		Schulden	40
Kasse	10		Gewinn	20
Summe	100		Summe	100

Die bilanzmäßige Kapitalstruktur beträgt: Eigenkapital zu Fremdkapital = 60 : 40. Von allen Bewertungsproblemen, die praktisch die Berechnung der Kapitalstruktur erschweren, wird hier abgesehen. Die Unternehmung beschließe, die Hälfte des Jahresgewinns auszuschütten. Nehmen wir an, es erfolge sofortige Barausschüttung. Der Kassenbestand ist danach 0, die Bilanzsumme schrumpft auf 90, und das Verhältnis Eigenkapital zu Fremdkapital lautet 50 : 40.

Die Unternehmung beschließe weitere Anlageinvestitionen von 30; sie werden durch Kredite finanziert. Die Kapitalstruktur dieses Investitionsprogramms wird in unseren Modellüberlegungen betrachtet. Das Investitionsprogramm wird durch Bestandskapital (im Beispiel 0) und bzw. oder durch Zusatzkapital (im Beispiel 30) finanziert. Die Kapitalstruktur des Investitionsprogramms lautet folglich: 0 : 30. Sie bezeichnet die Änderung der bilanzmäßigen Ausgangskapitalstruktur der Unternehmung nach der Gewinnverteilung (50 : 40) auf 50 : 70, denn die Bilanz zum 2. 1. dieses Jahres (nach Gewinnausschüttung und Investitionsdurchführung) lautet:

Anlagen	80		Eigenkapital	50
Vorräte	40		Schulden	70
Summe	120		Summe	120

Bei vollkommenem Kapitalmarkt ist die Kapitalstruktur für die Unternehmung bedeutungslos, denn wenn zum Kalkulationszinsfuß nach Belieben Beträge entliehen oder verliehen werden können, kann jede Investition oder Gewinnausschüttung durch Kredite finanziert, jede zurückbehaltene (selbstfinanzierte) Mark zum Kalkulationszinsfuß angelegt werden.

Bei unvollkommenem Kapitalmarkt und erst recht bei beschränktem Kapitalmarkt wird die Kapitalstruktur zum Problem. Wir unterstellen wiederum zunächst Vermögensstreben. Für Unternehmer B und C taucht das Problem der Kapitalstruktur nicht auf: Bei C ist die Kapitalstruktur »gelöst«, denn aus der Gleichheit von Grenzrendite und Habenzins folgt, daß überhaupt kein Zusatzkapital aufgenommen wird. Auch B nimmt kein Zusatzkapital auf.

Bei A ist das Bestandskapital vorgegeben, das Investitionsvolumen durch die Regel »Grenzrendite = Sollzins« bestimmt. Damit läßt sich der Betrag an Zusatzkapital ablesen, den A aufnehmen wird.

Entscheidend ist auch hier wieder, ob das Bestandskapital bekannt ist. Solange über die Höhe der Einkommenszahlung (und damit der Selbstfinanzierung) nichts ausgesagt wird, weiß man nicht, ob Fall A, B oder C vorliegt. Wenn die Höhe der Einkommenszahlungen (die Höhe der Selbstfinanzierung) nicht vorgegeben ist, kann aus der Regel »Grenzrendite gleich Grenzkapitalkosten« nichts über die Kapitalstruktur gesagt werden. Gewinnausschüttung (Selbstfinanzierung) und Bestimmung des Investitionsumfangs, der Investitionszusammensetzung und des Finanzierungsprogramms sind gemeinsam zu lösende Probleme.

dd) Eine Erweiterung: veränderliche Soll- und Habenzinsen

Bisher wurden ein konstanter Sollzins und ein konstanter Habenzins unterstellt. Nunmehr nehmen wir für A an, die Höhe des Kreditzinssatzes hänge von der Höhe des aufgenommenen Fremdkapitals ab, und für C, die Höhe der außerhalb der Firma zu erwartenden Rendite werde von der Höhe des auszuleihenden Kapitals bestimmt.

Für A bleibt die formale Aussage richtig, daß das Investitionsvolumen durch die Gleichheit von Grenzrendite und marginalem Sollzins bestimmt wird. Aber da ohne Zuhilfenahme der Präferenzvorstellung nicht die Höhe des aufgenommenen Zusatzkapitals festgelegt werden kann, kennt man ohne Wissen um die Präferenzvorstellung des Unternehmers auch nicht die Höhe des marginalen Sollzinses. Folglich kann nach der klassischen Regel »Grenzrendite gleich Grenzkapitalkosten« allein nicht einmal mehr das Investitionsvolumem bestimmt werden, wenn der Sollzins in irgendeiner Form von der Höhe des aufgenommenen Zusatzkapitals abhängt.

Für Unternehmer C gilt Entsprechendes: Hängt der Habenzins von der Höhe des anzulegenden Kapitals ab, dann bleibt der marginale Habenzins ohne Kenntnis der Präferenzvorstellung unbestimmt. Folglich kann man hier nach der klassischen Regel allein nicht einmal mehr entscheiden, welches Sachinvestitionsvorhaben verwirklicht wird: das Verhältnis von Sachinvestition zu Finanzinvestition war schon bei konstantem Habenzins nicht ohne Kenntnis der Präferenzvorstellungen festzulegen. Hinzu kommt: Solange die Einkommenspräferenzen nicht bekannt sind, läßt sich nicht sagen, ob ein Unternehmer zum Typ A, B oder C gehört.

ee) Ergebnis

Fallen, wie in Wirklichkeit, Soll- und Habenzinsen auseinander, dann versagen die üblichen Methoden der Investitionsrechnung (Kapitalwert-, Annuitäten-, interne Zinsfußmethode), weil ohne Zuhilfenahme von Einkommenspräferenzen nicht entschieden werden kann, was als Kalkulationszinsfuß zu wählen ist. Eine allgemeine, von persönlichen Konsumpräferenzvorstellungen unabhängige Aussage über die Höhe des Investitionsvolumens, die Zusammensetzung des Investitionsprogramms und die Kapitalstruktur ist nicht mehr möglich. Bei unvollkommenem Kapitalmarkt entscheidet deshalb die gewünschte zeitliche Verteilung der Konsumentnahmen (bzw. die angestrebte Ausschüttungspolitik bei Kapitalgesellschaften) darüber, welche Investitions- und Finanzierungsvorhaben verwirklicht werden.

3. Finanzielles Zielsystem und die Investitions- und Finanzplanung bei unvollkommenem Kapitalmarkt

In Teil B, bei Erörterung der Grundlagen finanzwirtschaftlicher Unternehmenspolitik, wurde ein System von Modellen vorgestellt, nach denen die praktische Investitions- und Finanzplanung erfolgen kann. Wir unterschieden zwischen finanzwirtschaftlichen Totalmodellen, in denen alle Handlungsmöglichkeiten innerhalb des Planungszeitraums ausdrücklich berücksichtigt sind, und finanzwirtschaftlichen Partialmodellen, die nur die wesentlichen Investitions- und Finanzierungsmöglichkeiten aufnehmen und sonst Pauschalannahmen über weitere Investitions- und Finanzierungsquellen setzen. Finanzwirtschaftliche Partialmodelle können kombinatorische Partialmodelle oder klassische Partialmodelle sein. Kombinatorische Partialmodelle bestimmen die Zielgrößen (Endvermögen, Einkommen, Wohlstand als Verhältnis von Einkommen und Vermögenszuwachs) unmittelbar; klassische Partialmodelle verwenden Ersatzzielgrößen (wie Kapitalwert, Annuität, interner Zinsfuß).

Die Analyse des Grundmodells der Investitions- und Finanzplanung bei unvollkommenem Kapitalmarkt diente dazu, festzustellen: Wieweit können klassische Modelle – bzw. klassische Instrumente (wie Kapitalwert) und Regeln (Grenzrendite = Grenzkapitalkosten) – für die Investitions- und Finanzplanung bei unvollkommenen Kapitalmärkten nützlich sein? Die Folgerungen für Investitionsprogramm und Kapitalstruktur, die sich aus dem Grundmodell ziehen ließen, zeigen: Die klassischen Methoden führen zu Schwierigkeiten, solange das Bestandskapital nicht vorgegeben ist. Das bedeutet: Wir haben bei der Beurteilung des Geltungsbereichs klassischer Modelle zwischen Vermögensstreben einerseits und Einkommens- bzw. Wohlstandsstreben andererseits zu trennen.

Bei Vermögensmaximierung sind die Entnahmen vorgegeben. Damit erübrigt sich die Suche nach einem Optimum an Gewinnausschüttung und Selbstfinanzierung. Sobald vom Einnahmenüberschuß eines Zahlungszeitpunktes die vorgegebenen Entnahmen abgesetzt sind, ist das Bestandskapital bekannt. Umfang und Zusammensetzung der Investitionen und die Kapitalstruktur lassen sich nach der klassischen Regel festlegen: Das Bestandskapital ist zunächst zu investieren, denn seine Grenzkapitalkosten sind Null. Sinken Grenzrendite und Habenzins auf Null, bevor das gesamte Bestandskapital investiert ist, dann ist das Horten von Geld die beste verbleibende Anlagemöglichkeit. Ob Zusatzkapital aufgenommen wird oder nicht, richtet sich danach, ob nach Investition des Bestandskapitals die Grenzrendite noch über den Grenzkapitalkosten liegt.

Bei Einkommens- und Wohlstandsstreben ist nicht bekannt, wieviel vom Einnahmenüberschuß eines Zahlungszeitpunktes zur Investition verbleibt. Einkommenszahlung, Umfang und Zusammensetzung der Investitionen und die Höhe des Zusatzkapitals sind gemeinsam zu bestimmen. Das kann nur in einem kombinatorischen Modell geschehen: In einem kombinatorischen Partialmodell oder umfassender in einem Totalmodell. Einkommensstreben ist dabei verhältnismäßig einfach in der Modellformulierung zu berücksichtigen, vgl. S. 215. Wohlstandsstreben bereitet größere Schwierigkeiten. Die Nutzenfunktion muß bekannt sein, ehe eine Lösung möglich ist. Bei Wohlstandsstreben wird eine kombinatorische Modellösung regelmäßig nur durch nichtlineare Programmierungsmodelle zu erreichen sein. Aus den Investitionsvorhaben wird man oft eine Vorauswahl treffen können: Objekte, die für alle Zinssätze zwischen Sollzins und Habenzins einen positiven Kapitalwert haben, werden verwirklicht, gleichgültig, ob der Unternehmer zum Typ A, B oder C (S. 368) gehört. Die

Vorhaben müssen für Sollzins, Habenzins und alle Zwischenzinssätze vorteilhaft sein, um die Fälle von S. 186 auszuschalten. Die Vorauswahl vereinfacht das kombinatorische Modell. Selbst wenn die Investitions- und Finanzplanung nicht mit Beschränkungen (Kreditrationierungen) zu kämpfen hat, müssen bei Einkommens- und Wohlstandsstreben für mehrperiodige Planungen kombinatorische Modelle gewählt werden. Ihre volle Wirksamkeit entfalten die kombinatorischen Ansätze jedoch erst, sobald Beschränkungen zu beachten sind. Planungsprobleme bei Kreditbeschränkungen fanden in der Literatur erst verhältnismäßig spät Beachtung. Erstmals hat Hart[7] diese Frage untersucht. Die jüngere Entwicklung, die im folgenden näher betrachtet wird, nahm ihren Ausgang von einem Aufsatz von Lorie und Savage[8].

c) Investitions- und Finanzplanung bei beschränktem Kapitalmarkt: die kombinatorische Lösung

1. Der optimale Finanzplan als kombinatorisches Problem

In den Modellen mit vollkommenem und unvollkommenem Kapitalmarkt kann jederzeit Kredit in beliebiger Menge aufgenommen werden. Der Zinssatz bleibt dabei gleich, oder er steigt mit wachsender Kreditsumme. Das Problem der Zahlungsfähigkeit der Unternehmung taucht in diesen Modellen nicht auf. *Die Liquidität wird ausschließlich als Rentabilitätsproblem betrachtet.* In einer Welt mit vollkommenem oder unvollkommenem Kapitalmarkt kann eine Unternehmung nur wegen hoffnungsloser Unrentabilität zugrunde gehen, oder sie muß wegen Verstoßes gegen gesetzliche Vorschriften (Überschuldung bei einer Aktiengesellschaft) Konkurs anmelden. Zahlungsunfähigkeit kann nicht auftreten.

Wir wenden uns nun dem Fall zu, daß der Unternehmung irgendwann Kreditbeschränkungen auferlegt werden. Kapital sei nur bis zu einer bestimmten Höchstmenge zu bekommen. In der Praxis sind die höchstmöglichen Kreditsummen meist an einzelne betriebliche Daten geknüpft, insbesondere an die Höhe des Eigenkapitals oder an die Höhe des Vermögens, das als Kreditsicherung dienen kann. Wird die Höhe der zulässigen Verschuldung an bestimmte Unternehmensdaten geknüpft, dann sprechen wir davon, daß »Finanzierungsregeln« zu beachten sind. So ist es z. B. denkbar, daß eine Bank so lange Kredit gewährt, bis die Höhe des Fremdkapitals gerade die Höhe des Eigenkapitals erreicht hat (Kapitalstrukturregel 1 : 1). Darüber hinaus gewährt sie Kredite erst nach einer Erhöhung des Eigenkapitals. Ob solche Finanzierungsregeln, wie sie in der Praxis zu finden sind, sinnvoll oder sinnlos sind, wird im Augenblick nicht untersucht (vgl. S. 453 ff.). Wir sehen vorerst zur Vereinfachung von solchen Finanzierungsregeln ab und nehmen an, die Kreditbeschränkung sei vorgegeben. Es könnten z. B. 100 000 Mark Kredit aufgenommen werden, aber kein Pfennig mehr.

Sobald mit Kreditbeschränkungen zu rechnen ist, also Kapitalrationierung vorliegt, wird die Zahlungsfähigkeit der Unternehmung zum Problem. Die Auswahl der Investitions- und

---

[7] Vgl. *Albert Gailord Hart,* Anticipations, Uncertainty, and Dynamic Planning. Chicago 1940, reprinted New York 1951, S. 39–50.
[8] Vgl. *James H. Lorie, Leonhard J. Savage,* Three Problems in Rationing Capital. In: The Journal of Business, Vol. 28 (1955), S. 229–239; wiederabgedruckt in: The Management of Corporate Capital, edited by Ezra Solomon. 3rd printing, London 1964, S. 56–66.

Finanzierungsvorhaben ist dann eine Frage der Rentabilität (wie bisher) und zugleich eine Frage der Liquidität. Eine vorübergehende Zahlungsunfähigkeit bedeutet mindestens eine schwere Schädigung des Unternehmensziels. Eine dauernde Zahlungsunfähigkeit führt zum Unternehmensende, zum Konkurs. Deshalb muß die Liquidität, die jederzeitige Zahlungsfähigkeit, gesichert sein.

Die Zahlungsfähigkeit kann nur durch eine gründliche Vorschau über Zahlungseingänge und Zahlungsverpflichtungen, durch eine systematische Finanzplanung also, gewahrt werden.

Ein Finanzplan besteht aus der Gegenüberstellung der erwarteten Einnahmen und Ausgaben für künftige Zahlungszeitpunkte. Die praktische Investitionsplanung, die mit Kreditbeschränkungen rechnen muß, besteht in der Suche nach einem zielentsprechenden (z. B. einkommensmaximalen) Finanzplan.

Der gesuchte optimale Investitions- und Finanzplan muß die Liquidität in jedem Zahlungszeitpunkt erhalten. Das bedeutet: Die Einnahmen aus früheren Investitionen und aus aufgenommenen Mitteln müssen ausreichen, um die Ausgaben in jedem Zahlungszeitpunkt zu decken. Es ist zweckmäßig, die Kassenhaltung als ein besonderes Investitionsvorhaben anzusehen. Kassenhaltung bedeutet: Ausgabe in t_0 und Einnahme in gleicher Höhe in t_1, der Habenzins der Kassenhaltung ist null Prozent. Wenn wir die Kassenhaltung als Investition ansehen, dann können wir die Liquiditätsbedingung für jeden Zahlungszeitpunkt so formulieren: Die Summe der Einnahmen aus begonnenen bzw. weitergeführten Investitions- und Finanzierungsvorhaben muß gleich sein der Summe aller Ausgaben.

Ist die Bedingung »Einnahmen minus Ausgaben gleich Null« für jeden Zeitpunkt gewahrt, dann ist die Liquidität der Unternehmung erhalten. Gelegentlich spricht man davon, daß das »finanzwirtschaftliche Gleichgewicht« gewährleistet sei. Gegen diese Formulierung ist nichts einzuwenden, wenn man mit »finanziellem Gleichgewicht« die rechnerische Zahlungsfähigkeit, die Liquidität, meint. Aber mitunter meint man mit finanzwirtschaftlichem Gleichgewicht mehr: das Einhalten bestimmter Kapitalstrukturregeln und qualitativer Momente, und dann verschwindet der Begriff »finanzwirtschaftliches Gleichgewicht« hinter einem mystischen Schleier. Mit solchen Begriffen kann man nichts mehr anfangen.

Das Aufrechterhalten der Liquidität ist eine unumgängliche Nebenbedingung, um die Unternehmensziele zu erreichen, gleichgültig, ob die Ziele finanzieller oder nichtfinanzieller Art sind. Wir beschränken uns auf finanzielle Ziele und fragen: Wie sieht der optimale Investitions- und Finanzplan aus, wenn das Unternehmensziel Vermögensmaximierung oder Einkommensmaximierung lautet? Von Wohlstandsmaximierung sehen wir ab. Für jede Periode müßte hierbei *gesondert* der maximal entziehbare Betrag und damit zugleich die Höhe der wünschenswerten Selbstfinanzierung errechnet werden.

Bei *Vermögensmaximierung* lautet die Aufgabe damit: Maximiere das Endvermögen am Planungshorizont (am Ende der n-ten Periode) unter der Bedingung, daß in jedem früheren Zahlungszeitpunkt die Liquidität erhalten ist (die Einnahmen gleich den Ausgaben sind).

Bei *Einkommensmaximierung* lautet die Aufgabe hingegen: Maximiere in jedem Zahlungszeitpunkt den Einnahmenüberschuß (der dann entnommen wird) unter der Bedingung, daß am Ende des Planungshorizonts das gewünschte Endvermögen erhalten ist.

Als rechentechnische Hilfe zur Optimumsuche bieten sich die Verfahren der mathematischen Programmierung an. Da uns rechentechnische Details nicht interessieren, beschränken wir uns auf das einfachste Kombinationsverfahren, die lineare Programmierung.

Bei der Kombination sind alle bedeutsamen Umweltbedingungen zu beachten: Es sind die Steuerzahlungen zu berücksichtigen; es sind die Manipulationsmöglichkeiten über die Höhe des steuerpflichtigen Gewinns zu erwägen; es ist zu berücksichtigen, daß die Nutzungsdauer der Anlagen keine technisch vorgegebene Größe ist, daß also Investitionen länger oder kürzer genutzt, daß andererseits auch Finanzierungsquellen länger oder kürzer in Anspruch genommen werden können.

2. Investitions- und Finanzplanung mit Hilfe linearer Programmierung

aa) Ein Beispiel ohne Kassenhaltung

a) Grafische Lösung

Um die Investitionsplanung mit Hilfe der linearen Programmierung darzustellen, gehen wir im ersten Beispiel davon aus, der Unternehmer erwäge nicht, durch Kassenhaltung (oder Geldanlage zum Habenzins) künftige Liquiditätsengpässe zu mildern. Das folgende Beispiel wurde so einfach gewählt, daß es auch grafisch lösbar ist. Im Anschluß an die grafische Lösung sei die Simplexmethode, mit der solche Aufgaben allgemein ausgerechnet werden können, dargestellt. Es werden die Schattenpreise erläutert, mit deren Hilfe die Literatur versucht, allgemeine Optimierungsbedingungen aus Programmierungsmodellen abzuleiten. Wir berücksichtigen nur sehr wenige Handlungsmöglichkeiten und sehen zugleich vor, daß keinerlei Ganzzahligkeit beachtet werden muß. Es kann z. B. auch $^1/_{16}$ Eigenheim verkauft werden. Diese Annahme erfolgt aus rechentechnischen Vereinfachungsgründen. Wir werden die Probleme, welche die Ganzzahligkeit einzelner Variablen aufwirft, anschließend, in Abschnitt 3, erörtern. Nun das Beispiel:

Ein Bauunternehmer erwägt, in einem neu zu erschließenden Wohngebiet zwei Typen von Eigenheimen zu bauen. Er rechnet damit, daß das ganze Vorhaben drei Jahre benötigt. Ein Teil der Baukosten, insbesondere die Erschließungs- und Grundstücksausgaben, fällt in t_0 an, die weiteren Kosten in t_1 und t_2, die Erlöse in t_3. Die Baukosten werden sogleich zu Ausgaben. Die Erlöse führen sofort zu Einnahmen. Ziel des Unternehmers ist Vermögensmaximierung. Die Finanzierungskosten sind in t_3 zu zahlen und berechnen sich als Zinsen auf die Baukosten. Der Zinssatz betrage rund 10%. Gewinn sei verstanden als Vermögenszuwachs in t_3, als Erlös minus Baukosten minus Finanzierungskosten. Wir nehmen an, der Unternehmer verfüge über kein Bestandskapital. Zusätzlich sei der Kreditspielraum des Unternehmers begrenzt. Er kann einsetzen in t_0 480 000 Mark, in t_1 360 000 Mark, in t_2 450 000 Mark; in t_3 fließen die Einnahmen zu. Der Verkauf der Eigenheime bereite keine Schwierigkeiten. Für die beiden Eigenheime (im Rohbau) errechnet der Unternehmer:

		t_0	t_1	t_2	t_3
Eigenheim A:	Baukosten	60 000	40 000	30 000	–
	Finanzierungskosten				30 000
	Erlös				220 000
	Gewinn				60 000
Eigenheim B:	Baukosten	30 000	30 000	50 000	
	Finanzierungskosten				20 000
	Erlös				170 000
	Gewinn				40 000

Aufgrund der Kalkulation liegt es nahe, nur Typ A zu bauen. Wegen der finanziellen Beschränkung in t_0 lassen sich höchstens 8 Eigenheime des Typs A erstellen. Sie erbringen einen Gewinn von insgesamt 480 000 Mark. Wir haben zu prüfen, ob diese offensichtliche Lösung die bestmögliche ist.

Der Bau von B allein ist sicher nicht besser, denn hier liegt der Finanzierungsengpaß in t_2. Auf den ersten Blick können 9 Einheiten B hergestellt werden (solange wir davon ausgehen, Kassenhaltung, und d. h. Übertragung von Mitteln aus früheren Perioden, werde nicht erwogen). 9 Einheiten B erbringen 360 000 Mark Gewinn.

Zu prüfen bleibt, ob durch eine Mischung aus A und B eine bessere Lösung zu erreichen wäre. Wir wollen dieses Mischungsproblem zunächst grafisch veranschaulichen (Abb. 10). Auf der Ordinate wird die Zahl der möglichen Eigenheime A abgetragen, auf der Abszisse die Zahl der Eigenheime B. Mit den finanziellen Mitteln von 480 000 Mark, die in t_0 zur Verfügung stehen, können entweder 8 Eigenheime des Typs A oder 16 Eigenheime des Typs B oder eine Mischung aus beiden finanziert werden. Die möglichen Mischungen werden durch die Gerade wiedergegeben, die von dem Ordinatenwert 8 zum Abszissenwert 16 führt. Die Gerade wird mit t_0 bezeichnet. Mit den finanziellen Mitteln von 360 000 Mark, die in t_1 bereitstehen, könnten 9 Einheiten von A oder 12 Einheiten von B finanziert werden oder eine Mischung aus beiden. Die Mischungsverhältnisse zeigt die Gerade t_1 an, die vom Ordinatenwert 9 zum Abszissenwert 12 führt. Mit den finanziellen Mitteln von 450 000 Mark, die in t_2 bereitstehen, könnten schließlich 15 Einheiten A oder 9 Einheiten B finanziert werden oder eine Mischung aus beiden, die durch die Gerade t_2 vom Ordinatenwert 15 (A) zum Abszissenwert 9 (B) bezeichnet wird. Die grafische Darstellung unterstellt, daß keine finanziellen Mittel von einer Periode zur nächsten übertragen werden können. Der Unternehmer kann nur ein Investitionsprogramm aus A und B wählen, das in keiner Periode die Liquiditätsbedingung verletzt. In der Abbildung umfaßt diejenige Fläche, die innerhalb der Grenzen liegt, welche die drei finanziellen Nebenbedingungen setzen, alle realisierbaren, d. h. »zulässigen« Investitionsprogrammme. Das ist das Fünfeck 0-a-c-d-b. Der Unternehmer kann also unter anderem folgende Investitionsprogramme verwirklichen: 8 Einheiten A und null B; 6 Einheiten A und 4 von B (die Koordinaten des Punktes c) oder $4^1/_{11}$ Einheiten A und $6^6/_{11}$ B (die Koordinaten des Punktes d) oder 9 Einheiten B und kein A sowie beliebige Zwischenwerte, da wir bewußt von der Ganzzahligkeitsbedingung absehen. Alle diese Programme auf der Strecke der Begrenzungslinien nützen die finanziellen Mittel einer Periode voll aus. In den Eckpunkten c und d werden die finanziellen Mittel zweier Perioden voll beansprucht. Jeder Punkt im Innern der Fläche, z. B. das Investitionsprogramm 4 A und 4 B, beansprucht in keiner Periode die finanziellen Mittel vollständig. Alle Investitionsprogramme, die die vorhandenen finanziellen Kapazitäten nicht in mindestens einer Periode voll auslasten, sind von vornherein zu verwerfen. Sie sind ineffizient. Gute Handlungsprogramme liegen stets auf der Begrenzungslinie. Die »Kurve der guten Handlungsmöglichkeiten« gleicht also in diesem Modell dem Streckenzug a- c- d-b.

Mit der Kennzeichnung des Fünfecks sind diejenigen Investitionsprogramme beschrieben, die unter den gegebenen finanziellen Nebenbedingungen überhaupt zu realisieren sind. Welches der Programme erbringt den höchsten Gewinn? Der Einnahmenüberschuß (Gewinn) bei A beträgt 60 000, bei B 40 000 Mark; also erwirtschaften zwei A denselben Gewinn wie drei B.

In die Darstellung zeichnen wir »Iso-Gewinnlinien« ein, Linien gleicher Gewinnhöhe. Eine solche Iso-Gewinnlinie könnte z. B. beim Ordinatenwert 2 beginnen und zum Abszissenwert 3 führen. Jeder Punkt auf dieser Geraden erbrächte offenbar denselben Gewinn wie 2 A oder 3 B, nämlich 120 000 Mark. Die Iso-Gewinnlinie verschieben wir so lange nach rechts, bis sie gerade noch die Kurve der guten Handlungsmöglichkeiten berührt. Die äußerste Iso-Gewinnlinie G, die noch zu verwirklichen ist, läuft durch Punkt c. Das bedeutet, der höchste Gewinn wird erreicht, wenn 6 A und 4 B erstellt werden. Es entstehen 6 mal 60 000 plus 4 mal 40 000 = 520 000 Mark Gewinn.

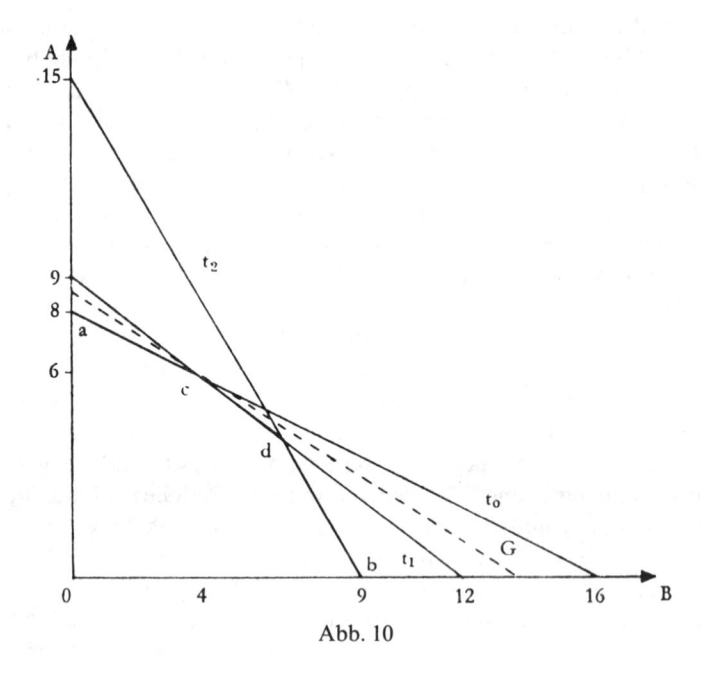

Abb. 10

Die erste Entscheidung, nur A zu bauen, war demnach falsch. Wegen der finanziellen Beschränkung lohnt es sich vielmehr, auch das weniger rentable Objekt B zu verwirklichen. Aufgrund der harmlosen Voraussetzungen des Beispiels war dieses Ergebnis rasch zu erkennen.

Wir wollen dieses einfache Beispiel weiter verwenden, um die Rechentechnik zu erläutern, wie man ohne Zeichnung zu diesem Ergebnis kommen kann. Um die Versuche zu würdigen, mit Hilfe der mathematischen Programmierung allgemeine Lösungen zu finden, und um den Aussagewert der Schattenpreise zu erkennen, ist es zweckmäßig zu wissen, wie man im Einzelfall rechnet. Das allgemeine Lösungsverfahren für lineare Programme ist die sogenannte Simplexmethode. Praktische Probleme mit zahlreichen Nebenbedingungen und anderen komplizierten Zielfunktionen können nur auf Rechenmaschinen programmiert und ausgerechnet werden. Für den Leser, der sich bisher noch nicht damit beschäftigt hat, ist es nützlich, das Grundsätzliche dieses Verfahrens an einem einfachen Beispiel »mit der Hand« nachzurechnen. Der eingeweihte Leser kann β) und γ) überschlagen.

β) Die Lösung mit Hilfe der Simplexmethode

Die Zielfunktion des Modells lautet

$$G = 60\,000\,A + 40\,000\,B.$$

Sie ist zu maximieren unter den Nebenbedingungen, daß die Liquidität stets erhalten ist, also

t_0:	$60\,000\,A + 30\,000\,B \leq 480\,000$	
t_1:	$40\,000\,A + 30\,000\,B \leq 360\,000$	
t_2:	$30\,000\,A + 50\,000\,B \leq 450\,000$	
	$A \geq 0;\ B \geq 0$ (Nichtnegativitätsbedingung)	

Ehe wir zu rechnen beginnen, vereinfachen wir die Zahlen, indem wir alle Werte durch 10 000 dividieren. Weiterhin sehen wir für die (erste) Berechnung von der Möglichkeit ab, in t_0 und/oder t_1 Kassenbestände zu halten und damit den Liquiditätsspielraum in t_1 und/oder t_2 zu erhöhen. Das Rechenproblem entspricht somit vollständig der grafischen Darstellung. Das Programm lautet nun

Maximiere	G	$= 6\,A + 4\,B$	unter den Nebenbedingungen
	48	$\geq 6\,A + 3\,B$	
	36	$\geq 4\,A + 3\,B$	
	45	$\geq 3\,A + 5\,B$	
	A	$\geq 0;\ B \geq 0$	

Da wir keine Ganzzahligkeiten berücksichtigen, kennt unser Problem unendlich viele zulässige Lösungen (Kombinationen der Variablen). Man müßte also im praktischen Fall sehr viele Proberechnungen durchführen, um sich an das Gewinnmaximum heranzutasten. Das Wesen der Simplexmethode besteht darin, daß sie das Herantasten erleichtert, indem sie sicherstellt, daß die zweite Proberechnung besser ist als die erste. Mit jeder zusätzlichen Proberechnung nähert man sich dem Optimum. Die Simplexmethode ist ein systematisches Probierverfahren und enthält im Grunde nichts anderes als eine Abkürzung der Suche nach der optimalen Kombination. In der abgekürzten, systematischen Suche nach der optimalen Kombination kann das Wesen der mathematischen Programmierung schlechthin gesehen werden. Das abgekürzte Suchen geschieht in vier Schritten:

Erster Schritt: Verwandlung der Ungleichungen in Gleichungen durch Einfügen von »Schlupfvariablen«. Wir schreiben:

$6\,A + 3\,B + C = 48$
$4\,A + 3\,B + D = 36$
$3\,A + 5\,B + E = 45$
$A \geq 0,\ B \geq 0,\ C \geq 0,\ D \geq 0,\ E \geq 0.$

Das Gleichheitszeichen ist erfüllt, wenn C, D und E positive Werte annehmen oder Null werden. Sobald C, D, E negativ würden, ließe sich die ursprüngliche Nebenbedingung umgehen (z. B. bedeutete $C = -10$, daß in t_0 erst bei 58 die Liquiditätsgrenze erreicht wäre). Deshalb dürfen die Schlupfvariablen nicht negativ werden.

Der Vollständigkeit halber schreiben wir unser Modell mit den Schlupfvariablen aus:

	Max G = 6 A + 4 B + 0 C + 0 D + 0 E
(1)	48 = 6 A + 3 B + 1 C + 0 D + 0 E
(2)	36 = 4 A + 3 B + 0 C + 1 D + 0 E
(3)	45 = 3 A + 5 B + 0 C + 0 D + 1 E
	(A, B, C, D, E $\geq$ 0)

In diesem Gleichungssystem verfügen wir über drei Gleichungen mit fünf Unbekannten und über eine Zielfunktion. Mit den Mitteln der Schulalgebra ist das Problem also nicht ohne weiteres zu lösen. Zwei Unbekannte sind überzählig. Wir müssen ihre Werte willkürlich festlegen um das Problem zu lösen.

Zweiter Schritt: Ermittlung einer zulässigen »Basislösung«. Wir suchen vorläufig nichts weiter als eine Lösung, die den Nebenbedingungen überhaupt gerecht wird. Ob die Basislösung im Hinblick auf die Zielfunktion gut oder schlecht ist, interessiert zunächst nicht. Von den fünf Unbekannten A, B, C, D, E setzen wir willkürlich zwei gleich Null. Werden die überzähligen Variablen Null gesetzt, so spricht man von einer Basislösung.

Das Bemerkenswerte an diesen Basislösungen nennt das *Simplextheorem*: Unter allen Basislösungen findet sich bereits eine optimale Lösung. Das Theorem wird in der Literatur im einzelnen bewiesen[9]. Die Bedeutung des Theorems liegt in folgendem: Das Problem kennt zunächst unendlich viele Lösungen. Das Simplextheorem reduziert die unendlich vielen Lösungen auf eine endliche Zahl. In unserem Beispiel mit fünf Unbekannten und zwei fehlenden Gleichungen gibt es 10 mögliche Basislösungen, denn die Zahl der Zweier-Kombinationen A B, A C, usw., beträgt

$$\binom{5}{2} = \frac{5 \cdot 4}{1 \cdot 2} = 10.$$

Wir brauchen also nur die 10 Kombinationen auszurechnen, um die optimale Lösung zu finden. Im praktischen Fall wäre dieses Vorgehen jedoch nicht zu empfehlen. So führt z. B. ein Problem mit 10 Gleichungen und 20 Unbekannten bereits zu 184 756 Basislösungen. Deshalb muß ein Weg gefunden werden, der ein abgekürztes, systematisches Suchen erlaubt. Diesen Weg nennt das Simplex-Kriterium in Verbindung mit einer Austauschregel. Bevor wir uns damit beschäftigen, ist es zweckmäßig, die 10 Basislösungen des Beispiels in der Abbildung 10 aufzusuchen.

Setzen wir A = B = 0, dann wird nichts produziert; das ist offenbar im Koordinatenursprung der Fall. Setzen wir A = C = 0, dann wird nur B produziert. Andererseits sind die Finanzierungsmöglichkeiten in t_0 voll ausgenutzt, da C = 0 gesetzt wurde. Nutzen wir den Finanzierungsspielraum in t_0 allein zum Bau von Eigenheimen des Typs B, so wird mit dem Bau von 16 Eigenheimen begonnen (nämlich 480 000 : 30 000 = 16). Aber dieser Plan verstößt gegen die Finanzierungsbeschränkungen der zweiten und dritten Periode, d. h., B =

---

[9] Vgl. z. B. *George B. Dantzig*, Lineare Programmierung und Erweiterungen. Berlin–Heidelberg–New York 1966, Kapitel 6; ferner *Robert Dorfman, Paul A[nthony] Samuelson, Robert M. Solow*, Linear Programming and Economic Analysis. New York–Toronto–London 1958, S. 74–78; *Wilhelm Krelle, Hans Paul Künzi;* Lineare Programmierung. Zürich 1958, S. 28 f. Vgl. zur Technik der linearen Programmierung auch *Heiner Müller-Merbach*, Operations Research. Methoden und Modelle der Optimalplanung. Berlin–Frankfurt 1969, bes. Kapitel 4.

16 wäre nur dann eine Lösung des Gleichungssystems, wenn D und E negativ würden. Das ist aber unzulässig. Unter den Basislösungen gibt es also zulässige Basislösungen, die der Nichtnegativitätsbedingung der Variablen genügen, und unzulässige Basislösungen. Unter den 10 Basislösungen des Beispiels sind nur fünf Basislösungen zulässig (A = B = 0 – der Koordinatenursprung in Abb. 10; A = E = 0 – der Punkt b; B = C = 0 – der Punkt a; C = D = 0 – der Punkt c; D = E = 0 – der Punkt d). Die anderen fünf Kombinationen sind unzulässige Basislösungen. Die zulässigen Basislösungen entsprechen den Ecken des Fünfeckes, und deshalb wird das Simplextheorem auch *Eckentheorem* genannt; denn es besagt: Eine optimale Lösung ist stets auf den Ecken des zulässigen Lösungsbereichs zu finden. Die Punkte auf den Verbindungslinien zwischen zwei Ecken können zwar im Ausnahmefall auch optimal sein (wenn die Steigung der Iso-Gewinnlinie der Steigung der Verbindungslinie gleicht); aber dann sind auch wieder zwei Ecken optimal, und deshalb genügt es, nur die Ecken zu betrachten, um das Optimum zu finden.

Dritter Schritt: Prüfen, ob das Optimum bereits erreicht ist durch Anwendung des Simplexkriteriums. Das *Simplex-Kriterium* lautet:
Formuliere die Zielfunktion so um, daß der Gewinn nur als Funktion der Null gesetzten Werte erscheint (der sogenannten Nichtbasisvariablen; Basisvariable sind Unbekannte, die nicht Null gleichgesetzt werden). Hat in dieser Gleichung eine der Nichtbasisvariablen noch positive Koeffizienten, dann ist das Optimum noch nicht erreicht. Im Optimum sind die Koeffizienten aller Nichtbasisvariablen Null oder haben negative Vorzeichen.
Was das praktisch heißt, sieht man bei Durchrechnung des Beispiels. Wir suchen zunächst irgendeine zulässige Lösung. Setzen wir A = B = 0, dann sind A und B die Nichtbasisvariablen, C, D, E sind Basisvariable (Variable dieser Basislösung). Für die Rechnung ist wichtig, daß in jeder Gleichung nur eine Basisvariable den Koeffizienten 1 aufweisen darf, alle anderen müssen den Koeffizienten 0 zeigen. Nur die willkürlich 0 gesetzten »Nichtbasisvariablen« dürfen beliebige Koeffizienten annehmen (weil das Produkt aus Null und dem Koeffizienten der Nichtbasisvariablen sowieso Null ergibt). Man muß also die Gleichungen so lange umformen, bis nur eine Basisvariable den Koeffizienten 1 hat. In der ersten Basislösung ist dazu allerdings keine Arbeit nötig, denn da A = B = 0 ist, ist C die einzige Variable der Gleichung (1), die nicht Null ist. C ist die Basisvariable der Gleichung (1), entsprechend D für (2) und E für (3).
Ist der Verzicht auf Bau der Eigenheime optimal? Nach dem Simplex-Kriterium müßte dann die Zielfunktion als Funktion der 0 gesetzten »Nichtbasisvariablen« A und B erscheinen. Die ursprüngliche Zielfunktion nennt den Gewinn in Abhängigkeit von A und B. Die Koeffizienten sind beide positiv, das Optimum wird also bei Verzicht auf den Bau der Eigenheime nicht erreicht. (Natürlich ist das trivial: Der Verzicht auf Bau der Eigenheime wäre nur dann vernünftig, wenn beide Eigenheime Verlust erbrächten. Aber wir wollen hier keine neuartigen Schlüsse ableiten, sondern eine bestimmte Rechenmethode möglichst einfach erklären.)
Wenn das Optimum noch nicht erreicht ist, muß eine neue, bessere Basislösung gesucht werden. Hierzu dient der vierte Schritt.

Vierter Schritt: Ermittlung einer besseren Basislösung mit Hilfe der *Austauschregel*: Die Nichtbasisvariable mit dem höchsten Koeffizienten kommt in die Basis; aus der Basis entfernt wird jene Variable, die den geringsten Quotienten aus absolutem Glied einer Gleichung und Koeffizienten der neuen Basisvariablen in dieser Gleichung hat.
In der ersten Basislösung hat A unter den Nichtbasisvariablen A und B den höchsten

Koeffizienten. A wird neue Basisvariable. Ökonomisch leuchtet das sofort ein: Eine Einheit A erbringt 60 000 Mark Gewinn, eine Einheit B nur 40 000 Mark. Wenn man zu produzieren anfängt, wird man mit A anfangen, weil der Gewinn größer ist. Welche der drei Variablen C, D, E wird jedoch anstelle von A Null gesetzt und damit aus der Basis entfernt?

Die Basisvariable der Gleichung mit dem geringsten (absoluten) Quotienten muß aus der Basis weichen. Für C errechnet sich $48 : 6 = 8$, für D $36 : 4 = 9$, für E $45 : 3 = 15$. Damit wird im nächsten Rechengang C anstelle von A Null gesetzt. Diese Austauschregel ist für das rasche Erreichen des Optimums wichtig. Wählt man statt der Kombination $B = C = 0$ eine andere, z. B. $B = D = 0$, dann erhält man eine unzulässige Basislösung, in der gegen die Nichtnegativitätsbedingung verstoßen wird. Die Austauschregel sichert also, daß man von einer zulässigen Basislösung zur nächsten zulässigen und zugleich besseren fortschreitet.

Die erste Nebenbedingung in der ersten Basislösung hatte als Basisvariable C, an deren Stelle tritt nun A. Da aber jede Basisvariable nur den Koeffizienten 1 haben darf, teilen wir die Gleichung (1) durch 6 und erhalten

$$(1) \quad 8 = 1\,A + 1/2\,B + 1/6\,C + 0\,D + 0\,E.$$

Weiterhin ist die zweite Gleichung umzuwandeln, denn in jeder Gleichung darf nur eine Basisvariable (hier D) den Koeffizienten 1 haben. Alle anderen Basisvariablen, also hier auch A, müssen den Koeffizienten 0 zeigen. Für die Umformung benutzen wir die erste Gleichung als Hilfe, indem wir das Vierfache der ersten Gleichung von der zweiten abziehen:

$$\begin{array}{rl} (2) & 36 = 4\,A + 3\,B + 0\,C + 1\,D + 0\,E \\ -4 \cdot (1) & -32 = -4\,A - 2\,B - \tfrac{2}{3}\,C - 0\,D - 0\,E \\ \hline (2) & 4 = 0\,A + 1\,B - \tfrac{2}{3}\,C + 1\,D + 0\,E \end{array}$$

Bei der dritten Nebenbedingung gehen wir in ähnlicher Weise vor.

$$\begin{array}{rl} (3) & 45 = 3\,A + 5\,B + 0\,C + 0\,D + 1\,E \\ -3 \cdot (1) & -24 = -3\,A - \tfrac{3}{2}\,B - \tfrac{1}{2}\,C - 0\,D - 0\,E \\ \hline (3) & 21 = 0\,A + \tfrac{7}{2}\,B - \tfrac{1}{2}\,C + 0\,D + 1\,E \end{array}$$

Nun ist zu errechnen, welchen Wert die Zielfunktion bei dieser zweiten Basislösung hat. Der Gewinn muß dabei als Funktion der Null gesetzten Variablen (B und C) erscheinen. Dazu ist die ursprüngliche Zielfunktion umzuwandeln. Wir multiplizieren jede Gleichung der zweiten Basislösung mit dem Koeffizienten, den die Basisvariable dieser Gleichung in der ursprünglichen Zielfunktion hat. Die einzelnen Größen werden addiert. Wir multiplizieren also die Gleichung (1) (Basisvariable A) mit 6, die beiden anderen Gleichungen (Basisvariable D und E) mit Null und erhalten

$$48 = 6\,A + 3\,B + 1\,C + 0\,D + 0\,E.$$

Diesen Wert ziehen wir von der ursprünglichen Zielfunktion ab:

$$\begin{array}{rl} G = & 6\,A + 4\,B + 0\,C + 0\,D + 0\,E \\ -48 = & -6\,A - 3\,B - 1\,C - 0\,D - 0\,E \\ \hline G - 48 = & 0\,A + 1\,B - 1\,C + 0\,D + 0\,E \end{array}$$

G ist hier offensichtlich eine Funktion allein von B und C. Auf diesen Ausdruck können wir das Simplex-Kriterium anwenden. Der Koeffizient der Null gesetzten »Nichtbasisvariablen« B ist weder Null noch negativ, folglich ist das Optimum noch nicht erreicht.
Für die dritte Basislösung ist B in die Basis zu nehmen, weil der Koeffizient von B positiv ist. Es lohnt sich also, A und B zu bauen. Nach der Austauschregel errechnet sich für die dritte Basislösung, daß B an die Stelle der Variablen D tritt, die Basisvariable in Gleichung (2) der zweiten Basislösung war. Es gilt zunächst die zweite Gleichung

$$(2) \qquad 4 = 0\,A + 1\,B - \tfrac{2}{3}\,C + 1\,D + 0\,E.$$

Von der ersten Gleichung ist $^1/_2$ mal Gleichung (2) abzuziehen, damit der Koeffizient von B in Gleichung (1) Null wird:

$$\begin{array}{rl} (1) & 8 = 1\,A + \tfrac{1}{2}\,B + \tfrac{1}{6}\,C + 0\,D + 0\,E \\ -\tfrac{1}{2}\cdot(2) & -2 = 0\,A - \tfrac{1}{2}\,B + \tfrac{1}{3}\,C - \tfrac{1}{2}\,D - 0\,E \\ \hline (1) & 6 = 1\,A + 0\,B + \tfrac{1}{2}\,C - \tfrac{1}{2}\,D + 0\,E \end{array}$$

In der dritten Gleichung ist ebenfalls der Koeffizient von B Null zu setzen:

$$\begin{array}{rl} (3) & 21 = 0\,A + \tfrac{7}{2}\,B - \tfrac{1}{2}\,C + 0\,D + 1\,E \\ -\tfrac{7}{2}\cdot(2) & -14 = 0\,A - \tfrac{7}{2}\,B + \tfrac{7}{3}\,C - \tfrac{7}{2}\,D - 0\,E \\ \hline (3) & 7 = 0\,A + 0\,B + \tfrac{11}{6}\,C - \tfrac{7}{2}\,D + 1\,E \end{array}$$

Wiederum ist die Zielfunktion in eine Funktion der Nichtbasisvariablen C und D umzuformulieren. Wir multiplizieren jede Zeile der dritten Basislösung mit dem Koeffizienten der Basisvariablen in der ursprünglichen Zielfunktion und addieren das Ergebnis. Die erste Zeile mit der Basisvariablen A wird mit 6 multipliziert, die zweite mit der Basisvariablen B mit 4 und die dritte mit der Basisvariablen E mit 0. Die Größen werden addiert. Ziehen wir die Summe $52 = 6\,A + 4\,B + {}^1/_3\,C + 1\,D + 0\,E$ von der ursprünglichen Zielfunktion ab, so folgt

$$G - 52 = 0\,A + 0\,B - \tfrac{1}{3}\,C - 1\,D + 0\,E, \quad \text{d. h. } G = 52.$$

Damit erscheint G als alleinige Funktion von C und D, den Nichtbasisvariablen. Da ihre Koeffizienten negativ sind, ist das Optimum erreicht. Der Gewinn beträgt, wie bereits bekannt, 52. Gleichung (1) enthält als Basisvariable A. Ihr Wert gleicht 6, folglich werden 6 Eigenheime des Typs A erstellt. Gleichung (2) enthält als Basisvariable B; es werden 4 Eigenheime des Typs B gebaut. Der Wert 7 für die Basisvariable E in Gleichung (3) zeigt den in t_2 nicht ausgenutzten Kapitalbetrag an: 6 A und 4 B erfordern in t_2 nur 38 von 45 verfügbaren Mitteln. Die absoluten Werte der Koeffizienten für $C = {}^1/_3$ und $D = 1$ sind die schon erwähnten Schattenpreise, die wir gleich näher betrachten werden.

Der Kern des Simplexmethode genannten Probierverfahrens zur Optimumbestimmung läßt sich demnach in vier Sätzen zusammenfassen:
a) Verwandlung der Ungleichungen in Gleichungen durch Einfügen von Schlupfvariablen.
b) Berechnung einer zulässigen Basislösung, in der die überschüssigen Variablen Null gesetzt werden.
c) Das Simplex-Kriterium zeigt an, ob eine Basislösung bereits das Optimum ist.
d) Die Austauschregel weist den Weg, von einer zulässigen Basislösung zu einer weiteren zulässigen und besseren zu kommen.

Sobald Nebenbedingungen in Form von Gleichungen auftreten oder die Austauschregel mehrere Wege anbietet, treten Komplikationen auf. Wie man sie beseitigt, zeigen die Lehrbücher über lineare Programmierung.

γ) Dualtheorem und Schattenpreise

Ein für die theoretische Analyse wichtiger Zusammenhang folgt aus dem Dualtheorem der mathematischen Programmierung. Das Dualtheorem besagt: In jedem linearen Programm gibt es zu einem Maximumproblem ein entsprechendes Minimumproblem, formuliert für die sog. »Dualvariablen« des ursprünglichen Problems. Im Beispiel ohne Kassenhaltung lautet das ursprüngliche (primale) Problem

$$\text{Max } G = 6A + 4B \qquad \text{sein Dual:} \quad \text{Min } G = 48C + 36D + 45E$$
$$48 \geqq 6A + 3B \qquad\qquad\qquad 6 \leqq 6C + 4D + 3E$$
$$36 \geqq 4A + 3B \qquad\qquad\qquad 4 \leqq 3C + 3D + 5E$$
$$45 \geqq 3A + 5B$$
$$A \geqq 0; B \geqq 0 \qquad\qquad\qquad C \geqq 0; D \geqq 0; E \geqq 0$$

Das duale Problem erhält man aus dem primalen Programm durch Vertauschen der Koeffizienten der Zeilen mit den Spalten. Jeder Zeile wird dabei eine »Dualvariable« als neue Unbekannte zugeordnet. Wir bezeichnen die Dualvariable der ersten Zeile des ursprünglichen Programms mit C, die der zweiten Zeile mit D, die der dritten Zeile mit E, denn die Dualvariablen entsprechen den Schlupfvariablen C, D, E im primalen Programm. Im dualen Programm drehen sich ferner die Ungleichheitszeichen um.

Im primalen Problem liegt das Maximum an den Liquiditätsgrenzen; dort, wo die Finanzierungsmöglichkeiten in den Perioden t_0 und t_1 ausgeschöpft sind. Im Optimalprogramm gilt für die ersten beiden Nebenbedingungen das Gleichheitszeichen. Aufgrund dessen können wir schließen, daß das duale Programm sein Minimum erreicht, wenn das Gleichheitszeichen gilt und $C = 1/3$ und $D = 1$ und $E = 0$ werden.

Wer dies mit der Simplexmethode nachrechnet, sollte zunächst die Zielfunktion mit -1 multiplizieren, dadurch wird aus der zu minimierenden positiven Zielgröße eine zu maximierende negative; darauf ist dann die Rechentechnik anwendbar:

Min $G = 48C + 36D + 45E$ entspricht Max $(-G) = -48C - 36D - 45E$.

Die Nebenbedingungen lauten in Gleichungsform:

$$6 = 6C + 4D + 3E - 1A + 0B$$
$$4 = 3C + 3D + 5E + 0A - 1B$$

Um eine Basislösung zu gewinnen, setzen wir drei der fünf Unbekannten gleich Null und wählen: E, A und B (denn die Variablen, die im optimalen Primalprogramm nicht Null werden, werden im dualen Programm Null sein und umgekehrt). Nach Umformung der Zielfunktion dieser ersten Basislösung in eine Funktion der Null gesetzten Nichtbasisvariablen entsteht

$$(-G) + 52 = 0C + 0D - 7E - 6A - 4B, \text{ wobei } C = \tfrac{1}{3}; D = 1.$$

Um die Schattenpreise zu errechnen, wäre es nicht notwendig gewesen, das duale Programm aufzustellen und zu lösen. Die Schattenpreise für C und D ersehen wir bereits in der umgeformten Zielfunktion der optimalen Basislösung. Sie entsprechen den absoluten Werten der Koeffizienten der Nichtbasisvariablen. Die Formulierung des Duals einer Programmierungsaufgabe erlaubt indes allgemeine Aussagen über die wirtschaftliche Bedeutung der einzelnen Variablen, ohne ein Beispiel ausrechnen zu müssen – und darin sehen viele Autoren die Bedeutung des Dualtheorems für die betriebswirtschaftliche Theorie. Welche Bedeutung kann dem Dualprogramm beigelegt werden? Die Lösung des dualen Problems lautet ausgeschrieben:

	Min G =	C	D	E
52	=	$48 \cdot \frac{1}{3}$ +	$36 \cdot 1$ +	$45 \cdot 0$
6	=	$6 \cdot \frac{1}{3}$ +	$4 \cdot 1$ +	$3 \cdot 0$
4	=	$3 \cdot \frac{1}{3}$ +	$3 \cdot 1$ +	$5 \cdot 0$

Daraus erkennen wir: Der gesamte Gewinn des primalen Programms wird vollständig auf die beiden Dualvariablen C und D aufgeteilt. C und D sind die Engpässe unseres Problems, denn in t_0 und t_1 werden schließlich sämtliche finanziellen Mittel investiert. Daraus können wir schließen: Im Dualprogramm wird der Gesamtgewinn den knappen Faktoren (Engpässen) zugerechnet. C und D verdienen »Engpaßrenten«. Im Beispiel ist das Geld in t_1 knapper, denn die Schattenpreise betragen für C $^1/_3$, für D jedoch 1. Jede in t_1 investierte Mark verdient in t_3 eine Mark Gewinn. Daraus läßt sich folgern: Der Gewinn einer zusätzlichen Mark beträgt offenbar auch 1 (100%). Eine kleine Nachrechnung bestätigt das: Erhöhen wir probeweise den Kapitalbetrag in t_1 auf 37 und gehen wir davon aus, daß in t_0 und t_1 der Finanzierungsspielraum voll ausgenutzt wird, dann erhalten wir

$$6A + 3B = 48$$
$$4A + 3B = 37$$

und folglich A = 5,5; B = 5. Als Gewinn errechnet sich hier 53. D. h. 10 000 Mark in t_1 erbringen einen Mehrgewinn von 10 000 Mark in t_3. Damit ist der wirtschaftliche Sinn der Schattenpreise erkannt: Sie zeigen den Zielgrößenzuwachs (hier den Grenzgewinn), wenn die Kapazitätsbeschränkung um eine Einheit verändert wird. Deshalb werden die Schattenpreise gern als »Grenzopportunitätskosten« bezeichnet. Die Bezeichnung Grenzopportunitätskosten besagt: Es handelt sich hier um den »Gewinnzuwachs« von 10 000 Mark, der entgeht, weil nur 360 000 und nicht 370 000 Mark in t_1 zur Finanzierung bereitstehen.

Bei der wirtschaftlichen Deutung der Schattenpreise ist auf zweierlei zu achten. Zum ersten können die Schattenpreise je nach der Ausgestaltung des Modells verschiedenen ökonomischen Sinn annehmen: Grenzgewinne, Grenzrenditen, Grenzumsätze usw. In unserem Modell ist der Schattenpreis als Grenzgewinn zu verstehen.
Zum zweiten ist der Grenzgewinn in bezug auf die Finanzierungsbedingungen ein mehrperiodiges Konzept: Stünden 10 000 Mark in t_1 zusätzlich zur Verfügung, dann wüchse der Gewinn in t_3 um 10 000 Mark. Der Begriff Grenzrendite wird jedoch stets als einperiodige Größe verstanden. Die jährliche »Grenzrendite« der 10 000 Mark zusätzliches Kapital in t_1 beträgt nicht 100%, sondern sie gleicht dem internen Zinsfuß, der in zwei Perioden das eingesetzte Kapital verdoppelt, also rund 41%.
Der Schattenpreis von 10 000 Mark, die in t_0 zusätzlich bereitstünden, beträgt $^1/_3$; der interne Zinsfuß, der das Kapital in drei Perioden um ein Drittel anwachsen läßt, gleicht rund 10%.

Die Grenzrendite des zusätzlichen Kapitals in t_2 ist Null, da auch der Schattenpreis Null ist. In klassischen Modellen ist im Optimum die Grenzrendite der letzten Mark gleich dem Kalkulationszinsfuß. Die Grenzrendite, welche die letzte Mark in diesem kombinatorischen Modell in jeder Periode erwirtschaftet, haben wir soeben errechnet. Wir können analog zu den klassischen Aussagen folgern:

Im Eigenheimbeispiel herrschen in drei Perioden folgende (fiktive) Gleichgewichts-Grenzrenditen bzw. -»Kalkulationszinsfüße«: in t_0: 10%; in t_1: 41%; in t_2: 0%.

Der Sinn dieser Aussage ist allerdings beschränkt. Er lautet: Falls es gelänge, in t_0 (t_1; t_2) zusätzliches Kapital bereitzustellen, so erbrächte dieses Kapital in t_3 einen Gewinn von $33^1/_3$% (100%; 0%). Das entspräche einer jährlichen Rendite von 10% (41%; 0%). Folglich würde es sich für den Unternehmer lohnen, Zusatzkapital aufzunehmen, und zwar in t_0 mit einer Laufzeit von drei Jahren, vorausgesetzt die Effektivverzinsung liegt unter 10%; in t_1 mit einer Laufzeit von zwei Jahren, vorausgesetzt die Effektivverzinsung liegt unter 41%. In t_2 wird der vorhandene Finanzierungsspielraum nicht ausgenutzt. Der Unternehmer wird keinerlei Zusatzkapital, nicht einmal kostenloses, aufnehmen, da er im Modell nur die Investitionsmöglichkeiten A und B hat; von Finanzanlagen hatten wir abgesehen.

Bei einer solchen Interpretation darf allerdings nicht vergessen werden, daß die Zinssätze bzw. Schattenpreise marginale Größen sind. Sobald so viel Zusatzkapital in t_0 oder t_1 bereitstünde, daß aufgrund des erweiterten Investitionsumfangs die Liquidität in t_2 zum Engpaß würde, sänke schlagartig die Grenzrendite für Zusatzkapital in t_0 und t_1 auf 0%, und für t_2 entstünde eine positive Grenzrendite.

Der wirtschaftliche Sinn, welcher der Duallösung eines Programmierungsproblems zukommt, dürfte am Beispiel deutlich geworden sein. Allgemein kann man in den Schattenpreisen eine Art »innerbetriebliche Verrechnungspreise« für knappe Faktoren sehen, und in der Tat bestätigen die Schattenpreise auch die formale Richtigkeit der älteren Verrechnungspreistheorie, z. B. von Schmalenbachs »Betriebswertrechnung«[10].

Die unmittelbar praktische Bedeutung der Schattenpreise ist gering; denn der Schattenpreis fällt als Nebenprodukt der Optimierungsrechnung an: Er kann nur bei Kenntnis der Zielfunktion unter Nebenbedingungen bestimmt werden. Man muß schließlich die Gewinnwirkungen der einzelnen Handlungsmöglichkeiten und ihre Mittelbeanspruchung kennen, um den entgangenen Gewinn einer nicht realisierten Handlungsmöglichkeit bzw. eines knappen Faktors ermitteln zu können. Kennt man aber die Zielfunktion und die Nebenbedingungen, dann kann man die optimale Lösung unmittelbar ausrechnen (im primalen Programm). Eine Berechnung des Optimums aufgrund von Verrechnungspreisen (wie sie das duale Programm liefert) wird damit unnötig. Praktische Bedeutung erlangt deshalb das duale Programm meist nur dann, wenn es leichter durchzurechnen ist als die ursprüngliche Aufgabe.

Die Höhe der Schattenpreise kann weiterhin als Indiz für die Empfindlichkeit eines Programms im Hinblick auf Datenänderungen angesehen werden[11].

---

[10] Vgl. dazu u. a. *Werner Kern*, Kalkulation mit Opportunitätskosten. In: ZfB, Jg. 35 (1965), S. 133–147; *Herbert Hax*, Kostenbewertung mit Hilfe der mathematischen Programmierung. In: ZfB, Jg. 35 (1965), S. 197–210; *Dieter Schneider*, Die Theorie der Verrechnungspreise heute. In: Liiketaloudellinen Aikakauskirja (The Finnish Journal of Business Economics), Jg. 16 (1967), S. 106–124 und die dort angegebene Literatur.

[11] Vgl. dazu z. B. *Tjalling C. Koopmans*, Uses of Prices. In: Proceedings of the Conference on Operations Research in Production and Inventory Control, edited by Case Institute of Technology. Cleveland (Ohio) 1954, S. 90–96, hier S. 94, 96.

Die Schattenpreise treten nicht nur bei linearen Programmen auf. Als Schattenpreise können auch die Lagrange-Multiplikatoren in den herkömmlichen Modellen (Maximierung einer Zielfunktion unter Nebenbedingungen in Form von Gleichungen) bezeichnet werden. Beide, Dualvariablen und Lagrange-Multiplikatoren, sind Anwendungsfälle der sogenannten Kuhn-Tucker-Bedingungen[12]. Das Kuhn-Tucker-Theorem stellt einen Existenzbeweis dar: Wenn ein Extremwert einer Zielfunktion vorliegt bei Nebenbedingungen in Form von linearen oder nichtlinearen Ungleichungen, dann existieren auch Schattenpreise. Das Theorem liefert jedoch keinen »konstruktiven« Beweis. Es sagt nicht, wie man den Extremwert oder die Schattenpreise berechnet. Seine Anwendung löst deshalb unmittelbar kein ökonomisches Problem. Einige Versuche, Rechenmethoden für nichtlineare Programmierungsaufgaben zu erarbeiten, bauen indes auf dem Kuhn-Tucker-Theorem auf[13].

bb) Berücksichtigung der Kassenhaltung

Das Beispiel wird nunmehr in einem Punkt wirklichkeitsnäher gestaltet: Die Liquiditätsbedingungen der drei Perioden sind praktisch nicht voneinander unabhängig. Vielmehr können nicht ausgenutzte Mittel einer Periode über die Kassenhaltung (oder über kurzfristige Geldanlagen) auf die nächste Periode vorgetragen werden.

Wir definieren K als die Kassenhaltung in t_0 und L als Kassenhaltung in t_1. Dadurch ändert sich die Formulierung des Problems, denn K mindert in t_0 die liquiden Mittel zum Bau der Eigenheime und erhöht sie in t_1. L verringert die Mittel in t_1 und erhöht sie in t_2. Ferner sind in die Zielfunktion die Kosten der Kassenhaltung aufzunehmen. Bisher sind nur die Finanzierungskosten der Bauten erfaßt. Nunmehr ist zu berücksichtigen, daß 1 Mark Kredit, in t_0 aufgenommen, bis t_1 10% Zinsen kostet. (Die Zinsen werden wie die anderen Finanzierungskosten erst in t_3 gezahlt, von Zinseszinsen sehen wir ab). Die gleichen Zinskosten entstehen bei einer Kassenhaltung in t_2. Das Problem lautet nunmehr:

Maximiere G = 6 A + 4 B − 0,1 K − 0,1 L unter den Nebenbedingungen
(1)   48 ≧ 6 A + 3 B + 1 K + 0 L
(2)   36 ≧ 4 A + 3 B − 1 K + 1 L
(3)   45 ≧ 3 A + 5 B + 0 K − 1 L
            A, B, K, L ≧ 0

Für die Ausrechnung wählen wir die einfache Schreibweise in einer Koeffizientenmatrix, wie sie allgemein üblich ist. Die Spalten bezeichnen die Koeffizienten der Variablen; unter G steht auch der Mittelvorrat. Spalte I zeigt an, welche Variable in welcher Zeile Basisvariable ist, Z nennt die Umformung der Zielfunktion. II zeigt, welche Gleichung mit welcher Rechenope-

---

[12] Vgl. *H. W. Kuhn, A. W. Tucker*, Nonlinear Programming. In: Proceedings of the Second Berkeley Symposium on Mathematical Statistics and Probability, edited by Jerzy Neyman. Berkeley 1951, S. 481–492; *Dorfman-Samuelson-Solow*, S. 198–201; eine leichter verständliche Darstellung findet sich bei *Vernon L. Smith*, Investment and Production. A Study in the Theory of Capital-Using Enterprise. Cambridge (Mass.) 1961, S. 321–327. Vgl. auch *Herbert Hax*, Investitionstheorie. 4. Aufl. Würzburg-Wien 1979, S. 97–101.

[13] Vgl. dazu z. B. *Wilhelm Krelle*, Gelöste und ungelöste Probleme der Unternehmensforschung. In: Arbeitsgemeinschaft für Forschung des Landes Nordrhein-Westfalen, Natur-, Ingenieur- und Gesellschaftswissenschaften, Heft 105, Köln-Opladen 1962, S. 7–28, hier S. 15–18; *W. S. Dorn*, Non-Linear Programming – A Survey. In: Management Science, Vol. 9 (1963), S. 171–208; *Georg Hadley*, Nichtlineare und dynamische Programmierung. Würzburg-Wien 1969, ab 6. Kapitel.

ration verwandt wird. Die erste Basislösung entspricht dem Optimum des Beispiels ohne Kassenhaltung: K, L, C und D sind Null gesetzt worden.

I	II	G	A	B	K	L	C	D	E
	(1)	48	6	3	1	0	1	0	0
	−(2)	−36	−4	−3	1	−1	0	−1	0
	Σ	12	2	0	2	−1	1	−1	0
A	$\frac{1}{2} \cdot$ Σ	6	1	0	1	$-\frac{1}{2}$	$\frac{1}{2}$	$-\frac{1}{2}$	0
	(2)	36	4	3	−1	1	0	1	0
	$-\frac{2}{3} \cdot$ (1)	−32	−4	−2	$-\frac{2}{3}$	0	$-\frac{2}{3}$	0	0
B	Σ	4	0	1	$-\frac{5}{3}$	1	$-\frac{2}{3}$	1	0
	(3)	45	3	5	0	−1	0	0	1
	−3 · A	−18	−3	0	−3	$\frac{3}{2}$	$-\frac{3}{2}$	$\frac{3}{2}$	0
	−5 · B	−20	0	−5	$\frac{25}{3}$	−5	$\frac{10}{3}$	−5	0
E	Σ	7	0	0	$\frac{16}{3}$	$-\frac{9}{2}$	$\frac{11}{6}$	$-\frac{7}{2}$	1
	6 · A	36	6	0	6	−3	3	−3	0
	4 · B	16	0	4	$-\frac{20}{3}$	4	$-\frac{8}{3}$	4	0
	Σ	52	6	4	$-\frac{2}{3}$	1	$\frac{1}{3}$	1	0
Z	G − 52	0	0	$\frac{17}{30}$	$-\frac{11}{10}$	$-\frac{1}{3}$	−1	0	

Wenn der Unternehmer K = 0 setzt, also die Möglichkeit außer acht läßt, durch Kassenhaltung in t_0 die Liquiditätsbedingung in t_1 zu verbessern, dann handelt er nicht optimal. Da der Koeffizient von K positiv ist, darf K, die Kasse in t_0, nicht Null sein. Gemäß der Austauschregel muß E für K weichen. In der zweiten Basislösung setzen wir L = C = D = E = 0.

I	II	G	A	B	K	L	C	D	E
	E	7	0	0	$\frac{16}{3}$	$-\frac{9}{2}$	$\frac{11}{6}$	$-\frac{7}{2}$	1
K	$\frac{3}{16}$	$\frac{21}{16}$	0	0	1	$-\frac{27}{32}$	$\frac{11}{32}$	$-\frac{21}{32}$	$\frac{3}{16}$
	B	4	0	1	$-\frac{5}{3}$	1	$-\frac{2}{3}$	1	0
	$\frac{5}{3} \cdot$ K	$\frac{35}{16}$	0	0	$\frac{5}{3}$	$-\frac{45}{32}$	$\frac{55}{96}$	$-\frac{35}{32}$	$\frac{5}{16}$
B		$\frac{99}{16}$	0	1	0	$-\frac{13}{32}$	$-\frac{3}{32}$	$-\frac{3}{32}$	$\frac{5}{16}$
	A	6	1	0	1	$-\frac{1}{2}$	$\frac{1}{2}$	$-\frac{1}{2}$	0
	−K	$-\frac{21}{16}$	0	0	−1	$\frac{27}{32}$	$-\frac{11}{32}$	$\frac{21}{32}$	$-\frac{3}{16}$
A		$\frac{75}{16}$	1	0	0	$\frac{11}{32}$	$\frac{5}{32}$	$\frac{5}{32}$	$-\frac{18}{16}$
	6 · A	$\frac{450}{16}$	6	0	0	$\frac{66}{32}$	$\frac{30}{32}$	$\frac{30}{32}$	$-\frac{18}{32}$
	4 · B	$\frac{396}{16}$	0	4	0	$-\frac{52}{32}$	$-\frac{12}{32}$	$-\frac{12}{32}$	$\frac{20}{16}$
	$-\frac{1}{10} \cdot$ K	$-\frac{21}{160}$	0	0	$-\frac{1}{10}$	$\frac{27}{320}$	$-\frac{11}{320}$	$\frac{21}{320}$	$-\frac{3}{160}$
	Σ −	$\frac{8439}{160}$	6	4	$-\frac{1}{10}$	$\frac{167}{320}$	$\frac{169}{320}$	$\frac{201}{320}$	$\frac{17}{160}$
Z	G −	$\frac{8439}{160}$	0	0	0	$-\frac{199}{320}$	$-\frac{169}{320}$	$-\frac{201}{320}$	$-\frac{17}{160}$

Damit ist das Optimum erreicht, da L, C, D und E negative Koeffizienten aufweisen. Bei Berücksichtigung der Kassenhaltung lohnt es sich also, statt 6 Eigenheimen des Typs A nur $^{75}/_{16} = 4 + {}^{11}/_{16}$ zu bauen. Anstelle von 4 Eigenheimen des Typs B werden $^{99}/_{16} = 6 + {}^{3}/_{16}$ errichtet. Die Kosten der Kassenhaltung in t_0 betragen $^{21}/_{160} \cdot 10\,000 = 1\,312{,}50$ Mark. Der Gewinn steigt von 52 auf $^{8439}/_{160} = 52 + {}^{119}/_{160}$ bzw. umgerechnet um 7 437,50 Mark auf 527 437,50 Mark.

Der Finanzplan sieht im einzelnen so aus:

Jahr	A	B	Kasse	Kreditspielraum
t_0	281 250 +	185 625 +	13 125	= 480 000
t_1	187 500 +	185 625	= 13 125	+ 360 000
t_2	140 625 +	309 375 +	0	= 450 000

Natürlich wird man praktisch kaum $^{11}/_{16}$ Häuser veräußern können; aber von diesen Ganzzahligkeitsproblemen wird voraussetzungsgemäß vorerst abgesehen. Das Beispiel deutet jedoch bereits die Schwierigkeiten an, welche die Ganzzahligkeit machen wird; denn das einfache Runden der gebrochenen Werte führt entweder zu unzulässigen Lösungen (z. B. A = 5, B = 6) oder zu nicht optimalen Lösungen (z. B. A = 4, B = 6 bzw. A = 5, B = 5). Bei ganzzahligen Problemen ist deshalb die Simplexmethode nicht mehr anwendbar. Man benötigt dazu andere Verfahren.

Der Vergleich des Beispiels ohne Kassenhaltung mit dem bei Kassenhaltung zeigt zweierlei:

(1) Selbst auf kleine Datenänderungen kann das Optimum sehr empfindlich reagieren. Die Lösung des Beispiels mit Kassenhaltung entspricht folgender Lösung ohne Kassenhaltung: Kreditspielraum in t_0: 466 875 Mark, in t_1: 373 125 Mark, alle sonstigen Daten unverändert. Die Verschiebung der Finanzierungsgrenze in t_0 um rund 3% bewirkt, daß von A rund 25% weniger, von B rund 55% mehr gebaut werden. Welches Gewicht solchen Ausschlägen im praktischen Fall beigemessen werden muß, wenn mit der Unsicherheit aller Daten zu rechnen ist, liegt auf der Hand.

(2) Wichtiger noch ist eine Folgerung für den Modellansatz: Modelle zur Investitions- und Finanzplanung müssen die Übertragbarkeit finanzieller Mittel von einer Periode zur nächsten beachten. Sie müssen die Kassenhaltung (oder eine beliebige, nur bis zum nächsten Zahlungszeitpunkt laufende Geldanlagemöglichkeit zum Habenzins) ausdrücklich berücksichtigen. Das bedeutet: Im praktischen Fall werden die Liquiditätsbedingungen stets als Gleichungen erscheinen; die Beschränkungen bei den einzelnen Finanzierungsquellen sind dann gesondert aufzuführen. Da in unserem Beispiel in jedem Zahlungszeitpunkt nur eine Finanzierungsquelle gegeben war, konnten wir finanzielle Beschränkungen und Liquiditätsbedingungen in einer Nebenbedingung zusammenfassen. In der Literatur[14] sind die Liquidi-

---

[14] Vgl. z. B. *Horst Albach*, Investition und Liquidität. Die Planung des optimalen Investitionsbudgets. Wiesbaden 1962, S. 263 f.; *H. Martin Weingartner*, Mathematical Programming and the Analysis of Capital Budgeting Problems. Englewood Cliffs 1963, reprinted Chicago 1967, S. 141 f. Kritik an beiden Modellformulierungen übt *Hållsten*, S. 84–86.

tätsbedingungen und die Übertragbarkeit von einer Periode zur nächsten unterschiedlich berücksichtigt worden. Wird in einem Modell die Übertragbarkeit nicht beachtet, dann muß man erstens fragen: Wenn in einem Zahlungszeitpunkt die finanziellen Mittel nicht voll ausgenutzt werden, was geschieht dann mit diesen Geldern? Und zweitens: Sind die errechneten Lösungen überhaupt optimal, selbst wenn im Ergebnis die finanziellen Mittel voll beansprucht werden? In unserem Beispiel war bei der ersten Lösung in t_0 und t_1 der Kreditspielraum voll ausgenutzt. Trotzdem lohnt sich bei richtiger Problemstellung die Kassenhaltung in t_0!

Aufschlußreich ist ferner ein Vergleich der Schattenpreise im Fall mit und ohne Kassenhaltung.

	C	D	E
Ohne Kassenhaltung:	$\frac{1}{3}$	1	0
Mit Kassenhaltung:	$\frac{169}{320}$	$\frac{201}{320}$	$\frac{17}{160}$

Ohne Kassenhaltung ist der Schattenpreis bei D dreimal höher als der von C. Wird die Kassenhaltung berücksichtigt, wächst die Knappheitsrente für C, weil ein Teil der Finanzierungsmittel in t_0 über die Kassenhaltung zur Milderung des Liquiditätsengpasses in t_1 abgezweigt wird und damit der für Investitionen in t_0 verbleibende Betrag noch geringer wird.

Der Schattenpreis von D fällt, weil durch die Kassenhaltung in t_0 der Finanzierungsspielraum in t_1 erweitert wird.

Da im Modell mit Kassenhaltung auch die Finanzierungsmittel in t_2 voll beansprucht werden, ist der Schattenpreis von E positiv; in t_2 entsteht eine Knappheitsrente für liquide Mittel von rund 10%.

cc) Allgemeine Formulierung linearer Planungsmodelle

Wer Einzelveröffentlichungen zur Programmplanung studieren will, muß sich mit der in der Literatur üblichen Schreibweise vertraut machen.

Wenn wir das Eigenheimbeispiel verallgemeinern, erhalten wir folgenden Ansatz: Ein Unternehmer steht vor x_i Investitionsmöglichkeiten (i = 1, 2, ..., m), Kassenhaltung ist ein Investitionsvorhaben. Er plant für t Perioden (t = 0, 1, 2, ...,n). a_{it} sei der Zahlungssaldo der i-ten Investitionsmöglichkeit im Zahlungszeitpunkt t. Wenn ein Vorhaben erst in t_2 beginnt, sind die Zahlungssalden in t_0 und t_1 gleich Null. b_t sind die beschränkten Finanzierungsmittel im Zeitpunkt t. Die Zielfunktion Z enthält die Zielbeiträge z_i der i Handlungsmöglichkeiten, z. B. ihren Beitrag zum Endvermögen am Planungshorizont. Das Modell lautet dann:

Zielfunktion $\quad \Sigma z_i x_i = Z \to \max!$

Nebenbedingungen $\quad \Sigma a_{it} x_i \leq b_t$

$\quad x_i \geq 0$

Ein Modell mit Einkommensstreben als Zielvorschrift steht auf S. 215 f. Berücksichtigt man verschiedenartige Finanzierungsvorhaben, Produktions- und Absatzbeschränkungen, Steuerzahlungen und Abhängigkeiten zwischen Rücklagenbildung (Eigenkapitalzuwachs) und Finanzierungsschranken, so wird bei dieser Schreibweise das Modell sehr unübersichtlich; daneben schafft der Zwang zu mehrfacher Indizierung Fehlerquellen. Aus allen diesen Gründen bevorzugt die Literatur gerne eine noch stärker verkürzte Schreibweise. Die Mittelbeanspruchung schlägt sich in einem Koeffizientenschema, in einer Matrix, nieder. Die einzelnen Spalten der Matrix heißen Spaltenvektoren; die Zeilen Zeilenvektoren. Vektor ist hier einfach als »Menge von Koeffizienten« bzw. »Anordnung von Zahlen« zu verstehen. Die gesamte Matrix (sämtliche Koeffizienten der Mittelbeanspruchung, z. B. alle a_{it}) wird durch einen Großbuchstaben, z. B. A, wiedergegeben, die Spaltenvektoren durch kleine Buchstaben, Zeilenvektoren durch kleine Buchstaben mit Apostroph (gelegentlich wählt man auch gotische Großbuchstaben für die Matrix und gotische Kleinbuchstaben für die Vektoren). Ein beliebiges lineares Modell schreibt sich dann abgekürzt so:

$$Z = z'x$$
$$Ax \leq b$$
$$x \geq 0.$$

Die Zielfunktion Z besteht also aus dem Zeilenvektor der Zielbeiträge z' mal den entsprechenden Variablen x; die Mittelbeanspruchung äußert sich in einer Matrix A. Sie enthält die Koeffizienten für die Variablen; die vorhandenen Mittel b stellen einen Spaltenvektor dar, und die Handlungsmöglichkeiten x müssen größer oder gleich 0 sein. Eine solche Darstellungsweise ist bequem, aber sie schafft natürlich keinerlei zusätzliches Wissen.

Läßt sich aus einem solchen allgemein formulierten Modell eine Aussage über das Optimum ableiten? Eine Ausrechnung wie in klassischen Modellen (z. B. in stetigen Nutzungsdauermodellen, S. 234 f.) ist nicht möglich und deshalb schafft die allgemeine Formulierung auch keine zusätzliche Erkenntnis.

Diese Auffassung wird allerdings bestritten[15]: Nehme man das Dualtheorem zu Hilfe, dann ließen sich die Einflußgrößen der Schattenpreise erkennen. Der einer Nebenbedingung zugeordnete Schattenpreis sei Null, wenn im Optimum für die Nebenbedingung das Ungleichheitszeichen gilt. Der Schattenpreis sei positiv, wenn das Gleichheitszeichen gilt, die vorhandenen Mittel also voll beansprucht werden. Aus den Bestimmungsgrößen der Schattenpreise ließe sich ableiten, unter welchen Umständen welche Einzelannahmen Einfluß auf das Optimum nehmen. Die Sachzusammenhänge, die Jääskeläinen hiermit aufzeigt, sind m. E. ohne Formalisierung, bei der (oft als vorwissenschaftlich geltenden) verbalen Darstellung viel leichter zu durchschauen (vgl. S. 408). Das ist im Grunde selbstverständlich: Aus keinem Modell kann mehr herausgeholt werden, als an Prämissen hineingesteckt wurde. Die allgemeine mathematische Formulierung lohnt sich nur dann, wenn Umformungen oder Ausrechnungen möglich sind, die zusätzliche Einsichten schaffen, Einsichten, die bei einer verbalen Darstellung nicht erkennbar oder mindestens nicht offensichtlich wären. Die allgemein formulierten Modelle der Unternehmensforschung, namentlich die Simultanplanungsmodelle, erlauben jedoch im allgemeinen keine solchen Umformungen und Ausrechnungen. Die allgemeine mathematische Formulierung eines solchen Problems schafft deshalb keine zusätzliche Information. Sie gibt lediglich ein Problem in einer anderen »Sprache« wieder.

---

[15] Vgl. z. B. *Veikko Jääskeläinen*, Optimal Financing and Tax Policy of the Corporation. Helsinki 1966, ab S. 84.

Sicher, man kann das »Heideröslein« auch auf amharisch oder kirchenslawisch hersagen, nur macht man es damit dem Deutschen nicht verständlicher. In der Literatur findet sich im Anschluß an die »mathematische« Modellschreibweise in Symbolen mehrfach die Behauptung: »damit sei das Problem gelöst«[16]. Ich vermag die Niederschrift in einer anderen »Sprache« nicht als Lösung der gestellten Probleme anzusehen.

Die betriebswirtschaftliche Bedeutung der Unternehmensforschung liegt darin, daß sie brauchbare Rechenverfahren (»Algorithmen«) entwickelt, mit denen praktische Einzelfälle ausgerechnet werden können. Die Bedeutung simultaner Planungsmodelle, ja vielleicht der Unternehmensforschung überhaupt, für die Gewinnung allgemeiner (»theoretischer«) Erkenntnisse scheint mir bescheidener zu sein, als bisher verkündet worden ist.

3. Investitions- und Finanzplanung bei sich ausschließenden Handlungsprogrammen

aa) Das Zusammenstellen sich ausschließender Investitionsprogramme

Investitionsobjekte zeigen in der Praxis regelmäßig zwei Eigenschaften, die für die theoretische Analyse unangenehm sind. Sie erfordern zunächst bestimmte Mindestkapitalsummen in Höhe der Anschaffungsausgaben einschließlich der Anschaffungsnebenkosten; sie sind in unserem Sprachgebrauch »finanziell unteilbar«. Daneben werden sich oft einzelne Investitionsobjekte begünstigen oder behindern; im Extremfall schließen sich einzelne Objekte gegenseitig aus. Ist z. B. ein Lastwagen zu ersetzen, so sind die vier oder fünf miteinander konkurrierenden Lastwagentypen sich ausschließende Investitionsobjekte.

Sich begünstigende Investitionsobjekte sind dann gegeben, wenn ihre Einnahmenüberschüsse bei gemeinsamer Verwirklichung höher liegen als bei getrennter Realisierung. Bei sich behindernden Objekten liegt die Summe der Einnahmenüberschüsse bei gemeinsamer Verwirklichung unter der Summe der einzelnen Einnahmenüberschüsse. Begünstigen oder behindern sich zwei Investitionsobjekte A und B, so lassen sie sich auf folgende Weise in der Investitionsplanung berücksichtigen: A bildet ein Vorhaben, B ein weiteres, und A und B zusammen bilden ein drittes Vorhaben C. Nur über den Weg, ein neues, gemeinsames Investitionsvorhaben zu definieren, läßt sich der Verbund zweier Investitionsvorhaben rechnerisch berücksichtigen.

Unter den bisher dargestellten Ansätzen zur Abstimmung von Investitions- und Finanzplanung enthält das Lutz-Modell Investitionsprogramme aus finanziell unteilbaren Investitionsobjekten. Das Lutz-Modell setzt jedoch die Zusammmensetzung dieser Investitionsprogramme als gelöst voraus. Die Frage, wie man einzelne unteilbare Investitionsvorhaben zu kombinieren hat, um eine bestimmte Kapitalsumme bestmöglich zu verwerten, diese Frage wird nicht untersucht. Sie gilt als vorab gelöst. Das ist ein Mangel; denn ohne Zweifel ist es ein betriebswirtschaftliches Problem, festzustellen, wie ein Kapitalbetrag von, sagen wir, 100 000 Mark auf einzelne Investitionsobjekte verteilt werden soll, damit er den höchsten Gewinn erbringt.

Das Lutz-Modell sieht die Investitionsmischung nicht als ökonomisches Problem an. Es geht von einer Art »technischer Maximierungsbedingung« aus, wie wir in Analogie zu einer

---

[16] Vgl. z. B. *Erich Gutenberg*, Grundlagen der Betriebswirtschaftslehre. Bd. 1, Die Produktion. 23. Aufl., Berlin-Heidelberg-New York 1979, S. 188; ähnlich S. 331 ff., 336, 366; *Horst Albach*, Investition und Liquidität, S. 104; *H. Seelbach*, Planungsmodelle in der Investitionsrechnung. Würzburg – Wien 1967, S. 60, 79.

grundlegenden Annahme der Produktionstheorie sagen können[17]. Bei der Frage, wie ein gegebener Kapitalbetrag auf einzelne Investitionsobjekte am besten aufgeteilt werden soll, handelt es sich um ein Kombinationsproblem: Mehrere einzelne Investitionsobjekte sind so miteinander zu verbinden, bis die Kombination gefunden ist, die den höchsten Gewinn erbringt. Eine Besonderheit gegenüber den bisher erörterten Kombinationsproblemen kann darin liegen, daß sich die einzelnen Investitionsmischungen gegenseitig ausschließen. Unteilbarkeit und gegenseitiges Sich-Ausschließen einzelner Investitions- und Finanzierungsvorhaben, das sind Probleme, mit denen wir uns in diesem Abschnitt beschäftigen.

bb) Ein Beispiel zur ganzzahligen kombinatorischen Investitions- und Finanzplanung

a) Ohne Steuern

Der Handlungs- und Planungszeitraum des Unternehmens reiche von t_0 bis t_3, er erstrecke sich also auf vier Zahlungszeitpunkte. Unternehmensziel sei es, in den vier Zahlungszeitpunkten einen maximalen, in jedem Zahlungszeitpunkt gleich hohen Gewinn auszuschütten. Das Endvermögen in t_3 soll mindestens 600 betragen. In t_3 sind sämtliche Anlagen zu liquidieren, das Endvermögen soll dann der Kassenbestand darstellen. (Sollte die Unternehmung nach dem Planungshorizont weiterbestehen, dann wäre der Endbestand zu definieren als gewünschter »Ertragswert« oder als gewünschter Produktionsfaktorbestand am Planungshorizont.)

Wir führen zwei Rechnungen durch. Als erstes ermitteln wir das Optimum für den Fall, daß keine Gewinnsteuern zu zahlen sind. Als zweites werden wir Gewinnsteuerzahlungen berücksichtigen.

Wie sehen die Ausgangsbedingungen des Unternehmens und seine Handlungsmöglichkeiten aus?

Im Zeitpunkt t_0 verfügt die Unternehmung über mehrere in Betrieb befindliche Anlagen. Die Unternehmung hat zu prüfen, ob die wirtschaftliche Nutzungsdauer dieses Anlagenbestandes bereits beendet ist. Dabei steht die Unternehmung vor drei Wahlmöglichkeiten:

(1) Sie kann den Anlagenbestand bis zum Ende seiner technischen Nutzungsdauer in t_2 verwenden. Es sollen dabei in t_0 noch Einnahmen von 1 500 entstehen, in t_1 solche von 100 und in t_2 weitere 100. Diese Handlungsmöglichkeit sei mit B_1 bezeichnet.

(2) Die Unternehmung kann den Anlagenbestand noch 1 Jahr verwenden: Es entstehen in t_0 1 500 und in t_1 180 an Einnahmen. Das ist Handlungsmöglichkeit B_2.

(3) Die Unternehmung kann den Anlagenbestand in t_0 hinauswerfen. Sie erzielt dabei 1 500 Mark plus einen Restverkaufserlös von 100. Das ist Möglichkeit B_3.

Das Ende der wirtschaftlichen Nutzungsdauer, der optimale Ersatzzeitpunkt, wird hier also dadurch gesucht, daß man drei alternative Verfahrensweisen betrachtet und feststellt, welche der drei Möglichkeiten die beste ist. Dabei ist zu beachten, daß die drei Handlungsmöglichkeiten (sofortiger Ersatz, einjährige bzw. zweijährige Weiterverwendung) sich gegenseitig ausschließen. Die drei sich ausschließenden Desinvestitionsmöglichkeiten sind strenggenom-

---

[17] Vgl. dazu z. B. *F[rancis] Y[sidro] Edgeworth*, The Laws of Increasing and Diminishing Returns. In: Papers Relating to Political Economy. London 1925, Bd. 1, S. 61–99, hier S. 69; *Sune Carlson*, A Study on the Pure Theory of Production. Stockholm 1939, reprinted New York 1956, S. 14 f.; *Dorfman-Samuelson-Solow*, S. 202.

men drei alternative Finanzierungsvorhaben: Ihre erste Zahlung (und die folgenden) sind Einnahmen.
Um das Optimum zu errechnen, brauchen wir die Zahlen der drei Desinvestitionsmöglichkeiten:

	t_0	t_1	t_2	t_3
B_1:	+ 1500	+ 100	+ 100	
B_2:	+ 1500	+ 180		
B_3:	+ 1600			

Daß sich die drei Möglichkeiten ausschließen, kann mathematisch nur auf umständliche Weise definiert werden. Es sind folgende Nebenbedingungen zu beachten:

$$B_1 + B_2 + B_3 \leq 1$$
$$B_1 \geq 0; B_2 \geq 0; B_3 \geq 0$$
$$B_1, B_2, B_3 \text{ ganzzahlig!}$$

Wenn z. B. $B_1 \geq 0$ und ≤ 1 und ganzzahlig ist, dann kann es nur 0 oder 1 sein. Aus den drei Nebenbedingungen folgt: Wenn $B_1 = 1$ ist, dann müssen B_2 und B_3 0 sein, und Entsprechendes gilt für $B_2 = 1$ oder $B_3 = 1$.
Wir sehen bereits hier, daß die Bedingung sich ausschließender Handlungsmöglichkeiten die mathematische Problemlösung erschwert.
Wir nehmen weiter an, die Unternehmung habe im Zeitpunkt t_0 Schulden. Früher wurde ein Darlehen aufgenommen über 500 Mark zu 8%, das in t_0 oder in t_1 oder spätestens in t_2 zurückgezahlt werden kann. Dieses Darlehen ist die erste Quelle für Zusatzkapital. Wir unterstellen zunächst, das Darlehen werde in t_0 zurückgezahlt. Das sei Handlungsmöglichkeit F_0. F_0 wird immer durchgeführt, denn es ist die Voraussetzung für F_1 bzw. F_2. Es fallen also Ausgaben in Höhe von 500 an (die in t_0 zu zahlenden Zinsen seien schon von den Überschüssen der Handlungsmöglichkeiten B_1 bis B_3 abgesetzt). Damit gewinnen wir zwei sich ausschließende Finanzierungsmöglichkeiten, F_1 und F_2. F_1 besteht darin, das Darlehen ein Jahr weiterlaufen zu lassen; das bedeutet im Modell: in t_0 500 Mark an Einnahmen und in t_1 540 Mark Ausgaben (Rückzahlung einschließlich Zinsen). F_2 besteht darin, das Darlehen erst zum letzten Rückzahlungstermin t_2 zurückzuzahlen. Im einzelnen führen F_0 und die beiden Finanzierungsvorhaben zu folgenden Zahlungsströmen:

	t_0	t_1	t_2	t_3
[F_0:	− 500]			
F_1:	+ 500	− 540		
F_2:	+ 500	− 40	− 540	

Da F_1 und F_2 sich gegenseitig ausschließen, muß zusätzlich gelten:

$$F_1 + F_2 \leq 1; F_1 \geq 0; F_2 \geq 0; F_1, F_2 \text{ ganzzahlig!}$$

Als weitere Finanzierungsmöglichkeiten kommen in t_0 in Frage: Es kann ein Schuldscheindarlehen aufgenommen werden zu 7%, Auszahlungskurs 97. Das Darlehen läuft bis t_3. Das Schuldscheindarlehen kann zu einem Betrag von 400 oder 500 aufgenommen werden. Die Zahlungsströme lauten

	t_0	t_1	t_2	t_3
F_3 (Nennbetrag 400):	+388	−28	−28	−428
F_4 (Nennbetrag 500):	+485	−35	−35	−535

F_3 und F_4 schließen sich wiederum gegenseitig aus, folglich:

$$F_3 + F_4 \leq 1;\; F_3 \geq 0;\; F_4 \geq 0;\; F_3, F_4 \text{ ganzzahlig!}$$

Zusätzlich kann in jeder Periode ein Bankkredit (Kontokorrentkredit) aufgenommen werden. Der Kontokorrentkredit kostet 10%. Er ist im folgenden Jahr zurückzuzahlen, kann aber erneuert werden. Die Höchstsumme der Kreditzusagen der Bank beträgt 500. Daraus entstehen die Finanzierungsmöglichkeiten F_5 bis F_7.

	t_0	t_1	t_2	t_3
F_5:	+500	−550		
F_6:		+500	−550	
F_7:			+500	−550

Da der Kontokorrentkredit bis zu höchstens 500 aufgenommen werden kann, gilt

$$0 \leq F_5 \leq 1;\; 0 \leq F_6 \leq 1;\; 0 \leq F_7 \leq 1.$$

F_5 bis F_7 schließen sich nicht gegenseitig aus. Ferner braucht das Kreditlimit nicht ausgeschöpft zu werden. Deshalb fehlt die Ganzzahligkeitsbedingung.
Die Unternehmung stehe vor folgenden Investitionsvorhaben:
Eine Großanlage I_1 führt erst nach einem Anlaufjahr zu Einnahmenüberschüssen. Eine kleine Anlage I_2 liefert hingegen einen gleichmäßigeren Einnahmenstrom. Die kleine Anlage kann drei Perioden lang genutzt werden. Sie kann bereits nach zwei Perioden desinvestiert werden und liefert dann einen bescheidenen Restverkaufserlös. Wird die kleine Anlage nur zwei Perioden genutzt, so bildet sie das Investitionsvorhaben I_3.
Die gleiche kleine Anlage kann auch in t_1 noch investiert werden. Sie bezeichnet dann das Investitionsvorhaben I_4. Im einzelnen entstehen folgende Zahlungsströme:

	t_0	t_1	t_2	t_3	Rendite
I_1:	−600	0	+400	+500	ca. 15%
I_2:	−120	+60	+60	+40	ca. 12%
I_3:	−120	+60	+75		ca. 6%
I_4:		−120	+60	+75	ca. 7%

(Die Renditen sind errechnet worden bei Wiederanlage der freigesetzten Mittel zu 4% bis t_3!)
Jedes Investitionsvorhaben kann mehrfach verwirklicht werden. Für die Investitionsvorhaben gilt, daß sie ganzzahlig und größer als oder gleich Null sein müssen, weil keine halben oder negativen Maschinen angeschafft werden können.

$$I_1 \geq 0;\; I_2 \geq 0;\; I_3 \geq 0;\; I_4 \geq 0;\; I_1, I_2, I_3, I_4 \text{ ganzzahlig!}$$

Die verschiedenen Investitionsvorhaben schließen einander nicht aus. So kann man z. B. in t_0 auch zwei kleine Maschinen anschaffen, von denen eine nur zwei Jahre, die andere drei Jahre genutzt wird.

Die Unternehmung kann ferner Finanzinvestitionen durchführen, also Geld auf dem Kapitalmarkt, z. B. auf dem Sparbuch, anlegen. Es verzinst sich zu 4%. Das Sparguthaben kann jederzeit abgehoben werden. Deshalb gehen wir davon aus, daß das Geld auf dem Sparbuch nur ein Jahr lang angelegt werden kann, aber dafür jedes Jahr neu. Diese willkürliche Annahme ist aus rechentechnischen Gründen zweckmäßig. Es entstehen die Investitionsvorhaben I_5 bis I_7:

	t_0	t_1	t_2	t_3
I_5:	− 100	+ 104		
I_6:		− 100	+ 104	
I_7:			− 100	+ 104

Für die Finanzanlagen gilt, daß sie nur positive Werte annehmen dürfen, also $I_5 \geq 0$; $I_6 \geq 0$; $I_7 \geq 0$. Negative Werte würden Kreditaufnahmen zu 4% bedeuten. Auf dem Sparbuch können beliebige Beträge angelegt werden. Die einzelnen Sparanlagen schließen sich nicht aus. Eine Obergrenze und eine Ganzzahligkeitsbedingung sind nicht nötig. Kassenhaltung ist in diesem Modell unvernünftig; denn die Geldanlage auf dem Sparbuch erfüllt den gleichen Zweck und bringt noch Zinsen.

Damit wären die Handlungsmöglichkeiten der Unternehmung beschrieben.

Unternehmensziel sei die Maximierung der Entnahmen zu jedem Zahlungszeitpunkt. Das Endvermögen soll nach Ausschüttung mindestens 600 betragen. Wir gehen zunächst von einer Personenunternehmung aus. Hier bestehen keine Rechtsvorschriften über die Höchstgrenze der Ausschüttungen. Ausgeschüttet werden darf auch, wenn buchhalterisch ein Verlust vorliegt.

Damit das Zusammenstellen des Programms einfacher wird, nehmen wir an, die Ausschüttungen A müßten fünf Mark betragen bzw. ein ganzzahliges Vielfaches davon. Bei Aktiengesellschaften wäre eine ähnliche Vorschrift auch praktisch gegeben, da in der Regel nur ganzzahlige Dividendensätze in Frage kommen. Diese Bedingung schreiben wir so:

A = max!
$A \geq 0$; wenn $A > 0$, dann sind nur ganzzahlige Vielfache von 5 zulässig.

Der optimale Finanzplan bestimmt sich dann nach folgender Vorschrift:
Maximiere die Ausschüttungen unter folgenden Nebenbedingungen:
(1) Die Liquidität der Unternehmung muß in jedem Zahlungszeitpunkt erhalten sein. Es muß also für die Zahlungszeitpunkte t_0 bis t_2 gelten: Einnahmen aus Investitions- und Finanzierungsmaßnahmen minus Ausgaben aus Investitions- und Finanzierungsmaßnahmen minus Ausschüttungen gleich Null.
(2) Im Schlußzeitpunkt t_3 müssen die Einnahmenüberschüsse mindestens 600 betragen. Für t_3 lautet die Liquiditätsbedingung folglich: Einnahmen aus Investitionen minus Ausgaben aus Finanzierungsvorhaben minus Ausschüttungen gleich oder größer als 600.
(3) Es sind sämtliche Nebenbedingungen zu beachten, die bei der Niederschrift der einzelnen Handlungsmöglichkeiten gesetzt worden sind: Ganzzahligkeitsbedingungen, Ausschließlichkeitsbedingungen, Vermeidung negativer Werte.

Auf die formelmäßige Niederschrift wird verzichtet, da die zur Ausrechnung anwendbaren Rechentechniken der ganzzahligen Programmierung hier nicht beschrieben werden sollen. Der Leser sollte versuchen, durch Probieren eine Lösung zu finden; denn das Probieren schult den ökonomischen Verstand. Man muß untersuchen, welche Nebenbedingungen in welcher Periode voraussichtlich zum entscheidenden Engpaß werden, und auf sie ist die Planung abzustellen. Der Leser kann dabei zugleich prüfen, ob die hier gegebene Lösung tatsächlich die optimale ist. Für den Fall ohne Gewinnsteuern errechnet sich folgender »optimaler Finanzplan«:

	t_0	t_1	t_2	t_3
B_2:	1500	180		
F_0:	− 500			
F_2:	500	− 40	− 540	
F_4:	485	− 35	− 35	− 535
F_5:	370	− 407		
F_6:		497	− 546,7	
F_7:			116,7	− 128,4
$3 \cdot I_1$:	− 1800	0	1200	1500
$2 \cdot I_2$:	− 240	120	120	80
A:	− 315	− 315	− 315	− 315
Saldo:	0	0	0	601,6

Erläuterung: Der Engpaß liegt in der Liquidität der Periode t_1. Alle günstigeren Finanzierungsmöglichkeiten als der Kontokorrentkredit werden bis zu ihren Höchstgrenzen bzw. längstmöglichen Laufzeiten ausgenutzt. Weil in t_1 die Liquidität beengt ist, wird als Ersatzzeitpunkt für den vorhandenen Anlagenpark t_1 gewählt, denn bei Veräußerung in t_1 erbringt der vorhandene Anlagenbestand ein Höchstmaß an liquiden Mitteln. I_1 ist die lukrativste Investitionsmöglichkeit, deshalb wird versucht, möglichst viele Anlagen I_1 anzuschaffen. Vier Einheiten würden wegen der beengten Liquiditätslage nur sehr geringe Ausschüttungen in t_1 erlauben und kommen deshalb nicht in Frage. Drei Einheiten von I_1 gestatten schon 305 Mark an Ausschüttungen. Die Rentabilität von I_2 liegt ebenfalls noch über den Kosten der teuersten Finanzierungsquelle. Da bei drei Einheiten I_1 der Kreditspielraum noch nicht voll ausgeschöpft ist, lassen sich noch zwei Einheiten I_2 verwirklichen. Die Ausschüttungen steigen dann auf 315.

β) Mit Steuern

Das einfache Modell soll etwas wirklichkeitsnäher formuliert werden, indem die Gewinnsteuerzahlungen ausdrücklich berücksichtigt werden. Wir gehen hier von einer Kapitalgesellschaft aus. In welcher Höhe fallen Gewinnsteuerzahlungen an?
Der steuerliche Gewinn eines jeden Zahlungszeitpunktes berechnet sich als Einnahmenüberschuß aus den Sachinvestitionen abzüglich Abschreibungen und Fremdkapitalzinsen plus den Erträgen der Finanzanlagen. Nicht zu beachten sind natürlich die Einnahmen aus Finanzierungsvorhaben und die Kreditrückzahlungen.
Abschreibungsmöglichkeiten ergeben sich bei dem in t_0 vorhandenen Anlagenbestand und bei den Neuinvestitionen. Wir nehmen für den vorhandenen Anlagenbestand an, es seien nur

lineare Abschreibungen in Höhe von 200 zulässig, und der Restbuchwert im Zeitpunkt t_0 betrage 600. Das bedeutet: Jede der drei Desinvestitionsmöglichkeiten führt zu anderen Abschreibungen und damit zu unterschiedlichen Gewinnsteuerzahlungen. Wie wir sehen werden, hat dies auf den Desinvestitionszeitpunkt erheblichen Einfluß. Im einzelnen betragen die Abschreibungen in Handels- und Steuerbilanz:

	t_0	t_1	t_2
B_1:	200	200	200
B_2:	200	400	
B_3:	600		

Für die Neuinvestitionsmöglichkeiten sei lineare oder degressive Abschreibung zulässig. Wir haben eine arithmetisch degressive Abschreibung gewählt, damit die Zahlen rund bleiben. Lineare und degressive Abschreibung schließen sich bei einer Anlage natürlich aus. Die Indizes l und d stehen für lineare und degressive Abschreibung.
Zur Ermittlung der Gewinnsteuerzahlungen sind folgende Abschreibungsmöglichkeiten zu beachten:

	t_0	t_1	t_2	t_3
Lineare Abschreibung				
I_{11}:	0	200	200	200
I_{21}:	0	40	40	40
I_{31}:	0	40	80	
I_{41}:	0	0	40	80
Degressive Abschreibung				
I_{1d}:	0	300	200	100
I_{2d}:	0	60	40	20
I_{3d}:	0	60	60	
I_{4d}:	0	0	60	60

Für alle Vorhaben beträgt die steuerliche Nutzungsdauer 3 Jahre. Wird die Anlage vorzeitig desinvestiert, ist der Restbuchwert abzuschreiben.
Dabei ist zu fordern:

$I_{11} + I_{1d} \leq 1$ $\quad$ $I_{11} \geq 0$ $\quad$ $I_{1d} \geq 0$ $\quad$ $I_{11}, I_{21}, I_{31}, I_{41}, I_{1d}, I_{2d},$
$I_{21} + I_{2d} \leq 1$ $\quad$ $I_{21} \geq 0$ $\quad$ $I_{2d} \geq 0$ $\quad$ I_{3d}, I_{4d} ganzzahlig!
$I_{31} + I_{3d} \leq 1$ $\quad$ $I_{31} \geq 0$ $\quad$ $I_{3d} \geq 0$
$I_{41} + I_{4d} \leq 1$ $\quad$ $I_{41} \geq 0$ $\quad$ $I_{4d} \geq 0$

Mit dieser Formulierung haben wir auch den Fall ausgeschlossen, daß von zwei Anlagen des Typs I_1 eine linear und die andere degressiv abgeschrieben wird. Das Finanzamt verlange also, sämtliche Anlagen eines Typs ausschließlich linear oder ausschließlich degressiv abzuschreiben.
Bei den Fremdkapitalzinsen ist nur beim Schuldscheindarlehen eine Besonderheit zu beachten: Das Disagio ist auf die Jahre der Laufzeit zu verteilen und jährlich als Aufwand zu verrechnen. Der steuerlich abzugsfähige Aufwand des Schuldscheindarlehens beträgt also je Periode 32 bzw. 40 (d. h. 28 bzw. 35 an Zinsen und 4 bzw. 5 anteiliges Disagio). Wir gehen

davon aus, daß ein steuerlicher Verlustvortrag zulässig sei, den möglichen Verlust in t_0 bezeichnen wir mit V_0 (in t_1 mit V_1 usw); der Verlustvortrag einer Periode mindert den steuerpflichtigen Gewinn der folgenden Perioden. Weil der Verlustvortrag besonders ausgeführt ist, deshalb kann der Buchgewinn schlimmstenfalls Null werden. Gleichzeitig müssen wir formal sicherstellen, daß der Verlustvortrag selbst nicht negativ werden kann.

Der steuerpflichtige Gewinn eines jeden Zahlungszeitpunktes hängt somit von zahlreichen Handlungsmöglichkeiten ab. Für t_0 bestimmt sich der steuerpflichtige Gewinn G_0 z. B. als

$$G_0 = 1500\ B_1 + 1500\ B_2 + 1600\ B_3 - 200\ B_1 - 200\ B_2 - 600\ B_3 + V_0$$

bzw.

$$G_0 = 1300\ B_1 + 1300\ B_2 + 1000\ B_3 + V_0$$
$$V_0 \geq 0.$$

Das Unternehmen unterliege folgenden Steuersätzen. 25% seien auf die ausgeschütteten Gewinne zu zahlen und 50% auf den einbehaltenen Betrag. Wir gehen dabei so vor: Der steuerpflichtige Gewinn werde grundsätzlich mit 50% besteuert. Für jede ausgeschüttete Mark D erhält die Unternehmung jedoch eine Gutschrift von 0,25 Mark, allerdings nur in Höhe der Steuerzahlungen S dieser Periode. Werden in früheren Perioden voll versteuerte Rücklagen zur Dividendenzahlung genutzt, so bezeichnen wir sie mit M; für sie erhält die Unternehmung keine Steuerrückvergütung. Es gilt:

$$\begin{aligned} S_0 &= 0{,}5\ G_0 - 0{,}25\ D_0 & S_0, S_1, S_2, S_3 &\geq 0 \\ S_1 &= 0{,}5\ (G_1 - V_0) - 0{,}25\ D_1 \\ S_2 &= 0{,}5\ (G_2 - V_1) - 0{,}25\ D_2 \\ S_3 &= 0{,}5\ (G_3 - V_2) - 0{,}25\ D_3 \end{aligned}$$

Es ist zu beachten, daß die Steuerlast bei Vollausschüttung des Gewinns einer Periode 33⅓% beträgt, denn nach Vollversteuerung der buchhalterischen Gewinne wären z. B. in t_0 0,5 G_0 übrig. Die 0,5 G_0 und die Steuergutschrift in Höhe von 0,25 D_0 ergeben den maximal ausschüttbaren Betrag (für t_1 usw. gilt das Entsprechende).

$$0{,}5\ G_0 + 0{,}25\ D_0 = D_0$$
$$D_0 = 2/3\ G_0.$$

Dividenden können aus dem Gewinn der abgelaufenen Periode gezahlt werden und durch Auflösung früher gebildeter Rücklagen. Wir trennen zwischen der Dividendenzahlung aus dem Gewinn einer Periode, D_0, D_1, D_2, D_3, und der Dividendenzahlung aus Rücklagen früherer Perioden (die mit 50% versteuert sind): M_1, M_2, M_3.

Die Höhe der Rücklagen R_0, R_1, R_2, R_3 bestimmt sich wie folgt:

$$\begin{aligned} G_0 - S_0 - D_0 &= R_0 & R_0 &\geq 0;\ R_1 \geq 0;\ R_2 \geq 0;\ R_3 \geq 0; \\ G_1 - V_0 + R_0 - S_1 - D_1 - M_1 &= R_1 & M_1 &\geq 0;\ M_2 \geq 0;\ M_3 \geq 0; \\ G_2 - V_1 + R_1 - S_2 - D_2 - M_2 &= R_2 \\ G_3 - V_2 + R_2 - S_3 - D_3 - M_3 &= R_3 \end{aligned}$$

Wir werden sehen, daß es aufgrund unserer Annahmen notwendig sein wird, eine vollversteuerte Rücklage zu bilden, um diese teilweise in t_1 auszuschütten. Die Unternehmung zahlt damit mehr Steuern, als sie zahlen müßte, wenn sie vor t_0 investiert hätte und so für einen gleichmäßigeren Buchgewinn gesorgt hätte.

Zu maximieren sind jetzt die Ausschüttungen A, wobei weiterhin gelten soll, daß nur ganzzahlige Vielfache von fünf Mark in Frage kommen.
Die Ausschüttungen gleichen der Summe aus erwirtschafteten Dividenden der betreffenden Periode (versteuert zu 33⅓%) und der Rücklagenauflösung (früher zu 50% versteuert):

$A = \max!$, wobei $A = D_0 = D_1 + M_1 = D_2 + M_2 = D_3 + M_3$.
$A \geqq 0$; wenn $A > 0$, dann sind nur ganzzahlige Vielfache von 5 zulässig.

Für die Nebenbedingungen gilt:

(1) Es ändert sich die Liquiditätsbedingung für jeden Zahlungszeitpunkt, denn die Gewinnsteuern müssen durch die Einnahmen gedeckt sein. Die Liquiditätsbedingung lautet nun: Einnahmen aus Investitions- und Finanzierungsvorhaben minus Ausgaben aus Investitions- und Finanzierungsvorhaben minus Gewinnsteuerzahlungen minus Dividendenzahlungen gleich Null. An die Stelle der Ausschüttungen in den Liquiditätsbedingungen des Falls ohne Steuern tritt also jetzt die Summe aus Steuer- und Dividendenzahlungen.
(2) Für den Schlußzeitpunkt ändert sich entsprechend die Liquiditätsbedingung: Einnahmen aus Investitionen minus Ausgaben aus Finanzierungsvorhaben minus Steuerzahlungen minus Dividenden gleich oder größer als 600.
(3) Alle sonstigen Nebenbedingungen gelten weiter.

Selbst unter unseren harmlosen, wenige Handlungsmöglichkeiten umfassenden Annahmen erhalten wir einen reichlich aufwendigen Modellansatz. Der Leser versuche, das Modell formelmäßig niederzuschreiben.
Nach einigem Probieren entsteht der folgende Finanzplan. Ist er bereits optimal?

	t_0	t_1	t_2	t_3
B_3:	1600			
F_0:	− 500			
F_2:	500	− 40	− 540	
F_4:	485	− 35	− 35	− 535
F_5:	27,5	− 30,3		
F_6:		415,3	− 456,8	
1. I_{11}:	− 600	0	400	500
8. I_{21}:	− 960	480	480	320
6. I_{4d}:		− 720	360	450
I_7:			− 97,8	101,7
S:	− 482,5	0	− 40,4	− 159,5
A:	− 70	− 70	− 70	− 70
Saldo:	0	0	0	607,2
Entwicklung des Rücklagenkontos:	447,5	254,7	382,8	
Steuerliche Verlustvorträge (im Rücklagenkonto bereits abgesetzt):	0	122,8	0	

Erläuterung: Engpässe sind hier der Buchgewinn in t_1, der die Dividendenhöhe begrenzt, und die Liquiditätslage in t_1. Das Ziel lautet: Maximiere den gleichmäßigen Dividendenstrom!

Das bedeutet: In jeder Periode muß ein Buchgewinn (nach Abzug der Steuerzahlungen zuzüglich früher gebildeter Rücklagen) mindestens in Höhe der Dividende erwirtschaftet werden. Nun führt I_1 in t_1 zu 200 Mark Abschreibungen, aber zu keinen Erträgen. Damit in t_1 Dividenden gezahlt werden können, müssen folglich in t_0 (versteuerte) Rücklagen gebildet werden. Es sind mehrere Anlagen I_2 zu investieren, von denen jede (bei linearer Abschreibung) 20 Mark Buchgewinn bringt. Wegen des Engpasses »Handelsbilanzgewinn« in t_1 kann von der rentabelsten Anlage I_1 nur eine Einheit investiert werden. Um die Steuerzahlungen in t_0 so gering wie möglich zu machen, wird der bisherige Anlagenbestand bereits in t_0 desinvestiert. Die Abschreibung des Restbuchwertes von 600 läßt die Steuerzahlungen so weit sinken, daß eine genügend hohe Rücklage verbleibt, um auch in t_1 Dividenden zahlen zu können.

Weil die Gewinne so ungleichmäßig anfallen, wird die volle Dividende in t_1 aus voll versteuerten Rücklagen gezahlt. Weil in t_1 der Buchgewinn zum entscheidenden Engpaß wird, verbietet sich sowohl für I_1 wie für I_2 degressive Abschreibung. I_4 ist hingegen degressiv abzuschreiben, dadurch mindern sich die Steuerzahlungen in t_2, und damit kann mehr Geld zinsbringend angelegt werden. Um andererseits den Einnahmenüberschuß in t_1 noch anzulegen, wird I_4 verwirklicht. Das Investitionsvolumen von I_4 wird durch die Kreditbeschränkung beim Kontokorrentkredit begrenzt. In t_2 kann ein Restbetrag auf dem Sparbuch angelegt werden.

Gegenüber dem Fall ohne Steuern zeigt sich:

(1) Die Dividende sinkt von 315 auf 70, obwohl der Steuersatz zwischen 50% (für Rücklagen) und 25% (für Dividenden) liegt. Es ist also nicht so, daß eine Erhöhung der Steuersätze die Gewinne proportional beschneidet. Da die Steuersätze die Investitions- und Finanzierungsvorhaben beeinflussen, müssen hier ganz andere Vorhaben gewählt werden! In unserem Fall muß wegen des Zwanges zur gleichmäßigen Dividendenzahlung auf sehr vorteilhafte Investitionsvorhaben verzichtet werden. Deshalb schrumpft die Dividende auf etwas mehr als 20% der Ausschüttung im Nichtsteuerfall (was bei naiver Betrachtung einem durchschnittlichen Steuersatz von fast 80% entspräche). In unserem Beispiel liegt das vor allem daran, daß die Unternehmung vor t_0 versäumt hat, rechtzeitig zu investieren. Das zwingt sie jetzt dazu, auf die Investition der vorteilhaften Großanlage I_1 weitgehend zu verzichten.

Nach allgemeiner Ansicht beschneidet eine Investition heute die Investitionsmöglichkeiten morgen, weil die finanziellen Mittel ausgegeben sind. Das trifft meistens zu, aber (wie wir sehen) nicht immer. Investitionen heute können auch die Voraussetzung dafür sein, daß morgen überhaupt lukrative Investitionen finanziert werden können. Um ungleichmäßig anfallende Buchgewinne auszugleichen, kann es vorteilhaft sein, sich heute stark zu verschulden und zu investieren, statt morgen hohe versteuerte Rücklagen zu bilden, um später Dividenden zahlen zu können. Diese zusätzlichen Steuerzahlungen morgen können die Finanzlage so verschlechtern, daß danach die vorteilhaftesten Investitionen unterbleiben müssen.

(2) Aufgrund der Besteuerung sinkt zunächst das Investitionsvolumen von 2 040 in t_0 auf 1 560 in t_0, dazu treten jedoch 720 in t_1, so daß die Gesamtinvestitionssumme im Handlungszeitraum im Steuerfall mit 2 280 sogar höher liegt. Es ändert sich zugleich die Struktur der Investitionsvorhaben. An die Stelle von zwei I_1 treten sechs I_2 und sechs I_4.

(3) Die Besteuerung mindert zugleich die Verschuldungsbereitschaft: Wegen der anfänglich geringeren Investitionstätigkeit und der geringeren Ausschüttungssumme ist auch die Kreditbeanspruchung geringer.

Die überraschenden Folgerungen aus dem Beispiel zeigen, daß die Zusammenhänge zwischen Investition, Finanzierung und Besteuerung vielschichtiger sind, als meistens angenommen wird.

Der durch Probieren aufgestellte Finanzplan mit 70 an Ausschüttungen ist noch nicht optimal. Mit Hilfe eines Verfahrens zur Lösung gemischt-ganzzahliger Programme hat Wolfgang Bühler, Dortmund, einen Finanzplan entwickelt, der 85 an Ausschüttungen erlaubt, wobei 2 Anlagen I_{11}, $6 \times I_{21}$ und $2 \times I_{41}$ investiert werden. Die überraschenden Folgerungen bestätigt auch dieser Finanzplan: Es muß eine voll versteuerte Rücklage in t_0 gebildet, in t_1 teilweise wieder aufgelöst werden, und das gesamte Investitionsvolumen steigt im Steuerfall auf 1920 in t_1 plus 240 in t_2 auf 2160.

cc) Das Problem der Rechentechnik

Wie läßt sich der optimale Finanzplan finden? Welche Investitionsvorhaben und welche Finanzierungsmöglichkeiten sind zu wählen und welche zu verwerfen? Zwei Lösungen gibt es:

(1) Der erste Weg besteht in einem unsystematischen Probieren, bei dem man sich auf das Fingerspitzengefühl verläßt. Um hier mit Sicherheit das Optimum zu erreichen, sind alle (oder fast alle) Kombinationsmöglichkeiten durchzuprobieren. Solange man nicht alle Kombinationen zwischen den einzelnen Handlungsmöglichkeiten ausgerechnet hat, kann man nie sicher sein, das tatsächliche Optimum gefunden zu haben. Diese unsystematische Probiermethode wurde bisher verwandt.

(2) Der zweite Weg besteht in dem Versuch, ein allgemeines Verfahren zur Optimumbestimmung zu finden.

Unser Problem verlangt jedoch für die meisten Variablen ganzzahlige Lösungen und läßt für andere Variablen nichtganzzahlige Lösungen zu: Es ist ein »gemischt-ganzzahliges Programm«. In der Literatur sind mehrere Rechenverfahren (Algorithmen) für ganzzahlige und gemischt-ganzzahlige Programme vorgetragen worden. Am bekanntesten ist der Algorithmus von Gomory[18]. Leider zeigen sich hier bei der praktischen Anwendung erhebliche Schwierigkeiten. In manchen Fällen führt das Verfahren rasch zu einer Lösung, in anderen nicht. »Somit kann man im gegenwärtigen Zeitpunkt nicht behaupten, daß zur Lösung ganzzahliger Programmierungsprobleme wirksame numerische Verfahren verfügbar sind.[19]«

Damit besteht eine mißliche Situation:

Berücksichtigt man Unteilbarkeiten und gegenseitiges Sich-Ausschließen, dann bleibt für die praktische Lösung vorerst nur die »Methode« der vollständigen Durchrechnung aller zulässigen Lösungen. Ein solches Vorgehen ist theoretisch ein bißchen blamabel. Doch ist zu beachten, daß die geforderte Ganzzahligkeit die Zahl der möglichen Lösungen stark herabsetzt. Deshalb genügt meistens etwas Nachdenken über die entscheidenden Engpässe, um nach einigem Probieren eine gute (wenn vielleicht auch nicht die beste) Lösung zu finden. Will

---

[18] Ein leicht verständliches Beispiel zu diesem Rechenverfahren bringt *Alan S. Manne*, Economic Analysis for Business Decisions. New York – Toronto – London 1961, Chapter 6. Zu den grundsätzlichen Problemen vgl. *George B. Dantzig*, On the Significance of Solving Linear Programming Problems with Some Integer Variables. In: Econometrica, Vol. 28 (1960), S. 30–44; *Hadley*, 8. Kapitel; vgl. neuerdings *H[ans] P[aul] Künzi, W[ilhelm] Krelle, R[abe] von Randow*, Nichtlineare Programmierung, 2. Aufl., Berlin – Heidelberg – New York 1979, bes. Kap. 4–9, 16–18.

[19] *Hadley*, S. 306. Manche ganzzahligen Probleme lassen sich auch als dynamische Programmierungsfälle auffassen; doch auch hier ergeben sich zahlreiche Schwierigkeiten, vgl. z. B. *Hadley*, S. 519.

man die Verfahren mathematischer Programmierung für die langfristige Unternehmensplanung nutzbar machen, dann ist eine Weiterentwicklung der Techniken ganzzahliger Programmierung unerläßliche Vorbedingung.

Wer hingegen die Probleme theoretisch weiter untersuchen will, der steht vor dem unerfreulichen Tatbestand, daß solche ganzzahligen (gemischt-ganzzahligen) Modelle bis heute noch kaum allgemeingültige Aussagen erlauben. So sind insbesondere die Schattenpreise nicht (mindestens nicht immer) ökonomisch sinnvoll zu deuten. Vielmehr hängt ihre Höhe teilweise vom Verlauf der Rechnung selbst ab[20].

Bei diesem gegenwärtigen Stand muß eine Wahl erfolgen zwischen theoretisch befriedigender Lösbarkeit der Modelle (Verzicht auf Ganzzahligkeit) und praktischer Brauchbarkeit (Verzicht auf befriedigende Rechentechniken zur Optimumbestimmung). Die Wahl kann dem Betriebswirt nicht schwerfallen: Der Verzicht auf Ganzzahligkeit entwertet die Modelle für die praktische Investitions- und Finanzplanung weitgehend, wenn nicht vollständig. Deshalb sind die nicht-ganzzahligen Modelle der linearen (oder auch nichtlinearen) Programmierung zur simultanen Investitions- und Finanzplanung allenfalls für den Schulgebrauch zu verwenden.

Wie stark das Fehlen der Ganzzahligkeitsbedingungen den ökonomischen Gehalt eines Modells entwertet, erkennen wir an unserem einfachen Beispiel:

(1) Desinvestitionsentscheidungen betreffen stets sich ausschließende Handlungsmöglichkeiten. Folglich kann in der Programmplanung das Nutzungsdauerproblem nur mit Hilfe von Ganzzahligkeitsbedingungen gelöst werden. Wer auf die Ganzzahligkeit verzichtet, klammert das Problem des optimalen Ersatzzeitpunktes aus der Planung aus.

(2) Alle anderen sich ausschließenden Investitionsvorhaben können gleichfalls nicht mehr erfaßt werden. Das praktische Investitionsproblem besteht in erster Linie jedoch nicht in der Frage, ob ein Lastwagen gekauft oder das Pförtnerhaus neu gebaut werden soll. Das Problem lautet regelmäßig: Welcher Typ von Lastwagen ist zu wählen (also Wahl unter sich ausschließenden Objekten), und kann daneben noch das Pförtnerhaus gebaut werden?

(3) Die Tatsache, daß Investitions- und Finanzierungsvorhaben Mindestkapitalsummen erfordern, daß keine halben oder viertel Maschinen angeschafft werden können, bleibt bei Nicht-Ganzzahligkeit außer acht.

Die Literatur hat regelmäßig erkannt, daß gerade in der Investitions- und Finanzplanung die Ganzzahligkeitsbedingung unabweisbar ist. Die Ganzzahligkeit wird denn auch gefordert: Die Bedingung niederzuschreiben, die Variablen sollten ganzzahlig sein, kostet schließlich nichts. Wie man sie aber bei der praktischen Rechnung verwirklichen kann, das schafft die Probleme, zumal eine mit dem Anspruch auf Vernünftigkeit auftretende Planung in der Praxis das Ungewißheitsproblem nicht ausschalten darf.

4. Kombinatorische Investitions- und Finanzplanung in der Literatur

Die mathematische Programmierung gilt als Verfahren, um Planinterdependenzen zu lösen: um eine gemeinsame Abstimmung von Beschaffung und Produktion, Produktion und Absatz, Produktion und Investition, Investition und Finanzierung zu erreichen. Die einzelnen Ansätze lassen sich unterteilen in Modelle mit leistungswirtschaftlichem Schwergewicht, in

---

[20] Vgl. dazu *Ralph E. Gomory, William J. Baumol,* Integer Programming and Pricing. In: Econometrica, Vol. 28 (1960), S. 521–550; *Weingartner,* Kapitel 5.

denen vorwiegend Beschaffungs-, Produktions- und Absatzbeschränkungen beachtet werden, und in Modelle mit finanzwirtschaftlichem Schwergewicht, in denen die Liquiditätsbedingungen und die Finanzierungsmöglichkeiten im Vordergrund stehen. Auf die Modelle mit leistungswirtschaftlichem Schwergewicht kommen wir im Teil F zu sprechen. Hier interessieren die »Simultanplanungsmodelle« mit finanzwirtschaftlichem Schwergewicht.

Simultane Planungsmodelle mit finanzwirtschaftlichem Schwergewicht müssen besonderes Augenmerk auf die Festlegung der finanziellen Zielgrößen und der einzelnen Finanzierungsbedingungen einschließlich der Kassenhaltung wenden.

Der erste Ansatz wurde von Charnes-Cooper-Miller[21] vorgetragen.
Charnes-Cooper-Miller erkennen (S. 231) klar, daß das lineare Programmieren hilft, die Schwierigkeiten bei der Ermittlung der Rendite einzelner Investitionsobjekte bzw. der Grenzrendite zu vermeiden. Sie maximieren die undiskontierten, über alle Perioden angehäuften Gewinne als Differenz zwischen Einnahmen und Ausgaben je Periode. Die Maximierung der undiskontierten Gewinne entspricht der Vermögensmaximierung unter der Annahme, daß liquide Mittel nicht verzinslich angelegt werden können. Zunächst ist in ihrem Modell eine Geldanlage außerhalb der Investitionsobjekte (Aufstockung des Lagers im Lagerhaus) nicht möglich. In einer Modellerweiterung berücksichtigen sie Kreditaufnahmen und Geldanlagen zu ein und demselben Zinsfuß. Ihre Zielfunktion (S. 248) entspricht hier praktisch der Kapitalwertmaximierung. Den Einfluß einer finanziellen Beschränkung auf das Lagerhausproblem versuchen sie durch eine Interpretation des Dualtheorems, d. h. der Schattenpreise, zu bestimmen. Besonderheiten bei den Investitionsmöglichkeiten, wie sich ausschließende Vorhaben oder Unteilbarkeit, bleiben außer Betracht. Trotz dieser Begrenzung der Aufgabenstellung findet der Leser in ihrem Modell zwei wesentliche Aussagen: Einmal die Erkenntnis, daß die Zielfunktion bei Investitions- und Finanzierungsüberlegungen sich nicht in Kapitalwertmaximierung zu erschöpfen braucht, und zum anderen eine Analyse der Schattenpreise. Die Tatsache, daß Schattenpreise analysiert werden, bedeutet die Einsicht, daß vor der Untersuchung eines Problems nicht gesagt werden kann, welche Faktoren tatsächlich zu Engpässen werden. Viel mehr an allgemeinen Aussagen zur Investitionstheorie geben die Modelle der mathematischen Programmierung auch nicht her. Ihr Wert liegt im wesentlichen darin, eine praktische Lösung für den Einzelfall zu errechnen.

Im deutschen Schrifttum sind Finanzierungsprobleme mit Hilfe linearer Programmierung ausführlich von Albach in seinem Buch »Investition und Liquidität« untersucht worden[22]. Dem Buch geht ein Aufsatz voran, in dem Albach ein ganzzahliges Problem beschreibt, und dem Buch folgt ein Aufsatz über Investitionsentscheidungen in Mehrproduktbetrieben[23]. Beide Aufsätze legen das Schwergewicht auf die leistungswirtschaftlichen Abhängigkeiten.

---

[21] Vgl. *A. Charnes, W. W. Cooper, M. H. Miller*, Application of Linear Programming to Financial Budgeting and the Costing of Funds. In: The Journal of Business, Vol. 32 (1959), S. 20–64; wiederabgedruckt in: The Management of Corporate Capital, edited by Ezra Solomon. 3rd printing, London 1964, S. 229–255. Auf diesem Ansatz bauten auch auf *Y. Jjiri, F. K. Levy, R. C. Lyon*, A. Linear Programming Model for Budgeting and Financial Planning. In: The Journal of Accounting Research, Vol. 1 (1963), S. 198–212.

[22] Vgl. *Horst Albach*, Investition und Liquidität, Wiesbaden 1962.

[23] Vgl. *Horst Albach*, Lineare Programmierung als Hilfsmittel betrieblicher Investitionsplanung. In: ZfhF, NF, Jg. 12 (1960), S. 526–549; ders., Investitionsentscheidungen im Mehrproduktunternehmen. In: Betriebsführung und Operations Research, herausgegeben von Adolf Angermann. Frankfurt am Main 1963, S. 24–48.

Albachs Buch bleibt hinter Charnes-Cooper-Miller zurück hinsichtlich der Zielfunktion und dem Versuch, Knappheitspreise ökonomisch zu deuten. Seine Zielfunktion lautet Kapitalwertmaximierung. Als Kalkulationszinsfuß wird ein Zinssatz gewählt, der die langfristige Durchschnittsrendite des Unternehmens widerspiegeln soll. Dieses Ziel läßt, so heißt es, die im Kalkulationszinsfuß enthaltene Annahme sinnvoll erscheinen, daß für Reinvestitionen eine Mindestverzinsung verlangt werde. Langfristig sei diese Annahme vertretbar, denn die Durchschnittsrendite des Unternehmens lasse gerade erkennen, daß es dem Unternehmen bisher gelungen sei, Reinvestitionen zu diesem Zinssatz vorzunehmen. Damit seien die gegen den Kalkulationszinsfuß der traditionellen Theorie gemachten Einwendungen ausgeschaltet (S. 86 f.).

Albachs Zielfunktion und ihre Begründung haben Kritik hervorgerufen[24]. Zunächst trifft es nicht zu, daß mit einem Zinsfuß in Höhe der bisherigen Durchschnittsrendite die Einwendungen gegen die Kapitalwertmethode ausgeklammert sind. Zum anderen ist es verfehlt, anzunehmen, nicht verplante Einnahmenüberschüsse (einschließlich der Kassenbestände!) könnten sich mit der Durchschnittsrendite der Unternehmung in der Vergangenheit verzinsen. Da ein Durchschnitt anzeigt, daß es in der Vergangenheit besser und schlechter rentierende Investitionen gab, kann die Durchschnittsrendite der Vergangenheit keine Mindestrendite sein, und sofern es in Zukunft besser rentierende Investitionen gibt, wird die Durchschnittsrendite und damit die Mindestverzinsung für nicht einzeln verplante Einnahmenüberschüsse laufend steigen müssen. Ferner bleiben die Ausführungen über die Wahl einzelner Finanzierungsarten (z. B. zur Eigenfinanzierung) unverbindlich, so werden insbesondere die finanziellen Auswirkungen von Gewinnausschüttungen nicht beachtet.

Eine Erweiterung gegenüber Charnes-Cooper-Miller liegt in der Tatsache, daß mehrere Finanzierungsvorhaben einzeln aufgeführt werden. Im Anhang des Buches findet sich dazu noch eine »dynamische« Formulierung, die zeigen soll, daß es möglich sei, auch Investitions- und Finanzierungsentscheidungen in späteren Perioden zu berücksichtigen und auch das Problem des Ersatzzeitpunktes zu erfassen (S. 281–283). Indes: Solange man, wie Albach an dieser Stelle, keine Ganzzahligkeits- und Ausschließlichkeitsbedingungen setzt, ist zumindest das Problem des Ersatzzeitpunktes nicht operational formuliert.

Weingartner[25] wählt in seiner etwa zur gleichen Zeit fertiggestellten Dissertation im wesentlichen denselben Ausgangspunkt wie Albach. Er stellt jedoch stärker die allgemeinen theoretischen Zusammenhänge in den Vordergrund. Einen großen Umfang nehmen dabei die Fragen ganzzahliger Programmierung ein. Weingartner setzt zunächst die Maximierung des Kapitalwerts als Ziel. Als Kalkulationszinssatz gilt dabei ein externer Marktzinssatz. Im letzten Teil seines Buches geht Weingartner von dem vorgegebenen Kalkulationszinsfuß ab, wählt Vermögensmaximierung als Ziel und unterscheidet dabei nach einzelnen Kapitalbeschaffungsmöglichkeiten. Dabei berücksichtigt er auch kurzfristige Geldanlagen. Bei ihm

---

[24] Vgl. zur Kritik *Adolf Moxter*, Lineares Programmieren und betriebswirtschaftliche Kapitaltheorie. In: ZfhF, NF, Jg. 15 (1963), S. 285–309, z. B. S. 289–302; *Herbert Hax*, Investitions- und Finanzplanung mit Hilfe der linearen Programmierung. In: ZfbF, Jg. 16 (1964), S. 430–446, bes. S. 434; *Hållsten*, S. 85; *Ulrich Blumenrath*, Die Maximierung des Endwertes der Unternehmung in der Investitionsprogrammplanung. Diss. Münster 1968, bes. S. 275–285.

[25] Vgl. *H. Martin Weingartner*, Mathematical Programming and the Analysis of Capital Budgeting Problems. Englewood Cliffs 1963, reprinted Chicago 1967. Kritik an den Zielfunktionen und der Behandlung der Kassenhaltung bei Weingartner üben *William J. Baumol, Richard E. Quandt*, Investment and Discount Rates under Capital Rationing – A Programming Approach. In: The Economic Journal, Vol. 75 (1965), S. 317–329.

findet sich auch ein Modell, das etwa einem »zeitlich unvollständigen Totalmodell« entspricht. Er erkennt weiterhin, daß sich zusätzliche Eigenfinanzierung nur lohnt, wenn der Gesamtwert der Unternehmung steigt (S. 497). Bei den Investitionsvorhaben wird von Weingartner die Tatsache, daß einzelne Vorhaben sich gegenseitig ausschließen können, im Anschluß an die grundlegende Arbeit von Lorie und Savage ausdrücklich berücksichtigt (vgl. Fußnote 8, S. 376 dieses Buches).

Eine klare Zusammenfassung des ökonomischen Gehalts dieser Modelle bringt Herbert Hax[26]. Er unterscheidet zwischen Einkommensmaximierung und Vermögensmaximierung und berücksichtigt bei den Investitionsvorhaben Ganzzahligkeits- und Ausschließlichkeitsbedingungen. Wie Charnes-Cooper-Miller und Weingartner untersucht er das Verhältnis zwischen Dualvariablen und Kalkulationszinsfuß.

Jacob[27] erörtert das Problem der Einnahmenzurechnung und vermeidet im zweiten Teil seiner Arbeit die Annahme eines Kalkulationszinsfußes durch die Wahl der Vermögensmaximierung als Zielsetzung und durch ausdrückliches Berücksichtigen sämtlicher Anlagemöglichkeiten.

Jääskeläinen[28] erweitert die Problemstellung bei dem Ziel Vermögensmaximierung noch um die Wahlmöglichkeiten der Eigen- und Selbstfinanzierung und berücksichtigt ausdrücklich die Besteuerung. Sein Modell ist das umfassendste der bisher vorgetragenen. Es zeigt zugleich die Grenzen dieser Ansätze. Immer dann, wenn mit Hilfe des Dualtheorems Aussagen gewonnen werden, die anscheinend von der herrschenden Meinung abweichen, erkennt man bei näherem Hinsehen, daß sie auf altbekannten Gründen beruhen, die bei Modellformulierungen nur häufig ausgeklammert werden.

So kann es sich mitunter lohnen zu investieren, bevor die Kapazitätsgrenzen erreicht sind (im Steuerfall also früher zu investieren als in einer Welt ohne Steuern), um durch das zeitliche Auseinanderziehen der Investitionen einen gleichmäßigeren Verlauf der steuerpflichtigen Buchgewinne zu erzielen, bei Einzelunternehmen schon deshalb, um der Steuerprogression zu entgehen und um zusätzlich alle abzugsfähigen Aufwendungen auch auszunutzen. Diese einzelnen Gesichtspunkte waren in der betriebswirtschaftlichen Steuerlehre bekannt, bevor es simultane Planungsmodelle gab.

Jääskeläinens Verdienst ist es jedoch, daß er durch seine umfassende Modellformulierung einen wesentlichen Teil der vielfältig verschachtelten Beziehungen zwischen Investition, Finanzierung und Besteuerung offengelegt hat. Jüngere Arbeiten haben diese Ergebnisse inzwischen in einigen Punkten ergänzt.

Weingartner hat in einer sehr klaren Analyse gezeigt, daß es in die Irre führen kann, Programmierungsansätze mit dem Kapitalkostenkonzept der erklärenden Theorie des Marktgleichgewichts zu verbinden. Vorbildlich ist dabei seine Gegenüberstellung von Fisher-Hirshleifer-Modell und Programmierungsansatz[29].

---

[26] Vgl. *Herbert Hax*, Investitions- und Finanzplanung mit Hilfe der linearen Programmierung, bes. S. 434.
[27] Vgl. *Herbert Jacob*, Investitionsplanung auf der Grundlage linearer Optimierung. In: ZfB, Jg. 32 (1962), S. 651–655; ders., Neuere Entwicklungen in der Investitionsrechnung. In: ZfB, Jg. 34 (1964), S. 487–507, 551–594.
[28] Vgl. *Veikko Jääskeläinen*, Optimal Financing and Tax Policy of the Corporation. Helsinki 1966. Ähnlich *Lutz Haegert*, Der Einfluß der Steuern auf das optimale Investitions- und Finanzierungsprogramm. Wiesbaden 1971.
[29] Vgl. *H. Martin Weingartner*, Capital Rationing: n Authors in Search of a Plot. In: The Journal of Finance, Vol. 32 (1977), S. 1403–1431.

III. Programmentscheidungen unter Ungewißheit

Bisher wurde bei der Abstimmung von Investitions- und Finanzplanung das Ungewißheitsproblem vernachlässigt. Jetzt heben wir diese Vereinfachung auf. In der allgemeinen Darstellung des Ungewißheitsproblems (Teil A III) blieb eine Frage ausgeklammert: die Kombination zahlreicher risikobehafteter Handlungsmöglichkeiten zu alternativen »guten« Handlungsprogrammen. Gute Handlungsprogramme sind solche, die nur mehr die Wahl zwischen geringem Risiko und geringem Einkommen einerseits, und hohem Risiko und hohem Einkommen andererseits lassen. Das Problem der Investitionsmischung unter Ungewißheit ist Gegenstand dieses Kapitels. Den einfachsten Zugang zur Theorie der Programmentscheidungen unter Unsicherheit finden wir im Problem der Wertpapiermischung.

a) Die Theorie der Wertpapiermischung

1. Ein Beispiel

Der wesentliche Unterschied zwischen Investitionen in Wertpapieren und Investitionen in Sachanlagen besteht darin, daß Wertpapiere in höherem Maße teilbar sind. Da die Theorie im ersten Anlauf stets die Teilbarkeit der Handlungsmöglichkeiten voraussetzt, soll hier die Theorie der Wertpapiermischung als erster Ansatz dienen, um die Probleme der Mischung von Sachanlagen unter Risikogesichtspunkten zu behandeln.

Manche Geldanlagen sind kaum risikobehaftet, z. B. die Geldanlage auf dem Sparbuch; andere bringen Verlustgefahren und versprechen aber bei etwas Glück hohe Erträge, z. B. Anlage in Aktien von Unternehmen, die in öden Wüsten nach Erdöl bohren, oder von kleineren Gesellschaften, die unter dem Verdacht stehen, bald von einem Großen geschluckt zu werden, und deren Kurse so lange in die Höhe getrieben werden, bis der Aufkäufer die gewünschte Mehrheit besitzt oder sein Interesse an der Gesellschaft verliert. In solchen Wertpapieren tummeln sich die Spekulanten. Daneben gibt es zahlreiche solide Anlagewerte, die einen angemessenen Ertrag bei erträglichem Risiko abwerfen, und Mauerblümchen, deren verborgene Reize nur von Liebhabern rechtzeitig entdeckt werden.

Wer sein Geld in Wertpapieren anlegt, kann verschiedene Ziele verfolgen: Einer kann einen Vermögensteil bewußt zum Zwecke der Spekulation einsetzen. Er sagt sich, auf die Dauer ist es bequemer, an der Börse zu spekulieren, als sein Glück in Monte Carlo zu versuchen, und die Gewinnchancen sind höher. Ein anderer sucht sicheren Zinsertrag und ruhiges Leben, und ein dritter nimmt in Grenzen Risiken in Kauf, um höhere Gewinne zu erzielen. Jeder der drei »Kapitalisten« wird sich einen anderen Wertpapierbestand zulegen. Die Zusammensetzung des Wertpapierportefeuilles hängt von der persönlichen Risikoneigung ab. Aber die Zusammensetzung des Wertpapierbestandes wird nicht nur durch die persönliche Risikoneigung bestimmt. Soll der Spekulant nur risikoreiche Erdölaktien kaufen? Der Rentner nur Staatsanleihen? Der vorsichtige Anleger nur Standardaktien der Großchemie und der Banken? Soll jeder nur Wertpapiere von einer Art halten oder seine Anlagen mischen?
Lassen sich gute und weniger gute Portefeuilles trennen, ohne daß auf die persönliche Risikoneigung des Entscheidenden zurückgegriffen werden muß? Das sind die Fragen, auf die wir hier eine Antwort suchen.

Wir suchen auch hier die »Kurve der guten Handlungsmöglichkeiten«. Auf S. 361 f. bestand das Wahlproblem darin, die guten Kombinationen von Einkommen heute (t_0) und morgen (t_1) zu finden. Hier lautet das Wahlproblem: Welches Wertpapierportefeuille ist im Hinblick auf Gewinn und Risiko allen anderen Portefeuilles überlegen?

Nehmen wir an, eine Erbschaft habe jemandem 10 000 Mark in die Hand gegeben. In zwei Jahren will er sich ein Haus bauen und die 10 000 Mark dafür verwenden. Der Planungshorizont beträgt also zwei Jahre. Den Gewinn eines jeden Wertpapiers messen wir am Vermögenszuwachs zum Ende des Planungshorizonts. Der Vermögenszuwachs besteht aus dem Veräußerungserlös in zwei Jahren abzüglich der Anschaffungsausgaben zuzüglich der inzwischen gezahlten Zinsen bzw. Dividenden und Bezugsrechtserlöse. Die zwischenzeitlichen Erlöse sollen auf das Sparbuch getragen werden; auch die Zinsen zählen hier zum Vermögenszuwachs, der durch das Wertpapier entsteht. Welche Wertpapiere werden in das Depot aufgenommen?

Die Theorie der Wertpapiermischung setzt folgendes voraus[30]:

1. Jedes Wertpapier wird durch einen »Gewinnwert« gekennzeichnet. Als Gewinnwert sehen wir hier den Erwartungswert des Vermögenszuwachses (Einkommens) an.
2. Jedes Wertpapier wird ferner durch einen »Risikowert« beschrieben. Der Risikowert gleicht der Standardabweichung σ. Wir setzen voraus, σ sei das zutreffende Risikomaß.

Aus der Erörterung des Ungewißheitsproblems in Teil A III wissen wir, daß die ökonomische Problematik einer jeden Investition, gleichgültig ob Sach- oder Finanzlage, im Erfassen und Bewerten einzelner Zukunftslagen liegt, also in der Messung der Gewinne und des Risikos. Wenn wir für eine Handlungsmöglichkeit, hier ein Wertpapier, die Zielgrößen Gewinn und Risiko als bekannt voraussetzen, dann ist das entscheidende Problem bereits vorab gelöst. Es verbleibt nur die technische Aufgabe, aus den gegebenen Gewinn- und Risikoinformationen gute Handlungsmöglichkeiten auszusuchen und sie zu Programmen zusammenzustellen. Um die Technik des Zusammenstellens geht es hier. Wir gehen also davon aus, daß der Unternehmer sich Vorstellungen über die Gewinn- und Risikowerte der einzelnen Wertpapiere gebildet hat.

Zur Vereinfachung wählen wir nur sieben Wertpapiere aus. Zwischen ihnen fällt die Entscheidung. Zunächst wird angenommen, daß die gesamten Geldmittel (10 000 Mark) in jeweils einer Anlagemöglichkeit investiert werden. Der Gewinnwert von A bezieht sich also auf den Vermögenszuwachs, der entsteht, wenn 10 000 Mark in A investiert werden. Um einfacher rechnen zu können, wurden die Werte schematisiert. Der Gewinnerwartungswert $g = 10$ steht z. B. für einen Vermögenszuwachs von 10% (für den zweijährigen Planungszeitraum, also knapp 5% Verzinsung im Jahr), d. h. 1 000 Mark Vermögenszuwachs bei 10 000 Mark investiertem Kapital. Die Standardabweichung zeigt entsprechend die Schwankungs-

---

[30] Zur Theorie der Wertpapiermischung vgl. besonders *Harry M. Markowitz*, Portfolio Selection. New York – London 1959. Das Buch stellt eine breite Wiedergabe seiner früheren Ausführungen über Wertpapiermischung im Journal of Finance, Vol. 7 (1952), S. 77–91, dar. Kritisch analysiert wurde Markowitz Theorie u. a. von *Ludwig Orth*, Die kurzfristige Finanzplanung industrieller Unternehmungen. Köln – Opladen 1961, S. 132–155, mit weiteren Literaturangaben. Eine klare Darstellung und Weiterführung im Hinblick auf die Folgerungen für die partielle Gleichgewichtsanalyse auf Anlagemärkten findet sich bei *William F. Sharpe*, Capital Asset Prices: A Theory of Market Market Equilibrium under Conditions of Risk. In: The Journal of Finance, Vol. 19 (1964), S. 425–442, und bei *James Tobin*, The Theory of Portfolio Selection. In: The Theory of Interest Rates, edited by F. H. Hahn, F. P. R. Brechling. London 1965, S. 3–51.

breite der Rendite an, die bei A Null sei. Über die sieben Anlagemöglichkeiten bestehen folgende Erwartungen:

A sei die Anlage auf dem Sparbuch mit jährlicher Kündigung; ein Kursrisiko ist ausgeschaltet, deshalb kann das Risiko gleich Null gesetzt werden. A habe die Werte $g_A = 10$ und $\sigma_A = 0$.

B sei ein festverzinsliches Wertpapier, z. B. eine Bundesanleihe. Der Gewinnwert betrage $g_B = 20$, der Risikowert $\sigma_B = 10$. Das Risiko ist bei festverzinslichen Papieren nicht Null. Angenommen, die Bundesanleihe erbringt beim Erwerb eine Rendite von 6%; nach zwei Jahren, im Verkaufszeitpunkt, sei der Kapitalmarktzins auf über 9% gestiegen, und der Kurs der Anleihe ist von 100% auf vielleicht 86 gesunken. Wer nach zwei Jahren verkauft, hat 12 Mark an Zinsen verdient, verliert aber 14 Mark beim Verkauf. Weiter lehrt die Erfahrung, daß die Gefahr einer Inflation und eines Staatsbankrotts nicht völlig auszuschließen ist. Da unsere Wirtschaftspolitiker zwar viel von Preisstabilität reden, aber selten danach handeln, und jährliche Preissteigerungen, die 2% nicht übersteigen, schon als wunderbare Frucht wirtschaftspolitischer Weisheit gepriesen werden, beträgt die Realverzinsung nur 4%. Von dem Risiko der Geldwertverschlechterung wollen wir in diesem Beispiel jedoch absehen.

C besteht aus Aktien eines Versorgungsunternehmens. Versorgungsunternehmen besitzen das Monopol der Stromversorgung für einzelne Gebiete. Monopolisten pflegen gut zu verdienen und ein ruhiges Leben zu führen. Die Großaktionäre sind meistens Gemeinden, Landschaftsverbände u. ä. bürokratische Einrichtungen, die der Preispolitik dieser Gesellschaften Grenzen auferlegen, gelegentlich leider auch den unternehmerischen Erfindungsgeist der Vorstände in Schranken halten. Die Gewinnchancen sind ziemlich sicher, aber nicht zu groß: Der Erwartungswert des Vermögenszuwachses für 100 Mark investiertes Kapital beträgt 40, die mögliche Abweichung 20.

$$g_c = 40; \qquad \sigma_c = 20.$$

D ist eine Stahlaktie. Langfristig werden der Stahlindustrie nicht sehr rosige Zukunftsaussichten eingeräumt; doch die Ertragslage gilt bis auf weiteres als zufriedenstellend. Hier steigt der Erwartungswert des Vermögenszuwachses für 100 Mark investiertes Kapital auf 60, die Streuung auf 40.

$$g_D = 60; \qquad \sigma_D = 40.$$

E ist eine Autoaktie. Hier rechnet man mit Wachstumschancen (Kursgewinnen), vorausgesetzt, die Konjunktur bleibt gut.

$$g_E = 90; \qquad \sigma_E = 70.$$

F ist die Aktie eines Chemiekonzerns, dem sehr gute Zukunftsaussichten unterstellt werden, es bestehen aber auch erhebliche Konjunktur- und Konkurrenzrisiken.

$$g_F = 100; \qquad \sigma_F = 70.$$

G sei schließlich eine Außenseiteraktie. Es handle sich um ein dahinsiechendes Textilunternehmen mit Großgrundbesitz in einer Industriestadt Ostwestfalens. Hier wird spekuliert: Wird der Betrieb liquidiert, dann entstehen hohe Liquidationserlöse. Siecht der Betrieb weiter dahin, dann war die Investition sehr unvorteilhaft.

$$g_G = 110; \qquad \sigma_G = 100.$$

Zusammengefaßt zeigen die sieben Wertpapiere folgende Eigenschaften:

	g	σ		g	σ
A	10	0	E	90	70
B	20	10	F	100	70
C	40	20	G	110	100
D	60	40			

Unter den sieben Werten ist E von vornherein unterlegen, denn F zeigt bei gleichem Risiko einen höheren Gewinnwert. Die verbleibenden sechs Wertpapiere sind gute Einzellösungen, solange keine Wertpapiermischung erwogen wird.

Durch das Mischen verschiedener Wertpapiere läßt sich das Risiko vermindern, allerdings auf Kosten der Gewinne. Wir prüfen als erstes: Enthält ein optimales Portefeuille alle sechs verbleibenden Wertpapiere? Oder sind für die Wertpapiermischung einige Wertpapiere von vornherein unterlegen?

Die Suche nach einer richtigen Entscheidung besteht darin, von zahlreichen Handlungsmöglichkeiten die guten von den weniger guten zu trennen. Dieser Weg wird auch hier beschritten. Unter den sieben möglichen Einzelwertpapieren wurden zunächst sechs gute und ein weniger gutes erkannt. Nun suchen wir die guten Wertpapiere, die in einem gemischten Wertpapierbestand enthalten sein werden. Dazu sind Gewinn und Risiko einer jeden Wertpapiermischung auszurechnen. Das schafft hohen Rechenaufwand. A (die Anlage auf dem Sparbuch mit jährlicher Kündigung) ist beliebig teilbar, B (die Bundesanleihe) ist gestückelt in 100 Mark, also sind 100 Teile denkbar, C (die Versorgungsaktie) habe einen Mindestnennwert von 100 Mark und einen Kurs von 300, hier sind also 33 Teile möglich; D (die Stahlaktie) habe einen Kurs von 200, es sind 50 Stück möglich. F, die Chemieaktie, habe einen Kurs von 250; hier sind also 40 Teile möglich. G habe einen Kurs von 100, also sind 100 Teile möglich. Die Zahl der möglichen Kombinationen überschreitet somit mehrere tausend. Bei der Zusammenstellung des Investitionsprogramms ist also auf die beschränkte Teilbarkeit zu achten. Vorerst vernachlässigen wir jedoch das Teilbarkeitsproblem und unterstellen, beliebig kleine Geldbeträge könnten in jedes Wertpapier investiert werden.

Wir versuchen zunächst auf grafischem Weg, die Zahl der guten Wertpapiermischungen einzugrenzen. Folgende Überlegung drängt sich auf: Investieren wir in A und C je 5 000 Mark, also je 50% des Kapitals, dann wird die Mischung M einen Gewinn g_M erzielen von

$$g_M = 0{,}5 \cdot 10 + 0{,}5 \cdot 40 = 25$$

Wenn wir annehmen, das Risiko der Mischung entspricht dem Durchschnitt der Risiken von A (σ_A = Null) und C (σ_C = 20), dann beträgt das Risiko der Mischung 10. Daraus folgt: Eine Mischung aus $^1/_2$ A + $^1/_2$ C ist dem Wertpapier B überlegen, denn die Mischung erbringt bei einem gleichen Risiko einen höheren Gewinn. Wir schließen daraus: B ist schlechter als eine Mischung von A und C. In einem guten Wertpapierportefeuille ist deshalb B nicht enthalten. Allgemein gilt: Werden i Wertpapiere gemischt, deren Gewinn mit g_i (i = 1, 2, ..., n) bezeichnet wird, und beträgt der Anteil des i-ten Wertpapiers am gesamten Investitionsbetrag α_i, dann errechnet sich der Gewinn der Mischung g_M als

$$g_M = \sum_{i=1}^{n} \alpha_i g_i, \text{ wobei } \sum_{i} \alpha_i = 1 \text{ ist.}$$

Der Gewinn der Mischung gleicht hier dem mit dem Anteil gewogenen arithmetischen Mittel aus den Einzelgewinnen der Wertpapiere.

Wie hoch ist das Risiko der Mischung im allgemeinen Fall? Eben wurde angenommen, das Risiko der Mischung der Wertpapiere entspräche dem mit den Anteilen gewichteten arithmetischen Mittel aus den Risikowerten der einzelnen Wertpapiere. Unter dieser Annahme werden in der grafischen Darstellung der Abb. 11 sämtliche Gewinne und Risikowerte einer Mischung aus A und C auf der Geraden zwischen A und C liegen. Die gleiche Überlegung läßt sich für Mischungen aus C und F anstellen. Mehrere Mischungen aus C und F erscheinen der Aktie D überlegen. Für diese Aussage ist jedoch eine Unterstellung notwendig: daß Mischungen aus C und D, D und F, bzw. C, D und F sich nicht im Risiko stärker begünstigen als Mischungen aus C und F. Von dieser Annahme gehen wir aus. Auf das »Sich-Begünstigen-im-Risiko« kommen wir gleich im einzelnen zu sprechen.

Wir erhalten als Zwischenergebnis: Ein guter Wertpapierbestand enthält weder Wertpapier E noch Wertpapiere B und D. Gute Anlagemöglichkeiten sind allein A, C, F, G.

Dieses Ergebnis nennt noch nicht die endgültige Lösung. Wäre dies die endgültige Lösung, dann könnte ein guter Wertpapierbestand stets nur aus höchstens zwei Wertpapieren bestehen (A und C, C und F, F und G). Die Kurve A-C-F-G wäre die Kurve der guten Handlungsmöglichkeiten. Jeder Eckpunkt der Kurve enthält nur ein Wertpapier, und Mi-

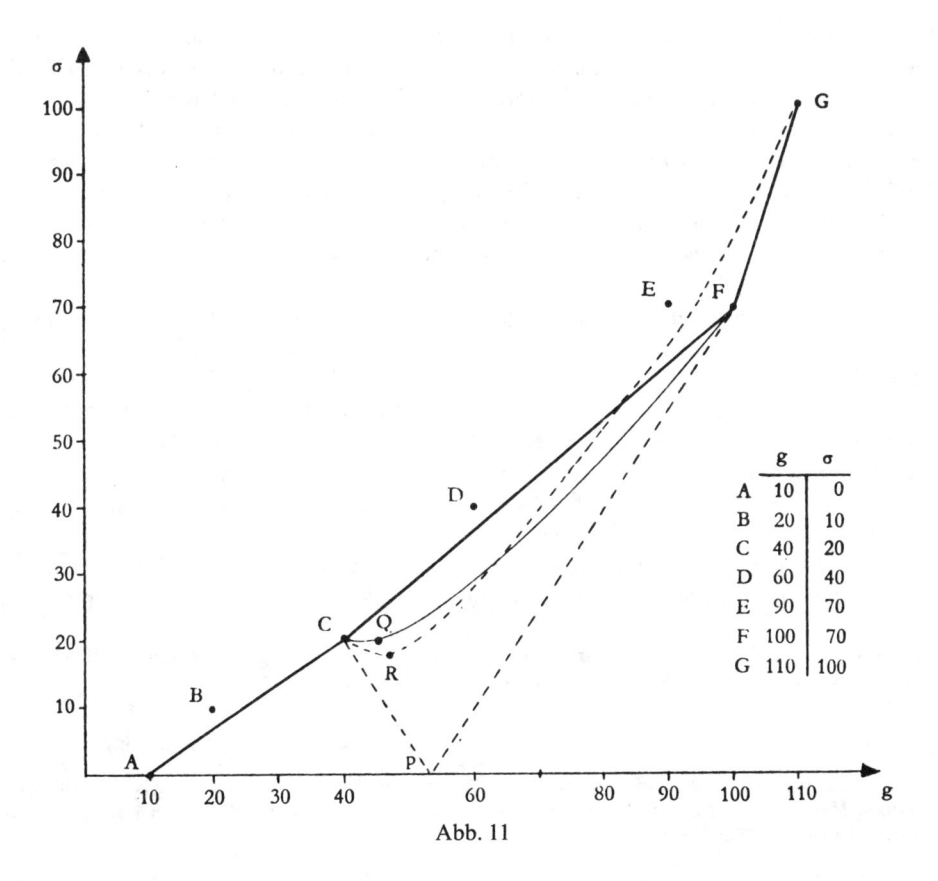

	g	σ
A	10	0
B	20	10
C	40	20
D	60	40
E	90	70
F	100	70
G	110	100

Abb. 11

schungen, die diese Kurve verkörpern, enthalten lediglich zwei benachbarte Wertpapiere. Selbst wenn zu Beginn 1000 oder noch mehr Wertpapiere in die Planung einbezogen werden und das Risiko einer Wertpapiermischung dem gewogenen Durchschnitt der Einzelrisiken gleicht, dann bestehen gute Wertpapierportefeuilles nur aus höchstens zwei Wertpapieren. Das ist ein Ergebnis, das der Alltagserfahrung widerspricht. Schon deshalb wird das Risiko einer Wertpapiermischung im allgemeinen nicht durch das arithmetische Mittel der Einzelrisiken gekennzeichnet werden können.

Im vorliegenden Modell wird das Risiko durch die Standardabweichung ausgedrückt; das verlangt, die Varianz der Summe zweier zufallsabhängiger Größen zu berechnen. In der Statistik wird gelehrt: Die Varianz einer Summe gleicht der Summe der Einzelvarianzen, vorausgesetzt, die Einzelgrößen (z. B. die alternativen Kurse eines Wertpapiers) sind vollständig voneinander unabhängig. Unabhängig heißt: Die Gründe, die den Kurs eines Wertpapiers steigern, haben keinen Einfluß auf die Kursentwicklung anderer Wertpapiere. In der Praxis sind allerdings die Kurse der meisten Papiere voneinander abhängig. Sind die Einzelgrößen voneinander abhängig, dann ist ein Korrelationskoeffizient zu berücksichtigen. Für die Standardabweichung σ_M einer Mischung zweier abhängiger Anlagewerte A und C gilt dann die Gleichung

$$\sigma_M = \sqrt{\alpha^2 \sigma_A^2 + (1-\alpha)^2 \sigma_C^2 + 2 k_{AC} \alpha (1-\alpha) \sigma_A \sigma_C}.$$

Hierbei bedeuten: σ_M = Risiko (Standardabweichung) der Mischung aus den Wertpapieren A und C; α = Anteil des Wertpapiers A, $(1-\alpha)$ = Anteil des Wertpapiers C; σ_A = Risiko von A; σ_C = Risiko von C; k_{AC} = Korrelationskoeffizient zwischen A und C[31].

Der Korrelationskoeffizient ist ein Maß für die lineare (!) Abhängigkeit zwischen zwei Größen. Der Korrelationskoeffizient liegt zwischen -1 und $+1$. Beträgt der Korrelationskoeffizient $+1$, verlaufen die beiden Größen (z. B. die Kurse der Wertpapiere) stets in gleicher Richtung. Beträgt der Korrelationskoeffizient -1, verlaufen die beiden Kurse strikt entgegengesetzt. Sind zwei Wertpapiere voneinander völlig unabhängig, dann ist ihr Korrelationskoeffizient Null.

Aber nicht immer, wenn der Korrelationskoeffizient Null ist, sind die Größen unabhängig: In bezug auf die allgemeine Nachfrage nach Kunststoffen oder Arzneimitteln weisen z. B. zwei chemische Werke eine hohe positive Korrelation auf. Bei Hochkonjunktur werden beide gut verdienen, in der Depression beide wenig. Die allgemeine Konjunktur ist jedoch nur *eine* Bestimmungsgröße des Gewinns. Schließlich konkurrieren die beiden Chemiekonzerne. Den Marktanteil, den ein Konzern gewinnt, jagt er wenigstens teilweise dem anderen Konzern ab. In bezug auf die Konkurrenzlage ist die Korrelation negativ. Wenn wir die Kursentwicklung bei den Chemieaktien vergleichen, werden wir vermutlich feststellen: In Zeiten guter Konjunktur ist die Korrelation stark positiv, in Zeiten nachlassender Konjunktur (verstärkter Konkurrenz) ist es denkbar, daß die Korrelation gegenläufig wird, wenn eine Unternehmung

---

[31] In statistischen Lehrbüchern wird die Varianz einer Summe abhängiger Einzelgrößen meistens mit Hilfe der sog. Kovarianzen ausgedrückt. Die Varianz einer Summe von Zufallsvariablen gleicht dann

$$\sigma_M^2 = \alpha^2 \sigma_A^2 + (1-\alpha)^2 \sigma_C^2 + 2 \alpha (1-\alpha) \sigma_{AC}.$$

Zwischen der Kovarianz σ_{AC} und dem Korrelationskoeffizienten k_{AC} besteht folgende Beziehung: $k_{AC} = \dfrac{\sigma_{AC}}{\sigma_A \cdot \sigma_C}$.

Deshalb läßt sich der Begriff Kovarianz leicht vermeiden und durch den bekannteren Korrelationskoeffizienten ersetzen; Markowitz arbeitet mit Kovarianzen; die im Text gewählte Darstellung findet sich bei *Sharpe*, S. 430, und *Tobin*, The Theory of Portfolio Selection, S. 24 f.

sich besser behauptet als eine andere. Im Saldo ergibt sich möglicherweise eine schwache, kaum aussagefähige Korrelation, vielleicht sogar eine Korrelation von Null. Die Korrelation zwischen den Kursen zweier Chemieaktien kann also Null sein, obwohl beide Unternehmen Konkurrenten sind. Das gilt für den Zeitreihenvergleich, die statistische Deutung der Vergangenheit. Noch schwieriger wird es, für die künftige Entwicklung die gegenseitige Abhängigkeit der Kurse vorherzusagen. Genau das verlangt aber die Theorie der Wertpapiermischung. Wir erkennen bereits hier die Schwierigkeiten, die ihrer praktischen Anwendung entgegenstehen. Aber vorerst sehen auch wir mit der Tollkühnheit, den »reine« Theoretiker stets gegenüber der Wirklichkeit beweisen, von allen Erfassungsschwierigkeiten ab.

Mit Hilfe der Formel für das Risiko der Wertpapiermischung stellen wir fest: Da A ein Risiko von Null besitzt, liegen alle Mischungen, die A enthalten, auf einer Geraden. Um das nachzuweisen, brauchen wir nur in der Formel für σ_A den Wert Null einzusetzen, und wir erhalten

$$\sigma_M = \sqrt{(1-\alpha)^2 \sigma_C^2} = (1-\alpha)\sigma_C.$$

Das Risiko einer Mischung aus C und F ist hingegen schwieriger zu bestimmen. Wir müssen dazu die Korrelation kennen, die zwischen Dividenden und Aktienkursen des Elektrizitäts-Versorgungsunternehmens und denen des Chemiekonzerns besteht. Zunächst spricht einiges dafür, daß die Kurse beider Unternehmungen nichts miteinander zu tun haben. Sicher sind beide keine Konkurrenten, und wenn gar der Chemiekonzern im Süden Deutschlands, das Elektrizitätsunternehmen im Norden liegt, werden auch keine wirtschaftlichen Beziehungen zwischen beiden bestehen. Trotzdem wird die Entwicklung beider ähnlich verlaufen. Ist die Konjunktur gut, wird es beiden gutgehen, ist die Konjunktur schlecht, wird es beiden schlechtgehen.

Ehe wir eine Einzelannahme über die Abhängigkeit setzen, empfiehlt es sich, die Extremfälle gegenseitiger Abhängigkeit und die Unabhängigkeit zu betrachten:

a) Es besteht eine sehr enge Korrelation zwischen beiden Wertpapieren. Damit das praktisch glaubhaft wird, sehen wir C nicht mehr als Versorgungsunternehmen und F nicht mehr als Chemiekonzern an, sondern erklären C für einen Moment zu einem Kunstfaserfabrikanten, der seine gesamte Produktion an den Textilverarbeiter F weiterliefert. Ist eine Mischung der Aktien so eng verflochtener Unternehmen vorteilhaft? Setzen wir den Korrelationskoeffizienten zwischen beiden Unternehmungen = + 1, dann erhalten wir für das Risiko der Mischung folgenden Ausdruck:

$$\sigma_M = \sqrt{\alpha^2 \sigma_C^2 + (1-\alpha)^2 \sigma_F^2 + 2\alpha(1-\alpha)\sigma_C \sigma_F} \text{ bzw.}$$
$$\sigma_M = \alpha \sigma_C + (1-\alpha)\sigma_F.$$

Bei einer Korrelation zwischen zwei Wertpapieren von + 1 gleicht das Risiko der Mischung, also dem mit den Anteilen gewogenen Durchschnitt der Einzelrisiken. Die Gewinn- und Risikowerte der Mischung werden durch eine Gerade wiedergegeben. Das ist der Fall, den wir eingangs unterstellt hatten. Nun ist offenbar die vollständige positive Korrelation der ungünstigste Fall, der eintreten kann, denn sie bedeutet: Geht es F schlecht, dann geht es C genauso schlecht. Ist hingegen die Gewinnentwicklung der beiden Firmen nicht so stark voneinander abhängig, dann kann man damit rechnen, daß es C noch erträglich geht, wenn es F schlechtgeht, und umgekehrt. Folglich ist das Risiko einer Wertpapiermischung dann geringer als der gewogene Durchschnitt der Einzelrisiken, wie sich gleich zeigen wird (Fall c).

b) Es besteht eine völlig gegenläufige Gewinnentwicklung zwischen C und F. Der Korrelationskoeffizient beträgt – 1. Es ist schwer, dafür ein vernünftiges Beispiel zu finden. Nehmen wir an, C sei der Monopolist für Zucker, F sei der Monopolist für Süßstoff. Die Konjunktur bleibe gleichmäßig gut, zwischen beiden Unternehmen sei ein Prozeß entstanden, ausgelöst durch Werbebehauptungen von F, jeder, der Zucker esse, werde dick, und da die Verbraucher von ihren Eisbeinen nicht lassen wollen, würden sie bei Zuckergenuß Jahre früher an Herzverfettung sterben; nur die Verwendung von Süßstoff könne sie retten. Prozeßkosten und Schadenersatzforderungen seien in solcher Höhe angewachsen, daß gesagt werden könne, der Gewinn des einen sei der Verlust des anderen. Lohnt es sich, die Aktien derartig gegensätzlicher Firmen ist Portefeuille zu nehmen? Wir errechnen

$$\sigma_M = \pm [\alpha \sigma_C - (1 - \alpha) \sigma_F].$$

(Bisher konnten wir das Minuszeichen bei der Wurzelauflösung vernachlässigen, weil die Streuung nur als positiver Wert definiert ist; hier ist zu berücksichtigen, daß Minus mal Minus zu positiven Werten führt.) Durch Einsetzen des Wertes von z. B. $\alpha = 7/9$ erkennen wir die merkwürdige Form, welche die Risiko-Gewinn-Werte der Mischung hier annehmen. Die Kurve der Risiko-Gewinn-Mischung in Abb. 11 entartet zu einem Dreieck, das beim Aufteilungsverhältnis 7/9 für C und 2/9 für F zu einem Risiko von Null führt und einen Gewinn von 53 $^1/_3$ sichert (Punkt P)[32]. Diese Mischungskurve hat einen ineffizienten Teil: die Strecke CP. Alle Mischungen, die mehr als 7/9 an C enthalten, zeigen bei gleichem Risiko einen geringeren Gewinn als diejenigen, die zwischen 7/9 und 5/9 aus C bestehen. Z. B. verkörpert die Mischung 8 Teile C, 1 Teil F, ein Risiko von $\sigma = 10$, mit einem Gewinn von $46^2/_3$. Die Mischung von zwei Teilen C und einem Teil F führt zu demselben Risiko mit einem Gewinn von 60. Das Mischungsverhältnis fünf Teile C, vier Teile F enthält dasselbe Risiko wie Wertpapier C allein, verspricht aber einen Gewinn von $66^2/_3$ gegenüber 40 bei C. Vollständig gegensätzliche Entwicklung (Korrelation – 1) ist ein abstruser Sonderfall. Er lehrt aber eines: Bestehen negative Korrelationen, dann kann das Risiko einer Mischung aus zwei gegensätzlichen Wertpapieren das Einzelrisiko des risikoärmsten Wertpapiers erheblich unterschreiten. Am deutlichsten wird das an einem makabren Beispiel: Die Investition in einer Textilfabrik in einem afrikanischen Staat verspreche einen Gewinn von 10, wenn Frieden bleibt. Sie bringt einen Verlust von 6, wenn ein Bürgerkrieg entsteht. Bleibt Frieden, erwirtschaftet eine Waffenfabrik einen Gewinn von 2, bricht der Bürgerkrieg aus, wächst der Gewinn auf 20. Der weltfremde Menschheitsfreund wird in der Textilfabrik investieren und entweder 10 gewinnen oder 6 verlieren. Der zynische Menschenverächter wird in der Waffenfabrik investieren und mindestens 2, vielleicht sogar 20 gewinnen. Der vorsichtige Geldanleger hingegen wird (z. B.) zur Hälfte auf Frieden spekulieren (Aktien der Textilfabrik erwerben), zur anderen Hälfte auf Krieg und folglich im Frieden 6 verdienen, im Krieg 7. Sicher wird mancher Leser eine solche Anlagepolitik als unmoralisch verwerfen. Indes: Moral ist meist nur das, was man an Leuten vermißt, die wirkungsvoller handeln als man selbst. Der Vater, der seine Kinder versorgen will, wird vernünftigerweise so investieren, daß im Frieden wie im Krieg der Wohlstand gesichert bleibt.

c) Es besteht Unabhängigkeit zwischen den Gewinnen beider Firmen. Wir kehren zum ersten Beispiel zurück. C ist das norddeutsche Versorgungsunternehmen, F der süddeutsche Che-

---

[32] Vgl. hierzu näher *Tobin*, The Theory of Portfolio Selection, S. 25.

miekonzern. Das Risiko in der Gewinnentwicklung ist in Ursachen begründet, die für beide Unternehmen verschieden liegen. Unter dieser Annahme ist es sinnvoll, von Unabhängigkeit der Gewinnentwicklung auszugehen, und d. h., einen Korrelationskoeffizienten von Null anzusetzen. Wir errechnen

$$\sigma_M = \sqrt{\alpha^2 \sigma_C^2 + (1-\alpha)^2 \sigma_F^2}.$$

Für die Mischung C = 9 Teile, F = 1 Teil erhalten wir z. B. einen Gewinn von 46 und ein Risiko von $\sigma = \sqrt{0{,}81 \cdot 400 + 0{,}01 \cdot 4\,900}$, d. h. ungefähr 19,3, vgl. Punkt Q in Abb. 11, S. 413. Auch bei voneinander unabhängigen Wertpapieren kann das Risiko einer Mischung unter das Einzelrisiko des risikoärmsten Wertpapieres sinken. Die Mischung aus 9 Teilen C und 1 Teil F bringt ein geringeres Risiko bei höherem Gewinn als C allein. Daraus folgt: Ein optimales Portefeuille kann bei unabhängiger Gewinnentwicklung der guten Einzelwertpapiere nie aus dem risikoärmsten Papier allein bestehen. Die Verbindungskurve CQF zeigt die Risiko-Gewinn-Werte sämtlicher Mischungen aus C und F bei unabhängiger Gewinnentwicklung von C und F. Dabei sind die Mischungen auf der Strecke CQ ineffizient.

Das Sinken des Risikos einer Mischung unter das Einzelrisiko der risikoärmsten Anlage C tritt sogar noch bei positiver Korrelation ein. Selbst wenn die Gewinnentwicklung zweier Wertpapiere teilweise gleichgerichtet ist, kann eine Mischung aus beiden Papieren zu einem geringeren Risiko führen als die Anlage im risikoärmsten Papier allein. Bei der Mischung 9 Teile C, 1 Teil F kann der Korrelationskoeffizient z. B. + 0,1 betragen, damit das Risiko der Mischung (bei höherem Gewinn) etwas unter dem Einzelrisiko von C liegt. Bei einem Mischungsverhältnis von 99 Teilen C und 1 Teil F kann der Korrelationskoeffizient sogar + 0,2 betragen, und das Risiko der Mischung liegt (bei höherem Gewinn) etwas unter dem Einzelrisiko von C.

Nachdem die Risikoeigenschaften einer Wertpapiermischung im einzelnen beschrieben sind, schreiten wir weiter bei dem Versuch, gute und weniger gute Wertpapierportefeuilles zu trennen.

Als nächstes bietet sich an, die Mischungen zwischen C und G zu prüfen. Vielleicht gelingt es nachzuweisen, daß eine Mischung von C und G dem Vorhaben F überlegen ist. Wir nehmen für das Weitere an, die Korrelation zwischen C und F sei Null. Die Risiko-Gewinn-Werte der Mischungen sind durch die Kurve C-Q-F in Abb. 11 wiedergegeben.

Wir rechnen zunächst das Risiko einer Mischung aus C und G aus, das den gleichen Ertrag wie F erbringt. Den Ertrag von 100 erbringt eine Mischung aus einem Teil C und sechs Teilen G ($\alpha_C = 1/7$). Um das Risiko zu berechnen, müssen wir den Korrelationskoeffizienten zwischen C und G kennen. Im Regelfall wird zwischen derart im Risiko auseinanderklaffenden Investitionsvorhaben C und G keine positive Korrelation bestehen, und zwar aus folgender Erwägung: Bleibt die Konjunktur gut, dann wird C Gewinn abwerfen, G wird hingegen kaum liquidiert werden, sondern sich gerade über Wasser halten. Bei schlechter Konjunktur werden hingegen die Gewinne von C sinken, die Chance, daß G liquidiert wird, steigt, und selbst wenn die Liquidationserlöse bei schlechter Konjunktur nicht so hoch sein werden wie bei guter, so ist doch mit einem beträchtlichen Überschuß zu rechnen. Wir wollen deshalb annehmen, der Korrelationskoeffizient gleiche – 0,3. Die Wertpapiermischung aus einem Teil C und sechs Teilen G zeigt ein Risiko von

$$\sigma_M = \sqrt{\frac{1}{49} \cdot 20^2 + \frac{36}{49} \cdot 100^2 + 2 \cdot \frac{1}{7} \cdot \frac{6}{7} \cdot 20 \cdot 100 \, (-0{,}3)}, \text{ d. h. rund 85.}$$

Damit ist bewiesen, daß F in einem guten Portefeuille enthalten ist, denn die Mischung aus C und G, die den gleichen Ertrag wie F abwirft, verkörpert ein größeres Risiko.

Es ist jedoch nicht bewiesen, daß die Mischung aus C und F allein stets einer Mischung von C und G überlegen ist. Das wird durch folgende Überlegung klar: Sobald die Korrelation zwischen C und G kleiner als + 1 ist, sinkt bei bestimmten Mischungsverhältnissen das Risiko einer Mischung aus C und G unter das Risiko von C. Wie weit das Risiko einer Mischung unter das Einzelrisiko C sinkt, hängt vom Korrelationskoeffizienten ab. Wenn die Korrelation bei beiden Wertpapiermischungen CF und CG gleich hoch wäre, wäre die Mischung CG stets unterlegen. Nun ist aber die Korrelation zwischen C und G mit − 0,3 kleiner als die zwischen C und F mit Null. Deshalb wird das Risiko der Mischung CG bei geringen Anteilen für G unter dem Risiko der Mischung CG bei geringen Anteilen für G unter dem Risiko der Mischung CF liegen. Als Beleg wählen wir das Mischungsverhältnis 9 Teile C, 1 Teil F bzw. G. Die Mischung aus C und F (Punkt Q) zeigt $g = 46, \sigma = 19,3$. Für die Mischung aus C und G errechnet sich $g = 47, \sigma = 17,8$ (Punkt R in Abbildung 12, S. 412). Wir erhalten als weiteres Zwischenergebnis: In bestimmten Bereichen ist die Mischung CG, in anderen die Mischung CF überlegen.

Als nächstes ist die Mischung FG zu prüfen. Die Korrelation zwischen F und G betrage Null. Zwar gilt das Argument, das für eine negative Korrelation zwischen Versorgungsunter-

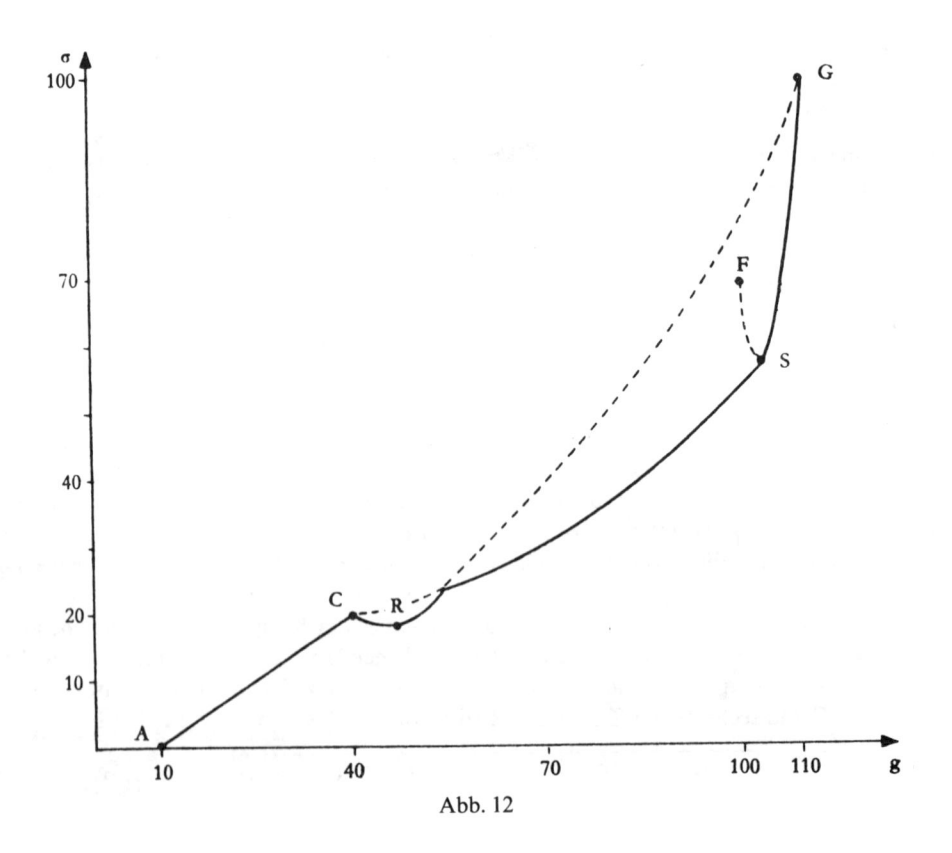

Abb. 12

nehmen und Textilfabrik sprach, auch hier. Andererseits soll berücksichtigt werden, daß bisher die Textilfabrik ihre Kunstfasern von dem Chemiekonzern bezog und bei einer Liquidation ein wichtiger Kunde ausfällt. Beide Wirkungen mögen sich ausgleichen. Zunächst erscheint die Überlegung über die Korrelation etwas an den Haaren herbeigezogen. Der Leser prüfe jedoch, wie tief das Risiko bei einer Mischung aus F und G sinken würde, wenn die Korrelation auch − 0,3 betrüge. Die starke Empfindlichkeit des Risikos einer Wertpapiermischung gegenüber Korrelationen, die praktisch nicht oder nur sehr unzuverlässig geschätzt werden können, ist ein gewichtiges Argument gegen die in der Theorie der Wertpapiermischung verwandte Art der Risikomessung.

Die Risiko-Gewinn-Werte der Mischungen aus F und G (bei einem Korrelationskoeffizienten von 0) sind in Abb. 12 wiedergegeben. Punkt S verkörpert das Mischungsverhältnis 2/3 F, 1/3 G ($\alpha = 2/3$). Es errechnet sich $g_S = 103$; $\sigma_S = 57,3$ (das ist ein um rund 20% niedrigeres Risiko, als es F allein verkörpern würde).
Abb. 12 zeigt als neues Zwischenergebnis die folgende Kurve (scheinbar) »guter« Handlungsmöglichkeiten: G-S-R-C-A. Aber offensichtlich ist das noch nicht die beste Lösung.
Es bietet sich zunächst eine Mischung aus den Portefeuilles R und S an. R enthält die Aktien C und G. S besteht aus den Aktien G und F. Bei genauer Analyse müßten auch Portefeuilles in der Nachbarschaft von R mit Portefeuilles in der Nachbarschaft von S kombiniert werden. Wir wollen uns jedoch darauf beschränken, ein annähernd richtiges Ergebnis zu errechnen und betrachten Mischungen aus R und S.
R besteht aus den Wertpapieren C mit 9/10 und G mit 1/10; $g_R = 47, \sigma_R = 17,8$; S besteht aus den Wertpapieren F mit $^2/_3$ und G mit $^1/_3$; $g_S = 103, \sigma_S = 57,3$.
Um die Risiko-Gewinn-Werte der Mischung RS zu berechnen, müssen wir feststellen, ob Korrelationen zwischen beiden Ausgangsportefeuilles R und S bestehen. Ohne Rücksicht auf statistische Feinheiten (die bei der Roheit der angenommenen Werte fehl am Platze wäre) können wir wie folgt über den Daumen peilen: Zwischen G in R und G in S besteht natürlich eine »Korrelation« von + 1; zwischen C in R und G in S besteht eine Korrelation von − 0,3; zwischen G in R und F in S und zwischen C und F besteht jeweils eine Korrelation von Null. Einer hohen positiven Korrelation bei einem geringen Teil der Werte steht eine negative gegenüber. Wir können insgesamt von einer Korrelation von Null ausgehen.
Die Mischung aus den Portefeuilles R und S ergibt in Abb. 13 die Kurve RTS. Der Punkt T besteht dabei aus $^4/_5$ R und $^1/_5$ S.

$$g_T = 58,2, \sigma_T = 18,3$$

Damit erhalten wir den Streckenzug G-S-T-R-C-A. Der Bereich T-R-C-A kann jedoch keine guten Handlungsmöglichkeiten enthalten, denn jedes Mischungsverhältnis zwischen A und T zeigt bei gleichem Gewinn ein geringeres Risiko als die Mischungen auf der Strecke A-C-R-T. Wir erreichen so die Kurve »vorläufig guter Handlungsmöglichkeiten«: A-T-S-G. Die »endgültig guten Handlungsmöglichkeiten« sind allerdings immer noch nicht gefunden. Eine Rechnung beweist es: Wir wählen ein Portefeuille, das zu 95% aus T besteht und zu 5% aus G. Die Korrelation zwischen T und G können wir wiederum Null setzen. Wir errechnen für die Kombination $g_N = 60,8$; $\sigma_N = 18,1$. Das bedeutet, eine Kombination von T und G ist mindestens teilweise der Kombination T überlegen.
Da T keine optimale Lösung ist, sind auch alle Kombinationen zwischen A und T nicht optimal. Gleichwohl wollen wir an dieser Stelle die Suche nach der Kurve der guten Hand-

Abb. 13

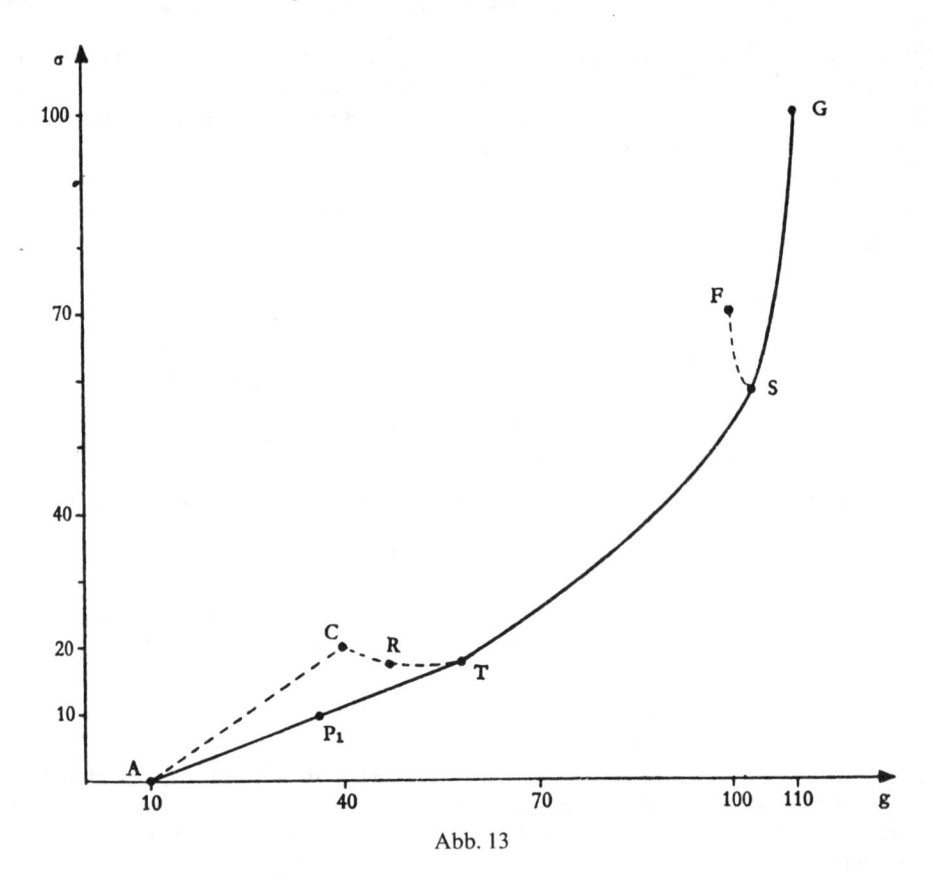

lungsmöglichkeiten abbrechen (wie man exakt rechnet, steht auf S. 423). Der Verzicht auf die Suche nach weiteren, besseren Mischungen rechtfertigt sich aus drei Gründen:
(a) Eine weitere Aufspaltung des Portefeuilles ist bei der Grobheit der Ausgangsschätzungen sinnlos. Das Risiko bei den einzelnen Wertpapieren ist in Zehnerabständen geschätzt worden, mit z. B. 10, 20, 40. Das inzwischen errechnete Portefeuille T zeigt ein Risiko von 18,3 und ein benachbartes anderes (R = $^3/_4$; S = $^1/_4$) ein σ von 19,6. Um zwischen beiden Portefeuilles einen Risikounterschied zu spüren, muß der Entscheidende hier auf das Risiko praktisch zehnmal empfindlicher reagieren als bei der Abschätzung der Einzelrisiken.
(b) Eine weitere Aufspaltung der Portefeuilles verbietet sich wegen der mangelnden Teilbarkeit der einzelnen Wertpapiere. Der Kurs von einer Aktie C beträgt z. B. 300, und das heißt, im Portefeuille können maximal 33 Aktien von C enthalten sein. Ein Portefeuille, das z. B. 14% an C verlangen würde, ist schon aus technischen Gründen unmöglich. Es können nur entweder 4 oder 5 Aktien von C erworben werden.
(c) Das Ziel des Modells ist bereits erreicht: Wir erkennen die Vorteile der Anlagenmischung und sehen zugleich, daß die Bestimmung der besten Mischung (der Kurve der guten Handlungsmöglichkeiten) mit hohem Rechenaufwand verbunden ist.
Wir sehen die Kurve A-T-S-G als »hinreichend gut« an und versuchen nun, daraus allgemeine Schlüsse zu ziehen.

Jeder Wertpapierkäufer, ob Hasardeur oder Hasenfuß, wird ein Portefeuille auf der Kurve der hinreichend guten Handlungsmöglichkeiten wählen. Welches er wählt, hängt von seiner Risikoneigung ab. Wir unterscheiden 4 Typen von Wertpapierkäufern:

1. Der extrem risikoscheue Anleger wird gar kein Risiko eingehen wollen. Er kann nur dadurch sein Vermögen maximieren, daß er das Geld auf dem Sparbuch mit jährlicher Kündigung festlegt. Er investiert 10 000 Mark in A. Dem extrem risikoscheuen Investor helfen unsere Überlegungen zur Wertpapiermischung nicht.

2. Der vorsichtige Anleger geht, so wollen wir annehmen, höchstens ein Risiko von $\sigma = 10$ ein. Er hätte also Bundesanleihen gekauft, bevor er an die Wertpapiermischung dachte. Für diesen Anleger sind unsere Überlegungen nützlich. Der vorsichtige Anleger hätte bei Bundesanleihen einen Gewinn von 20 erzielt. Wählt er statt dessen das mit gleichem Risiko behaftete Portefeuille P_1 (Abb. 13), so erzielt er einen Gewinn von 36. Er hat also durch die Investitionsmischung bei gleichem Risiko seinen Gewinn fast verdoppelt.
Wie sieht das Portefeuilles P_1 aus? Portefeuille P_1 zeigt als g-, σ- Werte: 36; 10. Da es aus A (10;0) und T (58,2; 18,3) besteht, errechnet sich für P_1 ein Anteil von ca. 54% T und 46% A. Da wir hier schon in Teilbarkeitsschwierigkeiten kommen, lassen wir das optimale Portefeuille zur Hälfte aus A und zur Hälfte aus T bestehen. T besteht seinerseits aus 80% R und 20% S. R aus 90% C und 10% G, S aus 67% F und 33% G. Nachdem wir aus den verschiedenen Portefeuilles die Anteile der einzelnen Wertpapiere errechnet haben, können wir die Aufteilung der Erbschaft von 10 000 Mark auf das optimale Wertpapierportefeuille bestimmen. Wegen mangelnder Teilbarkeit runden wir $6^2/_3$% F auf 5% ab, $7^1/_3$% G auf 9% auf. Der vorsichtige Investor legt an:

50% auf dem Sparbuch mit jährlicher Kündigung	5000 Mark
36% in der Versorgungsaktie C	3600 Mark
5% in der Chemieaktie F	500 Mark
9% in der liquidationsreifen Textilfabrik G	900 Mark

Der Ertrag dieses Portefeuilles beträgt ca. 34 (er ist gegenüber dem oben errechneten gesunken, weil hier die mangelnde Teilbarkeit berücksichtigt worden ist). Welcher vorsichtige Anleger unter den Lesern hätte bewußt unter Risikogesichtspunkten sein Wertpapierportefeuille auf verschiedene, darunter stark risikobehaftete Anlagen aufgeteilt? Die Mehrzahl der vorsichtigen Anleger wird ihr Geld nur auf dem Sparbuch oder in Bundesanleihen oder auf dem Sparbuch und in Rentenwerten und vielleicht einer risikoarmen Aktie halten.

3. Ein wenig ängstlicher Anleger mag insgesamt ein Risiko von $\sigma = 40$ in Kauf nehmen und neigt, bevor er die Wertpapiermischung erwägt, zu der Stahlaktie D. Er hätte dann einen Gewinn von 60 erzielt. Durch ein gut gemischtes Wertpapierportefeuille ist er hingegen bei gleichem Risiko in der Lage, einen Gewinn von über 80 zu erzielen. Um das optimale Portefeuille für diesen Risikotyp von Anleger zu berechnen, mischen wir T und S. Das Mischungsverhältnis wird auch diesmal möglichst einfach gehalten. Wir setzen T = $^1/_3$ und S = $^2/_3$ an. Wenn wir annehmen, zwischen T und S bestehe eine Korrelation von fast Null, dann liegt das Risiko dieser Mischung etwa bei $\sigma = 39$. Wir errechnen:

$$C = 24\ \%$$
$$F = 48^8/_9\%$$
$$G = 27^1/_9\%$$

Bei diesem Depot sind Rundungen unerläßlich. Wir entscheiden uns für 30% C, 50% F und 20% G (25% für C und G führen zu σ > 40). Der Anleger investiert folglich:

$$30\% \ C = 3000 \text{ Mark}$$
$$50\% \ F = 5000 \text{ Mark}$$
$$20\% \ G = 2000 \text{ Mark}$$

Sein Gewinn beträgt 84, das ist, bei etwas geringerem Risiko, als die Stahlaktie verkörpert, 40% mehr an Gewinnerwartung.

4. Der risikofreudige Anleger mag insgesamt ein Risiko von 70 für tragbar halten. Er hätte, bevor er die Mischung erwogen hat, in der Chemieaktie investiert und einen Gewinn von 100 erzielt. Für ihn lohnt sich, wie wir wissen, jedoch eher eine Mischung aus dem Spekulationspapier G und der Chemieaktie. Denn bei gleichem Risiko erzielt er hier mehr Gewinn, und zwar allein wegen der Mischung der Risiken, da gemäß unserer Annahme beide Wertpapiere völlig unabhängig voneinander sind. Der risikofreudige Anleger wird ein Portefeuille wählen, das zu etwa 60% aus Wertpapier G und 40% aus Wertpapier F besteht. Sein Risiko liegt dann etwas unter 70 (σ = 66). Der risikofreudige Anleger investiert also:

in der liquidationsreifen Textilfabrik G	6 000 Mark
in der Chemieunternehmung F	4 000 Mark

Er erwartet dabei einen Gewinn von 106.

Vergleichen wir die vier Investoren, dann zeigt sich, daß der vorsichtige Anleger den größten Nutzen aus der Wertpapiermischung zieht.

2. Allgemeine Bestimmung der guten Handlungsmöglichkeiten und des Optimums

Im Beispiel hatten wir uns mit einer Kurve der »hinreichend guten« Handlungsmöglichkeiten begnügt. Wie läßt sich der effiziente Wahlbereich, die Kurve der guten Handlungsmöglichkeiten, vollständig bestimmen? Die Kurve der guten Handlungsmöglichkeiten zeigt für jeden Risikowert den maximalen Gewinn bzw. für jeden Gewinnwert das minimale Risiko. Um einen Punkt auf der Kurve der guten Handlungsmöglichkeiten zu berechnen, z. B. diejenige Wertpapiermischung, die einen Gewinn von 80 mit einem minimalen Risiko erwirtschaftet, müssen wir folgendes Problem lösen: Ziel der Rechnung ist es, das Risiko der Mischung zu minimieren unter den Nebenbedingungen, daß der Gewinn der Mischung mindestens 80 beträgt und daß der Anschaffungsbetrag der Wertpapiermischung den verfügbaren Geldbetrag nicht überschreitet. Im Beispiel mit den Wertpapieren A, C, F und G erhalten wir folgenden Ansatz, wenn A, C, F, G zugleich die Anteilsprozentsätze der entsprechenden Wertpapiere bezeichnen:

$$\text{Min } \sigma_M^2 = 0^2 A^2 + 20^2 C^2 + 70^2 F^2 + 100^2 G^2 - 0{,}3 \cdot 2 \cdot 20 \cdot 100 \cdot C \cdot G$$

unter den Nebenbedingungen

$$80 \leq 10\,A + 40\,C + 100\,F + 110\,G$$
$$1 = A + C + F + G$$
$$A, C, F, G \geq 0.$$

Die Zielfunktion lautet in Worten: Es ist das Risiko, gemessen in der Varianz, zu minimieren. Das Risiko folgt aus der Summe der mit ihren Anteilen gewichteten Risiken der einzelnen

Wertpapiere, soweit die Wertpapiere im Risiko voneinander unabhängig sind. Sind die Wertpapiere nicht voneinander unabhängig, wie C und G, dann sind ihre Korrelationen zusätzlich zu berücksichtigen. Das Beispiel enthält nur eine gegenseitige Abhängigkeit, die zwischen C und G, die hier − 0,3 betragen soll. Alle anderen Korrelationskoeffizienten zwischen den Wertpapieren wurden Null gesetzt. Im praktischen Fall werden zahlreiche, meist positive Korrelationen zu beachten sein.

Die erste Nebenbedingung nennt die Gewinnanforderung: Die Summe der mit ihren Gewinnerwartungen gewichteten Wertpapieranteile muß mindestens 80 ergeben. Die zweite Bedingung sichert, daß A, C, F und G tatsächlich als Anteilsprozentsätze auftreten.

Der Rechenansatz führt zu einem nichtlinearen Programmierungsproblem: Eine quadratische Zielfunktion ist zu minimieren unter linearen Nebenbedingungen. Zu beachten ist dabei, daß die Lösung eines solchen quadratischen Programms nur einen einzigen Punkt auf der Kurve der guten Handlungsmöglichkeiten liefert. Um den Verlauf der Kurve der guten Handlungsmöglichkeiten wenigstens ungefähr zu bestimmen, sind zahlreiche solcher quadratischer Programme auszurechnen, z. B. für die Gewinnwerte 80, 75, 70, 65 usw. Werden einzelne Daten (hier die Gewinnvorgaben in der ersten Nebenbedingung) in einem Programmierungsproblem verändert, so spricht man von »parametrischer Programmierung« (der Parameter Gewinnvorgabe wird variiert). Um die Kurve der guten Handlungsmöglichkeiten wenigstens ungefähr festzulegen, sind also parametrische quadratische Programme auszurechnen. Der Rechenaufwand, der dabei zu bewältigen ist, liegt auf der Hand[33].

Allgemein läßt sich der Verlauf der Kurve der guten Handlungsmöglichkeiten dann bestimmen, wenn drei zusätzliche Modellannahmen eingeführt werden:

1. Alle Wertpapiere sind risikobehaftet; d. h. die risikolose Geldanlage (oder Kreditaufnahme) auf dem Kapitalmarkt bleibt ausgeklammert, ebenso wird von einer Korrelation von -1 zwischen Wertpapieren abgesehen.

2. Keine Mischung aus Wertpapieren führt zu einem Risiko, das dem mit den Anteilen gewogenen Durchschnitt der Einzelrisiken der in der Mischung einbezogenen Wertpapiere entspricht (die Korrelation von + 1 ist ausgeschlossen).

3. Von beschränkter Teilbarkeit wird abgesehen und »Leerverkäufe« an Wertpapieren sind zulässig (so daß die Anteile eines Wertpapiers in der Mischung auch negativ werden dürfen: Es werden Verpflichtungen zu späterer Lieferung dieser Wertpapiere gehalten, vgl. S. 535).

Unter diesen Annahmen wird aus dem nichtlinearen Programmierungsproblem eine Aufgabe, die mit Hilfe Lagrangescher Multiplikatoren gelöst werden kann. Dabei zeigt sich[34]:

a) Die Kurve der guten Handlungsmöglichkeiten aus den risikobehafteten Anlagen stellt eine Hyperbel dar, wenn das Risiko als Standardabweichung gemessen wird (eine Parabel, wenn das Risiko als Varianz erscheint).

---

[33] Vgl. dazu *Markowitz*, Appendix B, S. 330 ff.; eine allgemeine Darstellung der Lösungsmethoden bringt *Hadley*, insbes. Kap. 7; vgl. ferner *Haim Levy, Marshall Sarnat*, Investment and Portfolio Analysis. New York usw. 1972, S. 341–362, 370–373.

[34] Vgl. *Robert C. Merton*, An Analytic Derivation of the Efficient Portfolio Frontier. In: The Journal of Financial and Quantiative Analysis, Vol. 7 (1972), S. 1851–1872, bes. S. 1854, 1865; *Richard Roll*, A Critique of the Asset Pricing Theory's Tests. Part I: On Past and Potential Testability of the Theory. In: The Journal of Financial Economics, Vol. 4 (1977), S. 129–176, hier ab S. 158.

b) Die Kurve der guten Handlungsmöglichkeiten unter Einschluß der risikolosen Geldanlage (oder Kreditaufnahme) verläuft bis zum Berührungspunkt mit der Hyperbel für die risikobehafteten Anlagen allein als Gerade (erscheint das Risiko als Varianz, tritt an die Stelle der Geraden von Anfang an eine Parabel).

c) Das Portefeuille unter Einschluß der risikolosen Geldanlage (oder Kreditaufnahme) ist nur dann eine Mischung aus risikoloser Anlage und risikobehaftetem Teilportefeuille, wenn der risikolose Kapitalmarktzins kleiner ist als der Erwartungswert der Rendite des risikogünstigsten Portefeuilles aus den risikobehafteten Anlagen allein. Ist der risikolose Kapitalmarktzins größer, dann ist eine Trennung des investierten Geldes in risikolose Anlage (Finanzierung) und risikobehaftete Wertpapiermischung nicht mehr möglich; vielmehr enthält dann jedes einzelne Teilportefeuille aus risikobehafteten Anlagen von Anfang an auch die risikolose Handlungsmöglichkeit, wobei der Anteil der risikolosen Handlungsmöglichkeit in jedem Teilportefeuille wechseln wird.

Mit der Kenntnis der Kurve der guten Handlungsmöglichkeiten ist das Problem der optimalen Wertpapiermischung nicht gelöst. Es sind nur schlechte Investitionsmischungen von guten getrennt worden. Welche der guten Wertpapiermischungen optimal ist, das hängt von der Risikoneigung des Entscheidenden ab.

Kennt man die Risikopräferenzfunktion, dann ist die Optimumbestimmung allerdings einfach. Es ist das Maximum der Risikopräferenzfunktion unter den verschiedenen Nebenbedingungen auszurechnen. Das führt unter den praktischen Bedingungen regelmäßig zu einem im allgemeinen recht mühsam zu lösenden Problem der nicht-linearen, gemischt-ganzzahligen Programmierung.

Im praktischen Fall kennt man die algebraische Gestalt der Risikopräferenzfunktion nicht. Sobald die Gestalt der Risikopräferenzfunktion unbekannt ist, wird die Suche nach der optimalen Investitionsmischung zu einem noch aufwendigeren Problem. In diesem Fall muß man nämlich erst die Kurve der guten Handlungsmöglichkeiten bestimmen (oder wenigstens zahlreiche Punkte auf der Kurve), ehe sich der Unternehmer entscheiden kann. Die Berechnung einer Reihe alternativer »guter« Wertpapiermischungen ist die Voraussetzung dafür, daß der Unternehmer überhaupt zwischen mehr Einkommen/mehr Risiko und weniger Einkommen/weniger Risiko wählen kann. Unter den »guten« Wertpapiermischungen muß der Unternehmer gemäß seiner Risikoneigung die für ihn beste heraussuchen.

Die Berechnung der effizienten Programme schafft zugleich eine Grundlage, um die eigenen, ursprünglichen Schätzungen über Risiko- und Einkommenserwartung zu überprüfen. So wird sich der vorsichtige Unternehmer des Beispiels auf S. 421 fragen müssen, ob er seine Annahmen über die Unabhängigkeit der einzelnen Aktien aufrechterhalten kann, die dazu führt, daß ein Portefeuille, das zur Hälfte aus Aktien, zur Hälfte aus einem Sparbuch besteht, das gleiche Risiko verkörpert wie der Kauf von Bundesanleihen. Es gilt auch hier, was bereits mehrfach betont wurde: Nur durch ständiges Überprüfen der einzelnen subjektiven Schätzungen lassen sich vernünftige Entscheidungen unter Ungewißheit treffen. Die beste Vorsorge für die Zukunft ist immer noch das Mißtrauen gegenüber sich selbst.

b) Voraussetzungen einer allgemeinen Theorie der Investitionsmischung

1. Die Bedeutung der Risikopräferenzfunktion und der Risikonutzenfunktion für die Bestimmung guter Handlungsprogramme

In der Theorie der Wertpapiermischung, so wie sie Markowitz, Tobin u. a. vortragen, wird jede Handlungsmöglichkeit durch den Erwartungswert ihrer Gewinne und durch die Standardabweichung als Risikomaß beschrieben. Auf dieser Grundlage läßt sich das Ergebnis ableiten, daß im allgemeinen das Risiko einer Mischung mehrerer risikobehafteter Wertpapiere unter dem Mittelwert der Einzelrisiken liegt, ja, daß das Risiko der Mischung sogar unter das Einzelrisiko der risikoärmsten unter den risikobehafteten Handlungsmöglichkeiten sinkt. Nur in dem Sonderfall, daß zwischen zwei Handlungsmöglichkeiten eine Korrelation von +1 besteht oder eine Anlage risikolos ist, gleicht das Risiko der Mischung dem mit den Anteilen gewogenen arithmetischen Mittel der Einzelrisiken. Die Zusammenstellung der Kurve guter Handlungsmöglichkeiten baut auf diesem Effekt der Risikominderung durch Investitionsmischungen auf.

Grundsätzlich kann die Theorie der Wertpapiermischung auf alle Aufgaben der Programmplanung übertragen werden, auch auf die Zusammenstellung des optimalen Investitions- und Finanzierungsprogramms oder die Suche nach dem besten Produktions- und Absatzprogramm unter Ungewißheit.

Die Probleme der »Theorie der Wertpapiermischung« liegen vor allem in der Erfassung der Daten. Wie will man insbesondere zu verläßlichen Aussagen über die gegenseitigen Abhängigkeiten zwischen den Wertpapieren kommen, wie die verschiedenen Korrelationskoeffizienten schätzen? Vor allem an der Schwierigkeit, die Korrelationskoeffizienten zu nennen, droht die praktische Anwendung der Theorie der Wertpapiermischung zu scheitern. Sehen wir von den Problemen der Datenerfassung einmal ab, dann ist gegen die Theorie immer noch ein grundsätzlicher Einwand zu erheben: Darf eine Handlungsmöglichkeit jederzeit durch den Erwartungswert ihrer Gewinne und durch die Standardabweichung als Risikomaß beschrieben werden? Mit dieser Beschreibung der Handlungsmöglichkeit wird doch unterstellt, daß alle Handlungsmöglichkeiten (Wahrscheinlichkeitsverteilungen) mit demselben Erwartungswert und derselben Streuung als gleichwertig betrachtet werden. Aus der allgemeinen Erörterung der Ungewißheitstheorie wissen wir aber, daß die Aussage »alle Handlungsmöglichkeiten mit demselben Erwartungswert und derselben Streuung sind gleichwertig« nur unter sehr engen Voraussetzungen zulässig ist. Die Aussage gilt nur dann, wenn (S. 136 f.):

a) die Wahrscheinlichkeitsverteilungen der Gewinnerwartungen sämtlicher Handlungsmöglichkeiten Normalverteilungen sind (dann darf die Risikonutzenfunktion beliebige Formen annehmen) oder

b) die Risikonutzenfunktion quadratisch ist (dann dürfen die Wahrscheinlichkeitsverteilungen beliebige Formen annehmen).

In Teil A sahen wir weiter: Die Bedingung der Normalverteilung ist für Investitions- und Finanzierungsentscheidungen praktisch nie erfüllt. Die Festlegung der Zukunftslagen und ihrer Glaubwürdigkeitsziffern (die Bestimmung subjektiver Wahrscheinlichkeitsverteilungen) beruht auf zahlreichen »Entweder-Oder«-Argumenten. (Senkt die Konkurrenz ihre

Preise, oder senkt sie sie nicht? Erfolgt ein Importstopp, oder erfolgt er nicht? usw.) Weil subjektive Wahrscheinlichkeitsziffern nur auf der Abschätzung einzelner »Alternativentwicklungen« beruhen können, deshalb besitzt die Normalverteilung für alle wichtigen wirtschaftlichen Entscheidungen keinen entscheidungsbestimmenden Gehalt. Für Nebenprobleme (Qualitätskontrollen, stichprobenhafte Inventuraufnahmen) mag dies anders sein. Im Bereich Investition und Finanzierung oder im Bereich der Preispolitik ist die Annahme einer Normalverteilung nicht berechtigt. Hier handelt es sich um die das Unternehmensgeschehen bestimmenden »einmaligen«, von den »Handlungsparametern anderer« abhängigen Entscheidungen. Selbst wenn die Entscheidung sich später wiederholt (z. B. Ersatz einer Anlage), dann fällt die neue Entscheidung regelmäßig unter sehr veränderten Umweltbedingungen. Auf der anderen Seite wäre die Annahme einer quadratischen (bis zu ihrem Maximum definierten) Risikonutzenfunktion eine sehr einschneidende Vereinfachung.

Es ist deshalb zu prüfen, inwieweit die Aussagen über die risikomindernde Wirkung einer Investitionsmischung aufrechterhalten bleiben, wenn die Zukunftslagen jeder Handlungsmöglichkeit und ihre Glaubwürdigkeitsziffern nicht auf zwei Parameter (Erwartungswert, Standardabweichung) reduziert, sondern wenn bei jeder Handlungsmöglichkeit sämtliche Zukunftslagen und ihre Glaubwürdigkeitsziffern – die gesamte Wahrscheinlichkeitsverteilung also – unmittelbar betrachtet werden.

Auch hier werden die Zusammenhänge durch ein Beispiel deutlich:
Bei der Wertpapiermischung war ein Portefeuille aus der Versorgungsaktie C ($g_C = 40$; $\sigma_C = 20$) und der Chemieaktie F ($g_F = 100$; $\sigma_F = 70$) der Stahlaktie D ($g_D = 60$; $\sigma_D = 40$) überlegen, denn ein Portefeuille aus zwei Teilen C und einem Teil F erbringt den gleichen Gewinn wie D, ist jedoch mit einem geringeren Risiko verbunden. Selbst wenn wir den risikoungünstigsten Fall einer Korrelation von +1 zwischen C und F unterstellen, sinkt σ für das Portefeuille ⅔ C plus ⅓ F auf rund 37.

Bleibt D auch unterlegen, wenn für C, F und D einzelne Zukunftslagen und ihre Glaubwürdigkeitsziffern betrachtet werden, die zu den oben genannten g- und σ-Werten führen?
Die drei Aktien mögen z. B. folgende Zukunftslagen zeigen (g = Vermögenszuwachs, p = Wahrscheinlichkeit):

	g_1	p_1	g_2	p_2	g_3	p_3
C:	10	$\frac{2}{9}$	40	$\frac{5}{9}$	70	$\frac{2}{9}$
F (gerundet):	0	$\frac{1}{3}$	150	$\frac{2}{3}$	–	–
D:	20	$\frac{1}{2}$	100	$\frac{1}{2}$	–	–

Der Vermögenszuwachs bei C hänge von der Binnenkonjunktur ab; bei F entscheide die Auslandsnachfrage, bei D die Höhe des Verteidigungsetats. Die Unabhängigkeit der einzelnen Zukunftslagen entspricht einer Korrelation von Null bei einer Mischung der Wertpapiere. Die Mischung aus zwei Teilen C und einem Teil F ergibt folgende Wahrscheinlichkeitsverteilung für die Mischung M:

$\frac{20}{3}$ mit p = $\frac{2}{27}$; $\frac{80}{3}$ mit $\frac{5}{27}$; $\frac{140}{3}$ mit $\frac{2}{27}$; $\frac{170}{3}$ mit $\frac{4}{27}$; $\frac{230}{3}$ mit $\frac{10}{27}$; $\frac{290}{3}$ mit $\frac{4}{27}$.

Die Stahlaktie D bringt mit Sicherheit einen Gewinn von mindestens 20. In der Mischung M wird ein Gewinn von mindestens 20 nur mit einer Wahrscheinlichkeit von rund 93% ($^{25}/_{27}$) erreicht. Niemand wird deshalb von vornherein behaupten dürfen, daß die Mischung M der

Stahlaktie D überlegen sei. Wenn wir uns des Unternehmers aus Kapitel A III erinnern, der mit Sicherheit einen Gewinn von 10 als Existenzminimum wünscht, dann ist offensichtlich, daß dieser Unternehmer die Mischung gar nicht als zulässige Handlungsmöglichkeit betrachten wird, denn in der Mischung muß er mit einer Wahrscheinlichkeit von etwa 7% damit rechnen, daß er ein Einkommen unter seinem Existenzminimum erzielt.

Erst wenn Einzelannahmen über die Risikoneigung (die Risikonutzenfunktion) erfolgen, läßt sich somit entscheiden, ob die Mischung aus Versorgungs- und Chemieaktie besser ist als die Stahlaktie. Als Einzelannahme über die Risikoneigung ist auch die Aussage anzusehen, der Unternehmer schätze alle Handlungsmöglichkeiten mit demselben Erwartungswert und derselben Streuung gleich ein. Damit ist, wie wir wissen, zugleich die sehr enge Annahme unterstellt, daß die Risikonutzenfunktion des Unternehmers quadratisch verlaufe. Engen wir zusätzlich die quadratische Nutzenfunktion auf den Bereich zwischen Existenzminimum und nutzenmaximalem Einkommen ein, dann wird der Bereich zulässiger Handlungsmöglichkeiten (Wahrscheinlichkeitsverteilungen) noch weiter beschränkt: Zulässig sind dann nur mehr Handlungsmöglichkeiten deren niedrigste Einkommensgrenze z. B. 10 beträgt. Dadurch werden im Beispiel F und M unzulässig.

Die Folgerung aus dem Beispiel lautet: *Sobald sämtliche Zukunftslagen und ihre Glaubwürdigkeitsziffern (sobald die gesamte Wahrscheinlichkeitsverteilung) einer Handlungsmöglichkeit betrachtet werden, ist es kaum mehr möglich, gute und schlechte Handlungsmöglichkeiten zu trennen, wenn nicht zugleich Unterstellungen über die Risikonutzenfunktion getroffen werden.* Natürlich ist eine Handlungsmöglichkeit einer anderen dann überlegen, wenn sie bei gleicher Anzahl und gleichen Wahrscheinlichkeiten der Zukunftslagen für mindestens eine Zukunftslage ein höheres Einkommen, für alle anderen mindestens das gleiche Einkommen gewährt (Dominanzprinzip). Aber solche offensichtlich besseren Handlungsmöglichkeiten werden selten zu finden sein. Im praktischen Regelfall wird zunächst die Zahl der Zukunftslagen nicht gleich sein, ihre Glaubwürdigkeitsziffern werden differieren, und dann werden bei einzelnen Zukunftslagen die Einkommen über, bei anderen unter denen einer konkurrierenden Handlungsmöglichkeit liegen. Eine Kurve der guten Handlungsprogramme zu bestimmen, erscheint dann ohne Rückgriff auf die Risikonutzenfunktion nicht mehr möglich.

Weil es kaum möglich ist, gute und weniger gute Handlungsprogramme zu trennen, ohne auf die Risikonutzenfunktion zurückzugreifen, deshalb haben wir in Teil A so ausführlich das Ungewißheitsproblem und die Theorie des Risikonutzens besprochen. *Die Planung des Investitions- und Finanzierungsprogramms unter Ungewißheit (d. h.: die praktische Investitions- und Finanzplanung) kann nur dann mit Aussicht auf Erfolg erörtert werden, wenn zuvor die Bedingungen für rationale Programmentscheidungen unter Ungewißheit klargelegt worden sind.*

Will man nicht die fragwürdigen Unterstellungen der (μ, σ)-Präferenzfunktion hinnehmen, bleibt nur die Möglichkeit, bei der Bewertung einer Handlungsmöglichkeit alle Zukunftslagen zu berücksichtigen und bei der Mischung verschiedener Handlungsmöglichkeiten zu einem Handlungsprogramm aus den Zukunftslagen der einzelnen Handlungsmöglichkeiten eine neue Anordnung von Zukunftslagen für die Mischung zu berechnen.

2. Der Risikoverbund in Investitionsmischungen

aa) Risikoverbund als eine Form gegenseitiger Abhängigkeit zwischen Investitionsvorhaben

Grundlage für alle Programmberechnungen sind die Ursprungsdaten: die Einkommensziffern für die einzelnen Zukunftslagen und die Glaubwürdigkeitsvorstellungen über die Zukunftslagen. Auf ihre sorgfältige Ermittlung muß das Schwergewicht gelegt werden. Dabei bereitet besondere Schwierigkeiten die Bestimmung der gegenseitigen Abhängigkeit zwischen den einzelnen Handlungsmöglichkeiten (im Beispiel: Festlegung der Korrelationskoeffizienten zwischen den Wertpapieren). Verläßliche Erfahrungswerte aus der Vergangenheit (wie sie eigentlich Voraussetzung für Korrelationsberechnungen sind) liegen meist nicht vor. Die gegenseitigen Abhängigkeiten müssen geschätzt werden: durch Nachdenken über Lieferverbund, Absatzverbund, Konkurrenzverhältnisse, über die Konjunkturabhängigkeit der einzelnen Firmen. Angesichts der hierbei zu bewältigenden Schwierigkeiten und angesichts des Einflusses, den diese Annahmen auf das Ergebnis der Rechnung ausüben, werden die rechentechnischen Probleme der Optimumbestimmung zu Fragen zweiter Ordnung.

Die wesentliche praktische Aufgabe bei einer Programmzusammenstellung besteht darin, sich begünstigende Vorhaben zu finden und sie zu koppeln. Wir gehen dazu von dem Wertpapierbeispiel ab und betrachten die Probleme der Investitionsmischung bzw. Programmzusammenstellung allgemein.

Das Sich-Begünstigen oder -Behindern von Investitionsvorhaben hat vielfältige Gründe. Für unsere Zwecke genügt es, zwischen Sachverbund und Risikoverbund von Handlungsmöglichkeiten zu trennen. Sachverbund heißt: Der Zielbeitrag zweier Handlungsmöglichkeiten, gemeinsam verwirklicht, weicht von der Summe der Zielbeiträge ab, die sich bei Einzelverwirklichung ergeben. Zwei Investitionsvorhaben begünstigen sich dann, wenn bei gemeinsamer Verwirklichung für mindestens eine Zukunftslage ihr Einnahmenüberschuß über der Summe der Einnahmenüberschüsse liegt, die sich bei Einzelverwirklichung errechnen würden. Der *Sachverbund* von Investitionsvorhaben ist durch Ersparnisse bei den Anschaffungsausgaben, den Betriebskosten oder im Absatzverbund einzelner Erzeugnisse begründet. Dem *Sachverbund* wird man nur gerecht, indem die gemeinsame Verwirklichung zweier Vorhaben als ein neues Investitionsvorhaben definiert und entsprechend behandelt wird (vgl. S. 452). Der *Risikoverbund* betrifft die Frage, wie entwickelt sich das Risiko, wenn mehrere Vorhaben gemeinsam durchgeführt werden und sämtliche Zukunftslagen mit ihren Glaubwürdigkeitsziffern betrachtet werden.

Um den Risikoverbund näher zu beschreiben, müssen wir sämtliche Zukunftslagen nach Sachgründen ordnen, nach den Anlässen, die zur Unterscheidung der einzelnen Zukunftslagen führten. Die Anordnung der Zukunftslagen erfolgt z. B. nach dem Schema: Preisverfall im Inland, Preisverfall im Ausland, kein Preisverfall. Wir nehmen dabei die Anordnung der einzelnen Zukunftslagen stets nach der Höhe der Einkommensbeträge vor, also z. B.

	Preisverfall Inland	Preisverfall Ausland	Kein Preisverfall
Investitionsvorhaben I	10	40	70

Wir nennen diese Reihe *die Ordnung der alternativen Zielbeiträge* des ersten Vorhabens. Ordnungen der Zielbeiträge sind für alle Handlungsmöglichkeiten aufzustellen. Beim Ordnen der Zielbeiträge aller Handlungsmöglichkeiten eines Handlungsprogramms sind zwei Fälle denkbar:

(1) Die Sachgründe für die Anordnung der Zukunftslagen sind für alle Handlungsmöglichkeiten dieselben: einfache Ordnung der Zielbeiträge.

(2) Die Sachgründe für die Anordnung der Zukunftslagen sind für die Handlungsmöglichkeiten verschieden: mehrfache Ordnung der Zielbeiträge.

bb) Die Formen des Risikoverbundes bei einfacher Ordnung der Zielbeiträge

Bei einfacher Ordnung der Zielbeiträge sind drei Fälle des Risikoverbundes denkbar:
a) Die Ordnungen der Zielbeiträge aller Handlungsmöglichkeiten sind gleichgerichtet. Das ist der Fall des »Risikogleichlaufs«. Er entspricht dem Fall eines Korrelationskoeffizienten von + 1 aus dem Wertpapierbeispiel.
b) Die Ordnungen der Zielbeiträge aller Handlungsmöglichkeiten sind nur teilweise gleichgerichtet, teilweise laufen sie entgegengesetzt. Das ist der Fall der »Risikominderung«. Er entspricht dem Korrelationskoeffizienten von unter + 1 aber über – 1.
c) Die Ordnungen der Zielbeiträge der Handlungsmöglichkeiten verlaufen strikt entgegengesetzt. Das ist der Fall, der zum »Risikoausgleich« (zur Mischungssicherheit) führt. Er deckt sich mit dem Korrelationskoeffizienten von – 1.
Ein Beispiel: Neben dem Vorhaben I wird Vorhaben II erwogen.
Vorhaben II zeige ebenfalls drei Zukunftslagen mit den Einkommen 0, 50, 100. Wir nehmen weiter an, daß für Vorhaben I und II jede der Zukunftslagen gleichwahrscheinlich ist. Dann können die drei Fälle a, b, c so verdeutlicht werden:

a) Vorhaben I und Vorhaben II zeigen ihren geringsten Zielbeitrag bei Preisverfall im Inland und den höchsten bei Ausbleiben des Preisverfalls. M bedeutet eine Mischung aus I und II je zur Hälfte.

	Preisverfall Inland	Preisverfall Ausland	Kein Preisverfall
I:	10	40	70
II:	0	50	100
M:	5	45	85

Die Erwartungswerte betragen: I = 40, II = 50, M = 45. Bei Risikoneutralität würde II vorgezogen werden, eine Mischung käme nicht in Frage. Mehr läßt sich jedoch nicht aussagen; es sei denn, wir legten die Risikonutzenfunktion näher fest. Ob die Mischung gut oder schlecht ist, kann nicht entschieden werden: I zeigt einen Erwartungswert von 40 bei einer Abweichung von 30 nach oben und unten, II einen Erwartungswert von 50 bei einer Abweichung von 50 nach oben und unten und die Mischung einen Erwartungswert von 45 bei einer Abweichung von 40.
Hier besteht ein vollständiger Gleichlauf der Risiken von I und II. Vollständiger Gleichlauf ist der ungünstigste Fall, der im Hinblick auf das Risiko eintreten kann.

b) Vorhaben II zeige diesmal das geringste Einkommen bei einem Preisverfall im Ausland, II ist also stärker exportabhängig als I. Wir erhalten dann:

	Preisverfall Inland	Preisverfall Ausland	Kein Preisverfall
I:	10	40	70
II:	50	0	100
M:	30	20	85

Ein Gleichlauf der Zielgrößenordnungen ist hier nur teilweise gegeben; deshalb sinkt das Risiko der Mischung. Der Erwartungswert der drei Möglichkeiten ist unverändert geblieben, aber die Abweichung vom Erwartungswert ist bei der Mischung erheblich geschrumpft. Sie beträgt nur mehr 25 nach unten, 40 nach oben. Hier läßt sich bereits aussagen, daß bei Risikoneutralität und bei jeder Form der Risikoabneigung die Mischung der Handlungsmöglichkeit I vorgezogen wird, denn es stehen sich folgende Mindesteinkommen gegenüber:

kumulierte Wahrscheinlichkeit	M	I	II
$\frac{1}{2}$	20	10	0
$\frac{2}{3}$	30	40	50
$\frac{1}{3}$	85	70	100

Bei Risikoabneigung wird das höhere Mindesteinkommen bei M höher geschätzt als das Mehreinkommen von I bei dem Glaubwürdigkeitsgrad ⅔. Damit ist bei Risikoabneigung stets M besser als I. Bei Risikoneutralität entscheidet für M der höhere Erwartungswert. Bei beachtlicher Risikoabneigung (und stets bei dem Wunsch, ein Mindesteinkommen von 20 zu erzielen) ist die Mischung M sogar Handlungsmöglichkeit II überlegen.

c) Vollständige Risikominderung ist gegeben, wenn die Zielgrößenordnung der Handlungsmöglichkeiten gegensätzlich verläuft, z. B.:

I:	10	40	70
II:	100	50	0
M:	55	45	35

Bei einem Mischungsverhältnis von ½ : ½ ist die Abweichung vom Mittelwert nach oben und unten auf 10 geschrumpft. Bei einem Mischungsverhältnis von ⅝ des Vorhabens I und ⅜ des Vorhabens II errechnet sich für alle drei Zukunftslagen ein Einkommensbetrag von 43¾. Bei vollständiger Gegenläufigkeit der Einkommensordnung (Korrelationskoeffizient − 1) ist also durch geeignete Mischung stets ein sicherer Gewinn zu erzielen. Natürlich ist auch hier bei Risikoabneigung und Risikoneutralität die Mischung M der Handlungsmöglichkeit I vorzuziehen. In den meisten Fällen der Risikoabneigung werden 43¾ mit Sicherheit sogar der Alternative II vorgezogen, die eine gleichwahrscheinliche Verteilung von 0, 50 und 100 zeigt.

cc) Risikounabhängigkeit und Risikoverbund bei mehrfacher Ordnung der Zielbeiträge

Bei mehrfacher Ordnung beruht die Aufteilung in alternative Zukunftslagen bei den einzelnen Handlungsmöglichkeiten auf verschiedenen Sachgründen. Hier sind zwei Fälle zu trennen:
(1) Die einzelnen Sachgründe sind voneinander unabhängig.
(2) Es bestehen Abhängigkeiten zwischen den Sachgründen.

Unabhängigkeit der Sachgründe sei durch folgendes Beispiel erläutert. Für I mag die Preisentwicklung entscheidend sein, für II aber nicht die Preisentwicklung, sondern die Frage: Sind keine Arbeitskräfte zu bekommen (Zielbeitrag 0), kann die Hälfte der Stellen besetzt werden (Zielbeitrag 50), oder gelingt es, alle Stellen zu belegen (Zielbeitrag 100)? In einem solchen Fall zerflattert die Wahrscheinlichkeitsverteilung der Mischung. Es kann dann jede Zukunftslage von I mit jeder Zukunftslage von II zusammentreffen, also z. B. »Preisverfall Inland« zusammen mit »keinen neuen Arbeitskräften«, »mit halber Besetzung«, »mit voller Belegung« usw.

I:		10			40			70	
II:	0	50	100	0	50	100	0	50	100
	5	30	55	20	45	70	35	60	85
M (geordnet):	5	20	30	35	45	55	60	70	85

Die Wahrscheinlichkeiten der neun Zukunftslagen errechnen sich aus dem Produkt der Wahrscheinlichkeiten für die einzelnen Fälle, z. B. für den Preisverfall im Inland gilt: $1/3$; ebenso für den Fall »keine neuen Arbeitskräfte«. Deshalb ist der Zielbeitrag für die Zukunftslage »Preisverfall im Inland und keine neuen Arbeitskräfte« mit $1/9$ wahrscheinlich. In diesem Beispiel sind alle neun Mischungszukunftslagen gleich wahrscheinlich. Ob die Mischung gegenüber I oder II vorzuziehen ist, kann erst entschieden werden, wenn genauere Angaben über die Risikoneigung erfolgen.

Nur wenn die Sachgründe für das Anordnen der Zukunftslagen (Preisentwicklung, Entwicklung am Arbeitsmarkt) voneinander gänzlich unabhängig sind, liegt Risikounabhängigkeit (»statistische Unabhängigkeit«) vor. Diese Annahme wird in der Theorie regelmäßig gemacht.

Bei der Mischung von Investitionen wird jedoch der Fall »statistischer Unabhängigkeit« nur selten gegeben sein. Fast alle Vorhaben sind konjunkturempfindlich (in bezug auf diese Einflußgröße besteht weitgehend Risikogleichlauf). Sie können jedoch gegenüber anderen Einflußgrößen, z. B. Konkurrenzlage, Beschaffungsschwierigkeiten, unabhängig sein oder sich teilweise begünstigen.

Abhängigkeiten zwischen den Sachgründen wären in unserem Beispiel durch folgende Fragen zu erkunden: Treten Preisverfall im Inland und entspannter Arbeitsmarkt gemeinsam auf, oder ist Preisverfall auch bei angespanntem Arbeitsmarkt denkbar? Hat ein Preisverfall im Ausland Rückwirkungen auf die inländische Arbeitsmarktlage während des Planungszeitraums?

Es ist klar, daß die wirklichen Probleme für die Erfassung des Risikoverbundes in der Untersuchung der gegenseitigen Abhängigkeiten liegen, die zwischen den Sachgründen bestehen, nach denen Zukunftslagen geordnet werden. Um die Einflüsse zu erkennen, die von Preisentwicklungen auf den Arbeitsmarkt ausgehen, um die Abhängigkeiten zwischen z. B. Wechselkursänderungen, Lohnerhöhungen, Konkurrenzdruck usw. zu erfassen (die für ein drittes, viertes usw. Investitionsvorhaben den Ausschlag geben mögen), benötigt man das gesamte Wissen der Wirtschaftswissenschaften und noch einiges an praktischer Erfahrung dazu. Wir müssen uns hier auf die Darstellung der Technik des Vorgehens beschränken.

Es empfiehlt sich auch bei Abhängigkeit der Sachgründe, zunächst von der Unterstellung auszugehen, die einzelnen Sachgründe seien unabhängig voneinander, und demgemäß sind alle denkbaren Fälle des Zusammenwirkens der einzelnen Sachgründe zusammenzustellen, z. B. Preisverfall mit entspanntem Arbeitsmarkt, verschärftem Konkurrenzdruck und unverändertem Wechselkurs, Preisverfall mit entspanntem Arbeitsmarkt, verschärftem Konkurrenzdruck und Aufwertung um 3% usw.

Die Wahrscheinlichkeit für diese einzelnen Mischungszukunftslagen läßt sich bei Abhängigkeit jedoch nicht mehr durch Ausmultiplizieren der Einzelwahrscheinlichkeiten wie im Fall statistischer Unabhängigkeit errechnen. Vielmehr muß an die Stelle des Ausmultiplizierens von Wahrscheinlichkeiten jetzt eine Neuschätzung der Glaubwürdigkeitsziffern treten auf Grund der gegenseitigen Abhängigkeiten der Sachgründe für die Anordnung der Zukunftslagen: War bei »Unabhängigkeit« Preisverfall im Inland mit entspanntem Arbeitsmarkt mit je rund 11% genauso wahrscheinlich wie Preisverfall im Inland mit Überbeschäftigung, so ist bei »Abhängigkeit« zu prüfen, ob nicht eher 15% dafür sprechen, daß Preisverfall mit entspanntem Arbeitsmarkt gemeinsam auftritt, und nur 7% für den Fall, daß Preisverfall im Inland mit Überbeschäftigung einhergeht. Entsprechend sind die Glaubwürdigkeitsziffern der anderen Mischungszukunftslagen festzulegen.

Bei »Abhängigkeit« kann damit gerechnet werden, daß einige der Mischungszukunftslagen, die bei Unabhängigkeit zu beachten gewesen wären, hier mit der Glaubwürdigkeit Null zu belegen sind und damit entfallen. Abhängigkeit unter den Sachgründen unterscheidet sich von der Unabhängigkeit durch eine »dichtere« Wahrscheinlichkeitsverteilung, weil gegenüber der Unabhängigkeit häufig weniger, höchstens genauso viele Zukunftslagen auftreten werden. Vor allem aber sind weniger gleichwahrscheinliche Zukunftslagen zu erwarten. Die Abhängigkeiten in den Sachgründen äußern sich also in der Anzahl der Zukunftslagen und ihrer Glaubwürdigkeiten, die im Mischungsfall (bei der Programmzusammenstellung) zu beachten sind. Bei gegebenen Zukunftslagen können grundsätzlich die Zielgrößenordnungen der einzelnen Vorhaben gleichgeordnet, teilweise gleichgeordnet oder strikt entgegengesetzt verlaufen. Aber die beiden Extremfälle des Risikogleichlaufs und des Risikoausgleichs haben kaum praktische Bedeutung.

Bei der Programmplanung unter dem Gesichtspunkt der Risikomischung dürfen die technischen Probleme nicht übersehen werden. Wenn wir z. B. fünf Investitionsvorhaben betrachten, für den ersten Zahlungszeitpunkt fünf Zukunftslagen bei jedem Vorhaben unterscheiden und für jedes der fünf Investitionsvorhaben unterschiedliche Sachgründe für das Unterteilen der Zukunftslagen annehmen, so ergeben sich für den ersten Zahlungszeitpunkt schon $5^5 =$ 3 125 alternative Mischungszukunftslagen. Da für jeden späteren Zahlungszeitpunkt mit einer weiteren Verästelung gerechnet werden muß, ist man vermutlich im dritten Jahr in den Millionen.

Es bleibt praktisch nichts anders übrig, als Tausende von denkbaren Zukunftslagen zu einigen wenigen repräsentativen Zukunftslagen zusammenzufassen mit der Gefahr, daß zusätzliche Fehlerquellen entstehen. Die Hauptschwierigkeit von Entscheidungen unter Ungewißheit liegt bereits im Anordnen der Zukunftslagen (vgl. S. 74 ff.). Zusammenfassend gilt: Wer Programmplanung verwirklichen will, hat für jede Handlungsmöglichkeit sämtliche Zukunftslagen und ihre Glaubwürdigkeitsziffern (die gesamte Wahrscheinlichkeitsverteilung) einzeln aufzuführen. Daraus ist eine Wahrscheinlichkeitsverteilung für jede Mischung abzuleiten. Bei der Zusammenstellung von Investitionsmischungen lassen sich ohne Rückgriff auf die Risikonutzenfunktion nur selten gute von weniger guten Handlungsprogrammen trennen. *Um den Bereich »guter« Wahlmöglichkeiten zu erkennen, müssen Annahmen über die Risikonutzenfunktion erfolgen; ohne sie ist nicht einmal eine brauchbare Entscheidungsvorbereitung möglich.* Die Entscheidung unter den vorab ausgewählten guten Handlungsmöglichkeiten kann immer nur bei Kenntnis der persönlichen Risikoneigung fallen. Wohlgemerkt: Selbst wenn eine zweifelsfreie quantitative Wahrscheinlichkeitsverteilung besteht, können ohne Rückgriff auf die Risikonutzenfunktion kaum noch gute von weniger guten Handlungsprogrammen getrennt werden. Aber wieviel Vorwissen gehört dazu, überhaupt quantitative subjektive Wahrscheinlichkeiten für die Planung von Investitions- und Finanzierungsprogrammen zu ermitteln.

c) Optimumbestimmung bei kombinatorischer Investitions- und Finanzplanung unter Ungewißheit

Die Suche nach dem optimalen Finanzplan verlangt unter wirklichkeitsnahen Bedingungen die Anwendung kombinatorischer Modelle. Wie kann man für kombinatorische Modelle Optima finden, wenn die Daten ungewiß sind?
Drei Lösungsansätze sind zu nennen: die Empfindlichkeitsanalyse (Sensitivitätsanalyse), das stochastische lineare Programmieren und die Optimumbestimmung für hinreichend zulässige Programme (Chance-constrained Programming). Das Wesen der drei Verfahren läßt sich am raschesten erkennen, wenn wir von der allgemeinen Formulierung eines linearen Programmierungsproblems ausgehen. In der abgekürzten Vektor- bzw. Matrixschreibweise lautet das Problem

$$\text{Max } Z = z'x$$

unter

$$Ax \leq b$$
$$x \geq 0.$$

In Worten: Maximiere die Zielfunktion Z, wobei die Zielfunktion aus den Zielbeiträgen z' der Handlungsmöglichkeiten x besteht. Die Maximierung erfolgt unter zwei Nebenbedingungen: A bezeichnet die Koeffizientenmatrix (die Mittelbeanspruchung durch die jeweiligen Handlungsmöglichkeiten), und b bezeichnet die vorhandenen Mittel. Selbstverständlich dürfen die Handlungsmöglichkeiten nicht negative Werte annehmen. Im praktischen Fall werden alle Daten, z', A und b, ungewiß sein. Das heißt, alle Daten, also jeder Zielbeitrag, die Mittelbeanspruchung einer jeden Handlungsmöglichkeit und die vorhandenen Mittel, werden nur durch eine Wahrscheinlichkeitsverteilung beschrieben werden können. Damit sind die beiden Probleme der Optimumbestimmung offenkundig:
(a) Welche Zielfunktion ist unter Ungewißheit zu wählen, und wie sind die alternativen ungewissen Zielbeiträge der Handlungsmöglichkeiten dabei zu gewichten?

(b) Wie kann gewährleistet werden, daß die Mittelbeanspruchung nicht die vorhandenen Mittel übersteigt, wenn weder über die Höhe der Mittelbeanspruchung noch über die Höhe des Mittelvorrates sichere Aussagen gemacht werden können?

1. Empfindlichkeitsanalyse

Der einfachste Weg, um die Ungewißheit der Daten zu umgehen, besteht darin, nur mit einem einzigen ausgewählten Wert zu rechnen. Wenn dieses Vorgehen überhaupt Anspruch auf Rationalität erheben will, dann muß dafür der Erwartungswert gewählt werden. Nachdem das Optimum für die zugrunde gelegten Erwartungswerte ausgerechnet ist, wird im Rahmen der Empfindlichkeitsanalyse geprüft, wieweit die einzelnen Daten sich ändern dürfen, damit die rechnerische Lösung optimal bleibt. Dieses Verfahren wurde schon beim Eigenheimbeispiel kurz angedeutet. Eine Änderung der vorhandenen Mittel um 3% veränderte die Programmzusammensetzung erheblich. Im Hinblick auf Gewinnänderungen reagierte das Programm weniger heftig. Die Erhöhung der finanziellen Mittel um 3% ließ den Gewinn nur um 1,5% steigen. Das bedeutet: Die Höhe des Gewinns ändert sich nur wenig, wenn die Abweichungen in den verfügbaren Mitteln bescheiden bleiben. Drastisch reagierte hingegen die Zusammensetzung des Bauprogramms auf Änderungen der finanziellen Mittel (S. 391). Die Analyse der Empfindlichkeit beschränkt sich nicht auf Änderungen in den vorhandenen Mitteln. Abweichungen in den Zielbeiträgen der einzelnen Handlungsmöglichkeiten können in ihren Auswirkungen unmittelbar erfaßt werden, indem ein neues Programm mit den geänderten Zielbeiträgen durchgerechnet wird. In vielen Fällen ist es jedoch bequemer, auf das duale Programm zurückzugreifen. Die Zielbeiträge des primalen Programms entsprechen ja den »vorhandenen Mitteln« des dualen Programms. Werden Änderungen der Zielbeiträge des primalen Programms im dualen Programm berücksichtigt, dann führen sie zu denselben rechentechnischen Problemen wie eine Änderung der Kapazitätsbedingungen im Primal.

Im Grunde setzt die Empfindlichkeitsanalyse »parametrisches Programmieren« voraus, das Ermitteln von Optima unter wechselnden Umweltbedingungen. Besteht für ein ökonomisches Problem ein leistungsfähiges Rechenprogramm, so ist die Durchrechnung mit alternativen Werten nicht schwierig. Unangenehm sind nur ganzzahlige Programme, weil sie, soweit heute überhaupt lösbar, meist sehr viel Rechenzeit in Anspruch nehmen.

In der Berücksichtigung der Ungewißheit steht die Empfindlichkeitsanalyse theoretisch auf derselben Stufe wie jene praktischen Faustformeln, die durch Sicherheitsabschläge bei den Einnahmen oder Zuschläge bei den Ausgaben eine Lösung des Ungewißheitsproblems zu finden hoffen. Jede Minderung der Zielbeiträge bzw. der vorhandenen Mittel kann als ein Sicherheitsabschlag, jede Erhöhung der Mittelbeanspruchung als ein Ausgabenzuschlag angesehen werden. Es liegt auf der Hand, daß dieses Vorgehen dem Ungewißheitsproblem nicht gerecht wird. Die Zielfunktion ist darüber hinaus nicht angemessen formuliert: Maximierung des Erwartungswertes bedeutet Risikoneutralität, und die kann bei Programmentscheidungen nicht als allgemeingültig vorausgesetzt werden.

Gänzlich ungelöst bleibt das zweite Problem: Wenn Mittelbeanspruchung und vorhandene Mittel selbst ungewiß sind, dann ist durch das Festlegen von Erwartungswerten auf beiden Seiten der Ungleichung in keiner Weise sichergestellt, daß das errechnete »optimale« Programm tatsächlich die Nebenbedingungen einhält. Eine Verringerung der vorhandenen Mittel zeigt zwar den Einfluß an, den diese Kapazitätsbeschränkung auf die Zielfunktion ausübt. Offen bleibt jedoch vorerst, ob ein solcher Risikoabschlag in den vorhandenen Mitteln sicherstellt, daß das errechnete Programm bei Unsicherheit in der Mittelbeanspruchung und in den vorhandenen Mitteln tatsächlich später die Nebenbedingungen nicht verletzt.

Die Empfindlichkeitsanalyse kann deshalb nur als Versuch gewertet werden, Informationen über die Problemstruktur zu gewinnen: Sie gibt Anhaltspunkte darüber, ob man sich intensiver um die Datenbeschaffung kümmern muß oder nicht. Zeigt sich ein einmal gewähltes Programm als verhältnismäßig unempfindlich gegenüber Datenänderungen, dann läßt sich daraus schließen: Selbst bei weiteren Bemühungen um verläßlichere Daten wird man kein wesentlich besseres Programm finden; und selbst wenn die Daten sich ändern, wird das Ergebnis immer noch befriedigend bleiben. Reagiert das einmal gewählte Programm hingegen sehr empfindlich auf Datenänderungen, dann ist dies ein Hinweis dafür, näher zu untersuchen, ob es nicht doch bessere Informationsmöglichkeiten über das »empfindliche« Datum gibt. Darüber hinaus entsteht die Aufgabe, nach neuen Handlungsmöglichkeiten Ausschau zu halten, um nicht so stark von einem empfindlichen Datum abhängig zu sein. Hierzu ein Beispiel: Ein Mehrproduktunternehmen erwägt einen Investitionsplan, der die Ausweitung der Kapazitäten aller Erzeugnisse vorsieht. Wenn die Preise fallen, sinkt natürlich der Gewinn. Aber daß alle Preise fallen, ist unwahrscheinlich, und wenn bei einem Erzeugnis Verluste eintreten, so besteht die Hoffnung, daß die anderen Erzeugnisse die Unternehmung über Wasser halten. Das Investitionsprogramm wird auf Preisänderungen nicht allzu empfindlich reagieren. Anders sieht es in einem zweiten Unternehmen aus, das seinen Investitionsplan ganz auf die Ausweitung der Kapazität eines Produkts ausgerichtet hat: Sobald die starke Abhängigkeit des Gewinns von der Änderung eines einzigen Preises erkannt ist, bleibt zu prüfen, ob nicht verläßlichere Informationen über die Preisentwicklung zu gewinnen sind. Das ist meist sehr schwierig. Erscheint dies nicht möglich, dann entsteht die neue Aufgabe, zu prüfen, ob nicht ein anderes Investitionsprogramm möglich ist, das nicht so stark von einer einzigen ungewissen Größe, dem Preis eines Produktes, abhängt. Das Bemühen um »Diversifikation« ist regelmäßig aus solchen Risikoüberlegungen heraus zu verstehen.

2. Mathematisches Programmieren unter Ungewißheit

aa) Stochastisches lineares Programmieren

Drei Verfahrensweisen werden unter »linearer Programmierung unter Ungewißheit« verstanden. Bei der ersten Verfahrensweise geht es um die Berechnung der Wahrscheinlichkeitsverteilung der Zielfunktion. Dieses »stochastische lineare Programmieren« sei zunächst dargestellt.

Angenommen, man verfüge über Häufigkeitsziffern (empirische Wahrscheinlichkeitsverteilungen) der Zielbeiträge, der Mittelbeanspruchung und der vorhandenen Mittel. Dann liegt es nahe zu versuchen, eine Wahrscheinlichkeitsverteilung für die Zielfunktion zu berechnen. Zum Beispiel:Das Endvermögen im Zeitpunkt t_5 sei zu maximieren. Als Daten liegen vor die Wahrscheinlichkeitsverteilungen über die Zahlungsreihen der einzelnen Investitionsvorhaben, die zu einem 5jährigen Investitions- und Finanzplan kombiniert werden sollen. Die finanziellen Mittel einer jeden Periode seien beschränkt: Auch für den Kreditspielraum bestehe eine Wahrscheinlichkeitsverteilung, ebenso über die Höhe der Erträge kurzfristiger

Geldanlagen. Aus diesen Daten soll nun eine Wahrscheinlichkeitsverteilung für das Endvermögen in t_5 errechnet werden. Das ist das Ziel des stochastischen linearen Programmierens. Falls es gelänge, eine Wahrscheinlichkeitsverteilung aller denkbaren Endvermögen zu berechnen, was wäre dann gewonnen? Die Antwort lautet: Die Berechnung einer solchen Wahrscheinlichkeitsverteilung aller Endvermögen ist im allgemeinen gar nicht möglich. Dieser Ansatz des stochastischen linearen Programmierens, der auf Tintner[35] zurückgeht, entscheidet das ökonomische Problem nicht und ist, wenn überhaupt, dann nur in Sonderfällen lösbar.

bb) Das »strenge« Vorgehen des linearen Programmierens unter Ungewißheit

Das strenge Vorgehen des linearen Programmierens unter Ungewißheit grenzt den Bereich zulässiger Lösungen auf jene Programme ein, die mit Sicherheit die Nebenbedingungen nicht verletzen. Unter diesen unter allen Umständen zulässigen Programmen wird dann das optimale (z. B. mit dem höchsten Erwartungswert) gesucht. Unter strengem Vorgehen wird hier die »fat formulation« verstanden, wie sie Madansky im Anschluß an Dantzig vorgetragen hat. Sobald Unternehmensforscher gezwungen sind, sich verbal auszudrücken, gehen ihre Begriffe oft durcheinander. So auch hier. Dantzig denkt bei der »fat formulation« an den Einbau von Sicherheitsreserven, vor allem für unvorhergesehene Ereignisse[36]. Madansky versteht unter »fat formulation« etwas anderes. Er will das Optimum unter jenen Handlungsprogrammen suchen, die für alle vorhergesehenen Zukunftslagen zulässig sind, also z. B. die Liquiditätsbedingungen in keinem Fall verletzen. Madansky erkennt, daß dieses »strenge« Vorgehen für praktische Planungszwecke unbrauchbar ist, denn in zahlreichen Fällen wird es dann überhaupt keine zulässige Lösung geben, bei der die Variablen (z. B. die Zahl der Eigenheime) größer als Null sind[37]. Die extrem vorsichtige Problemlösung führt dazu, daß man Investitionen unterläßt, und dadurch kann man erst recht das langfristige Gedeihen der Unternehmung aufs Spiel setzen.

---

[35] Vgl. *G[erhard] Tintner*, Stochastic Linear Programming with Applications to Agricultural Economics. In: Proceedings of the Second Symposium in Linear Programming, Vol. 1, edited by H. A. Antosiewicz. Washington 1955, S. 197–228; zur Kritik vgl. *Bertil Näslund*, A Model of Capital Budgeting under Risk. In: The Journal of Business, Vol. 39 (1966), S. 257–271, hier S. 259; *Hadley*, S. 225 f.

[36] Vgl. *George B. Dantzig*, Linear Programming under Uncertainty. In: Management Science, Vol. 1 (1955), S. 197–206; *ders.*, Recent Advances in Linear Programming. In: Management Science, Vol. 2 (1956), S. 131–144; *ders.*, Lineare Programmierung und Erweiterungen, Kap. 25.

[37] Vgl. *Albert Madansky*, Linear Programming under Uncertainty. In: Recent Advances in Mathematical Programming, edited by Robert L. Graves and Philip Wolfe. New York – San Francisco – Toronto – London 1963, S. 103–110; zur Kritik vgl. *Bertil Näslund, Andrew Whinston*, A Model of Multi-Period Investment under Uncertainty. In: Management Science, Vol. 8 (1962), S. 183–200, bes. S. 184 f.; *Jääskeläinen*, Optimal Financing, S. 159 f.
Mit dem Vorgehen Madanskys deckt sich die »flexible Planung« mit Hilfe der linearen oder dynamischen Programmierung im Sinne von Hax und Laux, vgl. *Herbert Hax*, Investitionstheorie, S. 135–152; *Herbert Hax, Helmut Laux*, Flexible Planung – Verfahrensregeln und Entscheidungsmodelle für die Planung bei Ungewißheit. In: ZfbF, Jg. 24 (1972), S. 318–340; s. dazu auch *Dieter Schneider*, »Flexible Planung als Lösung der Entscheidungsprobleme unter Ungewißheit?« in der Diskussion. In: ZfbF, Jg. 24 (1972), S. 456–476, bes. S. 461–466, 471 f.; zu den Anwendungsmöglichkeiten dynamischer Programmierung vgl. auch *Helmut Wagner*, Simultane Planung von Investition, Beschäftigung und Finanzierung mit Hilfe der dynamischen Programmierung. In: ZfB, Jg. 37 (1967), S. 709–728, hier S. 709 f. und die dort genannten Quellen.

cc) Das »milde« Vorgehen des linearen Programmierens unter Ungewißheit

Die Problemlösung wird hier in zwei Stufen zerlegt[38]. Zunächst wird ein Investitionsplan errechnet, z. B. der Plan, in dem für alle Daten die Erwartungswerte eingesetzt sind. Auf der zweiten Stufe wird untersucht, wieweit der Plan aufgrund der Zufallsverteilung der Daten verletzt werden kann. Damit der optimale Plan in jedem Falle zulässig wird, unterstellt man, es sei möglich, die Liquiditätsbedingungen zu erweitern; allerdings koste die Erhöhung des Kreditspielraums Strafzinsen (Überziehungsprovisionen); diese Überziehungsprovisionen sind in der Zielfunktion zu berücksichtigen. Gesucht wird schließlich derjenige Investitionsplan, der unter Berücksichtigung der Gewinnerwartungen und der möglichen Überziehungsprovisionen optimal ist. Das Vorgehen sei am Beispiel verdeutlicht:

Wir erinnern uns des Eigenheimbaus. In t_1 mußte unter Vernachlässigung des Kassenbestandes aus dem ersten Baujahr folgende Liquiditätsbedingung erfüllt sein (S. 381):

$$4\,A + 3\,B \leq 36.$$

Wir nehmen zur Vereinfachung an, die Baukosten seien sicher, aber für den Kreditspielraum in t_1 gelte folgende Wahrscheinlichkeitsverteilung F_1 (x = Betrag, p = Einzelwahrscheinlichkeit, m = Wahrscheinlichkeit, daß der Betrag mindestens erreicht ist):

	x	p	m
	24	0,05	1
	30	0,25	0,95
$F_1 =$	36	0,40	0,70
	42	0,25	0,30
	48	0,05	0,05

Auch die Literatur beschränkt sich bisher auf den Fall, daß nur die vorhandenen Mittel ungewiß sind. Damit jederzeit die Nebenbedingung erfüllt ist, muß die Möglichkeit bestehen, einen Überziehungskredit aufzunehmen. Für jedes mögliche Bauprogramm und jede Datenkonstellation existiert ein bestimmter Überziehungskredit, der sicherstellt, daß das gewählte Programm in jedem Fall zulässig ist. Für das Bauprogramm von 6 Eigenheimen des Typs 1 und 4 des Typs B beträgt bei einem Mittelvorrat von 24 der Überziehungskredit 12; bei einem Mittelvorrat von 30 nur 6. Die einzelnen Überziehungskredite sind unterschiedlich wahrscheinlich, der Überziehungskredit von 12 ist z. B. nur zu 5% glaubwürdig. Aus allen Einzelwerten des Überziehungskredits ist der Erwartungswert des Überziehungskredits zu berechnen, und daraus folgt der Erwartungswert der Überziehungsprovision; der Erwartungswert der Überziehungsprovision (bzw. der sonstigen »Strafkosten« für die Überschreitung einer Nebenbedingung) ist in der Zielfunktion abzusetzen.

Allgemein formuliert: Aus dem linearen Programm bei Sicherheit

$$\begin{array}{ll} \text{Max } Z = z'x \\ Ax \leq b \\ x \geq 0 \end{array} \quad \text{wird} \quad \begin{array}{l} \text{Max } Z = \mu\,[z'x - y'\,c] \\ Ax - Bc \leq b \\ x \geq 0 \\ c \geq 0, \end{array}$$

---

[38] Vgl. *Dantzig*, Linear Programming under Uncertainty, S. 198; *Madansky*, S. 104 f.

wobei μ den Erwartungswert der um die Strafzinsen verminderten Zielgröße, y' die Strafzinsen für eine Einheit Überziehungskredit und B die Mittelbeanspruchung der zu entleihenden Engpaßfaktoren c (hier: Kredite) bedeuten.

Ein solcher Rechenansatz bläht zunächst das Optimierungsproblem auf. Zudem zeigen sich erhebliche Schwierigkeiten, wenn b *und* A ungewiß sind. Für den Betriebswirt wiegt jedoch schwerer die Tatsache, daß die ökonomischen Unterstellungen des Ansatzes nicht überzeugen:

1. Das Ziel lautet Maximierung des Erwartungswertes, und damit wird risikoneutrales Verhalten unterstellt.
2. Durch die Bedingung, daß jederzeit (wenn auch zu hohen Strafzinsen) Engpässe beseitigt werden können, wird das Engpaßproblem umgangen. Das Liquiditätsproblem wird damit in ein Rentabilitätsproblem zurückverwandelt. Soweit praktisch die Engpässe nicht wirklich starr sind, ist das zulässig. Dieser Weg versagt jedoch, sobald zusätzliche Mittel unter keinen Umständen zu bekommen sind.
3. Die Methode setzt voraus, daß der Strafzins (die Überziehungsprovision) bekannt ist und nicht mit der Höhe der Inanspruchnahme variiert. Wenn tatsächlich Überziehungskredite in Anspruch genommen werden können, wird man sie bei vernünftiger Planung sowieso berücksichtigen und ausrechnen, ob sie in Anspruch genommen werden sollen oder nicht. Die Strafzinsen werden jedoch bei der hier besprochenen Methode für alle möglichen Überschreitungen der Nebenbedingungen angesetzt. Sie sollen grundsätzlich als Opportunitätskosten, als Gewinnentgang, verstanden werden, falls eine Bedingung nicht eingehalten werden kann. Indes: Wie hoch ist die Gewinnminderung, wenn die Unternehmung in einem Zahlungszeitpunkt ihren Zahlungsverpflichtungen nicht mehr nachkommen kann?

Aus diesen Gründen ist auch das lineare Programmieren unter Ungewißheit nicht als brauchbarer Ansatz zur Investitions- und Finanzplanung unter Ungewißheit anzusehen.

dd) Optimumbestimmung für hinreichend zulässige Programme

Aus der Kritik der »strengen« und »milden« Form des linearen Programmierens unter Ungewißheit ist folgender Gedanke entstanden: Die Nebenbedingungen lassen sich nicht immer auf Kosten von »Strafzinsen« erweitern und in Rentabilitätsprobleme umwandeln. In diesen Fällen müßte dann »streng« formuliert werden. Bei der Planung nur jene Handlungsmöglichkeiten als zulässig anzusehen, die für alle Zukunftslagen die Nebenbedingungen streng einhalten, schränkt aber den Handlungsspielraum zu stark ein. Denn in den meisten Fällen ist dann »mit Sicherheit« kaum eines der Investitionsvorhaben zulässig. Um dem zu begegnen, nimmt man ein beschränktes Risiko in Kauf. Man berücksichtigt auch »hinreichend zulässige Programme«. Das sind Programme, die mit einer ausreichenden Wahrscheinlichkeit die Beschränkung nicht verletzen. Diese Optimumbestimmung für hinreichend zulässige Programme heißt in der angelsächsischen Literatur »chance-constrained programming«. Auch für diesen Ansatz gilt, wie für viele der Unternehmensforschung, daß überflüssige Formalismen das Vordringen zum einfachen Kern des Modells behindern.

Der Unterschied zwischen dem »chance-constrained programming« und der strengen oder milden Form des linearen Programmierens unter Ungewißheit liegt darin, daß bei der strengen oder milden Form die Nebenbedingungen mit einer Wahrscheinlichkeit von 100%

erfüllt sein müssen. Beim »chance-constrained programming« begnügt man sich mit einer etwas geringeren Wahrscheinlichkeit[39].
Bei der strengen Form müßte die Liquiditätsbedingung im ersten Jahr des Eigenheimbaues

$$4\,A + 3\,B \leq F_1$$

jederzeit erfüllt sein (F_1 steht für die Wahrscheinlichkeitsverteilung des Finanzierungsspielraums, vgl. S. 437). Begnügt man sich mit hinreichend zulässigen Programmen, dann gelten alle Handlungsprogramme als zulässig, welche die Liquiditätsbedingung z. B. zumindestens 95% erfüllen. Formal sieht diese Anforderung so aus

$$p\,\{4\,A + 3\,B \leq F_1\} \geq \alpha.$$

In Worten: Die Wahrscheinlichkeit, daß die Nebenbedingung erfüllt wird, muß größer oder gleich α (z. B. 95%) sein. Diese Nebenbedingung ist im Beispiel sofort zu lösen: An die Stelle von F_1 und F_2 tritt jeweils 30. Unter dieser Bedingung errechnet sich dann das optimale Programm ohne zusätzliche Schwierigkeiten.
In der Literatur ist die Festsetzung des zu α sicheren Finanzierungsspielraums in umständlicher und mißverständlicher Weise als die Bestimmung eines »Sicherheitsäquivalentes« beschrieben worden[40]. Gesucht wird nämlich nicht ein Sicherheitsäquivalent (ein sicherer Betrag, der einer Wahrscheinlichkeitsverteilung gleichgeschätzt wird), sondern gesucht wird ein Betrag, der mit z. B. 95% Wahrscheinlichkeit mindestens erreicht wird. Dieser zu 95% sichere Betrag hat mit einem Abwägen sicheren gegen unsicheren Einkommens (mit der Anwendung des Stetigkeitsprinzips, auf dem die Existenz von Sicherheitsäquivalenten beruht) überhaupt nichts zu tun. Hinzu kommt, daß die Literatur der Festlegung dieses zu 95% wahrscheinlichen Wertes längere mathematische Ableitungen widmet, die dem mit der mathematischen Statistik nicht Vertrauten zwar schauerndes Entzücken über die erhabene Wissenschaftlichkeit des Vorgehens bereiten, aber im Falle, daß nur die vorhandenen Mittel ungewiß sind, völlig überflüssig sind. Möglicherweise haben einige Autoren übersehen, daß dann, wenn die Wahrscheinlichkeitsverteilung bekannt ist (und ohne ihre Kenntnis kann kein praktisches Problem gelöst werden), ihr »Sicherheitsäquivalent« (der zu 95% sichere Wert) unmittelbar abgelesen werden kann.
Im allgemeinen Fall besteht jedoch Ungewißheit bei den knappen Mitteln (hinsichtlich des Finanzierungsspielraums in jedem Zahlungszeitpunkt) und Ungewißheit hinsichtlich der Mittelbeanspruchung (weil die Höhe der Ausgaben für den Eigenheimbau nur als Wahr-

---

[39] Vgl. *A. Charnes, W. W. Cooper*, Chance-Constrained Programming. In: Management Science, Vol. 6 (1960), S. 73–79; *dies.*, Deterministic Equivalents for Optimizing and Satisfizing under Chance Constraints. In: Operations Research, Vol. 11 (1963), S. 18–39; *G. L. Thompson, W. W. Cooper, A. Charnes*, Characterisations by Chance-Constrained Programming. In: Recent Advances in Mathematical Programming, edited by Robert L. Graves, Philip Wolfe, New York–San Francisco–Toronto–London 1963, S. 113–120; *Bertil Näslund, Andrew Whinston*, A Model of Multi-Period Investment under Uncertainty. In: Management Science, Vol. 8 (1962), S. 184–200; *Bertil Näslund*, A Model of Capital Budgeting under Risk. In: The Journal of Business, Vol. 39 (1966), S. 257–271; dem Vorschlag von Näslund entspricht das als »taktisch« bezeichnete Vorgehen bei *Horst Albach*, Das optimale Investitionsbudget bei Unsicherheit. In: ZfB, Jg. 37 (1967), S. 503–518; vgl. ferner *Madansky*, S. 106 f., und *Jääskeläinen*, Optimal Financing, S. 161–182.

[40] Vgl. *A. Charnes, W. W. Cooper, G. H. Symonds*, Cost Horizons and Certainty Equivalents: An Approach to Stochastic Programming of Heating Oil. In: Management Science, Vol. 4 (1958), S. 235–263, bes. 244–246; *Näslund-Whinston*, S. 198 f.; *Albach*, Das optimale Investitionsbudget bei Unsicherheit, S. 506; *Jääskeläinen*, Optimal Financing, S. 169 f.

scheinlichkeitsverteilung geschätzt werden kann) und hinsichtlich der Zielbeiträge, weil Höhe und Zeitpunkt des Einnahmeneingangs ungewiß sind. Ein »Algorithmus« (ein Rechenverfahren) besteht für diesen allgemeinen Fall bis heute nicht.

Lösungsverfahren sind erst zu finden, wenn man Beschränkungen in Kauf nimmt. So befassen sich die Modelle des »chance-constrained programming«
a) nur mit Normalverteilungen,
b) nur mit der Ungewißheit einzelner Daten, entweder den Liquiditätsbeschränkungen (allgemeiner: den vorhandenen Mitteln) oder mit der Ungewißheit an der Mittelbeanspruchung (der Koeffizientenmatrix A),
c) nur mit der statistischen Unabhängigkeit zwischen den Wahrscheinlichkeitsverteilungen für die Mittelbeanspruchung und denen für die vorhandenen Mittel.
Die Annahme statistischer Unabhängigkeit wiegt schwer. Damit werden Fälle vernachlässigt, wie der, daß bei überhitzter Konjunktur sowohl die Baukosten beider Eigenheimtypen steigen als auch die Finanzierungsmöglichkeiten wegen Dämpfungsmaßnahmen der Bundesbank stark sinken können.

Unterstellt man Normalverteilung und statistische Unabhängigkeit, dann vereinfacht sich das Kombinationsproblem entscheidend. Jede Wahrscheinlichkeitsverteilung kann dann durch Parameter ersetzt werden: durch ihren Erwartungswert und ihre Standardabweichung. Eine allgemeine Berechnung des Risikoabschlags vom Erwartungswert (des fälschlicherweise »Sicherheitsäquivalent« genannten Wertes) ist dann möglich[41]. Dabei ergeben sich nichtlineare Nebenbedingungen, die eine Optimumbestimmung erschweren, zumal die Zielbeiträge nicht gewiß sein werden, sondern ebenfalls in Form von Wahrscheinlichkeitsverteilungen vorliegen. Wenn die Zielbeiträge auch als normalverteilt angenommen werden (was die rechentechnisch einfachste Annahme ist), dann ist eine Risikopräferenzfunktion nach der (μ, σ)-Regel zu maximieren, also eine quadratische Zielfunktion mit quadratischen und linearen Nebenbedingungen.

Jedoch sind solche, auf Normalverteilungen und statistischer Unabhängigkeit aufbauende Modelle für die Investitions- und Finanzplanung ihres betriebswirtschaftlichen Gehaltes weitgehend beraubt, da beide Voraussetzungen kaum jemals der Wirklichkeit entsprechen. Es kann allerdings gelingen, durch Mischungen aus Normalverteilungen jede beliebige Wahrscheinlichkeitsverteilung näherungsweise wiederzugeben. Der zusätzliche Rechenaufwand, der dann zur Bestimmung der Risikoabschläge vom Erwartungswert (der angeblichen »Sicherheitsäquivalente«) nötig ist, steht indes kaum mehr im Verhältnis zum Ertrag. Für praktische Probleme ist dann meist ein Suchen »per Hand« durchweg rascher und auch verläßlicher, weil es eine gleichzeitige Kontrolle der Einzelannahmen erlaubt.

3. Ein praktikabler Weg zur Optimumbestimmung für hinreichend zulässige Programme

aa) Jederzeit zulässig gegen hinreichend zulässige Programme

Wer eine mehrjährige Investitionsplanung durchführen will, steht vor Wahrscheinlichkeitsverteilungen für die knappen Mittel, die Mittelbeanspruchung und die Zielbeiträge, und dies

---

[41] Vgl. dazu z. B. *Näslund*, bes. S. 264; *Fred Hanssmann*, Operations Research Techniques for Capital Investment. New York–London–Sydney 1968, S. 92 f.

für alle Zahlungszeitpunkte. Wie kann unter den Bedingungen der Wirklichkeit das zielentsprechende Investitions- und Finanzierungsprogramm gefunden werden?
Sollte jemand über Planungskapazitäten in unbegrenzter Höhe verfügen, so könnte er alle sich ihm bietenden Handlungsmöglichkeiten einschließlich aller denkbaren Anpassungsmaßnahmen (wie Vergleichsangebote, Verhandlungen mit anrüchigen Geldverleihern) in einen Plan aufnehmen und versuchen, durch ein »strenges« Vorgehen beim Einhalten der Nebenbedingungen ein Optimum zu errechnen. Streng müßten die Nebenbedingungen schon deshalb eingehalten werden, weil sämtliche Auswege aus einer Liquiditätsklemme von vornherein in den umfassenden Gesamtplan aufzunehmen wären. Dieser Weg ist als »flexible Planung« mit Hilfe der linearen oder dynamischen Programmierung vorgeschlagen worden (vgl. Fußnote 37, S. 436). Inwieweit ein solches Totalmodell rechnerisch lösbar wäre, mag hier offenbleiben: Im praktischen Fall müßten unter Millionen von Zukunftslagen ganzzahlige Lösungen gesucht werden. Da die Zielfunktion (Risikonutzenfunktion) nicht linear sein wird, ergeben sich weitere rechentechnische Erschwernisse.
Ein solches Vorgehen bleibt jedoch aus drei Gründen Illusion. Erstens wird das Aufbereiten eines so riesenhaften Ausgangsmaterials (mit z. B. 3125 Zukunftslagen bereits für den ersten Zahlungszeitpunkt, vgl. S. 432) soviel Zeit in Anspruch nehmen, daß der Plan durch die Entwicklung vermutlich bereits überholt sein wird, ehe er überhaupt ausgerechnet werden konnte. Zweitens gewinnt man halbwegs verläßliche Angaben über Anpassungsmaßnahmen (wie Teilliquidationen u. ä.) nur durch Anfragen bei technischen Sachverständigen, Maklern usw. Und damit bringt man völlig unnötig die Unternehmung ins Gerede. Drittens entstehen durch einen solchen umfassenden Planungsansatz erhebliche Planungskosten. Denn Planung unter Ungewißheit heißt stets: sich auf alternative Entwicklungen, z. B. fünf verschiedene denkbare Fälle vorzubereiten, obwohl nur einer davon eintreten wird. Und nicht selten wird ein sechster Fall eintreten, auf den man sich gerade nicht vorbereitet hatte.

Vereinfachungen sind deshalb unvermeidlich. Die Vereinfachungen werden in zwei Richtungen gehen: Es wird nur ein Teil aller denkbaren Handlungsmöglichkeiten bzw. Handlungsprogramme und nur ein Teil aller denkbaren Zukunftslagen in die Planung einbezogen.
Die Beschränkung der Handlungsmöglichkeiten ergibt sich regelmäßig durch die bisherige Lage der Unternehmung: Ein Stahlhandel wird im allgemeinen nicht das Eröffnen eines Modesalons erwägen, und auf das Durchplanen aller denkbaren Anpassungsmöglichkeiten, wie von Vergleichsangeboten für den Fall einer Liquiditätskrise, wird so lange verzichtet, solange es der Firma noch gutgeht. Solche Maßnahmen zu erwägen genügt, wenn der ungünstigste Fall drohend bevorsteht (z. B. mit einer Wahrscheinlichkeit von mindestens 5% zu erwarten ist, was immer noch ein sehr vorsichtiges Verhalten wäre).
Die Beschränkung der Zukunftslagen ergibt sich aus der Notwendigkeit, die Höhe der Planungskosten zu begrenzen. Es werden nur wenige »repräsentative« Zukunftslagen beachtet. Aber selbst wenn man für jede Handlungsmöglichkeit nur wenige Zukunftslagen einsetzt, zerflattert die Wahrscheinlichkeitsverteilung beim Mischen von Handlungsmöglichkeiten sehr rasch in Hunderte oder Tausende von Einzelfällen. Selbst wenn hier noch einmal verdichtet wird, bleiben zahlreiche Fälle übrig, wenn vorhandene Mittel und Mittelbeanspruchung ungewiß sind.
Der für die Praxis gangbare Ausweg lautet: bewußt ein »gewisses« Risiko an Zahlungsunfähigkeit einzugehen. Erst durch die Beschränkung auf wenige Zukunftslagen und durch die Annahme, daß auch jene Handlungsprogramme zulässig sind, welche z. B. die Liquiditäts-

bedingungen der ersten Periode gar nicht verlezten, die der zweiten zu höchstens 3%, die der dritten zu höchstens 5% und der vierten und aller weiteren Perioden zu höchstens 10% Glaubwürdigkeit überschreiten, wird gewährleistet, daß noch von vornherein alle erfolgversprechenden Handlungsprogramme als unzulässig vom Tisch gefegt werden wie beim strengen Vorgehen. Was man tut, wenn eine der wenig wahrscheinlichen Zukunftslagen einzutreten droht, für die nach dem Plan die Zahlungsfähigkeit nicht gegeben ist, darüber wird heute gerade nicht entschieden. Man nimmt bewußt ein gewisses Risiko künftiger Zahlungsunfähigkeit in Kauf.

Die Höhe des Risikos hofft man durch zwei Vorgehensweisen zu beschränken: Erstens durch die überlappende Planung. Für jeden Zahlungszeitpunkt werden auf Grund der neu gewonnenen Informationen die bisherigen Pläne überarbeitet. Die zweite Risikobeschränkung erfolgt durch die Wahl des Sicherheitsniveaus (ob die Nebenbedingungen zu 90, 95 oder 98% erfüllt sein müssen).

Theoretisch befriedigt dieses Vorgehen nicht. Das überrascht aber nicht. Wir kennen keine wirtschaftlich optimale Informationsauswertung, und hier geht es um dieses Problem: Soll man umfassende Planungsmodelle mit hohen Planungskosten oder weniger umfassende mit geringeren Planungskosten wählen. Die Theorie kann an dieser Stelle nur die Alternativen beschreiben und ihre Vor- und Nachteile offenlegen. Der Ansatz mit »hinreichend zulässigen Programmen« erscheint mir als der Weg, den die praktische Planung am ehesten beschreiten kann. Allerdings sind die vom »chance-constrained programming« bisher vorgeschlagenen Lösungsansätze wegen ihrer Voraussetzungen ungeeignet. Welche Probleme sich der praktischen Planung mit hinreichend zulässigen Programmen stellen, soll im folgenden am Beispiel des Eigenheimbaues dargelegt werden. Dabei werden wir die Ungewißheit Schritt für Schritt in das Modell einfügen.

bb) Ungewißheit über die knappen Mittel

Im ersten Fall nehmen wir an, nur die Höhe des Kreditspielraums sei ungewiß. Es gelten also die Daten von S. 381 (um jeweils 10 000 gekürzt) mit zwei Änderungen. An die Stelle des Kreditspielraums von 36 in t_1 tritt jetzt eine Wahrscheinlichkeitsverteilung; wir bezeichnen sie mit F_1. An die Stelle des Kreditspielraums von 45 in t_2 tritt ebenfalls eine Wahrscheinlichkeitsverteilung von möglichen Kreditspielräumen; wir bezeichnen sie mit F_2. Alle anderen Daten seien zunächst »sicher«. Der Bauunternehmer steht damit unter Vernachlässigung der Kassenhaltung vor folgendem Problem:

$$\text{Max } G = 6\,A + 4\,B$$
$$6\,A + 3\,B \leq 48$$
$$4\,A + 3\,B \leq F_1$$
$$3\,A + 5\,B \leq F_2$$
$$A, B \geq 0.$$

Die Wahrscheinlichkeitsverteilung der Kreditspielräume hänge davon ab, wie sich die sonstigen Geschäfte des Unternehmers gestalten. Verlaufen sie gut, dann stehen dem Unternehmer in t_1 Gewinne zur Verfügung, und folglich erhöht sich sein Finanzierungsspielraum (durch die Gewinne und durch die zusätzlichen Kredite, die er aufgrund vorzuweisender Gewinne erhält). Verlaufen die Geschäfte hingegen schlecht, weist der Unternehmer Verluste aus, dann sinkt sein Finanzierungsspielraum – einmal, weil eine (bei den sonstigen Geschäf-

ten eingeplante) Selbstfinanzierung entfällt, zum anderen, weil er bei Verlusten damit rechnen muß, daß er keinen neuen Kredit bekommt.
Die Wahrscheinlichkeitsverteilungen des Kreditspielraums in t_1 und t_2 mögen wie folgt aussehen (x = Betrag, p = Einzelwahrscheinlichkeit, m = Wahrscheinlichkeit dafür, daß der Betrag mindestens eintrifft).

	x	p	m		x	p	m
	24	0,05	1		20	0,05	1
	30	0,25	0,95		30	0,30	0,95
F_1 =	36	0,40	0,70	F_2 =	40	0,20	0,65
	42	0,25	0,30		50	0,30	0,45
	48	0,05	0,05		80	0,15	0,15

Die Wahrscheinlichkeitsverteilung F_1 entspricht also einer (diskontinuierlichen) Normalverteilung, die Wahrscheinlichkeitsverteilung F_2 läßt sich keiner der üblichen statistischen Verteilungen zuordnen, weil gleich zwei häufigste Werte auftreten. (Sie kann allenfalls als Mischung aus zwei Normalverteilungen gedeutet werden.) Aber mit solchen Verläufen muß man praktisch rechnen, wenn eine geplante Entwicklung günstig oder ungünstig verlaufen kann.
Welche Wege stehen offen, um das Optimum zu bestimmen?
Wir können F_1 und F_2 durch Einzelgrößen vertreten lassen, z. B. durch die Erwartungswerte 36 und 45. Hierbei besteht jedoch eine ganz erhebliche Wahrscheinlichkeit dafür, daß im optimalen Programm die Nebenbedingungen verletzt werden: In F_1 deckt z. B. die Kreditgrenze 36 nur 70% aller möglichen Fälle; mit 30% Glaubwürdigkeit wird ein geringerer Finanzierungsspielraum erwartet. In F_2 kommt der Einzelwert 45 gar nicht vor. Er verbietet sich schon deshalb als Ansatz. Wird statt dessen »vorsichtigerweise« 40 gewählt, dann bleibt immer noch eine Wahrscheinlichkeit von 35%, daß der Liquiditätsspielraum überschritten wird.
Um sicherzugehen, daß keinesfalls Finanzierungsschwierigkeiten auftreten, müßte in t_1 der Kreditspielraum mit 24, in t_2 mit 20 angesetzt werden. In diesem Beispiel und bei Sicherheit der Bauausgaben könnte das sinnvoll sein. Im praktischen Fall ist jedoch auch die Mittelbeanspruchung ungewiß. Den höchstmöglichen Wert für jede Mittelbeanspruchung und den geringsten Wert für die vorhandenen Kapazitäten einzusetzen, führt zu dem extrem vorsichtigen Verhalten des »strengen« Vorgehens zurück. Damit verbietet sich oftmals jegliches Handeln.
Wählen wir als Sicherheitsniveau 95%, dann ist an Stelle von F_1 und F_2 je 30 zu setzen.

cc) Ungewißheit über Mittelvorrat und Mittelbeanspruchung

Im zweiten Fall gehen wir davon aus, daß sowohl die Matrix (die Koeffizienten der Mittelbeanspruchung A) als auch der Spaltenvektor der vorhandenen Mittel b ungewiß sind. Im Eigenheimbeispiel bedeutet dies, daß in t_1 neben der Höhe des verfügbaren Finanzbetrages auch die Höhe der Ausgaben für den Bau der Eigenheime A und B ungewiß ist. Um das Beispiel zu halten, sehen wir von der Kassenhaltung ab. An die Stelle der ursprünglichen Nebenbedingung

$$4A + 3B \leq 36$$

tritt jetzt z. B. folgende Nebenbedingung (y = Werte der Mittelbeanspruchung, x = Werte der vorhandenen Mittel, p = Wahrscheinlichkeit):

$$\begin{Bmatrix} y & p \\ 5 \text{ mit } 0,2 \\ 4 \text{ mit } 0,6 \\ 3 \text{ mit } 0,2 \end{Bmatrix} A + \begin{Bmatrix} y & p \\ 4 \text{ mit } 0,5 \\ 2 \text{ mit } 0,5 \end{Bmatrix} B \leq \begin{Bmatrix} x & p \\ 24 & 0,05 \\ 30 & 0,25 \\ 36 & 0,40 \\ 42 & 0,25 \\ 48 & 0,05 \end{Bmatrix}$$

Das Problem lautet: Für die Optimumbestimmung sind alle Kombinationen von A und B als unzulässig auszuschalten, die mit mehr als 5% Glaubwürdigkeit diese Nebenbedingung verletzen. Obwohl das Beispiel und die Wahrscheinlichkeitsverteilungen denkbar einfach sind, ist es eine mühsame Angelegenheit, herauszufinden, welche Kombinationen von A und B zulässig sind und welche nicht. Eine allgemeine analytische Lösung dieses Problems (für abhängige und unabhängige Wahrscheinlichkeitsverteilungen) kenne ich nicht. Im allgemeinen Fall muß man sich auf eine ganz gewöhnliche, abzählende Suche nach den zulässigen Kombinationen verlassen.

Der erste Schritt besteht darin, die Wahrscheinlichkeiten festzustellen, mit denen jeweils eine Zahlungskombination von A und B auftreten kann. Die Spalte A in Tabelle 1 zeigt den Ausgabenbetrag für A, die Spalte B den für B, die Spalte p zeigt die Wahrscheinlichkeit, mit der beide zusammen auftreten können. Die Zeilen a–f nennen die einzelnen Zukunftslagen, in denen die Ausgaben von A und B zusammentreffen. Die Spalte 24 zeigt die Wahrscheinlichkeit, daß ein bestimmter Ausgabenbetrag für A und ein bestimmter Ausgabenbetrag für B zusammen eintreten für den Fall, daß der Finanzbetrag nur 24 beträgt; die Spalte 30 zeigt das Entsprechende für den Finanzbetrag 30, die Spalte 36 für den Finanzbetrag 36 (auf die Spalten für 42 und 48 wurde verzichtet). Bei der Berechnung der Wahrscheinlichkeit gehen wir davon aus, daß die einzelnen Größen voneinander unabhängig sind, daß also jeder Wert von A mit jedem Wert von B zusammentreffen kann, und gleichgültig, welche Werte von A und B eintreten, die Wahrscheinlichkeitsverteilung für den Kreditspielraum sich nicht ändert. Diese Prämisse »statistischer Unabhängigkeit« wird von der Literatur stets gesetzt; sie ist aber keineswegs immer erfüllt.

Tabelle 1

	A	B	p	24	30	36
a	5	4	0,1	0,005	0,025	0,04
b	4	4	0,3	0,015	0,075	0,12
c	3	4	0,1	0,005	0,025	0,04
d	5	2	0,1	0,005	0,025	0,04
e	4	2	0,3	0,015	0,075	0,12
f	3	2	0,1	0,005	0,025	0,04
			1,00	0,05	0,25	0,40

Nun ist sicherzustellen, daß bei einer Kombination von A und B nur höchstens 5% aller Kombinationen die Nebenbedingung verletzen. Um dieses Kombinationsproblem überhaupt in den Griff zu bekommen, gehen wir davon aus, nur ganzzahlige Kombinationen seien zulässig. Damit wird die Zahl der möglichen Fälle rücksichtslos beschnitten. Die Annahme der Ganzzahligkeit ist für Investitionsvorhaben allerdings wirklichkeitsnah. Wir wissen, daß dann, wenn die Erwartungswerte der Daten (4 A + 3 B = 36) zugrunde gelegt werden, die Kombination A = 6 und B = 4 zulässig und sogar (im Falle ohne Kassenhaltung) optimal ist. Im einzelnen werden folgende Bauprogramme der Typen A und B geprüft: 6 : 4; 4 : 4; 4 : 3 und 3 : 4. Es ergibt sich folgende finanzielle Beanspruchung:

Tabelle 2

Bauprogramm	A : B 6 : 4	A : B 4 : 4	A : B 4 : 3	A : B 3 : 4
a	30 + 16 = 46	20 + 16 = 36	20 + 12 = 32	15 + 16 = 31
b	24 + 16 = 40	16 + 16 = 32	16 + 12 = 28	12 + 16 = 28
c	18 + 16 = 34	12 + 16 = 28	12 + 12 = 24	9 + 16 = 25
d	30 + 8 = 38	20 + 8 = 28	20 + 6 = 26	15 + 8 = 23
e	24 + 8 = 32	16 + 8 = 24	16 + 6 = 22	12 + 8 = 20
f	18 + 8 = 26	12 + 8 = 20	12 + 6 = 18	9 + 8 = 17

Wir betrachten als erstes das Bauprogramm A = 6, B = 4 unter der Annahme, daß nur 24 an finanziellen Mitteln verfügbar sind. Das Bauprogramm 6 : 4 übersteigt in allen Zukunftslagen a–f der Tabelle 1 die finanziellen Mittel von 24. Der Fall, daß die finanziellen Mittel nur 24 betragen, ist zu 5% wahrscheinlich. Beträgt der Finanzbetrag 30, dann sind alle Zukunftslagen außer f unzulässig. Bei einem Mittelvorrat von 30 sind a) bis e) gemäß Tabelle 1 zu 22,5% wahrscheinlich. Damit besteht bereits jetzt eine Wahrscheinlichkeit von 27,5%, daß die Liquiditätsbedingung verletzt wird. Selbst wenn die Mittel 36 betragen, besteht noch eine Wahrscheinlichkeit von 20% (nämlich Zukunftslagen a, b, d) dafür, daß die Kombination 6 : 4 gegen die Liquiditätsbedingung verstößt. Hinzu tritt, daß bei finanziellen Mitteln in Höhe von 42 Zukunftslage a) unzulässig ist mit einer Wahrscheinlichkeit von 2,5%. Insgesamt errechnet sich für 6 : 4 eine Wahrscheinlichkeit von 50% dafür, daß die Liquiditätsbedingung verletzt wird. (Das Verhältnis 6 : 4 war zulässig für den Erwartungswert 36; natürlich liegen beim Erwartungswert, der aus einer »Normalverteilung«, wie hier, errechnet wird, 50% der Fälle darunter, deshalb besteht eine Wahrscheinlichkeit von 50% dafür, daß das Bauprogramm 6 : 4 die finanziellen Möglichkeiten übersteigt.)
Wir sehen daraus, daß das Zugrundelegen von Erwartungswerten bei den Nebenbedingungen ein sehr waghalsiges Unternehmen ist: In der Hälfte aller denkbaren Fälle muß damit gerechnet werden, daß die Liquidität in t_1 nicht aufrechterhalten bleibt.
Wie einschneidend das Beachten der vollen Wahrscheinlichkeitsverteilungen der Daten auf die zulässigen Wahlmöglichkeiten wirkt, erkennen wir daraus, daß sogar das Verhältnis 4 : 4 die geforderte Vertrauenswahrscheinlichkeit von 95% nicht gewährleistet. Bei einem Mittelbestand von 24 besteht für das Übertreten der Liquiditätsbedingung eine Wahrscheinlichkeit von 3%; bei 30 eine Wahrscheinlichkeit von 10%, insgesamt wird beim Verhältnis 4 : 4 die Liquiditätsbedingung mit einer Wahrscheinlichkeit von 13% verletzt.
Beim Verhältnis 4 : 3 beträgt die Wahrscheinlichkeit für den Verstoß gegen die Liquiditätsbedingung gerade 5%; bei 3 : 4 ebenfalls. Nach der Zielfunktion bietet jedoch das Verhältnis 4 : 3 den höheren Gewinn. Es wäre die optimale Lösung, vorausgesetzt, auch in der Liquiditätsbedingung für t_2 bliebe das Verhältnis 4 : 3 zulässig. Angenommen, das wäre der Fall, dann sinkt der Gewinn von 52 (bei Zugrundelegen der Erwartungswerte) auf 36 (bei Zugrun-

delegen der Wahrscheinlichkeitsverteilungen und einer Übertretungswahrscheinlichkeit von 5%).
Praktisch wird die Ausrechnung noch dadurch erschwert, daß unter Ungewißheit der Kassenhaltung besondere Bedeutung zukommt. Bei Berücksichtigung der Kassenhaltung wird z. B. das Verhältnis 4 : 4 zulässig, weil dann in t_0 eine Kasse von 12 gehalten werden kann und der Liquiditätsspielraum in t_1 auf mindestens 36 steigt.
Im Regelfall werden A und B nicht »statistisch unabhängig« voneinander sein. Der Zweck eines aufeinander abgestimmten Investitionsprogramms besteht ja gerade darin, sich im Risiko begünstigende Vorhaben zusammenzustellen, also dafür zu sorgen, daß Vorhaben gewählt werden, bei denen die Zielgrößenordnungen für einzelne Zukunftslagen entgegengesetzt laufen. Besteht eine solche Risikominderung, dann werden die Beschränkungen erheblich abgeschwächt. Eine solche Risikominderung wäre z. B. gegeben, wenn die Mittelbeanspruchung 5 bei A nur mit 2 bei B zusammentreffen kann und 3 bei A nur mit 4 bei B. Daneben seien noch möglich 4 bei A und 4 bei B, 4 bei A und 2 bei B. Kann z. B. 5 bei A nur mit einer einzigen Zukunftslage von B zusammentreffen, dann ist die Wahrscheinlichkeit dieses Zusammentreffens gleich der Wahrscheinlichkeit, daß bei A 5 auftritt. Insgesamt ergäbe sich folgende Kombination:

A	B	p	24	30	36
5	2	0,2	0,010	0,050	0,08
4	4	0,3	0,015	0,075	0,12
4	2	0,3	0,015	0,075	0,12
3	4	0,2	0,010	0,050	0,08
		1,00	0,05	0,25	0,40

Hierbei läßt sich berechnen, daß das Verhältnis 4 : 4 zu 11% unzulässig wird; das Verhältnis 4 : 3 hat nur mehr eine Übertretungswahrscheinlichkeit von 2,5%.
Das einfache Beispiel zeigt, daß ein erheblicher Rechenaufwand erforderlich ist, um die zulässigen Lösungen bei zahlreichen Nebenbedingungen zu ermitteln. Unter den zulässigen Lösungen ist dann noch die beste herauszusuchen. Der Rechenaufwand ist durch die Ganzzahligkeitsbedingung etwas in Grenzen zu halten; gleichwohl ist das mühsame Ausrechnen, welche ganzzahligen Kombinationen zulässig sind, theoretisch unbefriedigend. Lösbar ist das Problem natürlich: Da nur eine endliche Zahl von Kombinationen möglich ist, werden irgendwann die zulässigen Kombinationen errechnet sein.

dd) Ungewißheit in den Zielbeiträgen

Ein Problem blieb bisher ausgeklammert: Die Ungewißheit in der Zielfunktion. Im Regelfall wird die stärkste Ungewißheit in den Zielbeiträgen liegen: Bei einperiodiger Produktions- und Absatzplanung gehen hier die Absatzpreise und -mengen ein; bei mehrperiodiger Investitionsplanung sind es, je nach der Modellstruktur, alternative Einnahmenüberschüsse oder Endvermögensbeiträge, die jeweils auf Absatzpreisen und Absatzmengen aufbauen.
Nicht in jedem praktischen Fall ist allerdings die Zielgröße ungewiß. Sicher ist sie, so merkwürdig das klingt, bei Einkommensstreben. Bei Einkommensstreben stellt sich die Frage: Wieviel des Einnahmenüberschusses der Vorperiode kann entnommen, wieviel muß für Investitionen zurückbehalten werden? Es ist die Entnahme zum Entscheidungszeitpunkt

t_0 zu maximieren unter der Bedingung, daß mit hinreichender Wahrscheinlichkeit (von z. B. 95%) in allen Zahlungszeitpunkten die Liquidität gewahrt bleibt und am Planungshorizont das gewünschte Endvermögen erhalten ist.

Bei Einkommensstreben ist es berechtigt, die Zielgröße im Modell als »sicher« anzusetzen, denn die Höhe der Ausschüttung wird endgültig nur für den Entscheidungszeitpunkt t_0 berechnet, und als ausschüttungsfähig gilt jener Betrag, der bei der gegenwärtigen Datenkenntnis auch an jedem künftigen Periodenende als Einkommen entnommen werden könnte. Aufgrund der Datenänderungen und neuen Informationen wird für den nächsten Zahlungszeitpunkt das hinreichend zulässige Investitions- und Finanzierungsprogramm neu bestimmt werden, das die Ausschüttungen zu maximieren erlaubt.

Ungewiß werden die Zielgrößen nur dann, wenn nicht die gegenwärtigen Entnahmen Zielgröße sind, sondern ein künftiger Betrag, z. B. das Endvermögen am Planungshorizont. Treten an die Stelle einzelner Zielbeiträge Wahrscheinlichkeitsverteilungen dieser Zielbeiträge, dann kann nicht mehr Gewinn- (oder Vermögens-)maximierung als Ziel gesetzt werden. Wir stehen vor dem Problem der Zielsetzung unter Ungewißheit, das ausführlich in Teil A III erörtert wurde.

Die Literatur hilft sich durchweg damit, daß als Ziel »Maximierung des Erwartungswertes« gesetzt wird. Dieses Ziel hat den Vorteil, daß die Zielfunktion linear bleibt. Im Eigenheimbeispiel können wir z. B. 6 als Erwartungswert des Deckungsbeitrags von A interpretieren und 4 als Erwartungswert des Deckungsbeitrages von B. So ändert sich rechnerisch an der Zielfunktion nichts. Die Wahl des Erwartungswertes wird u. a. damit gestützt, daß bei der Optimumbestimmung für hinreichend zulässige Programme bereits die Formulierung der Nebenbedingungen bewirke, daß risikoreiche Programme ausgeklammert bleiben, so daß die Annahme der Risikoneutralität vertretbar werde[42].

Indes ist dieses Argument nicht stichhaltig. In die Zielfunktion geht die Einschätzung von Preisen für Eigenheime in t_3 ein. Das Risiko, daß z. B. Käufer abspringen, eine Fernstraße nahe am Baugrund vorbeigeführt wird und deshalb die Preise fallen, besteht jedoch unabhängig von den Liquiditätsanforderungen in t_1 und t_2. Für Nebenbedingungen und Zielfunktion gelten im allgemeinen ganz verschiedene Risikogründe. Darüber hinaus gewährleistet die Formulierung der Nebenbedingungen gerade nicht, daß *alle* risikoreichen Kombinationen ausgeklammert bleiben; sie sichert nur, daß mit hinreichender Wahrscheinlichkeit Kombinationen außer acht bleiben, welche die Nebenbedingungen verletzen könnten.

Welche anderen Wege als der Erwartungswert bieten sich an?

Wäre die Risikonutzenfunktion numerisch bekannt, dann läge es nahe, sie zu verwenden. Damit entstünden sofort nichtlineare Zielfunktionen[43]. Ein einfaches Beispiel zeigt die Zusammenhänge.

Angenommen, der Zielbeitrag durch A und B wäre durch folgende Wahrscheinlichkeitsverteilungen p(A) und p(B) gegeben.

$$p(A) \begin{Bmatrix} Z & p \\ 8 \text{ mit } 0{,}2 \\ 6 \text{ mit } 0{,}5 \\ 5 \text{ mit } 0{,}2 \\ 4 \text{ mit } 0{,}1 \end{Bmatrix} \qquad p(B) \begin{Bmatrix} Z & p \\ 5 \text{ mit } 0{,}3 \\ 4 \text{ mit } 0{,}4 \\ 3 \text{ mit } 0{,}3 \end{Bmatrix}$$

---

[42] Vgl. *Jääskeläinen*, Optimal Financing, S. 162.
[43] Vgl. *Madansky*, S. 103 f.

Die Risikonutzenfunktion möge lauten:

$$N = -E^2 + 200\,E - 1900.$$

Das Ziel lautet hier, den Erwartungswert des Risikonutzens zu maximieren, wobei der Risikonutzen von der Kombination der Handlungsmöglichkeiten A und B abhängt:

$$\max \mu(N) = 0{,}2\,[-8\,A^2 + 200 \cdot 8\,A] + 0{,}5\,[-6\,A^2 + 200 \cdot 6\,A] +$$
$$+ 0{,}2\,[-5\,A^2 + 200 \cdot 5\,A] +$$
$$+ 0{,}1\,[-4\,A^2 + 200 \cdot 4\,A] + 0{,}3\,[-5\,B^2 + 200 \cdot 5\,B] +$$
$$+ 0{,}4\,[-4\,B^2 + 200 \cdot 4\,B] +$$
$$+ 0{,}3\,[-3\,B^2 + 200 \cdot 3\,B] - 1900.$$
$$\max \mu(N) = -6\,A^2 + 1200\,A - 4\,B^2 + 800\,B - 1900.$$

Man erhält in diesem Fall eine quadratische Nutzenfunktion. Bei den Nebenbedingungen ergeben sich keine neuen Schwierigkeiten. Das entscheidende Problem liegt natürlich in der Festlegung der Risikonutzenfunktion. Dazu bietet sich folgendes Vorgehen an:
Durch Befragen werden die Präferenzwahrscheinlichkeiten für den relevanten Einkommensbereich ermittelt, und daraus wird eine möglichst einfache Risikonutzenfunktion abgeleitet. Eine solche Risikonutzenfunktion wird linear, quadratisch (oder logarithmisch – also mit abnehmenden Risikonutzenzuwächsen), allenfalls kubisch sein (zunächst steigende, dann abnehmende Risikonutzenzuwächse). Es wird in manchen Fällen sogar möglich werden, die nichtlinearen Risikonutzenfunktionen durch lineare Teilstücke näherungsweise wiederzugeben, um die rechentechnisch so zweckmäßige lineare Formulierung aufrechtzuerhalten.
Bei bekannter Risikonutzenfunktion ergeben sich also nur rechentechnische Probleme: Zu den im allgemeinen nichtlinearen Nebenbedingungen (zu denen die Ermittlung hinreichend zulässiger Programme führt) treten nichtlineare Zielfunktionen. Diese rechentechnischen Probleme sind Fragen der angewandten Mathematik, nicht der Betriebswirtschaftslehre.

Den Betriebswirt interessiert in erster Linie die Frage der Datenbeschaffung. Hier ist zu beachten, daß im praktischen Fall die Risikonutzenfunktion nicht in ihrem numerischen Ausdruck gegeben oder hinreichend genau konstruiert werden kann.
Aufgrund der einschränkenden Annahmen, welche die Rechentechniken zur Optimumbestimmung erfordern, und aufgrund der verbleibenden rechentechnischen Schwierigkeiten bei nichtlinearen und ganzzahligen Programmen muß für die praktische Investitions- und Finanzplanung heute noch ein anderer Weg gesucht werden.
Dieser Weg besteht darin, aus den Wahrscheinlichkeitsverteilungen der Mittelbeanspruchung und der vorhandenen Mittel »per Hand« hinreichend zulässige Handlungsprogramme auszuwählen, Handlungsprogramme, die an die Grenze des zulässigen Wahrscheinlichkeitsbereichs heranführen. Sind mehrere solcher »hinreichend guter« zulässiger Handlungsprogramme erkannt, dann ist das beste unter ihnen zu suchen. Das könnte in der Weise geschehen, daß Präferenzwahrscheinlichkeiten erfragt werden und mit ihrer Hilfe nach der Theorie des Risikonutzens die alternativen Handlungsprogramme bewertet werden.
Bei diesem Vorgehen ist bewußt die Optimumbestimmung in zwei Stufen zerlegt worden: Zunächst wird versucht, wenigstens näherungsweise eine Art Kurve der guten Handlungsmöglichkeiten festzulegen, mit Hilfe eines systematischen Rechenverfahrens (wenn eines greifbar ist), sonst »per Hand« aufgrund der erfahrungsgemäßen »Einsicht in die Problem-

struktur«. Das Gegenüberstellen alternativer Handlungsprogramme, von denen z. B. das erste die Liquiditätsbedingungen der ersten Periode stark ausschöpft, das zweite Liquiditätsüberschreitungen in den letzten Perioden vermuten läßt, erlaubt zugleich eine nochmalige Kontrolle der Einzelannahmen über Zielbeiträge und Risikoeinschätzung. Stetige Kontrolle der in alternativen Programmen zusammengesetzten subjektiven Wahrscheinlichkeitsverteilungen (der Einzelschätzungen über Zukunftslagen und ihre Glaubwürdigkeitsziffern bei verschiedenen Handlungsmöglichkeiten), das ist die beste Gewähr für rationale Entscheidungen unter Ungewißheit.

Auf der zweiten Stufe erfolgt dann die Bewertung alternativer Handlungsprogramme aufgrund der persönlichen Risikoeinstellung. Diese stufenweise, theoretisch wenig befriedigende Entscheidungsfindung erscheint heute als vorerst einzig praktikabler Weg.

ee) Das Problem des Sicherheitsniveaus

Bei zahlreichen Nebenbedingungen und umfangreichen Wahrscheinlichkeitsverteilungen für die Mittelbeanspruchung und die vorhandenen Mittel wird das Ausmaß zulässiger Lösungen stark vom gewünschten Sicherheitsniveau beeinflußt. Wir haben bisher beispielhaft mit einem Sicherheitsprozentsatz von 95% (einer Übertretungswahrscheinlichkeit von 5%) gearbeitet. Es ist jedoch zu fragen, ob ein von vornherein festgelegtes Sicherheitsniveau (eine vorgegebene Übertretungswahrscheinlichkeit) zielentsprechend ist.

So mag im Eigenheimbeispiel unter Berücksichtigung beider Zahlungszeitpunkte t_1 und t_2 nur das Bauprogramm A : B wie 3 : 2 zulässig sein, wenn ein Sicherheitsniveau von 95% verlangt wird; aber vielleicht 4 : 2 bei 94% und 4 : 3 bei 90%. Die Entscheidung über das verlangte Sicherheitsniveau hinsichtlich der Liquiditätshaltung (und der Einhaltung sonstiger Nebenbedingungen) muß mit der unternehmerischen Risikoneigung abgestimmt werden. Die Wahl des Sicherheitsniveaus ist jedoch nicht ausschließlich psychologisch bestimmt, sondern auch durch die Wahlmöglichkeiten, durch die ökonomischen Gegebenheiten des Problems, bedingt.

Der erste Weg, um das zielentsprechende Sicherheitsniveau zu finden, besteht in einer Empfindlichkeitsanalyse für α, den Sicherheitsprozentsatz. Jeder gewünschte Sicherheitsprozentsatz führt zu einem bestimmten Wertansatz für die vorhandenen Mittel. Bei 100% Sicherheitsniveau mag der verbleibende hinreichend zulässige Finanzierungsspielraum z. B. 20 000 Mark betragen, bei 95% 30 000 Mark, bei 94% 40 000 Mark. Jedem Sicherheitsprozentsatz α entspricht also ein Wert für die vorhandenen Mittel. Durch parametrisches Programmieren (durch Verändern des Wertansatzes der vorhandenen Mittel) läßt sich die Zieländerung berechnen, die durch eine Veränderung des Sicherheitsprozentsatzes bewirkt wird. Bei kleinen Veränderungen des Sicherheitsprozentsatzes von z. B. 95% auf 94% läßt sich mit Hilfe der Schattenpreise unmittelbar erkennen, welche Gewinnsteigerung eine Herabsetzung des Sicherheitsniveaus von 1% nach sich zieht. Der Gewinnzuwachs kann so beträchtlich sein, daß der Unternehmer die Herabsetzung des Sicherheitsniveaus in Kauf nimmt[44].

Ein wirkliches Optimum des Sicherheitsniveaus könnte allerdings nur ermittelt werden in einem Modell, das optimales Programm und Sicherheitsniveau simultan festlegt. Es wäre das Maximum des Risikonutzens zu suchen für alternative Handlungsprogramme bei alternati-

---

[44] Vgl. *Näslund*, S. 263 f.; *Jääskeläinen*, Optimal Financing, S. 173–175.

ven Sicherheitsprozentsätzen. Das ergäbe ein Problem der Variationsrechnung, das durch Ungleichungen als Nebenbedingungen noch erschwert wird. Eine näherungsweise Lösung bietet folgendes Vorgehen:
Man rechnet das optimale Programm für alternative Sicherheitsprozentsätze aus: Für 100%, 99% usw. Der Risikonutzen dieser optimalen Programme unter alternativer Sicherheit wird stetig steigen. Bei 100% Sicherheitsanforderung wird z. B. vermutlich nur die Unterlassung des Eigenheimbaus zulässig sein, bei 99% Wahrscheinlichkeit sei ein Bauprogramm von 1 : 1 zulässig, bei 95% vielleicht schon ein Verhältnis von 3 : 2, bei 20% Sicherheitsniveau hingegen vielleicht 10 : 10. Diese Bauprogramme für alternative Sicherheitsgrade und ihr Risikonutzen sind aber selbst ungewiß. Werden die beiden Eigenheimtypen im Verhältnis 3 : 2 gebaut, dann ist man immerhin zu 95% sicher, daß die Unternehmung nicht zwischenzeitlich in Liquiditätsschwierigkeiten gerät. Werden hingegen 10 Eigenheime A und 10 Eigenheime B gebaut, dann muß mit 80% Wahrscheinlichkeit mit Liquiditätsschwierigkeiten gerechnet werden. Die Risikonutzenziffern für die alternativen Handlungsprogramme sind also ungewiß, weil die Handlungsprogramme nur mit einer bestimmten Wahrscheinlichkeit zulässig sind. Es bleibt dann zu prüfen, ob die Steigerung des »ungewissen« Risikonutzens höher eingeschätzt wird als das Sinken des Sicherheitsgrades (des Zulässigkeitsgrades des optimalen Programms). Diese Prüfung verlangt ein Abwägen der Folgen für den Fall, daß das gewählte optimale Programm im Laufe der Zeit unzulässig wird. Angenommen, die Höhe des verbleibenden Gewinns bei einer Verletzung der Nebenbedingungen wäre bekannt, dann wäre der Risikonutzen dieses Restvermögens zu errechnen. Der Risikonutzen im Falle der Einhaltung der Nebenbedingung, gewichtet mit dem Sicherheitsprozentsatz, und der Risikonutzen des Resteinkommens bei Verletzung der Nebenbedingungen, gewichtet mit der Übertretungswahrscheinlichkeit, ergäben dann den Erwartungswert des Risikonutzens für das optimale Handlungsprogramm bei diesem Sicherheitsniveau. Aus dem Vergleich der Erwartungswerte des Risikonutzens für alternative Sicherheitsniveaus ließe sich die »nutzenmaximale Programm-Sicherheitsniveau-Kombination« ersehen.
Von dem Problem des Sicherheitsniveaus ist das Problem der Sicherheitsreserven für unvorhergesehene Datenänderungen zu trennen. Wenn überlappend geplant wird, also die langfristigen Investitions- und Finanzpläne nach den Erfahrungen des abgelaufenen Jahres und den Neuschätzungen für die Zukunft laufend korrigiert werden, besteht eine geringe Glaubwürdigkeit dafür, daß Situationen, an die man überhaupt nicht gedacht hat, auftreten werden. Es ist jedoch nicht auszuschließen, daß gelegentlich denkbare Zukunftsentwicklungen übersehen werden. Was man nicht vorhersieht, kann nicht in die Planung eingehen. Für diesen Fall muß ein Handlungsspielraum bleiben, der durch »Sicherheitsreserven« (leicht liquidierbares Reservevermögen, unausgenutzte Kreditzusagen) geschaffen wird. Die Höhe dieser Sicherheitsreserven ist nur durch die subjektive Risikoneigung, nicht durch ökonomische Optimumüberlegungen zu bestimmen, denn Sicherheitsreserven werden ja gerade für den Fall gehalten, daß man in der Planung etwas übersehen hat.

d) Zusammenfassung der Schwierigkeiten der Programmplanung unter Ungewißheit

1. Unter Ungewißheit wird die Zielfunktion zum Problem:
a) Die Literaturansätze zur Programmplanung wählen fast durchweg den Erwartungswert der Zielgröße als Entscheidungskriterium. Damit ist eine einzige Spielart der unternehmeri-

schen Risikoneigung als allgemeingültig unterstellt worden: die Risikoneutralität. Das ist für Programmentscheidungen nicht haltbar.
b) Ohne Kenntnis der Zielvorstellungen läßt sich kein Optimum bestimmen. Deshalb muß für Programmentscheidungen unter Ungewißheit die Risikoneigung angegeben (erfragt) werden, z. B. in Form von Aussagen über Präferenzwahrscheinlichkeiten. Die Bestimmung des Optimums mit Hilfe von Präferenzwahrscheinlichkeiten setzt voraus, daß die alternativen Handlungsprogramme bekannt sind. Sie zu berechnen, ist aber erst das Anliegen der Programmplanung, namentlich der Programmplanung mit Hilfe mathematischer Programmierung.

2. Unter Ungewißheit wird das Einhalten der Nebenbedingungen und damit die Berechnung zulässiger Programme zum Problem:
a) Die Empfindlichkeitsanalyse klammert die Schwierigkeiten aus, wie bei ungewisser Mittelbeanspruchung und ungewissen Mittelvorräten die Nebenbedingungen eingehalten werden können. Sie ist deshalb kein nützliches Verfahren zur Programmplanung unter Ungewißheit. Der Nutzen der Empfindlichkeitsanalyse liegt auf anderem Gebiet und ist darin zu sehen, daß sie Informationen über das Gewicht einzelner Datenänderungen für die Zielerfüllung und damit über die Elastizität des Optimums liefert. Sie gibt damit Anlaß, nach weiteren Informationen zu suchen oder neue Handlungsmöglichkeiten zu erkunden, bei denen eine weniger starke Empfindlichkeit gegenüber einzelnen ungewissen Daten gegeben ist.
b) Das lineare Programmieren unter Ungewißheit stellt in seiner strengen Form praktisch unhaltbare Anforderungen an die Einhaltung der Nebenbedingungen. In seiner milden Form degenerieren die Nebenbedingungen zu Rentabilitätsproblemen.
c) Die Optimumbestimmung für hinreichend zulässige Programme läßt in engen Grenzen zu, daß Nebenbedingungen verletzt werden können. Sie fordert eine bestimmte Mindestwahrscheinlichkeit für das Einhalten der Nebenbedingungen. Dieser Weg erscheint als einziger gangbar.

3. Die Literatur zur Optimumbestimmung für hinreichend zulässige Programme beschränkt sich vorerst:
a) Auf die Ungewißheit einiger, nicht aller Daten (nur die knappen Mittel, nur die Mittelbeanspruchung). Die Berücksichtigung der Ungewißheit sowohl in der Mittelbeanspruchung wie bei den vorhandenen Mitteln wirft zusätzliche, noch nicht befriedigend gelöste Rechenprobleme auf.
b) Auf Normalverteilungen dieser ungewissen Daten; Normalverteilungen sind für alle wichtigen betriebswirtschaftlichen Kombinationsprobleme nicht einmal näherungsweise gegeben.
c) Auf »statistische Unabhängigkeit«. Sie ist praktisch kaum gegeben; zudem besteht die Aufgabe der Programmplanung gerade darin, im Risiko sich begünstigende Vorhaben zu kombinieren.
Die Vereinfachungen, welche die Literatur setzt, um Programmierungsprobleme unter Ungewißheit zu lösen, entwerten die Modellansätze für betriebswirtschaftliche Planungen weitestgehend. Die Vereinfachungen sind aus Rücksicht auf die Rechentechnik erzwungen.

4. Das Aufstellen hinreichend zulässiger Handlungsprogramme für die Unternehmung als Ganzes in einer eintreffende Informationen verarbeitenden, sich überlappenden Planung erscheint als der angemessene Weg, um den Schwierigkeiten einer langfristigen Unternehmenspolitik Herr zu werden.

Dem Aufstellen sich zeitlich überlappender, hinreichend zulässiger Handlungsprogramme stehen zahlreiche technische Schwierigkeiten entgegen. Die Verfahren der mathematischen Programmierung bieten der praktischen Planung hierfür noch wenig Hilfe.

Da man aber praktisch zu einer Lösung kommen muß, bleibt vorerst in vielen Fällen nur der Weg, die an der Grenze der Zulässigkeit liegenden Handlungsprogramme »per Hand« herauszusuchen und sie dann mit Hilfe von Präferenzwahrscheinlichkeiten (Risikonutzenziffern) gegeneinander abzuwägen. Dieses Vorgehen ist in seiner ersten Stufe »primitiv«, weil es auf das vollständige Abzählen aller zulässigen Kombinationen hinausläuft, und es ist dementsprechend arbeitsaufwendig. Indes sichert vorerst allein das Suchen nach zulässigen Programmlösungen per Hand, daß die praktisch entscheidenden Tatbestände erfaßt werden können, nämlich
a) das gegenseitige Sich-Ausschließen einzelner Handlungsmöglichkeiten,
b) der Sachverbund und der Risikoverbund einzelner Handlungsmöglichkeiten,
c) die Suche nach zulässigen Lösungen unter Berücksichtigung der vollen Wahrscheinlichkeitsverteilung für die Mittelbeanspruchung und die vorhandenen Mittel,
d) die Auswirkungen von Einzelannahmen über Zukunftslagen und Glaubwürdigkeitsziffern auf das Handlungsprogramm und
e) das Abwägen einzelner risikobehafteter Handlungsprogramme im Hinblick auf die höchstens in Form einiger Präferenzwahrscheinlichkeiten geäußerte Risikoneigung des Entscheidenden.
Die Daumenmethode des Suchens per Hand ist alles andere als befriedigend. Sie wird vorerst erzwungen durch die Vielzahl von Problemen bei der Suche nach allgemeinen Lösungen, zum Teil aber auch durch das bisherige Versagen der Unternehmensforschung gegenüber zahlreichen praktisch bedeutsamen Problemen; z. B. gegenüber der Frage, wie man überhaupt verläßliche quantitative Wahrscheinlichkeitsverteilungen erarbeiten kann.

Wer die Schwierigkeiten in der Praxis für die Erfassung von Daten und Planinterdependenzen kennt, versteht, daß man vielfach darauf verzichtet, das »Optimum« zu finden, statt dessen die Aufgabe eher im Ausarbeiten alternativer »hinreichend guter« Handlungsprogramme sieht, unter denen dann die Vorstandsgruppe (für die sich praktisch nie eine einzige Risikonutzenfunktion aufstellen läßt) einen für die Mehrzahl der Entscheidenden tragbaren Kompromiß aushandelt.

Aufgabe der betriebswirtschaftlichen Theorie ist es allerdings zu zeigen, wie man es besser machen könnte. Die Darstellung der Methoden der Programmplanung diente diesem Zweck.

E. Kapitalkosten und Kapitalstruktur

I. Finanzierungsgrundsätze und Wahlprobleme zwischen den Finanzierungsarten

a) Die Problematik von Finanzierungsregeln

Wie sieht eine zielentsprechende Finanzierungspolitik aus? Praxis und Literatur antworten: Der Unternehmer müsse bestimmte Finanzierungsgrundsätze beachten. Grundlegend für die herkömmlichen Finanzierungsgrundsätze sei vor allem der Bindungsgedanke: Kapital müsse so langfristig zur Verfügung gestellt werden, wie es in den Investitionsobjekten gebunden sei. Dieses Prinzip der »Fristenkongruenz« zwischen den Zahlungen der Finanzierungsart und den Zahlungen des Investitionsobjektes läßt sich auf die sogenannte »Goldene Bankregel« (Goldene Bilanzregel) zurückführen. Sie besagt, daß kurzfristig aufgenommene Gelder grundsätzlich nur kurzfristig ausgeliehen (investiert) werden dürfen, für langfristige Ausleihungen (Investitionen) müssen langfristige Mittel zur Verfügung stehen. Von diesem Grundsatz der Bindung von Finanzierungsmitteln an die Investitionen gibt es zahlreiche Verästelungen, die uns hier nicht interessieren[1].

Die goldene Bankregel und ihre Abkömmlinge zielen ab auf das Verhältnis einzelner Aktivposten (Investitionen) in der Bilanz zu einzelnen Passivposten (Finanzierungsquellen). Solche Regeln wollen wir als »Bindungsregeln« bezeichnen. Bindungsregeln setzen also Vermögen (Investition) und Kapital (Finanzierung) zueinander in Beziehung. Eine andere Gruppe von Finanzierungsregeln bezieht sich auf das Verhältnis der einzelnen Kapitalarten zueinander, z. B. auf das Verhältnis von Eigenkapital zu Fremdkapital. So werden Regeln für das Verhältnis von Eigenkapital zu Fremdkapital genannt, die eine Beziehung von 1 : 1 oder 1 : 2 fordern oder bei Banken von 1 : 20. Hier handelt es sich um Aussagen über die (bilanzmäßige) Kapitalstruktur. Wir nennen solche Aussagen »Kapitalstrukturregeln«.

Finanzierungsregeln (Finanzierungsgrundsätze) erscheinen also in Form von Bindungsregeln und Kapitalstrukturregeln.

Um die Finanzierungsregeln zu verdeutlichen und ihre Problematik zu erkennen, wählen wir ein Beispiel. Es werde gefordert, das Anlagevermögen (die »langfristigen« Investitionen) sei durch langfristige Mittel, das Umlaufvermögen (die »kurzfristigen« Investitionen) durch kurzfristige Mittel zu finanzieren (Goldene Bilanzregel). Weiterhin solle die Kapitalstruktur (eigene Mittel zu fremden Mitteln) mindestens 1 : 1 betragen. Eine Unternehmung weise dazu folgende Bilanz auf:

---

[1] Eine systematische Darstellung und Kritik des Bindungsgedankens bringt *Ludwig Mülhaupt*, Der Bindungsgedanke in der Finanzierungslehre unter besonderer Berücksichtigung der holländischen Finanzierungsliteratur, Wiesbaden 1966; vgl. auch *Dietrich Börner*, Die Bedeutung von Finanzierungsregeln für die betriebswirtschaftliche Kapitaltheorie. In: ZfB, Jg. 37 (1967), S. 341–353; *Erich Gutenberg*, Grundlagen der Betriebswirtschaftslehre. Bd. III, Die Finanzen. 7. Aufl. Berlin – Heidelberg – New York 1975, S. 277–296, alle mit weiteren Quellenangaben.

Anlagen	500	Eigenkapital	300
Vorräte	400	Anleihe	300
Kasse	100	Bank	200
		Lieferanten	200
	1000		1000

Die Unternehmung erfüllt also die gewünschte Bindungsregel, denn zu den langfristigen Mitteln zählen das Eigenkapital und die Anleihe. Das Verhältnis von Anlagen zu langfristigen Mitteln beträgt 5 : 6; es sind also mehr langfristige Mittel vorhanden, als der Finanzierungsgrundsatz verlangt. Das Vorratsvermögen gilt als kurzfristige Investition. Das Verhältnis von kurzfristiger Investition zu kurzfristigen Mitteln (Bankkredite, Lieferantenkredite) beträgt 5 : 4, ein Teil der kurzfristigen Investitionen ist also mit langfristigen Mitteln finanziert worden.

Die Unternehmung genügt jedoch nicht der Kapitalstrukturregel. Das Verhältnis Eigenkapital zu Fremdkapital beträgt nicht 1 : 1, sondern nur 3 : 7. Daraus könnte man folgern, die Unternehmung habe eine unsolide Finanzierungspolitik betrieben. Ist das tatsächlich der Fall?

Betrachten wir zunächst die Berechnung der Bindungsregel etwas genauer: Unter den Anlagen können sich Posten befinden, die sehr rasch verkauft werden können und insofern kurzfristige Investitionen darstellen, z. B. börsengängige Wertpapiere, Reservegrundstücke in guter Lage. Der Marktwert beider kann das Fünf- oder Zehnfache des Bilanzansatzes betragen. Daneben ist ein Teil der Vorräte langfristig gebunden, denn in einer arbeitenden Unternehmung muß stets ein Mindestbestand an Vorräten vorhanden sein. Auf der anderen Seite braucht Eigenkapital keineswegs langfristig zur Verfügung zu stehen. Zum ersten kann es kurzfristig durch Verluste aufgezehrt werden; zum zweiten sind Gesellschaftereinlagen kündbar. Eine Kommanditeinlage muß nach Kündigung im allgemeinen nach einem halben Jahr ausbezahlt werden. Weiter: Die Anleihe kann bereits im nächsten Monat fällig werden oder erst in 10 Jahren. Die Bankkredite sind zwar meistens formell kurzfristig, werden aber im allgemeinen stillschweigend verlängert, so daß sie mindestens teilweise langfristig zur Verfügung stehen. Ähnliches gilt für die Lieferantenkredite. Sie müssen zwar kurzfristig zurückgezahlt werden, lassen sich aber durch neue Werkstoffkäufe wieder erneuern.

Aufgrund dieser Umstände erscheint die Aussagefähigkeit der Finanzierungsgrundsätze fragwürdig. Aber es sind noch weitere Einwände zu erheben. Die Liquiditätslage ist aus der Bilanz nur recht dürftig abzulesen: Lohn- und Gehaltszahlungen, fällige Steuerzahlungen und andere Aufwandsposten, die rasch zu Ausgaben werden, treten nicht in Erscheinung. Anlagen können gemietet worden sein (Leasing); sie erscheinen im Regelfall nicht »über dem Strich« in der Handelsbilanz, führen aber zu beträchtlichen laufenden Mietausgaben. Aus der Gewinn- und Verlustrechnung ist zwar die Höhe derartiger Aufwendungen für das vergangene Jahr zu erkennen, aber nicht ihre künftige Höhe und vor allem kein Zahlungstermin. Auf der anderen Seite werden auch die künftigen Einnahmen nicht beachtet.

Ferner: Wen stört der geringe Eigenkapitalanteil, wenn die Unternehmung voll beschäftigt ist, Lieferfristen von einem Jahr setzen muß und sogar Vorauszahlung verlangen kann, sofern sie ihre Erzeugnisse rascher liefert? Was nützt andererseits ein Eigenkapitalanteil von 70% einer Unternehmung, die nur zu 30% ausgelastet ist, hohe Jahresverluste zu erwarten hat und deren Anlagen bei Liquidation vielleicht 10% des Buchwertes erbringen? Es sind diese Gesichtspunkte, die Kritik an den herkömmlichen Finanzierungsgrundsätzen hervorgerufen haben.

In den früheren Kapiteln haben wir gesehen, daß Investition und Finanzierung gemeinsam zu lösende Probleme sind. Ein Optimum läßt sich meistens nur in einem kombinatorischen Planungsmodell bestimmen. Welche Investitionen durchgeführt, welche Kredite aufzunehmen sind, wieviel Gewinn auszuschütten und wieviel zur Selbstfinanzierung zu verwenden ist, das folgt als Ergebnis aus der Suche nach dem optimalen Finanzplan.

Da Änderungen in den Investitionsvorhaben, in den Finanzierungsmöglichkeiten, den Steuer- und Zinssätzen jeweils andere optimale Finanzpläne erzeugen, lassen sich keine allgemeingültigen Finanzierungsregeln aufstellen.

Als Entscheidungshilfen für den planenden Unternehmer sind weder Bindungs- noch Kapitalstrukturregeln theoretisch zu rechtfertigen: Es ist weder sinnvoll, einzelne Investitionen einzelner Kreditarten zuzuordnen, noch feste Beziehungen zwischen eigenen und fremden Mitteln zu verlangen. Entscheidend ist allein, daß der mehrjährige Finanzplan so aufgebaut ist, daß zu keinem Zeitpunkt die Zahlungsfähigkeit verletzt wird.

Eine andere Frage ist jedoch, ob die Regeln als Faustformeln eine grobe Richtschnur für zweckmäßiges finanzwirtschaftliches Verhalten der Geldgeber (Gläubiger, Aktionäre), nicht der planenden Unternehmung, bilden können. Diese Frage werden wir zu beantworten suchen.

b) Zielsetzung und Wahlprobleme zwischen den Finanzierungsarten

Um die Wahlprobleme zwischen den Finanzierungsarten in den Griff zu bekommen, erinnern wir uns der Unterscheidung zwischen Bestandskapital und Zusatzkapital.

Bestandskapital, also der Betrag, der für den Planungszeitraum »grenzkostenlos« zur Verfügung steht, wird in jedem Fall investiert. Ob er in einer Firma angelegt wird oder außerhalb, hängt von den Investitionsmöglichkeiten ab. Die Wahlprobleme zwischen den Finanzierungsarten beschränken sich auf die Bestimmung der Höhe des Bestandskapitals (sollen Gewinne ausgeschüttet oder zurückbehalten werden?) und auf das Zusatzkapital: Ist das Eigenkapital zu erhöhen oder Fremdkapital aufzunehmen, um die Investitionen zu finanzieren? Das zusätzliche Eigenkapital sehen wir als Gewinnkapital an, das Fremdkapital als Aufwandkapital; Sonderformen, wie partiarische Darlehen, und Mischformen, wie Wandelschuldverschreibungen[2], bleiben außer Betracht. Bei der Frage »Eigenfinanzierung, Selbstfinanzierung oder Fremdfinanzierung« schafft das Verhältnis von Eigen- zu Selbstfinanzierung Schwierigkeiten. Wir haben zu prüfen: Kann es bei den verschiedenen finanziellen Zielen, bei Handeln im Interesse der Anteilseigner und bei firmeneigenem Vermögensstreben, überhaupt zu einer Konkurrenz zwischen Eigenfinanzierung und Selbstfinanzierung kommen? Diese Frage ist vorab zu beantworten, ehe wir Finanzierungsoptima ableiten können.

---

[2] Vgl. hierzu z. B. *Heinrich Rittershausen*, Industrielle Finanzierungen. Wiesbaden 1964, 7. Kap.: *Johannes Welcker*, Wandelobligationen. In: ZfbF, Jg. 20 (1968), S. 798–838; *Peter Swoboda*, Finanzierungstheorie. Würzburg – Wien 1973, S. 180–196; *Peter Swoboda und Margherita Kamschal*, Die Bewertung deutscher Wandelanleihen und die Optimierung des Umwandlungstermins bei steigenden Zuzahlungen (unter Anwendung der Black-Scholes-Methode). In: ZfbF, Jg. 31 (1979), S. 295–321.

(1) Handeln im Interesse der Anteilseigner kann bedeuten (vgl. S. 167 ff.):
(aa) Einkommensmaximierung (Streben nach maximalen Ausschüttungen).
Bei Publikumsgesellschaften heißt Einkommensmaximierung, den Aktionären die Entscheidung überlassen, ob sie konsumieren oder investieren wollen. Bei Einkommensstreben ist der maximal entziehbare Betrag auch auszuschütten. Ein Wahlproblem: Ausschüttung (und Eigenfinanzierung) oder Selbstfinanzierung gibt es nicht. Gleichwohl mag zusätzliche Eigenfinanzierung erwünscht sein, um neue Kreditquellen zu erschließen, vorteilhafte Investitionen auszuführen und so das künftige Einkommen zu erhöhen. Hierbei kann der Fall auftreten, daß aus steuerlichen Gründen ein Zurückhalten von Gewinnen in der Firma mehr Eigenkapital erbringt als eine Ausschüttung mit gleichzeitiger Kapitalerhöhung. Diese günstige Selbstfinanzierung ist mit Einkommensstreben strenggenommen nicht vereinbar. Deshalb gilt: Bei Einkommensstreben besteht nur die Wahl zwischen Eigenfinanzierung und Fremdfinanzierung.

(bb) Vermögensmaximierung für den Durchschnittsaktionär.
Hier wird ein möglichst hohes Endvermögen am Planungshorizont angestrebt. Gewinne werden ausgeschüttet, wenn sie der Aktionär außerhalb der Firma besser anlegen kann als die Firma selbst, im anderen Fall wird selbstfinanziert. Ist es vorteilhaft, Gewinne auszuschütten, dann lohnt sich keine Eigenfinanzierung; denn die Mittel für die Kapitalerhöhung müßten ja anderen, voraussetzungsgemäß besseren Anlagemöglichkeiten vorenthalten werden. Erst wenn es vorteilhaft ist, Gewinne zurückzubehalten, diese Selbstfinanzierungsbeträge zur Deckung der Investitionsausgaben aber nicht ausreichen, kann darüber hinaus Eigenfinanzierung zweckmäßig sein. Es gibt auch hier keine Konkurrenz zwischen Eigenfinanzierung und Selbstfinanzierung. Allerdings ist zu beachten, daß die steuerlichen Bedingungen statt Selbstfinanzierung eine Ausschüttung mit gleichzeitiger Kapitalerhöhung vorteilhafter erscheinen lassen können. Von diesem Problem der »Schütt-aus-hol-zurück-Politik« abgesehen, gilt also: Ein Wahlproblem besteht nur zwischen Eigen- und Fremdfinanzierung.

(2) Bei Handeln im firmeneigenen Vermögensinteresse sind zwei Fälle zu unterscheiden: Es bestehen unbeschränkte oder beschränkte Eigenfinanzierungsmöglichkeiten.

(aa) Sind die Eigenfinanzierungsmöglichkeiten unbeschränkt, dann kann die Firmenleitung nach Belieben Kapitalerhöhungen durchführen, vorausgesetzt, sie kann glaubhaft machen, daß die Aktionäre stets eine bestimmte Mindestrendite, einen Habenzins, erhalten. Besteht hier eine Konkurrenz zwischen Selbstfinanzierung und Eigenfinanzierung? Zur Selbstfinanzierung steht der Gewinnüberschuß nur insoweit bereit, als er früher eingegangene Dividendenverpflichtungen übersteigt. Sind die Eigenfinanzierungsmöglichkeiten unbeschränkt, dann braucht dieser Gewinnüberschuß nicht ausgeschüttet zu werden, um heute Kapitalerhöhungen zu ermöglichen. Der Gewinnüberschuß gilt damit als Bestandskapital. Bei unbeschränkter Eigenfinanzierungsmöglichkeit besteht folglich nur die Wahl zwischen Eigenfinanzierung und Fremdfinanzierung.

(bb) Bei beschränkter Eigenfinanzierungsmöglichkeit hängt von der Ausschüttung des gegenwärtigen Gewinnüberschusses die gegenwärtige Eigenfinanzierungsmöglichkeit ab. Hier besteht also Konkurrenz zwischen Eigenfinanzierung und Selbstfinanzierung. Wird der Gewinnüberschuß zurückbehalten, versiegen die Eigenfinanzierungsquellen, wird er ausgeschüttet, so fließen sie.

Nur bei firmeneigenen Zielen und beschränkter Eigenfinanzierungsmöglichkeit sowie bei unterschiedlicher steuerlicher Behandlung von Ausschüttung und Selbstfinanzierung besteht deshalb eine Wahl zwischen Eigenfinanzierung und Selbstfinanzierung. In allen anderen Fällen und nachdem die Wahl zwischen Eigen- und Selbstfinanzierung getroffen ist, bleiben nur Wahlprobleme zwischen Eigenfinanzierung oder Fremdfinanzierung bzw. Selbstfinanzierung oder Ausschüttung mit Fremdfinanzierung der Investitionen.

Wenn wir im folgenden das Problem der optimalen Kapitalstruktur modellmäßig analysieren, stellen sich also folgende Fragen: Eigenfinanzierung oder Fremdfinanzierung der Investitionen? Selbstfinanzierung oder Fremdfinanzierung? Die vor allem aus steuerlichen Gründen interessierende Frage: Selbstfinanzierung oder Eigenfinanzierung? wurde bereits S. 263 ff. behandelt.

Die Erörterung der Finanzierungsoptima unter Ungewißheit wird sich auf das Problem der risikooptimalen Verschuldung beschränken. Die Gefahr, daß Gesellschaftereinlagen gekündigt bzw. durch Privatentnahmen entzogen werden, wird nicht im einzelnen untersucht. Es ist Aufgabe der Gesellschaftsverträge vorzusorgen, daß aus der Kündigung von Gesellschaftereinlagen keine Existenzgefährdung der Unternehmung entsteht.

II. Finanzierungsoptima bei Vernachlässigung der Ungewißheit

a) Eigenfinanzierung oder Fremdfinanzierung?

1. Kapitalerhöhungen in personenbezogenen Unternehmen

Die Frage, ob neues Eigenkapital für die Unternehmung aufgenommen werden soll, kann nicht ohne Rücksicht auf die Rechtsform der Unternehmung beantwortet werden. Nach dem wirtschaftlichen Inhalt der einzelnen Rechtsformen hat man unterschieden[3]: Einzelunternehmung (Einzelunternehmer, aber auch eine GmbH oder eine AG, bei der eine Person sämtliche Anteile besitzt), Unternehmergesellschaft (OHG, aber auch Familien-AG oder GmbH, bei der die Gesellschafter zugleich Geschäftsführer sind), Einlagengesellschaft (KG, d. h. einige Teilhaber haften nur mit ihrer Einlage und sind nicht an der Geschäftsführung beteiligt) und Kapitalgesellschaft (hier liegt die Unternehmensleitung nicht in Händen der Anteilseigner, sondern in Händen angestellter Geschäftsführer).

Für unsere Probleme brauchen wir allerdings keine so weitgehende Trennung. Wir unterscheiden: personenbezogene Unternehmung und Publikumsgesellschaft als besonders ausgeprägte »firmenbezogene Unternehmung«. In personenbezogenen Unternehmen sind die Anteilseigner zugleich Geschäftsführer, daneben können einige Anteilseigner nicht an der Geschäftsführung beteiligt sein; aber sie stehen in einer engen, durch den Gesellschaftsver-

---

[3] Vgl. *Fritz Lehmann*, Rechtsformen und Wirtschaftstypen der privaten Unternehmung. Mannheim 1925; *Karl Hax*, Langfristige Finanz- und Investitionsentscheidungen. In: Handbuch der Wirtschaftswissenschaften, Bd. 1, herausgegeben von Karl Hax, Theodor Wessels, 2. Aufl., Köln – Opladen 1966, S. 399–489, hier S. 421 f.

trag bestimmten Beziehung zur Unternehmung. Zu den personenbezogenen Unternehmen zählen Einzelunternehmer, stille Gesellschaft, OHG, KG, personenbezogene GmbH und AG (Familien-AG). Bei Publikumsgesellschaften sind Geschäftsführer und Anteilseigner nicht identisch. Typisch sind die Publikums-Aktiengesellschaften; ihnen gleichstellen können wir hier die Genossenschaften.

Wir erörtern zunächst das Problem der Eigenfinanzierung in personenbezogenen Unternehmen und gehen der Einfachheit halber vom Einzelunternehmer aus. Wann wird der Unternehmer Kapital aufnehmen, das gewinnberechtigt ist? Bei der Zuführung von Eigenkapital in die Unternehmung unterscheiden wir zwei Fälle:

(a) Der bisherige Unternehmer zieht Kapital aus anderen Einkommensquellen, um es in dieser Firma zu investieren, oder er verzichtet auf Konsum, um mehr zu investieren.
(b) Der bisherige Einzelunternehmer nimmt einen Gesellschafter auf.

Die Frage, ob der Unternehmer sein Kapital in dieser oder einer anderen Firma investieren soll, ist rasch zu beantworten. Er wählt diejenige Firma, in der sich das Kapital am höchsten rentiert. (Allerdings gilt das nur, solange das Risiko außer acht bleibt; unter Ungewißheit sind die Vorteile der Risikomischung wahrzunehmen.) Wir müssen das gesamte Eigenkapital des bisherigen Unternehmers als Einheit betrachten. Es ist ein Teil seines Bestandskapitals. Die Frage, Konsum oder Sparen (das Problem der Selbstfinanzierung), wurde bereits auf S. 361 ff. erörtert. In personenbezogenen Unternehmen gibt es somit kein eigenständiges Wahlproblem zwischen Selbstfinanzierung und Eigenfinanzierung durch die bisherigen Gesellschafter.

Hier ist deshalb nur (b) im einzelnen zu betrachten: Ein Unternehmer überlegt, ob er einen Gesellschafter aufnimmt.

In personenbezogenen Unternehmen stehen der Eigenfinanzierung besondere Schwierigkeiten entgegen: Der Kapitalanleger hat zu bedenken, daß er seine Beteiligung im allgemeinen nur sehr schwer wieder lösen kann. Kommanditeinlagen und stille Einlagen werden nicht wie Aktien an der Börse gehandelt; sie durch Kündigung aus einer Unternehmung herauszuziehen, kann das Ende des Unternehmens und dadurch Verlust auch der Einlage bedeuten.

Die Entscheidung, einen neuen Gesellschafter aufzunehmen, wird meistens beherrscht von organisatorischen und persönlichen Überlegungen, z. B. von den Fragen: Wer führt die Geschäfte? Wie wird sich die Zusammenarbeit gestalten? Aber diese organisatorischen und persönlichen Überlegungen müssen hier außer acht bleiben. Wir betrachten nur einen, den finanziellen Aspekt der Gesellschafteraufnahme und fragen lediglich: Wann soll neues Gesellschafterkapital aufgenommen werden und wieviel?

Die Antwort hängt von der Gestaltung der Vertragsverhältnisse ab. Der Fall, daß der neue Gesellschafter eine feste Verzinsung erhält ohne Rücksicht auf die Ertragslage, bleibt hier außer acht, denn dann wäre das neue Kapital Aufwandkapital, nicht Gewinnkapital, und Aufwandkapital verursacht Grenzkapitalkosten. Für diesen Fall gilt als Optimumbedingung: Es wird so lange Kapital aufgenommen, bis die Grenzrendite den Grenzkapitalkosten gleicht. Wir vernachlässigen zugleich andere Formen der Diskriminierung neuer Gesellschafter, und daß ein neuer Gesellschafter eine bestimmte Beteiligungshöhe fordert.

Nur zwei Möglichkeiten der Vertragsgestaltung werden hier untersucht:
Zunächst wird unterstellt, der neue Gesellschafter sei nicht bereit, ein Aufgeld (Agio) für seinen Anteil zu zahlen, um als gleichberechtigter Gesellschafter aufgenommen zu werden. Wann lohnt es sich unter dieser Voraussetzung, neues Gesellschafterkapital aufzunehmen?

Anschließend wird gefragt: Wie hoch ist der Mindesteintrittspreis für den neuen Gesellschafter, wenn es für den bisherigen Unternehmer vorteilhaft sein soll, neue Gesellschafter aufzunehmen? Wie hoch ist also der »Mindestausgabekurs« für das zusätzliche Eigenkapital?

aa) Beteiligung ohne Aufgeld

Lohnt sich die Aufnahme zusätzlichen Eigenkapitals, wenn der neue Gesellschafter kein Aufgeld zahlt? Um die Frage zu beantworten, müssen wir zurückgreifen auf die Unterscheidung zwischen dem Standardmodell mit teilbaren Investitionsvorhaben (von Anfang an sinkenden Durchschnittsrenditen) und dem Lutz-Modell mit unteilbaren Investitionsvorhaben (erst steigenden, dann sinkenden internen Zinsfüßen).

(aa) Bei teilbaren Investitionsvorhaben lohnt es sich unter unseren Voraussetzungen nie, neues Eigenkapital heranzuziehen. Das beweisen wir in zwei Schritten:

(α) Fremdkapital sei unabhängig von der Höhe des Eigenkapitals verfügbar. Hier wird der Unternehmer Fremdkapital aufnehmen, bis die Grenzrendite des Investitionsprogramms auf die Grenzkapitalkosten gesunken ist. Der Mehrwert, den das investierte Fremdkapital erbringt, erhöht die Einnahmenüberschüsse des bisherigen Unternehmers und erhöht die Rentabilität seines Eigenkapitals. Lohnt es sich, das Investitionsvolumen über den Punkt hinaus zu erweitern, in dem sich Grenzrendite und (marginaler) Sollzins gleichen? Dazu müßte zusätzliches Eigenkapital herangezogen werden. Aber in diesem Fall erbringt das zusätzliche Eigenkapital eine geringere Rendite, als bisher verdient wurde, denn die Grenzrendite weiterer Investitionen liegt unter den Grenzkapitalkosten und damit erst recht unter der bisherigen Durchschnittsrendite. Folglich sinkt die Durchschnittsrentabilität der Unternehmung. Der Gewinnanteil des neuen Gesellschafters errechnet sich aus Durchschnittsrentabilität der Gesamtunternehmung mal Kapitalanteil, da er in seinem Gewinnanspruch nicht diskriminiert werden darf. Sinkt nach Aufnahme eines Gesellschafters die Durchschnittsrentabilität, so verbleibt dem bisherigen Unternehmer weniger als früher. Deshalb wird er kein zusätzliches Eigenkapital aufnehmen.

(β) Die Höhe des Fremdkapitals hängt von der Höhe des Eigenkapitals ab. Die Unternehmung steht einem »beschränkten Kapitalmarkt« gegenüber. Um zusätzliche Kredite zu bekommen, muß die Unternehmung z. B. eine bestimmte Kapitalstruktur nachweisen. Wir nehmen an, daß eine Mark zusätzlicher Kredit gewährt wird, wenn zugleich eine Mark zusätzliches Eigenkapital der Unternehmung zugeführt wird (Kapitalstrukturregel 1 : 1). Lohnt es sich in diesem Fall, einen neuen Teilhaber aufzunehmen?

Der bisherige Unternehmer wird einen Teilhaber nur aufnehmen, wenn ihm nach der Gesellschafteraufnahme mehr Einkommen verbleibt als vorher, d. h. zugleich: wenn die Rentabilität seines Eigenkapitals durch die Gesellschafteraufnahme erhöht wird. Bevor die Überlegung angestellt wird, einen neuen Teilhaber aufzunehmen, wird der Unternehmer seinen Kreditspielraum voll ausschöpfen. Die Kapitalstruktur der Unternehmung beträgt also bei der Überlegung, einen neuen Gesellschafter aufzunehmen, bereits 1 : 1, und zusätzlicher Kredit ist nur durch Beibehalten dieser Kapitalstruktur und damit durch zusätzliche Eigenfinanzierung zu bekommen.

Da bei teilbaren Investitionsvorhaben die Grenzrendite der Investitionen von Anfang an fällt, sinkt durch die zusätzliche Eigenfinanzierung die Durchschnittsrentabilität des Eigenkapitals der Gesamtunternehmung. Der bisherige Unternehmer erzielte somit nach der Gesellschafteraufnahme als Einkommen das Produkt konstantes unternehmereigenes Kapital mal gesunkene Durchschnittsrendite. Es lohnt sich also auch hier nicht, einen Teilhaber aufzunehmen. Das Ergebnis wäre anders, wenn sich mit wachsendem Investitionsvolumen die Kapitalstruktur verschlechtern dürfte, so daß jede zusätzliche Mark an Eigenkapital jeweils mehr als eine Mark an Fremdkapital induziert. Aber eine solche Annahme ist unrealistisch.

(bb) Wir betrachten jetzt unteilbare Investitionsvorhaben. Lohnt sich bei unteilbaren Investitionsvorhaben (im Lutz-Modell) die Aufnahme eines Gesellschafters? Wir gehen gleich davon aus, daß zusätzliches Fremdkapital nur durch zusätzliches Eigenkapital zu erhalten ist. Hier sind zwei Fälle zu unterscheiden:

(α) Die eigenen Mittel des bisherigen Unternehmers und das ohne Erweiterung des Eigenkapitals erreichbare Fremdkapital erlauben ein Investitionsvolumen, das gleich oder größer ist als der Betrag, den das lukrativste Investitionsprogramm (das mit dem höchsten durchschnittlichen internen Zinsfuß) erfordert.

Hier steht der Unternehmer bei der Entscheidung, zusätzliches Eigenkapital aufzunehmen, vor einer Investitionskurve mit fortan fallenden Durchschnittsrenditen. Es gilt das für teilbare Investitionsvorhaben Gesagte.

(β) Die eigenen Mittel des Unternehmers und das damit induzierte Fremdkapital reichen nicht aus, um das lukrativste Investitionsprogramm zu verwirklichen. Hier bedeutet die Aufnahme einer zusätzlichen Mark an Gesellschafterkapital, daß die Durchschnittsrentabilität der Gesamtunternehmung steigt. Folglich steigt auch das Einkommen, das dem bisherigen Unternehmer verbleibt. Der Unternehmer wird so lange neues Gesellschafterkapital aufnehmen, bis das lukrativste Investitionsprogramm verwirklicht werden kann, denn dann ist die Durchschnittsrentabilität der Unternehmung maximiert.

Zahlt der neue Gesellschafter kein Aufgeld, dann lohnt sich die Aufnahme eines neuen Gesellschafters also nur, wenn unteilbare Investitionsvorhaben vorliegen und das Eigenkapital des bisherigen Unternehmers sowie das dadurch induzierte Fremdkapital nicht ausreichen, um das lukrativste Investitionsprogramm zu verwirklichen.

bb) Beteiligung mit Aufgeld

Zahlt der neue Gesellschafter Aufgeld, dann sind drei Fragen zu beantworten:
(aa) Wie hoch ist der Mindestausgabekurs, um den bisherigen Unternehmer zu veranlassen, Anteilsrechte abzugeben?
(bb) Wie hoch ist der Ausgabekurs, den der bisherige Unternehmer bestenfalls erreichen kann?
(cc) Welchen Gesamtbetrag an Anteilen wird der Unternehmer ausgeben?

Wir sehen auch hier von mehreren praktisch bedeutsamen Einflüssen ab, insbesondere von dem Problem der Geschäftsführung und der Mehrheitsbildung (»Überfremdung«) in der Unternehmung. Wir betrachten nur den Zusammenhang zwischen Eigenfinanzierung, Fremdfinanzierung und Rentabilität der Investitionsvorhaben.

Zu (aa): Der Unternehmer wird nur bereit sein, Fremden Anteilsrechte einzuräumen (eine Kapitalerhöhung durchzuführen), wenn ihm nach der Kapitalerhöhung ein höherer Einkommensbetrag verbleibt als vorher. Als Folge der Kapitalerhöhung können neue Investitionsvorhaben verwirklicht werden. Diese Investitionsvorhaben, in t_0 durchgeführt, erbringen in t_1 zusätzliches Einkommen, das wir mit ΔE bezeichnen. An die neuen Gesellschafter ist ein Gewinn abzuführen in Höhe von Durchschnittsrendite des Grundkapitals der Unternehmung nach der Kapitalerhöhung (r_n) mal Nennbetrag der Anteile der neuen Gesellschafter (N). Für den bisherigen Unternehmer lohnt sich also die Kapitalerhöhung nur, wenn die Gewinne, die an die neuen Gesellschafter abzuführen sind, vollständig aus dem Zusatzgewinn (dem Einnahmenüberschuß ΔE) bezahlt werden können. Die Kapitalerhöhung lohnt sich also nur, wenn

(1) $$\Delta E > r_n \cdot N.$$

Der Mehrgewinn ΔE wird erwirtschaftet durch die Investition des Zusatzkapitals, das sich zusammensetzt aus dem Nennwert N der Anteile der neuen Gesellschafter sowie dem Agio, das die neuen Gesellschafter zu zahlen haben, sowie dem durch die Eigenkapitalzuführung induzierten Fremdkapital. Das zusätzliche Eigenkapital (Nennbetrag plus Agio) bezeichnen wir mit ΔK_E. Der Ausgabekurs A der Gesellschaftsanteile (in Prozent) errechnet sich als

(2) $$A = \frac{\Delta K_E}{N} \cdot 100.$$

Für den Mindestausgabekurs muß in Gleichung (1) ein Gleichheitszeichen treten. Gleichung (1) in (2) eingesetzt und umgeformt ergibt

(3) $$A = \frac{r_n}{\frac{\Delta E}{\Delta K_E}} \cdot 100.$$

Das heißt, der Mindestausgabekurs hat dem Verhältnis von Durchschnittsrendite nach einer Kapitalerhöhung im Zähler und Grenzrendite des zusätzlichen Eigenkapitals im Nenner zu gehorchen. Der Begriff Grenzrendite des zusätzlichen Eigenkapitals bedarf einer Erläuterung: Der Einkommenszuwachs ΔE wird vom zusätzlichen Eigenkapital und von dem durch das zusätzliche Eigenkapital induzierten Fremdkapital erwirtschaftet. Gleichwohl beziehen wir diesen Gewinnzuwachs nur auf das zusätzliche Eigenkapital. Wir wollen grundsätzlich vereinbaren, daß auf beschränkten Kapitalmärkten die Rendite einer zusätzlich eingesetzten Mark (die Grenzrendite) als Rendite des zusätzlichen Eigenkapitals unter Berücksichtigung der Gewinne aus dem Einsatz des zusätzlich induzierten Fremdkapitals zu verstehen ist. Zum Beispiel: Bringt eine Mark neues Eigenkapital 10%, die dadurch induzierte Mark zusätzliches Fremdkapital 9% und kostet das Fremdkapital 7%, dann beträgt die Rendite der zusätzlichen Mark Eigenkapital 10% + 9% − 7% = 12%.

Gleichung (3) bezeichnet das Verhältnis einer Durchschnittsgröße (r_n) zu einer Grenzgröße $\left(\frac{\Delta E}{\Delta K_E}\right)$. Das umgekehrte Verhältnis: Grenzgröße zu Durchschnittsgröße bezeichnet man in der Wirtschaftstheorie als Elastizität (vgl. z. B. die Nachfrageelastizität in bezug auf den Preis).

Für den reziproken Wert des Mindestausgabekurses können wir deshalb eine Elastizität definieren:

(4) $$\frac{1}{A} = \frac{\Delta E}{\Delta K_E} : r_n.$$

Das Verhältnis $\frac{\Delta E}{\Delta K_E} : r_n$ nennen wir Einkommenselastizität (Gewinnelastizität) der Investition und schließen: Der Mindestausgabekurs gleicht der (mit 100 multiplizierten) reziproken Einkommenselastizität der Investition.

Zur Verdeutlichung mögen zwei Beispiele dienen:
1. Der bisherige Unternehmer hat 1 Mill. Mark investiert und erzielt daraus 100 000 Mark Einkommen in t_1. Er will den Kapitaleinsatz verdoppeln. Die zusätzlich zu investierende Million erbringt ein zusätzliches Einkommen von 80 000 Mark. Die Grenzrendite des Geldes aus der Kapitalerhöhung beträgt also acht Prozent. Die Durchschnittsrendite der Unternehmung stellt sich danach auf neun Prozent, nämlich 180 000 Mark für 2 Mill. Kapitaleinsatz. Das Zusatzkapital beträgt 1 Mill. Mark. Der Mindestausgabekurs für die Gesellschaftsanteile errechnet sich gemäß Gleichung (3) als $A = \frac{9}{8} \cdot 100 = 112{,}5\%$. Im praktischen Fall wäre dieser Prozentsatz noch um die Kosten der Kapitalerhöhung (z. B. Provisionen, Gebühren für die Beratung bei der Abfassung des Gesellschaftsvertrages) zu erhöhen. Wir sehen davon ab. Der Nennbetrag der neuen Anteilsrechte errechnet sich nach Formel (2) als Quotient aus Zusatzkapital (1 Mill.) durch Ausgabekurs (112,5%). Dem neuen Gesellschafter werden folglich für rund 890 000 Mark Gesellschaftsanteile eingeräumt, für die er aber das 1,125fache, also rund 1 Mill. Mark zu zahlen hat. Nach der Kapitalerhöhung stellt sich der Eigenkapitalanteil des bisherigen Unternehmers auf 1 Mill. plus rund 110 000 Zuzahlung des neuen Anteilseigners, gleich rund 1,11 Mill. Mark. Diese, verzinst mit neun Prozent, der Durchschnittsrendite der Unternehmung nach der Kapitalerhöhung, ergibt das bisherige Einkommensniveau des Unternehmers von rund 100 000 Mark jährlich. Aus dem Beispiel ersehen wir, daß die obige Berechnung des Mindestausgabekurses unterstellt, das Agio fließe dem bisherigen Eigentümer in Form von gewinnberechtigten Anteilen zu. Bei Aktiengesellschaften ist das Agio jedoch in die gesetzliche Rücklage einzustellen. Das bereits erzwingt einen höheren Mindestausgabekurs, vgl. S. 471.
2. Der bisherige Unternehmer hat 1 Mill. Mark investiert und daraus 80 000 Mark Einkommen erzielt. Er will den Kapitaleinsatz verdoppeln. Die Grenzrendite der Investition beträgt diesmal zehn Prozent. Die zweite Million erbringt also insgesamt 100 000 Mark. Die Durchschnittsrendite der Unternehmung steigt nach der Kapitalerhöhung von acht Prozent auf neun Prozent. Wie hoch ist der Mindestausgabekurs bei wachsendem internen Zinsfuß (bei steigender Durchschnittsrendite) der Unternehmung? Der Mindestausgabekurs berechnet sich als $A = \frac{9}{10} \cdot 100 = 90\%$. Das heißt, der neue Gesellschafter muß 1 Mill. Mark bezahlen; er erhält dafür aber Gesellschaftsanteile in Höhe von rund 1 110 000 Mark. Der bisherige Unternehmer muß 110 000 Mark seines Anteils als Anteil des neuen Gesellschafters umbuchen. Ihm verbleiben nur 890 000 Mark. Diese rund 890 000 Mark, verzinst mit der neuen Durchschnittsrendite von neun Prozent, sichern ihm das bisherige Einkommen von 80 000 Mark.

Zu (bb): Der bisherige Unternehmer wird versuchen, mehr als den Mindestausgabekurs zu erzielen. Wie hoch ist der maximale Ausgabekurs? Die obere Grenze des Ausgabekurses wird durch die Rendite der alternativen Anlagemöglichkeiten der Kapitalgeber (der möglichen neuen Gesellschafter) gesetzt. Zur Vereinfachung gehen wir davon aus, die möglichen neuen Gesellschafter hätten nur eine alternative Anlagemöglichkeit in Höhe von sechs Prozent. Rentiert sich die Unternehmung nach der Kapitalerhöhung mit neun Prozent, dann läge der maximale Ausgabekurs bei 150 Prozent; denn durch einen Einsatz von 150 Mark könnten damit in der Unternehmung neun Mark verdient werden, also ebensoviel wie bei Anlage zur Alternativrendite von 6%. Im ersten und zweiten Beispiel wird durch die Verwirklichung dieses maximalen Ausgabekurses das Einkommen des bisherigen Unternehmers auf 120 000 Mark steigen. Denn den neuen Gesellschaftern würden Anteile in Höhe von rund 667 000 Mark eingeräumt werden, wenn sie 1 Mill. Mark einbezahlten. Sie erhalten auf die 667 000 Mark einen Gewinn von neun Prozent gleich 60 000 Mark. Die restlichen 120 000 Mark des Gesamtgewinns von 180 000 Mark fließen dem bisherigen Unternehmer zu.

Im praktischen Fall muß hier stärker differenziert werden. Will ein Unternehmer oder eine Personengesellschaft einen weiteren Teilhaber aufnehmen, so werden einmal die Gesichtspunkte der Mindestbeteiligung und der Geschäftsführung eine Rolle spielen, und weiterhin werden dem bisherigen Unternehmer nicht alle alternativen Anlagemöglichkeiten des möglichen neuen Teilhabers bekannt sein. Jeder der Beteiligten wird bei jeder Handlungsmöglichkeit die anfallenden Einkommensteuerzahlungen zu berücksichtigen haben. Das tatsächliche Aufgeld folgt als Ergebnis einer Verhandlung mit dem neuen Teilhaber, in der regelmäßig geblufft, gedroht und Desinteresse geheuchelt wird. Für diese Verhandlungssituation lassen sich theoretisch nur die Preisgrenzen klären: der Mindestausgabekurs, unter dem der bisherige Unternehmer sein Interesse an der Kapitalerhöhung verliert, und der maximale Ausgabekurs, bei dem der mögliche Teilhaber sich ernstlich nicht mehr beteiligen will.

Zu (cc): Für den Umfang der Kapitalerhöhung gilt die Regel »Grenzrendite gleich Kalkulationszinsfuß«. Kalkulationszinsfuß ist dabei die Rendite, die dem neuen Anteilseigner geboten werden muß. Gelingt es, die Rendite niedrig zu halten (einen Ausgabekurs in der Nähe des maximalen Ausgabekurses zu erreichen), dann wird der Umfang der Kapitalerhöhung und damit das Investitionsvolumen größer sein als bei starker Verhandlungsmacht der neuen Gesellschafter, wenn sie sich eine hohe Rendite sichern können (einen Ausgabekurs in der Nähe des Mindestausgabekurses erzielen).

Im praktischen Fall wird der Gesichtspunkt, eine bestimmte Beteiligungsquote beizubehalten, vielfach ein geringeres Investitionsvolumen nahelegen.

2. Kapitalerhöhungen in Publikumsgesellschaften

aa) Zielsetzung und Wahlprobleme bei Eigenfinanzierung

Bei Publikumsgesellschaften sind Unternehmer (der Vorstand) und Anteilseigner verschiedene Personen. Das wirft die Frage auf: Handeln die Manager im Interesse der Anteilseigner, oder verfolgen sie »firmeneigene« Ziele? Selbst wenn die Unternehmer im Interesse der Anteilseigner handeln wollen, bleibt zu klären: Lassen sich die Wünsche einer Vielzahl von Anteilseignern in einer Zielgröße erfassen? Diese Fragen wurden bereits auf S. 166 ff. untersucht. Hier gehen wir zunächst vom Handeln im Interesse der Anteilseigner aus. Zum zweiten werden wir untersuchen, wie das Problem der Eigenfinanzierung bei dem Wunsch nach firmeneigener Vermögensmaximierung (dem Wunsch nach »Unternehmenswachstum«) zu bestimmen ist.

Handeln im Interesse der Anteilseigner ist zu verstehen als Handeln im Interesse der bisherigen Aktionäre. Die Optimumbedingungen bei Eigenfinanzierung sind verschieden, je nachdem, ob die alten Aktionäre mit den Beziehern der jungen Aktien »identisch« sind oder nicht.

Identität der Anteilseigner darf nicht dahingehend verstanden werden, daß tatsächlich vor und nach der Kapitalerhöhung dieselben Personen Aktien im gleichen Verhältnis wie früher besitzen. Bei Aktien, die an der Börse gehandelt werden, wird das praktisch nie der Fall sein. Identität der Anteilseigner ist als »mögliche Identität« zu verstehen: Den bisherigen Aktionären muß die Chance gegeben sein, falls sie es wünschen, im gleichen Anteilsverhältnis wie vor der Kapitalerhöhung an der Unternehmung beteiligt zu bleiben. Der Fall der möglichen Identität der Anteilseigner wird vom deutschen Aktiengesetz gefordert. Den Aktionären steht das Recht zu, neue Aktien zu beziehen. Ob die Altaktionäre ihr Bezugsrecht ausüben und die neuen Aktien übernehmen oder durch Verkauf von Bezugsrechten auf junge Aktien verzichten, das bleibt ihnen selbst überlassen.

Das Problem der Aufnahme eines neuen Kreises von Anteilseignern stellt bei Kapitalgesellschaften einen Ausnahmefall dar. Dieser Fall liegt vor, wenn durch die Hauptversammlung ein »genehmigtes Kapital« geschaffen wird und der Vorstand die Möglichkeit erhält, diese Aktien »im Interesse der Firma« zu verwerten, sie z. B. gegen Sacheinlagen (Übernahme von Zuliefer- oder Konkurrenzunternehmen) auszugeben. Durch diese »Verwertungsaktien« werden grundsätzlich neue Aktionäre gewonnen: Das ist der Fall »fehlender Identität der Anteilseigner«.

bb) Das Ausmaß an Eigenfinanzierung

a) Handeln im Interesse der Anteilseigner

Für den Normalfall einer Kapitalerhöhung gilt als Bedingung die »mögliche Identität« der Aktionäre. Um für diesen Fall das Optimum an Eigenfinanzierung abzuleiten, trennen wir nach den drei Kapitalmarktformen.

(1) Bei vollkommenem Kapitalmarkt sind Soll- und Habenzins identisch. Es ist folglich belanglos, ob sich die Gesellschaft fremdfinanziert oder ob sie neues Eigenkapital aufnimmt. Auf einem vollkommenen Kapitalmarkt ist, wie wir wissen (S. 373), die Kapitalstruktur bedeutungslos.

(2) Auf einem unvollkommenen Markt müssen wir nach den steuerlichen Gegebenheiten unterscheiden.

(aa) In einer Welt ohne Gewinnsteuern wird regelmäßig der marginale Sollzins über dem marginalen Habenzins liegen. Daß der Habenzins höher ist als der Sollzins, ist nur denkbar, wenn Zuschläge für Emissionskosten auftreten oder Risikoprämien, welche die Anteilseigner, nicht aber die Gläubiger verlangen.

Wenn r' die Grenzrendite, i den marginalen Sollzins und h den marginalen Habenzins (einschließlich Risikoprämie) bezeichnen, bestimmt sich das Investitionsvolumen nach

(5) $\qquad r' \geq i$ bzw. $r' \geq h$.

Liegt der Sollzins unter dem Habenzins, wird nur fremdfinanziert, sonst wird nur eigenfinanziert. (Die Risikoprämie im Habenzins kann auch vom Ausmaß der Fremdfinanzierung, vom Verschuldungsgrad, abhängen. Dieses Problem wird auf S. 489 ff. erörtert.)

(bb) In einer Welt mit Gewinnsteuern ist die Rendite der Investition nach Steuern zu berechnen. Bei einer diskriminierenden Gewinnsteuer tritt die Rendite nach Steuern dem unversteuerten Soll- bzw. Habenzins gegenüber. Bei einer allgemeinen Gewinnsteuer sind der versteuerte Soll- und Habenzins zu wählen. Wenn wir unter »Sollzins« und »Habenzins« die nach jeweils geltendem Steuerrecht effektiven Belastungen bzw. Erträge verstehen, folgt:

Ist zwischen Eigen- und Fremdfinanzierung zu wählen, so wird fremdfinanziert, wenn der Habenzins über dem Sollzins liegt; es wird eigenfinanziert, wenn der Sollzins höher ist als der Habenzins.

(3) Auf einem beschränkten Kapitalmarkt wird die Kreditbeschränkung nur wirksam, wenn sich Fremdfinanzierung lohnt. Eigenkapitalaufnahme soll jedoch unbeschränkt möglich sein. Bei diesen Annahmen wird die Unternehmung zunächst versuchen, den Fremdkapitalspielraum auszuschöpfen. Wir nehmen an, der Spielraum sei ausgeschöpft, wenn Fremdkapital in gleicher Höhe wie Eigenkapital vorhanden ist (Kapitalstruktur 1 : 1). Eine zusätzliche Mark Fremdkapital ist nur durch Zuführung einer zusätzlichen Mark Eigenkapital zu erhalten.

Die weitere Erörterung wird erleichtert, wenn wir wie oben für den beschränkten Kapitalmarkt vereinbaren: Der Begriff Grenzrendite wird auf eine Mark zusätzliches Eigenkapital bezogen. Die Grenzrendite berechnet sich dann nach dem Einnahmenüberschuß, den die zusätzliche Mark Eigenkapital und die durch sie induzierte zusätzliche Mark Fremdkapital erwirtschaften, abzüglich der Fremdkapitalzinsen.

Demzufolge gilt: *Das optimale Investitionsvolumen ist bei jener Kapitalmenge erreicht, bei der die Grenzrendite des Eigenkapitals gleich dem marginalen Habenzins ist.*

Das Investitionsvolumen wird also nicht durch die bisherige Durchschnittsrendite des Eigenkapitals in der Unternehmung bestimmt, sondern durch die Rendite, die vom Eigenkapital anderwärts zu erzielen wäre. In der Literatur ist hingegen mitunter vorgeschlagen worden, das optimale Investitionsvolumen an der bisherigen Rendite in der Unternehmung auszurichten[4]. Ein solches Vorgehen führt nicht zum maximalen Einkommen bzw. Vermögen der Anteilsigner.

β) Firmeneigenes Vermögensstreben

Wir gehen hier von unbeschränkter Eigenfinanzierungsmöglichkeit aus. Ob bei firmeneigenen Zielen eine Kapitalerhöhung durchgeführt wird oder Kredite aufgenommen werden, ist ausschließlich eine Frage der Kosten des Kapitals (S. 166 f.), die mit der Rendite nach Steuern wie unter α) verglichen werden.

Dürfen die Dividende und die zu ihr tretenden Steuern als »Eigenkapitalkosten« bezeichnet werden? Kosten sind stets das, was beim Anstreben eines Ziels aufgewendet wird. Solange die Ausschüttungen selbst Zielgröße sind, ist der Begriff der Eigenkapitalkosten verfehlt. Die Ausschüttungen sind Zielgröße bei Handeln im Interesse der Anteilsigner. Bei Einkommensstreben ist das selbstverständlich; bei Vermögensstreben im Interesse der Anteilsigner sind die Ausschüttungen abgeleitete Zielgröße, denn, ob ausgeschüttet wird oder nicht, richtet sich danach, wo die wieder anzulegenden Gewinne mehr verdienen, in der Firma oder außerhalb. Wir haben bisher das Wort Eigenkapitalkosten vermieden, weil bei Handeln im Interesse der Anteilsigner die Dividende Zielgröße des Handelns ist. Bei firmeneigenen Zielen kann man den Begriff Eigenkapitalkosten verwenden, denn Zielgröße ist jetzt das Endvermögen in der Firma.

---

[4] Vgl. *Ezra Solomon*, Measuring a Company's Cost of Capital. In: The Journal of Business, Vol. 28 (1955), S. 240–252; hier zitiert nach dem Wiederabdruck in: The Management of Corporate Capital, edited by Ezra Solomon. 3rd printing, London 1964, S. 128–140, hier S. 130 f.; *Horst Albach*, Investition und Liquidität. Die Planung des optimalen Investitionsbudgets. Wiesbaden 1962, S. 86.

3. Einzelfragen

aa) Der Emissionskurs

Soll eine Kapitalerhöhung zu pari erfolgen oder mit Aufgeld? Gibt es einen optimalen Ausgabekurs (Emissionskurs)? Diese Fragen versuchen wir zu beantworten unter der Annahme, daß die Firmenleitung im Interesse der Aktionäre handelt.

In Ländern, die nur nennwertlose Aktien und/oder kein gesetzliches Bezugsrecht kennen, läßt sich die Kapitalerhöhung nur durch »freihändigen« Verkauf der jungen Aktien an der Börse durchführen. Beurteilen die Aktionäre die Aussichten gut, werden sie das zusätzliche Aktienangebot zu gleichbleibenden oder steigenden Kursen aufnehmen. Beurteilen sie die Aussichten schlecht, werden die Kurse sinken.

Der Emissionskurs ist an die Vorschrift eines gesetzlichen Bezugsrechts gebunden, an rechtliche Besonderheiten also, und deshalb kann es (vom bestehenden Börsenkurs abgesehen) strenggenommen keine ökonomische Begründung für den Emissionskurs geben. *Ein optimaler Emissionskurs ist nicht zu definieren.* Dies widerspricht der Meinung der Praxis. Also müssen wir die Zusammenhänge näher untersuchen.

Zunächst ist deutlich der Unterschied zum Mindest- und Höchstausgabekurs bei Aufnahme neuer Gesellschafter zu erkennen. Wird ein neuer Aktionärskreis angesprochen, z. B. bei Verwertungsaktien, dann geht es darum, den bisherigen Aktionären mindestens das Einkommen zu sichern, das sie bisher erzielten.

Hier geht es darum, mehr Kapital von den bisherigen Aktionären zu erhalten, sie zu veranlassen, mehr in dieser Firma zu investieren und weniger an anderer Stelle. Für diese Entscheidung können ökonomisch nur die Rendite in der Firma und der Habenzins (die Alternativrendite oder ein »Preis für den Konsumverzicht«) maßgebend sein, nicht irgendwelche rechtlichen Details, wie Nennwert-Aktien und Ausgabekurse.

Bei den folgenden Überlegungen vernachlässigen wir den Umstand, daß die jungen Aktien regelmäßig erst für das folgende Jahr voll dividendenberechtigt werden. Wir gehen davon aus, die jungen Aktien werden am Tage der ordentlichen Hauptversammlung ausgegeben und sind fortan den alten Aktien in allen Rechten gleichgestellt. Da der Einzahlungstag beim Bezug der jungen Aktien meist erheblich vom Tag der Dividendenzahlung abweicht, sind die jungen Aktien im ersten Jahr nur teilweise dividendenberechtigt, und deshalb liegt ihr Kurs einige Punkte unter dem der alten Aktien. Weiterhin unterstellen wir, daß die Alternativrendite, die sich den Aktionären außerhalb der Unternehmung bietet, für alle gleich ist und hinreichend genau angegeben werden kann.

Mit dieser Annahme ist zugleich unterstellt, die Aktionäre investierten nur in einer »Risikoklasse«; Wahlprobleme zwischen mehr oder weniger risikobehafteten Anlagen klammern wir hier aus. In einer Risikoklasse werden alle Wertpapiere zusammengefaßt, die in etwa gleichen Erwartungswert der Rendite und gleiche Streuung haben (näher S. 492, 568).

Gibt es für die Altaktionäre einen optimalen Bezugskurs junger Aktien? Wir beantworten diese Frage am besten an einem Beispiel.

Nehmen wir an, das bisherige Grundkapital sei 2 Mill., die übliche (effektive) Rendite von Aktien in dieser Risikoklasse betrage 4%. Der Dividendensatz sei 20%. Bei 2 Mill. Grundkapital werden an Dividende jährlich 400 000 Mark verdient und ausgeschüttet. Damit errechnet sich ein ertragsgerechter Kurs von 20% Dividende durch 4% Alternativrendite mal 100 gleich 500. Der tatsächliche Börsenkurs schwankt um den ertragsgerechten Kurs aus zwei

Gründen: zum einen wegen markttechnischer Verzerrungen und zum anderen, weil sich die Einschätzung des Risikos der Aktien und damit ihrer künftigen Erträge ändert, also Aktien einer Gesellschaft in der Einschätzung des Publikums von einer Risikoklasse in eine andere rutschen. Wir unterstellen der Einfachheit halber, es gelte immer der ertragsgerechte Kurs.
Der Unternehmung biete sich nun ein Investitionsvorhaben, das bei Einsatz von 1 Mill. zusätzlichem Eigenkapital jährlich 60 000 Mark zusätzlich erbringt. Die Unternehmung kann in Zukunft jährlich insgesamt 460 000 Mark ausschütten. Vor der Kapitalerhöhung errechnet sich der Gesamtkurswert der Gesellschaft nach der Formel Dividendensumme dividiert durch Alternativrendite dieser Risikoklasse, d. h. 400 000 : 4% = 10 Mill. Mark. Nach der Kapitalerhöhung steigt der Gesamtkurswert der Gesellschaft auf 460 000 : 4% = 11,5 Mill. Mark.
Es ist zu beachten, daß der Gesamtkurswert der Unternehmung mit der Ermittlung des ausgeschütteten Gewinns und mit Kenntnis der üblichen Aktienrendite von 4% festgelegt ist. Der Gesamtkurswert bestimmt sich unter den genannten Voraussetzungen einfach als Barwert der unendlichen Reihe künftiger Gewinnausschüttungen, als $W = \frac{G}{r}$, wobei G die ausschüttungsfähigen Gewinne (hier 460 000 Mark), r die Rendite in dieser Risikoklasse (hier 4%) und W den Kurswert bezeichnet.
Nach herrschender Meinung bildet der ertragsgerechte Kurs alter Aktien zugleich den Höchstausgabekurs für junge Aktien. Das wollen wir zunächst überprüfen.
Nehmen wir an, Vorstand und Aufsichtsrat unserer Unternehmung seien »übergeschnappt« und kündigten Erweiterungsinvestitionen an und mit ihnen eine Kapitalerhöhung um 100 000 Mark (Bezugsverhältnis alte Aktien zu neue Aktien von 20 zu 1) bei einem Emissionskurs von 1000%.
Zunächst wird man folgern: Vorstand und Aufsichtsrat werden keine einzige junge Aktie verkaufen, schließlich erhält man alte Aktien bereits für 500 Mark. Aber die Folgerung stimmt nicht. Wenn die Aktionäre streng rational handeln, müssen sie unter unseren Annahmen (daß insbesondere der Gewinn aus der Erweiterungsinvestition zweifelsfrei fließen wird) folgern: »Nur wenn jeder von uns die jungen Aktien bezieht, kann die Erweiterungsinvestition durchgeführt werden. Bisher fließen uns für 500 Mark Kurswert (= »investiertes Kapital«) 20 Mark Dividende zu. Das entspricht der branchenüblichen Verzinsung von 4%. Investieren wir nun noch einmal eine Mill. Mark, so fließen uns zusätzlich 60 000 Mark zu, also 6% Grenzrendite statt 4% Verzinsung bei sonstiger Anlage. Unser Einkommen steigt folglich, trotz des abschreckenden Ausgabekurses.«
Je unverschämter der Ausgabekurs ist, desto höher steigt der künftige Dividendensatz.
Bei dem Emissionskurs von 1000 fallen jährlich 460 000 Mark Gewinn an auf 2,1 Mill. Grundkapital. Also wächst der Dividendensatz auf 21,9%. Gelingt die neue Emission, dann wird der Börsenkurs auf rund 548 (nämlich Dividende 21,9% dividiert durch branchenübliche Verzinsung 4% mal 100) steigen. Besitzt ein Aktionär Aktien im Nennwert von 2 000 Mark, so verfügt er vor der Kapitalerhöhung über 10 000 Mark Vermögen. Nachdem er weitere 1 000 Mark zusätzlich eingezahlt hat, erhält er dafür einen Nennwert von 2 100 Mark und besitzt ein Vermögen von rund 11 500 Mark. Jeder einzelne Aktionär kann nur dadurch sein Vermögen maximieren, daß er solidarisch mit den anderen junge Aktien zu dem horrenden Ausgabekurs bezieht.
Wenn ein Aktionär nicht beziehen will, wird er versuchen, sein Bezugsrecht für junge Aktien zu verkaufen. Aber er wird die Bezugsrechte von 20 Aktien, die zum Bezug einer neuen Aktie

berechtigen, nur unter Zuzahlung von rund 452 Mark loswerden. Für den Erwerber stellt sich dann der Bezugskurs der jungen Aktie auf 1 000 − 452 = 548 Mark. Umgerechnet auf die einzelne Aktie (20 : 1) beträgt also das Bezugsrecht − 22,6 Mark. Den Wert des Bezugsrechts berechnen wir hier nach der Formel: »Dividiere die Differenz ertragsgerechter Kurs nach der Kapitalerhöhung minus Emissionskurs durch das Bezugsverhältnis.« Die herkömmliche Formel lautet anders, vgl. S. 472.

Die Emission zu 1 000 Mark würde also gelingen, wenn der Aktionär das Bezugsrecht wahrnehmen bzw. eine Zubuße in Höhe des negativen Bezugsrechts leisten müßte. Rechtlich besteht keine Zubußepflicht, und deshalb wird praktisch der Plan des »übergeschnappten« Vorstandes fehlschlagen. Aus dem Beispiel lernen wir: Weil in der Praxis keine Bezugsverpflicht oder Zuschußpflicht besteht bzw. Bezugsrechte unabhängig von den Aktien veräußert werden können, nur deshalb bildet der ertragsgerechte Börsenkurs die Höchstgrenze für den Ausgabekurs.

Bei einem Ausgabekurs 500 (dem Bezugsverhältnis 10 : 1), beträgt die künftige Dividende 460 000 : 2 200 000 = $20 \frac{10}{11}$ %; der ertragsgerechte Kurs liegt bei rund 523, und bei genauer Rechnung ist nach Teilnahme an der Kapitalerhöhung das Vermögen des Aktionärs so hoch wie im ersten Beispiel; denn um das Vermögen aller Aktionäre zu errechnen, braucht man nur den als ewig gedachten Dividendenstrom (460 000) durch die branchenübliche Rendite (den »Kalkulationszinsfuß«) von 4% zu dividieren. Verzichtet ein Aktionär auf die Ausübung seines Bezugsrechts, so wird er sein Bezugsrecht zu etwa 2,30 Mark verkaufen können, denn die Bezugsrechte von 10 Aktien im Nennwert von 100 Mark erlauben es, zum Preis von 500 Mark eine neue Aktie zu beziehen, deren Börsenkurs sich auf 523 stellen wird.

Bei einem Ausgabekurs von 100 beträgt das Bezugsverhältnis 2 : 1, der Dividendensatz sinkt auf 460 000 : 3 Mill. = 15⅓%; der ertragsgerechte Kurs nach der Kapitalerhöhung beläuft sich auf 383⅓, der rechnerische Wert des Bezugsrechts auf 141⅔, denn zwei Altaktien gewähren unter Zuzahlung von 100 Mark den Bezug einer neuen Aktie, die zu 383⅓ verkauft werden kann.

Bezugskurs und Bezugsverhältnis nehmen also auf das Endvermögen des Aktionärs keinen Einfluß; vorausgesetzt, es herrschen börsenmäßige Idealbedingungen, so daß ohne Kauf- und Verkaufsspesen stets der ertragsgerechte Kurs verwirklicht wird.

Bisher sind wir von einem vorgegebenen Bedarf an Eigenkapital ausgegangen. Die Höhe des aufzunehmenden Eigenkapitals ist bestimmt, wenn die Alternativrendite (der Habenzins bzw. die »Eigenkapitalkosten«) bekannt sind, denn das Investitionsvolumen und damit der Kapitalbedarf folgen (ohne Rücksicht auf Steuern) aus der Regel »Grenzrendite gleich marginaler Habenzins«. Im praktischen Fall ist zu beachten, daß durch das allgemeine Auf und Ab der Börsenkurse (durch die »Kapitalmarktlage«) die Aktienrenditen in allen Risikoklassen und damit die Habenzinsen der Anleger im Zeitablauf schwanken. Bei günstiger Kapitalmarktlage (hohen Kursen und d. h. geringer Aktienrendite) wird die Aktiengesellschaft versuchen, ihr Kapital auf Vorrat zu erhöhen, weil sie zu anderen Zeiten, wenn Erweiterungsinvestitionen notwendig werden, bei ungünstiger Kurssituation weniger Kapital aufnehmen könnte. Bei gedrückten Aktienkursen stehen weniger Mittel für Aktienkäufe bereit; das erschwert Kapitalerhöhungen. Aber auch in diesem Fall wird die Unternehmung sich zunächst überlegen, wieviel Kapital aufzunehmen ist.

Ist das Ausmaß der Kapitalerhöhung bekannt, gilt das oben Abgeleitete: Der Emissionskurs ist bei rationalem Verhalten für das Gelingen der Kapitalerhöhung bedeutungslos; es besteht nur eine Obergrenze (gleich dem Börsenkurs der Altaktien), weil es keine Bezugspflicht gibt.

Da unsere Aussage zu dem praktischen Verhalten im Widerspruch steht, müssen wir sämtliche Argumente prüfen, die für oder gegen einen hohen bzw. niedrigen Ausgabekurs vorgebracht werden. Mit diesen Argumenten wird in der Literatur versucht nachzuweisen, daß der Erfolg der Kapitalerhöhung doch vom Ausgabekurs abhängt.

Gründe für niedrige (gegen hohe) Ausgabekurse[5]:
(1) Ein niedriger Ausgabekurs sei zu wählen, wenn man nicht in erster Linie neues Geld brauche, sondern vielmehr den zu schweren Aktienkurs verwässern wolle, damit die Handelbarkeit erleichtert werde. Dazu ein Beispiel: Eine Aktiengesellschaft zahlt 20% Dividende bei einem Kurs von 500. Ein Käufer braucht also mindestens 500 Mark, um eine Aktie zu erwerben. Führt die Kapitalgesellschaft jedoch eine Kapitalerhöhung im Verhältnis 4 : 1 zu pari durch und schüttet sie insgesamt nicht mehr aus, dann verteilen sich 20 Mark Ausschüttung nunmehr auf das 1,25fache Grundkapital. Die Dividende sinkt auf 16%, und bei diesem Dividendensatz wird der Kurs nur 400 betragen. Wird die gleiche Dividendensumme auf ein vergrößertes Grundkapital gezahlt, spricht man von Kapitalverwässerung (Verwässerung der Ertragskraft der Unternehmung durch Kapitalerhöhung).
Gegen das Argument ist einzuwenden: Die niedrigeren Aktienkurse wären auch durch einen Aktiensplit, eine Teilung, z. B. durch Ausgabe von Gratisaktien, zu erreichen oder durch Einführung einer 50-Mark-Aktie bzw. einer Stücknotiz. Das Argument unterstellt einen nicht vernünftig handelnden Vorstand: Das Kapital wird erhöht, obwohl das Mehrkapital nicht benötigt wird.
Richtig ist allerdings, daß die Handelbarkeit der Aktie durch niedrige Bezugskurse verbessert wird. Der Grund liegt in der mangelnden Teilbarkeit des Aktienbestandes bei Kleinaktionären. Ein Kleinaktionär besitzt z. B. zwei Aktien. Bei einer Pari-Emission im Verhältnis 1 : 1 wird er bereit sein, 100 Mark zusätzlich zu investieren. Bei einem Emissionskurs von 500, Bezugsverhältnis 10 : 1, muß er entweder auf den Bezug verzichten oder 8 Bezugsrechte hinzukaufen und 500 Mark investieren. Die Teilbarkeit ist ein Tatbestand, der für niedrige Bezugskurse spricht.
(2) Man verwässere das Kapital, um bei niedrigerem Dividendensatz trotzdem mehr ausschütten zu können. Jemandem, der von Wirtschaft keine Ahnung hat, erscheinen 20% Dividende sehr hoch. Stehe die Aktiengesellschaft nunmehr einer ungebildeten Volksmeinung und klassenkämpferischen Gewerkschaften gegenüber, die 10% Dividende (ohne Rücksicht auf den Kurs) schon als zu hoch empfinden und 20% als Ausbeutung der werktätigen Klasse, lassen sich nur dann höhere Gewinne ausschütten, wenn optisch der Dividendensatz gesenkt wird. Die Unternehmung, die bisher 20 Mark ausgeschüttet hat und nunmehr 30 ausschütten will, wird dann folgern: Wir erhöhen das Kapital im Verhältnis 1 : 1 zu pari. Statt bisher auf 100 Mark Nennwert 20 Mark auszuschütten, werden nunmehr auf 200 Mark Nennwert 30 Mark ausgeschüttet, der Dividendensatz sinkt auf den optisch angenehmeren Satz von 15%.
Hier handelt die Unternehmung rational. Sie muß sich nur einer ökonomisch ungebildeten Umwelt anpassen. In Deutschland scheint dieses Argument in den letzten 30 Jahren keine Bedeutung mehr zu besitzen.
(3) Niedrigere Bezugskurse würden es den Aktionären erleichtern, ihre bisherigen Anteilsquoten beizubehalten. Hohe Bezugskurse könnten dazu führen, daß ein Betrag vom Aktionär gefordert werde, den er nicht aufzubringen imstande sei, um sein bisheriges Anteilsver-

---

[5] Vgl. *Rittershausen*, Industrielle Finanzierungen, S. 86–98.

hältnis zu wahren. Könne ein Aktionär seinen bisherigen Anteil nicht halten, werde er auf der Hauptversammlung der Kapitalerhöhung nicht zustimmen.

An dem Argument ist richtig, daß Großaktionäre, die keine Gelder flüssig haben, mit allen Mitteln verhindern werden, daß als Folge einer Kapitalerhöhung ihre Majorität oder Sperrminorität (25%) verlorengeht. Indes ist die Höhe des Bezugskurses für diesen Gesichtspunkt bedeutungslos. Die Kapitalerhöhung erfolgt, weil die Unternehmung einen bestimmten Betrag an eigenen Mitteln braucht, z. B. 5 Mill., um eine andere Unternehmung aufzukaufen oder um die Kapitalstruktur zu verbessern und so neue Fremdfinanzierungsquellen zu erschließen. Der Großaktionär wird zu verhindern suchen, daß die Aktiengesellschaft einen Eigenkapitalbetrag anfordert, der seine Möglichkeiten überschreitet. Er wird im Zweifel der Gesellschaft lukrative Investitionsvorhaben unmöglich machen. Bei gegebenem Einforderungsbetrag an Eigenkapital (z. B. 5 Mill.) ist es dem Großaktionär gleichgültig, ob er die 2 Mill. Mark, die auf ihn entfallen, zu dem Emissionskurs von 100 bezahlt (also nominal 2 Mill. neue Aktien bei 5 Mill. Kapitalerhöhung erhält) oder zu einem Kurs von 500 (400 000 Mark Nennwert neue Aktien bei einer Kapitalerhöhung um 1 Mill. Mark). Das Argument ist also falsch.

Als Gründe für hohe (gegen niedrige) Emissionskurse werden genannt:

(1) Wenn der Emissionskurs niedrig sei, dann flössen zu wenig Mittel in die Unternehmung, weil im allgemeinen die Kapitalerhöhung nur einen geringen Prozentsatz des Grundkapitals ausmache.

Auch dieses Argument zieht nicht, denn bei rationalem Vorgehen wird zunächst der Bedarf an eigenen Mitteln festgestellt, und dann folgt die Überlegung hinsichtlich des Ausgabekurses. Es ist auch kein vernünftiger Grund dafür zu finden, daß die Kapitalerhöhung nur einen geringen Prozentsatz des Grundkapitals ausmachen soll. Entscheidend ist schließlich der Betrag, der den Aktionären abverlangt wird.

(2) Bei niedrigen Emissionskursen müsse, um den gewünschten Eigenkapitalbetrag zu bekommen, der Prozentsatz der Kapitalerhöhung hoch gegriffen werden und folglich das Kapital stark verwässert werden. Wenn der Gewinn in den nächsten Jahren nicht oder nur wenig steige, müsse der Dividendensatz herabgesetzt werden, was einen schlechten Eindruck mache.

Dieses Argument sticht nur, wenn die Aktionäre dumm sind, wie folgendes Beispiel zeigt: Bei 20% Dividende, 2 Mill. Mark Grundkapital, betrage der Kurs 500. Eine weitere Mill. Eigenkapital werde benötigt; darauf werden in Zukunft 60 000 Mark zusätzlich ausgeschüttet. Wird zu pari emittiert, dann muß das Kapital im Verhältnis 2 : 1 erhöht werden. Der Dividendensatz muß auf $15\frac{1}{3}\%$ verringert werden; bei einer Alternativrendite von 4% in dieser Risikoklasse sinkt der Kurs auf ca. 383. Daraus einen schlechten Eindruck abzuleiten, unterstellt, daß die Aktionäre sich am Dividendensatz, statt an der tatsächlich ausgeschütteten Summe orientieren. Sicher werden oberflächliche Börseninteressenten ihre Entscheidung am Dividendensatz ausrichten. Aber wer seine Entscheidung an dem Dividendensatz ohne Rücksicht auf den Kurs fällt, wer die Ertragskraft an einem willkürlichen Prozentsatz statt an der Summe der Ausschüttungen orientiert, ist selbst daran schuld. Muß der Vorstand mit derartigem Fehlverhalten rechnen, dann kann er die Aktionäre darüber aufklären, daß in Zukunft der Dividendensatz sinken werde, obwohl die Gesellschaft in der Lage sei, die Gesamtsumme der Ausschüttungen zu steigern. Kein vernünftiger Aktionär wird bei der überproportionalen Steigerung der Ausschüttungssumme einen schlechten Eindruck von der Gesellschaft erhalten.

Nur bei Kapitalerhöhungen auf Vorrat liegt es nahe, aus Gründen der Optik einen hohen Ausgabekurs zu wählen: Bei hohen Ausgabekursen braucht die Gesellschaft nur verhältnismäßig wenig mehr auszuschütten, um den Dividendensatz konstant zu halten. Kapitalerhöhungen auf Vorrat können im Interesse der Anteilseigner liegen: Sie zeichnen lieber dann, wenn die Kurse hoch und sie selbst flüssig sind. Für die Aktionäre gilt auch hier: Ob der Dividendensatz gleichbleibt, ist ohne Belang. Es entscheidet allein der ausgeschüttete Betrag.

(3) Bei Pari-Emissionen würden unvertretbar hohe Grenzgewinne erscheinen, wenn die Dividende von 20% weiterbezahlt werde. In diesem Fall sei die Durchschnittsrendite der alten Aktien z. B. 4%; die Grenzrendite der zu pari emittierten Aktien jedoch 20%.
Der »unvertretbar hohe Grenzgewinn« ist ein Scheinargument. Wenn die Gesellschaft ihr Kapital im Verhältnis 10 : 1 erhöht und 20% Dividende weiterzahlt, dann schüttet sie vor der Kapitalerhöhung bei 2 Mill. Mark Grundkapital 400 000 Mark aus, nach der Kapitalerhöhung bei 2,2 Mill. Mark Grundkapital insgesamt 440 000 Mark. Die Ausschüttung hat in demselben Verhältnis wie das Grundkapital zugenommen.

(4) Bei Pari-Emissionen müßten die Emissionsspesen aus dem Betriebsgewinn gedeckt werden; darüber hinaus sei aus dem Gewinn der Zusatzinvestitionen erst die gesetzliche Rücklage aufzufüllen, ehe Gewinne ausgeschüttet werden könnten.
Dieses Argument erscheint nicht von vornherein verfehlt. Um die Emissionsspesen zu decken und nach Abzug der Emissionsspesen zugleich die gesetzliche Rücklage entsprechend aufzufüllen, wird der Mindestausgabekurs nicht bei 100, sondern vielleicht bei 120 anzusetzen sein. Notwendig ist diese Emissionskurserhöhung natürlich auch nicht, denn der Bezugskurs ist bei rationalem Verhalten aller Beteiligten (und Handeln im Interesse der Anteilseigner) ohne jeden Einfluß auf das Aktionärsvermögen. Man kann z. B. argumentieren: Warum sollen die Aktionäre 20 Mark mehr einschießen, um die Emissionskosten und die gesetzliche Rücklage zu decken? Warum werden diese Aufwendungen bzw. Rücklagenzuführungen nicht vorab aus dem Investitionsgewinn gezahlt? Im übrigen wird das Argument »Erhöhung des Bezugskurses wegen der Emissionsspesen und der Auffüllung der gesetzlichen Rücklage« in der Praxis selten gebracht. Es widerspricht einem viel gewichtigeren praktischen Interesse: die steuerliche Absetzbarkeit der Emissionskosten auch bei Über-pari-Emissionen zu erreichen.

Bei rationalem Verhalten hat der Emissionskurs keine Bedeutung, trotzdem gibt es unter der gegenwärtigen steuerlichen Regelung einen »optimalen« Bezugskurs: Nur bei der Pari-Emission mindern die Emissionskosten den steuerpflichtigen Gewinn der Gesellschaft. Dadurch erhöht sich der Wohlstand der Anteilseigner. Davon und von mangelnder Teilbarkeit abgesehen, gilt, daß keines der Argumente für oder gegen hohe bzw. niedrige Bezugskurse haltbar ist. Die Argumente treffen nur zu, wenn die Umwelt nicht rational urteilt und man etwa unterstellen muß, daß sich die Aktionäre am Dividendenprozentsatz statt an der tatsächlich ausgeschütteten Summe orientieren. Lassen sich die Aktionäre bei einem konstanten, hohen Dividendensatz einreden, das sei eine besonders aktionärsfreundliche Politik, dann liegen allerdings hohe Bezugskurse im Interesse der Firmenleitung. Hohe Emissionskurse halten das dividendenberechtigte Kapital niedrig, erlauben damit bei eindrucksvollen Prozentsätzen absolut geringe Beträge auszuschütten, und (so wurde behauptet) sie fördern das Einkommen der Vorstände und Aufsichtsräte, deren Tantiemen vielfach an den Dividendenprozentsatz gekoppelt sind.

bb) Die Problematik der herkömmlichen Bezugsrechtsformel

Bei der Berechnung des Bezugsrechts sind wir von dem künftigen auszuschüttenden Betrag und damit dem künftigen Börsenkurs ausgegangen. Wir berechneten (S. 467) R, das Bezugsrecht, als

$$R = \frac{K_n - B}{\frac{a}{b}},$$

wobei K_n der Kurs nach der Kapitalerhöhung, B der Bezugskurs (Emissionskurs) und $\frac{a}{b}$ das Bezugsverhältnis (Nennwert der alten Aktien a zu Nennwert der neuen Aktien b) ist. Die übliche Formel lautet hingegen:

$$R = \frac{K_a - B}{\frac{a}{b} + 1}$$

K_a ist der Börsenkurs alter Aktien. Diese übliche Formel geht also vom gegenwärtigen Börsenkurs aus. Sie unterstellt, der Börsenkurs nach Kapitalerhöhung gleiche dem mit dem Bezugsverhältnis gewogenen Mittel aus gegenwärtigem Börsenkurs und dem Bezugskurs junger Aktien. Unter dieser Voraussetzung sind beide Formeln identisch, wie man rasch erkennt, wenn $K_n = \frac{aK_a + bB}{a + b}$ gesetzt wird.

Die herkömmliche Formel nimmt an, die neu zugeführten Mittel verzinsten sich gerade mit der bisherigen Aktienrendite. In der Literatur hat man diese Unterstellung als »Substanzwertüberlegung« bezeichnet und sie der »Ertragswertrechnung« gegenübergestellt, welche die erste Formel enthält[6]. Gegen die herkömmliche Bezugsrechtsermittlung ist einzuwenden: Würden durch die Kapitalerhöhung die künftigen Gewinne nicht steigen, dann wäre die Kapitalerhöhung betriebswirtschaftlich verfehlt. Hiervon gibt es allerdings eine Ausnahme: Die Unternehmung ist in eine andere Risikoklasse abgerutscht. Das ist dann der Fall, wenn die Banken, die bisher mit einer Kapitalstruktur (Eigen- zu Fremdkapital) von z. B. 1 : 1 zufrieden waren, nunmehr meinen, wegen des verstärkten Risikos in der Branche, in der die Unternehmung tätig sei, müsse eine Kapitalstruktur von z. B. 1,2 : 1 beachtet werden. In diesem Fall muß eine Unternehmung eine Kapitalerhöhung auch bei geringerer Rendite durchführen, um die ihr bisher gewährten Kreditzusagen zu erhalten.

Wenn wir von solchen Besonderheiten absehen, dann wird bei Handeln im Interesse der Aktionäre eine Kapitalerhöhung nur durchgeführt, um Gewinnsteigerungen zu erreichen. In diesem Fall ist die herkömmliche Formel nur dann berechtigt, wenn im Börsenkurs der alten Aktien die künftigen Gewinnsteigerungen bereits vollständig vorweggenommen sind. In der Praxis mag das mitunter näherungsweise der Fall sein: Die Ankündigung einer Kapitalerhöhung (ohne daß der Bezugskurs schon bekannt wäre) wirkt regelmäßig kurssteigernd. Zunächst wird bei nicht kriselnden Unternehmungen unterstellt, sie beschafften sich neues Eigenkapital nur, um ertragreiche Investitionen zu finanzieren. Sodann wird eine Unternehmung, die eine Kapitalerhöhung durchführen will, offenherziger über ihre künftige Entwicklung berichten als die Mehrzahl der anderen Gesellschaften. Die verstärkte Publizität gestattet einen besseren Einblick in die Ertragslage und erlaubt so eine ertragsgerechtere Bewer-

---

[6] Vgl. z. B. *Hans E. Büschgen*, Wertpapieranalyse. Stuttgart 1966, S. 282 f., und die dort genannten Quellen.

tung. Schließlich sehen die Aktionäre mitunter günstige Bezugsrechte als eine Art Zusatzdividende an, obwohl es sich bei der Veräußerung des Bezugsrechts nur um eine Liquidation von Vermögensteilen handelt. Sie werden schon deshalb bei der Ankündigung des Bezugsrechts zu Käufen dieser Aktie angelockt.
Für unsere Beispielüberlegungen verglichen wir jedoch den Kurs vor Bekanntwerden der Kapitalerhöhungsabsicht mit dem als sicher erwarteten ertragsgerechten Kurs nach der Kapitalerhöhung. Deshalb konnten wir die herkömmliche Bezugsrechtsformel nicht benutzen.

cc) Verwertungsaktien

Werden die neuen Aktien nicht den Altaktionären angeboten, sondern »im Interesse der Firma verwertet«, gilt für das Optimum an Eigenfinanzierung im Grundsatz das, was über die Aufnahme neuer Gesellschafter gesagt wurde: Für die bisherigen Eigentümer (Aktionäre) lohnt es sich nur dann, Beteiligungsrechte abzugeben, wenn durch die mit der Kapitalerhöhung finanzierten Investitionen das Einkommen (Vermögen) der Altaktionäre wächst. Die Rentabilität des Eigenkapitals nach Kapitalerhöhung und Investition muß höher liegen als zuvor. Ein häufiger Fall, in dem ein genehmigtes Kapital geschaffen und unter Ausschluß des gesetzlichen Bezugsrechts im Interesse der Firma verwertet wird, ist bei der Übernahme von Zulieferer- oder Konkurrenzbetrieben gegeben. Hier werden die Verwertungsaktien gegen die Sacheinlage »Zulieferer- bzw. Konkurrenzbetrieb« getauscht. Verstärkung der Bindung an Zulieferer oder Verminderung des Konkurrenzdrucks führt regelmäßig zu einer Erhöhung der Rentabilität des Eigenkapitals.
Einem solchen Tausch »Aktien gegen zu erwerbendes Unternehmen« werden im allgemeinen langwierige Verhandlungen vorausgehen, in denen über den Wert des zu erwerbenden Unternehmens gefeilscht wird. Das Problem der Bewertung ganzer Unternehmen soll hier nicht im einzelnen untersucht werden. Im Grundsatz ist der optimale Finanzplan der Aktiengesellschaft nach Übernahme des zu erwerbenden Unternehmens zu suchen. Er ist zu vergleichen mit dem optimalen Finanzplan bei Verzicht auf die Übernahme. Die Differenz der Zahlungsströme (ohne die vorerst unbekannten »Anschaffungsausgaben« des zu erwerbenden Unternehmens) zeigt den für die Bewertung des Übernahmeobjektes maßgebenden Zahlungsstrom an. Es ist dann zu untersuchen, welchen Kapitalbetrag die Aktiengesellschaft in den ihr sonst gegebenen Investitionsgelegenheiten investieren müßte, um denselben Zahlungsstrom zu erwirtschaften, der ihr bei Übernahme der zu erwerbenden Unternehmung zufließt. Dieser Kapitalbetrag nennt den Preis, den die Aktiengesellschaft äußerstenfalls für die Übernahme zu zahlen bereit sein wird.
Wir gehen davon aus, der Übernahmepreis sei bekannt, und damit liege die Rendite der zusätzlichen Investition »Übernahme eines Unternehmens« fest. Nun sind noch die für das zu erwerbende Unternehmen auszugebenden Aktien zu bewerten. Es erfolgt schließlich keine Barzahlung, sondern ein Tausch: zu erwerbende Unternehmung gegen Aktien. Die früher abgeleitete Formel für den Mindestausgabekurs können wir hier nicht verwenden, denn die frühere Formel unterstellte, das Agio, das die neu hinzutretenden Gesellschafter (die hier eine Unternehmung einbringen) erhalten, werde als gewinnberechtigtes Kapital den Kapitalkonten der bisherigen Gesellschafter gutgeschrieben. Diese Voraussetzung ist bei Aktiengesellschaften nicht erfüllt. Das Agio ist in die gesetzliche Rücklage zu buchen. Die Bestimmung des Mindestausgabekurses wirft gleichwohl keine Probleme auf. Die Altaktionäre wollen

mindestens ihr bisheriges Einkommensniveau beibehalten. Da der Nennwert der Anteile der Altaktionäre unverändert bleibt, erhalten sie das gleiche Einkommensniveau nur dann, wenn in Zukunft der gleiche Dividendensatz bezahlt wird wie bisher. Zur Verdeutlichung wandeln wir die beiden Beispiele ab, die auf S. 462 f. benutzt wurden.

Eine Aktiengesellschaft habe 1 Mill. Mark Eigenkapital (davon 500 000 Mark Grundkapital) und erziele daraus 100 000 Mark Gewinn jährlich. Um sich mit einem Konkurrenten zusammenzuschließen, soll der Kapitaleinsatz verdoppelt werden. 1 Mill. Mark sei der Übernahmepreis für die Konkurrenzfirma. Diese zusätzlich zu investierende Million erbringt einen zusätzlichen Gewinn von jährlich 80 000. Die Rendite der Erweiterungsinvestition »Übernahme der Konkurrenzfirma« beträgt also 8%. Die Durchschnittsrendite der Unternehmung stellt sich auf 9%, nämlich 180 000 Mark Gewinn für 2 Mill. Mark Eigenkapital. Damit die Altaktionäre sich nicht schlechter stehen, muß der bisherige Dividendensatz von 20% beibehalten werden. Um 20% Dividende auszuschütten, stehen 180 000 Mark zur Verfügung, d. h., das dividendenberechtigte Grundkapital darf 900 000 Mark betragen gegenüber bisher 500 000 Mark. Die neuen Aktionäre erhalten also für die Firma im Wert von 1 Mill. Mark höchstens Aktien im Nennwert von 400 000 Mark. Der Mindestausgabekurs beträgt folglich 250%.

Dieselbe aufnehmende Gesellschaft habe bisher nur 80 000 Mark erzielt. Der Dividendensatz betrug also 16% bei 500 000 Mark Grundkapital. Der Übernahmepreis der Konkurrenzfirma beträgt wiederum 1 Mill. Mark. Nach dem Zusammenschluß erwirtschaftet die aufnehmende Gesellschaft zusätzlich 100 000 Mark Gewinn. Wiederum stehen nach der Kapitalerhöhung 180 000 Mark Gewinn zur Ausschüttung bereit. Werden damit 16% Dividende gezahlt, darf das Grundkapital 1 125 000 Mark betragen. Die neuen Aktionäre erhalten also für die 1 Mill., die sie einbringen, Aktien im Nennwert von höchstens 625 000 Mark. Der Mindestausgabekurs beträgt hier 160%, denn 625 000 Mark · 160% = 1 Mill. Mark.

Schwierigkeiten treten dann auf, wenn die aufnehmende Aktiengesellschaft kaum Rücklagen ausweist: Diesmal sollen Grundkapital und Eigenkapital der Aktiengesellschaft vor der Kapitalerhöhung 1 Mill. Mark betragen haben, der Gewinn 80 000 Mark. Der Dividendensatz ist folglich 8%. Nach der Kapitalerhöhung stehen 180 000 Mark Gewinn zur Verfügung, um 8% Dividende auszuschütten. Das Grundkapital darf damit 2 250 000 Mark betragen. Wenn 1 Mill. Mark der Übernahmepreis ist, müßte eine Unter-pari-Emission erfolgen: Für eine Mill. Mark Eigenkapital werden Aktien im Nennwert von 1 250 000 ausgegeben; Mindestausgabekurs also 80%. Unter-pari-Emissionen sind jedoch rechtlich unzulässig.

Die Schwierigkeiten lassen sich beheben. Handelt es sich bei der zu erwerbenden Gesellschaft um eine Aktiengesellschaft, so läßt sich vereinbaren, daß für eine Aktie der zu erwerbenden Gesellschaft 1¼ Aktien der aufnehmenden Gesellschaft bezogen werden können. Eine zweite Möglichkeit besteht darin, bei Umtausch im Verhältnis 1 : 1 den neuen Aktionären Vorzugsaktien einzuräumen, die stets das 1¼fache der Dividende der Stammaktie erhalten. Die Altaktionäre erhalten auf ihre Stammaktien 8% Dividende, die neuen Aktionäre 10%. Anstelle von Vorzugsaktien können auch Genußscheine mit Sonderrechten ausgegeben werden. Praktische Bedeutung wird der hier behandelte Fall nicht oft gewinnen. Zunächst ist zu bedenken, daß selten der Mindestausgabekurs realisiert wird, sondern ein für die Altaktionäre günstigerer Kurs. Schließlich ist die aufnehmende Gesellschaft der aktivere, mächtigere Teil. Das Problem der Unter-pari-Emission würde schon dann nicht auftreten, wenn die Unternehmung mit 100 000 Mark Gewinn (10% Rendite) aufnehmende Gesellschaft wäre.

Im Interesse der übernehmenden Gesellschaft liegt es, den Höchstausgabekurs zu erzielen

und damit den neuen Anteilseignern eine möglichst geringe Dividendenzahlung zu leisten. Die Steigerung des Ausgabekurses findet eine Grenze dort, wo die Eigentümer der zu erwerbenden Unternehmung ihr Interesse am Verkauf des Unternehmens an die Aktiengesellschaft verlieren, d. h. bei der Dividendensumme, die sie auch bei Selbständigkeit (oder bei anderweitigem Verkauf des Unternehmens) verdienen würden. Wie bei der Gesellschafteraufnahme in personenbezogenen Unternehmen bestimmt sich der Höchstausgabekurs nach der Alternativrendite, über welche die neuen Aktionäre verfügen.
Ob ein Übernahmekurs in der Nähe des Mindestausgabekurses oder des maximalen Ausgabekurses realisiert wird, hängt vom Verhandlungsgeschick und den Machtpositionen der beiden Verhandlungsparteien ab.
Der Geschäftsvorfall »Hergabe von Aktien gegen Sacheinlagen« wurde hier in zwei Fragen aufgespalten, in die Bewertung der Sacheinlagen und in die Verhandlung über den Ausgabekurs. Praktisch läßt sich beides kaum trennen. Ob man beide Fragen als Einheit betrachtet oder ob und wie man beide Fragen trennt, ist ein erstes Problem der Verhandlungsführung. Für den Verhandlungsführer der aufnehmenden Gesellschaft bietet sich an, den Börsenkurs seiner Gesellschaft als maßgeblichen Bezugskurs zu erklären (ihn vielleicht noch durch Aufkäufe zu steigern) und das Schwergewicht auf die Bewertung der Sacheinlagen zu legen. Es ist die Frage, ob die Gegenseite darauf eingeht, wie stark ihre Interessen am Abschluß sind und wieweit es gelingt, die jeweilige Gegenseite über das eigene Bedürfnis nach einem Zusammenschluß im unklaren zu lassen. Die Theorie der Verhandlungen ist ein wenig entwickeltes, höchst reizvolles Gebiet, in das einzudringen wir uns aus Raumgründen versagen müssen.

b) Selbstfinanzierung oder Fremdfinanzierung?

1. Zielsetzung und Selbstfinanzierung

Bei *personenbezogenen Unternehmen* wurden drei finanzielle Ziele unterschieden: Vermögensstreben, Einkommensstreben und Wohlstandsstreben. Das Optimum an Selbstfinanzierung für diese drei Ziele läßt sich unmittelbar aus dem Grundmodell über die Investitions- und Finanzplanung auf unvollkommenen Kapitalmärkten (S. 361 ff.) erkennen:
Selbstfinanzierung bedeutet Nichtausschüttung von Gewinnen. Wenn wir dem üblichen Sprachgebrauch folgen, bedeutet sie Nichtausschüttung von buchhalterischen Gewinnen. Ob diese buchhalterischen Gewinne ausschüttungsfähig sind oder nicht, hängt von den finanziellen Zielvorstellungen ab.
Verfolgt der Unternehmer *Vermögensmaximierung,* dann sind seine Entnahmen vorgegeben. Sie gehen als Ausgaben wie Lohnzahlungen in die Planung ein. Ist der buchhalterische Gewinn eines Jahres größer als die vorgegebenen Entnahmen, liegt eine durch die Zielsetzung erzwungene Selbstfinanzierung vor. Übersteigen die vorgegebenen Entnahmen den buchhalterischen Gewinn, so wird das Eigenkapital gemindert. Praktisch geht das nur, soweit nicht Rechtsvorschriften Entnahmen über den buchhalterischen Gewinn hinaus verbieten (wie bei Kapitalgesellschaften). Aber hier kann der Gesellschafter-Geschäftsführer der GmbH (der Eigentümer-Vorstand der AG) sich bei seiner Firma immer noch verschulden. Wie dem im einzelnen sei, bei Vermögensmaximierung ist das Ausmaß an Selbstfinanzierung durch die

Differenz buchhalterischer Gewinn minus Entnahmen bestimmt. Die Frage nach dem Optimum an Selbstfinanzierung taucht nicht auf.
Bei der Zielsetzung *Einkommensmaximierung* sind die Entnahmen selbst Zielgröße. Ziel der Investitions- und Finanzplanung ist es hier, den maximal entziehbaren Betrag zu berechnen. Dieser ausschüttungsfähige Gewinn ist zu entnehmen; denn wird ein Investitions- und Finanzierungsprogramm unter der Zielsetzung Einkommensmaximierung bestimmt, dann ist das Programm nur dann optimal, wenn der sich danach ergebende ausschüttungsfähige Betrag tatsächlich ausgeschüttet wird. Zurückbehalten von ausschüttungsfähigen Gewinnen (wachstumsfördernde Selbstfinanzierung) ist keine zielentsprechende Verhaltensweise.
Überschreitet der buchhalterische Gewinn den von der Zielsetzung her maximal ausschüttbaren Betrag, dann liegt auch hier eine durch die Zielsetzung erzwungene Selbstfinanzierung vor. Wir sprechen in diesem Fall von einer unternehmenserhaltenden Selbstfinanzierung (vgl. S. 213), weil dann nicht der gesamte buchhalterische Gewinn ausschüttungsfähig ist, sondern ein Teil des Gewinns zur Erhaltung der künftigen Ertragskraft der Unternehmung in der Firma verbleiben muß. Auch bei Einkommensstreben besteht keine Wahl, mehr oder weniger auszuschütten, und deshalb stellt sich hier die Frage nach dem Optimum an Selbstfinanzierung nicht. Wir können allenfalls sagen, das Optimum an Selbstfinanzierung gleiche dem für die Erhaltung der Ertragskraft der Unternehmung notwendigen Minimum an Selbstfinanzierung.
Nur bei *Wohlstandsstreben* als der finanziellen Zielsetzung, bei der die zeitliche Verteilung der Entnahmen nicht vorab festgelegt ist, kann ein echtes Optimum an Selbstfinanzierung auftreten; denn hier ist zu prüfen, ob Beträge zu entnehmen sind oder ob auf Ausschüttungen zugunsten stärkeren Vermögenswachstums verzichtet werden soll. Das Optimum kann nur gefunden werden, wenn die Austauschregel zwischen künftigem und gegenwärtigem Einkommen bekannt ist: wenn die Indifferenzkurven zwischen Entnahme heute und Entnahme morgen gegeben sind. Aus diesem Grunde bildet der Rückgriff auf die Haushaltstheorie die allgemeine Lösung des Problems der optimalen Selbstfinanzierung.

Welche finanziellen Ziele in *firmenbezogenen Unternehmen* angestrebt werden können, wurde auf S. 166 ff. dargestellt. Die Entscheidenden in der Firma können im Interesse der Anteilseigner handeln, dann werden sie a) entweder nach Einkommensmaximierung (Maximierung der Ausschüttungen) streben oder b) nach Vermögensmaximierung für den Durchschnittsaktionär. Handeln die Entscheidenden nicht im Interesse der Anteilseigner, dann werden sie c) das firmeneigene Vermögen zu maximieren suchen.
Für das Ziel *Einkommensmaximierung in firmenbezogenen Unternehmen* gilt das über personenbezogene Unternehmen Gesagte: Der maximal entziehbare Betrag ist auszuschütten; die Frage nach dem Optimum an Selbstfinanzierung tritt nicht auf.
Firmeneigene Vermögensmaximierung wirft ebenfalls keine Wahlprobleme auf. Übersteigt der buchhalterische Gewinn die vorgegebene (z. B. branchenübliche) Dividende, dann werden Rücklagen gebildet.
Wir werden uns deshalb für das Folgende nur mit dem Ziel *Vermögensmaximierung für den Durchschnittsaktionär* befassen, weil es im Zusammenhang mit der Selbstfinanzierung neue Probleme aufwirft. Der Vorstand der Aktiengesellschaft muß sich hier fragen: Wächst das Vermögen der Aktionäre mehr, wenn Gewinne nicht ausgeschüttet werden (Selbstfinanzierung betrieben wird) oder wenn Dividenden gezahlt werden und die Aktionäre ihr Einkommen in anderen Investitionsobjekten anlegen?

Die angelsächsische Literatur beschränkt sich durchweg auf ein Ziel, das der Vermögensmaximierung für den Durchschnittsaktionär gleichen soll[7]. Man spricht von Anteilswertmaximierung bzw. Maximierung des »Marktwertes« der Aktien.

Anteilswertmaximierung heißt, die Firmenleitung betreibt nur dann Selbstfinanzierung, wenn dadurch das Vermögen des Aktionärs stärker wächst als bei Ausschüttung und anderweitiger Anlage. Anteilswertmaximierung entspricht der Maximierung des Börsenkurses, solange wir von der Ausgabe von Gratisaktien (Kapitalerhöhung aus Gesellschaftsmitteln) oder von der Umstellung der Börsennotiz von 100-Mark- auf 50-Mark-Aktien absehen. Ob das Ziel Vermögensmaximierung in der Praxis vorherrscht, sei dahingestellt. Vermögensmaximierung für den Durchschnittsaktionär ist in erster Linie ein Idealziel, das der Vorstand verfolgen kann, wenn er im Interesse der Anteilseigner handeln will. Das zweite Idealziel wäre Einkommensmaximierung, d. h. Maximierung der Ausschüttungen. Dieses Ziel wird sicher nicht im Regelfall der Wirklichkeit verfolgt; es wird nicht das Maximum dessen ausgeschüttet, was ausgeschüttet werden könnte, damit trotz der Ausschüttung die Ertragskraft der Unternehmung erhalten bleibt.

Sind beide Idealziele gleichberechtigt? Einkommensmaximierung läge dann im Interesse der Aktionäre, wenn sie die Dividendeneinkünfte konsumieren wollten oder sich zumindest selbst die Entscheidung vorbehalten möchten, ob sie konsumieren oder reinvestieren. Falls die ausschüttende Unternehmung die beste Wiederanlagemöglichkeit böte, dann wäre eine Wiederanlage nur durch Kauf von Aktien bzw. durch Kapitalerhöhungen der Gesellschaft (»Schütt-aus-hol-zurück-Politik«) möglich. Die steuerlichen, bank- und börsentechnischen Umweltbedingungen können jedoch so sein, daß Selbstfinanzierung geringere Kosten verursacht als eine Schütt-aus-hol-zurück-Politik. Das Ziel Einkommensmaximierung schließt die in diesem Fall günstigere Selbstfinanzierung aus.

Vermögensmaximierung für den Durchschnittsaktionär stellt gerade auf diesen Fall ab. Den Aktionären wird ein Verzicht auf Ausschüttungen zugemutet, wenn die Gewinne in der Firma rentabler angelegt werden können als bei Ausschüttung und anderweitiger Anlage. Der Pferdefuß dieses Zieles sind jedoch die dafür notwendigen Unterstellungen. Diese Unterstellungen geben dem Vorstand einen weiten Ermessensspielraum, wie wir gleich erkennen werden. Darüber hinaus führt in der Mehrzahl der Fälle Vermögensmaximierung für den Durchschnittsaktionär zu denselben Entscheidungen wie firmeneigene Vermögensmaximierung. Wir werden sehen, daß sich unter realistischen Umweltbedingungen eine Ausschüttung meistens nicht lohnt. Der Vorstand, der aus firmeneigenem Interesse nichts ausschütten will, wird deshalb leicht erklären können, hohe Selbstfinanzierungsraten lägen im Interesse der Vermögensmaximierung für den Durchschnittsaktionär.

Demnach läßt sich bezweifeln, ob das Ziel Vermögensmaximierung für den Durchschnittsaktionär ein sinnvolles Ziel ist, an dem das Handeln im Interesse der Anteilseigner ausgerichtet werden kann. Indes, wer die Vermögensmaximierung für den Durchschnittsaktionär als brauchbares Idealziel ablehnt, der muß folgern: Nur Einkommensmaximierung (maximale Ausschüttungspolitik) läge im Interesse der Anteilseigner. Ich neige dieser Auffassung zu,

---

[7] Vgl. im einzelnen *Diran Bodenhorn*, On the Problem of Capital Budgeting. In: The Journal of Finance, Vol. 14 (1959), S. 473–492, bes. S. 489; *Ezra Solomon*, The Theory of Financial Management. New York – London 1963, S. 15–25; neuerdings *William Beranek*. The Weighted Average Cost of Capital and Shareholder Wealth Maximization. In: The Journal of Financial and Quantitative Analysis, Vol. 12 (1977), S. 17–37; *Eugene F. Fama,* The Effects of a Firm's Investment and Financing Decisions on the Welfare of its Security Holders. In: American Economic Review, Vol. 68 (1978), S. 272–284, hier S. 282 f.

denn Einkommensmaximierung überläßt dem Aktionär die Entscheidung, ob und wo er reinvestieren will. Um zu gewährleisten, daß die Vorstände das Ziel Einkommensmaximierung wirklich verfolgen, wären allerdings grundlegende Änderungen des Gesellschafts- und des Steuerrechts notwendig. Solange das nicht erreicht ist, muß auch die Vermögensmaximierung für den Durchschnittsaktionär als zulässiges Handeln im Interesse der Anteilseigner angesehen werden.

Wer Vermögensmaximierung und Einkommensmaximierung als Idealziele ablehnt, der verwirft das ganze Problem des Handelns im Interesse der Anteilseigner. Wer jedoch eine breite Vermögensstreuung als wünschenswert ansieht, kommt an der Lösung dieses Problems nicht vorbei. Kriterien für eine näherungsweise Lösung des Problems zu erarbeiten, wie Handeln im Interesse der Aktionäre auszusehen hätte, erscheint mir besser, als von vornherein auf jeden ernsthaften Lösungsansatz zu verzichten, weil zahlreiche und nicht restlos überwindbare Schwierigkeiten im Wege stehen. Welche Schwierigkeiten das Streben nach »Vermögensmaximierung für den Durchschnittsaktionär« mit sich bringt und zu welchen Investitions- und Dividendenentscheidungen es führt, ist nunmehr zu untersuchen.

2. Bestimmungsgründe optimaler Selbstfinanzierung bei Handeln im Vermögensinteresse der Anteilseigner

aa) Die allgemeinen Voraussetzungen einer Vermögensmaximierung für den Durchschnittsaktionär

Bei der Antwort auf die Frage »Ausschüttung oder Selbstfinanzierung« sind das Investitionsvolumen und das Ausmaß der einzelnen Finanzierungsarten gemeinsam zu bestimmen. Auf S. 456 wurde gezeigt, daß bei Handeln im Interesse der Anteilseigner keine Konkurrenz zwischen Eigenfinanzierung und Selbstfinanzierung besteht, vom Problem »Schütt-aus-hol-zurück« abgesehen. Hier fragen wir deshalb allein nach dem Ausmaß der Investitionen, der Selbstfinanzierung und der Fremdfinanzierung.

Dabei ist zu trennen der Fall, daß die Ausschüttung »ohne Ausschüttungsprämie« erfolgt, von dem zweiten Fall, daß die Ausschüttung honoriert oder bestraft wird: dem Fall »mit Ausschüttungsprämie«. Die Ausschüttungsprämie beruht auf zwei steuerlichen Wirkungen: einer gegenwärtigen Prämie und einer zukünftigen Prämie.

Die gegenwärtige Prämie bezeichnet den Betrag, den die Anteilseigner bei Ausschüttung mehr investieren können als die Unternehmung bei Selbstfinanzierung (S. 265). In die zukünftige Prämie geht der Tatbestand ein, daß die Wiederanlage von Gewinnen in der Firma zu Kurssteigerungen führt, die, von Sonderfällen abgesehen, bei Verkauf der Aktien einkommensteuerfrei realisiert werden können.

Der Fall »mit Ausschüttungsprämie« verlangt eine Korrektur des Habenzinses. Die Alternativrendite des Aktionärs nach Berücksichtigung der gegenwärtigen Prämie und der künftigen einkommensteuerfreien Realisierung von Kursgewinnen bezeichnen wir als »korrigierten Habenzinssatz«. Die Höhe der Korrektur des Habenzinssatzes hängt ab

1. von der gegenwärtigen Ausschüttungsprämie,
2. von der Länge des Planungszeitraumes und
3. von dem Nettoerlös (abzüglich etwaiger Steuern) bei Veräußerung der Anlagen.

An vier Voraussetzungen ist die Vermögensmaximierung für den Durchschnittsaktionär gebunden:

1. Die überwiegende Mehrheit der Aktionäre muß die Dividenden reinvestieren, nicht konsumieren wollen.
2. Die steuerliche Belastung muß mindestens für die Mehrzahl der Aktionäre ungefähr gleich sein.
3. Die Anlagemöglichkeiten müssen mindestens für die Mehrzahl der Aktionäre in etwa gleich sein.
4. Die Kursentwicklung der Firma und die Renditen alternativer Anlagemöglichkeiten müssen für den gewählten Planungszeitraum hinreichend genau geschätzt werden können.

Die drei ersten Voraussetzungen sind rasch abzuhandeln: Von einem »durchschnittlichen« Aktionär auszugehen, stellt ohne Zweifel eine arge Vereinfachung dar. Wer diese Vereinfachung für zu weitgehend hält, der kann, wie erwähnt, Handeln im Interesse der Aktionäre nur als Einkommensmaximierung deuten.

Insbesondere ist zu beachten: Streut die Steuerbelastung bei den Aktionären erheblich, dann bedeutet jede Dividendenentscheidung die Bevorzugung einer Gruppe von Aktionären und die Benachteiligung einer anderen. Das hat zu der Behauptung geführt, daß Unternehmen mit verhältnismäßig hohen Ausschüttungen eine andere »Aktionärskundschaft« haben als Unternehmen, die mehr selbstfinanzieren und deshalb Anteilseigner mit hohen Grenzeinkommensteuersätzen anziehen (Clientele-Effekt)[8].

Die Berechnung des korrigierten Habenzinses verlangt ferner, für einen durchschnittlichen Aktionär Annahmen über seinen Planungszeitraum und die sich ihm bietenden Veräußerungserlöse am Planungshorizont zu treffen. Strenggenommen wird dabei verlangt, Börsenkurse über Jahre hinweg vorherzusehen. Das ist kaum möglich, und auf diesen Einwand stützt sich vor allem die Kritik am Ziel Vermögensmaximierung[9]. Bei näherer Betrachtung erscheint jedoch dieser Einwand nur bedingt stichhaltig. Die Entwicklung der Börsenkurse hängt von folgenden Einflußgrößen ab: von den Ertragsaussichten der Unternehmung, von spekulativen und markttechnischen Sonderbewegungen, von den besonderen Risiken dieses Papiers und von der allgemeinen Kapitalmarktlage (dem allgemeinen Börsenrisiko).

bb) Gewinnthese oder Dividendenthese?

Bei der Beurteilung der künftigen Erträge bzw. Börsenkurse spielt nach der Literatur[10] ein Problem eine besondere Rolle:
Schätzen die Aktionäre gegenwärtige Dividenden höher als Selbstfinanzierung mit der Möglichkeit künftig steigender Ausschüttungen? Nach der einen Auffassung (der Gewinnthese) bestimmt sich der ertragsgerechte Börsenkurs W aus dem Verhältnis der jährlichen Unternehmensrendite r zur Alternativrendite h,

$$W = \frac{r}{h} \cdot 100.$$

---

[8] Vgl. *Merton H. Miller, Franco Modigliani*, Dividend Policy, Growth, and the Valuation of Shares. In: The Journal of Business, Vol. 34 (1961), S. 411–433, hier S. 431 f.; *Edwin J. Elton, Martin J. Gruber*, Marginal Stockholder's Tax Rates and the Clientele-Taxes, Transactions Cost and the Clientele Effect of Dividends. In: The Journal of Financial Economics, Vol. 4 (1977), S. 419–436.

[9] Vgl. z. B. *Hans E. Büschgen*, Zum Problem optimaler Selbstfinanzierungspolitik in betriebswirtschaftlicher Sicht. In: ZfB, Jg. 38 (1968), S. 305–328, bes. S. 313–316.

[10] Vgl. besonders *Solomon*, The Theory of Financial Management, S. 58; *Gutenberg*, Finanzen, S. 247–255; vgl. auch *Alexander A. Robichek, Stewart C. Myers*, Optimal Financing Decisions. Englewood Cliffs 1965, S. 54.

Die zweite Auffassung hält nicht den Unternehmensgewinn für entscheidend, sondern den ausgeschütteten Dividendensatz d. Nach der Dividendenthese bestimmt sich der ertragsgerechte Kurswert als

$$W = \frac{d}{h} \cdot 100.$$

Beide Thesen vernachlässigen die steuerlichen Wirkungen.

In ihrer starren Form sind weder Gewinnthese noch Dividendenthese haltbar. Es ist auf lange Sicht unvorstellbar, daß nur der Gewinn, nicht die Höhe der Dividenden auf den Börsenkurs von Einfluß sei. Angenommen, zwei Aktiengesellschaften verdienen jährlich 10 Mark auf 100 Mark Grundkapital. Die erste schütte die 10 Mark aus, die Alternativrendite betrage 5%, der Kurs eines Anteils also 200. Die zweite schütte nichts aus, sondern lege die 10 Mark in der Firma zu jeweils 5% wieder an. Ihr Kurs müßte (nach der Gewinnthese) ebenfalls 200 betragen, obwohl ihre heutigen Aktionäre, ja sogar noch deren Urenkel, nie eine Dividende sehen werden (und im Extremfall verhungern müßten, wenn sie nicht schleunigst die Aktien verkauften). Die Dividendenthese andererseits unterschlägt die Erträge der Selbstfinanzierung: Der Kurs der Aktiengesellschaft, die 10 Mark verdient und ausschüttet, beträgt 200. Er wäre danach genauso hoch wie der einer anderen Gesellschaft, die 50 verdient und gegenwärtig nur 10 ausschüttet.

Die richtige Antwort über den Einfluß der Ertragsaussichten lautet: Der ertragsgerechte Kurs hängt von allen Beträgen ab, welche die Gesellschaft dem Aktionär während des Planungszeitraums zahlt. Grundsätzlich entscheidet über den ertragsgerechten Kurs das Verhältnis Ausschüttung zu Alternativrendite; dabei ist jedoch nicht nur die gegenwärtige Ausschüttung zu betrachten, sondern es sind die künftigen Ausschüttungen und der Verkaufserlös der Aktien am Planungshorizont zu schätzen. Wenn Selbstfinanzierung heute bewirkt, daß in Zukunft mehr ausgeschüttet werden kann, dann wird auch die Zurückhaltung von Gewinnen die Kurse steigern. Fraglich ist nur, ob Selbstfinanzierung heute den Kurs genauso steigen läßt wie höhere Ausschüttungen heute – das behauptet im Grunde die Gewinnthese – oder ob künftige Dividendenerhöhungen als Folge heutiger Selbstfinanzierung geringer eingeschätzt werden als gegenwärtige Ausschüttungen – das ist der Kern der Dividendenthese.

Die meisten Urteile über die Gewinn- und Dividendenthese laufen auf den Satz hinaus, der Spatz in der Hand (die Dividende heute) sei den Aktionären lieber als die Taube auf dem Dach[11]. Sicher werden zahlreiche Aktionäre so denken; aber sie denken falsch, weil das Wahlproblem so nicht vollständig formuliert ist. Nur bei Konsumzielen (Wohlstandsstreben) stellt sich die Frage: Konsum heute oder morgen? Bei Vermögensstreben lautet das Wahlproblem hingegen: Künftige Einnahmen über den Weg der Selbstfinanzierung oder künftige Einnahmen über den Weg Barausschüttung plus Wiederanlage durch den Aktionär? Wie Selbstfinanzierung auf den Börsenkurs wirkt, ist also

1. eine Frage, wieweit die Aktionäre rational handeln (ob sie das Wahlproblem vollständig formulieren); bei rationalem Verhalten ist es

2. eine Frage der Zielsetzung der Aktionäre (ob sie gegenwärtigen Konsum oder künftigen wünschen) und

---

[11] Vgl. u. a. *M[yron] J. Gordon*, Optimal Investment and Financing Policy. In: The Journal of Finance, Vol. 18 (1963), S. 264–272, hier S. 266.

3. eine Frage des Vertrauens in den Vorstand der selbstfinanzierenden Unternehmung.
Dieser dritte Gesichtspunkt scheint mir besonders wichtig:
Sind die Aktionäre sicher, der Vorstand handele ausschließlich in ihrem Interesse, dann läßt sich auch bei Ungewißheit kein Grund ersehen, der gegen die Gewinnthese spräche, denn dann wird nur selbstfinanziert, wenn Selbstfinanzierung die beste Anlagemöglichkeit für die Aktionäre bedeutet.
Zweifeln die Aktionäre daran, daß der Vorstand ausschließlich in ihrem Interesse handelt, dann ist die Entscheidung nicht mehr eindeutig. Wird dem Vorstand firmeneigenes Vermögensstreben, aber sonst kluges, einfallsreiches Handeln unterstellt (wird also das Geld nicht in unsinnige Projekte gesteckt), dann bleibt im Regelfall die Gewinnthese richtig, denn wie wir sehen werden, führt firmeneigenes Vermögensstreben und Handeln im Vermögensinteresse der Aktionäre weitgehend zu denselben Entscheidungen.
Der Dividendenthese könnte der Vorrang in zwei Fällen einzuräumen sein. Einmal dann, wenn der Verdacht besteht, daß Selbstfinanzierungsbeträge weniger wirtschaftlich angelegt werden als andere Mittel. Diese Behauptung (die wir gleich näher betrachten) ist gleichbedeutend mit der Aussage, der Vorstand bestehe aus betriebswirtschaftlichen Dummköpfen oder er versuche, die Aktionäre zu schädigen. Als Kleinaktionär würde ich allerdings schon bei der ersten Vermutung in dieser Richtung diese Gesellschaft auch nicht nach dem Verhältnis Dividende zu Alternativanlage (übliche Aktienrendite dieser Risikoklasse) bewerten, sondern so rasch wie möglich den Anteil verkaufen, mindestens aber in der Hauptversammlung die Berufsopponenten unterstützen.
Die Dividendenthese gewinnt dann praktisches Gewicht, wenn die Aktionäre nicht rational handeln, z. B. 100 Mark Dividende höher schätzen als Selbstfinanzierung, die bei ertragsgerechter Bewertung 100 Mark Kurssteigerung nach Spesen verursacht. Mangelnde Teilbarkeit der Aktien und die Verkaufsspesen begünstigen diese Einschätzung. Aber selbst wenn Teilbarkeit gegeben ist und die Kurssteigerung Verkaufsspesen und (alternative) Dividendenzahlung deckt, muß damit gerechnet werden, daß vielen Aktionären die Dividende lieber wäre. Die meisten sehen in Dividenden einen willkommenen Einkommenszuwachs, in gleich hohen Kurssteigerungen einen Vermögenszuwachs, den zu realisieren bedeuten würde, das Vermögen anzutasten. Jedoch: Wer seine Konsumbeträge erhöhen oder sein Endvermögen maximieren will, für den ist es gleichgültig, in welcher Form ihm mehr Geld zufließt, in realisierter Form der Dividende oder in gleicher Höhe in Form realisierbarer Kurssteigerungen. Das unvernünftige Verhalten, Bardividenden höher einzuschätzen als entsprechende Kurssteigerungen, ist damit durch Vorurteile zu erklären und mit der Tatsache, daß nur wenige Aktionäre genügend Zeit aufwenden, um neben ihren sonstigen Arbeiten auch ihre Geldanlagen streng rational zu planen. Die Kursentwicklung der meisten Papiere beruht zum großen Teil auf wenig durchdachten Kauf- und Verkaufsentschlüssen.
Über die ertragsgerechte Bewertung der Anteile entscheiden also bei Handeln im Interesse der Anteilseigner die künftigen ausschüttungsfähigen Gewinne (Gewinnthese), nicht die tatsächlich ausgeschütteten Dividenden. Die Bewertung an den tatsächlich ausgeschütteten Dividenden (meistens noch: an dem gegenwärtigen Dividendensatz) auszurichten, bedeutet bei rationalem Verhalten ein Mißtrauen gegenüber der Verwaltung: Einmal, ob der Vorstand willens ist, im Interesse der Anteilseigner zu handeln, zum anderen, ob er fähig ist, Selbstfinanzierungsbeträge vorteilhaft anzulegen. Bewerten nach der Dividendenthese kann weiterhin auf fehlerhaftem, unvernünftigem Verhalten der Aktionäre beruhen, z. B., daß sie die Erträge der Selbstfinanzierungsbeträge nicht berücksichtigen.

Bei dem Ziel Vermögensmaximierung für den Durchschnittsaktionär handelt voraussetzungsgemäß der Vorstand im Interesse der Anteilseigner und selbstfinanziert nur dann, wenn die Rendite in der Unternehmung höher liegt als der korrigierte Habenzins, den die Aktionäre verdienen könnten. Anlage in der Firma und Alternativanlage erfolgen in der gleichen Risikoklasse; wegen dieser Annahme spricht auch nicht die Ungewißheit der Zukunft zugunsten gegenwärtiger Ausschüttung. Deshalb trifft die Behauptung von Modigliani und Miller[12] zu, daß bei rationalem Verhalten die Dividendenpolitik auf den Kurs der Aktien keinen Einfluß habe, solange einzelne Aktionäre sich bei Zurückbehaltung nicht steuerlich günstiger stehen als andere.

Dem steht nun die Behauptung entgegen, daß Selbstfinanzierungsmittel durch die Unternehmen unwirtschaftlich angelegt werden. So fand z. B. Little[13] keinen Zusammenhang zwischen Unternehmenswachstum und Selbstfinanzierung und schloß daraus, daß die zurückbehaltenen Mittel nur in sehr unwirtschaftlicher Weise verwandt wurden. Ein solches Verhalten ist praktisch nicht auszuschließen, aber keineswegs zwingend. Statistische Untersuchungen, wie die Littles, müssen auf den veröffentlichten Jahresabschlüssen aufbauen. Solange Unterbewertungen möglich sind (und praktisch findet man sie in jedem Land, in England vielleicht nicht so stark wie in Deutschland) und solange nicht beachtet wird, daß es auch eine versteckte Selbstfinanzierung über nichtaktivierungspflichtige Investitionen gibt, ist das Ausmaß an Selbstfinanzierung nicht hinreichend genau zu bestimmen, und folglich bleiben Aussagen über die Vorteilhaftigkeit selbstfinanzierter Investitionen eine waghalsige Angelegenheit. Die Möglichkeit, Gewinne in nicht aktivierungspflichtigen Investitionen, wie Forschung, Werbung, fließen zu lassen (versteckte Selbstfinanzierung), ist auch als Argument gegen die Zweckmäßigkeit offener Selbstfinanzierung eingewandt worden. Jääskeläinen[14] folgert: Eine hohe Selbstfinanzierungsrate sei manchmal von sich aus schon ein Zeichen für unwirtschaftliche Verwendung finanzieller Mittel, weil Selbstfinanzierungsbeträge hohe Körperschaftsteuerzahlungen verursachten und diese durch rechtzeitige nichtaktivierungspflichtige Investitionen vermieden werden könnten. Der Gewinn vor Steuern sei »Entscheidungsvariable«, er sei durch nichtaktivierungspflichtige Investitionen zu beeinflussen. Dieser Gesichtspunkt sei in der Diskussion um optimale Selbstfinanzierung durch die angelsächsische Literatur übersehen worden, und bereits deshalb stehe die Aussage »hohe Selbstfinanzierung liege im Interesse der Aktionäre« auf wackligen Füßen. Hinzu trete, daß ein Außenstehender gar nicht unterscheiden könne, warum hohe Buchgewinne auftreten. Ob die Unternehmung ihre Kapitalstruktur verbessern, Vorsorge für künftige Dividendenzahlungen treffen wolle, tatsächlich so viel verdient habe, daß ein hoher Gewinnausweis unumgänglich werde, oder ob nichtaktivierungspflichtige Investitionen übersehen worden seien.

Der Hinweis auf die versteckte Selbstfinanzierung ist wertvoll; Jääskeläinens Behauptung, daß in der Praxis nichtaktivierungspflichtige Investitionen übersehen werden und deshalb hohe Gewinne und damit hohe Selbstfinanzierungsraten auftreten, erscheint mir allerdings etwas an den Haaren herbeigezogen.

Erfahrungsgemäß werden in Großunternehmen bereits nach Jahresmitte, wenn die Zahlen für das erste Halbjahr vorliegen, Erwägungen angestellt, wie der zu erwartende steuerpflich-

---

[12] Vgl. *Merton H. Miller, Franco Modigliani*, Dividend Policy; vgl. hierzu S. 501 f., 567 ff.
[13] Vgl. *I. M. D. Little*, Higgledy Piggledy Growth. In: Bulletin of the Oxford University Institute of Statistics, Vol. 24 (1962), S. 387–412.
[14] Vgl. *Veikko Jääskeläinen*, Growth of Earnings and Dividend Distribution Policy. In: The Swedish Journal of Economics, Vol. 69 (1967), S. 184–195.

tige Gewinn gemindert werden kann. Es ist natürlich möglich, daß einzelne Firmenleitungen nicht sehen, daß Forschungs- und Entwicklungsarbeiten vorteilhaft sein können (welche Handlungsmöglichkeiten in einer Unternehmung gesehen werden, ist immer ein Problem der Qualität der Unternehmensleitung), aber daß eine Aktiengesellschaft heute mehr Steuern zahlt, als sie unbedingt zahlen muß (und zugleich höhere Buchgewinne ausweist, als sie ausweisen muß), ist doch ein Ausnahmefall. Vorstellbar ist eher, daß Klein- und Mittelbetriebe in diesem Punkt benachteiligt sind, weil sie sich Steuerspezialisten nicht leisten können, die eine zielgerechte Steuerpolitik gewährleisten. Hinzu kommt, daß die Feststellung der tatsächlichen Selbstfinanzierungsrate reichlich schwierig ist, weil zumindest in Deutschland einer geschickten Unternehmensleitung immer noch hinreichend große Unterbewertungsmöglichkeiten verbleiben.

3. Kapitalmarktformen und das Optimum an Selbstfinanzierung

Um das Optimum an Selbstfinanzierung bei Vermögensmaximierung für den Durchschnittsaktionär abzuleiten, unterscheiden wir zwischen vollkommenem, unvollkommenem und beschränktem Kapitalmarkt und trennen zwischen dem Fall ohne Ausschüttungsprämie (unkorrigierter Habenzins) und dem mit Ausschüttungsprämie (bei Korrektur des Habenzinses).

Zur besseren Kennzeichnung der abgeleiteten Optima soll zwischen einem Randoptimum und einem Innenoptimum unterschieden werden. Von einem *Randoptimum* sprechen wir dann, wenn entweder alles ausgeschüttet wird oder gar nichts. Ein *Innenoptimum* verlangt hingegen die Aufteilung des ausschüttungsfähigen Gewinns auf Dividenden und Selbstfinanzierung. Ein Randoptimum »keine Ausschüttung« schließt dabei nicht aus, daß eine Mindestdividende vorab bezahlt wird. Die Überlegung, Ausschüttung oder Selbstfinanzierung, bezieht sich dann nur auf den Teil des ausschüttungsfähigen Gewinns, der die vorgegebene Mindestdividende übersteigt.

aa) Vollkommener Kapitalmarkt

a) Keine Ausschüttungsprämie

Vollkommener Kapitalmarkt heißt: Zu ein und demselben Zinssatz kann Geld angelegt und verliehen werden. Es brauchen also nicht alle Voraussetzungen für einen »vollkommenen« Markt zu gelten (vgl. S. 175). Da zum Kalkulationszinsfuß beliebige Beträge entliehen oder verliehen werden können, ist es völlig gleichgültig, was der Unternehmer mit dem ausschüttungsfähigen Betrag macht. Schüttet der Unternehmer 100 Mark aus und nimmt statt dessen 100 Mark Kredit auf, so zahlt er z. B. 6 Mark Kreditzinsen, und dafür verdienen die Aktionäre mit den 100 Mark, wieder angelegt, 6 Mark Zinsen dazu. Ihr Vermögen wird also von der Wahl zwischen Gewinnausschüttung und Selbstfinanzierung nicht berührt. Die Ausschüttungssumme ist für den Wert der Unternehmung (und damit für das Ziel der Aktionäre: Vermögensmaximierung) völlig bedeutungslos! Es ist klar, daß diese der Wirklichkeit widersprechende Aussage logisch einwandfrei ist: Nach den gesetzten Prämissen ist sie zwingend. Die Aussage: Die Kapitalstruktur der Unternehmung (und damit auch die Frage: Gewinnausschüttung oder Selbstfinanzierung?) sei den Aktionären völlig gleichgültig, ist deshalb nicht »schockierend«, sondern wegen der Voraussetzungen praktisch belanglos. Auf dieser logisch einwandfreien, aber praktisch belanglosen Aussage bauen die Arbeiten von Modigliani-Miller auf, die besonders in der angelsächsischen Literatur in beängstigender Ausführlichkeit diskutiert werden – wie es meistens geschieht, wenn überraschende Aussagen durch wirklichkeitsfremde, zunächst nicht überschaubare Voraussetzungen erzwungen, mit viel Mathematik der staunenden Umwelt dargeboten werden (vgl. im einzelnen S. 499 ff.).

β) Mit Ausschüttungsprämie

Erbringt die Ausschüttung gegenüber der Wiederanlage in der Unternehmung eine positive Prämie, wird die Unternehmung alles ausschütten. Denn da sie zum Kalkulationszinsfuß beliebige Beträge entleihen kann, ist sie in der Lage, das gleiche Investitionsvolumen wie im Fall ohne Ausschüttungsprämie zu verwirklichen. Ist die Ausschüttungsprämie negativ, dann wird nichts ausgeschüttet werden. Es ist für die Aktionäre lukrativer, wenn die Unternehmung das Geld zum Habenzinssatz anlegt.

Ergebnis: Bei vollkommenem Kapitalmarkt ohne Ausschüttungsprämie ist kein Optimum an Selbstfinanzierung zu bestimmen; es ist belanglos, ob ausgeschüttet oder selbstfinanziert wird. Bei vollkommenem Kapitalmarkt mit Ausschüttungsprämie existieren Randoptima der Selbstfinanzierung: Bei positiver Prämie (einem Zuschlag zum Kalkulationszinsfuß) wird alles ausgeschüttet, bei negativer nichts.

bb) Unvollkommener Kapitalmarkt

a) Keine Ausschüttungsprämie

Unvollkommener Kapitalmarkt ohne Ausschüttungsprämie war der Ausgangspunkt des Grundmodells, S. 361. Dort war die Entnahmepräferenz vorgegeben. Hier lautet die Zielsetzung »Vermögensmaximierung«, das Konsumproblem ist ausgeschaltet. Auch bei dieser vereinfachten Zielsetzung lassen sich die drei Gleichgewichtslösungen verdeutlichen. In Abb. 1 bezeichnet G den ausschüttungsfähigen Gewinn jeder der drei Firmen A, B, C; r'_A ist die

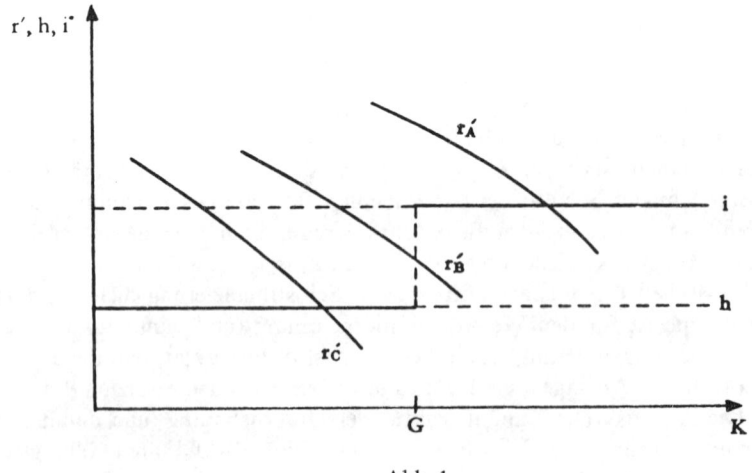

Abb. 1

Grenzrendite für Firma A, r'$_B$ für B, r'$_C$ für C. Der Sollzins wird durch i, der Habenzins durch h wiedergegeben. Von Gewinnsteuern wird hier abgesehen.

In den Firmen A und B wird nichts ausgeschüttet, da die Alternativrendite der Aktionäre geringer ist als die Grenzrendite, die das Investitionsvolumen bestimmt. Nur die sich schlecht rentierende Unternehmung C kann einen Teil ihrer Gewinne ausschütten; denn sie begrenzt ihr (Sach-)Investitionsvolumen nach der Regel »Grenzrendite gleich Habenzinssatz«. Es ist darauf zu achten, daß aber auch bei C kein Optimum an Selbstfinanzierung bestimmt ist. Da keine Ausschüttungsprämie gezahlt wird (und Risikoüberlegungen ausgeklammert sind), ist es den Aktionären gleichgültig, ob die Unternehmung C Gewinn ausschüttet, den sie selbst dann zum Habenzinssatz anlegen, oder ob das Geld in der Unternehmung verbleibt und von der Unternehmung zum Habenzinssatz angelegt wird. Das Ausmaß der Selbstfinanzierung ist im Fall C belanglos.

β) Mit Ausschüttungsprämie

Der Fall »mit Ausschüttungsprämie« entsteht durch die Berücksichtigung steuerlicher Wirkungen. Unter Grenzrendite ist im Falle mit Ausschüttungsprämie die Grenzrendite nach Steuern zu verstehen, unter Sollzins s der versteuerte Fremdkapitalzins bei allgemeiner Gewinnbesteuerung, der unkorrigierte bei einer diskriminierenden Gewinnsteuer.

Ob bei unvollkommenem Kapitalmarkt und Ausschüttungsprämie Dividenden gezahlt werden oder nicht, läßt sich am raschesten erkennen, wenn wir sämtliche Kombinationen zwischen der Grenzrendite (r'$_i$), dem Sollzins (s) und dem korrigierten Habenzins (k) zusammenstellen. Nach dem Doppelpunkt steht dabei die Bedingung, nach der sich das Investitionsvolumen und damit auch die Selbstfinanzierung bestimmt.

Folgende Fälle treten auf:

(1)	$r'_t > s > k$	:	$r'_t \geqq s$	keine Ausschüttung
(2)	$r'_t > k > s$	:	$r'_t \geqq s$	Ausschüttung
(3)	$s > r'_t > k$	:	$r'_t \geqq k$	keine Ausschüttung
(4)	$s > k > r'_t$	:	–	Ausschüttung
(5)	$k > s > r'_t$	:	–	Ausschüttung
(6)	$k > r'_t > s$	:	$r'_t \geqq s$	Ausschüttung

Fall (1): Wenn die Grenzrendite über dem Sollzins und dieser über dem korrigierten Habenzins liegt, dann wird zunächst der Gewinn und anschließend Fremdkapital investiert. Es wird nichts ausgeschüttet, weil die Alternativrendite, welche die Aktionäre erzielen können, trotz Ausschüttungsprämie geringer ist als die Kosten des Fremdkapitals. Es hat keinen Sinn, Beträge auszuschütten, die den Aktionären nur 6% erbringen, wenn dafür in der Unternehmung Fremdkapital zu 8% aufgenommen werden muß.

Fall (2): Wenn die Grenzrendite über dem korrigierten Habenzins und dem Sollzins liegt, ist Fremdkapital die billigste Finanzierungsart. Deshalb werden die Investitionen mit Fremdkapital finanziert. Der gesamte Gewinn wird ausgeschüttet.

Fall (3): Der Sollzins liegt über der Grenzrendite und dem korrigierten Habenzins, und folglich wird kein Fremdkapital aufgenommen. Die Investitionen werden durch zurückbehaltene Gewinne finanziert. Solange die Investition in der Firma mehr erbringt als außerhalb, wird nichts ausgeschüttet.

Fall (4) und (5): Die Grenzrendite ist niedriger als der Sollzins und der korrigierte Habenzins. Deshalb wird in der Unternehmung nichts investiert. Da nichts investiert wird, sind die Gewinne auszuschütten.

Fall (6): Der korrigierte Habenzins ist höher als die Grenzrendite. Die beste Gewinnverwendung liegt deshalb außerhalb der Unternehmung. In der Firma wird gleichwohl investiert, weil die Grenzrendite höher als der Sollzins ist.

Ergebnis: Bei unvollkommenem Kapitalmarkt wird ohne Ausschüttungsprämie nichts ausgeschüttet. Unternehmung C können wir ausklammern; bei ihr ist es belanglos, ob ausgeschüttet wird oder nicht.

Im Fall mit Ausschüttungsprämie gilt:
Es wird nichts ausgeschüttet, solange in der Firma investiert wird und der Sollzins über dem korrigierten Habenzins liegt (s > k). Das tritt ein, (a) wenn das Investitionsvolumen durch den Sollzins begrenzt wird und der korrigierte Habenzins darunter liegt – Fall (1); (b) wenn der Sollzins von Anfang an über der Grenzrendite liegt, also kein Kredit aufgenommen wird, die Grenzrendite jedoch höher als der korrigierte Habenzins ist – Fall (3).
Es wird ausgeschüttet, wenn in der Firma keine lohnenden Investitionsvorhaben vorhanden sind (die Grenzrendite von Anfang an niedriger als Sollzins und korrigierter Habenzins ist) – Fall (4) und (5). Wird in der Firma investiert, dann wird ausgeschüttet, wenn der korrigierte Habenzins über dem Sollzins liegt (k > s). Das tritt ein, wenn das Investitionsvolumen durch den Sollzins begrenzt wird – Fall (2) und (6).
Teilweise Ausschüttung (ein Innenoptimum an Selbstfinanzierung) ist nur möglich, wenn das Investitionsvolumen durch den korrigierten Habenzins begrenzt wird. Dazu muß die Grenzrendite (nach Steuern) erst höher, dann geringer als der korrigierte Habenzins sein – ähnlich Unternehmer C in Abb. 1, S. 484.

cc) Beschränkter Kapitalmarkt

In der Praxis fallen Soll- und Habenzinsen auseinander, Ausschüttungsprämien sind durch die Steuergesetzgebung und durch die Provisionsrechnung der Banken gegeben, Kredit kann nicht in beliebiger Höhe aufgenommen werden.

Wir nehmen an, daß durch Zuführung neuen Eigenkapitals in Form von Selbstfinanzierung auch zusätzliches Fremdkapital zu beschaffen ist. Wir gehen wieder davon aus, daß die Grenzrendite des Eigenkapitals berechnet werde für den Ertrag, den eine Mark Eigenkapital einschließlich des dadurch neu gewonnenen Fremdkapitals verspricht. (Das Problem, daß sich bei Ausschüttung auch der Aktionär stärker verschulden kann, klammern wir aus.) Die Grenzrendite ist wiederum nach Steuern zu verstehen.

Hier interessiert nur der Fall, daß bei der Entscheidung »Ausschüttung oder Selbstfinanzierung« die Kreditbeschränkung bereits wirksam ist. Ist sie noch nicht wirksam, liegt der »unvollkommene Kapitalmarkt« vor.

Ist die Kreditbeschränkung wirksam, dann sind zwei Fälle möglich: Es wird nichts ausgeschüttet, nämlich dann, wenn auch nach Investition des gesamten ausschüttungsfähigen Betrages die Grenzrendite noch über dem korrigierten Habenzinssatz liegt (was der Regelfall sein dürfte), und es wird teilweise ausgeschüttet, wenn die Grenzrendite vor Ausschöpfung des Gesamtgewinns unter den korrigierten Habenzinssatz fällt.

Auch bei einem beschränkten Kapitalmarkt stellt somit das Innenoptimum an Selbstfinanzierung den Sonderfall dar.

dd) Zusammenfassung

In der Wirklichkeit liegen Kreditbeschränkungen vor, aber nicht jede Unternehmung wird ihren Kreditrahmen ausschöpfen. Wir haben deshalb die Ergebnisse des unvollkommenen Kapitalmarktes mit denen des beschränkten Kapitalmarktes zu kombinieren:

Es wird nichts (oder nur die »vorgegebene« branchenübliche Mindestdividende) ausgeschüttet,

(a) wenn die Kreditbeschränkung noch nicht wirksam ist (ein unvollkommener Kapitalmarkt vorliegt), in der Unternehmung investiert wird und der effektive Sollzins über dem korrigierten Habenzins liegt;

(b) wenn die Kreditbeschränkung wirksam ist und die Grenzrendite nach Steuern höher als der korrigierte Habenzins ist.

Es wird alles ausgeschüttet,

(a) wenn sich in der Unternehmung keine lohnenden Investitionsvorhaben bieten;

(b) wenn bei Investitionsabsicht die Kreditbeschränkung noch nicht wirksam ist und der korrigierte Habenzins über dem effektiven Sollzins liegt.

Teilweise Ausschüttung (ein Innenoptimum an Selbstfinanzierung) tritt auf, wenn die Grenzrendite nach Steuern unter den korrigierten Habenzins fällt, ehe der gesamte ausschüttungsfähige Gewinn investiert ist.

Daraus folgt:

(1) Im Regelfall liegen Randoptima, im Sonderfall Innenoptima der Selbstfinanzierung vor.

(2) Lohnt es sich, nichts auszuschütten, so führt Vermögensmaximierung für den Durchschnittsaktionär zu denselben Entscheidungen wie firmeneigene Vermögensmaximierung. Die Grenzrendite wird vor allem in gut verdienenden Unternehmen über dem korrigierten Habenzins des Durchschnittsaktionärs liegen. Wenn dann noch der Sollzins über dem korrigierten Habenzins liegt, entsteht kein Zielkonflikt zwischen Firmeninteresse (Unternehmenswachstum) und Aktionärsinteresse, falls die Aktionäre nach Vermögenswachstum streben. Ein Zielkonflikt ergibt sich nur, wenn sie Konsumeinkommen, nicht Vermögenswachstum wünschen.

(3) In weniger gut verdienenden Unternehmen werden eher die Bedingungen für Vollausschüttung gegeben sein. Für solche Unternehmen decken sich Einkommens- und Vermögensstreben der Aktionäre. Der Zielkonflikt zwischen firmeneigener Vermögensmaximierung und Aktionärsinteressen tritt offen zutage.

Die Problematik der Selbstfinanzierung in Publikumsgesellschaften rührt einmal daher, daß nicht klar ist, was »Handeln im Interesse der Aktionäre« bedeutet: maximale Ausschüttungspolitik (was die beste Lösung wäre, sobald die steuerliche Diskriminierung der Schütt-aushol-zurück-Politik beseitigt ist) oder maximale Wachstumspolitik oder das, was man als praktische Unverbindlichkeit meist zu hören bekommt: angemessene Dividenden und befriedigendes Wachstum. Soll geprüft werden, ob ein Vorstand im Interesse der Aktionäre handelt, so muß zunächst deren Interesse eindeutig definiert werden. Die Problematik der Selbstfinanzierung in Publikumsgesellschaften erwächst weiter daraus, daß Vorstand und Aufsichtsrat die Unternehmensziele in eigener Machtvollkommenheit festlegen. Sie entscheiden nicht nur über die tatsächliche Selbstfinanzierungsrate, sondern, weil sie die Unternehmensziele erst definieren, zugleich auch über das, was ein Optimum an Selbstfinanzierung ist.

III. Der Einfluß der Ungewißheit auf die Kapitalstruktur

a) Bedingungen für das Optimum an Fremdfinanzierung

1. Der Verschuldungshebel

Unter Vernachlässigung der Ungewißheit lassen sich die Bedingungen für das Optimum an Fremdfinanzierung unmittelbar aus den Optima für Eigen- und Selbstfinanzierung ablesen: Bei vollkommenem Kapitalmarkt ist die Kapitalstruktur für den Erfolg einer Unternehmung ohne Bedeutung; es gibt kein Optimum. Bei unvollkommenem Kapitalmarkt entscheidet über das Optimum an Fremdfinanzierung das Verhältnis von marginalen Fremdkapitalkosten (Sollzins) zu marginalem Habenzins. Liegt der Habenzins über dem Sollzins, wird nur Fremdkapital aufgenommen, und zwar bis die Grenzrendite des Investitionsprogramms dem Sollzins gleicht. Liegt der Sollzins über dem Habenzins, wird nur selbst- oder eigenfinanziert. Erst steuerliche Überlegungen erschweren diesen einfachen Grundsatz.

Bei beschränktem Kapitalmarkt wird eigenfinanziert, um neue Fremdfinanzierungsquellen zu erschließen. Liegt dabei irgendwann der Sollzins über dem korrigierten Habenzins, wird nur eigenfinanziert; Fremdkapitalaufnahme lohnt sich nicht. Es liegt im Grunde kein beschränkter Kapitalmarkt mehr vor.

Kurz gesagt: *Es wird immer dann fremdfinanziert, wenn die eigenen Mittel bereits investiert sind oder besser anderwärts angelegt werden können.* Das beruht darauf, daß Fremdkapital Aufwandkapital ist. Es beansprucht eine feste Verzinsung. Sobald Fremdkapital zu Gewinnkapital wird, also am Gewinn teilhat (z. B. partiarisches Darlehen), gilt das, was über das Optimum an Gewinnkapital = Eigenkapital gesagt wurde.

Die Kapitalstruktur beeinflußt die Rentabilität des Eigenkapitals: Mit wachsender Verschuldung steigt der Gewinn der Anteilseigner und damit die Rentabilität des Eigenkapitals, sofern sich die Investitionen überhaupt lohnen, d. h. die Grenzrendite über dem Sollzins liegt. Wir nehmen an, eine Unternehmung verdiene bei 1 Mill. Eigenkapital 100 000 Mark jährlich. Die Rendite des Eigenkapitals dieser unverschuldeten Unternehmung ist 10%. Der Unternehmung bieten sich weitere Investitionen mit 10% Rendite, Fremdkapital koste 8%. Investiert die Unternehmung eine zusätzliche Million, erzielt sie 100 000 + 100 000 − 80 000 = 120 000 Gewinn. Die Rendite des Eigenkapitals ist auf 12% gestiegen. Investiert die Unternehmung eine dritte Million, so verdient die dritte Million: 10% − 8% = 2% zusätzlich. Die Rendite des Eigenkapitals steigt auf 14% usw. Für diesen Zusammenhang läßt sich eine einfache Formel gewinnen[15]. r_E bezeichnet die Rendite des Eigenkapitals, r die Rendite der Investitionen (Konstanz der Grenzrendite vorausgesetzt), i die Fremdkapitalzinsen und E das Eigenkapital, F das Fremdkapital. Dann gilt für den Gewinn G

$$G = r \cdot E + (r - i) F,$$

und da $r_E = \dfrac{G}{E}$ ist, folgt

(1) $$r_E = r + (r - i) \frac{F}{E}.$$

---

[15] Vgl. z. B. *Solomon*, The Theory of Financial Management, S. 73; *Gutenberg*, Finanzen, S. 184–186.

Diese gewinnsteigernde Wirkung der Fremdfinanzierung bei lukrativen Investitionen wird in der angelsächsischen Literatur als »leverage«-Effekt bezeichnet, als *Hebelwirkung wachsender Verschuldung auf die Rentabilität*.
Sinkt die Grenzrendite mit wachsendem Investitionsvolumen, dann schwächt sich die Hebelwirkung nach und nach ab, und das Optimum an Fremdfinanzierung ist erreicht, wenn die Grenzrendite dem marginalen Sollzins gleicht.

Wie sieht die Hebelwirkung aus, wenn der Verschuldungsgrad einer Unternehmung erhöht wird, deren Investitionen 10% erbringen, wenn der Sollzins 8% beträgt und die Alternativrendite der Aktionäre 4%? 1 Mill. Mark Eigenkapital erwirtschaften in dem verschuldungsfreien Unternehmen 100 000 Mark. Arbeiten in dem Unternehmen 500 000 Mark Eigenkapital und 500 000 Mark Fremdkapital, dann sind von 100 000 Mark Bruttogewinn 40 000 Mark als Sollzins abzuziehen; es verbleiben 60 000 Mark Gewinn. Die eingesparten 500 000 Mark Eigenkapital können jedoch nur 4% = 20 000 Mark außerhalb der Firma erzielen, so daß den Aktionären insgesamt nur 80 000 statt 100 000 Mark zur Verfügung stehen. Bei wachsender Verschuldung steigt zwar die Rendite der 500 000 Mark Eigenkapital in der Firma; die Rendite des Gesamtbetrages an Eigenkapital von 1 Mill. Mark sinkt jedoch. *Das Anheben der Eigenkapitalrentabilität durch zusätzliche Verschuldung ist auf den Fall beschränkt, daß sich die Verschuldung überhaupt lohnt*. Im letzten Beispiel (Sollzins liegt über dem Habenzins) ist jedoch nur Eigenfinanzierung, nicht Fremdfinanzierung vorteilhaft. Fremdfinanzierung lohnt hier erst, wenn keine Möglichkeit zur Eigen-(oder Selbst-)finanzierung besteht.

2. Risiko und Verschuldungsgrad

Es liegt auf der Hand, daß die Hebelwirkung wachsender Verschuldung nicht bis ins Unendliche reichen kann. Das Ende des Hebeleffektes kann durch fallende Grenzrenditen verursacht sein oder durch steigende Sollzinssätze; meistens wird der Grund jedoch im wachsenden Risiko gesehen, das ein hoher Verschuldungsgrad mit sich bringt. Man behauptet: Trotz Sollzinsen, die unter konstanten Grenzrenditen liegen, verzichte die Firma auf weitere Investitionen, weil bei weiter steigendem Verschuldungsgrad den Eigentümern das Risiko zu hoch würde. Mit diesem Kapitalstrukturrisiko aus der Sicht der Anteilseigner werden wir uns zunächst auseinandersetzen. Das Kapitalstrukturrisiko der Anteilseigner ist zu trennen vom Kapitalstrukturrisiko der Gläubiger. Auch die Gläubiger werden sich überlegen, ob sie noch zusätzliche Mittel in eine bereits stark verschuldete Unternehmung einbringen sollen. Das Kapitalstrukturrisiko aus der Sicht der Gläubiger ist Gegenstand von Kapitel c), ab S. 504.
Wir verzichten vorerst darauf, auf die Bestimmungsgründe des Kapitalstrukturrisikos der Anteilseigner im einzelnen einzugehen. Das erfolgt in Kapitel b). Um das steigende Risiko bei wachsender Verschuldung zu zeigen, sei ein Beispiel gewählt:
Praktisch kann eine Unternehmung nicht mit Sicherheit 10% Rendite erwarten. Die Zahlungsströme (vereinfacht: die Renditen) werden für alternative Zukunftslagen unterschiedlich hoch sein. Es besteht eine Wahrscheinlichkeitsverteilung der Renditen, z. B.

	I	II	III
$p =$	0,2	0,6	0,2
$r =$	4%	10%	16%

Diese Wahrscheinlichkeitsverteilung soll auch für die Erweiterungsinvestitionen gelten. Die Kreditkosten betragen hingegen mit Sicherheit 8%. Erweitert eine zunächst schuldenfreie Unternehmung ihr Investitionsvolumen von bisher 1 Mill. auf 2 Mill., dann wählt sie ein Verhältnis von Eigenkapital zu Fremdkapital von 1 : 1. Ihr Verschuldungsgrad beträgt 50%, denn als *Verschuldungsgrad bezeichnet man das Verhältnis von Fremdkapital zum Gesamtkapital*. Für den Verschuldungsgrad von 50% ist nun die Rendite bei den drei möglichen Zukunftslagen zu errechnen. Im schlechtesten Fall beträgt die interne Verzinsung 4%, die Rendite des Eigenkapitals nach der Formel (1), S. 488, folglich

$$r_E = 4 + (4 - 8) \cdot 1 = 0.$$

In der folgenden Tabelle 1 sind die Renditen der Unternehmung bei den drei Zukunftslagen zusammengestellt, und zwar für die Investitionsvorhaben 1 Mill. Mark (nur Eigenfinanzierung, Verschuldungsgrad 0%); 2 Mill. Mark (Verschuldungsgrad 50%); 3 Mill. Mark (Verschuldungsgrad 67%) und 10 Mill. Mark (Verschuldungsgrad 90%), V = Verschuldungsgrad.

Tabelle 1

V	I	II	III
0%:	+ 4	+ 10	+ 16
50%:	0	+ 12	+ 24
67%:	− 4	+ 14	+ 32
90%:	− 32	+ 28	+ 88

Mit wachsender Verschuldung streuen die Renditen immer stärker. Die Hebelwirkung zeigt sich bei allen drei Zukunftslagen: Bei den günstigen Umweltbedingungen in der gewohnten Weise, daß mit wachsender Verschuldung die Rendite steigt. Bei der ungünstigen Zukunftslage (die interne Verzinsung liegt unter dem Sollzins) drückt der Hebel nach unten. Die Verluste steigen mit wachsender Verschuldung, denn bei steigender Verzinsung steht eine wachsende Zinsbelastung unverändert geringen Erträgen gegenüber. Diesen Tatbestand benutzen wir, um das Kapitalstrukturrisiko zu definieren: *Das Risiko der Kapitalstruktur äußert sich in den Zielbeiträgen und Glaubwürdigkeitsziffern jener Zukunftslagen, für die der Verschuldungshebel nach unten drückt.* Im Beispiel: Der Sollzins liegt bei I über der Rendite nach Steuern.

Aus dem Beispiel können wir schließen: Sobald mit beachtlicher Wahrscheinlichkeit eine Zukunftslage besteht, deren Rendite geringer ist als die Sollzinsen, wächst das Risiko mit wachsendem Verschuldungsgrad. Ob das Risiko mit wachsender Verschuldung steigt, hängt ab von der Rendite der Investition in ungünstigen Zukunftslagen und von der Höhe des Sollzinssatzes.

Nehmen wir an, der effektive Sollzins betrage nur 4% (8% vor Steuern bei einem Steuersatz von 50%, die Renditen seien Renditen nach Steuern), dann errechnet sich folgende Tabelle:

Tabelle 2

V	I	II	III
0%:	4	10	16
50%:	4	16	28
67%:	4	22	40
90%:	4	64	124

Die Streuung der Renditen nimmt auch hier zu. Aber das Risiko ist bei wachsendem Verschuldungsgrad anders zu beurteilen als im ersten Fall. Für die schlechteste Zukunftslage bleibt ein Mindestgewinn unabhängig vom Verschuldungsgrad gesichert. Für die günstigeren Zukunftslagen steigt die Rendite. Von einem steigenden Risiko bei wachsender Verschuldung (einem Kapitalstrukturrisiko) kann nicht mehr gesprochen werden, im Gegenteil: Nach dem Dominanzprinzip ist hier ein höherer Verschuldungsgrad stets einem geringeren vorzuziehen! Daraus folgt:
1. Ein wachsender Verschuldungsgrad führt nur dann zu steigendem Risiko, wenn für mindestens eine Zukunftslage die interne Verzinsung geringer ist als der Sollzins (allgemeiner: die Einnahmenüberschüsse geringer sind als die Fremdfinanzierungsausgaben des betreffenden Zahlungszeitpunktes).
2. Wie stark das Risiko mit wachsendem Verschuldungsgrad wächst, hängt von der Wahrscheinlichkeitsverteilung der Renditen und von der Höhe des Zinssatzes ab (bzw. im allgemeinen Fall: von der Wahrscheinlichkeitsverteilung der Sollzinssätze).

Die Höhe der Sollzinsen wirkt bei wachsendem Verschuldungsgrad auf das Unternehmensrisiko in doppelter Weise: Einmal senken die Zinszahlungen die verbleibenden Einnahmenüberschüsse bei jeder Zukunftslage; das ist die normale, den Bruttogewinn mindernde Wirkung der Fremdfinanzierung. Zum anderen können steigende Zinssätze verursachen, daß in einzelnen Zukunftslagen der Verschuldungshebel nach unten umschlägt. Erst dadurch steigt das Risiko mit wachsendem Verschuldungsgrad. Eine Zukunftslage, die 4% Mindestrendite ausweist, erhöht erst bei Sollzinssätzen über 4% mit wachsendem Verschuldungsgrad das Unternehmensrisiko, bei Zinssätzen unter 4% ist wachsende Verschuldung risikolos[16].

Der Umschlag des Verschuldungshebels bei Zinsänderungen ist vor allem wichtig, wenn man den Einfluß der Besteuerung auf Investition und Finanzierung unter Ungewißheit untersuchen will (was hier nicht geschehen soll) oder wenn auch die Höhe der Zinssätze ungewiß ist. In diesem Fall kommt es darauf an, ob niedrige Zinssätze mit niedrigen Renditen zusammentreffen werden (was z. B. in einer Depression möglich ist).
Im Regelfall wird allerdings damit zu rechnen sein, daß mindestens für eine Zukunftslage die Einnahmenüberschüsse der Investitionsobjekte unter den Sollzinszahlungen liegen, so daß mit wachsender Verschuldung das Risiko steigt.

Bei Eigenfinanzierung ist voraussetzungsgemäß das Kapitalstrukturrisiko (Verschuldungsrisiko) Null. Dies bedeutet nicht, daß jedes Finanzierungsrisiko verschwindet: Auch eine unverschuldete Unternehmung kann durch zu hohe Privatentnahmen gefährdet werden, und bei kündbarem Eigenkapital (z. B. Kommanditeinlagen) ist die Gefahr einer Kündigung gesondert zu beachten. Die Gefahr, daß einer Unternehmung auch Eigenkapital entzogen werden kann, läßt sich als Eigenfinanzierungsrisiko bezeichnen. Wir gehen darauf nicht näher ein.

---

[16] *Gutenberg*, Finanzen, S. 190–192, weist mit einer ähnlichen Rechnung nach, daß das Risiko mit wachsendem Verschuldungsgrad ständig steige und unabhängig vom Fremdkapitalzinsfuß sei. Er mißt dabei das Risiko in der Streuung der Renditen. Eine Abhängigkeit des Kapitalstrukturrisikos vom Zinssatz zeige sich erst, wenn ein anderes Risikomaß (z. B. das Verhältnis Streuung zu Erwartungswert) gewählt werde. Gutenberg übersieht dabei den Fall, daß der Hebel bei steigenden Zinssätzen in einer wachsenden Zahl von Zukunftslagen umschlagen wird. Darauf beruht das Kapitalstrukturrisiko. Die Streuung der Renditen ist keineswegs immer ein sinnvolles Risikomaß.

b) Das Optimum an Fremdfinanzierung aus der Sicht der Anteilseigner

1. Personenbezogene Unternehmen

Will man die Beziehung zwischen Kapitalstruktur und Risiko untersuchen, dann muß zunächst das Kapitalstrukturrisiko genau eingegrenzt werden. Zu diesem Zweck unterscheiden wir zwischen dem allgemeinen leistungswirtschaftlichen Risiko und dem speziellen Kapitalstrukturrisiko. Das leistungswirtschaftliche Risiko erfaßt alle Unsicherheiten aus dem Leistungsprozeß der Unternehmung: die Wahrscheinlichkeitsverteilung der Zahlungsströme, die aus den Entscheidungen im Beschaffungs-, Produktions- und Absatzbereich folgen (die Wahrscheinlichkeitsverteilung der Renditen, wenn wir uns auf eine grobe bzw. einperiodige Betrachtung beschränken). Das leistungswirtschaftliche Risiko erfaßt zugleich die Verlustgefahr aus einer möglichen zwischenzeitlichen Anlage von Einnahmenüberschüssen. Nur Verlustgefahren aufgrund der Wahl der Finanzierungsart sind nicht im leistungswirtschaftlichen Risiko berücksichtigt. Sie bestimmen das Kapitalstrukturrisiko. Das leistungswirtschaftliche Risiko bestimmt die »Risikoklasse«, in der sich eine Unternehmung befindet; es besteht also bei jeder Kapitalstruktur, auch bei vollständiger Eigenfinanzierung. Das Kapitalstrukturrisiko entsteht zusätzlich, sobald Fremdkapital aufgenommen wird.

Die Abgrenzung zwischen leistungswirtschaftlichem und Kapitalstrukturrisiko ist notwendig, will man den Zusammenhang zwischen Kapitalstruktur und Risikoneigung untersuchen.

Wie schwierig die Trennung von leistungswirtschaftlichem und Kapitalstrukturrisiko ist, zeigt ein einfaches Beispiel. Ein Unternehmer erwäge eine Investition mit folgender Wahrscheinlichkeitsverteilung der Zahlungsströme:

Verteilung 1

t_0		t_1		t_2	
p	z	p	z	p	z
1	−1000	0,1	− 100	0,1	800
		0,8	0	0,3	1100
		0,1	+ 100	0,4	1200
				0,2	1600

Rechnet man mit Erwartungswerten für jeden Zahlungszeitpunkt, dann verkörpert diese Investition eine Rendite von 10%.

In dieser Wahrscheinlichkeitsverteilung müßte sich das leistungswirtschaftliche Risiko äußern. Wenn man eine Risikopräferenzfunktion als Zielfunktion wählte, ließe sich die Verteilung auf wenige Merkmale, z. B. auf Erwartungswert und Streuung der Rendite, verdichten. Wir wollen jedoch das Problem vollständig analysieren, ohne vorweg einschränkende Annahmen über die Risikoneigung zu machen, und untersuchen deshalb die vollständige Wahrscheinlichkeitsverteilung.

Bei Eigenfinanzierung muß voraussetzungsgemäß das Kapitalstrukturrisiko Null sein, hierfür zeigt die Verteilung das leistungswirtschaftliche Risiko an. Indes ändert sich bei Eigenfinanzierung die Verteilung, und zwar aus zwei Gründen: Zum ersten ist das Handlungsprogramm vollständig zu formulieren, es werden also Differenzinvestitionen bzw. Zusatzfinanzierungen notwendig, und zum zweiten müßten eigentlich die gewinnabhängigen Ausgaben (Steuerzahlungen, Gewinnausschüttung) berücksichtigt werden; die Steuerzahlungen würden bei Eigenfinanzierung erheblich von denen bei Fremdfinanzierung abweichen. Wir vereinfachen hier und nehmen an, gewinnabhängige Ausgaben fielen nicht an. Gleichwohl ändert sich die Verteilung, und zwar wegen der Finanzierungszahlungen.

Der Unternehmer muß mindestens 1 000 Mark Eigenkapital in t_0 und 100 Mark zusätzlich in t_1 besitzen, sonst kann er die Handlungsmöglichkeit nicht eigenfinanzieren. Mit 90% Wahrscheinlichkeit braucht er dabei die 100 Mark in t_1 nicht. Wir nehmen für einen solchen Fall an, das Geld könne sicher zu 10% bis t_2 angelegt werden. Im allgemeinen bestehen auch für die Wiederanlagemöglichkeiten Wahrscheinlichkeitsverteilungen; das erschwert die Rechnung, führt jedoch nicht zu neuen Einsichten. Deshalb gehen wir von sicherer Reinvestition aus. Aufgrund der Wiederanlage ändern sich die Zahlungen in t_2, und zwar bleiben sie mit 10% Wahrscheinlichkeit unverändert, mit 80% Wahrscheinlichkeit sind in jeder Zukunftslage in t_2 110 Mark zuzuzählen, mit 10% Wahrscheinlichkeit in jeder Zukunftslage in t_2 220 Mark (nämlich für den Fall, daß in t_1 100 Mark Überschuß entstehen). Wir erhalten damit folgendes vollständig formulierte Handlungsprogramm:

Verteilung 2

t_0		t_1		t_2							
				Ausgangswerte		Ergänzung		Endwerte		Neuschätzung	
p	z	p	z	p	z	p	z	p	z	p	z
1	-1000	1	-100			0,1	0	0,01	800		
				0,1	800	0,8	110	0,08	910	0,1	910
						0,1	220	0,01	1020		
						0,1	0	0,03	1100		
				0,3	1100	0,8	110	0,24	1210	0,3	1210
						0,1	220	0,03	1320		
						0,1	0	0,04	1200		
				0,4	1200	0,8	110	0,32	1310	0,4	1310
						0,1	220	0,04	1420		
						0,1	0	0,02	1600		
				0,2	1600	0,8	110	0,16	1710	0,2	1710
						0,1	220	0,02	1820		

Bei dieser Tabelle wurde vorausgesetzt, daß die Zukunftslagen in t_1 unabhängig von denen in t_2 sind. Es besteht also kein Ereignis-Verbund zwischen den beiden Perioden. Diese Voraussetzung ist praktisch nicht immer erfüllt. Im Gegenteil: Wenn in t_1 die Konjunktur schlecht war, dann wächst die Wahrscheinlichkeit, daß sie auch in t_2 noch nicht überwältigend ist. Es muß also zunächst beachtet werden, ob zwischen dem Risiko verschiedener Perioden irgendwelche Abhängigkeiten bestehen.

Da in der zusammengefaßten Tabelle Glaubwürdigkeitsziffern bis auf 1% genau angegeben werden, haben wir diese Tabelle in einer Neuschätzung vereinfacht.

Die Verteilung 2 läßt sich bei vollständiger Eigenfinanzierung als Ausdruck des leistungswirtschaftlichen Risikos definieren. Mit ihrer Hilfe den Einfluß des Verschuldungsgrades zu untersuchen, enthält eine zusätzliche Unterstellung: Bei Eigenfinanzierung muß in t_1 von 100 Mark zusätzlichem Kapital ausgegangen werden. Bei Fremdfinanzierung wird man jedoch nicht in jedem Fall noch einmal 100 Mark aufnehmen, um sie anzulegen. Damit das leistungswirtschaftliche Risiko unverändert bleibt, müssen wir unterstellen, bei Fremdfinanzierung werde auch die Zusatzinvestition von 100 Mark durchgeführt. Diese Unterstellung erscheint allerdings tragbar: Wenn wir Fremdkapitalaufnahme und Investition auch der 100 Mark in t_1 unterstellen, setzen wir zugleich voraus, durch diese Differenzinvestition werde das Unternehmensrisiko nicht wesentlich berührt.

Eine zweite Unterstellung betrifft das »Eigenfinanzierungsrisiko« neben dem Kapitalstrukturrisiko. Nur bei Aktiengesellschaften lassen sich Zahlungen an die Anteilseigner vermeiden. Bei personenbezogenen Unternehmen fallen laufende Privatentnahmen an, welche die Firma stärker belasten können als Kreditzinsen. Bei GmbHs besteht die Möglichkeit, daß sich die Gesellschafter bei der Firma verschulden. Solche Ausgaben wirken ähnlich (wenn nicht stärker) wie Zins- und Tilgungszahlungen auf das Risiko. Im folgenden unterstellen wir, ein Eigenfinanzierungsrisiko bestehe nicht.

Wie sieht die Glaubwürdigkeitsverteilung der Zahlungen aus, wenn ein bestimmter Verschuldungsgrad gewählt wird? Um das Kapitalstrukturrisiko bei einem Verschuldungsgrad von 50% zu untersuchen, könnten wir von dem Investitionsvolumen 1 000 in t_0 ausgehen und unterstellen, in t_0 seien 500, in t_1 50 fremdfinanziert worden. In diesem Fall tritt aber sofort die Frage auf: Was geschieht mit den eingesparten eigenen Mitteln von 500 in t_0 und 50 in t_1? Sie werden anderweitig angelegt. Aber diese anderweitige Anlage kann zu einem anderen leistungswirtschaftlichen Risiko führen, z. B. dann, wenn wir unterstellen, das Geld würde zu 10% mit Sicherheit angelegt werden. Exakt wird die Aussage über das Kapitalstrukturrisiko nur, wenn die freiwerdenden eigenen Mittel in Investitionen mit derselben Wahrscheinlichkeitsverteilung investiert werden. Es erscheint deshalb zweckmäßig, von vornherein von einem gegebenen, investierten Eigenkapitalbetrag auszugehen und die Risikowirkungen der Verschuldung anhand von fremdfinanzierten Erweiterungsinvestitionen zu untersuchen. Die Investition nach Verteilung 2 wird also mehrmals durchgeführt. Praktisch braucht das nicht immer sinnvoll zu sein. Würden statt dessen andere Investitionen gewählt, dann kann die fremdfinanzierte Investition einer anderen »Risikoklasse« angehören als die eigenfinanzierte, und damit ändert sich das leistungswirtschaftliche Risiko bei wachsendem Verschuldungsgrad. Die Abhängigkeit des Risikos vom Verschuldungsgrad kann jedoch nur bei Konstanz des leistungswirtschaftlichen Risikos untersucht werden. Weil praktisch das leistungswirtschaftliche Risiko nicht gleichbleiben wird, schon deshalb ist es sehr schwierig, verläßliche empirische Aussagen über den Einfluß der Risikoneigung auf die Verschuldung zu finden.

Wir nehmen an, zu der eigenfinanzierten Investition von 1 000 Mark in t_0 trete eine gleichartige hinzu, die vollständig fremdfinanziert werde. Die Sollzinsen betragen mit Sicherheit 6%, Zinszahlung und Tilgung des Kredits erfolgen in t_2. 1000 Mark Kredit werden in t_0, 100 Mark in t_1 aufgenommen und evtl. wieder angelegt. Es entstehen dann in t_2 rund 1 230 Mark an Tilgungs- und Zinsausgaben. Der Zahlungssaldo der Handlungsmöglichkeit (Investition mit Finanzierungszahlungen) ergibt dann in t_2 folgende Wahrscheinlichkeitsverteilung:

Verteilung 3

p	z
0,1	910 − 1230 = − 320
0,3	1210 − 1230 = − 20
0,4	1310 − 1230 = + 80
0,2	1710 − 1230 = + 480

Im allgemeinen Fall wird es auch für die Zins- und Tilgungszahlungen eine Wahrscheinlichkeitsverteilung geben. So ist es denkbar, daß bis t_1 ein Zins von 6% herrscht, von t_1 bis t_2 mit 20% Glaubwürdigkeit der Zins auf 5% sinkt, mit 60% bei 6% bleibt und mit 20% auf 7% steigt. In einem solchen Fall ist zu prüfen, welche Zinssatz-Zukunftslage mit welcher leistungswirtschaftlichen Zukunftslage zusammenfallen wird. Es ist der Risikoverbund zwischen Investitionszahlungen und Finanzierungszahlungen zu untersuchen. Besteht Risikogleichlauf, dann werden die höchsten Zinszahlungen dann anfallen, wenn die niedrigsten Einnahmen entstehen. Es ist auch der umgekehrte, günstigere Fall denkbar, daß die niedrigen Zinssätze mit niedrigen Einnahmen zusammentreffen. Besteht Unabhängigkeit zwischen Investition und Finanzierungszahlungen, dann wäre für die ungünstigste leistungswirtschaftliche Zukunftslage (910 Mark mit 10% Wahrscheinlichkeit) damit zu rechnen, daß mit 20% Wahrscheinlichkeit 1 218 Mark in dieser Zukunftslage zu zahlen sind (1 000 Mark Kredit zu 6% für 1 Jahr = 1 060; 1 060 plus 100 in t_1 zu 5% für das 2. Jahr = 1 218). Mit 60% Wahrscheinlichkeit bliebe es bei 1 230 Mark, und mit 20% wären rund 1 241 Mark zu zahlen.

Für das Weitere gehen wir der Einfachheit halber von sicheren Zins- und Tilgungszahlungen aus; die Sollzinsen mögen 6% betragen. In der folgenden Tabelle sind die möglichen Zahlungen in t_2 zusammengestellt, und zwar für die Verschuldungsgrade V = 33⅓%, 50% und 75%. Bei 33⅓% Verschuldung besteht eine Investitionssumme von 1 500 in t_0, von der 500 fremdfinanziert sind; bei 50% Verschuldung eine Investitionssumme von 2 000 in t_0, davon 1 000 fremdfinanziert; bei 75%iger Verschuldung sind 4 000 in t_0 investiert und davon 3 000 fremdfinanziert worden. Es ergeben sich für die fremdfinanzierten Investitionen folgende Verteilungen für den Zahlungssaldo in t_2:

Verteilung 4

p	V = 33⅓%	V = 50%	V = 75%
0,1	− 160	− 320	− 960
0,3	− 10	− 20	− 60
0,4	+ 40	+ 80	+ 240
0,2	+ 240	+ 480	+ 1440
	µ = 45	µ = 90	µ = 270

Der steigende Erwartungswert µ zeigt die durchschnittliche Hebelwirkung an. Im Druck des Verschuldungshebels nach unten bei den ungünstigen Zukunftslagen äußert sich das Kapitalstrukturrisiko.

Um den optimalen Verschuldungsgrad zu bestimmen, müßte für jeden Verschuldungsgrad der Erwartungswert des Risikonutzens berechnet werden. Dabei ist das Investitions- und Finanzierungsprogramm des Unternehmers als Einheit zu sehen, denn eine verläßliche praktische Ermittlung des Risikonutzens (bzw. der Präferenzwahrscheinlichkeiten) ist nur bei einer Gesamtbetrachtung möglich. Deshalb sind eigenfinanzierte und fremdfinanzierte Investitionen zusammenzufassen.

Danach errechnen sich folgende Zahlungssalden in t_2:

Verteilung 5

p	V = 0%	V = 33⅓%	V = 50%	V = 75%
0,1	910	750	590	-50
0,3	1210	1200	1190	1150
0,4	1310	1350	1390	1550
0,2	1710	1950	2190	3150

Wir können annehmen, für eine personenbezogene Unternehmung verkörpere diese Tabelle die gesamte Vermögenslage. Bei einem Verschuldungsgrad von 75% muß der Unternehmer also mit 10% Glaubwürdigkeit damit rechnen, daß er Konkurs anmelden muß. Den Verschuldungsgrad 75% wird er folglich kaum als zulässige Handlungsmöglichkeit ansehen. Für welchen Verschuldungsgrad der Erwartungswert des Risikonutzens des Unternehmers maximal ist, läßt sich rasch ausrechnen, wenn die Risikonutzenfunktion (bzw. die Tabelle der Präferenzwahrscheinlichkeiten) bekannt ist.

Der optimale Verschuldungsgrad wird also bestimmt durch
1. das leistungswirtschaftliche Risiko,
2. die Zins- und Tilgungszahlungen (bzw. deren Wahrscheinlichkeitsverteilung),
3. die persönliche Risikoneigung (die Risikonutzenfunktion).

Vom leistungswirtschaftlichen Risiko (vereinfacht: der Wahrscheinlichkeitsverteilung der Renditen) und von den Zins- und Tilgungszahlungen (der Wahrscheinlichkeitsverteilung der Sollzinsen) hängt es dabei ab, für welche Zukunftslagen der Verschuldungshebel nach unten drückt. Das Kapitalstrukturrisiko ist erst zu bestimmen, wenn das leistungswirtschaftliche Risiko gegeben ist. *Ein allgemeines Verschuldungs-(Kapitalstruktur-)Risiko, unabhängig von den Besonderheiten der gewählten Investitionen (dem leistungswirtschaftlichen Risiko), gibt es nicht.* Schon deshalb sind allgemeine Finanzierungsregeln in Form von Kapitalstrukturregeln abzulehnen.

2. Publikumsgesellschaften

Bei firmeneigenen Zielen gilt hinsichtlich der Risikoeinstellung grundsätzlich das soeben Abgeleitete: Es ist jene Kapitalstruktur zu wählen, die den Erwartungswert des Risikonutzens maximiert. Schwierigkeiten treten praktisch dadurch auf, daß eine Gruppe (das Vorstandskollegium zusammen mit dem Aufsichtsrat) über die Finanzierungsentscheidungen befindet. Die Risikonutzenvorstellungen der Mitglieder der Gruppe werden voneinander abweichen; es wird eine Mehrheitsentscheidung und/oder ein Kompromiß gesucht werden müssen. Gruppenentscheidungen tendieren deshalb meist mehr in Richtung auf eine traditionsgebundene als auf eine streng rationale Entscheidung.

Bei Handeln im Interesse der Anteilseigner müßte der Erwartungswert des Risikonutzens von einigen tausend oder zehntausend Aktionären maximiert werden. Das geht nicht. Die Rendite einer Aktie (Dividende zu Börsenkurs) kann jedoch als grobes Maß für die Risikoeinschätzung der Aktionäre dienen, denn von den Kauf- und Verkaufsentscheidungen der Aktionäre hängt der Börsenkurs ab. Wie werden die Aktionäre bei ihren Entscheidungen über Aktienkauf und -verkauf das Kapitalstrukturrisiko berücksichtigen? Über diese Frage ist ein Streit entbrannt, der sich in zwei Thesen äußert. Der Börsenkurs soll sich dabei, so nimmt man an, nach den Ertragsaussichten (nach dem Gesamtwert der Unternehmung) richten.

aa) Die These von der Abhängigkeit des Unternehmenswertes vom Verschuldungsgrad

Die herkömmliche Ansicht über das Verhältnis von Gesamtwert der Unternehmung zu Verschuldungsgrad geht von folgender Überlegung aus[17]: Beginnt eine zunächst eigenfinanzierte Unternehmung mit Verschuldung, so steigt ihr Kurswert wegen der Hebelwirkung der Verschuldung. Es sei jedoch nicht damit zu rechnen, daß der Kurswert der Aktien mit wachsendem Verschuldungsgrad ständig steige. Dann wäre tatsächlich ein Verschuldungsgrad von Unendlich (totale Fremdfinanzierung) optimal. Die Aktionäre sähen vielmehr in einer wachsenden Verschuldung zusätzliche Risiken. Sobald der Verschuldungsgrad eine kritische Schwelle überschritten habe, z. B. 50%, würden die Aktionäre diese Unternehmung gegenüber einer gleichen Unternehmung mit geringerem Verschuldungsgrad als risikoreicher einstufen. Das bedeutet: Sie würden den Bewertungssatz (die gewünschte Alternativrendite) für diese Unternehmung erhöhen, weil durch den hohen Verschuldungsgrad die Unternehmung in eine andere Risikoklasse abgerutscht sei. Die Aktionäre erhöhen also den »Habenzins« um einen Risikozuschlag.

Ein Beispiel: Eine Aktiengesellschaft mit 1 Mill. Eigenkapital verdient 10% auf ihre Investitionen, und der Kapitalisierungsfaktor, mit dem die Aktionäre die Gewinne bewerten (die Alternativrendite), sei 8%. Kurswert also 1,25 Mill. Mark. Dieser Kapitalisierungsfaktor bleibe jedoch nur bei 8%, solange der Verschuldungsgrad unter 50% liege. Bei einem Verschuldungsgrad von 50% verdiene die Gesellschaft 200 000 brutto auf 2 Mill. eingesetztes Kapital. Abzüglich 6% Sollzinsen auf 1 Mill. Mark Fremdkapital = 60 000 Mark errechnen sich eine Eigenkapitalrendite von 14% und ein Kurswert von 14/8 · 1 Mill. = 1,75 Mill. Mark. Übersteigt der Verschuldungsgrad 50%, dann empfänden die Aktionäre ein Kapitalstrukturrisiko. Das höhere Risiko seien sie nur zu tragen bereit, wenn der Kapitalisierungszinsfuß von 8% auf z. B. 9% steige. Angenommen, die Gesellschaft zeige in diesem Jahr einen Verschuldungsgrad von 60%, d. h., sie weise 1 Mill. Eigenkapital und 1,5 Mill. Fremdkapital aus. Bei einer Rendite der Investitionen von 10% verdient sie brutto 250 000 Mark, abzüglich 90 000 Mark Fremdkapitalzinsen bleiben 160 000 Mark Gewinn. Die Rendite des Eigenkapitals betrage also 16%. Bei einem Kapitalisierungssatz von 8% müßte der Kurswert der Aktien 2 Mill. betragen. Nun sehen aber die Aktionäre in dem Verschuldungsgrad von 60% ein zusätzliches finanzielles Risiko; sie kapitalisieren zu 9%, und der Kurswert der Aktien liegt bei rund 1,78 Mill. Mark (160 000 dividiert durch 9%). Der Kurswert hat sich also gegenüber dem Verschuldungsgrad von 50% kaum verändert. Wächst der Verschuldungsgrad auf 70%, so möge die Kapitalisierungsrate auf 12% steigen; der Kurswert sinkt auf 1,6 Mill. Mark.

---

[17] Vgl. hierzu vor allem *Solomon*, The Theory of Financial Management, S. 81–98, mit weiteren Quellenhinweisen. Einen Überblick über die jüngere Diskussion geben *Andrew H. Chen*, *E. Han Kim*, Theories of Corporate Debt Policy: A Synthesis. In: The Journal of Finance, Vol. 34 (1979), S. 371–384.

Ein wachsender Verschuldungsgrad werde also zunächst zu einem steigenden Kurswert der Aktien führen. Dann sei mit einem mehr oder weniger breiten Bereich zu rechnen, in dem die Hebelwirkung zusätzlicher Verschuldung durch das steigende finanzielle Risiko (die steigende Kapitalisierungsrate der Aktionäre und/oder den steigenden marginalen Sollzins) im wesentlichen ausgeglichen werde, so daß der Kurswert der Aktien bei wachsendem Verschuldungsgrad ungefähr gleich bleibe, und schließlich werde die kursdrückende Wirkung des wachsenden finanziellen Risikos die Hebelwirkung zusätzlicher Verschuldung übersteigen. Der Kurswert werde mit weiter wachsendem Verschuldungsgrad fallen.

Ziel der Unternehmungsleitung sei Vermögensmaximierung für den Durchschnittsaktionär bzw. Anteilswertmaximierung. Der Vorstand werde also jenen Verschuldungsgrad anstreben, bei dem der Kurswert der Aktien möglichst hoch sei. Der optimale Verschuldungsgrad ist erreicht, wenn der Kurswert der Unternehmung sein Maximum erreicht.

Allerdings stellt die Literatur bei der Erörterung des optimalen Verschuldungsgrades nicht in erster Linie auf den Kurswert der Unternehmung (Marktwert der Aktien) ab, sondern auf die »durchschnittlichen Kapitalkosten«. Die durchschnittlichen Kapitalkosten entsprechen dem Verhältnis von Bruttogewinn der Unternehmung zu Gesamtwert des Vermögens (Marktwert der Aktien und Marktwert der Schulden). Die durchschnittlichen Kapitalkosten gleichen einer Art von »Gesamtkapitalrentabilität«. Üblicherweise berechnet man die Rentabilität des Gesamtkapitals als Gewinn plus Zinsen, bezogen auf den Nominalwert des eingesetzten Kapitals. Bei der Berechnung der »durchschnittlichen Kapitalkosten« steht jedoch der

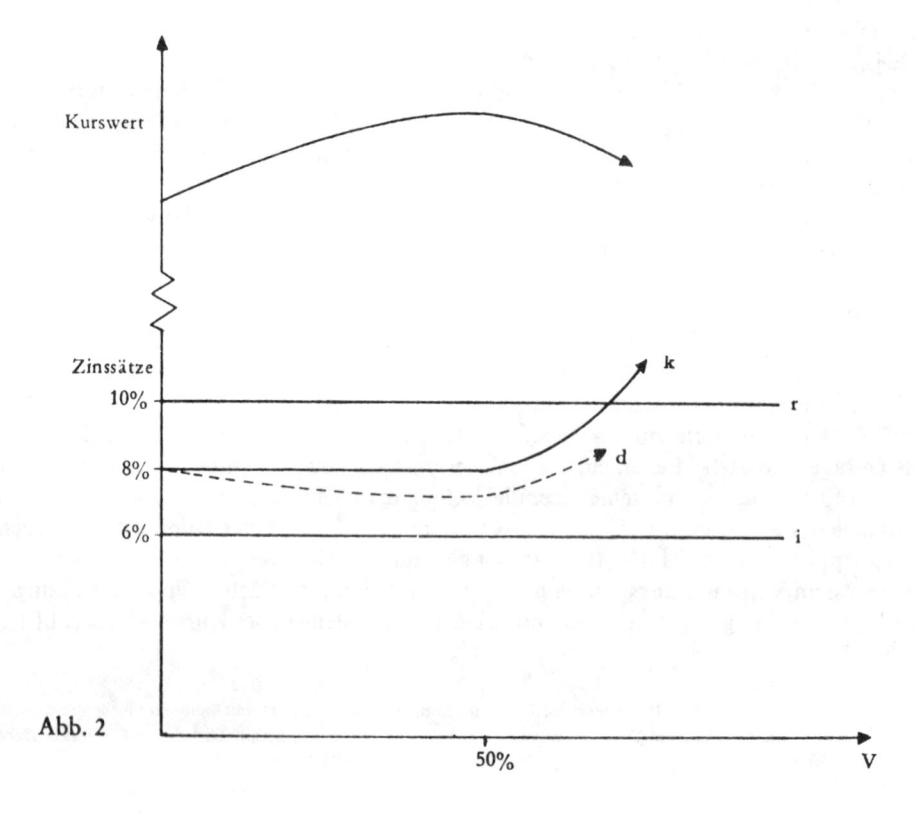

Abb. 2

Marktwert des Kapitals (Kurswert der Aktien und der Anleihen) im Nenner. Im Beispiel errechnen sich die durchschnittlichen Kapitalkosten wie folgt: Bei vollständiger Eigenfinanzierung gleichen die »durchschnittlichen Kapitalkosten« dem Verhältnis Gewinn zu Marktwert der Aktien (der Rentabilität des Eigenkapitals, bewertet zu Marktpreisen) gleich 8%. Bei dem Verschuldungsgrad 50% beträgt der Bruttogewinn 200 000; Marktwert der Aktien 1,75 Mill. Der Marktwert der Schulden gleicht dem Börsenwert einer Anleihe; wir nehmen an, der Sollzinsfuß von 6% sei der Satz, zu dem die Börse Anleihezinsen kapitalisiert, so daß der Kurs der Anleihe 100 beträgt, ihr Marktwert folglich 1 Mill. Mark. Der Gesamtwert des Vermögens errechnet sich als 1,75 Mill. (Marktwert der Aktien) plus 1 Mill. (Marktwert der Anleihe) = 2,75 Mill. Mark. Die Rentabilität des Gesamtkapitals beträgt damit 200 000 dividiert durch 2,75 Mill. = 7,3%. Das sind die »durchschnittlichen Kapitalkosten« der Unternehmung. Kurswert der Unternehmung und »durchschnittliche Kapitalkosten« entwickeln sich gegenläufig: Steigender Kurswert bedeutet sinkende »durchschnittliche Kapitalkosten«. Deshalb spricht die Literatur davon, das Ziel der Finanzierungspolitik bestehe darin, das Minimum der durchschnittlichen Kapitalkosten zu erreichen.

Grafisch läßt sich die herkömmliche Ansicht wie in Abb. 2 verdeutlichen[18]:
r ist die Rendite der Investitionen; d sind die durchschnittlichen Kapitalkosten; i ist der Sollzins; k ist die Kapitalisierungsrate der Aktionäre, V der Verschuldungsgrad.

Da die »Theorie des Kapitalkostenverlaufs« allein den Zusammenhang zwischen Verschuldungsgrad und Kurs betrachtet, vernachlässigt sie
(1) spekulative oder durch Marktengen erzeugte Kursveränderungen,
(2) den Einfluß der allgemeinen Kapitalmarktlage (der »Börsenkonjunktur«) sowie
(3) das leistungswirtschaftliche Risiko der Unternehmung durch die Annahme einer gegebenen Risikoklasse.
Ohne Bezug auf das leistungswirtschaftliche Risiko ist jedoch das Kapitalstrukturrisiko nicht zu messen; schon deshalb hat die »Theorie des Kapitalkostenverlaufs« wenig Bedeutung. Weiter ist zu fragen, ob man den Zusammenhang von Börsenkurs und Verschuldungsgrad unter der Überschrift »Kapitalkostenverlauf« erörtern und den optimalen Verschuldungsgrad durch ein »Theorem der minimalen durchschnittlichen Kapitalkosten« definieren soll[19]. Für die Bestimmung des maximalen Kurswertes und damit des optimalen Verschuldungsgrades braucht man nicht auf den Begriff der durchschnittlichen Kapitalkosten zurückzugreifen – und auf überflüssige Begriffe verzichtet man besser (vgl. auch S. 608 f.).

bb) Die These von der Unabhängigkeit des Unternehmenswertes vom Verschuldungsgrad

Die Gegenthese zur herkömmlichen Ansicht haben Modigliani und Miller aufgestellt[20]. Sie behaupten: Sehe man von Steuern und Börsenspesen ab, dann habe die Kapitalstruktur

---

[18] Vgl. *Solomon*, The Theory of Financial Management, S. 96, der allerdings steigende Sollzinsen annimmt.
[19] Kritisch äußert sich auch *Otfrid Fischer*, Neuere Entwicklungen auf dem Gebiet der Kapitaltheorie. In: ZfbF, Jg. 21 (1969), S. 26–42, bes. S. 35–40.
[20] Vgl. *Franco Modigliani, Merton H. Miller*, The Cost of Capital, Corporation Finance, and the Theory of Investment. In: The American Economic Review, Vol. 48 (1958), S. 261–297; wiederabgedruckt in: The Management of Corporate Capital, edited by Ezra Solomon. 3rd printing, London 1964, S. 150–181, mit einer anschließenden Kritik von *David Durand* (S. 182–197); ferner *dies.*, Dividend Policy; *dies.*, Corporate Income Taxes and the Cost of Capital: A Correction. In: The American Economic Review, Vol. 53 (1963), S. 433–443.

keinen Einfluß auf den Kurswert einer Unternehmung. Die »durchschnittlichen Kapitalkosten« verliefen unabhängig vom Verschuldungsgrad. Anders ausgedrückt: Die Art der Finanzierung habe keinen Einfluß auf den Wert einer Unternehmung. Es müsse ein Denkfehler sein, daß Fremdkapital billiger oder teurer sein könne als Eigenkapital!
Bei der Würdigung dieser Aussage sind zwei Fälle streng zu trennen: Ist die Modigliani-Miller-These als Modellaussage über die Zustände auf einem vollkommenen Kapitalmarkt aufzufassen oder als Hypothese über die praktischen Gegebenheiten?
Modigliani-Miller weisen die Gültigkeit ihrer Aussagen nach für den Fall eines vollkommenen Kapitalmarktes und rational handelnder Aktionäre (strenges Gewinnstreben ist ein Wesensmerkmal des vollkommenen Kapitalmarktes). Bei Vernachlässigung der Ungewißheit ist die These von Modigliani-Miller natürlich richtig, aber trivial. Bei Ungewißheit leuchtet ihre These ebenfalls unmittelbar ein:
Wir nehmen an, zwei Aktiengesellschaften zeigen das gleiche leistungswirtschaftliche Risiko, und sie verdienen gleich viel. Die erste Gesellschaft sei eigenfinanziert, die zweite teilweise verschuldet. Die erste, eigenfinanzierte Gesellschaft verdiene 100 000 Mark auf 1 Mill. Eigenkapital, ihr Börsenkurs betrage 100, 10% sei die Kapitalisierungsrate der Aktionäre. Die zweite Gesellschaft habe 1 Mill. zusätzlich investiert, verdiene brutto 200 000 Mark. Die zweite Million sei durch Fremdkapital, Sollzins 6%, finanziert worden. Das Eigenkapital erzielt damit eine Rendite von 14%; gleichzeitig trage die zweite Gesellschaft wegen der Verschuldung zusätzlich zwar ein finanzielles Risiko, doch das sei bei einem Verschuldungsgrad von 50% noch nicht spürbar. In diesem Beispiel müßten nach Modigliani-Miller beide Gesellschaften gleiche Kurse zeigen, während nach herkömmlicher Sicht die eigenfinanzierte Unternehmung einen Kurs von 100, die verschuldete einen Kurs von 140 haben müßte. Modigliani-Miller gelangen zu ihrer Auffassung durch folgende Überlegung: Würde der Kurs von Unternehmung II auf 140 steigen, dann wäre es für den Aktionär vorteilhaft, diese Aktien zu verkaufen und zusätzlich in gleicher Höhe Kredit aufzunehmen und Aktien der Gesellschaft I zu kaufen, damit könnte er einen Gewinn erzielen. Im einzelnen: Ein Aktionär besitzt 1 000 Mark Aktien von Gesellschaft II. Steigt durch die Verschuldung der Kurs auf 140, dann verkauft er diese Aktien und erlöst 1 400 Mark. Zusätzlich nimmt er Kredit von 1 400 Mark auf (zu 6%) und kauft für 2 800 Mark Aktien der unverschuldeten Gesellschaft I. Sein Risiko hat sich durch diese Transaktion nicht verändert: Bei Gesellschaft II betrug der Verschuldungsgrad 50%; durch Kauf der Aktien der unverschuldeten Gesellschaft auf Kredit ist sein *privater* Verschuldungsgrad auf 50% gestiegen. Bei gleichem Risiko erhält nun der Aktionär jährlich 280 Mark Dividende, zahlt daraus 84 Mark Sollzinsen, und ihm verbleiben 196 Mark. Behielte der Aktionär hingegen die Anteile der Gesellschaft II, würde er nur 140 Mark Einkommen erzielen. Da rationale Aktionäre so handeln würden, müßte der Kurs der Gesellschaft II fallen, die Chance eines Verschuldungsgewinns werde auf diese Weise verschwinden. Allgemein ausgedrückt: Weisen zwei Unternehmen im unverschuldeten Zustand gleiche Ertragskraft und das gleiche leistungswirtschaftliche Risiko auf und verschulde sich ein Unternehmen, so daß wegen der Hebelwirkung seine Eigenkapitalrendite steigen müßte, dann würden die Aktionäre Anteile des höher bewerteten, verschuldeten Unternehmens verkaufen und unter Kreditaufnahme Anteile des unverschuldeten Unternehmens erwerben, um Gewinn zu realisieren. Die Gewinnsteigerung, welche die Gesellschaft II durch Verschuldung erreicht, könnten die Aktionäre auch bei der unverschuldeten Gesellschaft I erzielen, wenn sie bereit wären, Aktien der unverschuldeten Gesellschaft auf Kredit zu kaufen. Auf vollkommenen Märkten würde also das Risiko, zu dem die Verschuldung

einer Gesellschaft führt, durch private Verschuldung der Aktionäre und Kauf von Aktien der unverschuldeten Gesellschaft ausgeglichen. Die Aktionäre erzeugen durch die private Verschuldung eine Art häuslicher Hebelwirkung. Die häusliche Hebelwirkung gleicht der Hebelwirkung bei der Gesellschaft, und folglich könnten die Kurse der beiden Gesellschaften auf lange Sicht nicht voneinander abweichen.

Läge andererseits aus irgendwelchen Gründen der Kurs der Gesellschaft II aufgrund ihrer Verschuldung unter dem Kurs einer unverschuldeten Gesellschaft, dann böte sich folgende gewinnträchtige »Arbitrage«:

Kurs der unverschuldeten Gesellschaft 100; Ausschüttung 10. Kurs der zu 50% verschuldeten Gesellschaft 80; Ausschüttung 14 (= 20 minus 6 Anleihezinsen). Das Verschuldungsrisiko werde also hier so hoch empfunden, daß es durch die höhere erwartete Ausschüttung nicht ausgeglichen wird. Der Aktionär wird die Aktien der unverschuldeten Gesellschaft verkaufen; Erlös z. B. 10 000. Damit verzichtet er auf Einnahmen von 1 000. Er wird Aktien und Schuldverschreibungen der verschuldeten Gesellschaft kaufen, und zwar entsprechend dem Verschuldungsgrad, hier also im Verhältnis 1 : 1. 5 000 Mark Anleihen erbringen einen als sicher unterstellten Zinsertrag von 6% = 300. (Bei Modigliani-Miller empfinden offenbar nur die Aktionäre, nicht die Gläubiger ein Kapitalstrukturrisiko.) Mit 5 000 Mark lassen sich ferner Aktien im Nennwert von 6 250 Mark kaufen. Die erwartete Ausschüttung beträgt 14% = 875 Mark; erwartetes Gesamteinkommen 1 175 Mark gegen 1 000 Mark bei der unverschuldeten Gesellschaft. Und wie entwickelt sich das Kapitalstrukturrisiko nach diesem Kauf? Das sei Null, nur das leistungswirtschaftliche Risiko bestehe (so wird behauptet): Denn der Aktionär sei in dem Maße Gläubiger der Gesellschaft, in dem sie selbst verschuldet ist. Da die Anleihezinsen als sicher gelten, sei das Risiko, daß wegen der Verschuldung bei Eintreffen ungünstiger Zukunftslagen die Dividenden ausfallen, durch das sichere Zinseinkommen kompensiert. Diese gewinnträchtige Arbitrage verschwinde erst, wenn die Kurse von verschuldeter und unverschuldeter Gesellschaft gleich sind.

Diese Arbitrage ist allerdings an die Voraussetzung gebunden, daß die Aktionäre willens sind, sich privat zu verschulden, und als Gläubiger kein Kapitalstrukturrisiko empfinden. Faßt man den Begriff des vollkommenen Kapitalmarkts so weit, daß die private Verschuldungswilligkeit darunter fällt und daß kein Unterschied zwischen privater Verschuldung und Verschuldung der Gesellschaft und kein Gläubiger-Kapitalstrukturrisiko besteht, dann ist die Aussage von Modigliani-Miller zwingend – allerdings nur für das Modell eines vollkommenen Kapitalmarkts in einer Welt ohne Steuern und Börsenspesen. Jedoch machen diese Voraussetzungen die Ableitung praktisch belanglos. Das wäre ohne Bedeutung, wenn Modigliani-Miller nur eine Modellaussage beabsichtigten. Indes versuchen sie mit ihrem Modell eine Hypothese über das tatsächliche Geschehen zu geben. Hier beginnt jedoch die Problematik[21]:

---

[21] Vgl. zur Kritik besonders *David Durand,* The Cost of Capital, Corporation Finance, and the Theory of Investment: Comment. In: The American Economic Review, Vol. 49 (1959), S. 639–655; *Solomon,* The Theory of Financial Management, S. 102 f., 115 f.; *Alexander Barges,* The Effect of Capital Structure on the Cost of Capital. A Test and Evaluation of the Modigliani and Miller Propositions. Englewood Cliffs 1963, bes. S. 80 f., 90–99. Vgl. ferner *M[yron] J. Gordon,* Optimal Investment and Financing Policy. In: The Journal of Finance, Vol. 18 (1963), S. 264–272; *Ezra Solomon,* Leverage and the Cost of Capital. Ebenda, S. 273–279; sowie zahlreiche weitere Stellungnahmen u. a. in der American Economic Review, z. B. zu dem Versuch einer statistischen Verifizierung in Vol. 57 (1967), S. 1258–1300, und im Journal of Finance (1968). Vgl. ferner *Adolf Moxter,* Optimaler Verschuldungsgrad und Modigliani-Miller-Theorem. In: Aktuelle Fragen der Unternehmensfinanzierung und Unternehmensbewertung, Festschrift für Kurt Schmaltz. Stuttgart 1970, S. 128–155.

1. In der Wirklichkeit werden Unternehmen in ihrem Gewinn und ihrem Vermögen anders besteuert als Haushalte. Allein das ruiniert die behauptete Einflußlosigkeit. Bei einer diskriminierenden Gewinnsteuer folgt unter den sonstigen Voraussetzungen von *Modigliani-Miller*, daß mit wachsendem Verschuldungsgrad der Kurswert der Aktiengesellschaft immer stärker wächst, und d. h., der optimale Verschuldungsgrad läge hier bei 100% (Einzelheiten S. 567 ff.).
2. Werden zur Gewinnbesteuerung Börsenspesen bei Kauf und Verkauf (Transaktionskosten) berücksichtigt, entsteht ein herkömmliches Optimum der Verschuldung[22].
3. Eine weitere Verschuldungsgrenze ergibt sich, wenn Aktionäre und Gläubiger von einer beschränkten Risikonutzenfunktion ausgehen, also bei ihrer Risikoneigung das Risiko berücksichtigen. Dieser Gesichtspunkt steht neben den häufig erörterten Konkurskosten[23].
4. Verschuldung der Aktiengesellschaft ist im Risiko nicht gleichzustellen einer privaten Verschuldung des Aktionärs. Zunächst ist in der Aktiengesellschaft die Haftung beschränkt; der Aktionär haftet jedoch unbeschränkt für seine Privatschulden. Das bedeutet praktisch: Besitzt ein Aktionär Aktien im Wert von 10 000 Mark von einer Gesellschaft, die Konkurs macht, dann beträgt bei Eigenfinanzierung sein Verlust 10 000 Mark. Hat er die Aktien auf Kredit gekauft, verliert er 10 000 Mark und muß noch 10 000 Mark plus Zinsen an die Bank zurückzahlen. Sodann kaufen nicht nur Privatleute Aktien. Treten andere Gesellschaften oder Investmentfonds als Käufer auf, so trifft das Argument mit der privaten Verschuldung auch nicht mehr zu. Schließlich kann sich ein Privataktionär verschulden, gleichgültig, ob er Aktien von der verschuldeten oder unverschuldeten Gesellschaft erwirbt. Sein Sollzins wird davon kaum beeinflußt. Finanzierungsmöglichkeiten und Sollzinsen einer Aktiengesellschaft hängen jedoch im allgemeinen von ihrer Verschuldung ab.
In diesem Zusammenhang wurde in den letzten Jahren besonders der Einfluß von Gläubiger-Sicherheiten (»me-first rules«) diskutiert[24].
5. Ein Aktionär kann sich auch verschulden, um Aktien einer bereits verschuldeten Gesellschaft zu kaufen, hier wächst sein Gewinn bei höherem finanziellem Risiko. Darf tatsächlich ausgeschlossen werden, daß er die zusätzlichen Gewinne höher einschätzt als das zusätzliche Risiko? Dieser Gesichtspunkt wirft die Frage auf, welche Risikoneigung die Aktionäre besitzen: Modigliani-Miller behaupten, ihr Modell gelte, gleichgültig, welche Risikoneigung im einzelnen bei den Aktionären vorherrsche[25]. Zunächst ist zu beachten, daß die Aussage von Modigliani-Miller auf keinen Fall stimmt, wenn die Rendite der Gesellschaft in *jeder* Zukunftslage über dem Sollzins liegt. Hier bringt höhere Verschuldung keine Risiken mit. Darüber hinaus kann die These nur gelten, wenn die persönliche Konsumneigung keinen Einfluß auf die Investitionsentscheidungen unter Ungewißheit nimmt. Das ist nur unter sehr, sehr engen Voraussetzungen der Fall (S. 521 f.).

---

[22] Vgl. *William J. Baumol, Burton G. Malkiel,* The Firm's Optimal Dept-Equity Combination and the Cost of Capital. In: The Quarterly Journal of Economics, Vol. 81 (1967), S. 547–578.

[23] Vgl. dazu *Nevins D. Baxter,* Leverage, Risk of Ruin, and the Cost of Capital. In: The Journal of Finance, Vol. 22 (1967), S. 395–403; *David P. Baron,* Default Risk and the Modigliani-Miller Theorem: A Synthesis. In: The American Economic Review, Vol. 66 (1976), S. 204–212; *James H. Scott, Jr.,* Bankruptcy, Secured Debt, and Optimal Capital Structure. In: The Journal of Finance, Vol. 32 (1977), S. 1–19.

[24] Vgl. bes. *E. Han Kim, John J. McConnell, Paul R. Greenwood,* Capital Structure Rearrangements and Me-First Rules in an Efficient Capital Market. In: The Journal of Finance, Vol. 32 (1977), S. 789–810; *Fama,* The Effects, S. 277 f., sowie den Überblicksartikel von *Chen/Kim,* S. 372 f.

[25] Vgl. *Modigliani/Miller,* The Cost of Capital, Corporation Finance, and the Theory of Investment, S. 269, 279; vgl. hierzu auch *Barges,* S. 81–86.

Kurz: Die These von Modigliani-Miller ist für den vollkommenen Kapitalmarkt in einer Welt ohne Gewinnsteuern, Börsenspesen und Gläubigerrisiko unbestreitbar. Als Begründung für das wirkliche Geschehen ist sie nicht zu retten.

cc) Die Problematik der Erfassung des Kapitalstrukturrisikos

Werden die Aktionäre das Kapitalstrukturrisiko einer Unternehmung nach einer der beiden Thesen beurteilen? Von ihren Kauf- und Verkaufsentscheidungen hängt die Entwicklung des Börsenkurses ab. Wenn wir die Ergebnisse für personenbezogene Unternehmen übertragen, läßt sich sagen: Der Aktionär, der sich bemüht, rational zu handeln, kann den für ihn optimalen Verschuldungsgrad bestimmen, wenn das leistungswirtschaftliche Risiko hinreichend genau bekannt ist, wenn er die Wahrscheinlichkeitsverteilung der Finanzierungszahlungen zusätzlich berücksichtigt und eine Programmentscheidung aufgrund seiner Risikonutzenvorstellungen zu treffen sucht.

Keine dieser Bedingungen ist indes für den Kleinaktionär erfüllt. Er kennt im Regelfall weder die durchschnittliche Rendite noch das Risiko der geplanten Investition mit hinreichender Verläßlichkeit. Er kennt nicht die Auswirkungen zusätzlicher Verschuldung auf die einzelnen Zukunftslagen der Unternehmung. Zwischen Kleinaktionären und dem Entscheidenden in der Firma besteht ein erhebliches Informationsgefälle. Selbst wenn wir von dem gedachten Fall ausgehen, daß Unternehmenspläne unverzerrt publiziert würden, werden einzelne Aktionäre das Risiko anders beurteilen als der Vorstand. Im praktischen Fall werden aber kaum Pläne publiziert, sogar die Einzelberichterstattung über die Ereignisse der Vergangenheit liegt teilweise im argen. Der Informationsverlust kann zum Teil durch das Vertrauen in die entscheidenden Personen gemindert werden. Es kann aber auch zu dem Informationsverlust ein erhebliches Vertrauensrisiko gegenüber den Entscheidenden treten, insbesondere dahingehend, ob sie tatsächlich im Interesse der Anteilseigner zu handeln bemüht sind. Der Aktienerwerb ist ferner für den Kleinaktionär keine Programmentscheidung, sondern im Regelfall eine Einzelentscheidung bei überzähligen Mitteln. Letztlich ist zu beachten, daß die Mehrzahl der Kauf- und Verkaufsentscheidungen über Wertpapiere ohne vorheriges gründliches Nachdenken aufgrund von Stimmungen oder fragwürdigen Geheimtips erfolgt.

Selbst wenn wir unterstellen, die Aktionäre bemühten sich, rational zu handeln, so ist für die Analyse des Zusammenhangs von Kapitalstruktur und Risikoneigung die Konstanz des leistungswirtschaftlichen Risikos Voraussetzung. Das leistungswirtschaftliche Risiko bleibt in der Beurteilung der Aktionäre aber nicht konstant.

Aufgrund der mangelnden Informationen, welche die Kleinaktionäre besitzen, und aufgrund der zahlreichen mehr oder weniger vernünftigen Bestimmungsgründe des Börsenkurses glaube ich nicht, daß das Kapitalstrukturrisiko für den Aktionär überhaupt eine faßbare Größe ist, eine Größe, auf deren Veränderungen er reagiert. Ceteris paribus würde er bei rationalem Verhalten vielleicht reagieren. Aber die Umstände bleiben eben nicht gleich; deshalb werden Änderungen im Kapitalstrukturrisiko praktisch nicht berücksichtigt werden können. Die Frage nach dem optimalen Verschuldungsgrad von Publikumsgesellschaften dürfte deshalb kein besonders ergiebiges Problem sein. So wie es wichtige und weniger wichtige Kosteneinflußgrößen gibt, so gibt es wichtige und weniger wichtige Bestimmungsgrößen des Kurswertes. Unter der Ceteris-paribus-Klausel und bei zahlreichen mehr oder weniger plausiblen Einzelannahmen läßt sich für jede wichtige oder unwichtige Einflußgröße eine Theorie aufstellen und ein Optimum definieren. Entscheidend ist jedoch, ob nach

Aufhebung der Ceteris-paribus-Klausel davon noch eine spürbare Rückwirkung auf den Gesamtzusammenhang (die Kostenentwicklung, den Kurswert) übrigbleibt. Bei der Kapitalstruktur wird das kaum der Fall sein, einfach, weil den Aktionären die ausreichenden Informationen fehlen, um das leistungswirtschaftliche Risiko so genau abzuschätzen, daß Änderungen der Kapitalstruktur für die Beurteilung des Risikos der Gesellschaft insgesamt spürbar werden.

Hier liegt ein Gegenargument nahe: Wenn ein Jahresabschluß veröffentlicht werde, der als Ausdruck schwieriger Geschäftslage eine erheblich gestiegene Verschuldung zeige, dann werde der Kurs der Gesellschaft gedrückt. Offenbar empfänden die Aktionäre doch ein Kapitalstrukturrisiko. Doch diese Karte sticht nicht: Wertpapierkäufer und -verkäufer reagieren nur scheinbar auf die Änderung der Kapitalstruktur. Sie sehen in der verschlechterten Kapitalstruktur vielmehr den Niederschlag eines erheblich vergrößerten leistungswirtschaftlichen Risikos. *Das Kapitalstrukturrisiko läßt sich jedoch nur beurteilen, wenn das leistungswirtschaftliche Risiko als unverändert angesehen wird. Die mangelnde Meßbarkeit des Kapitalstrukturrisikos und nicht die Begründung von Modigliani-Miller ist der Grund, weshalb praktisch das Kapitalstrukturrisiko kaum einen Einfluß auf den Kurs nimmt.*

Die Kapitalstruktur in Publikumsgesellschaften erscheint mir durch die persönliche Risikoneigung der Manager, die Wünsche der Gläubiger und durch traditionelle Gewohnheiten bestimmt, nicht durch die Überlegungen der Anteilseigner über einen optimalen Verschuldungsgrad.

c) Das Optimum an Fremdfinanzierung aus der Sicht der Gläubiger

1. Gläubigerrisiko und Kreditbeschränkung

aa) Bestimmungsgründe des Gläubigerrisikos

Für den Gläubiger ist die Kreditgewährung eine Investition. Über sie ist nach den Kriterien zu entscheiden, die für Investitionsentscheidungen unter Ungewißheit in Kapitel D erarbeitet wurden. Der Gläubiger hat den einzelnen Kredit im Rahmen seiner sonstigen Geschäfte zu beurteilen und Risikoänderungen zu beachten, die sein gesamtes Investitionsprogramm durch eine zusätzliche Kreditgewährung erfährt. Die ökonomischen Probleme liegen im wesentlichen darin, die notwendigen Informationen über die Risiken der Kreditgewährung zu gewinnen und zu gewichten. Für unsere allgemeinen Überlegungen ist es dabei nicht von Belang, ob der Gläubiger eine Bank ist, eine Versicherungsgesellschaft, die Schuldscheindarlehen gewährt, oder ein Lieferant.

Das Risiko der Kreditgewährung besteht wie bei jeder anderen Investition darin, daß die geplanten (vereinbarten) Einnahmenüberschüsse (hier Zins- und Tilgungszahlungen) nicht rechtzeitig oder gar nicht eintreffen. Die Gründe für das Entstehen einer Wahrscheinlichkeitsverteilung über die Rückzahlungsbeträge (das Kreditrisiko) sind:

(a) Das Unternehmensrisiko des Schuldners. Im Unternehmensrisiko sind das leistungswirtschaftliche Risiko und das Kapitalstrukturrisiko zusammengefaßt, wie z. B. in Verteilung 5, S. 496; hier bestünde für den Gläubiger ein Risiko erst, wenn der Verschuldungsgrad 75% erreicht wird, vorausgesetzt, er glaubt, die Werte der Verteilung 5 akzeptieren zu können.

(b) Ein Informations- bzw. Vertrauensrisiko gegenüber der Person des Schuldners: Sind die

Angaben des Schuldners (z. B. in Verteilung 5) verläßlich? Wird der Schuldner überhaupt zahlen wollen?
Der Kreditgewährung gehen Kreditverhandlungen voraus. In diesen Verhandlungen gilt es, das Informationsrisiko zu minimieren und das Unternehmensrisiko des Schuldners zu erkennen. Zweck einer jeden Kreditwürdigkeitsprüfung ist es, festzustellen, ob der Schuldner in der Lage sein wird, zu zahlen. Verläßliche Informationen können auch hier nur gründlich erarbeitete Finanzpläne für alternative Zukunftslagen geben. Ein vertrauenswürdiger Schuldner wird solche erarbeiten. Ob er bereit ist, den künftigen Gläubiger (z. B. die Bank) Einsicht nehmen zu lassen, ist eine Frage der Verhandlungsmacht. Für den Schuldner entscheidet dabei die Beurteilung der Gefahren, welche aus einer möglichen Verbreitung der Pläne erwachsen können. Weil die langfristige Gesamtplanung in vielen Unternehmen noch sehr im argen liegt, benutzt man in Kreditwürdigkeitsprüfungen heute noch meist Bilanzzahlen. Über deren Unzuverlässigkeit gibt man sich allerdings keiner Illusion hin; aber eine mehrdeutige, nur begrenzt aussagefähige Information ist immer noch besser als gar keine. In vielen Fällen wird die Prüfung des Kreditantrages zugleich mit einer Beratung verbunden über die zweckmäßige zeitliche Staffelung der Zins- und Tilgungszahlungen, z. B. in der Form, daß die Tilgungszahlungen sich an die »verdienten Abschreibungen« des zu investierenden Objektes anlehnen, d. h. die Rückzahlung erfolgt gemäß den Einnahmenüberschüssen der Investition. In einem solchen Vorgehen finden wir den Kapitalbindungsgedanken wieder: Einzelinvestitionen und einzelne Finanzierungsmaßnahmen werden als Einheit gesehen. Betriebswirtschaftlich vernünftig ist das nicht, da über die Zahlungsfähigkeit einer Unternehmung allein der Zahlungssaldo für die Unternehmung insgesamt entscheidet. Aber solange keine ausgebauten Unternehmungspläne bestehen, gibt die Anpassung der Zins- und Tilgungszahlungen an den erwarteten Einnahmenverlauf einer isoliert betrachteten Investition immerhin eine Dispositionshilfe.
Die Prüfung des Kreditantrages wird zu einer Glaubwürdigkeitsverteilung über die Rückzahlung des Kredites führen. Aufgrund dieser Wahrscheinlichkeitsverteilung über die Rückzahlung hat der Gläubiger zu entscheiden, ob er den Kredit gewährt, ablehnt oder an Bedingungen knüpft.
Drei Bedingungen kann der Gläubiger nennen, ehe er Kredit gewährt: *Einflußnahme auf die Entscheidungen des Schuldners, das Bereitstellen von Sicherheiten und eine Verbesserung der Kapitalstruktur.*
Die Möglichkeit, sich Einfluß auf die laufenden Geschäfte des Schuldners zu verschaffen, ist für den Gläubiger eine zweischneidige Maßnahme. Er schaltet zwar damit das Informationsrisiko weitgehend aus. Jedoch schafft die Einflußnahme eine zusätzliche Gefahr: Der Gläubiger hat (juristisch oder moralisch) im Falle des Schadens für den Schaden mit einzustehen. Und nicht immer kann sich ein Gläubiger (z. B. eine Bank) der moralischen Haftung entziehen. Die Rückwirkungen auf andere Geschäfte könnten katastrophal sein. Des weiteren wird sich der Schuldner im Regelfall einer Einflußnahme entschieden widersetzen, von wirtschaftlicher Knebelung und ähnlichem sprechen. Weil eine unmittelbare Einflußnahme zweischneidig wirkt, deshalb ziehen Banken den mittelbaren Einfluß über Aufsichtsratsposten vor.
Auf Sicherheiten und die Verbesserung der Kapitalstruktur gehen wir in gesonderten Abschnitten ein.
Hier prüfen wir zunächst: Bei welcher Verschuldungshöhe wird der Gläubiger eine weitere Kreditgewährung ablehnen? Wie bestimmt sich das Kreditlimit, das der Gläubiger dem

Schuldner setzt? Dazu nehmen wir an, daß früher gegebene Sicherheiten nicht vermehrt werden können und das haftende Eigenkapital nicht erhöht werden kann. Später prüfen wir: Wie läßt sich der Kreditspielraum erweitern? Welchen Einfluß nimmt insbesondere die Verbesserung der Kapitalstruktur auf die Erweiterung des Kreditlimits? Mit der Untersuchung dieses Einflusses können wir zugleich die Frage beantworten, ob es für den Gläubiger vernünftig ist, vom Schuldner das Einhalten bestimmter Kapitalstrukturregeln zu verlangen. Ist das der Fall, dann sind solche Finanzierungsregeln Nebenbedingungen, welche die kreditsuchende Unternehmung zu beachten hat.

bb) Das Problem der Kreditgrenze

Bis zu welchem Höchstbetrag darf Kredit gewährt werden? Bei der Antwort sehen wir von allen institutionellen Einflüssen ab, welche die Kredithöhe beschränken, z. B. gesetzliche oder satzungsmäßige Vorschriften, die einer Bank auferlegt sind. In solchen Fällen entsteht kein ökonomisches Wahlproblem.

Um das Kreditlimit zu bestimmen, müssen wir davon ausgehen, der Schuldner frage alternative Kredithöhen nach. Diese Annahme erscheint selten erfüllt: Kreditanträge lauten durchweg auf einen festen Betrag. Es ist jedoch zu beachten, daß vor diesem Kreditantrag meistens schon andere gestellt wurden, die teilweise noch laufen, und daß in Zukunft mit weiteren Anträgen oder dem Versuch zu Kontoüberziehungen gerechnet werden muß. Die Bank (wie jeder andere Gläubiger) interessiert sich jedoch für die Gesamtverschuldung. Bei den Überlegungen über den Höchstbetrag der Kreditgewährung sind auch die künftigen Kreditanträge bzw. Wünsche nach Kontoüberziehungen zu berücksichtigen, um rechtzeitig zu bremsen. Alle diese zeitlich gestaffelten Kreditwünsche fassen wir vereinfachend zusammen, indem wir annehmen, der Schuldner frage alternative Kredithöhen nach und der Gläubiger habe zu entscheiden, ob und wo er eine Kreditgrenze setzt.

Zur Vereinfachung beziehen wir alle Zins- und Tilgungszahlungen auf einen Zeitpunkt. Der Gläubiger schätzt also die Wahrscheinlichkeitsverteilung der Endeinnahmen aus dem Kreditgeschäft oder der Barwerte der Zins- und Tilgungsbeträge. Bei der Festlegung der möglichen Rückzahlungsbeträge sind die Geldeintreibungskosten zu berücksichtigen. Es ist ja nicht damit getan, daß z. B. vermutet wird, im schlimmsten Fall muß auf die Zinsen verzichtet werden. Es sind vielmehr auch die zusätzlichen Ausgaben zu beachten, die bei Zahlungsaufschub, bei einem Vergleich, bei Verwertung von Sicherheiten und bei möglichen Prozessen über die Verwertungsrechte an den Sicherheiten entstehen werden.

Wie entwickelt sich das Risiko des Gläubigers mit wachsender Kredithöhe? Als erstes könnte man annehmen, die Wahrscheinlichkeitsverteilung der Rückzahlungsbeträge (das »Risiko« der Rückzahlung) sei unabhängig von der Verschuldungshöhe[26]; aber das ist unrealistisch. Die übliche Annahme lautet, daß mit wachsendem Kreditbetrag das Risiko der Rückzahlung ständig steige. Praktisch trifft auch das nicht immer zu. Nehmen wir an, eine Unternehmung

---

[26] Davon geht Hodgman aus; diese und andere einschränkende Annahmen (insbesondere hinsichtlich der Präferenzstruktur) wurden in der Diskussion seines Beitrages aufgehoben. Vgl. *Donald R. Hodgman*, Credit Risk and Credit Rationing. In: The Quarterly Journal of Economics, Vol. 74 (1960), S. 258–278; *Sam B. Chase, Jr.*, Credit Risk and Credit Rationing: Comment. Ebenda, Vol. 75 (1961), S. 319–327; *Harl E. Ryder, Jr.*, »Credit Risk and Credit Rationing«: Comment. Ebenda, Vol. 76 (1962), S. 471–479; *Merton H. Miller*, Further Comment. Ebenda, S. 480–488; *Donald R. Hodgman*, Reply. Ebenda, S. 488–493. Vgl. in diesem Zusammenhang auch *H[ans] J[acob] Krümmel*, Finanzierungsrisiken und Kreditspielraum. In: ZfB, Jg. 36 (1966), 1. Ergänzungsheft, S. 134–157.

brauche für eine Erweiterungsinvestition einen Kredit für fünf Jahre über 2 Mill. Mark. Wird ihr der langfristige Kredit nur über 1 Mill. eingeräumt oder wird die Laufzeit auf 2 Jahre beschränkt, dann muß sie u. U. auf die Investition verzichten. Es entsteht die Gefahr, mit der Konkurrenz technisch nicht mehr mithalten zu können: Das leistungswirtschaftliche Risiko der Unternehmung steigt. Oder die Unternehmung führt die Investition trotzdem durch, dann wird sie gezwungen sein, sich kurzfristig zu finanzieren, z. B. durch teuere und kurzfristige Wechselkredite. Bei vorübergehend nachlassender Konjunktur kann sie dabei in eine Liquiditätskrise geraten. Wegen der Notwendigkeit, auf kurzfristige und teuere Kredite zurückzugreifen, steigt das Unternehmensrisiko. Wird hingegen der langfristige Kredit über 2 Mill. Mark gewährt, dann kann das Unternehmensrisiko insgesamt geringer sein als im Fall des Verzichts auf die Investition oder im Fall der Finanzierung mit kurzfristigen Krediten, die sich bei einer Konjunkturwende nicht verlängern bzw. erneuern lassen.
Bei wachsenden Kreditsummen kann somit das Risiko des Gläubigers fallen, konstant bleiben oder steigen. Der Kredit wird natürlich erst im Bereich steigenden Risikos begrenzt werden. Um den Höchstbetrag der Kreditgewährung zu bestimmen, müssen wir ferner voraussetzen, das leistungswirtschaftliche Risiko und die einzelnen Sicherheiten bzw. Haftungshöhen für alle Kreditsummen blieben unverändert. Ergäbe sich z. B., daß bei doppelter Kreditsumme als Folge der gestiegenen Unternehmensgröße sich das leistungswirtschaftliche Risiko wandelt, dann änderte sich auch das Risiko für den Gläubiger grundlegend.
Wir gehen zum ersten davon aus, mit wachsender Kreditsumme blieben der Sollzins und das Unternehmensrisiko des Schuldners konstant. Der Schuldner zahle für den zusätzlichen Kredit z. B. 8%, das Risiko des Gläubigers ändere sich nicht. Wenn der Gläubiger keine besseren Anlagemöglichkeiten sieht, wird er den Kredit gewähren. Durch erhöhte Kreditgewährung steigt dann der Erwartungswert des Risikonutzens des Gläubigers, denn bei unverändertem Risiko erhält er zusätzliche Gewinnchancen.
Als zweites nehmen wir an, das Risiko wachse bei der Gewährung eines zusätzlichen Kredits. Steigt bei konstantem Sollzins das Risiko mit wachsender Kreditsumme, dann wird zunächst der Erwartungswert des Risikonutzens noch zunehmen (die Einschätzung der Gewinnchancen über der Einschätzung des zusätzlichen Risikos liegen), aber irgendwann wird das zusätzliche Risiko die zusätzliche Gewinnerwartung ausgleichen und bei höheren Kreditbeträgen übersteigen.
Bei gegebenem Kreditzinssatz und steigendem Kreditbetrag wird der Erwartungswert des Risikonutzens also zunächst wachsen, dann fallen. An der Stelle des Maximums des Erwartungswertes des Risikonutzens wird der rational handelnde Gläubiger den Kredit begrenzen.

Diese einfache formale Überlegung ist jedoch an zahlreiche einengende Annahmen gebunden: Die Kreditgewährung ist schließlich eine Investitionsentscheidung, in die alle Überlegungen hinsichtlich des Investitionsprogramms und der Finanzierung (diesmal des Gläubigers) eingehen. So wäre bei einer Bank z. B. zu prüfen, wie die Erhöhung des Kreditlimits eines Kunden auf das Risiko aus dem gesamten Investitions- und Finanzierungsprogramm der Bank zurückwirkt. Um nur einige Gesichtspunkte zu nennen (da hier keine Theorie der Bankunternehmungspolitik entwickelt werden kann): Schwimmt die Bank in Geld (sind also vorteilhafte Anlagemöglichkeiten rar, die Geldbeschaffung leicht), dann kann das auch zu einer anderen Risikobeurteilung der Krediterhöhung führen als im Fall von Geldknappheit. Daneben werden die Bedingungen des Einzelfalls zu beachten sein: Sicherheiten, Kündigungstermine und die Konkurrenz der Kreditinstitute untereinander. Die Frage, welches

Risiko zusätzlich in Kauf genommen wird, ist stets abhängig von dem Investitions- und Finanzierungsprogramm, das bereits verwirklicht ist bzw. werden kann. Wir müssen hier, um wenigstens einige Aussagen über das Ausmaß von Kreditbeschränkungen ableiten zu können, die praktischen Verhältnisse erheblich vereinfachen.

cc) Der Einfluß des Zinssatzes auf die Kreditgrenze

Für die kreditsuchende Unternehmung ist es wichtig zu wissen, von welchen Einflußgrößen ihr Kreditlimit abhängt und durch welche Zugeständnisse sie es erweitern kann. Im Einzelfall wird das in Kreditverhandlungen geklärt werden. Wir können hier nur untersuchen, welche Einflußgrößen bei streng rationalem Verhalten der Gläubiger das Kreditlimit bestimmen, das sie gegenüber einer kreditsuchenden Unternehmung setzen. Dazu halten wir zunächst Sicherungsmöglichkeiten und leistungswirtschaftliches Risiko konstant und prüfen: Läßt sich das Kreditlimit hinausschieben, wenn dem Kreditgeber höhere Zinsen geboten werden?

Bliebe das Risiko des Kredits unverändert, dann stiege der Risikonutzen des Gläubigers mit wachsendem Grenzzins. Das Risiko bleibt jedoch nicht gleich: Höhere Zinssätze bedeuten für den Schuldner einen höheren Rückzahlungsbetrag, und zwar bei gegebenem Investitionsvolumen des Schuldners, d. h. bei unveränderter Ertragskraft und unverändertem leistungswirtschaftlichem Risiko. Durch steigende Rückzahlungsbeträge bei gegebenem Investitionsvolumen erhöht sich das Kapitalstrukturrisiko des Schuldners und damit das Risiko für den Gläubiger. Höhere Zinssätze werden also nur eine Zeitlang in der Lage sein, den Risikonutzen des Gläubigers zu steigern. Deshalb gibt es ein absolutes Kreditlimit, selbst bei wachsenden Zinssätzen.

Im Beispiel sieht das so aus: Bei 6% Zinsen betrage das Kreditlimit 100 000 Mark, der vereinbarte Rückzahlungsbetrag nach 5 Jahren also rund 134 000 Mark. Werden 7% Zinsen geboten, dann liege das Kreditlimit bei 110 000 Mark (Rückzahlungsbetrag rund 154 000 Mark). Bei weiter steigenden Zinssätzen muß beachtet werden, daß durch die höheren Rückzahlungsverpflichtungen das Unternehmensrisiko des Schuldners wächst, die Rückzahlung des Betrages deshalb unsicherer wird. Aus diesem Grund mag bei 10% Zinsen der Kredit bei 120 000 limitiert werden (Rückzahlungsbetrag rund 193 000). 10% möge zugleich der Erwartungswert der Rendite der Investitionen des Schuldners sein. Eine Zinserhöhung über 10% hinaus muß deshalb das Kapitalstrukturrisiko des Schuldners und damit das Kreditrisiko noch weiter erhöhen, weil bei höheren Zinsen in mehr Zukunftslagen Verluste entstehen. 12% Zinsen ergäben z. B. bei 120 000 Mark Kredit einen Rückzahlungsbetrag von rund 211 000 Mark. Da jedoch der Erwartungswert der Einnahmenüberschüsse nur bei 193 000 Mark liegt, wird nur beim Eintreten »guter« Zukunftslagen noch Gewinn erzielt werden. Bei einem (z. B. institutionell vorgegebenen) Zinssatz von 12% könnte also z. B. der Gläubiger nur 110 000 Mark Kredit gewähren (Rückzahlungsbetrag rund 194 000), wenn durch die hohen Zinsen nicht die Kreditrückzahlung zusätzlich gefährdet werden soll.

Eine Gefährdung der Kreditrückzahlung liegt jedoch nicht nur dann vor, wenn der Sollzins über den Erwartungswert der Rendite der Investitionen steigt. Zusätzlich ist zu beachten: Bei steigenden Zinssätzen drückt der Verschuldungshebel in einer wachsenden Zahl von Zukunftslagen nach unten. Das wachsende Kapitalstrukturrisiko legt eine weitere, schärfere Kreditbeschränkung nahe. Deshalb wird bei 12% Zinsen der rational handelnde Bankier vielleicht nur 100 000 Mark als Kreditgrenze ansetzen. Grafisch ergäbe sich folgendes Bild:

Abb. 3

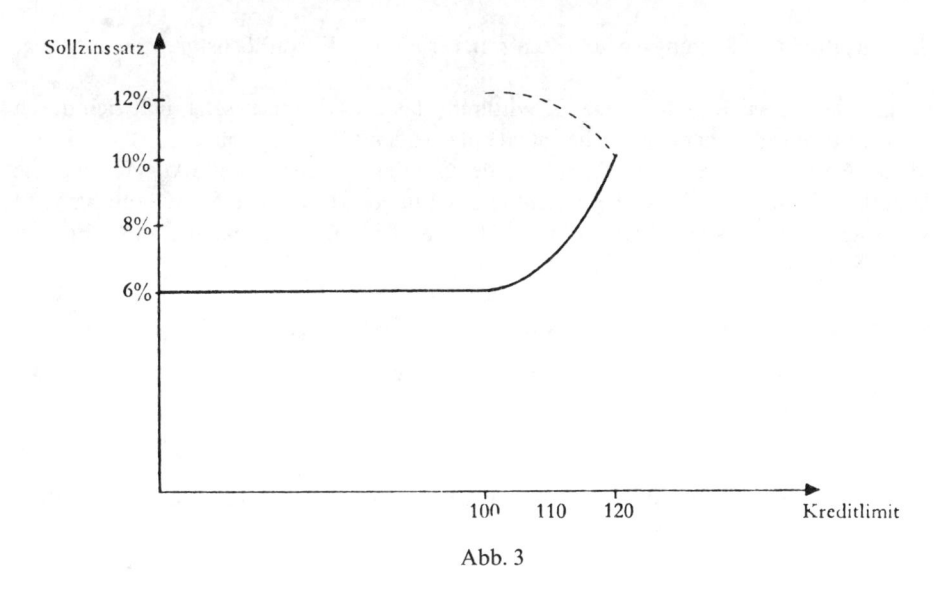

Reagiert das Kreditlimit auf Veränderungen des Zinssatzes, so kann man von einer »schwachen« Kreditrationierung sprechen[27].
Praktisch häufiger anzutreffen ist die starre Form, daß bei konstantem Zinssatz eine feste Kreditgrenze gesetzt wird, die auch durch Zugeständnisse in der Verzinsung nicht verschoben werden kann.
Wie läßt sich eine starre (zinsunabhängige) Kreditrationierung erklären? Freimer-Gordon führen sie darauf zurück, daß der Kreditzuwachs, der durch höhere Zinssätze erzielt wird, von den Schuldnern gering eingeschätzt wird. Die Schuldner werden sich zu 6% bis z. B. 100 000 Mark verschulden, aber nicht für 20% Mehrkredit 12% Zinsen für den gesamten Kredit bezahlen wollen. Denn dann beträgt im Beispiel der Grenzzinssatz für die Kreditsteigerung von 100 000 auf 110 000 Mark 17% (für 110 000 sind 7 700 jährlich an Zinsen zu zahlen, für 100 000 nur 6 000); von 110 000 auf 120 000 Mark steigt der Grenzzinssatz sogar auf 43% (für 120 000 Mark Kredit sind jährlich 12 000 Mark Zinsen zu zahlen, für 110 000 Mark Kredit nur 7 700 Mark). Derartige Zinssätze wirken abschreckend. Allerdings werden sich die Banken in ihren Verhandlungen nur auf Änderungen des Durchschnittszinses einlassen, weil optisch eine Zinserhöhung von 6 auf 7% niemanden aufregt, der dadurch bewirkte Grenzzins von z. B. 17% jedoch schon als Wucherzins angesehen werden würde.
Dieser Gesichtspunkt erklärt jedoch nicht die starre Kreditrationierung, denn hier begrenzen die Schuldner, nicht die Gläubiger, die Kredithöhe.
Der wirkliche Grund für eine zinsunabhängige Kreditbeschränkung ist der Wunsch nach einer Begrenzung des Gesamtrisikos des Gläubigers. Er sieht sich einer mehr oder weniger guten Mischung an Investitionen (Krediten) gegenüber. Um das Risiko der Mischung tragbar zu halten und jede Existenzgefährdung auszuschließen, dürfen die Einzelrisiken nicht zu hoch werden. Steigende Sollzinssätze mindern jedoch das »Existenzrisiko« nicht oder kaum. Es ist vor allem der Gesichtspunkt der »Existenzsicherung«, aufgrund dessen in

---

[27] Vgl. *Marshall Freimer, Myron J. Gordon*, Why Bankers Ration Credit. In: The Quarterly Journal of Economics, Vol. 79 (1965), S. 397–416, hier S. 398.

Kreditrichtsätzen und Satzungsvorschriften z. B. für Banken Kredithöchstgrenzen festgelegt werden.
Insgesamt können wir festhalten: Das Kreditlimit, das ein Gläubiger setzt, läßt sich durch höhere Zinssätze vielleicht etwas, sicher nicht entscheidend hinausschieben.
Von dieser Aussage über rationales Verhalten des Gläubigers ist eine zweite Aussage über die taktische Bedeutung des Risikos bei Kreditverhandlungen zu trennen: Der Gläubiger wird auf sein wachsendes Risiko hinweisen, um höhere Sollzinsen durchzusetzen, mehr Einfluß und mehr Sicherheiten zu erzielen.

2. Die Abhängigkeit des Kreditspielraums von den Kreditsicherheiten

Die Mehrzahl der Kredite werden gegen Sicherheiten gewährt. Wir können zwei Sicherungsformen unterscheiden.
(1) Sachliche Sicherheiten: Verpfändung oder Übereignung von Vermögensgegenständen, Eigentumsvorbehalt bei Warenlieferungen.
(2) Persönliche Sicherheiten: Bürgschaften, Wechselindossierungen. Persönliche Sicherheiten werden oft von den Gesellschaftern einer GmbH verlangt, um die Haftungsbeschränkung der GmbH zu umgehen. Damit wird eine Rückgriffsmöglichkeit auf das Privatvermögen der Gesellschafter geschaffen.
Die betriebswirtschaftliche Bedeutung der rechtlichen Details bei den einzelnen Kreditarten liegt in ihren Auswirkungen auf die zeitliche Wiedergeldwerdung und in den Liquidationsmöglichkeiten der Sicherheiten. Bei der Würdigung der einzelnen Sicherungsformen ist die Leichtigkeit des Zugriffs zu beachten: Wechselstrenge erlaubt z. B. einen raschen Zugriff auf noch vorhandenes Vermögen. Wir können hier die einzelnen Kreditarten nicht untersuchen[28]. Nur die allgemeine Wirkung von Sicherheiten auf das Kreditrisiko und damit den Kreditspielraum soll dargestellt werden.
Sicherheiten werden verlangt, um sie im ungünstigsten Fall verwerten zu können. Der Erlös von Vermögensgegenständen, die versteigert oder anderweitig rasch verkauft werden, ist aber auch ungewiß. Deshalb werden die Sicherheiten nur bis zu einer bestimmten Grenze beliehen. Für Beleihungsgrenzen gibt es Erfahrungssätze. Aber sich darauf zu verlassen, ist keine wirtschaftlich befriedigende Lösung. Im Grunde soll die Beleihungsgrenze den Erlös anzeigen, der bei Verwertung der Sicherheit nicht, oder nur mit einer »unbeachtlichen« Wahrscheinlichkeit (z. B. weniger als 5%) unterschritten wird.
Die Wirkung von Sicherheiten und Beleihungsgrenzen auf das Kreditrisiko soll an einem Beispiel erläutert werden. Nehmen wir an, zunächst sei über einen ungesicherten Personalkredit in Höhe von 1 000 für zwei Jahre zu 10% verhandelt worden. Nach Prüfung aller Unterlagen gelangt der Gläubiger, eine Bank, zu folgenden Glaubwürdigkeitsvorstellungen ($p=$ Wahrscheinlichkeit, $z =$ Rückzahlungsbetrag):

Zukunftslage:	p	z
Konkurs des Schuldners	0,05	0
Vergleichsverfahren	0,05	500
Zahlungsaufschub (Stillhalteabkommen)	0,10	1000
Glatte Abwicklung	0,80	1210

[28] Ansätze zu einer Optimierung der Fremdkapitalstruktur sucht *Swoboda*, Finanzierungstheorie, Kapitel 3, zu erarbeiten.

Erwartungswert des Rückzahlungsbetrages = 1 093; erwartete Rendite folglich nur rund 4½%.

Das erscheint der Bank zu ungünstig. Sie verlangt Sicherheiten. Als Sicherheit werden der Bank langfristige Kundenforderungen abgetreten im Nennwert von 2 000 Mark. Hält die Bank diese Zession als Sicherheit für den Rückzahlungsbetrag von 1 210 für ausreichend, dann wählt sie eine Beleihungsgrenze von rund 60% (1 210 : 2 000). Um die Wirkung einer Änderung der Beleihungsgrenzen zu untersuchen, betrachten wir daneben den Fall, daß 3 000 Mark Forderungen zediert werden, die Beleihungsgrenze also auf etwa 40% zurückgenommen wird.

Bei den Forderungen mag mit folgenden Zukunftslagen gerechnet werden (die Zahlungen sind wieder auf t_2 bezogen):

	p	Beleihungsgrenze 60%	40%
Forderungsnennwert		2000	3000
	0,2:	500	750
	0,4:	1000	1500
	0,4:	2000	3000

In diesem Beispiel scheint beide Male die Sicherheit schlecht, die Beleihungsgrenze viel zu hoch gegriffen, denn es besteht die sehr beachtliche Wahrscheinlichkeit von 60% bei der Zession von 2 000 Mark, die von 20% bei der Zession von 3 000 Mark, dafür, daß der Erlös der Sicherheit unter der Rückzahlungsforderung liegt. Es erscheint deshalb gewagt, Sicherheiten im Nennwert von 2 000 Mark, ja sogar von 3 000 Mark als ausreichend für einen Kredit mit einem Rückzahlungsbetrag von 1 210 Mark anzusehen. Indes läßt sich ein Urteil über den Wert der Sicherheit nur fällen, wenn die Wahrscheinlichkeitsverteilungen der Sicherheit und des Kredites zusammen betrachtet werden. Sobald zwei Wahrscheinlichkeitsverteilungen zusammenzufassen sind, ist zu prüfen, ob sie unabhängig voneinander sind oder ob ein Risikoverbund besteht. Wir nehmen hier zunächst an, es bestünde Risikogleichlauf. Der schlechteste Fall für den Schuldner (Konkurs) falle zusammen mit dem schlechtesten Erlös bei den Forderungen (eine Annahme, die sicher nicht ganz aus der Luft gegriffen ist). Dann ergibt sich für die Bank folgende Situation: Sie erhält mit einer Wahrscheinlichkeit von

p	m	Beleihungsgrenze 60%	Beleihungsgrenze 40%
0,05	1,00	500	750
0,05	0,95	1000	1210
0,90	0,90	1210	1210

(m ist die kumulierte Wahrscheinlichkeit, einen Betrag mindestens zu erhalten).

Ob aus den Sicherheiten mehr erlöst wird, als die Forderung beträgt, interessiert die Bank nicht.

Selbst wenn wir den ungünstigsten Fall des Risikogleichlaufs annehmen, wird durch die an sich recht zweifelhafte Sicherheit das Kreditrisiko entscheidend vermindert. Der Erwartungswert des gesicherten Kredites bei einer Beleihungsgrenze von 60% (Abtretung von 2 000 Mark Forderungen) beträgt 1 164, d. h., die erwartete Rendite steigt auf knapp 8%. Bei der Beleihungsgrenze von 40% beträgt der Erwartungswert 1 187, der Erwartungswert der Rendite rund 9%.

Für den ungünstigsten Fall des Risikogleichlaufs wird die Beleihungsgrenze von 40% ausreichen, um das Kreditrisiko bereits als tragbar erscheinen zu lassen: 95% Wahrscheinlichkeit stehen dafür, daß die vereinbarten Einnahmen eingehen, mit 5% Wahrscheinlichkeit muß damit gerechnet werden, daß nur rund 60% (750 Mark) eingehen.

Nun braucht aber zwischen Kreditausfall und Erlös für die Sicherheiten keineswegs Risikogleichlauf zu bestehen. Nehmen wir an, beide Wahrscheinlichkeitsverteilungen sind voneinander unabhängig, dann können die Zukunftslagen Konkurs, Vergleich usw. mit jeder der drei Zukunftslagen für die Erlöse der Sicherheiten zusammentreffen. Bei der Zukunftslage »Konkurs« (Glaubwürdigkeit 5%) fließen dann zu $^1/_5$ (p = 1%) 500 Mark zurück, zu $^2/_5$ 1 000 Mark, zu den restlichen $^2/_5$ 1 210 Mark. Bei der Zukunftslage »Vergleich« fließen zu 1% 1 000, zu den restlichen 4% 1 210 Mark zurück. Es entsteht folgende Verteilung:

p	m	Beleihungsgrenze 60%	Beleihungsgrenze 40%
0,01	1,00	500	750
0,03	0,99	1000	1210
0,96	0,96	1210	1210

Bei der Beleihungsgrenze 60% steigt der Erwartungswert auf 1 196,6; die erwartete Rendite auf knapp 9½%. Aber der Erwartungswert sagt wenig aus: Das Risiko, daß dieser gesicherte Kredit einen Zinsausfall oder gar einen Verlust einbringt, ist praktisch unter die Fühlbarkeitsschwelle gesunken. Für die Beleihungsgrenze von 40% sieht das Ergebnis noch günstiger aus.

Banken und Literatur[29] betonen, daß keine Sicherheiten beliehen, sondern Kredite an kreditwürdige Unternehmen gegeben werden. Das mag das Ziel sein. Es läßt sich jedoch nicht leugnen, daß Sicherheiten den Erwartungswert der Rendite entscheidend erhöhen, eben weil sie das Risiko erheblich vermindern. Die Steigerung der erwarteten Rendite und die Risikominderung sind um so größer, je geringer die Beleihungsgrenzen angesetzt werden. Für einen gut abgesicherten Kredit besteht praktisch kein Risiko mehr, und ein Bankier, der einen gut abgesicherten Kredit nicht gewährt, mit der Begründung, er beleihe keine Sicherheiten oder die Kapitalstruktur dieser Unternehmung sei schlecht oder das leistungswirtschaftliche Risiko zu hoch, handelt einfach unvernünftig: Er läßt sich sichere Gewinnchancen entgehen.

3. Die Abhängigkeit des Kreditspielraums von der Verbesserung der Kapitalstruktur

Gegenüber der Risikominderung durch Sicherheiten oder durch Einflußnahme auf die Entscheidungen spielt die Verbesserung der Kapitalstruktur eine untergeordnete Rolle. Ob sie überhaupt das Risiko spürbar mindert, ist nun zu prüfen.

Die ungünstigste Zukunftslage, die für den Gläubiger eintreten kann, ist der Konkurs des Schuldners. Die Konkursgründe sind bei Personen- und Kapitalgesellschaften verschieden. Beide sind bankrott, wenn sie zahlungsunfähig sind. Aber Kapitalgesellschaften müssen das Konkursverfahren auch eröffnen, wenn sie überschuldet sind. Das Überschuldungsrisiko bei Kapitalgesellschaften heben wir uns für später auf. Vorerst betrachten wir die Zahlungsunfähigkeit.

---

[29] Vgl. z. B. *Gutenberg*, Finanzen, S. 199.

Läßt sich die Gefahr der Zahlungsunfähigkeit verringern, indem der Gläubiger vom Schuldner eine bestimmte Kapitalstruktur verlangt?
Die Beurteilung der Kreditwürdigkeit einer Unternehmung ausschließlich nach ihrer Kapitalstruktur ist Unsinn. Über die Zahlungsfähigkeit entscheidet in erster Linie das leistungswirtschaftliche Risiko. Sinn kann die Frage nach dem Verhältnis von Kapitalstruktur und Kreditrisiko nur bekommen, wenn man ceteris paribus argumentiert: Wie ändert sich das Risiko des Gläubigers, wenn sich bei gleichem leistungswirtschaftlichem Risiko die Kapitalstruktur der verschuldeten Unternehmung ändert?
Wir gehen zunächst von dem praktisch häufigsten Fall aus, daß der Gläubiger weniger Informationen über das leistungswirtschaftliche Risiko der verschuldeten Unternehmung hat als der Schuldner. Die Beurteilung des Kapitalstrukturrisikos setzt jedoch eine Einschätzung des leistungswirtschaftlichen Risikos voraus. Selbst wenn der Gläubiger darüber sämtliche greifbaren Informationen besäße, würde er wohl gegenüber der Zukunft etwas mißtrauischer sein als der investierende Unternehmer. Für den Gläubiger gewinnt deshalb die Information über das leistungswirtschaftliche Risiko und das Vertrauen in die ihm vom Schuldner gegebenen Unterlagen entscheidendes Gewicht. Die Mehrzahl der Gläubiger, namentlich die kleineren Lieferanten, werden hierüber wenig Informationen besitzen, bei Aktiengesellschaften kaum mehr als die Aktionäre; sie können folglich nicht zu einer angemessenen Beurteilung des Risikos gelangen. Sie müssen sich auf die ihnen verfügbaren Informationen (wie bisherige Zahlungsweise, bei publizitätspflichtigen Gesellschaften auch auf die Bilanzanalyse und damit auf die Kapitalstruktur) verlassen.
Die Kreditgewährung an der Kapitalstruktur auszurichten, ist also damit zu erklären, daß die Gläubiger neben ihrer bisherigen Erfahrung mit dem Schuldner und neben der Einschätzung der Entwicklung der Branche keine anderen Informationen besitzen als Bilanzzahlen. Die Analyse der Bilanzzahlen und die Anwendung von Faustregeln erlauben den Gläubigern eine verbesserte Beurteilung des Unternehmensrisikos des Schuldners. Aufgrund solcher wenig aussagefähigen Informationen (wie sie Handelsbilanzzahlen bieten) kann zwar keine überzeugende Abschätzung des Unternehmensrisikos des Schuldners erfolgen. Doch sind begrenzt verwertbare Informationen immer noch besser als gar keine. Die Orientierung der Praxis an Bilanzzahlen (an Bindungs- und Kapitalstrukturregeln) erklärt sich vor allen Dingen aus den mangelnden Informationen, die den Gläubigern geboten werden – und dies bei einem Handels- und Gesellschaftsrecht, das dem Gläubigerschutz den Vorrang einräumt!
Um überhaupt das Unternehmensrisiko des Schuldners beurteilen zu können, bleibt also dem Gläubiger vielfach gar nichts anderes übrig, als mit Hilfe von Bindungs- und Kapitalstrukturregeln zu versuchen, wenigstens einen ungefähren Anhaltspunkt über die Gefahr der Zahlungsunfähigkeit des Schuldners zu gewinnen. Die Orientierung des Gläubigers an Finanzierungsregeln ist deshalb vernünftig, solange er keine besseren Informationen erlangen kann. Es unterliegt jedoch keinem Zweifel, daß der Gläubiger zu einer wohlbegründeten Entscheidung nur dann kommt, wenn bessere Informationen als Bilanzzahlen gegeben werden. Und ob auf einem organisierten Kapitalmarkt dem Jahresabschluß eine Informationsfunktion zukommt, ist zweifelhaft, vgl. S. 561 ff.
Nachdem dies geklärt ist, gehen wir von der günstigen Annahme aus, der Gläubiger besitze gegenüber dem Schuldner keinen Informationsverlust, und prüfen: Mindert unter dieser Voraussetzung die Verbesserung der Kapitalstruktur das Unternehmensrisiko des Schuldners?
Vier Wege bestehen, um die Kapitalstruktur zu verbessern:

(a) Buchtechnische Manipulation: Auflösung von stillen Rücklagen oder Bilanzfrisuren (z. B. Unterlassen von Passivierungen). Wir beschränken uns hier auf die rechtlich zulässigen Möglichkeiten. Zulässig ist es, niedrige Bilanzansätze auf die handelsrechtlich höchstzulässigen Werte zu bringen. So sei eine Beteiligung zu 10 Mill. Mark erworben worden. Zwischenzeitlich wurden 2 Mill. Mark abgeschrieben. Heute seien die Ertragsaussichten wieder gestiegen. Man geht auf den handelsrechtlichen Höchstwert von 10 Mill. Mark zurück. Durch diese Bewertungsmanipulation entstehen buchtechnisch 2 Mill. Mark Gewinn (und wenn wir annehmen, daß in der Steuerbilanz die Beteiligung stets mit 10 Mill. zu Buche stand, folgen daraus keinerlei Steuerzahlungen). Diese Gewinnerhöhung verbessert naturgemäß die Kapitalstruktur auf der Passivseite der Bilanz. Eine solche Kapitalstrukturverbesserung ändert jedoch am Unternehmensrisiko nichts.

(b) Realisierung von Gewinnen: In der Bilanz einer Gesellschaft mögen Grundstücke mit Anschaffungsausgaben von 100 (seit der DM-Eröffnungsbilanz) stehen, das restliche Vermögen betrage 900. Das Eigenkapital sei 100, die Schulden 900. Die Kapitalstruktur ist also schlecht. Gelingt es, das Grundstück so zu verkaufen, daß nach Steuerzahlung 1 000 verbleiben, dann stehen 1 000 Mark Eigenkapital 900 Mark Schulden gegenüber. Hat dies Einfluß auf das Unternehmensrisiko? Gewinnrealisierung mindert insofern das Risiko, als die Gewinne nicht mehr wegschwimmen können. Aber ob dies durchgreift, hängt vom Einzelfall ab. Wenn ein ähnliches Grundstück in zwei Jahren benötigt wird und dann 2 500 an Ausgaben entstehen, ist weder eine Gewinnsteigerung noch eine dauerhafte Risikominderung eingetreten. Von Notsituationen abgesehen, wird man betriebsnotwendige Vermögensteile nicht veräußern. Wie stark sich nach einer Gewinnrealisierung das Unternehmensrisiko wandelt, hängt weiter davon ab, ob die Grundstückserlöse besteuert bzw. ausgeschüttet (und damit der Unternehmung entzogen) oder investiert werden und in welche Investitionen sie fließen. Deshalb können wir nur sagen: Im allgemeinen wirken Gewinnrealisierungen risikomindernd; in jedem Fall gibt aber die Änderung der Kapitalstruktur ein falsches Bild über das Ausmaß der Risikominderung. Durch die Gewinnrealisierung hat sich keinesfalls das Unternehmensrisiko so grundlegend geändert, wie es z. B. der Wechsel der Kapitalstruktur von 1 : 9 zu 10 : 9 ausdrückt.

(c) Abbau von Schulden: Werden Kredite getilgt, schrumpfen die Aktivseite und die Passivseite der Bilanz. Die Kapitalstruktur verbessert sich zwangsläufig. Ist dadurch das Unternehmensrisiko für die verbleibenden Kredite gesunken? Wiederum entscheidet das leistungswirtschaftliche Risiko der Unternehmung insgesamt. Dabei ist zu berücksichtigen, welche andere Verwendung sich den Geldern geboten hätte. Solange zur Schuldentilgung nicht notwendige Vermögensteile liquidiert werden müssen, können wir annehmen, daß der Schuldenabbau das leistungswirtschaftliche Risiko nicht berührt. Das Kapitalstrukturrisiko sinkt entsprechend; z. B. mag vor Tilgung der Verschuldungsgrad 75% in Verteilung 5 (S. 496), gelten, nach Tilgung der Verschuldungsgrad 50%. Auf Grund dieser Verbesserung der Kapitalstruktur Kredit zu gewähren, bedeutet jedoch nur, den bisherigen Zustand (75% Verschuldung) wieder herzustellen.

(d) Zuführen von zusätzlichem Eigenkapital: In diesem Fall sinkt das Risiko für den Gläubiger, denn bei unverändertem leistungswirtschaftlichem Risiko erhält die Schuldnerunternehmung Mittel. Ihre Liquidität verbessert sich. Ob die Risikominderung dauerhaft ist, hängt allerdings davon ab, in welche Investitionen die neuen Mittel fließen, ob also das leistungswirtschaftliche Risiko durch die Erweiterungsinvestitionen steigt oder gesenkt werden kann.

Nur wenn die Verbesserung der Kapitalstruktur zugleich eine Zuführung von Geld bedeutet (Zuführung zusätzlichen Eigenkapitals, Gewinnrealisierung und/oder Unterlassung von Ausschüttungen), wird sich das Unternehmensrisiko vermindern, vorausgesetzt, die neuen Gelder fließen nicht in Investitionen, die das leistungswirtschaftliche Risiko erhöhen. Buchtechnische Verbesserungen der Kapitalstruktur sind wirkungslos, vielleicht sogar gläubigerschädigend.

Das Kreditlimit auf Grund einer Verbesserung der Kapitalstruktur zu erhöhen, ist also nur dann gerechtfertigt, wenn die Verbesserung der Kapitalstruktur durch eine Zuführung neuer Mittel erreicht wurde.

In welchem Ausmaß kann das Kreditlimit erweitert werden? Ist eine starre Beziehung (z. B. eine Mark Eigenkapital induziert eine Mark Fremdkapital) vernünftig? Eine starre Verknüpfung unterstellt, daß unabhängig von der absoluten Höhe der Verschuldung das Risiko für den Gläubiger gleich bleibt. Das ist nur dann der Fall, wenn das leistungwirtschaftliche Risiko der neuen Investitionen dem bisherigen entspricht, denn die Zuführung eigener Mittel bei gleichzeitiger Kreditzunahme sichert allenfalls, daß sich das Kapitalstrukturrisiko nicht erhöht. Wenn vorausgesetzt werden darf, daß das leistungswirtschaftliche Risiko gleichbleibt, keine Änderungen im Informationsrisiko auftreten, dann und nur dann ist eine starre Verknüpfung von Eigenkapitalzuführungen und Erweiterung des Kreditlimits vernünftig. Mangels besserer Informationen wird man praktisch oft diese Konstanzannahmen setzen müssen.

Eine Verbesserung der Kapitalstruktur kann also das Gläubigerrisiko mindern. Damit rechtfertigen sich Kapitalstrukturregeln als grobe Entscheidungshilfe für den Gläubiger. Diese »Rechtfertigung« der Kapitalstrukturregeln ist beschränkt auf (1) liquiditätswirksame Verbesserungen der Kapitalstruktur bei (2) gleichbleibendem leistungswirtschaftlichem Risiko und Informationsrisiko. Unter diesen Voraussetzungen ist es sinnvoll, daß Gläubiger die Einhaltung bestimmter Kapitalstrukturen verlangen. Die kreditsuchende Unternehmung hat dann jene Finanzierungsentscheidungen zu treffen, die für das Modell des beschränkten Kapitalmarkts abgeleitet wurden.

Welche Kapitalstruktur soll der Gläubiger verlangen: Eigenkapital zu Fremdkapitel im Verhältnis 1 : 1, 2 : 1, 1 : 2? Auf diese Frage läßt sich nur antworten: Das hängt vom leistungswirtschaftlichen Risiko der kreditsuchenden Unternehmung ab, also von der Branche, der Absatzlage, Beschaffungslage, den Produktionsbedingungen einschließlich des technischen Fortschritts und von der persönlichen Risikoneigung des Gläubigers (seiner subjektiven Beurteilung des leistungswirtschaftlichen und des Informationsrisikos). Praktiker werden sich auf Erfahrungssätze der Vergangenheit berufen. Hier ist jedoch zu beachten: Was in der Vergangenheit einer vom anderen übernommen hat, ist eine Konvention. Nichts spricht dafür, daß es ein Optimum ist, denn Tradition kann auch nur Schlamperei sein.

Will ein Gläubiger die Verschuldungsfähigkeit einer Unternehmung vernunftgemäß beurteilen, muß er zunächst das leistungswirtschaftliche Risiko untersuchen und prüfen, ob durch die Kapitalstrukturverbesserung tatsächlich Einnahmen in die Unternehmung geflossen sind. Er muß die gegenwärtige Zahlungsfähigkeit und die voraussichtliche Entwicklung der Zahlungsströme zu ergründen suchen, d. h. im Grunde braucht er die Kapitalstruktur gar nicht. Nur wenn seine Informationen so dürftig sind, daß er sich keine Vorstellungen über das leistungswirtschaftliche Risiko und die Finanzpläne des Schuldners machen kann, muß er auf Bilanzzahlen und Finanzierungsregeln zurückgreifen. Für den Gläubiger wird bei diesen beschränkten Informationen die Beurteilung des Kreditrisikos zu einer ungewissen Sache, und wir können schließen: Wer sich bei Kreditwürdigkeitsprüfungen ausschließlich auf Finanzierungsregeln (insbesondere Kapitalstrukturregeln) verlassen muß, der steht stets einem besonders risikoreichen Geschäft gegenüber.

In der Literatur wird dem Eigenkapital neben anderen Aufgaben eine Garantie- bzw. Haftungsfunktion zugeschrieben[30]. Je höher das Eigenkapital, desto größere Verluste könnten aufgefangen werden, desto geringer sei die Gefahr der Überschuldung. Wie hoch die Garantiefunktion zu veranschlagen ist, ist in erster Linie ein Bewertungsproblem. Von der Bewertung der Vermögensgegenstände hängt schließlich die Höhe des Eigenkapitals ab. Selbst wenn wir von Bewertungsmanipulationen absehen, schafft die Haftungsfunktion nur eine sehr beschränkte Risikominderung. Verluste entstehen, weil, grob gesprochen, die Einnahmen unter den Ausgaben liegen. Würde im Verlustfall vor der Überschuldung die Unternehmung rasch liquidiert werden, dann käme die Haftungsfunktion zum Tragen. Der Verlust träfe nur die Anteilseigner, nicht die Gläubiger (immer vorausgesetzt, die Bilanzansätze ließen sich realisieren!). Aber praktisch ist das nicht der Fall: Die Unternehmung läuft weiter. Nur durch eine Änderung der Unternehmungspolitik oder ein Umschlagen der Umweltbedingungen wird die Verlustzone überwunden. Tritt das ein, so ist die Haftungsfunktion nicht von Bedeutung. Geht es mit der Unternehmung jedoch weiter bergab, so droht Zahlungsunfähigkeit. Die Haftungsfunktion bewährt sich also nur bei einer *rechtzeitigen* Liquidation und auch dann nur, wenn sich die Bilanzansätze in Einnahmen von ausreichender Höhe niederschlagen.

Zusätzliche Bedeutung gewinnt die Haftungsfunktion des Eigenkapitals bei Kapitalgesellschaften. Überschuldung ist hier ein selbständiger Konkursgrund, und d. h. die Überschuldung bildet ein Vorwarnschild: Die Zahlungsunfähigkeit droht in absehbarer Zeit! Nur bei Kapitalgesellschaften gewinnt damit die Garantiefunktion eine bescheidene Bedeutung: Da der Konkurs auf den Zeitpunkt der Überschuldung vorverlegt wird, besteht die Hoffnung, daß die Gläubiger mehr erhalten als in dem Fall, daß erst bei Zahlungsunfähigkeit (und weiter gewachsenen Schulden) das Konkursverfahren eröffnet wird.

d) Zusammenfassung

Das Ergebnis dieses Kapitels lautet:
(1) Der rational handelnde Unternehmer wird sich nur so lange verschulden, bis er den maximalen Erwartungswert des Risikonutzens erreicht hat. Bei seinen Planungen wird er die Vorstellungen der Gläubiger berücksichtigen müssen, die von ihm vermutlich das Einhalten einer bestimmten Kapitalstruktur fordern werden. Risikoneigung, leistungswirtschaftliches und Kapitalstrukturrisiko sowie die Kreditgrenzen der Gläubiger bzw. ihre Wünsche nach zusätzlichen Sicherheiten und Einflußnahme bestimmen die Kapitalstruktur.
(2) Für die Anteilseigner von Publikumsgesellschaften ist es praktisch kaum möglich, leistungswirtschaftliches Risiko und Kapitalstrukturrisiko zu trennen. Die »Theorie des Kapitalkostenverlaufs in Abhängigkeit vom Kapitalstrukturrisiko« und das »Theorem der minimalen durchschnittlichen Kapitalkosten« haben deshalb wenig praktische Bedeutung. Zu-

---

[30] Vgl. dazu und zum Problem Kapitalstruktur und Risiko auch *Karl Schwantag*, Eigenkapital als Risikoträger. In: ZfhF, NF, Jg. 15 (1963), S. 218–231; *Mülhaupt*, S. 67–79; sowie neuerdings *Jochen Drukarczyk*, Finanzierungstheorie, München 1980, bes. S. 290 f.

dem ist es verfehlt, bei Handeln im Interesse der Anteilseigner von »Eigenkapitalkosten« zu sprechen.
(3) Für den rational handelnden Gläubiger stellt die Kreditgewährung eine Investition dar, die er im Rahmen seines gesamten Investitions(Kreditgewährungs-)programms und Finanzierungsprogramms zu beurteilen hat. Kreditlimitierung ist eine durch die Ungewißheit erzwungene Notwendigkeit, die der Gläubiger in erster Linie aufgrund seiner Beurteilung des Unternehmensrisikos des Schuldners festzulegen hat. Das Kreditlimit läßt sich durch Sicherheiten stark, durch höhere Zinssätze nur wenig erweitern.
(4) Der rational handelnde Gläubiger wird sein Kreditlimit auch erhöhen, wenn der Schuldner-Unternehmung zugleich neue eigene Mittel zugeführt werden. Es kann also (bei Konstanz des leistungswirtschaftlichen Risikos, bei Konstanz des Informationsrisikos, bei gegebenen Kreditsicherheiten) vernünftig sein, eine bestimmte Kapitalstruktur zu fordern als Voraussetzung für die Erhöhung des Kreditlimits. Das gewünschte Kapitalstrukturverhältnis wird durch das leistungswirtschaftliche Risiko bestimmt. Selbst als rohe Näherungslösungen können deshalb einzelne Kapitalstrukturregeln (wie 1 : 1) allenfalls für einzelne Branchen und dort nur unter bestimmten Konjunktur- und Konkurrenzbedingungen sinnvoll sein.
(5) Die Anwendung von Bindungs- und Kapitalstrukturregeln wird allerdings dann erzwungen, wenn der Schuldner keine verläßlicheren Informationen zu liefern bereit ist. Legt der Schuldner keinen Finanzplan vor, dann bieten Bindungsregeln eine begrenzt nützliche Dispositionshilfe. Kapitalstrukturregeln erlauben eine rohe Abschätzung des Kapitalstrukturrisikos zwischen vergleichbaren Unternehmen (Unternehmen mit etwa gleichem leistungswirtschaftlichem Risiko). Muß der Gläubiger sich bei der Beurteilung der Kreditwürdigkeit auf Bindungs- und Kapitalstrukturregeln verlassen, steht er (wegen der geringen Informationen) einem im Grunde besonders risikoreichen Kredit gegenüber. Aufgrund von Finanzierungsregeln Kredit zu gewähren, unterstellt damit ein besonders starkes Vertrauen in den Schuldner – und dann braucht man eigentlich keine Finanzierungsregeln als Hilfe.

IV. Kapitalmarkteffizienz und Kapitalkosten unter Ungewißheit

a) Erklärende Theorie des Kapitalmarktgleichgewichts und gestaltende Theorie der Kapitalkosten

Der im vorangehenden Kapitel dargestellte Einfluß der Ungewißheit auf die Kapitalstruktur stellt die Unvollkommenheit praktisch gegebener Informationen für rationale Finanzierungsentscheidungen in den Vordergrund. Bilanzmäßige Kapitalstrukturziffern, tatsächliche Ausschüttungen und Börsenkurse der Vergangenheit sind oft das einzig verfügbare Wissen für die Planung unter Ungewißheit bei Gläubigern und Anteilseignern. Auf dieser schwachen, praktisch hinsichtlich der Bilanzzahlen nicht selten verfälschten Informationsbasis müssen Gläubiger und Anteilseigner ihre Glaubwürdigkeitsurteile fällen: subjektive »Wahrscheinlichkeitsverteilungen« bilden, soweit bei dieser schwachen Informationsbasis überhaupt eine Rechtfertigung für quantitative Wahrscheinlichkeiten (die Anwendung der Wahrscheinlichkeitsrechnung) gefunden werden kann.

Dieses Bild von den Investitions- und Finanzierungsentscheidungen einzelner Personen und Firmen steht weitgehend außerhalb des Leitbildes (»Paradigmas«) der sich »modern« nennenden Finanzierungstheorie. Diese ergeht sich im angelsächsischen Schrifttum der letzten 10 Jahre überwiegend, im deutschsprachigen Schrifttum der letzten 5 Jahre immer stärker in der Analyse von »Kapitalmarktmodellen« und daraus abgeleiteten »Kapitalkosten unter Ungewißheit«. Der Kern dieser Überlegungen gipfelt in dem Satz:

Investitionsvorhaben können auch unter Ungewißheit nach dem Kapitalwert beurteilt werden, wobei der anzusetzende Kalkulationszinsfuß dem risikolosen Marktzinssatz zuzüglich einer Risikoprämie gleicht (»Kapitalkosten unter Ungewißheit«).

Das in Teil C. zu den Akten gelegte Konzept des Risikozuschlags zum Kalkulationszinsfuß erlebt hier eine Wiederauferstehung. Es tritt als Entscheidungshilfe für die unternehmerische Investitionsplanung auf, scheinbar durch die moderne Entscheidungstheorie begründet.

Die Vorstellungswelt der »modernen« Finanzierungstheorie geht von sehr hohen Informationsanforderungen aus. Die notwendige Menge an Vorwissen herauszuarbeiten, ist Gegenstand der Kapitel IV–VI.

Dieses IV. Kapitel beschäftigt sich mit der erklärenden Theorie des Kapitalmarktgleichgewichts.

Eine erklärende Theorie des Kapitalmarktgleichgewichts versucht, die Preisbildung auf dem Kapitalmarkt allgemein, die Kursentwicklung von Aktien, Anleihen, Wandelobligationen usw. im besonderen, durch das Zusammenwirken von Marktgegebenheiten nachzuvollziehen. Dabei geht es in der Kapitalmarkttheorie der letzten 10 Jahre vor allem um die Frage: Werden Informationen, die über einzelne Unternehmen (Wertpapiere) allen Marktteilnehmern zugänglich sind, unverzüglich oder nur mit großen Verzögerungen durch die Kursentwicklung reflektiert?

Eine gestaltende Theorie der Unternehmungspolitik sucht hingegen Handlungsempfehlungen abzuleiten, z. B. in der Form: Auch unter Ungewißheit sei die Kapitalwertmethode zur Beurteilung von Investitionsvorhaben geeignet, vorausgesetzt der Kalkulationszinsfuß entspreche den »Kapitalkosten unter Ungewißheit« (mit Kapitalkosten unter Ungewißheit ist im folgenden stets ein Prozentsatz gemeint). Die Darstellung dieser gestaltenden Theorie erfolgt in Kapitel V.

Dieses Buch will einen Beitrag zur gestaltenden Theorie der Unternehmenspolitik liefern. Hierfür kann die erklärende Theorie des Kapitalmarktgleichgewichts in doppelter Weise brauchbar sein:

1. Die Theorie des Kapitalmarktgleichgewichts zeigt, was allein schon aus logischen Gründen erfüllt sein muß, damit Kalkulationszinsfuß bzw. »Kapitalkosten unter Ungewißheit« ein vertrauenswürdiges Maß für die Bewertung einzelner Investitions- und Finanzierungsvorhaben bilden. Die genaue Kenntnis der logischen Existenzbedingungen für Kapitalkosten unter Ungewißheit sind bei praktischem Handeln deshalb so wichtig, weil der Entscheidende wissen muß, auf was er sich einläßt, wenn er bestimmte Werkzeuge, wie Kalkulationszinsfuß bzw. Kapitalkosten unter Ungewißheit, benutzt.

Das Rechnen mit dem Kapitalwert unterstellt, daß die Investitionsplanung unabhängig von der Finanzplanung erfolgen kann: Für alle Spielarten finanzieller Zielsetzungen und damit zugleich für alle Formen der persönlichen Konsumpräferenz im Zeitablauf sieht die Entscheidung über die Zusammensetzung des Investitionsprogramms gleich aus. Wird die Kapitalwertmethode unter Ungewißheit angewandt, dann wird ebenfalls postuliert, daß die Entscheidung über die Zusammensetzung des Investitionsprogramms unabhängig von der Art der finanziellen Zielsetzung und damit der persönlichen Konsumpräferenz ist. Das bedeutet zugleich, daß eine unbeschränkte Verschuldungsmöglichkeit gegeben sein muß, sonst nimmt die Finanzierungs- (und Gewinnausschüttungs-)Politik Einfluß auf die Entscheidungen unter Ungewißheit.

Aber diese Bedingung ist unter Ungewißheit für die Unabhängigkeit der Investitionsplanung von der Finanzplanung noch nicht hinreichend. Unter Ungewißheit kann die Entscheidung über die Zusammensetzung des Investitionsprogramms erst dann unabhängig von der Finanzplanung erfolgen, wenn neben dem Einfluß der persönlichen Konsumneigung auch der Einfluß der persönlichen Risikoneigung des Entscheidenden durch »Marktdaten« ausgeschaltet wird. Es muß also für die Risikoübernahme in gleicher Weise ein vollkommener Markt bestehen wie für die Geldanlage und Kreditaufnahme. Die logischen Existenzbedingungen für solche, von Einzelausprägungen persönlicher Konsum- und Risikopräferenzen unabhängige Entscheidungen werden unter dem Namen »Separationstheoreme« zusammengefaßt, weil sie eine Trennung der Investitionsentscheidung von der Finanzplanung (und damit der Gewinnausschüttungspolitik, der persönlichen Konsumentscheidung) ermöglichen. Die Voraussetzungen des vollkommenen Kapitalmarkts bei Vernachlässigung der Ungewißheit können als Fisher-Separationstheorem bezeichnet werden (S. 175). Die hier abzuleitenden Voraussetzungen, wann unter Ungewißheit im Fall normalverteilter Renditeerwartungen die Investitionsentscheidung unabhängig von der Finanzplanung erfolgen kann, mag als Tobin-Separation bezeichnet werden (S. 591).

Jedes dieser Separationstheoreme nennt Existenzvoraussetzungen für einen »Kalkulationszinsfuß«, der es erlaubt, die Investitionsentscheidung ohne gleichzeitige simultane Finanzplanung optimal zu gestalten. Nur dann, wenn solche Kapitalkosten unter Ungewißheit existieren, sind die Investitionsentscheidungen des Unternehmens unabhängig von der Art der finanziellen Zielsetzung (der persönlichen Konsumpräferenz) und der Form der persönlichen Risikoneigung der einzelnen Vorstandsmitglieder und der verschiedenen Anteilseigner. Nur wenn die Voraussetzungen für die Existenz solcher Kapitalkosten unter Ungewißheit in der Wirklichkeit gegeben sind, kann eine Aktiengesellschaft eine Investitionspolitik im Interesse ihrer Anteilseigner betreiben, ohne deren finanzielle Zielvorstellung und persönliche Risikoneigung zu kennen. Nur dann entspricht das Ziel »Maximierung des Marktwertes eigener Aktien« (Vermögensmaximierung) den Zielen der einzelnen Anteilseigner. Nur dann ist es für eine Unternehmung unbedenklich, die Investitionsplanung oder Teile hiervon auf Mitarbeiter zu delegieren. Nur dann kann der Kapitalmarkt seine Auslese- und Lenkungsfunktion vollständig wahrnehmen.

Es wäre also sehr erwünscht, wenn Unternehmensleitungen und einzelne Sparer »Kapitalkosten unter Ungewißheit« kennen und als Entscheidungshilfe benutzen könnten. An welche Voraussetzungen ist die Existenz solcher »Kapitalkosten unter Ungewißheit« geknüpft?

Die Existenzbedingungen für Kapitalkosten unter Ungewißheit sind zunächst für Risikopräferenzfunktionen (die μσ-Entscheidungsregel) erarbeitet worden[31]. Die damit gewonnenen Handlungsempfehlungen decken sich nur für den Fall normalverteilter Renditeerwartungen mit den Entscheidungen, welche die Risikonutzentheorie allgemein verlangt.

---

[31] Vgl. *Sharpe,* Capital Asset Prices, S. 433–442; *John Lintner,* The Valuation of Risk Assets and the Selection of Risky Investments in Stock Portfolios and Capital Budgets. In: The Review of Economics and Statistics, Vol. 47 (1965), S. 13–37, bes. S. 25–27; *Jan Mossin,* Equilibrium in a Capital Asset Market. In: Econometrica, Vol. 34 (1966), S. 768–783, hier S. 769–773.

Mit den ursprünglichen Voraussetzungen zu beginnen empfiehlt sich deshalb, weil im deutschsprachigen Schrifttum bislang die Theorie des Kapitalmarktgleichgewichts und der Aktienbewertung unter Ungewißheit auf die μσ-Regel beschränkt wird[32]. Diese Beschränkung gibt einen überholten Stand der theoretischen Erörterung wieder, der eine Überschätzung der Anwendungsmöglichkeiten dieser Theorie bewirkt hat.

Die Überschätzung der Anwendungsmöglichkeiten der Kapitalmarkttheorie unter Ungewißheit ist darauf zurückzuführen, daß Modellvereinfachungen, die für eine *erklärende* Theorie möglicherweise sinnvoll sind, auf eine *gestaltende* Theorie der Unternehmenspolitik übertragen werden, wo sie im Regelfall nicht sinnvoll sind. Auf dieser »anwendungsbezogenen Umformung« erklärender in gestaltende Theorien beruht die Fehlentwicklung der »modernen« Finanzierungstheorie (aber nicht der Finanzierungstheorie allein).

2. Mit Hilfe einer Theorie des Kapitalmarktgleichgewichts läßt sich empirisches Wissen erarbeiten über den Zusammenhang von Informationsbeschaffung und Wertpapier-Kursprognose. Um testbare Hypothesen über den Einfluß z. B. von Aktiensplits oder Jahresabschlußinformationen auf die Kursentwicklung von Aktien zu erhalten, muß zu den empirisch-statistischen Techniken ein Kapitalmarktmodell treten (wie im Laufe dieses Kapitels deutlich werden wird). Ein Kapitalmarktmodell wird deshalb zur Vorbedingung für das Gewinnen »empirischer Gesetzmäßigkeiten« zwischen Informationen und Kursprognosen. Damit hilft die erklärende Theorie des Kapitalmarktgleichgewichts bei der Beantwortung von Vorfragen (Teilfragen) der Finanzierungspolitik, insbesondere:

(1) Hat es für meine Entscheidungen über den Wertpapierkauf Sinn, einen Börseninformationsdienst zu beziehen? Falls der Kapitalmarkt unverzüglich alle allgemein zugänglichen Informationen in den Kursen berücksichtigt, nützt der Börseninformationsdienst nichts: Bis der Bericht gedruckt und gelesen ist, haben sich längst die Kurse angepaßt.

(2) Hat es Sinn, in einzelnen Aktien zu investieren, oder in Anteilen an einem Investmentfonds? Da in der Wirklichkeit auch Wertpapiere nur begrenzt teilbar sind und den Tauschverkehr hemmende Börsenspesen und Steuern (Transaktionskosten) bestehen, kann ein Investor mit geringem Kapital nicht alle Vorteile der Wertpapiermischung verwirklichen. Aber die Manager von Investmentfonds werben darüber hinaus mit dem Argument: Sie als Spezialisten würden besser informiert sein und könnten zusätzliche Vorteile erwirtschaften. Sind diese Versprechungen glaubhaft? Falls die Preisbildung auf den Wertpapiermärkten alle allgemein zugänglichen Informationen unverzüglich widerspiegelt, offenbar nicht.

(3) Ein großer Teil der betriebswirtschaftlichen Bilanzlehre legt besonderen Wert auf den Informationsgehalt des Jahresabschlusses. Aber nützt denn die veröffentlichte Rechnungslegung ihren Empfängern überhaupt etwas für ihre Kapitalanlageentscheidungen? Wenn die Kurse unverzüglich alle Informationen widerspiegeln, offensichtlich nicht. Dann aber trägt die betriebswirtschaftliche Bilanzlehre, die auf der Informationsfunktion des Jahresabschlusses aufbaut, nutzloses Wissen vor.

(4) Insider in den Unternehmungen wissen Wochen und Monate im voraus, wie die wirtschaftliche Lage der Unternehmung ist, ehe etwas nach draußen dringt. Für die Abschätzung

---

[32] Vgl. z. B. *Rainer Saelzle*, Investitionsentscheidungen und Kapitalmarkttheorie. Wiesbaden 1976, Kapital II; *Süchting*, S. 281–284; *Bernd Rudolph*, Kapitalkosten bei unsicheren Erwartungen. Berlin – Heidelberg – New York 1979, 1. und 2. Kapitel; *ders.*, Zur Theorie des Kapitalmarktes – Grundlagen, Erweiterungen und Anwendungsbereiche des ›Capital Asset Pricing Model (CAPM)‹. In: ZfB, Jg. 49 (1979), S. 1034–1067; *Jochen Drukarczyk*, Finanzierungstheorie, ab S. 319.

dieses Insider-Vorteils, und um Maßnahmen gegen Insider-Manipulationen an der Börse zu erwägen, ist die Kenntnis wichtig, wie die Kurse sich aufgrund von neuen Informationen entwickeln.

Die Fragestellung der erklärenden Kapitalmarkttheorie: »Reagieren Wertpapierkurse unverzüglich auf neue Informationen?« ist also auch für die Investitionsplanung des einzelnen von Bedeutung. Aber die Antwort auf die Fragestellung der Theorie des Kapitalmarktgleichgewichts erleichtert lediglich eine Vorentscheidung bei der Investitionsplanung des einzelnen: Lohnt es sich, Informationen über Wertpapiere und Wertpapiermärkte zu erwerben und auszuwerten? Erst wenn die Antwort auf die Frage der erklärenden Kapitalmarkttheorie »nein« lautet, dann entsteht für den einzelnen Investor das Problem zu entscheiden, wieviel Informationen über Wertpapiermärkte er sich vor Kapitalanlageentscheidungen beschaffen soll.

b) Das Kapitalmarktmodell der erklärenden Theorie des Kapitalmarktgleichgewichts

1. Bestimmung der Kapitalmarktkosten unter Ungewißheit: das Modell der Kapitalmarktlinie

Die Theorie des Kapitalmarktgleichgewichts setzt in ihrem ersten Ansatz voraus[33]:
1. Alle Nachfrager und Anbieter von Investitions- und Finanzierungsvorhaben (im folgenden kurz »Wertpapiere« genannt) sind dem Risiko abgeneigt und streben danach, den Erwartungswert des Risikonutzens ihres Endvermögens zum Ende einer Abrechnungsperiode zu maximieren (einperiodige Planung).
2. Nachfrager und Anbieter sehen den Marktpreis jedes »Wertpapiers« als Datum an, das sie allein nicht beeinflussen können. Der Kapitalmarkt ist also atomistisch. Zusätzlich ist er vollkommen in dem Sinne, daß der Marktpreis nur durch die ausdrücklich ins Modell aufgenommenen Einflußgrößen (wie die Rendite und ihre Streuung bei jeder risikobehafteten Handlungsmöglichkeit) bestimmt wird. Kein Marktteilnehmer und kein einzelnes »Wertpapier« wird also durch Steuern, Gesetze, Präferenzen anderer Marktteilnehmer begünstigt oder benachteiligt. Transaktionskosten (z. B. Börsenspesen) fallen nicht an.
3. Alle Investitions- und Finanzierungsvorhaben werden auf dem Markt gehandelt, ihre Gesamtmenge ist vorgegeben, und sie sind beliebig teilbar. Wenn man diese sehr weitreichende Annahme vermeiden will, muß ersatzweise unterstellt werden: Nur Wertpapiere werden gehandelt, und die sonstigen Investitions- und Finanzierungsentscheidungen finden auf anderen, vom Wertpapiermarkt völlig getrennten Märkten statt (S. 542).
4. Der Kapitalmarkt insgesamt besteht aus dem Teilmarkt für risikobehaftete Wertpapiere und einer unbeschränkten und risikolosen Geldanlage- und Kreditaufnahmemöglichkeit,

---

[33] Die Voraussetzungen werden sehr klar herausgearbeitet von *Michael C. Jensen*, The Foundations and Current State of Capital Market Theory. In: Studies in the Theory of Capital Markets, edited by Michael C. Jensen, New York – Washington – London 1972, S. 3–43, hier S. 5; *Thomas E. Copeland, J. Fred Weston*, Financial Theory and Corporate Policy. Reading/Mass., usw. 1979, S. 160 f.
Die mit Seitenverweisen versehenen Voraussetzungen nennen die Autoren nicht. Jedoch ist zu beachten, daß die Bedingung über die Höhe der risikolosen Verzinsung in 4. im Gleichgewicht aufgrund der Annahme identischer Erwartungen in 5. erzwungen wird, vgl. dazu *Merton*, An Analytic Derivation, S. 1868.

deren Verzinsung unter dem Erwartungswert der Rendite der risikogünstigsten Mischung aus den Wertpapieren liegt (S. 424).
5. Alle Nachfrager und Anbieter haben dieselben Erwartungen über die Wahrscheinlichkeitsverteilungen der Renditen der einzelnen Wertpapiere, und zwar in Form einer Normalverteilung, wobei die Korrelationen von + 1 und − 1 zwischen den einzelnen Wertpapieren ausgeschlossen bleiben (S. 423). Diese Annahme »homogener« Erwartungen wird sich später (ab S. 543) als sehr inexakte (auslegungsbedürftige) Voraussetzung erweisen.
Da alle Marktteilnehmer Erwartungen in Form einer Normalverteilung haben und den Risikonutzen ihres Endvermögens maximieren wollen, kann die $\mu\sigma$-Regel als Stellvertreter für die einzelnen Risikonutzenfunktionen der Marktteilnehmer dienen. Da die Planung nur einperiodig erfolgt, kann für die Berechnung effizienter Portefeuilles bei gegebenem Anfangsvermögen der Erwartungswert des Endvermögens durch den Erwartungswert der Rendite ersetzt werden.

Das Modell des Kapitalmarktgleichgewichts unter Ungewißheit beschäftigt sich zunächst mit der Herleitung des Marktpreises für eine gute Mischung aus *allen* risikotragenden Kapitalmarkttiteln. Diese Vorstufe der Kapitalmarkttheorie führt zu einer Kapitalmarktlinie (capital-market-line). Die Kapitalmarktlinie spiegelt die Abhängigkeit der Renditeerwartung für eine gute Wertpapiermischung von einem Risikomaß wider.
Die Endstufe des Modells des Kapitalmarktgleichgewichts leitet aus dem Modell der Kapitalmarktlinie im Modell der Wertpapierlinie die wertpapierindividuellen Kapitalkosten unter Ungewißheit ab. Die Wertpapierlinie (security-market-line) zeigt die Abhängigkeit der Renditeerwartung eines einzelnen Wertpapiers (oder einer Mischung) von einem anderen Risikomaß als dem der Kapitalmarktlinie.
Die aus dem Englischen übernommenen Bezeichnungen Kapitalmarktlinie und Wertpapierlinie[34] sind wenig glücklich und können leicht verwechselt werden. Um die Verwechslungsgefahr zu verringern, wurde hier schon von Wertpapier-, und nicht wie sonst im Schrifttum üblich, von Wertpapiermarktlinie gesprochen. Vorstufe (Modell der Kapitalmarktlinie) und Endstufe (Modell der Wertpapierlinie) sind sorgfältig auseinanderzuhalten, weil sie ein unterschiedliches Risikomaß enthalten.
Zunächst seien in Abb. 4 nur die risikobehafteten Wertpapiere allein betrachtet (vgl. die Kurve von T durch P_A, M, P_B, G; G ist das ertrag- und risikoreichste Investitionsvorhaben auf dem Markt, entsprechend Abb. 11–13 in Kap. D; T sei die risikominimale Wertpapiermischung). Jeder einzelne Marktteilnehmer (Investor) plant, weil alle die gleichen Erwartungen hegen, mit dieser Kurve. Jeder mag aber eine andere persönliche Risikoneigung haben, die sich in dem unterschiedlichen Verlauf der Indifferenzkurven niederschlägt. So wird der besonders risikoscheue Investor A das Portefeuille P_A mit geringem Erwartungswert der Rendite und geringem Risiko wählen, der weniger dem Risiko abgeneigte Investor B hingegen das Portefeuille P_B mit höherem Erwartungswert der Rendite und höherem Risiko.
Beide Investoren werden im Planungszeitpunkt dieses im voraus geplante »Soll«-Portefeuille mit ihrem gegenwärtigen Wertpapierbestand (dem Ist-Portefeuille) vergleichen und daraufhin in der Planperiode als Nachfrager oder Anbieter einzelner Wertpapiere auf den Markt treten.

---

[34] Die Begriffsbildung geht zurück auf *Sharpe*, Capital Asset Prices, S. 425; ders., Portfolio Theory and Capital Markets. New York, usw. 1970, S. 83–91.

Abb. 4

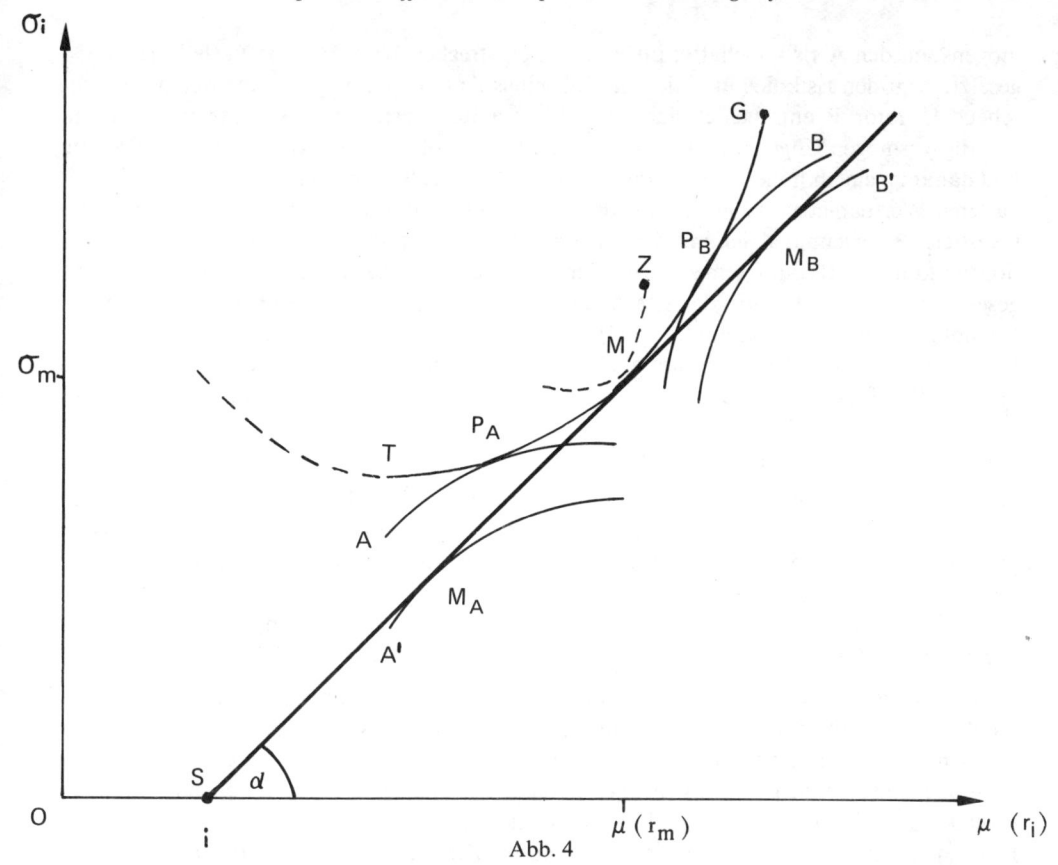

Wird die risikolose Geldanlage und Kreditaufnahmemöglichkeit in die Planung einbezogen, entsteht eine neue Kurve guter Handlungsmöglichkeiten: Jene Gerade, die im Punkt S vom risikolosen Zinssatz i ausgeht und die Kurve der guten risikobehafteten Wertpapiermischung in M berührt. Ein ähnlicher Gedankengang wurde bereits bei der Erklärung der Abbildung 7 in Kap. D (S. 370) benutzt.

Bei Berücksichtigung der risikolosen Geldanlage und Kreditaufnahmemöglichkeit erreicht der sehr risikoscheue Investor A das Nutzenniveau A' und verwirklicht das Portefeuille M_A. Der weniger risikoscheue Investor verwirklicht das Nutzenniveau B' und wählt die Risiko-Gewinn-Mischung M_B.

Welche Eigenschaften haben die Portefeuilles M_A und M_B?

Beide Marktteilnehmer planen ein Investitions- und Finanzierungsprogramm, das aus der risikobehafteten Wertpapiermischung M besteht und daneben die risikolose Geldanlage oder Kreditaufnahme beansprucht.

Dabei wird der risikoscheue Investor A sein Anfangsvermögen (Eigenkapital) zum Teil in der risikobehafteten Mischung M investieren und den anderen Teil risikolos anlegen. Deshalb zeigt das von ihm endgültig bevorzugte Portefeuille M_A einen geringeren Erwartungswert der Rendite und ein geringeres Risiko als die Mischung der risikobehafteten Wertpapiere M.

Das Anfangsvermögen des Investors A können wir an der Strecke $\overline{SM}$ = 100% messen. Der Streckenzug $\overline{SM_A}$ zeigt dann, in das Verhältnis zu $\overline{SM}$ gesetzt, den Anteil seines Anfangsvermögens an, den A risikobehaftet investiert. Der Streckenzug $\overline{MM_A}$, ins Verhältnis zu $\overline{SM}$ gesetzt, zeigt den risikolos investierten Teil seines Anfangsvermögens. Der weniger risikoscheue Investor B entscheidet sich endgültig für das Portefeuille M_B, das bei gleichem Anfangsvermögen (Eigenkapital) wie bei A zu einem höheren Erwartungswert der Rendite und damit zu einem höheren erwarteten Endvermögen führt als die Mischung der risikobehafteten Wertpapiere M. Das ist nur dadurch möglich, daß B mehr als sein Eigenkapital investiert. B verschuldet sich auf dem risikolosen Teil-Kapitalmarkt. Der gesamte Investitionsumfang des B kann gemessen werden durch die Strecke $\overline{SM_B}$, ins Verhältnis zu $\overline{SM}$ gesetzt, wobei das Verhältnis der Strecken $\overline{MM_B}$ zu $\overline{SM_B}$ den Verschuldungsgrad (Verhältnis Fremdkapital zu Gesamtkapital, S. 490) anzeigt, den B für optimal hält.

Die Kurve der guten Handlungsmöglichkeiten unter Einschluß der risikolosen Geldanlage und Kreditaufnahme (also die Gerade durch die Punkte S, M_A, M und M_B) wird »Kapitalmarktlinie« genannt.

Aus dem Modell der Kapitalmarktlinie folgt:

(a) Alle Marktteilnehmer halten zwei Gattungen von Anlagen: Risikolose Investitions- und Finanzierungsmaßnahmen und daneben ein und dieselbe Mischung risikobehafteter Wertpapiere M (»two-fund-theorem«). Wieviel der einzelne Investor in die risikobehaftete Wertpapiermischung M investiert, das hängt von seiner persönlichen Risikoneigung ab: Ob er nur einen Teil seines Eigenkapitals in M investiert, wie A, oder ob er ein Mehrfaches seines Eigenkapitals darin investiert und sich dazu verschuldet, wie B.

(b) Die Existenz einer risikolosen und unbeschränkten Geldanlage- und Kreditaufnahmemöglichkeit erhöht den Nutzen fast aller Marktteilnehmer, sowohl des besonders risikoscheuen A als auch des weniger risikoscheuen B. Nur jene Investoren, die aufgrund ihrer persönlichen Risikoneigung von vornherein das Portefeuille M wählen, erhöhen ihr Nutzenniveau durch die Existenz eines risikolosen Restkapitalmarktes nicht.

Die nutzenerhöhende Wirkung eines risikolosen Restkapitalmarktes gilt auch für einen unvollkommenen Kapitalmarkt, auf dem unbeschränkt und risikolos zu einem niedrigen Habenzins Geld angelegt, zu einem höheren Sollzins Kredit aufgenommen werden kann. Sobald Soll- und Habenzins auseinanderfallen, wird aus dem Berührungspunkt M auf der Kurve der guten risikobehafteten Wertpapiermischungen ein Streckenzug bestimmter Länge (analog zum Hirshleifer-Modell, S. 361 ff.). Damit steigt die Anzahl derjenigen, die durch die Existenz eines unbeschränkten und risikolosen, aber unvollkommenen Restkapitalmarkts ihr Nutzenniveau nicht erhöhen können.

(c) Aufgrund der Voraussetzung 3. werden alle risikobehafteten Investitions- und Finanzierungsvorhaben auf diesem einen Markt für risikotragende Titel gehandelt. Nach der Voraussetzung 5. haben alle Marktteilnehmer dieselben Erwartungen und wählen deshalb M. M schließt damit alle überhaupt gehandelten Wertpapiere ein. Für jeden einzelnen Investor verkörpert M das »risiko-effiziente Marktportefeuille«.

In einem Marktportefeuille zu einem Zeitpunkt sind die risikotragenden Wertpapiere jeder Unternehmung entsprechend ihrem Anteil am Gesamtwert aller Wertpapiere enthalten. Der Marktwert eines einzelnen Unternehmens entspricht dem Produkt aus Börsenkurs mal Stückzahl dieses Wertpapiers bzw. bei Aktien mit einem Nennwert von 100 dem Produkt aus Börsenkurs mal Grundkapital dividiert durch 100. Diese Definition des Marktportefeuilles und des Anteils eines Wertpapiers am Marktportefeuille gilt für die Wirklichkeit ebenso wie für irgendeine theoretische Modellwelt.

Das »risiko-effiziente« Marktportefeuille ist demgegenüber ein nur theoretischer Begriff: Aufgrund der Voraussetzungen des Modells der Kapitalmarktlinie folgt, daß das Marktportefeuille auf der Linie guter Handlungsmöglichkeiten liegt. Sobald wir die Voraussetzung identischer Erwartungen für alle Marktteilnehmer aufheben, muß das selbst bei Gültigkeit der sonstigen Voraussetzungen nicht mehr erfüllt sein, und es gilt natürlich erst recht nicht für die Kapitalmärkte der Wirklichkeit, daß das Marktportefeuille zwangsläufig zugleich effizient ist im Sinne einer risikominimalen Wertpapiermischung bei gegebenen Gewinnerwartungen.

Falls Wertpapierkurse unverzüglich auf Datenänderungen (neue Informationen) reagieren, spricht das Schrifttum von einem »effizienten« Kapitalmarkt. Leider wird in der Kapitalmarkttheorie von »effizienten« Kapitalmärkten auch dann geredet, wenn eine »risiko-effiziente« Wertpapiermischung gemeint ist. Dabei wird nicht immer deutlich getrennt, ob Aussagen über die Wirklichkeit oder logische Schlüsse innerhalb einer Modellwelt beabsichtigt sind.

Im Kapitalmarktmodell sind Informations-Effizienz und Risiko-Effizienz logisch miteinander verknüpft, aber keineswegs identisch. Informations-Effizienz (unverzügliche Anpassung der Preise an Datenänderungen) ist eine von mehreren Voraussetzungen für einen vollkommenen Markt. Nur auf einem vollkommenen Kapitalmarkt kann bei zusätzlichen Umweltbedingungen erwartet werden, daß alle Investoren ein und dieselbe risiko-effiziente Mischung aus allen auf dem Markt gehandelten Wertpapieren wählen: das »risiko-effiziente Marktportefeuille«.

Gerade um die Frage zu beantworten, was das Kapitalmarktmodell von der Wirklichkeit zu erklären vermag, wird es notwendig werden, sorgfältig zwischen Risikoeffizienz im Modell bzw. der Realität und Informations-Effizienz im Modell bzw. der Realität zu unterscheiden.

(d) Da M zugleich das Marktportefeuille widerspiegelt, folgt, *daß jeder Marktteilnehmer alle überhaupt gehandelten risikotragenden Wertpapiere in seinem Portefeuille hält*. Diese Folgerung ist extrem wirklichkeitsfremd: Wohl kein Investor besitzt Stücke von allen auf einem Markt zugleich gehandelten Wertpapieren. Schon das ist ein Indiz dafür, daß das Modell des Kapitalmarktgleichgewichts nicht das tatsächliche Verhalten an Kapitalmärkten erklären kann. Vielmehr geht es in dem Modell des Kapitalmarktgleichgewichts (wie in jeder Gleichgewichtstheorie) um rein logische Untersuchungen, wann die Investitionsplanung unter Ungewißheit allgemein, die Börsenkursbildung im besonderen, unabhängig von bestimmten persönlichen Präferenzen ist.

Dem Erwartungswert der Rendite des Marktportefeuilles geben wir den Namen »Kapitalmarktkosten unter Ungewißheit«.

Die Kapitalmarktkosten unter Ungewißheit übernehmen auf Märkten für risikotragende Titel dieselbe Aufgabe, welche der Marktzinssatz auf Märkten für sichere Kapitalmarkttitel erfüllt:

Jeder Einnahmenüberschuß ist zu den Kapitalmarktkosten unter Ungewißheit anlegbar: Die Investition eines beliebigen Betrages läßt also ex ante eine Rendite erwarten, die gleich dem risikolosen Marktzinssatz zuzüglich des Marktpreises für die Risikoübernahme ist. Im nachhinein kann diese Renditeerwartung natürlich bitter enttäuscht oder übertroffen werden: Es kann nichts, ein Verlust, aber auch ein Mehrfaches der erwarteten Rendite erzielt werden. Das Auseinanderklaffen von erwarteter Rendite und tatsächlicher Rendite ist schließlich das Kennzeichen von Entscheidungen unter Ungewißheit.

(e) Weil alle Investoren dasselbe risikobehaftete Wertpapierportefeuille M wählen, und sie zu ein und demselben risikolosen Zinssatz Geld anlegen bzw. sich verschulden, deshalb besteht ein Marktpreis für die Risikoübernahme schlechthin.

Dieser Marktpreis für die Risikoübernahme gleicht der Differenz zwischen den Kapitalmarktkosten unter Ungewißheit und dem risikolosen Marktzinssatz. In Abb. 4 gleicht der Marktpreis der Risikoübernahme der Differenz der Abszissenwerte von M und S. Der Marktpreis der Risikoübernahme wird als Prozentsatz bestimmt: $\mu(r_M) - i$ in Abb. 4. Ein Erwartungswert für die Rendite des Marktportefeuilles von 7% und ein risikoloser Zinssatz von 4% ergeben einen Marktpreis für die Risikoübernahme von 3 DM je 100 DM Kapital, das risikobehaftet investiert wird.

Vom Marktpreis für die Risikoübernahme auf dem Kapitalmarkt ist der Marktpreis für die Risikoänderung um eine Risikoeinheit zu unterscheiden. In Abb. 4 entspricht der Marktpreis für die Risikoänderung um eine Risikoeinheit dem Kehrwert der Steigung der Kapitalmarktlinie: ctg α. Hierbei ist die Einheit der Risikoänderung in σ, also der Standardabweichung (der Wurzel der »Renditestreuungsgefahr«) gemessen. Der Marktpreis für die Risikoänderung pro Risikoeinheit ist keine sehr anschauliche Größe. Wir benötigen diesen Ausdruck aber für die weiteren Überlegungen. Dazu seien als Gedächtnisstütze die hierzu verwandten Begriffe mit ihren Symbolen wiederholt:

Kapitalmarktkosten unter Ungewißheit = Erwartungswert der Rendite des Marktportefeuilles M: $\mu(r_M)$.

Marktpreis für die Risikoübernahme = Kapitalmarktkosten unter Ungewißheit abzüglich risikoloser Marktzinsfuß: $\mu(r_M) - i$.

Marktpreis für die Risikoänderung um eine Risikoeinheit = Kehrwert der Steigung der Kapitalmarktlinie: Vom Kehrwert der Steigung sprechen wir deshalb, weil hier das Verhältnis von Ankathete (Abszisse) zu Gegenkathete ausgedrückt wird, also $\text{ctg } \alpha = \dfrac{\mu(r_M) - i}{\sigma_M}$.

Damit entspricht die Kapitalmarktlinie einer Gleichung mit dem risikolosen Marktzinssatz als absolutem Glied und dem Marktpreis für die Risikoänderung um eine Risikoeinheit als Steigung für die Risikomenge (Risikohöhe σ_i).

(1) $$\mu(r_i) = i + \frac{\mu(r_M) - i}{\sigma_M} \cdot \sigma_i.$$

Im Schrifttum wird statt des genauen Ausdrucks »Marktpreis für die Risikoänderung um eine Risikoeinheit« häufig ungenau von »Marktpreis des Risikos« gesprochen. Besonders verwirrend ist, wenn dann darunter auch noch ein dritter Ausdruck, nämlich $\dfrac{\mu(r_M) - i}{\sigma_M^2}$ verstanden wird[35].

2. Bestimmung der Kapitalkosten unter Ungewißheit: das Modell der Wertpapierlinie (Capital Asset Pricing Model)

Das Modell der Kapitalmarktlinie sagt noch nichts über den Marktwert (Börsenkurs) eines einzelnen Wertpapiers innerhalb des Marktportefeuilles M. Den Marktwert eines einzelnen

---

[35] Vgl. z. B. *Günter Franke*, Kapital, II: Theorie, betriebswirtschaftliche. In: Handwörterbuch der Wirtschaftswissenschaft, Vierter Band, Stuttgart usw., 1978, S. 359–369, hier S. 366. Die im Text verwandten Begriffe schließen an *Eugene F. Fama*, Risk, Return and Equilibrium: Some Clarifying Comments. In: The Journal of Finance, Vol. 23 (1968), S. 29–40, hier S. 35, und *Sharpe*, Portfolio Theory, S. 84, an.

Wertpapiers bestimmt erst die nächste Stufe der Theorie des Kapitalmarktgleichgewichts, das Modell der Wertpapierlinie (Capital Asset Pricing Model = CAPM).
Ein Marktgleichgewicht zwischen zwei Gütern ist bekanntlich dann erreicht, wenn die Grenzrate der Substitution des ersten Gutes durch das zweite dem Verhältnis »Preis des zweiten zu Preis des ersten« gleicht. In unserem Fall sind die beiden »Güter« als Eigenschaften risikobehafteter Wertpapiere zu verstehen: Rendite und Risiko. Das Preisverhältnis zwischen diesen beiden Gütern kennen wir durch die Steigung der Kapitalmarktlinie: Es ist der Marktpreis für die Risikoänderung um eine Risikoeinheit.
Wie läßt sich die Grenzrate der Substitution zwischen Rendite und Risikoänderung beim Marktportefeuille und bei jedem beliebigen Wertpapier innerhalb des Marktportefeuilles bestimmen? Dazu bietet sich folgende Überlegung an[36]:
Das Marktportefeuille M unterscheidet sich von irgendeinem benachbarten dadurch, daß darin von einem risikobehafteten Wertpapier i marginal mehr (oder weniger) enthalten ist. Dieses nicht zum Marktgleichgewicht führende Nachbarportefeuille sei in Abb. 4 mit Z bezeichnet (und mit mehr als »marginalem« Abstand eingezeichnet).
Die Wertpapiermischung Z aus dem Anteil a des risikobehafteten Wertpapiers i und (1–a) aus der Mischung M zeigt folgenden Erwartungswert der Rendite $\mu(r_Z)$, wobei $\mu(r_i)$ der Erwartungswert der Rendite des Wertpapiers i und $\mu(r_M)$ der Erwartungswert der Rendite des Programms M sind:

(2) $\qquad \mu(r_z) = a\,\mu(r_i) + (1 - a)\,\mu(r_M).$

Die Änderung des Erwartungswertes der Rendite im Hinblick auf eine marginale Änderung des Anteils a des Wertpapiers i in diesem Portefeuille errechnet sich als

(3) $\qquad \dfrac{\partial \mu(r_z)}{\partial a} = \mu(r_i) - \mu(r_M),$

ist also unabhängig vom Anteil a des Wertpapiers i.
Die Standardabweichung des neuen Programms Z wird mit σ_Z bezeichnet, die des Wertpapiers i mit σ_i, die des Programms M mit σ_M und die Kovarianz des Wertpapiers i zum Marktportefeuille mit σ_{iM}. Dann gilt:

(4) $\qquad \sigma_z = \sqrt{a^2\sigma_i^2 + (1-a)^2\sigma_M^2 + 2a(1-a)\,\sigma_{iM}}.$

Die Änderung des Risikos im Hinblick auf eine marginale Änderung des Anteils a des Wertpapiers i beträgt:

(5) $\qquad \dfrac{\partial \sigma_z}{\partial a} = \dfrac{1}{2}\left[a^2\sigma_i^2 + (1-a)^2\sigma_M^2 + 2a(1-a)\,\sigma_{iM}\right]^{-\frac{1}{2}} \cdot \left[2a\sigma_i^2 - 2\sigma_M^2 + 2a\sigma_M^2 + 2\sigma_{iM} - 4a\sigma_{iM}\right]$

Das Optimum (bzw. das Marktgleichgewicht) ist durch das Portefeuille M gegeben. Die Aufnahme eines zusätzlichen Anteils a des Wertpapiers i in das Portefeuille Z führt also vom Optimum weg. Deshalb muß für das Marktgleichgewicht a gleich Null gesetzt werden. In diesem Fall verkürzt sich der Ausdruck für die Änderung des Risikos auf

(6) $\qquad \dfrac{\partial \sigma_z}{\partial a}\,(\text{für } a = 0) = \dfrac{1}{2}\left[\sigma_M^2\right]^{-\frac{1}{2}} \cdot \left[-2\sigma_M^2 + 2\sigma_{iM}\right] = \dfrac{\sigma_{iM} - \sigma_M^2}{\sigma_M}.$

---

[36] Vgl. *Sharpe*, Capital Asset Prices, S. 438, Fußnote 22; *Fama*, Risk, S. 31-35.

Das marginale Austauschverhältnis von Renditeerwartung und Risiko im Punkt M gleicht dann dem Verhältnis

(7) $$\frac{\dfrac{\partial \mu(r_z)}{\partial a}}{\dfrac{\partial \sigma_z}{\partial a}} \text{ (für } a = o) = \frac{\mu(r_i) - \mu(r_M)}{\sigma_{iM} - \sigma_M^2} \sigma_M.$$

Diese gerade abgeleitete Grenzrate der Substitution zwischen Risiko und Renditenerwartung in Punkt M muß im Gleichgewicht dem Kehrwert der Steigung der Kapitalmarktlinie entsprechen.

Setzen wir die Grenzrate der Substitution zwischen Risiko und Renditenerwartung gleich dem Kehrwert der Steigung der Kapitalmarktlinie, so folgt

(8) $$\frac{\mu(r_i) - \mu(r_M)}{\sigma_{iM} - \sigma_M^2} \sigma_M = \frac{\mu(r_M) - i}{\sigma_M}$$

und nach Umformung

(9) $$\mu(r_i) = i + \left[\mu(r_M) - i\right] \frac{\sigma_{iM}}{\sigma_M^2}.$$

Dies ist die Gleichung der »Wertpapierlinie« (der Kern des CAPM). Sie lautet in Worten: Der Erwartungswert der Rendite eines einzelnen Wertpapiers i setzt sich im Kapitalmarktgleichgewicht zusammen aus dem Zinssatz für risikolose Geldanlagen bzw. Kreditaufnahmen und einer Risikoprämie. Die Risikoprämie gleicht dem Marktpreis für die Risikoübernahme auf dem Kapitalmarkt, multipliziert mit der marktbezogenen Risikohöhe des einzelnen Wertpapiers i.

Die marktbezogene Höhe des Risikos wird dabei im Schrifttum als β des Wertpapiers i bezeichnet:

(10) $$\beta_i = \frac{\sigma_{iM}}{\sigma_M^2}.$$

Da β_i nichts anderes ist als das Verhältnis der Kovarianz des Wertpapiers i zum Marktportefeuille M bezogen auf die Varianz des Marktportefeuilles, läßt sich die Risikohöhe β_i unter Zuhilfenahme der Beziehung aus Fußnote 31 (S. 414) auch wiedergeben durch

(10a) $$\beta_i = \frac{\sigma_{iM}}{\sigma_M^2} = k_{iM} \cdot \frac{\sigma_i}{\sigma_M}.$$

Die marktbezogene Risikohöhe β_i des Wertpapiers i gleicht damit dem Korrelationskoeffizienten zwischen dem Wertpapier i und dem Marktportefeuille, multipliziert mit dem Verhältnis aus der Standardabweichung des Wertpapiers i und der Standardabweichung des Marktportefeuilles.

β_i kennzeichnet nur die »marktbezogene« Risikohöhe des Wertpapiers i, nicht die Höhe des Risikos, wenn das Wertpapier außerhalb des Marktzusammenhangs betrachtet wird. Das Risiko eines Unternehmens, das Stammaktien ausgibt, ist außerhalb des Marktzusammenhangs betrachtet höher als das marktbezogene Risiko seiner Aktien, denn durch eine gute Wertpapiermischung läßt sich ein Teil des individuellen Unternehmens- bzw. Wertpapierrisikos vermeiden (»wegdiversifizieren«). Im Schrifttum hat man dies durch die Trennung der Begriffe »systematisches« und »unsystematisches« Risiko zu umschreiben gesucht.

β$_i$ nennt das »systematische« Risiko des Wertpapiers i: Jenes Risiko, das auch durch eine effiziente Mischung mit anderen Wertpapieren nicht vermieden werden kann[37]. Zu dem systematischen Risiko tritt ein unsystematisches Risiko, wenn die Anteile an einer Unternehmung für sich allein betrachtet oder in einem nicht effizienten Portefeuille gehalten werden bzw. der Kapitalmarkt selbst nicht effizient ist. Die Theorie des Kapitalmarktgleichgewichts geht wie jede Gleichgewichtstheorie von streng rationalem Verhalten aller Marktbeteiligten aus, und daraus folgt, daß Risikoprämien nur für das bei guter Wertpapiermischung nicht vermeidbare (= systematische) Risiko bezahlt werden.

Wenn auf einer Ordinate der Erwartungswert der Rendite des Wertpapiers i, auf der Abszisse die Risikohöhe β$_i$ eingetragen werden, läßt sich die Wertpapierlinie als Gerade zeichnen, die auf der Ordinate in Höhe des risikolosen Zinssatzes i beginnt und mit wachsender Risikohöhe steigt (da der risikolose Zinssatz überhaupt keine Streuung hat, ist sein β gleich Null).

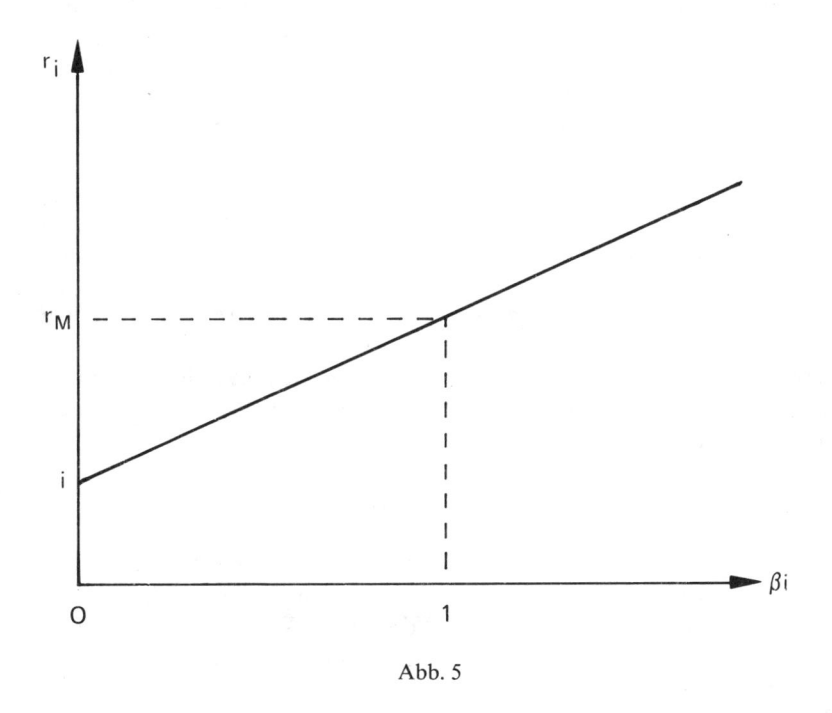

Abb. 5

Kapitalmarktlinie (Abb. 4) und Wertpapierlinie (Abb. 5) unterscheiden sich natürlich nicht dadurch, daß in Abb. 4 der Erwartungswert der Rendite auf der Abszisse und hier (wie im Schrifttum üblich) auf der Ordinate abgetragen wird. *Kapitalmarktlinie und Wertpapierlinie unterscheiden sich allein dadurch, daß sie den Erwartungswert der Rendite irgendeines zum Gleichgewichtskurs gehandelten Wertpapiers zu zwei verschiedenen Maßausdrücken für das Risiko in Beziehung setzen.* Das folgt aus der Gegenüberstellung von Gleichung (1) für die Kapitalmarktlinie mit der Gleichung (9) für die Wertpapierlinie, wobei β$_i$ durch den oben in

---

[37] Vgl. z. B. *Sharpe*, Capital Asset Prices, S. 436, 438 f.; bei *Sharpe*, Portfolio Theory, S. 96, wird β$_i$ · σ$_M$, also $\frac{\sigma_{iM}}{\sigma_M}$, als systematisches Risiko bezeichnet.

(10 a) wiedergegebenen Ausdruck mit dem Korrelationskoeffizienten zwischen dem Wertpapier i und dem Marktportefeuille M ersetzt ist:

(1) $$\mu(r_i) = i + \left[\mu(r_M) - i\right] \cdot \frac{\sigma_i}{\sigma_M}$$

(9) $$\mu(r_i) = i + \left[\mu(r_M) - i\right] \cdot \frac{\sigma_i}{\sigma_M} \cdot k_{iM}.$$

Aus der Gegenüberstellung ist ersichtlich, daß Kapitalmarktlinie und Wertpapierlinie zusammenfallen, solange der Korrelationskoeffizient des Wertpapiers i zum Marktportefeuille M 1 beträgt.

β ist eine Maßgröße für das Risiko, wie Celsius-Grade die Wärme messen. Als Nullpunkt des Risikos wird der risikolose Marktzinssatz gewählt. Als Skaleneinheit 1 dient das β des Marktportefeuilles.

$\mu(r_M)$, der Erwartungswert der Rendite des Marktportefeuilles, wurde S. 525 mit dem Namen Kapitalmarktkosten unter Ungewißheit belegt. Entsprechend heißt $\mu(r_i)$ Kapitalkosten unter Ungewißheit für das Wertpapier i. Hält ein Investor das Marktportefeuille (gemäß den Annahmen im Modell der Kapitalmarktlinie), dann sind Kapitalmarktkosten und Kapitalkosten unter Ungewißheit identisch. Gelegentlich können auch für ein einzelnes Wertpapier Kapitalmarktkosten und Kapitalkosten unter Ungewißheit zusammenfallen (dann, wenn $k_{iM} = 1$).

Im Regelfall weichen die Kapitalkosten unter Ungewißheit für ein einzelnes Wertpapier nach oben oder unten von den Kapitalmarktkosten ab.

Die Höhe der individuellen Risikoprämie eines Wertpapiers i gegenüber den Kapitalmarktkosten unter Ungewißheit ist aus der Gleichung (9 a) zu ersehen. Dort ist Gleichung (9) umgeschrieben worden zu:

(9a) $$\mu(r_i) = i + \left[\mu(r_M) - i\right] + \left[\mu(r_M) - i\right] \cdot (\beta_i - 1).$$

Die Kapitalkosten unter Ungewißheit eines Wertpapiers i gleichen also den Kapitalmarktkosten unter Ungewißheit $[\mu(r_M) - i]$ plus der individuellen Risikoprämie, die dem Produkt aus Preis für die Risikoübernahme auf dem Kapitalmarkt mal dem um 1 verminderten systematischen Risiko des Wertpapiers i entspricht. Falls $(\beta_i - 1)$ negativ wird, ergibt sich ein individueller Risikoabschlag.

In der Realität kann ein ausgegebenes Wertpapier mit unterschiedlichen Rechten ausgestattet sein: Es mag eine Stammaktie, Vorzugsaktie, Wandelobligation, Anleihe darstellen. Der Einfachheit halber sei im folgenden von allen rechtlichen Besonderheiten abgesehen und unterstellt, jedes Unternehmen biete nur eine Art von Kapitalmarkttiteln an: Stammaktien. Diese Vereinfachung ist bei der Ableitung der logischen Existenzbedingungen für ein Kapitalmarktgleichgewicht zweckmäßig, weil damit auf viele Detailerörterungen verzichtet werden kann, z. B.: Welche rechtlichen Regelungen, wie Vorzugsdividende ohne Stimmrecht, wirken sich auf Rendite und Risiko aus? Natürlich wird mit dieser Vereinfachung der Anspruch aufgegeben, die Preisbildung auf den Kapitalmärkten der Wirklichkeit zu erklären. Hier geht es zunächst nicht um die Erklärung der Wirklichkeit, sondern um logische Existenzbedingungen für ein Kapitalmarktgleichgewicht: die Voraussetzungen für eine von den persönlichen Präferenzen, insbesondere der Risikoneigung, unabhängige Preisbildung. Erst wenn man diese Voraussetzungen kennt, kann man den Versuch wagen zu erklären, wie Einzelformen der persönlichen Risikoneigung, Einzelumstände auf den Märkten der Wirklichkeit (wie Vorzugsaktien, Wandelobligationen) auf die Preisbildung wirken.

Da vereinbarungsgemäß jedes Unternehmen nur eine Art von risikotragenden Kapitalmarkttiteln ausgibt, entsprechen die Kapitalkosten unter Ungewißheit für dieses Unternehmen zugleich dem Erwartungswert der Aktienrendite, zu dem Nachfrager gerade noch bereit sind, Aktien dieses Unternehmens bei dem derzeitigen Börsenkurs zu kaufen. Auf einem vollkommenen Kapitalmarkt pendelt sich der Börsenkurs einer jeden Aktie genau in der Höhe ein, bei dem sich Angebot und Nachfrage nach dieser Aktie gerade ausgleichen: Geld- oder Briefkurse sind auf einem vollkommenen Kapitalmarkt unmöglich; sie sind Merkmale für Marktunvollkommenheiten.

c) Die logischen Existenzbedingungen für ein risikoeffizientes Marktportefeuille

1. Modellkern und Randbedingungen des Kapitalmarktmodells

Das Modell der Wertpapierlinie beruht auf sehr wirklichkeitsfremden Annahmen. Um zu beurteilen, wie weit es bei der Suche nach empirischen Gesetzmäßigkeiten nützlich sein kann, muß untersucht werden, ob alle gemachten Voraussetzungen für die Modellfolgerung logisch zwingend sind, oder ob sie teilweise durch andere Bedingungen ersetzt werden können.

Jene Modellannahmen, die logisch zwingend sind für die Modellaussage, nenne ich Modellkern. Diese Voraussetzungen sind unverzichtbar. Jene Modellannahmen, die durch andere ersetzt werden können und die Modellaussagen unverändert lassen, heißen Randbedingungen. Randbedingungen lassen sich abwandeln, und sie werden regelmäßig nur aus didaktischen Gründen so wirklichkeitsfremd gewählt.

Wären alle 5 Voraussetzungen logisch zwingend, könnte ein empirischer Test die mit dem Modell gewählte Forschungsmethode nur als Ganzes bestätigen oder widerlegen. Einige der 5 Voraussetzungen sind so hanebüchen wirklichkeitsfremd, daß es keines empirischen Tests bedarf: Das Modell wäre allein durch den Augenschein zu verwerfen.

Zählen jedoch nicht alle 5 Voraussetzungen zum Modellkern, sondern sind einige durch andere Annahmen ersetzbar, ohne die Modellfolgerung zu beeinträchtigen, dann können diese Randbedingungen die Stellung von vereinfachenden »Als-ob-Annahmen« übernehmen. Das Kapitalmarktmodell geht dann davon aus, *als ob* alle risikobehafteten Handlungsmöglichkeiten auf einem einzigen Markt gehandelt würden, *als ob* ein risikoloser Marktzinssatz bestünde usw. Ein empirischer Test, der das Modell nicht bestätigt, ruiniert dann noch nicht die Forschungsmethode, sondern besagt nur: Einzelne Annahmen des Modells waren zu wirklichkeitsfremd. Es sei notwendig, das Modell abzuwandeln. Randbedingungen erlauben also einen Theorieausbau. Änderungen im Modellkern erzwingen einen Theorien-(»Paradigma«-)Wechsel, bewirken den Übergang zu einer anderen »Forschungsmethode«.

Von den fünf Voraussetzungen des Kapitalmarktmodells (S. 521 f.) gehört unstreitig zum Modellkern:

1. Der Markt für risikotragende Titel (Handlungsmöglichkeiten) ist atomistisch und vollkommen in dem Sinne, daß nur die ausdrücklich in das Modell aufgenommenen Einflußgrö-

ßen den Marktpreis bestimmen. Das heißt zugleich, daß weder überhängiges Angebot (das zum geltenden Marktpreis nicht abgesetzt werden kann) noch Überschußnachfrage (die zum geltenden Marktpreis nicht befriedigt werden kann) besteht und bei dem herrschenden Preis kein Marktteilnehmer zu einer Revision seiner Pläne veranlaßt wird.

Zum Modellkern zähle ich in diesem Kapitel auch:

2. Alle Marktteilnehmer handeln rational im Sinne der μσ-Entscheidungsregel. Sie beurteilen unter Ungewißheit sämtliche Handlungsmöglichkeiten nach zwei Parametern: dem Erwartungswert des Endvermögens (der bei einperiodiger Planung durch den Erwartungswert der Rendite ersetzt werden darf) und dem Risikomaß der Standardabweichung (Streuung). Erwartungswert und Streuung anzuwenden, setzt voraus, daß über die Zukunft eine quantitative Wahrscheinlichkeitsverteilung besteht, die zugleich eine Normalverteilung ist (sonst kann ein Widerspruch zur Risikonutzentheorie entstehen, vgl. S. 136 f.). Nur bei diesen Verhaltensannahmen entsteht im Sinne des Kapitalmarktmodells ein risikoeffizientes Marktportefeuille.

Die μσ-Entscheidungsregel ist jedoch nicht zwingend, weil sich der linearen Wertpapierlinie gleichwertige Aussagen auch aus anderen Vereinfachungen der Risikonutzenfunktion bzw. der Umweltbedingungen herleiten lassen (z. B. wenn statt der Normalverteilung nur zwei Zukunftslagen für alle risikobehafteten Anlagen bestehen und alle Marktteilnehmer ihren Risikonutzen als Logarithmus des Endvermögens messen; dann können sogar beschränkte Finanzierungsmöglichkeiten in Kauf genommen werden, dazu näher V c).

Zwingend für den Kern eines Gleichgewichtsmodells sind lediglich bestimmte Kombinationen aus Umweltbedingungen und Verhaltensannahmen. Zur ersten Modellkernannahme (atomistischer und vollkommener Markt) tritt also als zweite Modellkernannahme eine Gesamtheit alternativer Randbedingungen, aus der nur drei genannt seien:
entweder Normalverteilung der Zukunftslagen und beliebige Risikonutzenfunktion (oder beliebige Wahrscheinlichkeitsverteilung und quadratische Risikonutzenfunktion als zweite »Randbedingung« für die Anwendbarkeit der μσ-Regel) oder: nur zwei Zukunftslagen, Bernoulli-Funktion und beschränkte Finanzierungsmöglichkeit.

Die drei weiteren Voraussetzungen der Modellüberlegungen werden in den folgenden Abschnitten geprüft, ob sie logisch notwendig sind für die Aussage: »Der Kurs eines jeden Wertpapiers steht über das systematische Risiko in linearer Abhängigkeit zum Marktwert des risikoeffizienten Marktportefeuille«. Dabei untersuchen wir: Ist es wirklich notwendig, daß

3. eine unbeschränkte und risikolose Geldanlage- und Verschuldungsmöglichkeit zu einem einzigen Zinssatz besteht, ohne (wie bei der Erläuterung der zweiten Modellkernannahme) Einschränkungen bei den Verhaltensannahmen zu erzwingen,

4. alle Investitions- und Finanzierungsvorhaben auf dem Markt gehandelt werden,

5. alle Marktteilnehmer die gleichen Erwartungen über die Zukunft hegen?

2. Fehlender risikoloser Marktzins: Wertpapierlinie ohne Kapitalmarktlinie

Besteht zwischen dem Kurs eines Wertpapiers (seiner Rendite) und dem Marktwert des risikoeffizienten Marktportefeuilles (seiner Rendite) eine lineare Abhängigkeit auch dann, wenn die Voraussetzung aufgehoben wird, daß zu ein und demselben Zinssatz nach Belieben Geld angelegt und aufgenommen werden kann?

Die Antwort der Literatur lautet: Black habe gezeigt, daß die lineare Abhängigkeit im CAPM erhalten bleibe, β sei immer noch das geeignete Maß für das systematische Risiko[38]. Indes wird nirgendwo unmißverständlich gesagt, daß hier die Wertpapierlinie ohne Kapitalmarktlinie existiert. Die lineare Wertpapierlinie kommt nur mit Hilfe eines mathematischen Tricks zustande. Natürlich ist ein solcher mathematischer Trick logisch zulässig, aber dadurch werden einige scheinbar harmlose Voraussetzungen zu schweren, vermutlich nicht übersteigbaren Hürden bei der Überprüfung, so daß schon deshalb das Black-Modell nicht mehr testbar (falsifizierbar) wird. Für Planungszwecke (als Teil einer Theorie der Unternehmenspolitik) ist das Modell der Wertpapierlinie ohne die Kapitalmarktlinie von vornherein inhaltlich ruiniert, weil die Trennbarkeit von Investitionsplanung und Finanzplanung, also der ökonomische Sinn eines Kalkulationszinsfußes (von Kapitalkosten unter Ungewißheit) entfällt.

Um diese Schlußfolgerung zu begründen, sind die Voraussetzungen für das Vorliegen einer risikoeffizienten Kurve der Wertpapiermischungen im einzelnen zu studieren.

aa) Das Problem der Leerverkäufe

In Abb. 4 (S. 523) zeigt die Kapitalmarktlinie die Kurve guter Handlungsmöglichkeiten für jeden Marktteilnehmer. Entfällt die risikolose Geldanlage- und Verschuldungsmöglichkeit, verbleiben dem Marktteilnehmer nurmehr die guten Handlungsmöglichkeiten entlang des Kurvenzuges TG. In Abb. 6 wird dann ein Investor mit den Indifferenzkurven X überhaupt nicht investieren können, ein Investor mit den Indifferenzkurven Y nur im nicht-effizienten, jenseits des Maximums seiner quadratischen Nutzenfunktion liegenden Bereich (zu diesen Indifferenzkurvenverläufen vgl. S. 136). Beides, insbesondere aber, daß Y bei rationalem Handeln nur nicht-effiziente Portefeuilles wählen kann, erschüttert das Selbstverständnis der Gleichgewichtstheorie.

Woher kommt das Ärgernis? Aus der Annahme, daß die Anteile eines jeden Wertpapiers in einem Portefeuille nur positiv, allenfalls Null sein dürfen. Die Nicht-Negativitätsbedingung erzwingt den begrenzten Wahlbereich. Sobald die Anteile der einzelnen Wertpapiere in einem Portefeuille auch negativ sein dürfen, ist das Ärgernis beseitigt. Das zeigt die gestrichelte Linie für eine Mischung aus den Portefeuilles T und G in Abb. 6, in der auch negative Anteile zugelassen sind, wobei als Korrelation zwischen T und G der Einfachheit halber + 1 gewählt wurde.

Die Gleichung für die Gerade durch T und G lautet (S. 416):

$$\sigma_i = \alpha \sigma_G + (1 - \alpha) \sigma_T.$$

Daraus folgt, daß $\sigma_i = 0$ möglich ist, falls α negativ werden kann. Das geschieht dann, wenn von G ein negativer Bestand bestimmter Höhe gehalten wird. Entsprechend kann σ_i gegen ∞ gehen, wenn $(1 - \alpha)$ negativ wird, also von T ein negativer Bestand ins Portefeuille genommen wird. Mit Hilfe des mathematischen Tricks der negativen Anteile gelingt es, eine Kurve guter Handlungsmöglichkeiten durch den ganzen ersten (u. U. auch zweiten) Quadranten zu ziehen; danach findet Marktteilnehmer X ein Berührungsoptimum. Der ein Existenzmini-

---

[38] Vgl. *Fischer Black*, Capital Market Equilibrium with Restricted Borrowing. In: The Journal of Business, Vol. 45 (1972), S. 444–455, hier S. 450–452; *Eugene F. Fama*, Foundations of Finance. New York 1976, S. 278–292; *Copeland–Weston*, S. 172–175.

σ_i

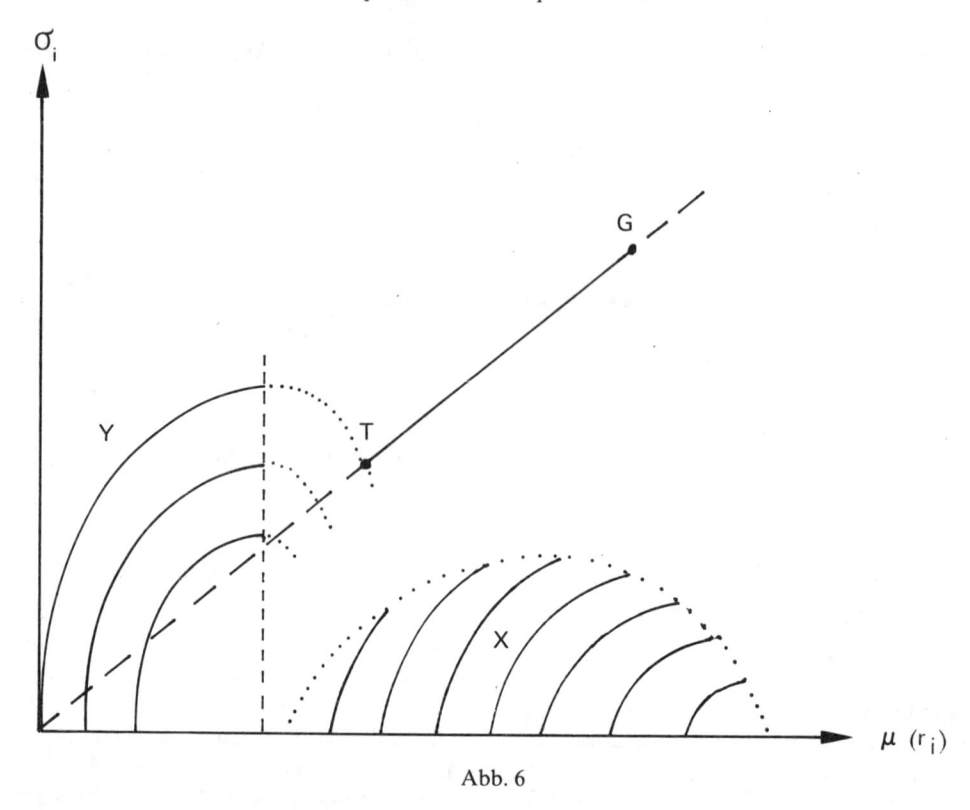

Abb. 6

mum fordernde (aufgrund einer beschränkten Risikonutzenfunktion handelnde) Marktteilnehmer Y mag, selbst wenn Mischungen aus T und G mit negativen Anteilen beachtet werden, kein Optimum finden. Er ist dann auf diesem Markt handlungsunfähig, solange er seine Präferenzen nicht ändert.

Für den mathematischen Trick, auch negative Anteile eines Wertpapiers bzw. einer Mischung aus mehreren Wertpapieren in einem größeren Portefeuille zusammenzufassen, hat die Literatur ein ökonomisches Beispiel gesucht. Man spricht von »Leerverkäufen« (shortselling).

Negative Anteile eines Wertpapiers in einer Mischung aus miteinander korrelierten Wertpapieren bewirken rechnerisch, daß das Vorzeichen des Korrelationskoeffizienten wechselt. Leerverkäufe einzelner Wertpapiere bzw. Mischungen, die zu anderen Wertpapieren bzw. Mischungen desselben Portefeuilles in einer Korrelation von + 1 stehen, führen deshalb rechnerisch zu einer Korrelation von − 1. Sie erlauben immer, das Risiko des Gesamtportefeuilles auf Null zu drücken. Dabei kann natürlich der Erwartungswert der Rendite des Gesamtportefeuilles negativ werden, er muß es aber nicht. Unbeschränkte Leerverkaufsmöglichkeiten machen also den Wegfall der risikolosen Investition wieder wett. Das gilt nur dann nicht, wenn im Risiko gleichlaufende Wertpapiere denselben Erwartungswert haben, denn dann führen negative Anteile in Abb. 6 zu einer Parallele zur Renditeachse bei positivem Risiko.

Die Annahme von Leerverkäufen (negativen Anteilen) muß kein fauler Trick sein, denn auf Waren- und Devisenterminmärkten gibt es Gegengeschäfte, durch die mit Hilfe zweier entgegengesetzter risikobehafteter Investitionen eine risikolose Gesamtposition erreicht werden kann (Hedging). Um so wichtiger ist zu erkennen, welche empirischen Tatbestände, d. h. welche besondere Art von Gegengeschäften, mit den Leerverkäufen im Kapitalmarktmodell gemeint sind.

Leerverkauf im Sinne des Kapitalmarktmodells ist als Ausgabe von Aktien bzw. als Leihe von Aktien von ihren Eigentümern und deren sofortiger Verkauf erläutert worden[39]. Dieser Vergleich trifft nicht. Der theoretische Begriff des Leerverkaufs ist zunächst nur ein anderer Name für den mathematischen Trick, mit negativen Anteilssätzen der am Markt *vorhandenen Wertpapiere* rechnen zu können. Im Kapitalmarktmodell bleibt der Gesamtbestand an handelbaren Wertpapieren (Investitionen) unverändert. Es findet kein Wachstum des Marktes statt (das würde eine mehrperiodige Analyse erfordern). Die Ausgabe junger Aktien durch eine Unternehmung wäre also ein unzulässiges Beispiel.

Ebensowenig ist der Leerverkauf mit dem empirischen Tatbestand eines Termingeschäftes identisch. Ein Beispiel zeigt die Zusammenhänge. In diesem Beispiel ist zur Vereinfachung von Provisionen und Mindesteinsätzen bei Termingeschäften abgesehen worden. Außerdem wird das Risiko nicht in der Streuung gemessen, sondern es werden für den Planungshorizont t_1 zwei alternative Zukunftslagen gegenübergestellt.

Ein Investor verfügt in t_0 über 100 DM Kasse, und er plant bis t_1. Kauft er ganz normal (»kassa«) im Zeitpunkt t_0 ein Wertpapier für 100 DM, möge er in t_1 entweder 50 oder 200 DM dafür erlösen.

Kauft er im Zeitpunkt t_0 ein Wertpapier für 100 DM auf Termin, zahlt er in t_1 100 DM und erhält das Wertpapier, das er in t_1 auf dem Kassamarkt zu entweder 50 oder 200 DM verkauft.

Beim Terminverkauf veräußert er im Zeitpunkt t_0 ein Wertpapier für 100 DM, das er noch gar nicht besitzt. Er erhält in t_1 100 DM an Einnahmen und muß das Wertpapier liefern, das er dann in t_1 auf dem Kassamarkt entweder zu 50 oder 200 DM kaufen muß.

Wer hingegen einen Leerverkauf im Sinne der Kapitalmarkttheorie tätigt, verwirklicht die Zahlungen des Wertpapier-Kassakaufs, multipliziert mit − 1: Er erhält in t_0 100 DM und muß in t_1 entweder 50 oder 200 DM an Ausgaben leisten. Der Leerverkauf führt damit in t_1 zu demselben Ergebnis wie ein Terminverkauf in t_0; für t_0 unterscheiden sich aber die Zahlungen bei Terminverkauf und Leerverkauf.

Folgende Tabelle verdeutlicht die Zusammenhänge:

Geschäftsvorfall	t_0		schlechte Zukunftslage in t_1			gute Zukunftslage in t_1		
	Kasse	Zahlung	Kasse	Erlös	Saldo	Kasse	Erlös	Saldo
Kassakauf	(+100)	− 100	−	+ 50	+ 50	−	+ 200	+ 200
Terminkauf	(+100)	−	+ 100	+ 50 − 100	+ 50	+ 100	+ 200 − 100	+ 200
Terminverkauf	(+100)	−	+ 100	− 50 + 100	+ 150	+ 100	− 200 + 100	0
Leerverkauf	(+ 100)	+ 100	+ 200	− 50	+ 150	+ 200	−200	0

---

[39] Vgl. *Fama*, Foundations, S. 224–226.

Werden beliebige Teilbarkeit und unbeschränkte Leerverkaufs- und Wiederanlagemöglichkeit der zufließenden Finanzmittel in t_0 vorausgesetzt, kann für t_1 in beiden Zukunftslagen das gleiche Endvermögen erzielt werden.

Die ökonomische Aufgabe der Leerverkäufe besteht also darin, daß sie eine *unbeschränkte risikobehaftete Finanzierungsmöglichkeit* zu fingieren erlauben: Ein nicht auf dem Markt handelbares, aber von allen Marktteilnehmern akzeptiertes Versprechen, gegen Bargeld in t_0 der tatsächlichen künftigen Wertpapierrendite entsprechende (also gewinnabhängige) Zahlungen in t_1 zu leisten.

Leerverkäufe übernehmen im Kapitalmarktmodell für den Handel mit Unternehmensanteilen unterschiedlicher Risikohöhe eine ähnliche Aufgabe, wie die Arbitrage bzw. häusliche Verschuldung in den Modigliani-Miller-Überlegungen zur Bedeutungslosigkeit der Verschuldungs- und Gewinnausschüttungspolitik bei Unternehmen gleicher Risikoklasse (S. 500). Während bei Modigliani-Miller die häusliche Finanzierung (Verschuldung) risikofrei ist, also zu einem im voraus bekannten Zinssatz erfolgt, sind Leerverkäufe als »gewinnabhängige Verschuldung« oder besser noch als »stille Beteiligung« anderer an dem persönlichen Portefeuille eines Marktteilnehmers zu deuten.

Damit aber die Annahme unbeschränkter Leerverkäufe nicht zugleich dasselbe bewirkt, wie die Annahme eines risikolosen Zinsfußes (nämlich die Existenz von risikolosen Positionen aufgrund von Gegengeschäften), werden Korrelationen von $+1$, also Risikogleichlauf zwischen einzelnen Wertpapieren von Black verboten.

Die durch die Hyperbel in Abb. 7 eingeschlossene Menge ausschließlich risikobehafteter Handlungsmöglichkeiten kommt also nur dadurch zustande, daß

1. eine endliche Anzahl beliebig teilbarer Wertpapiere vorausgesetzt wird, und beliebig viele Mischungsmöglichkeiten unter ihnen: Strecke $\overline{TG}$;

2. durch die Annahme unbeschränkter Leerverkaufsmöglichkeiten (beliebiger risikobehafteter privater Finanzierungsmöglichkeiten der Marktteilnehmer) die Strecke von zulässigen Wertpapiermischungen über den gesamten ersten (und zweiten) Quadranten erweitert wird und

3. durch das Verbot des Risikogleichlaufs unter den Wertpapieren risikoausschaltende Gegengeschäfte ausgeklammert werden.

Die Fragwürdigkeit dieser Zusammenstellung von Voraussetzungen wird besonders deutlich in einer Variante dieses Modells, in der unbeschränkte Leerverkaufsmöglichkeiten gleichzeitig mit einem risikolosen Habenzins und einem höheren risikolosen Sollzins betrachtet werden[40]. Das Abweichen des Sollzinses vom Habenzins kann dabei durch Transaktionskosten auf dem Geldmarkt (Kosten der vermittelnden Bank, der Makler) gedeutet werden. Diese scheinbare Annäherung an die Wirklichkeit unterstellt jedoch: Risikolose Wiederanlage- und Finanzierungsmöglichkeiten erfordern Transaktionskosten, risikobehaftete Anlage- und Finanzierungsmöglichkeiten (Kauf und Leerverkauf von Wertpapieren) sind kostenlos! Transaktionskosten bei den risikobehafteten Investitions- und Finanzierungsvorhaben würden das Modell ruinieren; denn sichere Spesen heute verändern den Erwartungswert der Rendite und damit zugleich ihre Streuung in t_1. Es gäbe damit neue »Wertpapiere«, aber keine »Leerverkäufe« mehr; folglich bräche der kontinuierliche Kurvenzug zusammen.

---

[40] Vgl. *Michael J. Brennan*, Capital Market Equilibrium with Divergent Borrowing and Lending Rates. In: The Journal of Financial and Quantitative Analysis, Vol. 6 (1971), S. 1197–1205; *Fama*, Foundations, S. 295–298, arbeitet sorgfältig die Voraussetzungen heraus.

bb) Die Wertpapierlinie bei ausschließlich risikobehafteten Anlagen

Abb. 7 zeigt mit dem Hyperbel-Ast rechts vom risikominimalen Marktportefeuille T in Richtung auf höhere Erwartungswerte der Rendite die guten, risikobehafteten Wertpapiermischungen aufgrund der besprochenen Voraussetzungen. Der Hyperbel-Ast links von T zeigt auch Portefeuilles, bei denen bei gegebenem Ertrag das Risiko minimal wird. Nur sind diese linken Portefeuilles nicht effizient, weil für jede dieser minimalen Risikohöhen auch ein Portefeuille mit höherem Ertrag existiert. Linker und rechter Hyperbel-Ast zusammen geben also sämtliche risikominimalen Portefeuilles an.

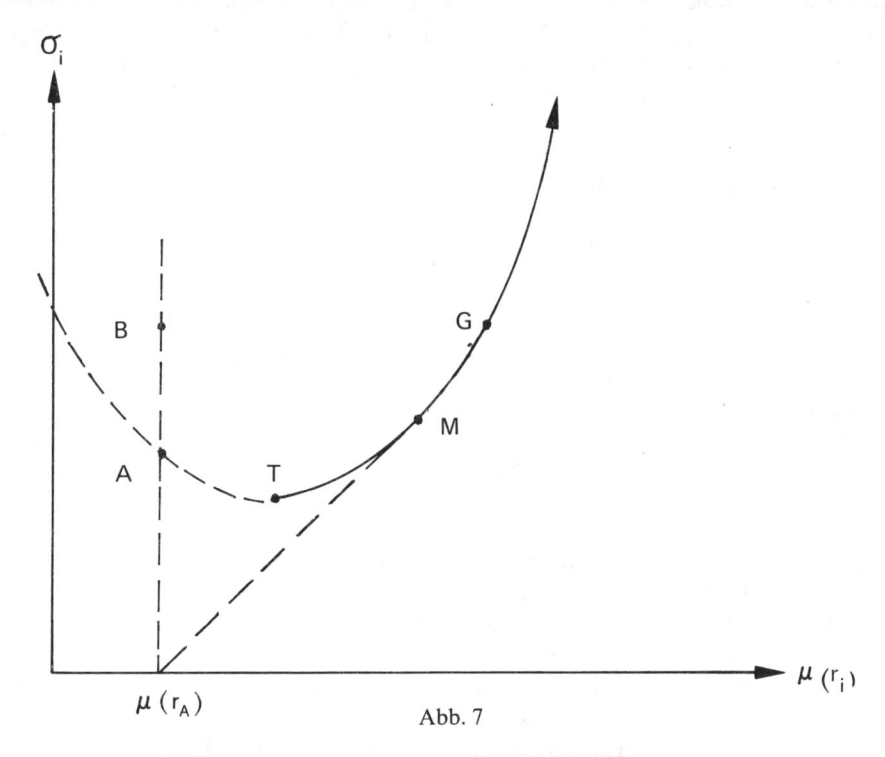

Abb. 7

Der Nachweis, daß für einzelne Wertpapiere innerhalb der risikominimalen Portefeuilles eine lineare Beziehung zwischen Kurs eines Wertpapiers und dem risiko-effizienten Marktportefeuille gilt, läßt sich so führen:

Die Wertpapierlinie gemäß Abb. 5 (S. 529) nimmt ihren Ursprung von einem Erwartungswert der Rendite, dessen systematisches Risiko in Bezug auf das Marktportefeuille $\beta = 0$ ist. In Abb. 5 hat der risikolose Marktzinssatz ein β von 0. Fehlt der risikolose Marktzinssatz, wird es aber auf der Kurve der risikominimalen Wertpapiermischungen in Abb. 7 dennoch Portefeuilles (vielleicht sogar einzelne Wertpapiere) geben, deren systematisches Risiko zum Marktportefeuille Null wird. Die Existenz solcher »β_0-Portefeuilles« folgt aus der unbegrenzten Leerverkaufsmöglichkeit:

Durch Kombinationen von Käufen und Leerverkäufen einzelner Wertpapiere innerhalb eines Portefeuilles können unterschiedliche Korrelationen zu anderen Portefeuilles, also auch zum Marktportefeuille konstruiert werden. Wohlgemerkt: Nur die Korrelationen zwischen zwei Portefeuilles sind durch Leerverkäufe beliebig zu verändern (bis auf die ausdrücklich ausgeschlossenen Korrelationskoeffizienten $+1$ und -1). Für die Kombinationen von Erwartungswert der Rendite und Streuung gibt es hingegen Grenzen, die durch die risikominimale Wertpapiermischungskurve wiedergegeben werden.

Unter sämtlichen denkbaren (risikominimalen oder nicht risikominimalen, nicht-effizienten) Portefeuilles suchen wir jene heraus, deren Korrelation zum Marktportefeuille gerade Null ist.

Unter den Portefeuilles bzw. Wertpapieren, deren Korrelation zum Marktportefeuille Null ist, interessiert das risikominimale. Willkürlich sei angenommen, daß A in Abb. 7 gerade ein solches β_0-Portefeuille sei (beweisen läßt sich nur, daß β_0-Portefeuilles links von T, also im ineffizienten Bereich liegen). Dann können wir von $\mu(r_A)$ eine Tangente zum Marktportefeuille ziehen und die Gleichung dieser Tangente bestimmen. Diese gedachte Tangente ist der geometrische Ort für alle Erwartungswerte von Renditen aus Kombinationen von β_0-Portefeuilles und risikominimalem Marktportefeuille.

Die Tangente zeigt jedoch nicht *die »guten Handlungsprogramme« an (sie ist also keine Kapitalmarktlinie)!* Sie würde nur dann Handlungsprogramme wiedergeben, wenn es eine risikolose Handlungsmöglichkeit gäbe. Außerdem stellen wir nicht nur eine Beziehung zwischen Marktportefeuille und A her, sondern zugleich eine zu B bzw. allen mit ganz unterschiedlichen Risiken ausgestatteten β_0-Portefeuilles, die den gleichen Erwartungswert wie A haben.

Was die gedachte Tangente aber verkörpert, ist die Beziehung zwischen dem systematischen Risiko des risikoeffizienten Marktportefeuilles ($\beta_M = 1$) zu dem systematischen Risiko aller einzelnen Wertpapiere, die in positiven oder negativen Anteilen in jenen β_0-Portefeuilles enthalten sind. Anders ausgedrückt: Bezogen auf eine Risikomessung, in der das Risiko sämtlicher nicht mit dem Marktportefeuille korrelierten (guten oder schlechten) Portefeuilles Null gesetzt wird, gibt die Gleichung der Tangente eine lineare Abhängigkeit zwischen Kurs des einzelnen Wertpapiers und Marktportefeuille wieder.

Wenn der Korrelationskoeffizient zwischen einem Portefeuille A und dem Marktportefeuille Null wird, ist wegen der Gleichung 2 (S. 527) $\beta = 0$. Den Erwartungswert eines solchen β_0-Portefeuilles bezeichnen wir mit $\mu(r_A)$, sein Risiko mit σ_A. Dann rechnet man aus, welche Erwartungswerte und welche Risiken den Portefeuilles zukommen, die aus einer Mischung aus einem Anteil α des Marktportefeuilles und einem Anteil $(1-\alpha)$ des β_0-Portefeuilles zusammengesetzt sind. Entsprechend der Rechentechnik zur Ableitung der Wertpapierlinie (S. 527) erhalten wir dann für den Erwartungswert eines beliebigen Wertpapiers i im Marktgleichgewicht den Ausdruck

(10) $$\mu(r_i) = \mu(r_A) + [\mu(r_M) - \mu(r_A)]\,\beta_i.$$

Das stellt die Wertpapierlinie dar, in welcher der risikolose Zinssatz durch den Erwartungswert eines β_0-Portefeuilles ersetzt worden ist. Dabei muß betont werden, daß die Rechentechnik zur Ableitung der Wertpapierlinie auf ein relativiertes Risikomaß übertragen worden ist: Während in der Kapitalmarktlinie mit risikoloser Verzinsung das Risiko in der »Streuung« um den risikolosen Zinssatz gemessen und bewertet wird, wird hier das Risiko eines jeden Wertpapiers in der »Streuung« um den Erwartungswert der Rendite eines jeden Portefeuilles gemessen, welches so aus Käufen und Leerverkäufen sämtlicher am Markt gehandelten Wertpapiere zusammengesetzt worden ist, daß es in einer Korrelation von Null zum risikoeffizienten Marktportefeuille steht.

Wer die Höhe dieser Kapitalkosten unter Ungewißheit eines Wertpapiers i berechnen will, steht also zunächst vor der Aufgabe, sämtliche Probleme zu lösen, welche schon die Wertpapierlinie mit risikolosem Marktzinssatz aufwirft, nämlich

(1) ex ante Berechnung des Erwartungswerts und des Risikos des Marktportefeuilles,

(2) Abschätzung des individuellen Risikos eines jeden einzelnen Wertpapiers und Berechnung des verbleibenden Risikos dieses Wertpapiers, wenn das Wertpapier als Bruchteil des risikoeffizienten Marktportefeuilles gehalten wird, sowie Quantifizierung dieses verbleibenden systematischen Risikos in bezug auf das mit $\beta = 1$ normierte systematische Risiko des Marktportefeuilles.

Hinzu treten bei Fehlen des risikolosen Zinssatzes die Ermittlungsschwierigkeiten für die Größe, welche die Stelle des risikolosen Zinssatzes einnimmt:

(3) Ex ante Berechnung, wie sich das risikominimale Portefeuille, das mit dem vorausgeschätzten Marktportefeuille unkorreliert ist, aus Käufen und Leerverkäufen aller Wertpapiere zusammensetzt; sowie des Erwartungswerts und des Risikos dieses Portefeuilles;

(4) Umrechnung des Risikos aller einzelnen Wertpapiere und des vorausgeschätzten Marktportefeuilles auf die neue Risikomaßeinheit, deren Nullpunkt durch das ineffiziente, aber risikominimale β_0-Portefeuille gegeben wird, und deren Skaleneinheit 1 das Risiko des effizienten Marktportefeuilles bildet, sowie Bestimmung des dazu gehörenden Marktpreises für die Risikoübernahme: $\mu(r_M) - \mu(r_A)$.

Das systematische Risiko β ist eine Verhältnisziffer aus den »absoluten« Risikomaßen über die Standardabweichung: Sobald ein anderer Nullpunkt bzw. eine andere Skaleneinheit gewählt wird, treten ganz neue Ermittlungsschwierigkeiten auf. Denn der neue Nullpunkt (der Erwartungswert der Rendite der risikominimalen Mischung aus Käufen und Leerverkäufen von Wertpapieren, die mit dem risikoeffizienten Marktportefeuille unkorreliert sind) ist natürlich nicht identisch oder verhältnisgleich mit dem risikolosen Zinssatz bzw. dessen linearer Transformation. Schließlich existiert in der zu messenden Welt mit ausschließlich risikobehafteten Investitions- und Finanzierungsvorhaben ein solcher risikoloser Zinssatz überhaupt nicht.

Kapitalkosten unter Ungewißheit, die auf einer Wertpapierlinie ohne risikolosen Zinsfuß aufbauen, erscheinen für Planungsüberlegungen (eine gestaltende Theorie) von vornherein als praktisch sinnlos, so daß später darauf nicht mehr eingegangen wird.

Im angelsächsischen Schrifttum wird jedoch das Erklärungsmodell einer Wertpapierlinie ohne risikolose Verschuldung (Black-Modell) als das »allgemeine«, wirklichkeitsnähere gegenüber dem Erklärungsmodell mit dem risikolosen Marktzinssatz (Sharpe-Lintner-Mossin-Modell) gepriesen[41]. Tatsächlich ist es dem Modell der Wertpapierlinie mit risikolosem Zinssatz sowohl in der Wirklichkeitsnähe der Voraussetzungen wie der theoretischen Allgemeinheit unterlegen:

1. Die Annäherung an die Wirklichkeit, die durch den Verzicht auf die Annahme eines risikolosen Marktzinssatzes erfolgen soll, wird nur vorgetäuscht: Sie wird ersetzt durch die zusätzlichen Voraussetzungen »unbeschränkte Leerverkaufsmöglichkeiten« und »Verbot des Risikogleichlaufs zwischen Wertpapieren und Wertpapiermischungen« (so daß Risiko ausschließende Gegengeschäfte unmöglich werden). Die Unterstellung, *als ob* die Marktteilnehmer mit einer risikolosen Verzinsung rechnen würden, ist zweifelsohne realistischer als die

---

[41] Vgl. z. B. *Jensen*, S. 19–21; *Roll*, S. 130; *Copeland–Weston*, S. 175; sorgfältiger abwägend *Fama*, Foundations, S. 298–302.

Unterstellung, *als ob* es beliebige Leerverkaufsmöglichkeiten, doch keinen Risikogleichlauf gäbe: also für jede noch so riskante Investition jemanden, der dieses Vorhaben durch eine stille Beteiligung finanziert.

2. Das Kapitalmarktmodell mit risikolosem Marktzinssatz sichert, daß jeder Marktteilnehmer einen Anteil am risikoeffizienten Marktportefeuille wählt. Das Kapitalmarktmodell ohne risikolose Verschuldung wahrt genau das nicht, denn danach besteht eine Wertpapierlinie ohne Kapitalmarktlinie: In Abb. 7 finden Investoren mit Indifferenzkurven wie X aus Abb. 6 überhaupt kein Portefeuille. Da diese begrenzten Indifferenzkurven durch die plausible Annahme erzwungen sind, der Entscheidende sei zur Substitution von Vermögen und Risiko erst nach Wahrung eines Existenzminimums bereit (S. 122 ff.), werden die überaus engen Verhaltensannahmen des Modells deutlich.

Die Wissenschaftsgeschichte offenbart, wie es zu dieser merkwürdigen Theorienentwicklung kam: Ein empirischer Testversuch des CAPM widerlegt dieses scheinbar, führt aber gleichwohl zu einer linearen Wertpapierlinie, die von einem höheren als dem risikolosen Zins ausging. Daraufhin konstruierte Black sein »allgemeineres« Erklärungsmodell – bis Roll einige Jahre später nachwies, daß bei dem ursprünglichen Testversuch überhaupt nichts von der Wirklichkeit, sondern logische Implikationen »getestet« wurden[42] (dazu auch S. 551).

Der risikolose Marktzinssatz übernimmt im CAPM zwei Aufgaben. Er sichert eine risikolose Handlungsweise und er wahrt eine unbeschränkte Finanzierungs- und Geldanlagemöglichkeit. Im Hinblick auf die Frage »Modellkern oder Randbedingung?« ist beides zu trennen.

1. Die Annahme einer risikolosen Handlungsweise gehört zum Modellkern, wenn ein Marktgleichgewicht bestimmt werden soll bei Marktteilnehmern, von denen einige ein Existenzminimum wünschen, ehe sie bereit sind, Gewinnchancen gegen höheres Risiko zu substituieren (von einer beschränkten Risikonutzenfunktion ausgehen; nicht auszuschließen ist, daß auch dann die von einigen gewünschte sichere Mindestverzinsung über der vom Markt gebotenen liegt).

Nicht zum Modellkern gehört die Annahme eines einzigen risikolosen Marktzinssatzes. Er stellt eine technisch bequeme Randbedingung dar; denn eine Kapitalmarktlinie, die ein Gleichgewicht auch für Marktteilnehmer mit beschränkten Risikonutzenfunktionen sichert, kann auch durch unbeschränkte risikobehaftete Finanzierungsvorhaben (Leerverkäufe von Wertpapieren) erreicht werden, sofern Risikogleichlauf zwischen einigen Wertpapieren besteht (also eine Korrelation von − 1 über Leerverkäufe dieser Papiere möglich wird).

Randbedingung ist auch der einheitliche Soll- und Habenzins. Unbeschränkte Finanzierungsmöglichkeit zu einem höheren Sollzins als dem Geldanlagezins vernichtet nicht das effiziente Kapitalmarktgleichgewicht.

2. Die Annahme einer unbeschränkten Finanzierungsmöglichkeit gehört zum Modellkern, wenn ein Marktgleichgewicht bestimmt werden soll bei Marktteilnehmern, die nach der μσ-Regel entscheiden. Nur dann ist gewahrt, daß die Investitionsentscheidung unabhängig von der Konsumentscheidung getroffen werden kann. Unabhängig von allen Marktgleichgewichtsüberlegungen läßt sich schon die Investitionsplanung eines einzelnen Marktteilnehmers nicht mehr von seinen Konsumentscheidungen trennen, sobald Finanzierungsbe-

---

[42] Vgl. *Fischer Black, Michael C. Jensen and Myron Scholes*, The Capital Asset Pricing Model: Some Empiral Tests. In: Studies in the Theory of Capital Markets, edited by Michael C. Jensen, New York 1972, S. 79–124; *Black*, S. 445 f.; *Roll*, S. 138 f.

schränkungen bestehen; es sei denn, man gibt die μσ-Regel auf und wählt noch engere Verhaltensannahmen (S. 591 ff.).

Nicht zum Modellkern gehört, daß die unbeschränkte Finanzierungsmöglichkeit risikolos sein muß; es reichen bei unbeschränktem Risikonutzen risikobehaftete und unbeschränkte Finanzierungsmöglichkeiten (Leerverkäufe bei fehlendem Risikogleichlauf unter einigen Wertpapieren: Black-Modell) aus.

3. Wenn wir auf Kapitalmärkten der Realität keine unbeschränkte risikolose Finanzierungsmöglichkeit finden oder konstruieren können, dann ist das Modell der Wertpapierlinie *als Entscheidungshilfe ruiniert*. Denn unter diesen Bedingungen in der Realität existieren schon aus logischen Gründen keine Kapitalkosten unter Ungewißheit. Wer dennoch Kapitalkosten unter Ungewißheit als Entscheidungshilfe benutzt, der erhält Handlungsempfehlungen, bei denen stillschweigend unterstellt ist, in der zu planenden Welt existiere eine unbeschränkte risikolose Finanzierungsmöglichkeit. Diese Unterstellung mag manchmal harmlos sein. Doch weiß man regelmäßig nicht von vornherein, wann die Unterstellung harmlos ist.

4. Wenn wir auf Kapitalmärkten der Realität keine unbeschränkte Finanzierungsmöglichkeit finden bzw. konstruieren können, dann ist das Modell der Wertpapierlinie *als Erklärungsmodell* für das Zustandekommen von Marktpreisen (bzw. den Einfluß von Informationen auf die Kursprognose) hingegen *noch nicht ruiniert*.

Die Untersuchung der logischen Existenzbedingungen für die Wertpapierlinie zeigt vielmehr, daß Austauschbeziehungen zwischen Umweltbedingungen und Verhaltensannahmen bestehen: Auf die Annahme einer risikolosen Finanzierungsmöglichkeit kann ohne Beschränkung der Verhaltensannahmen verzichtet werden (dafür müssen aber Risikogleichlauf unter einigen Wertpapieren und Leerverkaufsmöglichkeiten zugelassen werden). Der Verzicht auf eine risikolose Handlungsweise verlangt schon eine beachtliche Einschränkung der Verhaltensannahmen (eine Beschränkung der Risikonutzenfunktion); der Verzicht auf die unbeschränkte Finanzierungsmöglichkeit eine Abkehr vom μσ-Modell.

Diese Freiheit in der Wahl von logisch äquivalenten Kombinationen aus Umweltbedingungen und Verhaltensannahmen rechtfertigt die »Als-Ob-Methodologie« des Gleichgewichtsdenkens, sofern dabei aus diesen Modellüberlegungen selbständig testbare Hypothesen abgeleitet werden, die eine empirische Prüfung auch hinreichend gut bestehen. Erst der Test an der Wirklichkeit zeigt, ob eine Voraussetzung (z. B. »als ob risikolose Handlungsmöglichkeiten bestünden«) eine sinnvolle, also nicht triviale empirische Einsichten vermittelnde Vereinfachung darstellt.

3. Einheitlicher Markt für risikotragende Handlungsmöglichkeiten und Marktaufspaltung

Bleibt die Aussage erhalten, daß zwischen der Rendite eines einzelnen Wertpapiers und der des risikoeffizienten Marktportefeuilles eine lineare Beziehung besteht, wenn nicht mehr alle risikotragenden Investitionen auf diesem Markt gehandelt werden?

Wenn neben einen Markt für risikotragende Titel ein zweiter, dritter, tritt, dann werden Verbundwirkungen zwischen den einzelnen Märkten die Entscheidungen der Marktteilnehmer beeinflussen. Der Risikoverbund zwischen dem einen Markt, im folgenden Aktienmarkt genannt, und einem zweiten Markt, z. B. dem Grundstücksmarkt, können gemessen werden in der Kovarianz (bzw. dem Korrelationskoeffizienten) zwischen dem Marktportefeuille des ersten Marktes und dem des zweiten Marktes.

Das Schrifttum[43] behauptet:

(a) Das Modell der Wertpapierlinie bleibe bei einer Marktaufspaltung erhalten, vorausgesetzt, man erweitert die Maßgröße für die Risikohöhe entsprechend: An die Stelle des systematischen Risikos β trete ein Ausdruck, der zugleich die Kovarianz zwischen der erwarteten Rendite auf diesem Markt und der erwarteten Rendite auf den anderen Märkten enthält.

(b) Die Marktaufspaltung stelle eine Annäherung an die Wirklichkeit dar, z. B. folge aus dieser Modellerweiterung, daß die einzelnen Marktteilnehmer durchaus unterschiedliche persönliche Portefeuilles halten können, im Unterschied zum Modell der Kapitalmarktlinie, in dem jeder Marktteilnehmer Anteile eines jeden gehandelten risikobehafteten Titels besitzt.

Aber dabei wird ein schwerwiegender Nachteil der Marktaufspaltung übersehen: Es ändert sich die Definition des risikoeffizienten Marktportefeuilles auf jedem einzelnen Markt, weil ein anderes Risikomaß eingeführt wird. Nur wenn die einzelnen Märkte im Risiko völlig gleichlaufen (so daß der Korrelationskoeffizient zwischen jeweils zwei verschiedenen Teil-Marktportefeuilles stets 1 beträgt), ändert sich die Definition des risikoeffizienten Marktportefeuilles auf dem Aktienmarkt nicht durch die Marktaufspaltung. Zusätzlich müssen auch die Renditeerwartungen auf den einzelnen Märkten voneinander unabhängig sein. Denn eine »Separation« von Teilmärkten schafft nur denn keine zusätzlichen Probleme zu den auf dem Gesamtmarkt schon bestehenden (sondern verringert durch diese Zerlegung die anfallende Planungsarbeit), wenn die Risikonutzenfunktionen sämtlicher Marktteilnehmer additiv sind, d. h., wenn der Risikonutzen eines jeden Investors entsteht aus dem Risikonutzen der Investition auf dem Aktienmarkt plus dem Risikonutzen der Investitionen auf dem Rentenmarkt plus . . . Daraus folgt:

1. Zum Modellkern gehört die Gesamtheit folgender Randbedingungen: entweder die Annahme »einheitlicher Markt für alle risikotragenden Handlungen« oder die Annahmenkombination »additive Risikonutzenfunktion über alle Teilmärkte für risikotragende Vorhaben«.

2. Jede Anwendung der linearen Abhängigkeit, z. B. in den Kapitalkosten unter Ungewißheit als Beurteilungsmaßstab für einzelne Investitionsvorhaben, steht unter der Vorbedingung eines Risikogleichlaufs zwischen dem Kapitalmarkt, auf dem der risikolose Marktzins besteht und der Marktpreis für die Risikoübernahme bestimmt wird, und den einzelnen anderen risikobehafteten Märkten. Ohne diese Vorbedingung ist das Modell der Wertpapierlinie als Entscheidungshilfe ruiniert.

3. Als Erklärungsmodell für ein Marktgleichgewicht wird das Modell der Wertpapierlinie noch nicht ruiniert, wenn die Risikonutzenfunktionen nicht additiv sind, weil zum Erarbeiten von testbaren Modellimplikationen auf einem Teilmarkt so getan werden kann, »als ob« die Risikoverbindungen zu den anderen Teilmärkten keine Rolle spielten.

Jedoch werden wir später sehen, daß der Verzicht auf eine Betrachtung des Gesamtmarkts risikotragender Titel bzw. der Verzicht auf die Forderung nach additiven Risikonutzenfunktionen bei einer Marktaufspaltung die selbständige Testbarkeit der Modellaussage zu vernichten droht (S. 551 f.).

---

[43] Vgl. *David Mayers*, Nonmarketable Assets and Capital Market Equilibrium under Uncertainty. In: Studies in the Theory of Capital Markets, edited by Michael C. Jensen, New York 1972, S. 223–248; einen Test dieses Modells versuchen *Eugene F. Fama*, and *G. William Schwert*, Human Capital and Capital Market Equilibrium. In: The Journal of Financial Economics, Vol. 4 (1977), S. 95–125; ferner *Copeland-Weston*, S. 176 f.; auf eine Marktaufspaltung stellt besonders *Rudolph*, Kapitalkosten bei unsicheren Erwartungen, nach S. 182, ab.

4. Gleiche Erwartungen aller Marktteilnehmer, Informationseffizienz und strenger Zufallspfad der Kursänderungen

Besteht zwischen Rendite eines Wertpapiers und der des risikoeffizienten Marktportefeuilles eine lineare Abhängigkeit, wenn die Voraussetzung aufgehoben wird, daß alle Marktteilnehmer die gleichen Erwartungen hegen?

Das Schrifttum sagt, es gebe ein Marktgleichgewicht, in dem lediglich die Gleichgewichtsbedingungen (erwartete Rendite und Kovarianzen) als gewichtete Durchschnitte der unterschiedlichen Erwartungen der Investoren erscheinen[44].

Die Folgerung des Schrifttums gilt, wenn unter Marktgleichgewicht nur der technische Marktausgleich gemeint wird, daß jedes Angebot bei variablen Preisen seine Nachfrage findet. In diesem Sinne besteht ex post immer ein Marktgleichgewicht. Die Folgerung gilt nicht für jenes Verständnis von Gleichgewicht, nach dem Plan und Ist übereinstimmen müssen:

Weichen die Erwartungen über die Rendite eines Wertpapiers und dessen Streuung bei den einzelnen Marktteilnehmern voneinander ab, dann steht jeder vor einer anderen Kurve risikobehafteter Handlungsmöglichkeiten und unter Berücksichtigung der risikolosen Geldanlage- und Verschuldungsmöglichkeit: vor einer anderen geplanten Kapitalmarktlinie. Jeder einzelne Investor plant dann sein persönliches risikoeffizientes »Marktportefeuille«.

Die Kurse, zu denen aufgrund ihrer abweichenden Erwartungen einzelne Marktteilnehmer tatsächlich kaufen oder verkaufen, widersprechen ihren Erwartungen, sie enttäuschen oder überraschen und lösen neue Anpassungsentscheidungen aus.

Hier könnte eingewandt werden: Unter Ungewißheit könne überhaupt kein Marktteilnehmer enttäuscht oder überrascht werden. Die Marktteilnehmer planen im Kapitalmarktmodell nicht nur nach dem Erwartungswert der Rendite, sondern auch mit Abweichungen von dieser erwarteten Rendite: Sie rechnen also mit Streuungen des Istkurses um den Erwartungswert eines Kurses. So gesehen erscheint die letzte Schlußfolgerung falsch, die Literaturmeinung zutreffend. Ist sie es wirklich?

Weichen die Erwartungen über die Rendite und ihre Streuung bei den Marktteilnehmern voneinander ab, dann plant jeder einzelne ein risikoeffizientes Marktportefeuille. Aber das Marktportefeuille, das aufgrund der Käufe und Verkäufe der einzelnen Marktteilnehmer zustande kommt, ist in den Augen des einzelnen Marktteilnehmers nicht mehr risikoeffizient, wenn es von seinem geplanten Marktportefeuille abweicht. Daraus folgt: Logisch zwingende Voraussetzung für ein risikoeffizientes Marktportefeuille sind gleiche Erwartungen aller Marktteilnehmer über Rendite und Streuung aller risikotragenden Vorhaben. Insofern gehören die »homogenen« Erwartungen der Marktteilnehmer zum Modellkern.

Jedoch können zwei verschiedene Umweltbedingungen die Ursache für gleiche Erwartungen aller Marktteilnehmer hinsichtlich Rendite und Streuung sein:

Verschiedene Personen werden dann einzelnen Wertpapieren einen gleichen Erwartungswert der Rendite und gleiche Streuung beimessen, wenn eine der beiden folgenden Voraussetzungen erfüllt ist:

1. Weder Informationsbeschaffung noch Informationsauswertung nehmen Einfluß auf die tatsächlichen Kurse und damit auch nicht auf die vernünftigerweise zu erwartenden Renditen

---

[44] Vgl. *John Lintner*, The Aggregation of Investor's Diverse Judgments and Preferences in Purely Competitive Security Markets. In: The Journal of Financial and Quantitative Analysis, Vol. 4 (1969), S. 347–400; *Fama*, Foundations, S. 314–319.

und ihre Streuung. Diese Bedingung wird in den empirischen Kapitalmarkttests als »strenge Random-Walk-Hypothese« bezeichnet (vgl. S. 549 f.).
Ein Random Walk ist eine Zeitreihe von Beobachtungen, bei der nach einem Ausgangswert die Folgewerte allein durch den Zufall bestimmt werden. Die Verteilung von Zahl und Wappen beim wiederholten Werfen einer fairen Münze folgt einem solchen Zufallspfad.
Übertragen auf die Aktienkurse verlangt ein strenger Zufallspfad, daß die gesamte Wahrscheinlichkeitsverteilung für eine Kurs*änderung* in t_1 gegenüber t_0 unabhängig davon ist, was vor t_1 passiert (an Informationen eingeht). Zusätzlich muß der Erwartungswert dieser Wahrscheinlichkeitsverteilung für die Kursänderung Null sein.
2. Datenänderungen bewirken Kursänderungen; jedoch besitzt jeder Kapitalmarktteilnehmer dasselbe Wissen über jedes Wertpapier und nutzt es unverzüglich aus. Das bedeutet, die beschafften Informationen sind identisch, und es werden dieselben Schlußfolgerungen aus dem Wissen für die Höhe der Rendite und der Streuung gezogen, d. h., die Auswertung der Informationsmenge ist gleich. Es wird nicht vorausgesetzt, daß die Informationen »korrekt« ausgewertet werden. Korrekt auswerten kann nur heißen: entsprechend den eigenen Zielen. Informationsauswertung erfordert aber geistige Arbeit, kostet zumindest Zeit. Viele scheuen geistige Anstrengungen, und für manche ist Zeit knapp. Eine zielentsprechende Informationsauswertung kann deshalb je nach den persönlichen Präferenzen, Fähigkeiten und Umweltbedingungen zu unterschiedlichen Erwartungen über die Rendite und die Streuung führen. Deshalb muß »gleiche« und nicht »korrekte« (den abweichenden persönlichen Zielen entsprechende) Informationsauswertung unterstellt werden.
Absichtlich verwenden wir vorerst einen weiten Informationsbegriff: Alles Wissen, was die Preisbildung beeinflussen kann. Dieser Begriff wird sich später als zu weit erweisen.
Der Begriff »Informationseffizienz des Kapitalmarkts« wird mehrdeutig verwandt. Mit der S. 525 verwandten Kennzeichnung »unverzügliche Anpassung der Käufe und Verkäufe an neue Informationen« ist sowohl vereinbar der strenge Zufallspfad (denn unverzügliche Anpassung ist automatisch gewährleistet, wenn Informationen bedeutungslos sind) als auch der Fall 2. Datenänderungen bewirken Kursänderungen, vorausgesetzt die Anpassung erfolgt unverzüglich.
Es erscheint nicht sehr sinnvoll, den strengen Zufallspfad (den das Schrifttum unter der Überschrift »schwache Informationseffizienz« abhandelt, S. 554), also die Bedeutungslosigkeit von Informationen, unter »Informationseffizienz« zu fassen. Deshalb wird hier der Begriff auf den Fall 2. »Datenänderungen bewirken Kursänderungen« eingeengt (das Schrifttum spricht hier von strenger bzw. halbstrenger Informationseffizienz, S. 553, 555).
Die Modellkernannahme (alle Marktteilnehmer erwarten gleiche Rendite und Streuung) kann also durch alternative Randbedingungen verwirklicht werden: strenger Zufallspfad oder Informationseffizienz des Kapitalmarkts.
Im weiteren interessiert die Informationseffizienz.

Die gleiche Menge an Informationen kann kostenlos beschafft oder auf einem »Markt für Informationen« gekauft werden. Kostenlose Informationen werfen kein Problem auf. Deshalb prüfen wir: Läßt sich die Aussage der Wertpapierlinie aufrechterhalten, wenn alle Marktteilnehmer die gleiche Menge an Informationen kaufen?
Käufliche Informationen können auf zweierlei Weise bei den Kapitalmarkt-Modellüberlegungen berücksichtigt werden:
(a) Neben den Kapitalmarkt tritt ein Markt für käufliche Informationen.

(b) Käufliche Informationen werden als risikobehaftete Investitionen betrachtet, die auch auf dem Kapitalmarkt gehandelt werden.

Tritt neben den Kapitalmarkt ein Markt für käufliche Informationen, dann besteht ein Risikoverbund zwischen den beiden Teilmärkten risikobehafteter Investitionen, dem Informationsmarkt und dem Wertpapiermarkt. Die Aussage der Wertpapierlinie bleibt ohne inhaltliche Änderung (ohne Änderung der Risikomessung) nur erhalten, wenn Informationsmarkt und Wertpapiermarkt unverbunden sind, d. h. der Risikonutzen aus Investitionen auf dem Informationsmarkt (z. B. zur Befriedigung der Neugier) zu dem Risikonutzen aus Wertpapierkäufen addiert werden können. Das heißt aber zugleich, daß die Informationen für die Wertpapiergeschäfte des Marktteilnehmers nichts nützen.

In gleicher Weise sind Informationsauswertungen mindestens teilweise zu kaufen: die Leistungen von gut ausgebildeten Fachleuten. Für den Markt käuflicher Informationsauswertung gilt dasselbe wie für die Informationsbeschaffung.

Selbst wenn kein Markt für Informationsauswertung besteht, wird der einzelne Investor wählen müssen, ob er, statt auf der faulen Haut zu liegen, über Rendite und Risiko seiner Investitionen nachdenken soll. Bei jedem Marktteilnehmer konkurrieren mehrere persönliche Ziele miteinander. Das wird Unterschiede in den Erwartungen über die Rendite und Streuung seiner Investitionen herbeiführen, sofern nicht seine Gesamtnutzenfunktion aus »addierbaren« Teilen wie »Freizeitnutzen« und »Risikonutzen der Investitionen« besteht. Der Risikonutzen einzelner Investitionen ist nur dann unabhängig vom Arbeitseinsatz für die Informationsauswertung, wenn die Informationsauswertung keinen Einfluß auf Rendite und Streuung seiner Investitionen nimmt.

Werden käufliche Informationen als risikobehaftete Investitionen betrachtet[45] und alle risikobehafteten Investitionen auf einem einzigen Markt gehandelt, dann können wir als ersten Titel »Aktie A ohne Kauf irgendeiner Information« ansehen, als zweiten Titel »Aktie A mit Kauf einer ersten Information«, als dritten Titel »Aktie A mit Kauf einer ersten und zweiten Information« usw. Auf diese Weise (durch Umdefinition des Marktgegenstandes) lassen sich Kosten verursachende Informationen in das Kapitalmarktmodell einbeziehen. Dabei mag »Aktie A ohne Kauf irgendeiner Information« als ineffiziente Handlungsmöglichkeit erscheinen (muß aber nicht). In den risikoeffizienten Portefeuilles wären zugleich die käuflichen Informationen im Hinblick auf Rendite und Risiko optimal ausgewertet. Hierbei kann jeder Marktteilnehmer sich nach Belieben »informieren« (informationsauswertende Titel wählen).

Wird hingegen der Markt für risikotragende Investitionen aufgespalten in einen Kapitalmarkt und einen Informationsmarkt, dann bleibt die Aussage des Kapitalmarktmodells (mit ihrer besonderen Risikomessung) nur erhalten, wenn der Erwerb von Informationen für die Wertpapiermischung nutzlos ist, die Kursänderungen also einem strengen Zufallpfad folgen. Demgegenüber erscheinen mir Modelle wenig sinnvoll, in denen nur eine Gruppe von Marktteilnehmern informiert ist, der Rest nicht, aber durch Preisbeobachtung die Information der ersten Gruppe kostenlos erlangen kann[46]. Es liegt auf der Hand, daß »Paradoxien«

---

[45] Vgl. *Jack Hirshleifer*, Investment, Interest, and Capital. Englewood Cliffs 1970, S. 311.
[46] Vgl. *Sanford J. Grossman, Joseph E. Stiglitz,* Information and Competitive Price Systems. In: The American Economic Review, Vol. 66 (1976), Papers and Proceedings, S. 246–253; *Sanford J. Grossman,* On the Efficiency of Competitive Stock Markets where Traders Have Diverse Information. In: The Journal of Finance, Vol. 31 (1976), S. 573–585; s. auch *Stephen Figlewski,* Market »Efficiency« in a Market with Heterogeneous Information. In: The Journal of Political Economy, Vol. 86 (1978), S. 581–597, hier bes. 584 f.

(wie allgemeine Nichtinformation) entstehen müssen, wenn derjenige, der sich mit Kosten besser informiert hat, dennoch keine Erträge aus dieser Informations-Investition ziehen kann.

Folgerung:
1. Das Modellkernerfordernis »gleiche Erwartungen über Rendite und Streuung der einzelnen Titel bei allen Marktteilnehmern« läßt sich durch zwei alternative Randbedingungen ersetzen: entweder durch die Informationseffizienz des Kapitalmarktes oder durch einen strengen Zufallspfad für Kursänderungen.
Bei vorausgesetzter Informationseffizienz stellt die Annahme kostenloser Information eine weitere Randbedingung dar, weil sie durch die Voraussetzung »käufliche Informationen als risikobehaftete Titel auf einem einheitlichen Markt für solche Handlungsmöglichkeiten« ausgetauscht werden kann.
2. Fehlt die Gleichheit der Erwartungen, kommt kein Kapitalmarktgleichgewicht zustande, und damit existieren keine Kapitalkosten unter Ungewißheit, weil kein Marktpreis für die Risikoübernahme besteht. Damit ist das Modell der Wertpapierlinie von vornherein als Entscheidungshilfe ruiniert.
3. Fehlt die Gleichheit der Erwartungen, ist das Kapitalmarktmodell als Erklärungsansatz noch nicht unnütz, weil es dazu dienen könnte, das Ausmaß von Verletzungen der Informationseffizienz zu testen, z. B. hinsichtlich des Vermögensvorteils, den Insider in Unternehmungen und Behörden hinsichtlich ihres früheren Wissens über mancherlei Maßnahmen an der Börse realisieren können. Wie schwierig es allerdings wird, mit Hilfe des Kapitalmarktmodells empirisch testbare Hypothesen zu gewinnen, wird der folgende Abschnitt verdeutlichen.

d) Risikoeffizientes Marktportefeuille und Informationseffizienz realer Kapitalmärkte

1. Was ist am Kapitalmarktmodell überhaupt empirisch prüfbar?

Modelle werden nur dann mehr als eine Einübung von Rechentechniken, wenn sie in der Wirklichkeit überprüfbare Hypothesen gewinnen. Überprüfbar ist eine Modellaussage dann in der Wirklichkeit, wenn die in ihr vorkommenden logischen Zeichen (Namen, Begriffe) mit Beobachtungstatbeständen »korrespondieren«, also gemessen werden können (wenn die Modellbegriffe »operational« sind).
Die Modellaussage der Wertpapierlinie erscheint leicht empirisch überprüfbar zu sein, mehr noch: Durch bloßen Augenschein droht die Modellaussage widerlegt zu werden, denn sie scheint offensichtlich unverträglich der Beobachtung, daß im Januar 1980 die Rendite risikoloser öffentlicher Anleihen rund 8% beträgt; die (Dividenden-)Rendite risikobehafteter Aktien von Publikumsgesellschaften bestenfalls 4%, also nur die Hälfte des risikolosen Marktzinssatzes.
Ein solcher Widerlegungsversuch nach dem Augenschein wäre jedoch aus drei Gründen verfehlt:
(a) Der Widerlegungsversuch setzt den risikolosen Marktzinssatz gleich der gegenwärtigen Effektivverzinsung öffentlicher Anleihen. Korrekt wird der Vergleich erst, wenn ein bestimmter Planungszeitraum unterstellt wird, z. B. ein Jahr. Selbst dann kann nur bei öffentlichen Anleihen mit einer Restlaufzeit von einem Jahr bzw. für Kassenobligationen (die nach

einem Jahr zum Nennwert zurückgezahlt werden) von den künftigen Börsenkursen und damit der künftigen Entwicklung des Zinssatzes für öffentliche Anleihen abgesehen werden. Selbst wenn dies in den 8% berücksichtigt ist, liegt immer noch keine risikolose Verschuldung vor. Zwar mag das Risiko des Staatsbankrotts zu vernachlässigen sein, aber nicht die Inflationsgefahr. Die Inflationsrate wird Anfang 1980 für dieses Jahr mit rund 6% geschätzt. Danach wäre die risikolose Verzinsung mit 2% anzusetzen. Doch auch diese Annahme ist nur zulässig, wenn im Anleihezins noch keine Inflationsrate vorweggenommen (»überwälzt«) worden ist. Inwieweit in der Rendite festverzinslicher Wertpapiere Inflationsraten vorweggenommen sind, ist umstritten. Und wer bei festverzinslichen Titeln eine erwartete Realverzinsung zu ermitteln sucht, muß dies natürlich genauso bei Aktien tun.

(b) Der Widerlegungsversuch vergleicht die ex post-Rendite von öffentlichen Anleihen und Aktien. Das Kapitalmarktmodell behauptet eine Beziehung zwischen dem Erwartungswert der Rendite des einzelnen Wertpapiers, dem Erwartungswert der Rendite des Marktportefeuilles minus dem risikolosen Zinssatz (Marktpreis der Risikoübernahme).
Die Dividendenrendite von 4% errechnet sich aus dem Verhältnis letztjähriger Dividende zu Börsenkurs des letzten Tages. Selbst wenn die künftige Dividende der betrachteten einzelnen Aktie wie die aller im Marktportefeuille enthaltenen Aktien bis zum Ende des Planungszeitraums von z. B. einem Jahr gleich bleibt und wenn keine Kursänderungen eintreten, wäre die so berechnete Rendite nur ausnahmsweise richtig: dann, wenn die Körperschaftsteuergutschrift für inländische Anteilseigner genau deren Grenzeinkommensteuersätzen entspricht, also 36% des zusätzlich zu versteuernden Einkommens beträgt. Dann ist aber auch die Anleihenrendite um diesen Steuersatz zu kürzen.
In die Berechnung des Erwartungswerts der Aktienrendite muß aber die erwartete Dividendenrendite zuzüglich der erwarteten periodischen Kursänderungsrate eingehen: alle künftigen Einnahmen und Ausgaben, zurückgerechnet auf den Planungszeitpunkt.
Nicht mit dem Augenschein, sondern allenfalls durch raffinierte statistische Techniken kann überhaupt die empirische Überprüfung der Modellaussage in Angriff genommen werden.

(c) Neben den »empirisch-statistischen« Schwierigkeiten besteht ein grundsätzlicher Einwand: Ist denn die Modellfolgerung »Der Kurs eines Wertpapiers steht in einer linearen Abhängigkeit zum Marktwert des risikoeffizienten Marktportefeuilles« überhaupt eine testbare Hypothese? Offensichtlich nicht, denn die Modellfolgerung ist unter den gesetzten Voraussetzungen allein schon aus logischen Gründen wahr. Logische Wahrheiten gelten »immer und ewig«, sie bedürfen keiner Überprüfung an der Wirklichkeit.
Herrschen aber in der Wirklichkeit andere Voraussetzungen, als sie das Modell unterstellt, dann sagt der empirische Test, der das Modell nicht bestätigt, auch nichts über die Gültigkeit des Modells aus, denn das Modell behauptet nur einen Zusammenhang unter den ausdrücklich genannten Voraussetzungen. Damit sitzen wir in der Mausefalle: Unter den gesetzten Voraussetzungen bedarf kein Modell einer empirischen Überprüfung, und für abweichende Voraussetzungen behauptet das Modell nichts, kann also erst recht nicht empirisch widerlegt werden.

Die Mausefalle schnappte deshalb zu, weil wir bisher den einzigen ökonomischen Gehalt, der einer (Erklärungs-)Modellüberlegung innewohnen kann, überhaupt noch nicht genannt haben: Das ist die testbare Hypothese, die aus einem »Modell« genannten logischen Bedingungsrahmen abgeleitet werden kann.

Ein Modell ist zunächst nur ein logischer Folgerungszusammenhang aus Definitionen oder die Anwendung bestimmter Rechentechniken (logischer Operationen) auf bestimmte Definitionen. Sprachregelungen und Rechentechniken sagen nichts über die Wirklichkeit: Nur durch die leichtfertige beispielhafte Verwendung empirisch klingender Namen (Wertpapiere, Kurse, Marktportefeuille) wird ein solcher Eindruck vorgetäuscht.

Viel Verwirrung bei Studierenden würde vermieden werden, wenn mit dem Namen »Erklärungsmodell« nur verknüpft würde der üblicherweise Modell genannte logische Bedingungsrahmen *plus einer daraus abgeleiteten testbaren Hypothese*.

Die Suche nach der testbaren Hypothese am Ende einer Modellüberlegung ist gar keine leichte Aufgabe (deshalb werden so oft Modelle vorgestellt, ohne testbare Hypothesen auszusprechen), denn die Modellfolgerung selbst ist nicht testbar: Sie ist ja schon aus logischen Gründen wahr (und wenn sie nicht aus logischen Gründen wahr ist, enthält das Modell einen Denkfehler und taugt vor Ausmerzung des Denkfehlers nicht einmal zur Einübung von Rechentechniken).

Eine testbare Hypothese finden wir im Kapitalmarktmodell erst, wenn wir uns an das Problem erinnern, das die Kapitalmarkttheorie lösen will: Reagieren Börsenkurse unverzüglich auf Datenänderungen (neue Informationen)?

Diese scheinbar klare Frage ist allerdings schon deshalb nicht leicht zu beantworten, weil hier ein Problem höchst inexakt beschrieben worden ist: Was heißt denn Datenänderung bzw. »neue Informationen« genau?

Die erwartete Rendite und ihre Streuung sind das einzige »erwartete« Datum im Kapitalmarktmodell. Alle anderen Voraussetzungen gelten im Modell als sicher. Wer also das Modell nicht bezweifeln (»meta«-sprachlich Kritik am Modell üben) will, sondern im Rahmen des Modells argumentieren (»objekt«-sprachliche Aussagen treffen) will, muß den Begriff der »neuen Informationen« (Datenänderungen) auf Änderungen der erwarteten Rendite und ihrer Streuung für jedes risikobehaftete Wertpapier beschränken.

Diese Erwartungen über die künftige Rendite und ihre Streuung für ein jedes Wertpapier (und die gegenseitigen Kovarianzen bzw. Korrelationskoeffizienten zwischen den Wertpapieren) sind gemäß Voraussetzung 5 (S. 522) für alle Kapitalmarktteilnehmer identisch.

Jenseits des Kapitalmarktmodells stehen damit alle Probleme, welche Ereignisse in der Wirklichkeit in welcher Weise sich auf die erwartete Rendite und ihre Streuung auswirken. Wenn ein schurkischer Bankvorstand 1978 Betrügereien begeht, die Ende 1979 vom Aufsichtsrat entdeckt werden, aber erst am Gründonnerstag 1980 abends veröffentlicht werden und erst am Dienstag nach Ostern Verkaufs- oder Kaufaufträge über Aktien dieser Bank auslösen, wobei sich die Kurse am Dienstag so bilden, daß alle Folgen dieser Tatsache darin berücksichtigt sind, dann war gleichwohl der Kapitalmarkt informationseffizient.

»Unverzügliches Reagieren auf Datenänderungen« (also die »unendliche Anpassungsgeschwindigkeit« als Voraussetzung für einen vollkommenen Markt) heißt hier nur: Bei einer vorgegebenen Änderung der erwarteten Rendite und ihrer Streuung passen sich die Kurse schlagartig an diese neue Einschätzung der Gewinnchancen und Risiken eines Wertpapiers an. Mit Informationseffizienz ist also nicht gemeint
(1) die Art der und die Zeit für Informationsbeschaffung,
(2) die Art der und die Zeit für Informationsauswertung,
sondern lediglich: daß keine Zeit vergeht von der Änderung der Erwartungen über Rendite und Risiko bis zu ihrer Berücksichtigung im Börsenkurs. Niemand vermag durch rascheres Erteilen von Börsenaufträgen Mehrgewinne (niedrigere Verluste) aufgrund der geänderten

(von allen Marktteilnehmern gleich beurteilten!) Daten (Wahrscheinlichkeitsverteilungen) zu erlangen.

Wie kann empirisch geprüft werden, ob sich Änderungen der erwarteten Rendite und ihrer Streuung unverzüglich in den Börsenkursen niederschlagen?

Dazu müßte man die an jedem Börsentag bestehenden Wahrscheinlichkeitsverteilungen über die Renditen der einzelnen Wertpapiere und ihre Börsenkurse beobachten. Indes lassen sich zwar die Börsenkurse, aber nicht die Wahrscheinlichkeitsverteilungen für irgendeinen Börsentag feststellen. Aus den Börsenkursen für verschiedene Börsentage lassen sich zwar bei jedem Wertpapier Renditen für mehr oder weniger lange Vergangenheitszeiträume errechnen, aber keine Streuungen von Renditen, von Wahrscheinlichkeitsverteilungen ganz zu schweigen.

Um dennoch aus solchen Vergangenheitsdaten eine Wahrscheinlichkeitsverteilung zu konstruieren, sind drei Voraussetzungen notwendig:

1. Der Glaube an ein »Naturgesetz«: daß beobachtete Streuungen tatsächlicher Börsenrenditen in der Vergangenheit ebenso für Entscheidungen verwendbare Streuungen künftiger Renditen erzeugen, wie Naturgesetze für das jährliche Kreisen der Erde um die Sonne sorgen. Hinter allen statistischen Tests von Kapitalmarktmodellen (und hinter zahllosen anderen statistischen Tests) steckt der Glaube, aus der Vergangenheit auf die Zukunft schließen zu dürfen: daß ein Induktionsprinzip gelte.

Dieser Glaube, daß muß deutlich gesehen werden, ist ein Aberglaube; denn hier wird unterstellt, aus Nichtwissen ließe sich (zufalls-abhängiges) Wissen erzeugen. Alle diese Tests verletzen in ähnlicher Weise die Logik wie das Prinzip vom mangelnden Grunde (S. 82 ff.). Während beim Prinzip vom mangelnden Grunde aus dem Nichtwissen, ob eine Rangordnung über die Zukunftslagen existiert, auf »Gleichwahrscheinlichkeit« geschlossen wird, wird bei den statistischen Tests von dem Nichtwissen, was die Streuung der Börsenrenditen in der Vergangenheit verursacht hat, auf eine Zufallsabhängigkeit künftiger Renditen geschlossen. Eine Abhängigkeit vom »Zufall« ist aber nur dann gegeben, wenn erwiesenermaßen keine Ursachen für eine Erscheinung in der Wirklichkeit bekannt sind. Deshalb darf von »Zufall« nicht gesprochen werden, wenn verschiedene Ursachen aufgezählt, aber nicht in ihrem Zusammenwirken durchschaut werden: Nur das Werfen einer »fairen« (also von allen Ursachen, die »Zahl« oder »Wappen« begünstigen könnten, befreiten) Münze sichert einen Zufallspfad der Wurfergebnisse! Die Börsenkurse werden aber sicher durch Konjunkturen, politische Krisen, die Notenbankpolitik, Streiks usw. beeinflußt und sind damit ganz gewiß nicht zufallsabhängig.

Vielleicht ist der Aberglaube, aus Marktpreisen der Vergangenheit könne eine Wahrscheinlichkeitsverteilung künftiger Marktpreise abgeleitet werden, der bestmögliche Aberglaube, zu dem planende Menschen fähig sind. Das ändert aber nichts daran, daß es sich hier lediglich um ein aus Nichtwissen erzeugtes »probeweise-so-tun-als-ob« handelt. Deshalb ist bei der Anwendung bzw. Auslegung von Rechenergebnissen aufgrund eines solchen »probeweise-so-tun-als-ob« äußerste Zurückhaltung angebracht. Genau das wird von Statistikern und anderen »empirisch Forschenden«, die mit ihrem Handwerk klappern wollen, zu häufig nicht beachtet.

2. Die gesuchte Wahrscheinlichkeitsverteilung für ein Wertpapier bezieht sich auf ein einperiodiges Modell (zwei Zahlungszeitpunkte). Das Beobachtungsmaterial über Börsenrenditen der Vergangenheit erstreckt sich über Kalenderjahre: Für jeden einzelnen, kleineren oder größeren Zeitabschnitt gibt es nur eine einzige beobachtete Börsenrendite.

Damit das zukunftsbezogene einperiodige Modell durch Vergangenheitsdaten aus vielen Perioden getestet werden kann, muß vorausgesetzt werden, daß die einzelnen beobachteten Börsenrenditen der Vergangenheit stochastisch voneinander unabhängig waren. Die Rendite einer Aktie im Jahre 1979 darf also nicht durch die Rendite im Jahre 1978 beeinflußt sein und umgekehrt.

Die Voraussetzung stochastischer Unabhängigkeit hat weitreichende Folgen: So unterstellt sie z. B. die Bedeutungslosigkeit einer Politik der stillen Reserven (von Bilanzierungswahlrechten allgemein) für die Börsenrenditen. Denn die Rendite des Jahres 1979 ist nur dann unabhängig von der im Jahre 1978, wenn das Verstecken von Gewinnen 1978 ohne Bedeutung ist für den Gewinnausweis (bzw. die Dividendenhöhe) 1979 (oder einem späteren Jahr), obwohl aus buchhalterisch zwingenden Gründen Unterbewertungen heute zu höherem Gewinnausweis morgen führen müssen.

3. Eine mit Hilfe der Annahme stochastischer Unabhängigkeit zustandegekommene Häufigkeitsverteilung von Renditen in der Vergangenheit darf jedoch noch nicht als Wahrscheinlichkeitsverteilung für den Beobachtungszeitraum verstanden werden. Denn die Rendite eines Wertpapiers von 5% 1979 könnte die Zufallsausprägung einer ersten, für die 70er Jahre geltenden Wahrscheinlichkeitsverteilung sein; die Rendite desselben Wertpapiers von 7% 1980 hingegen eine Zufallsausprägung einer neuen, für die 80er Jahre geltenden Wahrscheinlichkeitsverteilung. Damit eine Häufigkeitsverteilung der Vergangenheit als eine Wahrscheinlichkeitsverteilung für den Beobachtungszeitraum gedeutet werden darf, muß vielmehr zusätzlich angenommen werden, daß für den gesamten betrachteten Vergangenheitszeitraum (z. B. 1950–1980) ein und dieselbe Wahrscheinlichkeitsverteilung gilt. Zu der Annahme der stochastischen Unabhängigkeit muß die Annahme der »Stationarität« der Wahrscheinlichkeitsverteilung treten.

Unter den Voraussetzungen (2) stochastischer Unabhängigkeit und (3) Stationarität kann eine große Stichprobe aus Vergangenheitsdaten als Realisierung von Zufallsausprägungen ein und derselben Wahrscheinlichkeitsverteilung gedeutet werden[47]. Aber ob überhaupt eine Wahrscheinlichkeitsverteilung existiert, ist gerade nicht erwiesen. Bestand denn wirklich stochastische Unabhängigkeit und ein und dieselbe Wahrscheinlichkeitsverteilung in jeder der vergangenen Planperioden? Das letztere allem Anschein nach nicht.

Erst die Glaubensannahme (1), daß dieses Nichtwissen über die Vergangenheit eine Aussage über ein bestimmtes Wissen über die Zukunft zuläßt, ja sogar die Existenz einer für Vergangenheit und Zukunft geltenden quantitativen Wahrscheinlichkeitsverteilung sichert, erlaubt es, diese Häufigkeitsverteilung aus der Vergangenheit als gute Annäherung an eine Wahrscheinlichkeitsverteilung anzusehen, die in jedem vergangenen und zugleich künftigen Planungszeitpunkt sämtliche Kapitalmarktteilnehmer aufgrund ihrer »homogenen« Erwartungen im Modell ihren Kauf- und Verkaufentscheidungen zugrunde legen. Die Glaubensannahme (1) enthält eine Behauptung über ein »Naturgesetz«: daß die für einen Vergangenheitszeitraum behauptete Wahrscheinlichkeitsverteilung eine »objektive«, auch für die Zukunft geltende sei.

2. Kapitalmarktmodelle als Glaubens-Vorentscheidungen für empirische Tests

Zahlreiche angelsächsische empirische Tests bemühten sich mit Hilfe aufwendiger statistischer Techniken um den Nachweis, daß Querschnittsuntersuchungen der Aktienkurse (ins-

---

[47] Vgl. *Günter Franke*, Kapitalmarkt – Theorie und Empirie. Gesamtkurs der Fernuniversität Hagen 1980, S. 141.

besondere für die New Yorker Börse) die Wertpapierlinie bestätigen oder widerlegen. Allerdings wurden dabei die Schwierigkeiten unterschätzt, den Modellbegriffen empirisch Beobachtbares gegenüberzustellen, so daß Fama schließlich zu der Schlußfolgerung kam, »that the literature has not yet produced a meaningful test«[48].

Dieses Urteil über rund zehnjährige Testbemühungen einiger hundert Wissenschaftler wurde in verheerender Weise verstärkt, als *Roll*[49] nachwies:

1. Die Modellaussage der Wertpapierlinie ist überhaupt nicht selbständig testbar; denn die Linearität besteht in bezug auf das risikoeffiziente Marktportefeuille. Beobachtbar ist aber nur das tatsächliche Marktportefeuille, und dem empirischen Test kann immer nur ein Teil des Marktportefeuilles zugrunde liegen; demgegenüber müßte das risikoeffiziente Marktportefeuille alle risikobehafteten Investitionen (auch Ausgaben für persönliche Ausbildung, Grundstücke, Forschung und Entwicklung) mit enthalten.

2. Wenn das bei einem Test gewählte Teilportefeuille des Marktes risikoeffizient ist, dann liegen schon aus logischen Gründen alle Wertpapiere auf der Wertpapierlinie; denn für jedes effiziente Portefeuille läßt sich ein β_0-Portefeuille (S. 537) und damit eine exakt lineare Wertpapierlinie konstruieren. Daraus folgt aber: Falls der beobachtete Teil des Marktportefeuilles risikoeffizient ist, erlaubt das Kapitalmarktmodell keine Überprüfung (keine Falsifizierung) der Informationseffizienz: Kurse (Renditen) einzelner Wertpapiere, die nicht auf der Wertpapierlinie ruhen, sind dann aus logischen Gründen ausgeschlossen.

3. Wenn das bei einem Test gewählte Teilportefeuille des Marktes nicht risikoeffizient ist, dann können zwar die Renditen einzelner Wertpapiere auf die Wertpapierlinie fallen (die Informationseffizienz realer Kapitalmärkte scheinbar bestätigen) oder auch davon entfernt sein (die Informationseffizienz realer Kapitalmärkte scheinbar widerlegen), aber ob die erwarteten Renditen einzelner Wertpapiere von der Wertpapierlinie entfernt liegen oder nicht, hängt von dem ineffizienten Teilportefeuille ab, auf welchem der statistische Test aufbaut. Ein anderes Teilportefeuille kann ganz andere Ergebnisse zeigen. Wenn dem allgemeinen Börsenindex als Maß für den Erwartungswert der Rendite des Marktportefeuilles einmal 200 ausgewählte Aktien, das andere Mal 250 Aktien zugrunde gelegt werden, kann selbst dann, wenn der Börsenindex sich dadurch nicht ändert, das eine Mal Informationseffizienz bewiesen werden, das andere Mal das Gegenteil davon.

Roll[50] folgert, daß nicht die Modellaussage der Wertpapierlinie als testbare Hypothese gelten könne. Die einzig selbständig testbare Hypothese des Kapitalmarktmodells bestehe darin, ob das Marktportefeuille selbst risikoeffizient im Sinne der $\mu\sigma$-Entscheidungsregel sei oder nicht.

Jetzt erkennen wir die Fragwürdigkeit der Marktaufspaltung als angebliche Annäherung an die Wirklichkeit. Jede isolierte Betrachtung eines Teilmarktes wirkt wie eine Stichprobe aus

---

[48] *Fama*, Foundations, S. 370.
[49] Vgl. *Roll*, insbesondere S. 129–131, 114 f.; vgl. auch *Stephen A. Ross*, The Current Status of the Capital Asset Pricing Model (CAPM). In: The Journal of Finance, Vol. 33 (1978), S. 885–901, hier S. 892 f.
[50] Vgl. *Roll*, S. 130.
Die hier angedeutete Testproblematik hoffen Ross, Roll und Franke mit Hilfe einer Faktor-Arbitrage-Preistheorie zu überwinden. Darin tritt an die Stelle der erklärenden Preisbildungslogik des CAPM eine statistische Abweichungsanalyse durch verschiedene, zunächst inhaltlich nicht definierte Faktoren. Ob hier ein besserer Weg gefunden ist, muß zur Zeit dahin gestellt bleiben. Vgl. *Stephen A. Ross*, The Arbitrage Pricing Theory of Capital Assets. In: The Journal of Economic Theory, Vol. 13 (1976), S. 341–360; sowie die noch unveröffentlichten Diskussionspapiere von *Richard Roll, Stephen A. Ross*, An Empirical Investigation of the Arbitrage Pricing Theory. 15-1979 University of California, Los Angeles; *Günter Franke*, On Multiple-Factor-Arbitrage-Pricing. Gießen, April 1980.

dem Gesamtmarkt, und zwar auch dann noch, wenn sämtliche risikobehafteten Titel dieses Teilmarktes in den empirischen Test eingehen. Marktaufspaltung allein ist noch keine Annäherung an die Wirklichkeit, sondern lediglich ein Trick, um die Schwierigkeiten der Analyse genereller Abhängigkeiten zu vermeiden – um den Preis der Unfruchtbarkeit des Modellansatzes: des Ruins der selbständigen Testbarkeit einzelner Hypothesen.

Damit bleibt nur eins: Kapitalmarktmodell und Informationseffizienz sind als verbundene Hypothesen zu betrachten. Falls wir eine empirisch gestützte Aussage über die Informationseffizienz realer Kapitalmärkte mit Hilfe des Kapitalmarktmodells erhalten wollen, müssen wir die Richtigkeit des Kapitalmarktmodells als methodologische Vorentscheidung annehmen, auf deutsch: das Kapitalmarktmodell als ein in diesem Zusammenhang nicht bestreitbares Glaubensdogma ansehen.

Die wenigen angelsächsischen Autoren (Fama, Roll, Ross), die diese Schwierigkeiten ernst nehmen, hoffen, daß durch eine statistisch sehr sorgfältige, und das heißt bescheidene, Interpretation empirischer Tests erklärende Ansätze zur Kapitalmarkttheorie mit Hilfe des CAPM oder einer seiner Varianten entwickelt werden können. Ich vermute zwar, daß dabei die Schwierigkeiten mindestens genauso groß sein werden, wie bei dem Versuch, an Stelle der Zwei-Parameter-($\mu\sigma$-)Welt gleich ein Zukunftslagen-(state preference-)Risikonutzenmodell empirisch zu testen, dessen Pferdefüße in Teil Vc) verdeutlicht werden. Aber solange kein konkurrierendes Modell mit leichter testbaren Hypothesen besteht, sehe ich keinen anderen Weg, um überhaupt (vorläufig) empirisch-bestätigte Aussagen zu gewinnen. Denn ein logisch geschlossenes Modell scheitert niemals an seinen ungelösten Anwendungsschwierigkeiten, sondern es kann nur durch ein anderes logisch geschlossenes Modell verdrängt werden, das besser mit einigen Anwendungsschwierigkeiten fertig wird.

Der entmutigende Stand der Kapitalmarkttheorie legt freilich eine andere Folgerung nahe: In den Mülleimer mit der gesamten mikroökonomischen Gleichgewichtstheorie! Besonders Autoren, die »mehr Realitätsnähe« der Theorie fordern und diese in einer »verhaltenswissenschaftlichen Sicht« verwirklichen wollen, eifern beherzt in diesem Sinne.

Folgen wir für einen Moment diesen Kritikern und werfen das Kapitalmarktmodell in den Mülleimer. Was nun? Wissen wir jetzt, ob es sich lohnt, einen Börseninformationsdienst zu bestellen, ob es zweckmäßiger ist, in einen Investmentfonds oder in einzelnen Aktien zu investieren, betriebswirtschaftliche Bilanzanalyse zu studieren, Jahresabschlüsse und Geschäftsberichte zu lesen?

Mit dem Verwerfen des Problemlösungsansatzes der Gleichgewichtstheorie stehen wir vor der Fragestellung, welche die Kapitalmärkte der Realität aufdrängen, *aber ohne jeden Problemlösungsansatz*. Denn die aus verhaltenswissenschaftlicher Sicht »mehr Realitätsnähe« fordernden Autoren bieten bisher selbst keine geschlossenen Modelle mit testbaren (geschweige denn mit verläßlich getesteten) Hypothesen an.

Erklärendes wissenschaftliches Arbeiten beginnt mit dem Aufstellen eines logischen Bedingungsrahmens zwischen vermuteten Abhängigkeiten in der Wirklichkeit: mit dem Aufstellen eines Modells. Erst nachdem ein logisch zwingendes verhaltenswissenschaftliches Erklärungsmodell für die Frage nach der Anpassungsgeschwindigkeit der Börsenkurse an Datenänderungen aufgestellt worden wäre, hätte ein verhaltenswissenschaftlicher Ansatz den Wissensstand, den die Gleichgewichtstheorie des Kapitalmarkts vor nunmehr 15 Jahren erklommen hatte. Erst wenn daraus selbständig testbare Hypothesen abgeleitet und getestet worden wären, hätte sie den Wissensstand der Gleichgewichtstheorie des Kapitalmarkts heute überschritten. Es besteht kein Anlaß für den Glauben, daß die Testschwierigkeiten für verhaltenswissenschaftliche Erklärungsmodelle geringer sind als die bei einer von »Als-Ob-Annahmen« ausgehenden Gleichgewichtstheorie.

In den Wirtschafts- und Sozialwissenschaften ist das Finden empirisch gut bestätigter Hypothesen kein Honigschlecken. Das wird nur selten deutlich, weil viele ihre Vorurteile, die nach dem Augenschein nicht von vornherein falsch erscheinen, als wissenschaftliche Hypothesen ausgeben. Und weil eine billige Art der Kritik an wissenschaftlich ernst zu nehmenden Bemühungen bei jenen, welche die Anstrengungen gründlichen Nachdenkens scheuen, begeisterten Beifall findet: »Es sollte empirisch, realitätsnäher, verhaltenswissenschaftliche Erkenntnisse auswertend geforscht werden«. Totgeschwiegen wird dabei, daß es z. B. umfangreiche empirische statistische Kapitalmarktforschung gibt. Diese Tests bringen nur nichts, weil die Aussagefähigkeit der getesteten Hypothesen nicht geprüft wurde bzw. weil etwas empirisch getestet wurde, was überhaupt keine selbständig testbare Hypothese darstellt: »measurement without theory« ist eben nicht mehr als nichtssagende Stoffhuberei.

3. Der empirische Gehalt der drei Formen von Informationseffizienz

Die These von der unverzüglichen Anpassung der Börsenkurse an Datenänderungen (Informationseffizienz) wird häufig so verstanden, daß die Wahrscheinlichkeitsverteilung über die Renditen, nach der sämtliche Marktteilnehmer in einem Zeitpunkt ihre Kauf- und Verkaufsentscheidungen treffen, dieselbe sei, die sich bei Berücksichtigung aller »relevanten Informationen« ergäbe, wobei darin jegliche Wissensbeschaffung und Wissensauswertung als Vorbedingung für das Bilden einer Wahrscheinlichkeitsverteilung eingeschlossen wird:

Die Preise auf dem Kapitalmarkt spiegeln vollständig und unverzüglich alle verfügbaren Informationen wider[51]. *Fama* verdeutlicht die Floskel von den »relevanten Informationen« durch die Unterscheidung von drei denkbaren empirischen Erscheinungsformen von Informationseffizienz:

aa) Strenge Informationseffizienz

Alles Wissen, auch das gerade erst gedachte, spiegelt sich unverzüglich in den Kursen wider. Auf Kapitalmärkten gebe es dann keinen Informationsvorteil für irgendeinen Marktteilnehmer. Der Vorstandsvorsitzende einer Erdölgesellschaft, der als erster von einer fündigen Erdölbohrung eines seiner Bohrtrupps erfährt, kann nicht mehr an diesem Wissen verdienen als der taube Opa, der erst ein Vierteljahr später im Einwickelpapier eines Krämers hierüber liest. Denn die Kurse passen sich augenblicklich an die neuen Tatbestände an.

Strenge Informationseffizienz darf nicht mit einem strengen Zufallspfad der Kursänderungen verwechselt werden: Aufgrund des Ölfundes schnellt der Kurs der Aktien in die Höhe. Dieser Kurssprung ist durch die Datenänderung verursacht und nicht zufallsabhängig. Lediglich das Wissen um die Datenänderung läßt sich bei strenger Informationseffizienz von niemandem an der Börse gewinnbringend ausnützen.

Als empirische Hypothese ist die strenge Informationseffizienz sicher falsch. Selbst Rechtsvorschriften gegen Insidervorteile, wie sie das amerikanische Börsenrecht kennt, können erhebliche Gewinne von Insidern zu Lasten Außenstehender nicht verhindern[52].

---

[51] Vgl. *Eugene F. Fama*, Efficient Capital Markets: A Review of Theory and Empirical Work. In: The Journal of Finance, Vol. 25 (1970), S. 383–417, hier S. 383; *ders.*, Foundations, S. 136.

[52] Vgl. *Jeffrey F. Jaffe*, The Effect of Regulation Changes on Insider Trading. In: The Bell Journal of Economics and Management Sciences, Vol. 5 (1974), S. 93–121; *J. E. Finnerty*, Insiders and Market Efficiency. In: The Journal of

bb) Schwache Informationseffizienz

Es lohnt nicht, sich über die zeitlichen Bewegungen von Kursen (und Dividendenzahlungen) in der Vergangenheit zu unterrichten. Die Kursänderung von heute auf morgen ist unabhängig von den Kursänderungen in der Vergangenheit. Es gibt keine Gesetzmäßigkeiten für die Kursentwicklung im Zeitablauf (vgl. S. 544).

Bei schwacher Informationseffizienz wird die »Information« allein in den Vergangenheitskursen (und Dividendenzahlungen, Bezugsrechten) gemessen. Diese Information ist inhaltlich genau bestimmt und beobachtbar. Die praktische Folge schwacher Informationseffizienz lautet:

Die systematische Aufzeichnung von Kursbewegungen aus der Vergangenheit und ihre Auswertung in Aktientrends erlaubt keine überdurchschnittlichen Gewinne auf dem Aktienmarkt. Technische Aktienanalysen (chart analysis) sind nutzlos, für solche Börsendienste Geld zu bezahlen, Unfug.

Natürlich hat eine solche Folgerung den Widerspruch derjenigen bewirkt, die ihren Lebensunterhalt bei solchen Börsendiensten finden. Nur dann, wenn Kapitalmärkte nicht in schwachem Sinne informationseffizient sind, lassen sich durch Aktienkursanalysen »systematisch unterbewertete« Mauerblümchen oder »systematisch überbewertete« Modegecken unter den Aktien finden, durch deren Käufe oder Verkäufe überdurchschnittliche Gewinne zu erzielen wären.

Die bisher vorgelegten statistischen Tests scheinen eine schwache Informationseffizienz zu bestätigen, gegen die technischen Analysen zu sprechen[53].

Bei der Würdigung dieser Tests ist zu beachten, daß für die Prüfung schwacher Informationseffizienz das Kapitalmarktmodell regelmäßig nicht benutzt wurde und auch gar nicht benötigt wird. Die Frage, ob schwache Informationseffizienz besteht oder nicht, hat nichts mit dem Erklärungsmodell für ein Kapitalmarktgleichgewicht zu tun.

Das ist auch verständlich: Das Testergebnis (es gebe keine statistische Begründung für die Annahme, daß eine Prognose von Kursänderungen aufgrund der Vergangenheitsentwicklung möglich sei) besteht schließlich nur in einem Aufzeigen einer Nicht-Abhängigkeit. »Erklärt« wird dabei gar nichts.

Wer hingegen für technische Börsenanalysen spricht, müßte zumindest ansatzweise ein Erklärungsmodell liefern können, warum das Studium von Vergangenheitskursen eine Prognose von Kursänderungen begünstigt. Deshalb scheint mir nicht die bisherige empirische Bestätigung, sondern ein viel stärkeres erkenntnistheoretisches Argument gegen technische Analysen (für die schwache Informationseffizienz) zu entscheiden:

Wer einen Kausalzusammenhang behauptet, muß eine logisch zwingende Folgerung aussprechen, die zudem eine testbare Hypothese erlaubt, sonst ist der behauptete Kausalzusammenhang nur ein pseudo-religiöses Dogma, keine Aussage, die den Anspruch auf wissenschaftliche Erkenntnis erheben kann. Wer behauptet, aus den Kursbewegungen der Vergangenheit ließe sich auf die der Zukunft schließen, muß also zunächst ein Modell, einen logischen Folgerungszusammenhang vorlegen, z. B.: Die Kurse von Chemieaktiengesell-

---

Finance, Vol. 31 (1976), S. 1141–1148; *Wolfgang Ballwieser*, Insiderrecht und positive Aktienkurstheorie. In: ZfbF, Jg. 28 (1976), S. 231–253.

[53] Vgl. *Eugene F. Fama, Lawrence Fisher, Michael C. Jensen, Richard Roll*, The Adjustment of Stock Prices to New Information. In: The International Economic Review, Vol. 10 (1969), S. 1–21, hier S. 12, 16 f.; *Franke*, Kapitalmarkt, S. 174 f.

schaften folgen einer Sinuskurve im Zeitablauf aus diesen und jenen Gründen. Solche ausdrücklichen Hypothesen kann man beurteilen (die Gleichsetzung mit der Sinuskurve ohne nähere Begründung wird niemand ernst nehmen). Eine halbwegs plausible Hypothese für den zwingenden zeitlichen Verlauf von Aktienkursen kenne ich nicht. Das nicht ausdrückliche Nennen vermuteter Abhängigkeiten ist aber nur unter dem Mantel der Verschwiegenheit bzw. »Geheimwissenschaft« verborgene Bauernfängerei.

Gegen die Abhängigkeit der Kursänderungen von Vergangenheitskursen gibt es hingegen Argumente. Ein sehr einfaches lautet: Wertpapiere sind keine verderblichen Waren (nicht unmittelbar konsumierbar), so daß keine naturgegebene Abhängigkeit der Preise morgen von den Preisen heute zu erwarten ist. Das Argument ist nicht ganz so dumm, wie es auf den ersten Blick erscheint. Daraus folgt z. B.: In den Fällen, in denen eine Aktie etwas »Konsumierbares« morgen abwirft (z. B. die Dividende), wird nach dem Fruchtabwurf ceteris paribus der Kurs sinken. Natürlich ist dieses Argument für die zeitliche Unabhängigkeit der Kursänderungen ziemlich schwach; aber gibt es denn wenigstens ein gleich starkes Argument für die zeitliche Abhängigkeit?

cc) Halbstrenge Informationseffizienz

Alle öffentlich zugänglichen Informationen spiegeln sich unverzüglich in den Kursen wider. Die Kursänderung von heute auf morgen ist nicht nur unabhängig von den Kursen (Dividenden, Bezugsrechten) gestern und vorgestern, sondern im Kurs von heute sind bereits alles öffentlich zugängliche Wissen über Politik und Wirtschaft im allgemeinen, das zu bewertende Unternehmen im besonderen, voll berücksichtigt. Gilt halbstrenge Informationseffizienz, dann sei (so wird behauptet) die Auswertung von Jahresabschlüssen, Pressemitteilungen und auch die betriebswirtschaftliche Bilanzanalyse und Unternehmensbewertung (die »Fundamentalanalyse« von Aktien) nutzlos[54]. Träfe dies zu, dann müßte sogar der Jahresabschluß und seine Prüfung selbst als für den Kapitalmarkt überflüssig verworfen werden.

Allerdings leidet der Begriff der halbstrengen Informationseffizienz unter der Unklarheit, was hier »Information« heißen soll. Bei der schwachen Informationseffizienz ist der Inhalt von »Informationen« eindeutig: Börsentatsachen (Kurse, Dividenden, Bezugsrechte) aus der Vergangenheit; bei der strengen Informationseffizienz ist der Inhalt von »Informationen« belanglos, weil die Bedeutungslosigkeit jeden Wissens behauptet wird; und damit ist es gleichgültig, was im einzelnen unter Information verstanden wird.

Bei der halbstrengen Informationseffizienz müssen jedoch »öffentlich zugängliche« von »nicht öffentlich zugänglichen« Informationen getrennt werden. Nur für die erste Teilmenge wird eine Bedeutungslosigkeit für die Kursprognose behauptet. Um eine solche Teilmenge bedeutungsloser Informationen abzusondern, müssen die Elemente der Teilmenge »öffentlich zugängliche Informationen« aufgezählt bzw. gekennzeichnet werden. Halbstrenge Informationseffizienz verlangt also eine inhaltliche Festlegung, was zu den »öffentlich zugänglichen Informationen« zählt. Erst wenn das erfolgt ist, kann mit Hilfe eines Kapitalmarktmodells getestet werden, ob für die von dem Test genau bezeichnete »öffentlich zugängliche Information« die Aussage gilt, daß Wissen hierüber keine bessere Prognose von Kursänderungen erlaubt als das Nicht-zur-Kenntnis-Nehmen.

---

[54] Vgl. Fußnote 51; eine rein formale und deshalb in den Folgerungen für ein Publizitätsrecht fragwürdige Untersuchung der firmeneigenen Produktion von Informationen für den Kapitalmarkt tragen vor *Eugene F. Fama, Arthur B. Laffer*, Information and Capital Markets. In: The Journal of Business, Vol. 44 (1971), S. 289–298, hier S. 298. Vgl. zu diesem Problem auch *Reinhard H. Schmidt*, Aktienkursprognose. Wiesbaden 1976, zweites Kapitel und ab S. 375.

Solange keine inhaltliche Festlegung erfolgt, was im einzelnen zu den »öffentlich zugänglichen Informationen« zählt, ist die These von der halbstrengen Informationseffizienz nicht mehr als Theoriegefasel. Das kommt schon in der zirkelhaften Definition *Famas* zum Ausdruck, daß »alle relevanten Informationen unverzüglich in den Preisen reflektiert werden«; denn relevant kann eigentlich nur das sein, was die Kurse beeinflußt hat.

Dieser viel zu inexakte Informationsbegriff übergeht Modellkern-Einschränkungen, unter denen das Kapitalmarktmodell die Informationseffizienz in seinen logischen Bedingungsrahmen einbezieht.

Das Kapitalmarktmodell setzt, wie alle Überlegungen zu Entscheidungen unter Ungewißheit mit Hilfe der Wahrscheinlichkeitsrechnung, voraus: Es herrscht vollständige Gewißheit über die Ungewißheit, das heißt, alle logischen Implikationen eines bestimmten empirischen Wissens sind dem Entscheidenden offenkundig (S. 84). Damit sind Überraschungen durch vorsätzliche Täuschung oder fahrlässige bzw. gutgläubig unwahre Aussagen anderer ebenso ausgeschlossen wie mißverstehende Auslegungen von Nachrichten. Wer die Wahrscheinlichkeitsrechnung anwendet, kann unter neuen Informationen nur Tatsachenfeststellungen verstehen, die den logischen Spielraum für die künftige Wirklichkeit einengen: Teile der ursprünglichen Ergebnisverteilung als »aufgrund neuen Wissens empirisch belanglos« abschneidet (die Wahrscheinlichkeit für den Restbestand denkbarer Ergebnisse erhöht sich, weil die Summe aller Wahrscheinlichkeiten stets 1 gleichen muß).

Dann, und nur dann, gilt, daß der Wert einer Information niemals negativ sein kann (S. 141). Nur dieser »ungewißheitsmindernde« Informationsbegriff ist mit die Wahrscheinlichkeitsrechnung verwendenden Modellüberlegungen zu Entscheidungen unter Ungewißheit verträglich. Der Wegfall von Zukunftslagen aufgrund des neuen Tatsachenwissens kann natürlich gute, schlechte oder eine Mischung aus beiden umfassen. Immer ist jedoch Voraussetzung, daß die neue Information zu weniger »künftigen Zuständen der Welt« (nicht unbedingt zu weniger zu planenden Zukunftslagen, S. 77) führt, ohne die Renditeziffern in den verbleibenden Zukunftslagen zu ändern!

Halbstrenge Informationseffizienz heißt deshalb nicht mehr als: Zwischen t_0 und t_1 tritt für alle Marktteilnehmer neues Wissen *ausschließlich* in der Form auf, daß in der (für alle gleichen) Wahrscheinlichkeitsverteilung, die für jede Aktie besteht, ein Teil der Elementarereignisse als empirisch belanglos gestrichen wird. Die Kurse bilden sich dann in t_1 unverzüglich dieser neuen Wahrscheinlichkeitsverteilung entsprechend.

Neue Information heißt im Kapitalmarktmodell also nicht: Nachrichten über einen politischen Umsturz, Gewinnprognosen in einem Börseneinführungsprospekt oder ein versteckter Hinweis in einem Geschäftsbericht, daß die Abschreibungsmethoden geändert wurden. Bei diesem alltäglichen Verständnis von Information besteht ja die Hauptaufgabe darin, diese Nachricht erst einmal in zielentsprechendes Wissen, z. B. in eine Wahrscheinlichkeitsverteilung für die Rendite, umzudeuten. Ob und wie rasch Nachrichten über politische Krisen, Erdölfunde, Tarifabschlüsse usw. in Kauf- und Verkaufsaufträge an der Börse umgewandelt werden, darüber sagt die These von der (richtig interpretierten) halbstrengen Informationseffizienz nichts, aber auch gar nichts. Mit halbstrenger Informationseffizienz ist verträglich, daß Herr Meier als Folge des politischen Umsturzes in Iran 1979 sämtliche Siemens-Aktien bestens verkauft (weil er befürchtet, die hohen Investitionen der Tochtergesellschaft Kraftwerks-Union müßten abgeschrieben werden), Herr Müller zum bisherigen Kurs limitierte Kaufaufträge gibt (weil er schließt: Jetzt bricht wegen einer Verschärfung der Ölkrise die inländische Opposition gegen Kernkraftwerke zusammen) und Herr Schulze gar nicht reagiert (weil er beide Folgen als gleich wahrscheinlich ansieht).

Mit halbstrenger Informationseffizienz ist auch vereinbar, daß einer der drei, weil er die zutreffenderen Schlüsse aus dieser politischen Veränderung zieht (mehr politisches Fingerspitzengefühl, besseres wirtschaftliches Sachwissen hat, schärfer denken kann), zu einer anderen (die denkbare künftige Realität besser abbildenden) Wahrscheinlichkeitsverteilung kommt und deshalb überdurchschnittliche Gewinne an der Börse erzielt. Denn halbstrenge Informationseffizienz besagt lediglich: Falls eine bestimmte Änderung der Wahrscheinlichkeitsverteilung über die Rendite bei allen Marktteilnehmern in gleicher Weise eintritt, kann der einzelne aufgrund dieses Wissens keine überdurchschnittlichen Gewinne erzielen. Sie besagt nicht: Herr Meier zieht aus einer politischen Nachricht oder einer Änderung der Abschreibungsmethoden im Jahresabschluß dieselben Schlüsse über die künftige Rendite und das Risiko dieser Aktie wie Herr Müller oder Herr Schulze.

Die Überlegungen der Herren Meier, Müller, Schulze führen nämlich zu heterogenen Erwartungen: zu unterschiedlichen Wahrscheinlichkeitsverteilungen. Halbstrenge Informationseffizienz muß aber so verstanden werden: Vorausgesetzt, alle Marktteilnehmer bilden aufgrund öffentlich zugänglichen Wissens dieselbe Wahrscheinlichkeitsverteilung, dann passen sich die Kurse unverzüglich an diese Wahrscheinlichkeitsverteilung an. Für einen empirischen Test halbstrenger Informationseffizienz muß als methodologische Vorentscheidung (als Glaubenssatz) die Gültigkeit (a) irgendeines Kapitalmarktmodells und (b) irgendeiner Informationsauswertungsbeziehung vorausgesetzt werden.

(a) Das Kapitalmarktmodell kann ein Gleichgewichtsmodell wie das CAPM sein; es könnte auch ein verhaltenswissenschaftliches Erklärungsmodell sein. Wird das CAPM gewählt, dann folgt aus einer seiner Modellkernannahmen (»gleiche Erwartungen über Rendite und Risiko«) schon aus logischen Gründen: Unabhängig davon, ob Herr Meier und Herr Müller eine Änderung der Abschreibungsmethoden im Jahresabschluß zur Kenntnis nehmen oder nicht, planen beide mit der gleichen Wahrscheinlichkeitsverteilung.

Bestätigt z. B. ein Test Informationseffizienz des Kapitalmarkts in bezug auf einen Wechsel der Abschreibungsmethode, so ist damit nur die Bedeutungslosigkeit des Wechsels der Abschreibungsmethode (keinesfalls »halbstrenge Informationseffizienz« allgemein) gezeigt unter der Voraussetzung, das CAPM ist empirisch gültig.

Widerlegt ein Test Informationseffizienz des Kapitalmarkts in bezug auf einen Wechsel der Abschreibungsmethode, so ist nur der Schluß zulässig: Der Methodenwechsel sei nicht bedeutungslos, falls das CAPM empirisch gilt. Der Test einer verbundenen Hypothese erlaubt keinen Rückschluß auf die Gültigkeit einer unverbundenen Hypothese.

Gibt man einem Beispielsfall halbstrenger Informationseffizienz (z. B. Wechsel der Abschreibungsmethoden) einen selbständigen Sinn (unabhängig vom beim Test vorausgesetzten Kapitalmarktmodell), so erfolgt keine Aussage mehr über in der Wirklichkeit beobachtbare Zusammenhänge. Halbstrenge Informationseffizienz ist ein »theoretischer« Begriff, weil er nur im Rahmen einer Theorie (bei vorausgesetzter Gültigkeit eines Kapitalmarktmodells) verständlich, interpretierbar wird.

(b) Die Umdeutung einer bestimmten Nachricht (z. B. eines politischen Umsturzes oder einer Änderung der Abschreibungsmethoden im Jahresabschluß) in eine bestimmte Wahrscheinlichkeitsverteilung der künftigen Renditen muß als dritte verbundene Hypothese in den Begründungszusammenhang aufgenommen werden, wenn eine Beziehung zwischen einer

Nachricht (Information im alltäglichen Sinne) und einer Kursänderung nachgewiesen werden soll.
Empirische Tests über den Zusammenhang zwischen z. B. Jahresabschlußinformation und Kursprognose erfordern deshalb zwei nicht überprüfbare methodologische (Glaubens-) Vorentscheidungen: Das dem Test zugrunde liegende Kapitalmarktmodell ist empirisch wahr und die dem Test stillschweigend unterstellte Informationsauswertungs-Beziehung zwischen Nachricht und Wahrscheinlichkeitsverteilung der Renditen ist empirisch wahr.

dd) Ein Test halbstrenger Informationseffizienz: Aktiensplit und Kursgewinne

Die stillschweigend unterstellte Informationsauswertungs-Beziehung kann verhältnismäßig harmlos sein, wenn lediglich eine prä-ordinale Rangordnungsaussage folgt: Ein Investor hätte mehr verdienen können, wenn er z. B. einen Monat früher gewußt hätte, daß ein Aktiensplit erfolgen würde; im Monat danach erlaubt diese nun allgemein zugängliche Information keine überdurchschnittlichen Gewinne mehr[55].
Die Informationsauswertungs-Vorentscheidung lautet hierbei lediglich: Es gibt Gründe, weshalb die Kapitalmarktteilnehmer Aktiensplits honorieren. Aus dem Testergebnis selbst folgt kein Argument für eine bestimmte Ursache, weshalb der Durchschnitt aller Marktteilnehmer in Aktiensplits einen Anlaß sieht, diese Aktie insgesamt höher zu bewerten.
Fama und Mitarbeiter folgern zwar, daß die Aktionäre in der Ankündigung des Aktiensplits ein Indiz dafür sehen, daß die betreffende Unternehmensleitung die Zukunft ihres Unternehmens wesentlich günstiger beurteilt. Es erfolge also durch den zahlungsneutralen, rein rechtlichen Akt der Grundkapitalzerlegung eine Information über die künftig bessere wirtschaftliche Lage der Unternehmung.
Ein solcher Schluß ist jedoch unzulässig. Hier wird eine denkmögliche Ursache als Begründung gewählt, ohne daß konkurrierende Denkmöglichkeiten überhaupt genannt, geschweige denn gegeneinander abgewogen werden. Andere Denkmöglichkeiten wären z. B.:
1. Der Aktiensplit erleichtert die Handelbarkeit (Teilbarkeit) der Aktien, und dadurch werden zusätzlich Kleinaktionäre an diesem Papier interessiert (der Aktiensplit nähert also die realen Marktbedingungen für diese Aktie an die ideale Unterstellung beliebiger Teilbarkeit im Kapitalmarktmodell an).
2. Gerade um von schlechten wirtschaftlichen Ergebnissen abzulenken (die aufgrund von Bilanzierungswahlrechten vertuscht werden können), wird von der Geschäftsleitung ein Aktiensplit erwogen.
Natürlich kann auch der von *Fama* und Mitarbeitern genannte und im Schrifttum mehrfach aufgegriffene[56] Grund empirisch gültig sein. Aber um darüber etwas auszusagen, wäre ein ganz neues Modell erforderlich: ein Erklärungsmodell, unter welchen Kapitalmarkt- und Ungewißheitsbedingungen es für den Vorstand einer Aktiengesellschaft rational wäre, sein Wissen über eine günstigere Gewinnentwicklung als bisher angenommen ausschließlich durch einen Aktiensplit den Anteilseignern und der Öffentlichkeit mitzuteilen, anstatt über den viel naheliegenderen Weg in einem Aktionärsbrief oder im Geschäftsbericht.

---

[55] Vgl. *Fama – Fisher – Jensen – Roll*, S. 11.
[56] Vgl. Copeland – Weston, S. 240 f.; **Menachem Brenner**, The Sensitivity of the Efficient Market Hypothesis to Alternative Specifications of the Market Model. In: The Journal of Finance, Vol. 34 (1979), S. 915–929, bes. 927.

ee) Lohnen sich Informationen bei Informationseffizienz des Kapitalmarkts?

Wenn sich die Börsenkurse unverzüglich an veränderte Wahrscheinlichkeitsverteilungen anpassen, nützt niemandem eine Nachricht (Information im alltäglichen Sinne), die zu *für alle Marktteilnehmer gleichen, veränderten Wahrscheinlichkeitsverteilungen* führt; denn ein rational nach finanziellen Zielen strebender Investor wird keinen Pfennig für eine Nachricht ausgeben, die ihm keinen zusätzlichen Gewinn verspricht. Mehrgewinne sind aber bei unverzüglicher Anpassung der Börsenkurse an die aus neuen Nachrichten entstehenden Wahrscheinlichkeitsverteilungen ausgeschlossen. Unter der Annahme unverzüglicher Anpassung der Kurse an neue Daten, verbunden mit gleichen Erwartungen aller Kapitalmarktteilnehmer aufgrund dieser Daten, lohnen sich weder Informationsbeschaffung noch Informationsauswertung.

Scharf von dieser Behauptung zu trennen ist die Aussage, daß sich die Börsenkurse erst dann an neue Nachrichten anpassen können, wenn einzelne Investoren Kauf- und Verkaufsaufträge erteilen, also aufgrund einer vorausgegangenen Beschaffung und Auswertung von Wissen zur Umdisposition ihrer Portefeuilles gelangt sind. Man darf Aussagen über einen Preisbildungsprozeß nicht vermengen mit Folgerungen über die Nützlichkeit (Nutzlosigkeit) von Nachrichten, wenn das Ergebnis des Preisbildungsprozesses als bekannt vorausgesetzt wird!

Die Frage: Besteht auf Kapitalmärkten der Realität Informationseffizienz (und welche)? kann, weil sie mindestens einen theoretischen Begriff (Informationseffizienz) enthält, der nur im Rahmen einer Theorie verständlich (interpretierbar) ist, auch nur im Rahmen einer Theorie, hier einer der Kapitalmarktpreisbildung, empirisch getestet und damit beantwortet werden. Das hier zugrunde gelegte Kapitalmarktmodell ist ein statisches Gleichgewichtsmodell; es sagt nichts, aber auch gar nichts, über den Preisbildungsprozeß im einzelnen. Dieser könnte nur durch ein Modell der fortlaufenden Revision von Preis- und Mengenangeboten und -nachfragen (Modell eines tâtonnements im Sinne von Walras) beschrieben werden. Aus diesem Grunde wäre es Modellmißbrauch, die notwendigen Kauf- und Verkaufaufträge, damit realiter der Gleichgewichtspreis sich verwirklichen kann, zur Begründung der Notwendigkeit der für den einzelnen nutzlosen (weil keinen Pfennig werten) Informationen heranzuziehen.

Wie leicht hier Fehlschlüsse selbst ausgefuchsten Kennern unterlaufen können, belegt ein Beispiel aus der ausgezeichneten Darstellung von Günter Franke[57]. Er fragt, ob Informationseffizienz hinreichend sei für einen Investor, um auf die Auswertung einer zusätzlichen Nachricht anhand eines Prognosemodells zu verzichten. Zur Verdeutlichung wählt er ein Beispiel. Darin gibt es »lediglich zwei Investoren Meyer und Müller und zwei Arten riskanter Wertpapiere, nämlich die Aktien der Z(ucker)-AG und der A(utomobil)-AG. Meyer sei risikoscheuer als Müller. Bisher hält Meyer ⅓ der Z-Aktien und ⅓ der A-Aktien, Müller den Rest«. Beide Investoren erfahren gleichzeitig von einer Benzinpreiserhöhung, »so daß sich die Kurse unverzüglich auf dem späteren Gleichgewichtsniveau einpendeln«.

Selbst bei gleichen Erwartungen lohne sich für Meyer die Kursprognose, »sofern die Informations- und Transaktionskosten genügend gering sind«, weil er wegen seiner größeren Risikoscheu ein Teil seiner A-Aktien an Müller verkaufe. Neben unterschiedlichen Erwartungen der beiden Investoren bewirken auch »Unterschiede in der Risikoeinstellung der

---

[57] Vgl. *Franke*, Kapitalmarkt, S. 106–108, Zitate im Original teilweise kursiv.

Investoren« den Erwerb von Nachrichten. Folglich lohne sich für einen Investor auch bei Informationseffizienz die »Informationsbeschaffung und -auswertung, sofern die Informations- und Transaktionskosten genügend gering sind«.

Die Fragwürdigkeit dieser Folgerung erkennen wir, wenn die nicht genannten, aber notwendigen Voraussetzungen des Beispiels vervollständigt werden:

1. Bei nur zwei Investoren liegt ein bilaterales Monopol vor. Es existiert dann bei Streben nach maximalem Gewinn überhaupt kein Gleichgewichtskurs. Um das Beispiel zu retten, muß also unterstellt werden, daß die beiden Monopolisten sich entgegen ihrer finanziellen Zielsetzung so verhalten, als ob ein vollkommener Markt bestünde.

2. Gibt es dann neben den risikobehafteten Aktien A und Z eine risikolose Anlagemöglichkeit (gilt also das CAPM), dann halten vor der Benzinpreiserhöhung Meyer und Müller jeweils einen Bruchteil des gesamten Marktportefeuilles, Meyer z. B. $\frac{1}{3}$. Wegen seiner größeren Risikoscheu wird er zugleich mehr als Müller risikolos investiert haben.

Die Datenänderung bewirkt eine andere Kapitalmarktlinie. Meyer und Müller halten immer noch einen (sich zu 1 ergänzenden) Bruchteil des Marktportefeuilles, also jeder die beiden risikobehafteten Aktien im gleichen Verhältnis!

3. Besteht neben den risikobehafteten Aktien A und Z keine risikolose Anlagemöglichkeit, dann werden die Ausgangsvoraussetzungen des Beispiels fragwürdig. Für unterschiedlich risikoscheue Investoren ist es unmöglich, daß sie bei nur zwei im Risiko verschiedenen Wertpapieren beide im gleichen Verhältnis zueinander halten. Das ist nur vorstellbar, wenn vor der Datenänderung das Risiko der Aktien A und Z gleich war. Dann muß bei einer Korrelation von + 1 zwischen A und Z aber auch ihre Rendite gleich gewesen sein, denn sonst wäre das renditenärmere Wertpapier von vornherein unterlegen gewesen und würde weder von Meyer noch von Müller gehalten werden. Sinkt die Korrelation unter + 1 können die Berührungspunkte der dann entstehenden Kurve effizienter Portefeuilles mit den Indifferenzkurven von Meyer und Müller nicht auf dasselbe Portefeuille (A:Z = 1 : 1) fallen.

Falls aber die Aktien A und Z vor der Datenänderung in Erwartungswert und Risiko gleich waren, steigt nach der Datenänderung das Risiko von A. Damit A nicht durch Z dominiert (zur ineffizienten Wahlmöglichkeit) wird, muß über eine entsprechende Kurssenkung der Erwartungswert der Rendite von A steigen.

Wenn aber Meyer und Müller das neue Austauschverhältnis zwischen A und Z in gleicher Weise vorhersehen, »so daß sich die Kurse unverzüglich auf dem späteren Gleichgewichtsniveau einpendeln«, kann keiner an dem Wissen über die Datenänderung etwas verdienen. Damit ist die Information nutzlos: Weder Meyer noch Müller können der durch die Benzinpreiserhöhung über ihren Aktienbestand hereinbrechenden Vermögensänderung ausweichen.

4. Deutlich zeigt sich hier die Zweckmäßigkeit, zwischen Informationsbeschaffung und Informationsauswertung (S. 34 ff.) scharf zu trennen. Franke behauptet erst zum Schluß seiner Ausführungen, daß bei Informationseffizienz sich Informationsbeschaffung und Informationsauswertung lohnen könne. Zu Beginn beschränkt er seine Aussage auf die Informationsauswertung: »Entscheidend für den Verzicht auf eine Prognose ist daher, welche Vorteile ein Investor erzielt, indem er sein Portefeuille revidiert, nachdem sich die Kurse auf dem späteren Gleichgewichtsniveau eingependelt haben«.

Doch genau dies weiß der Planende erst *nach* der Informationsauswertung (nach dem Einsetzen der beschafften Nachricht in sein Prognosemodell und dessen Ausrechnung).

Über das Ausmaß an Informationsauswertung lassen sich nicht aus einem Marktpreis-

Gleichgewichtsmodell Schlüsse ziehen (S. 559); wie das Problem der Informationsbeschaffung (des Erwerbs käuflichen Wissens) in die Überlegungen zur Kapitalmarktpreisbildung einbezogen werden kann, wurde S. 544 f. dargestellt.

Allein die Hoffnung auf einen Mehrgewinn aufgrund einer Unvollkommenheit des Marktes, (namentlich einer nicht-unverzüglichen Anpassung der Kurse an die neuen Daten) rechtfertigt, Informationen zu beschaffen und auszuwerten.

4. Kapitalmarkteffizienz und Informationsfunktion des Jahresabschlusses

Die bisher vorliegenden statistischen Untersuchungen über Zusammenhänge zwischen Jahresabschlußinformationen und Kursänderungen[58] legen die Vermutung nahe, daß reale Kapitalmärkte insoweit informationseffizient sind, als die Gesamtheit der Anleger durch buchtechnische Manöver nicht getäuscht werden kann. Wegen der im vorigen Abschnitt erörterten Testproblematik kann man hier nur von sehr relativiertem empirischem Wissen sprechen. Aber das ist immer noch mehr als empirisch gar nicht gestützte Behauptungen.

Daraus läßt sich schließen:

Die bisherigen Tests liefern einen zusätzlichen empirischen Beleg für die schon aus entscheidungslogischen Gründen fragwürdige Behauptung: Der Jahresabschluß insgesamt und der Periodengewinn im besonderen erfülle eine Informationsfunktion (Indikatorfunktion). Dies ist das noch immer vorherrschende Verständnis von den Aufgaben des Jahresabschlusses.

Die betriebswirtschaftliche und juristische Erörterung der Aufgaben des Jahresabschlusses ist ein Trauerspiel, weil immer noch ungeklärte Begriffe (Informationsfunktion) und nichtssagende Phrasen (Periodenverursachung, Periodengerechtigkeit) das Schrifttum beherrschen. Die Behauptung, dem Jahresabschluß komme eine Informationsfunktion zu, ist inhaltsleer, solange nicht gesagt wird, über was genau der Jahresabschluß Wissen vermitteln soll. Informationsfunktion des Jahresabschlusses heißt zunächst nichts anderes als: Der Jahresabschluß enthält Nachrichten, wie jedes beschriebene Blatt auch; ob die Nachrichten überhaupt sinnvoll sind und welchen Sinn sie haben, bleibt ungesagt.

Gemeint ist mit der Informationsfunktion des Jahresabschlusses eine Aussage über die künftige »wirtschaftliche Lage« des Unternehmens. Aber bei einer solchen Verdeutlichung wird nur ein nichtssagender Begriff (Informationsfunktion) durch einen in gleicher Weise ungeklärten (wirtschaftliche Lage) ersetzt. Der Begriff »wirtschaftliche Lage« gewinnt erst an Umriß, wenn damit z. B. künftige Gewinnausschüttungen und Marktpreise von Aktien bzw. Schuldverschreibungen dieses Unternehmens gemeint sind. Kann der Jahresabschluß darüber informieren, wäre die Bilanz tatsächlich eine »Zukunftsrechnung«.

Nachdem selbst Planbilanzen und Gewinnprognosen keinen begründeten Anspruch erheben können, mit hoher (quantitativer) Wahrscheinlichkeit über das künftig zu Erzielende unter-

---

[58] Vgl. z. B. *Robert S. Kaplan, Richard Roll,* Investor Evaluation of Accounting Information: Some Empirical Evidence. In: The Journal of Business, Vol. 45 (1972), S. 225–257; *Ray Ball,* Changes in Accounting Techniques and Stock Prices. Diss. Chicago 1972, zitiert nach *Fama,* Foundations, S. 377; *Nicholas J. Gonedes,* Efficient Capital Markets and External Accounting. In: The Accounting Review, Vol. 47 (1972), S. 11–21; *David Downes, Thomas R. Dyckmann,* A Critical Look at the Efficient Market Empirical Research Literature As It Relates to Accounting Information. In: The Accounting Review, Vol. 48 (1973), S. 300–317; *Shyam Sunder,* Stock Price and Risk Related to Accounting Changes in Inventory Valuation. In: The Accounting Review, Vol. 50 (1975), S. 305–315; *Hai Hong, Robert S. Kaplan, Gershon Mandelker,* Pooling vs. Purchase: The Effects of Accounting for Mergers on Stock Prices. In: The Accounting Review, Vol. 53 (1978), S. 31–47.

richten zu können[59], erscheint es von vornherein als Täuschung Gutgläubiger, dies von dem mit zahlreichen Unzulänglichkeiten behafteten gegenwärtigen handelsrechtlichen Jahresabschluß zu erhoffen.

Deshalb ist mit der Informations- bzw. Indikatorfunktion des Jahresabschlusses in den Schriften, die um eine Präzisierung bemüht sind, auch eine Tatsachenfeststellung (möglichst objektive Messung) gemeint[60], wobei die einzelnen Meßvorschriften (Gewinnermittlungsregeln) so gestaltet werden sollen, daß die Änderung des zuletzt ausgewiesenen Gewinns gegenüber dem zuvor ausgewiesenen eine Änderung der nachhaltig erzielbaren künftigen Einnahmenüberschüsse (bzw. auf dem Kapitalmarkt: der Marktpreise) anzeigen soll. Aus Gründen sprachlicher und gedanklicher Klarheit empfiehlt es sich, diese Informations- bzw. Indikatorfunktion des Jahresabschlusses streng von der Einkommensbemessungsfunktion (Berechnung des Periodengewinns als Messung des Einkommens für das abgelaufene Jahr) zu trennen. Der Unterschied ist folgender:

Während die Einkommensbemessungsfunktion neue wirtschaftliche Tatsachen schafft, nämlich die künftigen Gewinnsteuerzahlungen und Gewinnausschüttungen (mit-)festlegt, *begründet* eine darüber hinausreichende Rechenschaft über die Vermögens-, Finanz- und Ertragslage: *die Informationsfunktion, keine neuen Tatsachen, sondern bestenfalls Erwartungen.* Eine Rechenschaft über die Vermögens-, Finanz- und Ertragslage, die über die zur Einkommensbemessung erforderliche Rechenschaft hinausgeht, rechtfertigt sich allein durch ihre Prognosekraft hinsichtlich künftiger Ereignisse. Gerade an dieser Prognosekraft des publizierten Jahresabschlusses fehlt es, wenn auf dem Kapitalmarkt der Realität halbstrenge Informationseffizienz herrscht.

Die behauptete Informationsfunktion des Jahresabschlusses existiert nur dann, wenn die zu messenden Vergangenheitstatsachen eine Prognose auf die Zukunft erlauben, denn die Gewinnermittlungsregeln selbst (die Meßvorschriften und logischen Beziehungen, welche die Zusammenfassung bestimmter Vergangenheitstatsachen zu den Ziffern im Jahresabschluß erlauben) schaffen keinerlei zusätzliches Wissen über die Wirklichkeit. Das Finden von Gewinnermittlungsregeln ist keine erklärende Hypothesen suchende und prüfende empirische Forschung, sondern logische Gedankenarbeit bei Beachtung empirischer Messungsschwierigkeiten.

Die empirischen Tests in Fußnote 58 behaupten nun mehr, daß durch buchtechnische Manöver die Marktteilnehmer nicht beeinflußt werden. Das bedeutet: Die Marktteilnehmer verfallen nicht in den Fehler, rein logische Operationen (Umrechnungen bzw. Umänderungen von Gewinnermittlungsregeln) fälschlich für neues empirisches Wissen zu halten.

Demgegenüber geht die Lehre von der Informations- bzw. Indikatorfunktion des Jahresabschlusses von der Hoffnung aus, durch rein logische Operationen (Änderungen von Gewinnermittlungsregeln, um aus Zahlungen »periodengerechte« Gewinne zu machen) ließen sich Vergangenheitstatsachen so umformen, daß aus der entstehenden Gewinnänderung zugleich eine Aussage über die Richtungsänderung des künftigen Marktpreises der Unternehmung möglich wäre. Das erscheint mir als bloßes Wunschdenken.

Die These, dem veröffentlichten Jahresabschluß fehle es an der Prognosekraft hinsichtlich

---

[59] Vgl. *Dieter Schneider,* Grundsätze ordnungsmäßiger Rechnungslegung über Gewinnprognosen, dargestellt am Problem der Beispielrechnungen für Gewinnbeteiligungen in der Lebensversicherung. In: ZfbF, Jg. 32 (1980), S. 238–269, hier S. 268 f.

[60] Vgl. für viele *Ulrich Leffson,* Die Grundsätze ordnungsmäßiger Buchführung. 5. Aufl., Düsseldorf 1980, ab S. 55.

künftiger Marktpreise von Anteilen und Schuldtiteln einer Unternehmung (keine Informationsfunktion des publizierten Jahresabschlusses über die hinaus, die seiner Einkommensbemessungsfunktion innewohnt), verliert viel von ihrer überraschenden Wirkung, wenn beachtet wird:

(1) Insidervorteile bestehen und Insider werden aufgrund ihres besseren (früheren) Wissens Käufe und Verkäufe, also vorab Anpassungsprozesse an die später öffentlich zugänglichen Informationen auslösen.

(2) Zu einem organisierten Kapitalmarkt gehört eine hinreichende Zahl von berufsmäßigen Arbitrageuren (sagen wir ruhig: gewerbsmäßigen Spekulanten), die auf jede Abweichung des Börsenkurses von ihren Erwartungen unverzüglich durch Käufe oder Verkäufe reagieren. Berufsmäßige Arbitrageure werden finanzielle Ziele rational verfolgen und hierbei alle öffentlich zugänglichen Informationen (einschließlich Gerüchten) bei ihren Entscheidungen berücksichtigen.

Damit besagt die These von der fehlenden finanziellen Prognosekraft publizierter Jahresabschlüsse eigentlich nur noch: Andere Kapitalmarktteilnehmer seien genauso schlau wie man selbst, so daß keiner mehr öffentlich zugängliche Informationen besser als andere auswerten und durch rascheres Handeln einen Mehrgewinn erzielen kann.

(3) Publizierte Jahresabschlüsse sind bekanntlich eine Mischung aus Dichtung und Wahrheit, genauer:

(a) Sie unterrichten über künftige wirtschaftliche Tatsachen, soweit sie die Höhe des auszuschüttenden Betrages für ein Jahr begründen oder Kapitalerhöhungen ankündigen.

(b) Sie enthalten Vermutungen der Leitung der rechnungslegenden Unternehmung hinsichtlich künftiger Gewinnausschüttungen und Marktpreise des Unternehmensanteils.

(c) Sie übermitteln bestimmte Erwartungen hinsichtlich künftiger Ausschüttungen und Marktpreise für Unternehmensanteile, welche die Rechnungslegenden bei den Empfängern der Rechnungslegung erzeugen wollen.

Publizierte Jahresabschlüsse als Mischungen aus Tatsachen einerseits, persönlichen Vermutungen bzw. gutgläubigen, fahrlässigen oder vorsätzlichen Täuschungen andererseits, besitzen aber für den Empfänger dieser Rechnungslegung einen positiven Informationswert (eine Prognosekraft) nur dann, wenn die Tatsachen von den Vermutungen bzw. vermuteten Täuschungen getrennt werden können.

Beachtet man dies, dann leuchtet zunächst folgende These ein (was nicht heißt, daß sie empirisch wahr sein muß): Informationen aus handelsrechtlichen Jahresabschlüssen, in denen Dichtung und Wahrheit untrennbar vermischt sind, erlauben keine Prognosen von Kursänderungen. Folgende Analogie macht diese These plausibel: Wenn ich nicht weiß, ob ich rechts oder links abzweigen soll, und jemanden treffe, von dem ich weiß, daß er mich beschwindeln wird, wenn er sich irgendeinen Vorteil davon verspricht, aber mir strikt die Wahrheit sagt, wenn er davon keinerlei Nachteil befürchten muß (schon um den Eindruck zu erwecken, er sage immer die Wahrheit), kann ich genausogut nach einem Münzwurf die Richtung wählen, anstatt diesen Informanten zu fragen. Ich spare dabei zumindest einen Haufen Zweifel.

Ein Kapitalmarktteilnehmer (Empfänger der Rechnungslegung) kann nur dann vernünftig entscheiden, wenn er unverfälscht über Tatsachen unterrichtet worden ist. Jede Planung über die Zukunft baut auf Tatsachenwissen der Vergangenheit auf, benötigt hypothetisch gesetzte Zukunftsmerkmale und schließt eine Fülle an geplanten Zukunftslagen ein (relativierte mehrwertige Prognosen, S. 80). Solange sich Planungen überhaupt lohnen (Wissen nützlich ist, S. 544), werden die Kapitalmarktteilnehmer nachprüfbares Wissen von Vergangenheitstatsachen wünschen, weil nur darauf durch Setzen ausdrücklicher hypothetischer Zukunftsmerkmale ein Bild von der Zukunft entstehen kann, das frei ist von dem Verdacht der vorsätzlichen, fahrlässigen oder gutgläubigen Täuschung durch den Nachrichtengeber (den Rechnungslegenden).

Damit ist nicht gesagt, daß für die Kapitalmarktteilnehmer persönliche Vermutungen der Rechnungslegenden über die von ihnen für glaubwürdig gehaltene Entwicklung ohne Interesse seien. Verlangt wird lediglich, daß solche Vermutungen der Rechnungslegenden getrennt werden von Tatsachenaussagen, weil bei den Vermutungen der Rechnungslegenden über die künftige Entwicklung nicht überprüft werden kann, ob der Rechnungslegende über die von ihm tatsächlich vermutete Entwicklung berichtet oder nur einen optimistischen (pessimistischen) Eindruck beim Empfänger der Nachricht erzeugen will, damit der Rechnungslegende seine persönlichen Ziele besser erreicht.

Normen zur Rechnungslegung, wie sie eine Bilanztheorie entwickeln will, müssen zunächst die Gefahr vorsätzlicher, fahrlässiger oder gutgläubig unwahrer Aussagen durch den Rechnungslegenden verhindern. Dann und nur dann kann der Jahresabschluß wenigstens aus entscheidungslogischen Gründen überhaupt einen Informationswert für den Empfänger der Rechnungslegung gewinnen.

Das Studium der Bilanzlehre ist schon deshalb nötig, um Tatsachenaussagen in Jahresabschlüssen von jenen Scheininformationen trennen zu lernen, mit denen die Rechnungslegenden ihren Zielen entsprechende Erwartungen hinsichtlich künftiger Gewinnausschüttungen und Marktpreise des Unternehmens erwecken wollen.

Zu dem Tatsachenwissen, über das Jahresabschlüsse unterrichten sollen, gehört in erster Linie die Ermittlung des Einkommens als besteuerbarer und ausschüttungsfähiger Betrag. Der Periodengewinn eines abgelaufenen Jahres ist keine unmittelbar beobachtbare (zu messende) Größe, er ist vielmehr eine »theoriebeladene« Tatsachenfeststellung. »Gewinn« dient hier nicht als Indikator für die Richtungsänderung der nachhaltigen künftigen Einnahmenüberschüsse, sondern als Indikator für den wirtschaftstheoretischen Begriff des Einkommens: des Betrages, den man verzehren kann, ohne sich am Periodenende ärmer zu stellen als am Periodenanfang.

Wird der Gewinnermittlung der Zweck gegeben, das Einkommen einer Periode zu messen, dann ist unmittelbarer Beobachtungstatbestand der Saldo der Zahlungen und Güterbewegungen einer Periode[61]. Die Gewinnermittlungsregeln übernehmen hierbei zwei Aufgaben:

(a) Entweder dienen sie dazu, die Begriffsmerkmale des Einkommens einzuhalten (z. B. »Erhalte das nominelle Kapital« oder »die mengenmäßige Substanz«, je nachdem, welche Kapitalerhaltungsvorstellung dem zu messenden »sich am Periodenende nicht ärmer stellen« innewohnt). Diese Begriffsmerkmale übernehmen die Aufgabe von hypothetisch gesetzten Zukunftsmerkmalen (z. B. reicht das nominelle Kapital nur für die Erwirtschaftung desselben Einnahmenüberschusses in der Zukunft aus, wenn die wirtschaftliche Entwicklung stationär verläuft).

(b) Oder sie werden zu Annahmen über die Risikoberücksichtigung (z. B.: »Drohende Verluste sind vorwegzunehmen«).

Trotz dieser zukunftsbezogenen Merkmale ist Zweck der Einkommensermittlung keine Prognose, sondern eine theoriebeladene Tatsachenfeststellung: Unter der Annahme be-

---

[61] Vgl. *Dieter Schneider*, Steuerbilanzen. Wiesbaden 1978, ab S. 46.

stimmter Zukunftsmerkmale und Regeln zur Risikoberücksichtigung beträgt der Betrag, der konsumiert (besteuert, ausgeschüttet) werden kann, ohne am Periodenende ärmer dazustehen als am Periodenanfang, x DM.

Die Frage, ob publizierten Jahresabschlüssen überhaupt eine Informationsfunktion zukommt, ist deshalb beim gegenwärtigen Wissenstand so zu beantworten:

(a) Jahresabschlüsse, die Dichtung und Wahrheit miteinander vermischen, besitzen keine Informationsfunktion hinsichtlich all der Aussagen, deren Tatsachengehalt nicht zweifelsfrei ist.

Solche veröffentlichten Jahresabschlüsse bringen nur insoweit für Entscheidungen nützliches Wissen als

(1) künftige Tatsachen (Zahlungen) dadurch festgelegt werden, also z. B. durch die Angabe der Dividendenhöhe.

(2) Bindungen der im rechnungslegenden Unternehmen Entscheidenden erfolgen, z. B. in der Form, daß »aller Wahrscheinlichkeit nach« die diesjährige Dividende im nächsten Jahr beibehalten werden kann,

(3) Einzelangaben erfolgen, deren Tatsachengehalt nicht zweifelhaft ist.

(b) Selbst der Tatsachen berichtende Teil eines Jahresabschlusses erzeugt nur Prognosekraft, soweit die öffentlich zugänglichen Informationen sich noch nicht in den Kursen niedergeschlagen haben. Nach dem gegenwärtigen Wissen ist die These, daß der Jahresabschluß keine Informationsfunktion besitzt, empirisch besser gestützt als die Antithese von der Informationsfunktion des Jahresabschlusses.

(c) Sinn gewinnt damit die Veröffentlichung eines mit Bilanzierungswahlrechten belasteten Jahresabschlusses auf organisierten Kapitalmärkten nur durch die Einkommensbemessungsfunktion.

Gegen die Bezugsgröße »ausschüttbarer Betrag« (Einkommensermittlung) als Zweck der handelsrechtlichen Rechnungslegung können allerdings kapitalmarkttheoretische Einwände erhoben werden: Die Ausschüttungspolitik sei für die Höhe der Marktpreise von Anteilen (die Bewertung von Unternehmungen am Kapitalmarkt) und damit für den Aktionärs- und Gläubigerschutz bedeutungslos. Deshalb sei die Notwendigkeit einer Einkommensermittlung als Grundlage für die Normen der Rechnungslegung genausowenig gestützt wie die Informations- bzw. Indikatorfunktion des Jahresgewinns. Dem ist jedoch entgegenzuhalten: Die These von der Bedeutungslosigkeit der Ausschüttungspolitik für den Marktpreis einer Unternehmung ist an die Trennbarkeit der Investitionsentscheidungen innerhalb des Unternehmens von den persönlichen Konsumentscheidungen der Anteilseigner und Gläubiger gebunden. Wie eng unter Ungewißheit die Umweltbedingungen und Verhaltensannahmen werden, um diese Unabhängigkeit der Investitionsentscheidungen in Firmen von den persönlichen Konsumentscheidungen ihrer Kapitalgeber zu bewahren, wird in Teil V. zu zeigen sein.

V. Kapitalkosten unter Ungewißheit als Entscheidungshilfe?

a) Einperiodige Kapitalkosten unter Ungewißheit und Kapitalstruktur

1. Investitionsplanung mit Hilfe einperiodiger Kapitalkosten unter Ungewißheit

Die Kapitalkosten unter Ungewißheit übernehmen für das einzelne Unternehmen dieselbe Aufgabe, welche der Marktzins auf einem vollkommenen Kapitalmarkt unter Sicherheit erfüllt: Sie dienen als Mindestverzinsung, nach der einzelne Investitionsvorhaben beurteilt werden und die den Investitionsumfang begrenzen.

Jeder Einnahmenüberschuß ist durch Kauf eigener Aktien zu den Kapitalkosten unter Ungewißheit anlegbar: Er läßt also ex ante eine Rendite erwarten, die dem risikolosen Marktzinssatz zuzüglich dem Marktpreis für das Risiko zuzüglich bzw. abzüglich der unternehmensindividuellen Risikoprämie entspricht. Und das heißt: Der Vorstand einer Aktiengesellschaft wird nur dann nicht in eigenen Aktien, sondern z. B. in Sachanlagen investieren, wenn er damit eine Rendite erzielt, die mindestens gleich der in der Gegenwart erwarteten Aktienrendite seiner Unternehmung ist. Das ist nur dann der Fall, wenn Datenänderungen (neue Informationen) auftreten.

Jeder Ausgabenüberhang ist durch den Verkauf eigener Aktien finanzierbar, wobei der Unternehmung und damit zugleich ihren bisherigen Anteilseignern Kosten entstehen (Renditen entgehen) genau in Höhe der Kapitalkosten unter Ungewißheit. Natürlich stellt die Ausgabe neuer Aktien nur einen erwarteten Gewinnentgang dar. Ex post kann weniger oder mehr verdient worden sein, der derzeitige Aktienkurs sich halbiert oder verdoppelt haben.

Wird das Modell der Wertpapierlinie akzeptiert, ist demnach die Investitionsplanung unter Ungewißheit wenigstens für den Einperiodenfall ein Kinderspiel:

Für jedes Investitionsvorhaben sei nur der Erwartungswert der Rendite und das systematische Risiko abzuschätzen und der Marktpreis des Risikos zu bestimmen. Dann lasse sich sofort erkennen, ob ein Investitionsvorhaben durchgeführt werden soll oder nicht.

Wenn V_0 den gegenwärtigen Kurs einer Aktie bezeichnet (bzw. die Anschaffungsausgaben irgendeiner sonstigen Investition), $\mu(V_1)$ den Erwartungswert des Vermögens am Ende der Planperiode (= Abrechnungsperiode), dann errechnet sich der Erwartungswert der Rendite $\mu(r_i)$ dieser Investition als

$$(1) \qquad \mu(r_i) = \frac{\mu(V_1) - V_0}{V_0}.$$

Im Marktgleichgewicht entspricht der Erwartungswert der Rendite den Kapitalkosten unter Ungewißheit (der gewünschten Mindestverzinsung).

Wird dieser Ausdruck in die Gleichung der Wertpapierlinie (9), S. 528, eingesetzt und diese nach V_0 aufgelöst, folgt

$$(2) \qquad V_0 = \frac{\mu(V_1)}{1 + \mu(r_i)} = \frac{\mu(V_1)}{1 + i + [\mu(r_M) - i]\beta_i}.$$

In Worten lautet (2):

Der Gegenwartskurs einer Aktie auf einem vollkommenen Kapitalmarkt für risikobehaftete Titel (bzw. der Barwert irgendeiner sonstigen Investition) gleicht dem Barwert des Erwartungswerts des Endvermögens am Ende der Planperiode, diskontiert mit einem Kalkulationszinsfuß, der um den Risikozuschlag für diese Investition über dem risikolosen Marktzinssatz liegt. µ (r_i) bezeichne dabei die einperiodigen Kapitalkosten unter Ungewißheit einer unverschuldeten Kapitalgesellschaft. Die Verschuldung und ihre steuerlichen Wirkungen werden anschließend in die Modellüberlegungen eingebaut.

Weicht das systematische Risiko einer geplanten Investition von dem β ab, welches das Unternehmen bisher verwirklicht hat, so zeigt die Wertpapierlinie an, wie hoch der Risikozuschlag zu bemessen ist, um die erforderliche Mindestverzinsung zu berechnen.

Das Modell der Wertpapierlinie gibt also eine einfache, oder wie es im angelsächsischen Schrifttum üblich geworden ist zu sagen: eine »robuste« Entscheidungshilfe an. Allerdings wird hierbei rechnerische Einfachheit mit vielfacher Anwendbarkeit in der Wirklichkeit (Robustheit) verwechselt[62].

Selbst bei einperiodiger Planung wird die rechnerische Einfachheit schon eingeschränkt, wenn die Gewinn- und Vermögensbesteuerung in die Kapitalkosten unter Ungewißheit einbezogen werden, von denen das Modell der Wertpapierlinie ursprünglich absieht.

Die folgenden Abschnitte 2. und 3. sind für Spezialisten gedacht. Der an den Grundlagen interessierte Leser überschlägt sie besser und liest ab c) weiter.

2. Besteuerung und Kapitalkosten unter Ungewißheit: die Verbindung von Modigliani-Miller-Theorem und CAPM

Die Steuern, die hier in die Modellüberlegungen eingehen, sind gedachte Modellsteuern. Es ist deshalb leichtfertig, von »Körperschaftsteuer« bzw. »Einkommensteuer« zu sprechen. Vielmehr gilt bei den Modellüberlegungen: Nur die investierende Unternehmung zahlt eine proportionale Steuer auf den Einnahmenüberschuß. Gewinnverböserungen und Gewinnvergünstigungen, Steuersatzvergünstigungen, Sonderregelungen: All das, was dazu führt, daß z. B. das Körperschaftsteuergesetz mehr als zwei Paragraphen umfaßt und noch Durchführungsverordnungen und Richtlinien zusätzlich erfordert, bleibt außerhalb der Modellüberlegungen. Darüber hinaus ist zu beachten, daß für ausgeschüttete Gewinne die derzeitige deutsche Körperschaftsteuer überhaupt keine Unternehmenssteuer ist, weil sie beim inländischen Anteilseigner zu einer Minderung der Einkommensteuerschuld führt.

Im Modell dieses Abschnitts gelte allerdings, daß die Marktteilnehmer (Haushalte) keine Einkommensteuer zahlen. Als gewinnabhängige Unternehmenssteuer wäre deshalb nur die Gewerbeertragsteuer anzusehen. Aber auch sie paßt hier nicht, denn die Modellüberlegungen gehen davon aus, daß Fremdkapitalzinsen den zu versteuernden Unternehmensgewinn mindern, was bei der Gewerbeertragsteuer im Regelfall nicht erfüllt ist. Die Gegebenheiten des gegenwärtigen deutschen Steuerrechts werden anschließend zu erörtern sein.

Vorerst behandeln wir eine modellmäßige gewinnabhängige Unternehmenssteuer, bei der die Fremdkapitalzinsen den zu versteuernden Gewinn mindern.

Die steuerliche Abzugsfähigkeit der Fremdkapitalzinsen ist für die Bestimmung der Kapitalkosten unter Ungewißheit deshalb wichtig, weil auf einem vollkommenen Kapitalmarkt die Kapitalstruktur einer Unternehmung ohne Einfluß auf deren Marktpreis ist. Von dieser Modigliani-Miller-Hypothese (S. 500) geht dieser Abschnitt aus. Die Behauptung von der Einflußlosigkeit der Kapitalstruktur auf den Marktpreis eines Unternehmens gilt nicht mehr, wenn Gewinnsteuern auf den Erträgen des Eigenkapitals, jedoch nicht den Zinsen des Fremdkapitals lasten.

---

[62] Vgl. zur Kritik *Stewart C. Myers*, Interactions of Corporate Financing and Investment Decisions – Implications for Capital Budgeting. In: The Journal of Finance, Vol. 29 (1974), S. 1–25, hier S. 13–19.

Bei Modigliani-Miller sind die Kapitalkosten mit wachsender Verschuldung aufgrund der Unternehmensbesteuerung nur für Investitionen einer Unternehmung in ein und derselben »Risikoklasse« definiert. Das Modell der Wertpapierlinie bestimmt demgegenüber Kapitalkosten unter Ungewißheit für unterschiedliche Risiken (alternative Risikoklassen). Modigliani-Miller-Hypothese und CAPM sind in diesem und im folgenden Abschnitt zu verknüpfen.

Gleiche Risikoklasse heißt, daß die Zahlungsströme im Zeitablauf für die einzelnen Zukunftslagen zwischen geplanter Investition und investierender Unternehmung bzw. zwischen verschiedenen Unternehmen sich nur so voneinander unterscheiden dürfen, daß sich der gleiche Erwartungswert und die gleiche Streuung für alle Investitionsvorhaben bzw. Unternehmen errechnet. Gleiche Risikoklasse bedeutet also zunächst: identische μ-σ-Werte. Darüber hinaus müssen die Korrelationskoeffizienten unter den Handlungsmöglichkeiten einer Risikoklasse gleich + 1 sein. Gleiche Risikoklasse heißt also ein und dasselbe β im Modell der Wertpapierlinie.

Das folgende geht, wie die Modigliani-Miller-Hypothese, von einer festen Verzinsung der Schulden aus. Fremdkapital ist in den Augen des planenden Unternehmens risikolos. Es handelt sich also nicht um Anleihen, deren Börsenkurse im Zeitablauf schwanken und bei denen durch Rückkauf bzw. Wiederverkauf Gewinne und Verluste zu erzielen sind. Vielmehr hat man sich Kassenobligationen vorzustellen, die zu Beginn der Abrechnungsperiode ausgegeben und mit Zinsen bzw. Agio am Ende der Abrechnungsperiode bedient werden. Die Annahme risikoloser Verschuldung erscheint bei einperiodiger Planung problemlos.

Indes gehen die Modigliani-Miller-Überlegungen von einem unendlichen Planungszeitraum aus: Es werden Barwerte unendlicher »Renten« berechnet. Hierfür erscheint die Annahme einer risikolosen Verzinsung (keine Kursschwankungen der Anleihen) fragwürdig.

Für das hier anstehende Problem des optimalen Verschuldungsgrades bleibt jedoch die Annahme risikoloser Verschuldung eine harmlose Randbedingung. Denn die Frage, ob überhaupt ein Optimum der Kapitalstruktur existiert, ist unabhängig davon, ob die Schulden in den Augen des einzelnen Unternehmens risikolos oder risikobehaftet sind[63].

Zur harmlosen Randbedingung wird auch die Annahme erklärt, daß die Marktteilnehmer steuerbefreit leben; denn bei einer Besteuerung der Marktteilnehmer mit einer persönlichen Einkommensteuer, für welche die Unternehmenssteuerzahlungen nicht berücksichtigungsfähig sind, entstehe durch die Einkommensteuer keine optimale Kapitalstruktur beim einzelnen Unternehmen, wohl aber existiere ein optimaler Verschuldungsgrad für den Unternehmenssektor der Volkswirtschaft im ganzen[64]. In der bundesdeutschen Steuerwirklichkeit existiert aber keine derartig harmlose Besteuerung.

Wenn der Gewinnsteuersatz des Unternehmens mit s bezeichnet wird und der Marktpreis des unverschuldeten Unternehmens mit V_u, dann gilt im Marktgleichgewicht, daß der Markt-

---

[63] Vgl. *Joseph E. Stiglitz*, Some Aspects of the Pure Theory of Corporate Finance: Bankruptcies and Take-overs. In: The Bell Journal of Economics and Management Science, Vol. 3 (1972), S. 458–482; *Mark E. Rubinstein*, A Mean-Variance Synthesis of Corporate Financial Theory. In: The Journal of Finance, Vol. 28 (1973), S. 167–181.

[64] Vgl. *Merton H. Miller*, Debt and Taxes. In: The Journal of Finance, Vol. 32 (1977), S. 261–275, hier S. 269; eingebaut in das Modell der Wertpapierlinie muß jedoch beachtet werden, daß nur unter sehr unplausiblen Annahmen ein vor Einkommensteuer risiko-effizientes Portefeuille auch nach Einkommensbesteuerung risiko-effizient ist, vgl. *John B. Long jr.*, Efficient Portfolio Choice with Differential Taxation of Dividends and Capital Gains. In: The Journal of Financial Economics, Vol. 5 (1977), S. 25–53.

preis dem Barwert des als »ewig fließenden« Erwartungswerts der Einnahmeüberschüsse $\mu(Z)$ nach Steuern gleicht, abgezinst zu den Kapitalzinsen unter Ungewißheit:

$$(3) \qquad V_u = \left[\frac{(1-s)\,\mu(Z)}{\mu(r_i)} \right].$$

Die Kapitalkosten unter Ungewißheit ändern sich bei unverschuldeten Unternehmen durch die Besteuerung nicht, weil nur das Unternehmen, nicht die Anteilseigner Steuern zahlen. Wenn die Unternehmung sich risikolos verschuldet und die Zinsen steuerlich abzugsfähig sind, dann wird der Erwartungswert der Einnahmenüberschüsse aufgeteilt in Zinszahlungen an die Gläubiger (risikoloser Zinssatz i mal Schuldbetrag F) und dem für die Aktionäre verbleibenden Betrag A nach Abzug der Gewinnsteuerzahlungen des Unternehmens:

$$(4) \qquad \mu(Z) = iF + s\mu(Z) - siF + A.$$

Aus den Einkommenszahlungen der Unternehmung an die Kapitalmarktteilnehmer berechnet sich der Gesamtwert des in der Unternehmung eingesetzten Eigen- und Fremdkapitals. Die Einkommenszahlungen der Unternehmung an die Kapitalmarktteilnehmer gleichen dem Betrag A an die Aktionäre und dem Betrag iF an die Gläubiger

$$(4a) \qquad A + iF = (1-s)\,\mu(Z) + siF.$$

Damit die Steuerersparnis aufgrund der Fremdkapitalzinsen eine sichere Einnahme darstellt, muß risikolose Verschuldung, unveränderter Steuersatz und zusätzlich sofortiger steuerlicher Verlustausgleich vorausgesetzt werden.

Der Marktwert eines verschuldeten Unternehmens für die Anteilseigner und Gläubiger zusammen (V_F) errechnet sich als Barwert des versteuerten Erwartungswerts der Einnahmenüberschüsse, diskontiert zu den Kapitalkosten unter Ungewißheit, zuzüglich dem Barwert der sicheren Steuerersparnisse, die nur mit dem risikolosen Marktzinssatz diskontiert werden dürfen:

$$(5) \qquad V_F = \frac{(1-s)\,\mu(Z)}{\mu(r_i)} + \frac{siF}{i} = \frac{(1-s)\,\mu(Z)}{\mu(r_i)} + s \cdot F = V_u + sF.$$

Damit steigt unabhängig von den Zukunftserwartungen der Gesamtwert der Unternehmung nach Steuern mit wachsender Verschuldung, wenn die Fremdkapitalzinsen steuerlich abzugsfähig sind[65].

Wie ändern sich die Kapitalkosten unter Ungewißheit, wenn durch neue Investitionen der Verschuldungsgrad eines Unternehmens erhöht wird?

Die Änderung des Marktpreises eines Unternehmens, wenn dieses eine neue Investition ΔI in der gleichen Risikoklasse durchführt, ist aus (5) unmittelbar abzulesen:

$$(5a) \qquad \frac{\Delta V_F}{\Delta I} = \frac{(1-s)}{\mu(r_i)} \cdot \frac{\Delta\mu(Z)}{\Delta I} + s\,\frac{\Delta F}{\Delta I},$$

---

[65] Vgl. *Franco Modigliani* and *Merton H. Miller*, Corporate Income Taxes and the Cost of Capital: A Correction. In: The American Economic Review, Vol. 53 (1963), S. 433–443, hier S. 436; die Annahme sicherer Steuerersparnis diskutieren *M[ichael] J. Brennan* and *E[li] S. Schwartz*, Corporate Income Taxes, Valuation, and the Problem of Optimal Capital Structure. In: The Journal of Business, Vol. 51 (1978), S. 103–114; zum folgenden s. auch *Copeland–Weston*, S. 281 f.

wobei $\frac{\Delta\mu(Z)}{\Delta I}$ die Änderung des Erwartungswerts der Einnahmenüberschüsse aufgrund einer zusätzlichen Investition bezeichnet und $\frac{\Delta F}{\Delta I}$ die Änderung des Verschuldungsgrades aufgrund dieser zusätzlichen Investition.

Die Änderung des Marktpreises der Unternehmung aufgrund einer geplanten Investition teilt sich auf in eine Änderung des Marktpreises der alten Aktien ($\frac{\Delta E^a}{\Delta I}$), den Marktwert der neu ausgegebenen Aktien zur Finanzierung der Investition ($\frac{\Delta E^n}{\Delta I}$) und den Marktwert der neu aufgenommenen Schulden zur Finanzierung der Investition ($\frac{\Delta F^n}{\Delta I}$).

Der Marktpreis der alten Schulden kann sich nicht ändern, weil vorausgesetzt wurde, daß diese risikolos und mit fester Verzinsung versehen sind.

(6) $$\frac{\Delta V_F}{\Delta I} = \frac{\Delta E^a}{\Delta I} + \frac{\Delta E^n}{\Delta I} + \frac{\Delta F^n}{\Delta I}.$$

Finanziert wird die geplante Investition entweder durch neues Eigenkapital oder durch neues Fremdkapital, also

(7) $$\Delta I = \Delta E^n + \Delta F^n, \text{ und folglich } \frac{\Delta E^n}{\Delta I} + \frac{\Delta F^n}{\Delta I} = 1.$$

Damit wird aus (6) die Gleichung (6 a):

(6a) $$\frac{\Delta V_F}{\Delta I} = \frac{\Delta E^a}{\Delta I} + 1.$$

Voraussetzungsgemäß handelt die Unternehmensleitung ausschließlich im Interesse ihrer Geldgeber. Deshalb wird die geplante Investition nur dann durchgeführt, wenn der Marktpreis der alten Aktien aufgrund der Investition steigt, allenfalls gleich bleibt, also (8) gilt:

(8) $$\frac{\Delta E^a}{\Delta I} \geq 0.$$

Um eine Mindestverzinsung für die neue Investition abzuleiten, muß in (8) das Gleichheitszeichen stehen. Dabei wird aus (6 a)

(6b) $$\frac{\Delta V_F}{\Delta I} = 1.$$

Dies in (5 a) eingesetzt, ergibt

(9) $$1 = \frac{1-s}{\mu(r_i)} \cdot \frac{\Delta\mu(Z)}{\Delta I} + s\frac{\Delta F}{\Delta I} \text{ oder}$$

(9a) $$(1-s)\frac{\Delta\mu(Z)}{\Delta I} = \mu(r_i)\left[1 - s\frac{\Delta F}{\Delta I}\right].$$

Die linke Seite von (9 a) nennt die versteuerte Grenzrendite der geplanten Investition. Die rechte Seite enthält die Kapitalkosten unter Ungewißheit, wie sie sich bei Berücksichtigung der sicheren Steuerersparnis aus zusätzlicher (marginaler) Fremdfinanzierung ergeben. Diese Mindestverzinsung, welche die Kapitalmarktteilnehmer wünschen, sei mit k abgekürzt:

(9b)
$$k = \mu(r_i)\left[1 - s\frac{\Delta F}{\Delta I}\right].$$

Die zur Durchführung einer Investition erforderliche Mindestverzinsung k sinkt also mit wachsendem Steuersatz bei gegebenem Verschuldungsgrad bzw. mit wachsendem Verschuldungsgrad bei gegebenem Gewinnsteuersatz in der Unternehmung. Im Schrifttum wird k als »gewogene durchschnittliche Kapitalkosten« (weighted average cost of capital = WACC) gedeutet[66]. Dies wird erst nach einer Umformung verständlich. Für diese Umformung benötigen wir die Definitionsgleichung für den Verschuldungshebel. Die Hebelwirkung wachsender Verschuldung auf die Eigenkapitalrentabilität (S. 488) lautet

$$r_E = r + (r - i)\frac{F}{E}.$$

Hierin ist r die Durchschnittsrendite der von der *verschuldeten* Unternehmung verwirklichten Investitionen. Unter Ungewißheit und im Marktgleichgewicht entspricht sie der vom Kapitalmarkt geforderten Mindestverzinsung für Investitionen der »Risikoklasse« i. Also ist r durch die Kapitalkosten unter Ungewißheit der verschuldeten Unternehmung zu ersetzen:

(10)
$$r = \mu(r_i) - s[\mu(r_i) - i]\frac{F}{E + F}$$

Es kommt also nur ein »versteuerter Verschuldungshebel« zur Geltung:

(10a)
$$r_E = \mu(r_i) + (1 - s)\left[\mu(r_i) - i\right]\frac{F}{E}.$$

Diese Gleichung lösen wir nach $\mu(r_i)$ auf und erhalten

(10b)
$$\mu(r_i) = \frac{r_E + (1 - s)i\frac{F}{E}}{1 + (1 - s)\frac{F}{E}} = \frac{r_E E + (1 - s)iF}{E + (1 - s)F}.$$

Eine Unternehmung wird ihre Investitionen soweit ausdehnen, bis die Grenzrendite der letzten Investition (k in 9 b) der Durchschnittsrendite aller Investitionen ($\mu(r_i)$ in 10 a) gleicht. In diesem Gleichgewichtspunkt entspricht der marginale Verschuldungsgrad ($\frac{\Delta F}{\Delta I}$) dem durchschnittlichen ($\frac{F}{I}$). Der durchschnittliche Verschuldungsgrad $\frac{F}{I}$ kann auch als $\frac{F}{E + F}$ geschrieben werden. (9 b) in (10 a) eingesetzt, ergibt nach Umformung:

(11)
$$k = r_E \cdot \frac{E}{E + F} + (1 - s)i \cdot \frac{F}{E + F}.$$

Die »gewogenen durchschnittlichen Kapitalkosten« k gleichen also der (erwarteten) Eigenkapitalrentabilität multipliziert mit dem Eigenkapitalanteil am Gesamtkapital zuzüglich dem mit dem versteuerten risikolosen Zinsfuß multiplizierten Verschuldungsgrad.

Die gewogenen durchschnittlichen Kapitalkosten in Gleichung (11) erscheinen zunächst nur für eine einzige Risikoklasse bestimmt. Die Höhe der gewogenen durchschnittlichen Kapital-

---

[66] Vgl. *Charles W. Haley, Lawrence D. Schall*, The Theory of Financial Decisions. New York 1973, S. 310–316; *Beranek*, S. 17–32; zum folgenden vgl. *Haley, Schall*, S. 298–302.

kosten für Investitionsvorhaben, die in anderen Risikoklassen liegen als die Unternehmung vor Verwirklichung dieses Vorhabens, ist jedoch leicht zu ermitteln. Sie können aus (9 b) unmittelbar ausgerechnet werden, wenn $\mu(r_i)$ durch den vollen Ausdruck der Wertpapierlinie ersetzt wird und man beachtet, daß im Gleichgewicht der marginale Verschuldungsgrad dem durchschnittlichen Verschuldungsgrad gleicht.

Unter Berücksichtigung der letzten Feststellung folgt aus (9b) unmittelbar:

(11a) $$k = \mu(r_i) \left[1 - s \cdot \frac{F}{E + F}\right].$$

Für Investitionsvorhaben in unterschiedlichen Risikoklassen (mit unterschiedlichem systematischen Risiko) entsprechen die gewogenen durchschnittlichen Kapitalkosten den Kapitalkosten unter Ungewißheit, vermindert um einen Anteil, der dem Produkt aus Steuersatz mal Verschuldungsgrad entspricht. Bei 100% Verschuldung sinkt damit die für ein neues Investitionsvorhaben anzusetzende Mindestverzinsung auf die versteuerten Kapitalkosten unter Ungewißheit.

Dies gilt jedoch nur für eine in Deutschland nicht aktuelle Unternehmensbesteuerung (Abzugsfähigkeit der Fremdkapitalzinsen bei der Unternehmenssteuer, kein körperschaftsteuerliches Anrechnungsverfahren).

3. Gewogene durchschnittliche Kapitalkosten bei Substanzbesteuerung und körperschaftsteuerlichem Anrechnungsverfahren

Nach wie vor bleiben alle Gewinnverböserungen und Gewinnvergünstigungen sowie steuerliche Sonderregelungen (z. B. Einkünfte aus Westberlin, dem Ausland) unberücksichtigt, ein sofortiger Verlustausgleich wird vorausgesetzt. Abweichend von der Realität wird angenommen, daß die Unternehmensleitung ausschließlich im Interesse ihrer Anteilseigner handeln will und alles ausschüttet (von Emissionskosten, die eine »Schütt-aus-Hol-zurück-Politik« unvorteilhaft werden lassen können, wird abgesehen).

Die von der Unternehmung auf ihre Ausschüttungen gezahlte Körperschaftsteuer wird über das Anrechnungsverfahren zu einer Einkommensteuervorauszahlung der Anteilseigner (ausländische Anteilseigner werden also vernachlässigt). Damit zählt die Körperschaftsteuer insoweit nicht zur Unternehmensbesteuerung. Als gewinnabhängige Unternehmenssteuer bleibt deshalb die Gewerbeertragsteuer; das Fremdkapital soll ganz zu den Dauerschulden gehören.

Die Gewerbeertragsteuerbelastung des Gewinns sei mit s_g bezeichnet (bei 300% Hebesatz ist $s_g = 13{,}04\%$, S. 260 f.).

Zu den Unternehmenssteuern zählt auch die Gewerbekapitalsteuer auf den Einheitswert des Betriebsvermögens. Der Einheitswert des Betriebsvermögens vor Abzug der Schulden sei mit E_0, die Steuerbelastung durch die Gewerbekapitalsteuer mit s_{gK} bezeichnet. Die Vermögensteuerbelastung setzt sich aus dem Vermögensteuersatz s_v auf den Einheitswert des Betriebsvermögens nach Abzug des Buchwerts der Schulden ($E_0 - F_0$) zusammen; zusätzlich ist zu beachten, daß Vermögensteuer aus versteuerten Gewinnen zu zahlen ist, die der Gewerbeertragsteuer und der Körperschaftsteuer auf zurückbehaltene Gewinne (s_K) unterlegen haben. Der Steuerbelastungsfaktor wegen der Vermögensteuer beträgt damit

(12) $$s_b = \frac{s_v}{(1 - s_g)(1 - s_K)}.$$

Insgesamt vermindern sich die Einnahmenüberschüsse einer Unternehmung um die Substanzsteuerzahlungen S

(13) $$S = (s_b + s_{gK}) E_0 - s_b F_0.$$

Für die Bestimmung des Marktpreises einer Unternehmung unter Ungewißheit ist entscheidend, ob die Substanzsteuerzahlungen als in Zukunft sichere oder ungewisse Größe angesehen werden. Da die Substanzsteuerzahlungen sich nach dem Einheitswert zu Beginn des Steuerjahres berechnen, ist für ein Jahr ihr Betrag sicher. Mit etwas Großzügigkeit kann man auch noch für den gesetzlichen Hauptveranlagungszeitraum (3 Jahre) annehmen. Aber die Modigliani-Miller-Modellüberlegungen gehen von der Fiktion einer »ewigen-Renten«-Unternehmung aus. Hierfür ist die Annahme sicherer Substanzsteuerzahlungen kaum noch zulässig. Ungewißheit wird dabei sowohl hinsichtlich der Steuerbelastungsfaktoren als auch der Einheitswerte und Schulden bestehen. Um bei der sehr bescheidenen Anwendbarkeit der Kapitalkostenüberlegungen den formalen Aufwand nicht zu hoch zu schrauben, wird hier von der Ungewißheit bei den Steuerbelastungsfaktoren abgesehen, und es werden nur drei Fälle unterschieden:
1. Einnahmenüberschüsse und Substanzsteuerzahlungen sind unsicher.
2. Einnahmenüberschüsse und der Einheitswert des Betriebsvermögens sind unsicher, die Höhe des Einheitswerts der Schulden ist jedoch sicher (bei Modigliani-Miller sind die Schulden risikolos).
3. Nur die Einnahmenüberschüsse sind unsicher, die Substanzsteuerzahlungen sicher.
In den drei Fällen ist der Abzinsungsfaktor für die Marktpreis(Barwert-)Berechnung unterschiedlich anzusetzen.
Soweit sichere Zahlungen vorliegen, ist nur mit dem risikolosen Marktzinssatz zu diskontieren. Dabei ist zu beachten, daß im Unterschied zum vorigen Abschnitt eine persönliche Einkommensteuer bei den Kapitalmarktteilnehmern erhoben wird (die Körperschaftsteuer auf ausgeschüttete Gewinne wird darauf angerechnet). Der Einfachheit halber wird von einer proportionalen Einkommensteuer s_e ausgegangen, so daß $(1 - s_e)$ i an die Stelle von i tritt. Progressive Einkommensteuern erschweren die Ableitung, weil dann auch in der Ewigen-Renten-Unternehmung die Höhe des anzuwendenden Grenzsteuersatzes von der ungewissen Einkommenshöhe in jeder Periode abhängt.
Soweit Zahlungen ungewiß sind, muß mit den Kapitalkosten unter Ungewißheit diskontiert werden. Hierbei entsteht die Frage, in welcher Höhe versteuerte Kapitalkosten unter Ungewißheit anzusetzen sind. Ist auch die Risikoprämie mit $(1 - s_e)$ zu gewichten? Ein Modell des Kapitalmarktgleichgewichts setzt dieses voraus. Dabei wird jedoch stillschweigend unterstellt, daß auch für sämtliche Kapitalmarktteilnehmer (also auch für private Haushalte) ein sofortiger Verlustausgleich möglich ist und daß es keinerlei steuerbefreite (begünstigte, diskriminierte) Investitionsvorhaben gibt. Zusätzlich darf die Vermögensteuer nur bei Unternehmungen, nicht bei anderen Kapitalmarktteilnehmern anfallen. Wenn wir im weiteren von einkommen-versteuerten Kapitalkosten unter Ungewißheit ausgehen, ist also unterstellt, es gibt nur Kleinaktionäre und Gläubiger, deren steuerpflichtiges Vermögen unter der Freigrenze der Vermögensteuer liegt.
Für den ersten Fall, daß Einnahmenüberschüsse und Substanzsteuerzahlungen unsicher sind, bezeichnet $\mu(S)$ den Erwartungswert der Substanzsteuerbelastung, der zusammen mit dem Erwartungswert der Einnahmenüberschüsse in der Unternehmung der Gewerbeertrag-

steuer unterliegt. Der gewerbeertrag-versteuerte Zahlungssaldo wird mit den einkommensversteuerten Kapitalkosten unter Ungewißheit von den Kapitalmarktteilnehmern kapitalisiert.

(14) $\quad V_0^{(1)} = \dfrac{(1 - s_g)\,[\mu(Z) - \mu(S)]}{(1 - s_e)\,\mu(r_i)} = \dfrac{1 - s_g}{(1 - s_e)\,\mu(r_i)} \left[\mu(Z) - (s_b + s_{gK})\,\mu(E_0) + \mu(s_b\,F_0)\right]$.

Daraus folgt analog zu den Gleichungen (5 a) bis (9), statt (9) nunmehr (15):

(15) $\quad 1 = \dfrac{1 - s_g}{(1 - s_e)\,\mu(r_i)} \cdot \dfrac{\Delta\mu(Z)}{\Delta I} - \dfrac{(1 - s_g)(s_b + s_{gK})}{(1 - s_e)\,\mu(r_i)} \cdot \dfrac{\Delta\mu(E_0)}{\Delta I} + \dfrac{(1 - s_g)\cdot s_b}{(1 - s_e)\,\mu(r_i)} \cdot \dfrac{\Delta\mu(F_0)}{\Delta I}$.

An die Stelle von (9 a) tritt dann (15 a):

(15a) $\quad (1 - s_g)\dfrac{\Delta\mu(Z)}{\Delta I} = (1 - s_e)\,\mu(r_i) + (1 - s_g)(s_b + s_{gK})\dfrac{\Delta\mu(E_0)}{\Delta I} - (1 - s_g)\,s_b\dfrac{\Delta\mu(F_0)}{\Delta I}$.

Entsprechend in (9 b) könnte jetzt die linke Seite als gewerbeertrag-versteuerte Grenzrendite der geplanten zusätzlichen Investition bezeichnet werden. Anstatt dieses ungewohnten Ausdrucks wird hier in (15 b) die unversteuerte Grenzrendite, $k_u^{(1)}$, als Mindestverzinsung des Investitionsvorhabens (marginale Kapitalkosten unter Ungewißheit) eingeführt:

(15b) $\quad k_u^{(1)} = \dfrac{\Delta\mu(Z)}{\Delta I} = \dfrac{1 - s_e}{1 - s_g}\,\mu(r_i) + (s_b + s_{gK})\dfrac{\Delta\mu(E_0)}{\Delta I} - s_b\dfrac{\Delta\mu(F_0)}{\Delta I}$.

Die Mindestverzinsung eines neuen Investitionsvorhabens gleicht den einkommen-versteuerten Kapitalkosten unter Ungewißheit, welche der Kapitalmarkt für Investitionen in dieser Risikoklasse fordert, dividiert durch den Versteuerungsfaktor für die Gewerbeertragsteuer, zuzüglich der Substanzsteuerbelastung für den Einheitswert des Betriebsvermögens multipliziert mit der Einheitswertänderung aufgrund der geplanten Investition und abzüglich der Vermögensteuerbelastung multipliziert mit der Fremdkapitaländerung aufgrund der geplanten Investition.

Da bei Grundstücken (gelegentlich auch bei nach dem »Stuttgarter Verfahren« bewerteten nicht notierten Anteilen an Kapitalgesellschaften) E_0 schon bei mittleren Verschuldungsgraden unter F_0 liegt, können also im Saldo die marginalen Kapitalkosten eines deutschen Unternehmens zumindest bei einer Grundstücks- bzw. Holdinggesellschaft mit wachsendem Verschuldungsgrad sinken. Im Marktgleichgewicht können für solche Unternehmen damit auch die durchschnittlichen Kapitalkosten mit der Verschuldung abnehmen. Namentlich für Grundstücks- und manche Holdinggesellschaften wird aufgrund der Bewertungsbesonderheiten des deutschen Steuerrechts (falls sonst die Voraussetzungen für ein Marktgleichgewicht erfüllt sind) der Marktpreis dieser Unternehmungen mit wachsendem Verschuldungsgrad wegen der Substanzbesteuerung steigen[67]. Bei dieser Aussage ist jedoch zu beachten: Die hier entwickelten Formeln für die Mindestverzinsung in Abhängigkeit vom Verschuldungsgrad und unter Berücksichtigung der Besteuerung bauen auf Buchwerten aus den Vermö-

---

[67] Seelbach sieht bei seiner gegenteiligen Aussage den Nominalbetrag bzw. den Ertragswert der Unternehmung als Steuerbemessungsgrundlage an. Er behandelt zudem nur den dritten Fall und geht von einem unversteuerten Fremdkapitalzinssatz aus. Das letzte ist mit Marktgleichgewichtsbedingungen kaum in Einklang zu bringen, vgl. *Horst Seelbach*, Die Thesen von Modigliani und Miller unter Berücksichtigung von Ertrag- und Substanzsteuern. In: ZfB, Jg. 49 (1979), S. 692–709, hier S. 699 f., 694.

gensaufstellungen auf, nicht auf »Marktwerten« für das Unternehmen bzw. für seine Schulden auf, wie in den Marktgleichgewichtsmodellen. Die Berechnung der Kapitalkosten unter Ungewißheit für die verschuldete Unternehmung aufgrund von Buchwerten hat den Vorteil, daß die Unternehmensleitung diese Daten beschaffen kann; aber im Vergleich zu den Kapitalmarktgleichgewichtsüberlegungen den entscheidenden Nachteil, daß damit keineswegs mehr sichergestellt ist, Investitionsentscheidungen nach dieser Mindestverzinsungsvorschrift würden zugleich den Wohlstand der Aktionäre sichern[68].

Für den zweiten Fall, daß die Vermögensteuerentlastung aufgrund der Verschuldung als sichere Zahlung anzusehen ist, verstärkt sich der marktwertsteigernde Effekt gegenüber dem marktwertsenkenden aus den Besonderheiten der Einheitsbewertung und Substanzbesteuerung. Die Vermögensteuerentlastung aufgrund der Verschuldung darf nur mit dem versteuerten risikolosen Zins diskontiert werden. Für den Marktpreis des Unternehmens berechnet sich hier:

$$(16) \quad V_0^{(2)} = (1 - s_g) \left[\frac{\mu(Z) - \mu(s_b + s_{gK}) \mu(E_0)}{(1 - s_e) \mu(r_i)} + \frac{s_b F_0}{(1 - s_e) i} \right].$$

Daraus folgt entsprechend dem bisherigen Vorgehen:

$$(16a) \quad 1 = \frac{1 - s_g}{(1 - s_e) \mu(r_i)} \frac{\Delta \mu(Z)}{\Delta I} - \frac{(1 - s_g)(s_b + s_{gK})}{(1 - s_e) \mu(r_i)} \cdot \frac{\Delta \mu(E_0)}{\Delta I} + \frac{s_b}{(1 - s_e) i} \frac{\Delta F_0}{\Delta I}.$$

$$(16b) \quad k_u^{(2)} = \frac{1 - s_e}{1 - s_g} \mu(r_i) + (s_b + s_{gK}) \frac{\Delta \mu(E_0)}{\Delta I} - \frac{\mu(r_i)}{i} s_b \frac{\Delta F_0}{\Delta I}.$$

Der die Mindestverzinsung senkende Faktor in (16 b) gegenüber (15 b) ist, wenn die Erwartungswertänderung des marginalen Verschuldungsgrads in (15 b) gleich der in (16 b) sicheren Änderung des Verschuldungsgrads gesetzt wird, um das Verhältnis aus Kapitalkosten unter Ungewißheit zu risikolosem Zinssatz, also um die Risikoprämie als Prozentsatz des risikolosen Zinssatzes, höher. Daraus folgt zugleich: Je höher die Risikoprämie (je höher das systematische Risiko einer teilweise fremdfinanzierten zusätzlichen Investition) ist, um so stärker wird die Minderung der Kapitalkosten durch die Vermögensteuerentlastung der Verschuldung gewichtet.

Für den dritten Fall der sicheren Substanzsteuerzahlungen ist die Abzinsung mit dem versteuerten risikolosen Zinssatz auf Substanzsteuerbelastung und Vermögensteuerentlastung insgesamt zu erstrecken. Für den Marktpreis des Unternehmens $V_0^{(3)}$ berechnet sich:

$$(17) \quad V_0^{(3)} = (1 - s_g) \left[\frac{\mu(Z)}{(1 - s_e) \mu(r_i)} - \frac{(s_b + s_{gK}) E_0 + s_b F_0}{(1 - s_e) i} \right],$$

und ohne (17 a) analog zu (16 a) auszuschreiben, folgt für die Mindestverzinsung $k_u^{(3)}$

$$(17b) \quad k_u^{(3)} = \frac{1 - s_e}{1 - s_g} \mu(r_i) + \frac{\mu(r_i)}{i} \left[(s_b + s_{gK}) \frac{\Delta E_0}{\Delta I} - s_b \frac{\Delta F_0}{\Delta I} \right].$$

---

[68] Vgl. *Michael J. Brennan*, A New Look at the Weighted Average Cost of Capital. In: The Journal of Business Finance, Vol. 5 (1973), S. 24–30.

Ist nicht nur der Anschaffungswert des Fremdkapitals, sondern auch der des Betriebsvermögens sicher, so wird insgesamt der Substanzsteuerfaktor innerhalb der Mindestverzinsung stärker gewichtet als bei Unsicherheit; die Fälle, in denen eine Senkung der Mindestverzinsung aufgrund einer vermögensteuerentlastenden Verschuldung auftritt, werden seltener gegenüber dem zweiten Fall.

b) Mehrfache Risikoprämien bei mehrperiodigen Kapitalkosten unter Ungewißheit

1. Voraussetzungen mehrperiodiger Kapitalkosten unter Ungewißheit

Die Kapitalkosten unter Ungewißheit, wie sie das Modell der Wertpapierlinie ableitet, sind nur für einen unendlich langen Planungszeitraum (»Ewige-Renten«-Unternehmung) bzw. für eine einperiodige Planung definiert: Für eine einzige Abrechnungsperiode besteht ein Marktpreis für die Risikoübernahme, und nur für diese eine Abrechnungsperiode liegt eine Normalverteilung über die Renditen vor, aus der sich das systematische Risiko β_i eines Wertpapiers (seine marktbezogene individuelle Risikohöhe) errechnen läßt.

Daraus folgt, daß eine Unternehmensleitung zunächst nur für einperiodige Investitionsvorhaben die Kapitalkosten unter Ungewißheit als Abzinsungsfaktor (zu fordernde Mindestverzinsung) wählen darf. In Wirklichkeit erstrecken sich aber die meisten Investitionen über einen längeren Zeitraum. Selbst wenn eine Abrechnungsperiode gleich einem Jahr gesetzt wird, muß der Vorstand einer Aktiengesellschaft Investitionsentscheidungen für 5, 10 oder noch mehr Jahre treffen. Eine solche mehrperiodige Planung läßt sich in einem Fall immer vermeiden: Wenn ein vollkommener Markt für gebrauchte Anlagen besteht und weder Anschaffungsnebenkosten noch Abbruchkosten, die den Restverkaufserlös mindern, anfallen. Für Sachanlagen dürfte dieser Fall in der Realität nie gegeben sein. Deshalb muß jede mehrperiodige Investition auch in einer mehrperiodigen Planungsrechnung bewertet werden. Wann können die einperiodigen Kapitalkosten unter Ungewißheit als Mindestverzinsung für mehrperiodige Investitionsentscheidungen dienen?

Mit dieser Frage prüfen wir, unter welchen Voraussetzungen die Formel (2), erweitert für beliebige Planperioden in Formel (19), angewandt werden darf:

$$(19) \qquad V = \sum_{t=1}^{n} \frac{\mu(Z_t)}{[1 + \mu(r_i)]^t}$$

worin V den Vermögenswert (Ertragswert), $\mu(Z_t)$ den Erwartungswert der Zahlungen in jedem Zeitpunkt t bezeichnet. Der Zinssatz unter dem Bruchstrich entspricht den einperiodigen Kapitalkosten.

Der springende Punkt in der Formel ist die Annahme, daß die Kapitalkosten unter Ungewißheit im Zeitablauf unverändert bleiben. Damit ist unterstellt:

1. Im Zeitablauf ändere sich der risikolose Marktzinssatz nicht. Mit dieser Vereinfachung arbeitet regelmäßig die Kapitalwertformel unter Sicherheit. Nur ist bei Vernachlässigung der Ungewißheit diese Annahme harmlos. Es führt zu keinen neuen inhaltlichen Problemen, wenn ein im Zeitablauf wechselnder Kalkulationszinssatz gewählt wird (S. 182).

Unter Ungewißheit ist diese Annahme nicht mehr inhaltlich bedeutungslos. Es kann für jede Abrechnungsperiode ein risikoloser Zinssatz bestehen, z. B. die Verzinsung von Kassenobligationen des Bundes und der Länder mit einjähriger Laufzeit. Aber der sichere Marktzinssatz für einperiodige Festlegung von Geld für 1981, 1982, ist im Jahre 1980 durchaus nicht im voraus bekannt. Im besten Fall der Meßbarkeit von Erwartungen besteht hierüber eine Wahrscheinlichkeitsverteilung.

2. Im Zeitablauf ändere sich der Marktpreis für die Risikoübernahme auf dem Kapitalmarkt nicht. Eine solche Voraussetzung besagt, daß unabhängig von internationaler Kriegsgefahr, wirtschaftlichen Krisen oder hohem wirtschaftlichem Wachstum die Risikoübernahme vom Markt gleich hoch bewertet wird: daß also der Börsenindex aller Wertpapiere bezogen auf einen Vergleichsmaßstab, der als sicher gilt (z. B. Kassenobligationen des Bundes), unverändert bleibt. Tatsächlich schwankt der Börsenindex, wenn nicht gerade von Tag zu Tag, jedoch von Woche zu Woche oder Monat zu Monat. Es bedeutet also schon eine grobe Vereinfachung, wenn wir die Abrechnungsperiode gleich einem Jahr setzen und für ein Jahr annehmen, daß innerhalb des Jahres der Marktpreis für die Risikoübernahme unverändert sei. Es wird dann so gerechnet, als ob der erwartete Marktpreis für die Risikoübernahme zu einem bestimmten Zahlungszeitpunkt (z. B. dem 31. Dezember) während des ganzen Jahres gilt. Für eine mehrperiodige Investitionsplanung erscheint die Konstanz des Marktpreises für die Risikoübernahme endgültig als zu grob.

3. Im Zeitablauf ändere sich das systematische Risiko eines Investitionsvorhabens nicht, bzw. eine Änderung in der investitions-individuellen Risikohöhe einer einzelnen Investition bezogen auf das allgemeine Kapitalmarktrisiko werde durch eine gleichzeitige Änderung des Marktpreises für die Risikoübernahme auf dem Kapitalmarkt gerade ausgeglichen, so daß das Produkt aus beiden (die individuelle Risikoprämie für diese Investition) unverändert bleibt. In der Realität kann natürlich keine Rede davon sein, daß sich z. B. das Risiko einer ölsparenden Rationalisierungsinvestition nicht verringere im Vergleich zum allgemeinen Kapitalmarktrisiko, das z. B. aufgrund von Ölpreissteigerungen wächst.

Daraus folgt, daß nur unter »stationären« Annahmen über die Zukunft (Fortschreibung der Bedingungen der ersten Abrechnungsperiode für alle weiteren), die einperiodigen Kapitalkosten unter Ungewißheit als Mindestverzinsung für mehrperiodige Investitionen verwandt werden können. Bei Normalverteilungen der Renditen in den einzelnen Abrechnungsperioden und Gültigkeit der Voraussetzungen des Modells der Wertpapierlinie (CAPM) ist eine Ungewißheit über die Höhe der künftigen Risikoprämie und des risikolosen Marktzinssatzes allerdings ausgeschlossen. Lediglich sicher vorhersehbare Schwankungen des risikolosen Marktzinssatzes sind mit den Annahmen einer mehrperiodigen CAPM-Welt vereinbar[69].
Wenn wir nicht so weitgehende Annahmen über den Informationsstand aller Marktteilnehmer setzen, sondern nur für eine einperiodige Planung (für die jeweils nächste Abrechnungsperiode) die Voraussetzungen des Modells der Wertpapierlinie als gegeben ansehen, lassen sich mehrperiodige Kapitalkosten unter Ungewißheit wie folgt berechnen.
Die mehrperiodigen Kapitalkosten unter Ungewißheit unterscheiden sich von den einperiodigen durch eine Auffächerung in zahlreiche Risikoprämien. Unter den Voraussetzungen des Modells der Wertpapierlinie bestehen bei einperiodiger Planung (zwei Zahlungszeitpunkten) die Kapitalkosten unter Ungewißheit aus dem risikolosen Marktzinssatz zuzüglich zweier Risikoprämien:

[69] Vgl. *Eugene F. Fama*, Risk- Adjusted Discount Rates and Capital Budgeting under Uncertainty. In: The Journal of Financial Economics, Vol. 5 (1977), S. 3–24, z. B. S. 4, 16, 22.

1. Der Risikoprämie des Kapitalmarkts: dem Marktpreis für die Risikoübernahme auf dem Kapitalmarkt,
2. der investitionsindividuellen Risikoprämie: dem Produkt aus Marktpreis für die Risikoübernahme auf dem Kapitalmarkt multipliziert mit dem Mehr oder Weniger an systematischem Risiko der einzelnen Investitionen gegenüber dem Marktportefeuille, vgl. (9a), S. 530.

Unter den Voraussetzungen des Modells der Wertpapierlinie für die jeweils nächste Abrechnungsperiode bestehen bei zweiperiodiger Planung (drei Zahlungszeitpunkten) die Kapitalkosten unter Ungewißheit aus den Kapitalmarktkosten bei einperiodiger Planung zuzüglich dreier zusätzlicher Risikoprämien:
3. einer Risikoprämie für die Gefahr von Schwankungen des risikolosen Marktzinssatzes zwischen erster und zweiter Abrechnungsperiode,
4. einer Risikoprämie für die Gefahr von Schwankungen des Marktpreises für die Risikoübernahme auf dem Kapitalmarkt zwischen erster und zweiter Abrechnungsperiode,
5. einer Risikoprämie für die Gefahr von Schwankungen des systematischen Risikos der einzelnen Investitionen in bezug auf das Kapitalmarktrisiko zwischen erster und zweiter Periode.

Aus der Annahme, daß nur für jeweils die nächste Abrechnungsperiode die Voraussetzungen des Modells der Wertpapierlinie gelten, folgt, daß eine sichere Geldanlage- und Kreditaufnahmemöglichkeit nur für jeweils eine Abrechnungsperiode besteht. Zu welchem Zinssatz das Geld risikolos in der zweiten Abrechnungsperiode verfügbar ist, kann erst in t_1 festgestellt werden. Wenn die Zinsstruktur auf den Geld- und Kapitalmärkten der Realität untersucht werden soll, müssen zusätzlich sichere Geldanlagen bzw. Verschuldungen für mehrere Abrechnungsperioden berücksichtigt werden. Auf dem Geldmarkt können z. B. die Zinssätze für Tagesgeld oder Einmonatsgelder über denen für Zwei- oder Drei-Monatsgelder liegen. Bei der Kursbildung als sicher geltender öffentlicher Anleihen ist die Zeit der Unkündbarkeit der Anleihe durch den Anleihegläubiger zu beachten: Eine Unkündbarkeit über die gesamte Laufzeit einer als sicher geltenden Anleihe mit 10 Jahren Laufzeit sichert z. B. einen hohen Zinssatz für die doppelte Zeitspanne als die (oft vernachlässigte) Klausel »frühestens nach 5 Jahren vom Schuldner kündbar«.

Bei dreiperiodiger Planung (vier Zahlungszeitpunkten) wären dann drei zusätzliche Risikoprämien zu beachten für die Schwankungen des risikolosen Marktzinssatzes zwischen zweiter und dritter Abrechnungsperiode, für Schwankungen des Marktpreises für die Risikoübernahme zwischen zweiter und dritter Abrechnungsperiode und für entsprechende Schwankungen des systematischen Risikos. Entsprechend vervielfacht sich die Zahl der Risikoprämien bei mehrperiodiger Planung.

Daraus darf aber nicht geschlossen werden, daß mit wachsender Nutzungsdauer die mehrperiodigen Kapitalkosten unter Ungewißheit notwendigerweise immer höher werden. Die einzelnen Risikoprämien enthalten Kovarianzen, die auch negativ werden können.

Um die Bestimmungsgründe für die vielfachen Risikoprämien zu erkennen, sollen hier die Kapitalkosten unter Ungewißheit bei zweiperiodiger Planung abgeleitet werden[70]. Schon diese bescheidene Erweiterung des Kapitalkosten-Konzepts wird zu einer ziemlich aufwendigen Angelegenheit:

---

[70] Im Anschluß an *Marcus C. Bogue and Richard Roll*, Capital Budgeting of Risky Projects with »Imperfect« Markets for Physical Capital. In: The Journal of Finance, Vol. 29 (1974), S. 601–613; vgl. auch *Copeland-Weston*, chapter 10.

(a) Es ist das Modell der Wertpapierlinie, das mit Erwartungswert und Streuung der Rendite arbeitet, in Endvermögensgrößen zu formulieren, weil der risikolose Zinssatz in künftigen Perioden heute nicht bekannt ist und damit die Verwendung einer Renditenziffer in die Irre führen kann. Varianz und Kovarianz aus einer Normalverteilung der Rendite $r = \dfrac{V_1 - V_0}{V_0}$ ergeben nicht dieselben Werte wie Varianz und Standardabweichung des Endvermögens V_1, wie aus der Formel für die Berechnung der Streuung (S. 414) zu ersehen ist.

(b) Für die Optimumbestimmung ist ein Problem der dynamischen Programmierung zu lösen, wobei zunächst die Kapitalkosten unter Ungewißheit der letzten zu planenden Periode berechnet werden, und sobald die Lösung hierfür bekannt ist, rückwärtsschreitend die Planung der vorletzten (hier: der ersten) Abrechnungsperiode abzuleiten.

2. Umformulierung des Modells der Wertpapierlinie in Endvermögensgrößen

Beginnen wir mit der Umformulierung des Modells der Wertpapierlinie in Endvermögensgrößen. In der Gleichung der Wertpapierlinie

(2) $$\mu(r_i) = i + [\mu(r_M) - i] \cdot \frac{\sigma_{iM}}{\sigma^2_M}$$

ist der Erwartungswert der Rendite $\mu(r_i)$ zu ersetzen durch $\dfrac{\mu(\tilde{V}_1) - V_0}{V_0}$, wobei V_0 das sichere Anfangsvermögen bedeutet und $\mu(\tilde{V}_1)$ den Erwartungswert des Endvermögens in t_1. Wahrscheinlichkeitsverteilungen kürzen wir dabei durch eine Tilde über dem jeweiligen Symbol ab.

An die Stelle des Erwartungswerts der Rendite des Marktportefeuilles $\mu(r_M)$ tritt entsprechend $\dfrac{\mu(\tilde{V}_{M1}) - V_{M0}}{V_{M0}}$, wobei $\mu(\tilde{V}_{M1})$ den Erwartungswert des Endvermögens für das Marktportefeuille in t_1 bezeichnet und V_{M0} den des Marktportefeuilles in t_0 wiedergibt.

σ_{iM} bezeichnet die Kovarianz zwischen der Rendite des Wertpapiers i und der Rendite des Marktportefeuilles M. An die Stelle der Renditen-Kovarianz setzen wir die Kovarianz (cov) zwischen dem Endvermögen des Wertpapiers i in t_1 und dem Endvermögen des Marktportefeuilles M in t_1:

$$\text{cov}\left(\frac{\tilde{V}_1}{V_0} - 1, \frac{\tilde{V}_{M1}}{V_{M0}} - 1\right); \text{ daraus wird } \frac{\text{cov}(\tilde{V}_1, \tilde{V}_{M1})}{V_0 V_{M0}}.$$

σ^2_M bezeichnet die Varianz der Rendite des Marktportefeuilles. An ihre Stelle tritt die Varianz des Endvermögens des Marktportefeuilles in t_1

$$\sigma^2_M = \text{cov}\left(\frac{\tilde{V}_{M1}}{V_{M0}} - 1, \frac{\tilde{V}_{M1}}{V_{M0}} - 1\right); \text{ daraus wird } \sigma^2_M = \frac{\sigma^2(\tilde{V}_{M1})}{V^2_{M0}}.$$

Damit können wir an die Stelle des systematischen Risikos der Renditen eines Wertpapiers (des »Renditen-β«) das systematische Risiko des Endvermögens eines Wertpapiers treten lassen (das »Vermögens-β«). Um das Vermögens-β vom Renditen-β abzuheben, wird es fortan mit β_V bezeichnet (genauer müßte es β_{Vi} für das i-te Wertpapier heißen).

Aus dem Renditen-β: $\beta_i = \dfrac{\sigma_{iM}}{\sigma^2_M}$ entsteht das Vermögens-β wie folgt:

$$\frac{\text{cov}(\tilde{V}_1, \tilde{V}_{M1})}{V_0 V_{M0}} : \frac{\sigma^2(\tilde{V}_{M1})}{V_{M0}^2} \text{ ergibt}$$

$$\frac{V_{M0}}{V_0} \cdot \frac{\text{cov}(\tilde{V}_1, \tilde{V}_{M1})}{\sigma^2(\tilde{V}_{M1})}.$$

Für $\dfrac{\text{cov}(\tilde{V}_1, \tilde{V}_{M1})}{\sigma^2(\tilde{V}_{M1})}$ verwenden wir β_V, also das systematische Risiko des Endvermögens eines Wertpapiers im Bezug zum Endvermögen des Marktportefeuilles in t_1.

Danach nimmt die Gleichung der Wertpapierlinie, in Vermögensgrößen ausgedrückt, folgende Form an:

(20) $$\frac{\mu(\tilde{V}_1) - V_0}{V_0} = i + \left[\frac{\mu(\tilde{V}_{M1}) - V_0}{V_0} - i\right] \cdot \frac{V_{M0}}{V_0} \beta_{vo}.$$

Der Index 0 bei V und β steht hierbei für die Gültigkeitsdauer t_0 bis t_1.

Lösen wir diese Gleichung nach V_0 auf, dann erhalten wir eine Bestimmungsgleichung für das Gewißheitsäquivalent des Gegenwartswerts der Unternehmung und das heißt im Marktgleichgewicht: für den Börsenkurs ihrer Aktien in t_0.

(21) $$V_0 = \frac{\mu(\tilde{V}_1) - [\mu(\tilde{V}_{M1}) - (1 + i) V_{M0}] \beta_{vo}}{1 + i}$$

In Worten: Der Marktwert des Unternehmens in t_0 gleicht dem Barwert für das Sicherheitsäquivalent ihres Marktpreises in t_1, diskontiert zum risikolosen Marktzinssatz. Das Sicherheitsäquivalent für den Marktwert der Unternehmung in t_1 besteht aus dem Erwartungswert für den Marktwert des Unternehmens in t_1 abzüglich eines Risikoabschlags. Der Risikoabschlag entspricht dem Produkt aus dem Marktpreis für die Risikoübernahme auf dem Kapitalmarkt und dem systematischen Risiko der Unternehmen. Dabei besteht der Marktpreis für die Risikoübernahme aus der Differenz zwischen dem Erwartungswert für den Gesamtwert des Marktportefeuilles in t_1 abzüglich dem mit dem sicheren Zinssatz aufgezinsten Gesamtwert des Marktportefeuilles in t_0.

Der Marktpreis für die Risikoübernahme bei Messung der Marktdaten im Vermögen ist natürlich von anderer Höhe als der Marktpreis für die Risikoübernahme bei Messung der Marktdaten in Renditen. Das ist ähnlich wie bei einer Preisauszeichnung in laufenden Metern oder in englischen feet. Um Verwechslungen zu vermeiden, sprechen wir fortan vom Marktpreis für die Vermögensrisikoübernahme und kürzen diesen Ausdruck mit x ab. Da dieser Marktpreis von t_0 bis t_1 gilt, schreiben wir x_0:

(22) $$x_0 = \mu(\tilde{V}_{M1}) - (1 + i) V_{M0}$$

Damit lautet die vermögensbezogene Bestimmungsgleichung für den Marktwert eines Unternehmens:

(23) $$V_0 = \frac{\mu(\tilde{V}_1) - x_0 \beta_{vo}}{1 + i}.$$

Daraus läßt sich die Änderung des Marktwertes eines Unternehmens ableiten, wenn dieses Unternehmen in t_0 eine zusätzliche Investition j durchführt. Der Ertragswert (Barwert der Zahlungen vor Abzug der Anschaffungsausgaben) wird mit ΔV_0 bezeichnet. Der Erwartungswert der Zahlungsänderungen für das Unternehmen bei Durchführung der Investition in t_1 wird mit $\mu(\tilde{Z}_{j_1})$ abgekürzt. An die Stelle des systematischen Risikos für das Endvermögen der Unternehmung tritt jetzt das systematische Risiko der Investition j, mit β_{voj} bezeichnet. Dabei handelt es sich um das Verhältnis der Kovarianz zwischen den Zahlungen der Investition j im Zeitpunkt t_1 bezogen auf die Varianz des Marktportefeuilles in diesem Zeitpunkt.

(24) $$\beta_{voj} = \frac{\text{cov}(\tilde{Z}_{j1}, \tilde{V}_{M1})}{\sigma^2(\tilde{V}_{M1})}.$$

Das Sicherheitsäquivalent für den Ertragswert dieser Investition j in t_0 lautet dann

(25) $$\Delta V_0 = \frac{\mu(\tilde{Z}_{j1}) - x_0 \beta_{voj}}{1 + i}.$$

Im Marktgleichgewicht bezeichnet ΔV_0 die Marktwertsteigerung des Unternehmens und, - falls Eigenfinanzierung gewählt wird, - zugleich den Börsenkurs der für die neu ausgegebenen Aktien zur Finanzierung der Investition zu erzielen ist. Allerdings wird dabei vorausgesetzt, daß die Verwirklichung dieser zusätzlichen Investition keinen Einfluß ausübt auf den Marktwert aller Wertpapiere (V_{M_0}), das Risiko des Marktportefeuilles insgesamt und die Höhe des risikolosen Zinssatzes. Die zusätzliche Investition muß also bezogen auf den gesamten Kapitalmarkt vernachlässigbar klein sein.

Erst nach der Formulierung des Modells der Wertpapierlinie in Vermögensgrößen können wir der Aufgabe einer mehrperiodigen Planung und der Bestimmung der hierfür erforderlichen Kapitalkosten unter Ungewißheit nähertreten.

3. Mehrfache Risikoprämien als Ergebnis dynamischer Programmierung

Bei mehrperiodiger Planung müssen wir beachten, daß die Bewertung eines Unternehmens (und einer Investition dieses Unternehmens) auf dem Kapitalmarkt am Ende der ersten Periode nicht mehr als Datum vorgegeben ist, sondern von den Gegebenheiten bzw. Erwartungen in allen folgenden Abrechnungsperioden abhängt. Nur für die letzte zu planende Periode kann die bisher abgeleitete einperiodige Bewertungsformel mit ihren einperiodigen Kapitalkosten unter Ungewißheit verwandt werden. Es sind durch Rückwärtsschreiten von der letzten zu planenden Periode auf die vorletzte, vorvorletzte usw. die Bedingungen für das mehrperiodige Optimum insgesamt zu erarbeiten. Wir stehen damit vor einem Anwendungsfall dynamischer Programmierung.

Ziel dieses Beispiels dynamischer Programmierung ist die Berechnung der Ertragswert- bzw. Marktwertsteigerung in t_0 für ein Unternehmen, das in diesem Zeitpunkt eine Investition j zusätzlich durchführt. Die Investition j führt im Zeitpunkt t_2 zu einer Wahrscheinlichkeitsverteilung von Einnahmen. Die folgende Ableitung geht davon aus, daß in t_1 keine Zahlungen bei der Investition j anfallen.

Nach der rückwärtsschreitenden Technik des dynamischen Programmierens können wir die einperiodige Bewertungsformel für die zweite Planperiode anwenden. Dabei ist jedoch zu beachten, daß zwar in t_1 die Höhe des risikolosen Marktzinssatzes und die Höhe des Sicherheitsäquivalents (bzw. des Risikoabschlags vom Erwartungswert der Zahlungen in t_2) bekannt sein wird. Aber in t_0 sind beide noch ungewiß. Sowohl über die Höhe des risikolosen Marktzinssatzes als auch für die Höhe des Risikoabschlags in der zweiten Abrechnungsperiode besteht im Planungszeitpunkt t_0 eine Wahrscheinlichkeitsverteilung. Wahrscheinlichkeitsverteilungen kürzen wir dabei durch eine Tilde über dem jeweiligen Symbol ab, also steht z. B. $\tilde{i}_1$ für die Wahrscheinlichkeitsverteilung des Marktzinssatzes ab t_1 (in der zweiten Abrechnungsperiode).

Der Erwartungswert der Einnahmen aus der Investition j in t_2 sei mit $\mu(\tilde{Z}_{j2})$ wiedergegeben. Der Risikoabschlag von diesem Erwartungswert ergibt sich in t_1 aus dem in t_1 geltenden Marktpreis für die Vermögensrisikoübernahme (x_1) multipliziert mit dem systematischen Risiko der Investition j in bezug auf das Marktportefeuille in der zweiten Abrechnungsperiode (β_{v1j}). Über die Höhe des Risikoabschlags $x_1 \cdot \beta_{v1j}$ besteht im Zeitpunkt t_0 eine Wahrscheinlichkeitsverteilung: $\tilde{x}_1 \cdot \tilde{\beta}_{v1j}$.

Damit errechnet sich für die Investition j im Zeitpunkt t_2 eine Wahrscheinlichkeitsverteilung des Endwerts als

(26) $$\Delta V_2 = \mu(\tilde{Z}_{j2}) - \tilde{x}_1 \tilde{\beta}_{v1j}.$$

Die Wahrscheinlichkeitsverteilung des Endwerts in t_2 ist mit dem in t_0 nur in Form einer Wahrscheinlichkeitsverteilung bekannten risikolosen Marktzinssatz $\tilde{i}_1$ zwischen t_1 und t_2 abzuzinsen, um die Wahrscheinlichkeitsverteilung des Marktwertes der Investition j im Zeitpunkt t_1 zu bestimmen:

(27) $$\Delta \tilde{V}_1 = \frac{\Delta \tilde{V}_2}{1 + \tilde{i}_1}.$$

Wenn der Marktwert der Investition j in t_1 durch seinen Erwartungswert wiedergegeben werden könnte, wäre die Marktwertsteigerung in t_0 mit Hilfe der einperiodigen Bewertungsformel leicht zu berechnen:

(28) $$\Delta V_0 = \frac{\mu(\Delta \tilde{V}_1) - x_0 \beta_{v0j}}{1 + i}.$$

Tatsächlich erscheint aber $\Delta \tilde{V}_1$ als Quotient zweier Wahrscheinlichkeitsverteilungen $\Delta \tilde{V}_2$ und $(1 + \tilde{i}_1)$, in der alle dahinter verborgenen Wahrscheinlichkeitsverteilungen durch ihre Erwartungswerte und Streuungsmaße wiedergegeben werden müssen, um den Gegenwartswert in t_0 berechnen zu können. Dazu empfiehlt sich folgender kleiner Umweg.

Der Endwert für die Investition j im Zeitpunkt t_2 läßt sich auch so schreiben:

(29) $$\Delta \tilde{V}_1 (1 + \tilde{i}_1) = \mu(\tilde{Z}_{j2}) - \tilde{x}_1 \tilde{\beta}_{v1j}.$$

Die Wahrscheinlichkeitsverteilung des Risikoabschlags drücken wir durch ihren Erwartungswert aus $\mu(\tilde{x}_1 \tilde{\beta}_{v1j})$. Das dazu gehörende Risiko wird in der Wahrscheinlichkeitsverteilung für den Marktpreis der Investition $\tilde{V}_1$ und in der für den Aufzinsungsfaktor $(1 + \tilde{i}_1)$ erfaßt, die beide als voneinander unabhängige Zufallsgrößen betrachtet werden (diese für die Realität ziemlich hanebüchene Vereinfachung erleichtert die Optimumbestimmung entscheidend).

Nun besteht aber zwischen dem Produkt zweier Zufallsvariablen a, b und ihrer Kovarianz cov (a, b) folgende Beziehung

(30) $$\mu(a, b) = \mu(a)\, \mu(b) + \text{cov}(a, b).$$

Diese Beziehung ist aus der Definition der Kovarianz cov $(a, b) = \mu[a-\mu(a)] \cdot [b-\mu(b)]$ leicht herzuleiten. Wenn wir $a = \Delta \tilde{V}_1$, $b = 1 + \tilde{i}_1$ setzen, entsteht

(31) $$\mu(\Delta \tilde{V}_1)\, \mu(1 + \tilde{i}_1) + \text{cov}(\Delta \tilde{V}_1, \tilde{i}_1) = \mu(\tilde{Z}_{j2}) - \mu[\tilde{x}_1 \cdot \tilde{\beta}_{v1j}].$$

Wenn diese Gleichung nach $\mu(\Delta\tilde{V}_1)$ aufgelöst und die hierfür entstehende Gleichungsseite in die einperiodige Bewertungsformel für ΔV_0 eingesetzt wird, folgt nach einigen Umstellungen

$$(32) \qquad \Delta V_0 = \frac{\mu(\tilde{Z}_{j2}) - \text{cov}(\Delta\tilde{V}_1, \tilde{i}_1) - x_0\,\beta_{voj}\,\mu(1+\tilde{i}_1) - \mu[\tilde{x}_1\,\tilde{B}_{v1j}]}{(1+i)\,\mu\,(1+\tilde{i}_1)}.$$

Über dem Bruchstrich steht das Sicherheitsäquivalent der Einnahmen aus der Investition j in t_2. Um die Marktwertsteigerung in t_0 zu berechnen, wird dieses Sicherheitsäquivalent mit dem risikolosen Marktzinssatz für die erste Abrechnungsperiode und dem Erwartungswert über den risikolosen Zinssatz in der zweiten Abrechnungsperiode abgezinst.

Das Sicherheitsäquivalent der Einnahmen in t_1 gleicht dem Erwartungswert der Einnahmen abzüglich dreier Risikoprämien:

(1) Der Risikoprämie für die Schwankung des risikofreien Zinssatzes ab t_1 gegenüber t_0. Diese Risikoprämie wird gemessen in der Kovarianz zwischen dem Marktwert der Investition in t_1 und dem risikolosen Zinssatz ab t_1.

(2) Der Risikoprämie dafür, daß die zweijährige Investition j nicht nach einem Jahr (also in t_1) auf dem Markt verkauft wird und der dabei erzielte Erlös risikolos in der zweiten Abrechnungsperiode angelegt wird. Im Grunde handelt es sich hierbei um eine Risikoprämie für die Gefahr von Schwankungen des Marktpreises für die Vermögensrisikoübernahme in der zweiten Periode gegenüber dem Marktpreis für die Vermögensrisikoübernahme in der ersten Periode.

(3) Der Risikoprämie für das investitionsindividuelle Risiko in der zweiten Periode, wiedergegeben durch den Erwartungswert in t_0 über die Höhe des Risikoabschlags für eine unsichere Investition, die in t_1 beginnt und in t_2 endet. Der Erwartungswert des Risikoabschlags bestimmt sich aus den Erwartungen über den Marktpreis für die Vermögensübernahme in t_1 multipliziert mit dem systematischen Risiko der Investition j ab t_1. Würde von dieser Risikoprämie die Risikoprämie für das investitionsindividuelle Risiko in der ersten Periode abgezogen, ergäbe sich die Risikoprämie für die Änderung des systematischen Risikos der Investition j zwischen erster und zweiter Periode.

c) Existieren Kapitalkosten unter Ungewißheit bei beliebigen Wahrscheinlichkeitsverteilungen für das Endvermögen?

1. Voraussetzungen für die Bedeutungslosigkeit der Ausschüttungs- und Finanzierungspolitik

Das jüngere angelsächsische Schrifttum quillt geradezu über von Feststellungen wie »die Dividendenpolitik ist irrelevant«[71] und immer allgemeineren »Beweisen«, daß die Finanzierungspolitik einer Unternehmung bedeutungslos sei für den Wohlstand ihrer Geldgeber[72]. Damit wächst die Gefahr, daß diese logischen Folgerungen aus Sprachregelungen für empirisch gültige Aussagen genommen und praktische Entscheidungen der Unternehmens- oder Wirtschaftspolitik zugrunde gelegt werden.

---

[71] So *Copeland-Weston*, S. 369.
[72] Vgl. bes. *Joseph E. Stiglitz*, On the Irrelevance of Corporate Financial Policy. In: The American Economic Review, Vol. 64 (1974), S. 851–866; *Eugene F. Fama*, The Effects of a Firm's Investment and Financing Decisions on the Welfare of its Security Holders. In: The American Economic Review, Vol. 68 (1978), S. 272–284.

Indes beruhen diese Beweise für die »Irrelevanz« der Finanzierungspolitik allgemein, der Ausschüttungspolitik im besonderen, auf zwei Voraussetzungen, deren empirische Gültigkeit überhaupt nicht getestet worden ist (ja im Rahmen dieses Modellansatzes überhaupt nicht selbständig getestet werden kann):
(a) Die Konsumentscheidung eines jeden Marktteilnehmers ist gänzlich losgelöst von seinen Investitionsentscheidungen in Kapitalmarkttiteln (Aktien, Schuldverschreibungen). Sobald das Konsumproblem durch die Voraussetzung eines »vollkommenen Kapitalmarkts«, auch für häusliche Verschuldung, ausgeschlossen wird, und die anderen Voraussetzungen (Handeln im Interesse der Anteilseigner, keine verzerrenden Unternehmenssteuern, keine Transaktionskosten) erfüllt sind, interessiert sich natürlich kein Mensch mehr für Bardividenden statt Selbstfinanzierung mit Kurssteigerungen.
(b) Die Investitionsentscheidung einer jeden einzelnen Unternehmung wird ausdrücklich als unabhängig von der Finanzierung vorausgesetzt. Damit kann natürlich die Finanzierungspolitik keinen Einfluß auf die Höhe der künftigen Unternehmenserträge nehmen. Und die These von der »Irrelevanz« der Finanzierungspolitik für den Marktpreis der Unternehmung sagt deshalb nicht mehr als: »Wenn die Unternehmensgewinne nicht durch die Art der Finanzierung gesteigert werden können, dann nimmt die Art der Finanzierung keinen Einfluß auf den Marktpreis der Unternehmung«, was mehr als trivial ist, solange rational gehandelt wird.

Welcher Mißbrauch mit ökonomischem Modelldenken hier getrieben wird, belegt besonders deutlich eine oft zitierte Untersuchung von *Stiglitz*, in der die Irrelevanz der Finanzierungspolitik einer Unternehmung bewiesen wird allein aus Definitionen für das Marktgleichgewicht, wobei Annahmen über das Verhalten der Unternehmensleitungen, Aktionäre, Gläubiger dadurch vermieden werden, daß zunächst ein allgemeines Gleichgewicht vorausgesetzt wird und dann Änderungen der Finanzierungspolitik betrachtet werden, die *weder die Investitionen noch die Menge der Konsummöglichkeiten der Haushalte (Aktionäre, Gläubiger, Manager usw.) beeinflussen*. Rein aus Gleichgewichtsdefinitionen die Bedeutungslosigkeit der Finanzierungspolitik einer Unternehmung auch für den Fall eines Konkursrisikos abzuleiten[73], solange von allen Verhaltensannahmen (also insbesondere einer Empfindlichkeit gegenüber dem Ruinrisiko) abgesehen wird, erscheint mir als recht billige Erkenntnis. *Fama* argumentiert sorgfältiger, indem er herausarbeitet, daß die Konkursgefahr zu einer Enteignung einzelner Anteilseigner führen könne, jedoch hätten wegen der Voraussetzung »homogener« Erwartungen alle Marktteilnehmer den gleichen Wissensstand und würden deshalb in den voll anpassungsfähigen Marktpreisen für die Schuldverschreibung und Aktien diese Gefahr durch zielentsprechende Risikoabschläge berücksichtigen. Hier ist wenigstens stillschweigend die Einsicht erahnt, *daß Gläubigersicherheiten (me first-rules) in erster Linie die mangelnde Information und nicht nur die Ungewißheit einschränken sollen.*

Unter welchen engen Annahmen über die Umweltbedingungen und die Erscheinungsformen von Risikoabneigung die Konsumwünsche eines Marktteilnehmers (Unternehmers) keinen Einfluß auf die Investitionsentscheidungen der Unternehmungen nehmen, soll in diesem Abschnitt herausgearbeitet werden.

Kapitel IV und der bisherige Teil des Kapitels V lösten dieses Problem durch die Annahme, es sei zulässig, mit der μσ-Entscheidungsregel zu arbeiten. Das besagt, es existieren für alle Marktteilnehmer einheitliche subjektive Wahrscheinlichkeitsverteilungen, und zwar in Form

---

[73] Vgl. *Stiglitz*, On the Irrelevance, S. 864 f., zum folgenden vgl. *Fama*, The Effects, S. 278–280.

einer Normalverteilung über die Renditen der Kapitalmarkttitel. Das folgende setzt nach wie vor die Anwendbarkeit der Risikonutzentheorie voraus (quantitative subjektive Wahrscheinlichkeiten werden als gegeben angenommen), hebt aber die Annahme der Normalverteilung auf.

Es ist extrem unrealistisch davon auszugehen, daß die Renditenerwartungen bzw. Endvermögenschancen risikobehafteter Investitionen normalverteilt sind oder den wenigen anderen statistischen Verteilungstypen gehorchen, für welche ein Separationstheorem inzwischen als gültig bewiesen wurde[74].

Für die praktische Unternehmensplanung erscheint die Annahme solcher kontinuierlicher Verteilungen schon im Ansatz verfehlt, denn sie unterstellen:

(1) Endvermögenschancen von $-\infty$ bis $+\infty$. Alle negativen Endvermögenshöhen sind aber ökonomisch sinnlos; denn mehr als das eingesetzte Kapital kann man nicht verlieren. Logarithmische Normalverteilungen vermeiden diese sinnlose Folge: Sie beginnen bei Null. Aber diese erlauben kein Marktgleichgewicht für endlich lange Abrechnungsperioden[75].

(2) Unendlich viele Zukunftslagen; die praktische Planung muß sich aber auf das Durchrechnen einiger weniger repräsentativer Zukunftslagen beschränken.

(3) Kenntnis der kontinuierlichen Verteilung. Kontinuierliche Wahrscheinlichkeitsverteilungen fallen nur in Lehrbüchern, nicht in der Wirklichkeit vom Himmel. Sie können nur mathematische Glättungen von Vergangenheitsdaten sein. Welche Rechtfertigung besteht aber dafür, Renditen von Sachinvestitionen oder Kurse von Aktien aus der Vergangenheit als unveränderbar gültig für die Zukunft anzunehmen?

2. Erscheinungsformen der Risikoabneigung in Abhängigkeit vom Vermögen (Finanzierungsspielraum)

Hier wird von einer endlichen Anzahl von Zukunftslagen ausgegangen, unter denen aber die Wahrscheinlichkeiten beliebig verteilt sein können. Wann ist unter diesen Voraussetzungen die Zusammensetzung des risikobehafteten Investitionsprogramms unabhängig von der Finanzierungs- (und damit Gewinnausschüttungs-)Entscheidung?

Um diese Frage zu beantworten, seien zunächst typische Formen von Risikoneigung unterschieden. Dabei wird von Risikoabneigung ausgegangen, d. h., ein sicheres Endvermögen wird einem gleich hohen Erwartungswert aus höheren und niedrigeren Vermögenschancen vorgezogen. Risikoabneigung kann jedoch mehr oder weniger stark ausgeprägt sein. Die Erscheinungsformen von Risikoabneigung werden danach unterschieden, wie sich die Bereitschaft, risikobehaftet zu investieren, mit steigendem Finanzierungsspielraum (zu investierenden Anfangsvermögen) entwickelt.

Nach dem Vorbild von *Pratt* und *Arrow*[76] trennen wir drei Formen der absoluten Risikoabneigung und drei Formen der relativen Risikoabneigung in bezug auf das Vermögen.

---

[74] Vgl. *Stephen A. Ross*, The Arbitrage Theory of Capital Asset Pricing. In: The Journal of Economic Theory, Vol. 13 (1976), S. 341–360. Als Näherungslösung deckt die Erwartungswert-Streuungs-Regel einen weiteren Bereich ab: Alle sog. »kompakten« Wahrscheinlichkeitsverteilungen, sofern die Risikonutzenfunktionen sog. HARA-Funktionen (s. S. 591) sind, vgl. *James A. Ohlson*, The Asymptotic Validity of Quadratic Utility as the Trading Interval Approaches Zero. In: Stochastic Optimization Models in Finance, edited by W[illiam] T. Ziemba, R. G. Vickson, New York–San Francisco–London 1975, S. 221–234.

[75] Vgl. *Robert C. Merton*, An Intertemporal Capital Asset Pricing Model. In: Econometrica, Vol. 41 (1973), S. 867–887.

[76] Vgl. *John W. Pratt*, Risk Aversion in the Small and in the Large. In: Econometrica, Vol. 32 (1964), S. 122–136; *Kenneth J. Arrow*, Aspects of the Theory of Risk Bearing, Helsinki 1965, S. 33; ders., Essays in the Theory of Risk-Bearing, Amsterdam–London 1970, S. 94.

(a) Die absolute Risikoabneigung erlaubt eine Aussage über den absoluten Betrag, der bei veränderlichem »Anfangsvermögen« (Finanzierungsspielraum) in risikobehaftete Anlagen (z. B. das Marktportefeuille M) investiert wird:

(1) Gleichbleibende absolute Risikoabneigung besagt: Der Entscheidende investiert unabhängig von der Höhe seines Finanzierungsspielraums stets den gleichen absoluten Betrag in risikobehafteten Investitionen.

(2) Sinkende absolute Risikoabneigung heißt: Der Entscheidende erhöht den Betrag, den er risikobehaftet investiert, mit wachsendem Finanzierungsspielraum.

(3) Steigende absolute Risikoabneigung besagt: Der Entscheidende vermindert den Betrag, den er risikobehaftet investiert, mit wachsendem Finanzierungsspielraum.

(b) Die relative Risikoabneigung erlaubt eine Aussage über den Anteil des in risikobehafteten Anlagen investierten Betrages am gesamten Finanzierungsspielraum:

(1) Gleichbleibende relative Risikoabneigung heißt: Der Entscheidende investiert bei wachsendem Finanzierungsspielraum stets den gleichen Prozentsatz in risikobehafteten Anlagen.

(2) Sinkende relative Risikoabneigung besagt: Der Entscheidende investiert bei wachsendem Finanzierungsspielraum einen steigenden Prozentsatz in risikobehafteten Anlagen.

(3) Steigende relative Risikoabneigung heißt: Der Entscheidende investiert bei wachsendem Finanzierungsspielraum einen geringeren Prozentsatz in risikobehafteten Anlagen.

Diese Folgerungen über Betrag und Anteil, der risikobehaftet investiert wird, gelten nur für die Wahl zwischen einer risikolosen und einer risikobehafteten Anlage (wie dem risikoeffizienten Marktportefeuille M, falls ein solches existiert). Sie gelten also nicht notwendigerweise, wenn mehr als eine risikobehaftete Anlage nachgefragt wird.
Die Abhängigkeit zwischen den Formen der Risikoabneigung und dem Umfang risikobehafteter Investitionen besteht nur dann, wenn die Formen der Risikoabneigung in bezug auf das Vermögen gemessen werden, und Vermögen = Finanzierungsspielraum ist. Die Abhängigkeit besteht nicht mehr in derselben Form, wenn die Formen der Risikoabneigung auf das Einkommen bezogen werden (wie S. 340).

Allgemein ist die relative Risikoabneigung nichts anderes als die Elastizität des Risikogrenznutzens in bezug auf irgendeine, beliebig zu wählende Maßgröße, z. B. das Vermögen.
Die Risikonutzenfunktion in Abhängigkeit vom Vermögen wird mit N(V) bezeichnet, N'(V) bedeutet die erste Ableitung der Risikonutzenfunktion in bezug auf das Vermögen und N''(V) die zweite Ableitung.
Die absolute Risikoabneigung R_a ist dann definiert als

$$R_a = -\frac{N''(V)}{N'(V)};$$

die relative Risikoabneigung R_r wird gegeben durch

$$R_r = -\frac{N''(V)}{N'(V)} \cdot V.$$

Wenn $N''(V)$ als $\frac{dN'(V)}{dV}$ geschrieben wird und R_r als $-\frac{dN'(V)}{dV} : \frac{N'(V)}{V}$, ist sofort zu sehen, daß die relative Risikoabneigung nichts anders ist als die Elastizität des Risikogrenznutzens, hier in bezug auf das Vermögen.

Da die relative Risikoabneigung der mit dem Finanzierungsspielraum (Vermögen) gewichteten absoluten Risikoabneigung gleicht, ist

(a) gleichbleibende relative Risikoabneigung nur mit sinkender absoluter Risikoabneigung bei wachsendem Finanzierungsspielraum vereinbar.

(b) Sinkende relative Risikoabneigung setzt erst recht sinkende absolute Risikoabneigung voraus.

(c) Steigende relative Risikoabneigung ist jedoch sowohl mit gleichbleibender, sinkender und steigender absoluter Risikoabneigung verträglich.

Für die Bereitschaft, in risikobehaftete Anlagen zu investieren, bzw. für die Nachfrage nach risikobehafteten Wertpapieren, folgt daraus:

1. Bei gleichbleibender relativer Risikoabneigung (und damit zugleich sinkender absoluter Risikoabneigung) bleibt mit wachsendem Finanzierungsspielraum der Anteil, der risikobehaftet investiert wird, gleich; der absolute Betrag, der in die risikobehaftete Anlage fließt, wächst natürlich.

Nur drei Risikonutzenfunktionen und ihre linearen Transformationen erfüllen diese Bedingung, nämlich die Bernoulli-Nutzenfunktion

$$N(V) = \ln V \text{ sowie}$$
$$N(V) = V^x \text{ für } 0 < x < 1,$$
$$N(V) = -V^{-y} \text{ für } y > 0. \quad [77]$$

2. Bei sinkender relativer Risikoabneigung (und damit zugleich sinkender absoluter Risikoabneigung) steigt mit wachsendem Finanzierungsspielraum der Anteil, der risikobehaftet investiert wird. Der absolute Betrag, der risikobehaftet investiert wird, nimmt natürlich erst recht zu.

Eines der einfachen Beispiele einer Risikonutzenfunktion, die dies bewirkt, wäre $N(V) = \ln(V-c)$, wobei c eine positive Konstante darstellt.

3. Bei steigender relativer Risikoabneigung sinkt mit wachsendem Finanzierungsspielraum der Anteil, der risikobehaftet investiert wird.

Für den absoluten Betrag, der in risikobehaftete Anlagen fließt, gilt,

(a) der absolute Betrag bleibt gleich, wenn gleichbleibende absolute Risikoabneigung gegeben ist.

Das ist allein der Fall für die Risikonutzenfunktion $N(V) = -e^{-xV}$; für $x > 0$ sowie deren lineare Transformationen.

(b) Der absolute Betrag steigt, wenn sinkende absolute Risikoabneigung gegeben ist.

Das ist z. B. der Fall für die Risikonutzenfunktion $N(V) = \ln(V+c)$, worin c eine positive Konstante ist.

(c) Der absolute Betrag sinkt, wenn steigende absolute Risikoabneigung vorliegt.

Das ist z. B. der Fall für quadratische Risikonutzenfunktionen, die zu denselben Entscheidungen führen, wie die Erwartungswert-Streuungsregel, also für $N(V) = a \cdot V - V^2$ mit $a > 0$.

---

[77] Vgl. *Pratt*, S. 134; *Nils H[emming] Hakansson*, Risk Disposition and the Separation Property in Portfolio Selection. In: The Journal of Financial and Quantitative Analysis, Vol. 4 (1969), S. 401–416, hier S. 407–409.

3. Unabhängigkeit der Zusammensetzung des Investitionsprogramms vom Finanzierungsspielraum bei einperiodiger Planung

Die Beziehungen zwischen Formen der Risikoabneigung, Höhe des Finanzierungsspielraums und Aufteilung des Investitionsprogramms in risikolose und risikobehaftete Investitionen lassen sich anschaulich graphisch darstellen[78], wenn
(1) nur eine einzige risikobehaftete Investition neben der sicheren Kapitalmarktanlage betrachtet wird, bzw. wenn die eine risikobehaftete Anlage als Anteil am »effizienten Marktportefeuille« anzusehen ist.
(2) nur zwei Zukunftslagen für das Endvermögen am Planungshorizont zu beachten sind.

Auf der Ordinate der Abbildung 8 ist das Endvermögen in der schlechten Zukunftslage V_s abgetragen, auf der Abszisse das Endvermögen in der guten Zukunftslage V_g. Die sichere Geldanlage ist für wachsende Finanzierungsspielräume auf der 45°-Linie durch den Ursprung wiedergegeben, denn eine sichere Investition (oder Kassenhaltung) führt in der guten und schlechten Zukunftslage zu einem gleichen Endvermögen S für einen bestimmten (nicht eingetragenen) Finanzierungsspielraum. Für einen höheren Finanzierungsspielraum betrage das sichere Endvermögen S'.

Wird das gleiche Anfangsvermögen allein in der risikobehafteten Anlage investiert, entsteht der Punkt U. In der Zeichnung bringt er für die schlechte Zukunftslage nur das halbe Endvermögen der sicheren Anlage, jedoch das doppelte Endvermögen der guten Zukunftslage. Die Linie vom Ursprung durch U und U' zeigt die Endvermögenschance, wenn alternative Finanzierungsmittel allein in die risikobehaftete Anlage fließen.

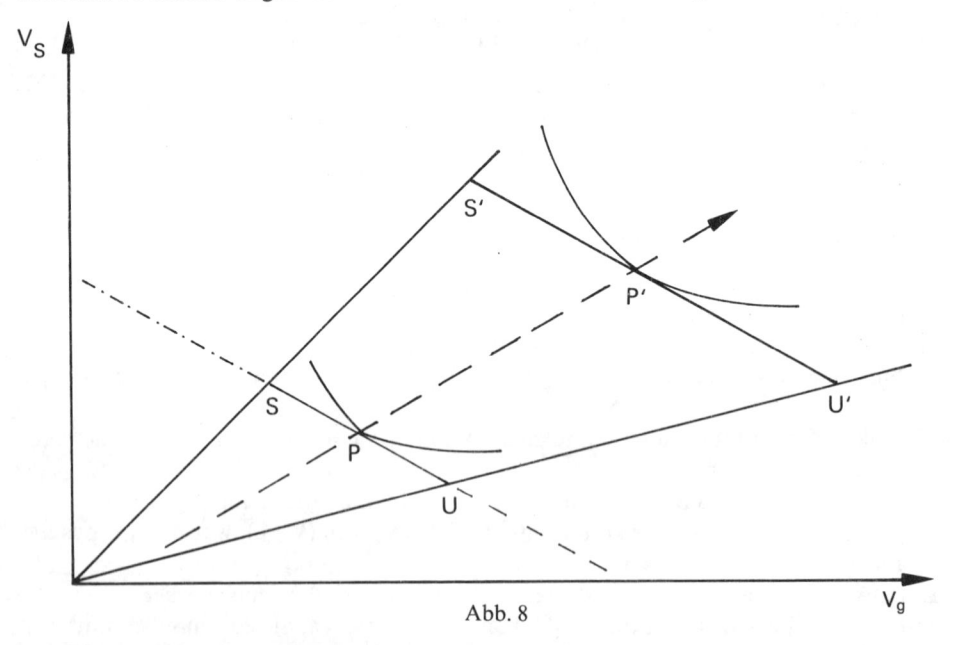

Abb. 8

[78] Vgl. *J[oseph] E. Stiglitz*, The Effects of Income, Wealth, and Capital Gains Taxation on Risk-Taking. In: The Quarterly Journal of Economics, Vol. 83 (1969), S. 263–283, hier S. 266–268; zum folgenden vgl. auch *M[ichael] J. Brennan, A[lan] Kraus*, The Geometry of Separation and Myopia. In: The Journal of Financial and Quantitative Analysis, Vol. 11 (1976), S. 171–193, hier S. 176–179, 181–184.

Sämtliche Investitionsmischungen zwischen risikoloser und risikobehafteter Anlage sind dann auf der Verbindungsgeraden $\overline{SU}$ zu finden: Sie zeigen gegenüber der alleinigen risikolosen Geldanlage weniger Endvermögen in der schlechten Zukunftslage und mehr in der guten bzw. gegenüber der alleinigen Investition in der risikobehafteten Anlage mehr Endvermögen in der schlechten Zukunftslage und weniger in der guten.

Die Risikonutzenfunktion eines Entscheidenden sei durch eine Schar von Indifferenzkurven wiedergegeben, von denen eine die Verbindungslinie $\overline{SU}$ im Punkt P berührt. Dieser Investor wird von seinem Anfangsvermögen das Verhältnis $\dfrac{\overline{PU}}{\overline{SU}}$ risikolos investieren und das Verhältnis $\dfrac{\overline{SP}}{\overline{SU}}$ in die risikobehaftete Anlage.

In der Abbildung sind nur Kombinationen zwischen Endvermögenshöhen in beiden Zukunftslagen möglich, die zwischen den Koordinaten von S und U liegen. In der Abbildung berühren die Indifferenzkurven die Linie der Austauschverhältnisse des Endvermögens zwischen guter und schlechter Zukunftslage (die »Bilanzgerade« unseres Problems) in P und P'. Die Verbindungslinie aller Optima $\overline{PP'}$ bei unterschiedlichem Kapitaleinsatz (Finanzierungsspielraum) wird später »Risikopfad« genannt. Nichts spricht dafür, daß die Indifferenzkurve eines Investors immer zwischen $\overline{SU}$ die Linie der möglichen Investitionsmischungen berührt.

Die gestrichelte Fortsetzung der Linie $\overline{SU}$ in Richtung auf die Abszisse zeigt eine Erhöhung des Vermögens in der guten Zukunftslage auf Kosten des Vermögens in der schlechten Zukunftslage an: Der Entscheidende, der auf dem gestrichelten Teil sein Optimum findet, wird ein Mehrfaches der risikobehafteten Anlage kaufen und sich zu diesem Zweck verschulden. Im äußersten Fall (Schnittpunkt der gestrichelten Linie mit der Abszisse) würde die Kreditrückzahlung am Planungshorizont das Endvermögen in der schlechten Zukunftslage auf Null drücken. Investitionsprogramme auf der gestrichelten Linie sind also möglich, sobald zu ein- und demselben sicheren Zinssatz nach Belieben Geld aufgenommen und angelegt werden kann.

Die punktierte Fortsetzung der Strecke $\overline{SU}$ in Richtung auf die Ordinate zeigt eine Erhöhung des Vermögens in der schlechten Zukunftslage auf Kosten des Vermögens in der guten an. Es werden »Leerverkäufe« risikobehafteter Investitionen (Wertpapiere) unterstellt (S. 535).
Im Extremfall kann durch Leerverkäufe natürlich sogar der Ordinatenwert erreicht werden: Nur Endvermögen in der schlechten Zukunftslage, keines in der guten.

Wenn weder Leerverkäufe noch Verschuldung möglich sind, werden jene Entscheidenden, deren Indifferenzkurven die $\overline{SU}$-Linie im punktierten oder gestrichelten Bereich berühren würden, den nächsten Eckpunkt S bzw. U verwirklichen, also entweder nur risikolos oder nur risikobehaftet investieren. Sie investieren dann eben so risikoarm bzw. risikoreich, wie es »die Realität gerade zuläßt«. Die Existenz solcher Randoptima ist für die Ableitung der einperiodigen persönlichen Entscheidung ohne besondere Bedeutung. Sie gewinnt jedoch Gewicht bei mehrperiodiger Planung des einzelnen und erst recht für die Frage nach dem Kapitalmarktgleichgewicht und die der Delegierbarkeit von Entscheidungen.

Aus Abb. 8 leiten wir ab:
a) Zwei oder mehr Entscheidende, die über die Investition des gleichen Anfangsvermögens zu entscheiden haben, werden nur dann die gleiche Aufteilung für den Anteil der risikolosen und risikobehafteten Anlage wählen, wenn sie dieselbe Risikonutzenfunktion (Risikoneigung) besitzen oder zufällig ihre unterschiedliche Risikoneigung denselben Punkt P erzeugt.

Die Entscheidung, wieviel risikolos investiert oder verschuldet wird und wieviel risikobehaftet angelegt wird, ist also immer eine Entscheidung, die durch die persönliche Risikoneigung festgelegt wird. Diese Folgerung aus dem Modell der Kapitalmarktlinie bei normalverteilten Renditeerwartungen bestätigt sich natürlich im allgemeinen Fall beliebig verteilter Endvermögenshöhen.

b) Die Bestätigung des Modellergebnisses für die normalverteilten Renditeerwartungen gilt jedoch nicht mehr für die Entscheidung über die Zusammensetzung des risikobehafteten Investitionsprogramms. Hier werden nur unter bestimmten Vorbedingungen sämtliche Marktteilnehmer die gleiche risikobehaftete Wertpapiermischung M wählen. Um diese Vorbedingungen zu erarbeiten, empfiehlt es sich zu klären, wie der »Pfad der Risikoübernahme bei wachsendem Finanzierungsspielraum« (kurz: Risikopfad) für die einzelnen Formen von Risikoabneigung verläuft.

Eine Verbindungslinie durch sämtliche Tangenten-Optima, wie $\overline{PP'}$, zeigt die Aufteilung in risikolose und risikobehaftete Investitionen an, wenn die Finanzierungsmittel ansteigen.

Für die einzelnen Formen von Risikoabneigung verlaufen die Risikopfade bei wachsender Finanzierung unterschiedlich. In der Abbildung 9 sind die Risikopfade als Gerade eingezeichnet:

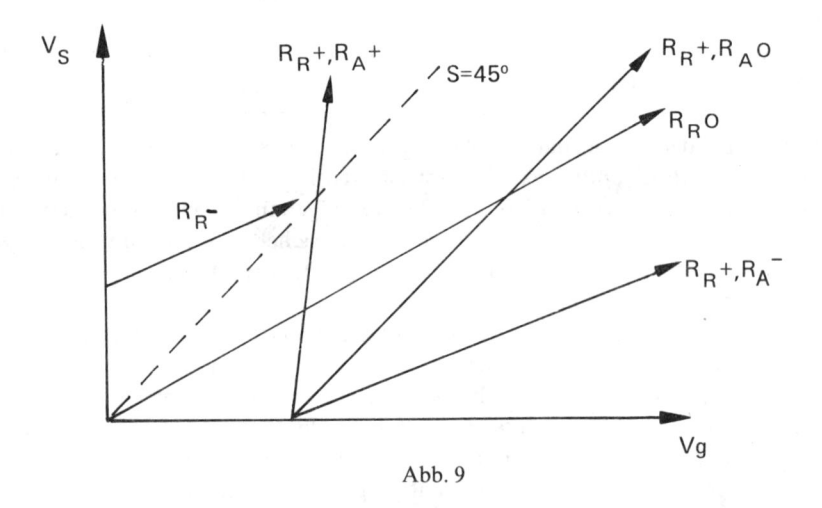

Abb. 9

Der Risikopfad bei gleichbleibender relativer Risikoabneigung R_{R0} ist immer eine Gerade, die im Ursprung beginnt und unterhalb der Linie sicheren Endvermögens (der 45°-Linie) verläuft.

Der Risikopfad bei sinkender relativer Risikoabneigung R_R- beginnt bei einem positiven Ordinatenwert (positivem Endvermögen in der schlechten Zukunftslage) und kann (muß aber nicht) eine Gerade sein.

Der Risikopfad bei steigender relativer Risikoabneigung R_R+ beginnt bei einem positiven Abszissenwert (positiven Endvermögen in der guten Zukunftslage):

(a) Bei gleichbleibender absoluter Risikoabneigung verläuft der Risikopfad parallel zur 45°-Linie: R_R+, R_{A0}. Er ist eine Gerade.

(b) Bei sinkender absoluter Risikoabneigung verläuft der Risikopfad flacher als die Parallele zur 45°-Linie, und er kann (muß aber nicht) eine Gerade sein: R_R+, R_A-.

(c) Bei steigender absoluter Risikoabneigung verläuft der Risikopfad steiler als die Parallele zur 45°-Linie, und er kann (muß aber nicht) eine Gerade sein: R_R+, R_A+.

Auf lineare Risikopfade wird deshalb so viel Nachdruck gelegt, weil nur bei linearem Risikopfad gilt, daß ein Investor bei jeder Höhe seines Anfangsvermögens die gleiche risikobehaftete Wertpapiermischung verwirklicht. Unabhängigkeit der Zusammensetzung des optimalen risikobehafteten Investitionsprogramms (Portefeuilles) vom Anfangsvermögen heißt aber: Gleichgültig, wieviel der Entscheidende von seinem anfänglichen Finanzierungsspielraum für Konsumzwecke entnimmt, das optimale Mischungsverhältnis seiner risikobehafteten Investitionen bleibt unverändert (Tobin-Separation)[79].
Solche linearen Risikopfade treten dann und nur dann auf, wenn die Risikonutzenfunktionen *H*yperbolische, *A*bsolute *R*isiko-*A*bneigung zeigen, also HARA-Funktionen in bezug auf das Vermögen sind[80]. Für solche HARA-Funktionen gilt

$$R_A = \frac{1}{a + bV}.$$

Gelegentlich wird im Schrifttum auch mit dem Kehrwert der absoluten Risikoabneigung gearbeitet, der dann den Namen Risikotoleranz R_t erhält. Dann gilt für HARA-Funktionen

$$R_T = \frac{1}{R_A} = -\frac{N'(V)}{N''(V)} = a + bV.$$

Will man diesen neuen Begriff verwenden, so ist die Unabhängigkeit der Zusammensetzung des risikobehafteten Investitionsprogramms vom Anfangsvermögen an die Bedingung »linearer Risikotoleranz« gebunden[81]. Das Verhältnis des Risikogrenznutzens zum Grenz-Risikogrenznutzen ist nur für zwei Klassen von Risikonutzenfunktionen linear zum Vermögen, für

(1) $$N'(V) = ae^{-bV}, \text{ für } a, b > 0,$$

und das heißt für die Risikonutzenfunktion

$$N(V) = -\frac{a}{b} e^{-bV},$$

also den Fall gleichbleibender absoluter Risikoabneigung, und für

(2) $$N'(V) = (a + bV)^c.$$

Dazu zählen, wenn a gleich Null gesetzt wird, die Risikonutzenfunktionen mit gleichbleibender relativer Risikoabneigung, und für c gleich 1 entsteht die quadratische Risikonutzenfunktion (also ein Fall steigender relativer Risikoabneigung mit steigender absoluter Risikoabneigung), sowie mehrere Fälle aus den anderen Formen von Risikoabneigung: eben alle, die zu linearen Risikopfaden führen.

---

[79] Vgl. *James Tobin*, Liquidity Preference as Behavior towards Risk. In: The Review of Economic Studies, Vol. 25 (1957/58), S. 65–86.

[80] Der Beweis findet sich erstmals bei *David Cass, Joseph E. Stiglitz*, The Structure of Investor Preferences and Asset Returns, and Separability in Portfolio Allocation: A Contribution to the Pure Theory of Mutual Funds. In: The Journal of Economic Theory, Vol. 2 (1970), S. 122–160, hier S. 135; die Bezeichnung bei *Robert C. Merton*, Optimum Consumption and Portfolio Rules in a Continuous-Time Model. In: The Journal of Economic Theory, Vol. 3 (1971), S. 373–413, hier S. 389–391.

[81] Vgl. *Jan Mossin*, Optimal Multiperiod Portfolio Policies. In: The Journal of Business, Vol. 41 (1968), S. 215–229, hier S. 226 f.

HARA-Funktionen sind jedoch nur ein bescheidener Teil aller Risikonutzenfunktionen, und Aussagen, daß damit »alle wesentlichen Fälle der Wirklichkeit« erfaßt werden können, sind unsolide. Der Existenz von Kapitalkosten unter Ungewißheit wird also allein schon dadurch eine erhebliche Schranke gesetzt, daß die Unabhängigkeit der Investitionsplanung unter Ungewißheit von der Finanzplanung (Konsumentscheidung) selbst bei risikoloser Geldaufnahme- und Verschuldungsmöglichkeit *nur dann für einen einzelnen Investor bei einperiodiger Planung existiert, wenn seine Risikonutzenfunktion eine HARA-Funktion ist.*

Zusätzliche Grenzen ergeben sich, wenn beachtet wird, daß in der Realität keine Leerverkäufe und regelmäßig auch keine beliebige Verschuldung möglich sind. Fehlen die Möglichkeiten zu Leerverkäufen und zu beliebiger Verschuldung, dann würden in der folgenden Abbildung 10 Entscheidende mit steigender relativer und steigender absoluter Risikoabneigung (also z. B. Entscheidende, die der Erwartungswert-Streuungs-Regel folgen) gemäß einem geknickten Risikopfad $\overline{OXYS}$ investieren müssen.

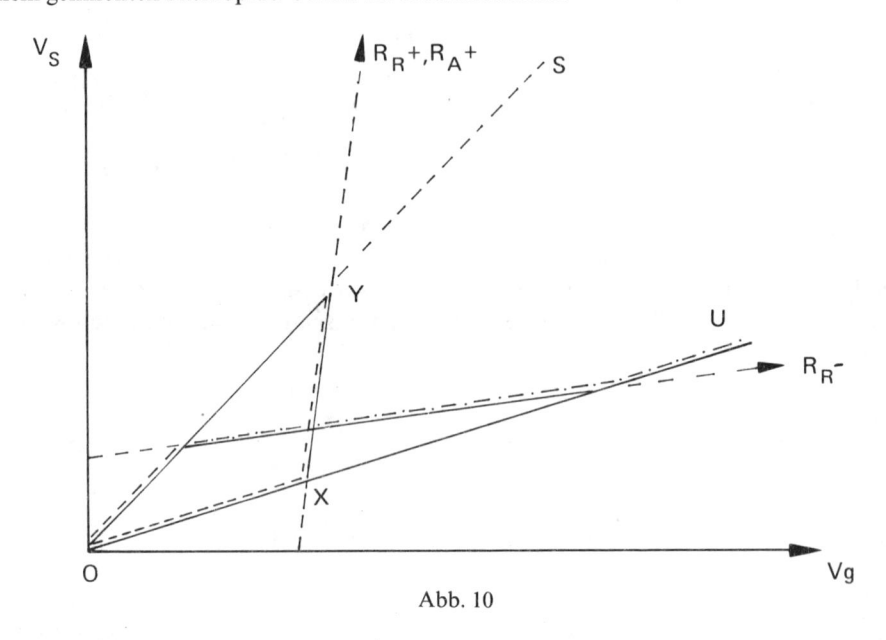

Abb. 10

Wenn keine Verschuldung möglich ist, dann wird der Entscheidende bei sehr kleinem Finanzierungsspielraum allein in der risikobehafteten Anlage investieren, jedoch muß er darauf verzichten, dies mehrfach zu tun und sich dabei zu verschulden: Strecke $\overline{OX}$. Mit weiter steigendem Finanzierungsspielraum wird der Entscheidende die risikobehaftete Anlage gegen die risikolose nach und nach eintauschen, bis der Punkt Y erreicht ist. Wächst der Finanzierungsspielraum weiter, wird der Entscheidende allein risikolos investieren. Aufgrund der fehlenden risikolosen Verschuldungsmöglichkeit und der fehlenden Möglichkeit zu Leerverkäufen verläuft der Risikopfad selbst für Entscheidende, die nach der Erwartungswert-Streuungsregel handeln, nur innerhalb bestimmter Finanzierungsgrenzen (Vermögensintervalle) linear[82], so daß nur innerhalb dieser Finanzierungsgrenzen die Investitionsent-

---

[82] Vgl. *Nils H[emming] Hakansson*, On Optimal Myopic Portfolio Policies, with and without Serial Correlation of Yields. In: The Journal of Business, Vol. 44 (1971), S. 324–334, hier S. 327–330.

scheidungen unabhängig von der Höhe des Finanzierungsspielraumes und damit der persönlichen Konsumneigung sind.
Ein ähnlich geknickter Verlauf, jedoch erst auf der Linie sicheren Endvermögens, zuletzt auf der Linie der risikobehafteten Anlage, läßt sich für Entscheidende mit sinkender relativer Risikoabneigung einzeichnen. Einen einmaligen Knick erhält man, falls die risikolose Verschuldung fehlt, bei steigender relativer Risikoabneigung mit gleichbleibender oder sinkender absoluter Risikoabneigung.
Sobald Verschuldungsgrenzen zu beachten und keine Leerverkäufe möglich sind, ist nur bei gleichbleibender relativer Risikoabneigung (und positivem Anfangsvermögen) die Zusammensetzung des risikobehafteten Investitionsprogramms unabhängig vom Anfangsvermögen (dem Finanzierungsspielraum bzw. den Gewinnausschüttungen, Konsumentscheidungen). Dies gilt insbesondere auch, wenn bei fehlender beliebiger Verschuldungsmöglichkeit eine Liquiditäts-Nebenbedingung zu beachten ist[83].

4. Unabhängigkeit der Zusammensetzung des Investitionsprogramms vom Finanzierungsspielraum bei mehrperiodiger Planung

Bei mehrperiodiger Planung in der Praxis werden regelmäßig nach der dritten, spätestens fünften Periode die Erwartungen der Umweltbedingungen unverändert fortgeschrieben. In Einzelfällen mag es vorkommen, daß von vornherein solche stationäre Erwartungen bestehen. Die Wahrscheinlichkeitsverteilung des Endvermögens der einzelnen risikobehafteten Investitionen für die nächste Abrechnungsperiode wird für alle zu planenden Perioden als gültig angenommen. Dabei liegt der Schluß nahe, daß bei stationären Erwartungen auch ein stationäres Portefeuille optimal sei: Das für die nächste Periode aus diesen Erwartungen ausgewählte Investitionsprogramm könne für alle Perioden identischer Wiederholung der Erwartungen als gültig angenommen werden.
Doch ein solcher Schluß wäre voreilig: Selbst bei stationären Erwartungen ist ein im Zeitablauf unverändertes Portefeuille nur dann optimal, wenn für den mehrperiodigen Planungszeitraum auf die Planung der nächsten Periode die Umweltbedingungen der künftigen Perioden keinen Einfluß nehmen. Daß dies nicht allgemein gilt, haben wir schon bei Vernachlässigung der Ungewißheit gesehen: im Fall der identisch wiederholten Investitionen (Kettenregel, S. 237). Selbst bei stationären Erwartungen im Zeitablauf ist also ein und dasselbe Investitionsprogramm nur dann optimal, wenn gesondert nachgewiesen wird, daß eine einperiodige Planung auch im mehrperiodigen Zusammenhang optimal bleibt.
Die Bedingungen, wann eine einperiodige Planung innerhalb eines mehrperiodigen Planungszeitraums hinreichend ist, wurde unter dem Schlagwort der »kurzsichtigen Investitionsmischungs-Politik« (myopic portfolio policy)[84] erörtert.
Bei mehrperiodiger Planung ist der Finanzierungsspielraum (das zu investierende Anfangsvermögen) nur in t_0 bekannt. Die Höhe des Finanzierungsspielraums in $t_1, t_2, \ldots t_{n-1}$ (falls t_n den Planungshorizont bezeichnet) ist in t_0 ungewiß. Bestenfalls besteht über seine Höhe eine Wahrscheinlichkeitsverteilung. Die Voraussetzungen für die Unabhängigkeit der Zusammensetzung des risikobehafteten Investitionsprogramms vom Finanzierungsspielraum lauten bei einperiodiger Planung:

---

[83] Darauf hat erstmals *Hakansson*, Risk Disposition, S. 401, 414, hingewiesen.
[84] Das folgende stützt sich auf *Mossin*, Optimal, S. 227 f., und *Hakansson*, On Optimal Myopic.

– Bei beliebiger Verschuldungsmöglichkeit ist die Zusammensetzung des risikobehafteten Investitionsprogramms unabhängig von der Höhe des Finanzierungsspielraums (Anfangsvermögens), wenn der Risikopfad linear verläuft, die Risikonutzenfunktion des Entscheidenden also zu den HARA-Funktionen gehört.
– Bei beschränkter Verschuldungsmöglichkeit (keine Leerverkäufe, Kreditgrenzen) ist die Zusammensetzung des risikobehafteten Investitionsprogramms nur innerhalb bestimmter Finanzierungs-(Vermögens-)Intervalle unabhängig vom Finanzierungsspielraum, und das auch nur, wenn HARA-Funktionen vorliegen. Nur wenn der Entscheidende relativ gleichbleibend dem Risiko abgeneigt ist, kann bei einperiodiger Planung die Zusammensetzung des risikobehafteten Investitionsprogramms unabhängig vom Finanzierungsspielraum festgelegt werden.

Diese Bedingungen für die Unabhängigkeit bei einperiodiger Planung können im Mehrperiodenzusammenhang nur dann gelten, wenn auch für den Mehrperiodenfall der Finanzierungsspielraum zu Beginn einer jeden zu planenden Periode bekannt ist. Das tritt nur ein, wenn zusätzlich zur risikolosen Geldanlagemöglichkeit zwei Voraussetzungen zugleich erfüllt sind:

1. Es besteht eine beliebige Verschuldungsmöglichkeit zum Marktzinssatz, und dessen Höhe ist für alle zu planenden Perioden im voraus bekannt.

2. Die Wahrscheinlichkeitsverteilungen der Endvermögenschancen für alle Investitionsmöglichkeiten sind zeitlich voneinander unabhängig. Es besteht kein zeitlicher Risikoverbund.

Unter diesen Voraussetzungen ist die Zusammensetzung des risikobehafteten Investitionsprogramms unabhängig vom Finanzierungsspielraum, wenn der Investor mehrperiodig plant und seine Risikoabneigung zu einem linearen Risikopfad führt.

Besteht kein zeitlicher Risikoverbund, aber Sicherheit über den risikolosen Marktzinssatz im Zeitablauf, und müssen Verschuldungsgrenzen beachtet werden, dann hängt der Bereich der zulässigen Risikonutzenfunktionen, die eine kurzsichtige Politik erlauben, von den Umweltbedingungen im einzelnen ab. Erhalten bleibt bei prozentualer Verschuldungsgrenze vom Anfangsvermögen die Aussage, daß gleichbleibende relative Risikoabneigung die Unabhängigkeit der Zusammensetzung des Investitionsprogramms vom Finanzierungsspielraum wahrt.

Ist die Höhe des risikolosen Marktzinssatzes für die künftigen Perioden nur in Form einer Wahrscheinlichkeitsverteilung bekannt, dann schrumpft der Bereich von Risikonutzenfunktionen, der eine kurzsichtige Politik erlaubt, von vornherein auf die Fälle gleichbleibender relativer Risikoabneigung zusammen. Das gilt unabhängig davon, ob Verschuldungsgrenzen gegeben sind oder nicht.

Besteht darüber hinaus noch ein zeitlicher Risikoverbund, so daß die Wahrscheinlichkeitsverteilungen der einzelnen Investitionsvorhaben zeitlich voneinander abhängen, dann ist nur noch für einen Fall der gleichbleibenden relativen Risikoabneigung eine kurzsichtige Politik möglich:

Nur ein Entscheidender, dessen Risikoneigung der Bernoulli-Funktion $N = \ln V$ gehorcht, wird dann bei mehrperiodiger Planung die Zusammensetzung seines Investitionsprogramms unabhängig vom Finanzierungsspielraum optimal festlegen können[85].

---

[85] Vgl. *Hakansson*, On Optimal Myopic, S. 331 f. in Verbindung mit 325.

5. Delegierbarkeit von Investitionsentscheidungen innerhalb eines Unternehmens: die Unvereinbarkeit von Budgetbeschränkung und Mindestrenditenvorgabe

Investitions- und Finanzierungsentscheidungen können von einem Unternehmer an andere Unternehmer delegiert werden. Das ist der Fall, wenn ein privater Sparer (als personenbezogener Unternehmer) sich an einem Investmentfonds oder einer Kapitalerhöhung beteiligt. Der Vorstand der Aktiengesellschaft führt dann die weiteren Investitions- und Finanzierungsentscheidungen aus, von deren Ergiebigkeit die Vorteilhaftigkeit der Anlageentscheidung des Sparers abhängt. In diesem Fall erfolgt die Delegation der Investitions- und Finanzierungsentscheidungen über den Kapitalmarkt.

Investitions- und Finanzierungsentscheidungen können auch innerhalb eines Unternehmens delegiert werden. Der Vorstand eines Konzerns überläßt den einzelnen Geschäftsbereichen oder Abteilungen teilweise die Entscheidungsfreiheit über Investitionen und erlaubt ihnen, sich innerhalb von Höchstgrenzen bei der Konzernspitze zu finanzieren.

Jede Delegation von Entscheidungsbefugnissen steht unter dem Wunsch, daß die Zielvorstellungen des Delegierenden durch den verwirklicht werden, auf den die Entscheidungsbefugnis übertragen wird. Das ist aber nur dann gesichert, wenn die Entscheidung unabhängig von den persönlichen Zielvorstellungen der beteiligten Personen stets dieselbe ist, also durch Marktdaten und technische Daten, nicht durch persönliche Präferenzen bestimmt wird: wenn also im Sprachgebrauch der Kapitalmarkttheorie ein Separationstheorem gilt. Nur dann kann im nachhinein überprüft werden, ob derjenige, der die Entscheidung trifft, so gehandelt hat, wie es der Risikoneigung desjenigen entspricht, der die Entscheidungsbefugnis delegierte.

Für Investitionsentscheidungen unter Ungewißheit sind präferenzunabhängige Optima dann zu verwirklichen, wenn Kapitalkosten unter Ungewißheit gegeben sind.

Die fünf Voraussetzungen für die Existenz von »Kapitalkosten unter Ungewißheit« (des CAPM, S. 521 f.) sind auf den Kapitalmärkten der Wirklichkeit nicht erfüllbar:

a) Die »Kapitalkosten unter Ungewißheit« setzen voraus, daß bei Käufen und Verkäufen von risikobehafteten Anlagen weder Transaktionskosten auftreten, noch die persönlichen Entscheidungen beeinflussende Steuern zu zahlen sind (die Steuerwirkungen können allerdings bei Verzicht auf die Berücksichtigung der Progression und bei Hinnahme von Vereinfachungen für die Bemessungsgrundlage eingebaut werden, S. 572).

Für eine Delegation innerhalb einer Unternehmung lassen sich diese Schranken öffnen. Zwischen Konzernleitung und einzelnen Werken sind Transaktionskosten allein durch organisatorische Regelungen zu vermeiden, z. B. dann, wenn alle Transaktionskosten bei der Zentrale verbleiben und unabhängig vom Transaktionsumfang als fixe Kosten innerhalb der Konzernumlage verrechnet werden.[86]

Der verzerrende Einfluß der Steuern läßt sich durch eine dezentralisierte Unternehmensplanung unter Ausschluß der Besteuerung verwirklichen.

Beides, die Behandlung von Transaktionskosten als Konzernumlage und eine hinsichtlich der Bemessungsgrundlagen vereinfachte steuerliche oder »steuerlose« Planung, wird zwar

---

[86] Transaktionskosten beeinträchtigen die Abhängigkeiten zwischen der Bereitschaft risikobehaftet zu investieren und den Formen der Risikoabneigung, vgl. dazu z. B. *Edward Zabel*, Consumer Choice, Portfolio Decisions, and Transaction Costs. In: Econometrica, Vol. 41 (1973), S. 321–335; *George M. Constantinides*, Optimal Portfolio Revision with Proportional Transaction Costs: Extension to HARA Utility Functions and Exogenous Deterministic Income. In: Management Science, Vol. 22 (1976), S. 921–923.

das Verwirklichen zielentsprechender Entscheidungen beeinträchtigen. Aber die Vorzüge der Delegation können diese systematischen Fehler überkompensieren.

b) Die »Kapitalkosten unter Ungewißheit« setzen voraus, daß eine unbeschränkte und im Normalfall risikolose Geldanlage- und Kreditaufnahmemöglichkeit, also ein vollkommener Restkapitalmarkt, besteht. Damit ist zugleich das Konkursrisiko für sich verschuldende Investoren ausgeschlossen.

Natürlich existiert auf den Kapitalmärkten der Wirklichkeit keine unbeschränkte, eher schon eine risikolose Geldanlage- und Kreditaufnahmemöglichkeit, und vom Konkursrisiko kann nicht abgesehen werden. Aber im Verkehr zwischen Konzernleitung und einzelnen Werken läßt sich wenigstens innerhalb bestimmter Höchstgrenzen ein solcher risikoloser Restkapitalmarkt organisieren. Das Konkursrisiko ist für die dezentralisierte Unternehmensplanung ausgeschaltet, weil es die Unternehmung als Ganzes betrifft. Sichern lassen sich innerhalb eines Unternehmens durch entsprechende Festsetzung des internen Verrechnungszinses auch die zusätzlichen Voraussetzungen des CAPM, daß die risikolose Verzinsung niedriger ist als die Mindestrendite in der schlechtesten Zukunftslage risikobehafteter Investitionen (S. 424) und daß deren Rendite nicht durch das Ausspielen von Marktmacht beeinflußt wird.

c) Die »Kapitalkosten unter Ungewißheit« existieren nur dann, wenn die Erwartungen über die künftige Rendite und die Risiken für alle Beteiligten »homogen« sind. Das ist für die Kapitalmärkte der Wirklichkeit unhaltbar.

Wiederum kann aber diese Voraussetzung im Verkehr zwischen einzelnen Betrieben und Konzernleitung durch organisatorische Maßnahmen näherungsweise, jedenfalls aber weitaus besser als bei einer Delegation der Entscheidungsbefugnisse über den Markt, verwirklicht werden.

Die Theorie der »Kapitalkosten unter Ungewißheit« samt ihren mittelbaren Folgerungen (z. B. daß der Verschuldungsgrad und die Ausschüttungspolitik einer Kapitalgesellschaft keinen Einfluß auf deren Börsenkurs nehmen) war für die praktische Unternehmenspolitik von vornherein ein totgeborenes Kind. Man darf sie nur als Entscheidungshilfe benutzen, wenn ihre Unterstellungen der Realität entsprechen oder wenn diese Unterstellungen für die Richtigkeit der Handlungsempfehlung harmlos sind (S. 606 f.). Und das übersieht man von vornherein nur in wenigen Glücksfällen.

Für die Frage nach der Delegierbarkeit von Investitionsentscheidungen innerhalb einer Unternehmung ist die Theorie der Kapitalkosten unter Ungewißheit jedoch nicht von vornherein absurd. Wenigstens die bisher genannten drei Voraussetzungen scheinen durch organisatorische Regelungen zumindest in Grenzen erfüllbar zu sein.

Zu untersuchen bleibt: Sind auch die beiden folgenden Voraussetzungen der Theorie der Kapitalkosten unter Ungewißheit innerhalb eines Unternehmens durch organisatorische Regelungen erreichbar? Dieses Problem wird im folgenden behandelt. Es empfiehlt sich dabei, die Fragestellung von der Praxis der Unternehmenspolitik her aufzurollen:

Eine gewisse Delegation von Investitionsentscheidungen findet in jedem größeren Unternehmen statt. Es werden also bestimmte Regelungen für die Investitionsplanung vorgegeben. Dazu gehört neben einer größenmäßigen Beschränkung bzw. Budgetvorgabe häufig das Setzen einer Mindestrendite, also eines Kapitalkostensatzes, der erwirtschaftet werden muß, wenn das Investitionsobjekt verwirklicht werden soll. Diese Mindestrendite besteht aus dem Zinssatz für risikolose Anlagen zuzüglich einer Risikoprämie.

Die praktische Investitionsplanung wendet regelmäßig nur eine einzige Mindestrendite,

unabhängig vom Risiko der einzelnen Investitionsvorhaben, an. Damit wird stillschweigend unterstellt, daß die Risikohöhe bei allen erwogenen Investitionsvorhaben gleich dem durchschnittlichen Risiko der Unternehmung ist.
Offensichtlich führt diese zusätzliche Annahme zu einer groben Vereinfachung der Theorie der Kapitalkosten unter Ungewißheit. Wenn schon Investitionsentscheidungen delegiert werden mit Hilfe von Mindestrenditenvorgaben, dann sollte die Vorgabe in Form einer linearen Abhängigkeit der Kapitalkosten vom Risiko der Investitionsvorhaben erfolgen.
Doch auch dabei ist nur unter überaus engen Voraussetzungen gewahrt, daß die Entscheidungen in den einzelnen Abteilungen sich mit jenen decken, welche die Unternehmensspitze für richtig gehalten hätte.

Im folgenden ist zu prüfen, wie die persönliche Risikoeinstellung der am Entscheidungsprozeß Beteiligten beschaffen sein muß, damit eine solche Mindestrenditenvorgabe in Form der Kapitalkosten unter Ungewißheit tatsächlich zu Entscheidungen führt, die im Interesse der Unternehmensspitze liegen.
Zwei Voraussetzungen zusätzlich zu den oben genannten müssen erfüllt sein, damit ein Kapitalkostensatz unter Ungewißheit besteht, der zielentsprechende Entscheidungen im Interesse aller Beteiligten erlaubt:

d) Sämtliche am Entscheidungsprozeß Beteiligten (also bei Markt-Delegationen sämtliche Anbieter und Nachfrager auf den Kapitalmärkten, bei Unternehmens-Delegationen Vorstand, Werksleiter und die Sachbearbeiter in den Stäben) gehen von derselben Zielsetzung aus. Sie wünschen den Risikonutzen des Endvermögens (und nicht einer periodischen Einkommensgröße = Entnahmegröße oder einer Mischung aus Endvermögen und Entnahmen oder irgendeine nicht-finanzielle Zielgröße) zu maximieren. Die Problematik dieser Annahme ist offensichtlich; zur Vereinfachung sei jedoch unterstellt, daß alle Beteiligten das gleiche finanzielle Ziel verfolgen. Zudem halten sämtliche am Entscheidungsprozeß Beteiligten die Axiome der Risikonutzentheorie für vernünftig. Diese Annahme bedeutet im einzelnen: Alle Beteiligten haben die Ungewißheit der Zukunft so weit im Griff, daß für alle am Entscheidungsprozeß Beteiligten ein und dieselbe subjektive Wahrscheinlichkeitsverteilung existiert. Diese Voraussetzung kann etwas abgeschwächt werden: Die subjektiven Wahrscheinlichkeitsverteilungen der einzelnen Entscheidungen können voneinander abweichen und brauchen auch nur in bestimmten Intervallen bestimmt zu sein, solange keine unterschiedlichen Entscheidungen aus der abweichenden Einschätzung der Zukunft erfolgen.
Eine solch weitgehende Voraussetzung über die Meßbarkeit der Zukunft kann bei einer Delegation über Märkte praktisch nicht angenommen werden. Sie ist auch bei einer Delegation innerhalb einer Unternehmung nur dann zu verwirklichen, wenn in den Beratungsgremien, welche die Investitions- und Finanzierungsentscheidungen vorbereiten, eine von allen gebilligte, subjektive Wahrscheinlichkeitsverteilung für alle Investitionsvorhaben erörtert wird. Auch durch noch so ausgeklügelte organisatorische Regelungen ist diese Voraussetzung nur in Glücksfällen erreichbar. Aber diese Voraussetzung wird neben den anderen genannten stillschweigend von der Praxis unterstellt, wenn sie mit einer Mindestrenditenvorgabe Investitionsentscheidungen delegiert! Genauer: Wenigstens nach dem gegenwärtigen Stand der Entscheidungslogik ist diese strenge Voraussetzung unterstellt; ob es möglich ist, die Gültigkeit eines Separationstheorems (hier der Trennung der Investitionsentscheidungen unter Ungewißheit von der persönlichen Risikoneigung) auch bei schwächeren Meßbarkeitsstufen subjektiver Wahrscheinlichkeiten nachzuweisen, steht in den Sternen.

e) Die »Kapitalkosten unter Ungewißheit« beruhen zusätzlich auf der Voraussetzung, daß bei einperiodigen Entscheidungen der Risikopfad des Entscheidenden linear verläuft. Im Fall von Verschuldungsgrenzen (vorgegebenen Kapitalbudgets) wird diese Voraussetzung kritisch. Für Entscheidungen am Kapitalmarkt werden häufig Randoptima (S. 589) zustande kommen. Die Existenz solcher Randoptima ist für die Ableitung der persönlichen optimalen Entscheidung ohne besondere Bedeutung. Sie gewinnt jedoch Gewicht für die Frage der Delegierbarkeit.

Zwei oder mehr Entscheidende, die gemeinsam über die Investition des gleichen Anfangsvermögens zu entscheiden haben, werden nur dann die gleiche Aufteilung für den Anteil der risikolosen und der risikobehafteten Anlage wählen, wenn sie dieselbe Risikonutzenfunktion (Risikoneigung) besitzen oder zufällig ihre unterschiedliche Risikoneigung denselben Punkt P erzeugt. Das gleiche gilt für zwei oder mehr Entscheidende, auf die Investitionsentscheidungen delegiert werden: Nur wenn sie zufällig dieselbe Risikoneigung (dieselbe Risikonutzenfunktion bzw. deren lineare Transformationen) wie die delegierende Stelle besitzen, wählen sie die gleiche Aufteilung zwischen risikoloser und risikobehafteter Anlage.

Die Entscheidung, wieviel risikolos investiert oder verschuldet wird und wieviel risikobehaftet angelegt wird, ist also immer eine persönliche Entscheidung. Diese Entscheidung ist nicht delegierbar, und wenn sie auch Entscheidungsgremien übertragen wird, führt sie dort nur zu Zündstoff, weil eine gemeinsame Präferenzfunktion kaum jemals anzunehmen ist und Gemeinsamkeit dann regelmäßig durch Zugeständnisse in anderen Sachfragen erkauft werden muß.

Die Entscheidung über das Ausmaß der persönlichen Risikoübernahme ist also extrem gremienfeindlich und damit auch mitbestimmungsfeindlich. Sie ist nicht »demokratisch«, sondern nur durch persönlichen Beschluß zu treffen. Entscheidungsgremien fällt der Entschluß zur Risikoübernahme regelmäßig nur deshalb so leicht, weil kein einzelner innerhalb des Gremiums für ein Mißlingen zur Verantwortung gezogen wird.

Bei der Entscheidung über die Zusammensetzung des risikobehafteten Investitionsprogramms und für die Vorgabe von Mindestrenditen ist hingegen eine Verlagerung in Entscheidungsgremien und auch eine Delegation unter bestimmten Vorbedingungen für den Verlauf der persönlichen Risikoneigung durchaus möglich.

Sobald Verschuldungsgrenzen zu beachten sind, ist nur bei gleichbleibender relativer Risikoabneigung die Delegierbarkeit mit Hilfe von Mindestrenditevorgaben gewährleistet.

Doch selbst dies ist nicht mehr gesichert, wenn über mehrere Perioden hinweg ein und dieselbe Mindestrenditenforderung aufrechterhalten wird und gleichzeitig Finanzierungsgrenzen gesetzt werden. Die Delegierbarkeit von Investitionsentscheidungen mit Hilfe von Mindestrenditevorgaben ist daran geknüpft, daß alle Beteiligten denselben Marktpreis für Risiko wählen und d. h., alle stellen dasselbe Investitionsprogramm aus risikobehafteten Anlagen zusammen. Genau diese Bedingung ist jedoch nicht mehr erfüllt, wenn der Zinssatz, zu dem Gelder risikolos angelegt werden können, von dem Zinssatz abweicht, zu dem risikolose Kredite aufgenommen werden können.

Selbst in ideal organisierten Unternehmen, in denen die Voraussetzungen a) bis e) erfüllt wären, ist aufgrund der Vielfalt menschlicher Risikoneigungen nur dann, wenn die Risikoneigung der Beteiligten sich in HARA-Funktionen ausdrücken läßt, gesichert, daß Mindestrenditevorgaben zu dezentralen Investitionsentscheidungen führen, die den Zielvorstellungen der Unternehmensspitze genügen. Absolute Finanzierungsgrenzen zugleich mit Mindestrenditevorgaben zu verlangen, machen diese Vorbedingung für die Delegierbarkeit bei mehrperiodiger Planung in jedem Fall zunichte; bei einperiodiger Planung für die Mehrzahl der Erscheinungsformen von Risikoabneigung, für die dann ein Handeln im Interesse des Auftraggebers nur in engen Vermögensintervallen gesichert ist. Es ist durchaus nicht sicher, daß die von der Unternehmensspitze gesetzten Finanzierungsgrenzen innerhalb dieser Vermögensintervalle liegen.

Die Budgetvorgabe (das Setzen von Finanzierungsgrenzen für die Abteilungen) ist notwendig, um der Unternehmensspitze unübersehbare Finanzierungsrisiken zu ersparen; andererseits vernichtet sie, wenn sie mit der Vorgabe von Mindestrenditen verbunden wird, meistens die Voraussetzung für die Delegierbarkeit: daß die einzelnen Abteilungen Investitionsentscheidungen im Sinne der Unternehmensspitze treffen.

Bereits aus entscheidungslogischen Gründen erscheint damit die Verknüpfung solcher organisatorischer Regelungen wie die (notwendige) Budgetvorgabe *zugleich* mit einer Mindestrenditenvorgabe unter Einschluß einer Risikoprämie verfehlt. Mir erscheint dies als eine der wenigen Erkenntnisse, welche die Theorie der Kapitalkosten unter Ungewißheit unmittelbar für die Verbesserung praktischer Entscheidungen bis heute hervorbringt.

d) Kapitalkosten der Eigenfinanzierung als Optionspreise?

1. Wertpapieroptionen und risikolose Portefeuilles

Optionen sind Rechte auf künftige Käufe oder Verkäufe von Wertpapieren zu vorab vereinbarten Preisen (Basispreisen), wobei auf die Ausübung des Rechts auch verzichtet werden kann. In diesem Verzicht auf die Ausübung des Rechts (so daß das »Recht« nicht zur Verpflichtung wird) liegt der Pfiff von Optionsgeschäften gegenüber Wertpapiertermingeschäften.

Für das folgende werden die Annahmen über den Optionshandel vereinfacht, um die Darstellung der Optionspreisbildung zu erleichtern: Die Optionen können nur zu einem einzigen Zeitpunkt (Fälligkeitstag) ausgenutzt werden (European options im Unterschied zu American options, bei denen ein Zeitraum für die Ausnutzung besteht). Der Fälligkeitstag möge genau ein Jahr nach dem Ausstellungstag der Option liegen, so daß mit jährlichen Zinsen gerechnet werden kann. Der vereinbarte Preis (Basispreis) sei zunächst gleich dem Kassakurs des Wertpapiers am Ausstellungstag der Option, und eine Option erstrecke sich jeweils nur auf eine Aktie (von höheren »Mindestschlüssen«, wie sie die Realität kennt, sowie von Gewinnsteuern und Transaktionskosten sei abgesehen).

Zwei Arten von Optionen (Kaufoptionen und Verkaufsoptionen) sind auseinanderzuhalten, und bei jeder ist zwischen Kauf und Verkauf dieser Option zu unterscheiden. Um die Eigenarten von Optionsgeschäften zu verstehen, empfiehlt es sich, sie mit Kassakäufen von Wertpapieren in t_0 (Ausstellungstag der Option) und Verkäufen in t_1 (Fälligkeitstag) und mit Termingeschäften (S. 535) zu vergleichen.

Beim Wertpapierkassakauf in t_0 wird in t_0 zum Preis von P_0 gekauft und in t_1 zum Preis P_1 verkauft.

1. Der Käufer einer *Kaufoption* (call option) zahlt im Zeitpunkt t_0 einen Preis (den Optionspreis der Kaufoption o_K) für das Recht, am Fälligkeitstag t_1 die Wahl zu haben, entweder zum Basispreis (vereinbarungsgemäß: dem Kassakurs in t_0, also P_0) eine Aktie zu erwerben oder auf die Ausübung dieses Rechts zu verzichten.

2. Der Verkäufer einer Kaufoption empfängt im Zeitpunkt t_0 den Optionspreis o_K für die Verpflichtung, am Fälligkeitstag t_1 zum Preis P_0 eine Aktie zu liefern, falls dies der Erwerber der Kaufoption wünscht.

3. Der Käufer einer *Verkaufsoption* (put option) zahlt im Zeitpunkt t_0 den Optionspreis für die Verkaufsoption o_V für das Recht, am Fälligkeitstag t_1 die Wahl zu haben, entweder zum Preis P_0 eine Aktie zu verkaufen oder auf die Ausübung dieses Rechts zu verzichten.

4. Der Verkäufer einer Verkaufsoption empfängt im Zeitpunkt t_0 den Optionspreis o_V für die Verpflichtung, am Fälligkeitstag t_1 zum Preis P_0 die Aktie vom Käufer der Verkaufsoption zu übernehmen, falls dieser es wünscht.

Beim Kassakauf entsteht für den Investor im Zeitpunkt t_1 als Zahlungssaldo

$$Z = -P_0(1+i) + P_1,$$

wobei i den Zinssatz für eine risikolose und unbeschränkte Geldanlage und Verschuldungsmöglichkeit bezeichnet.

1. Für den Erwerber einer Kaufoption ergeben sich folgende Zahlungssalden in t_1:
(a) Wenn die Kurse gestiegen sind, also $P_0 < P_1$, wird der Erwerber der Kaufoption diese ausnutzen, und da sein Planungshorizont voraussetzungsgemäß in t_1 endet, die zu P_0 erworbene Aktie im Kassageschäft zum Preis P_1 verkaufen. Der Zahlungssaldo beträgt also:

$$Z_{1a} = -o_K(1+i) - P_0 + P_1.$$

(b) Wenn die Kurse gefallen sind, also $P_0 > P_1$, wird der Erwerber der Kaufoption auf sein Recht zum inzwischen zu hohen Preis P_0 zu kaufen, gern verzichten. Zahlungssaldo:

$$Z_{1b} = -o_K(1+i).$$

2. Für den Verkäufer einer Kaufoption ergeben sich folgende Zahlungssalden in t_1:
(a) Wenn die Kurse gestiegen sind, wird der Verkäufer der Kaufoption an den Erwerber zum Preis von P_0 liefern müssen, und dazu muß er, falls er diese Aktie noch nicht besitzt, zum höheren Preis P_1 kassa kaufen. Zahlungssaldo:

$$Z_{2a} = +o_K(1+i) - P_1 + P_0.$$

(b) Wenn die Kurse gefallen sind, wird der Verkäufer einer Kaufoption nicht zu liefern brauchen, weil der Erwerber auf sein Recht verzichtet. Zahlungssaldo:

$$Z_{2b} = +o_K(1+i).$$

3. Für den Erwerber einer Verkaufsoption ergeben sich folgende Zahlungssalden in t_1:
(a) Wenn die Kurse gestiegen sind, wird er auf sein Recht, zum inzwischen zu niedrigen Preis P_0 verkaufen zu können, gern verzichten. Zahlungssaldo:

$$Z_{3a} = -o_V(1+i).$$

(b) Wenn die Kurse gefallen sind, wird der Erwerber der Verkaufsoption hingegen sein Recht ausnutzen und zum inzwischen zu hohen Preis P_0 verkaufen. Falls er noch keine Aktie besitzt, wird er sie kassa zum niedrigeren Preis P_1 kaufen. Zahlungssaldo:

$$Z_{3b} = -o_V(1+i) - P_1 + P_0.$$

4. Für den Verkäufer einer Verkaufsoption ergeben sich folgende Zahlungssalden in t_1:
(a) Wenn die Kurse gestiegen sind, wird er seine Verpflichtung, zum inzwischen zu niedrigen

Preis P_0 vom Erwerber der Verkaufsoption eine Aktie übernehmen zu müssen, nicht zu erfüllen brauchen. Zahlungssaldo:

$$Z_{4a} = +o_V(1 + i).$$

(b) Wenn die Kurse gefallen sind, wird er hingegen seine Verpflichtung, zum inzwischen zu hohen Preis P_0 vom Erwerber der Verkaufsoption eine Aktie übernehmen zu müssen, zu erfüllen haben. Da sein Planungshorizont in t_1 endet, wird er die erworbene Aktie sofort kassa zu P_1 verkaufen. Zahlungssaldo:

$$Z_{4b} = +o_V(1 + i) - P_0 + P_1.$$

Der Kurszettel der Frankfurter Optionsbörse vom 30. 6. 1980 weist für BBC-Aktien unter Kaufoptionen aus: 0-0-19 B und unter Verkaufsoptionen 4 G-0-0. Die jeweils dreifache Notierung ist durch die unterschiedlichen Fälligkeitstage (2 Monate, 3 Monate, 6 Monate) begründet. Es wurde also für BBC eine Verkaufsoption mit 2-monatiger Fälligkeitszeit zum Preis $o_V = 4$ gesucht und eine Kaufoption mit 6-monatiger Laufzeit zum Preis $o_K = 19$ angeboten. Daß an den anderen Terminen und bei zahlreichen anderen Wertpapieren Optionspreise von Null notiert wurden, hängt mit der in Deutschland noch geringen Anzahl von Geschäftsabschlüssen zusammen (200 bis 300 täglich im Vergleich zu 75 000 an der Börse von Chicago[87]).

Warum beschäftigt sich die Finanzierungstheorie mit einem in Deutschland noch wenig bedeutsamen Sondergebiet der Wertpapierspekulation? Drei Gründe sind zu nennen:

(1) Durch eine Mischung aus Kassa-Geschäften und Optionsgeschäften kann (bis auf den Verlust von Transaktionskosten) ein risikoloses Portefeuille zusammengestellt und in der Regel durch Zukäufe und Verkäufe im Zeitablauf gehalten werden.

(2) Wenn durch eine Mischung aus Kassa-Geschäften und Optionsgeschäften ein risikoloses Portefeuille erreicht werden kann, dann existiert für Kassa- und Optionsgeschäfte zugleich eine risikolose und unbeschränkte Geldanlage- und Finanzierungsmöglichkeit. Damit nennen die Gleichgewichtsbedingungen für Optionspreise die logischen Existenzvoraussetzungen für Marktpreise der Risikoübernahme im Zeitablauf.

(3) Unter vereinfachten Umweltbedingungen läßt sich das Eigenkapital einer verschuldeten Kapitalgesellschaft als Kaufoption für die Aktiven dieser Kapitalgesellschaft ansehen[88]. Denn wenn eine Kapitalgesellschaft sich verschuldet, so erwerben die Gläubiger das Recht, über den Konkurs der Kapitalgesellschaft die Aktiva zu liquidieren. Deshalb kann man sagen, daß bei der Schuldaufnahme die Anteilseigner der Kapitalgesellschaft gewissermaßen ihr Recht an den Aktiva der Kapitalgesellschaft an die Gläubiger zu einem festen Preis (den Einnahmen aus den Schulden abzüglich der Zinsen) verkaufen und dafür eine Kaufoption erhalten: Bei Fälligkeit der Schulden zu einem festen Preis (Begleichung der Schulden) das Recht, über die Aktiva uneingeschränkt zurückzuerwerben (was die Anteilseigner nur tun werden, wenn die Aktiva im Wert über den Schulden liegen) oder auf die Ausnutzung dieser Kaufoption zu verzichten (also die Kapitalgesellschaft konkurs gehen zu lassen, was die Anteilseigner tun werden, wenn die Aktiva der Unternehmung im Wert unter die Schulden gefallen sind).

---

[87] Vgl. zu Einzelheiten Frankfurter Allgemeine Zeitung vom 1. 7. 1980, S. 14, 21.
[88] Vgl. *Fischer Black, Myron Scholes,* The Pricing of Options and Corporate Liabilities. In: The Journal of Political Economy, Vol. 81 (1973), S. 637–654, hier S. 649.

So gesehen lassen sich die Marktpreise der Anteilsrechte an einer verschuldeten Kapitalgesellschaft, und damit ihre Kapitalkosten bei Eigenfinanzierung, als Optionspreise einer Kaufoption auf die Aktiva der Kapitalgesellschaft betrachten. Welche Bedeutung aufgrund dieser Sicht die Theorie der Optionspreise auf die betriebliche Finanzpolitik erlangen kann, wird zu prüfen sein.

Wie kommt durch eine Mischung aus Wertpapierkassageschäften und Optionsgeschäften ein risikoloses Portefeuille zustande? Der einfachste Fall ist folgender[89]:

Ein Investor erwirbt eine Aktie am Kassamarkt sowie zugleich eine Verkaufsoption und verkauft eine Kaufoption. Wenn der Preis einer Kaufoption gleich dem einer Verkaufsoption ist (was hier der Bequemlichkeit halber angenommen wird, der Gleichgewichtspreis wird in 2. erörtert), dann erreicht der Investor ein risikoloses Portefeuille bis auf den Verlust der Transaktionskosten, d. h. bis auf die Differenz zwischen zu zahlendem Bruttoverkaufsoptionspreis und dem eingehenden Nettoerlös aus dem Verkauf der Kaufoption. Der Beweis ist einfach:

(a) Falls bis zum Fälligkeitstag der Kassakurs gestiegen ist, wird am Fälligkeitstag der Investor die erworbene Verkaufsoption nicht ausnutzen. Andererseits wird er die Verpflichtung aus der veräußerten Kaufoption erfüllen müssen. Dafür gibt er das in t_0 kassa erworbene Wertpapier hin. Damit ist in t_1 sein Wertpapierbestand Null und die Ausgabe für die erworbene Kaufoption wird durch die Einnahme aus der veräußerten Verkaufsoption ausgeglichen. Der Investor hält damit in t_1 kein risikobehaftetes Wertpapier mehr, und er hat nichts verloren.

(b) Falls bis zum Fälligkeitstag der Kassakurs gefallen ist, wird der Investor am Fälligkeitstag die erworbene Verkaufsoption ausnutzen: Er verkauft das zu P_0 erworbene Wertpapier zum selben Preis. Andererseits wird er die Verpflichtung aus der verkauften Kaufoption nicht zu erfüllen brauchen, weil der Erwerber der Kaufoption billiger zum Preis P_1 auf dem Kassamarkt kaufen kann. Auch in dieser Zukunftslage ist sein Bestand an risikobehafteten Wertpapieren in t_1 Null, und die Ausgabe für den Erwerb der Verkaufsoption wird durch die Einnahme aus der Veräußerung der Kaufoption gerade ausgeglichen, solange der Preis der Verkaufsoption dem Preis der Kaufoption entspricht.

Damit wird zur entscheidenden Frage: Wie bestimmen sich die Höhe der Preise für Kaufoptionen und Verkaufsoptionen?

2. Das Optionspreismodell

Das Gleichgewichtsmodell der Optionspreisbildung (mitunter OPM abgekürzt) geht von den Voraussetzungen des Modells der Kapitalmarktlinie aus (S. 521), wandelt diese hinsichtlich der Zielvorstellungen ab, denn hier wird ein dynamisches Gleichgewicht im Zeitablauf gesucht, und erweitert die Voraussetzungen hinsichtlich der Bedingungen des Optionshandels[90]:

1. An die Stelle der einperiodigen Planung tritt eine stetige Planung im Zeitablauf, wobei an jedem Tag, ja in jeder Sekunde Optionen fällig werden können. Alle Nachfrager und Anbieter wünschen den Erwartungswert des Risikonutzens zu maximieren (aufgrund der späteren

---

[89] Vgl. zu Einzelheiten der Zusammenstellung risikoloser Portefeuilles *Mark B. Garman*, An Algebra for Evaluating Hedge Portfolios. In: The Journal of Financial Economics, Vol. 3 (1976), S. 403–427.

[90] Vgl. *Black, Scholes*, The Pricing, S. 640.

Voraussetzungen existiert in jedem Zeitpunkt eine Kapitalmarktlinie, so daß die Einzelausprägungen für die Risikoabneigung der Kapitalmarktteilnehmer keinen Einfluß auf den Optionspreis nehmen).

2. Der Kassamarkt und der Optionsmarkt für Wertpapiere sind atomistisch und vollkommen in dem Sinne, daß weder verzerrende Steuern oder andere gesetzliche Vorschriften noch Transaktionskosten die Preisbildung beeinträchtigen.

3. Entweder werden alle risikotragenden Titel auf dem Kassa- und Optionsmarkt gehandelt oder beide Kapitalmärkte sind völlig unabhängig von allen anderen Märkten (es bestehen additive Risikonutzenfunktionen der Marktteilnehmer gegenüber den verschiedenen Märkten); Wertpapiere und Optionen sind beliebig teilbar.

4. Der Kapitalmarkt besteht aus dem Kassa- und Optionsmarkt für risikobehaftete Wertpapiere und einer risikolosen und unbeschränkten Geldanlage- und Verschuldungsmöglichkeit.

5. Alle Marktteilnehmer haben dieselben Erwartungen über die Wahrscheinlichkeitsverteilungen der Wertpapierkurse; diesmal jedoch in Form einer logarithmischen Normalverteilung. Damit folgen die Wertpapierkurse einem Zufallspfad in Form einer sogenannten geometrischen Brown'schen Bewegung. Im einzelnen heißt das, daß die Wahrscheinlichkeitsverteilung der relativen Kursänderungen unabhängig von der Kurshöhe ist und daß die Varianz der relativen Preisänderungen im Zeitablauf konstant bleibt.

6. Der Optionshandel wird dadurch vereinfacht, daß

(a) die Wertpapiere keine zwischenzeitlichen Zahlungen verursachen (keine Dividenden, Bezugsrechtserlöse oder Kapitalerhöhungen).

(b) Optionen können nur am Fälligkeitstage ausgenutzt werden, aber für jeden Fälligkeitstag (genauer: für jede Fälligkeitssekunde) kann eine andere Option abgeschlossen werden;

(c) nur Kaufoptionen werden betrachtet;

(d) für Wertpapiere und Kaufoptionen besteht eine unbeschränkte Möglichkeit zu Leerverkäufen ohne Transaktionskosten.

Mit der unbeschränkten Leerverkaufsmöglichkeit ist zusätzlich zur unbeschränkten risikolosen Verschuldung eine unbeschränkte risikobehaftete Verschuldungsmöglichkeit eingeführt. Zugleich ist damit das Konkursrisiko für jeden Kapitalmarktteilnehmer ausgeschaltet. Unter diesen Voraussetzungen läßt sich ein risikoloses Portefeuille bilden aus Kauf eines Wertpapieres und Leerverkauf von Kaufoptionen. Dies scheint der Aussage im vorigen Kapitel zu widersprechen, wo ein risikoloses Portefeuille durch Wertpapierkauf zuzüglich Kauf einer Verkaufsoption zuzüglich Erwerb einer Kaufoption zustandekam. Der Widerspruch ist nur scheinbar: Wegen der Annahme unbeschränkter Leerverkäufe benötigen wir Verkaufsoptionen nicht, um ein risikoloses Portefeuille herzustellen; denn eine Verkaufsoption ist identisch mit folgendem Handlungsbündel[91]: Leerverkauf eines Wertpapiers zuzüglich risikoloser Geldanlage des dadurch empfangenen Geldes zuzüglich Erwerb einer Kaufoption (entsprechend ließe sich auch eine Kaufoption durch Leerverkäufe und Erwerb einer Verkaufsoption ausdrücken). Der Beweis ist einfach:

Ein risikoloses Portefeuille entsteht, wie wir wissen, aus Kassakauf, Erwerb einer Verkaufsoption und Verkauf einer Kaufoption. Ersetzen wir die Verkaufsoption durch Leerverkauf

---

[91] Vgl. *Robert C. Merton*, Theory of Rational Option Pricing. In: The Bell Journal of Economics and Management Science, Vol. 4 (1973), S. 141–183, hier S. 157; *Clifford W. Smith*, Option Pricing, A review. In: The Journal of Financial Economics, Vol. 3 (1976), S. 3–51, hier S. 32.

des Wertpapiers zuzüglich risikoloser Geldanlage zuzüglich Erwerb einer Kaufoption, dann folgt: Der Kauf eines Wertpapiers wird durch den Leerverkauf desselben Wertpapiers neutralisiert, ebenso der Verkauf einer Kaufoption durch den Erwerb einer solchen. Es bleibt die risikolose Geldanlage übrig.

Diese Überlegung zeigt zugleich, wie unerläßlich die Voraussetzung fehlender Transaktionskosten ist; denn sobald irgendwelche Börsenspesen, Porto- oder Versicherungsgebühren oder auch ein Auseinanderklaffen von Soll- und Habenzinsen auftreten, besteht das risikolose Portefeuille nicht mehr. An seine Stelle tritt ein Verlust, dessen Höhe von der Häufigkeit und Größe der Portefeuilleumschichtungen abhängt, also durch die Kursbewegungen (das Risiko) mitbestimmt ist. Ein Verlust wird auch zustande kommen, sobald die Sollzinsen über den Habenzinsen liegen.

Unter den Modellannahmen hängt der Preis der Kaufoption o_K nur vom Kassakurs des Wertpapiers und seiner Zufallsentwicklung sowie vom Zeitablauf selbst ab, weil Optionen für alternative Fälligkeitstage abgeschlossen werden können:

(1) $$o_K = w(P, t).$$

Eine marginale Änderung des Wertpapierkurses P läßt sich dann durch zusätzliche Leerverkäufe von Kaufoptionen ausgleichen, so daß ein risikoloses Portefeuille erhalten bleibt. Ändert sich der Aktienpreis um einen kleinen Betrag ΔP, dann wird sich gleichzeitig der Optionspreis ändern um

(2) $$\Delta o_K = \frac{\partial w(P, t)}{\partial P} \Delta P.$$

Daraus folgt, daß die Anzahl der leer zu verkaufenden Optionen bestimmt wird durch

(3) $$\frac{\Delta P}{\Delta o_K} = \left(\frac{\partial w(P, t)}{\partial P} \right)^{-1}.$$

Wenn im Zeitablauf jede Änderung des Kassakurses durch sofortige zusätzliche Leerverkäufe oder Rückkäufe von Kaufoptionen ausgeglichen wird, dann bleibt das risikolose Portefeuille im Zeitablauf erhalten. Der Ertrag des risikolosen Portefeuilles ist vollständig unabhängig sowohl vom Ausgangskassakurs des Wertpapiers als auch von der Rendite des Wertpapiers (das ist trivial, denn es folgt aus dem angenommenen Zufallspfad). Im Gleichgewicht muß zusätzlich die Verzinsung des risikolosen Portefeuilles, dem risikolosen Marktzinssatz entsprechen[92].

Die relative marginale Änderung des Aktienkurses läßt sich bei dem angenommenen Zufallspfad für den zeitlichen Verlauf der Aktienkurse als Summe der erwarteten Momentanrendite und der Wurzel der momentanen Varianz der Rendite ausdrücken. Ohne hier die entstehende Differentialgleichung und ihre Lösung mit Hilfe der Wärmeaustauschgleichung aus der Physik im einzelnen zu wiederholen[93], folgt für den Optionspreis die Formel (4).

Darin bezeichnet o_K den Gleichgewichtspreis der Kaufoption, P den Kassakurs des Wertpapiers im Planungszeitpunkt und B den vereinbarten Basispreis, zu dem die Option erfüllt

---

[92] Vgl. *Fischer Black, Myron Scholes*, The Valuation of Option Contracts and A Test of Market Efficiency. In: The Journal of Finance, Vol. 27 (1972), S. 399–417, hier S. 400.

[93] Vgl. *Black, Scholes*, The Pricing, S. 642–644; *Clifford Smith*, S. 20–22, und ihm folgend *Swoboda, Kamschal*, S. 309–312.

werden muß. $e^{-\rho t}$ ist der Abzinsungsfaktor für eine kontinuierliche risikolose Verzinsung (S. 234); $N(d_1)$ ist die kumulierte Wahrscheinlichkeitsdichtefunktion bei logarithmischer Normalverteilung für den Ausdruck d_1; $N(d_2)$ entsprechend.

(4) $$o_K = P\,N(d_1) - B e^{-\rho t} N(d_2),$$

worin die Wahrscheinlichkeitsverteilung N(.) sich bezieht auf

$$d_1 = \frac{\ln\left(\frac{P}{B}\right) + \left(\rho + \frac{\sigma^2}{2}\right)t}{\sigma\sqrt{t}},$$

und d_2 sich von d_1 nur dadurch unterscheidet, daß hinter der risikolosen Momentanverzinsung ρ ein Minuszeichen steht statt eines Pluszeichens wie in d_1. Aus (4) folgt[94]:
1. Wenn der Planungszeitpunkt t_0 so verschoben wird, daß P gestiegen ist, so wächst der Optionspreis gemäß dem Wert der kumulierten Wahrscheinlichkeitsverteilung $N(d_1)$;
2. wenn der Basispreis B steigt, so fällt der Optionspreis gemäß dem Barwert der Änderung des Basispreises multipliziert mit dem Wert der kumulierten Wahrscheinlichkeitsverteilung $N(d_2)$;
3. ein Verlängern der Fälligkeitszeit erhöht den Optionspreis; das Ausmaß ist an der partiellen Ableitung $\frac{\partial o_K}{\partial t}$ zu ersehen;
4. ein Anwachsen des risikolosen Zinssatzes erhöht den Optionspreis im Ausmaß $\frac{\partial o_K}{\partial \rho}$;
5. mit einem Steigen der Momentanvarianz der Rendite wächst der Optionspreis gemäß $\frac{\partial o_K}{\partial \sigma^2}$. Dieses Ergebnis überrascht zunächst deshalb, weil hier der Optionspreis mit einer Erhöhung des Risikos zunimmt. Doch wird das Ergebnis verständlich, wenn man sich erinnert, daß eine Kaufoption nur dann ausgenutzt wird, wenn der Kurs gestiegen ist. Je größer die Streuung, also die Chance des Steigens ist, um so höher wird eine Option bewertet werden. Während die Kehrseite der Medaille, die vergrößerte Streuung der Kurse unter dem Basispreis, für die Optionsbewertung belanglos bleibt, weil dann auf das Ausnutzen der Option verzichtet wird.
Um den Gleichgewichts-Optionspreis zu errechnen, werden also benötigt: der Aktienpreis P, die risikolose Momentanverzinsung ρ, der Zeitraum bis zum Fälligkeitstag t, der Basispreis B und die Momentanvarianz der Rendite σ^2. Durchweg betont das Schrifttum, daß P, B, ρ und t unmittelbar zu beobachten seien und »aus der Zeitreihe der Aktienkurse der Vergangenheit ... σ^2 ohne Schwierigkeiten geschätzt werden kann«[95]. Daß hinter einer solchen Aussage der Aberglaube steckt, es existiere eine »objektive«, naturgesetzliche stationäre Wahrscheinlichkeitsverteilung für jede Aktie aus der Vergangenheit bis in alle Zukunft, wurde S. 549 bereits hervorgehoben.
Zu harmlosen Randbedingungen im Optionspreismodell zählen die Vereinfachungen: keine Dividendenzahlung, Beschränkung auf einen Fälligkeitstag (European option) und die

---

[94] Vgl. *Clifford Smith*, S. 24.
[95] *Swoboda, Kamschal*, S. 312; *Clifford Smith*, S. 4; noch mehr spielen Cox und Ross die entscheidende Datenanforderung herunter, bei denen das »complete option pricing model only on observable variables« beruht, *John C. Cox, Stephen A. Ross*, The Valuation of Options for Alternative Stochastic Processes. In: The Journal of Financial Economics, Vol. 3 (1976), S. 145–166, hier S. 145.

spezielle Annahme für den stetigen Zufallspfad (geometrische Brown'sche Bewegung); hier sind inzwischen Modellerweiterungen erarbeitet worden[96].

Schwer wiegt hingegen die Annahme, daß ein kontinuierlicher Optionshandel und ein stetiger Zufallspfad vorliegen müssen. Sobald Kurssprünge zugelassen werden und/oder die Wertpapierkurse und Optionspreise sich nicht mehr jede Sekunde bilden (Sprünge in der Handelszeit auftreten, wie Sonntagsruhe), läßt sich im Zeitablauf nicht mehr ein risikoloses Portefeuille aufrechterhalten[97].

Hinzu tritt als entscheidender Einwand, daß Transaktionskosten das risikolose Portefeuille im Zeitablauf ruinieren, weil dann stets mit einem (von der zufallsbestimmten Kursbewegung abhängigen) Verlust in Höhe der notwendigen Umschichtungskäufe gerechnet werden muß: Es wird dann im Gleichgewicht, in dem das risikolose Options-Portefeuille sich gerade zum risikolosen Marktzinssatz rentiert, gegenüber diesem ineffizient.

3. Was bedeutet die Theorie der Optionspreise für die betriebliche Finanzpolitik?

Geht man den etwas großspurigen Ankündigungen[98] über die Bedeutung des Optionspreismodells für die betriebliche Finanzpolitik der Kapitalgesellschaften auf den Grund, so bleiben eine didaktische und eine das Verständnis vertiefende Bedeutung für die Theorie der Finanzierung übrig. Unmittelbare unternehmenspolitische Bedeutung kommt der Theorie der Optionspreise heute noch nicht zu. Ihr möglicher Nutzen für die Erklärung der Preisbildung von Wandelschuldverschreibungen oder des Nutzens einzelner Börsenanlegerstrategien[99] soll hier nicht im einzelnen erörtert werden.

Die didaktische Bedeutung der Theorie der Optionspreise ist für die angelsächsische Finanzierungstheorie nicht gering zu veranschlagen, weil bei Anwendung des Optionspreismodells einige übervereinfachte Glaubensdogmen zerstört werden, z. B. daß der Verschuldungsgrad und die Dividendenhöhe irrelevant seien für die Höhe des Aktienkurses und damit des Marktwertes einer Kapitalgesellschaft. So zeigten bereits Black und Scholes in ihrem grundlegenden Artikel[100]:

Wenn der Wert der Aktien als Optionspreis für die Aktiva einer verschuldeten Kapitalgesellschaft verstanden (also gleich o_K in Gleichung (4) gesetzt) wird und σ^2 die Varianz der Rendite der Aktiva in der Kapitalgesellschaft bedeutet, sowie B als Rückzahlungsbetrag der Schulden und P als Gesamtwert der Aktiva der Kapitalgesellschaft verstanden wird, dann ist der Wert der Schulden gleich $P - o_K = P - w(P, t)$.

Ziehe man diesen Wert für die Schulden einer Kapitalgesellschaft von dem Wert der Schulden ab, den sie hätten, wenn kein Konkursrisiko bestünde, so lasse sich der Wertabschlag für die Schulden als Maß des Konkursrisikos verstehen. Natürlich hängt dann der Wert der Unternehmung insgesamt von ihrer Kapitalstruktur ab. Diese Überlegung läßt sich dahin erweitern, daß jede Dividendenzahlung als Minderung der Haftungsmasse (als Erhöhung des

---

[96] Vgl. den Überblick bei *Clifford Smith*, ab S. 25.
[97] Vgl. *Robert C. Merton*, Option Pricing when Underlying Stock Returns are Discontinuous. In: The Journal of Financial Economics, Vol. 3 (1976), S. 125–144, hier S. 126, 131.
[98] Vgl. *Clifford Smith*, S. 5; *Copeland-Weston*, S. 400.
[99] Vgl. *Swoboda, Kamschal*, ab S. 312; *Robert C. Merton, Myron S. Scholes, Mathew L. Gladstein*, The Returns and Risk of Alternative Call Option Portfolio Investment Strategies. In: The Journal of Business, Vol. 51 (1978), S. 183–242.
[100] Vgl. *Black, Scholes*, The Pricing, S. 650.

Konkursrisikos) der Gläubiger angesehen wird. Spätere Untersuchungen unter Zuhilfenahme des CAPM belegen, daß, selbst wenn das systematische Risiko der Kapitalgesellschaft insgesamt im Zeitablauf konstant bleibt, das momentane systematische Risiko des Eigenkapitals nicht konstant bleiben kann, sondern mit der Kapitalstruktur schwankt, sofern risikobehaftete Schulden auftreten und zugleich der Anteil finanzieller Aktiva am Gesamtvermögen sich ändert[101].

Eine unternehmenspolitische Anwendung für die auf diese Weise konstruierten Kapitalkosten der Eigenfinanzierung sehe ich wegen der Fülle notwendiger Voraussetzungen nicht. Die Verständnis-vertiefende Bedeutung für die Theorie der Finanzierung (und damit ein fruchtbarer Ansatz für die weitere theoretische Forschung) besteht darin, daß mit Hilfe der Theorie der Optionspreise »Marktpreise für die Risikoübernahme in jeder einzelnen Zukunftslage« (prices for state-contingent claims) abgeleitet werden können. Der Marktpreis für die Risikoübernahme in einer beliebigen Zukunftslage gleicht einer Versicherungsprämie: Wenn die betreffende Zukunftslage eintritt, wird eine bestimmte Versicherungssumme gezahlt werden. Falls für jede zu planende Zukunftslage solche Marktpreise der Risikoübernahme (Versicherungsprämien) bestünden, dann wäre ein Weg geschaffen, um die Probleme mehrperiodiger Konsumentscheidungen und damit alle dynamischen (Selbst-)Finanzierungsprobleme modellmäßig in den Griff zu bekommen, denn die Finanzierungspolitik der Unternehmungen (und das sind ja nicht nur börsengängige Kapitalgesellschaften) ist doch vor allem deshalb ein ökonomisches Problem, weil die Höhe des Finanzierungsspielraums für Investitionen von den Konsumentnahmen (anderen gewinnabhängigen Ausgaben) abhängt. Darüber hinaus würde bei Existenz solcher Marktpreise für die Risikoübernahme in jeder einzelnen Zukunftslage die Bewertung risikobehafteter Investitionsvorhaben außerordentlich erleichtert: Marktpreis für die Risikoübernahme in einer Zukunftslage mal Zahlungssaldo dieser Zukunftslage ergibt ein Sicherheitsäquivalent. Der Wert einer risikobehafteten Investition gleicht dann einfach der Summe der Produkte aus Marktpreis der Risikoübernahme für jeden Zahlungszeitpunkt und jede Zukunftslage mal Zahlungssaldo der Investition für diese Zukunftslage[102]. In dieser Bewertungsgleichung sind natürlich die Annahmen über die Wahrscheinlichkeit einer jeden Zukunftslage ebenso hinter der Höhe des Marktpreises für die Risikoübernahme verborgen wie die Zinswirkung (die vom Markt bewertete Zeitpräferenz).

Wie können solche »Marktpreise der Risikoübernahme für einzelne Zukunftslagen« konstruiert werden? Hierzu hilft das Optionspreismodell mit seiner Konstruktion eines risikolosen Portefeuilles über sämtliche Zukunftslagen[103].

Dieser einfache und auf die Grundlagen der Entscheidungen unter Ungewißheit (das Zukunftslagen-Modell) zurückführende Ansatz setzt jedoch voraus, daß für alle zu planenden Zukunftslagen über ein risikoloses Portefeuille aus Investitionen (Kassakäufen) und Optionen Marktpreise der Risikoübernahme für jede einzelne Zukunftslage ermittelt werden können. Vorbedingung für die Existenz dieser Marktpreise der Risikoübernahme für jede Zukunftslage ist, daß für alle Kapitalmarktteilnehmer ein und dieselbe »Gewißheit über die

---

[101] Vgl. *Dan Galai, Ronald W. Masulis,* The Option Pricing Model and the Risk Factor of Stock. In: The Journal of Financial Economics, Vol. 3 (1976), S. 53–81, hier S. 58 f.

[102] Vgl. *Rolf W. Banz, Merton H. Miller,* Prices for State-contingent Claims: Some Estimates and Applications. In: The Journal of Business, Vol. 51 (1978), S. 653–672, hier S. 655.

[103] Vgl. *Douglas T. Breeden, Robert H. Litzenberger,* Prices of State-contingent Claims Implicit in Option Prices. In: The Journal of Business, Vol. 51 (1978), S. 621–651; *Banz, Miller,* S. 659 und für den Mehrperiodenfall ab S. 661.

Ungewißheit« (ein und dieselbe Wahrscheinlichkeitsverteilung über sämtliche Zukunftslagen) herrscht. Diese Vorbedingung für eine fruchtbare Weiterentwicklung der Finanzierungstheorie gab den Anlaß, gerade die Voraussetzung »vollständiger Gewißheit über die Ungewißheit« in Teil A III so ausführlich zu erörtern: mit einem für die unternehmenspolitische Anwendung der Ungewißheitstheorie und damit der jüngeren Finanzierungstheorie vorerst wenig hoffnungsfrohen Ergebnis.

VI. Die Fragwürdigkeit der Kapitalkostenvorstellung

Für drei Zwecke wird das Konzept der »Kapitalkosten« bei Handeln im Interesse der Kapitalgeber empfohlen[104].
1. Als Beurteilungsmaßstab für die Investitionsentscheidungen. Hierbei wird die Mindestverzinsung, die ein einzelnes Investitionsvorhaben zu erwirtschaften hat, als Kapitalkosten bezeichnet.
2. Als Beurteilungsmaßstab für Finanzierungsentscheidungen. Hierbei wird jene Mischung aus den verschiedensten Finanzierungsquellen, die den Marktpreis des Unternehmens maximiert, als die Mischung bezeichnet, welche die »durchschnittlichen Kapitalkosten minimiert«.
3. Als Bindeglied zwischen Investitions- und Finanzierungsentscheidungen. Hierbei wird Mindestverzinsung, die den optimalen Investitionsumfang begrenzt, bestimmt durch die Umweltbedingungen in der Unternehmung, und sie muß der Mindestverzinsung gleichen, welche die Geldgeber der Unternehmung (Kapitalmarktteilnehmer) wünschen.

Als *Beurteilungsmaßstab für Investitionsentscheidungen*, insbesondere für die Bestimmung des optimalen Investitionsprogramms, ist der Name »Kapitalkosten« nicht mehr als eine schlechte Begriffsbildung; denn damit kann zweierlei gemeint sein: Entweder eine persönlich gewünschte Mindestverzinsung – und dann ist der Name »Mindestverzinsung« besser, oder eine durch die Umweltbedingungen auf dem Kapitalmarkt wenigstens teilweise ökonomisch bestimmte Größe – und dann wird diesen »Kapitalkosten« der dritte Zweck gegeben.

Als *Beurteilungsmaßstab für Finanzierungsentscheidungen* ist das Konzept schlicht überfordert, denn entweder besteht eine gegenseitige Abhängigkeit zwischen Investitions- und Finanzierungsentscheidungen, dann ist die Suche nach den durchschnittlichen minimalen Kapitalkosten identisch mit der dritten Aufgabe, oder es besteht keine gegenseitige Abhängigkeit zwischen Investitions- und Finanzierungsentscheidungen, dann müssen die Kapitalkosten nach Verwendung der liquiden Mittel der Unternehmung zu einem Planungszeitpunkt aus Kapitalmarktgegebenheiten abgeleitet werden. Indes gibt es keine einheitlichen Kapitalkosten, ohne vorab den Investitionsumfang und damit zugleich den Marktpreis des Unternehmens festzulegen. Im einzelnen:
a) Die Vorstellung, für vorhandene liquide Mittel (interne Finanzierung) Kapitalkosten anzusetzen, enthält einen ökonomischen Denkfehler: Für das Bestandskapital sind die Kapitalkosten stets Null (S. 353), und wer sie als »Opportunitätskosten« (entgangene Gewinne) ansetzt, übersieht, daß erst nach Lösung des Investitionsproblems feststeht, welcher

---

[104] Vgl. *Charles W. Haley, Lawrence D. Schall*, Problems with the Concept of the Cost of Capital. In: The Journal of Financial and Quantitative Analysis, Vol. 13 (1978), S. 847–870, bes. S. 847 f., 850.

»Gewinn entgangen ist« durch die Entscheidung für ein bestimmtes Investitionsprogramm (S. 353). Dies gilt zunächst für jenen Teil der internen Finanzierung, der aus rechtlichen Gründen nicht ausschüttbar ist.

b) Wer Kapitalkosten für den ausschüttbaren Teil der Gewinne ansetzt, übersieht, daß bei Handeln im Interesse der Geldgeber die Ausschüttungen Zielgröße des Handelns sind und damit ausdrücklich keine Minderung der Zielgröße, was schließlich der Sinn eines jeden »Kosten«-Begriffs ist. Bei Handeln im Interesse der Anteilsigner sind also Kapitalkosten für die Ausschüttungen ein verfehlter, den Lernenden nur verwirrender Sprachgebrauch. Bei firmeneigenen Zielsetzungen gibt es hingegen Kapitalkosten für die Ausschüttung, S. 465; hierbei ist Zielgröße regelmäßig das Gegenteil von Ausschüttung: die Maximierung der Selbstfinanzierung.

c) Kapitalkosten für Kapitalerhöhungen und Verschuldung anzusetzen, führt bei Handeln im Interesse der Anteilsigner zu einer entweder zirkulären oder überflüssigen Begriffsbildung. Denn das Ziel des Handelns ist dann die Maximierung des Marktpreises für das Unternehmen insgesamt bzw. für das eingesetzte Eigenkapital. Um gewogene durchschnittliche Kapitalkosten berechnen zu können, muß zunächst der Marktpreis eines Unternehmens bekannt sein. Erst wenn man den Marktpreis eines Unternehmens in Abhängigkeit vom Verschuldungsgrad kennt, läßt sich das Minimum der durchschnittlichen Kapitalkosten berechnen. Kennt man aber den Marktpreis des Unternehmens in Abhängigkeit von alternativen Verschuldungsgraden, plant man doch den optimalen Verschuldungsgrad viel einfacher dadurch, daß man gleich den höchsten Marktwert des Unternehmens in Abhängigkeit vom Verschuldungsgrad heraussucht, statt erst durchschnittliche Kapitalkosten zu berechnen.

Als *Bindeglied für Investitions- und Finanzierungsentscheidungen* existieren schon aus rein logischen Gründen Kapitalkosten dann und nur dann, wenn ein Separationstheorem gilt[105]. Nur dann lassen sich die Investitionsentscheidungen planen, ohne die persönlichen Konsumpräferenzen und die persönliche Risikoneigung derjenigen zu kennen, über deren Gelder disponiert wird. Unter welch engen Annahmen über die Umwelt und/oder über die persönlichen Präferenzen eine solche Separation möglich ist, wurde in den Teilen IV c) und V c) dargelegt. Unter häufig der Realität entsprechenden Umständen existieren danach Kapitalkosten unter Ungewißheit nur, wenn die Risikonutzenfunktion eine einzige Form annimmt, den Spezialfall konstanter relativer Risikoabneigung, $N(V) = 1nV$, also gerade nicht ein Fall, für den die $\mu\sigma$-Regel stehen könnte. Verzichtet man auf mehrperiodige Planung mit zeitlichem Risikoverbund und sieht man von beschränkter Verschuldungsmöglichkeit ab, dann ist die Zusammensetzung des risikobehafteten Investitionsprogramms unabhängig von der Höhe des Finanzierungsspielraums dann zu planen, wenn der Risikopfad linear verläuft (die Risikonutzenfunktion zu den HARA-Funktionen gehört; darin ist die $\mu\sigma$-Regel eingeschlossen).

Aber wo in der Wirklichkeit kann von unbeschränktem Finanzierungsspielraum ausgegangen werden? Und wo werden Investitions- und Finanzierungsentscheidungen von einem einzigen Entscheidenden (einer Gruppe von Entscheidenden) getroffen, für die so enge Verhaltensannahmen gelten? Schließlich setzen sämtliche Separationstheoreme voraus, daß

---

[105] »Without the separation property much of what is taught in capital budgeting would go out the window«, *Weingartner*, Capital Rationing, S. 1405.

die Wahlprobleme selbst »exakt« beschrieben sind: daß also die Meßbarkeitsvoraussetzungen für subjektive Wahrscheinlichkeiten erfüllt werden können (die Risikonutzentheorie angewandt werden darf).

Sind die Voraussetzungen nicht erfüllt, dann ist eine zielentsprechende (vernünftige) Investitions- und Finanzierungsentscheidung eben nicht unabhängig von der persönlichen Konsumpräferenz und Risikoneigung zu treffen. Wer dennoch mit Kapitalkosten unter Ungewißheit plant, begeht einen systematischen Fehler. Demgegenüber ist es offensichtlich weniger falsch, mit einem risikolosen Marktzinssatz allein zu rechnen; und falls der Entscheidende nicht »risikoneutral« planen will, aber auch nicht mit zahlreichen Zukunftslagen (gemäß D): einen persönlichen Risikoabschlag vom Erwartungswert der Zahlungsströme zu machen.

Dieses in Teil C für Einzelentscheidungen empfohlene Vorgehen führt:
(a) bei empirischer Gültigkeit der Voraussetzungen für die Existenz von Kapitalkosten unter Ungewißheit zu demselben Ergebnis wie diese (die Umwandlung des Renditen-β in das Vermögens-β zeigt dies unter anderem, S. 579 f.).
(b) Es enthält weniger stillschweigende Unterstellungen über die Funktionsfähigkeit und »Vollkommenheit« des Kapitalmarktes, weil alle Annahmen über die Existenz eines einheitlichen Marktpreises für die Risikoübernahme entfallen; benötigt wird lediglich, wie bei den Kapitalkosten unter Ungewißheit auch, die Trennbarkeit der Investitionsentscheidungen von den Konsumentscheidungen (die Annahme eines vollkommenen risikolosen Restkapitalmarktes).

Wenn deshalb der Leser zum Abschluß der Erörterungen über »Kapitalkosten unter Ungewißheit« zu der Folgerung kommt: Viel Lärm um nichts!, so widerspreche ich nicht. Die Teile IV–VI rechtfertigen sich vor allem dadurch, daß man manchmal Lärm machen muß, damit erkennbar wird, daß etwas weithin Empfohlenes nichts Empfehlenswertes ist.

Angesichts dieser engen Voraussetzungen, unter denen Kapitalkosten ihrem Zweck entsprechend konstruiert werden können, erscheint mir jede Ausdehnung dieses Begriffs auf nicht quantitativ meßbare Größen, wie das Einbeziehen von Nebenforderungen (Ausbedingen von Geschäftszuweisungen, das Stellen von Sicherheiten, Verlangen nach Einflußnahme auf die Geschäftspolitik), verfehlt[106]. Denn hier wird unterstellt, man könne bei realistischer Formulierung des Entscheidungsproblems zusätzlich die Fragen unvollständiger Information und fehlender eindeutiger Meßbarkeit, also inexakter Problembeschreibungen, in einem einzigen quantitativen Betrag: den Kapitalkosten, erfassen.

In der Wissenschaft besteht zwar die Freiheit der Begriffswahl. Es gibt aber Begriffe, die zweckmäßigerweise eine Theorie der Unternehmens- bzw. Finanzierungspolitik, wenn sie nicht den Blick vor der Wirklichkeit verschließt, vermeidet wie der Engel die Sünde oder der Teufel die Tugend. Der Begriff der Kapitalkosten bei Handeln im Interesse der Geldgeber gehört hierzu.

---

[106] Man spricht von »impliziten Kapitalkosten«, vgl. dazu näher *Süchting*, S. 358–364.

F. Finanzwirtschaftliche Grundlagen einer Theorie der Gesamtplanung

I. Die gegenseitige Abhängigkeit von Zahlungs- und Leistungsbereich der Unternehmung

Geld – Ware – mehr Geld, so wird der Kreislauf des Unternehmensgeschehens beschrieben: Man gibt Geld aus (investiert), um Produktionsfaktoren zu beschaffen. An die Beschaffung (das Erstellen der Leistungsbereitschaft) schließt sich der Einsatz der Produktionsfaktoren zur Leistungserstellung an, die Produktion. Der Absatz ist durch das Bemühen gekennzeichnet, die erstellten Leistungen wieder zu Geld werden zu lassen. So gesehen, ist der leistungswirtschaftliche Bereich in den Zahlungsbereich eingebettet. Klammern wir den Entscheidungs- und Organisationsbereich aus dem Kreislauf des Unternehmensgeschehens aus, dann läßt sich das folgende Schema der gegenseitigen Abhängigkeiten zwischen Zahlungs- und Leistungsbereich aufstellen. Die Pfeilrichtung zeigt die Einflußnahme an: Die finanziellen Mittel bestimmen die Höhe der Ausgaben; die Ausgaben legen die Beschaffung fest, andererseits nimmt die Art der Beschaffung Einfluß auf Höhe und Zeitpunkt der Ausgaben usw.

$$\text{Finanzielle Mittel} \rightarrow \text{Ausgaben} \leftrightarrow \text{Beschaffung} \leftrightarrow \text{Produktion} \leftrightarrow$$
$$\leftrightarrow \text{Absatz} \leftrightarrow \text{Einnahmen} \rightarrow \text{Finanzielle Mittel}$$

In den bisherigen Teilen des Buches sind wir davon ausgegangen, Ausgaben und Einnahmen als Folgen einer jeden Entscheidung könnten geschätzt werden, ohne daß vorab überlegt werde, wie im einzelnen Beschaffung, Produktion und Absatz aussehen müßten. Aus der Kette betrieblicher Verflechtungen wurden nur zwei Glieder, Ausgaben und Einnahmen, betrachtet: der Zahlungsbereich. Diese Vereinfachung war notwendig, um die finanziellen Probleme des Unternehmensgeschehens herauszuarbeiten. Jetzt ist es an der Zeit, diese Vereinfachung aufzuheben.

Über das Unternehmensgeschehen entscheiden Einnahmen und Ausgaben zu jedem Zahlungszeitpunkt. Eine vollständige optimale Gesamtplanung des Unternehmensgeschehens müßte für jeden einzelnen Zahlungszeitpunkt (jeden Tag) Investition, Finanzierung, Beschaffung, Produktion, Absatz miteinander in einem simultanen Gesamtplan für den Planungszeitraum des Unternehmers festlegen. Jede Datenänderung müßte die Suche nach einem neuen Optimum für das Unternehmensgeschehen innerhalb des Planungszeitraums (z. B. der nächsten 1800 Tage) auslösen.

Eine solche totale Simultanplanung ist nicht nur aus der Sicht der Praxis ein Hirngespinst. Sie wäre auch theoretischer Unsinn, denn hier würden die Kosten der Suche nach dem Optimum (die »Informations- bzw. Planungskosten«) sträflich vernachlässigt. Nach einer Datenänderung eine Umstellung der langfristigen Unternehmenspläne zu erwägen, lohnt sich nur dann, wenn nach Abzug der Planungs- und Umstellungskosten das Unternehmensziel besser erreicht wird als bei Hinnahme der Datenänderung ohne Planumstellung. Die Frage, wann auf Datenänderungen reagiert werden soll und in welchem Ausmaß die Pläne umzustellen sind, führt allerdings in schwieriges Fahrwasser: Wir werden in das Problem der Informationsauswertung abgetrieben in jenes Problem, für das kein Optimum zu finden ist, weil es in erster Linie durch den Arbeitseinsatz des Entscheidenden und durch seine »unternehmerischen Qualitäten« bestimmt wird (vgl. S. 35 ff.).

Die »kurzfristige« Trennung von Zahlungs- und Leistungsbereich ist eine organisatorische Notwendigkeit. Ein gegenseitig abgestimmter Produktions-, Absatz- und Finanzplan wird z. B. nur für jedes Quartal aufgestellt; innerhalb des Quartals erfolgen »Einzelentscheidungen« in den Unternehmensbereichen. Für diese Einzelentscheidungen wird das Interdependenzproblem vernachlässigt. Nur von Quartal zu Quartal versucht man, Leistungs- und Zahlungsbereich aufeinander abzustimmen; dabei werden die Schwellenwerte gegenseitiger Einflußnahme der einzelnen Unternehmensbereiche überschritten. Bei diesem Vorgehen wird die Abhängigkeit zwischen Leistungs- und Zahlungsbereich nur in der Grobplanung des Unternehmensgeschehens erfaßt, in den »langfristigen« Unternehmensplänen, in die z. B. jedes Quartalsende als ein Zahlungszeitpunkt eingeht.

Die Aufgabe dieses Kapitels lautet: Welche Ansätze bestehen für eine solche simultane Planung des Leistungs- und Zahlungsbereichs der Unternehmung, und was leisten diese Ansätze?

Um die Frage zu beantworten, empfiehlt es sich, das Abstimmungsproblem bei einperiodiger Planung zu trennen von den Abstimmungsproblemen bei mehrperiodiger Planung. Wohl kaum ein Unternehmer wird nur für zwei Zahlungszeitpunkte (eine Abrechnungsperiode) planen. Aber die Vielfalt der Abhängigkeiten wird durchsichtiger, wenn wir zunächst von statischen Modellen ausgehen und hier bei den leistungswirtschaftlichen Wahlproblemen auf den gesicherten Bestand der Produktions- und Absatztheorie zurückgreifen. Die Ansätze zur Abstimmung zwischen Produktions- und Investitionstheorie bei mehrperiodiger Planung sind nur für den fortgeschrittenen Leser genießbar. Aber es ist notwendig zu wissen, was die Ansätze zur Verbindung von Produktions- und Investitionstheorie geleistet haben (oder leisten könnten), um die Abhängigkeiten bei mehrperiodiger Planung zu erkennen. Dynamische Absatzmodelle untersuchen wir nicht, weil es sie in einer für unsere Zwecke brauchbaren Form noch nicht gibt.

Durch die Untersuchung der Ansätze zur Verbindung von Produktions- und Investitionstheorie werden wir die Schwierigkeiten erkennen, die einer aussagefähigen Produktions- und Kostentheorie entgegenstehen. Aus der Untersuchung der Frage, inwieweit Faktoreinsätze mit Ausgaben verbunden sind, wird sich ein Urteil über die Aussagefähigkeit einzelner produktionstheoretischer Ansätze ergeben. Folgerungen, welche die Untersuchung von Investition und Finanzierung für die Theorie der Unternehmensrechnung nahelegt, beschließen das Buch.

Das Ungewißheitsproblem kann in diesem Kapitel ausgeklammert werden. Die Ergebnisse des Kapitels über Programmentscheidungen unter Ungewißheit lassen sich auf die hier gestellten Wahlprobleme übertragen.

II. Die Abstimmung zwischen Zahlungs- und Leistungsbereich bei einperiodiger Planung

a) Produktions- und Absatzplanung ohne Engpässe

1. Voraussetzungen und leistungswirtschaftliche Wahlprobleme

Bei einperiodiger Betrachtung fallen Ausgabe, Beschaffung und Faktoreinsatz (Beginn der Produktion) mit dem Periodenanfang zusammen. Fertigstellung des Erzeugnisses, Absatz und Einnahme liegen am Periodenende. Abstimmungsprobleme zwischen Beschaffung und Produktion entstehen nicht. Über die zeitliche Abstimmung von Produktion und Absatz braucht man sich keine Gedanken zu machen. Es gibt keine Lagerhaltung. Eine einperiodige Analyse hat nur dann Sinn, wenn die Entscheidungen dieser Abrechnungsperiode spätere Handlungsmöglichkeiten nicht verbauen oder begünstigen. Die statische Betrachtung setzt Unverbundenheit der einzelnen Abrechnungsperioden voraus.

Die zwangsläufige Unverbundenheit der Perioden wirft Probleme auf: Gibt es im statischen Modell dauerhafte Produktionsfaktoren, wie Anlagen?

Anlagegüter lassen sich in statische Produktionsmodelle einbeziehen, wenn die Voraussetzung der Unverbundenheit der Perioden beachtet wird. Jedes Anlagegut verkörpert eine bestimmte Leistungsbereitschaft, z. B. eine technische Totalkapazität von 21 000 Maschinenstunden und eine Periodenkapazität von maximal 5 000 Maschinenstunden. Als Totalkapazität bezeichnet man die Gesamtzahl der möglichen Leistungsabgaben während ihrer technischen Lebensdauer. (Aus Gründen der Bequemlichkeit haben wir die Kapazität in Stunden gemessen.) Die Periodenkapazität nennt die möglichen Leistungsabgaben für eine Abrechnungsperiode.

Die erste Möglichkeit, eine solche Anlage in ein statisches Modell einzubeziehen, wäre: Man ordnet jeder Periode eine feste Maschinenstundenzahl zu, z. B. 3 000; dann läßt sich $^1/_7$ des Anschaffungspreises als Kosten der Anlagennutzung dieser Periode definieren. Da in keiner Periode mehr oder weniger genutzt werden kann, sind die einzelnen Perioden praktisch unverbunden[1].

Indes unterstellt diese Annahme, daß in jeder Periode die gleiche Beschäftigung verwirklicht wird. Das ist eine unrealistische und überflüssige Einschränkung, denn es kommt allein darauf an, daß die Leistungsabgaben der Anlage heute nicht zu vorzeitiger Ersatzbeschaffung oder künftig höheren Anlagenunterhaltungsaufwendungen führen. Die Unterstellung, das technische Leistungsbündel einer Anlage werde von vornherein gleichmäßig auf alle Nutzungsperioden verteilt, läßt in der Abrechnungsperiode nur eine einzige Ausbringungsmenge zu und macht damit statische Produktionsmodelle sinnlos: Eine ihrer wesentlichen Aufgaben ist schließlich zu erklären, mit welchen Kosten alternative Ausbringungsmengen in einer Abrechnungsperiode erstellt werden können.

Die zweite (einzig brauchbare) Möglichkeit besteht darin, von vornherein vorauszusetzen, daß eine Variation der Leistungsabgaben je Periode innerhalb bestimmter Grenzen möglich

---

[1] Vgl. *Horst Albach*, Zur Verbindung von Produktionstheorie und Investitionstheorie. In: Zur Theorie der Unternehmung, Festschrift zum 65. Geburtstag von Erich Gutenberg, herausgegeben von Helmut Koch. Wiesbaden 1962, S. 137–203, hier S. 147 f.

ist, aber nicht die Weiterverwendungsmöglichkeit der Anlage in späteren Perioden beeinträchtigt. Man kann die Auffassung vertreten, solche Anlagen gebe es nicht. Damit verbannt man alle dauerhaften Produktionsfaktoren (zugleich die meisten fixen Kosten) aus der statischen Produktionstheorie; wäre diese Auffassung richtig, dann gehörte die statische Produktionstheorie sofort in den Mülleimer. Zum Glück gibt es solche Anlagen; sie sind der praktische Regelfall: Unterliegt eine Anlage der technischen und wirtschaftlichen Überholung, dann kann es sein, daß es sich lohnt, die Anlage nur 5 Jahre zu nutzen. Auf jedes Nutzungsjahr entfallen im Durchschnitt 4 200 Maschinenstunden; nach der Analyse der Absatzmöglichkeiten ist zu erwarten, daß im Durchschnitt nur jährlich 3 000 genutzt werden können. Rechnet man damit, daß vom zweiten bis zum fünften Jahr insgesamt 12 000 Maschinenstunden verfahren werden, dann könnte im ersten Jahr die Leistungsabgabe der Anlage zwischen 0 und 9 000 Maschinenstunden variieren, ohne daß eine Rückwirkung auf die planmäßigen Leistungsabgaben der Folgejahre eintritt. Die technisch maximale Periodenkapazität betrage 5 000. Danach bleibt der Ersatzzeitpunkt (und die Reparaturaufwendungen, so wollen wir annehmen) von der Variation der Leistungsabgaben zwischen Null und 5 000 Maschinenstunden im ersten Jahr unberührt: Die Variation der Einsatzdauer der Anlage (oder auch ihrer Einsatzintensität) erlaubt unterschiedlich hohe Leistungsabgaben. Die einzelnen Leistungsabgaben des Faktors Anlagen stehen der Unternehmung »grenzkostenlos« zur Verfügung.

Eine dritte Möglichkeit, Anlagegüter zu berücksichtigen, läge in der Unterstellung: Von der Vorperiode werde ein Anlagegut zu einem Verrechnungspreis »gekauft« und am Periodenende an die folgende Periode »veräußert«. Die Differenz zwischen Anschaffungs- und Veräußerungspreis bildet die Kosten der Anlagennutzung. Wie bestimmen sich die Verrechnungspreise für die von einer Periode zur nächsten übertragenen Anlagen? Um die Frage zu beantworten, ist zu klären: Nimmt die Höhe der Leistungsabgaben einer Periode Einfluß auf die Höhe des Veräußerungspreises? Ein Einfluß ist dann gegeben, wenn die heute verzehrten Anlageleistungen in künftigen Perioden verwandt werden könnten. Eine Lösung mit Hilfe von Verrechnungspreisen verlangt also eine mehrperiodige Planung. Sie ist für statische Modelle ausgeschlossen.

Welche »Kosten« sind insgesamt mit einer Anlage je Abrechnungsperiode verbunden? Ausgaben fallen nur im Anschaffungsjahr an; für die späteren Abrechnungsperioden sind die Anschaffungsausgaben versunken und vergessen. *Über den Einsatz des Produktionsfaktors entscheiden nur künftige Ausgaben* (höhere Ausgaben wegen Vorverlegung des Ersatzzeitpunkts, Reparaturausgaben). Aber solche Ausgaben fallen wegen der vorausgesetzten Unverbundenheit der Perioden nicht an. Es ist üblich, einer Anlage je Abrechnungsperiode »fixe Kosten« (Abschreibungen) anzulasten. Welchen unternehmenspolitischen Sinn hat das? Keinen, denn auf leistungswirtschaftliche Optima nehmen die fixen Kosten keinen Einfluß. Ob und wann Anlagen beschafft oder ersetzt werden sollen, ist erst recht nicht nach den fixen Kosten, sondern nach den tatsächlichen Zahlungen zu entscheiden. Bei Anlagen fixe Kosten in Höhe der Abschreibungen zu verrechnen, ist also eine Denkschablone ohne entscheidungsbestimmenden Gehalt. Anders sieht es nur dann aus, wenn die Anlagen für jeweils eine Abrechnungsperiode gemietet werden. Zu Beginn der Abrechnungsperiode fallen die Mietausgaben an. Sie können als fixe, von der Ausbringungsmenge unabhängige Ausgaben (Kosten) angesehen werden. Es handelt sich bei der Anlagenmiete um eine einperiodige Investitionsentscheidung. Wir stellen damit fest: Sobald der Kostenbegriff vom Ausgabenbegriff gelöst wird, verliert er seinen entscheidungsbestimmenden Gehalt. Nur für eine

vereinfachende, mit Pauschalannahmen arbeitende Untersuchung ist ein eigenständiger Kostenbegriff[2], getrennt von dem der Ausgaben, notwendig (vgl. auch S. 651).
Im leistungswirtschaftlichen Bereich sind bei einperiodiger Planung nur Produktion und Absatz aufeinander abzustimmen. Es entstehen die drei klassischen Wahlprobleme der Produktionstheorie:
(1) Bestimmung des Produktionsverfahrens bei gegebenem Absatzvolumen: Hier entscheidet die Minimalkostenkombination der Produktionsfaktoren.
(2) Bestimmung des Produktionsprogramms bei gegebenem Faktoreinsatz: Über das Produktionsprogramm entscheidet die Maximalerlöskombination.
(3) Bestimmung des Produktionsniveaus für eine Erzeugnisart: Die Höhe der Ausbringungsmenge wird durch das Cournotsche Theorem festgelegt.
Wie die Optima im einzelnen aussehen, darüber unterrichten die einführenden Lehrbücher der Kostentheorie.
Im allgemeinen werden die drei Probleme nicht isoliert zu lösen sein. Es stehen mehrere Produktionsverfahren zur Auswahl, von denen jedes unterschiedliche Ausbringungsmengen und/oder Produktionsprogramme zu erzeugen erlaubt. Jedes der Produktionsverfahren ist dann als ein Investitionsvorhaben anzusehen. Solange keine Engpässe im Produktions- und Absatzbereich zu beachten sind, lassen sich über die Minimalkosten- oder Maximalerlöskombination Ausgaben und Einnahmen eines jeden Produktionsverfahrens (Investitionsvorhabens) bestimmen. »Zurechnungsprobleme« für die Einnahmen (bzw. die Ausgaben) entstehen erst, wenn Engpässe zu beachten sind.

2. Der Einfluß des Zahlungsbereichs auf den Leistungsbereich

aa) Vollkommener und unvollkommener Kapitalmarkt

Bei vollkommenem Kapitalmarkt nimmt der Zahlungsbereich nur Einfluß auf die Rentabilität des Leistungsbereichs; ein Liquiditätsproblem entsteht nicht. Wir haben also zu prüfen: Verändert die Berücksichtigung der Finanzierungskosten das Produktionsverfahren, das Produktionsprogramm und das Produktionsniveau?
Die Frage ist rasch zu beantworten: Im einperiodigen Modell fallen alle Ausgaben zu Beginn der Abrechnungsperiode an; Zahlungsziele gibt es nicht. Die Zinskosten sind proportional den Faktorpreisen. Alle Faktorpreise werden im gleichen Verhältnis erhöht, folglich kann keine Änderung der Minimalkostenkombination eintreten. Das Produktionsverfahren wird durch die Finanzierungskosten nicht verändert.
Für die Wahl des Produktionsprogramms gilt das gleiche. Das optimale Produktionsprogramm ist durch den Berührungspunkt von Produktisoquante und -isoerlöslinie definiert. Eine Produktisoquante enthält alle Produktionsmengenkombinationen, die mit den gleichen Faktorausgaben hergestellt werden können. Die Finanzierungskosten ändern die Produktisoquante nicht. Damit bleibt bei gegebenen Preisen der Produkte die Maximalerlöskombination erhalten.
Lediglich das Produktionsniveau wird beeinflußt. Die Zinskosten wirken wie eine Preiserhö-

---

[2] Vgl. dazu *Helmut Koch,* Grundprobleme der Kostenrechnung. Köln–Opladen 1966, S. 9–62, und bes. *Paul Riebel,* Überlegungen zur Formulierung eines entscheidungsorientierten Kostenbegriffs. In: Quantitative Ansätze in der Betriebswirtschaftslehre, hrsg. v. Heiner Müller-Merbach, München 1978, S. 127–146.

hung der Faktoren. Sie verschieben die Grenzkostenkurve nach oben. Bei gegebener Grenzerlöskurve sinkt das Produktionsniveau: An die Stelle des einfachen Cournot-Theorems tritt das »finanzwirtschaftliche Cournot-Theorem« (S. 178): Die aufgezinsten Grenzkosten müssen den Grenzerlösen gleichen.

Fallen Soll- und Habenzinsen auseinander (unvollkommener Kapitalmarkt), dann hängt das Investitionsvolumen (Produktionsniveau) von den finanziellen Ziel-(Entnahme-)Vorstellungen des Unternehmers ab. Als »richtiger« Kalkulationszins ist je nach den Entnahmewünschen der Sollzins, der Habenzins oder gar kein Marktzins zu wählen.

Solange der Soll- oder der Habenzins entscheidet, gilt ebenfalls das finanzwirtschaftliche Cournot-Theorem. Der dritte Fall, daß kein Finanzgeschäft im Handlungsprogramm enthalten ist, tritt dann ein, wenn im Entnahmeoptimum das letzte Produkt eine Rendite abwirft, die unter dem Sollzins, aber über dem Habenzins liegt (vgl. S. 369). Da man von vornherein nicht weiß, ob Sollzins, Habenzins oder gar kein Marktzins das Investitionsvolumen begrenzt, läßt sich bei unvollkommenem Kapitalmarkt das Produktionsniveau nur dadurch festlegen, daß die alternativen Ausbringungsmengen als Investitionsvorhaben auf der »Sachinvestitionskurve« (S. 365) abgetragen und diese den Entnahme-Indifferenzkurven gegenübergestellt werden.

Produktionsverfahren (bei gegebener Ausbringungsmenge) und Produktionsprogramm (bei gebenen Faktorausgaben) werden auch hier nicht durch den Finanzbereich beeinflußt.

bb) Beschränkter Kapitalmarkt

Bei Kapitalbeschränkung wird es notwendig, die produktionswirtschaftlichen Optima neu zu formulieren. Die Wahl des Produktionsverfahrens, des Produktionsprogramms und des Produktionsniveaus erfolgt hier unter der Nebenbedingung, daß nur ein begrenzter Kapitalbetrag zur Verfügung steht. Für die formale Lösung bieten sich die Verfahren der mathematischen Programmierung an. Indes ist das Problem – unter einer zusätzlichen Einschränkung – auch im Rahmen der »neoklassischen« Theorie lösbar.

Das Instrumentarium der mikroökonomischen Produktionstheorie (Produktionsfunktionen mit substitutionalen Produktionsfaktoren), auf Verteilungsprobleme angewandt, führte zur neoklassischen Verteilungstheorie (Grenzproduktivitätstheorie). So erklärt sich der Name neoklassische Theorie, gut ist er nicht. Gemeint sind nämlich alle Ansätze, einzelwirtschaftliche Optima zu bestimmen durch Extremwerte einer Zielfunktion unter Nebenbedingungen in Form von Gleichungen. Extremwertbestimmung bei Ungleichungen als Nebenbedingungen führt demgegenüber zur »modernen«, auf der Unternehmensforschung aufbauenden Theorie der Unternehmung.

Mir erscheint es fragwürdig, herkömmliche (neoklassische) und »moderne« betriebswirtschaftliche Theorie danach zu trennen, mit welcher Rechentechnik sie Optima bestimmen. Aber diese Trennung hat sich eingebürgert, und als grobe Kennzeichnung genügt sie.

Die Vorarbeiten zur Abstimmung des Zahlungs- und Leistungsbereichs bei beschränktem Kapitalmarkt wurden von Autoren[3] geleistet, die versuchten, neoklassische Produktions-

---

[3] Vgl. *Wassily [W.] Leontief*, Interest on Capital and Distribution: A Problem in the Theory of Marginal Productivity, Note. In: The Quarterly Journal of Economics, Vol. 49 (1934/35), S. 147–164, hier S. 151 f.; und besonders auch *Arthur Smithies*, The Austrian Theory of Capital in Relation to Partial Equilibrium Theory. In: The Quarterly Journal of Economics, Vol. 50 (1935/36), S. 117–150.

theorie und Kapitaltheorie zu vereinigen; Überlegungen zur Verallgemeinerung der ökonomischen Theorie gaben zusätzlichen Anlaß[4].

Zur Ermittlung der produktionswirtschaftlichen Optima ist die Zielfunktion der Unternehmung zu maximieren unter zwei Nebenbedingungen. Die erste Nebenbedingung bezeichnet die Produktionsfunktion; die zweite fordert, daß der Kapitalbedarf aus der Beschaffung der Faktoren nicht größer ist als der verfügbare Kapitalbetrag. K bezeichnet den Kapitalwert; q_j sind die Preise der Produkte x_j (j = 1, 2, ..., m). Die q_j sind als Barwerte der Preise zum Periodenanfang zu verstehen; Kalkulationszins ist die Alternativrendite, die sich bei anderweitiger Anlage des Finanzbetrages bietet. a_i sind die Preise (Ausgaben) der Produktionsfaktoren r_i (i = 1, 2,..., n). Die erste Nebenbedingung beschreibt die implizite (d. h. Null gleichgesetzte) Form einer Produktionsfunktion. Sie erfaßt die Beziehungen zwischen allen Produkten und allen zu deren Erzeugung erforderlichen Faktoreinsatzmengen. Um eine Tasse Tee (x) zu erzeugen, braucht man z. B. eine Tasse heißen Wassers (r_1) und einem Teebeutel (r_2), also $r_1 + r_2 = x$ bzw. allgemein: $f(r_1, r_2) = x$ oder $\varphi(r_1, r_2, x) = 0$. F bezeichnet den Finanzbetrag, der zur Faktorbeschaffung bereitsteht.

$$\text{Maximiere } K = \sum_j q_j x_j - \sum_i a_i r_i$$

unter den Nebenbedingungen $\quad \varphi(r_i, x_j) = 0$

$$\sum_i a_i r_i \leq F.$$

Durch die finanzwirtschaftliche Ungleichung entsteht ein nichtlineares Programmierungsmodell; es läßt sich jedoch unter einer zusätzlichen Voraussetzung in ein neoklassisches Modell umwandeln. Wenn sicher ist, daß das Kapital die Produktion begrenzt, wird das Ungleichheitszeichen überflüssig, und das Modell läßt sich »neoklassisch« nach der Lagrangeschen Methode maximieren.

Die neoklassische Lösung sei an einem sehr einfachen Beispiel gezeigt. Dabei wird zunächst die Finanzbedingung vernachlässigt.

Wir nehmen an, es werde ein Produkt mit Hilfe zweier Faktoren erzeugt. Die Produktionsfunktion weise die typischen neoklassischen Eigenschaften auf: Eine Verdoppelung aller Faktoren führe zum doppelten Ertrag (Homogenität erster Ordnung), und die Faktoren könnten gegeneinander substituiert werden.

Das einfachste Beispiel ist wohl eine »Cobb-Douglas«-Funktion von der Form $x = \sqrt{r_1 r_2}$. Für eine solche Produktionsfunktion ist bei vorgegebenem Absatzpreis das Produktionsniveau unbestimmt, wenn die Einsatzmengen beider Faktoren verändert werden können. Damit sich ein optimales Produktionsniveau ergibt, mögen die Grenzerlöse stark fallen. Die Preis-Absatz-Funktion laute $q = \dfrac{10}{\sqrt{x}}$. Der Erlös beträgt also 10 Mark, wenn am Ende der Abrechnungsperiode nur ein Stück zum Verkauf angeboten wird; werden zwei Einheiten verkauft, erlöst man je Einheit 7,07 Mark; werden drei Einheiten verkauft, erlöst man je 5,77 Mark. Die Umsatzfunktion folgt dann als $U = q \cdot x = 10\sqrt{x}$. Beträgt der Preis je Einheit von

---

[4] Vgl. z. B. *Albert Gailord Hart*, Anticipations, Uncertainty, and Dynamic Planning, Chicago 1940, reprinted New York 1951; S. 39–50; *H[elen] Makower, William J. Baumol*, The Analogy Between Producer and Consumer Equilibrium Analysis. In: Economica, New Series, Vol. 17 (1950), S. 63–80, bes. Part II.

r_1 und r_2 1 Mark, so lautet das Modell (in der Lagrangeschen Form geschrieben, d. h., die Nebenbedingung wird gleich Null gesetzt, mit einem unbekannten Multiplikator μ multipliziert und von der Zielfunktion abgezogen):

$$K = 10\sqrt{x} - r_1 - r_2 - \mu [\sqrt{r_1 r_2} - x].$$

Durch partielles Differenzieren und Nullsetzen der Ableitungen errechnet sich ein Produktionsniveau von 6,25 Einheiten[5].

Der Lagrangesche Multiplikator μ ist ein »Schattenpreis«; er bezeichnet hier die Grenzkosten des Produkts und beträgt 2, was trivial ist, denn offensichtlich braucht man gemäß der Minimalkostenkombination je eine Einheit von r_1 und r_2, um eine Erzeugniseinheit zu fertigen.

Damit das Kapital die Produktion begrenzt, nehmen wir an, daß zur Faktorbeschaffung nur 10 Mark bereitstehen. Die zweite Nebenbedingung lautet deshalb: $r_1 + r_2 - 10 = 0$. Das soeben errechnete optimale Fertigungsniveau verlangt 12,50 Mark. Unter Berücksichtigung beider Nebenbedingungen errechnet sich dann $x = r_1 = r_2 = 5$[6]. Der Kapitalwert sinkt von 12,50 Mark auf 12,36 Mark. Die Grenzkosten der Produktion betragen je Einheit 2,24, und der Schattenpreis der Finanzbedingung η errechnet sich auf (knapp) 0,12. Naturgemäß leiden Produktionsumfang und Kapitalwert unter der Kapitalrationierung. Interessant sind deshalb allein die Schattenpreise. Der Lagrangesche Multiplikator der Finanzbedingung ist als derjenige Preis zu verstehen, den man höchstens für eine zusätzliche Mark Kapital unter den sonstigen Modellbedingungen zahlen würde. Es handelt sich somit um den aus dem Programm errechneten »marginalen Kalkulationszins«. Derjenige Kalkulationszinssatz, der das Investitionsvolumen (Produktionsniveau) begrenzt, liegt hier bei knapp 12%. Die Interpretation des Multiplikators als Zinssatz geht auf Lange zurück[7]. Lange schließt aus seinem im einzelnen anders aufgebauten Produktionsmodell, daß der Zins bei Kapitalknappheit zwangsläufig aus den Annahmen der Produktionstheorie folge und daß somit den statischen Modellen eine Zeitraumbetrachtung innewohnen müsse, weil der Zins definitionsgemäß eine Zeitdimension besitzt. Bei Kapitalknappheit liegen die Grenzkosten der Produktion (2,24) höher als die »monetären« Grenzkosten, die tatsächlichen Ausgaben für die zur Fertigung notwendigen Faktoren. Das erklärt sich einfach: Zusätzliche Kosten je Produkt sind nicht

---

[5] Im einzelnen:
$K = 10\sqrt{x} - r_1 - r_2 - \mu [\sqrt{r_1 r_2} - x]$

a) $\dfrac{\partial K}{\partial x} = 5 x^{-0,5} + \mu = 0$
b) $\dfrac{\partial K}{\partial r_1} = -1 - 0,5\, \mu\, r_2^{0,5}\, r_1^{-0,5} = 0$

c) $\dfrac{\partial K}{\partial r_2} = -1 - 0,5\, \mu\, r_1^{0,5}\, r_2^{-0,5} = 0$
d) $\dfrac{\partial K}{\partial \mu} = \sqrt{r_1 r_2} - x = 0$

Aus a) bis d) errechnen sich die Unbekannten x, r_1, r_2 und μ.

[6] $K = 10\sqrt{x} - r_1 - r_2 - \mu [\sqrt{r_1 r_2} - x] - \eta [r_1 + r_2 - 10]$

a) und d) wie bei Fußnote 5.

b) $\dfrac{\partial K}{\partial r_1} = -(1 + \eta) - 0,5\mu\, r_1^{-0,5}\, r_2^{0,5} = 0$

c) $\dfrac{\partial K}{\partial r_2} = -(1 + \eta) - 0,5\mu\, r_1^{0,5}\, r_2^{-0,5} = 0$

e) $\dfrac{\partial K}{\partial \eta} = r_1 + r_2 - 10 = 0$

[7] Vgl. *Oskar Lange*, The Place of Interest in the Theory of Production. In: The Review of Economic Studies, Vol. 3 (1935/36), S. 159–192, hier S. 174 f., 177.

nur die Beschaffungsausgaben, sondern auch die Zinskosten für die durch die Beschaffung eingetretene Kapitalbindung (monetäre Grenzkosten in Höhe von 2 Mark plus Zinsen 12% auf 2 Mark Kapital ergibt 2,24). Obwohl keine Zinsausgaben anfallen, werden »kalkulatorische Zinsen« als Opportunitätskosten, als Gewinnentgang, verrechnet. Das entspricht ganz der vorherrschenden betriebswirtschaftlichen Konvention, den Kostenbegriff unabhängig von dem der Ausgaben zu deuten.

Die überkommene betriebswirtschaftliche Konvention (Kosten von Ausgaben zu trennen) ist also nur dann berechtigt, wenn es unternehmungspolitisch sinnvoll ist, entgangene Gewinne (wie sie die Schattenpreise der Finanzierungsschranke anzeigen) als Kosten zu bezeichnen. Wir wissen aber bereits, daß den Schattenpreisen keine unmittelbare unternehmenspolitische Aussagekraft zukommt (S. 388) und finden hierin bereits eine Bestätigung der Ketzerei, daß eine Trennung des Kostenbegriffs vom Ausgabenbegriff dem Kostenbegriff den entscheidungsbestimmenden Gehalt nimmt.

Dieses einfache einperiodige Modell enthält den Kern aller simultanen Planungsmodelle zur Abstimmung leistungs- und finanzwirtschaftlicher Aussagen: Es zeigt, wie Kapitalknappheit eine vorteilhafte Produktion zusätzlich beschränken kann. Alle weiteren Modelle bauen diesen Grundgedanken aus.

b) Produktions- und Absatzplanung bei Engpässen

1. Das leistungswirtschaftliche Optimum

Zunächst soll ein einfaches Beispiel zur gemeinsamen Abstimmung von Absatz-, Produktions- und Investitionsplanung formuliert werden, um den Grundgedanken zu erweitern. Wir nehmen an: Eine Unternehmung produziere zwei Erzeugnisse. Für beide Erzeugnisse erziele sie den gleichen Bruttogewinn (Preis minus variable Kosten) von 100 Mark. Die Unternehmung kann von Erzeugnis x_1 in der Abrechnungsperiode 10 Stück verkaufen, von Erzeugnis x_2 14 Stück.

Die Produktionskapazität der Unternehmung sei begrenzt. Die beiden Erzeugnisse durchlaufen zwei Fertigungsstufen. In der Produktionsstufe I kann die Unternehmung höchstens 10 Einheiten von x_1 oder 15 Einheiten von x_2 herstellen. In der Produktionsstufe II kann die Unternehmung höchstens 16 Einheiten von x_1 herstellen oder 12 Einheiten von x_2. Wir messen die Kapazität durch die Anzahl von x_1, die höchstens je Abrechnungsperiode erstellt werden können, also

$$\text{I:} \quad x_1 + 2/3\, x_2 \leq 10$$
$$\text{II:} \quad x_1 + 4/3\, x_2 \leq 16.$$

Das sei die Grundstruktur des Modells. Das Modell läßt sich sehr einfach in einer Zeichnung (Abb. 1) veranschaulichen. Dazu tragen wir auf der Ordinate die Höchstabsatzmengen und die Höchstproduktionsmengen für x_1 ab, auf der Abszisse die entsprechenden Mengen für x_2. I bezeichnet die Produktionsmöglichkeiten in der ersten Produktionsstufe, d. h. sämtliche Mengenverhältnisse von x_1 zu x_2, welche die Kapazität der Produktionsstufe I auslasten. Diese Kapazitätslinie entspricht einer Produktisoquante in der neoklassischen Produktionstheorie.

II nennt die Kapazitätslinie für die Produktionsstufe II. Aus I und II läßt sich der produk-

Abb. 1

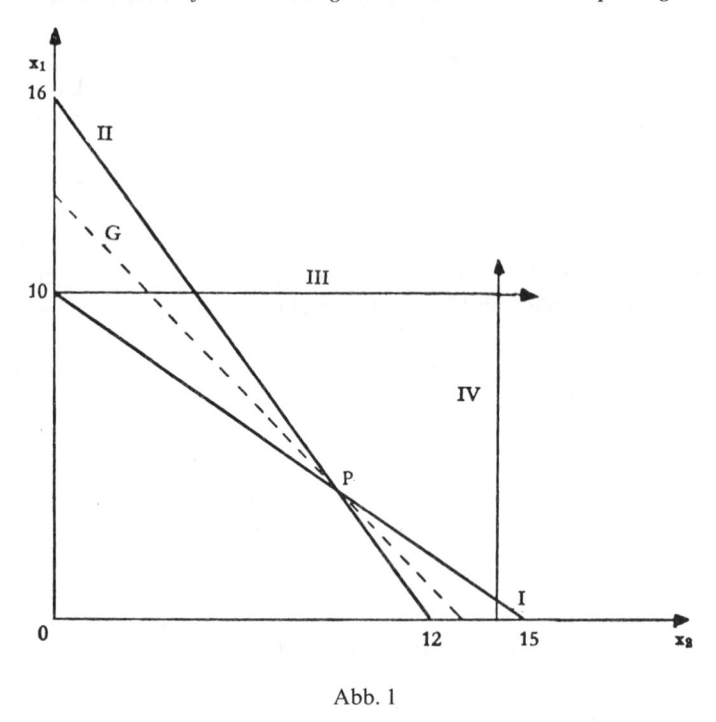

tionswirtschaftliche Wahlbereich ablesen, die »Kurve der guten Handlungsmöglichkeiten« bei weitestgehender Auslastung der Produktionsmöglichkeiten. Der produktionswirtschaftliche Wahlbereich entspricht der Fläche 0–10–P–12. Es können also maximal 10 Einheiten x_1 hergestellt werden (wegen der begrenzten Kapazität der Produktionsstufe I) oder maximal 12 Einheiten x_2 (wegen der beschränkten Kapazität der Produktionsstufe II) oder verschiedene Kombinationen von x_1 und x_2, z. B. das Verhältnis 4 Einheiten x_1 und 9 Einheiten x_2, entsprechend dem Schnittpunkt P der beiden Kapazitätslinien.

III und IV bezeichnen die Absatzengpässe. Es können 10 Einheiten x_1 und 14 x_2 je Abrechnungsperiode abgesetzt werden. Wir haben damit unterstellt, der Absatz der beiden Erzeugnisse sei unabhängig voneinander. Verwandtschaftsbeziehungen zwischen den Produkten liegen nur im Produktionsbereich vor. Dort konkurrieren beide Erzeugnisse um die begrenzten Kapazitäten. Die Absatzbeschränkung für x_1 bildet eine Parallele zur Abszisse durch den Punkt 10 auf der x_1-Achse. Die Absatzbeschränkung für x_2 bildet eine Parallele zur Ordinate durch den Punkt 14.

Bei der gegenwärtigen Kapazität der Unternehmung ist die Absatzbeschränkung ohne Bedeutung: Es könnte mehr verkauft werden als produziert wird. Das legt den Wunsch nach Erweiterungsinvestitionen nahe.

Ehe wir die Investitionen in das Modell einführen, sei rasch ausgerechnet, in welchem Verhältnis zur Zeit die Unternehmung x_1 und x_2 produziert und wieviel sie dabei verdient. Wir brauchen dieses Ergebnis, um nach den Erweiterungsinvestitionen die Änderung der Gewinne und die Änderung des Produktionsprogramms feststellen zu können. Der Bruttogewinn (Deckungsbeitrag) beider Erzeugnisse beträgt je 100 Mark. In der graphischen Darstellung tragen wir deshalb Linien gleicher Gewinnhöhe (Iso-Gewinn-Linien) ein. Alle

Mengenverhältnisse zwischen x_1 und x_2, die den gleichen Bruttogewinn erzielen, werden in einer Iso-Gewinn-Linie wiedergegeben. In unserem Fall haben die Iso-Gewinn-Linien die Steigung -1, denn eine Einheit x_1 oder ein halbes x_1 plus ein halbes x_2 oder ein x_2 ergeben den gleichen Bruttogewinn (Deckungsbeitrag) von 100 Mark. Für jede Gewinnhöhe läßt sich eine Iso-Gewinn-Linie zeichnen. Die Iso-Gewinn-Linie, die gerade noch den Kapazitätsbereich berührt, zeigt den höchsten Gewinn an, der erzielt werden kann: Linie G.

Das optimale Produktionsprogramm beträgt 4 Einheiten x_1 und 9 Einheiten x_2. Daraus folgt ein Deckungsbeitrag von 1 300 Mark je Abrechnungsperiode. Aus der Darstellung ist ersichtlich, daß die Preise der beiden Produkte sehr stark schwanken können (die Steigung der Iso-Gewinn-Linie sehr stark verändert werden kann), ehe ein anderes Produktionsprogramm optimal wird. Selbst wenn sich das Preisverhältnis (das Verhältnis der Deckungsbeiträge zueinander) für beide Erzeugnisse auf 3 zu 2 ändert (z. B. 120 Mark für x_1 und 80 Mark für x_2), ist immer noch das Verhältnis 4 zu 9 optimal, dann allerdings auch jedes andere auf der Begrenzungslinie I vom Schnittpunkt der Kapazitätslinie I und II bis zur Ordinate, denn dann würden $2x_1$ denselben Deckungsbeitrag erwirtschaften wie $3x_2$. Das einfache Beispiel zeigt dieselbe Problemstruktur wie der Eigenheimbau S. 378 ff. Bei algebraischer Formulierung ergäbe sich ein lineares Programmierungsproblem.

Wir nehmen an, zusätzliche Kapazitäten könnten für eine Abrechnungsperiode gemietet werden. Die Erweiterungsinvestitionen bestehen also im Leasing von Anlagen. Die Miete beträgt in Produktionsstufe I 40, in II 80 Mark, zahlbar am Periodenende. Die gemieteten Kapazitätseinheiten bezeichnen wir mit y_1 für die Abteilung I und y_2 für die Abteilung II. Um wieviel Einheiten ist die Kapazität der Unternehmung auszudehnen?

Algebraisch lautet das Problem nunmehr folgendermaßen:

Zielfunktion:		$100\ x_1 + 100\ x_2 - 40\ y_1 - 80\ y_2 = \max!$
Nebenbedingungen:		
Produktionsstufe	I	$x_1 + \tfrac{2}{3} x_2 \leq 10 + y_1$
	II	$x_1 + \tfrac{4}{3} x_2 \leq 16 + y_2$
Absatz von x_1:	III	$x_1 \leq 10$
Absatz von x_2:	IV	$x_2 \leq 14$
		$x_1 \geq 0;\quad x_2 \geq 0$

Natürlich läßt sich die Lösung mit der Simplexmethode ausrechnen. Aber man kann die Lösung für dieses Beispiel auch aus Abb. 2 ersehen.

Für die Produktionsstufe I kostet eine zusätzliche Kapazitätseinheit 40 Mark. Mit dieser Kapazitätseinheit soll eine Einheit x_1 hergestellt werden können, Zuwachs des Bruttogewinns 100. Statt dessen lassen sich auch $^3/_2\ x_2$ fertigen, Zuwachs des Bruttogewinns 150. Gleichgültig, welches Produktionsprogramm gewählt wird, es errechnet sich ein Überschuß; offenbar lohnt sich die Erweiterungsinvestition.

Nun ist aber die Kapazitätsbeschränkung in der Produktionsstufe II zu beachten. Damit mehr an x_1 oder x_2 hergestellt werden kann, muß die Kapazität von II erweitert werden. Um ein x_1 zusätzlich zu erzeugen, müßte eine Kapazitätseinheit I und eine Einheit II beschafft werden, Gesamtkosten 120 Mark. Das gleiche Investitionsvolumen erlaubt nur ¾ von x_2 herzustellen. Für beide Produkte liegen also die Kosten der zusätzlichen Kapazität über dem zusätzlichen Bruttogewinn. Anscheinend lohnen sich Investitionen doch nicht.

Indes ist zu bedenken, daß es vielleicht auch genügt, allein die Kapazität von I zu erhöhen und

Abb. 2

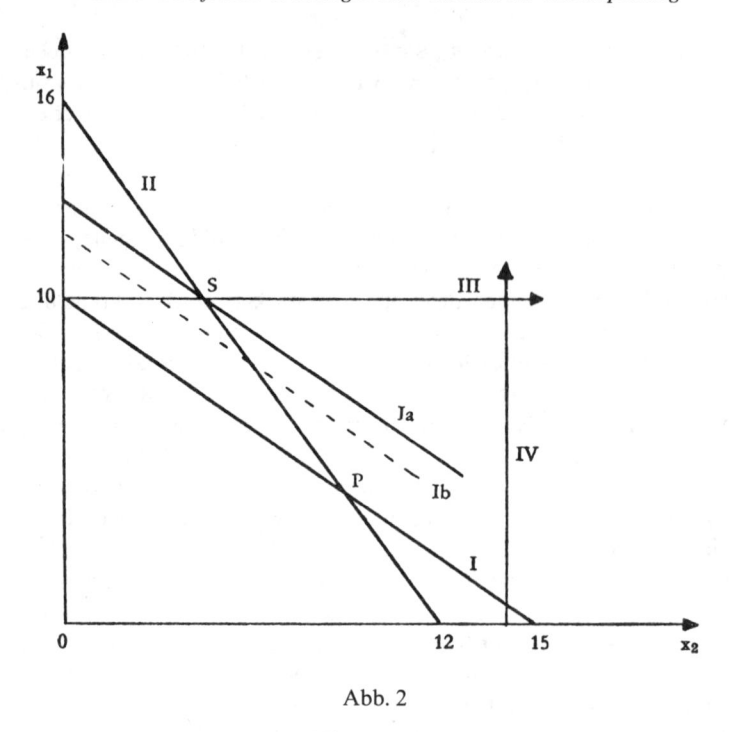

gleichzeitig das Produktionsprogramm zu ändern. Diese Lösung wird anhand der Abb. 2 sofort klar: Kapazitätserweiterung bei I bedeutet Parallelverschiebung der Kapazitätslinie I. Die Produktion wird nunmehr begrenzt durch die Absatzschranken von x_1 und durch den Engpaß II. Der Schnittpunkt S der beiden Engpässe ($x_1 = 10$; $x_2 = 4,5$) zeigt nunmehr das Optimum an. Die Kapazität von I wird ausgeweitet, bis die neue Kapazitätslinie Ia durch diesen Schnittpunkt geht. Es sind drei Kapazitätseinheiten zu investieren. Die Unternehmung erreicht damit einen Gewinn von

$$G = 100 \cdot 10 + 100 \cdot 4,5 - 3 \cdot 40 = 1\,330.$$

Der Gewinn steigt durch die Investition um 30. Auf der Produktionsstufe I ist es günstiger, Produkt x_2 zu fertigen, denn hier erlaubt eine Kapazitätseinheit, $^3/_2\, x_2$ zu erzeugen; es entsteht ein Bruttogewinn von 150 gegenüber 100 bei Produkt x_1. Trotzdem ändert sich nach der Erweiterungsinvestition in I das Produktionsprogramm zugunsten von x_1! Die isolierte Betrachtung einzelner Produktionsstufen und einzelner Produktionsbedingungen führt in die Irre. Es entscheidet das Zusammenwirken aller Produktions- und Absatzbedingungen.

Das Beispiel lehrt: Erst wenn das Produktionsprogramm bekannt ist, steht die Höhe der Einnahmen einer Investition fest. Das Produktionsprogramm wird jedoch durch die Investitionen verändert. Es ist diese Interdependenz zwischen Produktionsprogramm und Investitionsvorhaben, von der die Ansätze zur Simultanplanung mit Hilfe der linearen Planungsrechnung ausgehen. Erst die lineare Planungsrechnung erlaube es, so sagt man, das Problem der »Einnahmenzurechnung« auf einzelne Investitionsobjekte zu lösen, indem Produktionsprogramm und Investitionsvolumen gemeinsam bestimmt werden.

Um das Optimum ohne Rechenaufwand zu erkennen, wurde das Modell übervereinfacht: starre Absatzschranken, Anlagenmiete, lineare Abhängigkeit in der Kapazitätsbeanspruchung, keine Produktionsverluste durch die Umstellung der Produktion von einem Erzeugnis auf das andere. Wir fragen nun: Wenn von den Vereinfachungen des Beispiels abgesehen wird, welche Abhängigkeiten zwischen Investitions- und Programmplanung lassen sich durch lineare Modelle erfassen?

Das lineare Modell berücksichtigt eine Verbundenheit sehr einfacher Art. Die Interdependenz zwischen den Variablen Produktionsprogramm und Investitionsprogramm besteht allein darin, daß eine Variable (die Kapazität) eine Obergrenze für eine zweite Variable (Produktionsprogramm) setzt, die erste Variable (Kapazität) aber durch die dritte Variable (Investitionsprogramm) verschoben werden kann. Die starre Mengenbeschränkung ist sicher ein wichtiger Fall gegenseitiger Abhängigkeit, aber es ist der einfachste Fall.

Im allgemeinen Fall besteht die gegenseitige Abhängigkeit darin, daß zwei Einflußgrößen bei jedem Verhältnis zueinander sich begünstigen oder behindern. In solchen Fällen versagt die lineare Programmierung, denn eine ihrer Grundvoraussetzungen ist »Additivität«[8]: Es dürfen keine Produktionshemmnisse und -begünstigungen dadurch entstehen, daß zwei Prozesse zugleich durchgeführt werden.

Die Aussage der Literatur[9], das Problem der Einnahmenzurechnung werde nur von den Methoden der mathematischen Programmierung gelöst, ist deshalb nur für den einfachsten Fall des »Verbundes« berechtigt. Darüber hinaus ist sie unfair gegenüber den klassischen Methoden: Die neoklassische Theorie kann das Interdependenzproblem genausogut lösen, wenn eine Abhängigkeit der Einnahmen etwa vom Produktionsprogramm angenommen wird, z. B. über Produktions- und Absatzfunktionen. Solche Modelle hat die ältere Literatur erörtert, und zwar für den theoretisch viel allgemeineren Fall von nichtlinearen Abhängigkeiten. Das Problem liegt einzig und allein darin, die benötigten Daten, hier für die Abhängigkeiten (Produktions- und Absatzfunktionen) zu beschaffen. Das Problem der Datenerfassung stellt sich aber linearen und neoklassischen Ansätzen gleichermaßen.

2. Der Einfluß des Zahlungsbereichs auf den Leistungsbereich

Im Beispiel war das Finanzierungproblem ausgeschaltet worden durch die Voraussetzung, die Ausgaben für die zu mietenden Kapazitäten könnten aus den Erlösen beglichen werden. Jetzt nehmen wir an, die Ausgaben der Erweiterungsinvestition seien zu Beginn der Abrechnungsperiode fällig, die Erlöse fielen an ihrem Ende an.

Bei vollkommenem Kapitalmarkt ist die Zielfunktion neu zu formulieren: Die Erlöse sind zu diskontieren. Bei hohen Zinsen wird dann die Erweiterungsinvestition unvorteilhaft werden; im Beispiel bei 25%. Der Barwert der Deckungsbeiträge beträgt dann ohne Investition 1 040; mit Investition 1 160–120 Mietausgaben = 1 040. Aber diese Folge ist selbstverständlich.

Bei unvollkommenem Kapitalmarkt und Kapitalbeschränkungen ist eine kombinatorische Lösung zu suchen. Wir beschränken uns auf den Fall der Kapitalrationierung. Er läßt sich durch eine zusätzliche Nebenbedingung erfassen.

---

[8] Vgl. *Tjalling C. Koopmans*, Analysis of Production as an Efficient Combination of Activities. In: Activity Analysis of Production and Allocation, edited by Tjalling C. Koopmans. New York–London 1951, S. 33–97, hier S. 35 f.

[9] Vgl. *Peter Swoboda*, Die Ermittlung optimaler Investitionsentscheidungen durch Methoden des Operations Research. In: ZfB, Jg. 31 (1961), S. 96–103, hier S. 96 f.; *H[erbert] Jacob*, Neuere Entwicklungen in der Investitionsrechnung. In: ZfB, Jg. 34 (1964), S. 487–507, 551–594, bes. S. 506 f.

Nehmen wir an, die Unternehmung verfügt nur über 80 an finanziellen Mitteln. Sie erlauben es, die Kapazität von I nur um 2 Einheiten aufzustocken.

Wird diese Finanzierungsbeschränkung berücksichtigt, dann ist eine Höchstgrenze für die Kapazitätslinie gegeben. Die Höchstgrenze entspricht der gestrichelten Linie I b in Abb. 2. Das optimale Programm ist dann durch den Schnittpunkt von Kapazitätslinie I b und Kapazitätslinie II bestimmt. Es werden $8x_1$ und $6x_2$ hergestellt; Gewinn $1\,400 - 80 = 1\,320$ Mark.

Praktisch bedeutsam wird der Einfluß des Zahlungsbereichs auf den Leistungsbereich allerdings erst bei mehrperiodigen Wahlproblemen. Hier erweitert sich die Vielfalt von Interdependenzen schlagartig.

III. Ansätze zur Abstimmung zwischen Zahlungs- und Leistungsbereich bei mehrperiodiger Planung

a) Die Abstimmungsprobleme bei mehrperiodiger Planung

Bei mehrperiodiger Betrachtung sind zunächst die drei leistungswirtschaftlichen Bereiche Beschaffung, Produktion, Absatz in ihrem zeitlichen Zusammenhang zu sehen. Zeitlicher Beschaffungsverbund besagt, daß die Einkaufs- und Personalplanung sich über mehrere Abrechnungsperioden erstrecken muß, weil die Beschaffungsbedingungen einer Abrechnungsperiode von denen früherer oder späterer abhängen. Um nur einige Gegebenheiten zu nennen: Nur zu bestimmten Terminen sind Rohstoffe oder Vorprodukte in genügender Menge und Qualität greifbar (Erntezeiten, Fachmessen); die Beschaffungspreise unterliegen saisonalen Schwankungen; die Transportkosten, Unteilbarkeit von Anlagen und die Kündigungsfristen für Arbeiter und Angestellte verlangen bündelweise Vorab-Beschaffung von Produktionsfaktoren für mehrere Abrechnungsperioden (Kauf von Arbeitsleistungen für mehrere Wochen oder Monate).

Zeitlicher Produktionsverbund bedeutet einmal, die Faktoreinsätze mehrerer Perioden sind miteinander verbunden: Es werden z. B. Anlagegüter verwandt, bei denen eine stärkere Leistungsabgabe heute den geplanten Ersatzzeitpunkt vorverlegt. Zeitlicher Produktionsverbund kann auch auf der Produktseite bestehen: Aus fertigungstechnischen Gründen ist z. B. eine gleichmäßige Beschäftigung während mehrerer Abrechnungsperioden (über 12 Monate hinweg) erforderlich, der Absatz häuft sich in einzelnen Abrechnungsperioden (Weihnachtsgeschäft).

ZeitlicherAbsatzverbund hat ähnliche Gründe wie zeitlicher Beschaffungsverbund (nur diesmal vom Verkäufer, nicht vom Einkäufer aus gesehen). Zusätzlich ist hier vor allem der zeitliche Verlauf der Konsumentenwünsche zu beachten. Wer dächte dabei nicht an Osterhasen und Martinsgänse?

Die zeitlichen Einflüsse, die vom (Beschaffungs- oder Absatz-)Markt ausgehen, müssen wir vernachlässigen.Sie gehen bisher in die Modellüberlegungen nicht ein oder nur in einer vorgegebenen, nicht beeinflußbaren Form. Die Theorie des Marktverhaltens der Unternehmung hat noch nicht den Grad an Verfeinerung erreicht, der mehrperiodige Analysen fruchtbar erscheinen läßt.

Selbst wenn wir uns auf den zeitlichen Produktionsverbund beschränken, Beschaffung und

Absatz als Daten annehmen, sieht sich eine mehrperiodige Analyse zahlreichen Schwierigkeiten gegenüber: Alle Probleme, die sich »operationalen« statischen Modellen entgegenstellen (wie die Datenbeschaffung), bleiben bei mehrperiodiger Betrachtung erhalten, sie vermehren sich sogar kräftig. Typisch mehrperiodige Probleme treten hinzu. Die mathematischen Anforderungen dynamischer Produktionsmodelle belasten sogar das Verständnis jener Leser, die nicht von vornherein jeder Formel zitternd und zagend entgegentreten.

Die zeitlichen leistungswirtschaftlichen Abhängigkeiten sind denen des Zahlungsbereichs gegenüberzustellen. Im allgemeinen klaffen Beschaffung und Ausgabe, Absatz und Einnahme auseinander. Aus den unterschiedlichen Zahlungszielen ergeben sich zusätzliche Abstimmungsaufgaben.

Zwar läßt sich all das unter Modellvereinfachungen untersuchen: Man nehme hier ein Gramm Lagerhaltung, zwei Teelöffel Zahlungsziele, einen halben Liter dynamische Produktionsfunktionen und koche das Ganze mit einer Extremwert-Zielvorschrift. Aus dem Topf quillt jedoch dann ein kaum genießbarer Brei, denn solange keine operationalen Modelle für einperiodige Planungen vorliegen, führt auch die Dynamisierung zu keiner größeren Wirklichkeitsnähe.

Um Schwierigkeiten und Verlockungen dynamischer Modelle zu erkennen, werden wir im folgenden die wichtigsten Ansätze darstellen. Wir prüfen zunächst jene Versuche, welche über die Kapitalbindung leistungswirtschaftlicher Prozesse die Abhängigkeit von Zahlungs- und Leistungsbereich beschreiben wollen. Diese Versuche werden sich als kaum befriedigend erweisen (gleichgültig, ob man sie als »dynamisch« einordnet oder nicht). Wir erörtern dann die Theorie der mehrperiodigen leistungswirtschaftlichen Abhängigkeiten. Die Analyse der Ansätze zur Verbindung von Produktions- und Investitionstheorie wird zeigen, daß die ungelösten Probleme gar nicht in der »Dynamik« des Unternehmensgeschehens liegen. Die Erfassungs- und Bewertungsschwierigkeiten, denen sich bereits einperiodige Modelle gegenübersehen, stellen sich in gleicher, ja verstärkter Weise bei mehrperiodigen Problemen ein. Sie begrenzen die Aussagekraft dynamischer Ansätze.

b) Die Analyse der Kapitalbindung leistungswirtschaftlicher Prozesse

1. Kapitalbedarfsfunktionen und ihre Problematik

aa) Kapitalbedarfsfunktionen und Zahlungsströme

Eine Tiefbaufirma hat den Auftrag erhalten, eine Brücke neu zu bauen, geplante Bauzeit 1 Jahr. Der Jahresbeginn und jedes Quartalsende stellen einen Zahlungszeitpunkt dar: In t_0 beginnt der Bau der Notbrücke, Ausgaben 20; danach wird die alte Brücke abgerissen, Ausgaben in t_1: 10; in t_2 wird die neue Brücke im Rohbau errichtet, Ausgaben 30; in t_3 erfolgt der Endausbau, Ausgaben 20; in t_4 erfolgt die Bezahlung, Einnahmen 100. Im Zeitablauf entstehen folgende kumulierte Ausgaben entsprechend der durchgezogenen Linie in Abb. 3. Aber nun wird die Firma nicht nur diese Brücke bauen; in t_1 beginnt sie vielleicht mit den Reparaturarbeiten an einem Autobahnzubringer. Es »folgt dem Produktionsprozesse ... ein zweiter, ein dritter ..., auch wenn der erste noch nicht beendet ist.«[10]. Die gestrichelte Linie

---

[10] *N. J. Polak*, Grundzüge der Finanzierung mit Rücksicht auf die Kreditdauer, Berlin–Wien 1926, S. 109.

Abb. 3

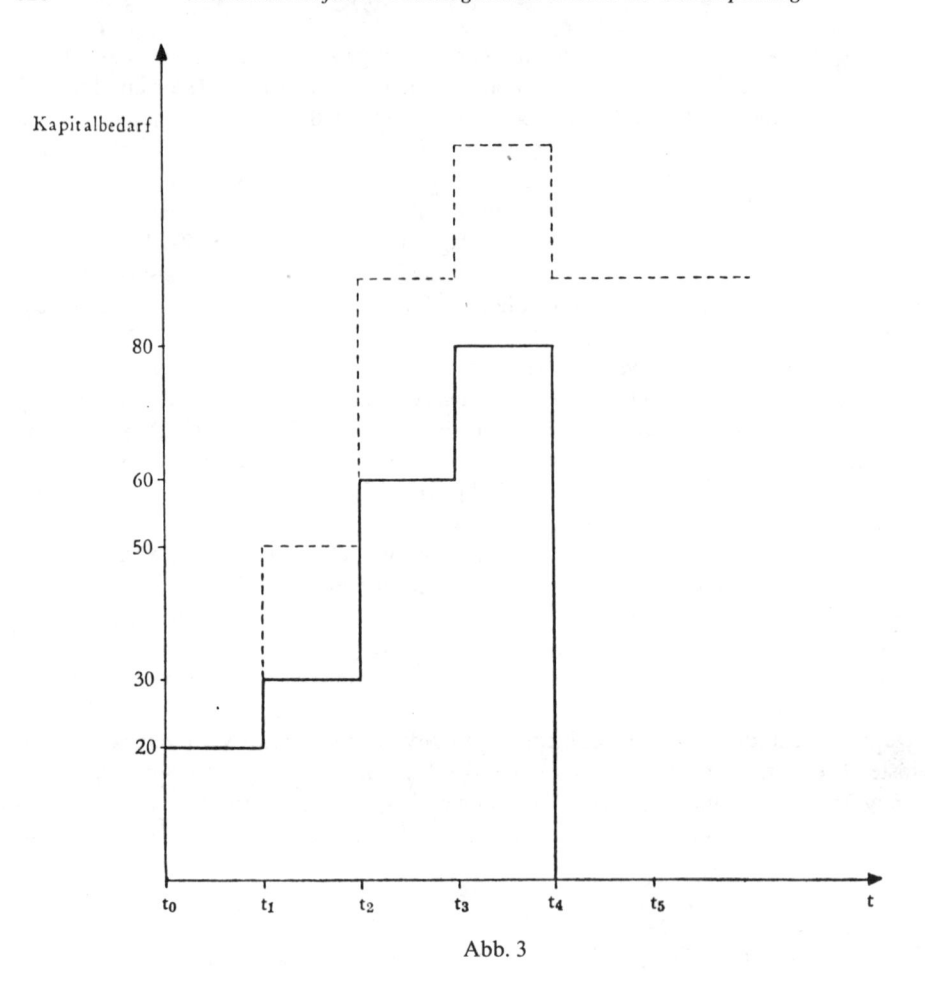

deutet dies an. Eine solche zeitliche Folge der kumulierten Ausgaben aller Produktionsprozesse einer Unternehmung bezeichnet man als Kapitalbedarfsfunktion.

Der Kapitalbedarf sinkt mit der Bezahlung eines Produkts. Aber da vor Bezahlung dieses Produkts bereits andere Produktionsprozesse begonnen wurden, bleibt ein dauerhafter Kapitalbedarf bestehen, entsprechend z. B. der gestrichelten Linie in Abb. 3. Wenn die Fertigung ein und desselben Erzeugnisses wiederholt wird und nach Abschluß der Arbeiten in der ersten Fertigungsstufe mit einem neuen Produkt begonnen wird, läßt sich der konstante Kapitalbedarf wie folgt errechnen: B ist der Kapitalbedarf, n die Zahl der während der Herstellungszeit eines Produktes begonnenen Fertigungsprozesse; $a_1, a_2, \ldots, a_n$ sind die Höhe der Ausgaben (des Kapitalbedarfs) auf jeder der n »Produktionsstufen« (Notbrücke, Abbrucharbeiten usw.). Nachdem Produktionsgleichlauf eingetreten ist, beginnt in jedem Zahlungszeitpunkt ein neuer Prozeß und endet einer. Somit entsteht n-mal der Kapitalbedarf der ersten Produktionsstufe, denn n Produkte sind in der Fertigung; (n–1)mal entsteht der Kapitalbedarf der zweiten Stufe: Nur für den gerade begonnenen Prozeß sind die Arbeiten auf der ersten Produktionsstufe noch nicht abgeschlossen. In der letzten Bearbeitungsstufe

wird gerade ein Erzeugnis fertiggestellt: Nur für ein Erzeugnis fällt der Kapitalbedarf der letzten Bearbeitungsstufe an.
Der Kapitalbedarf errechnet sich damit als:

$$B = n a_1 + (n-1) a_2 + \cdots + 2 a_{n-1} + a_n.$$

Kapitalbedarfsanalysen dieser Art sollen die finanzwirtschaftliche Bedeutung einer zeitlichen Staffelung des Produktionsbeginns offenlegen. Werden drei Produktionsprozesse in t_0 begonnen, dann ist in t_3 der dreifache Kapitalbedarf entstanden, ehe die ersten Einnahmen zufließen. Beginnt hingegen die Produktion nacheinander, dann fließen Einnahmen zu, aus denen die Ausgaben für die späteren Produktionsprozesse bestritten werden können: Der Kapitalbedarf nivelliert sich im Zeitablauf.
Die Ausgleichswirkung von Kapitalbedarfsabbau durch Verkauf der Erzeugnisse und von anwachsendem Kapitalbedarf durch Neuproduktion hängt von mehreren Einflußgrößen ab: von der Anzahl der Produktionsstufen, der Produktionsgeschwindigkeit (Herstellungszeit) und von den Kosteneinflußgrößen, wie Beschäftigung, Produktionsprogramm, Betriebsgröße. Besonderes Gewicht kommt dabei der Art und Weise zu, wie die einzelnen Produktionsprozesse zeitlich angeordnet werden[11].
Von welchen Voraussetzungen gehen Kapitalbedarfsfunktionen aus? Wie sieht die Kapitalbedarfsfunktion bei einer Zahlungsstrombetrachtung aus?
Die Kapitalbedarfsfunktion enthält in zeitlicher Folge die kumulierten Ausgaben für die Leistungserstellung. Wird ein Stück verkauft, dann sinkt bei Erlöseingang der Kapitalbedarf dieses Stückes auf Null. Kapitalbedarfsfunktionen arbeiten mit der Fiktion, die Einnahmen eines Produktes glichen den Ausgaben. Gewinn und Verlust betreffen nicht den Kapitalbedarf, sondern den »Kapitalfonds«, die zur Finanzierung bereitstehenden Mittel. Der Kapitalbedarfsfunktion einer Unternehmung stehe der Kapitalfondsprozeß[12] (die Kapitalbereitstellungs- bzw. »Finanzierungsfunktion«) gegenüber. Der Kapitalfonds werde durch Eigenkapital, Fremdkapital und durch Selbstfinanzierung errichtet und durch verlustbedingten Abbau von Eigenkapital gemindert. Aufgabe der finanzwirtschaftlichen Unternehmenspolitik sei es, die Kapitalbedarfskurve mit der Kapitalfondskurve zur Deckung zu bringen.
Eine solche Betrachtungsweise zersägt die interne Finanzierung: Jene Umsatzeinnahmen, die frühere Ausgaben abdecken, werden der Kapitalbedarfsfunktion zugeordnet; Mehreinnahmen erhöhen als Selbstfinanzierungsbeträge den Kapitalfonds. Bleiben die Einnahmen hinter den Ausgaben zurück (wird mit Verlust verkauft), dann sinkt der Kapitalfonds um den Verlustbetrag. Als Quellen des Kapitalfonds bleiben Eigenfinanzierung, Fremdfinanzierung und Selbstfinanzierung. Diese am Kapitalbedarf und der Kapitalbindung ausgerichtete Betrachtungsweise ist durch jahrzehntelange betriebswirtschaftliche Tradition erhärtet.
Es wäre jedoch auch eine andere Deutung von Kapitalbedarfs- und Kapitalfondsfunktionen denkbar: Sämtliche kumulierten Ausgaben werden in der Kapitalbedarfsfunktion erfaßt: Faktorausgaben und Rückzahlung von Krediten. Sämtliche Einnahmen gehen in die Kapitalfondsfunktion ein: Umsatzeinnahmen (interne Finanzierung) und Einnahmen aus externer Kapitalbeschaffung. Diese Betrachtung erschiene sinnvoller; sie entspräche zugleich der Zahlungsstrombetrachtung, welche die Investitionstheorie verwendet. Die Ausgaben an

---

[11] Vgl. *Erich Gutenberg*, Grundlagen der Betriebswirtschaftslehre, Bd. III, Die Finanzen, Berlin–Heidelberg–New York, 7. Auflage 1975, S. 40.
[12] Vgl. *Gutenberg*, Finanzen, S. 18 f., S. 126.

einem Zahlungszeitpunkt wären dann nichts anderes als die Werte der »marginalen Kapitalbedarfsfunktion« (Zuwachs der kumulierten Ausgaben an einem Zahlungszeitpunkt). Die Einnahmen je Zahlungszeitpunkt glichen den Werten der »marginalen Kapitalfondsfunktion« im Zeitablauf (dem Zuwachs der kumulierten Einnahmen für jeden zusätzlichen Zahlungszeitpunkt).

Die übliche Definition von Kapitalbedarfs- und Kapitalfondsfunktionen kennt diesen unmittelbaren Bezug zu den Zahlungsströmen nicht. Sie baut auf der Trennung der Einnahmen in Ausgabenrückflüsse und Einnahmenüberschüsse auf. Läßt sich die Trennung rechtfertigen?

Der Teufel wohnt stets im Detail. Bei näherer Betrachtung häufen sich die Schwierigkeiten, Kapitalbedarfsfunktionen herkömmlicher Art abzugrenzen und damit hinreichend genau festzulegen.

Kapitalbedarfsfunktionen sehen sich folgenden Abgrenzungsschwierigkeiten gegenüber:
(1) Die Mehrzahl der Produktionsfaktoren wird in Bündeln beschafft. Besonders deutlich ist das bei Anlagegegenständen. Hier besteht ein technischer Zwang zur bündelweisen Beschaffung. So verkörpert eine Drehbank z. B. ein Leistungsbündel, das für 7 Jahre Dreharbeiten erlaubt und (so sei angenommen), technisch gesehen, 20 000 Einzelbearbeitungen zuläßt. Sobald der Kaufpreis von z. B. 60 000 Mark bezahlt wird, entsteht der Kapitalbedarf. Dieser Kapitalbedarf wird nach und nach abgebaut, wenn die einzelnen bearbeiteten Erzeugnisse verkauft sind und die Erlöse eingehen. In welcher Höhe wird der Kapitalbedarf verringert? Legen wir das technische Nutzungsbündel von 20 000 Leistungen zugrunde, dann werden je Stück 3 Mark als leistungsmäßige Abschreibungen verrechnet. In dieser Höhe wird bei Einnahmeneingang der Kapitalbedarf vermindert. Nun mag aber die Drehbank der technischen und wirtschaftlichen Überholung unterliegen. Sie dient nur 5 Jahre in der Produktion, das voraussichtlich wirtschaftlich nutzbare Leistungsbündel beträgt 15 000 Einheiten. Folglich müßten wohl als leistungsmäßige Abschreibung 4 Mark berechnet und entsprechend der Kapitalbedarf gesenkt werden. Wie schwierig die praktische Berechnung eines solchen wirtschaftlichen Nutzungsbündels ist, braucht nicht dargestellt zu werden; die Fehlerquellen sind offensichtlich.

Was geschieht, wenn in der Fertigung eine neue Drehbank defekt wird und für 3 Wochen die alte, längst abgeschriebene Drehbank wieder produktiv eingesetzt werden muß? Bleibt der Kapitalbedarf der neuen Drehbank konstant (weil sie keine Leistungen abgibt), und fließen die Erlösanteile, die sonst den Abschreibungen der neuen Anlage entsprochen hätten, jetzt (da die alte Anlage keine Abschreibungen zu tragen braucht) als »Gewinn« dem Kapitalfonds zu? Wenn der Defekt der neuen Anlage nachhaltig ist, wird auf sie eine Sonderabschreibung erfolgen. Mindern solche Sonderabschreibungen den Kapitalbedarf in der Kapitalbedarfsfunktion?

Es sind diese Einzelprobleme, die das Konzept der Kapitalbedarfsfunktion fragwürdig werden lassen.

(2) Die Kapitalbedarfsfunktion enthält auch Ausgaben für »nichtproduktbezogene Arbeitsleistungen und Sachgüter« (z. B. Hilfsmaterial, Versicherungsprämien) sowie »Steuern der verschiedensten Art«[13]. Unter den Steuern nehmen die Gewinnsteuern den wichtigsten Platz ein. Nun führt es aber in einen Widerspruch, Gewinn und Verlust aus der Kapitalbedarfsfunktion herauszunehmen, die aus den Gewinnen folgenden Zwangsausgaben (wie Gewinn-

---

[13] *Gutenberg*, Finanzen, S. 38 f.

steuern) der Kapitalbedarfsfunktion wieder zuzurechnen. Gewinnausschüttungen an die Anteilseigner berühren hingegen nur den Kapitalfonds, es handelt sich um »Kapitalentzug«. Der Widerspruch verstärkt sich dadurch, daß bei Kapitalgesellschaften die Höhe der Gewinnsteuerzahlungen von der Höhe der Gewinnausschüttung abhängt. Wie sollen ferner Gewinnbeteiligungen der Arbeitnehmer behandelt werden? Erhöhen sie den Kapitalbedarf, oder vermindern sie den Kapitalfonds?
(3) Mit dem Zufluß der Einnahmen soll der Kapitalbedarf eines Erzeugnisses auf Null sinken. Wie werden nachträgliche Garantiearbeiten behandelt? Durch die Ausgaben entsteht ja neuer Kapitalbedarf. Hier muß nach Erledigung der Garantiearbeiten eine »Verlust-Einnahme« fingiert werden, um diesen Kapitalbedarf aus der Kapitalbedarfsfunktion zu tilgen. Demgegenüber kann in der Kosten- und Erfolgsrechnung durch kalkulatorische Kosten bzw. Aufwendungen für Rückstellungen für derartige Fälle vorgesorgt worden sein.

Die Abgrenzungsschwierigkeiten zeigen: Kapitalbedarfsfunktionen bauen auf der Identität von Kosten und Kapitalbedarf (Ausgaben) auf. Sobald aber Zeitpunkt der Ausgabe und Zeitpunkt des Faktoreinsatzes (der Kostenentstehung) auseinanderfallen, begegnen den Kapitalbedarfsfunktionen kaum lösbare Abgrenzungsschwierigkeiten. Hinzu treten sämtliche Erschwernisse, die einer betriebswirtschaftlich richtigen Kostenermittlung entgegenstehen; die Schwierigkeiten wachsen weiter durch die Tatsache, daß gewinnabhängige Zwangsausgaben auftreten. Kapitalbedarfsfunktionen lassen sich nur dann einwandfrei abgrenzen, wenn Produktionsfaktoren einzeln für jedes Erzeugnis beschafft und bezahlt werden, wenn nichtproduktbezogene Ausgaben (z. B. die Grundsteuer) überhaupt nicht anfallen, wenn die Einnahmen gleich den Ausgaben sind und keine Gewinnsteuern gezahlt werden müssen. Da diese Voraussetzungen mit der Wirklichkeit nichts gemeinsam haben, müssen wir schließen: Kapitalbedarfsfunktionen besitzen keine unternehmungspolitische Bedeutung.

bb) Ein Anwendungsfall: Der Kapazitätserweiterungseffekt

Erfolgen Investitionen nicht sofort, sondern werden sie zeitlich hintereinander geschaltet, so ebnen sie den Verlauf des Kapitalbedarfs ein. Auf dieser Wirkung beruht ein »Effekt«, der die Literatur jahrelang bewegt hat[14].

---

[14] Vgl. Der Briefwechsel zwischen Friedrich Engels und Karl Marx, 1844–1883, herausgegeben von A. Bebel und Ed. Bernstein. Bd. 3, Stuttgart 1913, S. 394–400; abgedruckt auch in: ZfhF, NF, Jg. 10 (1958), S. 222–226; teilweise abgedruckt auch in Karl Marx, Das Kapital. Bd. II, Ausgabe Dietz Verlag. Berlin 1957, Anhang, S. 536–540; *C. H. Goedeke*, Die Bewegung des Erneuerungsfonds und seine Beziehungen zum Tilgungsfonds. In: Zeitschrift für Kleinbahnen, Jg. 20 (1913), S. 302–320; *Polak*, S. 92–94; *Hans Ruchti*, Die Bedeutung der Abschreibung für den Betrieb. Berlin 1942; *M[artin] Lohmann*, Abschreibungen, was sie sind und was sie nicht sind. In: Der Wirtschaftsprüfer, Jg. 2 (1949), S. 353–357; *Helmut Neubert*, Anlagenfinanzierung aus Abschreibungen. In: ZfhF, NF, Jg. 3 (1951), S. 367–383, 415–423; *Heinz Langen*, Die Kapazitätsausweitung durch Reinvestition liquider Mittel aus Abschreibungen. Diss. FU Berlin 1952; *Edgar O. Edwards*, The Effect of Depreciation on the Output-Capital Coefficient of a Firm. In: The Economic Journal, Vol. 65 (1955), S. 654–666; *Karl Hax*, Die Substanzerhaltung der Betriebe. Köln–Opladen 1957, S. 226–263; *Adolf Moxter*, Der Zusammenhang zwischen Vermögensumschichtung und Kapazitätsentwicklung bei veränderlichen Leistungsabgaben von Aggregaten pro Zeiteinheit. In: ZfhF, NF, Jg. 11 (1959), S. 457–473; *Robert Buchner*, Das Problem der Kapazitätsausweitung durch laufende Reinvestition in Höhe des Abschreibungsaufwandes. Diss. Frankfurt 1960; *Karl Hax*, Die Bedeutung von Abschreibungs- und Investitionspolitik für das Wachstum industrieller Unternehmungen. In: Industriebetrieb und industrielles Rechnungswesen, Festschrift für Erwin Geldmacher. Köln–Opladen 1961, S. 9–36.

Eine Unternehmung investiert in t_0 1 000 Maschinen mit je fünfjähriger Nutzungsdauer für 10 Mill. Mark. Werden den Anlagen jeweils Einnahmen in Höhe der linearen Abschreibungen als Kapitalbedarfsminderungen zugerechnet, dann entwickelt sich der Kapitalbedarf während der 5 Jahre so: t_0 : 10 Mill.; t_1 : 8 Mill.; t_2 : 6 Mill.; t_3 : 4 Mill.; t_4 : 2 Mill.; t_5 : Null; der Kapitalbedarf sinkt treppenförmig im Zeitablauf.

Welche Leistungen können die Anlagen während ihrer Nutzungsdauer abgeben? Wir unterscheiden zwischen der Leistungsbereitschaft einer Anlage während ihrer gesamten Nutzungsdauer (Totalkapazität) und ihrer Leistungsbereitschaft während eines Jahres (Periodenkapazität). Während ihrer Nutzungsdauer möge eine Anlage 15 000 Maschinenstunden laufen bzw. 30 000 Stück bearbeiten können. Das ist ihre Totalkapazität. Während eines Jahres kann die Anlage 3 000 Stunden laufen oder 6 000 Stück bearbeiten. Das ist ihre Periodenkapazität.

Das Modell des Kapazitätserweiterungseffektes geht im einfachsten Fall von der Annahme aus, die Periodenkapazität bliebe im Zeitablauf konstant. In jedem der fünf Nutzungsjahre würde jede Maschine genau 3 000 Stunden laufen (6 000 Stück bearbeiten). Unter dieser Voraussetzung leistet eine Anlage in ihrem fünften Lebensjahr dasselbe wie im ersten, und wir können die Periodenkapazität des Maschinenparks insgesamt einfach durch die Anzahl der Maschinen messen, die in einem Jahr im Betrieb dienen.

Um über eine Periodenkapazität von 1 000 (Anlagen je Jahr) zu verfügen, muß im ersten Jahr Kapital in Höhe von 10 Mill. gebunden sein, im fünften Jahr jedoch nur 2 Mill. Im Durchschnitt der 5 Jahre genügen 6 Mill., sofern nur einmal jährlich Abschreibungen vom ursprünglich investierten Betrag verrechnet werden. Werden Abschreibungen stetig innerhalb eines Jahres verrechnet, genügen im Durchschnitt 5 Mill. Mark. Diesen Tatbestand hat man als Kapitalfreisetzungseffekt bezeichnet.

Nun erhebt sich die Frage: Was geschieht mit den Einnahmen als Gegenwert der Abschreibungen? Wenn die Absatzlage der Unternehmung günstig ist, wird sie die zurückfließenden Einnahmen wieder anlegen. Wir nehmen an, in jedem Zeitpunkt werden Beträge in Höhe der Abschreibungen reinvestiert. Dann bleibt in jedem Zeitpunkt die ursprüngliche Kapitalbindung von 10 Mill. erhalten. Wie entwickelt sich die Jahreskapazität?

Die folgende Tabelle zeigt in der Spalte »Bestand« die Entwicklung der Jahreskapazität, wenn jeweils Beträge in Höhe der Jahresabschreibungen reinvestiert werden: Über dem Strich stehen die Abschreibungen, unter dem Strich die je Jahr neu hinzukommenden Maschinen. Im dritten Jahr fallen z. B. an Abschreibungen an: 200 von den Anlagen, die im ersten Jahr investiert wurden, 40 von den Anlagen, die am Ende des ersten Jahres investiert wurden, und 48 für die am Ende des zweiten Jahres investierten Anlagen. Um nicht mit Brüchen von Maschinen zu arbeiten, wurden in den späteren Jahren nur ganzzahlige Abschreibungsbeträge verrechnet.

Im elften Jahr ist bereits eine weitgehend gleichmäßige Altersverteilung der Anlagen erreicht. Verfolgt man die Tabelle weiter, so ist etwa ab dem 20. Jahr eine fast gleichmäßige Altersverteilung gegeben, und die Periodenkapazität liegt in der Folgezeit bei 1 663 bzw. 1 664 (wegen der mangelnden Teilbarkeit ist kein vollständiges Gleichgewicht erreicht).

Das zahlenmäßige Ergebnis wird beeinflußt durch die mangelnde Teilbarkeit der Anlagen und durch die stoßweise Reinvestition jeweils am Jahresende. Betrachtet man die Investition als kontinuierlichen Vorgang (in jeder Sekunde fallen Abschreibungen an, die sofort reinvestiert werden), dann läßt sich nachweisen, daß der Erweiterungsmultiplikator durch das

Jahr	Bestand zu Beginn des Jahres	Abschreibung/Investition am Ende des Jahres														
		1	2	3	4	5	6	7	8	9	10	11	12	13	14	15
1	1000	200	200	200	200	200										
2	1200	200	40	40	40	40	40									
3	1440		240	48	48	48	48	48								
4	1728			288	57	58	57	58	58							
5	2073				345	69	69	69	69	69						
6	1488					415	83	83	83	83	83					
7	1585						297	59	59	60	59	60				
8	1662							317	63	63	64	63	64			
9	1706								332	66	66	67	66	67		
10	1702									341	68	68	68	68	69	
11	1627										340	68	68	68	68	68

Jahr	Bestand	Alter der Maschinen in Jahren				
		1	2	3	4	5
1	1000	1000				
2	1200	200	1000			
3	1440	240	200	1000		
4	1728	288	240	200	1000	
5	2073	345	288	240	200	1000
6	1488	415	345	288	240	200
7	1585	297	415	345	288	240
8	1662	317	297	415	345	288
9	1706	332	317	297	415	345
10	1702	341	332	317	297	415
11	1627	340	341	332	317	297
20	1663	333	333	333	332	332

Verhältnis Nutzungsdauer zu mittlerer Kapitalbindungsdauer bestimmt wird[15]. Bei stetiger linearer Abschreibung im Zeitablauf ist die mittlere Kapitalbindungsdauer gleich der halben Nutzungsdauer, und folglich läge im Idealfall der stetigen Abschreibung und sofortigen Reinvestition der Erweiterungsmultiplikator bei 2. Das Gleichgewicht wäre bei einer Jahreskapazität von 2 000 erreicht.

Bei stetiger Abschreibung sinkt die durchschnittliche Kapitalbindung während der Nutzungsdauer auf die Hälfte des Investitionsbetrages; bei stetiger Abschreibung und Reinvestition bleibt die Kapitalbindung in Höhe des ursprünglichen Investitionsbetrages erhalten, die periodische Leistungsfähigkeit steigt jedoch auf das Doppelte. Kapitalfreisetzungs- und Kapazitätserweiterungseffekt entsprechen sich.

Werden die Voraussetzungen stetiger Abschreibung, stetiger Reinvestition und beliebiger

---

[15] Vgl. *Karl Hax,* Langfristige Finanz- und Investitionsentscheidungen. In: Handbuch der Wirtschaftswissenschaften, Bd. 1, herausgegeben von Karl Hax, Theodor Wessels, 2. Aufl., Köln–Opladen 1966, S. 399–489, hier S. 455.

Teilbarkeit der Anlagen aufgehoben, bleibt der Erweiterungsmultiplikator unter 2, in unserem Beispiel bei knapp 1,7.

Der Effekt beruht auf folgenden Voraussetzungen:

1. Sofortige Reinvestition der Abschreibungen; das bedeutet im einzelnen:
a) Die Abschreibungen müssen verdient sein; der Unternehmung müssen Einnahmen mindestens in Höhe der Abschreibungen zugeflossen sein;
b) hinreichende Teilbarkeit der Anlagen.

2. Die Abschreibungen entsprechen dem Abbau der Totalkapazität (Abschreibungsverlauf gleich Nutzungsverlauf); dies bedeutet im einzelnen:
a) Bei linearer Abschreibung muß die periodische Leistungsfähigkeit (die Jahreskapazität) bis zum Nutzungsdauerende konstant bleiben;
b) Preise und Leistungsfähigkeit der neuen Anlage müssen denen der alten Anlagen entsprechen, damit die verzehrte Kapazität vollständig aufgefüllt werden kann;
c) das technische Nutzenbündel muß voll genutzt werden; technische und wirtschaftliche Nutzungsdauer müssen identisch sein.

Der Effekt ist nicht an die lineare Abschreibung gebunden; entscheidend ist vielmehr das Verhältnis von Abschreibungsverlauf und Nutzungsverlauf (Abbau der Totalkapazität). Entsprechen sich Abschreibungsverlauf und Nutzungsverlauf, dann bleibt die Totalkapazität gleich, die Periodenkapazität wächst. Bei geometrisch degressivem Abschreibungs- und Nutzungsverlauf entsteht ein Sonderfall: Die Periodenkapazität wächst bei Abschreibung bis auf Null nicht; da aber eine geometrisch degressive Abschreibung erst im Unendlichen den Buchwert Null erreicht, ist auch hier spurenweise ein Erweiterungseffekt gegeben.

Geht der Abschreibungsverlauf dem Nutzungsverlauf voran, dann wird mehr an Abschreibungsaufwand verrechnet, als es der Leistungsabgabe (dem Abbau des Nutzungsvorrats in der Anlage) entspricht. In den verrechneten Abschreibungen stecken also stille Reserven.

Werden in Höhe dieser Abschreibungen Investitionen durchgeführt, dann werden versteckte Gewinne reinvestiert. Diese verdeckte Selbstfinanzierung erhöht naturgemäß die Totalkapazität; der Buchwert der Anlagen bleibt jedoch gleich, weil es sich um »stille« Selbstfinanzierung handelt. Geht der Abschreibungsverlauf dem Nutzungsverlauf voran, dann wachsen also bei ständiger Reinvestition Periodenkapazität und Totalkapazität. Wegen der gleichzeitigen Selbstfinanzierung ist der Erweiterungsmultiplikator für die Periodenkapazität hier höher als in dem Fall, in dem sich Abschreibungs- und Nutzungsverlauf decken.

Bleibt der Abschreibungsverlauf hinter dem Nutzungsverlauf zurück (oder steigen die Preise für die Ersatzanlagen), dann wird weniger investiert, als es dem Leistungsverzehr entspricht. Der Erweiterungsmultiplikator wird abgeschwächt; bei geringen Abschreibungsfehlbeträgen kann gleichwohl die periodische Leistungsfähigkeit bei gleichmäßiger Altersverteilung über der Anfangskapazität liegen.

Die bisher erarbeiteten Aussagen gelten allerdings nur unter einer Voraussetzung, welche die Literatur nicht diskutiert hat: Das technische Nutzenbündel muß dem wirtschaftlichen Nutzenbündel entsprechen. Die Möglichkeit, mit der Anlage Einnahmen zu erzielen, muß am Ende des fünften Jahres schlagartig auf Null sinken. Ist nämlich die wirtschaftliche Nutzungsdauer kürzer als die technische, dann verfügt z. B. die Anlage über ein technisches Nutzenbündel von 20 000 Maschinenstunden (Nutzungsdauer rund 7 Jahre), von denen es sich in einer unendlichen Kette identisch wiederholter Investitionen nur lohnen mag, 15 000 (Nutzungsdauer 5 Jahre) zu nutzen. Wächst nun die Unternehmung durch laufende Reinve-

stitionen der erzielten Einnahmen, dann ändert sich diese wirtschaftliche Nutzungsdauer: In einer wachsenden Unternehmung kann sich die Nutzungsdauer nach den Regeln für die einmalige, nicht wiederholte Investition bestimmen. Am Beispiel könnte dieses Wachstum bedeuten, daß es sich für die Unternehmung lohnt, die einzelnen Anlagen nicht nur fünf Jahre (15 000 Stunden), sondern 6 Jahre (18 000 Stunden) zu nutzen. Weicht also die wirtschaftliche Nutzungsdauer von der technischen ab, dann entsteht auch bei Gleichlauf von Abschreibungs- und Nutzungsverlauf eine Erhöhung der »Totalkapazität«: Wegen der Verlängerung der Nutzungsdauer im Wachstumsprozeß wächst die wirtschaftlich verwertbare Totalkapazität einer jeden Anlage von z. B. 15 000 auf 18 000 Stunden.
Eine zweite Ergänzung drängt sich auf: Der Effekt kann nicht auf Abschreibungen beschränkt sein. Werden Werkstoffvorräte »bündelweise« beschafft und in gleicher Weise bündelweise ergänzt, dann liegt die Faktorausgabe genauso vor dem Einsatz der Faktoren wie die Anschaffungsausgabe vor der Leistungsabgabe der Maschinen. Der Effekt beschreibt also nicht nur das Verhältnis von Abschreibung und Finanzierung, sondern viel allgemeiner das Verhältnis von »Ausgabenstößen« wegen bündelweiser Beschaffung (Schaffung von Faktorvorräten, die später im Produktionsprozeß untergehen) und gleichmäßig fließenden Einnahmen der Erzeugnisse.

Nachdem die Theorie des Kapazitätserweiterungseffektes durch diese zusätzlichen Gesichtspunkte abgerundet wurde, müssen wir uns fragen, welche unternehmenspolitische Bedeutung diesem Effekt zukommt.
Die Praxis hat nie viel von diesem Effekt gehalten (und wir werden sehen, wie richtig das Gespür der Praxis war). Die Literatur hat demgegenüber argumentiert: Der Effekt sei nur schwer nachweisbar, weil sich die Buchwerte bei Reinvestition nicht änderten, weil Unteilbarkeiten und verspätete Reinvestition den Multiplikator drückten und weil die wechselnden Umweltbedingungen mit Erweiterungsinvestitionen den Effekt überdeckten. Man hat ferner darauf hingewiesen, daß es sich keineswegs um eine wunderbare Brotvermehrung handle, weil nur die Periodenkapazität, nicht die Totalkapazität steige (die Totalkapazität wachse nur bei Selbstfinanzierung).
Beginnen wir mit dem letzten Argument: Ist die Periodenkapazität oder die Totalkapazität unternehmenspolitisch entscheidend? Betriebswirtschaftlich interessiert, genau besehen, nur die periodische Leistungsfähigkeit, diese aber für den gesamten Planungszeitraum der Unternehmung. Gelingt es also, die Periodenkapazität dauerhaft zu erhöhen (was durch den Effekt erreicht wird), dann ist es der Unternehmung möglich, aus eigener Kraft, ohne Zuführung neuer Mittel, mehr zu erzeugen. Lassen sich die zusätzlichen Erzeugnisse zu unveränderten Preisen mit Gewinn verkaufen, dann wird durch den Effekt doch eine wunderbare Brotvermehrung erreicht. Wenn 10 Mill. Mark Erstinvestition einen jährlichen Umsatz von 20 Mill. Mark und einen Gewinn von 1 Mill. Mark erzielen, dann ist im Gleichgewichtsstadium des Beispiels der Umsatz auf 1,66 x 20 Mill. = 33,2 Mill. gestiegen und der Gewinn auf 1,66 Mill. (mit guten Gründen kann man annehmen, daß die Umsatzrendite nach dieser Umsatzausweitung sogar über 5% liegt, aber davon wollen wir absehen). Daß die Totalkapazität unverändert bleibt, ist gänzlich belanglos. Wenn die Voraussetzungen des Modells gültig sind, ist die Gewinnsteigerung auf das rund 1,7fache dauerhaft!
Der Kapitalist kann also seine Kapazität erhöhen, ohne »einen Farthing seines eigentlichen Profits in die neue Anlage zu stecken«[16]; dadurch gelingt es ihm, seinen Profit kräftig zu

---

[16] *Engels*, in: Der Briefwechsel zwischen Friedrich Engels und Karl Marx, zitiert nach ZfhF, NF, Jg. 10 (1958), S. 223.

mehren. Wen das stört, der mag sich allerdings damit trösten, daß wegen der mangelnden Teilbarkeit und der Konjunkturschwankungen der Kapitalist diesen Effekt nicht voll ausnutzen kann: Zur vollen Wirksamkeit vermag, so wurde behauptet[17], der Effekt erst in einem Riesenunternehmen, z. B. in einem sozialistischen Staat mit Zentralverwaltungswirtschaft, zu gelangen. Doch erhöht der Effekt tatsächlich den Profit des Kapitalisten und die Effizienz der sozialistisch organisierten Wirtschaft?

Um das zu beurteilen, müssen wir eine Vergleichsbasis schaffen. Der Kapazitätserweiterungseffekt setzt bündelweise Faktorbeschaffung (z. B. Kauf von Anlagen mit mehrjährigem Nutzungspotential) voraus. In dem Effekt etwas Bemerkenswertes zu sehen, unterstellt im Grunde: Hier, bei bündelweiser Beschaffung (als deren Folge die Abschreibungen auftreten), ergibt sich die Möglichkeit der Ausweitung der Periodenkapazität; bei nichtbündelweiser Beschaffung (bei Einzelbeschaffung von Vorräten, von menschlicher Arbeitskraft, bei denen Faktoreinsatz und Ausgabe praktisch zeitgleich erfolgen) fehlen diese Möglichkeiten. In dieser stillschweigenden Gegenüberstellung liegt der Trugschluß, daß der Kapazitätserweiterungseffekt unternehmungspolitische Bedeutung haben könne. Um diesen Trugschluß nachzuweisen, werden wir deshalb bündelweise Faktorbeschaffung (Kapazitätserweiterungseffekt) mit Einzelbeschaffung für jedes Produkt vergleichen und dabei einmal annehmen, die Einnahmen glichen den Abschreibungen, und zum anderen, die Einnahmen überstiegen die Abschreibungen, es werde also mit Gewinn verkauft. Dazu greifen wir auf die finanzwirtschaftliche (investitionstheoretische) Betrachtungsweise zurück, auf die Analyse von Zahlungsströmen; denn betriebswirtschaftliche Zusammenhänge werden erst dann durchsichtig, wenn man sie auf die tatsächlichen Einnahmen und Ausgaben zurückführt.

Um die Darstellung überschaubar zu halten, gehen wir davon aus, eine Anlage koste 100, 2 Jahre sei ihre Nutzungsdauer, die Abschreibungen betragen 50, und die Einnahmen entsprechen zunächst den Abschreibungen. Beliebige Teilbarkeit der Anlage wird vorausgesetzt, jede zurückfließende Einnahme werde sofort investiert. Investitionen sollen letztmalig in t_3 erfolgen.

Dann entwickelt sich folgender Zahlungsstrom dieser wachsenden Unternehmung:

	t_0	t_1	t_2	t_3	t_4	t_5
Kassenbestand	+ 100					+ 68,75
1. Investition	− 100	+ 50	+ 50			
2. Investition		− 50	+ 25	+ 25		
3. Investition			− 75	+ 37,5	+ 37,5	
4. Investition				− 62,5	+ 31,25	+ 31,25
Übertrag					− 68,75	
Zahlungssaldo	0	0	0	0	0	100,−

Fließen in den Einnahmen nur die Ausgaben (bzw. Abschreibungen) zurück, so wächst zwar durch die Reinvestition das »Geschäftsvolumen« (die Zahlungsströme); ihre Wirkung auf den Gewinn ist aber Null.

Wir gehen nunmehr von der bündelweisen Beschaffung in t_0 ab und prüfen: Wie entwickeln sich die Zahlungsströme, wenn Einzelbeschaffung für jedes Erzeugnis möglich ist? Die

---

[17] Vgl. *Ottomar Kratsch*, Zu einigen Abschreibungsproblemen. In: Wirtschaftswissenschaft, Jg. 5 (1957), S. 551–565.

Einzelbeschaffung erfolgt einen Zahlungszeitpunkt vor dem Erlöseingang. Beschafft werden Werkstoffe und Arbeitskräfte. Wir nehmen also z. B. an, die Erzeugnisse werden per Hand gefertigt. Das soll das gleiche kosten wie die Erzeugung durch Maschinen.
Um das Modell sinnvoll zu formulieren, ist auch hier von einem Kassenbestand von 100 in t_0 auszugehen.

	t_0	t_1	t_2	t_3	t_4	t_5
Kassenbestand	+ 100	+ 50	+ 25	+ 37,5	+ 31,25	+ 68,75
1. Investition	− 50	+ 50				
2. Investition		− 75	+ 75			
3. Investition			−62,5	+ 62,5		
4. Investition				− 68,75	+ 68,75	
5. Investition					− 31,25	+ 31,25
Übertrag	− 50	−25	−37,5	−31,25	− 68,75	
Zahlungssaldo	0	0	0	0	0	100,−

Die zweite Zahlungsreihe ist so gestaltet, daß derselbe Zahlungssaldo wie bei der ersten entsteht. Natürlich kommt in diesem zweiten Modell am Ende dasselbe heraus wie im ersten: Es entstehen 100 an Einnahmen. Die Einzelbeschaffung der Produktionsfaktoren bewirkt jedoch, daß in t_0 nur die Hälfte des Eigenkapitals eingesetzt wird. Die Kassenbestände während der Laufzeit stehen für *anderweitige* Investitionen zur Verfügung!
Nur wenn der Habenzins Null ist (wie hier angenommen), führt also bündelweise Beschaffung und Einzelbeschaffung zu denselben Ergebnissen. Sobald sich dem Unternehmer eine Anlagemöglichkeit bietet, ist Einzelbeschaffung günstiger!
Das Modell beruht darauf, daß die Einnahmen gleich den Abschreibungen sind; die Investition ist also nicht vorteilhaft. Sobald wir einen positiven Habenszins annehmen, müssen wir die Einnahmen der Investition erhöhen, um keine unvorteilhafte Investition zu unterstellen. Wir nehmen an, es fließen Einnahmen zu, die 20% über den Abschreibungen liegen. Dann entwickelt sich das Kapazitätserweiterungsmodell folgendermaßen:

	t_0	t_1	t_2	t_3	t_4	t_5
Kassenbestand	+ 100					
1. Investition	− 100	+ 60	+ 60			
2. Investition		− 50	+ 30	+ 30		
3. Investition			− 75	+ 45	+ 45	
4. Investition				− 62,5	+ 37,5	+ 37,5
Zahlungssaldo	0	10	15	12,5	82,5	37,5

Da nur die Abschreibungen reinvestiert werden, sind die Zahlungssalden hier als Ausschüttungen anzusehen. Natürlich lohnt sich die Reinvestition, solange keine besser rentierenden Anlagemöglichkeiten beachtet werden. Die gewinnsteigernde Wirkung des Effektes wird deutlich. Aber ist darin wirklich etwas Besonderes? Wie sieht die Zahlungsreihe bei Einzelbeschaffung aus?
Wir planen die Reihe so, daß (bis auf t_5) dieselben Ausschüttungsbeträge entstehen wie oben.

	t_0	t_1	t_2	t_3	t_4	t_5
Kassenbestand	+ 100					
1. Investition	− 100	+ 120				
2. Investition		− 110	+ 132			
3. Investition			− 117	+ 140,4		
4. Investition				− 127,9	+ 153,48	
5. Investition					− 70,98	+ 85,18
Zahlungssaldo	0	10	15	12,5	82,5	85,18

Natürlich zeigt sich bei Einzelbeschaffung das weitaus bessere Ergebnis. Von einer besonderen, günstigen Wirkung der bündelweisen Beschaffung (des Kapazitätserweiterungseffekts) kann also nicht die Rede sein. Hier mag der Einwand kommen: Die beiden Fälle seien nicht vergleichbar; im zweiten Fall seien die Investitionen lukrativer (Rendite 20%); bei bündelweiser Beschaffung betrage die Rendite für (−100; +60; +60) nur rund 13%. Die Rendite bei bündelweiser Vorab-Beschaffung ist natürlich niedriger; aber das beweist gerade, daß der Kapazitätserweiterungseffekt auf einer unvollständigen und d. h. falschen Betrachtungsweise beruht. Der Zwang zur bündelweisen Vorab-Beschaffung bei gegebenen Einnahmen bedeutet in jedem Fall eine Schlechterstellung des Investors, eben weil die Ausgaben früher anfallen als bei Einzelbeschaffung!

Eine wirtschaftlich sinnvolle Betrachtungsweise muß davon ausgehen, daß der Unternehmer in einem Zeitpunkt ein bestimmtes Kapital zur Verfügung hat, das er in verschiedenen Investitionen anlegen kann. Die Einnahmenzuflüsse schaffen zusätzliche Investitionsmöglichkeiten. Für die Unternehmensplanung entscheidet der Zahlungssaldo eines jeden Zahlungszeitpunktes, gleichgültig, ob er den verrechneten Abschreibungen, dem zurückbehaltenen Gewinn oder freigesetzten Mitteln aus Lagerabbau entspricht.

Der »Effekt«, daß eine Reinvestition von Abschreibungsgegenwerten die Kapazität erhöht, besagt in Geldgrößen ausgedrückt: Investitionen können durch Umsatzeinnahmen finanziert werden, es gibt eine »interne Finanzierung«. Und das ist, weiß Gott, trivial. Alle anderen Schlüsse aus dem Kapazitätserweiterungseffekt sind schief, weil sie aus der unvollständigen Modellformulierung folgen, denn:

(1) Entsprechen die Einnahmen den Abschreibungen, dann lohnt sich keine Erweiterungsinvestition, das Wachstum der Periodenkapazität ist sinnlos.

(2) Übersteigen die Einnahmen die Abschreibungen, dann lohnen sich zwar die Erweiterungsinvestitionen, aber das Wachstumsmodell ist unvollständig formuliert. Was geschieht mit den Einnahmen, die nicht investiert werden? Sie auszuschütten, bedeutet wechselnde Entnahmen in jeder Periode. Man kann jedoch Planungsmodelle nur sinnvoll formulieren, wenn zunächst die Zielfunktion (z. B. Entnahmehöhe) festgelegt wird.

(3) Der Effekt beruht auf der bündelweisen Beschaffung und dem nach und nach erfolgenden Eingang der Einnahmen. Eine Investition, in der alle Ausgaben vorab erfolgen müssen, ist (bei positiven Zinssätzen) der ungünstigste Fall. Einzelbeschaffung oder spätere Bezahlung der Anschaffungsausgaben erhöhen bei gleichen Einnahmen die Vorteilhaftigkeit der Investition. Die gewinnsteigernde Wirkung des Kapazitätserweiterungseffekts zeigt sich nur deshalb, weil der ursprüngliche Faktorvorrat (der Anlagenbestand) als bezahlt gilt und nun Einnahmen entstehen, die reinvestiert werden können. Daß eine Reinvestition von Einnahmen in vorteilhafte Investitionen den Gewinn erhöht, ist aber selbstverständlich.

Die Reinvestition der Einnahmenanteile in Höhe der Abschreibungen stellt also keineswegs einen Vorteil dar, von einer wunderbaren Brotvermehrung ganz zu schweigen. Der ganze Effekt beruht auf der unvollständigen Modellformulierung, in der nicht alle Zahlungsströme niedergeschrieben und nicht ihre Wiederanlagemöglichkeiten geprüft werden. Im Grunde ist es das Denken in durchschnittlicher Kapitalbindung, in Kapitalbedarfsvorstellungen, das zu diesem Trugschluß verführt. Das Denken in Durchschnittsgrößen, in periodenbezogenen Größen (Aufwand, Kosten), ist für eine Unternehmensgesamtplanung unbrauchbar. Der Pfad betriebswirtschaftlicher Tugend folgt allein den Zahlungsströmen.

2. Kapital und Kapitalbindungsdauer als eigenständige Produktionsfaktoren

Der Weg, über Kapitalbedarfsfunktionen leistungs- und finanzwirtschaftliche Aussagen zu verbinden, hat sich als Sackgasse erwiesen.
Einige Autoren haben versucht, das »Kapital« als selbständigen Produktionsfaktor anzusehen, es in die Produktionsfunktionen einzubeziehen und produktionswirtschaftliche Optima unter Berücksichtigung des Produktionsfaktors Kapital unmittelbar abzuleiten.
Zwei Ansätze sind zu unterscheiden: Einmal sieht man die finanziellen Mittel, das Geld, als Produktionsfaktor an, zum anderen die Kapitalbindungsdauer, die Zeitspanne zwischen der Ausgabe für einen Faktor und dem Einnahmeneingang für das Produkt. Lassen sich mit Hilfe dieser Ansätze Leistungs- und Zahlungsbereich aufeinander abstimmen?
In der Literatur ist die Behauptung aufgestellt worden, die neoklassische Produktionsfunktion enthalte das Geldkapital als eigenständigen Produktionsfaktor[18]. Gelänge es, die zur Produktion erforderlichen finanziellen Mittel als Produktionsfaktor, wie Werkstoff oder Betriebsmittel, zu betrachten, dann wäre eine unmittelbare Verbindung von Produktions- und Finanzbereich möglich. Indes bleibt der Ansatz unfruchtbar. Ohnehin ist die Behauptung nicht zu belegen, daß in der neoklassischen Theorie das Geldkapital als eigenständiger Produktionsfaktor angesehen wurde. Selbst wenn bei verteilungstheoretischen oder anderen gesamtwirtschaftlichen Erörterungen in die Produktionsfunktion der Faktor »Kapital« aufgenommen wurde, war damit stets das Sachkapital (Anlagegüter), nicht das Geld zu seiner Finanzierung, gemeint. Was sollte es auch für einen Sinne haben, eine Isoquante aufzustellen, in der »technisch« Geld gegen Arbeitskräfte oder Werkstoffe substituiert werden kann?

Die Idee, die Kapitalbindungsdauer als eigenständigen Produktionsfaktor anzusehen, entstand bei dem Bemühen, neoklassische Produktionstheorie und (österreichische) Kapitaltheorie zu vereinen. So meint Leontief[19], die Aufzählung aller Faktoreinsatzmengen ergäbe keine erschöpfende Beschreibung einer Produktionsfunktion. Die Zeitindizes des Faktoreinsatzes seien zusätzlich aufzuführen. Das könnte in der Weise geschehen, daß für jeden Produktionsfaktor seine Kapitalbindungsdauer als eigenständiger Produktionsfaktor zusätzlich in die Produktionsfunktion eingehe. Für den Einprodukt-Zweifaktorfall schreibt man üblicherweise

(1) $$x = \varphi(r_1, r_2).$$

---

[18] Vgl. *André Gabor, I. F. Pearce*, The Place of Money Capital in the Theory of Production. In: The Quarterly Journal of Economics, Vol. 72 (1958), S. 537–557, hier S. 537.
[19] Vgl. *Leontief*, Interest on Capital and Distribution, S. 151 f.

Leontief formuliert hingegen:

(2) $\qquad x = \varphi(r_1, r_2, t_1, t_2).$

(2) sei als Leontiefs »finanzwirtschaftliche Produktionsfunktion« bezeichnet. Hier gibt t_1 die Kapitalbindungsdauer des ersten Faktors an, t_2 die des zweiten Faktors. Die Kapitalbindungsdauer wird gemessen durch die »speed of turnover« (die Umschlagsdauer), also durch den reziproken Wert der Umschlagshäufigkeit. Die Kostenfunktion lautet dann

(3) $\qquad A = a_1 r_1 + a_2 r_2 + i(a_1 r_1 t_1 + a_2 r_2 t_2),$

wobei A die Kosten, a_1 und a_2 die Preise der Faktoren r_1 und r_2 bezeichnen und i den Zinssatz nennt. Die Kapitalbindung eines jeden Faktors folgt als Produkt aus Faktorpreis mal Faktormenge mal Kapitalbindungsdauer. Wiederum ist hier der Faktoreinsatzzeitpunkt (Beginn der Kapitalbindung) als Ausgabezeitpunkt anzusehen. So gesehen, wird die »Kostenfunktion« (3) zu einer Funktion des Gegenwartswertes der Ausgaben im Kalkulationszeitpunkt. Kalkulationszeitpunkt ist hier der Tag des Erlöseingangs (das Ende der Kapitalbindung). Die Faktorausgaben werden aufgezinst. Der Zeitpunkt des tatsächlichen Fertigungsbeginns (der Kostenentstehung durch Faktoreinsatz) ist für die ökonomische Analyse unbeachtlich.

Das Modell wird mehrperiodig, sobald t_1 und t_2 voneinander abweichen. Dann sind unterschiedliche Faktorbeschaffungszeitpunkte berücksichtigt. Setzt man den Produktpreis gleich 1, so ist die Produktionsfunktion mit 1 zu multiplizieren, um die Umsatzfunktion zu erhalten. Produktionsfunktion und Umsatzfunktion sind formal identisch. Die »Gewinnfunktion« der Unternehmung folgt als Differenz zwischen Umsatzfunktion (Produktionsfunktion) und Kostenfunktion (Ausgabenendwertfunktion). Das Gewinnmaximum ist bestimmt, wenn die partiellen Ableitungen der vier Unbekannten (r_1, r_2, t_1, t_2) Null gesetzt werden (und die hinreichenden Bedingungen hinsichtlich der zweiten Ableitung erfüllt sind):

(4) $\qquad G = \varphi(r_1, r_2, t_1, t_2) - a_1 r_1 - a_2 r_2 - i(a_1 r_1 t_1 + a_2 r_2 t_2)$

(4a) $\qquad \dfrac{\partial G}{\partial r_1} = \dfrac{\partial \varphi}{\partial r_1} - a_1(1 + it_1) = 0$

(4b) $\qquad \dfrac{\partial G}{\partial t_1} = \dfrac{\partial \varphi}{\partial t_1} - ia_1 r_1 = 0.$

Die Ableitung nach r_2 ist analog der von r_1, die nach t_2 analog der nach t_1; $\dfrac{\partial \varphi}{\partial r_1}$ bezeichnet die partielle Ableitung der Umsatzfunktion (Produktionsfunktion) nach r_1.

Die Ableitung nach der Faktormenge ist in der Literatur als Satz von Taussig bekannt: Im Optimum gleichen sich Faktorpreise und diskontierte Grenzproduktivitäten des Faktors[20]. Vernachlässigt man die Zinsen, dann entsteht die herkömmliche »Einkaufsbedingung«: Ein Faktor wird so lange beschafft, bis die Grenzproduktivität des Faktors dem Faktorpreis gleicht.

---

[20] Vgl. *F[rank] W[illiam] Taussig*, Principles of Economics. 3rd revised edition, New York 1924, Vol. II, S. 214; vgl. dazu auch *Lange*, S. 174; *Albert Gailord Hart*, Imputation and the Demand for Productive Resources in Disequilibrium. In: Explorations in Economics. Notes and Essays Contributed in Honor of F. W. Taussig. New York–London 1936, S. 264–271, bes. S. 265 f.; *Fritz Machlup*, On the Meaning of the Marginal Product. Ebenda, S. 250–263, bes. S. 259.

Die Identität der Ableitung mit dem Satz von Taussig ist nach einer Umformung leicht zu erkennen. Nach a_1 aufgelöst, folgt aus (4a)

$$(5) \qquad a_1 = \frac{\dfrac{\partial \varphi}{\partial r_1}}{1 + it_1}.$$

i gibt den Jahreszins an; t_1 als Kapitalbindungsdauer wird gemessen durch den reziproken Wert der Umschlagshäufigkeit. Beträgt die Abrechnungsperiode ein Jahr, die Kapitalbindungsdauer drei Monate, dann wäre die Umschlagshäufigkeit 4 je Abrechnungsperiode und $t_1 = \frac{1}{4}$. Die Grenzproduktivität $\frac{\partial \varphi}{\partial r_1}$ ist also nur um ein Viertel des Jahreszinses zu diskontieren.

Die Ableitungen nach der Kapitalbindungsdauer deutet Leontief so, daß der Zinssatz proportional der Grenzproduktivität verlaufe. Das sagt ökonomisch wenig aus. Nach einer Umstellung erkennen wir jedoch, daß es sich um nichts anderes als die Optimierungskriterien für die wirtschaftliche Nutzungsdauer (die Investitionsdauer) eines Gutes handelt. Die Ableitung nach t_1 (Gleichung 4b) ergibt nach Umformung den Ausdruck

$$(6) \qquad \frac{\dfrac{\partial \varphi}{\partial t_1}}{a_1 r_1} = i.$$

Der Zähler zeigt den zusätzlichen Ertrag bei Verlängerung der Kapitalbindungsdauer um eine kleine Einheit ∂t_1 an, der Nenner zeigt den investierten Kapitalbetrag für diesen Faktor. Der Bruch weist folglich die Grenzrentabilität in bezug auf die Zeit aus, den »relativen zeitlichen Grenzertrag« der Investition dieses Faktors. Die Gleichung sagt also, daß der relative zeitliche Grenzertrag im Optimum dem (marginalen) Kalkulationszinssatz gleicht. Das ist nichts anderes als die altbekannte Zinsgleichung von Jevons für die optimale Investitionsdauer (vgl. S. 235).

Sind t_1 und t_2 Konstanten, dann kann die Kapitalbindungsdauer nicht selbständig variiert werden. Die Ableitungen nach t_1 und t_2 verschwinden; es gelten die Bedingungen Taussigs allein.

Die formale Bedeutung von Leontiefs Ansatz ist klar: Die Kapitaltheorie wird auf diese Weise in die neoklassische Produktionstheorie einbezogen.

Die betriebswirtschaftlich entscheidende Frage lautet: Kann die Kapitalbindungsdauer der einzelnen Faktoren selbständig variiert werden?

Die Kapitalbindungsdauer ist die Spanne zwischen dem Zeitpunkt der Faktorausgabe und dem des Erlöseingangs. Im Regelfall kann man die Faktoren beliebig lange vor dem Einsatzzeitpunkt beschaffen. In diesem Sinne ist die Kapitalbindungsdauer regelmäßig variabel. Jedoch hat es keinen Sinn, diese Variationsmöglichkeit zu erwägen, weil in dem Modell von Beschaffungspreisänderungen und Lieferschwierigkeiten abgesehen wurde. Die gewinnmindernde Wirkung der Zinsen erzwingt das Zusammenschrumpfen der Lagerzeit auf den kürzest möglichen Zeitraum. Das Modell unterstellt aber Veränderung der Kapitalbindungsdauer als freiwillige ökonomische Entscheidung. Eine Verlängerung der Kapitalbindungsdauer als freiwillige ökonomische Entscheidung läßt sich nur damit begründen, daß sie die Ausbringung beeinflußt. Anders ausgedrückt: Bei vorgegebener Ausbringungsmenge muß eine Erhöhung der Kapitalbindungsdauer wenigstens in Grenzen eine Ersparnis an anderen Faktoren erlauben.

Die Vorstellung, daß durch eine Erhöhung der Kapitalbindungsdauer andere Faktoren eingespart werden können, mag befremden. Sie wird plausibel durch folgendes Beispiel: Die Erhöhung der »Kapitalbindungsdauer« eines gemieteten Kraftwagens für eine gegebene Strecke bedeutet längere Fahr-(Miet-)Zeit und damit geringere Intensität der Motorleistung, und das kann sehr wohl mit geringeren Einsatzmengen an Treibstoff verbunden sein.

Leontiefs Ansatz beschreibt einen Fall der Verbindung von finanz- und produktionswirtschaftlichen Aussagen. Der Kern seiner Frage lautet: Ist eine Beschleunigung der Durchlaufzeit der einzelnen Produkte finanzwirtschaftlich vorteilhaft?

Das Problem »Erhöhung der Intensität, um die Kapitalbindung in der Produktion zu verringern«, verliert allerdings an Bedeutung, wenn der Erlöseingang nicht mehr unmittelbar mit dem Ende des Fertigungsprozesses zusammenfällt und wenn die Fertigung in mehreren, durch Zwischenlager getrennten Fertigungsstufen erfolgt. Lagerzeiten und Zahlungsfristen lassen den Vorteil, durch eine Verkürzung der Herstellzeiten die finanzielle Beanspruchung der Unternehmung zu senken, zusammenschrumpfen. Denn je länger die Lagerzeiten und die Zahlungsfristen sind, um so stärker fallen die Kosten der Lagerhaltung ins Gewicht: Zwar sinkt bei verkürzter Durchlaufzeit die finanzielle Beanspruchung in der Fertigung; aber sie steigt im Fertiglager und bei der Gewährung von Zahlungsfristen. Der Kapitalbedarf für die Lagerung und den Zahlungsaufschub ist im Fall verkürzter Durchlaufzeit höher, weil die Produktionskosten wegen der intensitätsmäßigen Anpassung steigen. Es mußte mehr ausgegeben werden, ehe überhaupt ein Stück das Fertiglager erreicht. Wegen dieser Umstände besitzt Leontiefs Ansatz als Entscheidungsmodell nur geringes Gewicht.

c) Die Ansätze zur Verbindung von Produktions- und Investitionstheorie

In den früheren Auflagen wurden die Ansätze zur Verbindung der mehrperiodigen Produktionstheorie mit der Investitionstheorie ausführlich dargestellt. Sie wurden gestrichen, da im letzten Jahrzehnt diese Ansätze wegen ihrer wirklichkeitsfremden Voraussetzungen kaum noch wissenschaftliches Interesse geweckt haben.

Für die mathematische Wirtschaftstheorie besitzen diese Ansätze Interesse, weil Differentialgleichungen zu lösen und wie in manchen Fällen der dynamischen Programmierung Variationsrechnungsprobleme zu bewältigen sind. Ein einfacher Fall liegt z. B. vor, wenn das zeitliche Kapitalwertmaximum einer Investition von der periodischen Ausbringung x(t) und deren Änderungsrate $\frac{\partial x(t)}{\partial t}$, etwa wegen intensitätsmäßiger Anpassung, abhängt.

Die inhaltlichen Schwierigkeiten, um den Interdependenzen einzelner Unternehmensbereiche gerecht zu werden, liegen in dem für unternehmenspolitische Zwecke unbefriedigenden Stand der leistungswirtschaftlichen Theorie, der Beschaffungs-, Produktions- und Absatztheorie. Beschaffungs- und Absatztheorie (die Theorie des Marktverhaltens der Unternehmung) wirklichkeitsnäher zu formulieren, dazu kann ich an dieser Stelle nichts beitragen. Ich beschränke mich darauf, die Grundlagen der Produktionstheorie dem Denken in Zahlungen gegenüberzustellen. Daraus lassen sich Folgerungen für die Aussagefähigkeit der Produktions- und Kostentheorie wie für die Grundbegriffe der Unternehmensrechnung ziehen.

IV. Folgerungen: Investition und Finanzierung in ihrem Verhältnis zur leistungswirtschaftlichen Theorie und zur Unternehmensrechnung

a) Zahlungsströme und die Grundlagen der Produktions- und Kostentheorie

1. Messung des Faktoreinsatzes in Produktionsfunktionen und Produktionsprozessen

Um die Abhängigkeiten zwischen Zahlungs- und Leistungsbereich zu erfassen, ist vor allem zu klären: In welchem Verhältnis stehen Ausgaben, Kosten und Faktoreinsatz zueinander? Kosten werden nach herrschender Auffassung durch den Faktoreinsatz, nicht durch die Ausgaben verursacht (der Verbrauch, nicht der Kauf von z. B. Kupfer führt zu Kosten). Schwierigkeiten bereiten jene Produktionsfaktoren, bei denen Zeitpunkt der Ausgabe und des Faktoreinsatzes auseinanderfallen, die, als Bündel angeschafft, über mehrere Abrechnungsperioden genutzt werden. Solche Faktoren nennt man Potentialfaktoren. Potentialfaktoren, wie Anlagegüter, Arbeitsleistungen, schaffen die ungelösten Probleme, denen sich die Modelle zur Verbindung von Produktions- und Investitionstheorie gegenübersehen.

Wie lassen sich Potentialfaktoren in Produktionsfunktionen einbeziehen? Drei Möglichkeiten bestehen, einen Potentialfaktor als Faktoreinsatzmenge zu definieren:
a) durch den »Bestand«, dann geht in die Produktionsfunktion z. B. ein Auto ein;
b) durch die Einsatzzeit des Potentialfaktors, dann gehen in die Produktionsfunktion z. B. 5 Fahrstunden ein;
c) durch die Leistungsabgaben als Maß der Intensität, mit der das Auto benutzt wird.
Man könnte zunächst meinen, das Auto selbst dürfe nicht in der Produktionsfunktion enthalten sein, weil es einen Faktorbestand verkörpert, und nach vielfach vertretener Ansicht gehen in die Produktionsfunktion »nicht die Faktorbestände, sondern die Faktoreinsatzmengen (die abgegebenen Faktorleistungen) ein«[21]. Indes hat diese Ansicht eine weitreichende, ungewollte Konsequenz: Eine Produktionsfunktion, welche die eingesetzten Bestände außer acht läßt und nur auf Faktorleistungen (Einsatzzeiten oder Leistungsabgaben) aufbaut, kann sinnvollerweise nur »variable« Produktionsfaktoren enthalten. Fixe Kosten sind dann produktionstheoretisch nicht zu erklären. Ein triviales Beispiel belegt das:
Ein Sonntagsfahrer mietet sich ein Auto für 50 Mark. Die Benzinkosten trägt er selbst. Die Ausbringung sind gefahrene Kilometer. Produktionsfaktoren sind:
1. Der Fahrer selbst; ihn können wir vernachlässigen, weil er seine Dienste kostenlos zur Verfügung stellt. Schließlich fährt er zu seinem Vergnügen.
2. Der Benzinverbrauch; er hängt von der Länge der Strecke (und anderen Faktoren) ab. Bei Verbrauchsfaktoren ist es gleichgültig, ob sie in »Beständen« (Literzahl) oder in Form von Leistungsabgaben (etwa Gesamtkalorienzahl) gemessen werden.
3. Das Auto bzw. seine Fahrleistungen. Dürfen in die Produktionsfunktion nur »Faktorleistungen« eingehen, dann muß der produktive Beitrag des Autos in Fahrleistungen ausge-

---

[21] *Erich Gutenberg*, Grundlagen der Betriebswirtschaftslehre, Bd. I., Die Produktion. 23 Auflage, Berlin–Heidelberg–New York 1979, S. 219.

drückt werden. Eine Fahrleistungseinheit sei definiert als die Leistungsabgabe des Autos, die notwendig ist, um einen Kilometer zurückzulegen.

Das erste Problem lautet: Wie soll der Begriff der Fahrleistungseinheit gemessen werden? Wichtiger noch ist die ökonomische Frage: Aus den Faktormengen der Produktionsfunktion soll auf die Kosten der Leistungserstellung geschlossen werden. Das ist bei der Leistungsabgabedefinition unmöglich, denn hier führt der Faktorbestand als solcher zu Ausgaben, nicht die Nutzung des Faktorbestandes. Gleichgültig, ob 100 oder 1000 km gefahren werden, die Höhe der Leistungsabgaben des Autos ist für die Höhe der Ausgaben bei diesem Faktor unbeachtlich. Der Mietpreis betrifft den Faktorbestand. Nun muß aber jeder Faktoreinheit ein Preis beigelegt werden (wie will man sonst »Kosten« bestimmen?). Wegen dieses Kriteriums der Preiseindeutigkeit kann hier als Faktoreinsatzmenge nur der Faktorbestand, der Potentialfaktor »Auto« selbst, in die Produktionsfunktion für die Abrechnungsperiode »Sonntag« eingehen.

Es gibt also zwei grundverschiedene Möglichkeiten, Potentialfaktoren in Produktionsfunktionen aufzunehmen: Die erste Möglichkeit ist die, welche die überwiegende Mehrheit der Autoren im Auge hat: Danach gehen die Potentialfaktoren nicht selbst, nicht als Bestände, sondern durch ihre Leistungsabgaben oder durch ihre Einsatzzeiteinheiten in die Produktionsfunktion ein[22]. Leistungsabgabe- und Einsatzzeitdefinition trennen wir hier nicht; sie sind, sofern man beliebige Teilbarkeit der Einsatzzeit unterstellen kann, gleichwertig. Intensitätsänderungen werden als ein Vielfaches der normalen Leistungsabgabe je Sekunde gemessen. Eine Produktionsfunktion, in der die Potentialfaktoren (Betriebsmittel, Arbeitskräfte) durch ihre Leistungsabgaben oder ihre Einsatzzeiten gemessen werden, nenne ich *Leistungsabgabefunktion*. Sie kann fixe Kosten nicht erklären. Im Sonntagsfahrer-Beispiel gehen in die Leistungsabgabefunktion weder das Mietauto noch die Fahrleistungseinheiten (Leistungsabgaben) des Autos ein; das Mietauto nicht, weil es ein »Bestand« ist, die Leistungsabgaben nicht, weil sie kostenlos sind.

Als andere Möglichkeit bleibt, die Potentialfaktoren nicht durch ihre Faktorleistungen, sondern als eingesetzte »Bestände« in die Produktionsfunktion aufzunehmen. Ich nenne diesen Typ *Bestandseinsatzfunktion*. Das Mietauto erscheint hier als konstanter Faktor, weil es für die Abrechnungsperiode von der Leistungserstellung unabhängige, fixe Kosten aufweist.

Praktisch wird auch der Fall eintreten, daß ein Potentialfaktor in seinen Leistungsabgaben, ein anderer in seinem Bestand gemessen werden muß. Dieser Mischfall sei hier vernachlässigt. Hier dient die Trennung von Leistungsabgabe- und Bestandseinsatzfunktion allein dem Zweck, das Preisproblem des Potentialfaktoreinsatzes und damit den Ausgabenverbund zu analysieren.

Gegen die Bestandseinsatzdefinition könnte man folgendes einwenden: Das Mietauto sei gar nicht während der gesamten Abrechnungsperiode eingesetzt. Es stehe nur als Faktorvorrat zur Verfügung. Einsatzzeit sei nur die Fahrzeit, »Faktoreinsatzmenge« folglich nur die Zahl der Zeiteinheiten oder die Zahl der Leistungsabgaben. Eine so enge Definition des Einsatzes widerspricht aber dem Zweck produktionstheoretischer Erörterungen: die betriebliche Kostenstruktur zu erklären. Um die begriffliche Schwierigkeit zu beheben, empfiehlt es sich,

---

[22] Vgl. neben *Gutenberg*, Produktion, S. 219, beispielsweise *Sune Carlson*, A Study on the Pure Theory of Production. Stockholm 1939, reprinted New York 1956, S. 2, oder *George J. Stigler*, The Theory of Price. 15th printing, New York 1965, S. 109.

zwischen physischem Faktoreinsatz (Faktorverzehr) und ökonomischen Faktoreinsatz (Faktorverzehr) zu trennen. Die kritisierte »zu enge Definition« bezieht den Begriff »Einsatz« nur auf den physischen Einsatz. Produktionstheoretisch wichtig ist jedoch der ökomomische Einsatz. Er verursacht die Kosten. Wenn der Sonntagsfahrer 50 Liter Benzin verfährt, ist der Tankinhalt physisch und ökonomisch »eingesetzt«, verzehrt worden. Die gemieteten 24 Autostunden sind zwar ökonomisch eingesetzt worden, physisch sind nur die tatsächlichen Fahrstunden »verzehrt«.

Die Gegenüberstellung von Leistungsabgabe- und Bestandseinsatzfunktion wurde gewählt, um beide Möglichkeiten herauszustellen, wie Potentialfaktoren in der Produktionsfunktion erfaßt werden können. Zwei Aufgaben verblieben: Zunächst sind Leistungsabgabe- und Bestandseinsatzfunktionen gegenüberzustellen den neoklassischen Produktionsfunktionen und den linearen Produktionsprozessen, welche die Literatur als zwei eigenständige Ansätze der Produktionstheorie betrachtet. Anschließend ist zu untersuchen, in welchen Fällen die Leistungsabgabedefinition und in welchen Fällen die Bestandseinsatzdefinition der Potentialfaktoren der Wirklichkeit gerecht wird.

Ein Vergleich der Leistungsabgabe- und Bestandseinsatzfunktionen mit den Produktionsfunktionen und -prozessen wird dadurch erschwert, daß das Prozeßmodell des mathematischen Programmierens ökonomisch mehrdeutig ist. Das Modell lautet (in der abgekürzten Schreibweise, vgl. S. 392):

$$z'x = Z \to \max!$$
$$A x \leq b$$
$$x \geq 0.$$

Die Mehrdeutigkeit folgt aus der rechten Seite der Nebenbedingungen. Die begrenzten Faktorkapazitäten b können »echte« Vorräte sein, aber auch »eingesetzte Faktorbestände«. Das sei kurz verdeutlicht:

Die begrenzten Kapazitäten stellen »echte« Vorräte dar, wenn der Verzicht auf Vollausnutzung Vorräte für künftige Abrechnungsperioden übrig läßt, wenn also nichtausgenutzte Werkstoffvorräte auf künftige Abrechnungsperioden vorgetragen werden können oder wenn die nicht in der Abrechnungsperiode verfahrenen Maschinenstunden die Nutzungsdauer des Aggregats »verlängern«, also in künftigen Perioden noch verfahren werden können. Handelt es sich um »echte« Vorräte, dann führen bereitgestellte Kapazitäten nicht zu fixen Kosten.

Ist hingegen die bereitgestellte, begrenzte Kapazität nach Ablauf der Abrechnungsperiode ökonomisch verzehrt, dann sind die begrenzten Kapazitäten als eingesetzte Faktorbestände anzusehen. So wird eine Anlage, die der technischen und wirtschaftlichen Überholung unterliegt, zu beschäftigungsfixen Kosten führen. Die Maschinenstunden, die in einer Abrechnungsperiode nicht produktiv eingesetzt werden, sind verschwendet. Der Verzicht auf ihre Ausnutzung erhöht nicht die künftigen Leistungsmöglichkeiten.

Diesen zweiten Fall hat, so scheint mir, die Literatur regelmäßig im Auge. Nur für diesen Fall sind nämlich die Schattenpreise nicht vollausgenutzter Faktorvorräte Null. Im ersten Fall können sie es ökonomisch nicht sein; wenn sie es mathematisch sind, ist das Modell nicht ökonomisch sinnvoll formuliert.

Den zweiten Fall nenne ich das »Prozeßmodell mit Fixkosten verursachenden Faktorbeständen«. Hier führen nicht die Produktionskoeffizienten zu Kosten. Die einzelnen Prozesse sind vielmehr (grenz-)*kostenlos*.

Man sieht, wie schief die Interpretation ist, im linearen Modell stelle die Matrix der Produktionskoeffizienten A (die Gesamtheit aller Prozesse) die »Produktionsfunktion« der Unternehmung dar. Nach den Zielfunktionen der Modelle zu urteilen, wird regelmäßig unterstellt, die begrenzten Faktorkapazitäten führen zu fixen Kosten. Dann sind aber sämtliche Prozesse (grenz-)»kostenlos«. Kosten entstehen nicht auf der Seite der Matrix, sondern durch die Faktorkapazitäten, die hier als »eingesetzte Faktorbestände« zu definieren sind. Matrix- und Kapazitätsseite des Modells sind aber nicht identisch, denn im Programmierungsmodell gilt gerade nicht notwendigerweise das Gleichheitszeichen zwischen Kapazitätsbeanspruchung und Kapazitätsbestand.

Diese Fehlinterpretation ist nur ein Ausfluß der Überbetonung technischer Eigenheiten der Produktionstheorie und der Vernachlässigung des ökonomischen Kerns, der Bewertung.[23]

Im ersten Fall führt hingegen nicht die Bereitstellung der knappen Kapazitäten zu Kosten, sondern allein ihr Einsatz durch Verwirklichung einzelner Prozesse. Hier verursachen die Produktionskoeffizienten der Faktoren Kosten. Ich nenne diesen Fall das »Prozeßmodell mit Grenzkosten verursachenden Produktionsprozessen«. Allein die Produktionsprozesse dieses Modells können mit der (linear-)limitationalen Produktionsfunktion identisch sein; denn nur hier entstehen durch die Realisierung der Prozesse zusätzliche Kosten.

Bei der Gegenüberstellung von Bestandseinsatz- und Leistungsabgabefunktionen ist weiter zu beachten, daß allein Bestandseinsatzfunktionen fixe Kosten erklären können, also fixe (konstante) Produktionsfaktoren enthalten können, und daß für Verbrauchsfaktoren die Bestands- und die Leistungsabgabedefinition identisch sind. Daraus folgt:

a) In *Bestandseinsatzfunktionen* sind die Faktoreinsatzmengen ökonomisch eingesetzte Faktorbestände. Diese Faktordefinition wohnt inne

(1) der neoklassischen, substitutionalen Produktionsfunktion (einschließlich der ertragsgesetzlichen Produktionsfunktion) und

(2) dem »Prozeßmodell mit Fixkosten verursachenden Faktorbeständen«.

(b) In *Leistungsabgabefunktionen* sind die Faktoreinsatzmengen Faktorleistungen (Leistungsabgaben oder Faktoreinsatzzeiteinheiten). Bei den Leistungsabgabefunktionen kann es sich handeln um

(1) linear-limitationale Produktionsfunktionen oder um die Prozesse des Programmierens in einem »Prozeßmodell mit Grenzkosten verursachenden Prozessen«; in ihm werden begrenzte, aber nicht ausgenutzte Faktorkapazitäten in späteren Abrechnungsperioden noch verwandt;

(2) nichtlineare limitationale Produktionsfunktionen, wie die »Produktionsfunktion vom Typ B« und damit das System der »Verbrauchsfunktionen«. Gutenberg schreibt: Die Verbrauchsmengen der Faktoren r_i (»Energieverbrauch, Verbrauch an Hilfsstoffen, an Maschinenwerkzeugen, Instandhaltungsaufwand, Anlagenverschleiß«[24]) sind eine Funktion 1. der technischen Eigenschaften des betrachteten Aggregats, 2. der vom Aggregat verlangten Leistung. Da Gutenberg die Leistung in Stücken je Zeiteinheit mißt (»Tonnen, Hektoliter, Stückzahl . . .«), kann die Aggregatleistung gleich der Ausbringungsmenge bei diesem Aggregat (bei dieser Fertigungsstufeneinheit) gesetzt werden. Bleiben die technischen Eigenschaf-

---

[23] Die schiefe Ansicht vertreten z. B. *Robert Dorfman*, Mathematical, or »Linear«, Programming: A Nonmathematical Exposition. In: The American Economic Review, Vol. 43 (1953), S. 797–825, hier S. 798; *R. G. D. Allen,* Mathematical Economics. London 1956, S. 622; *Erich Schneider*, Einführung in die Wirtschaftstheorie. II. Teil, Wirtschaftspläne und wirtschaftliches Gleichgewicht in der Verkehrswirtschaft. 10. Aufl., Tübingen 1965, S. 216.

[24] Vgl. *Gutenberg*, Produktion, S. 224 f.

ten der Aggregate konstant, dann »können die Verbrauchsmengen r_i als alleinige Funktion der Leistung ... aufgefaßt werden«, und umgekehrt, so ist zu schließen, die Ausbringungsmenge als (im Regelfall) nichtlineare limitationale Funktion der Verbrauchsmengen.
Zweierlei ist hier zu fragen: (1) Lassen sich die technischen Einflußgrößen messen, insbesondere die Leistungsabgaben, die aus dem Instandhaltungsaufwand und dem Anlagenverschleiß folgen? (2) Kann jeder Leistungsabgabe ein kostenbestimmender Preis zugeordnet werden? Nur wenn beide Fragen bejaht werden können, bringt Gutenbergs Ansatz einen Fortschritt für eine wirklichkeitsnahe Produktionstheorie.
Die Frage nach der Messung der technischen Einflußgrößen ist heute so zu beantworten: Im wesentlichen läßt sich nur für den Energieverbrauch ein eindeutiger Zusammenhang zwischen Faktoreinsatz (Benzin, Stromverbrauch) und Leistungsabgabe eines Aggregats herstellen. Ein Zusammenhang zwischen dem Anlagenverschleiß oder gar dem Instandhaltungsaufwand und den einzelnen Leistungsabgaben der Anlage ist im allgemeinen nicht abzuleiten. Verschleiß und Instandhaltung hängen von zu vielen technischen Einflußgrößen ab, von denen die verlangte Leistung der Anlage nur eine und mitunter gar nicht die wichtigste ist. Es kann deshalb nicht gelingen, den Anlagenverschleiß oder den Instandhaltungsaufwand als Leistungsabgabe des Produktionsfaktors Anlagen anzusehen und von daher in Form von Verbrauchsfunktionen eine eindeutige Beziehung zur verlangten Aggregatleistung herzustellen.
Selbst wenn die Messung der Leistungsabgaben eines Faktors möglich ist, so kann es immer noch verfehlt sein, die Anzahl der Leistungsabgaben als Einsatzmengen eines Produktionsfaktors anzusehen. Damit jede einzelne Leistungsabgabe eines Produktionsfaktors als Faktoreinsatzmenge angesehen werden kann, muß jeder Leistungsabgabe auch ein Preis beigelegt sein. Schließlich dient die Produktionstheorie dazu, die Kosten einer Unternehmung zu bestimmen, und Kosten sind formal definiert als Preis mal Faktoreinsatzmenge. Mit der Preisbestimmung für Leistungsabgaben beschäftigen wir uns jetzt.

2. Das Preisproblem des Faktoreinsatzes und der Ausgabenverbund der Faktoren

aa) Die Bedeutung der Ausgaben- und Faktoreinsatzzeitpunkte für die Kostenentstehung

Einen Preis besitzt der Faktorverzehr nur dann, wenn er zusätzliche Ausgaben hervorruft oder einen künftigen Einnahmenentgang verursacht. Wann entstehen zusätzliche Ausgaben durch den Faktoreinsatz?
Zusätzliche Ausgaben aufgrund des Faktoreinsatzes können heute entstehen (unmittelbarer Ausgabenverbund) oder später (mittelbarer Ausgabenverbund).
Unmittelbarer Ausgabenverbund liegt vor, wenn die Faktorbeschaffung für das zu lösende Wahlproblem erfolgt. Hier führen die zusätzlichen Kosten der Handlungsalternative gleichzeitig zu zusätzlichen Ausgaben. Der unmittelbare Ausgabenverbund zusätzlicher Faktoren belastet die Finanzplanung der zu planenden Periode. Gleichwohl ist er zur Erörterung der Abstimmungsprobleme zwischen Produktions- und Finanzbereich unproblematisch; denn führen alle Handlungsalternativen zu Faktoreinsatzmengen, die unmittelbar mit Ausgaben verbunden sind, dann ist die kostengünstigste Lösung stets die mit der geringsten finanziellen Belastung. Es bleibt allein zu bestimmen, ob eine Handlung unternommen oder ob darauf verzichtet werden soll. Das ist nach den üblichen Investitionskriterien zu entscheiden.

Mittelbare Ausgaben entstehen, wenn Faktoreinsatz heute zu Ausgaben in der Zukunft führt. Das ist in zwei Fällen möglich: Einmal, wenn Faktoren mit Zahlungsziel beschafft und heute eingesetzt werden; zum anderen, wenn Faktorvorräte beansprucht werden, die ursprünglich zukünftigen Abrechnungsperioden zugedacht waren. Werden die Faktorvorräte heute eingesetzt, dann wird eine vorzeitige Ersatzbeschaffung notwendig. Der Einsatz dieser Faktoren belastet allein die künftige Finanzplanung, mitunter jedoch in erheblichem Ausmaß, z. B. wenn infolge teilweiser Überlastung ein großes Aggregat ein Jahr früher als geplant ersetzt werden muß.

Bei mittelbarem Ausgabenverbund entsteht ein Abstimmungsproblem zwischen Produktions- und Finanzbereich. Hier kann die isolierte produktionswirtschaftliche Entscheidung anders lauten als die Entscheidung nach Berücksichtigung der finanzwirtschaftlichen Gegebenheiten. Das sei an einem Beispiel verdeutlicht. Um in einer Periode ein höheres Beschäftigungsniveau zu verwirklichen, mögen zwei Handlungsalternativen bestehen: einmal »zeitliche Anpassung« der Potentialfaktoren (Arbeit, Betriebsmittel), zum anderen »intensitätsmäßige Anpassung« der Potentialfaktoren. Die erforderlichen Werkstoffe führen für beide Alternativen unmittelbar zu Ausgaben. Das gleiche gelte für die Arbeitskräfte. Wegen der höheren zeitlichen Inanspruchnahme seien jedoch bei zeitlicher Anpassung die unmittelbaren Ausgaben für Arbeitskräfte höher. Die zeitliche Längerbeanspruchung der Betriebsmittel verändere hingegen ihre erwartete Nutzungsdauer nicht; wohl aber muß mit einer Verkürzung der Nutzungsdauer gerechnet werden, wenn die Anlagen intensitätsmäßig stärker beansprucht werden. Dadurch wird der Anlagenersatzzeitpunkt vorverlegt. Unter diesen Voraussetzungen wäre eine Entscheidung gegen die kostengünstige Anpassungsart (z. B. zeitliche Anpassung) und für die im Moment liquiditätsgünstigere (intensitätsmäßige Anpassung) denkbar.

Um unmittelbaren und mittelbaren Ausgabenverbund im einzelnen zu verdeutlichen, unterscheiden wir Faktoreinsatz heute, Faktoreinsatz später und Faktoreinsatz heute oder später. Zwischen Ausgabenanfall und Faktoreinsatz bestehen dann folgende Abhängigkeiten:

1. *Faktoreinsatz heute:* »heute« heißt dabei in der zu planenden Abrechnungsperiode. Einsatz heißt »ökonomischer Einsatz«, also keine Weiterverwendungsmöglichkeit der Faktorvorräte in späteren Abrechnungsperioden. Die Beschaffung der Faktorvorräte kann früher erfolgt sein oder heute stattfinden; die Zeitpunkte der Beschaffung und der Auszahlung entscheiden darüber, ob »Kosten« vorliegen:

a) Ausgabe früher: Die in der Vergangenheit erfolgten Ausgaben sind für ökonomische Entscheidungen heute belanglos, wenn keine Weiterverwendungsmöglichkeit der Vorräte in späteren Perioden besteht (»sunk costs«). Die Faktorvorräte stehen für die gegenwärtige Abrechnungsperiode »grenzkostenlos« zur Verfügung, obwohl die Faktoreinsätze in der Kostenrechnung zu Einzelkosten führen können. Der »Ausgabe früher« gleichzusetzen ist das Fälligwerden der Verbindlichkeiten heute oder später für früher beschaffte Vorräte. Hier kann die Ausgabe nicht mehr vermieden werden.

b) Ausgabe heute: Barkauf der Faktoren. Hinsichtlich des Kostencharakters der Faktoreinsätze ist zu unterscheiden, ob der beschaffte Faktor teilbar oder unteilbar (besser: beschränkt teilbar) ist.

α) Ist der Faktor teilbar, dann kann genau diejenige Menge beschafft werden, die der Produktionsplan erfordert. Die Kosten dieses Faktors entstehen proportional der gewünschten Faktoreinsatzmenge. Es handelt sich um variable Faktoreinsatzmengen und unmittelbaren Ausgabenverbund.

β) Ist der Faktor unteilbar, dann muß u. U. eine größere Menge beschafft werden als benötigt wird. Die nicht ausgenutzte Menge ist »verschwendet«, weil sie in späteren Perioden nicht verwandt werden kann. Hier ist z. B. an leicht verderbliche Waren zu denken, die nur in Mindestmengen beschafft werden können. Die Kosten dieses Faktors sind, ökonomisch betrachtet, (intervall-)fixe Kosten. Gleichgültig, ob die beschaffte Mindestmenge ausgenutzt wird oder nicht, die Höhe der Ausgaben (Kosten) bleibt unverändert. Das Auto des Sonntagsfahrers, das für mindestens 24 Stunden gemietet werden muß, zählt hierzu. Der »Faktorbestand« ist beschränkt teilbar, wenn das Auto nur tageweise gemietet werden kann. Nur der Faktorbestand, nicht die Leistungsabgaben sind unmittelbar ausgabenverbunden. Die Leistungsabgaben des Bestands sind jedoch (bis zu einer Höchstgrenze) vermehrbar, und sie stehen (grenz-)kostenlos zur Verfügung.

c) Ausgabe später: Faktorbeschaffung heute mit Zahlungsziel. Hier ist ebenfalls zwischen teilbaren und unteilbaren Faktoren zu unterscheiden.

α) Ist der Faktor teilbar, dann entstehen variable Faktoreinsätze. Nur wird durch diese Faktoreinsätze die gegenwärtige Finanzplanung zu Lasten künftiger Perioden entlastet: Das führt zu »mittelbarem« Ausgabenverbund. Mehreinsatz dieses Faktors heute und das Einsparen eines unmittelbar ausgabenverbundenen Faktors entlastet die gegenwärtige Finanzplanung.

β) Ist der Faktor unteilbar, dann liegen »eingesetzte Faktorbestände« vor. Es entstehen fixe Kosten. Nur der Faktorbestand, nicht die einzelnen Leistungsabgaben sind mittelbar mit Ausgaben verbunden. Entlastet der Mehreinsatz dieses Faktors und das Einsparen eines unmittelbar ausgabenverbundenen Faktors die gegenwärtige Finanzplanung? Nein, der Faktorvorrat verursacht fixe Kosten, die einzelnen Leistungsabgaben aus diesem Faktorvorrat sind also »grenzkostenlos« greifbar. Es wird deshalb stets so produziert werden, daß der Einsatz variabler Faktoren minimiert wird. Es wird also stets der Prozeß verwirklicht, der zu dem geringsten Mengeneinsatz der variablen Faktoren führt und zur höchsten Beanspruchung des fixen Faktors. Ein weiterer »Austausch« von fixem Faktor gegen variable Faktoren ist technisch nicht möglich, und deshalb sind hier kostenminimaler und liquiditätsgünstiger Prozeß identisch. Es entsteht hier kein Abstimmungsproblem zwischen Produktions- und Finanzbereich.

2. *Einsatz später:* Gleich, wann hier die Beschaffung und die Ausgabe erfolgen, es handelt sich um Lagerhaltung, die den Produktionsbereich nicht berührt.

3. *Einsatz heute oder später:* Die Beschaffung kann früher oder heute erfolgen, die Ausgabe früher, heute oder später. Es kann sich z. B. um ein Anlagegut handeln, dessen Lebensdauer allein durch den abnutzungsbedingten Verschleiß begrenzt wird. Wenn die Wahl zwischen Einsatz heute oder später besteht, müssen die einzelnen Leistungsabgaben des Potentialfaktors betrachtet werden; denn hier erfordert der Einsatz einer Faktorleistungseinheit zusätzliche Ausgaben in der Zukunft: vorzeitige Ersatzbeschaffung oder höhere Instandhaltungsaufwendungen. Das Wahlproblem: Einsatz heute oder später? führt zu mittelbarem Ausgabenverbund.

Ein *künftiger Einnahmenentgang* ist nur zu beachten, wenn erstens die Wahl zwischen Einsatz heute oder später besteht, und zweitens auch durch künftige Ausgaben der heute zu verbrauchende Faktor nicht mehr zu beschaffen ist. Davon sehen wir im weiteren ab.

bb) Ausgabenverbund der Faktoren und das System der Produktionsfunktionen und Produktionsprozesse

Der Ausgabenverbund entscheidet über die Preise, die den Faktoreinsätzen beizulegen sind. Damit entscheidet der Ausgabenverbund auch, welche Arten von Produktionsfunktionen betriebswirtschaftlich aussagefähig sind, ob Bestandseinsatz- oder Leistungsabgabefunktionen zu wählen sind.

Bei unmittelbarem Ausgabenverbund ist durch die Investition der Preis der Faktoreinsatzmengen vorgegeben. Handelt es sich bei den unmittelbar ausgabenverbundenen Faktoren um Verbrauchsfaktoren, dann ist die Frage, ob sie als eingesetzte Bestände oder in ihren Leistungsabgaben in die Produktionsfunktion eingehen, ökonomisch unbedeutend. Handelt es sich um Potentialfaktoren, dann kann nur die Bestandseinsatzdefinition zu einer aussagefähigen Produktionsfunktion führen. Bei unmittelbarem Ausgabenverbund (Einsatz heute) besitzen die als Bündel beschafften Leistungsabgaben (Faktoreinsatzmengen) keine künftige Weiterverwendungsmöglichkeit. Physisch nicht verzehrte Faktorvorräte an Leistungsabgaben sind am Ende der Abrechnungsperiode ökonomisch wertlos. Zu (fixen) Kosten führt das gesamte Bündel, der beschaffte Vorrat insgesamt. Er ist als ökonomisch eingesetzter Faktorbestand anzusehen.

Ist der Faktorbestand, nicht die einzelne Leistungsabgabe unmittelbar ausgabenverbunden, dann sind nur Bestandseinsatzfunktionen betriebswirtschaftlich aussagefähig. Leistungsabgabefunktionen, d. h. ein System von Verbrauchsfunktionen oder ein System linearer, grenzkostenverursachender Prozesse für die Potentialfaktoren, besitzen bei unmittelbarem Ausgabenverbund des Faktorbestandes keine unternehmenspolitische Bedeutung.

Bei mittelbarem Ausgabenverbund ist durch die Investition nicht der Preis der Faktoreinsatzmengen vorgegeben. Hier entscheiden die durch den heutigen Faktorverzehr in Zukunft entstehenden Ausgaben oder bei Beschaffungshemmnissen die künftig entgehenden Einnahmen. Das wirft »Verrechnungspreisprobleme« auf. Das Verrechnungspreisproblem tritt allerdings nur auf, wenn keine simultane Planung vorliegt: Der richtige Verrechnungspreis wäre ein Schattenpreis, und Schattenpreise kennt man erst nach Lösung des Planungsproblems (vgl. S. 388 f.). Verrechnungspreise als Ausdruck mittelbaren Ausgabenverbunds bzw. möglichen Einnahmenentgangs werden nur bei vereinfachter, nicht simultaner Planung benötigt: Sie sind nur als Pauschalannahmen festzulegen.

Bei mittelbarem Ausgabenverbund entscheidet nicht der Faktorbestand, sondern die einzelnen Faktorleistungen über die Höhe der Kosten. Deshalb sind bei mittelbarem Ausgabenverbund nur Leistungsabgabefunktionen betriebswirtschaftlich aussagefähig. Das bedeutet zugleich, Leistungsabgabefunktionen lassen sich nur dann verwenden, wenn nicht simultan, und das heißt strenggenommen: nicht optimal geplant wird; wenn man etwa einperiodig plant, statt mit mehrperiodigen Simultanmodellen zu arbeiten. Wann darf, bei vereinfachter, z. B. einperiodiger Planung, die Leistungsabgabedefinition für die Potentialfaktoren gewählt werden statt der Bestandseinsatzdefinition?

Die Leistungsabgabedefinition ist zu wählen, wenn nicht der Faktorbestand, sondern die einzelne verbrauchte Leistungsabgabe zusätzliche Ausgaben oder einen Einnahmenentgang hervorruft. Wann das eintritt, kann nicht generell beantwortet werden. Allerdings lassen sich für die typischen Potentialfaktoren unter den gegenwärtig herrschenden sozialen und technischen Umweltbedingungen »typische« Antworten geben: Für die Arbeitskräfte führt zunächst die Definition der einzelnen Leistungsabgaben zu einem kaum lösbaren Messungsproblem. Meßbar sind allerdings die Einsatzzeiteinheiten. Kann der Produktionsfaktor Arbeit als Faktoreinsatzmenge durch die Zahl der Arbeitsstunden ausgedrückt werden? Man sollte meinen ja; denn der Preis je Arbeitsstunde als Stundenlohn plus anteilige Soziallöhne steht bei Zeitentlohnung fest. Aber um einem Produktionsfaktor einen eindeutigen Preis zuzuordnen, dazu gehört nicht nur, daß man einen Preisausdruck findet, sondern auch, daß die Zahl ökonomisch von Belang ist. Der Verzicht auf eine Arbeitsstunde muß eine Kosteneinsparung in Höhe des Stundenlohns bewirken. Eine Mehrinanspruchnahme muß die Kosten erhöhen.

Die Kosten des Faktors Arbeit können im Regelfall nicht von Stunde zu Stunde vermindert werden, sondern frühestens nach Ablauf der tariflichen Kündigungsfrist. Das bedeutet aber, daß immer dann, wenn die Kündigungsfrist gleich der Abrechnungsperiode (oder länger) ist, der Arbeiter für die gesamte Abrechnungsperiode ökonomisch eingesetzt wird, gleichgültig, ob er schafft oder trödelt. Damit verbietet sich die Definition des Faktors Arbeit in Einsatzzeiteinheiten. Sie wird im Regelfall nur für Überstunden und bei Akkordlöhnen, soweit sie den Mindestakkordlohn übertreffen, zulässig sein. Für Betriebsmittel ist die Leistungsabgabedefinition unter dem Problem verbrauchsabhängiger Abschreibungen diskutiert worden. Unter Rückgriff auf S. 612 kann gesagt werden: Dann, wenn technische und wirtschaftliche Überholung Einfluß auf die Nutzungsdauer der Betriebsmittel nehmen, ist das wirtschaftlich verwertbare Leistungsbündel geringer als das technisch mögliche. Damit stehen – bis auf wenige Ausnahmen – die einzelnen Leistungsabgaben der Betriebsmittel grenzkostenlos zur Verfügung. Daraus folgt, daß im Regelfall bei Anlagen und bei Arbeitskräften die Bestandseinsatzdefinition zu wählen ist.

3. Ergebnis

In der Produktions- und Kostentheorie gelten Gutenbergs System der Verbrauchsfunktionen und die »linear-limitationalen« Produktionsprozesse der mathematischen Programmierung als die Marksteine in der jüngeren Entwicklung. Ich bin so verwegen, die betriebswirtschaftliche Bedeutung beider Ansätze zu bezweifeln. Das Untersuchen des Mengengerüstes der Kosten stellt doch das Grenzgebiet zwischen Betriebswirtschaftslehre und Technik dar. Die Produktionstheorie ist der Grenzübergang zu den Ingenieurwissenschaften. Die technischen Wissenschaften haben das Erfahrungswissen über die Beziehungen zwischen Faktoreinsatzmengen und Ausbringungsmengen zu vermitteln. Sie werden es in ihrer Sprache tun. Eine betriebswirtschaftlich aussagefähige Produktionstheorie muß dieses Wissen in ein für ihre Zwecke geeignetes Begriffsschema umformen. Sie muß von den Preisen der Faktoren ausgehen. Denn das Wissen über technische Abhängigkeiten gewinnt erst dann betriebswirtschaftliches Gewicht, wenn den Faktoreinsatzmengen und den Ausbringungsmengen Preise zugeordnet werden können. Deshalb muß eine betriebswirtschaftliche Produktionstheorie den Grundbegriff »Produktionsfaktor« so definieren, daß jeder Faktoreinheit ein Preis beigelegt werden kann. Beachtet man dies, dann sind die verschiedenen Arten von Produktionsfunktionen und -prozessen so zu beurteilen:

Betriebswirtschaftlich aussagefähige Produktionsfunktionen sind im allgemeinen nur Bestandseinsatzfunktionen: die neoklassische, substitutionale Produktionsfunktion oder (in stärkerem Maße) das »Prozeßmodell mit Fixkosten verursachenden Faktorbeständen« und damit: grenzkostenlosen Produktionsprozessen.

Leistungsabgabefunktionen, d. h. das System Grenzkosten verursachender Produktionsprozesse (linear-limitationaler Produktionsfunktionen) und die »Produktionsfunktionen vom Typ B«, das System der Verbrauchsfunktion, sind für simultane, dynamische Planungsmodelle nicht brauchbar; denn solche mehrperiodigen Modelle arbeiten mit Zahlungsströmen (mit Ausgaben, Einnahmen) unmittelbar. Selbst für vereinfachte, einperiodige Planungen, in die »Kosten« statt Ausgaben eingehen, können Leistungsabgabefunktionen für Potentialfaktoren unter den gegenwärtigen sozialen und technischen Umweltbedingungen nur in Ausnahmefällen die Wirklichkeit der Betriebe beschreiben.

Bestandseinsatzfunktionen gelten bei unmittelbarem Ausgabenverbund der Faktoreinsätze. Hier treten keine Abstimmungsprobleme zwischen kurzfristiger Finanz- und Produktionsplanung auf: Grenzkosten und zusätzliche Ausgaben sind identisch.

Leistungsabgabefunktionen gelten bei mittelbarem Ausgabenverbund. Grenzkosten und zusätzliche Ausgaben dieser Abrechnungsperiode weichen voneinander ab. Deshalb ist eine direkte Einflußnahme der Liquiditätslage auf die produktionswirtschaftlichen Entscheidungen möglich. Die Abweichung zwischen Grenzkosten und zusätzlichen Ausgaben entsteht allerdings nur deshalb, weil hier in die Grenzkosten »Opportunitätskosten«, also künftige Ausgaben oder Einnahmenminderungen, eingerechnet werden: weil nicht simultan, und das heißt: nur eingeschränkt rational, geplant wird.

b) Zahlungsströme und die Grundlagen der Unternehmensrechnung

Von Anfang an stand das Rechnungswesen im Mittelpunkt der Betriebswirtschaftslehre. Die Theorie des Rechnungswesens und der Bewertung ist stolz darauf, vom Ausgaben-Einnahmen-Denken zu einem Aufwand-Ertrags-, einem Kosten- und Leistungs-Denken fortgeschritten zu sein. Soweit die Betriebswirtschaftslehre Theorie des Rechnungswesens ist, ist sie vor allem Bewertungstheorie; und bewerten heißt, in der Kostenrechnung und mitunter auch in der Bilanzierung, Geldansätze finden, die in ihrer Höhe oder im Zeitpunkt ihrer Verrechnung von den tatsächlichen Zahlungen abweichen.

Die Investitions- und Finanzierungstheorie, das Bemühen also um eine zielentsprechende Gestaltung des Zahlungsbereichs der Unternehmung, drängt folgende Schlüsse über die Ausgestaltung der Unternehmensrechnung auf:

1. Gewinn ist als betriebswirtschaftlicher Begriff nur dann sinnvoll definiert, wenn er als entnahmefähiger Betrag, als Einkommen, als Zahlungsgröße, verstanden wird. Ertrag und Aufwand sind Konventionen, traditionell gewachsen; für die Berechnung des Erfolges entscheiden jedoch allein die künftigen Zahlungsströme der Unternehmung.

Lediglich der Zwang zu einer *nachprüfbaren* öffentlichen Rechnungslegung verlangt die Anwendung von Bewertungskonventionen, und auch hier scheint, daß den tatsächlichen Zahlungen (Bewertung zu Anschaffungsausgaben, Gewinnverwirklichung erst bei Einnahmenzufluß) der Vorrang eingeräumt werden müsse; selbst Verlustgefahren lassen sich auf andere Weise besser berücksichtigen als durch Wertansätze, die von den Anschaffungsausgaben abweichen.

Autoren, die den Gewinnbegriff zur Gänze ablehnen, greifen nur noch auf eine Rechnungslegung in Form von Zahlungsströmen (Finanz- bzw. Kapitalflußrechnungen) zurück.

2. Verrechnungspreise als Wertansätze, die von den tatsächlichen Zahlungen abweichen, also »Betriebswerte«, lassen sich theoretisch befriedigend nur als Schattenpreise definieren, sind also erst nach Lösung des Entscheidungsproblems zu berechnen, und dann braucht man sie nicht mehr.

3. Kosten sind nur dann ein Begriff von entscheidungsbestimmendem Gehalt, wenn sie unmittelbar mit Ausgaben verknüpft sind. Nur wenn nichtsimultan, und d. h.: bewußt nicht optimal, geplant wird, sind die für die Entscheidung bedeutsamen Kosten nicht mit Ausgaben des Planungszeitraums identisch. Die Kosten weichen dann um vorweggenommene künftige Ausgaben oder Einnahmenminderungen von den tatsächlichen Zahlungen ab. Solche Opportunitätskosten können aber aus der Sache heraus nie theoretisch exakt sein. Es handelt sich stets um Pauschalannahmen über das künftige Geschehen, um bewußte Vereinfachungen, die man hinnimmt, um Planungsprobleme leichter lösen zu können.

Was für Kosten gilt, gilt analog für Leistungen: Sie »richtig« bewerten heißt, die durch sie der Unternehmung zuwachsenden Einnahmen bestimmen.

Was ist also von der Bewertungstheorie, der Diskussion um den Aufwand- und Kostenbegriff, um die richtigen Verrechnungspreise geblieben? Bewerten muß man, wenn keine Gesamtplanung des Unternehmensgeschehens erfolgt. Die Wertansätze weichen dann durch Pauschalannahmen, durch vereinfachende Unterstellungen über die künftige Entwicklung, von den tatsächlichen Zahlungen ab. Praktisch kann man nur mit vereinfachenden Modellen und d. h. mit Pauschalannahmen arbeiten.

Das Problem der Theorie der Unternehmungsrechnung lautet deshalb nicht, richtige Wertansätze zu suchen; richtig sind nur die tatsächlichen Zahlungen in einem Gesamtmodell des Unternehmensgeschehens. Das Problem der Theorie der Unternehmungsrechnung lautet: Welche vereinfachenden Pauschalannahmen sind unter bestimmten Umweltbedingungen zulässig? Es ist der Grad zulässiger Vereinfachungen zu suchen, den man bei praktischen Planungsproblemen hinnnehmen kann. Ich habe nicht den Eindruck, daß dies bisher von der Bilanztheorie, der Kostenrechnung und der Kostentheorie immer deutlich erkannt wurde.

Doch gerade auf diesen Punkt muß die Theorie der Unternehmensrechnung ihr Augenmerk richten. Weil man nur unter Vereinfachungen theoretische und praktische Probleme bewältigen kann, deshalb ist eine operationale Theorie der Unternehmung so schwierig. Sie erscheint dem Praktiker zu aufwendig, dem Theoretiker wegen der immer noch notwendigen Pauschalannahmen anfechtbar und zu vergröbert. Ihr Problem ist jedoch nicht, alle Einflüsse zu erfassen, sondern zu versuchen, die wesentlichen Zusammenhänge zu erkennen. Für alle Fragen langfristiger Unternehmenspolitik sind das die Abstimmungsprobleme innerhalb des Zahlungsbereichs, die Suche nach einem optimalen Finanzplan. Dieser Betrachtungsweise entspricht die Rückführung und Ausrichtung betriebswirtschaftlicher Grundbegriffe auf die tatsächlichen Zahlungen.

Das Rückbesinnen auf die Vorherrschaft der Zahlungsströme scheint mir der allgemeine Schluß aus der Untersuchung der zielentsprechenden Gestaltung von Investition und Finanzierung zu sein. Es wird deshalb in Zukunft zu prüfen sein: Was kann noch von dem altüberkommenen Gedankengut übernommen werden, das auf der Trennung von Zahlungs- und Leistungsbereich beruht (bei jahrzehntelanger Vernachlässigung des Zahlungsbereichs), und auf der säuberlichen Scheidung von Zahlungsvorgängen dort, Aufwands- und Ertrags-, Kosten und Leistungsbeziehungen hier aufbaut? Für die Betriebswirtschaftslehre erscheint es an der Zeit, einen Satz Tertullians zu beherzigen: Multa sunt sic digna revinci, ne gravitate adorentur.

Oder sollte der Leser jenen Satz eher auf dieses Buch anzuwenden geneigt sein?

Literaturverzeichnis

Adams, Ernest W.; Fagot, Robert F.; Robinson, Richard E., On the Empirical Status of Axioms in Theories of Fundamental Measurement. In: Journal of Mathematical Psychology, Vol. 7 (1970), S. 379–409.
Albach, Horst, Wirtschaftlichkeitsrechnung bei unsicheren Erwartungen. Köln–Opladen 1959.
–, Lineare Programmierung als Hilfsmittel betrieblicher Investitionsplanung. In: ZfhF, NF, Jg. 12 (1960), S. 526–549.
–, Investition und Liquidität. Die Planung des optimalen Investitionsbudgets. Wiesbaden 1962.
–, Zur Verbindung von Produktionstheorie und Investitionstheorie. In: Zur Theorie der Unternehmung, Festschrift zum 65. Geburtstag von Erich Gutenberg, herausgegeben von Helmut Koch. Wiesbaden 1962, S. 137–203.
–, Investitionsentscheidungen im Mehrproduktunternehmen. In: Betriebsführung und Operations Research, herausgegeben von Adolf Angermann. Frankfurt am Main 1963, S. 24–48.
–, Grundgedanken einer synthetischen Bilanztheorie. In: ZfB, Jg. 35 (1965), S. 21–31.
–, Das optimale Investitionsbudget bei Unsicherheit. In: ZfB, Jg. 37 (1967), S. 503–518.
Allais, M., Le Comportement de l'Homme Rationnel devant le Risque: Critique des Postulats et Axiomes de l'École Américaine. In: Econometrica, Vol. 21 (1953), S. 503–546.
Allen, R. G. D., Mathematical Economics. London 1956.
Allingham, M. G., Risk-Taking and Taxation. In: Zeitschrift für Nationalökonomie, Jg. 32 (1972), S. 203–224.
Altmann, M., siehe Vickson, R. G.
Arrow, Kenneth J., Alternative Approaches to the Theory of Choice in Risk-Taking Situations. In: Econometrica, Vol. 19 (1951), S. 404–437.
–, The Role of Securities in the Optimal Allocation of Risk-bearing. In: Review of Economic Studies, Vol. 31 (1964), S. 91–96.
–, Aspects of the Theory of Risk Bearing. Helsinki 1965.
–, Essays in the Theory of Risk-Bearing. Amsterdam–London 1970.
Aumann, Robert J., Utility Theory without the Completeness Axiom. In: Econometrica, Vol. 30 (1962), S. 445–462.
Baillie, Patricia, Confirmation and the Dutch Book Argument. In: The British Journal for the Philosophy of Science, Vol. 24 (1963), S. 393–397.
Baldwin, R. H., How to assess investment proposals. In: Harvard Business Review, Vol. 37, No. 3 (1959), S. 98–104.
Ball, Ray, Changes in Accounting Techniques and Stock Prices. Diss. Chicago 1972.
Ballwieser, Wolfgang, Insiderrecht und positive Aktienkurstheorie. In: ZfbF, Jg. 28 (1976), S. 231–253.
Bantista, Alberto J., siehe Myers, Stewart C.
Banz, Rolf W.; Miller, Merton H., Prices for State-contingent Claims: Some Estimates and Applications. In: The Journal of Business, Vol. 51 (1978), S. 653–672.
Barges, Alexander, The Effect of Capital Structure on the Cost of Capital. A Test and Evaluation of the Modigliani and Miller Propositions. Englewood Cliffs 1963.
Baron, David P., Default Risk and the Modigliani-Miller Theorem: A Synthesis. In: The American Economic Review, Vol. 66 (1976), S. 204–212.
Baumol, William J., The Cardinal Utility which is Ordinal. In: The Economic Journal, Vol. 68 (1958), S. 665–672.

Baumol, William J.; Malkiel, Burton G., The Firm's Optimal Debt- Equity Combination and the Cost of Capital. In: The Quarterly Journal of Economics, Vol. 81 (1967), S. 547–578.

Baumol, William J.; Quandt, Richard E., Investment and Discount Rates under Capital Rationing – A Programming Approach. In: The Economic Journal, Vol. 75 (1965), S. 317–329.

Baumol, William J., siehe Gomory, Ralph E.

Baumol, William J., siehe Makower, H[elen].

Baxter, Nevins D., Leverage, Risk of Ruin, and the Cost of Capital. In: The Journal of Finance, Vol. 22 (1967), S. 395–403.

Beazer, William F., Expected Income Changes and the Lock-in Effect of the Capital Gains Tax. In: National Tax Journal, Vol. 19 (1966), S. 308–318.

Bellmann, R. E.; Zadeh, L. A., Decision-Making in a Fuzzy Environment. In: Management Science, Vol. 17 (1970), S. B-141 – B-165.

Beranek, William, The Weighted Average Cost of Capital and Shareholder Wealth Maximization. In: The Journal of Financial and Quantitative Analysis, Vol. 12 (1977), S. 17–31.

Bernoulli, Jakob, Ars Conjectandi. Basel 1713. Deutsche Übersetzung durch Robert Haussner, Wahrscheinlichkeitsrechnung. Dritter und Vierter Theil. Leipzig 1899.

Bernoulli, Daniel, Specimen theoriae novae de mensura sortis. In: Commentarii academicae scientiarum imperialis Petropolitanae, Jg. 5 (1738), S. 175–192; deutsche Übersetzung (durch Alfred Pringsheim): Versuch einer neuen Theorie der Wertbestimmung von Glücksfällen. Leipzig 1896.

Bidlingmaier, Johannes, Unternehmerziele und Unternehmerstrategien. Wiesbaden 1964.

Bilstein, Jürgen, siehe Wöhe, Günter.

Bitz, Michael, Die Strukturierung ökonomischer Entscheidungsmodelle. Wiesbaden 1977.

Black, Fischer, Capital Market Equilibrium with Restricted Borrowing. In: The Journal of Business, Vol. 45 (1972), S. 444–455.

Black, Fischer; Jensen, Michael C.; Scholes, Myron, The Capital Asset Pricing Model: Some Empirical Tests. In: Studies in the Theory of Capital Markets, edited by Michael C. Jensen, New York 1972, S. 79–124.

Black, Fischer; Scholes, Myron, The Valuation of Option Contracts and A Test of Market Efficiency. In: The Journal of Finance, Vol. 27 (1972), S. 399–417.

–,–, The Pricing of Options and Corporate Liabilities. In: The Journal of Political Economy, Vol. 81 (1973), S. 637–654.

Blumentrath, Ulrich, Die Maximierung des Endwertes der Unternehmung in der Investitionsprogrammplanung. Diss. Münster 1968.

Bodenhorn, Diran, On the Problem of Capital Budgeting. In: The Journal of Finance, Vol. 14 (1959), S. 473–492.

von Böhm-Bawerk, Eugen, Kapital und Kapitalzins. 2. Abt.: Positive Theorie des Kapitales. 4., unveränd. Aufl., Jena 1921.

Börner, Dietrich, Die Bedeutung von Finanzierungsregeln für die betriebswirtschaftliche Kapitaltheorie. In: ZfB, Jg. 37 (1967), S. 341–353.

Bogue, Marcus C.; Roll, Richard, Capital Budgeting of Risky Projects with »Imperfect« Markets for Physical Capital. In: The Journal of Finance, Vol. 29 (1974), S. 601–613.

Borch, Karl H., Wirtschaftliches Verhalten bei Unsicherheit. Wien–München 1969.

Boulding, K[enneth] E., The Theory of a Single Investment. In: The Quarterly Journal of Economics, Vol. 49 (1934/35), S. 475–495.

–, Time and Investment. In: Economica, New Series, Vol. 3 (1936), S. 196–220.

–, Economic Analysis. Revised edition, New York 1948.

–, Implications for General Economics of More Realistic Theories of the Firm. In: The American Economic Review, Vol. 42 (1952), Papers and Proceedings, S. 35–44.

–, The Present Position of the Theory of the Firm. In: Linear Programming and the Theory of the Firm, edited by Kenneth E. Boulding, W. Allen Spivey. New York 1960, S. 1–17.

Braithwaite, R. B., Why is it reasonable to base a betting rate upon an estimate of chance? In: Logic,

Methodology, and Philosophy of Science, edited by Yehoshua Bar-Hillel, Amsterdam 1965, S. 263–273.
Brede, Helmut, Die wirtschaftliche Beurteilung von Verwaltungsentscheidungen in der Unternehmung. Köln–Opladen 1968.
Breeden, Douglas T.; Litzenberger, Robert H., Prices of State-contingent Claims Implicit in Option Prices. In: The Journal of Business, Vol. 51 (1978), S. 653–672.
Brennan, Michael J., Capital Market Equilibrium with Divergent Borrowing and Lending Rates. In: The Journal of Financial and Quantitative Analysis, Vol. 6 (1971), S. 1197–1205.
–, A New Look at the Weighted Average Cost of Capital. In: The Journal of Business Finance, Vol. 5 (1973), S. 24–30.
Brennan, M[ichael] J.; Kraus, A[lan], The Geometry of Separation and Myopia. In: The Journal of Financial and Quantitative Analysis, Vol. 11 (1976), S. 171–193.
Brennan, M[ichael] J.; Schwartz, E[li] S., Corporate Income Taxes, Valuation, and the Problem of Optimal Capital Structure. In: The Journal of Business, Vol. 51 (1978), S. 103–114.
Brenner, Menachem, The Sensitivity of the Efficient Market Hypothesis to Alternative Specifications of the Market Model. In: The Journal of Finance, Vol. 34 (1979), S. 915–929.
Brown, E. Cary, Business-Income Taxation and Investment Incentives. In: Income, Employment and Public Policy. Essays in Honor of Alvin H. Hansen, New York 1948; wiederabgedruckt in: Readings in the Economics of Taxation. London 1959, S. 525–537.
Buchner, Robert, Das Problem der Kapazitätsausweitung durch laufende Reinvestition in Höhe des Abschreibungsaufwandes. Diss. Frankfurt 1960.
Bühler, Wolfgang, Investitions- und Finanzplanung bei qualitativer Information. Unveröffentlichte Habilitationsschrift, Aachen 1976.
–, Capital Budgeting under Qualitative Data-Information. Erscheint in: Financial Management of Corporate Resource Allocations, edited by Roy L. Crum, Frans G. J. Derkinderen, Nijenrode Studies in Business, Boston 1980.
Büschgen, Hans E., Wertpapieranalyse. Stuttgart 1966.
–, Zum Problem optimaler Selbstfinanzierungspolitik in betriebswirtschaftlicher Sicht. In: ZfB, Jg. 38 (1968), S. 305–328.
Busse von Colbe, Walther, Substanzerhaltung. In: Handwörterbuch der Betriebswirtschaft. 3. Aufl., Bd. 3, Stuttgart 1960, Sp. 5 310–5 321.
–, Die Planung der Betriebsgröße. Wiesbaden 1964.
–, Aufbau und Informationsgehalt von Kapitalflußrechnungen. In: ZfB, Jg. 36 (1966), 1. Ergänzungsheft, S. 82–114.
Canning, John B., The Economics of Accountancy. New York 1929.
Carleton, Willard T., siehe Lerner, Eugene M.
Carlson, Sune, A Study on the Pure Theory of Production. Stockholm 1939, reprinted New York 1956.
Carnap, Rudolf, The Aim of Inductive Logic. In: Logic, Methodology, and Philosophy of Science, edited by Ernest Nagel, Patrick Suppes, Alfred Tarski, Stanford 1962, S. 303–318.
–, Inductive Logic and Rational Decisions. In: Studies in Inductive Logic and Probability, edited by Rudolf Carnap, R. C. Jeffrey, Vol. I, Berkeley–Los Angeles–London 1971, S. 5–31.
Cass, David; Stiglitz, Joseph E., The Structure of Investor Preferences and Asset Returns, and Separability in Portfolio Allocation: A Contribution to the Pure Theory of Mutual Funds. In: The Journal of Economic Theory, Vol. 2 (1970), S. 122–160.
Charnes, A.; Cooper, W. W., Chance-Constrained Programming. In: Management Science, Vol. 6 (1960), S. 73–79.
–, Management Models and Industrial Applications of Linear Programming. Vol. 1, New York–London 1961.
–, Deterministic Equivalents for Optimizing and Satisficing under Chance Constraints. In: Operations Research, Vol. 11 (1963), S. 18–39.
Charnes, A.; Cooper, W. W.; Miller, M. H., Application of Linear Programming to Financial Budgeting

and the Costing of Funds. In: The Journal of Business, Vol. 32 (1959), S. 20–64; wiederabgedruckt in: The Management of Corporate Capital, edited by Ezra Solomon. 3rd printing, London 1964, S. 229–255.

Charnes, A.; Cooper, W. W.; Symonds, G. H., Cost Horizons and Certainty Equivalents: An Approach to Stochastic Programming of Heating Oil. In: Management Science, Vol. 4 (1958), S. 235–263.

Charnes, A., siehe Thompson, G. L.

Chase, Sam B. Jr., Credit Risk and Credit Rationing: Comment. In: The Quarterly Journal of Economics, Vol. 75 (1961), S. 319–327.

Chen, Andrew H.; Kim, E. Han, Theories of Corporate Debt Policy: A Synthesis. In: The Journal of Finance, Vol. 34 (1979), S. 371–384.

Chipman, John S., The Foundations of Utility. In: Econometrica, Vol. 28 (1960), S. 193–224.

Coenen, Dieter, siehe Krelle, Wilhelm.

Constantinides, George M., Optimal Portfolio Revision with Proportional Transaction Costs: Extensions to HARA Utility Functions and Exogenous Deterministic Income. In: Management Science, Vol. 22 (1976), S. 921–923.

Cooper, W. W., siehe Charnes, A.

Cooper, W. W., siehe Thompson, G. L.

Copeland, Thomas E.; Weston, J. Fred, Financial Theory and Corporate Policy, Reading/Mass., usw. 1979.

Cox, John C.; Ross, Stephen A., The Valuation of Options for Alternative Stochastic Processes. In: The Journal of Financial Economics, Vol. 3 (1976), S. 145–166.

Crum, Roy L.; Laughhunn, Dan J.; Payne, John, Risk Preference: Empirical Evidence and Implications for Capital Budgeting. Erscheint in: Financial Management of Corporate Resource Allocations, edited by Roy L. Crum, Frans G. J. Derkinderen, Nijenrode Studies in Business, Boston 1980.

Dantzig, George B., Linear Programming under Uncertainty. In: Management Science, Vol. 1 (1955), S. 197–206.

–, Recent Advances in Linear Programming. In: Management Science, Vol. 2 (1956), S. 131–144.

–, On the Significance of Solving Linear Programming Problems with Some Integer Variables. In: Econometrica, Vol. 28 (1960), S. 30–44.

–, Lineare Programmierung und Erweiterung. Berlin–Heidelberg–New York 1966.

Davidson, Donald; Suppes, Patrick, A Finitistic Axiomatization of Subjective Probability and Utility. In: Econometrica, Vol. 24 (1956), S. 264–275.

Dean, Joel, Capital Budgeting. 7th printing, New York–London 1964.

Debreu, Gerard, Theory of Value. New York–London 1959.

Dempster, A. P., Upper and Lower Probabilities induced by a multivalued Mapping. In: The Annals of Mathematical Statistics, Vol. 38 (1967), S. 325–339.

Deppe, Hans-Dieter, Betriebswirtschaftliche Grundlagen der Geldwirtschaft. Bd. 1: Einführung und Zahlungsverkehr. Stuttgart 1973.

Dill, David A., siehe Myers, Stewart C.

Dinkelbach, Werner, Unternehmerische Entscheidungen bei mehrfacher Zielsetzung. In: ZfB, Jg. 32 (1962), S. 739–747.

–, Ziele, Zielvariablen und Zielfunktionen. In: Die Betriebswirtschaft, Jg. 38 (1978), S. 51–58.

Dirrigl, H., siehe Wagner, Franz W.

Domar, Evsey D.; Musgrave, Richard A., Proportional Income Taxation and Risk-Taking. In: The Quarterly Journal of Economics, Vol. LVI (1944), S. 388–422.

Donaldson, Gordon, Strategy for Financial Mobility. Boston 1969.

Dorfman, Robert, Mathematical, or »Linear«, Programming: A Nonmathematical Exposition. In: The American Economic Review, Vol. 43 (1953), S. 797–825.

Dorfman, Robert; Samuelson, Paul A[nthony]; Solow, Robert M., Linear Programming and Economic Analysis. New York–Toronto–London 1958.

Dorn, W. S., Non-Linear Programming – A Survey. In: Management Science, Vol. 9 (1963), S. 171–208.

Downes, David; Dyckmann, Thomas R., A Critical Look at the Efficient Market Empirical Research Literature As It Relates to Accounting Information. In: The Accounting Review, Vol. 48 (1973), S. 300–317.

Drukarczyk, Jochen, Finanzierungstheorie. München 1980.

Durand, David, The Cost of Capital, Corporation Finance, and the Theory of Investment: Comment. In: The American Economic Review, Vol. 49 (1959), S. 639–655.

Dyckmann, Thomas R., siehe Downes, David.

Edgeworth, F[rancis] Y[sidro], The Laws of Increasing and Diminishing Returns. In: Papers Relating to Political Economy. London 1925, Bd. 1, S. 61–99.

Edwards, Edgar O., The Effect of Depreciation on the Output-Capital Coefficient of a Firm. In: The Economic Journal, Vol. 65 (1955), S. 654–666.

Ellis, Brian, The Logic of Subjective Probability. In: The British Journal for the Philosophy of Science, Vol. 24 (1973), S. 125–152.

Ellsberg, Daniel, Risk, Ambiguity, and the Savage Axioms. In: The Quarterly Journal of Economics, Vol. 75 (1961), S. 643–669.

Elton, Edwin, J.; Gruber, Martin J., Marginal Stockholder's Tax Rates and the Clientele-Taxes, Transactions Cost and the Clientele Effect of Dividends. In: The Journal of Financial Economics, Vol. 5 (1977), S. 419–436.

Engelhardt, Werner, Die Finanzierung aus Gewinn im Warenhandelsbetrieb und ihre Einwirkungen auf Betriebsstruktur und Betriebspolitik. Berlin 1960.

Engels, Friedrich; Marx, Karl, Der Briefwechsel zwischen Friedrich Engels und Karl Marx, 1844–1883, herausgegeben von A. Bebel und Ed. Bernstein. Bd. 3, Stuttgart 1913, S. 394–400; abgedruckt auch in: ZfhF, NF, Jg. 10 (1958), S. 222–226.

Fagot, Robert F., siehe Adams, Ernest W.

Fama, Eugene F., Risk, Return and Equilibrium: Some Clarifying Comments. In: The Journal of Finance, Vol. 23 (1968), S. 29–40.

–, Efficient Capital Markets: A Review of Theory and Empirical Work. In: The Journal of Finance, Vol. 25 (1970), S. 383–417.

–, Foundations of Finance. New York 1976.

–, Risk-Adjusted Discount Rates and Capital Budgeting under Uncertainty. In: The Journal of Financial Economics, Vol. 5 (1977), S. 3–24.

–, The Effects of a Firm's Investment and Financing Decisions on the Welfare of its Security Holders. In: The American Economic Review, Vol. 68 (1978), S. 272–284.

Fama, Eugene F.; Fisher, Lawrence; Jensen, Michael C.; Roll, Richard, The Adjustment of Stock Prices to New Information. In: The International Economic Review, Vol. 10 (1969). S. 1–21.

Fama, Eugene F.; Laffer, Arthur B., Information and Capital Markets. In: The Journal of Business, Vol. 44 (1971), S. 289–298.

Fama, Eugene F.; Schwert, G. William, Human Capital and Capital Market Equilibrium. In: The Journal of Financial Economics, Vol. 4 (1977), S. 95–125.

Feldstein, Martin S., The Effects of Taxation on Risk-Taking. In: The Journal of Political Economy, Vol. 77 (1969), S. 755–764.

Fellingham, John C.; Wolfson, Mark A., The Effects of Alternative Income Tax Structures on Risk-Taking in Capital Markets. In: National Tax Journal, Vol. 31 (1978), S. 339–347.

Figlewski, Stephen, Market »Efficiency« in a Market with Heterogeneous Information. In: The Journal of Political Economy, Vol. 86 (1978), S. 581–597.

Fine, Terrence L., Theories of Probability. New York–London 1973.

Finnerty, Joseph E., Insiders and Market Efficiency. In: The Journal of Finance, Vol. 31 (1976), S. 1 141–1 148.

de Finetti, Bruno, La prévision: ses lois logiques, ses sources subjectives. In: Annales de l'Institut Henri Poincaré, Vol. 7 (1937), S. 1–68.

–, Theory of Probability. Vol. 1, London–New York–Sydney–Toronto 1974.

Fischer, Otfrid, Bankbilanz-Analyse. Meisenheim 1956.
–, Neuere Entwicklungen auf dem Gebiet der Kapitaltheorie. In: ZfbF, Jg. 21 (1969), S. 26–42.
–, Finanzwirtschaft der Unternehmung I. Tübingen–Düsseldorf 1977.
Fishburn, Peter C., Decision and Value Theory. New York–London–Sydney 1964.
–, Utility Theory for Decision Making. New York–London–Sydney–Toronto 1970.
–, A Mixture-Set Axiomatization of Conditional Subjective Expected Utility. In: Econometrica, Vol. 41 (1973), S. 1–25.
Fisher, Irving, The Nature of Capital and Income. New York 1906, reprinted 1965.
–, The Theory of Interest. New York 1930, reprinted 1965 (Die Zinstheorie. Ins Deutsche übertragen von Hans Schulz, Jena 1932).
Fisher, Lawrence, Determinants of Risk Premiums on Corporate Bonds. In: The Journal of Political Economy, Vol. 67 (1959), S. 217–237.
Fisher, Lawrence, siehe Fama, Eugene F.
Franke, Günter, Kapital, II: Theorie, betriebswirtschaftliche. In: Handwörterbuch der Wirtschaftswissenschaft, Vierter Band, Stuttgart–Tübingen–Göttingen 1978, S. 359–369.
–, Information, Property Rights, and the Theory of Corporate Finance. Erscheint in: Financial Management of Corporate Resource Allocations, edited by Roy L. Crum, Frans G. J. Derkinderen, Nijenrode Studies in Business, Boston 1980.
–, Kapitalmarkt – Theorie und Empirie. Gesamtkurs der Fernuniversität Hagen 1980.
–, On Multiple-Factor-Arbitrage-Pricing. Unveröff. Manuskript, Gießen, April 1980.
Freimer, Marshall; Gordon, Myron J., Why Bankers Ration Credit. In: The Quarterly Journal of Economics, Vol. 79 (1965), S. 397–416.
Friedman, Milton; Savage, L[eonard] J., The Utility Analysis of Choices Involving Risk. In: The Journal of Political Economy, Vol. 56 (1948), S. 279–304.
–,–, The Expected-Utility Hypothesis and the Measurability of Utility. In: The Journal of Political Economy, Vol. 60 (1952), S. 463–474.
Frisch, Ragnar, On the Notion of Equilibrium and Disequilibrium. In: The Review of Economic Studies, Vol. 3 (1935/36), S. 100–105.
Fromm, G. E.; Goldberg, A., Kommentar zum Versicherungsaufsichtsgesetz und Bundesaufsichtsgesetz. Berlin 1966.
Gabor, André; Pearce, I. F., The Place of Money Capital in the Theory of Production. In: The Quarterly Journal of Economics, Vol. 72 (1958), S. 537–557.
Gäfgen, Gérard, Theorie der wirtschaftlichen Entscheidung. 3. Aufl., Tübingen 1974.
Galai, Dan; Masulis, Ronald W., The Option Pricing Model and the Risk Factor of Stock. In: The Journal of Financial Economics, Vol. 3 (1976), S. 53–81.
Garman, Mark B., An Algebra for Evaluating Hedge Portfolios. In: The Journal of Financial Economics, Vol. 3 (1976), S. 403–427.
Gerbel, B. M., Rentabilität. Fehlinvestitionen, ihre Ursache und ihre Verhütung. 2. Aufl., Wien 1955.
Gillies, D. A., The Subjective Theory of Probability. In: The British Journal for the Philosophy of Science, Vol. 23 (1972), S. 138–157.
Gladstein, Mathew L., siehe Merton, Robert C.
Goedeke, C. H., Die Bewegung des Erneuerungsfonds und seine Beziehungen zum Tilgungsfonds. In: Zeitschrift für Kleinbahnen, Jg. 20 (1913), S. 302–320.
Goldberg, A., siehe Fromm, G. E.
Gomory, Ralph E.; Baumol, William J., Integer Programming and Pricing. In: Econometrica, Vol. 28 (1960), S. 521–550.
Gonedes, Nicholas, J., Efficient Capital Markets and External Accounting. In: The Accounting Review, Vol. 47 (1972), S. 11–21.
Good, I. J., Rational Decisions. In: Journal of the Royal Statistical Society, Series B, Vol. 14 (1952), S. 107–114.
–, Subjective Probability as the Measure of a Non-Measurable Set. In: Logic, Methodology, and the

Philosophy of Science, edited by Ernest Nagel, Patrick Suppes, Alfred Tarski, Stanford 1962, S. 319–329.

Goode, Richard, The Individual Income Tax. Washington 1964.

Gordon, Myron J., Optimal Investment and Financing Policy. In: The Journal of Finance, Vol. 18 (1963), S. 264–272.

Gordon, Myron J., siehe Freimer, Marshall.

Gordon, R[obert] A[aron], Short-Period Price Determination in Theory and Practice. In: The American Economic Review, Vol. 38 (1948), S. 265–288.

Grabbe, Hans Wilhelm, Investitionsrechnungen in der Praxis – Ergebnisse einer Unternehmensbefragung. Köln 1976.

Grant, Eugene L.; Norton, Paul T. Jr., Depreciation. Revised printing, New York 1955.

Greenwood, Paul R., siehe Kim, E. Han.

Grossman, Sanford J., On the Efficiency of Competitive Stock Markets where Traders Have Diverse Information. In: The Journal of Finance, Vol. 31 (1976), S. 573–585.

Grossman, Sanford J.; Stiglitz, Joseph E., Information and Competitive Price Systems. In: The American Economic Review, Vol. 66 (1976), Papers and Proceedings, S. 246–253.

Gruber, Martin J., siehe Elton, Edwin J.

Gutenberg, Erich, Untersuchungen über die Investitionsentscheidungen industrieller Unternehmen. Köln–Opladen 1959.

–, Grundlagen der Betriebswirtschaftslehre. Bd. I, Die Produktion. 23. Aufl., Berlin–Heidelberg–New York 1979.

–, Grundlagen der Betriebswirtschaftslehre. Bd. III, Die Finanzen. 7. Aufl. Berlin–Heidelberg–New York 1975.

Hadley, George, Nichtlineare und dynamische Programmierung. Würzburg–Wien 1969.

Haegert, Lutz, Der Einfluß der Steuern auf das optimale Investitions- und Finanzierungsprogramm. Wiesbaden 1971.

–, Die Rolle der Steuern in den Modellen der Unternehmensforschung. In: Quantitative Ansätze in der Betriebswirtschaftslehre, herausgeg. von Heiner Müller-Merbach, München 1978, S. 317–331.

Hakansson, Nils H[emming], Risk Disposition and the Separation Property in Portfolio Selection. In: The Journal of Financial and Quantitative Analysis, Vol. 4 (1969), S. 401–416.

–, On Optimal Myopic Portfolio Policies, with and without Serial Correlation of Yields. In: The Journal of Business, Vol. 44 (1971), S. 324–334.

Haley, Charles W.; Schall, Lawrence D., The Theory of Financial Decisions. New York 1973.

–,–, Problems with the Concept of the Cost of Capital. In: The Journal of Financial and Quantitative Analysis, Vol. 13 (1978), S. 847–870.

Hållsten, Bertil, Investment and Financing Decisions. On Goal Formulation and Model Building. Stockholm 1966.

Hammarskjöld, Dag, Utkast till en algebraisk metod för dynamisk prisanalys. In: Ekonomisk Tidskrift, Årgang 34 (1932), S. 157–176.

Hanssmann, Fred, Operations Research Techniques for Capital Investment. New York–London–Sydney 1968.

Hart, Albert Gailord, Imputation and the Demand for Productive Resources in Disequilibrium. In: Explorations in Economics. Notes and Essays Contributed in Honor of F. W. Taussig. New York–London 1936, S. 264–271.

–, Anticipations, Uncertainty, and Dynamic Planning. Chicago 1940, reprinted New York 1951.

Hax, Herbert, Rentabilitätsmaximierung als unternehmerische Zielsetzung. In: ZfhF, NF, Jg. 15 (1963), S. 337–344.

–, Investitions- und Finanzplanung mit Hilfe der linearen Programmierung. In: ZfbF, Jg. 16 (1964), S. 430–446.

–, Kostenbewertung mit Hilfe der mathematischen Programmierung. In: ZfB, Jg. 35 (1965), S. 197–210.

–, Bewertungsprobleme bei der Formulierung von Zielfunktionen für Entscheidungsmodelle. In: ZfbF,

Jg. 19 (1967), S. 749–761.

–, Investitionstheorie. Würzburg–Wien 1970.

Hax, Herbert; Laux, Helmut, Flexible Planung – Verfahrensregeln und Entscheidungsmodelle für die Planung bei Ungewißheit. In: ZfbF, Jg. 24 (1972), S. 318–340.

Hax, Karl, Die Substanzerhaltung der Betriebe. Köln–Opladen 1957.

–, Die Bedeutung von Abschreibungs- und Investitionspolitik für das Wachstum industrieller Unternehmungen. In: Industriebetrieb und industrielles Rechnungswesen, Festschrift für Erwin Geldmacher. Köln–Opladen 1961, S. 9–36.

–, Probleme der Aktienfinanzierung unter dem Einfluß des gespaltenen Körperschaftsteuer-Satzes. In: ZfhF, NF, Jg. 15 (1963), S. 49–64.

–, Langfristige Finanz- und Investitionsentscheidungen. In: Handbuch der Wirtschaftswissenschaften, Bd. 1, herausgegeben von Karl Hax, Theodor Wessels. 2. Aufl., Köln–Opladen 1966, S. 399–489.

–, Unternehmensplanung und gesamtwirtschaftliche Planung als Instrumente elastischer Wirtschaftsführung. In: ZfbF, Jg. 18 (1966), S. 447–465.

Heinen, Edmund, Das Zielsystem der Unternehmung. Wiesbaden 1966.

Heller, Walter W., The Anatomy of Investment Decisions. In: Harvard Business Review, Vol. 29 (1951), No. 2, S. 95–103.

Helmer, Olaf; Rescher, Nicholas, On the Epistemology of the Inexact Sciences. In: Management Science, Vol. 6 (1960), S. 25–52.

Hempstead, Jean C., siehe Marston, Anson.

Hicks, J[ohn] R[ichard], Maintaining Capital Intact: A Further Suggestion. In: Economica, New Series, Vol. 9 (1942), S. 174–179.

–, Value and Capital. 2nd edition, Oxford 1946, reprinted 1965.

Hirshleifer, J[ack], On the Theory of Optimal Investment Decision. In: The Journal of Political Economy, Vol. 66 (1958), S. 329–352; wiederabgedruckt in: The Management of Corporate Capital, edited by Ezra Solomon. 3rd printing, London 1964, S. 205–228.

–, Investment Decision under Uncertainty: Choice-Theoretic Approaches. In: The Quarterly Journal of Economics, Vol. 79 (1965), S. 509–536.

–, Investment Decision under Uncertainty: Applications of the State-Preference Approach. In: The Quarterly Journal of Economics, Vol. 80 (1966), S. 252–277.

–, Investment, Interest, and Capital. Englewood Cliffs 1970.

Hodgman, Donald R., Credit Risk and Credit Rationing. In: The Quarterly Journal of Economics, Vol. 74 (1960), S. 258–278.

–, Reply. In: The Quarterly Journal of Economics, Vol. 76 (1962), S. 488–493.

Holt, Charles C.; Shelton, John P., The Implications of the Capital Gains Tax for Investment Decisions. In: The Journal of Finance, Vol, 16 (1961), S. 559–580.

–,–, The Lock-in Effect of the Capital Gains Tax. In: National Tax Journal, Vol. 15 (1962), S. 337–352.

Hong, Hai; Kaplan, Robert S.; Mandelker, Gershon, Pooling vs. Purchase: The Effects of Accounting for Mergers on Stock Prices. In: The Accounting Review, Vol. 53 (1978), S. 31–47.

Honko, Jaakko, Yrityksen vuositulos. The Annual Income of an Enterprise and Its Determination. A Study from the Standpoint of Accounting and Economics, Summary. Helsinki 1959.

Honko, Jaakko; Virtanen, Kalervo, The Investment Process in Finnish Industrial Enterprises. Helsinki 1976.

Hood, Wm. C., Some Aspects of the Treatment of Time in Economic Theory. In: The Canadian Journal of Economics and Political Science, Vol. 14 (1948), S. 453–468.

Hotelling, Harold, A General Mathematical Theory of Depreciation. In: The Journal of the American Statistical Association, Vol. 20 (1925), S. 340–353.

Huber, George P., Methods for Quantifying Subjective Probabilities and Multi-attributive Utilities. In: Decision Sciences, Vol. 5 (1974), S. 430–458.

Ijiri, Yuji, Management Goals and Accounting for Control. Amsterdam 1965.

Ijiri, Y.; Levy, F. K.; Lyon, R. C., A Linear Programming Model for Budgeting and Financial Planning.

In: The Journal of Accounting Research, Vol. 1 (1963), S. 198–212.
Jacob, Herbert, Investitionsplanung auf der Grundlage linearer Optimierung. In: ZfB, Jg. 32 (1962), S. 651–655.
–, Neuere Entwicklungen in der Investitionsrechnung. In: ZfB, Jg. 34 (1964), S. 487–507, 551–594.
–, Flexibilitätsüberlegungen in der Investitionsrechnung. In: ZfB, Jg. 37 (1967), S. 1–34.
Jacob, Herbert; Leber, Wilhelm, Bernoulli-Prinzip und rationale Entscheidung bei Unsicherheit. In: ZfB, Jg. 46 (1976), S. 177–204.
Jacob, Herbert; Karrenberg, Rainer, Die Bedeutung von Wahrscheinlichkeitsintervallen für die Planung bei Unsicherheit. In: ZfB, Jg. 47 (1977), S. 673–696.
Jääskelainen, Veikko, Optimal Financing and Tax Policy of the Corporation. Helsinki 1966.
–, Growth of Earnings and Dividend Distribution Policy. In: The Swedish Journal of Economics, Vol. 69 (1967), S. 184–195.
Jaeger, Arno, Zur Entscheidungstheorie für Spiele gegen die Natur bei Unsicherheit mit präordinalem Nutzen. In: Quantitative Wirtschaftsforschung, Wilhelm Krelle zum 60. Geburtstag, hrsg. von Horst Albach, Ernst Helmstädter, Rudolf Henn, Tübingen 1977, S. 345–358.
Jaffé, Jeffrey F., The Effect of Regulation Changes on Insider Trading. In: The Bell Journal of Economics and Management Sciences, Vol. 5 (1974), S. 93–121.
Jean, William H., On Multiple Rates of Return. In: The Journal of Finance, Vol. 23 (1968), S. 187–191.
Jeffrey, Richard C., Logik der Entscheidungen. München 1967.
Jensen, Michael C., The Foundations and Current State of Capital Market Theory. In: Studies in the Theory of Capital Markets, edited by Michael C. Jensen. New York–Washington–London 1972. S. 3–43.
Jensen, Michael C.; Meckling, William H., Theory of the Firm: Managerial Behavior, Agency Costs and Ownership Structure. In: The Journal of Financial Economics, Vol. 3 (1976), S. 305–360.
Jensen, Michael C., siehe Black, Fischer.
Jensen, Michael C., siehe Fama, Eugene F.
Jevons, W. Stanley, Die Theorie der politischen Ökonomie. Ins Deutsche übertragen von Otto Weinberger, Jena 1924.
Johansson, Sven-Erik, Skatt – investering – värdering. Stockholm 1961.
–, Income Taxes and Investment Decision. In: The Swedish Journal of Economics, Vol. 71 (1969), S. 103–110.
Kamschal, Margherita, siehe Swoboda, Peter.
Kaplan, Robert S.; Roll, Richard, Investor Evaluation of Accounting Information: Some Empirical Evidence. In: The Journal of Business, Vol. 45 (1972), S. 225–257.
Kaplan, Robert S., siehe Hong, Hai.
Karrenberg, Rainer, siehe Jacob, Herbert.
Keirstead, B. S., Capital, Interest and Profits. Oxford 1959.
Kendall, M. G., Ranks and Measures. In: Biometrika, Vol. 49 (1962), S. 133–137.
Kern, Werner, Kalkulation mit Opportunitätskosten. In: ZfB, Jg. 35 (1965), S. 133–147.
Keynes, John Maynard, A Treatise on Probability. London 1921, reprinted 1957.
Kilger, W[olfgang], Kritische Werte in der Investitions- und Wirtschaftlichkeitsrechnung. In: ZfB, Jg. 35 (1965), S. 338–353.
–, Zur Kritik am internen Zinsfuß. In: ZfB, Jg. 35 (1965), S. 765–798.
Kim, E. Han; McConnell, John J.; Greenwood, Paul R., Capital Structure Rearrangements and Me-First-Rules in an Efficient Capital Market. In: The Journal of Finance, Vol. 32 (1977), S. 789–810.
Kim, E. Han, siehe Chen, Andrew H.
Klahr, Carl N., Multiple Objectives in Mathematical Programming. In: Operations Research, Vol. 6 (1958), S. 849–855.
Knapp, Hans Georg, Logik der Prognose. München 1978.
Knight, Frank H., Risk, Uncertainty, and Profit. Boston–New York 1921, reprinted Chicago 1957.
–, Capital, Time, and the Interest Rate. In: Economica, New Series, Vol. 1 (1934), S. 257–286.

Koch, Helmut, Absatzplanung. In: Handwörterbuch der Sozialwissenschaften, Bd. 1, Stuttgart–Tübingen–Göttingen 1956, S. 15–20.
–, Betriebliche Planung. Wiesbaden 1961.
–, Grundprobleme der Kostenrechnung. Köln–Opladen 1966.
–, Grundlagen der Wirtschaftlichkeitsrechnung. Wiesbaden 1970.
–, Die Problematik der Bernoulli-Nutzentheorie. In: ZfbF, Jg. 28 (1977), S. 415–426.
Körner, Stephan, Erfahrung und Theorie. Frankfurt 1970.
Kofler, Eduard; Menges, Günter, Entscheidungen bei unvollständiger Information. Berlin–Heidelberg–New York 1976.
Kolmogoroff, A., Grundbegriffe der Wahrscheinlichkeitsrechnung. Berlin 1933.
Koopman, Bernard O., The Bases of Probability. In: Bulletin of the American Mathematical Society, Vol. 46 (1940), S. 763–774, wiederabgedruckt in: Studies in Subjective Probability, edited by Henry E. Kyburg jr.; Howard E. Smokler. New York 1964, S. 161–172.
Koopmans, Tjalling C., Analysis of Production as an Efficient Combination of Activities. In: Activity Analysis of Production and Allocation, edited by Tjalling C. Koopmans. New York–London 1951, S. 33–97.
–, Uses of Prices. In: Proceedings of the Conference on Operations Research in Production and Inventory Control, edited by Case Institute of Technology. Cleveland (Ohio) 1954, S. 90–96.
Kraft, Charles H.; Pratt, John W.; Seidenberg, A., Intuitive Probabilities on Finite Sets. In: The Annals of Mathematical Statistics, Vol. 30 (1959), S. 408–419.
Krantz, David H.; Luce, R. Duncan; Suppes, Patrick; Tversky, Amos, Foundations of Measurement. Vol. 1, New York 1971.
Kratsch, Ottomar, Zu einigen Abschreibungsproblemen. In: Wirtschaftswissenschaft, Jg. 5 (1957), S. 551–565.
Kraus, A[lan], siehe Brennan, M[ichael] J.
Krelle, Wilhelm, Gelöste und ungelöste Probleme der Unternehmensforschung. In: Arbeitsgemeinschaft für Forschung des Landes Nordrhein-Westfalen, Natur-, Ingenieur- und Gesellschaftswissenschaften, Heft 105, Köln–Opladen 1962, S. 7–28.
–, Replik zur Erwiderung von Jacob und Leber auf meine Bemerkungen zu ihrem Artikel »Rationale Entscheidung bei Unsicherheit«. In: ZfB, Jg. 48 (1978), S. 490–498.
Krelle, Wilhelm, unter Mitarbeit von Dieter Coenen, Präferenz- und Entscheidungstheorie. Tübingen 1968.
Krelle, Wilhelm; Künzi, Hans Paul, Lineare Programmierung. Zürich 1958.
Krelle, Wilhelm, siehe Künzi, Hans Paul.
Kroll, Yoram, siehe Levy, Haim.
Krümmel, H[ans] J[acob], Finanzierungsrisiken und Kreditspielraum. In: ZfB, Jg. 36 (1966), 1. Ergänzungsheft, S. 134–157.
Kruschwitz, Lutz, Investitionsrechnung. Berlin–New York 1978.
Künzi, H[ans] P[aul]; Krelle, W[ilhelm]; von Randow, R[abe], Nichtlineare Programmierung, 2. Aufl. Berlin–Heidelberg–New York 1979.
Künzi, Hans Paul, siehe Krelle, Wilhelm.
Kuh, Edwin, siehe Meyer, John R.
Kuhn, H. W.; Tucker, A. W., Nonlinear Programming. In: Proceedings of the Second Berkeley Symposium on Mathematical Statistics and Probability, edited by Jerzy Neyman. Berkeley 1951, S. 481–492.
Kurtz, Edwin B., The Science of Valuation and Depreciation. New York 1937.
Laffer, Arthur B., siehe Fama, Eugene F.
Lange, Oskar, The Determinateness of the Utility Function. In: The Review of Economic Studies, Vol. 1 (1933/34), S. 218–225.
–, The Place of Interest in the Theory of Production. In: The Review of Economic Studies, Vol. 3 (1935/36), S. 159–192.
Langen, Heinz, Die Kapazitätsausweitung durch Reinvestition liquider Mittel aus Abschreibungen. Diss. FU Berlin 1952.

Langholm, Odd, Tidshorisonten. Bergen 1964.
Laughhunn, Dan J., siehe Crum, Roy L.
Laux, Helmut, siehe Hax, Herbert.
Lehmann, Fritz, Rechtsformen und Wirtschaftstypen der privaten Unternehmung. Mannheim 1925.
Leber, Wilhelm, siehe Jacob, Herbert.
Leffson, Ulrich, Die Grundsätze ordnungsmäßiger Buchführung. 5. Aufl., Düsseldorf 1980.
Leontief, Wassily [W.], Interest on Capital and Distribution: A Problem in the Theory of Marginal Productivity, Note. In: The Quarterly Journal of Economics, Vol. 49 (1934/35), S. 147–164.
Levy, F. K., siehe Ijiri, Y.
Levy, Haim; Kroll, Yoram, Stochastic Dominance with Riskless Assets. In: Journal of Financial and Quantitative Analysis. Vol. 11 (1976), S. 743–777.
Levy, Haim; Sarnat, Marshall, Investment and Portfolio Analysis. New York usw. 1972.
Levi, Isaac, On Indeterminate Probabilities. In: The Journal of Philosophy, Vol. 71 (1974), S. 391–418.
Lewellen, Wilbur G.; Long, Michael S.; McConnell, John J., Asset Leasing in Competitive Capital Markets. In: The Journal of Finance, Vol. 31 (1976), S. 787–798.
Lindahl, Erik, The Concept of Income. In: Economic Essays in Honour of Gustav Cassel. London 1933, reprinted 1967, S. 399–407.
–, The Dynamic Approach to Economic Theory. In: Studies in the Theory of Money and Capital. London 1939, 2nd impression 1950, S. 21–136.
–, The Concept of Gains and Losses. In: Festskrift til Frederik Zeuthen. Utgivet af Nationaløkonomisk Forening. Nationaløkonomisk Tidskrift – Beilage zum 96. Band. København 1958, S. 208–219.
Lintner, John, The Valuation of Risk Assets and the Selection of Risky Investments in Stock Portfolios and Capital Budgets. In: The Review of Economics and Statistics, Vol. 47 (1965), S. 13–37.
–, The Aggregation of Investor's Diverse Judgments and Preferences in Purely Competitive Security Markets. In: The Journal of Financial and Quantitative Analysis, Vol. 4 (1969), S. 347–400.
Little, I. M. D., Higgledy Piggledy Growth. In: Bulletin of the Oxford University Institute of Statistics, Vol. 24 (1962), S. 387–412.
Litzenberger, Robert H., siehe Breeden, Douglas T.
Lohmann, Martin, Der Wirtschaftsplan der Unternehmung. Die kaufmännische Budgetrechnung. 2. Aufl., Berlin–Leipzig–Wien 1930.
–, Abschreibungen, was sie sind und was sie nicht sind. In: Der Wirtschaftsprüfer, Jg. 2 (1949), S. 353–357.
–, Einführung in die Betriebswirtschaftslehre. 4. Aufl., Tübingen 1964.
Long, John B., jr., Efficient Portfolio Choice with Differential Taxation of Dividends and Capital Gains. In: The Journal of Financial Economics, Vol. 5 (1977), S. 25–53.
Long, Michael, S., siehe Lewellen, Wilbur G.
Lorie, James H.; Savage, Leonard J., Three Problems in Rationing Capital. In: The Journal of Business, Vol. 28 (1955), S. 229–239; wiederabgedruckt in: The Management of Corporate Capital, edited by Ezra Solomon. 3rd printing, London 1964, S. 56–66.
Luce, R. Duncan; Raiffa, Howard, Games and Decisions. New York–London 1957.
Luce, R. Duncan, siehe Krantz, David H.
Lundberg, Erik, Studies in the Theory of Economic Expansion. New York 1937, reprinted 1954.
Lutz, Friedrich [A.] and Vera, The Theory of Investment of the Firm. Princeton (N. J.) 1951.
Lyon, R. C., siehe Ijiri, Y.
MacCrimmon, Kenneth R., Descriptive and Normative Implications of the Decision Theory Postulates. In: Risk and Uncertainty, edited by Karl Borch and Jan Mossin, London–Melbourne–Toronto–New York 1968, S. 3–32.
Machlup, Fritz, On the Meaning of the Marginal Product. In: Explorations in Economics. Notes and Essays Contributed in Honor of F. W. Taussig. New York–London 1936, S. 250–263.
–, Marginal Analysis and Empirical Research. In: The American Economic Review, Vol. 36 (1946), S. 519–554.

Madansky, Albert, Linear Programming under Uncertainty. In: Recent Advances in Mathematical Programming, edited by Robert L. Graves, Philip Wolfe. New York–San Francisco–Toronto–London 1963, S. 103–110.
Mag, Wolfgang, Entscheidung und Information. München 1977.
Majumdar, Tapas, Behaviourist Cardinalism in Utility Theory. In: Economica, New Series, Vol. 25 (1958), S. 26–33.
Makower, H[elen]; Baumol, William J., The Analogy Between Producer and Consumer Equilibrium Analysis. In: Economica, New Series, Vol. 17 (1950), S. 63–80.
Malkiel, Burton G., siehe Baumol, William J.
Mandelker, Gershon, siehe Hong, Hai.
Manne, Alan S., Economic Analysis for Business Decisions. New York–Toronto–London 1961.
Markowitz, Harry M., Portfolio Selection. New York–London 1959.
Marshall, Alfred, Principles of Economics. Vol. I, 2nd edition, London 1891.
–, Principles of Economics. Vol I, 3rd edition, reprinted New York 1949.
Marston, Anson; Winfrey, Robley; Hempstead, Jean C., Engineering Valuation and Depreciation. 2nd edition, New York–Toronto–London 1953.
Marx, Karl, Das Kapital. Bd. II, Ausgabe Dietz Verlag. Berlin 1957.
Marx, Karl, siehe Engels, Friedrich.
Marschak, Jacob, Towards an Economic Theory of Organization and Information. In: Decision Processes, edited by R. M. Thrall, C. H. Coombs, R. L. Davis. New York–London 1954, S. 187–220.
Masulis, Ronald, siehe Galai, Dan.
Mayers, David, Nonmarketable Assets and Capital Market Equilibrium under Uncertainty. In: Studies in the Theory of Capital Markets, edited by Michael C. Jensen, New York 1972, S. 223–248.
McConnell, John J., siehe Kim, E. Han.
McConnell, John J., siehe Lewellen, Wilbur G.
Meckling, William H., siehe Jensen, Michael C.
Mellwig, Winfried, Zum Einfluß von Inflation und Unternehmenswachstum auf die ertragsteuerliche Bemessungsgrundlage. In: ZfbF, Jg. 29 (1977), S. 211–233.
Menger, Karl, Das Unsicherheitsmoment in der Wertlehre: Betrachtungen im Anschluß an das sogenannte Petersburger Spiel. In: Zeitschrift für Nationalökonomie, Bd. 5 (1934), S. 459–485.
Menges, Günter, siehe Kofler, Eduard.
Mertens, Peter, Ertragsteuerwirkungen auf die Investitionsfinanzierung – ihre Berücksichtigung in der Investitionsrechnung. In: ZfhF, NF, Jg. 14 (1962), S. 570–588.
Merton, Robert C., Optimum Consumption and Portfolio Rules in a Continuous-Time Model. In: The Journal of Economic Theory, Vol. 3 (1971), S. 373–413.
–, An Analytic Derivation of the Efficient Portfolio Frontier. In: The Journal of Financial and Quantitative Analysis, Vol. 7 (1972), S. 1851–1872.
–, An Intertemporal Capital Asset Pricing Model. In: Econometrica, Vol. 41 (1973), S. 867–887.
–, Theory of Rational Option Pricing. In: The Bell Journal of Economics and Management Science, Vol. 4 (1973), S. 141–183.
–, Option Pricing when Underlying Stock Returns are Discontinuous. In: The Journal of Financial Economics, Vol. 3 (1976), S. 125–144.
Merton, Robert C.; Scholes, Myron S.; Gladstein, Mathew L., The Returns and Risk of Alternative Call Option Portfolio Investment Strategies. In: The Journal of Business, Vol. 51 (1978), S. 183–242.
Meyer, Hans, Zur allgemeinen Theorie der Investitionsrechnung. Düsseldorf 1977.
–, Die Fragwürdigkeit der Einwände gegen die interne Verzinsung. In: ZfbF, Jg. 30 (1978), S. 39–62.
Meyer, John R.; Kuh, Edwin, The Investment Decision. Cambridge (Mass.) 1957.
Miller, Merton H., Further Comment. In: The Quarterly Journal of Economics, Vol. 76 (1962), S. 480–488.
–, Debt and Taxes. In: The Journal of Finance, Vol. 32 (1977), S. 261–275.
Miller, Merton H.; Upton, Charles W., Leasing, Buying and the Cost of Capital Services. In: The Journal of Finance, Vol. 31 (1976), S. 761–786.

Miller, Merton H.; Modigliani, Franco, Dividend Policy, Growth, and the Valuation of Shares. In: The Journal of Business, Vol. 34 (1961), S. 411–433.
Miller, Merton H., siehe Banz, Rolf W.
Miller, M. H., siehe Charnes, A.
Miller, Merton H., siehe Modigliani, Franco.
von Mises, Richard, Wahrscheinlichkeit, Statistik und Wahrheit. 3. Aufl., Wien 1951.
Modigliani, Franco; Miller, Merton H., The Cost of Capital, Corporation Finance, and the Theory of Investment. In: The American Economic Review, Vol. 48 (1958), S. 261–297; wiederabgedruckt in: The Management of Corporate Capital, edited by Ezra Solomon. 3rd printing, London 1964, S. 150–181.
–, Corporate Income Taxes and the Cost of Capital: A Correction. In: The American Economic Review, Vol. 53 (1963), S. 433–443.
Modigliani, Franco, siehe Miller, Merton H.
Montalbano, Michael, siehe Teichroew, Daniel.
Morgenstern, Oskar, Die Theorie der Spiele und des wirtschaftlichen Verhaltens. In: Jahrbuch für Sozialwissenschaft, Bd. 1 (1950), S. 113–139.
Morgenstern, Oskar, siehe von Neumann, John.
Mossin, Jan, Equilibrium in a Capital Asset Market. In: Econometrica, Vol. 34 (1966), S. 768–783.
–, Optimal Multiperiod Portfolio Policies. In: The Journal of Business, Vol. 41 (1968), S. 215–229.
–, Theory of Financial Markets. Englewood Cliffs 1973.
Moxter, Adolf, Der Zusammenhang zwischen Vermögensumschichtung und Kapazitätsentwicklung bei veränderlichen Leistungsabgaben von Aggregaten pro Zeiteinheit. In: ZfhF, NF, Jg. 11 (1959), S. 457–473.
–, Die Bestimmung des Kalkulationszinsfußes bei Investitionsentscheidungen. Ein Versuch zur Koordination von Investitions- und Finanzierungslehre. In: ZfhF, NF, Jg. 13 (1961), S. 186–200.
–, Lineares Programmieren und betriebswirtschaftliche Kapitaltheorie. In: ZfhF, NF, Jg. 15 (1963), S. 285–309.
–, Präferenzstruktur und Aktivitätsfunktion des Unternehmers. In: ZfbF, Jg. 16 (1964), S. 6–35.
–, Die Grundsätze ordnungsmäßiger Bilanzierung und der Stand der Bilanztheorie. In: ZfbF, Jg. 18 (1966), S. 28–59.
–, Optimaler Verschuldungsgrad und Modigliani-Miller-Theorem. In: Aktuelle Fragen der Unternehmensfinanzierung und Unternehmensbewertung, Festschrift für Kurt Schmaltz. Stuttgart 1970, S. 128–155.
Mülhaupt, Ludwig, Der Bindungsgedanke in der Finanzierungslehre unter besonderer Berücksichtigung der holländischen Finanzierungsliteratur. Wiesbaden 1966.
Müller-Merbach, Heiner, Operations Research. Methoden und Modelle der Optimalplanung. Berlin–Frankfurt 1969.
Münstermann, Hans, Wert und Bewertung der Unternehmung. Wiesbaden 1966.
–, Diskussionsbeitrag auf der Arbeitstagung der Schmalenbach-Gesellschaft in Köln am 1. Juli 1966. In: ZfbF, Jg. 18 (1966), S. 577 f.
Musgrave, Richard A., siehe Domar, Evsey D.
Myers, Stewart C., Interactions of Corporate Financing and Investment Decisions – Implications for Capital Budgeting. In: The Journal of Finance, Vol. 29 (1974), S. 1–25.
Myers, Stewart C.; Dill, David A.; Bantista, Alberto J., Valuation of Financial Lease Contracts. In: The Journal of Finance, Vol. 31 (1976), S. 799–820.
Myers, Stewart C., siehe Robichek, Alexander A.
Nachtkamp, Hans Heinrich, Der kurzfristige optimale Angebotspreis der Unternehmen bei Vollkostenkalkulation und unsicheren Nachfrageerwartungen. Tübingen 1969.
Nachtkamp, Hans Heinrich, siehe Schneider, Dieter.
Näslund, Bertil, A Model of Capital Budgeting under Risk. In: The Journal of Business, Vol. 39 (1966), S. 257–271.

Näslund, Bertil; Whinston, Andrew, A Model of Multi-Period Investment under Uncertainty. In: Management Science, Vol 8 (1962), S. 184–200.

Neubert, Helmut, Anlagenfinanzierung aus Abschreibungen. In: ZfhF, NF, Jg. 3 (1951), S. 367–383, 415–423.

von Neumann, John; Morgenstern, Oskar, Spieltheorie und wirtschaftliches Verhalten. 2., unveränd. Aufl., Würzburg 1967.

Nicklisch, H[einrich], Budgetierung und Rechnungswesen. In: Zeitschrift für Handelswissenschaft und Handelspraxis, Jg. 22 (1929), S. 50–55.

Norton, Paul T. Jr., siehe Grant, Eugene L.

Ohlin, Bertil, A Note on Price Theory with Special Reference to Interdependence and Time. In: Economic Essays in Honour of Gustav Cassel. London 1933, S. 471–477.

Ohlson, James A., The Asymptotic Validity of Quadratic Utility as the Trading Interval Approaches Zero. In: Stochastic Optimization Models in Finance, edited by W[illiam] T. Ziemba, R. G. Vickson, New York–San Francisco–London 1975, S. 221–234.

Opie, Redvers, Marshall's Time Analysis. In: The Economic Journal, Vol 41 (1931), S. 199–215.

Orth, Ludwig, Die kurzfristige Finanzplanung industrieller Unternehmungen. Köln–Opladen 1961.

Pack, Ludwig, Betriebliche Investition. Wiesbaden 1959.

–, Maximierung der Rentabilität als preispolitisches Ziel. In: Zur Theorie der Unternehmung, Festschrift zum 65. Geburtstag von Erich Gutenberg, hrsg. von Helmut Koch. Wiesbaden 1962, S. 73–135.

Papandreou, Andreas G., Some Basic Problems in the Theory of the Firm. In: A Survey of Contemporary Economics, Vol. II, edited by Bernard F. Haley, Homewood (Ill.) 1952, S. 183–219.

Payne, John, siehe Crum, Roy L.

Pearce, I. F., siehe Gabor, André.

Poensgen, O. H.; Straub, H., Inflation und Investitionsentscheidung. In: ZfB, Jg. 44 (1974), S. 785–810.

Polak, N. J., Grundzüge der Finanzierung mit Rücksicht auf die Kreditdauer. Berlin–Wien 1926.

Popper, Karl Raimund, The Propensity Interpretation of Probability. In: The British Journal for the Philosophy of Science, Vol. 10 (1959), S. 25–42.

–, Quantum Mechanics without the »Observer«. In: Quantum Theory and Reality, edited by M. Bunge, Berlin–Heidelberg–New York 1967, S. 7–44.

Pratt, John W., Risk Aversion in the Small and in the Large. In: Econometrica, Vol. 32 (1964), S. 122–136.

Pratt, John W., siehe Kraft, Charles H.

Preinreich, Gabriel A. D., The Economic Life of Industrial Equipment. In: Econometrica, Vol. 8 (1940), S. 12–44.

–, Replacement in the Theory of the Firm. In: Metroeconomica, Vol. 5 (1953), S. 68–86.

Preiser, Erich, Der Kapitalbegriff und die neuere Theorie. In: Die Unternehmung im Markt. Festschrift für Wilhelm Rieger. Stuttgart–Köln 1953, S. 14–38.

Quandt, Richard E., siehe Baumol, William J.

Raiffa, Howard, Risk, Ambiguity, and the Savage Axioms: Comment. In: The Quarterly Journal of Economics, Vol. 75 (1961), S. 690–694.

Raiffa, Howard, siehe Luce, R. Duncan.

Ramsey, Frank Plumpton, Truth and Probability. In: The Foundations of Mathematics and other Logical Essays, edited by R. B. Braithwaite. New York 1931, reprinted London 1965, S. 156–198.

von Randow, R[abe], siehe Künzi, H[ans] P[aul].

Ray, Paramesh, Independence of Irrelevant Alternatives. In: Econometrica, Vol. 41 (1973), S. 987–991.

Raymond, F. E., siehe Vorlander, H. O.

Rényi, A[lfréd], Wahrscheinlichkeitsrechnung mit einem Anhang über Informationstheorie. 2. Aufl., Berlin 1966.

Rescher, Nicholas, siehe Helmer, Olaf.

Richter, Marcel K., Cardinal Utility, Portfolio Selection, and Taxation. In: The Review of Economic Studies, Vol. 27 (1959/60), S. 152–166.

Riebel, Paul, Die Problematik der Normung von Abschreibungen. In: Der Betrieb, Jg. 13 (1960), S. 729–734.
–, Überlegungen zur Formulierung eines entscheidungsorientierten Kostenbegriffs. In: Quantitative Ansätze in der Betriebswirtschaftslehre, hrsg. v. Heiner Müller-Merbach, München 1978, S. 127–146.
Rieger, Wilhelm, Einführung in die Privatwirtschaftslehre. 3. unveränd. Aufl., Erlangen 1964.
Rittershausen, Heinrich, Industrielle Finanzierungen. Wiesbaden 1964.
Robbins, Lionel, Remarks upon Certain Aspects of the Theory of Costs. In: The Economic Journal, Vol. 44 (1934), S. 1–18.
Robichek, Alexander A.; Myers, Stewart C., Optimal Financing Decisions. Englewood Cliffs 1965.
Robichek, Alexander A., siehe Teichroew, Daniel.
Robinson, Richard E., siehe Adams, Ernest W.
Rockley, Lawrence Edwin, Investment for Profitability. An Analysis of the Policies and Practices of UK and International Companies. London 1973.
Rødseth, T., Allokering av kapital. Bergen 1961.
Roll, Richard, A Critique of the Asset Pricing Theory's Tests. Part I: On Past and Potential Testability of the Theory. In: The Journal of Financial Economics, Vol. 4 (1977), S. 129–176.
Roll, Richard; Ross, Stephen A., An Empirical Investigation of the Arbitrage Pricing Theory. Unveröffentlichtes Manuskript, 15 – 1979 University of California, Los Angeles.
Roll, Richard, siehe Bogue, Marcus C.
Roll, Richard, siehe Fama, Eugene F.
Roll, Richard, siehe Kaplan, Robert S.
Rose, Gerd, Die Steuerbelastung der Unternehmung. Wiesbaden 1973.
–, Teilsteuersätze ab 1. Januar 1978. In: Der Betrieb, Jg. 30 (1977), S. 2243 f.
Rosenstein-Rodan, P. N., The Rôle of Time in Economic Theory. In: Economica, New Series, Vol. 1 (1934), S. 77–97.
Ross, Stephen A., The Arbitrage Theory of Capital Asset Pricing. In: The Journal of Economic Theory, Vol. 13 (1976), S. 341–360.
–, The Current Status of the Capital Asset Pricing Model (CAPM). In: The Journal of Finance, Vol. 33 (1978), S. 885–901.
Rubinstein, Mark E., A Mean-Variance Synthesis of Corporate Financial Theory. In: The Journal of Finance, Vol. 28 (1973), S. 167–181.
Ruchti, Hans, Die Bedeutung der Abschreibung für den Betrieb. Berlin 1942.
Rudolph, Bernd, Kapitalkosten bei unsicheren Erwartungen. Berlin–Heidelberg–New York 1979.
–, Zur Theorie des Kapitalmarktes – Grundlagen, Erweiterungen und Anwendungsbereiche des »Capital Asset Pricing Model (CAPM)«. In: ZfB, Jg. 49 (1979), S. 1034–1067.
Rummel, Kurt, Wirtschaftlichkeitsrechnung. In: Wirtschaftlichkeitsrechnung. Grundlagen und Beispiele für die Eisen schaffende Industrie und verwandte Industriezweige. Düsseldorf 1941, S. 5–16.
Russell, William R.; Smith, Paul E., Taxation, Risk-Taking and Stochastic Dominance. In: The Southern Economic Journal, Vol. XXXVI (1969/70), S. 425–433.
Ryder, Harl E. Jr., ›Credit Risk and Credit Rationing:‹ Comment. In: The Quarterly Journal of Economics, Vol. 76 (1962), S. 471–479.
Saelzle, Rainer, Investitionsentscheidungen und Kapitalmarkttheorie. Wiesbaden 1976.
Samuelson, Paul A[nthony], Some Aspects of the Pure Theory of Capital. In: The Quarterly Journal of Economics, Vol. 51 (1936/37), S. 469–496.
–, Foundations of Economic Analysis. Cambridge 1947, 5th printing 1958.
–, Probability, Utility, and the Independence Axiom. In: Econometrica, Vol. 20 (1952), S. 670–678.
–, Tax Deductibility of Economic Depreciation to Insure Invariant Valuations. In: The Journal of Political Economy, Vol. 72 (1964), S. 604–606.
Samuelson, Paul A[nthony], siehe Dorfman, Robert.
Sandig, Curt, Finanzen und Finanzierung der Unternehmung. 2., überarbeitete und ergänzte Auflage unter Mitarbeit von Richard Köhler, Stuttgart 1972.

Sarnat, Marshall, siehe Levy, Haim.
Sauermann, Heinz; Selten, Reinhard, Anspruchsanpassungstheorie der Unternehmung. In: Zeitschrift für die gesamte Staatswissenschaft, Bd. 118 (1962), S. 577–597.
Savage, Leonard J., The Foundations of Statistics. New York–London 1954.
Savage, L[eonard] J., siehe Friedman, Milton.
Savage, Leonhard J., siehe Lorie, James H.
Schäfer, Erich, Die Unternehmung. 9. Aufl., Wiesbaden 1978.
Schall, Lawrence D., siehe Haley, Charles W.
Schätzle, Gerhard, Forschung und Entwicklung als unternehmerische Aufgabe. Köln–Opladen 1965.
Schlaifer, Robert, Probability and Statistics for Business Decisions. New York–Toronto–London 1959.
Schmalenbach, E[ugen], Grundlagen dynamischer Bilanzlehre. In: ZfhF, Jg. 13 (1919), S. 1–60, 65–101.
–, Dynamische Bilanz. 13. Aufl., Köln–Opladen 1962.
Schmidt, Reinhard H., Aktienkursprognose. Wiesbaden 1976.
Schmidt-Sudhoff, Ulrich, Unternehmerziele und unternehmerisches Zielsystem. Wiesbaden 1967.
Schneeweiß, Hans, Entscheidungskriterien bei Risiko. Berlin–Heidelberg–New York 1967.
Schneider, Dieter, Die wirtschaftliche Nutzungsdauer von Anlagegütern als Bestimmungsgrund der Abschreibungen. Köln–Opladen 1961.
–, Bilanzgewinn und ökonomische Theorie. In: ZfhF, NF, Jg. 15 (1963), S. 457–474.
–, Die Theorie der Verrechnungspreise heute. In: Liiketaloudellinen Aikakauskirja (The Finnish Journal of Business Economics), Jg. 16 (1967), S. 106–124.
–, Lohnänderungen und unternehmenspolitische Anpassungsprozesse. In: Lohnpolitik und Einkommensverteilung, herausgegeben von Helmut Arndt. Berlin 1969, S. 232–254.
–, Wie wirkt die Übertragung stiller Reserven nach § 6 b EStG auf den Veräußerungszeitpunkt von Anlagen? In: Der Betrieb, Jg. 22 (1969), S. 581–585.
–, Korrekturen zum Einfluß der Besteuerung auf die Investitionen. In: ZfbF, Jg. 21 (1969), S. 297–325.
–, Gewinnermittlung und steuerliche Gerechtigkeit. In: ZfbF, Jg. 23 (1971), S. 352–394.
–, »Flexible Planung als Lösung der Entscheidungsprobleme unter Ungewißheit?« in der Diskussion. In: ZfbF, Jg. 24 (1972), S. 456–476.
–, Bestimmungsgründe des Substanzverzehrs durch Scheingewinnbesteuerung. In: Der Betrieb, Jg. 27 (1974), S. 1073–1078.
–, Steuerbelastung und Steuerüberwälzung der Unternehmung in der Inflation. In: Die Unternehmung in ihrer gesellschaftlichen Umwelt, hrsg. von Peter Mertens. Wiesbaden 1975, S. 321–340.
–, Besteuerung von Veräußerungsgewinnen und Verkaufsbereitschaft: der fragwürdige »lock-in-Effekt«. In: StuW, Jg. 53 (1976), S. 197–210.
–, Gewinnbesteuerung und Risikobereitschaft: Zur Bewährung quantitativer Ansätze in der Entscheidungstheorie. In: ZfbF, Jg. 29 (1977), S. 633–666.
–, Steuerbilanzen. Wiesbaden 1978.
–, Grundzüge der Unternehmensbesteuerung. 2. Aufl., Wiesbaden 1978.
–, Meßbarkeitsstufen subjektiver Wahrscheinlichkeiten als Erscheinungsformen der Ungewißheit. In: ZfbF, Jg. 31 (1979), S. 89–122.
–, Grundsätze ordnungsmäßiger Rechnungslegung über Gewinnprognosen, dargestellt am Problem der Beispielrechnungen für Gewinnbeteiligungen in der Lebensversicherung. In: ZfbF, Jg. 32 (1980), S. 238–269.
–, Betriebswirtschaftliche Folgen der Umsatzsteuer auf Anzahlungen. In: Der Betriebsberater, Jg. 35 (1980), S. 273–277.
–, Die Wissenschaftsgeschichte der Trennung von Kapital und Einkommen: Ökonomische Zwänge gegen gesellschaftliche Konventionen. Erscheint in: 1. Sitzungsbericht des Dogmengeschichtlichen Ausschusses der Gesellschaft für Wirtschafts- und Sozialwissenschaften (1980).
Schneider, Dieter; Nachtkamp, Hans Heinrich, Zwei Beispiele für die preissenkende Wirkung höherer Gewinnsteuern. In: ZfbF, Jg. 22 (1970), S. 499–509.
Schneider, Erich, Der Realismus der Marginalanalyse in der Preistheorie. In: Weltwirtschaftliches

Archiv, Bd. 73 (1954 II), S. 38–58.
–, Einführung in die Wirtschaftstheorie. II. Teil, Wirtschaftspläne und wirtschaftliches Gleichgewicht in der Verkehrswirtschaft. 10. Aufl., Tübingen 1965.
–, Kritisches und Positives zur Theorie der Investition. In: Weltwirtschaftliches Archiv, Bd. 98 (1967 I), S. 314–348.
–, Wirtschaftlichkeitsrechnung. Theorie der Investition. 7. Aufl., Tübingen–Zürich 1968.
Scholes, Myron, siehe Black, Fischer.
Scholes, Myron, siehe Merton, Robert C.
Schumpeter, Joseph [A.], Theorie der wirtschaftlichen Entwicklung. 5. Aufl., Berlin 1952.
Schwantag, Karl, Eigenkapital als Risikoträger. In: ZfhF, NF, Jg. 15 (1963), S. 218–231.
Schwartz, E[li] S., siehe Brennan, M[ichael] J.
Schwarz, Horst, Zur Berücksichtigung erfolgssteuerlicher Gesichtspunkte bei Investitionsentscheidungen. In: BFuP, Jg. 14 (1962), S. 135–153, 199–211.
Schwert, G. William, siehe Fama, Eugene F.
Scott, James H., Jr., Bankruptcy, Secured Debt and Optimal Capital Structure. In: The Journal of Finance, Vol. 32 (1977), S. 1–19.
Seelbach, H[orst], Planungsmodelle in der Investitionsrechnung. Würzburg–Wien 1967.
–, Die Thesen von Modigliani und Miller unter Berücksichtigung von Ertrag- und Substanzsteuern. In: ZfB, Jg. 49 (1979), S. 692–709.
Seidenberg, A., siehe Kraft, Charles H.
Selten, Reinhard, siehe Sauermann, Heinz.
Shackle, G. L. S., Expectation in Economics. 2nd edition, Cambridge 1952.
Sharpe, William F., Capital Asset Prices: A Theory of Market Equilibrium under Conditions of Risk. In: The Journal of Finance, Vol. 19 (1964), S. 425–442.
Sharpe, William F., Portfolio Theory and Capital Markets. New York usw. 1970.
Shelton, John P., siehe Holt, Charles C.
Simon, Herbert A., Models of Man. New York–London 1957.
–, Theories of Decision-Making in Economics and Behavioral Science. In: The American Economic Review, Vol. 49 (1959), S. 253–283.
Slitor, Richard E., The Carter Proposals on Capital Gains: Economic Effects and Policy Implications for the United States. In: National Tax Journal, Vol. 22 (1969), S. 66–78.
Smith, Cedric A. B., Consistency in Statistical Inference and Decision. In: Journal of the Royal Statistical Society, Series B, Vol. 23 (1961), S. 1–37.
Smith, Clifford W., Option Pricing, A Review. In: The Journal of Financial Economics, Vol. 3 (1976), S. 3–51.
Smith, Lee H., Ranking Procedures and Subjective Probability Distributions. In: Management Science, Vol. 14 (1968), B-236–B-249.
Smith, Paul E., siehe Russell, William R.
Smith, Vernon, L., Investment and Production. A Study in the Theory of the Capital-Using Enterprise. Cambridge (Mass.) 1961.
–, Measuring Nonmonetary Utilities in Uncertain Choices: The Ellsberg Urn. In: The Quarterly Journal of Economics, Vol. 83 (1969), S. 324–329.
Smithies, Arthur, The Austrian Theory of Capital in Relation to Partial Equilibrium Theory. In: The Quarterly Journal of Economics, Vol. 50 (1935/36), S. 117–150.
Solomon, Ezra, Measuring a Company's Cost of Capital. In: The Journal of Business, Vol. 28 (1955), S. 240–252; wiederabgedruckt in: The Management of Corporate Capital, edited by Ezra Solomon. 3rd printing, London 1964, S. 128–140.
–, The Theory of Financial Management. New York–London 1963.
–, Leverage and the Cost of Capital. In: The Journal of Finance, Vol. 18 (1963), S. 273–279.
Solomonoff, R. J., A Formal Theory of Inductive Inference. In: Information and Control, 1964, S. 1–22, 224–254.

Solow, Robert M., siehe Dorfman, Robert.
Somers, Harold M., An Economic Analysis of the Capital Gains Tax. In: National Tax Journal, Vol. 1 (1948), S. 226–232.
–, Reconsideration of the Capital Gains Tax. In: National Tax Journal, Vol. 13 (1960), S. 289–309.
Spetzler, Carl S.; Staël von Holstein, Carl-Axel S., Probability Encoding in Decision Analysis. In: Management Science, Vol. 22 (1975/76), S. 340–358.
Sprinkel, Beryl W.; West, B. Kenneth, Effects of the Capital Gains Taxes on Investment Decisions. In: The Journal of Business, Vol. 35 (1962), S. 122–134.
Spronk, Jaap, Interactive multiple goal programming as an aid for capital budgeting and financial planning with multiple goals. Erscheint in: Financial Management of Corporate Resource Allocations, edited by Roy L. Crum, Frans G. J. Derkinderen, Nijenrode Studies in Business, Boston 1980.
von Stackelberg, Heinrich, Elemente einer dynamischen Theorie des Kapitals. (Ein Versuch). In: Archiv für mathematische Wirtschafts- und Sozialforschung, Bd. 7 (1941), S. 8–29, 70–93.
Staël von Holstein, Carl-Axel S., siehe Spetzler, Carl S.
Stegmüller, Wolfgang, Personelle und Statistische Wahrscheinlichkeit. Erster u. Zweiter Halbband, Berlin–Heidelberg–New York 1973.
Stigler, George J., The Theory of Price. 15th printing, New York 1965.
Stiglitz, Joseph E., The Effects of Income, Wealth and Capital Gains Taxation on Risk-Taking. In: The Quarterly Journal of Economics, Vol. LXXXIII (1969), S. 263–283.
–, Some Aspects of the Pure Theory of Corporate Finance: Bankruptcies and Take-overs. In: The Bell Journal of Economics and Management Science, Vol. 3 (1972), S. 458–482.
–, On the Irrelevance of Corporate Financial Policy. In: The American Economic Review, Vol. 64 (1974), S. 851–866.
Stiglitz, Joseph E., siehe Cass, David.
Stiglitz, Joseph E., siehe Grossman, Sanford J.
Strasser, Helge, Zielbildung und Steuerung der Unternehmung. Wiesbaden 1966.
Straub, H., siehe Poensgen, O. H.
Streitferdt, Lothar, Zur Wirkung steuerfreier Veräußerungsgewinne auf den Ersatzzeitpunkt von Anlagen. In: ZfB, Jg. 47 (1977), S. 239–256.
Strobel, Wilhelm, Der Einfluß einer allgemeinen Inflation auf Ausschüttungsniveau, Investitions- und Kapitalstruktur einer Unternehmung (I). In: Der Betrieb, Jg. 29 (1976), S. 2217–2221; (II), S. 2265–2269.
Stützel, Wolfgang, Aktienrechtsreform und Konzentration. In: Die Konzentration in der Wirtschaft. Bd. 2: Ursachen der Konzentration, hrsg. von Helmut Arndt. Berlin 1960, S. 907–987.
Süchting, Joachim, Finanzmanagement. Theorie und Politik der Unternehmensfinanzierung. 2. Aufl., Wiesbaden 1978.
Sunder, Shyam, Stock Price and Risk Related to Accounting Changes in Inventory Valuation. In: The Accounting Review, Vol. 50 (1975), S. 305–315.
Suppes, Patrick, The Probabilistic Argument for a Non-Classical Logic of Quantum Mechanics. In: Philosophy of Science, Vol. 33 (1966), S. 14–21.
–, The Measurement of Belief. In: Journal of the Royal Statistical Society, Series B, Vol. 36 (1974), S. 160–191.
Suppes, Patrick; Zinnes, Josef L., Basic Measurement Theory. In: Handbook of Mathematical Psychology, Vol. I, edited by R. Duncan Luce, Robert R. Bush, Eugene Galanter, New York–London 1963, S. 1–76.
Suppes, Patrick, siehe Krantz, David H.
Suppes, Patrick, siehe Davidson, Donald.
Swoboda, Peter, Die Ermittlung optimaler Investitionsentscheidungen durch Methoden des Operations Research. In: ZfB, Jg. 31 (1961), S. 96–103.
–, Die Wirkungen von steuerlichen Abschreibungen auf den Kapitalwert von Investitionsprojekten bei unterschiedlichen Finanzierungsformen. In: ZfbF, Jg. 22 (1970), S. 77–86.

–, Finanzierungstheorie. Würzburg–Wien 1973.
–, Auswirkungen einer Inflation auf den Unternehmungswert. In: ZfbF, Jg. 29 (1977), S. 667–688.
Swoboda, Peter; Kamschal, Margherita, Die Bewertung deutscher Wandelanleihen und die Optimierung des Umwandlungstermins bei steigenden Zuzahlungen (unter Anwendung der Black-Scholes-Methode). In: ZfbF, Jg. 31 (1979), S. 295–321.
Symonds, G. H., siehe Charnes, A.
Szyperski, Norbert; Winand, Udo, Entscheidungstheorie. Stuttgart 1974.
Taussig, F[rank] W[illiam], Principles of Economics. 3rd revised edition, New York 1924.
Teichmann, Heinz, Die optimale Komplexion des Entscheidungskalküls. In: ZfbF, Jg. 24 (1972), S. 519–539.
Teichroew, Daniel; Robichek, Alexander A.; Montalbano, Michael, An Analysis of Criteria for Investment and Financing Decisions under Certainty. In: Management Science, Vol. 12 (1966), S. 151–179.
Terborgh, George, Dynamic Equipment Policy. A Mapi Study, Machinery and Allied Products Institute. New York–Toronto–London 1949.
–, Business Investment Policy. A Mapi Study and Manual, Machinery and Allied Products Institute. Washington 1958.
Thompson, G. L.; Cooper, W. W.; Charnes, A., Characterisations by Chance-Constrained Programming. In: Recent Advances in Mathematical Programming, edited by Robert L. Graves, Philip Wolfe. New York–San Francisco–Toronto–London 1963, S. 113–120.
Tinbergen, J[an], Ein Problem der Dynamik. In: Zeitschrift für Nationalökonomie, Bd. 3 (1932), S. 169–184.
–, The Notions of Horizon and Expectancy in Dynamic Economics. In: Econometrica, Vol. 1 (1933), S. 247–264.
Tintner, Gerhard, Stochastic Linear Programming with Applications to Agricultural Economics. In: Proceedings of the Second Symposium in Linear Programming, Vol. 1, edited by H. A. Antosiewicz. Washington 1955, S. 197–228.
Tobin, J[ames], Liquidity Preference as Behavior towards Risk. In: The Review of Economic Studies, Vol. 25 (1957/58), S. 65–86.
–, The Theory of Portfolio Selection. In: The Theory of Interest Rates, edited by F. H. Hahn, F. P. R. Brechling. London 1965, S. 3–51.
Todhunter, I[saac], A History of the Mathematical Theory of Probability. Cambridge 1865 (Nachdruck New York 1965).
Tucker, A. W., siehe Kuhn, H. W.
Tversky, Amos, siehe Krantz, David H.
Upton, Charles W., siehe Miller, Merton H.
Vickson, R. G.; Altmann, M., On the Relative Effectiveness of Stochastic Dominance Rules: Extension to Decreasingly Risk-Averse Utility Functions. In: Journal of Financial and Quantitative Analysis, Vol. 12 (1977), S. 73–84.
Virtanen, Kalervo, siehe Honko, Jaakko.
Vorlander, H. O.; Raymond, F. E., Economic Life of Equipment. In: Transactions of the American Society of Mechanical Engineers, Vol. 54 (1932), Research Papers, S. 29–51.
Vormbaum, Herbert, Die Zielsetzung der beschäftigungsbezogenen Absatzpolitik erwerbswirtschaftlich orientierter Betriebe. In: ZfhF, NF, Jg. 11 (1959), S. 624–636.
–, Das finanzwirtschaftliche Gleichgewicht des Betriebes. In: ZfB, Jg. 32 (1962), S. 65–81.
–, Finanzierung der Betriebe. 5. Aufl., Wiesbaden 1977.
Wagner, Franz W., Kapitalerhaltung, Geldentwertung und Gewinnbesteuerung. Berlin–Heidelberg–New York 1978.
Wagner, Franz W.; Dirrigl., H., Die Steuerplanung der Unternehmung. Stuttgart–New York 1980.
Wagner, Helmut, Simultane Planung von Investition, Beschäftigung und Finanzierung mit Hilfe der

dynamischen Programmierung. In: ZfB, Jg. 37 (1967), S. 709–728.
Walb, Ernst, Die Erfolgsrechnung privater und öffentlicher Betriebe. Berlin–Wien 1926.
–, Unternehmungsgewinn und Betriebsgewinn. In: ZfhF, Jg. 20 (1926), S. 545–559.
Wallich, Henry C., Taxation of Capital Gains in the Light of Recent Economic Developments. In: National Tax Journal, Vol. 18 (1965), S. 133–150.
Weingartner, H. Martin, Mathematical Programming and the Analysis of Capital Budgeting Problems. Englewood Cliffs 1963, reprinted Chicago 1967.
–, Capital Rationing: n Authors in Search of a Plot. In: The Journal of Finance, Vol. 32 (1977), S. 1 403–1 431.
von Weizsäcker, Carl Friedrich, Probability and Quantum Mechanics. In: The Britisch Journal for the Philosophy of Science, Vol. 24 (1973), S. 321–337.
Welcker, Johannes, Wandelobligationen. In: ZfbF, Jg. 20 (1968), S. 798–838.
Whinston, Andrew, siehe Näslund, Bertil.
West, B. Kenneth, siehe Sprinkel, Beryl W.
Weston, J. Fred, siehe Copeland, Thomas E.
Wicksell, Knut, Lectures on Political Economy. Vol. I, General Theory. 6th impression, London 1951.
Winand, Udo, siehe Szyperski, Norbert.
Winfrey, Robley, siehe Marston, Anson.
Winkler, Robert L., The Quantification of Judgement: Some Methodological Suggestions. In: Investment Portfolio Decision-Making, edited by James S. Bicksler, Paul A[nthony] Samuelson, Lexington–Toronto–London 1974, S. 121–139.
Wittmann, Waldemar, Unternehmung und unvollkommene Information. Köln–Opladen 1959.
–, Überlegungen zu einer Theorie des Unternehmungswachstums. In: ZfhF, NF, Jg 13 (1961), S. 493 bis 519.
Wöhe, Günter; Bilstein, Jürgen, Grundzüge der Unternehmensfinanzierung. München 1978.
Wolfson, Mark A., siehe Fellingham, John C.
Wright, C. A., A Note on »Time and Investment«. In: Economica, New Series, Vol. 3 (1936), S. 436–439.
Zabel, Edward, Consumer Choice, Portfolio Decisions, and Transaction Costs. In: Econometrica, Vol. 41 (1973), S. 321–335.
Zadeh, L. A., siehe Bellman, R. E.
Zelesny, Milan (Ed.), Multiple Criteria Decision Making. Berlin–Heidelberg–New York 1976.
Zentes, Joachim, Optimalkomplexion von Entscheidungsmodellen. Ein Beitrag zur betriebswirtschaftlichen Meta-Entscheidungstheorie, Diss. Saarbrücken 1975.
Zimmermann, Hans-Jürgen, Optimale Entscheidungen bei unscharfen Problembeschreibungen. In: ZfbF, Jg. 27 (1975), S. 785–795.
Zinnes, Josef L., siehe Suppes, Patrick.
Zionts, Stanley (Ed.), Multiple Criteria Problem Solving. Berlin–Heidelberg–New York 1978.

Sachverzeichnis

Abrechnungsperiode 43 ff., 147, 612
– finanzwirtschaftliche 45, 147
– leistungswirtschaftliche 45, 147
Absatzverbund, zeitlicher 622
Abschreibung
– Barwert der Ertragswertabschreibung 281 ff., 343 ff.
– Barwert der steuerlichen 281 ff., 343 ff.
– degressive 286 ff.
– Ertragswertabschreibung 280 ff., 317 ff., 343 ff.
– für Erst- und Erweiterungsinvestitionen 330 ff.
– lineare 287 f.
– Sofortabschreibung 315, 330, 338, 343
– Sonderabschreibung 286 ff., 319., 342 ff.
Abschreibungsursache 223
Abstandsvergleiche 96
Agio 458 ff., 473
Allais-Paradoxon 91 ff.
Als-Ob-Annahmen 531, 539, 542, 548 ff.
Als-Ob-Methodologie 541 ff.
Alternativanlage, steuerbefreite 271
Alternativrendite 463, 466, 475, 479, 485, 489, 497
Aktiensplit 558
Amortisationsdauer 244 ff.
Anlagenunterhaltungsausgabe 225 f., 611
– außerplanmäßige 226
– planmäßige 226
Annuität 180 ff., 229, 375
– des Ertragswertes 181, 213
– des Kapitalwertes 181, 238
Annuitätsmethode 242, 372 ff.
Annuitätsrechnung 181
Anpassungsfähigkeit 114 ff.
Anrechnungsverfahren, körperschaftsteuerliches 572
Anspruchsanpassung 56 f.
Arbitrage 501, 562
Archimedisches Prinzip 100
Aufwandkapital 455, 458, 488
Ausgaben 151 f.

– gewinnabhängige 493
– steuerlich nicht abzugsfähige 257
Ausgabenverbund 646 ff.
Außenfinanzierung 157 f.
Ausschüttungsbelastung 250
Ausschüttungsprämie 478, 483, 484 ff.

Barwert
– der Ertragswertabschreibung 281 ff., 343 ff.
– der steuerlichen Abschreibung 281 ff., 343 ff.
Basislösung 382, 390
Bedarfswandlung 223
Bedürfnisbefriedigung
– aus Besitz 159
– aus Konsum 159
– Maßgrößen 158
Beleihungsgrenzen 510
Bernoulli
– Nutzenfunktion 308, 332, 532, 594
– Prinzip 91 f., 104, 119, 136, 427
Beschaffungsverbund, zeitlicher 622
Bestandseinsatzfunktion 640, 642
Bestandskapital 351 f., 370, 455, 458, 608
Besteuerung
– der Veräußerungsgewinne 300 ff.
– wettbewerbsneutrale 252
Besteuerungszeitpunkt 267, 315, 317
Beta-Faktor 528 ff.
Betrieb 21
Bezugskurs, optimaler 471
Bezugsrecht 466 ff., 468
Bezugsrechtsformel 468, 472
Bilanzierung 324
– von Forderungen 328
– von Kundenanzahlungen 327 f.
– Vorratsbilanzierung 325 ff.
Bilanzierungswahlrecht, einperiodiges 258 f.
Black-Modell 539
Brownsche Bewegung, geometrische 603
Budgetbeschränkung 595 ff.

Capital Asset Pricing Model (CAPM) s. Wertpapierlinie, Modell

Capital-Market-Line s. Kapitalmarktlinie
Chance-Constrained-Programming 433, 438 ff., 442
Cobb-Douglas-Funktion 615
Cournot-Theorem 34, 46, 614
– finanzwirtschaftliches 31, 46, 178 f., 197, 614

Delegierbarkeit von Investitionsentscheidungen 595 ff.
Differenzmethode 222
Dividendenpolitik 583
Dividendenthese 479 ff.
Dominanz, stochastische 117 f.
Dominanzprinzip 58, 92, 116 f., 427, 491
Dualtheorem 386 ff., 393, 406
Dualvariable 386, 408
Durchschnittsgewinn 239
– zeitlicher 243
Durchschnittskosten 240
– zeitliche 243
Durchschnittsrendite 194 ff., 364
Durchschnittsrentabilität 459

Eigenfinanzierung 154 ff., 229, 351, 457 ff., 464 ff.
– Kosten 260, 263, 465, 468
Eigenfinanzierungsrisiko 491, 494
Eigenkapitalkosten 260, 263, 465, 468
Eigenkapitalrentabilität 473, 488
Einkommen 200 ff.
– sicheres 99
– zu versteuerndes 249
Einkommensbemessungsfunktion 561
Einkommenselastizität 461
Einkommensermittlung 564
Einkommensmaximierung 162, 167, 169 ff., 203, 355, 361, 377, 408, 456, 466, 476, 487
Einkommensminderung, prozentuale 335 ff.
Einkommensmotiv 50
Einkommensstreben 161 ff., 204 f., 355, 446
Einkommensteuer 250, 252, 259, 332
Einnahmen 151
Einnahmenüberschuß 206 ff., 250 ff., 324
– entnahmefähiger 206
Einnahmenüberschußrechnung 324
Elastizität 114
Elementarereignis 74 ff.
Ellsberg-Paradoxon 89 ff.
Emissionskosten 261, 264, 462, 471
Emissionskurs 466 ff.
Empfindlichkeitsanalyse 244, 433 f., 449, 451

Endvermögen 163 ff.
Entnahmestrom, maximaler 161
Entscheidung
– bei Intervallwahrscheinlichkeiten 73, 104
– bei nominalen Wahrscheinlichkeiten 73, 139
– bei präordinalen Wahrscheinlichkeiten 73, 139
– bei qualitativen (ordinalen) Wahrscheinlichkeiten 73, 139
– bei quantitativen Wahrscheinlichkeiten 72, 108
– bei teilweise nominalen Wahrscheinlichkeiten 73, 139
– Detailentscheidung 218
– Einzelentscheidung 109, 175 ff., 217, 220, 612
– gewohnheitsmäßige 48
– Gruppenentscheidung 61
– Programmentscheidung 109 ff., 175 ff., 218
– unter Sicherheit 72
– unter Ungewißheit 61 ff., 66
– zielbewußte 48 ff.
– zufällige 48
Entscheidungsmatrix 66
Entscheidungsmodelle 25, 28 ff.
– Anwendungsbedingungen 74 ff.
– Existenzbedingungen 74
Entscheidungsprogramme, alternative 26, 169
Entscheidungsprozesse 38 f.
Entscheidungsregeln
– bei nominalen Wahrscheinlichkeiten 139
– bei ordinalen Wahrscheinlichkeiten 139
– bei präordinalen Wahrscheinlichkeiten 139
– bei teilweise nominalen Wahrscheinlichkeiten 139
– für Intervallwahrscheinlichkeiten 137 f.
Entscheidungszwang 91
Ereignis
– elementares 74 ff.
– logisch unmögliches 72
– planbar sicheres 76 ff.
– sicheres 72, 84, 87
– unmögliches 87
Ereignisalgebra, vollständige 84 ff., 93
Ereignisverbund 493
Ersatzinvestition 237, 240
– Gesetz 238
Ersatzzeitpunkt 221, 407
– optimaler 226, 240 ff., 242, 395
Erstinvestiton 330
Ertragswert 180, 209, 232, 279 ff., 395, 472
– Annuität 181, 213
Ertragswertabschreibung 280 ff., 283 ff., 317 ff.

- Barwert der 281 ff., 343 ff.
Erwartungen
- identische 522, 524, 532, 548, 603
- stationäre 593
Erwartungswert 219, 244, 410, 429, 447, 492, 511, 538
- des Endvermögens 522, 579
- der Gewinne 425 ff.
- der Rendite 466, 522, 528, 529, 532, 536, 537, 566
- des Risikonutzens 120, 448, 495 f., 507, 516, 521 ff.
- steigender 495
Erweiterungsinvestition 26, 240, 330, 404, 467 f., 474, 490, 494, 515, 619, 621, 628, 631, 634
Existenzminimum 122 ff.
Existenzrisiko 509
Extremwertforderung 54 ff.

Finanzierung
- Definition 149 ff.
- durch Abschreibungen 149, 154
- durch Rückstellungen 149, 154
- externe 353
- interne 353
Finanzierungsprogramm 351, 373
Finanzierungsquellen, Systematik 353
Finanzierungsregel 354, 376, 453 ff.
Finanzplan 152
- optimaler 159 ff., 172, 376, 398, 404, 433, 455, 473, 649
Firma 22
Firmenwert 209
first–in–first–out–Verfahren (Fifo) 326
Fisher–Effekt 315
Flexibilität 114 ff.
Fortschritt, technischer 221, 226 ff., 242, 515
Fremdfinanzierung 155 ff., 351 ff., 457 ff., 488 ff.
- Kosten 260
- Optimum 488 ff.
Fremdkapital 155 ff., 351 ff., 457 ff., 488 ff.
Fremdkapitalkosten 260
- Abzugsfähigkeit 272, 567 ff.
- marginale 488
Fuzzy sets 65

Ganzzahligkeit 404 f.
Ganzzahligkeitsbedingung 445 f.
Geldanlage, risikolose 521, 523, 528, 532, 536 f., 540, 573, 576, 582, 594 f.

Geldillusion 311 f.
Gesamtbewertung 222, 497
Gesamtvermögen 119
Gesellschafterdarlehen 263
Gewerbeertragsteuer 250, 252, 260 ff., 269, 323 ff., 572
Gewerbekapitalsteuer 260, 572
Gewinn 200 ff.
- ausschüttungsfähiger 208, 230, 476, 481, 484, 487
- buchhalterischer 475
- Durchschnittsgewinn 239, 243
- entgangener 221, 227, 353, 609
- ökonomischer 212 ff., 236, 281
- Periodengewinn 202, 204 ff., 215, 230
- steuerpflichtiger 251 ff., 471, 482 f.
Gewinnbegriff, betriebswirtschaftlicher 200 ff.
Gewinnbesteuerung 248 ff., 251 ff.
- Neutralität 313
Gewinnermittlung
- bilanzielle 330
- Zwecke 204 ff., 564
Gewinnkapital 455, 458, 488
Gewinnmaximierung 53, 56 f., 447
Gewinnmaximum 32, 197 ff., 231
Gewinnsteuer 248, 399, 464, 502, 567 ff., 627
- allgemeine 252, 268, 316 ff., 323
- diskriminierende 269, 314 ff., 323 ff.
Gewinnstreben 55
Gewinnthese 479 ff.
Gewinnverböserung 250, 252 ff., 270, 325 ff., 340 f., 346
Gewinnvergünstigung 250, 252 ff., 270, 341 f., 346
Gewinnverwendung 410
Gewinnverzehr durch Besteuerung 248
Gewißheit, vollständige – über die Ungewißheit 67, 73, 75 ff., 107, 141
Glaubwürdigkeit, Grade 67 ff., 72 ff.
Glaubwürdigkeitsziffern 61, 67 ff., 124, 426, 432, 452, 490
Gläubigerrisiko 504 ff., 515
Gleichgewicht, finanzwirtschaftliches 377
Gleichwahrscheinlichkeit 81 ff., 143, 549
Goldene Bilanzregel 453
Gomory-Algorithmus 404
Grenzentscheidung 123 ff.
Grenzerlös 31 f., 34, 46, 177 f.
Grenzerlösfunktion 32
Grenzgewinn 233, 236, 239, 302 ff.
Grenzkalkulationszinssatz 360

Grenzkapitalkosten 354, 357, 369, 458
Grenzkosten 31 f., 35, 46, 177, 221, 243, 616
Grenzkostenfunktion 32
Grenzopportunitätskosten 387
Grenzproduktivität 636
Grenzrate der Substitution 528
Grenzrendite 178, 194 ff., 235, 236, 242, 302, 357, 360, 364 f., 369 ff., 372, 387, 463, 465, 570

Habenzins 372, 524, 536, 540
– korrigierter 478, 482, 486
– marginaler 369, 464, 468, 488
– unkorrigierter 483
Habenzinskurve 366, 372
Häufigkeitsziffern 137, 435
Handlungsmöglichkeiten 26, 66
– Kenntnis 62
– Mischung 109
Handlungsmotive 49
Handlungsprogramm 26, 169, 409, 449
– vollständiges 109
Handlungszeitraum 40 ff., 204, 206, 208
HARA-Funktionen 590 f., 594, 609
Haushalt 21
Hedging 535
Hyperordinalskala 73, 97 ff.

Indifferenzkurve 363, 522 f., 533 ff., 589
Inexaktheit der Problemstellung 62 ff., 77, 81, 610
Inflationsproblem 308 ff.
Information 34 ff., 63 f., 218, 393, 435, 447, 504, 513, 548, 556
– Grenzerlös 34 f., 141
– Grenzkosten 34 f., 141
– nicht öffentlich zugängliche 555
– öffentlich zugängliche 555, 564
– unvollkommene 62 ff., 81
Informationsauswertung 25, 35 ff., 63, 219, 543 ff., 548, 558
Informationsbeschaffung 34 f., 43, 63, 140 ff., 219, 520, 543, 548, 558
Informationseffizienz 525, 546 ff., 548 f., 558 ff.
– halbstrenge 555 ff., 558 f., 561
– schwache 553 f.
– strenge 553, 559
Informationsfunktion des Jahresabschlusses 560 ff.
Informationskosten 141, 517
Informationsmarkt 545
Informationsoptimum 34 ff., 140 ff.

Informationsrisiko 504
Informationstheorie 63
Informationswert 34 ff., 140, 556, 562
Innenfinanzierung 157 f.
Innenoptimum 483, 487
Interdependenzproblem 219 ff., 266, 612
Intervallskala 72, 87, 96 ff.
Intervallwahrscheinlichkeiten 95 ff., 137 f.
Investition
– arbeitssparende 296 ff.
– Definition 148 ff.
– Differenzinvestition 27, 492
– kurzlebige 295
– langlebige 295
– risikobehaftete 334 ff.
– risikolose 334 ff., 423
– Unteilbarkeit 395
– Vorteilhaftigkeit 231 ff.
Investitionsdauer 233
Investitionsentscheidung 217 ff.
– Delegierbarkeit 596 ff.
Investitionsfunktion 219
Investitionskette 231
– endliche 236 ff.
– identische 236, 242
– unendliche 238 ff.
Investitionsmischungs–Politik 593
– kurzsichtige 593
Investitionsobjekte
– begrenzt bewertbare 222, 240, 243
– sich gegenseitig ausschließende 356, 394
– sich gegenseitig begünstigende 357
– teilbare 355
– unteilbare 35, 394
– verbundene 357, 360
– vollständig bewertbare 222
Investitionsprogramm 194 ff., 220, 351, 354 ff., 360, 369, 371, 394, 476, 588, 593, 613, 617
– optimales 245, 356, 369
Investitionsrechnung 221, 226, 242, 244
Isogewinnlinie 379, 610 f.
Isomorphie 71

Jahresabschluß
– Einkommensbemessungsfunktion 561
– Informationsfunktion 560 ff.
– Informationsgehalt 520
Jahreseinkommen, durchschnittliches 338 ff., 342 ff.

Kalkulationszinsfuß 228 ff., 518, 533, 610, 616
– Aufgaben 229

- im Inflationsfall 310 ff.
- im Steuerfall 314
- marginaler 357, 369
- versteuerter 268 ff.
Kapazität
- Periodenkapazität 628, 630, 634
- Totalkapazität 628, 630
Kapazitätseinheit 217, 223, 231, 619
Kapazitätserweiterungseffekt 628
Kapazitätslinie 617, 620
Kapital
- gebundenes 233, 635
- Umschlagshäufigkeit 628, 636
Kapitalbedarfsanalyse 625
Kapitalbedarfsfunktion 621
Kapitalbeschaffung 149
Kapitalbindung 172, 233, 617, 623
Kapitalbindungsdauer 629, 635 ff.
Kapitalbindungsregeln 453 f., 513, 517
Kapitalerhaltung
- nominelle 207, 211, 564
- reale 211
Kapitalerhöhung 263 ff., 457 ff., 463 ff.
Kapitalfondsfunktion 626
Kapitalfondsprozeß 625
Kapitalfreisetzungseffekt 628 ff.
Kapitalkonto, negatives 285 f., 348
Kapitalkosten 229, 353 ff., 605 ff.
- durchschnittliche 605
- gewogene durchschnittliche 570, 571 f.
- Grenzkapitalkosten 353 f.
- marginale 357
- Theorie 517 ff.
- wertpapierindividuelle 522
- unter Ungewißheit 517 ff., 519 ff., 530, 533, 538 ff., 541, 566 ff., 570, 594 ff.
- - einperiodige 566
- - Existenzbedingungen 519
- - mehrperiodige 576 ff.
Kapitalmarkt
- beschränkter 354, 459, 461, 465, 483, 486, 488, 515, 610
- unvollkommener 174, 354, 361 ff., 370, 372, 464, 475, 483, 488, 524, 613, 621
- vollkommener 175, 354, 357, 360, 370, 373, 464, 483, 488, 500 ff., 519, 521, 525, 531, 548, 566, 584, 617
- vollkommener Restkapitalmarkt 211, 398, 596
Kapitalmarkteffizienz 525, 560 ff.
Kapitalmarktgleichgewicht 528, 559 f.

Kapitalmarktkosten unter Ungewißheit 521 ff., 525, 530
Kapitalmarktlinie 521 ff., 526, 529 f., 532, 538
Kapitalmarktmodell 521 ff., 557
- Randbedingungen 531 f.
Kapitalmarktpreisbildungsprozeß 548, 559
Kapitalnachfragefunktion 219
Kapitalrationierung 376
Kapitalrentabilität 177
Kapitalstruktur 472, 499 ff., 517 ff., 566 ff.
- optimale 351, 361, 373
Kapitalstrukturregeln 377, 453, 459, 496, 506, 513
Kapitalstrukturrisiko 489, 499, 501, 503 f., 513, 516
Kapitalwert 177 ff., 178, 375, 518
- Definition 178 f., 232
- im Steuerfall 273
- nach Steuern 279
- vor Steuern 279
Kapitalwertkriterium 189 f.
Kapitalwertmaximierung 196 ff., 361, 369, 406
Kapitalwertmaximum, zeitliches 231
Kapitalwertmethode 178 ff., 372, 374, 407
- unter Ungewißheit 518
Kassageschäft 535
Kaufoption 599 f.
Ketteneffekt 240
Körperschaftsteuer 250, 252, 269
Kohärenz 101
Komplexionsgrad 37
Konsumpräferenz 23, 159, 163, 368, 502, 519, 584
Korrelationskoeffizient 414 ff., 522, 528, 538
Kosten
- Durchschnittskosten 240, 243
- Opportunitätskosten 229, 353, 369, 438, 608, 617, 648
Kosteneinflußgrößen 625
Kostenfunktion 219
Kovarianz 528
Kreditrationierung 506 ff., 515 f., 594
Kreditrisiko 504, 507, 510
Kritischer Wert 243
Kuhn-Tucker-Theorem 389
Kursänderungen, strenger Zufallspfad der 543 ff.
Kurve der guten Handlungsmöglichkeiten 367 ff., 379, 413 ff., 422 ff., 524 f., 533

Lagrange-Multiplikatoren 389, 608, 616
Laplace-Prinzip 81 ff., 143, 549
Last-in-first-out-Verfahren (Lifo) 326
Leasing 291 ff., 454, 619
Leerverkäufe 423, 533 ff., 539, 589, 594, 604
Leistungsabgabefunktion 640, 642
Leistungsbereich 611 ff., 621 f.
Leistungserstellung 611
Leverage-Effekt 488 ff., 497, 500, 571
Liquidität 376 f., 439
Liquiditätspräferenz 368
Lock-in-Effekt 300 ff.
– unter Risikoaspekten 307 ff.
Lutz-Modell 394, 459 f.

Marginalprinzip 32
Marktaufspaltung 541 f.
Marktgleichgewicht 521 ff., 543
Marktportefeuille 524 ff., 530, 531 ff.
– risiko–effizientes 524 ff., 532, 538, 543, 546
Marktpreis des Risikos 570
– für die Risikoänderung um eine Risikoeinheit 526
– für die Risikoübernahme 525 f., 528, 530, 539, 542, 566, 576 ff., 580, 606 f.
Marktwert eines Unternehmens 524, 569, 575, 580
Marktzinssatz, risikoloser s. Geldanlage, risikolose
Maßgeblichkeitsprinzip 319, 322 f.
Maximalerlöskombination 613
Maximalformulierung 54 ff.
»me-first-rules« 502, 584
Meßbarkeit
– kardinale 129 f.
– nominale 74 ff.
– ordinale 81 ff.
Meßbarkeitsstufen subjektiver Wahrscheinlichkeiten 72 ff.
Meßskala 72
Messung 71 ff.
Mindestrenditevorgabe 595 ff.
Minimalkostenkombination 613, 616
Minimax–Prinzip 139, 143
Minimumformulierung 54 ff.
Modell
– dynamisches 615
– einperiodiges 613, 617
– klassisches 355 ff., 358, 393
– kombinatorisches 376, 388, 433, 457 ff.
– lineares 393, 621, 641

– Planungsmodell 28
– Simultanmodell 646
– statisches 43 f., 355, 360, 617
Modellkern 531 ff.
Modigliani-Miller-Theorem 500 ff., 536, 567 ff.
Motive unternehmerischen Handelns 49
myopic portfolio policy 593

Neutralität einer Gewinnsteuer 313
– kompensierende 313, 316
– systematische 313 ff.
Nichtbasisvariable 383
Nichtentscheidbarkeit von Wetten 105 ff.
Nichtnegativitätsbedingung 381, 384, 389, 392
Nichtüberwälzbarkeit 266
Nichtüberwälzung 296, 325
Nominalskala 72
Normalverteilung 136, 522, 532, 585
Nutzen
– lexikographischer 58 ff., 116, 123, 163
– substitutionaler 116
Nutzendominanz 116
Nutzenfunktion 59, 163
– kardinale 126 f.
– quadratische 448
– substitutionale 58 f., 163
Nutzenmaximierung 134, 162 ff.
Nutzenmessung 71
– kardinale 66, 97 f.
Nutzungsbündel, wirtschaftliches 626
Nutzungsdauer 231, 236, 238, 647
– ausgabenminimale 225
– optimale 231 ff., 234
– technische 223, 224 ff., 395, 631
– verschleißbedingte 225, 243
– wirtschaftliche 224, 231, 237, 274, 395, 628, 631, 637

operational time 44
Opfer, finanzielles 152
Opportunitätskosten 229, 353, 369, 438, 608, 617, 648
Optimum, leistungswirtschaftliches 617
Optionspreis 599 ff.
Optionspreismodell 602 ff.
Ordinalskala 73
Organisationsproblem 38
Organisationstheorie, jüngere 57

Pari–Emission 471
Partialmodell 173, 228

- finanzwirtschaftliches 173, 375
- klassisches 174 ff., 375
- kombinatorisches 173, 176 f., 375
- mit Kapitalmarktbeschränkung 174
- mit unvollkommenem Kapitalmarkt 174
- mit vollkommenem Restkapitalmarkt 175

Pay-off-Methode 244
Periodenanalyse 233
Petersburger Spiel 127 ff.
Pflichtmotiv 50
Planperiode 42, 43
Planung 109 ff.
- bei Engpässen 617
- einperiodige 43, 49, 360, 521, 567, 587, 602, 623
- Eventualplanung 27
- flexible 114 ff.
- Gesamtplanung 611 ff.
- mehrperiodige 43, 49, 376, 576 ff., 581, 593
- Programmplanung 109 ff., 175 ff., 218, 351 ff., 432, 451
- rollende 43
- simultane 220, 611, 620
- überlappende 43, 450, 451

Planungsfehler 78
Planungshorizont 42, 363, 395, 410, 447, 456, 479
- abhängiger 41, 198 ff., 231
- begrenzter 238
- optimaler 43
- unabhängiger 41, 159 f., 198, 231

Planungskosten 37, 442
Planungsmodell 28
- dynamisches 43 ff.
- einperiodiges 355
- finanzwirtschaftliches 176
- kombinatorisches 455
- lineares 392
- simultanes 393 f. 406, 408, 617, 648
- statisches 43 ff.

Planungsprozeß 25
Planungsrechnung
- betriebswirtschaftliche 26, 219
- lineare 620

Planungswahrheit 80 f., 107
Planungszeitraum 40 ff., 163, 236, 395, 478, 631, 649
Portefeuille
- optimales 409
- risikoloses 602, 635, 645
- risikominimales 537

Potentialfaktor 631

Präferenzmessung 75
Präferenzwahrscheinlichkeiten 124 ff., 129 f., 427, 448
Preis-Absatz-Funktion 219, 615
Prestigemotiv 51
Prinzip der Fristenkongruenz 453
Prinzip vom mangelnden Grunde 81 ff., 143, 549
Problemstellung, inexakte 62 ff., 77, 81, 610
Produktionsfaktor 635
Produktionsfaktoren, Kombination von 22, 217
Produktionsfunktion 621, 639
- ertragsgesetzliche 642
- finanzwirtschaftliche 636
- linear limitationale 642, 647
- neoklassische 614, 635, 642, 647

Produktionsmodell, dynamisches 623
Produktionsniveau 613, 615
Produktionsprogramm 613, 619
Produktionsstufe 217, 617
- Kapazität 617

Produktionsverfahren 613
Produktionsverbund, zeitlicher 622
Produktisoerlöslinie 613
Produktisoquante 613, 617
Prognose, relativierte mehrwertige 80 f.
Programm
- duales 434
- hinreichend zulässiges 433 ff., 440 ff.
- primales 434

Programmentscheidung 243, 409, 427, 434
Programmierung
- dynamische 581
- ganzzahlige 399, 407
- lineare 378 ff., 386, 405, 438, 619, 627
- – unter Ungewißheit 437 ff.
- mathematische 388, 614, 621, 641
- nichtlineare 375, 405, 615
- parametrische 434, 449
- stochastische lineare 433, 435 ff.

Programmierungsprobleme, ganzzahlige 404 f.
Programmplanung 109 ff., 175 ff., 218, 432, 451
- finanzielle 351 ff.

Random-Walk-Hypothese 543 ff., 601
Randoptimum 483, 589, 598
Rangordnung
- nicht bezifferbare 93 ff.

Rangordnungsprinzip 86 f., 92
Rationalität des Handelns 48, 55 ff.
Reinvestition 236, 628, 632, 634

Rendite
- des eingesetzten Kapitals 177, 183, 457, 466, 488
- Durchschnittsrendite 194 ff., 364
- einer zusätzlichen Handlungsmöglichkeit 178
- ex-post 547
- Grenzrendite 178, 194 ff., 235, 236, 242, 302, 357, 360, 364 f., 369 ff., 372, 387, 463, 465, 569
- nach Steuern 284 f., 338
- versteuerte 284
- vor Steuern 338

Rentabilität
- des Eigenkapitals 196 ff., 488, 499, 522
- des Gesamtkapitals 196 ff.

Rentabilitätsstreben 194 ff.
Repräsentationstheorem 74
Restbuchwert 273 ff.
Restkapitalmarkt 524
Restverkaufserlös 221, 273 ff.

Risiko
- im Sinne von Knight 70 f.
- leistungswirtschaftliches 492, 496, 499, 504
- Marktpreis 566
- systematisches 528 ff., 532, 533, 537, 538, 539, 542, 566, 579, 581
- unsystematisches 528 f.

Risikoabneigung 332 ff., 427, 430, 521
- absolute 585 ff., 590 ff.
- Formen 585 ff.
- Formen relativer 339, 585
- gleichbleibende relative 339
- relative 585 ff., 590 ff.
- sinkende relative 339
- steigende relative 339

Risikoabschlag 435, 580
Risikoänderung um eine Risikoeinheit, Marktpreis für 526
Risikoausgleich 429
Risikobereitschaft bei Gewinnbesteuerung 331 ff.
Risikoeffizienz 525
Risikofreude 120 f.
Risikogleichlauf 429, 431, 495, 512, 536, 539, 540
Risikogrenze 244
Risikogrenznutzen 586
Risikohöhe, marktbezogene 528
Risikoindifferenzkurven 130 ff.
Risikoklasse 466, 468, 481, 492, 494, 568
Risikomaß 131, 243, 245, 410, 425, 529, 532, 542
Risikomaßeinheit 539
Risikomessung 419

Risikominderung 429, 446, 514
Risikomischung 458
Risikoneigung 110, 120 ff., 409, 421, 424, 427, 449, 492, 502, 519, 522, 524
Risikoneutralität 120 f., 332, 430, 434, 447, 451
Risikonutzen 120, 129 f., 450
- Erwartungswert 119, 450, 507
- Theorie 127, 427, 502

Risikonutzenfunktion 127 ff., 130 ff., 425, 448, 589
- additive 542
- beschränkte 534, 540
- bzgl. des Einkommens 120
- bzgl. des Endvermögens 119
- nichtlineare 448
- Prinzip der Beschränkung 121 ff., 129, 427

Risikopfad 589 ff.
Risikopolitik, unternehmerische 109
Risikopräferenzen 108, 519, 598 ff.
Risikopräferenzfunktion 130 ff., 424 ff., 492, 519
Risikoprämie 518, 528, 576 ff.
- mehrfache 581 ff.
- persönliche relative 334 ff., 339 ff.
- programmbezogene relative 334 ff., 339 ff.
- relative 334 ff.

Risikoprofil 117 f.
Risikotoleranz 591
Risikoübernahme, Marktpreis für 525 f., 528, 530, 539, 542, 576 ff., 580, 607
Risikoverbund 428 ff., 431, 495, 594
- einzelner Handlungsmöglichkeiten 428, 452

Risikozuschlag 230, 497, 518

Rücklage
- steuerfreie 289 ff.
- stille 155

Sachinvestitionskurve 366, 614
Sachverbund 428
- einzelner Handlungsmöglichkeiten 452

Satz von Taussig 636
Schattenpreis 369, 378, 380, 386 ff., 392, 393, 405, 406, 449, 616, 641, 646
Scheingewinnbesteuerung 253, 309
Schlupfvariable 381, 385, 389
Schütt-aus-Hol-zurück-Politik 264 f., 456, 477, 487
security-market-line s. Wertpapierlinie
Selbstfinanzierung 149, 154 ff., 457 ff.
- Kosten 263
- offene 155
- Optimum 353, 375, 478, 487

Sachverzeichnis

- Steuerbelastung 251
- stille 155, 457 ff.
- unternehmenserhaltende 476
- versteckte 156, 482

Sensitivitätsanalyse 433 f.
Separationstheorem 519, 595, 597
- Fisher-Separationstheorem 519, 575
- Tobin-Separationstheorem 519, 521 f., 591

Sharpe-Lintner-Mossin-Modell 539
short selling s. Leerverkäufe
Sicherheit 70
Sicherheitsäquivalent 99, 119, 120, 439, 580
Sicherheitsniveau 443, 449
Sicherheitsreserven 436, 450
Simplexkriterium 382, 385, 390, 393
Simplexmethode 378, 385, 391, 404, 619
Simplextheorem 382, 390
Sofortabschreibung 315, 330, 338, 343
Sollzins 374, 488, 524, 536, 540
- effektiver 464
- marginaler 371, 459, 498

Sollzinskurve 366
Sonderabschreibung 286 ff., 390 f.
Spielabneigung 87
Spielfreude 87, 102
Spielsituation 71
Spieltheorie 137
Standardabweichung 131, 410, 414 ff., 425, 526 f., 528, 532
Stetigkeitsprinzip 92, 99 ff., 119, 120 f., 123
Steuer
- auf das finanzielle Ergebnis 248
- auf Unternehmensleistungen 248
- auf Unternehmensmittel 248
- diskriminierende 252

Steuerbemessungsgrundlage 251 ff.
Steuereinholung, teilweise 277
Steuerparadoxon 278, 283
Steuersatz
- proportionaler 252, 268
- progressiver 259, 332, 408

Steuersatzänderung 332 ff., 339 f.
Streuung 466, 532, 538
Streuungsmaß 131 ff.
Substanzbesteuerung 572
- Verfahren 212

Substanzgewinn in der Inflation 329
Substanzsteuer 270
Substanzverlust in der Inflation 329
Substanzwert 472
Substitutionalität 163

Subvention 337
System der Finanzierungsquellen 353

Teilentscheidbarkeit von Wetten 104 ff.
Teilsteuerrechnung 253
Termingeschäft 535
Theorie
- dynamische 40, 159
- explikative 24

Tobin-Separation 513, 521 f., 590
Totalgewinn 202 ff.
Totalmodell 39, 170 ff., 228, 231, 375, 441
- finanzwirtschaftliches 171 ff., 375
- zeitlich unvollständiges 408

Toter Punkt 244
Transaktionskosten 521
Transitivität 87
two-fund-theorem 524

Überholung
- technische 223
- wirtschaftliche 223

Überschuldungsrisiko 512
Überwälzung in der Inflation 315
Umsatzmaximierung 230
Umweltbedingungen 26, 29
Unabhängigkeit
- statistische 431, 444, 549 f.

Unabhängigkeitsprinzip 87 ff., 102 f., 120 f.
Ungewißheit
- im Sinne von Knight 72 f.
- völlige 81
- vollständige Gewißheit über die 67, 73, 75 ff., 107, 141

Unternehmer 22
Unternehmerbegriff 166
Unternehmereinkommen 162
Unternehmung 23 ff.
- auf Dauer 40, 163 ff.
- auf Zeit 41, 16
- Gewinnbegriff 206

Unternehmungsbegriff
- firmenbezogener 23, ff., 42, 161, 166 ff., 168, 197 f., 361, 463, 476
- personenbezogener 23, 41, 161, 168, 197, 361, 457, 492, 509

Unternehmungserhaltung 283
Unternehmungsplanung 25
Unternehmungspolitik 25 ff.
- finanzwirtschaftliche 145 ff.

Unternehmungsrisiko 491, 504, 507, 513

Unternehmungswert 499 ff., 568, 579
- aufgrund des Maßgeblichkeitsprinzips 322 ff.
Unternehmungswertänderung 322 ff.
- inflationsbedingte 325 ff.
Unter-pari-Emission 474
Unvergleichbarkeit 84

Varianz 131, 243, 414, 422
Variationsrechnung 219, 450, 636
Veräußerungsgewinn 273 ff., 300 ff.
- für den Mitunternehmeranteil 286
Verbrauchsfunktion 642, 646
Vergleichbarkeit 84, 86
Verhältnisskala 72
Verkaufsoption 599 f.
Verlustausgleich 255 f., 336 f.
- innerbetrieblicher 256
- sofortiger 256, 267, 315, 317
Verlustrücktrag 256
Verlustvortrag 256
Verlustzuweisung 285 f.
Vermögensmaximierung 167, 169 ff., 202 f., 204 f., 355, 361, 370, 372, 375, 377, 406, 408, 475, 477, 484
- firmeneigene 167, 463, 476, 487
- für den Durchschnittsaktionär 168, 456, 476, 478, 487, 498, 519
Vermögensstreben 161 ff., 355, 487
- firmeneigenes 465, 481
Vermögensteuer 261, 572, 575
Vermögensvergleich 330
Verrechnungspreis 221
- innerbetrieblicher 388
- richtiger 64
Verrechnungspreisproblem 646
Verschleißursache 223
Verschuldungsgrad 490 f., 524
- durchschnittlicher/marginaler 571
- optimaler 496, 498 f., 503
Verschuldungshebel 488, 495, 508
- versteuerter 571
Verschuldungsrisiko 491
Verwertungsaktie 466, 473
Verzinsung, integrierte 193
Verzinsungsenergie 234
Voraussicht, vollkommene 63
Vorteilsmaßstab, finanzwirtschaftlicher 158, 177
Vorteilsvergleich
- begrenzter 170, 173, 228
- isolierter 228, 236, 244
- vollständiger 170 ff., 172, 228

Wahrscheinlichkeit
- als Grenzwert relativer Häufigkeiten 69 f.
- als theoretischer Begriff 69
- logische 82
- Meßbarkeitsstufen subjektiver 72
- nominale 75 ff., 137
- objektive 68 ff.
- ordinale 87
- quantitative 67 ff., 87, 93
- quantitativ subjektive 120, 137, 585
- subjektive 68 ff., 82, 87, 610
Wahrscheinlichkeitsaxiom 68
Wahrscheinlichkeitsinterpretation 69 f.
Wahrscheinlichkeitsintervall 96 ff.
Wahrscheinlichkeitsmessung 71 ff.
- auf einer Intervallskala 72
Wahrscheinlichkeitsrechnung 67 ff.
- Anwendungsbedingungen 67 ff., 108
- Axiome 85
- Existenzbedingungen 108
Wertpapier
- Kurs 532
- Kursprognose 520
Wertpapierlinie 526 ff., 537 ff., 580
- Modell 522, 526 ff., 531 ff., 546, 576 ff.
Wertpapiermischung
- risikominimale 522 f., 539
- Theorie 409 ff., 425 ff., 429
Wertpapieroption 599
Wettbewerbsneutralität der Besteuerung 252
Wettquotient, rationaler 100 ff.
Wettsystem, kohärentes 101 ff., 107
Wiederanlage
- Berücksichtigung 193
- Möglichkeit 193
- Prämisse 188 ff.
Wiedergewinnungsfaktor 181, 239, 275
Wirtschaftlichkeitsprinzip 54 ff.
Wohlstandsmaximierung 162, 169 ff., 203, 355, 361, 370, 377
Wohlstandsstreben 162, 204 f., 355, 475, 480

Zahlungsbereich 611, 621
Zahlungsbereitschaft 145
- finanzwirtschaftliche Quellen 153 f.
- leistungswirtschaftliche Quellen 154
Zahlungsrechnung
- mit Erhaltung des mengenmäßigen Anfangsinventars 330
- reine 330
Zahlungsstrom 148 ff., 223 ff., 639, 649

Zahlungszeitpunkt 152
Zeitproblem 40
Ziel
– finanzielles 52 f., 158, 161, 355, 377, 455 ff., 475
– firmeneigenes 465, 496
– nicht finanzielles 377
Zielbildung 26, 50
Zieldefinition 29, 30
Zielfunktion 29 f., 380, 386, 390, 393, 406, 422, 433, 446, 492, 614, 619, 621, 634, 636
– nicht lineare 447
– quadratische 440
Zielgröße 49, 52, 375, 386, 446, 463, 465
– finanzielle 52, 158, 200 ff., 406
– konkurrierende 57
– nicht finanzielle 54
– Substitutionalität 59 ff.
– Unterdrückung anderer 58 f.
Zielkonflikt 57
Zielsetzung 49, 447, 475, 484
– finanzielle 167, 475 f.
Zielvorschrift 29, 49, 54 ff., 393
– einfache 58
– finanzielle 161 ff.
– mehrfache 58

Zielzahlung 152
Zins
– auf den Ertragswert 236
– auf den Kapitalwert 236
– Marktzins 312
– Realzins 312
Zinsfuß
– durchschnittlicher interner 356, 358, 460
– interner 179, 182 ff., 228, 345, 355, 372, 374, 375, 387, 457, 490
– marginaler interner 356, 358, 369
Zinsgleichung von Jevons 633
Zufallspfad der Kursänderungen 543 ff., 603
Zukunftseigenschaft 84 ff.
– Ausprägung einer 77 ff.
Zukunftslagen 63, 66, 84 ff., 410, 425, 441, 446, 449, 452, 490, 493, 502, 508
– Kombinationsfälle von 84 ff.
Zukunftsmerkmal 76 ff.
Zusatzinvestition 494
Zusatzkapital 373, 388, 396, 455, 460 f.
Zusatzwette 100 ff.
Zuschuß 151
Zustand, künftiger 77 ff.
Zwangsabgabe, gewinnabhängige 220, 627